中国地质大学(武汉)
本科培养方案 2015年版

ZHONGGUO DIZHI DAXUE(WUHAN) BENKE PEIYANG FANGAN 2015 NIANBAN

中国地质大学（武汉）教务处 编

中国地质大学出版社
ZHONGGUO DIZHI DAXUE CHUBANSHE

图书在版编目(CIP)数据

中国地质大学(武汉)本科培养方案:2015年版/中国地质大学(武汉)教务处编.—武汉:中国地质大学出版社,2016.3

ISBN 978-7-5625-2833-3

Ⅰ.①中…

Ⅱ.①中…

Ⅲ.①中国地质大学-人才培养

Ⅳ.①G649.2

中国版本图书馆CIP数据核字(2016)第028846号

中国地质大学(武汉)本科培养方案:2015年版 中国地质大学(武汉)教务处 编

责任编辑:阎 娟 责任校对:代 莹

出版发行:中国地质大学出版社(武汉市洪山区鲁磨路388号) 邮政编码:430074

电 话:(027)67883511 传真:67883580 E-mail:cbb@cug.edu.cn

经 销:全国新华书店 http://www.cugp.cug.edu.cn

开本:880毫米×1230毫米 1/16 字数:1790千字 印张:56.5

版次:2016年3月第1版 印次:2016年3月第1次印刷

印刷:武汉市籍缘印刷厂 印数:1—1000册

ISBN 978-7-5625-2833-3 定价:150.00元

《中国地质大学(武汉)本科培养方案(2015年版)》

编 委 会

主　任：王焰新　郝　翔

副主任：赖旭龙　傅安洲　唐辉明　王　华

编写人员

主　编：赖旭龙

副主编：殷坤龙　庞　岚　龚伍军

参编人员（按姓氏笔画排名）：

王家生　王广君　王占岐　王　兴　王仲停　王一波
王　莹　王　浩　王凤侠　尹作为　尹　民　尹翠芬
尹　林　帅　琴　石万忠　石　磊　叶敦范　叶　青
白　曦　史　强　吕占峰　刘修国　刘义杰　刘星彦
孙德贵　余　敬　张存国　张光勇　张志峰　张　霞
李　珍　李宏伟　李鹏飞　李振华　李　元　李　晋
陈　朝　陈　凤　陈雪艳　肖梦琼　严　烨　沈艳华
吴　静　吴　婧　沙晓雯　杨　汉　杨　喆　罗银河
罗　聆　苗秀花　周建巍　姚光庆　赵江葵　赵　莹
胡志红　贾洪彪　顾汉明　郭会荣　高　岩　高秋丽
夏　峰　徐　康　龚一鸣　梁　媛　黄　菡　曾　希
谢　杨　粟佑城　彭　杰　靳孟贵　潘　利　潘　娣
黎　文　戴光明

前言

2013年底，我校启动了新一轮本科人才培养方案修订工作。在深化教育综合改革的背景下，本轮人才培养方案修订的总体思路是：全面贯彻落实《国家中长期教育改革和发展规划纲要(2010—2020年)》，在总结2011年版本科培养方案实施经验的基础上，进一步深化人才培养模式改革，构建突出学校办学定位与“一流本科”的人才培养体系，进一步提高本科教育教学质量。

2014年初，教务处在先期调研的基础上，下发了《关于修订本科专业培养方案及教学计划的意见(讨论稿)》(以下简称《意见》)，各学院组织了对《意见》的讨论、调研与意见反馈工作。2014年上半年，教务处在征集学院意见的基础上，牵头并组织人员调研了15余所国内外高校本科人才培养方案，调研工作按省内7所部属院校、省外“985”“211”高校、美国具有代表性的高校3个层面展开。其中，特别委派相关人员前往清华大学、南京大学、浙江大学、华中农业大学、华中师范大学、武汉理工大学、中国矿业大学等高校实地调研。通过调研，教务处相关人员对各大学本科人才培养方案进行了详尽的研究与分析。对各高校本科教学计划总学分、国内外大学学分学时安排的规律、本科人才培养目标、专业课程体系建设、基于研究的学习、实践教学中培养学生创新能力、创造性地运用信息技术的得力举措等进行了全面的考察与分析。

2014年下半年，相关工作人员组成调研小组，对全校19个学院的教学计划修订工作进行了访谈，充分听取了各学院对于教学计划修订的意见与建议，在此基础上，再三修改《意见》。通过和各学院、各部门的协商，在压缩教学计划总学时学分、课堂教学学时，增加学生创新创业自主学习时间方面达成了共识。同时，通过3次学校层面和多次学院层面的讨论和辩论，形成了全校通识教育必修课程方案。此外，还通过认真细致地组织专业学院与基础课学院的多次讨论、意见反馈、协调，以及两轮方案的修改，形成了全校基础课分层、模块化教学方案。

2014年12月24日，教务处向学校教学工作指导委员会全体会议汇报《关于修订本科专业培养方案及教学计划的意见(第四稿)》并获得审批通过；2015年上半年，学校组织专家对各学院的本科培养方案及教学计划进行了审议，并要求各学院根据专家反馈意见再次修订方案与计划，且于2015年9月起执行新的本科培养方案及教学计划。

新一轮本科培养方案及教学计划有以下特点。

(1)形成了理工、文管两大类,具有较高弹性与选择空间的总体学时学分安排。新方案明确本科毕业生应修满170—190个学分。其中,创新创业自主学习学分不低于5个,理论课16学时为1个学分,实践教学1周为1个学分。同时,在遵循教育规律、符合党和国家教育方针政策及教育主管部门关于本科人才培养相关要求的前提下,各人才培养模式改革试点(如试点学院、基地班、菁英班、"卓越计划"班、实验班、双语班等)可在总学时学分的框架下,自行确定各课程模块的学时学分分配。与2011年版本科培养方案及教学计划的学时学分相比,本方案中各专业力图突破了2011版教学计划高学时高学分的束缚,将学习的自主权、选择权更多地给予了学生。

(2)在新修订的通识教育课程方案中,大学英语由15个学分(12学分必修+3学分自主学习)改革为12个学分;计算机公共基础课全面改革了教学内容和课程分层教学方案,形成了2.5—3.5学分的分层教学方案,更新了教学内容;体育课制订了144学时的切合本校学生身体素质发展要求的分层选项教学方案。

(3)新修订的学科基础课程方案中,在相关学院的支持下,教务处推动、完成了全校22门基础课的分层教学方案,并推动了基于分层教学的、针对不同专业需要的基础课模块化课程建设与教学工作。

(4)进一步明确了专业培养标准,要求各专业执行专业国家标准、专业认证标准;要求各专业关注用户单位意见、关注学生意见、关注国内外相关专业的课程体系建设。力争与国外一流大学的本科专业及课程标准接轨,不断完善各课程平台。

(5)设立了创新创业自主学习学分,并鼓励跨学科选修。新方案明确规定:各专业应鼓励学生跨学科选修课程,对此做出了相应的培养要求,并制订了《中国地质大学(武汉)创新创业自主学习学分认定一览表(建议稿)》,引导各专业重视创新创业教育在人才培养工作中的重要作用,通过教学计划引导学生积极自主地学习。

在"十三五"伊始,我校推出了新一轮本科培养方案及教学计划,它汇集了各个学院、各个专业、各基础课教学负责人、全体教师、教学指导委员会委员、学校各相关职能部门和教学管理人员的心血,是大家智慧和汗水的结晶,在此向大家表示崇高的敬意。相信这个方案将推动我校本科人才培养模式的根本性变革,在培养高素质拔尖创新人才、专业人才、复合型人才及有效提升人才培养质量等方面将发挥显著作用,进一步巩固、提高我校本科教育教学的地位和作用,示范引领国内地球科学领域一流人才培养,为我校"建设地球科学一流、多学科协调发展的高水平大学"的阶段性目标,并为"建设地球科学领域世界一流大学"的长远目标谱写新篇章。

2015年9月

目 录

·工程学院·

·地球物理与空间信息学院·

·机械与电子信息学院·

·经济管理学院·

·外国语学院·

·信息工程学院·

·数学与物理学院·

·体育课部·

·珠宝学院·

·艺术与传媒学院·

·公共管理学院·

·马克思主义学院·

·计算机科学与技术学院·

·自动化学院·

中国地质大学(武汉)关于修订新一轮本科人才培养方案及教学计划的意见

各学院(课部)、各处(室)、各直属单位：

本科人才培养方案是学校本科教育教学工作的纲领性文件。它集中体现国家教育方针政策、学校办学思想和理念，是实现本科人才培养目标的总体设计和实施方案，是学校课程设置的总体安排和教学管理的基本依据。为全面贯彻落实《国家中长期教育改革和发展规划纲要(2010—2020)》，构建突出学校办学定位与“一流本科”的人才培养体系，进一步提高本科教学质量，现就修订新一轮本科人才培养方案及教学计划提出如下意见。

一、指导思想

(1)落实国家的教育方针政策，主动适应社会经济发展需要和高等教育发展新形势，积极探索本科人才培养模式改革与教育教学新体系。

(2)通过专业培养方案和教学计划修订，实现学校“品德高尚、基础厚实、专业精深、知行合一”的人才培养目标，围绕“一流本科”构建各专业人才培养方案，彰显学校学科专业人才培养的优势与特色。

(3)以创新人才培养为中心，以引导学生积极主动学习为前提，完善本科人才培养的顶层设计；各专业进一步削枝强干，理顺课程体系、完善课程平台建设。

(4)认真总结2011年版本科人才培养方案及教学计划的成果与不足，进一步深入推进本科教学改革、逐步稳妥地推进学分制，力争“十三五”本科人才培养质量上新台阶。

二、总体安排

1.总体学时学分要求

本科毕业生应修满170～190个学分。其中，创新创业自主学习学分5～8个，理论课16学时为1个学分，实践教学1周为1个学分。学生创新创业自主学习学分可以通过在教师指导下进行科学研究项目训练、发明创造、创业实践、社会调查、社会实践、获得省部级以上学科竞赛等重要奖项、期刊论文等途径获得。具体要求如下：

(1)理工科专业(含地学类专业)应为本科毕业生设置175～190个学分的四年理论课学习与实践训练，理论课(含课内实验)总学时2200～2400。其中，独立设置的实践教学不低于35周、创新创业自主学习学分5～8个。理论课包括通识教育课程、学科基础课程、专业主干课(含必修与选修课)。三部分课程的学时学分比例应大致相当。

(2)非理工科专业应为本科毕业生设置170～180个学分的四年理论课学习与实践训练，理论课(含课内实验)总学时2100～2300。其中，独立设置的实践教学不低于25周、创新创业自主学习学分5～8个。理论课包括通识教育课程、学科基础课程、专业主干课(含必修与选修课)。三部分课程的学时学分比例应大致相当。

2.理论课基本要求

(1)通识教育课程由学校统一制订、组织开设。包括思想政治理论课(14个学分，含社会调查2个学分)、军事理论课(2个学分)、体育课(4个学分)、计算机类课程(2.5～3.5个学分)、英语课(12个学分)，专业大类导论课(1～1.5个学分)和各类通识教育选修课(12个学分，含创新创业教育选修课，其中跨学科课程不低于 5 个学分)。

(2)学科基础课包括数学、物理、化学、力学、电路及电子技术、制图、测量学、普通地质学、地质学基础等基础课程。各基础课授课学院,包括数学与物理学院、地球科学学院、机械与电子信息学院、信息工程学院、工程学院等应根据各学院各专业的需求,对已有分层方案再次修订,特别应精炼内容、优化体系,设置不同的课程模块,满足各专业教学要求。各专业应特别注意完善学科基础课程平台,建设科学、合理的课程体系。

(3)专业课模块总学分不变情况下,各专业可自主确定专业必修课与选修课的学时学分分配。

(4)第一至第六学期,每学期每位学生理论课选课学分不得低于 20 个学分。

(5)鼓励任课教师进行理论课教学方式方法改革。鼓励教师将理论课课堂讲授与理论课课内实验、实践相结合,特别是增加理论课课内实验、实践学时,改变"满堂灌"的教学模式。

3. 实践教学基本要求

(1)实践教学包括军事训练(2 个学分)、计算机类设计课(1.5 个学分)和各类教学实习、生产实习、毕业实习和毕业设计(论文)等环节。

(2)各专业认真讨论实验、实践教学的学时、周数,按照相应实践教学的学时学分要求,认真制订实践教学环节,特别应有明确的实践教学目标、教学内容、教学场所、教学组织、考核评价等管理制度和措施,保证实验、实践教学落在实处。

(3)所有实验、实践教学均要求有完备的教学大纲及相应的正式出版的教材或者校内教学指导用书。

4. 学校鼓励多样化的人才培养模式创新

在遵循教育规律、符合党和国家教育方针政策、教育主管部门关于本科人才培养相关要求前提下,各人才培养模式改革试点(如试点学院、基地班、菁英班、卓越计划班、实验班、双语班等)可在总学时学分框架下,自行确定各课程模块的学时学分分配。但涉及全校性的基础课、通识教育课,若与学校安排、基础课分层方案等有冲突,应提前与有关授课学院做好协调工作,并报教务处备案。

5. 各门课程的学分计算

各门课程学分计算可以精确到 0.5 个学分。请各专业使用 2012 年教育部颁布的新专业目录中的专业名称及专业代码。

6. 体育课的开设及学分安排

体育课在第一至第四学期开设,每学期 1 个学分。

三、修订重点

(1)各专业课程与实践环节设置应按照培养目标要求,体现知识培养、能力训练和素质提高。要关注本专业的国家标准;积极开展国内外专业人才培养的调研,邀请校内外专家学者讨论;了解行业、用人单位意见以及学生意见。在上一轮教学计划基础上,结合国内外高水平大学专业课程建设情况,对专业课程体系进行认真思考,梳理专业、课程的关键知识点,精炼教学内容,形成合理的专业课程结构体系。杜绝因人设课、课程内容重复等现象。

(2)各工科专业在制订本专业教学计划时,要重点关注本专业工程认证要求,并在专业人才培养方案及教学计划中体现。

(3)覆盖面较大的相关通识教育必修课、公共基础课(含实践教学),应和其他学院(课部)充分沟通、听取意见、认真讨论,进一步完善分层教学方案,分层次开出内容深浅不同、学分不同、满足不同专业需求的模块化课程。

各专业制订教学计划时,对本专业必修公共基础课程的最低标准做出规定,学校鼓励学生按更高标准选择必修课程学习。

(4)鼓励学生跨学科选修课程,各专业对此做出相应培养要求。

(5)鼓励开设选修课，鼓励双语教学。鼓励各学院(课部)各专业开设通识教育选修课(含创新创业选修课)供全校学生选修。各专业通过分组构建专业选修课，向本专业学生提供若干不同领域、不同发展方向的课程，形成可供学生选择的“菜单”;学校鼓励在各专业主干课和选修课中实施双语教学。

(6)合理安排，避免课程内容与次序混乱。进一步完善课程设置，避免课程内容重复、次序混乱、各学期课程安排不均衡等问题出现，使课程先行后续合理安排，理论课教学与实践教学有机结合，保证教学工作按照专业培养目标和教学次序有条不紊地开展。

(7)切实抓好创新创业教育。各专业需认真学习教育部关于深化创新创业教育有关文件精神，参考学校《中国地质大学(武汉)本科生创新创业自主学习学分认定一览表(建议稿)》，制订本专业的创新创业自主学习学分认定项目及规则并认真执行，使学生的创新创业自主学习学分落到实处。

四、时间进度

2013 年 12 月，学校启动全校本科人才培养方案及教学计划修订工作。2014 年 1 月至 7 月，学校已进行全校通识教育必修课调研、方案修改与审定工作。

各学院(课部)及相关单位应具体安排好以下教学计划制订工作:

(1)2014 年 9 月至 12 月，全校基础课调研及基础课分层教学方案的修订工作完成。必修基础课程(包括数学、物理、英语、计算机、化学、力学、电路及电子技术、机械制图、测量学、地质学基础等)的分层方案，于 2014 年 12 月 30 日前完成二轮修改，向教务处提交正式方案。

(2)2015 年 1 月至 3 月中旬，各系(室)集中讨论，提出本专业培养方案和教学计划上交学院(课部)。各学院(课部)组织教学委员会委员讨论、审核本学院(课部)各专业培养方案和教学计划，提出修改意见，经与系(室)协商后，形成各专业新的培养方案和教学计划。2015 年 4 月 10 日前，各专业培养方案和教学计划新方案汇总至教务处。

(3)2015 年 4 月至 5 月，学校组织校内外专家对全校各专业培养方案和教学计划新方案进行审定。2015 年 5 月至 6 月底，形成学校各专业新的培养方案和教学计划，并报学校教学工作指导委员会、校务会批准。2015 年 9 月起，执行新的本科人才培养方案及教学计划。

附件:中国地质大学(武汉)本科生创新创业自主学习学分认定一览表(建议稿)

中国地质大学(武汉)

2014 年 12 月 30 日

附件:中国地质大学(武汉)
本科生创新创业自主学习学分认定一览表(建议稿)

序号	创新创业活动名称	创新创业活动要求		学分
1	主持或参加创新创业项目	主持或参加(前三名)国家大学生创新创业训练项目,并顺利结题者;主持或参加(前三名)省级以上的创新创业项目,并顺利结题者		2～4
		主持或参加(前二名)校级创新或创业训练项目,并顺利结题者		2
		主持院级创新或创业训练项目,并顺利结题者		1
2	社会实践活动	参加社会实践,提交社会实践或社会调查报告,通过答辩者		2
3	英语、计算机、普通话	托福考试达 90 分及以上者;雅思考试达 6.5 分及以上者;GRE 考试达 1350 分及以上者;CET6 考试达 520 分及以上者		3
		全国计算机等级考试(非计算机专业)	获二级以上证书者	2
		全国计算机软件资格、水平考试(不重复计分)	获程序员证书者	2
			获高级程序员证书者	3
			获系统分析员证书者	4
		普通话	获得二乙及以上等级证书者	2
4	学科竞赛(同一项目,以最高学分计)	校级	获一等奖者	3
			获二等奖者	2
			获三等奖者	1
		省级	获一等奖者	4
			获二等奖者	3
			获三等奖者	2
		全国	获特等奖、一等奖者	5
			获二等奖者	4
			获三等奖者	3
	艺术类、体育类竞赛	主要针对艺术类、体育类专业学生,由学院制订相关认定规则;非艺术类专业学生竞赛学分认定规则由大学生艺术教育基地制订		2
5	在本学科专业领域的论文发表或宣读	T3(含)以上刊物	每篇论文(前二名作者)	4
		T4、T5 刊物	每篇论文(前二名作者)	3
		一般刊物	每篇论文(前二名作者)	1
		各种会议宣读并收入论文集	每篇论文(前二名作者)	1
6	发明创造	所有权归学校的职务发明:PCT 国际专利	第一发明人	5
			第二、第三发明人	2
			其他发明人	1
		所有权归学校的职务发明:国家发明专利	第一发明人	4
			第二、第三发明人	1.5
			其他发明人	0.5

续附件：

序号	创新创业活动名称	创新创业活动要求		学分
6	发明创造	所有权归学校的以下知识产权申请：国家实用新型专利、外观设计专利、计算机软件著作权、集成电路布图设计、商标、植物新品种等	第一发明人	1.5
			第二、第三发明人	0.5
7	参加创新创业活动	参加本院教师的科研项目或科研活动，并有二名副教授以上职称的教师认可的学术论文或报告（由学院制订相关规则实行）	第一报告人	2
		参加本校或本院组织的创新创业活动，并有二名副教授以上职称的教师认可的论文、方案或报告（由学院制订相关规则实行）	第一报告人	2
8	科技成果转化	参加本校或本院组织的创新创业活动，注册成立公司且能正常运营；将本人的专利以实施许可、技术转让或技术入股方式进行技术转移等（由知识产权与技术转移中心制订相关规则实行）	占有公司股份20%及以上；第一、第二、第三发明人	1～3

地球科学学院

- 地质学(国家理科基地班)专业培养方案
- 地质学专业培养方案
- 地质学(卓越工程师教育培养计划)专业培养方案
- 地球化学专业培养方案
- 地理科学专业培养方案

地质学(国家理科基地班)专业培养方案

专业名称与代码:地质学　070901

专业培养目标:本专业培养国家需要的德智体全面发展的地质学研究型人才。毕业生具有较全面的地质学基础理论、坚实的数理基础,较好的外语实用技能,较强的创新意识和科学素养。80%以上毕业生将继续攻读硕士或硕-博连读研究生。大多数毕业生能成为科研机构、高等院校从事基础地质研究的专门人才,同时也可满足21世纪地球科学发展和国家在资源、环境、灾害、国土规划以及国民经济其他相关领域对地质学人才的需要。

专业毕业要求

1.本专业毕业生具有扎实的数学、物理学、化学、地球科学和环境科学的基础理论知识;掌握地质学的野外工作技能、物质成分分析测试技术及基本的地质科学实验和鉴定技术,具备从事构造地质、岩石矿物、地层与古生物学方面的基础理论研究、应用研究、分析实验、数据处理等工作的基本能力,具有一定的人文科学和管理科学的知识及能力。

2.具有计算机软、硬件的基础知识,掌握一门以上计算机语言的编程技术。能熟练将计算机文字、图形、数据等进行处理并应用于构造地质、岩石矿物、地层与古生物学研究。

3.掌握一门外语,具备听、说、读、写及对外交流的能力。

毕业生应获得以下几个方面的知识和能力

1.具有较坚实的数、理、化、外语、计算机基础。

2.掌握地质学的基本理论、技能和工作方法。

3.具有从事构造地质、岩石矿物、地层与古生物等方面的研究能力。

4.具有从事灾害地质、工程地质、环境地质、地球化学、资源开发等方面的潜在能力。

5.具有对地学及相关信息处理、成果解释和应用的基本能力。

6.具有良好的科学素养、心理素质、综合能力及一定的组织管理能力。

主干学科:地球动力科学、地球物质科学、地球历史科学。

专业核心课程:普通地质学、结晶学及矿物学、古生物学、地史学、构造地质学、地球化学、固体地球物理学概论、矿床学、矿石学、地貌学及第四纪地质学。

主要专业实验:晶体光学与矿物鉴定、岩石薄片鉴定、古生物鉴定、构造分析。

主要实践性教学环节:地质认识实习、地质教学实习、综合地质实习、毕业实习、毕业论文。

修业年限:四年。

授予学位:理学学士。

相近专业:地球化学。

Program for Geology

(National Science Talent Training Base)

Specialty and Code: Geology 070901

Education Objective: The program trains advanced professionals in geology who have great potentials to do research in their future career. Our students should not only have a solid foundation in geology, but also have sound development in moral, intellectual and physical excellence. Furthermore, they will master mathematics, physics and foreign languages, with ability of innovation and team working. More than 80% of our graduates will continue their study for a master's degree or a doctor's degree. After four years' study, the students will have the ability to pursue a position of teaching and/or doing research of geosciences in institutions of higher learning or research institutes. They can be engaged in related work such as resources exploration, environment surveying, geo-disaster prevention, national land planning and so on.

Graduation Requirements

1. Master the basic theories of mathematics, physics, chemistry, earth sciences and environment science. Master the skills of doing field work, scientific experiments, analysis and testing, and geological identification. Have the abilities to do fundamental theoretical researches, design and carry out experiments, analyze data and write research reports on tectonics, petrology, mineralogy, and paleontology. Be cultivated in liberal arts and management.
2. Master computer skills and apply them to geology.
3. Master a foreign language with proficiency in listening, speaking, reading and writing.

Graduate Qualifications

1. Master fundamental knowledge of mathematics, physics, chemistry, English, computer science, and etc.
2. Master the fundamental theories and technologies in geology.
3. Have the ability to do research in tectonics, petrology and mineralogy, and paleontology.
4. Have the potential to be engaged in geo-hazard prevention, geological engineering, geochemistry, mineral exploration and resources exploration.
5. Have the ability to collect, process, and interpret data in earth sciences.
6. Have profound scientific knowledge and stay physically and mentally healthy.

Major Disciplines: Geodynamics, Science of earth's materials, Historical geology.

Main Courses: Physical Geology, Crystallography and Mineralogy, Paleontology, Historical Geology, Structural Geology, Geochemistry, Solid Geophysics, Mineral Deposits, Ore Petrology, Geomorphology and Quaternary Geology.

Lab Experiments: Crystal Optics and Mineral Identification, Petrology Identification, Fossil Identification, Tectonic Analysis.

Practical Work: Primary Field Training, Geological Mapping Training, Professional Fieldwork Training, Graduation Practice, and Thesis Writing for Graduation.

Duration: four years.

Degree Granted: Bachelor of Science.

Related Specialty: Geochemistry.

地质学(国家理科基地班)专业课程教学计划表

Program for Geology(National Science Talent Training Base)

课程类别 Course Classification		课程编号 Course Code	课程名称 Course Name	学分 Crs	学时 Hrs	学时分类 Class Hours 讲课 Lec.	实验 Lab.	先修课程 Prerequisite Courses	学期学分分配 Semester Credits 一 1st	二 2nd	三 3rd	四 4th	五 5th	六 6th	七 7th	八 8th
通识通修课 Liberal Education Courses	必修 Compulsory	11706200	马克思主义基本原理 Principles of Marxism	3	48	48			3							
		11706500	毛泽东思想与中国特色社会主义理论体系概论 Introduction to Mao Tse-tung Thought and the Theoretical System of Socialism with Chinese Characteristics	4	64	64						4				
		11711800	中国近现代史纲要 The Essentials of Modern Chinese History	2	32	32					2					
		120002＊0	思想道德修养与法律基础 Morality Education and Fundamentals of Law	3	48	48			1.5	1.5						
		113076＊0	体育 Physical Education	4	144	144			1	1	1	1				
		109116＊0	大学英语 College English	12	192	192			3	3	3	3				
		11918902	C语言程序设计B C Language Programming B	2.5	40	28	12						2.5			
		14300100	军事理论 Military Theory	2	32	32			2							
		21120802	测量学B Surveying B	2	32	26	6		2							
		212127＊2	高等数学B Advanced Mathematics B	10	160	160			4	6						
		212130＊2	大学物理B College Physics B	7	112	112				3.5	3.5					
		20302402	大学化学B College Chemistry B	5	80	56	24		5							
		21212802	线性代数B Linear Algebra B	2.5	40	40							2.5			
		21213502	概率论与数理统计B Probability and Mathematics Statistics B	2.5	40	40								2.5		
		总计12学分,含创新创业选修课学分,跨学科选修课不低于6学分。“形势与政策”课程作为限选课,由马克思主义学院实施		12	192											

课程类别 Course Classification	课程编号 Course Code	课程名称 Course Name	学分 Crs	学时 Hrs	学时分类 Class Hours		先修课程 Prerequisite Courses	学期学分分配 Semester Credits							
					讲课 Lec.	实验 Lab.		一 1st	二 2nd	三 3rd	四 4th	五 5th	六 6th	七 7th	八 8th
通识通修课 Liberal Education Courses 选修 Selective	21213202	物理实验 B Physical Experiments B	2	32		32			2						
	20406900	普通生物学 General Biology	2	32	32				2						
	20309202	物理化学 B Physical Chemistry B	3	48	48							3			
	20320102	分析化学 B Analytical Chemistry B	3	48	48						3				
	21206400	数学物理方程 Mathematical and Physical Equation	3	48	48								3		
	20311403	有机化学 C Organic Chemistry C	2	32	32							2			
	小计 **Sum**		**73.5**	**1256**	**1022**	**42**		**21.5**	**15**	**9.5**	**8**	**5**	**2.5**	**0**	**0**
专业平台课 Disciplinary Fundamental Courses	20114900	普通地质学 Physical Geology	3	48	40	8		3							
	20115500	晶体光学和光性矿物学 B Crystal Optics and Optical Mineralogy B	3	48	14	34	结晶学及矿物学		3						
	20104600	结晶学及矿物学 Crystallography and Mineralogy	5	80	40	40			5						
	20115100	地貌学及第四纪地质学 Geomorphology and Quaternary Geology	3	48	48				3						
	20106700	岩石学 Petrology	5	80	38	42	结晶学及矿物学 晶体光学和光性矿物学 B			5					
	20107900	古生物学 A Paleontology A	4	64	42	22	普通地质学			4					
	20108000	地史学 A Historical Geology A	4	64	42	22	古生物学 岩石学				4				
	20104001	构造地质学 A Structural Geology A	4	64	36	28	普通地质学 B 岩石学				4				
	20116200	地球化学 Geochemistry	4	64	64		岩石学 构造地质学				4				
	20603800	固体地球物理学概论 Solid Geophysics	2.5	40	40							2.5			
	20216000	矿床学 B Mineral Deposits B	4	64	50	14						4			
	20203500	矿石学 Ore Petrology	2.5	40	10	30							2.5		
	20114300	岩石薄片分析 Microscopic Petrography	2	32	8	24								2	
	小计 **Sum**		**46**	**736**	**472**	**264**		**3**	**11**	**9**	**12**	**6.5**	**2.5**	**2**	**0**

课程类别 Course Classification		课程编号 Course Code	课程名称 Course Name	学分 Crs	学时 Hrs	学时分类 Class Hours		先修课程 Prerequisite Courses	学期学分分配 Semester Credits							
						讲课 Lec.	实验 Lab.		一 1st	二 2nd	三 3rd	四 4th	五 5th	六 6th	七 7th	八 8th
专业特色课 Specialty Selective Courses	必修 Compulsory	构造方向														
		20116300	区域地质调查技术与方法 The Methods and Techniques of Regional Geological Survey	2	32	20	12							2		
		20105400	区域大地构造学 Tectonics and Regional Geology	2	32	28	4						2			
		20116400	显微构造地质学 Microstructural Geology	2	32	20	12						2			
		20116500	解析构造地质学 Analytical Tectonics and Structural Geology	2	32	28	4								2	
		地古方向														
		20116600	古生态学 Palaeoecology	2	32	32							2			
		20116700	沉积学 Sedimentology	3	48	44	4							3		
		20116800	微体古生物学及化石鉴定技术 Micropaleontology and Fossil Identification Techniques	3	48	28	20							3		
		20111200	地层学 Stratigraphy	2	32	32								2		
		岩矿方向														
		20116900	火成岩成因 Igneous Petrogenesis	2	32	20	12	物理化学					2			
		20117000	沉积岩研究方法 Techniques in Sedimentary Petrology	2	32	14	18						2			
		20117100	变质地质学 Metamorphic Geology	3	48	16	32							3		
		20100700	成因矿物学 Genetic Mineralogy	2	32	32									2	
	选修 Selective	20116300	区域地质调查技术与方法 The Methods and Techniques of Regional Geological Survey	2	32	20	12							2		
		20105400	区域大地构造学 Tectonics and Regional Geology	2	32	28	4						2			
		20116400	显微构造地质学 Microstructural Geology	2	32	20	12						2			
		20116500	解析构造地质学 Analytical Tectonics and Structural Geology	2	32	28	4								2	

课程类别 Course Classification		课程编号 Course Code	课程名称 Course Name	学分 Crs	学时 Hrs	学时分类 Class Hours		先修课程 Prerequisite Courses	学期学分分配 Semester Credits							
						讲课 Lec.	实验 Lab.		一 1st	二 2nd	三 3rd	四 4th	五 5th	六 6th	七 7th	八 8th
专业特色课 Main Specialty Courses	选修 Selective	20118800	全球大地构造学 Global Tectonics	2	32	32									2	
		20116600	古生态学 Palaeoecology	2	32	32							2			
		20116700	沉积学 Sedimentology	3	48	44	4							3		
		20116800	微体古生物学及化石鉴定技术 Micropaleontology and Fossil Identification Techniques	3	48	28	20							3		
		20111200	地层学 Stratigraphy	2	32	32								2		
		20116900	火成岩成因 Igneous Petrogenesis	2	32	20	12	物理化学					2			
		20114700	高级火成岩石学 Advanced Topics in Igneous Petrology	3	48	18	30								7	
		20117000	沉积岩研究方法 Techniques in Sedimentary Petrology	2	32	14	18						2			
		20117100	变质地质学 Metamorphic Geology	3	48	16								3		
		20100700	成因矿物学 Genetic Mineralogy	2	32	32									2	
		20114800	比较行星岩石学 Comparative Planetary Petrology	2	32	20	12								2	
		20117200	地球化学多元统计 Multivariate Statistics in Geochemistry	2	32	24	8							2		
		20117300	分析地球化学 Analytical Geochemistry	2	32	20	12						2			
		20112300	勘查地球化学A Exploration Geochemistry A	3	48	36	12							3		
		20117400	微量元素地球化学 Trace Elements Geochemistry	1.5	24	20	4						1.5			
		20117500	同位素地球化学 Isotope Geochemistry	1.5	24	24							1.5			
		20106200	土壤与土壤化学 Pedology and Pedochemistry	2	32	24	8								2	
		20110400	有机地球化学 Organic Geochemistry	2	32	26	6								2	
		20117600	全球变化 Global Change	1.5	24	20	4								1.5	

课程类别 Course Classification		课程编号 Course Code	课程名称 Course Name	学分 Crs	学时 Hrs	学时分类 Class Hours		先修课程 Prerequisite Courses	学期学分分配 Semester Credits							
						讲课 Lec.	实验 Lab.		一 1st	二 2nd	三 3rd	四 4th	五 5th	六 6th	七 7th	八 8th
专业特色课 Main Specialty Courses	选修 Selective	20107102	自然地理学 B Physical Geography B	2	32	32									2	
		21110500	遥感图像处理及应用 Remote Sensing Image Processing	2.5	40	24	16							2.5		
		20117700	遥感地质学 Remote Sensing Geology	3	48	32	16						3			
		20113900	生态地理学 Ecological Geography	3	48	42	6							3		
		21102401	地理信息系统 A Geographic Information System A	3.5	56	36	20						3.5			
		20202800	海洋学基础 Basic Oceanography	3	48	48										3
		21407600	宝石学 B Gemology B	3	48	40	8								3	
		20214804	石油及天然气地质学 D Petroleum and Natural Gas Geology D	2.5	40	34	6									2.5
		20506100	地质灾害防治工程 Engineering for Geo-disasters Prevention and Control	2.5	40	40									2.5	
		20508400	工程地质学基础 B Engineering Geology B	2.5	40	40										2.5
		20403400	环境地质学 B Environmental Geology B	2	32	32										2
		20409102	水文地质学基础 B The Fundamental of Hydro-geology B	2.5	40	40									2.5	
		20117800	大气科学概论 Introduction to Atmospheric Science	2	32	32									2	
		21634000	素描造型基础与岩矿素描 Sketching for Petrology	2	32	4	28				2					
		小计 **Sum**	专业特色课的必修学分和选修学分	**25**	**400**											
合计 **Sub-total**				**144.5**	**2392**	**1494**	**306**		**24.5**	**26**	**18.5**	**20**	**11.5**	**5**	**2**	**0**
实践环节 Practical Work		44300200	军事训练 Military Training	2	2 周				2							
		41120902	测量教学实习 B Surveying Practice B	0.5	0.5 周				0.5							
		40115800	科学素质训练(2—6 学期) Scientific Quality Training	3	3 周									3		

课程类别 Course Classification	课程编号 Course Code	课程名称 Course Name	学分 Crs	学时 Hrs	学时分类 Class Hours		先修课程 Prerequisite Courses	学期学分分配 Semester Credits							
					讲课 Lec.	实验 Lab.		一 1st	二 2nd	三 3rd	四 4th	五 5th	六 6th	七 7th	八 8th
实践环节 Practical Work	40115200	地质认识实习(北戴河) Primary Field Training(Beidaihe)	2	2 周						2					
	40115602	地质教学实习(周口店) B Geological Field Training (Zhoukoudian) B	4	4 周								4			
	40115702	地质教学实习(秭归) B Geological Field Training (Zigui) B	2	2 周								2			
	41919002	C 语言课程设计 B Course Design for C Language B	1.5	1.5 周								1.5			
	40115900	实验能力训练(5—7 学期) Experiment Ability Training	3	3 周										3	
	40116000	毕业生产实习 Practice for Graduation	8	8 周										8	
	40116100	毕业论文 Graduation Thesis	9	9 周											9
	小计 Sum		**35**	**35 周**				**2.5**	**0**	**2**	**0**	**7.5**	**3**	**11**	**9**
创新创业自主学习 Autonomous Learning	ZZ35000S	社会调查 Social Investigation	2												
		其他(学科竞赛、发明创造、科研报告) Others (Contest, Invention, Innovation and Research Presentation)	4												
	小计 Sum		**6**												
总计 Total			**185.5**	**2392 + 35 周**	**1494**	**306**		**27**	**26**	**20.5**	**20**	**19**	**8**	**13**	**9**

注:通识通修教育选修课学分和创新创业自主学习未纳入具体学期。

地质学(国家理科基地班)专业课程分类统计

Course Category Statistics of Geochemistry(National Science Talent Training Base)

课程学分 / 统计	通识通修课 Liberal Education Courses		专业平台课 Disciplinary Fundamental Courses	专业特色课 Main Specialty Courses		实践环节 Practical Work	创新创业自主学习 Autonomous Learning	学时总计 Total Hours	学分总计 Total Credits
	必修 Compulsory	选修 Selective		必修 Compulsory	选修 Selective				
学时/学分 Hrs/Crs	1064/61.5	192/12	736/46	400/25		35 周/35	6	2392+35 周	185.5
学分所占比例 Proportion of Credits	39.6%		24.8%	13.5%		18.9%	3.2%		100%

地质学专业培养方案

专业名称与代码：地质学　070901

专业培养目标：本专业培养适应社会主义市场经济需要的德智体全面发展的地质学高级专门人才。毕业生具有较全面的地质学基础理论、坚实的数理化基础，较好的计算机与外语实用技能，较强的创新意识和科学素养。部分毕业生继续攻读研究生后可成为科研机构、高等院校从事地球科学研究的专门人才。本科毕业生能适应21世纪地球科学的发展和国家在资源、环境、灾害、国土规划以及国民经济其他相关领域对地质学人才的需要。

专业毕业要求

1. 本专业毕业生具有扎实的数学、物理学、化学、地球科学和行星科学的基础理论及知识；掌握地质学的野外工作、科学实验、分析测试和地质鉴定的技能，具备从事构造地质、矿物岩石、地层与古生物学和行星科学方面的基础理论研究、应用研究、分析实验、数据处理和报告编写等工作的基本能力，具有一定的人文科学和管理科学的知识及能力。

2. 具有计算机软、硬件的基础知识，掌握一门以上计算机语言的编程技术。能够熟练地开展计算机文字、图形、数据等处理，并应用于构造地质、矿物岩石、地层与古生物和行星科学等研究中。

3. 掌握一门外语，具备听、说、读、写和对外交流的能力，达到能独立获取国际信息的水平。

毕业生应获得以下几个方面的知识和能力

1. 具有较坚实的数、理、化、外语、计算机的基础。
2. 掌握地质学的基本理论、基本知识、基本技能和工作方法。
3. 具有从事构造地质、矿物岩石、地层与古生物和行星科学等方面的研究能力。
4. 具有从事找矿勘探、灾害地质、工程地质、环境地质、地球化学、资源开发等方面的潜在能力。
5. 具有对地学相关信息的处理、成果解释和应用的基本能力。
6. 具有良好的科学素养、心理素质、综合能力及一定的组织管理能力。

主干学科：构造地质学、矿物学与岩石学、古生物学与地史学。

专业核心课程：普通地质学、结晶学及矿物学、晶体光学和光性矿物学、岩石学、古生物学、地史学、构造地质学、地球化学、固体地球物理学概论、矿床学、地貌学及第四纪地质学、遥感地质学、行星科学。

主要专业实验：晶体光学与矿物鉴定、岩石薄片鉴定、古生物鉴定、构造分析。

主要实践性教学环节：地质认识实习、地质教学实习、专业教学实习、计算机程序设计、毕业生产实习、毕业论文。

修业年限：四年。

授予学位：理学学士。

相近专业：地球化学。

Program for Geology

Specialty and Code: Geology 070901

Education Objective: This program trains advanced professionals in geo-logy who have great potentials to do research in their future career. Our students should not only have a solid foundation in geology, but also have completed developments in moral, intellectual and physical excellence. Furthermore, they master mathematics, physics, chemistry and foreign languages, with ability of innovation and team working. Some of our graduates will further their study in graduate schools or institutes and become scientists at various geo-sciences. Others will be engaged in related job positions such as resource searching, environment surveying, geo-disaster prevention, national land planning and so on.

Graduation Requirements

1. Master the basic theories of mathematics, physics, chemistry, earth sciences and planetary science. Master the skills of doing field work, scientific experiments, analysis and testing, and geological identification. Have the abilities to do fundamental theoretical researches, design and carry out experiments, analyze data and write research reports on tectonics, petrology, mineralogy, and paleontology. Be cultivated in liberal arts and management.

2. Master computer skills and apply them to geology.

3. Master a foreign language with proficiency in listening, speaking, reading and writing.

Graduate Qualifications

1. Master fundamental knowledge of mathematics, physics, chemistry, English, computer science, and etc.

2. Master the fundamental theories and technologies in geology.

3. Have the ability to do research in tectonics, petrology and mineralogy, paleontology and planetary science.

4. Have the potential to be engaged in geo-hazard prevention, geological engineering, geochemistry, mineral exploration and resources exploration.

5. Have the ability to collect, process, and interpret data in earth sciences.

6. Have profound scientific knowledge and stay physically and mentally healthy.

Major Disciplines: Tectonics, Petrology, Mineralogy, Paleontology and Historical geology.

Main Courses: Physical Geology, Crystallography and Mineralogy, Crystal Optics and Optical Mineralogy, Petrology, Paleontology, Historical geology, Tectonics, Geochemistry, Solid Geophysics, Resources Geology, Geomorphology and Quaternary Geology, Geographic Information System, Planetary Science.

Lab Experiments: Crystal Optics and Mineral Identification, Petrology Identification, Fossil Identification, Tectonic Analysis.

Practical Work: Primary Field Training, Geological Mapping Training, Professional Fieldwork Training, Computer Program, Practice for Graduation and Thesis Writing for Graduation.

Duration: four years.

Degree Granted: Bachelor of Science.

Related Specialty: Geochemistry.

地质学专业课程教学计划表

Course Descriptions of Geology

课程类别 Course Classification		课程编号 Course Code	课程名称 Course Name	学分 Crs	学时 Hrs	学时分类 Class Hours 讲课 Lec.	学时分类 Class Hours 实验 Lab.	先修课程 Prerequisite Courses	学期学分分配 Semester Credits 一 1st	二 2nd	三 3rd	四 4th	五 5th	六 6th	七 7th	八 8th
通识通修课 Liberal Education Courses	必修 Compulsory	11706200	马克思主义基本原理 Principles of Marxism	3	48	48			3							
		11706500	毛泽东思想与中国特色社会主义理论体系概论 Introduction to Mao Tse-tung Thought and the Theoretical System of Socialism with Chinese Characteristics	4	64	64						4				
		11711800	中国近现代史纲要 The Essentials of Modern Chinese History	2	32	32					2					
		120002＊0	思想道德修养与法律基础 Morality Education and Fundamentals of Law	3	48	48			1.5	1.5						
		113076＊0	体育 Physical Education	4	144	144			1	1	1	1				
		109116＊0	大学英语 College English	12	192	192			3	3	3	3				
		11918902	C语言程序设计B C Language Programming B	2.5	40	28	12						2.5			
		14300100	军事理论 Military Theory	2	32	32			2							
		21120802	测量学B Surveying B	2	32	26	6		2							
		212127＊2	高等数学B Advanced Mathematics B	10	160	160			4	6						
		212130＊2	大学物理B College Physics B	7	112	112				3.5	3.5					
		20302402	大学化学B College Chemistry B	5	80	56	24		5							
		21212802	线性代数B Linear Algebra B	2.5	40	40							2.5			
		21213502	概率论与数理统计B Probability and Mathematics Statistics B	2.5	40	40								2.5		
	选修 Selective	总计12学分，含创新创业选修课学分，跨学科选修课不低于6学分。“形势与政策”课程作为限选课，由马克思主义学院实施		12	192											

课程类别 Course Classification		课程编号 Course Code	课程名称 Course Name	学分 Crs	学时 Hrs	学时分类 Class Hours		先修课程 Prerequisite Courses	学期学分分配 Semester Credits							
						讲课 Lec.	实验 Lab.		一 1st	二 2nd	三 3rd	四 4th	五 5th	六 6th	七 7th	八 8th
通识通修课 Liberal Education Courses	选修 Selective	21213202	物理实验 B Physical Experiments B	2	32		32			2						
		20309202	物理化学 B Physical Chemistry B	3	48	48							3			
		20406900	普通生物学 General Biology	2	32	32				2						
		20320102	分析化学 B Analytical Chemistry B	3	48	48						3				
		21206400	数学物理方程 Mathematical Physics Equations	3	48	48								3		
		20311403	有机化学 C Organic Chemistry C	2	32	32						2				
		小计 **Sum**		**73.5**	**1256**	**1022**	**42**		**21.5**	**15**	**9.5**	**8**	**5**	**2.5**	**0**	**0**
专业平台课 Disciplinary Fundamental Courses		20114900	普通地质学 Physical Geology	3	48	40	8		3							
		20115500	晶体光学和光性矿物学 B Crystal Optics and Optical Mineralogy B	3	48	14	34	结晶学及矿物学		3						
		20104600	结晶学及矿物学 Crystallography and Mineralogy	5	80	40	40			5						
		20115100	地貌学及第四纪地质学 Geomorphology and Quaternary Geology	3	48	48				3						
		20106700	岩石学 Petrology	5	80	38	42	结晶学及矿物学 晶体光学和光性矿物学 B			5					
		20107900	古生物学 A Paleontology A	4	64	42	22	普通地质学			4					
		20108000	地史学 A Historical Geology A	4	64	42	22	古生物学 岩石学				4				
		20104001	构造地质学 A Structural Geology A	4	64	36	28	普通地质学 岩石学				4				
		20116200	地球化学 Geochemistry	4	64	64		岩石学 构造地质学				4				
		20603800	固体地球物理学概论 Solid Geophysics	2.5	40	40							2.5			
		20216000	矿床学 B Mineral Deposits B	4	64	50	14						4			
		20117700	遥感地质学 Remote Sensing Geology	3	48	32	16						3			

课程类别 Course Classification	课程编号 Course Code	课程名称 Course Name	学分 Crs	学时 Hrs	学时分类 Class Hours 讲课 Lec.	学时分类 Class Hours 实验 Lab.	先修课程 Prerequisite Courses	学期学分分配 Semester Credits 一 1st	二 2nd	三 3rd	四 4th	五 5th	六 6th	七 7th	八 8th
专业平台课 Disciplinary Fundamental Courses	20203500	矿石学 Ore Petrology	2.5	40	10	30							2.5		
	20215200	矿产勘查理论与方法 Theories and Methods of Mineral Exploration	3	48	40	8							3		
	小计 **Sum**		**50**	**800**	**536**	**264**		**3**	**11**	**9**	**12**	**9.5**	**5.5**	**0**	**0**
专业特色课 Main Specialty Courses 必修 Compulsory	构造方向														
	20116300	区域地质调查技术与方法 The Methods and Techniques of Regional Geological Survey	2	32	20	12							2		
	20105400	区域大地构造学 Tectonics and Regional Geology	2	32	28	4						2			
	20116400	显微构造地质学 Microstructural Geology	2	32	20	12						2			
	20116500	解析构造地质学 Analytical Tectonics and Structural Geology	2	32	28	4								2	
	地古方向														
	20116600	古生态学 Palaeoecology	2	32	32							2			
	20116700	沉积学 Sedimentology	3	48	44	4							3		
	20116800	微体古生物学及化石鉴定技术 Micropaleontology and Fossil Identification Techniques	3	48	28	20							3		
	20111200	地层学 Stratigraphy	2	32	32								2		
	岩矿方向														
	20116900	火成岩成因 Igneous Petrogenesis	2	32	20	12	物理化学					2			
	20117000	沉积岩研究方法 Techniques in Sedimentary Petrology	2	32	14	18						2			
	20117100	变质地质学 Metamorphic Geology	3	48	16	32							3		
	20100700	成因矿物学 Genetic Mineralogy	2	32	32									2	
	20114300	岩石薄片分析 Microscopic Petrography	2	32	8	24								2	

课程类别 Course Classification		课程编号 Course Code	课程名称 Course Name	学分 Crs	学时 Hrs	学时分类 Class Hours		先修课程 Prerequisite Courses	学期学分分配 Semester Credits							
						讲课 Lec.	实验 Lab.		一 1st	二 2nd	三 3rd	四 4th	五 5th	六 6th	七 7th	八 8th
专业特色课 Main Specialty Courses	选修 Selective	20116300	区域地质调查技术与方法 The Methods and Techniques of Regional Geological Survey	2	32	20	12							2		
		20105400	区域大地构造学 Tectonics and Regional Geology	2	32	28	4						2			
		20116400	显微构造地质学 Microstructural Geology	2	32	20	12						2			
		20116500	解析构造地质学 Analytical Tectonics and Structural Geology	2	32	28	4								2	
		20118800	全球大地构造学 Global Tectonics	2	32	32									2	
		20116600	古生态学 Palaeoecology	2	32	32							2			
		20116700	沉积学 Sedimentology	3	48	44	4							3		
		20116800	微体古生物学及化石鉴定技术 Micropaleontology and Fossil Identification Techniques	3	48	28	20							3		
		20111200	地层学 Stratigraphy	2	32	32								2		
		20116900	火成岩成因 Igneous Petrogenesis	2	32	20	12	物理化学					2			
		20117000	沉积岩研究方法 Techniques in Sedimentary Petrology	2	32	14	18						2			
		20117100	变质地质学 Metamorphic geology	3	48	16								3		
		20100700	成因矿物学 Genetic Mineralogy	2	32	32									2	
		20114300	岩石薄片分析 Microscopic Petrography	2	32	8	24								2	
		20114800	比较行星岩石学 Comparative Planetary Petrology	2	32	20	12								2	
		20117200	地球化学多元统计 Multivariate Statistics in Geochemistry	2	32	24	8							2		
		20117300	分析地球化学 Analytical Geochemistry	2	32	20	12						2			
		20112300	勘查地球化学A Exploration Geochemistry A	3	48	36	12							3		

课程类别 Course Classification		课程编号 Course Code	课程名称 Course Name	学分 Crs	学时 Hrs	学时分类 Class Hours		先修课程 Prerequisite Courses	学期学分分配 Semester Credits							
						讲课 Lec.	实验 Lab.		一 1st	二 2nd	三 3rd	四 4th	五 5th	六 6th	七 7th	八 8th
专业特色课 Main Specialty Courses	选修 Selective	20117400	微量元素地球化学 Trace Elements Geochemistry	1.5	24	20	4						1.5			
		20117500	同位素地球化学 Isotope Geochemistry	1.5	24	24							1.5			
		20106200	土壤与土壤化学 Pedology and Pedochemistry	2	32	24	8								2	
		20110400	有机地球化学 Organic Geochemistry	2	32	26	6								2	
		20117600	全球变化 Global Change	1.5	24	20	4								1.5	
		20107102	自然地理学 B Physical Geography B	2	32	32									2	
		21110500	遥感图像处理原理及应用 Remote Sensing Image Processing	2.5	40	24	16							2.5		
		20113900	生态地理学 Ecological Geography	3	48	42	6							3		
		21102401	地理信息系统 A Geographic Information System A	3.5	56	36	20						3.5			
		20202800	海洋学基础 Basic Oceanography	3	48	48										3
		21407600	宝石学 B Gemology B	3	48	40	8								3	
		20214804	石油及天然气地质学 D Petroleum and Natural Gas Geology D	2.5	40	34	6									2.5
		20506100	地质灾害防治工程 Engineering for Geo-disasters Prevention and Control	2.5	40	40									2.5	
		20508400	工程地质学基础 B Engineering Geology B	2.5	40	40										2.5
		20403400	环境地质学 B Environmental Geology B	2	32	32										2
		20409102	水文地质学基础 B The Fundamental of Hydrogeology B	2.5	40	40									2.5	
		20117800	大气科学概论 Introduction to Atmospheric Science	2	32	32									2	
		21634000	素描造型基础与岩矿素描 Sketching for Petrology	2	32	4	28				2					
		小计 **Sum**	专业特色课的必修学分和选修学分	**25**	**400**											

课程类别 Course Classification	课程编号 Course Code	课程名称 Course Name	学分 Crs	学时 Hrs	学时分类 Class Hours		先修课程 Prerequisite Courses	学期学分分配 Semester Credits							
					讲课 Lec.	实验 Lab.		一 1st	二 2nd	三 3rd	四 4th	五 5th	六 6th	七 7th	八 8th
合计 **Sub-total**			**148.5**	**2456**	**1558**	**306**		**24.5**	**26**	**18.5**	**20**	**14.5**	**8**	**0**	**0**
实践环节 Practical Work	44300200	军事训练 Military Training	2	2 周				2							
	40115800	科学素质训练(2—6 学期) Scientific Quality Training	3	3 周									3		
	41919002	C 语言课程设计 Course Design for C Language	1.5	1.5 周								1.5			
	41120902	测量教学实习 B Surveying Practice B	0.5	0.5 周				0.5							
	40115200	地质认识实习(北戴河) Primary Field Training(Beidaihe)	2	2 周						2					
	40115602	地质教学实习(周口店) B Geological Field Training (Zhoukoudian) B	4	4 周								4			
	40115702	地质教学实习(秭归) B Geological Field Training (Zigui) B	2	2 周								2			
	40116000	毕业生产实习 Practice for Graduation	8	8 周										8	
	40118000	毕业论文 Graduation Thesis	12	12 周											12
	小计 **Sum**		**35**	**35 周**				**2.5**	**0**	**2**	**0**	**7.5**	**3**	**8**	**12**
创新创业自主学习 Autonomous Learning	ZZ35000S	社会调查 Social Investigation	2												
		其他(学科竞赛、发明创造、科研报告) Others (Contest, Invention, Innovation and Research Presentation)	4												
	小计 **Sum**		**6**												
总计 **Total**			**189.5**	**2456 + 35 周**	**1558**	**306**		**27**	**26**	**20.5**	**20**	**22**	**11**	**8**	**12**

注:通识教育选修课学分和创新创业自主学习学分未纳入具体学期。

地质学专业课程分类统计

Course Category Statistics of Geology

课程学分 / 统计	通识通修课 Liberal Education Courses		专业平台课 Disciplinary Fundamental Courses	专业特色课 Main Specialty Courses		实践环节 Practical Work	创新创业自主学习 Autonomous Learning	学时总计 Total Hours	学分总计 Total Credits
	必修 Compulsory	选修 Selective		必修 Compulsory	选修 Selective				
学时/学分 Hrs/Crs	1064/61.5	192/12	800/50	400/25		35 周/35	6	2456+35 周	189.5
学分所占比例 Proportion of Credits	38.8%		26.3%	13.2%		18.5%	3.2%		100%

地质学(卓越工程师教育培养计划)专业培养方案

专业名称与代码：地质学 070901

专业培养目标：本专业培养适应社会主义市场经济需要的德智体全面发展的地质学高级专门人才。毕业生具有较全面的地质学基础理论、坚实的数理化基础，较好的计算机与外语实用技能，较强的创新意识和科学素养。毕业生能成为地矿生产单位、科研机构、高等院校等开展区域地质、矿产和环境调查及基础地质研究的专门人才，适用于21世纪国家在基础地质调查、矿产资源勘查、国土规划、环境调查和灾害防治等国民经济领域以及地球系统科学的学科发展所需的地学人才。

专业毕业要求

1.本专业毕业生将在牢固掌握数学、物理学、化学、测量学、计算机科学和外语等基础上，系统地学习区域地质调查、矿产资源调查和环境保护等地球科学的基础理论及知识，熟练掌握区域地质调查、矿产资源调查和地质学研究的野外工作技能、矿物岩石及古生物鉴定技术，了解地球化学分析测试技术，具备从事区域地质调查、矿产资源调查和环境保护领域的专业能力，也具备从事构造地质学、矿物岩石学、地层与古生物学等基础理论研究和应用研究的专业能力，并具有一定的人文科学和管理科学的背景知识和专业能力。

2.具有计算机软、硬件的基础知识，掌握一门以上计算机语言的编程技术。能够熟练地开展计算机文字、图形、数据等处理，并应用于区域地质调查、矿产资源调查、环境调查，以及构造地质、岩矿分析、地层与古生物等研究中。

3.掌握一门外语，具备听、说、读、写和对外交流的基本能力，达到能独立获取国际信息的水平。

毕业生应获得以下几个方面的知识和能力

1.具有较坚实的数、理、化、外语、计算机的基础。

2.掌握地质学的基本理论、基本知识、基本野外工作技能和工作方法。

3.熟练掌握区域地质调查和资源调查的技能，具有从事构造地质、岩石矿物、地层与古生物等方面的研究能力。

4.具有从事找矿勘探、灾害地质、工程地质、环境地质、地球化学、国土规划和开发方面的潜在能力。

5.具有对地学相关信息处理、成果解释和应用的初步能力。

6.具有良好的科学素养、心理素质、综合能力及一定的管理能力。

主干学科：构造地质学、矿物学与岩石学、古生物学与地史学、数字地质调查、矿产综合勘查技术等。

专业核心课程：测量学、普通地质学、结晶学及矿物学、晶体光学及光性矿物学、岩石学、古生物学、地史学、构造地质学、地球化学、数字地质调查、矿产综合勘查技术、勘查地球物理、矿床学、环境地质学和工程地质学等。

主要专业实验：晶体光学与矿物鉴定、岩石薄片鉴定、古生物鉴定、构造分析。

主要实践性教学环节：地质认识实习、地质教学实习、专业教学实习、计算机程序设计、区域地质和找矿生产实习、毕业论文。

修业年限：四年。

授予学位：理学学士。

相近专业：地球化学。

Program for Geology

(Excellent Engineer Training Program)

Specialty and Code: Geology 070901

Education Objective: The program trains advanced professionals in geology who have great potential to do in-depth research in their future career. Our graduates should not only have a solid foundation in geology, but also have all-around development of moral, intellectual and physical excellence. Furthermore, our graduates are competent with their mastery of relevant expertise including skills of computer techniques and foreign languages, innovative with high science literacy, and very good at team working. The program prepares our students for employment in regional geological investigation, research and teaching in geological survey-related companies, institutions of geosciences or institutions of higher learning and employment in a wide range of geologically-related industries such as resources exploration, environment surveying, geo-disaster prevention, national land planning and other relevant businesses.

Graduation Requirements

1. To master the basic theories of mathematics, physics, chemistry, Surveying, Earth sciences and environmental science. To master the skills on regional geological survey, identification of minerals, rock and fossil, chemical composition analysis and be able to do simple experiments of earth sciences and field works. To be cultivated in liberal arts and management.

2. To master computer skills including a good understanding of both hardware and software, to master data processing by computers and its applications to geochemistry and environmental geochemistry. To master at least one advanced computer language.

3. To master a foreign language with proficiency in terms of listening, speaking, reading and writing to ensure a fluent communication.

Graduate Qualifications

1. To master the fundamental knowledge and theories of mathematics, physics, chemistry, English, computer, and etc.

2. To master the fundamental knowledge, theories and technologies in geology.

3. To have the skills to do regional geological survey, and researches in tectonics, petrology, mineralogy, paleontology, and history geology.

4. To acquire the potential to be engaged in the industries of geo-hazards prevention, geological engineering, geochemistry, mineral exploration and resources development.

5. To master the method of collecting, processing, interpreting and application of data in Earth sciences.

6. To be cultivated with good overall qualities including a profound knowledge of the relevant laws associated with industries of resources and environment, being good at team working and leadership as well, and to be physically and mentally healthy.

Major Disciplines: Tectonics, Petrology, Mineralogy, Paleontology and History Geology, Digital Geo-logy Survey, Comprehensive Exploration Techniques of Mineral Resource.

Main Courses: Surveying, Physical Geology, Crystallography and Mineralogy, Crystal Optics and Optical, Mineralogy, Petrology, Tectonics, Paleontology, Historical Geology, Geochemistry, Digital Geology Survey, Comprehensive Exploration Techniques of Mineral Resources, Geophysics, Metal Deposits, Environmental Geology, Engineering Geology.

Lab Experiments: Crystal optics and Mineral Identification, Petrology Identification, Fossil Identification, Tectonic Analysis.

Practical Work: Primary Field Training, Geological Mapping Field Training, Professional Field Training, Computer Program Practice, Regional Geological and Mineral Resources Investigation Practice, Practice for Graduation, Thesis Writing for Graduation.

Duration: four years.

Degree Granted: Bachelor of Science.

Related Specialties: Geochemistry.

地质学(卓越工程师教育培养计划)专业课程教学计划表

Course Descriptions of Geology(Excellent Engineer Training Program)

课程类别 Course Classification		课程编号 Course Code	课程名称 Course Name	学分 Crs	学时 Hrs	学时分类 Class Hours		先修课程 Prerequisite Courses	学期学分分配 Semester Credits							
						讲课 Lec.	实验 Lab.		一 1st	二 2nd	三 3rd	四 4th	五 5th	六 6th	七 7th	八 8th
通识通修课 Liberal Education Courses	必修 Compulsory	11706200	马克思主义基本原理 Principles of Marxism	3	48	48			3							
		11706500	毛泽东思想与中国特色社会主义理论体系概论 Introduction to Mao Tse-tung Thought and the Theoretical System of Socialism with Chinese Characteristics	4	64	64						4				
		11711800	中国近现代史纲要 The Essentials of Modern Chinese History	2	32	32					2					
		120002*0	思想道德修养与法律基础 Morality Education and Fundamentals of Law	3	48	48			1.5	1.5						
		113076*0	体育 Physical Education	4	144	144			1	1	1	1				
		109116*0	大学英语 College English	12	192	192			3	3	3	3				
		11918902	C语言程序设计 B C Language Programming B	2.5	40	28	12						2.5			
		14300100	军事理论 Military Theory	2	32	32			2							
		21120802	测量学 B Surveying B	2	32	26	6		2							
		212127*2	高等数学 B Advanced Mathematics B	10	160	160			4	6						
		212130*2	大学物理 B College Physics B	7	112	112				3.5	3.5					
		20302402	大学化学 B College Chemistry B	5	80	56	24		5							
		21212802	线性代数 B Linear Algebra B	2.5	40	40							2.5			
		21213502	概率论与数理统计 B Probability and Mathematics Statistics B	2.5	40	40								2.5		
	选修 Selective	总计8学分,含创新创业选修课学分,跨学科选修课不低于5学分。“形势与政策”课程作为限选课,由马克思主义学院实施		8	128											

课程类别 Course Classification		课程编号 Course Code	课程名称 Course Name	学分 Crs	学时 Hrs	学时分类 Class Hours		先修课程 Prerequisite Courses	学期学分分配 Semester Credits							
						讲课 Lec.	实验 Lab.		一 1st	二 2nd	三 3rd	四 4th	五 5th	六 6th	七 7th	八 8th
通识通修课 Liberal Education Courses	选修 Selective	21213202	物理实验 B Physical Experiments B	2	32		32			2						
		20309202	物理化学 B Physical Chemistry B	3	48	48							3			
		20406900	普通生物学 General Biology	2	32	32				2						
		20311403	有机化学 C Organic Chemistry C	2	32	32						2				
		20320102	分析化学 B Analytical Chemistry B	3	48	48						3				
		10815300	管理和项目管理、矿山经济评价 Economy and Management	3	48	48								3		
		10815400	矿产资源法、环境法、土地法 Mineral Resources Law, Environmental Protection Law, Land Act	3	48	48									3	
		小计 **Sum**		**69.5**	**1192**	**1022**	**42**		**21.5**	**15**	**9.5**	**8**	**5**	**2.5**	**0**	**0**
专业平台课 Disciplinary Fundamental Courses		20114900	普通地质学 Physical Geology	3	48	40	8		3							
		20115500	晶体光学和光性矿物学 B Crystal Optics and Optical Mineralogy B	3	48	14	34	结晶学及矿物学		3						
		20104600	结晶学及矿物学 Crystallography and Mineralogy	5	80	40	40			5						
		20115100	地貌学及第四纪地质学 Geomorphology and Quaternary Geology	3	48	48	0			3						
		20106700	岩石学 Petrology	5	80	38	42	结晶学及矿物学 晶体光学和光性矿物学 B			5					
		20107900	古生物学 A Paleontology A	4	64	42	22	普通地质学			4					
		20108000	地史学 A Historical Geology A	4	64	42	22	古生物学 岩石学				4				
		20104001	构造地质学 A Structural Geology A	4	64	36	28	普通地质学 岩石学				4				
		20116200	地球化学 Geochemistry	4	64	64	0	岩石学 构造地质学				4				
		20112300	勘查地球化学 A Exploration Geochemistry A	3	48	36	12						3			
		20607000	勘查地球物理 Exploration Geophysics	2	32	32								2		
		20215900	矿产综合勘查技术 Comprehensive Exploration Techniques of Mineral Resources	4	64	52	12							4		

课程类别 Course Classification	课程编号 Course Code	课程名称 Course Name	学分 Crs	学时 Hrs	学时分类 Class Hours		先修课程 Prerequisite Courses	学期学分分配 Semester Credits							
					讲课 Lec.	实验 Lab.		一 1st	二 2nd	三 3rd	四 4th	五 5th	六 6th	七 7th	八 8th
专业平台课 Disciplinary Fundamental Courses	20213001	矿床学 A Metal Deposits A	5	80	52	28						5			
	20117700	遥感地质学 Remote Sensing Geology	3	48	32	16							3		
	20116300	区域地质调查技术与方法 The Methods and Techniques of Regional Geological Survey	2	32	20	12							2		
	20114300	微体古生物学及化石鉴定技术 Micropaleontology and Fossil Identification Techniques	3	48	28	20							3		
	20114300	岩石薄片分析 Microscopic Petrography	2	32	8	24								2	
	小计 **Sum**		**59**	**944**	**624**	**320**		**3**	**11**	**9**	**12**	**8**	**14**	**2**	**0**
专业特色课 Main Specialty Courses	20105400	区域大地构造学 Tectonics and Regional Geology	2	32	28	4						2			
	20116700	沉积学 Sedimentology	3	48	44	4							3		
	20109100	环境地球化学 Environmental Geochemistry	2	32	28	4							2		
	21102401	地理信息系统 A Geographic Information System A	3.5	56	36	20							3.5		
	20409102	水文地质学基础 B The Fundamental of Hydrogeology B	2.5	40	40								2.5		
	20506100	地质灾害防治工程 Engineering for Geo-disasters Prevention and Control	2.5	40	40									2.5	
	20530001	工程地质学基础 A Engineering Geology A	3.5	56	56									3.5	
	20403400	环境地质学 B Environmental Geology B	2	32	32										2
	21634000	素描造型基础与岩矿素描 Sketching for Petrology	2	32	4	28				2					
	小计 **Sum**	专业特色课的必修学分和选修学分	**12**	**192**											
合计 **Sub-total**			**140.5**	**2328**	**1646**	**362**		**24.5**	**26**	**18.5**	**20**	**13**	**16.5**	**2**	**0**

课程类别 Course Classification	课程编号 Course Code	课程名称 Course Name	学分 Crs	学时 Hrs	学时分类 Class Hours		先修课程 Prerequisite Courses	学期学分分配 Semester Credits							
					讲课 Lec.	实验 Lab.		一 1st	二 2nd	三 3rd	四 4th	五 5th	六 6th	七 7th	八 8th
实践环节 Practical Work	44300200	军事训练 Military Training	2	2周				2							
	41919002	C语言课程设计 Course Design for C Language	1.5	1.5周								1.5			
	41120902	测量教学实习B Surveying Practice B	0.5	0.5周			测量学B	0.5							
	40115200	地质认识实习(北戴河) Primary Field Training (Beidaihe)	2	2周			普通地质学			2					
	40115602	地质教学实习(周口店)B Geological Field Training (Zhoukoudian) B	4	4周			岩石学 构造地质学					4			
	40115702	地质教学实习(秭归)B Geological Field Training (Zigui) B	2	2周			地史学 古生物学					2			
	40118100	毕业生产实习(5—10月) Practice for Graduation	24	24周										24	
	40118200	毕业论文 Graduation Thesis	6	6周											6
	小计 **Sum**		**42**	**42**周				**2.5**	**0**	**2**	**0**	**7.5**	**0**	**24**	**6**
创新创业自主学习 Autonomous Learning	ZZ35000S	社会调查 Social Investigation	2												
		其他(学科竞赛、发明创造、科研报告) Others (Contest, Invention, Innovation and Research Presentation)	4												
	小计 **Sum**		**6**												
总计 **Total**			**188.5**	**2328 + 42**周	**1644**	**362**		**27**	**26**	**20.5**	**20**	**20.5**	**16.5**	**26**	**6**

注:部分通识教育选修课和创新创业学习学分未纳入具体学期。

地质学(卓越工程师教育培养计划)专业课程分类统计

Course Category Statistics of Geology(Excellent Engineer Training Program)

课程学分 / 统计	通识通修课 Liberal Education Courses		专业平台课 Disciplinary Fundamental Courses	专业特色课 Main Specialty Courses		实践环节 Practical Work	创新创业自主学习 Autonomous Learning	学时总计 Total Hours	学分总计 Total Credits
	必修 Compulsory	选修 Selective		必修 Compulsory	选修 Selective				
学时/学分 Hrs/Crs	1064/61.5	128/8	944/59	192/12		42周/42	6	2328+ 42周	188.5
学分所占比例 Proportion of Credits	36.9%		31.2%	6.4%		22.3%	3.2%		100%

地球化学专业培养方案

专业名称与代码：地球化学　070902

专业培养目标：本专业培养能适应社会主义市场经济建设所需要的德智体全面发展的地球化学高级专门人才。毕业生应具有扎实的地质基础理论、坚实的专业、计算机、外语等实用技能，较强的创新意识和创造能力，以及良好的科学作风，以适应21世纪地球科学发展和国家在资源、环境、灾害、国土规划以及国民经济其他相关领域对地球化学人才的需要。

专业毕业要求

1.具有扎实的地球科学理论基础知识；掌握物质成分分析测试技术及基本的地球科学实验技术和野外工作技能，具备从事固体地球化学、勘查地球化学和环境地球化学理论、分析实验、数据处理等工作的基本能力；具有一定的人文科学和管理科学知识及能力。

2.具有计算机软、硬件的基础知识，能熟练使用计算机进行文字和图形处理、数据处理等，并应用于地球化学研究。掌握一门以上计算机语言的编程技术。

3.掌握一门外语，具有较熟练地外语阅读、听、说及翻译的能力。

毕业生应获得以下几个方面的知识和能力

1.具有较坚实的数、理、化、外语、计算机基础。

2.掌握基础地质的基本理论、技能和工作方法。

3.掌握固体地球化学、勘查地球化学、环境地球化学的基本理论和工作方法。

4.具有从事地球化学研究的基本能力。

5.具有从事环境科学、资源开发方面的能力。

6.具有对地学及相关信息处理、成果解释和应用的基本能力。

7.具有基本的法律和道德意识、良好的心理素质、善于合作的团队精神及一定的组织管理能力。

主干学科：地球化学、地质学、环境科学。

专业核心课程：地球化学、勘查地球化学、普通地质学、结晶学及矿物学、岩石学、构造地质学、同位素地球化学、微量元素地球化学、环境地球化学、地球化学多元统计、分析地球化学、有机地球化学、土壤与土壤化学。

主要专业实验：地球化学样品分析实验、与地球化学数据处理有关的上机操作实验。

主要实践性教学环节：北戴河野外地质认知实习，周口店地质教学实习，秭归地质教学实习，秭归应用地球化学（找矿、环境、农业地球化学）实习，毕业生产实习，毕业论文。

修业年限：四年。

授予学位：理学学士。

相近专业：地质学。

Program for Geochemistry

Specialty and Code: Geochemistry 070902

Education Objective: The program trains advanced geochemical professionals with all-round developments in moral,intellectual and physical excellence. Our students should not only have a solid foundation in geological theories,but also have practical skills in using computer and English,as well as innovative and creative thinking. After four years of training,our graduates will be fully prepared to be engaged in various job positions such as resources exploration,environment surveying and assessing, geo-disaster prevention,national land planning and so on.

Graduation Requirements

1. Master the basic theoretical knowledge of earth sciences; learn the techniques of material composition analysis and testing in lab and other experimental techniques as well as field work skills in order to have the ability to do theoretical and hands-on researches on solid geochemistry,exploration geochemistry,and environmental geochemistry; be cultivated in liberal arts and management.
2. Master skills of using computer and apply them to geochemistry.
3. Master English with proficiency in listening,speaking,reading and translating.

Graduate Qualifications

1. Master fundamental knowledge of Mathematics,Physics,Chemistry,English,and Computer.
2. Master the fundamental theories and technologies in geology.
3. Master the fundamental theories and experimental methods in the solid geochemistry,exploration geochemistry,and environmental geochemistry.
4. Have the abilities to do geochemical research.
5. Have the ability to do researches in environmental science and to involve in resource development.
6. Have the ability of collecting and processing geological data,as well as interpreting results.
7. Have common sense in legal matters,with integrity,sound mental health and spirit of collaboration.

Major Disciplines: Geochemistry,Geology,Environmental Sciences.

Main Courses: Geochemistry, Exploration Geochemistry, Physical Geology, Crystallography and Mineralogy,Petrology,Tectonics,Isotope Geochemistry,Trace Element Geochemistry,Environmental Geochemistry,Multivariate Statistics in Geochemistry,Analytical Geochemistry,Organic Geochemistry,Pedology and Pedochemistry.

Lab Experiments: Geochemical Analysis of Samples,Geochemical Data Processing on Computer.

Practical Work: Primary Field Training (Beidaihe in Hebei Province,North China); Geological Mapping Training (Zhoukoudian in Beijing); Professional Fieldwork Training in Zigui; Applied Geochemical Practice in Zigui; Practice for Graduation and Thesis Writing.

Duration: four years.

Degree Granted: Bachelor of Science.

Related Specialties: Geology.

地球化学专业课程教学计划表

Course Descriptions of Geochemistry

课程类别 Course Classification		课程编号 Course Code	课程名称 Course Name	学分 Crs	学时 Hrs	学时分类 Class Hours		先修课程 Prerequisite Courses	学期学分分配 Semester Credits							
						讲课 Lec.	实验 Lab.		一 1st	二 2nd	三 3rd	四 4th	五 5th	六 6th	七 7th	八 8th
通识通修课 Liberal Education Courses	必修 Compulsory	11706200	马克思主义基本原理 Principles of Marxism	3	48	48			3							
		11706500	毛泽东思想与中国特色社会主义理论体系概论 Introduction to Mao Tse-tung Thought and the Theoretical System of Socialism with Chinese Characteristics	4	64	64						4				
		11711800	中国近现代史纲要 The Essentials of Modern Chinese History	2	32	32					2					
		120002*0	思想道德修养与法律基础 Morality Education and Fundamentals of Law	3	48	48			1.5	1.5						
		113076*0	体育 Physical Education	4	144	144			1	1	1	1				
		109116*0	大学英语 College English	12	192	192			3	3	3	3				
		11918902	C语言程序设计B C Language Programming B	2.5	40	28	12						2.5			
		14300100	军事理论 Military Theory	2	32	32			2							
		21120802	测量学B Surveying B	2	32	26	6		2							
		212127*2	高等数学B Advanced Mathematics B	10	160	160			4	6						
		212130*2	大学物理B College Physics B	7	112	112				3.5	3.5					
		20302402	大学化学B College Chemistry B	5	80	56	24		5							
		21212802	线性代数B Linear Algebra B	2.5	40	40							2.5			
		21213502	概率论与数理统计B Probability and Mathematics Statistics B	2.5	40	40								2.5		
		总计12个学分,含创新创业教育选修课学分,其中跨学科课程不低于6学分。"形势与政策"课程作为限选课,由马克思主义学院实施		12	192											

课程类别 Course Classification		课程编号 Course Code	课程名称 Course Name	学分 Crs	学时 Hrs	学时分类 Class Hours		先修课程 Prerequisite Courses	学期学分分配 Semester Credits							
						讲课 Lec.	实验 Lab.		一 1st	二 2nd	三 3rd	四 4th	五 5th	六 6th	七 7th	八 8th
通识通修课 Liberal Education Courses	选修 Selective	20311403	有机化学 C Organic Chemistry C	2	32	32						2				
		21213202	物理实验 B Physical Experiments B	2	32		32			2						
		20309202	物理化学 B Physical Chemistry B	3	48	48							3			
		21206400	数学物理方程 Mathematical Physics Equations	3	48	48								3		
		20320102	分析化学 B Analytical Chemistry B	3	48	48						3				
		20406900	普通生物学 Physical Biology	2	32	32				2						
		小计 Sum		**73.5**	**1256**	**1022**	**42**		**21.5**	**15**	**9.5**	**8**	**5**	**2.5**	**0**	**0**
专业平台课 Disciplinary Fundamental Courses		20114900	普通地质学 Physical Geology	3	48	40	8		3							
		20115500	晶体光学和光性矿物学 B Crystal Optics and Optical Mineralogy B	3	48	16	32	结晶学及矿物学		3						
		20104600	结晶学及矿物学 Crystallography and Mineralogy	5	80	40	40			5						
		20115100	地貌学及第四纪地质学 Geomorphology and Quaternary Geology	3	48	48				3						
		20106700	岩石学 Introduction to Petrology	5	80	40	40	结晶学及矿物学 晶体光学和光性矿物学 B			5					
		20107900	古生物学 A Paleontology A	4	64	42	22	普通地质学			4					
		20108000	地史学 Historical Geology	4	64	42	22	古生物学 岩石学				4				
		20104001	构造地质学 A Structural Geology A	4	64	48	16	普通地质学 B 岩石学				4				
		20116200	地球化学 Geochemistry	4	64	64		岩石学 构造地质学				4				
		20603800	固体地球物理学概论 Solid Geophysics	2.5	40	40							2.5			
		20216000	矿床学 B Mineral Deposits B	4	64	50	14						4			
		20117700	遥感地质学 Remote Sensing Geology	3	48	32	16						3			

课程类别 Course Classification		课程编号 Course Code	课程名称 Course Name	学分 Crs	学时 Hrs	学时分类 Class Hours		先修课程 Prerequisite Courses	学期学分分配 Semester Credits							
						讲课 Lec.	实验 Lab.		一 1st	二 2nd	三 3rd	四 4th	五 5th	六 6th	七 7th	八 8th
专业平台课 Disciplinary Fundamental Courses		20203500	矿石学 Ore Petrology	2.5	40	10	30							2.5		
		20215200	矿产勘查理论与方法 Theories and Methods of Mineral Exploration	3	48	40	8							3		
		小计 **Sum**		**50**	**800**	**552**	**248**		**3**	**11**	**9**	**12**	**9.5**	**5.5**	**0**	**0**
专业特色课 Main Specialty Courses	必修 Compulsory	20117200	地球化学多元统计 Multivariate Statistics in Geochemistry	2	32	24	8	地球化学						2		
		20117300	分析地球化学 Analytical Geochemistry	2	32	20	12	地球化学					2			
		20112300	勘查地球化学 Exploration Geochemistry	3	48	28	20	地球化学						3		
		20117400	微量元素地球化学 Trace Element Geochemistry	1.5	24	20	4	岩石学 地球化学					1.5			
		20117500	同位素地球化学 Isotope Geochemistry	1.5	24	24		岩石学 地球化学					1.5			
		20106200	土壤与土壤化学 Pedology and Pedochemistry	2	32	24	8	地球化学							2	
		20110400	有机地球化学 Organic Geochemistry	2	32	26	6	地球化学							2	
		20109100	环境地球化学 Environmental Geochemistry	2	32	28	4	地球化学							2	
	选修 Selective	21634000	素描造型基础与岩矿素描 Sketching for Petrology	2	32	4	28				2					
		20116300	区域地质调查技术与方法 The Methods and Techniques of Regional Geological Survey	2	32	20	12							2		
		20116400	显微构造地质学 Microstructural Geology	2	32	20	12						2			
		20105400	区域大地构造学 Tectonics and Regional Geology	2	32	28	4						2			
		20116900	火成岩成因 Igneous Petrogenesis	2	32	20	12						2			
		20116600	古生态学 Palaeoecology	2	32	32							2			
		20117000	沉积学研究方法 Techniques in Sedimentary Petrology	2	32	14	18						2			
		20116700	沉积学 Sedimentology	3	48	44	4							3		

课程类别 Course Classification		课程编号 Course Code	课程名称 Course Name	学分 Crs	学时 Hrs	学时分类 Class Hours		先修课程 Prerequisite Courses	学期学分分配 Semester Credits							
						讲课 Lec.	实验 Lab.		一 1st	二 2nd	三 3rd	四 4th	五 5th	六 6th	七 7th	八 8th
专业特色课 Main Specialty Courses	选修 Selective	20111200	地层学 Stratigraphy	2	32	32								2		
		20116800	微体古生物学及化石鉴定技术 Micropaleontology and Fossil Identification Techniques	3	48	28	20							3		
		20117100	变质地质学 Metamorphic Geology	3	48	16	32							3		
		20116500	解析构造地质学 Analytical Tectonics and Structural Geology	2	32	28	4								2	
		20100700	成因矿物学 Genetic Mineralogy	2	32	32									2	
		20114300	岩石薄片分析 Microscopic Petrography	2	32	8	24								2	
		20506100	地质灾害防治工程 Engineering for Geo-disasters Prevention and Control	2.5	40	40									2.5	
		20114800	比较行星岩石学 Comparative Planetary Petrology	2	32	20	12								2	
		20117600	全球变化 Global Change	1.5	24	20	4								1.5	
		20107102	自然地理学 B Physical Geography B	2	32	32									2	
		20118800	全球大地构造学 Global Tectonics	2	32	32									2	
		21110500	遥感图像处理技术 Remote Sensing Image Processing	2.5	40	24	16							2.5		
		20113900	生态地理学 Ecological Geography	3	48	42	6							3		
		21102401	地理信息系统 A Geographic Information System A	3.5	56	36	20						3.5			
		20403400	环境地质学 Environmental Geology	2	32	32										2
		21407600	宝石学 B Gemology B	3	48	40	8								3	
		20214804	石油及天然气地质学 D Petroleum and Natural Gas Geology D	2.5	40	34	6									2.5
		20508400	工程地质学基础 B Engineering Geology B	2.5	40	40										2.5
		小计 Sum	专业特色课的必修学分和选修学分	**25**	**400**	**194**	**62**		**0**	**0**	**0**	**0**	**5**	**5**	**6**	**0**

课程类别 Course Classification	课程编号 Course Code	课程名称 Course Name	学分 Crs	学时 Hrs	学时分类 Class Hours		先修课程 Prerequisite Courses	学期学分分配 Semester Credits							
					讲课 Lec.	实验 Lab.		一 1st	二 2nd	三 3rd	四 4th	五 5th	六 6th	七 7th	八 8th
合计 Sub-total			**148.5**	**2456**	**1768**	**352**		**24.5**	**26**	**18.5**	**20**	**19.5**	**13**	**6**	**0**
实践环节 Practical Work	44300200	军事训练 Military Training	2	2 周				2							
	41919002	C 语言课程设计 Course Design for C Language	1.5	1.5 周								1.5			
	41120902	测量教学实习 B Surveying Practice B	0.5	0.5 周			测量学 B	0.5							
	40115200	地质认识实习(北戴河) Primary Field Training(Beidaihe)	2	2 周			普通地质学			2					
	40115602	地质教学实习(周口店) B Geological Field Training (Zhoukoudian) B	4	4 周			岩石学 构造地质学					4			
	40115702	地质教学实习(秭归)B Geological Field Training (Zigui) B	2	2 周			地史学 古生物学					2			
	40117900	综合地化专业实习(秭归) Professional Field Training (Zigui)	3	3 周			勘查地球化学						3		
	40116000	毕业生产实习 B Practice for Graduation B	8	8 周										8	
	40118000	毕业论文 A Thesis Writing for Graduation A	12	12 周											12
	小计 Sum		**35**	**35 周**				**2.5**	**0**	**2**	**0**	**7.5**	**3**	**8**	**12**
创新创业自主学习 Autonomous Learning	ZZ35000S	社会调查 Social Investigation	2												
		其他(学科竞赛、发明创造、科研报告) Others (Contest, Invention, Innovation and Research Presentation)	4												
	小计 Sum		**6**												
总计 Total			**189.5**	**2456 + 35 周**	**1768**	**352**		**27**	**26**	**20.5**	**20**	**27**	**16**	**14**	**12**

注:通识教育选修课学分和创新创业自主学习学分未纳入具体学期。

地球化学专业课程分类统计

Course Category Statistics of Geochemistry

课程学分 / 统计	通识通修课 Liberal Education Courses		专业平台课 Disciplinary Fundamental Courses	专业特色课 Main Specialty Courses		实践环节 Practical Work	创新创业自主学习 Autonomous Learning	学时总计 Total Hours	学分总计 Total Credits
	必修 Compulsory	选修 Selective		必修 Compulsory	选修 Selective				
学时/学分 Hrs/Crs	1064/61.5	192/12	800/50	256/16	144/9	35 周/35	6	2456+35 周	189.5
学分所占比例 Proportion of Credits	38.79%		26.39%	8.44%	4.75%	18.47%	3.17%		100%

地理科学专业培养方案

专业名称与代码：地理科学　070501

专业培养目标：本专业培养适应社会发展需要的德智体全面发展，具有创新精神和实践能力的地理科学人才。毕业生在具备扎实的地质基础上，能够熟练掌握地理科学的基本理论、方法及实践技能，熟悉古气候和古环境重建、遥感、地理信息系统、人文等地球表层系统领域的基本理论和技能。毕业后，一部分免试推荐或考取至科研机构及高等院校攻读硕士学位或者进行硕-博连读；另一部分能够在相关领域从事教学、科研、生产应用、技术开发及管理等工作。

专业毕业要求

1. 本专业学生具有扎实的数理化、外语、地球科学基础和计算机技能；掌握一门外语，具备听、说、读、写及对外交流的能力，达到能独立获取信息的水平；具有计算机软、硬件的基础知识，掌握一门以上计算机语言的编程技术。

2. 掌握自然地理科学理论、知识和技能，具备从事地球表层系统的基础理论研究、应用研究、分析实验和数据处理等工作的基本能力。

3. 能熟练将计算机文字、图形、数据等处理技术应用于地理科学的实际研究工作。

毕业要求及实现途径

序号	毕业要求	实现途径(教学过程)
1	具有坚实的数学、物理、化学、外语和计算机基础	①课堂教学：高等数学、线性代数、概率统计、大学物理、大学化学 ②课外学习：课程专业实习
2	熟练掌握地理科学的基本原理、技能和工作方法	①课堂教学：自然地理、普通地质学、地貌学与第四纪地质学、人文地理、区域分析与规划等课程 ②课外学习：北戴河地质认知实习、秭归资源调查实习
3	了解相近专业如地质科学、生态学、环境科学的一般原理和方法	①课堂教学：矿物岩石、构造地质、地层古生物、土壤化学、生态地理、大气科学概论、海洋学基础、环境科学概论等 ②课外学习：地理综合实习
4	掌握和运用RS和GIS技术解决实际问题	①课堂教学：遥感概论、地理信息系统、遥感图像处理等 ②课外学习：地理综合实习
5	具有从事全球变化研究、资源规划、环境保护、灾害防治和区域可持续发展等方面工作的潜在能力	①课堂教学：全球变化、人文地理、经济地理、自然地理学、地理信息系统 ②课外学习：地理综合实习、课程实习
6	具有对地理及相关信息的收集处理、成果解释和应用的初步能力	①课堂教学：遥感科学、地理信息系统、遥感图像处理、土地资源学等 ②课外学习：课程实习、生产实习等
7	具有良好的科学素养、心理素质、综合能力及一定的管理能力	①课堂教学：人文素养、思想道德修养与法律基础、军事理论等 ②课外学习：课程实习、生产实习等

主干学科:自然地理学、人文地理学、遥感与地理信息系统、环境科学、地质学。

专业核心课程:自然地理学、普通地质学、地貌学与第四纪地质学、环境科学概论、遥感概论、地理信息系统、生态地理学、海洋学基础、岩石矿物学、地层古生物学、构造地质学、土壤化学、全球变化等。

主要专业实验:遥感应用技术实验、地理信息系统技术实验。

主要实践性教学环节:包括野外教学实习(北戴河地质认知实习、周口店和秭归地质教学实习、秭归地理专业实习)、毕业生产实习、毕业论文撰写等,一般安排 20 周左右。

修业年限:四年。

授予学位:理学学士。

相近专业:自然地理与资源环境。

Program for Geography Science

Specialty and Code: Geography Science 070501

Education Objective: The program aims to facilitate the all-round development of our students, with an emphasis on training high-level geography professionals who are practice-oriented and creative. Graduates will have a good command of the basic theory and practice in geography science, geology, remote sensing and geographic information system. Also, they are familiar with technology of reconstruction of palaeo-environment. Therefore, more than half of our graduates will get the opportunity to further pursue a higher degree in geosciences in research institutes or institutions of higher learning with or without the national entrance examination. Others can easily find a job in a wide range of teaching, research, technical development, managing and other relevant domains.

Graduation Requirements

1. Master the basic theories of mathematics, physics, chemistry, earth sciences and computer skills. Master a foreign language with proficiency in terms of listening, speaking, reading and writing to ensure a fluent communication. Master at least one advanced computer language.

2. Master fundamental theories and practices in geography science and quaternary geology to be able to handle the issues concerning the earth surface system.

3. Master the computer operation skills involving text, images, and other data processing in geographical science research.

Graduation Requirements and Ways to Achieve

No.	Graduation Requirements	Ways to Achieve(Teaching Process)
1	To be equipped with fundamental knowledge and theories of mathematics, physics, chemistry, English, computer science, and etc	① Classroom Teaching: Advanced Mathematics, Linear Algebra, Probability and Statistics, College Physics, College Chemistry ②Out-of-class Learning: Practice of Professional Courses
2	To learn and be familiar with the fundamental theories and technologies in geography science and quaternary geology	①Classroom Teaching: Physical Geography, Geology, Geomorphology and Quaternary Geology, Human Geography, Regional Analysis and Planning ② Out-of-class Learning: Beidaihe Geological Practice, Zigui Resources Investigation
3	To study the theory and practice of relevant disciplines including geography, ecology and environmental science	①Classroom Teaching: Mineralogy and Petrology, Structural Geology, Stratigraphy and Palaeontology, Pedochemistry, Ecological Geography, Introduction to Environmental Science, Basic Oceanography, Introduction to Atmospheric Science ②Out-of-class Learning: Comprehensive Practice of Geography

No.	Graduation Requirements	Ways to Achieve(Teaching Process)
4	To grasp RS and GIS techniques and be capable of solving practical problems by its applications	①Classroom Teaching: Introduction to Remote Sensing, Geographic Information System, Remote Sensing Imagine Processing ② Out-of-class Learning: Comprehensive Practice of Geography
5	To build up the potential of working in the areas of global change study, resources planning, environmental protection, geo-hazard prevention and control, study on regional sustainable development	①Classroom Teaching: Global Change, Human Geography, Economic Geography, Physical Geography, Geographic Information System ② Out-of-class Learning: Comprehensive Practice of Geography, Practice of Professional Courses
6	To develop the ability of collecting, processing, interpreting and applying the information to geography	①Classroom Teaching: Introduction of Remote Sensing, Geographic Information System, Remote Sensing Imagine Processing, Land Resource ②Out-of-class Learning: Practice of Professional Courses, Production Practice
7	To be highly qualified in science, have a good management capacity, and be both physically and mentally healthy	①Classroom Teaching: Morality Education and Fundamentals of Law, Military Theory ②Out-of-class Learning: Practice of Professional Courses, Production Practice

Major Disciplines: Physical Geography, Human Geography, Remote Sensing and Geographic Information System, Environmental Science, Geology.

Main Courses: Physical Geography, Physical Geology, Geomorphology & Quaternary Geology, Introduction to Environmental Science, Introduction to Remote Sensing, Geographic Information System, Ecological Geography, Basic Oceanography, Mineralogy and Petrology, Stratigraphy and Palaeontology, Structural Geology, Pedochemistry, Global Change, etc.

Lab Experiments: Experiment of Remote Sense Applications, Experiment of GIS Techniques.

Practical Work: Primary Geological Field Training (Beidaihe, North China), Geographic and Geological Field Training (Zhoukoudian, North China and Zigui, South China), Practice for Graduation and Thesis Writing, about 20 weeks in total.

Duration: four years.

Degree Granted: Bachelor of Science.

Related Specialties: Physical Geography, Resources and Environment.

地理科学专业课程教学计划表

Course Descriptions of Geography Science

课程类别 Course Classification		课程编号 Course Code	课程名称 Course Name	学分 Crs	学时 Hrs	学时分类 Class Hours 讲课 Lec.	实验 Lab.	先修课程 Prerequisite Courses	学期学分分配 Semester Credits 一 1st	二 2nd	三 3rd	四 4th	五 5th	六 6th	七 7th	八 8th
通识教育课 Liberal Education Courses	必修 Compulsory	11706200	马克思主义基本原理 Principles of Marxism	3	48	48			3							
		11706500	毛泽东思想与中国特色社会主义理论体系概论 Introduction to Mao Tse-tung Thought and the Theoretical System of Socialism with Chinese Characteristics	4	64	64						4				
		11711800	中国近现代史纲要 The Essentials of Modern Chinese History	2	32	32					2					
		120002＊0	思想道德修养与法律基础 Morality Education and Fundamentals of Law	3	48	48			1.5	1.5						
		113076＊0	体育 Physical Education	4	144	144			1	1	1	1				
		109116＊0	大学英语 College English	12	192	192			3	3	3	3				
		11918902	C语言程序设计B C Language Programming B	2.5	40	28	12						2.5			
		14300100	军事理论 Military Theory	2	32	32			2							
	选修 Elective	总计12学分，含创新创业选修课学分，跨学科选修课不低于6学分。“形势与政策”课程作为限选课，由马克思主义学院实施		12	192											
	小计 **Sum**			**44.5**	**792**	**588**	**12**		**10.5**	**5.5**	**6**	**8**	**2.5**	**0**	**0**	**0**
学科基础课 Disciplinary Fundamental Courses		21120802	测量学C Surveying C	2	32	26	6		2							
		212127＊2	高等数学B Advanced Mathematics B	10	160	160			4	6						
		212130＊2	大学物理B College Physics B	7	112	112				3.5	3.5					
		20302402	大学化学B College Chemistry B	5	80	56	24		5							
		21212802	线性代数B Linear Algebra B	2.5	40	40							2.5			
		21213502	概率论与数理统计B Probability and Mathematics Statistics B	2.5	40	40								2.5		

课程类别 Course Classification	课程编号 Course Code	课程名称 Course Name	学分 Crs	学时 Hrs	学时分类 Class Hours		先修课程 Prerequisite Courses	学期学分分配 Semester Credits							
					讲课 Lec.	实验 Lab.		一 1st	二 2nd	三 3rd	四 4th	五 5th	六 6th	七 7th	八 8th
学科基础课 Disciplinary Fundamental Courses	20114900	普通地质学 Physical Geology	3	48	40	8		3							
	20113100	矿物岩石学 A Mineralogy and Petrology A	3	48	12	36			3						
	20118300	地层古生物学 Stratigraphy and Palaeontology	3	48	36	12					3				
	20406900	普通生物学 General Biology	2	32	32					2					
	20104001	构造地质学 A Structural Geology A	4	64	48	16					4				
	20412700	环境科学导论 Introduction to Environmental Science	2.0	32	32							2.0			
	20202800	海洋学基础 Basic Oceanography	3	48	48					3					
	小计 Sum		**49**	**784**	**682**	**102**		**14**	**12.5**	**8.5**	**7**	**4.5**	**2.5**	**0**	**0**
专业主干课 Main Specialty Courses	20111601	自然地理学 A Physical Geography A	3	48	48				3						
	20115100	地貌学与第四纪地质学 Geomorphology and Quaternary Geology	3	48	48				3						
	20113800	全球变化 Global Change	3	48	40	8				3					
	20113900	生态地理学 Ecological Geography	3	48	42	6					3				
	21110201	遥感概论 A Introduction to Remote Sensing	3.5	56	36	20						3.5			
	21102401	地理信息系统 A Geographic Information System A	3.5	56	36	20						3.5			
	20421300	土壤学 Pedology	3	48	40	8				3					
	20105700	人文地理学 Human Geography	2.5	40	32	8					2.5				
	20117800	大气科学概论 Introduction to Atmospheric Science	2.0	32	32					2					
	21121302	地图制图学基础 B Cartography B	2.5	40	32	8							2.5		
	小计 Sum		**29**	**464**	**386**	**78**		**0**	**6**	**8**	**5.5**	**7**	**2.5**	**0**	**0**

课程类别 Course Classification	课程编号 Course Code	课程名称 Course Name	学分 Crs	学时 Hrs	学时分类 Class Hours		先修课程 Prerequisite Courses	学期学分分配 Semester Credits							
					讲课 Lec.	实验 Lab.		一 1st	二 2nd	三 3rd	四 4th	五 5th	六 6th	七 7th	八 8th
专业选修课 Specialty Elective Courses		具体见专业选修课列表	20	320											
合计 Sub-total			**142.5**	**2360**	**1656**	**192**		**24.5**	**24**	**22.5**	**20.5**	**14**	**5**	**0**	**0**
实践环节 Practical Work	44300200	军事训练 Military Training	2	2 周				2							
	41120902	测量教学实习 C Surveying Practice C	0.5	0.5 周				0.5							
	40115200	地质认识实习(北戴河) Primary Field Training(Beidaihe)	2	2 周						2					
	40115602	地质教学实习(周口店) B Geological Field Training (Zhoukoudian) B	4	4 周								4			
	40115700	地质教学实习(秭归) B Geological Field Training (Zigui) B	2	2 周								2			
	41919002	C 语言程序设计 C Course Design for C Language C	1.5	1.5 周								1.5			
	40118400	综合地理实习 Geographic Field Training	3	3 周										3	
	40118500	毕业生产实习 Practice for Graduation	4	4 周										4	
	40118600	毕业论文 Graduation Thesis	16	16 周											16
	小计 Sum		**35**	**35 周**				**2.5**	**0**	**2**	**0**	**7.5**	**0**	**7**	**16**
创新创业自主学习 Autonomous Learning	ZZ35000S	社会调查 Social Investigation	2												
		其他(学科竞赛、发明创造、科研报告) Others (Contest, Invention, Innovation and Research Presentation)	3												
	小计 Sum		**5**												
总计 Total			**182.5**	**2360 + 35 周**	**1656**	**192**		**27**	**24**	**24.5**	**20.5**	**21.5**	**5**	**7**	**16**

课程类别 Course Classification	课程编号 Course Code	课程名称 Course Name	学分 Crs	学时 Hrs	学时分类 Class Hours		先修课程 Prerequisite Courses	学期学分分配 Semester Credits							
					讲课 Lec.	实验 Lab.		一 1st	二 2nd	三 3rd	四 4th	五 5th	六 6th	七 7th	八 8th
可开出专业选修课列表 Specialty Elective Courses	20104700	经济地理学 Economic Geography	2.5	40	40							2.5			
	20409102	水文地质学基础 B The Fundamental of Hydrogeology B	2.5	40	40								2.5		
	20116200	地球化学 Geochemistry	4	64	64								4		
	20414100	大气污染控制 Air Pollution Control	2	32	32								2		
	20109100	环境地球化学 Environmental Geochemistry	2	32	32								2		
	20110400	有机地球化学 Organic Geochemistry	2	32	32								2		
	21110500	遥感图像处理原理及应用 Remote Sensing Image Processing	2.5	40	20	20							2.5		
	21104200	定量遥感 Quantitative Remote Sensing	2	32	32							2			
	20105600	区域分析与规划学 Regional Analysis and Planning	2.5	40	40								2.5		
	20107500	自然灾害学 Study of Natural Disasters	2.5	40	40							2.5			
	20113300	旅游地理学 Tourism Geography	2.5	40	40							2.5			
	20508400	工程地质学基础 B Engineering Geology B	2.5	40	40									2.5	
	20507800	工程 CAD 基础 Technology CAD	1.5	24	20	4							1.5		
	20414200	水资源开发与保护 Water Resources Development and Protection	1.5	24	24									1.5	
	20118700	计量地理学 Quantitative Geography	2.5	40	40							2.5			

注：通识教育选修课学分和创新创业自主学习学分未列入具体学期。

地理科学专业课程分类统计
Course Category Statistics of Geochemistry Science

课程学分 / 统计	通识教育课 Liberal Education Courses		学科基础课 Disciplinary Fundamental Courses	专业主干课 Main Specialty Courses	专业选修课 Specialty Elective Courses	实践环节 Practical Work	创新创业自主学习 Autonomous Learning	学时总计 Total Hours	学分总计 Total Credits
	必修 Compulsory	选修 Selective							
学时/学分 Hrs/Crs	520/32.5	192/12	784/49	464/29	320/20	35 周/35	5	2360+35 周	182.5
学分所占比例 Proportion of Credits	24.38%		26.85%	15.89%	10.96%	19.18%	2.74%		100%

资源学院

- 资源勘查工程(工科基地班)专业培养方案
- 资源勘查工程(固体方向)专业培养方案
- 资源勘查工程(油气方向)专业培养方案
- 资源勘查工程(煤及煤层气方向)专业培养方案
- 石油工程专业培养方案
- 海洋科学(菁英班)专业培养方案
- 资源勘查工程(卓越工程师教育培养计划)专业培养方案

资源勘查工程(工科基地班)专业培养方案

专业名称与代码:资源勘查工程　081403

专业培养目标

1.本专业培养德智体全面发展,适应社会经济发展需要,具有良好的人文社会科学素养、高度的社会责任感与高尚的工程职业道德,具有扎实专业理论基础与专业技能、较强创新意识、较宽国际视野和跨文化交流、竞争与合作能力,能从事地质矿产基础研究,固体矿产调查、勘查、评价及管理等方面工作的复合型工程技术人才。

2.预期本专业毕业生毕业后五年左右能够在社会及资源勘查工程领域担任业务骨干或技术负责人,并取得中级及以上职称。

专业毕业要求

1.工程知识:能够将数学、自然科学、工程基础和固体矿产勘查知识用于解决固体矿产勘查中复杂工程问题。

2.问题分析:能够应用数学、自然科学和固体矿产勘查的基本原理,识别、表达并通过文献研究分析固体矿产勘查中复杂工程问题,以获得有效结论。

3.设计、开发解决方案:能够设计针对固体矿产勘查中复杂工程问题的解决方案,设计满足特定需求的系统、单元(部件)或工艺流程,并能够在设计环节中体现创新意识,考虑社会、健康、安全、法律、文化以及环境等因素。

4.研究:能够基于科学原理并采用科学方法对固体矿产勘查中复杂工程问题进行研究,包括设计实验、分析与解释数据,并通过信息综合得到合理有效的结论。

5.使用现代工具:能够针对固体矿产勘查中复杂工程问题,开发、选择与使用恰当的技术、资源、现代工程工具和信息技术工具,包括对复杂工程问题的预测与模拟,并能够理解其局限性。

6.工程与社会:能够基于固体矿产勘查工程相关背景知识进行合理分析,评价固体矿产勘查工程实践和复杂工程问题解决方案对社会、健康、安全、法律以及文化的影响,并理解应承担的责任。

7.环境和可持续发展:能够理解和评价针对固体矿产勘查中复杂工程问题的专业工程实践对环境、社会可持续发展的影响。

8.职业规范:具有人文社会科学素养、社会责任感,能够在固体矿产勘查工程实践中理解并遵守工程职业道德和规范,履行责任。

9.个人和团队:能够在多学科背景下的团队中承担个体、团队成员角色以及负责人的角色。

10.沟通:能够就固体矿产勘查中复杂工程问题与业界同行及社会公众进行有效的沟通和交流,包括撰写报告和设计文稿、陈述发言、清晰表达或回应指令,并具备一定的国际视野,能够在跨文化背景下进行沟通和交流。

11.项目管理:理解并掌握工程管理原理与经济决策方法,并能在多学科环境中应用。

12.终身学习:具有自主学习和终身学习的意识,有不断学习和适应发展的能力。

毕业要求及实现途径

序号	毕业要求	实现途径(教学过程)
1	工程知识:能够将数学、自然科学、工程基础和固体矿产勘查知识用于解决固体矿产勘查中复杂工程问题	①课堂教学:高等数学 A、概率论与数理统计 A、线性代数 B、大学物理 C、物理实验 B、大学化学 A、普通地质学、测量学 A、结晶学与矿物学、晶体光学及光性矿物学、岩石学、地层及古生物学、构造地质学 A、地球化学、资源导论、矿石学、矿田构造学、矿床学 A、矿产勘查理论与方法、矿产综合勘查技术、矿床统计预测、矿业工程概论、流体包裹体、矿产资源经济学、矿床地球化学、勘查地球化学、盆地与成矿、矿业环境保护、遥感概论 B、区域成矿学、勘查地球物理、资源信息工程、数字地质调查新技术与方法、世界矿产资源概论、矿产资源法律法规、专业英语、水文地质学、工程地质学基础 B、环境地质学、专业文献检索、素描造型基础与岩矿素描等 ②课外学习:专题讲座、学术报告等
2	问题分析:能够应用数学、自然科学和固体矿产勘查的基本原理,识别、表达并通过文献研究分析固体矿产勘查中复杂工程问题,以获得有效结论	①课堂教学:测量学实习 A、地质认识实习(北戴河)、地质教学实习(周口店)、生产实习、毕业论文(设计)、矿床学教学实习(大冶)、矿体建模及储量计算、矿产地质调查等 ②课外学习:课程作业、大学生科研立项、"寻找李四光"活动、学科前沿调研报告等
3	设计/开发解决方案:能够设计针对固体矿产勘查中复杂工程问题的解决方案,设计满足特定需求的系统、单元(部件)或工艺流程,并能够在设计环节中体现创新意识,考虑社会、健康、安全、法律、文化以及环境等因素	①课堂教学:测量学实习 A、地质认识实习(北戴河)、地质教学实习(周口店)、生产实习、毕业论文(设计)、矿床学教学实习(大冶)、矿体建模及储量计算、矿产地质调查等 ②课外学习:课程作业、大学生科研立项、"寻找李四光"活动、学科前沿调研报告等
4	研究:能够基于科学原理并采用科学方法对固体矿产勘查中复杂工程问题进行研究,包括设计实验、分析与解释数据,并通过信息综合得到合理有效的结论	①课堂教学:测量学实习 A、地质认识实习(北戴河)、地质教学实习(周口店)、生产实习、毕业论文(设计)、矿床学教学实习(大冶)、矿体建模及储量计算、矿产地质调查等 ②课外学习:课程作业、大学生科研立项、"寻找李四光"活动、学科前沿调研报告等
5	使用现代工具:能够针对固体矿产勘查中复杂工程问题,开发、选择与使用恰当的技术、资源、现代工程工具和信息技术工具,包括对复杂工程问题的预测与模拟,并能够理解其局限性	①课堂教学:大学英语、C 语言程序设计 B、C 语言程序设计课程设计 B、专业文献检索、资源信息工程、数字地质调查新技术与方法、专业英语、素描造型基础与岩矿素描、地质认识实习(北戴河)、地质教学实习(周口店)、生产实习、毕业论文(设计)、矿床学教学实习(大冶)、矿体建模及储量计算、矿产地质调查等 ②课外学习:课程作业、大学生科研立项、专题讲座、学科前沿调研报告等

序号	毕业要求	实现途径(教学过程)
6	工程与社会:能够基于固体矿产勘查工程相关背景知识进行合理分析,评价固体矿产勘查工程实践和复杂工程问题解决方案对社会、健康、安全、法律以及文化的影响,并理解应承担的责任	①课堂教学:矿业工程概论、矿产资源法律法规、水文地质学、工程地质学基础 B、环境地质学、测量学实习 A、地质认识实习(北戴河)、地质教学实习(周口店)、生产实习、毕业论文(设计)、矿床学教学实习(大冶)等 ②课外学习:课程作业、大学生科研立项、专题讲座等
7	环境和可持续发展:能够理解和评价针对固体矿产勘查中复杂工程问题的专业工程实践对环境、社会可持续发展的影响	①课堂教学:矿产资源经济学、矿业环境保护、测量学实习 A、地质认识实习(北戴河)、地质教学实习(周口店)、生产实习、毕业论文(设计)、矿床学教学实习(大冶)等 ②课外学习:课程作业、大学生科研立项、专题讲座等
8	职业规范:具有人文社会科学素养、社会责任感,能够在固体矿产勘查工程实践中理解并遵守工程职业道德和规范,履行责任	①课堂教学:马克思主义基本原理、毛泽东思想与中国特色社会主义体系概论、中国近现代史纲要、思想道德修养与法律基础、军事理论及军事训练、体育、社会调查等 ②课外学习:入学教育、大学生心理健康教育、形势与政策教育、就业指导、毕业教育、班主任和辅导员的专题讲座、学术讲座等
9	个人和团队:能够在多学科背景下的团队中承担个体、团队成员角色以及负责人的角色	①课堂教学:测量学实习 A、地质认识实习(北戴河)、地质教学实习(周口店)、生产实习、毕业论文(设计)、矿床学教学实习(大冶)等 ②课外学习:课程作业、大学生科研立项、“寻找李四光”活动等
10	沟通:能够就固体矿产勘查中复杂工程问题与业界同行及社会公众进行有效沟通和交流,包括撰写报告和设计文稿、陈述发言、清晰表达或回应指令,并具备一定的国际视野,能够在跨文化背景下进行沟通和交流	①课堂教学:专业英语、世界矿产资源概论、测量学实习 A、地质认识实习(北戴河)、地质教学实习(周口店)、生产实习、毕业论文(设计)、矿床学教学实习(大冶)等 ②课外学习:学科前沿调研报告、科技论文报告会、学术讲座、撰写科技论文、参加教师科研项目等
11	项目管理:理解并掌握工程管理原理与经济决策方法,并能在多学科环境中应用	①课堂教学:经济管理类选修课、矿产地质调查、测量学实习 A、地质认识实习(北戴河)、地质教学实习(周口店)、生产实习、毕业论文(设计)、矿床学教学实习(大冶)等 ②课外学习:大学生科研立项、生产实习、参加教师科研项目等
12	终身学习:具有自主学习和终身学习的意识,有不断学习和适应发展的能力	①课堂教学:生产实习、毕业论文(设计)、思想道德修养与法律基础等 ②课外学习:课程作业、学科竞赛、发明创造、科研报告、大学生科研立项等

主干学科:地质资源与地质工程。

核心课程:矿床学、矿石学、矿田构造学、矿产勘查理论与方法、矿产综合勘查技术、矿产资源经济学、矿床统计预测、矿业工程概论、矿床地球化学、流体包裹体。

主要专业实验:常见矿物、岩石、化石等鉴定实验,矿石鉴定与可开发性分析与评价,地质、地球物理、地球化学、遥感信息的综合分析与解释,找矿信息挖掘与定量评价,勘查工程的初步设计、工程取样与储量计算。

主要实践性教学环节:C语言程序设计课程设计、测量学实习、地质认识实习(北戴河)、地质教学实习(周口店)、矿床学教学实习(大冶)、矿体建模及储量计算、矿产地质调查、生产实习、毕业论文(设计)。

修业年限:四年。

授予学位:工学学士。

相近专业:地质学、勘查技术与工程、石油工程。

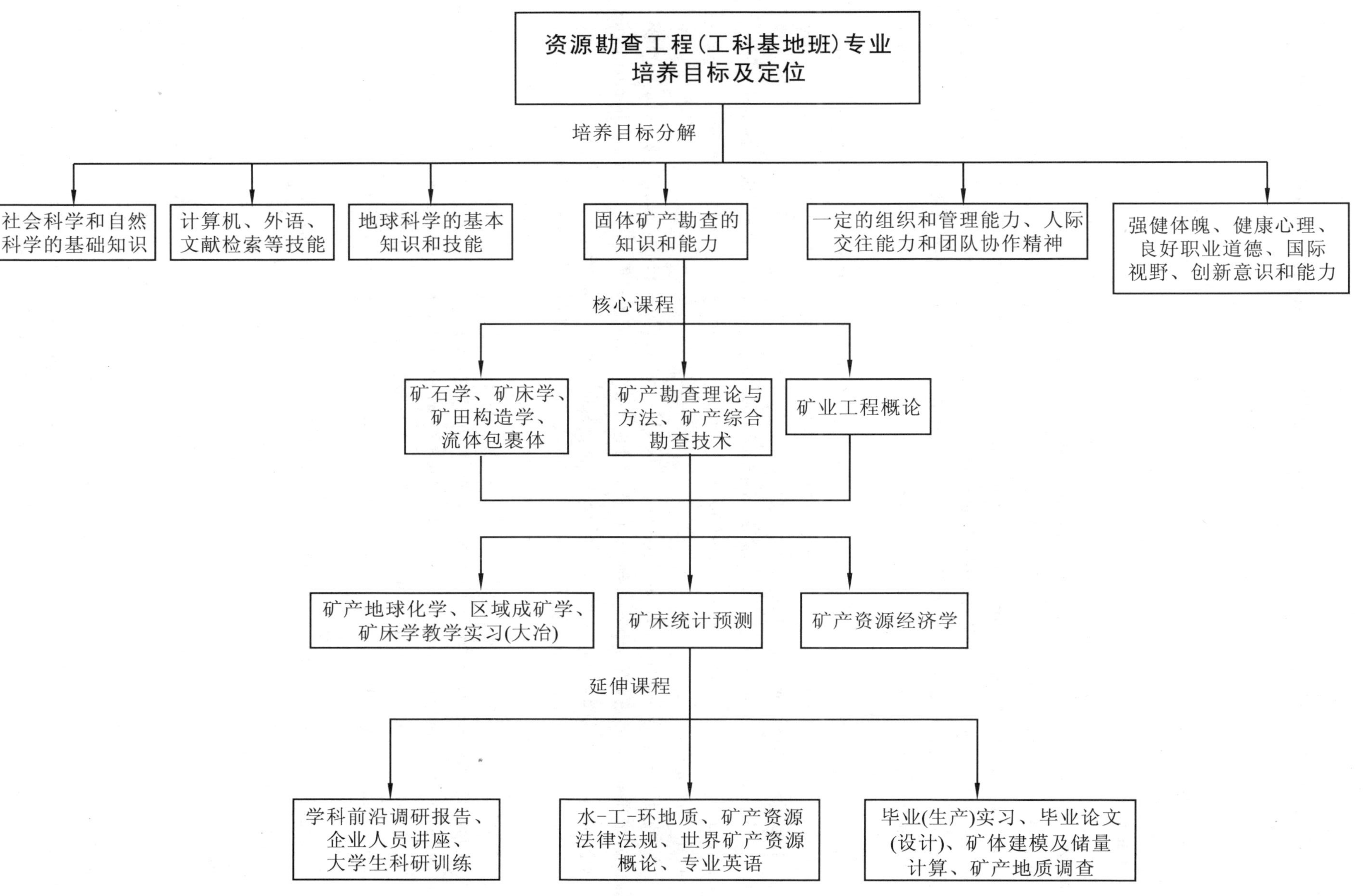
资源勘查工程(工科基地班)专业
培养目标及定位
培养目标分解
社会科学和自然科学的基础知识
计算机、外语、文献检索等技能
地球科学的基本知识和技能
固体矿产勘查的知识和能力
一定的组织和管理能力、人际交往能力和团队协作精神
强健体魄、健康心理、良好职业道德、国际视野、创新意识和能力
核心课程
矿石学、矿床学、矿田构造学、流体包裹体
矿产勘查理论与方法、矿产综合勘查技术
矿业工程概论
矿产地球化学、区域成矿学、矿床学教学实习(大冶)
矿床统计预测
矿产资源经济学
延伸课程
学科前沿调研报告、企业人员讲座、大学生科研训练
水-工-环地质、矿产资源法律法规、世界矿产资源概论、专业英语
毕业(生产)实习、毕业论文(设计)、矿体建模及储量计算、矿产地质调查

Program for Exploration Engineering of Mineral Resources (Engineering Base Class)

Specialty and Code: Exploration Engineering of Mineral Resources (Engineering Base Class) 081403

Education Objective

1. This major aims to train students to become qualified engineering and technical talents with all around development of moral, intellectual and physical education. They are expected to meet the needs of social and economic development, obtain humanities and social science literacy, and have high social responsibility and noble professional morality in engineering. Students are also supposed to achieve solid professional theory and skills, strong innovation consciousness, wide international perspective and intercultural communication, competition and cooperation ability. They are competent for basic research on geological mineral resources, and investigation, construction, exploration and management of solid mineral exploration.

2. Graduates, after about 5 years, are expected to be technology directors or business leaders in society and/or exploration engineering of mineral resources fields, and to obtain medium title at least.

Graduation Requirements

1. Engineering knowledge: Students are required to be able to use mathematics, natural science, engineering and solid mineral exploration knowledge to solve complex engineering problems in solid mineral exploration.

2. Problem analysis: Students are expected to be able to identify, express and analyze complex engineering problems in solid mineral exploration through literature research, and obtain valid conclusions using basic principles of applied mathematics, natural science and solid mineral exploration theory.

3. Solution design/development: Students are asked to be able to provide solutions for complex engineering problems in solid mineral exploration, design system, unit (component) or technical process which meet the specific needs, and embody the sense of innovation and consider social, health, safety, law, culture and environment factors in the design processes.

4. Research: Students are required to be able to carry out the research on complex engineering problems in solid mineral exploration based on principles of science and scientific methods which include experimental design, data analysis and interpretation, and to draw reasonable and reliable conclusions through information processing.

5. Modern tools application: Students are expected to be able to develop, select and use appropriate technology, resources, modern engineering tools and information technology tools to work out complex engineering problems in solid mineral exploration, including prediction and modeling of complex engineering problems and understanding its limitations.

6. Engineering and society: Students are required to be able to analyze social problems based on solid mineral exploration engineering related background knowledge, evaluate impacts on society, health, safety, law and culture during the solution process of complex engineering problems, and understand the responsibilities that should be taken.

7. Environment and sustainable development: Students are supposed to be able to understand and evaluate impacts of professional engineering practice for the complex engineering problems in solid mineral exploration on environment and sustainable development of society.

8. Professional standard: Students are expected to obtain humanities and social science literacy and be aware of their social responsibilities, and be able to understand and comply with the engineering ethics and standards in the practice of mineral exploration, and fulfill the responsibility.

9. Individual and team work: Students are required to be able to play the role of individual, team member, and the person in charge.

10. Communication: Students are asked to be able to effectively communicate and exchange with industry peers and the public on complex engineering problems in solid mineral exploration, including report writing, document designing, statement presenting, opinion expressing and instruction responding. Students should also have a certain international perspective, and can exchange and communicate in cross-cultural settings.

11. Project management: Students are asked to be able to understand and master the engineering management principles and economic decision-making methods, and apply them in multi-discipline environment.

12. Life-time learning: Students should have autonomous and lifelong learning consciousness, and possess the ability of continuous learning and constant adapting to development.

Graduation Requirements and Ways to Achieve

No.	Graduation Requirements	Ways to Achieve(Teaching Process)
1	Engineering knowledge: Students are required to be able to use mathematics, natural science, engineering and solid mineral exploration knowledge to solve complex engineering problems in solid mineral exploration	①Classroom Teaching: Advanced Mathematics A, Probability and Statistics A, Linear Algebra B, College Physics C, Physics Experiments B, College Chemistry A, Physical Geology, Surveying A, Crystallography and Mineralogy, Crystal Optics and Optical Mineralogy, Petrology, Stratigraphy and Paleontology, Structural Geology A, Geochemistry, Introduction to Exploration Engineering of Mineral Resources, Ore Petrology, Structure of Ore Field, Mineral Deposits A, Theories and Methods of Mineral Exploration, Comprehensive Exploration Techniques of Mineral Resources, Statistical Predication of Mineral Deposits, Introduction to Mining Engineering, Fluid Inclusions in Mineral Deposits, Economics of Mineral Resources, Geochemistry of Mineral Deposits, Geochemical Exploration, Basin and Metallogery, Environment Protection in Mining and Mineral Exploitation, Introduction to Remote Sensing B, Regional Metallogeny, Geophysical Exploration, Information System Engineering of Resources, Regional Geological Survey and New Techniques, Introduction to Global Mineral Resources, Laws and Regulations of Mineral Resources, Specialized English, Hydrologic Geology, Basic Engineering Geology B, Environmental Geology, Specialized Information Retrieval, Geology Sketch, etc ②Out-of-class Learning: Lectures on Special topics, Academic Report, etc

No.	Graduation Requirements	Ways to Achieve(Teaching Process)
2	Problem analysis: Students are expected to be able to identify, express and analyze complex engineering problems in solid mineral exploration through literature research, and obtain valid conclusions using basic principles of applied mathematics, natural science and solid mineral exploration theory	① Classroom Teaching: Surveying Practice A, Primary Field Training (Beidaihe), Geological Field Training (Zhoukoudian), Practice for Graduation, Design for Graduation, Teaching Practice for Mineral Deposits(Daye), Model Building and Reserve Calculating of Ore-body, Geologic Survey for Mineral Resources, etc ②Out-of-class Learning: Course Assignments, Student Research Training Plan, Activity for Searching Li Si-guang, Survey Report of Academic Frontiers, etc
3	Solution design/development: Students are asked to be able to provide solutions for complex engineering problems in solid mineral exploration, design system, unit (component) or technical process which meet the specific needs, and embody the sense of innovation and consider social, health, safety, law, culture and environment factors in the design processes	① Classroom Teaching: Surveying Practice A, Primary Field Training (Beidaihe), Geological Field Training (Zhoukoudian), Practice for Graduation, Design for Graduation, Teaching Practice for Mineral Deposits(Daye), Model Building and Reserve Calculating of Ore-body, Geologic Survey for Mineral Resources, etc ②Out-of-class Learning: Course Assignments, Student Research Training Plan, Activity for Searching Li Si-guang, Survey Report of Academic Frontiers, etc
4	Research: Students are required to be able to carry out the research on complex engineering problems in solid mineral exploration based on principles of science and scientific methods which include experimental design, data analysis and interpretation, and to draw reasonable and reliable conclusions through information processing	① Classroom Teaching: Surveying Practice A, Primary Field Training (Beidaihe), Geological Field Training (Zhoukoudian), Practice for Graduation, Design for Graduation, Teaching Practice for Mineral Deposits(Daye), Model Building and Reserve Calculating of Ore-body, Geologic Survey for Mineral Resources, etc ②Out-of-class Learning: Course Assignments, Student Research Training Plan, Activity for Searching Li Si-guang, Survey Report of Academic Frontiers, etc
5	Modern tools application: Students are expected to be able to develop, select and use appropriate technology, resources, modern engineering tools and information technology tools to work out complex engineering problems in solid mineral exploration, including prediction and modeling of complex engineering problems and understanding its limitations	①Classroom Teaching: College English, Program Design in C Language B, Course Design for Program Design in C Language B, Specialized Information Retrieval, Information System Engineering of Resources, Regional Geological Survey and New Techniques, Specialized English, Geology Sketch, Primary Field Training (Beidaihe), Geological Field Training (Zhoukoudian), Practice for Graduation, Design for Graduation, Teaching Practice for Mineral Deposits (Daye), Model Building and Reserve Calculating of Ore-body, Geologic Survey for Mineral Resources, etc ②Out-of-class Learning: Course Assignments, Student Research Training Plan, Lectures on Special Topics, Survey Report of Academic Frontiers, etc

No.	Graduation Requirements	Ways to Achieve(Teaching Process)
6	Engineering and society: Students are asked to be able to analyze social problems based on solid mineral exploration engineering related background knowledge, evaluate impacts on society, health, safety, law and culture during the solution process of complex engineering problems, and understand the responsibilities that should betaken	①Classroom Teaching: Introduction to Mining Engineering, Laws and Regulations of Mineral Resources, Hydrologic Geology, Basic Engineering Geology B, Environmental Geology, Surveying Practice A, Primary Field Training (Beidaihe), Geological Field Training(Zhoukoudian), Practice for Graduation, Design for Graduation, Teaching Practice for Mineral Deposits(Daye), etc ②Out-of-class Learning: Course Assignments, Student Research Training Plan, Lectures on Special Topics, etc
7	Environment and sustainable development: Students are supposed to be able to understand and evaluate impacts of professional engineering practice for the complex engineering problems in solid mineral exploration on environment and sustainable development of society	①Classroom Teaching: Economics of Mineral Resources, Environment Protection in Mining and Mineral Exploitation, Surveying Practice A, Primary Field Training (Beidaihe), Geological Field Training (Zhoukoudian), Practice for Graduation, Design for Graduation, Teaching Practice for Mineral Deposits(Daye), etc ②Out-of-class Learning: Course Assignments, Student Research Training Plan, Lectures on Special Topics, etc
8	Professional standard: Students are expected to obtain humanities and social science literacy and be aware of their social responsibilities, and be able to understand and comply with the engineering ethics and standards in the practice of mineral exploration, and fulfill the responsibility	①Classroom Teaching: Basic Principles of Marxism, Mao Tse-tung Thought and Introduction to the Theoretical System of Socialism with Chinese Characteristics, The Outline of Modern and Contemporary History of China, Ideological and Moral Culture and Legal Basis, Military Theory and Training, Physical Education, Social Investigation, etc ②Out-of-class Learning: Entrance Education, Student Psychologically Healthy Education, Policy and Situation Education, Guide for Career, Education for Graduation, Special Lectures by Class Leaders and Counselors, Academic Lectures, etc
9	Individual and team work: Students are required to be able to assume the role of individual, team member, and the person in charge	① Classroom Teaching: Surveying Practice A, Primary Field Training (Beidaihe), Geological Field Training (Zhoukoudian), Practice for Graduation, Design for Graduation, Teaching Practice for Mineral Deposits(Daye), etc ②Out-of-class Learning: Course Assignments, Student Research Training Plan, Activity for Searching Li Si-guang, etc

No.	Graduation Requirements	Ways to Achieve(Teaching Process)
10	Communication:Students are asked to be able to effectively communicate and exchange with industry peers and the public on complex engineering problems in solid mineral exploration, including report writing, document designing, statement presenting, opinion expressing and instruction responding. Students should also have a certain international perspective, and can exchange and communicate in cross-cultural settings	①Classroom Teaching:Specialized English,Introduction to Global Mineral Resources, Surveying Practice A, Primary Field Training (Beidaihe), Geological Field Training (Zhoukoudian),Practice for Graduation,Design for Graduation,Teaching Practice for Mineral Deposits(Daye),etc ②Out-of-class Learning:Survey Report of Academic Frontiers,Meeting on Scientific Research, Academic Lectures, Writing on Scientific Research, Taking Part in Scientific Research Projects,etc
11	Project management: Students are asked to be able to understand and master the engineering management principles and economic decision-making methods,and apply them in multi-discipline environment	①Classroom Teaching: Economy and Management Courses, Geologic Survey for Mineral Resources, Surveying Practice A, Primary Field Training(Beidaihe), Geological Field Training(Zhoukoudian),Practice for Graduation,Design for Graduation,Teaching Practice for Mineral Deposits(Daye),etc ②Out-of-class Learning:Student Research Training Plan, Practice for Graduation,Taking Part in Scientific Research Projects,etc
12	Life-time learning: Students should have autonomous and lifelong learning consciousness,and possess the ability of continuous learning and constant adapting to development	①Classroom Teaching:Practice for Graduation,Design for Graduation,Morality Education and Fundamentals of Law, etc ② Out-of-class Learning: Course Assignments, Subject Contest,Invention and Creation,Research Report,Student Research Training Plan,etc

Major Disciplines: Earth Resources and Geological Engineering.

Main Courses: Mineral Deposits,Ore Petrology,Structure of Ore Field,Exploration Theories and Methods of Mineral Resources, Comprehensive Exploration Techniques of Mineral Resources, Economics of Mineral Resources,Statistical Predication of Ore Deposit,Introduction to Mining Engineering,Geochemistry of Mineral Deposits,Fluid Inclusions in Mineral Deposits,etc.

Lab Experiments: Identification of Mineral,Rock,and Fossil. Analysis of Exploitability and Potential Evaluation of Ores. Synthetic Analysis and Interpretation of Geological,Geophysical,Geochemical,and Remote Sensing Data and Information. Mining of Mineral Resources Information and Quantitative Assessment. Sampling,Design and Reserve Calculation of Exploration Engineering.

Practical Work: Course Design for Program Design of C Language,Surveying Practice A,Primary Field Training (Beidaihe),Geological Field Training(Zhoukoudian), Practice for Graduation, Thesis (Design) for Graduation,Teaching Practice for Mineral Deposits (Daye),Model Building and Reserve Calculating of Ore-body,Geologic Survey for Mineral Resources.

Duration: four years.

Degree Granted: Bachelor of Engineering.

Related Specialties: Geology,Exploration Techniques and Engineering,Petroleum Engineering.

资源勘查工程(工科基地班)专业课程教学计划表

Course Descriptions of Exploration Engineering of Mineral Resources (Engineering Base Class)

课程类别 Course Classification		课程编号 Course Code	课程名称 Course Name	学分 Crs	学时 Hrs	学时分类 Class Hours		先修课程 Prerequisite Courses	学期学分分配 Semester Credits							
						讲课 Lec.	实验 Lab.		一 1st	二 2nd	三 3rd	四 4th	五 5th	六 6th	七 7th	八 8th
通识教育课 Liberal Education Courses	必修 Compulsory	11706200	马克思主义基本原理 Principles of Marxism	3	48	48				3						
		11706500	毛泽东思想与中国特色社会主义理论体系概论 Introduction to Mao Tse-tung Thought and the Theoretical System of Socialism with Chinese Characteristics	4	64	64					4					
		11711800	中国近现代史纲要 The Essentials of Modern Chinese History	2	32	32						2				
		120002*0	思想道德修养与法律基础 Morality Education and Fundamentals of Law	3	48	48			1.5	1.5						
		113076*0	体育 Physical Education	4	144	144			1	1	1	1				
		109116*0	大学英语 College English	12	192	192			3	3	3	3				
		11918902	C语言程序设计B C Language Programming B	2.5	40	28	12		2.5							
		20212900	资源勘查工程专业导论 Introduction to Exploration Engineering of Mineral Resources	1	16	16			1							
		14300100	军事理论 Military Theory	2	32	32			2							
	选修 Elective	总计12学分,含创新创业选修课学分,跨学科选修课不低于6学分。"形势与政策"课程作为限选课,由马克思主义学院实施		12	192											
		小计 Sum		**45.5**	**808**	**604**	**12**		**11**	**8.5**	**8**	**6**	**0**	**0**	**0**	**0**

课程类别 Course Classification	课程编号 Course Code	课程名称 Course Name	学分 Crs	学时 Hrs	学时分类 Class Hours		先修课程 Prerequisite Courses	学期学分分配 Semester Credits							
					讲课 Lec.	实验 Lab.		一 1st	二 2nd	三 3rd	四 4th	五 5th	六 6th	七 7th	八 8th
学科基础课 Disciplinary Fundamental Courses	212127＊1	高等数学 A Advanced Mathematics A	11.5	184	184			5	6.5						
	212130＊3	大学物理 C College Physics C	6	96	96				3.5	2.5					
	21213202	物理实验 B Physical Experiments B	2	32		32			2						
	203024＊1	大学化学 A College Chemistry A	8	128	88	40			4	4					
	21212802	线性代数 B Linear Algebra B	2.5	40	40		高等数学 A			2.5					
	21213501	概率论与数理统计 A Probability and Mathematics Statistics A	3.5	56	56		高等数学 A				3.5				
	20114900	普通地质学 Physical Geology	3	48	40	8		3							
	21120801	测量学 A Surveying A	2.5	40	30	10			2.5						
	20104600	结晶学与矿物学 Crystallography and Mineralogy	5	80	40	40				5					
	20115500	晶体光学及光性矿物学 Crystal Optics and Optical Mineralogy	3	48	14	34				3					
	20106700	岩石学 Petrology	5	80	40	40	结晶学与矿物学				5				
	20118300	地层及古生物学 Stratigraphy and Paleontology	3	48	42	6					3				
	20104001	构造地质学 A Structural Geology A	4	64	44	20					4				
	20116200	地球化学 Geochemistry	4	64	64							4			
	小计 **Sum**		**63**	**1008**	**778**	**230**		**8**	**18.5**	**17**	**15.5**	**4**	**0**	**0**	**0**
专业主干课 Main Specialty Courses	20203500	矿石学 Ore Petrology	2.5	40	10	30						2.5			
	20203600	矿田构造学 Structure of Ore Field	2	32	24	8	矿床学 A						2		
	20213001	矿床学 A Mineral Deposits A	5	80	52	28	岩石学					5			
	20203000	矿产勘查理论与方法 Theories and Methods of Mineral Exploration	5	80	56	24	矿床学 A						5		

课程类别 Course Classification	课程编号 Course Code	课程名称 Course Name	学分 Crs	学时 Hrs	学时分类 Class Hours		先修课程 Prerequisite Courses	学期学分分配 Semester Credits							
					讲课 Lec.	实验 Lab.		一 1st	二 2nd	三 3rd	四 4th	五 5th	六 6th	七 7th	八 8th
专业主干课 Main Specialty Courses	20215900	矿产综合勘查技术 Comprehensive Exploration Techniques of Mineral Resources	4	64	52	12	矿床学 A						4		
	20214600	矿床统计预测 Statistical Predication of Mineral Deposits	3	48	32	16	矿床学 A						3		
	20213100	矿业工程概论 Introduction to Mining Engineering	3.5	56	48	8								3.5	
	20212400	流体包裹体 Fluid Inclusions in Mineral Deposits	2	32	20	12								2	
	20220000	矿产资源经济学 Eonomics of Mineral Resources	2.5	40	32	8							2.5		
	20203200	矿床地球化学 Geochemistry of Mineral Deposits	2	32	26	6	矿床学 A 地球化学						2		
	小计 Sum		**31.5**	**504**	**352**	**152**		**0**	**0**	**0**	**0**	**7.5**	**18.5**	**5.5**	**0**
专业选修课 Specialty Elective Courses		具体见专业选修课列表	12	192											
合计 Sub-total			**152**	**2512**	**1734**	**394**		**19**	**27**	**25**	**21.5**	**11.5**	**18.5**	**5.5**	**0**
实践环节 Practical Work	44300200	军事训练 Military Training	2	2 周				2							
	41919002	C 语言课程设计 B Course Design for C Language B	1.5	1.5 周				1.5							
	41120901	测量学教学实习 A Surveying Practice A	1	1 周					1						
	40115200	地质认识实习(北戴河) Primary Field Training (Beidaihe)	2	2 周					2						
	40115601	地质教学实习(周口店)A Geological Field Training (Zhoukoudian) A	6	6 周							6				
	40216100	生产实习 Practice for Graduation	8	8 周										8	
	40215000	毕业论文(设计) Graduation Thesis (Design)	9	9 周											9

课程类别 Course Classification	课程编号 Course Code	课程名称 Course Name	学分 Crs	学时 Hrs	学时分类 Class Hours 讲课 Lec.	实验 Lab.	先修课程 Prerequisite Courses	学期学分分配 Semester Credits 一 1st	二 2nd	三 3rd	四 4th	五 5th	六 6th	七 7th	八 8th
实践环节 Practical Work	40216200	矿床学教学实习(大冶) Teaching Practice for Mineral Deposits (Daye)	2	2 周									2		
	40216300	矿体建模及储量计算 Model Building and Reserve Calculating of Ore-body		2 周										2	
	40216400	矿产地质调查及课程设计 Course Design of Geologic Survey for Mineral Resources	2.5	2.5 周									2.5		
	小计 Sum		**36**	**36 周**	**0**	**0**		**3.5**	**3**	**0**	**6**	**0**	**4.5**	**10**	**9**
创新创业自主学习 Autonomous Learning	ZZ35000S	社会调查 Social Investigation	2												
		其他(学科竞赛、发明创造、科研报告) Others (Contest, Invention, Innovation and Research Presentation)	3												
	小计 Sum		**5**												
总计 Total			**193**	**2512 + 36 周**	**1740**	**396**		**22.5**	**30**	**25**	**27.5**	**11.5**	**23**	**15.5**	**9**
可开出专业选修课列表 Specialty Elective Courses	20112300	勘查地球化学 A Geochemical Exploration A	3	48	40	8							3		
	20205500	盆地与成矿 Basin and Metallogery	1.5	24	20	4									1.5
	20203700	矿业环境保护 Environment Protection in Mining and Mineral Exploitation	2	32	32										2
	20220100	资源遥感导论 Introduction to Remote Sensing of Resources	2.5	40	28	12							2.5		
	20216500	区域成矿学 Regional Metallogeny	2	32	32									2	
	20607000	勘查地球物理 Geophysical Exploration	2	32	32							2			
	20210400	资源信息工程 Information System Engineering of Resources	2.5	40	24	16							2.5		
	20217000	数字地质调查新技术与方法 Regional Geological Survey and New Techniques	2	32	4	28					2				

课程类别 Course Classification	课程编号 Course Code	课程名称 Course Name	学分 Crs	学时 Hrs	学时分类 Class Hours		先修课程 Prerequisite Courses	学期学分分配 Semester Credits							
					讲课 Lec.	实验 Lab.		一 1st	二 2nd	三 3rd	四 4th	五 5th	六 6th	七 7th	八 8th
可开出专业选修课列表 Specialty Elective Courses	20216600	世界矿产资源概论 Introduction to Global Mineral Resources	1.5	24	24							1.5			
	20216700	矿产资源法律法规 Laws and Regulations of Mineral Resources	1.5	24	24										1.5
	20216800	专业英语 Specialized English	2	32	32							2			
	20409102	水文地质学 B Hydrologic Geology B	2.5	40	40										2.5
	20508400	工程地质学基础 B Basic Engineering Geology B	2.5	40	40									2.5	
	20403400	环境地质学 B Environmental Geology B	2	32	32									2	
	20216900	专业文献检索 Specialized Information Retrieval	1	16	12	4						1			
	21634000	素描造型基础与岩矿素描 Geology Sketch	2	32		32					2				

注：通识教育选修课学分和创新创业自主学习学分未纳入具体学期。

资源勘查工程(工科基地班)专业课程分类统计

Course Category Statistics of Exploration Engineering of Mineral Resources (Engineering Base Class)

课程学分 / 统计	通识教育课 Liberal Education Courses		学科基础课 Disciplinary Fundamental Courses	专业主干课 Main Specialty Courses	专业选修课 Specialty Elective Courses	实践环节 Practical Work	创新创业自主学习 Autonomous Learning	学时总计 Total Hours	学分总计 Total Credits
	必修 Compulsory	选修 Selective							
学时/学分 Hrs/Crs	616/33.5	192/12	1008/63.0	504/31.5	192/12	36 周/36	5	2512+36 周	193
学分所占比例 Proportion of Credits	23.6%		32.6%	16.3%	6.2%	18.7%	2.6%		100%

资源勘查工程(固体方向)专业培养方案

专业名称与代码:资源勘查工程(固体方向)　081403

专业培养目标

1.本专业培养德智体全面发展,适应社会经济发展需要,具有良好的人文社会科学素养、高度的社会责任感与高尚的工程职业道德,具有扎实专业理论基础与专业技能、较强创新意识、较宽国际视野和跨文化交流、竞争与合作能力,能在固体矿产勘查及相关领域从事设计、施工、管理等方面工作的工程技术人才。

2.预期本专业毕业生毕业后五年左右能够在社会及资源勘查工程领域担任技术负责人或业务骨干,并取得中级及以上职称。

专业毕业要求

1.工程知识:能够将数学、自然科学、工程基础和固体矿产勘查知识用于解决固体矿产勘查中复杂工程问题。

2.问题分析:能够应用数学、自然科学和固体矿产勘查的基本原理,识别、表达并通过文献研究分析固体矿产勘查中复杂工程问题,以获得有效结论。

3.设计、开发解决方案:能够设计针对固体矿产勘查中复杂工程问题的解决方案,设计满足特定需求的系统、单元(部件)或工艺流程,并能够在设计环节中体现创新意识,考虑社会、健康、安全、法律、文化以及环境等因素。

4.研究:能够基于科学原理并采用科学方法对固体矿产勘查中复杂工程问题进行研究,包括设计实验、分析与解释数据,并通过信息综合得到合理有效的结论。

5.使用现代工具:能够针对固体矿产勘查中复杂工程问题,开发、选择与使用恰当的技术、资源、现代工程工具和信息技术工具,包括对复杂工程问题的预测与模拟,并能够理解其局限性。

6.工程与社会:能够基于固体矿产勘查工程相关背景知识进行合理分析,评价固体矿产勘查工程实践和复杂工程问题解决方案对社会、健康、安全、法律以及文化的影响,并理解应承担的责任。

7.环境和可持续发展:能够理解和评价针对固体矿产勘查中复杂工程问题的专业工程实践对环境、社会可持续发展的影响。

8.职业规范:具有人文社会科学素养、社会责任感,能够在固体矿产勘查工程实践中理解并遵守工程职业道德和规范,履行责任。

9.个人和团队:能够在多学科背景下的团队中承担个体、团队成员角色以及负责人的角色。

10.沟通:能够就固体矿产勘查中复杂工程问题与业界同行及社会公众进行有效的沟通和交流,包括撰写报告和设计文稿、陈述发言、清晰表达或回应指令,并具备一定的国际视野,能够在跨文化背景下进行沟通和交流。

11.项目管理:理解并掌握工程管理原理与经济决策方法,并能在多学科环境中应用。

12.终身学习:具有自主学习和终身学习的意识,有不断学习和适应发展的能力。

毕业要求及实现途径

序号	毕业要求	实现途径(教学过程)
1	工程知识:能够将数学、自然科学、工程基础和固体矿产勘查知识用于解决固体矿产勘查中复杂工程问题	①课堂教学:高等数学B、概率论与数理统计B、线性代数B、大学物理C、物理实验B、大学化学B、普通地质学、测量学A、结晶学与矿物学、晶体光学及光性矿物学、岩石学、地层及古生物学、构造地质学A、地球化学、资源导论、矿石学、矿田构造学、矿床学A、矿产勘查理论与方法、矿产综合勘查技术、矿床统计预测、矿业工程概论、流体包裹体、矿产资源经济学、矿床地球化学、勘查地球化学、盆地与成矿、矿业环境保护、遥感概论B、区域成矿学、勘查地球物理、资源信息工程、数字地质调查新技术与方法、世界矿产资源概论、矿产资源法律法规、专业英语、水文地质学、工程地质学基础B、环境地质学、专业文献检索、素描造型基础与岩矿素描等 ②课外学习:专题讲座、学术报告等
2	问题分析:能够应用数学、自然科学和固体矿产勘查的基本原理,识别、表达并通过文献研究分析固体矿产勘查中复杂工程问题,以获得有效结论	①课堂教学:测量学实习A、地质认识实习(北戴河)、地质教学实习(周口店)、生产实习、毕业论文(设计)、矿床学教学实习(大冶)、矿体建模及储量计算、矿产地质调查等 ②课外学习:课程作业、大学生科研立项、"寻找李四光"活动、学科前沿调研报告等
3	设计/开发解决方案:能够设计针对固体矿产勘查中复杂工程问题的解决方案,设计满足特定需求的系统、单元(部件)或工艺流程,并能够在设计环节中体现创新意识,考虑社会、健康、安全、法律、文化以及环境等因素	①课堂教学:测量学实习A、地质认识实习(北戴河)、地质教学实习(周口店)、生产实习、毕业论文(设计)、矿床学教学实习(大冶)、矿体建模及储量计算、矿产地质调查等 ②课外学习:课程作业、大学生科研立项、"寻找李四光"活动、学科前沿调研报告等
4	研究:能够基于科学原理并采用科学方法对固体矿产勘查中复杂工程问题进行研究,包括设计实验、分析与解释数据,并通过信息综合得到合理有效的结论	①课堂教学:测量学实习A、地质认识实习(北戴河)、地质教学实习(周口店)、生产实习、毕业论文(设计)、矿床学教学实习(大冶)、矿体建模及储量计算、矿产地质调查等 ②课外学习:课程作业、大学生科研立项、"寻找李四光"活动、学科前沿调研报告等
5	使用现代工具:能够针对固体矿产勘查中复杂工程问题,开发、选择与使用恰当的技术、资源、现代工程工具和信息技术工具,包括对复杂工程问题的预测与模拟,并能够理解其局限性	①课堂教学:大学英语、C语言程序设计B、C语言程序设计课程设计B、专业文献检索、资源信息工程、数字地质调查新技术与方法、专业英语、素描造型基础与岩矿素描、地质认识实习(北戴河)、地质教学实习(周口店)、生产实习、毕业论文(设计)、矿床学教学实习(大冶)、矿体建模及储量计算、矿产地质调查等 ②课外学习:课程作业、大学生科研立项、专题讲座、学科前沿调研报告等

序号	毕业要求	实现途径(教学过程)
6	工程与社会:能够基于固体矿产勘查工程相关背景知识进行合理分析,评价固体矿产勘查工程实践和复杂工程问题解决方案对社会、健康、安全、法律以及文化的影响,并理解应承担的责任	①课堂教学:矿业工程概论、矿产资源法律法规、水文地质学、工程地质学基础 B、环境地质学、测量学实习 A、地质认识实习(北戴河)、地质教学实习(周口店)、生产实习、毕业论文(设计)、矿床学教学实习(大冶)等 ②课外学习:课程作业、大学生科研立项、专题讲座等
7	环境和可持续发展:能够理解和评价针对固体矿产勘查中复杂工程问题的专业工程实践对环境、社会可持续发展的影响	①课堂教学:矿产资源经济学、矿业环境保护、测量学实习 A、地质认识实习(北戴河)、地质教学实习(周口店)、生产实习、毕业论文(设计)、矿床学教学实习(大冶)等 ②课外学习:课程作业、大学生科研立项、专题讲座等
8	职业规范:具有人文社会科学素养、社会责任感,能够在固体矿产勘查工程实践中理解并遵守工程职业道德和规范,履行责任	①课堂教学:马克思主义基本原理、毛泽东思想和中国特色社会主义体系概论、中国近现代史纲要、思想道德修养与法律基础、军事理论及军事训练、体育、社会调查等 ②课外学习:入学教育、大学生心理健康教育、形势与政策教育、就业指导、毕业教育、班主任和辅导员的专题讲座、学术讲座等
9	个人和团队:能够在多学科背景下的团队中承担个体、团队成员角色以及负责人的角色	①课堂教学:测量学实习 A、地质认识实习(北戴河)、地质教学实习(周口店)、生产实习、毕业论文(设计)、矿床学教学实习(大冶)等 ②课外学习:课程作业、大学生科研立项、“寻找李四光”活动等
10	沟通:能够就固体矿产勘查中复杂工程问题与业界同行及社会公众进行有效沟通和交流,包括撰写报告和设计文稿、陈述发言、清晰表达或回应指令,并具备一定的国际视野,能够在跨文化背景下进行沟通和交流	①课堂教学:专业英语、世界矿产资源概论、测量学实习 A、地质认识实习(北戴河)、地质教学实习(周口店)、生产实习、毕业论文(设计)、矿床学教学实习(大冶)等 ②课外学习:学科前沿调研报告、科技论文报告会、学术讲座、撰写科技论文、参加教师科研项目等
11	项目管理:理解并掌握工程管理原理与经济决策方法,并能在多学科环境中应用	①课堂教学:经济管理类选修课、矿产地质调查、测量学实习 A、地质认识实习(北戴河)、地质教学实习(周口店)、生产实习、毕业论文(设计)、矿床学教学实习(大冶)等 ②课外学习:大学生科研立项、生产实习、参加教师科研项目等
12	终身学习:具有自主学习和终身学习的意识,有不断学习和适应发展的能力	①课堂教学:生产实习、毕业论文(设计)、思想道德修养与法律基础等 ②课外学习:课程作业、学科竞赛、发明创造、科研报告、大学生科研立项等

主干学科:地质资源与地质工程。

核心课程:矿床学、矿石学、矿田构造学、矿产勘查理论与方法、矿产综合勘查技术、矿产资源经济学、矿床统计预测、矿业工程概论、矿床地球化学、流体包裹体。

主要专业实验:常见矿物、岩石、化石等鉴定实验,矿石鉴定与可开发性分析与评价,地质、地球物理、地球化学、遥感信息的综合分析与解释,找矿信息挖掘与定量评价,勘查工程的初步设计、工程取样与储量计算。

主要实践性教学环节:C语言程序设计课程设计B、测量学实习A、地质认识实习(北戴河)、地质教学实习(周口店)、矿床学教学实习(大冶)、矿体建模及储量计算、矿产地质调查、生产实习、毕业论文(设计)。

修业年限:四年。

授予学位:工学学士。

相近专业:地质学、勘查技术与工程、石油工程。

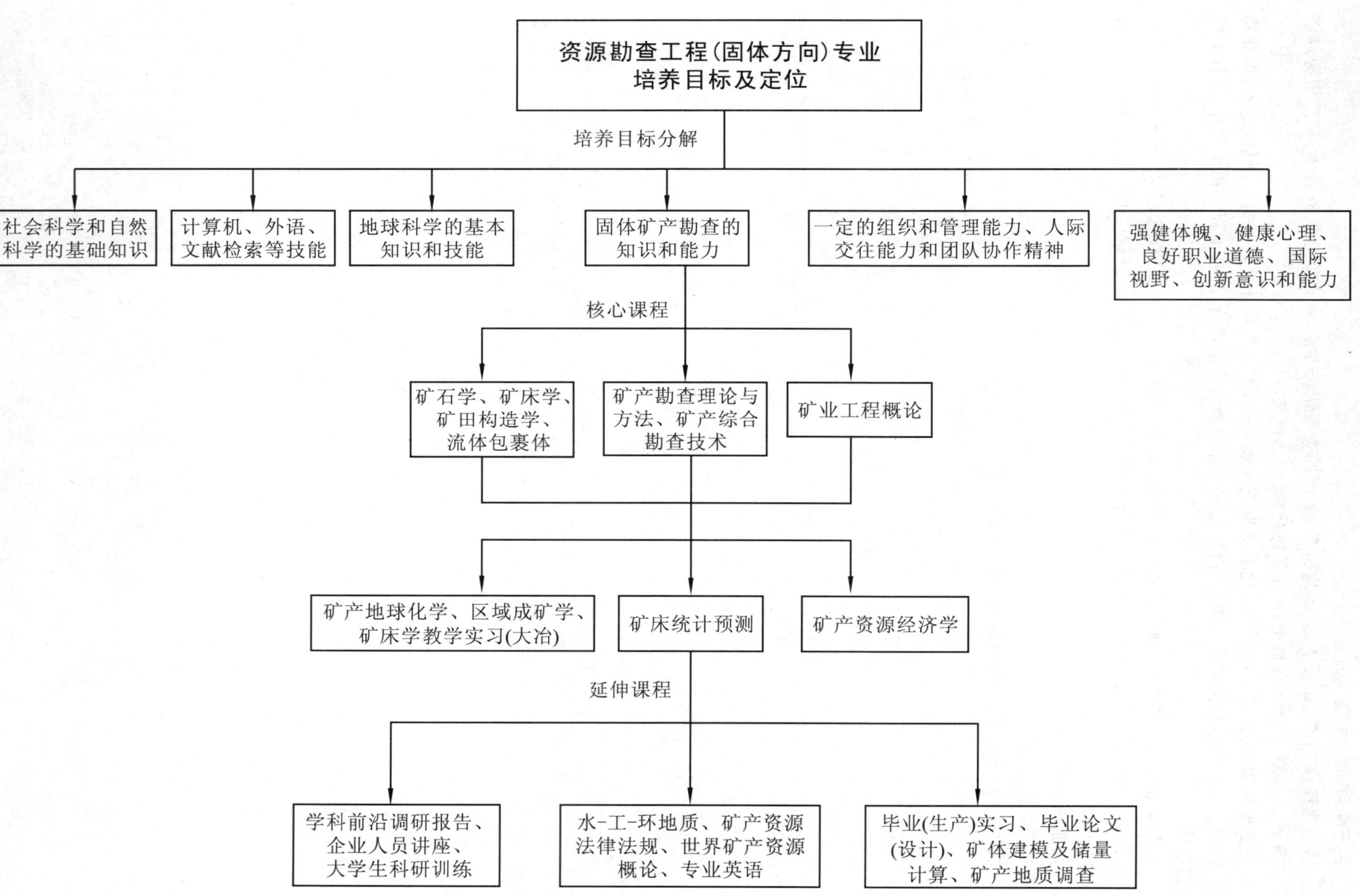
资源勘查工程(固体方向)专业
培养目标及定位
培养目标分解
社会科学和自然科学的基础知识
计算机、外语、文献检索等技能
地球科学的基本知识和技能
固体矿产勘查的知识和能力
一定的组织和管理能力、人际交往能力和团队协作精神
强健体魄、健康心理、良好职业道德、国际视野、创新意识和能力
核心课程
矿石学、矿床学、矿田构造学、流体包裹体
矿产勘查理论与方法、矿产综合勘查技术
矿业工程概论
矿产地球化学、区域成矿学、矿床学教学实习(大冶)
矿床统计预测
矿产资源经济学
延伸课程
学科前沿调研报告、企业人员讲座、大学生科研训练
水-工-环地质、矿产资源法律法规、世界矿产资源概论、专业英语
毕业(生产)实习、毕业论文(设计)、矿体建模及储量计算、矿产地质调查

Program for Exploration Engineering of Mineral Resources (Solid Direction)

Specialty and Code: Exploration Engineering of Mineral Resources (Solid Direction) 081403

Education Objective

1. The major aims to train students to become qualified engineering and technical talents with all around development of moral, intellectual and physical education. They are expected to meet the needs of social and economic development, obtain humanities and social science literacy, and have high social responsibility and noble professional morality in engineering. Students are also supposed to achieve solid professional theory and skills, strong innovation consciousness, wide international perspective and intercultural communication, competition and cooperation ability. They are competent for design, construction and management in solid mineral exploration and related fields.

2. Graduates, after about 5 years, are expected to be technology directors or business leaders in society and/or exploration engineering of mineral resources fields, and to obtain medium title at least.

Graduation Requirements

1. Engineering knowledge: Students are required to be able to use mathematics, natural science, engineering and solid mineral exploration knowledge to solve complex engineering problems in solid mineral exploration.

2. Problem analysis: Students are expected to be able to identify, express and analyze complex engineering problems in solid mineral exploration through literature research, and obtain valid conclusions using basic principles of applied mathematics, natural science and solid mineral exploration theory.

3. Solution design/development: Students are required to be able to provide solutions for complex engineering problems in solid mineral exploration, design system, unit (component) or technical process which meet the specific needs, and embody the sense of innovation and consider social, health, safety, law, culture and environment factors in the design processes.

4. Research: Students are required to be able to carry out the research on complex engineering problems in solid mineral exploration based on principles of science and scientific methods which include experimental design, data analysis and interpretation, and to draw reasonable and reliable conclusions through information processing.

5. Modern tools application: Students are expected to be able to develop, select and use appropriate technology, resources, modern engineering tools and information technology tools to solve out complex engineering problems in solid mineral exploration, including prediction and modeling of complex engineering problems and understanding its limitations.

6. Engineering and society: Students are required to be able to analyze social problems based on solid mineral exploration engineering related background knowledge, evaluate impacts on society, health, safety, law and culture during the solution process of complex engineering problems, and understand the responsibilities that should be taken.

7. Environment and sustainable development: Students are supposed to be able to understand and evaluate impacts of professional engineering practice for the complex engineering problems in solid mineral exploration on environment and sustainable development of society.

8. Professional standard: Students are expected to obtain humanities and social science literacy

and be aware of their social responsibilities, and be able to understand and comply with the engineering ethics and standards in the practice of mineral exploration, and fulfill the responsibility.

9. Individual and team work: Students are required to be able to assume the role of individual, team member, and the person in charge.

10. Communication: Students are asked to be able to effectively communicate and exchange with industry peers and the public on complex engineering problems in solid mineral exploration, including report writing, document designing, statement presenting, opinion expressing and instruction responding. Students should also have a certain international perspective, and can exchange and communicate in cross-cultural settings.

11. Project management: Students are asked to be able to understand and master the engineering management principles and economic decision-making methods, and apply them in multi -discipline environment.

12. Life-time learning: Students should have autonomous and lifelong learning consciousness, and possess the ability of continuous learning and constant adapting to development.

Graduation Requirements and Ways to Achieve

No.	Graduation Requirements	Ways to Achieve(Teaching Process)
1	Engineering knowledge: Students are required to be able to use mathematics, natural science, engineering and solid mineral exploration knowledge to solve complex engineering problems in solid mineral exploration	①Classroom Teaching: Advanced Mathematics B, Probability and Statistics B, Linear Algebra B, College Physics C, Physics Experiments B, College Chemistry B, Physical Geology, Surveying A, Crystallography and Mineralogy, Crystal Optics and Optical Mineralogy, Petrology, Stratigraphy and Paleontology, Structural Geology A, Geochemistry, Introduction to Exploration Engineering of Mineral Resources, Ore Petrology, Structure of Ore Field, Mineral Deposits A, Theories and Methods of Mineral Exploration, Comprehensive Exploration Techniques of Mineral Resources, Statistical Predication of Mineral Deposits, Introduction to Mining Engineering, Fluid Inclusions in Mineral Deposits, Economics of Mineral Resources, Geochemistry of Mineral Deposits, Geochemical Exploration, Basin and Metallogery, Environment Protection in Mining and Mineral Exploitation, Introduction to Remote Sensing B, Regional Metallogeny, Geophysical Exploration, Information System Engineering of Resources, Regional Geological Survey and New Techniques, Introduction to Global Mineral Resources, Laws and Regulations of Mineral Resources, Specialized English, Hydrologic Geology, Basic Engineering Geology B, Environmental Geology, Specialized Information Retrieval, Geology Sketch, etc ②Out-of-class Learning: Lectures on Special Topics, Academic Report, etc

No.	Graduation Requirements	Ways to Achieve(Teaching Process)
2	Problem analysis: Students are expected to be able to identify, express and analyze complex engineering problems in solid mineral exploration through literature research, and obtain valid conclusions using basic principles of applied mathematics, natural science and solid mineral exploration theory	①Classroom Teaching:Surveying Practice A,Primary Field Training(Beidaihe),Geological Field Training(Zhoukoudian),Practice for Graduation,Design for Graduation,Teaching Practice for Mineral Deposits(Daye), Model Building and Reserve Calculating of Ore-body,Geologic Survey for Mineral Resources,etc ②Out-of-class Learning:Course Assignments,Student Research Training Plan, Activity for Searching Li Si-guang, Survey Report of Academic Frontiers,etc
3	Solution design/development: Students are asked to be able to provide solutions for complex engineering problems in solid mineral exploration, design system, unit (component) or technical process which meet the specific needs, and embody the sense of innovation and consider social, health, safety, law, culture and environment factors in the design processes	①Classroom Teaching:Surveying Practice A,Primary Field Training(Beidaihe),Geological Field Training(Zhoukoudian),Practice for Graduation,Design for Graduation,Teaching Practice for Mineral Deposits(Daye), Model Building and Reserve Calculating of Ore-body,Geologic Survey for Mineral Resources,etc ②Out-of-class Learning:Course Assignments,Student Research Training Plan, Activity for Searching Li Si-guang, Survey Report of Academic Frontiers,etc
4	Research: Students are required to be able to carry out the research on complex engineering problems in solid mineral exploration based on principles of science and scientific methods which include experimental design,data analysis and interpretation,and to draw reasonable and reliable conclusions through information processing	①Classroom Teaching:Surveying Practice A,Primary Field Training(Beidaihe),Geological Field Training(Zhoukoudian),Practice for Graduation,Design for Graduation,Teaching Practice for Mineral Deposits(Daye), Model Building and Reserve Calculating of Ore-body,Geologic Survey for Mineral Resources,etc ②Out-of-class Learning:Course Assignments,Student Research Training Plan, Activity for Searching Li Si-guang, Survey Report of Academic Frontiers,etc
5	Modern tools application: Students are expected to be able to develop, select and use appropriate technology, resources, modern engineering tools and information technology tools to work out complex engineering problems in solid mineral exploration, including prediction and modeling of complex engineering problems and understanding its limitations	①Classroom Teaching:College English,Program Design in C Language B, Course Design for Program Design in C Language B,Specialized Information Retrieval,Information System Engineering of Resources,Regional Geological Survey and New Techniques, Specialized English, Geology Sketch,Primary Field Training(Beidaihe),Geological Field Training(Zhoukoudian), Practice for Graduation, Design for Graduation, Teaching Practice for Mineral Deposits (Daye), Model Building and Reserve Calculating of Ore-body,Geologic Survey for Mineral Resources,etc ②Out-of-class Learning:Course Assignments,Student Research Training Plan, Lectures on Special Topics, Survey Report of Academic Frontiers,etc

No.	Graduation Requirements	Ways to Achieve(Teaching Process)
6	Engineering and society: Students are required to be able to analyze social problems based on solid mineral exploration engineering related background knowledge, evaluate impacts on society, health, safety, law and culture during the solution process of complex engineering problems, and understand the responsibilities that should be taken	①Classroom Teaching: Introduction to Mining Engineering, Laws and Regulations of Mineral Resources, Hydrologic Geology, Basic Engineering Geology B, Environmental Geology, Surveying Practice A, Primary Field Training (Beidaihe), Geological Field Training(Zhoukoudian), Practice for Graduation, Design for Graduation, Teaching Practice for Mineral Deposits(Daye), etc ②Out-of-class Learning: Course Assignments, Student Research Training Plan, Lectures on Special Topics, etc
7	Environment and sustainable development: Students are supposed to be able to understand and evaluate impacts of professional engineering practice for the complex engineering problems in solid mineral exploration on environment and sustainable development of society	①Classroom Teaching: Economics of Mineral Resources, Environment Protection in Mining and Mineral Exploitation, Surveying Practice A, Primary Field Training (Beidaihe), Geological Field Training (Zhoukoudian), Practice for Graduation, Design for Graduation, Teaching Practice for Mineral Deposits(Daye), etc ②Out-of-class Learning: Course Assignments, Student Research Training Plan, Lectures on Special Topics, etc
8	Professional standard: Students are expected to obtain humanities and social science literacy and be aware of their social responsibilities, and be able to understand and comply with the engineering ethics and standards in the practice of mineral exploration, and fulfill the responsibility	①Classroom Teaching: Basic Principles of Marxism, Mao Tse-tung Thought and Introduction to the Theoretical System of Socialism with Chinese Characteristics, The Outline of Modern and Contemporary History of China, Ideological and Moral Culture and Legal Basis, Military Theory and Training, Physical Education, Social Investigation, etc ②Out-of-class Learning: Entrance Education, Student Psychologically Healthy Education, Policy and Situation Education, Guide for Career, Education for Graduation, Special Lectures by Class Leader and Counselor, Academic Lecture, etc
9	Individual and team work: Students are required to be able to assume the role of individual, team member, and the person in charge	①Classroom Teaching: Surveying Practice A, Primary Field Training(Beidaihe), Geological Field Training(Zhoukoudian), Practice for Graduation, Design for Graduation, Teaching Practice for Mineral Deposits(Daye), etc ②Out-of-class Learning: Course Assignments, Student Research Training Plan, Activity for Searching Li Si-guang, etc

No.	Graduation Requirements	Ways to Achieve(Teaching Process)
10	Communication: Students are required to be able to effectively communicate and exchange with industry peers and the public on complex engineering problems in solid mineral exploration, including report writing, document designing, statement presenting, opinion expressing and instruction responding. Students should also have a certain international perspective, and can exchange and communicate in cross-cultural settings	①Classroom Teaching: Specialized English, Introduction to Global Mineral Resources, Surveying Practice A, Primary Field Training (Beidaihe), Geological Field Training (Zhoukoudian), Practice for Graduation, Design for Graduation, Teaching Practice for Mineral Deposits(Daye), etc ②Out-of-class Learning: Survey Report of Academic Frontiers, Meeting on Scientific Research, Academic Lectures, Writing on Scientific Research, Taking Part in Scientific Research Projects, etc
11	Project management: Students are required to be able to understand and master the engineering management principles and economic decision-making methods, and apply them in multi- discipline environment	①Classroom Teaching: Economy and Management Courses, Geologic Survey for Mineral Resources, Surveying Practice A, Primary Field Training(Beidaihe), Geological Field Training(Zhoukoudian), Practice for Graduation, Design for Graduation, Teaching Practice for Mineral Deposits (Daye), etc ②Out-of-class Learning: Student Research Training Plan, Practice for Graduation, Taking Part in Scientific Research Projects, etc
12	Life-time learning: Students should have autonomous and lifelong learning consciousness, and possess the ability of continuous learning and constant adapting to development	①Classroom Teaching: Practice for Graduation, Design for Graduation, Morality Education and Fundamentals of Law, etc ②Out-of-class Learning: Course Assignments, Subject Contest, Invention and Creation, Research Report, Student Research Training Plan, etc

Major Disciplines: Earth Resources and Geological Engineering.

Main Courses: Mineral Deposits, Ore Petrology, Structure of Ore Field, Exploration Theories and Methods of Mineral Resources, Comprehensive Exploration Techniques of Mineral Resources, Economics of Mineral Resources, Statistical Predication of Ore Deposit, Introduction to Mining Engineering, Geochemistry of Mineral Deposits, Fluid Inclusions in Mineral Deposits, etc.

Lab Experiments: Identification of Mineral, Rock, and Fossil. Analysis of Exploitability and Potential Evaluation of Ores. Synthetic Analysis and Interpretation of Geological, Geophysical, Geochemical, and Remote Sensing Data and Information. Mining of Mineral Resources Information and Quantitative Assessment. Sampling, Design and Reserve Calculation of Exploration Engineering.

Practical Work: Course Design for Program Design of C Language B, Surveying Practice A, Primary Field Training (Beidaihe), Geological Field Training (Zhoukoudian), Practice for Graduation, Thesis (Design) for Graduation, Teaching Practice for Mineral Deposits (Daye), Model building and Reserve Calculating of Ore-body, Geologic Survey for Mineral Resources.

Duration: four years.

Degree Granted: Bachelor of Engineering.

Related Specialties: Geology, Exploration Techniques and Engineering, Petroleum Engineering.

资源勘查工程(固体方向)专业课程教学计划表

Course Descriptions of Exploration Engineering of Mineral Resources (Solid Direction)

课程类别 Course Classification		课程编号 Course Code	课程名称 Course Name	学分 Crs	学时 Hrs	学时分类 Class Hours		先修课程 Prerequisite Courses	学期学分分配 Semester Credits							
						讲课 Lec.	实验 Lab.		一 1st	二 2nd	三 3rd	四 4th	五 5th	六 6th	七 7th	八 8th
通识教育课 Liberal Education Courses	必修 Compulsory	11706200	马克思主义基本原理 Principles of Marxism	3	48	48				3						
		11706500	毛泽东思想与中国特色社会主义理论体系概论 Introduction to Mao Tse-tung Thought and the Theoretical System of Socialism with Chinese Characteristics	4	64	64					4					
		11711800	中国近现代史纲要 The Essentials of Modern Chinese History	2	32	32						2				
		120002＊0	思想道德修养与法律基础 Morality Education and Fundamentals of Law	3	48	48			1.5	1.5						
		113076＊0	体育 Physical Education	4	144	144			1	1	1	1				
		109116＊0	大学英语 College English	12	192	192			3	3	3	3				
		11918902	C语言程序设计B C Language Programming B	2.5	40	28	12		2.5							
		20212900	资源勘查工程专业导论 Introduction to Exploration Engineering of Mineral Resources	1	16	16			1							
		14300100	军事理论 Military Theory	2	32	32			2							
	选修 Elective	总计12学分,含创新创业选修课学分,跨学科选修课不低于6学分。"形势与政策"课程作为限选课,由马克思主义学院实施		12	192											
		小计 **Sum**		**45.5**	**808**	**604**	**12**		**11**	**8.5**	**8**	**6**	**0**	**0**	**0**	**0**
学科基础课 Disciplinary Fundamental Courses		212127＊2	高等数学B Advanced Mathematics B	10	160	160			4	6						
		212130＊3	大学物理C College Physics C	6	96	96				3.5	2.5					
		21213202	物理实验B Physics Experiments B	2	32		32			2						
		20302402	大学化学B College Chemistry B	5	80	56	24		5							

课程类别 Course Classification	课程编号 Course Code	课程名称 Course Name	学分 Crs	学时 Hrs	学时分类 Class Hours		先修课程 Prerequisite Courses	学期学分分配 Semester Credits							
					讲课 Lec.	实验 Lab.		一 1st	二 2nd	三 3rd	四 4th	五 5th	六 6th	七 7th	八 8th
学科基础课 Disciplinary Fundamental Courses	21212802	线性代数 B Linear Algebra B	2.5	40	40		高等数学 B			2.5					
	21213502	概率论与数理统计 B Probability and Mathematics Statistics B	2.5	40	40		高等数学 B			2.5					
	20114900	普通地质学 Physical Geology	3	48	40	8		3							
	21120801	测量学 A Surveying A	2.5	40	30	10			2.5						
	20104600	结晶学与矿物学 Crystallography and Mineralogy	5	80	40	40				5					
	20115500	晶体光学及光性矿物学 Crystal Optics and Optical Mineralogy	3.0	48	14	34				3					
	20106700	岩石学 Petrology	5	80	40	40	结晶学与矿物学				5				
	20118300	地层及古生物学 Stratigraphy and Paleontology	3	48	42	6					3				
	20104001	构造地质学 A Structural Geology A	4	64	44	20					4				
	20116200	地球化学 Geochemistry	4	64	64							4			
	小计 Sum		**57.5**	**920**	**706**	**214**		**12**	**14**	**15.5**	**12**	**4**	**0**	**0**	**0**
专业主干课 Main Specialty Courses	20203500	矿石学 Ore Petrology	2.5	40	10	30						2.5			
	20203600	矿田构造学 Structure of Ore Field	2	32	24	8	矿床学 A						2		
	20213001	矿床学 A Mineral Deposits A	5	80	52	28	岩石学					5			
	20203000	矿产勘查理论与方法 Theories and Methods of Mineral Exploration	5	80	56	24	矿床学 A						5		
	20215900	矿产综合勘查技术 Comprehensive Exploration Techniques of Mineral Resources	4	64	52	12	矿床学 A						4		
	20214600	矿床统计预测 Statistical Predication of Mineral Deposits	3	48	32	16	矿床学 A						3		
	20213100	矿业工程概论 Introduction to Mining Engineering	3.5	56	48	8								3.5	

课程类别 Course Classification	课程编号 Course Code	课程名称 Course Name	学分 Crs	学时 Hrs	学时分类 Class Hours		先修课程 Prerequisite Courses	学期学分分配 Semester Credits							
					讲课 Lec.	实验 Lab.		一 1st	二 2nd	三 3rd	四 4th	五 5th	六 6th	七 7th	八 8th
专业主干课 Main Specialty Courses	20212400	流体包裹体 Fluid Inclusions in Mineral Deposits	2	32	20	12								2	
	20220000	矿产资源经济学 Economics of Mineral Resources	2.5	40	40								2.5		
	20203200	矿床地球化学 Geochemistry of Mineral Deposits	2	32	26	6	矿床学 A 地球化学						2		
	小计 Sum		**31.5**	**504**	**358**	**146**		**0**	**0**	**0**	**0**	**7.5**	**18.5**	**5.5**	**0**
专业选修课 Specialty Elective Courses		具体见专业选修课列表	12	192											
合计 Sub-total			**146.5**	**2424**	**1668**	**372**		**23**	**22.5**	**23.5**	**18**	**11.5**	**18.5**	**5.5**	**0**
实践环节 Practical Work	44300200	军事训练 Military Training	2	2 周				2							
	41919002	C 语言课程设计 B Course Design for C Language B	1.5	1.5 周				1.5							
	41120901	测量学教学实习 A Surveying Practice A	1	1 周					1						
	40115200	地质认识实习(北戴河) Primary Field Training (Beidaihe)	2	2 周					2						
	40115601	地质教学实习(周口店)A Geological Field Training (Zhoukoudian) A	6	6 周							6				
	40216100	生产实习 Practice for Production	8	8 周										8	
	40215000	毕业论文(设计) Graduation Thesis(Design)	9	9 周											9
	40216200	矿床学教学实习(大冶) Teaching Practice for Mineral Deposits (Daye)	2	2 周									2		
	40216300	矿体建模及储量计算 Model building and Reserve Calculating of Ore-body	2	2 周										2	
	40216400	矿产地质调查及课程设计 Course Design of Geologic Survey for Mineral Resources	2.5	2.5 周									2.5		
	小计 Sum		**36**	**36 周**				**3.5**	**3**	**0**	**6**	**0**	**4.5**	**10**	**9**

课程类别 Course Classification	课程编号 Course Code	课程名称 Course Name	学分 Crs	学时 Hrs	学时分类 Class Hours		先修课程 Prerequisite Courses	学期学分分配 Semester Credits							
					讲课 Lec.	实验 Lab.		一 1st	二 2nd	三 3rd	四 4th	五 5th	六 6th	七 7th	八 8th
创新创业自主学习 Autonomous Learning	ZZ35000S	社会调查 Social Investigation	2												2
		其他(学科竞赛、发明创造、科研报告) Others (Contest, Invention, Innovation and Research Presentation)	3												
	小计 Sum		**5**												
总计 Total			**187.5**	**2424+36周**	**1668**	**372**		**26.5**	**25.5**	**23.5**	**24**	**11.5**	**23**	**15.5**	**9**
可开出专业选修课列表 Specialty Elective Courses	20112300	勘查地球化学A Geochemical Exploration A	3	48	40	8							3		
	20205500	盆地与成矿 Basin and Metallogery	1.5	24	20	4									1.5
	20203700	矿业环境保护 Environment Protection in Mining and Mineral Exploitation	2	32	32										2
	20220100	资源遥感导论 Introduction to Remote Sensing of Resources	2.5	40	28	12							2.5		
	20216500	区域成矿学 Regional Metallogeny	2	32	32		矿床学A							2	
	20607000	勘查地球物理 Geophysical Exploration	2	32	32							2			
	20210400	资源信息工程 Information System Engineering of Resources	2.5	40	24	16							2.5		
	20217000	数字地质调查新技术与方法 Regional Geological Survey and New Techniques	2	32	4	28					2				
	20216600	世界矿产资源概论 Introduction to Global Mineral Resources	1.5	24	24							1.5			
	20216700	矿产资源法律法规 Laws and Regulations of Mineral Resources	1.5	24	24										1.5
	20216800	专业英语 Specialized English	2	32	32							2			
	20409102	水文地质学B Hydrologic Geology B	2.5	40	40										2.5

课程类别 Course Classification	课程编号 Course Code	课程名称 Course Name	学分 Crs	学时 Hrs	学时分类 Class Hours		先修课程 Prerequisite Courses	学期学分分配 Semester Credits							
					讲课 Lec.	实验 Lab.		一 1st	二 2nd	三 3rd	四 4th	五 5th	六 6th	七 7th	八 8th
可开出专业选修课列表 Specialty Elective Courses	20508400	工程地质学基础 B Basic Engineering Geology B	2.5	40	40									2.5	
	20112300	勘查地球化学 A Geochemical Exploration A	3	48	40	8							3		
	20403400	环境地质学 B Environmental Geology B	2	32	32									2	
	20216900	专业文献检索 Specialized Information Retrieval	1	16	12	4						1			
	21634000	素描造型基础与岩矿素描 Geology Sketch	2	32		32					2				

注：通识教育选修课学分和创新创业自主学习学分未列入具体学期。

资源勘查工程(固体方向)专业课程分类统计

Course Category Statistics of Exploration Engineering of Mineral Resources (Solid Direction)

课程学分 / 统计	通识教育课 Liberal Education Courses		学科基础课 Disciplinary Fundamental Courses	专业主干课 Main Specialty Courses	专业选修课 Specialty Elective Courses	实践环节 Practical Work	创新创业自主学习 Autonomous Learning	学时总计 Total Hours	学分总计 Total Credits
	必修 Compulsory	选修 Selective							
学时/学分 Hrs/Crs	616/33.5	192/12	920/57.5	504/31.5	192/12	36 周/36	5	2424+36 周	187.5
学分所占比例 Proportion of Credits	24.3%		30.7%	16.7%	6.4%	19.2%	2.7%		100%

资源勘查工程(油气方向)专业培养方案

专业名称与代码:资源勘查工程(油气方向)　081403

专业培养目标:本专业通过通识教育课程、学科基础课程、专业骨干课程、专业选修课程的系统学习,结合室内和野外多个实践环节的锻炼,四年后培养出具有爱国精神、有较高外语水平和计算机应用能力,德智体全面发展,能够运用所学基础地质理论、油气地质勘查理论及先进的科技手段,在企事业单位及科研院所进行创新和解决复杂工程问题的专业工程技术人才。通过毕业后五年的工作实践,能够成长为油气地质勘探领域的地质工程师。

专业毕业要求

1.工程知识:能够将数学、自然科学、工程基础和油气资源勘查知识用于解决油气资源勘查中复杂工程问题。

2.问题分析:能够应用数学、自然科学和油气资源勘查的基本原理,识别、表达并通过文献研究分析油气资源勘查中的复杂工程问题,以获得有效结论。

3.设计、开发解决方案:能够设计针对油气资源勘查中复杂工程问题的解决方案,设计满足特定需求的系统、单元(部件)或工艺流程,并能够在设计环节中体现创新意识,考虑社会、健康、安全、法律、文化以及环境等因素。

4.研究:能够基于科学原理并采用科学方法对油气资源勘查中复杂工程问题进行研究,包括设计实验、分析与解释数据,并通过信息综合得到合理有效的结论。

5.使用现代工具:能够针对油气资源勘查中的复杂工程问题,开发、选择与使用恰当的技术、资源、现代工程工具和信息技术工具,包括对复杂工程问题的预测与模拟,并能够理解其局限性。

6.工程与社会:能够基于油气资源勘查工程相关背景知识进行合理分析,评价油气资源勘查工程实践和复杂工程问题解决方案对社会、健康、安全、法律以及文化的影响,并理解应承担的责任。

7.环境和可持续发展:能够理解和评价针对油气资源勘查中复杂工程问题的专业工程实践对环境、社会可持续发展的影响。

8.职业规范:具有人文社会科学素养、社会责任感,能够在油气资源勘查工程实践中理解并遵守工程职业道德和规范,履行责任。

9.个人和团队:能够在多学科背景下的团队中承担个体、团队成员角色以及负责人的角色。

10.沟通:能够就油气资源勘查中复杂工程问题与业界同行及社会公众进行有效的沟通和交流,包括撰写报告和设计文稿、陈述发言、清晰表达或回应指令,并具备一定的国际视野,能够在跨文化背景下进行沟通和交流。

11.项目管理:理解并掌握工程管理原理与经济决策方法,并能在多学科环境中应用。

12.终身学习:具有自主学习和终身学习的意识,有不断学习和适应发展的能力。

毕业要求及实现途径

序号	毕业要求	实现途径(教学过程)
1	工程知识:能够将数学、自然科学、工程基础和油气资源勘查知识用于解决油气资源勘查中复杂工程问题	①课堂教学:高等数学 B、概率论与数理统计 B,线性代数,大学物理 C,物理实验 B,大学化学 B,普通地质学,测量学 A,结晶学及矿物学,晶体光学和光性矿物学,岩石学,地层及古生物学,构造地质学 A,石油及天然气地质学 A,含油气盆地沉积学,含油气盆地构造学,油气地球化学,地球物理勘探原理,油(气)层物理学,地震地质综合解释,石油测井地质解释,层序地层学,油气勘察与评价,石油勘探构造分析,世界油气田,油气资源概论,含烃流体地质,油气地质实验,矿床学 B,盆地与成矿,成盆动力学,石油技术经济学等 ②课外学习:专题讲座、学术报告等
2	问题分析:能够应用数学、自然科学和油气资源勘查的基本原理,识别、表达并通过文献研究分析油气资源勘查中的复杂工程问题,以获得有效结论	①课堂教学:测量教学实习 A、地质认识实习(北戴河)、地质教学实习(周口店)、油矿教学实习(江汉油田)、专业教学实习(通山—咸宁),油气地质综合课程设计等 ②课外学习:课程作业、大学生科研立项、“寻找李四光”活动、生产实习、毕业论文(设计)、学科前沿调研报告、毕业答辩等
3	设计/开发解决方案:能够设计针对油气资源勘查中复杂工程问题的解决方案,设计满足特定需求的系统、单元(部件)或工艺流程,并能够在设计环节中体现创新意识,考虑社会、健康、安全、法律、文化以及环境等因素	①课堂教学:测量教学实习 A、地质认识实习(北戴河)、地质教学实习(周口店)、油矿教学实习(江汉油田)、专业教学实习(通山—咸宁),油气地质综合课程设计,含煤岩系岩芯编录与录井等 ②课外学习:课程作业、大学生科研立项、“寻找李四光”活动、生产实习、毕业论文(设计)等
4	研究:能够基于科学原理并采用科学方法对油气资源勘查中复杂工程问题进行研究,包括设计实验、分析与解释数据,并通过信息综合得到合理有效的结论	①课堂教学:测量教学实习 A、地质认识实习(北戴河)、地质教学实习(周口店)、油矿教学实习(江汉油田)、专业教学实习(通山—咸宁),油气地质综合课程设计,油气地质实验,油气计算机综合应用等 ②课外学习:课程作业、大学生科研立项、“寻找李四光”活动、生产实习、毕业论文(设计)、学科前沿调研报告等
5	使用现代工具:能够针对油气资源勘查中的复杂工程问题,开发、选择与使用恰当的技术、资源、现代工程工具和信息技术工具,包括对复杂工程问题的预测与模拟,并能够理解其局限性	①课堂教学:大学英语、C 语言程序设计 B、C 语言课程设计、专业文献检索、油气地质实验,油气计算机综合应用、含煤岩系岩芯编录与录井、地质认识实习(北戴河)、地质教学实习(周口店)、油矿教学实习(江汉油田)、油气地质综合课程设计等 ②课外学习:课程作业、大学生科研立项、专题讲座、生产实习、毕业论文(设计)、学科前沿调研报告等

序号	毕业要求	实现途径(教学过程)
6	工程与社会:能够基于油气资源勘查工程相关背景知识进行合理分析,评价油气资源勘查工程实践和复杂工程问题解决方案对社会、健康、安全、法律以及文化的影响,并理解应承担的责任	①课堂教学:资源导论、石油及天然气地质学 A、地下地质学、油气资源概论、测量教学实习 A、地质认识实习(北戴河)、地质教学实习(周口店)、油矿教学实习(江汉油田)、油气地质实验等 ②课外学习:课程作业、大学生科研立项、生产实习、毕业论文(设计)、专题讲座等
7	环境和可持续发展:能够理解和评价针对油气资源勘查中复杂工程问题的专业工程实践对环境、社会可持续发展的影响	①课堂教学:石油技术经济学、测量教学实习 A、地质认识实习(北戴河)、地质教学实习(周口店)、油矿教学实习(江汉油田)等 ②课外学习:课程作业、大学生科研立项、生产实习、毕业论文(设计)、专题讲座等
8	职业规范:具有人文社会科学素养、社会责任感,能够在油气资源勘查工程实践中理解并遵守工程职业道德和规范,履行责任	①课堂教学:马克思主义基本原理、毛泽东思想和中国特色社会主义体系概论、中国近现代史纲要、思想道德修养与法律基础、大学生心理健康教育、入学教育、考风教育、形势与政策教育、军事理论、就业指导、军训、毕业教育等 ②课外学习:大学生科研立项、生产实习、毕业论文(设计)、毕业答辩、“寻找李四光”活动、“指南针”讲座等
9	个人和团队:能够在多学科背景下的团队中承担个体、团队成员角色以及负责人的角色	①课堂教学:测量教学实习 A、地质认识实习(北戴河)、地质教学实习(周口店)、油矿教学实习(江汉油田)、专业教学实习(通山—咸宁)等 ②课外学习:课程作业、生产实习、毕业论文(设计)等
10	沟通:能够就油气资源勘查中复杂工程问题与业界同行及社会公众进行有效沟通和交流,包括撰写报告和设计文稿、陈述发言、清晰表达或回应指令,并具备一定的国际视野,能够在跨文化背景下进行沟通和交流	①课堂教学:专业英语、世界油气田、测量教学实习 A、地质认识实习(北戴河)、地质教学实习(周口店)、油矿教学实习(江汉油田)等 ②课外学习:课程作业、科技论文报告会、学术讲座、撰写科技论文、参加教师科研项目、生产实习、毕业论文(设计)等
11	项目管理:理解并掌握工程管理原理与经济决策方法,并能在多学科环境中应用	课堂教学:经济管理类选修课、石油技术经济学、测量学实习 A、地质认识实习(北戴河)、地质教学实习(周口店)、油矿教学实习(江汉油田)等 ②课外学习:大学生科研立项、生产实习、毕业论文(设计)、参加教师科研项目等
12	终身学习:具有自主学习和终身学习的意识,有不断学习和适应发展的能力	①课堂教学:思想道德修养与法律基础、马克思主义基本原理等 ②课外学习:课程作业、学科竞赛、社会调查、发明创造、科研报告、大学生科研立项等

主干学科:地质资源与地质工程。

核心课程:石油与天然气地质学、含油气盆地沉积学、含油气盆地构造学、油气地球化学、地球物理勘探原理、层序地层学、油(气)层物理学、地震地质综合解释、石油测井地质解释、油气勘查与评价等。

主要专业实验:油气地质实验、油层物理实验、构造模拟、岩芯和标本观察、沉积学编图和路线实习、地震地质工作站解释等。

主要实践性教学环节:地质认识实习(北戴河)、地质教学实习(周口店)、专业教学实习(通山—咸宁)、油矿教学实习(江汉油田)、计算机程序课程设计、生产实习、毕业论文(设计)。

修业年限:四年。

授予学位:工学学士。

相近专业:地质学、勘查技术与工程、石油工程。

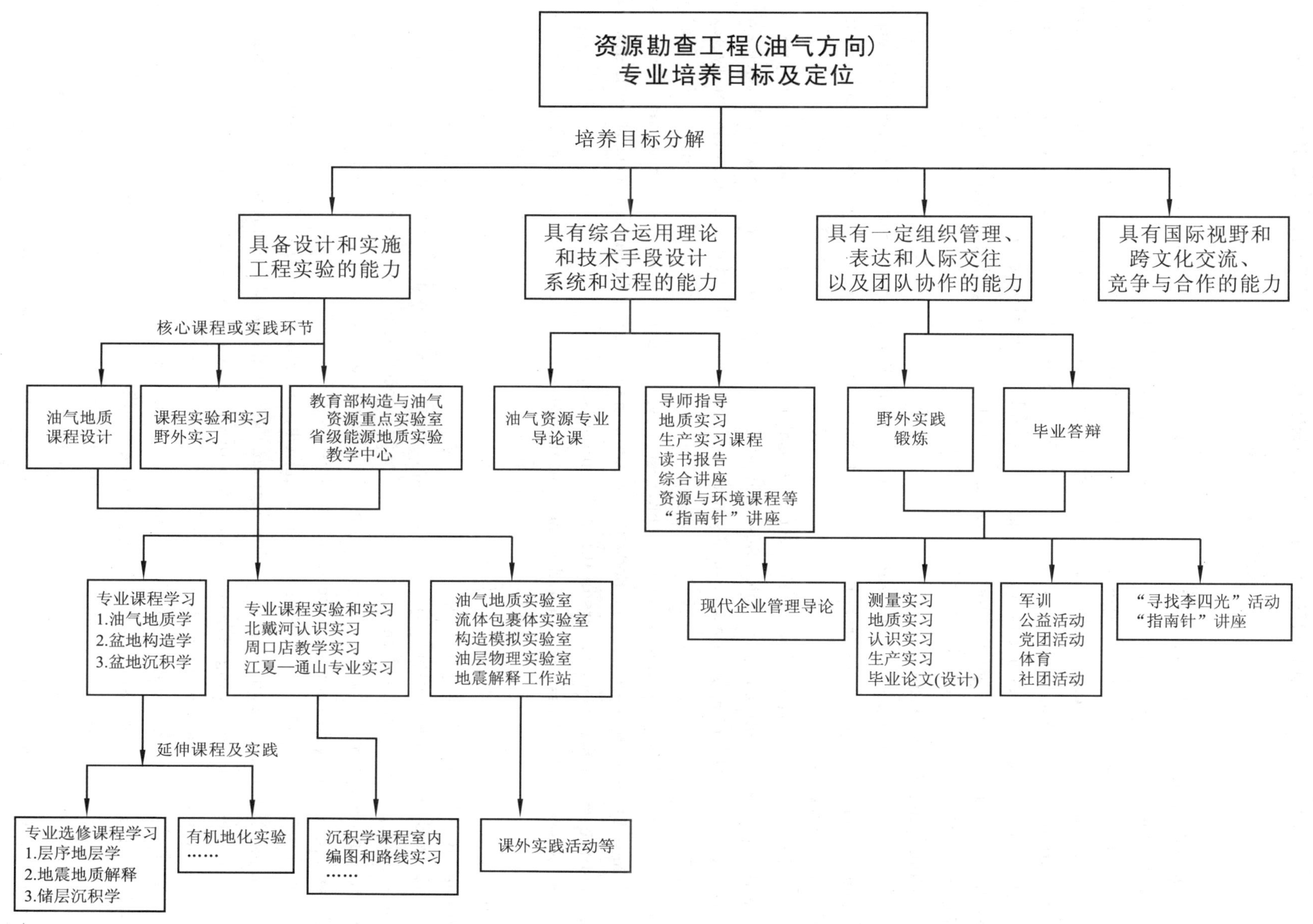
资源勘查工程(油气方向)
专业培养目标及定位
培养目标分解
具备设计和实施工程实验的能力
具有综合运用理论和技术手段设计系统和过程的能力
具有一定组织管理、表达和人际交往以及团队协作的能力
具有国际视野和跨文化交流、竞争与合作的能力
核心课程或实践环节
油气地质课程设计
课程实验和实习
野外实习
教育部构造与油气资源重点实验室
省级能源地质实验教学中心
油气资源专业导论课
导师指导
地质实习
生产实习课程
读书报告
综合讲座
资源与环境课程等
“指南针”讲座
野外实践锻炼
毕业答辩
专业课程学习
1.油气地质学
2.盆地构造学
3.盆地沉积学
专业课程实验和实习
北戴河认识实习
周口店教学实习
江夏—通山专业实习
油气地质实验室
流体包裹体实验室
构造模拟实验室
油层物理实验室
地震解释工作站
现代企业管理导论
测量实习
地质实习
认识实习
生产实习
毕业论文(设计)
军训
公益活动
党团活动
体育
社团活动
“寻找李四光”活动
“指南针”讲座
延伸课程及实践
专业选修课程学习
1.层序地层学
2.地震地质解释
3.储层沉积学
有机地化实验
……
沉积学课程室内编图和路线实习
……
课外实践活动等

Program for Exploration Engineering of Mineral Resources (Oil-gas Geology)

Specialty and Code: Exploration Engineering of Mineral Resources(Oil-gas Geology) 081403

Education Objective: With systematical study of the liberal education courses, fundamental disciplinary courses, main specialty courses, specialty elective courses, and the experience of practical work indoors and outdoors, candidates should be trained as professional engineering and technical graduates with patriotic spirit, higher level of foreign language, and ability of computer operation in four years. And these candidates can resolve complex engineering problems in their enterprises and institutions or research institutes, and five years later, they can grow to be certified geological engineering in the field of hydrocarbon exploration.

Graduation Requirements

1. Engineering knowledge: Students are required to be able to use mathematics, natural science, engineering and oil and gas exploration knowledge to solve complex engineering problems in hydrocarbon exploration.

2. Problem analysis: Students are expected to be able to identify, express and analyze complex engineering problems in oil and gas exploration through literature research, and obtain valid conclusions using basic principles of applied mathematics, natural science and oil and gas exploration theory.

3. Solution design/development: Students are asked to be able to provide solutions for complex engineering problems in oil and gas exploration, design system, unit (component) or technical process which meet the specific needs, and embody the sense of innovation and consider social, health, safety, law, culture and environment factors in the design processes.

4. Research: Students are required to be able to carry out the research on complex engineering problems in oil and gas exploration based on principles of science and scientific methods which include experimental design, data analysis and interpretation, and to draw reasonable and reliable conclusions through information synthesis.

5. Modern tools application: Students are expected to be able to develop, select and use appropriate technology, resources, modern engineering tools and information technology tools to solve out complex engineering problems in oil and gas exploration, including prediction and modeling of complex engineering problems and understanding its limitations.

6. Engineering and society: Students are required to be able to analyze social problems based on oil and gas exploration engineering related background knowledge, evaluate impacts on society, health, safety, law and culture during the solution process of complex engineering problems, and understand the responsibilities that should be borne.

7. Environment and sustainable development: Students are supposed to be able to understand and evaluate impacts of professional engineering practice for the complex engineering problems in oil and gas exploration on environment and sustainable development of society.

8. Professional standard: Students are expected to obtain humanities and social science literacy and social responsibility, and be able to understand and comply with the engineering ethics and standards in the practice of oil and gas exploration, and fulfill the responsibility.

9. Individual and team work: Students are required to be able to assume the role of individual, team member, and the person in charge.

10. Communication: Students are asked to be able to effectively communicate and exchange with industry peers and the public on complex engineering problems in oil and gas exploration, including report writing, document designing, statement presenting, opinion expressing and instruction responding. Students should also have a certain international perspective, and can exchange and communicate in cross-cultural settings.

11. Project management: Students are asked to be able to understand and master the engineering management principles and economic decision-making methods, and apply them in multi-discipline environment.

12. Life-time learning: Students should have autonomous and lifelong learning consciousness, and possess the ability of continuous learning and constant adapting to development.

Graduation Requirements and Ways to Achieve

No.	Graduation Requirements	Ways to Achieve(Teaching Process)
1	Engineering knowledge: Students are required to be able to use mathematics, natural science, engineering and oil and gas exploration knowledge to solve complex engineering problems in hydrocarbon exploration	① Classroom Teaching: Advanced Mathematics B, Probability and Mathematical Statistics B, Linear Algebra, College Physics C, Physics Experiments B, College Chemistry B, General Geology, Surveying A, Crystallography and Mineralogy, Crystal Optics and Optical Mineralogy, Petrology, Stratigraphy and Paleontology, Structural Geology A, Petroleum Geology A, Sedimentology of Petroliferous Basin, Tectonics of Petroliferous Basin, Petroleum Geochemistry, Principles of Geophysics, Petroleum Reservoir Physics, Integrated Seismic-geologic Interpretation, Sequence Stratigraphy, Geological Interpretation of Petroleum Logging, Petroleum Exploration and Evaluation, Analysis of Petroleum Exploration Structure, Oil and Gas Field in the World, Introduction to Petroleum Resources, Hydrocarbon-bearing Geofluids, Petroleum Geology Experiments, Mineral Deposits B, Basin Metallogery, Basin Formation Dynamics, Economics of Petroleum Technique, etc ②Out-of-class Learning: Lectures on Special Topics, Academic Report, etc
2	Problem analysis: Students are expected to be able to identify, express and analyze complex engineering problems in oil and gas exploration through literature research, and obtain valid conclusions using basic principles of applied mathematics, natural science and oil and gas exploration theory	① Classroom Teaching: Surveying Practice A, Primary Field Training (Beidaihe), Geological Teaching Practice (Zhoukoudian), Oil-field Teaching Practice (Jianghan Oil Field), Professional integration practice (Tongshan-Xianning), Course Design for Oil and gas Geology, etc ② Out-of-class Learning: Course Assignments, Student Research Training Plan, Activity for Searching Li Siguang, Survey Report of Academic Frontier, Practice for Graduation, Bachelor Thesis, etc

No.	Graduation Requirements	Ways to Achieve(Teaching Process)
3	Solution design/development: Students are asked to be able to provide solutions for complex engineering problems in oil and gas exploration, design system, unit (component) or technical process which meet the specific needs, and embody the sense of innovation and consider social, health, safety, law, culture and environment factors in the design processes	① Classroom Teaching: Surveying Practice A, Primary Field Training (Beidaihe), Geological Teaching Practice (Zhoukoudian), Oil-field Teaching Practice (Jianghan Oil Field), Integrated Professional Practice (Tongshan-Xianning), Course Design for Oil and gas Geology, Core Catalog and Logging, etc ② Out-of-class Learning: Course Assignments, Student Research Training Plan, Activity for Searching Li Siguang, Practice for Graduation, Bachelor Thesis, etc
4	Research: Students are required to be able to carry out the research on complex engineering problems in oil and gas exploration based on principles of science and scientific methods which include experimental design, data analysis and interpretation, and to draw reasonable and reliable conclusions through information processing	① Classroom Teaching: Surveying Practice A, Primary Field Training (Beidaihe), Geological Teaching Practice (Zhoukoudian), Oil-field Teaching Practice (Jianghan Oil Field), Professional integration practice (Tongshan-Xianning), Course Design for Oil and gas Geology, Petroleum Geology Experiments, Petroleum Mathematical Geology, etc ② Out-of-class Learning: Course Assignments, Student Research Training Plan, Activity for Searching Li Siguang, Practice for Graduation, Bachelor Thesis, Survey Report of Academic Frontiers, etc
5	Modern tools application: Students are expected to be able to develop, select and use appropriate technology, resources, modern engineering tools and information technology tools to work out complex engineering problems in oil and gas exploration, including prediction and modeling of complex engineering problems and understanding its limitations	①Classroom Teaching: College English, Program Design in C Language B, Course Design for Program Design in C Language, Specialized Information Retrieval, Petroleum Geology Experiments, Petroleum Mathematical Geology, Core Catalog and Logging, Primary Field Training (Beidaihe), Geological Teaching Practice (Zhoukoudian), Oil-field Teaching Practice (Jianghan Oil Field), Course Design for oil and gas Geology, etc ② Out-of-class Learning: Course Assignments, Student Research Training Plan, Lectures on Special Topics, Practice for Graduation, Bachelor Thesis, Survey Report of Academic Frontier, etc

No.	Graduation Requirements	Ways to Achieve(Teaching Process)
6	Engineering and society: Students are asked to be able to analyze social problems based on oil and gas exploration engineering related background knowledge, evaluate impacts on society, health, safety, law and culture during the solution process of complex engineering problems, and understand the responsibilities that should be borne	①Classroom Teaching: Specialization Introduction to Resources, Petroleum Geology A, Subsurface Geology, Introduction to Petroleum Resources, Surveying Practice A, Primary Field Training (Beidaihe), Geological Teaching Practice (Zhoukoudian), Oil-field Teaching Practice (Jianghan Oil Field), Petroleum Geology Experiments, etc ② Out-of-class Learning: Course Assignments, Student Research Training Plan, Lectures on Special Topics, Practice for Graduation, Bachelor Thesis, etc
7	Environment and sustainable development: Students are supposed to be able to understand and evaluate impacts of professional engineering practice for the complex engineering problems in oil and gas exploration on environment and sustainable development of society	① Classroom Teaching: Economics of Petroleum Technique, Surveying Practice A, Primary Field Training (Beidaihe), Geological Teaching Practice (Zhoukoudian), Oil-field Teaching Practice (Jianghan Oil Field), etc ② Out-of-class Learning: Course Assignments, Student Research Training Plan, Lectures on Special Topics, Practice for Graduation, Bachelor Thesis, etc
8	Professional standard: Students are expected to obtain humanities and social science literacy and be aware of their social responsibilities, and be able to understand and comply with the engineering ethics and standards in the practice of oil and gas exploration, and fulfill the responsibility	①Classroom Teaching: Principles of Marxism, Introduction to Mao Tse-tung Thought and the Theoretical System of Socialism with Chinese Characteristics, The Essentials of Modern Chinese History, Morality Education and Fundamentals of Law, Military Theory and Training, Physical Education, Entrance Education, Psychologically Health Education, Policy and Situation Education, Career Orientation, Education for Graduation, etc ②Out-of-class Learning: Student Research Training Plan, Practice for Graduation, Bachelor Thesis, Activity for Searching Li Si-guang, Compass Course, etc
9	Individual and team work: Students are required to be able to assume the role of individual, team member, and the person in charge	① Classroom Teaching: Surveying Practice A, Primary Field Training (Beidaihe), Geological Teaching Practice (Zhoukoudian), Oil-field Teaching Practice (Jianghan Oil Field), Professional integration practice (Tongshan-Xianning), etc ②Out-of-class Learning: Course Assignments, Practice for Graduation, Bachelor Thesis, etc

No.	Graduation Requirements	Ways to Achieve(Teaching Process)
10	Communication: Students are required to be able to effectively communicate and exchange with industry peers and the public on complex engineering problems in oil and gas exploration, including report writing, document designing, statement presenting, opinion expressing and instruction responding. Students should also have a certain international perspective, and can exchange and communicate in cross-cultural settings	①Classroom Teaching: Specialized English, Oil and Gas Field in the World, Surveying Practice A, Primary Field Training (Beidaihe), Geological Teaching Practice (Zhoukoudian), Oil-field Teaching Practice (Jianghan Oil Field), etc ②Out-of-class Learning: Course Assignments, Survey Report of Academic Frontiers, Academic Lectures, Writing on Scientific Research, Taking Part in Scientific Research Projects, Practice for Graduation, Bachelor Thesis, etc
11	Project management: Students are asked to be able to understand and master the engineering management principles and economic decision-making methods, and apply them in multi-discipline environment	①Classroom Teaching: Economy and Management Courses, Economics of Petroleum Technique, Surveying Practice A, Primary Field Training (Beidaihe), Geological Teaching Practice (Zhoukoudian), Oil-field Teaching Practice (Jianghan Oil Field), etc ②Out-of-class Learning: Student Research Training Plan, Practice for Graduation, Thesis Writing, Taking Part in Scientific Research Projects, etc
12	Life-time learning: Students should have a consciousness of autonomous and lifelong learning, and possess the ability of continuous learning and constant adapting to development	① Classroom Teaching: Morality Education and Fundamentals of Law, Principles of Marxism, etc ②Out-of-class Learning: Course Assignments, Contests, Invention and Creation, Research Report, Student Research Training Plan, etc

Major Disciplines: Earth Resources and Geological Engineering.

Main Courses: Petroleum Geology, Sedimentology of Petroliferous Basin, Tectonics of Petroliferous Basin, Petroleum Geochemistry, Principles of Geophysics, Petroleum Reservoir Physics, Sequence Stratigraphy, Intergrated Seismic-geological Interpretation, Geological Interpretation of Petroleum Logging, Petroleum Exploration and Evaluation, etc.

Lab Experiments: Oil-gas geology experiments, Petrophysical Practice of Oil information, Seismic workstation exploration, Tectonic Modeling, Sedimentological Mapping and field practice, etc.

Practical Work: Primary Field Training (Beidaihe), Geological teaching Practice (Zhoukoudian), Professional integration practice (Tongshan-Xianning), Oil-field Teaching Practice (Jianghan Oil Field), Computer Programming Design, Practice for Production, Thesis Writing or Design of Engineering.

Duration: four years.

Degree Granted: Bachelor of Engineering.

Related Specialties: Geology, Exploration Techniques and Engineering, Petroleum Engineering.

资源勘查工程(油气方向)专业课程教学计划表

Course Descriptions of Exploration and Engineering of Mineral Resources(Oil-gas Geology)

课程类别 Course Classification		课程编号 Course Code	课程名称 Course Name	学分 Crs	学时 Hrs	学时分类 Class Hours		先修课程 Prerequisite Courses	学期学分分配 Semester Credits							
						讲课 Lec.	实验 Lab.		一 1st	二 2nd	三 3rd	四 4th	五 5th	六 6th	七 7th	八 8th
通识教育课 Liberal Education Courses	必修 Compulsory	11706200	马克思主义基本原理 Principles of Marxism	3	48	48				3						
		11706500	毛泽东思想与中国特色社会主义理论体系概论 Introduction to Mao Tse-tung Thought and the Theoretical System of Socialism with Chinese Characteristics	4	64	64					4					
		11711800	中国近现代史纲要 The Essentials of Modern Chinese History	2	32	32						2				
		120002＊0	思想道德修养与法律基础 Morality Education and Fundamentals of Law	3	48	48			1.5	1.5						
		113076＊0	体育 Physical Education	4	144	144			1	1	1	1				
		109116＊0	大学英语 College English	12	192	192			3	3	3	3				
		11918902	C 语言程序设计 B C Language Programming B	2.5	40	28	12		2.5							
		20212900	资源导论 Specialization Introduction to Oil & Gas Resources	1	16	16			1							
		14300100	军事理论 Military Theory	2	32	32			2							
	选修 Elective	总计 12 学分，含创新创业选修课学分，跨学科选修课不低于 6 学分。“形势与政策”课程作为限选课，由马克思主义学院实施		12	192	192										
		小计 Sum		**45.5**	**808**	**796**	**12**		**11**	**8.5**	**8**	**6**	**0**	**0**	**0**	**0**
学科基础课 Disciplinary Fundamental Courses		212127＊2	高等数学 B Advanced Mathematics B	10	160	160			4	6						
		212130＊3	大学物理 C College Physics	6	96	96				3.5	2.5					
		21213202	物理实验 B Physical Experiments B	2	32		32			2						
		20302402	大学化学 B College Chemistry B	5	80	56	24		5							

课程类别 Course Classification	课程编号 Course Code	课程名称 Course Name	学分 Crs	学时 Hrs	学时分类 Class Hours 讲课 Lec.	实验 Lab.	先修课程 Prerequisite Courses	一 1st	二 2nd	三 3rd	四 4th	五 5th	六 6th	七 7th	八 8th
学科基础课 Disciplinary Fundamental Courses	21212802	线性代数 B Linear Algebra B	2.5	40	40		高等数学 B			2.5					
	21213502	概率论与数理统计 B Probability and Mathematics Statistics B	2.5	40	40					2.5					
	20114900	普通地质学 General Geology	3	48	40	8		3							
	21120801	测量学 A Surveying A	2.5	40	30	10			2.5						
	20104600	结晶学及矿物学 Crystallography and Mineralogy	5	80	40	40				5					
	20115500	晶体光学和光性矿物学 Crystal Optics and Optical Mineralogy	3	48	14	34				3					
	20106700	岩石学 Petrology	5	80	40	40					5				
	20118300	地层及古生物学 Stratigraphy and Paleontology	3	48	42	6					3				
	20104001	构造地质学 A Structural Geology A	4	64	42	22					4				
	小计 Sum		**53.5**	**856**	**640**	**216**		**12**	**14**	**15.5**	**12**	**0**	**0**	**0**	**0**
专业主干课 Main Specialty Courses	20214801	石油及天然气地质学 A Petroleum Geology	5	80	60	20	普通地质学					5			
	20210700	含油气盆地沉积学 Sedimentology of Petroliferous Basin	4	64	64							4			
	20210800	含油气盆地构造学 Tectonics of Petroliferous Basin	4	64	64							4			
	20210900	油气地球化学 Petroleum Geochemistry	4	64	48	16						4			
	20606700	地球物理勘探原理 Principles of Geophysics	6	96	96								6		
	20208900	油(气)层物理学 Petroleum Reservoir Physics	3	48	34	14							3		
	20213400	地震地质综合解释 Integrated Seismic-geologic Interpretation	3	48	24	24							3		
	20201100	层序地层学 Sequence Stratigraphy	3	48	28	20							3		

课程类别 Course Classification	课程编号 Course Code	课程名称 Course Name	学分 Crs	学时 Hrs	学时分类 Class Hours		先修课程 Prerequisite Courses	学期学分分配 Semester Credits							
					讲课 Lec.	实验 Lab.		一 1st	二 2nd	三 3rd	四 4th	五 5th	六 6th	七 7th	八 8th
专业主干课 Main Specialty Courses	20218700	石油测井地质解释 Geological Interpretation of Petroleum Logging	2	32	32		地球物理勘探原理							2	
	20213700	油气勘查与评价 Petroleum Exploration and Evaluation	3	48	48										3
	小计 **Sum**		**37**	**592**	**498**	**94**		**0**	**0**	**0**	**0**	**17**	**15**	**2**	**3**
专业选修课 Specialty Elective Courses		具体见专业选修课列表	12	192											
合计 **Sub-total**			**148**	**2448**	**1934**	**322**		**23**	**22.5**	**23.5**	**18**	**17**	**15**	**2**	**3**
实践环节 Practical Work	44300200	军事训练 Military Training	2	2 周				2							
	41919002	C 语言课程设计 B Course Design for C Language B	1.5	1.5 周			C 语言程序设计 B	1.5							
	41120901	测量教学实习 A Surveying Practice A	1	1 周			测量学 A		1						
	40115200	地质认识实习(北戴河) Primary Field Training (Beidaihe)	2	2 周			普通地质学		2						
	40115601	地质教学实习(周口店)A Geological Field Training (Zhoukoudian) A	6	6 周			岩石学				6				
	40218800	油矿教学实习(江汉油田) Oil-field Teaching Practice (Jianghan Oil Field)	2	2 周			石油及天然气地质学						2		
	40218000	专业教学实习(通山—咸宁) Professional Integration Practice (Tongshan-Xianning)	2	2 周			石油及天然气地质学						2		
	40218900	油气地质综合课程设计 Course Design for Oil and gas Geology	5	5 周			油气勘查与评价								5
	40214900	生产实习 Practice for Production	6	6 周										6	
	40218400	毕业论文(设计) Graduation Thesis(Design)	8	8 周											8
	小计 **Sum**		**35.5**	**35.5 周**				**3.5**	**3**	**0**	**6**	**0**	**4**	**6**	**13**

课程类别 Course Classification	课程编号 Course Code	课程名称 Course Name	学分 Crs	学时 Hrs	学时分类 Class Hours		先修课程 Prerequisite Courses	学期学分分配 Semester Credits							
					讲课 Lec.	实验 Lab.		一 1st	二 2nd	三 3rd	四 4th	五 5th	六 6th	七 7th	八 8th
创新创业自主学习 Autonomous Learning	ZZ35000S	社会调查 Social Investigation	2												
		其他(学科竞赛、发明创造、科研报告) Others (Contest, Invention, Innovation and Research Presentation)	3												
	小计 **Sum**		**5**												
总计 **Total**			**188.5**	**2448＋35.5周**	**1934**	**322**		**26.5**	**25.5**	**23.5**	**24**	**17**	**19**	**8**	**16**
可开出专业选修课列表 Specialty Elective Courses	20211300	石油勘探构造分析 Analysis of Petroleum Exploration Structure	2	32	24	8	含油气盆地构造学						2		
	20209400	油气储层地质学 Oil and Gas Reservoir Geology	2	32	28	4								2	
	20211500	世界油气田 Oil and Gas Fields in the World	2	32	32		石油及天然气地质学							2	
	20211600	油气资源概论 Introduction to Petroleum Resources	2	32	26	6								2	
	20211700	含烃流体地质 Hydrocarbon-bearing Geofluids	2	32	26	6								2	
	20211800	油气计算机综合应用 Petroleum Mathematical Geology	2	32	18	14							2		
	20201600	地下地质学 Subsurface Geology	2	32	22	10								2	
	20219000	油气地质实验 Petroleum Geology Experiments	2	32	12	20	石油及天然气地质学							2	
	40218200	含煤岩系岩芯编录与录井 Core Catalog and Logging	3	3周									3		
	20216000	矿床学B Mineral Deposits B	4	64	50	14							4		
	20205500	盆地与成矿 Basin Metallogery	1.5	24	20	4									1.5
	20211200	成盆动力学 Basin Formation Dynamics	2	32	32									2	
	20206300	石油技术经济学 Economics of Petroleum Technique	2	32	32								2		

注：通识教育选修课学分和创新创业自主学习学分未列入具体学期。

资源勘查工程(油气方向)专业课程分类统计

Course Category Statistics of Exploration and Engineering of Mineral Resources(Oil-gas Geology)

课程学分 / 统计	通识教育课 Liberal Education Courses		学科基础课 Disciplinary Fundamental Courses	专业主干课 Main Specialty Courses	专业选修课 Specialty Elective Courses	实践环节 Practical Work	创新创业自主学习 Autonomous Learning	学时总计 Total Hours	学分总计 Total Credits
	必修 Compulsory	选修 Selective							
学时/学分 Hrs/Crs	616/33.5	192/12	856/53.5	592/37	192/12	35.5 周/35.5	5	2448+35.5 周	188.5
学分所占比例 Proportion of Credits	24.1%		28.4%	19.6%	6.4%	18.8%	2.7%		100%

资源勘查工程(煤及煤层气方向)专业培养方案

专业名称与代码：资源勘查工程(煤及煤层气方向)　081403

专业培养目标

1.培养德智体全面发展，适应社会经济发展需要的，具有良好的人文社会科学素养、高度的社会责任感与高尚的工程职业道德，具有扎实专业理论基础与专业技能、较强创新意识、较宽国际视野和跨文化交流、竞争与合作能力，能在煤及煤层气资源及相关领域从事设计、施工、管理等方面工作的工程技术人才。

2.预期本专业毕业生毕业后五年左右能够在社会及资源勘查工程领域担任技术负责人或业务骨干，并取得中级及以上职称。

专业毕业要求

1.工程知识：能够将数学、自然科学、工程基础和专业知识用于解决复杂的煤及煤层气工程问题。

2.问题分析：能够应用数学、自然科学和工程科学的基本原理，识别、表达并通过文献研究分析复杂工程问题，以获得有效结论。

3.设计、开发解决方案：能够设计针对复杂工程问题的解决方案，设计满足特定需求的系统、单元(部件)或工艺流程，并能够在设计环节中体现创新意识，考虑社会、健康、安全、法律、文化以及环境等因素。

4.研究：能够基于科学原理并采用科学方法对复杂工程问题进行研究，包括设计实验、分析与解释数据，并通过信息综合得到合理有效的结论。

5.使用现代工具：能够针对复杂工程问题，开发、选择与使用恰当的技术、资源、现代工程工具和信息技术工具，包括对复杂工程问题的预测与模拟，并能够理解其局限性。

6.工程与社会：能够基于工程相关背景知识进行合理分析，评价专业工程实践和复杂工程问题解决方案对社会、健康、安全、法律以及文化的影响，并理解应承担的责任。

7.环境和可持续发展：能够理解和评价针对复杂工程问题的专业工程实践对环境、社会可持续发展的影响。

8.职业规范：具有人文社会科学素养、社会责任感，能够在工程实践中理解并遵守工程职业道德和规范，履行责任。

9.个人和团队：能够在多学科背景下的团队中承担个体、团队成员角色以及负责人的角色。

10.沟通：能够就复杂工程问题与业界同行及社会公众进行有效的沟通和交流，包括撰写报告和设计文稿、陈述发言、清晰表达或回应指令，并具备一定的国际视野，能够在跨文化背景下进行沟通和交流。

11.项目管理：理解并掌握工程管理原理与经济决策方法，并能在多学科环境中应用。

12.终身学习：具有自主学习和终身学习的意识，有不断学习和适应发展的能力。

毕业要求及实现途径

序号	毕业要求	实现途径(教学过程)
1	工程知识：能够将数学、自然科学、工程基础和专业知识用于解决复杂的煤及煤层气工程问题	①课堂教学：高等数学B、概率论与数理统计B、线性代数B、大学物理C、物理实验B、大学化学B、含煤岩系地球物理解释、煤与瓦斯共采、煤层气采气工程、煤及煤层气钻井工艺等 ②课外学习：大学生科研立项、生产实习、毕业论文(设计)、“寻找李四光”活动等

序号	毕业要求	实现途径(教学过程)
2	问题分析:能够应用数学、自然科学和工程科学的基本原理,识别、表达并通过文献研究分析复杂工程问题,以获得有效结论	①课堂教学:煤层气渗流力学、工程力学、地质教学实习(周口店)、含煤岩系岩芯编录与相分析等 ②课外学习:大学生科研立项、生产实习、毕业论文(设计)、"寻找李四光"活动、校园专业文献网络、图书馆文献检索专题讲座、读书报告文献检索、毕业论文及答辩等
3	设计/开发解决方案:能够设计针对复杂工程问题的解决方案,设计满足特定需求的系统、单元(部件)或工艺流程,并能够在设计环节中体现创新意识,考虑社会、健康、安全、法律、文化以及环境等因素	①课堂教学:煤与煤层气资源勘查工程设计、煤层气地质课程设计、思想道德修养与法律基础等 ②课外学习:专题讲座、大学生科研立项、生产实习、毕业论文(设计)、"寻找李四光"活动、社会调查、"三下乡"活动等
4	研究:能够基于科学原理并采用科学方法对复杂工程问题进行研究,包括设计实验、分析与解释数据,并通过信息综合得到合理有效的结论	①课堂教学:煤地质学、煤岩煤化及地球化学、聚煤盆地沉积学、含煤岩系伴生矿产、煤层气藏分析、专业教学实习(通山—咸宁)、矿床学、石油及天然气地质学基础、含煤岩系岩芯编录与相分析等 ②课外学习:专题讲座、课程作业、大学生科研立项、生产实习、毕业论文(设计)、学科前沿调研报告、"寻找李四光"活动等
5	使用现代工具:能够针对复杂工程问题,开发、选择与使用恰当的技术、资源、现代工程工具和信息技术工具,包括对复杂工程问题的预测与模拟,并能够理解其局限性	①课堂教学:C语言程序设计B、煤层气采气工程、煤层气地质课程设计、测量学A、测量教学实习A、地质认识实习(北戴河)、地质教学实习(周口店)、专业教学实习(通山—咸宁) ②课外学习:课程作业、大学生科研立项、生产实习、毕业论文(设计)等
6	工程与社会:能够基于工程相关背景知识进行合理分析,评价专业工程实践和复杂工程问题解决方案对社会、健康、安全、法律以及文化的影响,并理解应承担的责任	①课堂教学:含煤岩系地球物理解释、煤与煤层气资源勘查工程设计、煤与瓦斯共采、煤层气采气工程、煤及煤层气钻井工艺、水平井技术、煤层气地质课程设计 ②课外学习:专题讲座、大学生科研立项、生产实习、毕业论文(设计)、"寻找李四光"活动、工程设计竞赛等
7	环境和可持续发展:能够理解和评价针对复杂工程问题的专业工程实践对环境、社会可持续发展的影响	①课堂教学:普通地质学、结晶学与矿物学、晶体光学及光性矿物学、岩石学、地层及古生物学、构造地质学A、水文地质学、煤的深加工与综合利用、含煤岩系伴生矿产、煤与瓦斯共采等 ②课外学习:地质学专题讲座、课程作业、"寻找李四光"活动等
8	职业规范:具有人文社会科学素养、社会责任感,能够在工程实践中理解并遵守工程职业道德和规范,履行责任	①课堂教学:资源导论、马克思主义基本原理、毛泽东思想和中国特色社会主义体系概论、中国近现代史纲要、思想道德修养与法律基础、军事理论与军事训练等 ①课外学习:入学教育、大学生心理健康教育、形势与政策教育、就业指导、毕业教育、社会调查、"寻找李四光"活动、"指南针"讲座、"三下乡"活动等

序号	毕业要求	实现途径(教学过程)
9	个人和团队:能够在多学科背景下的团队中承担个体、团队成员角色以及负责人的角色	①课堂教学:测量教学实习 A、地质认识实习(北戴河)、地质教学实习(周口店)、专业教学实习(通山—咸宁)、煤层气地质课程设计、含煤岩系岩芯编录与相分析、煤与煤层气资源勘查工程设计 ②课外学习:社会调查、军事训练、大学生科研立项、生产实习、毕业论文(设计)、“寻找李四光”活动、“三下乡”活动、社团活动、公益活动、工程设计竞赛等
10	沟通:能够就复杂工程问题与业界同行及社会公众进行有效沟通和交流,包括撰写报告和设计文稿、陈述发言、清晰表达或回应指令,并具备一定的国际视野,能够在跨文化背景下进行沟通和交流	①课堂教学:大学英语、思想道德修养与法律基础、资源导论、文献检索、学科前沿调研报告等 ②课外学习:社会调查、军事训练、学科竞赛、发明创造、科研报告、大学生科研立项、生产实习、毕业论文(设计)、“寻找李四光”活动、“三下乡”活动、社团活动、公益活动等
11	项目管理:理解并掌握工程管理原理与经济决策方法,并能在多学科环境中应用	①课堂教学:马克思主义基本原理、毛泽东思想和中国特色社会主义体系概论、中国近现代史纲要、思想道德修养与法律基础、军事理论与军事训练等 ②课外学习:入学教育、大学生心理健康教育、形势与政策教育、就业指导、毕业教育、社会调查、“寻找李四光”活动、“指南针”讲座、“三下乡”活动、工程设计竞赛等
12	终身学习:具有自主学习和终身学习的意识,有不断学习和适应发展的能力	①课堂教学:思想道德修养与法律基础、资源导论 ②课外学习:社会调查、军事训练、学科竞赛、发明创造、科研报告、大学生科研立项、生产实习、毕业论文(设计)、“寻找李四光”活动、“三下乡”活动、社团活动、公益活动等

主干学科:地质资源与地质工程。

核心课程:煤地质学,煤层气藏分析,煤岩、煤化及地球化学,聚煤盆地沉积学,煤层气渗流力学,含煤岩系地球物理解释,煤与瓦斯共采,煤层气采气工程,含煤岩系伴生矿产,煤及煤层气钻井工艺,煤深加工与综合利用,工程力学 C,矿床学 B,石油及天然气地质学基础。

主要专业实验:煤地质学实习课,煤岩、煤化及地球化学实习课,聚煤盆地沉积学实习课,煤与瓦斯共采实习课,煤层气采气工程实习课,煤及煤层气钻井工艺实习课。

主要实践性教学环节:为达到培养目标和培养规格的要求,突出工科特色,有必要设置旨在提高学生实践能力、技能和综合素质的实践教学环节。主要设置了测量教学实习 C、地质认识实习(北戴河)、地质教学实习(周口店)、专业教学实习(通山—咸宁)、煤层气地质课程设计、含煤岩系岩芯编录与相分析、煤与煤层气资源勘查工程设计、生产实习、毕业论文(设计)。

修业年限:四年。

授予学位:工学学士。

相近专业:石油工程。

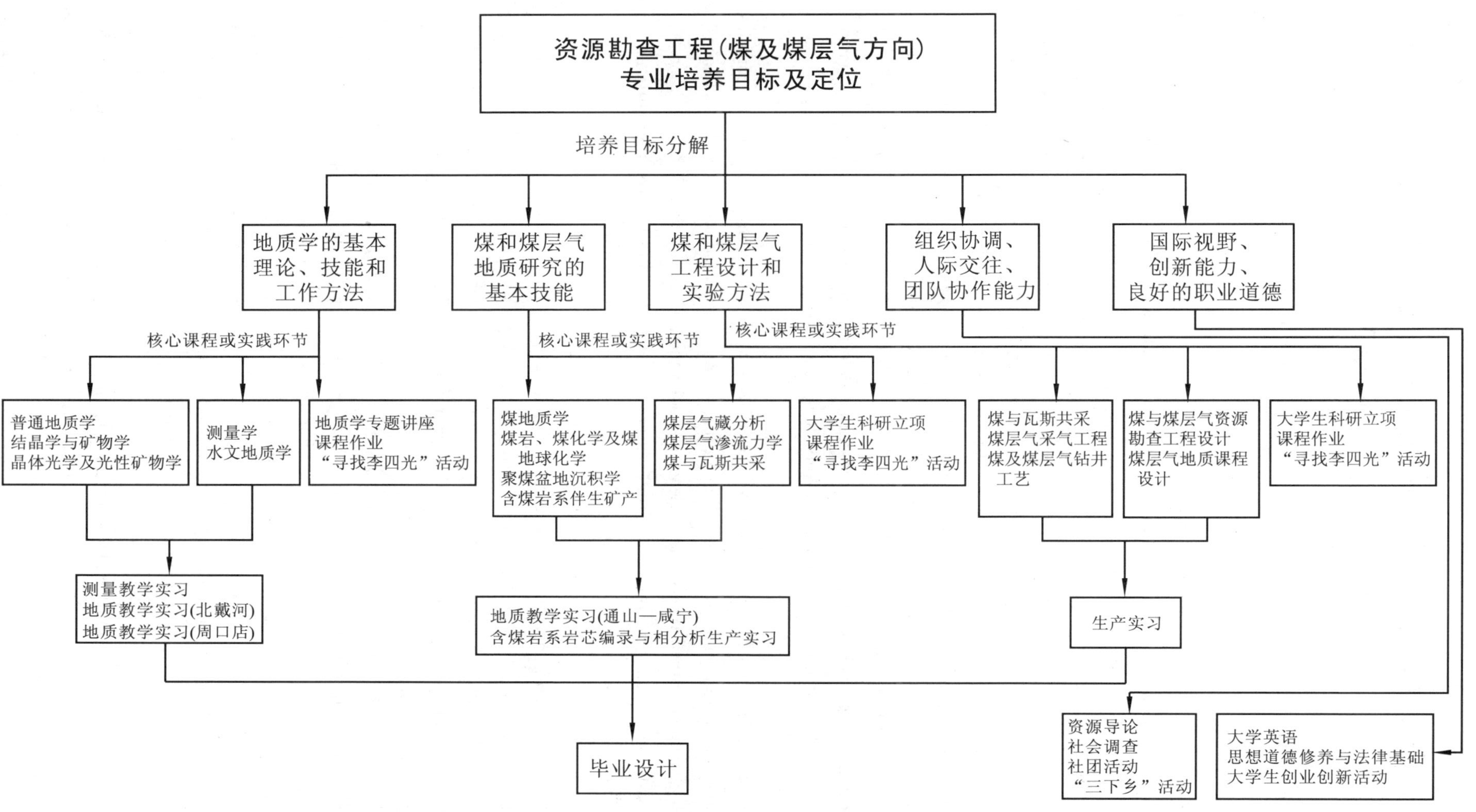
资源勘查工程(煤及煤层气方向)
专业培养目标及定位
培养目标分解
地质学的基本理论、技能和工作方法
煤和煤层气地质研究的基本技能
煤和煤层气工程设计和实验方法
组织协调、人际交往、团队协作能力
国际视野、创新能力、良好的职业道德
核心课程或实践环节
核心课程或实践环节
核心课程或实践环节
普通地质学
结晶学与矿物学
晶体光学及光性矿物学
测量学
水文地质学
地质学专题讲座
课程作业
"寻找李四光"活动
煤地质学
煤岩、煤化学及煤地球化学
聚煤盆地沉积学
含煤岩系伴生矿产
煤层气藏分析
煤层气渗流力学
煤与瓦斯共采
大学生科研立项
课程作业
"寻找李四光"活动
煤与瓦斯共采
煤层气采气工程
煤及煤层气钻井工艺
煤与煤层气资源勘查工程设计
煤层气地质课程设计
大学生科研立项
课程作业
"寻找李四光"活动
测量教学实习
地质教学实习(北戴河)
地质教学实习(周口店)
地质教学实习(通山—咸宁)
含煤岩系岩芯编录与相分析生产实习
生产实习
毕业设计
资源导论
社会调查
社团活动
"三下乡"活动
大学英语
思想道德修养与法律基础
大学生创业创新活动

Program for Exploration Engineering of Mineral Resources (Coal and Coalbed Methane)

Specialty and Code: Exploration Engineering of Mineral Resources(Coal and Coalbed Methane) 081403

Education Objective

1. This major aims to train students to become qualified engineering and technical talents with all around development of moral, intellectual and physical education. They are expected to meet the needs of social and economic development, obtain humanities and social science literacy, and have high social responsibility and noble professional morality in engineering. Students are also supposed to achieve solid professional theory and skills, strong innovation consciousness, wide international perspective and intercultural communication, competition and cooperation ability. They are competent for design, construction and management in coal and coalbed methane geology and related fields.

2. Graduates, after about 5 years, are expected to be technology director or business leaders in society and/or exploration engineering of mineral resources fields, and to obtain medium title at least.

Graduation Requirements

1. Engineering knowledge: Students are required to be able to use mathematics, natural science, engineering and solid mineral exploration knowledge to solve complex engineering problems in solid mineral exploration.

2. Problem analysis: Students are expected to be able to identify, express and analyze complex engineering problems in solid mineral exploration through literature research, and obtain valid conclusions using basic principles of applied mathematics, natural science and solid mineral exploration theory.

3. Solution design/development: Students are asked to be able to provide solutions for complex engineering problems in solid mineral exploration, design system, unit (component) or technical process which meet the specific needs, and embody the sense of innovation and consider social, health, safety, law, culture and environment factors in the design processes.

4. Research: Students are required to be able to carry out the research on complex engineering problems in solid mineral exploration based on principles of science and scientific methods which include experimental design, data analysis and interpretation, and to draw reasonable and reliable conclusions through information processing.

5. Modern tools application: Students are expected to be able to develop, select and use appropriate technology, resources, modern engineering tools and information technology tools to solve out complex engineering problems in solid mineral exploration, including prediction and modeling of complex engineering problems and understanding its limitations.

6. Engineering and society: Students are required to be able to analyze social problems based on solid mineral exploration engineering related background knowledge, evaluate impacts on society, health, safety, law and culture during the solution process of complex engineering problems, and understand the responsibilities that should be taken.

7. Environment and sustainable development: Students are supposed to be able to understand and evaluate impacts of professional engineering practice for the complex engineering problems in solid mineral exploration on environment and sustainable development of society.

8. Professional standard: Students are expected to obtain humanities and social science literacy

and be aware of their social responsibilities, and be able to understand and comply with the engineering ethics and standards in the practice of mineral exploration, and fulfill the responsibility.

9. Individual and team work: Students are required to be able to assume the role of individual, team member, and the person in charge.

10. Communication: Students are asked to be able to effectively communicate and exchange with industry peers and the public on complex engineering problems in solid mineral exploration, including report writing, document designing, statement presenting, opinion expressing and instruction responding. Students should also have a certain international perspective, and can exchange and communicate in cross-cultural settings.

11. Project management: Students are asked to be able to understand and master the engineering management principles and economic decision-making methods, and apply them in multi-discipline environment.

12. Life-time learning: Students should have autonomous and lifelong learning consciousness, and possess the ability of continuous learning and constant adapting to development.

Graduation Requirements and Ways to Achieve

No.	Graduation Requirements	Ways to Achieve(Teaching Process)
1	Engineering knowledge: Students are required to be able to use mathematics, natural science, engineering and solid mineral exploration knowledge to solve complex engineering problems in solid mineral exploration	①Classroom Teaching: Advanced Mathematics B, Probability and Mathematics Statistic B, Linear Algebra B, College Physics C, Physics Experiments B, College Chemistry B, Geophysical Prospecting of Coal Measures, Coal and Gas Simultaneous Extraction, Gas-Production Engineering of Coalbed Methane, Drilling Technology of Coal and Coalbed Methane, etc ② Out-of-class Learning: Scientific Research Projects, Practice for Graduation, Thesis for Graduation, Activity for Searching Li Si-guang, etc
2	Problem analysis: Students are expected to be able to identify, express and analyze complex engineering problems in solid mineral exploration through literature research, and obtain valid conclusions using basic principles of applied mathematics, natural science and solid mineral exploration theory	①Classroom Teaching: Seepage Fluid Mechanics of Coalbed Methane, Fundamentals of Engineering Mechanics, Geological Field Training (Zhoukoudian), Coal Measures Core catalog, etc ②Out-of-class Learning: Scientific Research Projects, Practice for Graduation, Thesis for Graduation, Activity for Searching Li Si-guang, Campus Network Professional Literature, Library Literature Retrieval Lectures, Reading Literature Search Report, Thesis and Defense Literature Searches, etc
3	Solution design/development: Students are asked to be able to provide solutions for complex engineering problems in solid mineral exploration, design system, unit (component) or technical process which meet the specific needs, and embody the sense of innovation and consider social, health, safety, law, culture and environment factors in the design processes	① Classroom Teaching: Course Design for Exploration of Coal and Coalbed Methane Resources, Course Design for Coalbed Methane Geology, Morality Education and Fundamentals of Law, etc ② Out-of-class Learning: Seminars, College Scientific Research Projects, Practice for Graduation, Thesis for Graduation, Activity for Searching Li Si-guang, Social Investigation, Countryside Activities, etc

No.	Graduation Requirements	Ways to Achieve(Teaching Process)
4	Research: Students are required to be able to carry out the research on complex engineering problems in solid mineral exploration based on principles of science and scientific methods which include experimental design, data analysis and interpretation, and to draw reasonable and reliable conclusions through information processing	①Classroom Teaching: Coal Geology, Basis of Coal Petrology and Coal Chemistry, Coal-bearing Basin Sedimentology, Associated Minerals analysis in Coal Measures, Analysis of Coalbed gas Reservoir, Professional Field Training(Tongshan-Xianning), Mineral Deposits, Petroleum Geology, Coal Measures Core catalog, etc ②Out-of-class Learning: Seminars, Course Work, Scientific Research Projects, Practice for Graduation, Thesis for Graduation, Research Report of Science Frontier, Activity for Searching Li Si-guang, etc
5	Modern tools application: Students are expected to be able to develop, select and use appropriate technology, resources, modern engineering tools and information technology tools to solve out complex engineering problems in solid mineral exploration, including prediction and modeling of complex engineering problems and understanding its limitations	① Classroom Teaching: Course Design for Computer High-level Language C, Gas-Production Engineering of Coalbed Methane, Course Design for Coalbed Methane Geology, Surveying A, Surveying Practice A, Primary Field Training (Beidaihe), Geological Field Training (Zhoukoudian), Professional Field Training (Tongshan-Xianning) ②Out-of-class Learning: Course Work, College Scientific Research Project, Practice for Graduation, Thesis for Graduation, etc
6	Engineering and society: Students are required to be able to analyze social problems based on solid mineral exploration engineering related background knowledge, evaluate impacts on society, health, safety, law and culture during the solution process of complex engineering problems, and understand the responsibilities that should be taken	①Classroom Teaching: Geophysical Prospecting of Coal Measures, Course Design for Exploration of Coal and Coalbed Methane Resources, Coal and Gas Simultaneous Extraction, Gas-Production Engineering of Coalbed Methane, Drilling technology of Coal and Coalbed Methane, Technique of Horizontal Wells, Course Design for Coalbed Methane Geology ② Out-of-class Learning: Seminars, Scientific Research Projects, Practice for Graduation, Thesis for Graduation, Activity for Searching Li Si-guang, Engineering Design Competition, etc
7	Environment and sustainable development: Students are supposed to be able to understand and evaluate impacts of professional engineering practice for the complex engineering problems in solid mineral exploration on environment and sustainable development of society	①Classroom Teaching: Physical Geology, Crystallography and Mineralogy, Optical Mineralogy, Petrology, Stratigraphy and Paleontology, Structure Geology A, Hydrogeology, Deep Processing and Intergrated Utilization of Coal, Associated Minerals analysis in Coal Measures, Coal and Gas Simultaneous Extraction, etc ② Out-of-class Learning: Geology Lectures, Course Work, Activity for Searching Li Si-guang, etc

No.	Graduation Requirements	Ways to Achieve(Teaching Process)
8	Professional standard: Students are expected to obtain humanities and social science literacy and social responsibility, and be able to understand and comply with the engineering ethics and standards in the practice of mineral exploration, and fulfill the responsibility	①Classroom Teaching: Introduction to Resources Science, Principles of Marxism, Introduction to Mao Tsetung Thought and the Theoretical System of Socialism with Chinese Characteristics, The Essentials of Modern Chinese History, Morality Education and Fundamentals of Law, Military Theory and Military Training, etc ② Out-of-class Learning: Enrollment Education, Students' Mental Health Education, the Situation and Policy Education, Employment Guidance, Graduate Education, Social Investigation, Looking for Li Siguang Activity, Compass Course, Countryside Activities, etc
9	Individual and team work: Students are required to be able to assume the role of individual, team member, and the person in charge	①Classroom Teaching: Surveying Practice A, Primary Field Training (Beidaihe), Geological Field Training (Zhoukoudian), Professional Field Training (Tongshan-Xianning), Course Design for Coalbed Methane Geology, Coal Measures Core Catalog, Course Design for Exploration of Coal and Coalbed Methane Resources, etc ② Out-of-class Learning: Social Investigation, Military Training, College Scientific Research Project, Practice for Graduation, Thesis for Graduation, Activity for Searching Li Si-guang, Countryside Activities, Community Activities, Public Welfare Activities, Engineering Design Competition, etc
10	Communication: Students are asked to be able to effectively communicate and exchange with industry peers and the public on complex engineering problems in solid mineral exploration, including report writing, document designing, statement presenting, opinion expressing and instruction responding. Students should also have a certain international perspective, and can exchange and communicate in cross-cultural settings	①Classroom Teaching: College English, Morality Education and Fundamentals of Law, Introduction to Resources Science, Literature Searches, Science Frontier Research Report, etc ② Out-of-class Learning: Social Investigation, Military Training, Contest, Invention and Innovation, Research Presentation, Scientific Research Projects, Practice for Graduation, Thesis for Graduation, Activity for Searching Li Si-guang, Countryside Activities, Community Activities, Public Welfare Activities, etc

No.	Graduation Requirements	Ways to Achieve(Teaching Process)
11	Project management: Students are asked to be able to understand and master the engineering management principles and economic decision-making methods, and apply them in multi-discipline environment	①Classroom Teaching: Principles of Marxism, Introduction to Mao Tse-tung Thought and the Theoretical System of Socialism with Chinese Characteristics, The Essentials of Modern Chinese History, Morality Education and Fundamentals of Law, Military Theory and Military Training, etc ② Out-of-class Learning: Enrollment Education, Students' Mental Health Education, the Situation and Policy Education, Employment Guidance, Graduate Education, Social Investigation, Activity for Searching Li Si-guang, Compass Course, Countryside Activities, Engineering Design Competition, etc
12	Life-time learning: Students should have autonomous and lifelong learning consciousness, and possess the ability of continuous learning and constant adapting to development	①Classroom Teaching: Morality Education and Fundamentals of Law, Introduction to Resources Science ② Out-of-class Learning: Social Investigation, Military Training, Contest, Invention and Innovation, Research Presentation, College Scientific Research Project, Practice for Graduation, Thesis for Graduation, Activity for Searching Li Si-guang, Countryside Activities, Community Activities, Public Welfare Activities, etc

Major Disciplines: Earth resources, Geological Engineering.

Main Courses: Coal Geology, Analysis of Coalbed gas Reservoir, Basis of Coal Petrology and Coal Chemistry, Coal-bearing Basin Sedimentology, Seepage Fluid Mechanics of Coalbed Methane, Geophysical Prospecting of Coal Measures, Coal and Gas Simultaneous Extraction, Gas-Production Engineering of Coalbed Methane, Associated Minerals analysis in Coal Measures, Drilling technology of Coal and Coalbed Methane, Deep Processing and Intergrated Utilization of Coal, Engineering Mechanics C, Mineral Deposits B, Petroleum Geology.

Lab Experiments: Coal Geology Experiment, Basis of Petrology and Coal Chemistry Experiment, Coal-bearing Basin Sedimentology Experiment, Coal and Gas Simultaneous Experiment, Gas-Production Engineering of Coalbed Methane Experiment, Drilling Technology of Coal and Coalbed Methane Experiment.

Practical Work: To meet requirements of training objective and standard, we set up the practical teaching link that aims at improving practical ability, skills and comprehensive quality of students, including Surveying Practice C, Primary Field Training(Beidaihe), Geological Field Training(Zhoukoudian), Professional Field Training (Tongshan-Xianning), Course Design for Coalbed Methane Geology, Coal Measures Core Catalog, Course Design for Exploration of Coal and Coalbed Methane Resources, Practice, for Graduation Thesis Design for Graduation.

Duration: four years.

Degree Granted: Bachelor of Engineering.

Related Specialties: Petroleum Engineering.

资源勘查工程(煤及煤层气方向)专业课程教学计划表

Course Descriptions of Exploration Engineering of Mineral Resources (Coal and Coalbed Methane)

课程类别 Course Classification		课程编号 Course Code	课程名称 Course Name	学分 Crs	学时 Hrs	学时分类 Class Hours 讲课 Lec.	实验 Lab.	先修课程 Prerequisite Courses	学期学分分配 Semester Credits 一 1st	二 2nd	三 3rd	四 4th	五 5th	六 6th	七 7th	八 8th
通识教育课 Liberal Education Courses	必修 Compulsory	11706200	马克思主义基本原理 Principles of Marxism	3	48	48				3						
		11706500	毛泽东思想与中国特色社会主义理论体系概论 Introduction to Mao Tse-tung Thought and the Theoretical System of Socialism with Chinese Characteristics	4	64	64					4					
		11711800	中国近现代史纲要 The Essentials of Modern Chinese History	2	32	32						2				
		120002＊0	思想道德修养与法律基础 Morality Education and Fundamentals of Law	3	48	48			1.5	1.5						
		113076＊0	体育 Physical Education	4	144	144			1	1	1	1				
		109116＊0	大学英语 College English	12	192	192			3	3	3	3				
		11918902	C语言程序设计B C Language Programming B	2.5	40	28	12		2.5							
		20212900	资源导论 Introduction to Resources Science	1	16	16			1							
		14300100	军事理论 Military Theory	2	32	32			2							
	选修 Elective	总计12学分，含创新创业选修课学分，跨学科选修课不低于6学分。“形势与政策”课程作为限选课，由马克思主义学院实施		12	192	192										
		小计 **Sum**		**45.5**	**808**	**604**	**12**		**11**	**8.5**	**8**	**6**	**0**	**0**	**0**	**0**
学科基础课 Disciplinary Fundamental Courses		212127＊2	高等数学B Advanced Mathematics B	10	160	160			4	6						
		212130＊3	大学物理C College Physics C	6	96	96				3.5	2.5					
		21213202	物理实验B Physical Experiments B	2	32		32			2						
		20302402	大学化学B College Chemistry B	5	80	56	24		5							
		21212802	线性代数B Linear Algebra B	2.5	40	40		高等数学			2.5					

课程类别 Course Classification	课程编号 Course Code	课程名称 Course Name	学分 Crs	学时 Hrs	学时分类 Class Hours		先修课程 Prerequisite Courses	学期学分分配 Semester Credits							
					讲课 Lec.	实验 Lab.		一 1st	二 2nd	三 3rd	四 4th	五 5th	六 6th	七 7th	八 8th
学科基础课 Disciplinary Fundamental Courses	21213502	概率论与数理统计 B Probability and Mathematics Statistics B	2.5	40	40		高等数学			2.5					
	20114900	普通地质学 Physical Geology	3	48	40	8		3							
	21120801	测量学 A Surveying A	2.5	40	30	10			2.5						
	20104600	结晶学与矿物学 Crystallography and Mineralogy	5	80	40	40				5					
	20115500	晶体光学及光性矿物学 Optical Mineralogy	3	48	14	34				3					
	20106700	岩石学 Petrology	5	80	40	40					5				
	20118300	地层及古生物学 Stratigraphy and Paleontology	3	48	36	12					3				
	20104001	构造地质学 A Structure Geology A	4	64	36	28					4				
	20409102	水文地质学 B Hydrogeology B	2.5	40	40						2.5				
	小计 **Sum**		**56**	**896**	**668**	**228**		**12**	**14**	**15.5**	**14.5**	**0**	**0**	**0**	**0**
专业主干课 Main Specialty Courses	20217900	煤地质学 Coal Geology	2.5	40	30	10	煤岩、煤化及地球化学					2.5			
	20217400	聚煤盆地沉积学 Coal-bearing Basin Sedimentology	4	64	56	8						4			
	20217500	煤岩、煤化及地球化学 Basis of Coal Petrology and Coal Chemistry	4.5	72	54	18						4.5			
	20217600	含煤岩系地球物理解释 Geophysical Prospecting of Coal Measures	2.5	40	20	20						2.5			
	20217700	含煤岩系伴生矿产 Associated Minerals Analysis in Coal Measures	2.5	40	32	8							2.5		
	20217800	煤层气藏分析 Analysis of Coalbed gas Reservoir	2.5	40	36	4							2.5		
	20205700	煤层气渗流力学 Seepage Fluid Mechanics of Coalbed Methane	3	48	42	6						3			

课程类别 Course Classification	课程编号 Course Code	课程名称 Course Name	学分 Crs	学时 Hrs	学时分类 Class Hours 讲课 Lec.	实验 Lab.	先修课程 Prerequisite Courses	学期学分分配 Semester Credits 一 1st	二 2nd	三 3rd	四 4th	五 5th	六 6th	七 7th	八 8th
专业主干课 Main Specialty Courses	20214300	煤与瓦斯共采 Coal and Gas Simultaneous Extraction	3	48	32	16							3		
	20200700	煤层气采气工程 Gas-Production Engineering of Coalbed Methane	3	48	32	16	煤与瓦斯共采						3		
	20204800	煤及煤层气钻井工艺 Drilling Technology of Coal and Coalbed Methane	3	48	36	12							3		
	小计 **Sum**		**30.5**	**488**	**370**	**118**		**0**	**0**	**0**	**0**	**16.5**	**14**	**0**	**0**
专业选修课 Specialty Elective Courses		具体见专业选修课列表	11	176	176										
合计 **Sub-total**			**143**	**2368**	**2010**	**358**		**23**	**22.5**	**23.5**	**20.5**	**16.5**	**14**	**0**	**0**
实践环节 Practical Work	44300200	军事训练 Military Training	2	2周				2							
	41919002	C语言课程设计 B Course Design for C Language B	1.5	1.5周				1.5							
	401120901	测量教学实习 A Surveying Practice A	1	1周					1						
	40115200	地质认识实习(北戴河) Primary Field Training (Beidaihe)	2	2周					2						
	40115601	地质教学实习(周口店)A Geological Field Training (Zhoukoudian) A	6	6周							6				
	40218000	专业教学实习(通山—咸宁) Professional Field Training (Tongshan-Xianning)	2	2周									2		
	40218100	煤层气地质课程设计 Course Design for Coalbed Methane Geology	4	4周									4		
	40218200	含煤岩系岩芯编录与相分析 Coal Measures Core Catalog	4	4周									4		
	40218300	煤与煤层气资源勘查工程设计 Course Design for Exploration of Coal and Coalbed Methane Resources	5	5周										5	

课程类别 Course Classification	课程编号 Course Code	课程名称 Course Name	学分 Crs	学时 Hrs	学时分类 Class Hours		先修课程 Prerequisite Courses	学期学分分配 Semester Credits							
					讲课 Lec.	实验 Lab.		一 1st	二 2nd	三 3rd	四 4th	五 5th	六 6th	七 7th	八 8th
实践环节 Practical Work	40214900	生产实习 Practice for Production	6	6 周										6	
	40218400	毕业论文(设计) Graduation Thesis(Design)	8	8 周											8
	小计 Sum		**41.5**	**41.5 周**				**3.5**	**3**	**0**	**6**	**0**	**10**	**11**	**8**
创新创业自主学习 Autonomous Learning	ZZ35000S	社会调查 Social Investigation	2												
		其他(学科竞赛、发明创造、科研报告) Others (Contest, Invention, Innovation and Research Presentation)	3												
	小计 Sum		**5**												
总计 Total			**189.5**	**2368+41.5 周**	**2010**	**358**		**26.5**	**25.5**	**23.5**	**26.5**	**16.5**	**24**	**11**	**8**
可开出专业选修课列表 Specialty Elective Courses	20216000	矿床学 B Mineral Deposits B	4	64	50	14							4		
	20205000	煤深加工与综合利用 Deep Processing and Intergrated Utilization of Coal	2	32	26	6								2	
	20218500	石油及天然气地质学基础 Petroleum Geology	3	48	44	4								3	
	20508003	工程力学 C Engineering Mechanics C	3.5	56	56						3.5				
	20207000	水平井技术 Technique of Horizontal Wells	2	32	32										2

注:通识教育选修课学分和创新创业自主学习学分未列入具体学期。

资源勘查工程(煤及煤层气方向)专业课程分类统计

Course Category Statistics of Exploration Engineering of Mineral Resources (Coal and Coalbed Methane)

课程学分 / 统计	通识教育课 Liberal Education Courses		学科基础课 Disciplinary Fundamental Courses	专业主干课 Main Specialty Courses	专业选修课 Specialty Elective Courses	实践环节 Practical Work	创新创业自主学习 Autonomous Learning	学时总计 Total Hours	学分总计 Total Credits
	必修 Compulsory	选修 Selective							
学时/学分 Hrs/Crs	616/33.5	192/12	896/56	488/30.5	176/11	41.5 周/41.5	5	2368+41.5 周	189.5
学分所占比例 Proportion of Credits	23.9%		29.3%	16%	6.3%	21.9%	2.6%		100%

石油工程专业培养方案

专业名称与代码:石油工程　081502

专业培养目标

1. 培养热爱祖国,具有社会责任感、创新精神和实践能力,遵纪守法,具有良好的科学文化素养和服务社会的职业道德,德智体全面发展,掌握基础地质、油气工程设计和管理的基本理论及方法,具备扎实的工科基础理论和较全面的石油工程专业知识的工程技术人才。

2. 毕业后能在石油工程领域从事油气钻井与完井、采油气工程、油气藏工程、油气藏管理与评价等方面的科学研究和生产管理等工作。

3. 预期本专业毕业生毕业后五年左右能够在企事业单位、科研院所等社会及石油工程领域担任技术负责人或业务骨干,并取得中级及以上职称。

专业毕业要求

1. 工程知识:能够将数学、自然科学、工程基础和专业知识用于解决复杂的石油工程问题。

2. 问题分析:能够应用数学、自然科学和工程科学的基本原理,识别、表达并通过文献研究分析复杂工程问题,以获得有效结论。

3. 设计、开发解决方案:能够设计针对复杂工程问题的解决方案,设计满足特定需求的系统、单元(部件)或工艺流程,并能够在设计环节中体现创新意识,考虑社会、健康、安全、法律、文化以及环境等因素。

4. 研究:能够基于科学原理并采用科学方法对复杂工程问题进行研究,包括设计实验、分析与解释数据,并通过信息综合得到合理有效的结论。

5. 使用现代工具:能够针对复杂工程问题,开发、选择与使用恰当的技术、资源、现代工程工具和信息技术工具,包括对复杂工程问题的预测与模拟,并能够理解其局限性。

6. 工程与社会:能够基于工程相关背景知识进行合理分析,评价专业工程实践和复杂工程问题解决方案对社会、健康、安全、法律以及文化的影响,并理解应承担的责任。

7. 环境和可持续发展:能够理解和评价针对复杂工程问题的专业工程实践对环境、社会可持续发展的影响。

8. 职业规范:具有人文社会科学素养、社会责任感,能够在工程实践中理解并遵守工程职业道德和规范,履行责任。

9. 个人和团队:能够在多学科背景下的团队中承担个体、团队成员角色以及负责人的角色。

10. 沟通:能够就复杂工程问题与业界同行及社会公众进行有效的沟通和交流,包括撰写报告和设计文稿、陈述发言、清晰表达或回应指令,并具备一定的国际视野,能够在跨文化背景下进行沟通和交流。

11. 项目管理:理解并掌握工程管理原理与经济决策方法,并能在多学科环境中应用。

12. 终身学习:具有自主学习和终身学习的意识,有不断学习和适应发展的能力。

毕业要求及实现途径

序号	毕业要求	实现途径(教学过程)
1	工程知识:能够将数学、自然科学、工程基础和专业知识用于解决复杂的石油工程问题	①课堂教学:高等数学 B、概率论与数理统计 B、线性代数、大学物理 C、大学化学 B、电工与电子技术 B、机械设计基础 B、工程力学 B、物理实验、油藏工程、采油工程、油气钻井与完井工程、石油工程课程设计等 ②课外学习:大学生科研立项、生产实习、毕业论文(设计)、“寻找李四光”活动等
2	问题分析:能够应用数学、自然科学和工程科学的基本原理,识别、表达并通过文献研究分析复杂工程问题,以获得有效结论	①课堂教学:石油渗流力学、工程力学 B、油田化学、地质教学实习(秭归)、岩芯编录、油藏数值模拟、油藏精细描述等 ②课外学习:大学生科研立项、生产实习、毕业论文(设计)、“寻找李四光”活动、校园专业文献网络、图书馆文献检索专题讲座、读书报告文献检索、毕业论文及答辩等
3	设计、开发解决方案:能够设计针对复杂工程问题的解决方案,设计满足特定需求的系统、单元(部件)或工艺流程,并能够在设计环节中体现创新意识,考虑社会、健康、安全、法律、文化以及环境等因素	①课堂教学:石油工程课程设计、油矿教学实习、思想道德修养与法律基础等 ②课外学习:专题讲座、大学生科研立项、生产实习、毕业论文(设计)、“寻找李四光”活动、社会调查、“三下乡”活动等
4	研究:能够基于科学原理并采用科学方法对复杂工程问题进行研究,包括设计实验、分析与解释数据,并通过信息综合得到合理有效的结论	①课堂教学:油(气)层物理学、油气储存地质学、油(气)藏工程、采油工程、油气钻井与完井工程、石油工程课程设计等 ②课外学习:专题讲座、课程作业、大学生科研立项、生产实习、毕业论文(设计)、学科前沿调研报告、“寻找李四光”活动等
5	使用现代工具:能够针对复杂工程问题,开发、选择与使用恰当的技术、资源、现代工程工具和信息技术工具,包括对复杂工程问题的预测与模拟,并能够理解其局限性	①课堂教学:测量学 A、测量教学实习 A、油藏精细描述、油藏数值模拟、石油工程计算机应用、石油工程课程设计、地质认识实习(北戴河)、地质教学实习(秭归)、油矿教学实习(江汉油田)等 ②课外学习:课程作业、大学生科研立项、生产实习、毕业论文(设计)等
6	工程与社会:能够基于工程相关背景知识进行合理分析,评价专业工程实践和复杂工程问题解决方案对社会、健康、安全、法律以及文化的影响,并理解应承担的责任	①课堂教学:提高石油采收率原理、钻井液工艺学、试井分析、油气层压裂、生产测井、水平井技术、石油工程课程设计、油矿教学实习(江汉油田)等 ②课外学习:专题讲座、大学生科研立项、生产实习、毕业论文(设计)、“寻找李四光”活动、工程设计竞赛等

序号	毕业要求	实现途径(教学过程)
7	环境和可持续发展:能够理解和评价针对复杂工程问题的专业工程实践对环境、社会可持续发展的影响	①课堂教学:油田化学、油气钻井与完井工程、钻井液工艺学、油气层压裂、石油技术经济学、水平井技术、石油工程课程设计、油矿教学实习(江汉油田)等 ②课外学习:工程专题讲座、课程作业、“寻找李四光”活动等
8	职业规范:具有人文社会科学素养、社会责任感,能够在工程实践中理解并遵守工程职业道德和规范,履行责任	①课堂教学:马克思主义基本原理、毛泽东思想和中国特色社会主义体系概论、中国近现代史纲要、思想道德修养与法律基础、大学生心理健康教育、入学教育、考风教育、形势与政策教育、军事理论、就业指导、军训、毕业教育等 ②课外学习:地质实习、生产实习、毕业答辩、“寻找李四光”活动、“指南针”讲座等
9	个人和团队:能够在多学科背景下的团队中承担个体、团队成员角色以及负责人的角色	①课堂教学:测量教学实习 A、地质认识实习(北戴河)、地质教学实习(秭归)、油矿教学实习(江汉油田)、石油工程课程设计、岩芯编录等 ②课外学习:社会调查、军事训练、大学生科研立项、生产实习、毕业论文(设计)、“寻找李四光”活动、“三下乡”活动、体育、社团活动、公益活动、工程设计竞赛等
10	沟通:能够就复杂工程问题与业界同行及社会公众进行有效沟通和交流,包括撰写报告和设计文稿、陈述发言、清晰表达或回应指令,并具备一定的国际视野,能够在跨文化背景下进行沟通和交流	①课堂教学:大学英语、思想道德修养与法律基础、石油工程导论、文献检索、学科前沿调研报告等 ②课外学习:社会调查、军事训练、学科竞赛、发明创造、科研报告、大学生科研立项、生产实习、毕业论文(设计)、“寻找李四光”活动、“三下乡”活动、社团活动、公益活动等
11	项目管理:理解并掌握工程管理原理与经济决策方法,并能在多学科环境中应用	①课堂教学:思想道德修养与法律基础、石油技术经济学、石油工程课程设计、油矿教学实习(江汉油田)等 ②课外学习:社会调查、“寻找李四光”活动、“指南针”讲座、工程设计竞赛等
12	终身学习:具有自主学习和终身学习的意识,有不断学习和适应发展的能力	①课堂教学:思想道德修养与法律基础、马克思主义基本原理、石油工程导论等 ②课外学习:社会调查、军事训练、学科竞赛、发明创造、科研报告、大学生科研立项、生产实习、毕业论文(设计)、“寻找李四光”活动、“三下乡”活动、社团活动、公益活动等

主干学科:石油与天然气工程。

核心课程:石油与天然气地质学、工程力学、机械设计、油气开发地质学、油(气)层物理学、石油渗流力学、油(气)藏工程、采油(气)工程、油气钻井与完井工程等。

主要专业实验:油层物理实验、钻采工程实验、渗流实验、油田化学实验等。

主要实践性教学环节:金工实习、计算机程序课程设计、地质认识实习(北戴河)、地质教学实习(秭归)、油矿教学实习(江汉油田)、石油工程课程设计、生产实习、毕业论文(设计)等。

修业年限:四年。

授予学位:工学学士。

相近专业:采矿工程、资源勘查工程(油气方向)。

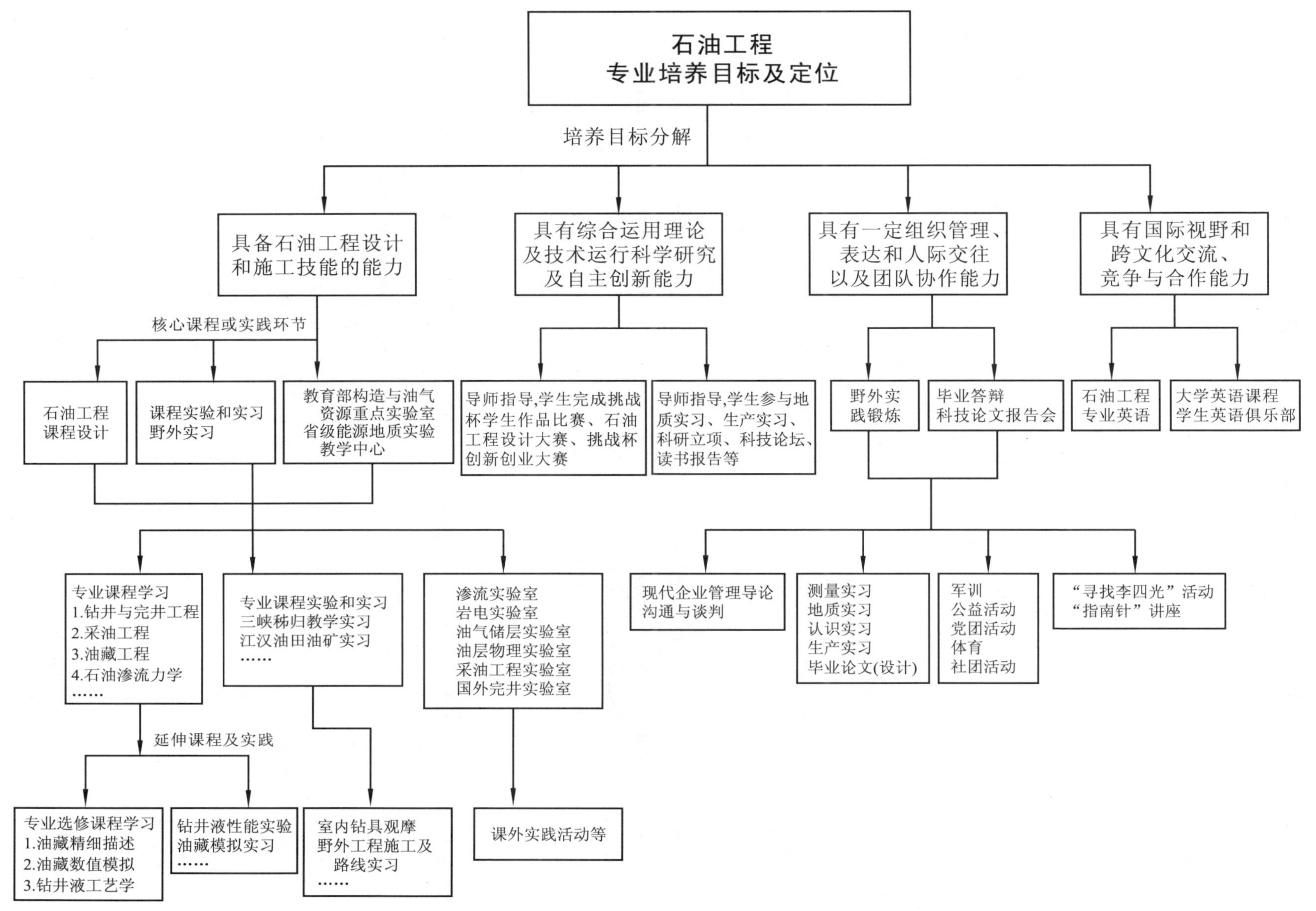
石油工程
专业培养目标及定位
培养目标分解
具备石油工程设计和施工技能的能力
具有综合运用理论及技术运行科学研究及自主创新能力
具有一定组织管理、表达和人际交往以及团队协作能力
具有国际视野和跨文化交流、竞争与合作能力
核心课程或实践环节
石油工程课程设计
课程实验和实习 野外实习
教育部构造与油气资源重点实验室 省级能源地质实验教学中心
导师指导,学生完成挑战杯学生作品比赛、石油工程设计大赛、挑战杯创新创业大赛
导师指导,学生参与地质实习、生产实习、科研立项、科技论坛、读书报告等
野外实践锻炼
毕业答辩 科技论文报告会
石油工程专业英语
大学英语课程 学生英语俱乐部
专业课程学习 1.钻井与完井工程 2.采油工程 3.油藏工程 4.石油渗流力学 ……
专业课程实验和实习 三峡秭归教学实习 江汉油田油矿实习 ……
渗流实验室 岩电实验室 油气储层实验室 油层物理实验室 采油工程实验室 国外完井实验室
现代企业管理导论 沟通与谈判
测量实习 地质实习 认识实习 生产实习 毕业论文(设计)
军训 公益活动 党团活动 体育 社团活动
“寻找李四光”活动 “指南针”讲座
延伸课程及实践
专业选修课程学习 1.油藏精细描述 2.油藏数值模拟 3.钻井液工艺学
钻井液性能实验 油藏模拟实习 ……
室内钻具观摩 野外工程施工及路线实习 ……
课外实践活动等

Program for Petroleum Engineering

Specialty and Code: Petroleum Engineering　081502

Education Objective

1. Candidates should be trained for engineering and technical talents who love their motherland, obey the rules and laws, have a sense of social responsibilities, innovative spirit and practical ability, possess good scientific and cultural qualities and professional ethics to serve for the society, and get an overall development of morality, intelligence and physique, master the basic theory and methodology of fundamental geology, and possess the basic skills for petroleum engineering design and management.

2. Graduates are to acquire the fundamental theories and over-all knowledge of petroleum engineering, and are well-prepared for further research study or the professional work in the energy industry such as drilling and completion, oil and gas production engineering, reservoir engineering, reservoir management and evaluation.

3. In five years after graduation, students should be able to embark on petroleum engineering, design and implementation in enterprise and institutions, and to obtain medium titles at least.

Graduation Requirements

1. Engineering knowledge: Candidates are able to apply math, natural science, fundamental and professional knowledge of engineering to solve complicated petroleum engineering problems.

2. Problem analysis: Candidates are able to apply the basic principle of mathematics, natural science and engineering science to analyze complicated engineering problems so as to draw effective conclusions, associated with literature research.

3. Solution design/development: Candidates are able to design solutions for complicated engineering problems and design system, unit(component) and process to meet specific needs, in which embody candidate's innovative consciousness as well as considerations for many factors such as society, health, safety, law, culture and environment.

4. Research: Candidates are able to carry out researches on complicated engineering problems applying scientific principles and scientific methods, including designing experiments, analyzing and interpreting data to draw reasonable and effective conclusion by comprehensive information processing.

5. Mordern tools application: Candidates are able to develop, select or use appropriate technology, resources and modern engineering tools and information technology tools for different complicated engineering problems, including the prediction and simulation of complex engineering problems, and the understanding of its limitations.

6. Engineering and society: Candidates are able to analyze and evaluate the influence of engineering practice and solution of engineering problems on the society, health, safety, law and culture reasonably based on the engineering background knowledge, and to understand the responsibility should be taken for.

7. Environment and sustainable development: Candidates are able to understand and evaluate the influence of professional engineering practice for complicated engineering problems on the environment and the social sustainable development.

8. Professional standard: Candidates are required to gain the knowledge of humanity and social science, the sense of social responsibility and professional ethics, and need to understand and obey the

professional ethics and rules as well as to perform their duties in the engineering practice.

9. Individual and team work: Candidates are able to play the role of individuals, team members, and leaders in the multidisciplinary team.

10. Communication: Candidates are able to communicate effectively with the industry peers and the social public about complicated engineering problems, including writing reports, designing documents, giving speeches, expressing clearly or responding to commands, and having a certain international vision and the ability of international communication.

11. Project managment: Candidates are able to understand and grasp the principles of project management and economic decision method, and be able to apply them in multidisciplinary environment.

12. Life-time learning: Candidates are required to have the consciousness of independent and lifelong learning, and be capable of learning sustainably and adapting to the development.

Graduation Requirements and Ways to Achieve

No.	Graduation Requirements	Ways to Achieve(Teaching Process)
1	Engineering knowledge: Candidates are able to apply mathematics, natural science, fundamental and professional knowledge of engineering to solve complicated petroleum engineering problems	①Classroom Teaching: Advanced Mathematics B, Probability and Mathematics Statistics B, Linear Algebra B, College Physics B, College Chemistry B, Basis of Electrical Engineering and Technology B, Basis of Mechanical Designing B, Engineering Mechanics B, Physical Experiments, Petroleum Reservoir Engineering, Petroleum-Production Engineering, Drilling & Well Completion Engineering, Course Design for Petroleum Engineering, etc ② Out-of-class Learning: College Students, Scientific Research Projects, Production Practice, Bachelor Thesis (Design), Geology Master (Li Siguang) Searching Activity, etc
2	Problem analysis: Candidates are able to apply the basic principle of math, natural science and engineering science to analyze complicated engineering problems so as to achieve effective conclusion, associated with literature research	①Classroom Teaching: Transfusion Mechanics of Petroleum, Engineering Mechanics B, Oil Field Chemistry, Geological Field Training(Zigui), Core Catalog, Reservoir Simulation, Fine Reservoir Description, etc ② Out-of-class Learning: College Students Scientific Research Project, Production Practice, Bachelor Thesis (Design), Geology Master (Li Siguang) Searching Activity, Campus Network for Professional Literature, Library Literature Retrieval Lectures, Literature Research Report, Thesis and Defense Literature Searches, etc

No.	Graduation Requirements	Ways to Achieve(Teaching Process)
3	Solution design/development: Candidates are able to design solutions for complicated engineering problems and design system, unit(component) and process to meet specific needs, in which embody candidate's innovative consciousness as well as considerations for many factors such as society, healthy, safety, law, culture and environment	①Classroom Teaching: Course Design for Petroleum Engineering, Oil field Teaching Practice (Jianghan Oil Field), Morality Education and Fundamentals of Law, etc ②Out-of-class Learning: Seminars, College Students Scientific Research Project, Practice for Graduation, Bachelor Thesis(Design), Research Report of Science Frontier, Geology Master (Li Siguang) Searching Activity, Social Investigation, the Country Activities, etc
4	Research: Candidates are able to carry out researches on complicated engineering problems applying scientific principles and scientific methods, including designing experiments, analyzing and interpreting data to achieve reasonable and effective conclusion by comprehensive information processing	①Classroom Teaching: Petroleum Reservoir Physics, Oil and Gas Reservoir Geology, Petroleum Reservoir Engineering, Petroleum Production Engineering, Drilling and well Completion Engineering, Course Design for Petroleum Engineering, etc ② Out-of-class Learning: Seminars, Course Assignments, College Students Scientific Research Project, Production Practice, Bachelor Thesis(Design), Research Report of Science Frontier, Geology Master (Li Siguang) Searching Activity, etc
5	Mordern tools application: Candidates are able to develop, select or use appropriate technology, resources and modern engineering tools and information technology tools for different complicated engineering problems, including the prediction and simulation of complex engineering problems, and the understanding of its limitations	① Classroom Teaching: Surveying A, Surveying Practice A, Fine Reservoir Description, Reservoir Simulation, Computer Application of Petroleum Engineering, Course Design for Petroleum Engineering, Primary Field Training (Beidaihe), Geological Field Training (Zigui), Oil field Teaching Practice (Jianghan Oil Field), etc ② Out-of-class Learning: Course Assignments, College Students Scientific Research Project, Production Practice, Bachelor Thesis(Design), etc
6	Engineering and society: Candidates are able to analyze and evaluate the influence of engineering practice and solution of engineering problems on the society, health, safety, law and culture reasonably based on the engineering background knowledge, and to understand the responsibility should be taken for	①Classroom Teaching: Enhanced Oil Recovery, Drilling Fluid Technology, Well Testing, Reservoir Fracturing, Production Logging, Technique of Horizontal Wells, Course Design for Petroleum Engineering, Oil field Teaching Practice (Jianghan Oil Field), etc ②Out-of-class Learning: Seminars, College Students Scientific Research Project, Production Practice, Thesis Writing (Design), Geology Master(Li Siguang) Searching Activity, Engineering Design Competition, etc
7	Enviroment and sustainable development: Candidates are able to understand and evaluate the influence of professional engineering practice for complicated engineering problems on the environment and the social sustainable development	①Classroom Teaching: Oil Field Chemistry, Drilling & Well Completion Engineering, Drilling Fluids Technology, Reservoir Fracturing, Economics of Petroleum Technique, Technique of Horizontal Wells, Course Design for Petroleum Engineering, Oil field Teaching Practice(Jianghan Oil Field), etc ②Out-of-class Learning: Engineering Lectures, Course Assignments, Geology Master(Li Siguang) Searching Activity, etc

No.	Graduation Requirements	Ways to Achieve(Teaching Process)
8	Professional standard: Candidates are required to gain the knowledge of humanity and social science, the sense of social responsibility and professional ethics, and need to understand and obey the professional ethics and rules as well as to perform their duties in the engineering practice	①Classroom Teaching: Principles of Marxism, Introduction to Mao Tse-tung Thought and the Theoretical System of Socialism with Chinese Characteristics, Essentials of Modern Chinese History, Morality Education and Fundamentals of Law, Psychological education for college students, Orientation week, Examination Policy, the Introduction of the Situation and Policy, Career Guidance, Military Theory and training, Graduate Lectures, etc ② Out-of-class Learning: Geological Practice, Production Practice, Graduate Thesis Defense, Geology Master (Li Siguang) Searching Activity, Compass Lectures
9	Individual and team work: Candidates are able to play the role of individuals, team members, and leaders in the multidisciplinary team	① Classroom Teaching: Surveying Practice A, Primary Field Training (Beidaihe), Geological Field Training (Zigui), Oil field Teaching Practice (Jianghan Oil Field), Course Design for Petroleum Engineering, Core Catalog, etc ② Out-of-class Learning: Social Investigation, Military Training, College Students Scientific Research Project, Production Practice, Thesis Writing (Design), Geology Master (Li Siguang) Searching Activity, the Country Activities, Physical Education, Community Activities, Public Welfare Activities, Engineering Design Competition, etc
10	Communication: Candidates are able to communicate effectively with the industry peers and the social public about complicatedengineering problems, including writing reports, designing documents, giving speeches, expressing clearly or responding to commands, and having a certain international vision and the ability of international communication	①Classroom Teaching: College English, Morality Education and Fundamentals of Law, Introduction to Petroleum Engineering, Literature Searches, Research Report of Science Frontier, etc ② Out-of-class Learning: Social Investigation, Military Training, Contest, Invention and Innovation, Research Presentation, College Students Scientific Research Project, Production Practice, Thesis Writing (Design), Geology Master(Li Siguang) Searching Activity, the Country Activities, Community Activities, Public Welfare Activities, etc
11	Project management: Candidates are able to understand and grasp the principles of project management and economic decision method, and be able to apply them in multidisciplinary environment	①Classroom Teaching: Morality Education and Fundamentals of Law, Economics of Petroleum Technique, Course Design for Petroleum Engineering, Oil field Teaching Practice (Jianghan Oil Field), etc ② Out-of-class Learning: Social Investigation, Geology Master(Li Siguang) Searching Activity, Compass Lecture, Engineering Design Competition, etc

No.	Graduation Requirements	Ways to Achieve(Teaching Process)
12	Life-time Learning: Candidates are required to have the consciousness of independent and life-long learning, and be capable of learning sustainably and adapting to the development	① Classroom Teaching: Morality Education and Fundamentals of Law, Principles of Marxism, Introduction to Petroleum Engineering ② Out-of-class Learning: Social Investigation, Military Training, Contest, Invention and Innovation, Research Presentation, College Students Scientific Research Project, Production Practice, Thesis Writing (Design), Geology Master(Li Siguang) Searching Activity, the Country Activities, Community Activities, Public Welfare Activities, etc

Major Disciplines: Petroleum and Natural Gas Engineering.

Main Courses: Petroleum and Natural Gas Geology, Engineering Mechanics, Mechanical Design, Oil and Gas Development Geology, Petroleum Reservoir Physics, Transfusion Mechanics of Petroleum, Petroleum Reservoir Engineering, Petroleum Production Engineering, Drilling and Well Completion Engineering, etc.

Lab Experiments: Petroleum Reservoir Physics Experiment, Drilling and Production Experiment, Percolation Experiment, Oilfields Chemistry Experiment, etc.

Practical Work: Metal Working Practice, Course Design for Computer Programs, Primary Field Training(Beidaihe), Geological Field Training (Zigui), Oil field Teaching Practice (Jianghan Oil Field), Course Design for Petroleum Engineering, Production Practice, Bachelor Thesis (Design), etc.

Duration: four years.

Degree Granted: Bachelor of Engineering.

Related Specialties: Mining Engineering, Exploration Engineering of Mineral Resources (oil and gas).

石油工程专业课程教学计划表

Course Descriptions of Petroleum Engineering

课程类别 Course Classification		课程编号 Course Code	课程名称 Course Name	学分 Crs	学时 Hrs	学时分类 Class Hours		先修课程 Prerequisite Courses	学期学分分配 Semester Credits							
						讲课 Lec.	实验 Lab.		一 1st	二 2nd	三 3rd	四 4th	五 5th	六 6th	七 7th	八 8th
通识教育课 Liberal Education Courses	必修 Compulsory	11706200	马克思主义原理 Principles of Marxism	3	48	48				3						
		11706500	毛泽东思想与中国特色社会主义理论体系概论 Introduction to Mao Tse-tung Thought and the Theoretical System of Socialism with Chinese Characteristics	4	64	64					4					
		11711800	中国近现代史纲要 The Essentials of Modern Chinese History	2	32	32						2				
		120001*0	思想道德修养与法律基础 Morality Education and Fundamentals of Law	3	48	48			1.5	1.5						
		113076*0	体育 Physical Education	4	144	144			1	1	1	1				
		109116*0	大学英语 College English	12	192	192			3	3	3	3				
		11918902	C语言程序设计B C Language Programming B	2.5	40	28	12		2.5							
		20215700	石油工程导论 Introduction to Petroleum Engineering	1	16	16			1							
		14300100	军事理论 Military Theory	2	32	32			2							
	选修 Elective	总计12学分,含创新创业选修课学分,跨学科选修课不低于6学分。“形势与政策”课程作为限选课,由马克思主义学院实施		12	192											
		小计 Sum		**45.5**	**808**	**604**	**12**		**11**	**8.5**	**8**	**6**	**0**	**0**	**0**	**0**
学科基础课 Disciplinary Foundamental Courses		212127*2	高等数学B Advanced Mathematics B	10	160	160			4	6						
		212130*3	大学物理C College Physics C	6	96	96				3.5	2.5					
		21213202	物理实验B Physics Experiments B	2	32		32			2						
		20302402	大学化学B College Chemistry B	5	80	56	24		5							

课程类别 Course Classification	课程编号 Course Code	课程名称 Course Name	学分 Crs	学时 Hrs	学时分类 Class Hours		先修课程 Prerequisite Courses	学期学分分配 Semester Credits							
					讲课 Lec.	实验 Lab.		一 1st	二 2nd	三 3rd	四 4th	五 5th	六 6th	七 7th	八 8th
学科基础课 Disciplinary Foundamental Courses	21212802	线性代数 B Linear Algebra B	2.5	40	40		高等数学			2.5					
	21213502	概率论与数理统计 B Probability and Mathematics Statistics B	2.5	40	40		高等数学			2.5					
	20115000	地质学基础 General Geology	4.5	72	62	10		4.5							
	20113100	矿物岩石学 A Mineralogy and Petrology A	3	48	12	36	地质学基础		3						
	21120801	测量学 A Surveying A	2.5	40	30	10			2.5						
	21201902	复变函数与积分变换 B Complex Variable Function and Integral Transformation B	2.5	40	40		高等数学			2.5					
	20725102	电工与电子技术 B Basis of Electrical Engineering and Technology B	4	64	54	10					4				
	20508002	工程力学 B Engineering Mechanics B	5	80	74	6					5				
	20513200	流体力学基础 Basis of Hydrodynamics	2	32	28	4						2			
	20715202	机械设计基础 B Basis of Mechanical Designing B	2.5	40	32	8					2.5				
	20311403	有机化学 C Organic Chemistry C	2	32	28	4	大学化学 B				2				
	小计 Sum		**56**	**896**	**752**	**144**		**13.5**	**17**	**10**	**13.5**	**2**	**0**	**0**	**0**
专业主干课 Main Specialty Courses	20214802	石油及天然气地质学 B Petroleum and Natural Gas Geology B	4	64	54	10						4			
	20209700	油气钻井与完井工程 Drilling and Well Completion Engineering	3	48	40	8	工程力学 B 流体力学基础						3		
	20200800	采油(气)工程 Petroleum Production Engineering	3	48	40	8							3		
	20208800	油(气)藏工程 Petroleum Reservoir Engineering	4	64	40	24							4		
	20209600	油气开发地质学 Oil and Gas Development Geology	3	48	36	12							3		

课程类别 Course Classification	课程编号 Course Code	课程名称 Course Name	学分 Crs	学时 Hrs	学时分类 Class Hours		先修课程 Prerequisite Courses	学期学分分配 Semester Credits							
					讲课 Lec.	实验 Lab.		一 1st	二 2nd	三 3rd	四 4th	五 5th	六 6th	七 7th	八 8th
专业主干课 Main Specialty Courses	20208900	油(气)层物理学 Petroleum Reservoir Physics	3	48	36	12						3			
	20602000	地球物理原理(石油地震+石油测井) Geophysics Principles	4	64	48	16						4			
	20206400	石油渗流力学 Transfusion Mechanics of Petroleum	2	32	28	4	流体力学基础					2			
	20206300	石油技术经济学 Economics of Petroleum Technique	2	32	32								2		
	20209400	油气储层地质学 Oil and Gas Reservoir Geology	2	32	28	4								2	
	20326600	油田化学 Oil Field Chemistry	2	32	32		大学化学 B							2	
	小计 Sum		**32**	**512**	**414**	**98**		**0**	**0**	**0**	**0**	**13**	**15**	**4**	**0**
专业选修课 Specialty Elective Courses		具体见专业选修课列表	12	192											
合计 **Sub-total**			**145.5**	**2408**	**1770**	**254**		**24.5**	**25.5**	**18**	**19.5**	**15**	**15**	**4**	**0**
实践环节 Practical Work	44300200	军事训练 Military Training	2	2 周				2							
	41919002	C 语言课程设计 B Course Design for C Language B	1.5	1.5 周				1.5							
	40724602	金工实习 B Metal Working Practice B	2	2 周								2			
	41120901	测量教学实习 A Surveying Practice A	1	1 周					1						
	40115200	地质认识实习(北戴河) Primary Field Training (Beidaihe)	2	2 周					2						
	40115701	地质教学实习(秭归)A Geological Field Training (Zigui) A	4	4 周							4				
	40218800	油矿教学实习(江汉油田) Oil field Teaching Practice (Jianghan Oil Field)	2	2 周									2		
	40219100	石油工程课程设计 Course Design for Petroleum Engineering	5.5	5.5 周											5.5

课程类别 Course Classification	课程编号 Course Code	课程名称 Course Name	学分 Crs	学时 Hrs	学时分类 Class Hours		先修课程 Prerequisite Courses	学期学分分配 Semester Credits							
					讲课 Lec.	实验 Lab.		一 1st	二 2nd	三 3rd	四 4th	五 5th	六 6th	七 7th	八 8th
实践环节 Practical Work	40214900	生产实习 Production Practice	6	6 周										6	
	40218400	毕业论文(设计) Graduation Thesis(Design)	8	8 周											8
	40218600	岩芯编录 Core Catalog	1	1 周										1	
	小计 Sum		**35**	**35 周**	**0**	**0**		**3.5**	**3**	**0**	**4**	**2**	**2**	**7**	**13.5**
创新创业自主学习 Autonomous Learning	ZZ35000S	社会调查 Social Investigation	2												
		其他(学科竞赛、发明创造、科研报告等) Others (Contest, Invention, Innovation and Research Presentation)	3												
	小计 Sum		**5**												
总计 Total			**185.5**	**2408 + 35 周**	**1770**	**254**		**28**	**28.5**	**18**	**23.5**	**17**	**17**	**11**	**13.5**
可开出专业选修课列表 Specialty Elective Courses	20201600	地下地质学 Subsurface Geology	2	32	22	10								2	
	20209100	油藏精细描述 Fine Reservoir Description	2	32	24	8								2	
	20201400	沉积相与沉积环境 Sedimentary Facies and Environment	2	32	26	6								2	
	20209200	油藏数值模拟 Reservoir Simulation	2	32	16	16							2		
	20206500	试井分析 Well Testing	2	32	28	4									2
	20207200	提高石油采收率原理 Enhanced Oil Recovery	2	32	26	6								2	
	20207000	水平井技术 Technique of Horizontal Wells	2	32	32	0	油气钻井与完井工程								2
	20210500	钻井液工艺学 Drilling Fluids Technology	2	32	22	10	油气钻井与完井工程								2
	20219200	石油工程计算机应用 Computer Applications of Petroleum Engineering	2.5	40	20	20	C 语言课程设计							2	

课程类别 Course Classification	课程编号 Course Code	课程名称 Course Name	学分 Crs	学时 Hrs	学时分类 Class Hours		先修课程 Prerequisite Courses	学期学分分配 Semester Credits							
					讲课 Lec.	实验 Lab.		一 1st	二 2nd	三 3rd	四 4th	五 5th	六 6th	七 7th	八 8th
可开出专业选修课列表 Specialty Elective Courses	20117000	沉积岩研究方法 Techniques in Sedimentary Petrology	2	32	14	18						2			
	20219300	油气层压裂 Reservoir Fracturing	2	32	32									2	
	20219400	生产测井 Production Logging	2	32	32									2	

注：通识教育选修课学分和自主学习学分未列入具体学期。

石油工程专业课程分类统计

Course Category Statistics of Petroleum Engineering

课程学分 / 统计	通识教育课 Liberal Education Courses		学科基础课 Disciplinary Fundamental Courses	专业主干课 Main Specialty Courses	专业选修课 Specialty Elective Courses	实践环节 Practical Work	创新创业自主学习 Autonomous Learning	学时总计 Total Hours	学分总计 Total Credits
	必修 Compulsory	选修 Selective							
学时/学分 Hrs/Crs	616/33.5	192/12	896/56	512/32	192/12	35 周/35	5	2408＋35 周	185.5
学分所占比例 Proportion of Credits	24.5%		30.2%	17.3%	6.5%	18.9%	2.7%		100%

海洋科学(菁英班)专业培养方案

专业名称与代码:海洋科学　070701

专业培养目标

1.培养学生具有社会责任感、创新精神和实践能力,德智体全面发展。

2.培养学生具有海洋科学基础理论、基本知识、基本技能及其相关学科的基本知识,具有较好的科学思维、素养和创新意识。

3.培养学生具有国际视野和正确的海洋观,能进行海洋学科学研究、教学和管理的初步能力。

4.培养学生能进入硕士研究生阶段学习,或成为在海洋科学及相关领域企事业部门从事基础研究、技术开发和技术管理工作方面的专业人才。

专业毕业要求

1.具有较好的人文科学素养和高尚的品德修养。

2.具有厚实的数、理、化等自然科学基础知识,熟练掌握外语、计算机应用技能。

3.掌握现代海洋科学,特别是海洋地质、海洋化学等方面的基础理论、基本知识。

4.掌握海洋调查、数据采集处理、成果解释和综合分析的基本方法及技能。

5.掌握岩矿鉴定、地史分析和地质构造研究等方面的基本技术及方法。

6.掌握海洋矿产资源勘查与评价的基本方法。

7.初步掌握海洋工程设计与海洋环境评价的基本方法。

8.初步掌握资料查询、归纳、整理和综合分析的方法,具有专业科技论文撰写的基本能力。

毕业要求及实现途径

序号	毕业要求	实现途径(教学过程)
1	具有较好的人文科学素养和高尚的品德修养	①课堂教学:马克思主义基本原理、毛泽东思想与中国特色社会主义理论体系概论、中国近现代史纲要、思想道德修养与法律基础、体育、军事理论 ②课外学习:开展“大学生青年文化艺术节”“高雅艺术进校园”等主题教育活动;开展运动会等活动;开展新生入学教育、毕业生系列教育主题活动;开展大学生“暑假社会实践”等活动;加强学务指导老师、辅导员队伍建设,加强学生干部队伍建设,提高对学生的教育引导
2	具有厚实的数、理、化等自然科学基础知识,熟练掌握外语、计算机应用技能	①课堂教学:大学英语、C语言程序设计B、大学化学C、高等数学B、线性代数B、概率论与数理统计B、大学物理基础、物理实验B ②课外学习:每年举办大学生挑战杯、英语比赛、数学竞赛、建模比赛等活动
3	掌握现代海洋科学,特别是海洋地质、海洋化学等方面的基础理论、基本知识	①课堂教学:海洋科学专业导论、海洋学基础、大洋底构造地质学、海洋沉积学、海洋地球化学、海岸带动力学、古海洋学、海洋生物学等 ②课外学习:引导学生参加全国大学生海洋知识竞赛、世界海洋日等活动

序号	毕业要求	实现途径(教学过程)
4	掌握海洋调查、数据采集处理、成果解释和综合分析的基本方法及技能	①课堂教学:海洋调查技术与方法、测井地质学、海洋地球物理勘探、地震地质综合解释B、海洋卫星遥感等 ②课外学习:引导学生参加大洋科学考察等活动
5	掌握岩矿鉴定、地史分析和地质构造研究等方面的基本技术及方法	①课堂教学:普通地质学、岩石学、地层及古生物学、结晶学与矿物学、晶体光学及光性矿物学B、构造地质学A、大洋底构造地质学等 ②课外学习:举办"寻找李四光"地学专业知识竞赛、模拟国际学术会议展板竞赛、岩矿石综合鉴定竞赛、高级野外地质路线竞赛等活动
6	掌握海洋矿产资源勘查与评价的基本方法	①课堂教学:海底矿产资源、矿床学B、石油与天然气地质学B、矿产勘查理论与方法、沉积盆地分析A、层序地层学等 ②课外学习:引导大学生参加大学生科研立项、大学生科技论文报告会等活动
7	初步掌握海洋工程设计与海洋环境评价的基本方法	①课堂教学:海洋钻探工程、海洋环境学、测量学A ②课外学习:引导学生参加大洋科学考察、环境调查等活动
8	初步掌握资料查询、归纳、整理和综合分析的方法,具有专业科技论文撰写的基本能力	①实践教学:测量教学实习、海洋地质认识实习、地质教学实习、综合教学实习、海洋专业课程综合设计、毕业生产实习、毕业论文(设计)等 ②课外学习:专题讲座、课程作业与读书报告、学术报告、文献检索讲座与报告等

主干学科:海洋科学。

核心课程:海洋学基础、大洋底构造地质学、海洋沉积学、海洋地球化学、海岸带动力学、海底矿产资源、海洋调查技术与方法、海洋地球物理勘探、矿床学、石油及天然气地质学等。

主要专业实验:常见矿物、岩石、化石等鉴定实验;地震、测井等地球物理资料的综合解释;海洋地质制图与分析;海洋地球化学实验;海洋工程设计和海洋环境评价分析。

主要实践性教学环节:为达到培养目标和培养规格的要求,设置了旨在提高学生实践能力、技能和综合素质的实践教学环节。主要设置有:计算机程序课程设计、测量学教学实习、海洋地质认识实习、地质教学实习、海洋专业课程综合设计、毕业生产实习、毕业论文(设计)。

修业年限:四年。

授予学位:理学学士。

相近专业:资源勘查工程、地质学、海洋工程。

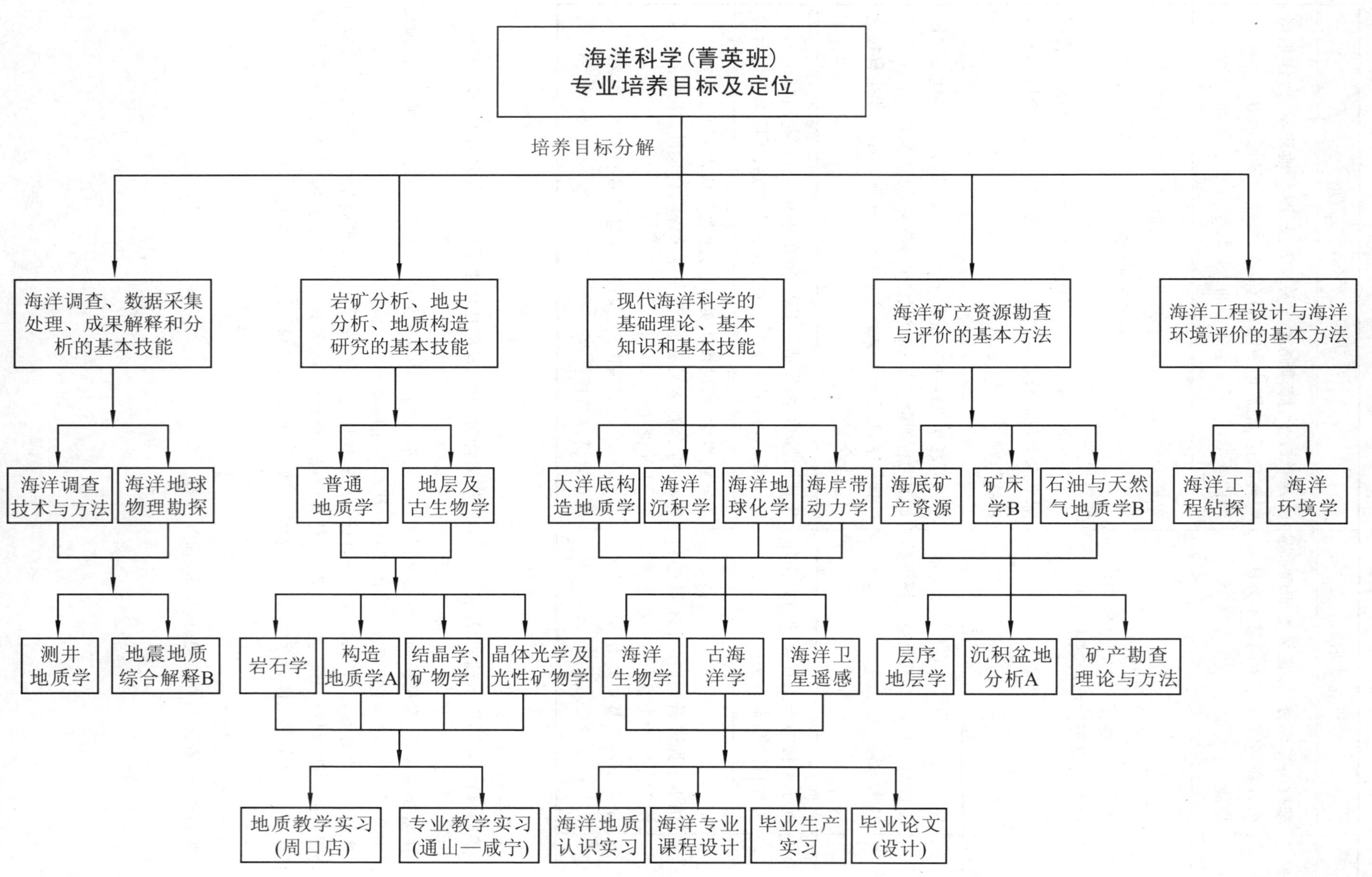
海洋科学(菁英班)
专业培养目标及定位
培养目标分解
海洋调查、数据采集处理、成果解释和分析的基本技能
岩矿分析、地史分析、地质构造研究的基本技能
现代海洋科学的基础理论、基本知识和基本技能
海洋矿产资源勘查与评价的基本方法
海洋工程设计与海洋环境评价的基本方法
海洋调查技术与方法
海洋地球物理勘探
普通地质学
地层及古生物学
大洋底构造地质学
海洋沉积学
海洋地球化学
海岸带动力学
海底矿产资源
矿床学B
石油与天然气地质学B
海洋工程钻探
海洋环境学
测井地质学
地震地质综合解释B
岩石学
构造地质学A
结晶学、矿物学
晶体光学及光性矿物学
海洋生物学
古海洋学
海洋卫星遥感
层序地层学
沉积盆地分析A
矿产勘查理论与方法
地质教学实习(周口店)
专业教学实习(通山—咸宁)
海洋地质认识实习
海洋专业课程设计
毕业生产实习
毕业论文(设计)

Program for Marine Science (Elite Class)

Specialty and Code: Marine Science 070701

Education Objective

1. To cultivate students who should love motherland, abide by disciplines and laws and obtain the professional ethics of arduous working and serving for the society.

2. To cultivate students who are required to master the basic theories, elemental knowledge and fundamental skills for marine science and related disciplines, better scientific thoughts, qualifications as well as innovative consciousness.

3. To cultivate students who are required to mater international perspective, correct outlook on oceanography and the innovative ability for scientific research, education and management on marine-science.

4. The students will also be qualified for the possible postgraduate study, or become high-level professionals in marine science and related fields engaged in basic research, technological development and technical management.

Graduation Requirements

1. Having good humanity qualifications and noble moral character.

2. Having firm grasp on natural science (mathematics, physics, chemistry, etc.) and being familiar with foreign language and computer application skills.

3. Mastery of basic theories, skills and methods of modern marine science, especially marine geology and marine chemistry.

4. Mastery of basic abilities and methods to perform marine survey, data collection and procession, interpretation and synthetically analysis of the information and data.

5. Mastery of basic technologies and methods to identify rock, minerals and fossils as well as geohistory analysis and structural study.

6. Mastery of basic methods to explore and evaluate marine mineral resources.

7. Mastery of preliminary abilities for marine engineering design and marine environment evaluation.

8. Mastery of preliminary capabilities of inquiring, gathering, organizing, and comprehensively analyzing data as well as the abilities for writing scientific paper.

Graduation Requirements and Ways to Achieve

No.	Graduation Requirements	Ways to Achieve(Teaching Process)
1	Having good humanities accomplishment and noble moral character	①Classroom Teaching: Principles of Marxism, Introduction To Mao Tse-tung Thought and the Theoretical System of Socialism with Chinese Characteristics, the Essentials of Modern Chinese History, Morality Education and Fundamentals of Law, Physical Education, Military Theory ②Out-of-class Learning: Educational Activities Such as "Culture and Art Festival for College Students" and "Introducing Classic Art on Campus", Sports Meeting, Enrollment Education for Freshman and Graduate Education Series, Summer Social Practices, Team Construction of Academic Affairs, Instructor and Counselor as Well as Student Cadres
2	Having firm grasp on natural science (mathematics, physics, chemistry, etc.) and being familiar with foreign language and computer application skills	①Classroom Teaching: College English, C Language Programming B, College Chemistry C, Advanced Mathematics B, Linear Algebra B, Probability Theory and Mathematical Statistics B, Basic College Physics, Physics Experiment B ②Out-of-class Learning: "Challenge Cup", English Competition, Math Competition and Modeling Contest
3	Mastery of basic theories, skills and work methods of modern marine science, especially marine geology and marine chemistry	①Classroom Teaching: Introduction to Marine Science, Basic Oceanography, Ocean Floor Tectonics, Marine Sedimentology, Marine Geochemistry, Costal Dynamics, Paleoceanography, Marine Biology ②Out-of-class Learning: National Undergraduate Marine Knowledge Competition, World Oceans Day
4	Mastery of basic abilities and methods to perform marine survey, data collection and procession, interpretation and synthetically analysis of the information and data	①Classroom Teaching: Technology and Method of Marine Survey, Well Logging Geology, Marine Geophysical Exploration, Integrated Seismic-geological Interpretation B, Ocean Remote Sensing, etc ②Out-of-class Learning: Activities Such as Ocean Scientific Expedition
5	Mastery of basic technologies and methods to identify rock, minerals and fossils as well as geohistory analysis and geological structural study	①Classroom Teaching: Physical Geology, Petrology, Stratigraphy and Paleontology, Crystallography and Mineralogy, Crystal Optics and Optical Mineralogy B, Ocean Floor Tectonics, Structural Geology A ②Out-of-class Learning: Geoscience Knowledge Contest Such as "Looking For Li Siguang" Activity, International Academic Conference, Comprehensive Identification Competition of Rocks and Minerals and Advanced Field Geological Line Competition

No.	Graduation Requirements	Ways to Achieve(Teaching Process)
6	Mastery of basic methods to explore and evaluate marine mineral resources	①Classroom Teaching: Submarine Mineral Resources, Orel Deposits Geology B, Petroleum Geology B, Theory and Method of Exploration of Mineral Deposits, Analysis of Sedimentary Basin A, Sequence Stratigraphy ②Out-of-class Learning: Scientific Research Projects and Scientific Seminars
7	Mastery of preliminary abilities for marine engineering design and marine environment evaluation	① Classroom Teaching: Marine Drilling Engineering, Science of Marine Environment, Surveying A ②Out-of-class Learning: Ocean Scientific Expedition and Environmental Survey
8	Mastery of preliminary capabilities of inquiring, gathering, organizing, and comprehensively analyzing data as well as the abilities for writing scientific paper	①Practical Teaching: Surveying Practice, Geological Mapping Field Training, Synthetic Field Training, Marine Science Curriculum Design, Graduation Production Practice, Graduation thesis (project), etc ②Out-of-class Learning: Seminar, Course Paper Report, Colloquium, Literature Searching for Paper Reports

Major Disciplines: Marine science.

Main Courses: Basic Oceanography, Ocean Floor Tectonics, Marine Sedimentology, Marine Geochemistry, Coastal Dynamics, Submarine Mineral Resources, Technology and Methods of Marine Survey, Marine Geophysical Exploration, Orel Deposits Geology, Petroleum Geology.

Lab Experiments: Identification of Mineral, Rock and Fossil, Integrated Interpretation of Seismic. Well-logging and other Geophysical data, Marine Geological Mapping and Synthetic Analysis, Marine Geochemical Experiments. Marine Engineering Design and Marine Environment Evaluation.

Practical Work: To meet requirements of training objective and standard, we set up the practical teaching link that aim at improving practical ability, skills and comprehensive quality of students, including Computer Programming, Surveying Practice, General Marine Geology Practice, Geological Mapping Field Training, Marine Science Curriculum Design, Graduate Professional Practice, Thesis Writing(Design).

Duration: four years.

Degree Granted: Bachelor of Science.

Related Specialties: Exploration Engineering of Mineral Resources, Geology, Marine Engineering.

海洋科学(菁英班)专业课程教学计划表

Course Descriptions of Marine Science (Elite Class)

课程类别 Course Classification		课程编号 Course Code	课程名称 Course Name	学分 Crs	学时 Hrs	学时分类 Class Hours		先修课程 Prerequisite Courses	学期学分分配 Semester Credits							
						讲课 Lec.	实验 Lab.		一 1st	二 2nd	三 3rd	四 4th	五 5th	六 6th	七 7th	八 8th
通识教育课 Liberal Education Courses	必修 Compulsory	11706200	马克思主义基本原理 Principles of Marxism	3	48	48			3							
		11706500	毛泽东思想与中国特色社会主义理论体系概论 Introduction to Mao Tse-tung Thought and the Theoretical System of Socialism with Chinese Characteristics	4	64	64					4					
		11711800	中国近现代史纲要 The Essentials of Modern Chinese History	2	32	32						2				
		120002*0	思想道德修养与法律基础 Morality Education and Fundamentals of Law	3	48	48			1.5	1.5						
		113076*0	体育 Physical Education	4	144	144			1	1	1	1				
		109116*0	大学英语 College English	12	192	192			3	3	3	3				
		11918902	C语言程序设计B C Language Programming B	2.5	40	28	12				2.5					
		20215600	海洋科学导论 Introduction to Marine Science	1	16	16			1							
		14300100	军事理论 Military Theory	2	32	32			2							
	选修 Elective	总计12学分，含创新创业选修课学分，跨学科选修课不低于6学分。“形势与政策”课程作为限选课，由马克思主义学院实施		12	192											
		小计 **Sum**		**45.5**	**808**	**604**	**12**		**11.5**	**5.5**	**10.5**	**6**	**0**	**0**	**0**	**0**
学科基础课 Disciplinary Fundamental Courses		20302403	大学化学C College Chemistry C	4	64	50	14			4						
		20114900	普通地质学 Physical Geology	3	48	40	8		3							
		212127*2	高等数学B Advanced Mathematics B	10	160	160			4	6						
		21212802	线性代数B Linear Algebra B	2.5	40	40					2.5					

课程类别 Course Classification	课程编号 Course Code	课程名称 Course Name	学分 Crs	学时 Hrs	学时分类 Class Hours		先修课程 Prerequisite Courses	学期学分分配 Semester Credits							
					讲课 Lec.	实验 Lab.		一 1st	二 2nd	三 3rd	四 4th	五 5th	六 6th	七 7th	八 8th
学科基础课 Disciplinary Fundamental Courses	21213502	概率论与数理统计 B Probability and Mathematics Statistics B	2.5	40	40					2.5					
	21213100	大学物理基础 Basic College Physics	3.5	56	56				3.5						
	21213202	物理实验 B Physics Experiments B	2	32		32			2						
	20104001	构造地质学 A Structural Geology A	4	64	36	28					4				
	20202800	海洋学基础 Basic Oceanography	3	48	48				3						
	21120801	测量学 A Surveying A	2.5	40	30	10		2.5							
	20106700	岩石学 Petrology	5	80	40	40					5				
	20118300	地层及古生物学 Stratigraphy and Paleontology	3	48	36	12					3				
	20104600	结晶学与矿物学 Crystallography and Mineralogy	5	80	40	40				5					
	20115500	晶体光学及光性矿物学 Crystal Optics and Optical Mineralogy	3	48	14	34				3					
	20116200	地球化学 Geochemistry	4	64	64							4			
	小计 **Sum**		**57**	**912**	**694**	**218**		**9.5**	**18.5**	**13**	**12**	**4**	**0**	**0**	**0**
专业主干课 Main Specialty Courses	20202600	海洋调查技术与方法 Technology and Methods of Marine Survey	3	48	40	8						3			
	20202000	海岸带动力学 Coastal Dynamics	3	48	40	8						3			
	20202300	海洋地球化学 Marine Geochemistry	3	48	40	8	地球化学						3		
	20202200	海洋沉积学 Marine Sedimentology	3	48	40	8	岩石学				3				
	20201500	大洋底构造地质学 Ocean Floor Tectonics	3	48	34	14	构造地质学 A					3			
	20604100	海洋地球物理勘探 Marine Geophysical Exploration	3	48	32	16							3		
	20219500	海底矿产资源 Submarine Mineral Resources	3	48	40	8							3		

课程类别 Course Classifi-cation	课程编号 Course Code	课程名称 Course Name	学分 Crs	学时 Hrs	学时分类 Class Hours		先修课程 Prerequisite Courses	学期学分分配 Semester Credits							
					讲课 Lec.	实验 Lab.		一 1st	二 2nd	三 3rd	四 4th	五 5th	六 6th	七 7th	八 8th
专业主干课 Main Specialty Courses	20214803	石油及天然气地质学 C Petroleum Geology C	3.5	56	46	10							3.5		
	20216000	矿床学 B Orel Deposits Geology B	4	64	50	14						4			
	20213800	沉积盆地分析 Analysis of Sedimentary Basin	3	48	32	16						3			
	小计 Sum		**31.5**	**504**	**394**	**110**		**0**	**0**	**0**	**3**	**16**	**12.5**	**0**	**0**
专业选修课 Specialty Elective Courses		具体见专业选修课列表	16	256											
合计 Sub-total			**150**	**2480**	**1692**	**340**		**21**	**24**	**23.5**	**21**	**20**	**12.5**	**0**	**0**
实践环节 Practical Work	44300200	军事训练 Military Training	2	2 周				2							
	41919002	C 语言课程设计 B Course Design for C Language B	1.5	1.5 周						1.5					
	41120901	测量教学实习 A Surveying Practice A	1	1 周				1							
	40115200	地质认识实习(北戴河) Primary Field Training (Beidaihe)	2	2 周					2						
	40215800	海洋学基础实习(北戴河) Basic Oceanography Training (Beidaihe)	1	1 周					1						
	40115601	地质教学实习(周口店) Geological Field Training (Zhoukoudian)	6	6 周							6				
	40214900	毕业生产实习 Production Practice	6	6 周										6	
	40218400	毕业论文(设计) Graduation Thesis(Design)	8	8 周											8
	40218000	专业教学实习(通山—咸宁) Professional Field Training (Tongshan-Xianning)	2	2 周										2	
	40219600	海洋分析测试课程设计 Marine Analysis and Testing Curriculum Design	2.5	2.5 周											2.5

课程类别 Course Classification	课程编号 Course Code	课程名称 Course Name	学分 Crs	学时 Hrs	学时分类 Class Hours		先修课程 Prerequisite Courses	学期学分分配 Semester Credits							
					讲课 Lec.	实验 Lab.		一 1st	二 2nd	三 3rd	四 4th	五 5th	六 6th	七 7th	八 8th
实践环节 Practical Work	40219700	海洋资料综合解释课程设计 Curriculum Design of Integrated Marine Data Interpretation	3	3 周										3	
	小计 **Sum**		**35**	**35 周**				**3**	**3**	**1.5**	**6**	**0**	**0**	**11**	**10.5**
创新创业自主学习 Autonomous Learning	ZZ35000S	社会调查 Social Investigation	2												
		其他(学科竞赛、发明创造、科研报告) Others (Contest, Invention, Innovation and Research Presentation)	3												
	小计 **Sum**		**5**												
总计 **Total**			**190**	**2480 + 35 周**	**1692**	**340**		**24**	**27**	**25**	**27**	**20**	**12.5**	**11**	**10.5**
可开出专业选修课列表 Specialty Elective Courses	20201100	层序地层学 Sequence Stratigraphy	3	48	32	16						3			
	20201000	测井地质学 Well Logging Geology	2	32	24	8	海洋地球物理勘探						2		
	20201700	地震地质综合解释 B Integrated Seismic-geological Interpretation B	2	32	24	8	海洋地球物理勘探						2		
	20104200	古海洋学 Paleoceanography	2	32	24	8							2		
	20202700	海洋环境学 Science of Marine Environment	2	32	32								2		
	20219800	海洋钻探工程 Marine Drilling Engineering	2	32	32									2	
	20219900	海洋卫星遥感 Ocean Remote Sensing	2	32	24	8							2		
	20215200	矿产勘查理论与方法 Theory and Method of Exploration of Mineral Deposits	3	48									3		
	20402700	海洋生物学 Marine Biology	2	32	24	8								2	

注：通识教育选修课学分和创新创业自主学习学分未列入具体学期。

海洋科学(菁英班)专业课程分类统计

Course Category Statistics of Marine Science (Elite Class)

课程学分 / 统计	通识教育课 Liberal Education Courses		学科基础课 Disciplinary Fundamental Courses	专业主干课 Main Specialty Courses	专业选修课 Specialty Elective Courses	实践环节 Practical Work	创新创业自主学习 Autonomous Learning	学时总计 Total Hours	学分总计 Total Credits
	必修 Compulsory	选修 Selective							
学时/学分 Hrs/Crs	616/33.5	192/12	912/57	504/31.5	256/16	35 周/35	5	2480+35 周	190
学分所占比例 Proportion of Credits	24.01%		29.82%	16.62%	8.44%	18.47%	2.64%		100%

资源勘查工程(卓越工程师教育培养计划)专业培养方案

专业名称与代码:资源勘查工程　081403

专业培养目标

1.本专业培养德智体全面发展,适应社会经济发展需要的,具有良好的人文社会科学素养、高度的社会责任感与高尚的工程职业道德,具有扎实专业理论基础与专业技能、较强创新意识、较宽国际视野和跨文化交流、竞争与合作能力,能从事矿产地质调查、开发、管理等方面工作的工程技术人才。

2.预期本专业毕业生毕业后五年左右能够在社会及矿产地质调查领域担任技术负责人或业务骨干,并取得中级及以上职称。

专业毕业要求

1.工程知识:能够将数学、自然科学、工程基础和固体矿产勘查知识用于解决固体矿产勘查中复杂工程问题。

2.问题分析:能够应用数学、自然科学和固体矿产勘查的基本原理,识别、表达并通过文献研究分析固体矿产勘查中复杂工程问题,以获得有效结论。

3.设计、开发解决方案:能够设计针对固体矿产勘查中复杂工程问题的解决方案,设计满足特定需求的系统、单元(部件)或工艺流程,并能够在设计环节中体现创新意识,考虑社会、健康、安全、法律、文化以及环境等因素。

4.研究:能够基于科学原理并采用科学方法对固体矿产勘查中复杂工程问题进行研究,包括设计实验、分析与解释数据、并通过信息综合得到合理有效的结论。

5.使用现代工具:能够针对固体矿产勘查中复杂工程问题,开发、选择与使用恰当的技术、资源、现代工程工具和信息技术工具,包括对复杂工程问题的预测与模拟,并能够理解其局限性。

6.工程与社会:能够基于固体矿产勘查工程相关背景知识进行合理分析,评价固体矿产勘查工程实践和复杂工程问题解决方案对社会、健康、安全、法律以及文化的影响,并理解应承担的责任。

7.环境和可持续发展:能够理解和评价针对固体矿产勘查中复杂工程问题的专业工程实践对环境、社会可持续发展的影响。

8.职业规范:具有人文社会科学素养、社会责任感,能够在固体矿产勘查工程实践中理解并遵守工程职业道德和规范,履行责任。

9.个人和团队:能够在多学科背景下的团队中承担个体、团队成员角色以及负责人的角色。

10.沟通:能够就固体矿产勘查中复杂工程问题与业界同行及社会公众进行有效的沟通和交流,包括撰写报告和设计文稿、陈述发言、清晰表达或回应指令,并具备一定的国际视野,能够在跨文化背景下进行沟通和交流。

11.项目管理:理解并掌握工程管理原理与经济决策方法,并能在多学科环境中应用。

12.终身学习:具有自主学习和终身学习的意识,有不断学习和适应发展的能力。

毕业要求及实现途径

序号	毕业要求	实现途径(教学过程)
1	工程知识:能够将数学、自然科学、工程基础和固体矿产勘查知识用于解决固体矿产勘查中复杂工程问题	①课堂教学:高等数学B、概率论与数理统计B、线性代数B、大学物理C、物理实验B、大学化学B、普通地质学、测量学A、结晶学与矿物学、晶体光学及光性矿物学、岩石学、地层及古生物学、构造地质学A、地球化学、区域地质调查、资源导论、矿石学、矿田构造学、矿床学A、矿产勘查理论与方法、矿产综合勘查技术、遥感概论B、勘查地球化学、勘查地球物理、矿产地质调查、盆地与成矿、矿业环境保护、区域成矿学、数字地质调查新技术与方法、矿床统计预测、矿业工程概论、流体包裹体、矿产资源经济学、矿床地球化学、GIS及其在矿产勘查中的应用、世界矿产资源概论、专业英语、水文地质学、工程地质学基础B、环境地质学、矿体建模及储量计算、专业文献检索、素描造型基础与岩矿素描等 ②课外学习:专题讲座、学术报告等
2	问题分析:能够应用数学、自然科学和固体矿产勘查的基本原理,识别、表达并通过文献研究分析固体矿产勘查中复杂工程问题,以获得有效结论	①课堂教学:测量学实习A、地质认识实习(北戴河)、地质教学实习(周口店)、生产实习、毕业论文(设计)、矿床学教学实习(大冶)、矿体建模及储量计算、矿产地质调查等 ②课外学习:课程作业、大学生科研立项、“寻找李四光”活动、学科前沿调研报告等
3	设计/开发解决方案:能够设计针对固体矿产勘查中复杂工程问题的解决方案,设计满足特定需求的系统、单元(部件)或工艺流程,并能够在设计环节中体现创新意识,考虑社会、健康、安全、法律、文化以及环境等因素	①课堂教学:测量学实习A、地质认识实习(北戴河)、地质教学实习(周口店)、生产实习、毕业论文(设计)、矿床学教学实习(大冶)、矿体建模及储量计算、矿产地质调查等 ②课外学习:课程作业、大学生科研立项、“寻找李四光”活动、学科前沿调研报告等
4	研究:能够基于科学原理并采用科学方法对固体矿产勘查中复杂工程问题进行研究,包括设计实验、分析与解释数据,并通过信息综合得到合理有效的结论	①课堂教学:测量学实习A、地质认识实习(北戴河)、地质教学实习(周口店)、生产实习、毕业论文(设计)、矿床学教学实习(大冶)、矿体建模及储量计算、矿产地质调查等 ②课外学习:课程作业、大学生科研立项、“寻找李四光”活动、学科前沿调研报告等
5	使用现代工具:能够针对固体矿产勘查中复杂工程问题,开发、选择与使用恰当的技术、资源、现代工程工具和信息技术工具,包括对复杂工程问题的预测与模拟,并能够理解其局限性	①课堂教学:大学英语、C语言程序设计B、C语言程序设计课程设计B、专业文献检索、资源信息工程、数字地质调查新技术与方法、专业英语、素描造型基础与岩矿素描、地质认识实习(北戴河)、地质教学实习(周口店)、生产实习、毕业论文(设计)、矿床学教学实习(大冶)、矿体建模及储量计算、矿产地质调查等 ②课外学习:课程作业、大学生科研立项、专题讲座、学科前沿调研报告等

序号	毕业要求	实现途径(教学过程)
6	工程与社会:能够基于固体矿产勘查工程相关背景知识进行合理分析,评价固体矿产勘查工程实践和复杂工程问题解决方案对社会、健康、安全、法律以及文化的影响,并理解应承担的责任	①课堂教学:矿业工程概论、矿产资源法律法规、水文地质学、工程地质学基础 B、环境地质学、测量学实习 A、地质认识实习(北戴河)、地质教学实习(周口店)、生产实习、毕业论文(设计)、矿床学教学实习(大冶)等 ②课外学习:课程作业、大学生科研立项、专题讲座等
7	环境和可持续发展:能够理解和评价针对固体矿产勘查中复杂工程问题的专业工程实践对环境、社会可持续发展的影响	①课堂教学:矿产资源经济学、矿业环境保护、测量学实习 A、地质认识实习(北戴河)、地质教学实习(周口店)、生产实习、毕业论文(设计)、矿床学教学实习(大冶)等 ②课外学习:课程作业、大学生科研立项、专题讲座等
8	职业规范:具有人文社会科学素养、社会责任感,能够在固体矿产勘查工程实践中理解并遵守工程职业道德和规范,履行责任	①课堂教学:马克思主义基本原理、毛泽东思想和中国特色社会主义体系概论、中国近现代史纲要、思想道德修养与法律基础、军事理论及军事训练、体育、社会调查等 ②课外学习:入学教育、大学生心理健康教育、形势与政策教育、就业指导、毕业教育、班主任和辅导员的专题讲座、学术讲座等
9	个人和团队:能够在多学科背景下的团队中承担个体、团队成员角色以及负责人的角色	①课堂教学:测量学实习 A、地质认识实习(北戴河)、地质教学实习(周口店)、生产实习、毕业论文(设计)、矿床学教学实习(大冶)等 ②课外学习:课程作业、大学生科研立项、"寻找李四光"活动等
10	沟通:能够就固体矿产勘查中复杂工程问题与业界同行及社会公众进行有效沟通和交流,包括撰写报告和设计文稿、陈述发言、清晰表达或回应指令,并具备一定的国际视野,能够在跨文化背景下进行沟通和交流	①课堂教学:专业英语、世界矿产资源概论、测量学实习 A、地质认识实习(北戴河)、地质教学实习(周口店)、生产实习、毕业论文(设计)、矿床学教学实习(大冶)等 ②课外学习:学科前沿调研报告、科技论文报告会、学术讲座、撰写科技论文、参加教师科研项目等
11	项目管理:理解并掌握工程管理原理与经济决策方法,并能在多学科环境中应用	①课堂教学:经济管理类选修课、矿产地质调查、测量学实习 A、地质认识实习(北戴河)、地质教学实习(周口店)、生产实习、毕业论文(设计)、矿床学教学实习(大冶)等 ②课外学习:大学生科研立项、生产实习、参加教师科研项目等
12	终身学习:具有自主学习和终身学习的意识,有不断学习和适应发展的能力	①课堂教学:生产实习、毕业论文(设计)、思想道德修养与法律基础等 ②课外学习:课程作业、学科竞赛、发明创造、科研报告、大学生科研立项等

主干学科:地质资源与地质工程。

核心课程:矿床学、矿石学、矿田构造学、矿产勘查理论与方法、矿产综合勘查技术、遥感概论 B、勘查地球物理、勘查地球化学。

主要专业实验:常见矿物、岩石、化石等鉴定实验,矿石鉴定与可开发性分析与评价,地质、地球物理、地球化学、遥感信息的综合分析与解释,勘查工程的初步设计、工程取样与储量计算。

主要实践性教学环节:C 语言程序设计课程设计 B、测量学实习 A、地质认识实习(北戴河)、地质教学实习(周口店)、矿床学教学实习(大冶)、矿体建模及储量计算、生产实习、毕业论文(设计)、矿产地质调查。

修业年限:四年。

授予学位:工学学士。

相近专业:地质学。

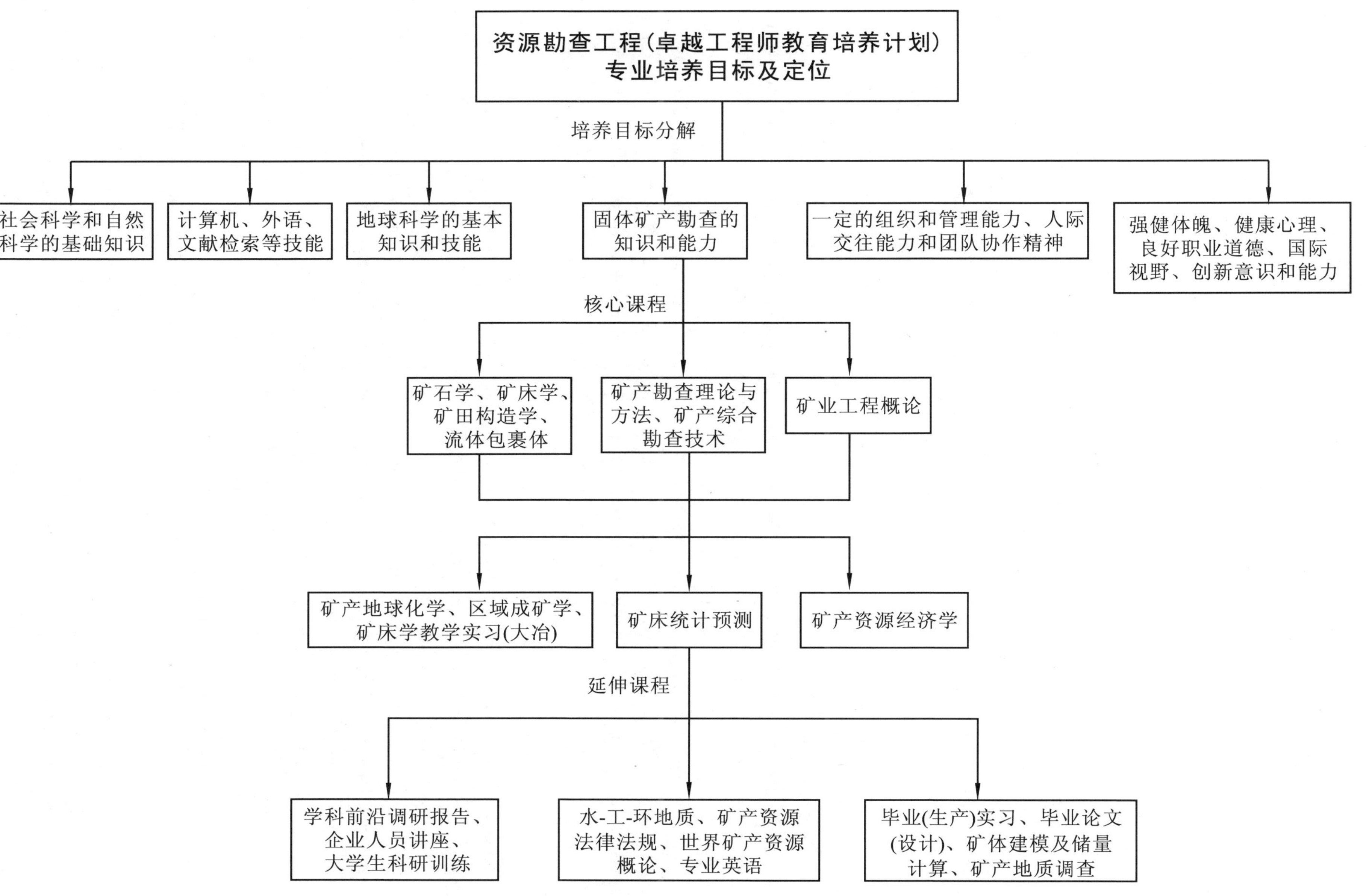

资源勘查工程(卓越工程师教育培养计划)专业培养目标及定位
培养目标分解
社会科学和自然科学的基础知识
计算机、外语、文献检索等技能
地球科学的基本知识和技能
固体矿产勘查的知识和能力
一定的组织和管理能力、人际交往能力和团队协作精神
强健体魄、健康心理、良好职业道德、国际视野、创新意识和能力
核心课程
矿石学、矿床学、矿田构造学、流体包裹体
矿产勘查理论与方法、矿产综合勘查技术
矿业工程概论
矿产地球化学、区域成矿学、矿床学教学实习(大冶)
矿床统计预测
矿产资源经济学
延伸课程
学科前沿调研报告、企业人员讲座、大学生科研训练
水-工-环地质、矿产资源法律法规、世界矿产资源概论、专业英语
毕业(生产)实习、毕业论文(设计)、矿体建模及储量计算、矿产地质调查

Program for Exploration Engineering of Mineral Resources (Excellent Engineer Training Program)

Specialty and Code: Exploration Engineering of Mineral Resources 081403

Education Objective

1. This major aims to train students to become qualified engineering and technical talents with all around development of moral, intellectual and physical education. They are expected to meet the needs of social and economic development, obtain humanities and social science literacy, and have high social responsibility and noble professional morality in engineering. Meanwhile, students are also supposed to achieve solid professional theory and skills, strong innovation consciousness, wide international perspective and intercultural communication, competition and cooperation ability. They are competent for investigation, exploitation, and management in mineral resources.

2. Graduates, after about 5 years, are expected to be technology director or business leaders in society and/or investigation and exploitation of mineral resources fields, and to obtain medium title at least.

Graduation Requirements

1. Engineering knowledge: Students are required to be able to use mathematics, natural science, engineering and solid mineral exploration knowledge to solve complex engineering problems in solid mineral exploration.

2. Problem analysis: Students are expected to be able to identify, express and analyze complex engineering problems in solid mineral exploration through literature research, and obtain valid conclusions using basic principles of applied mathematics, natural science and solid mineral exploration theory.

3. Solution design/development: Students are asked to be able to provide solutions for complex engineering problems in solid mineral exploration, design system, unit (component) or technical process which meet the specific needs, and embody the sense of innovation and consider social, health, safety, law, culture and environment factors in the design processes.

4. Research: Students are required to be able to carry out the research on complex engineering problems in solid mineral exploration based on principles of science and scientific methods which include experimental design, data analysis and interpretation, and to draw reasonable and reliable conclusions through information processing.

5. Modern tools application: Students are expected to be able to develop, select and use appropriate technology, resources, modern engineering tools and information technology tools to solve out complex engineering problems in solid mineral exploration, including prediction and modeling of complex engineering problems and understanding its limitations.

6. Engineering and society: Students are required to be able to analyze social problems based on solid mineral exploration engineering related background knowledge, evaluate impacts on society, health, safety, law and culture during the solution process of complex engineering problems, and understand the responsibilities that should be taken.

7. Environment and sustainable development: Students are supposed to be able to understand and evaluate impacts of professional engineering practice for the complex engineering problems in solid mineral exploration on environment and sustainable development of society.

8. Professional standard: Students are expected to obtain humanities and social science literacy and be aware of their social responsibilities, and be able to understand and comply with the engineering ethics and standards in the practice of mineral exploration, and fulfill the responsibility.

9. Individual and team work: Students are required to be able to assume the role of individual, team member, and the person in charge.

10. Communication: Students are asked to be able to effectively communicate and exchange with industry peers and the public on complex engineering problems in solid mineral exploration, including report writing, document designing, statement presenting, opinion expressing and instruction responding. Students should also have a certain international perspective, and can exchange and communicate in cross-cultural settings.

11. Project management: Students are asked to be able to understand and master the engineering management principles and economic decision-making methods, and apply them in multi- discipline environment.

12. Life-time learning: Students should have autonomous and lifelong learning consciousness, and possess the ability of continuous learning and constant adapting to development.

Graduation Requirements and Ways to Achieve

No.	Graduation Requirements	Ways to Achieve(Teaching Process)
1	Engineering knowledge: Students are required to be able to use mathematics, natural science, engineering and solid mineral exploration knowledge to solve complex engineering problems in solid mineral exploration	①Classroom Teaching: Advanced Mathematics B, Probability and Mathematics Statistics B, Linear Algebra B, College Physics C, Physics Experiments B, College Chemistry B, Physical Geology, Surveying A, Crystallography and Mineralogy, Crystal Optics and Optical Mineralogy, Petrology, Stratigraphy and Paleontology, Structural Geology A, Geochemistry, Regional Geological Survey, Introduction to Exploration Engineering of Mineral Resources, Ore Petrology, Structure of Ore Field, Mineral Deposits A, Theories and Methods of Mineral Exploration, Comprehensive Exploration Techniques of Mineral Resources, Introduction to Remote Sensing B, Geochemical Exploration, Geophysical Exploration, Basin and Metallogery, Environment Protection in Mining and Mineral Exploitation, Regional Metallogeny, Information System Engineering of Resources, Regional Geological Survey and New Techniques, Statistical Predication of Mineral Deposits, Introduction to Mining Engineering, Fluid Inclusions in Mineral Deposits, Economics of Mineral Resources, Geochemistry of Mineral Deposits, Application of GIS in Mineral Resources Exploration, Introduction to Global Mineral Resources, Specialized English, Hydrologic Geology, Basic Engineering Geology B, Environmental Geology, Model Building and Reserve Calculating of Orebody, Specialized Information Retrieval, Geology Sketch, etc ②Out-of-class Learning: Lectures on Special Topics, Academic Reports, etc

No.	Graduation Requirements	Ways to Achieve(Teaching Process)
2	Problem analysis: Students are expected to be able to identify, express and analyze complex engineering problems in solid mineral exploration through literature research, and obtain valid conclusions using basic principles of applied mathematics, natural science and solid mineral exploration theory	① Classroom Teaching: Surveying Practice A, Primary Field Training (Beidaihe), Geological Field Training (Zhoukoudian), Practice for Graduation, Design for Graduation, Teaching Practice for Mineral Deposits(Daye), Model Building and Reserve Calculating of Ore-body, Geologic Survey for Mineral Resources, etc ②Out-of-class Learning: Course Assignments, Student Research Training Plan, Activity for Searching Li Si-guang, Survey Report of Academic Frontiers, etc
3	Solution design/development: Students are asked to be able to provide solutions for complex engineering problems in solid mineral exploration, design system, unit (component) or technical process which meet the specific needs, and embody the sense of innovation and consider social, health, safety, law, culture and environment factors in the design processes	① Classroom Teaching: Surveying Practice A, Primary Field Training (Beidaihe), Geological Field Training (Zhoukoudian), Practice for Graduation, Design for Graduation, Teaching Practice for Mineral Deposits(Daye), Model Building and Reserve Calculating of Ore-body, Geologic Survey for Mineral Resources, etc ②Out-of-class Learning: Course Assignments, Student Research Training Plan, Activity for Searching Li Si-guang, Survey Report of Academic Frontiers, etc
4	Research: Students are required to be able to carry out the research on complex engineering problems in solid mineral exploration based on principles of science and scientific methods which include experimental design, data analysis and interpretation, and to draw reasonable and reliable conclusions through information processing	① Classroom Teaching: Surveying Practice A, Primary Field Training (Beidaihe), Geological Field Training (Zhoukoudian), Practice for Graduation, Design for Graduation, Teaching Practice for Mineral Deposits(Daye), Model Building and Reserve Calculating of Ore-body, Geologic Survey for Mineral Resources, etc ②Out-of-class Learning: Course Assignments, Student Research Training Plan, Activity for Searching Li Si-guang, Survey Report of Academic Frontiers, etc
5	Modern tools application: Students are expected to be able to develop, select and use appropriate technology, resources, modern engineering tools and information technology tools to solve out complex engineering problems in solid mineral exploration, including prediction and modeling of complex engineering problems and understanding its limitations	①Classroom Teaching: College English, Program Design in C Language B, Course Design for Program Design in C Language B, Specialized Information Retrieval, Information System Engineering of Resources, Regional Geological Survey and New Techniques, Specialized English Geology Sketch, Primary Field Training (Beidaihe), Geological Field Training (Zhoukoudian), Practice for Graduation, Design for Graduation, Teaching Practice for Mineral Deposits (Daye), Model Building and Reserve Calculating of Ore-body, Geologic Survey for Mineral Resources, etc ② Out-of-class Learning: Course Assignments, Student Research Training Plan, Lectures on Special Topics, Survey Report of Academic Frontiers, etc

No.	Graduation Requirements	Ways to Achieve(Teaching Process)
6	Engineering and society: Students are required to be able to analyze social problems based on solid mineral exploration engineering related background knowledge, evaluate impacts on society, health, safety, law and culture during the solution process of complex engineering problems, and understand the responsibilities that should be taken	①Classroom Teaching: Introduction to Mining Engineering, Laws and Regulations of Mineral Resources, Hydrologic Geology, Basic Engineering Geology B, Environmental Geology, Surveying Practice A, Primary Field Training (Beidaihe), Geological Field Training(Zhoukoudian), Practice for Graduation, Design for Graduation, Teaching Practice for Mineral Deposits(Daye), etc ②Out-of-class Learning: Course Assignments, Student Research Training Plan, Lectures on Special Topics, etc
7	Environment and sustainable development: Students are supposed to be able to understand and evaluate impacts of professional engineering practice for the complex engineering problems in solid mineral exploration on environment and sustainable development of society	①Classroom Teaching: Economics of Mineral Resources, Environment Protection in Mining and Mineral Exploitation, Surveying Practice A, Primary Field Training (Beidaihe), Geological Field Training (Zhoukoudian), Practice for Graduation, Design for Graduation, Teaching Practice for Mineral Deposits(Daye), etc ②Out-of-class Learning: Course Assignments, Student Research Training Plan, Lectures on Special Topics, etc
8	Professional standard: Students are expected to obtain humanities and social science literacy and social responsibility, and be able to understand and comply with the engineering ethics and standards in the practice of mineral exploration, and fulfill the responsibility	①Classroom Teaching: Basic Principles of Marxism, Mao Tse-tung Thought and Introduction to the Theoretical System of Socialism with Chinese Characteristics, The Outline of Modern and Contemporary History of China, Ideological and Moral Culture and Legal Basis, Military Theory and Training, Physical Education, Social Investigation, etc ②Out-of-class Learning: Entrance Education, Student Psychologically Healthy Education, Policy and Situation Education, Guide for Career, Education for Graduation, Special Lectures by Class Leader and Counselor, Academic Lecture, etc
9	Individual and team work: Students are required to be able to assume the role of individual, team member, and the person in charge	① Classroom Teaching: Surveying Practice A, Primary Field Training (Beidaihe), Geological Field Training (Zhoukoudian), Practice for Graduation, Design for Graduation, Teaching Practice for Mineral Deposits(Daye), etc ②Out-of-class Learning: Course Assignments, Student Research Training Plan, Activity for Searching Li Si-guang, etc

No.	Graduation Requirements	Ways to Achieve(Teaching Process)
10	Communication: Students are asked to be able to effectively communicate and exchange with industry peers and the public on complex engineering problems in solid mineral exploration, including report writing, document designing, statement presenting, opinion expressing and instruction responding. Students should also have a certain international perspective, and can exchange and communicate in cross-cultural settings	①Classroom Teaching: Specialized English, Introduction to Global Mineral Resources, Surveying Practice A, Primary Field Training (Beidaihe), Geological Field Training (Zhoukoudian), Practice for Graduation, Design for Graduation, Teaching Practice for Mineral Deposits(Daye), etc ②Out-of-class Learning: Survey Report of Academic Frontiers, Meeting on Scientific Research, Academic Lectures, Writing on Scientific Research, Taking Part in Scientific Research Projects, etc
11	Project management: Students are asked to be able to understand and master the engineering management principles and economic decision-making methods, and apply them in multi- discipline environment	①Classroom Teaching: Economy and Management Courses, Geologic Survey for Mineral Resources, Surveying Practice A, Primary Field Training(Beidaihe), Geological Field Training(Zhoukoudian), Practice for Graduation, Design for Graduation, Teaching Practice for Mineral Deposits(Daye), etc ②Out-of-class Learning: Student Research Training Plan, Practice for Graduation, Taking Part in Scientific Research Projects, etc
12	Life-time learning: Students should have autonomous and lifelong learning consciousness, and possess the ability of continuous learning and constant adapting to development	①Classroom Teaching: Practice for Graduation, Design for Graduation, Morality Education and Fundamentals of Law, etc ② Out-of-class Learning: Course Assignments, Subject Contest, Invention and Creation, Research Report, Student Research Training Plan, etc

Major Disciplines: Earth Resources and Geological Engineering.

Main Courses: Mineral Deposits, Ore Petrology, Structure of Ore Field, Exploration Theories and Methods of Mineral Resources, Comprehensive Exploration Techniques of Mineral Resources, Introduction to Remote Sensing B, Geophysical Exploration, Geophysical Exploration.

Lab Experiments: Identification of Mineral, Rock, and Fossil. Analysis of Exploitability and Potential Evaluation of Ores. Synthetic Analysis and Interpretation of Geological, Geophysical, Geochemical, and Remote Sensing Data and Information. Sampling, Design and Reserve Calculation of Exploration Engineering.

Practical Work: Course Design for Program Design of C Language B, Surveying Practice A, Primary Field Training (Beidaihe), Geological Field Training(Zhoukoudian), Teaching Practice for Mineral Deposits (Daye), Model Building and Reserve Calculating of Ore-body, Practice for Graduation, Thesis (Design) for Graduation, Geologic Survey for Mineral Resources.

Duration: four years.

Degree Granted: Bachelor of Engineering.

Related Specialties: Geology.

资源勘查工程(卓越工程师教育培养计划)专业课程教学计划表

Course Descriptions of Exploration Engineering of Mineral Resources (Excellent Engineer Training Program)

课程类别 Course Classification		课程编号 Course Code	课程名称 Course Name	学分 Crs	学时 Hrs	学时分类 Class Hours 讲课 Lec.	实验 Lab.	先修课程 Prerequisite Courses	学期学分分配 Semester Credits 一 1st	二 2nd	三 3rd	四 4th	五 5th	六 6th	七 7th	八 8th
通识教育课 Liberal Education Courses	必修 Compulsory	11706200	马克思主义基本原理 Principles of Marxism	3	48	48				3						
		11706500	毛泽东思想与中国特色社会主义理论体系概论 Introduction to Mao Tse-tung Thought and the Theoretical System of Socialism with Chinese Characteristics	4	64	64					4					
		11711800	中国近现代史纲要 The Essentials of Modern Chinese History	2	32	32						2				
		120002＊0	思想道德修养与法律基础 Morality Education and Fundamentals of Law	3	48	48			1.5	1.5						
		113076＊0	体育 Physical Education	3	108	108			1	1	1					
		109116＊0	大学英语 College English	12	192	192			3	3	3	3				
		11918902	C 语言程序设计 B C Language Programming B	2.5	40	28	12		2.5							
		20212900	资源勘查工程专业导论 Introduction to Exploration Engineering of Mineral Resources	1	16	16			1							
		14300100	军事理论 Military Theory	2	32	32			2							
	选修 Elective	10815300	管理和矿山项目管理经济评价(限选) Management and Economic Evaluation of Mine Project Management	3	48								3			
		20216700	矿产资源法律法规(限选) Laws and Regulations Courses	1.5	24											1.5
			其他 Other Courses	3.5	56											
		小计 Sum		**40.5**	**708**	**460**	**120**		**11**	**8.5**	**8**	**5**	**3**	**0**	**0**	**1.5**

课程类别 Course Classification	课程编号 Course Code	课程名称 Course Name	学分 Crs	学时 Hrs	学时分类 Class Hours 讲课 Lec.	 实验 Lab.	先修课程 Prerequisite Courses	学期学分分配 Semester Credits 一 1st	 二 2nd	 三 3rd	 四 4th	 五 5th	 六 6th	 七 7th	 八 8th
学科基础课 Disciplinary Fundamental Courses	212127＊2	高等数学 B Advanced Mathematics B	10	160	160			4	6						
	212130＊3	大学物理 C College Physics C	6	96	96				3.5	2.5					
	21213202	物理实验 B Physical Experiments B	2	32		32			2						
	20302402	大学化学 B College Chemistry B	5	80	56	24		5							
	21212802	线性代数 B Linear Algebra B	2.5	40	40					2.5					
	21213502	概率论与数理统计 B Probability and Mathematics Statistics B	2.5	40	40					2.5					
	20114900	普通地质学 Physical Geology	3	48	40	8		3							
	21120801	测量学 A Surveying A	2.5	40	30	10			2.5						
	20104600	结晶学与矿物学 Crystallography and Mineralogy	5	80	40	40				5					
	20115500	晶体光学及光性矿物学 Crystal Optics and Optical Mineralogy	3	48	14	34				3					
	20106700	岩石学 Petrology	5	80	40	40	结晶学与矿物学				5				
	20118300	地层及古生物学 Stratigraphy and Paleontology	3	48	36	12					3				
	20104001	构造地质学 A Structural Geology A	4	64	44	20					4				
	20116200	地球化学 Geochemistry	4	64	64							4			
	20217200	区域地质调查 Regional Geological Survey	2	32	32						2				
	小计 **Sum**		**59.5**	**952**	**732**	**220**		**12**	**14**	**15.5**	**14**	**4**	**0**	**0**	**0**
专业主干课 Main Specialty Courses	20203500	矿石学 Ore Petrology	2.5	40	10	30						2.5			
	20203600	矿田构造学 Structure of Ore Field	2	32	24	8	矿床学 A						2		
	20213001	矿床学 A Mineral Deposits A	5	80	52	28	岩石学					5			

课程类别 Course Classification	课程编号 Course Code	课程名称 Course Name	学分 Crs	学时 Hrs	学时分类 Class Hours		先修课程 Prerequisite Courses	学期学分分配 Semester Credits							
					讲课 Lec.	实验 Lab.		一 1st	二 2nd	三 3rd	四 4th	五 5th	六 6th	七 7th	八 8th
专业主干课 Main Specialty Courses	20203000	矿产勘查理论与方法 Theories and Methods of Mineral Exploration	5	80	56	24	矿床学 A						5		
	20215900	矿产综合勘查技术 Comprehensive Exploration Techniques of Mineral Resources	4	64	52	12	矿床学 A						4		
	20220100	资源遥感导论 Zntroduction to Remote Sensing of Resources	2.5	40	28	12						2.5			
	20112300	勘查地球化学 Geochemical Exploration	3	48	40	8							3		
	20607000	勘查地球物理 Geophysical Exploration	2	32	32							2			
	小计 Sum		**26**	**416**	**292**	**124**		**0**	**0**	**0**	**0**	**12**	**14**	**0**	**0**
专业选修课 Specialty Elective Courses		具体见专业选修课列表	12	192											
合计 Sub-total			**138**	**2268**	**1484**	**464**		**23**	**22.5**	**23.5**	**19**	**19**	**14**	**0**	**1.5**
实践环节 Practical Work	44300200	军事训练 Military Training	2	2 周				2							
	41919002	C 语言课程设计 B Course Design for C Language B	1.5	1.5 周				1.5							
	41120901	测量学教学实习 A Surveying Practice A	1	1 周					1						
	40115200	地质认识实习(北戴河) Primary Field Training (Beidaihe)	2	2 周					2						
	40115601	地质教学实习(周口店)A Geological Field Training (Zhoukoudian) A	6	6 周							6				
	402173*0	生产实习 Practice for Production	23	23 周									11	12	
	40215000	毕业论文(设计) Thesis Writing/Design for Graduation	9	9 周											9
	40216200	矿床学教学实习(大冶) Teaching Practice for Mineral Deposits(Daye)	2	2 周									2		
	40216400	矿产地质调查及课程设计 Course Design of Geologic Survey for Mineral Resources	2.5	2.5 周									2.5		
	小计 Sum		**49**	**49 周**				**3.5**	**3**	**0**	**6**	**0**	**15.5**	**12**	**9**

课程类别 Course Classification	课程编号 Course Code	课程名称 Course Name	学分 Crs	学时 Hrs	学时分类 Class Hours 讲课 Lec.	实验 Lab.	先修课程 Prerequisite Courses	学期学分分配 Semester Credits 一 1st	二 2nd	三 3rd	四 4th	五 5th	六 6th	七 7th	八 8th
创新创业自主学习 Autonomous Learning	ZZ35000S	社会调查 Social Investigation	2												
		其他(学科竞赛、发明创造、科研报告) Others (Contest, Invention, Innovation and Research Presentation)	3												
	小计 **Sum**		**5**												
总计 **Total**			**192**	**2268＋49周**	**1484**	**464**		**26.5**	**25.5**	**23.5**	**25**	**19**	**29.5**	**12**	**10.5**
可开出专业选修课列表 Specialty Elective Courses	20205500	盆地与成矿 Basin and Metallogery	1.5	24	20	4									1.5
	20203700	矿业环境保护 Environment Protection in Mining and Mineral Exploitation	2	32	32										2
	20216500	区域成矿学 Regional Metallogeny	2	32	32		矿床学A							2	
	20217000	数字地质调查新技术与方法 Regional Geological Survey and New Techniques	2	32	4	28					2				
	20214600	矿床统计预测 Statistical Predication of Mineral Deposits	3	48	32	16	矿床学A						3		
	20213100	矿业工程概论 Introduction to Mining Engineering	3.5	56	48	8								3.5	
	20212400	流体包裹体 Fluid Inclusions in Mineral Deposits	2	32	20	12							2		
	20220000	矿产资源经济学 Economics of Mineral Resources	2.5	40	40								2.5		
	20203200	矿床地球化学 Geochemistry of Mineral Deposits	2	32	26	6							2		
	20212300	GIS及其在矿产勘查中的应用 Application of GIS in Mineral Resources Exploration	2.5	40	40							2.5			
	20216600	世界矿产资源概论 Introduction to Global Mineral Resources	1.5	24	24							1.5			
	20216800	专业英语 Specialized English	2	32	32							2			

课程类别 Course Classification	课程编号 Course Code	课程名称 Course Name	学分 Crs	学时 Hrs	学时分类 Class Hours		先修课程 Prerequisite Courses	学期学分分配 Semester Credits							
					讲课 Lec.	实验 Lab.		一 1st	二 2nd	三 3rd	四 4th	五 5th	六 6th	七 7th	八 8th
可开出专业选修课列表 Specialty Elective Courses	20409102	水文地质学 B Hydrology B	2.5	40	40										2.5
	20508400	工程地质学基础 B Basic Engineering Geology B	2.5	40	40									2.5	
	20403400	环境地质学 B Environmental Geology B	2	32	32									2	
	40216300	矿体建模及储量计算 Model Building and Reserve Calculating of Ore-body	2	32		32								2	
	20216900	专业文献检索 Specialized Information Retrieval	1	16	12	4						1			
	21634000	素描造型基础与岩矿素描 Geology Sketch	2	32		32					2				

注：通识教育选修课学分和创新创业自主学习学分未列入具体学期。

资源勘查工程(卓越工程师教育培养计划)专业课程分类统计

Course Category Statistics of Exploration Engineering of Mineral Resources (Excellent Engineer Training Program)

课程学分 / 统计	通识教育课 Liberal Education Courses		学科基础课 Disciplinary Fundamental Courses	专业主干课 Main Specialty Courses	专业选修课 Specialty Elective Courses	实践环节 Practical Work	创新创业自主学习 Autonomous Learning	学时总计 Total Hours	学分总计 Total Credits
	必修 Compulsory	选修 Selective							
学时/学分 Hrs/Crs	568/33.5	128/8	952/59.5	416/26	192/12	49 周/49	5	2304+49 周	193
学分所占比例 Proportion of Credits	17.36%		30.83%	13.47%	6.22%	25.39%	2.6%		100%

材料与化学学院

- 材料科学与工程(实验班)专业培养方案
- 应用化学专业培养方案
- 应用化学(卓越工程师教育培养计划)专业培养方案
- 材料科学与工程专业培养方案
- 材料化学专业培养方案

材料科学与工程(实验班)专业培养方案

专业名称与代码:材料科学与工程　080401

专业培养目标:培养出具有坚实数理化基础、系统材料科学与工程基础理论,掌握现代材料研究方法,富有创新精神、知识面宽、综合素质高、较强科研能力的创新型、研究型人才。毕业生能从事材料基础研究、材料设计、性能改进及新材料新技术研发。为国内外著名高校、研究机构以及知名企业集团提供优秀生源。

专业毕业要求

1.系统掌握材料科学与工程基本理论、基本知识和基本技能,掌握材料科学与工程现代研究方法和相关知识。

2.掌握并能科学地应用材料组分—结构—工艺—性能之间关系的基本原理。

3.具有材料研究、性能改善、材料设计、工艺设计、新材料新技术研发的能力。

4.具有材料性能检测的基本知识和能力。

5.具有材料应用、材料选择能力。

6.富有创新精神和较强的科研能力,具有较强的综合分析、论文撰写和学术交流能力。

7.具有电工与电子技术、计算机应用等知识和技能。

8.掌握英语,能较熟练地阅读英文专业文献资料,并能用英语进行学术交流。

9.具有较强的自学能力,具备不断拓展知识和终身获取新知识的能力。

10.具有良好的团队协作能力和一定的社会交往能力,具有一定的管理知识和能力。

毕业要求及实现途径

序号	毕业要求	实现途径(教学过程)
1	系统掌握材料科学与工程基本理论、基本知识和基本技能,掌握材料科学与工程现代研究方法和相关知识	①课堂教学:马克思主义基本原理、毛泽东思想与中国特色社会主义理论体系概论、中国近现代史纲要、体育、军事理论、军事训练、思想道德修养与法律基础,相关专业理论课、实践课 ②课外教学:社会调查,创新创业教育及活动,课外人文活动、课外科研活动,各项竞赛
2	掌握并能科学地应用材料组分—结构—工艺—性能之间关系的基本原理	①课堂教学:高等数学 A、线性代数 A、概率论与数理统计 B、大学物理 B、物理实验 A、化学实验基础技能训练、无机化学 B、无机化学实验 B、物理化学 B、物理化学实验 B、结构化学、有机化学 C、高分子化学与物理、高分子化学及物理实验、工程制图、材料力学、机械设计基础 B、电工及电子技术 C、计算机文化基础、C 语言程序设计、C 语言课程设计实践,通识选修课,相关专业理论课、实践课 ②课外教学:创新创业教育及活动,课外科研活动
3	具有材料研究、性能改善、材料设计、工艺设计、新材料新技术研发的能力	课堂教学:材料学导论、晶体学、材料物理、材料科学基础、材料工程基础、材料工艺与设备、材料合成与制备、材料性能与检测、现代测试技术、功能材料、矿物材料、复合材料及工艺,材料科学与工程基础实验、材料工艺实验、材料合成与制备实验、材料性能检测实验、现代测试技术实验、矿物材料工艺实验、复合材料成型与加工实验,专业选修课,生产实习

序号	毕业要求	实现途径(教学过程)
4	具有材料性能检测的基本知识和能力	①课堂教学:材料工艺实验、材料合成与制备实验、矿物材料工艺实验、复合材料成型与加工实验,材料创新设计实验、生产实习、毕业论文(设计) ②课外教学:创新创业活动,课外科研活动,科技竞赛
5	具有材料应用、材料选择能力	①课堂教学:材料工艺实验、材料合成与制备实验、矿物材料工艺实验、复合材料成型与加工实验、材料创新设计实验、生产实习、毕业论文(设计) ②课外教学:创新创业教育及活动,课外科研活动,科技竞赛
6	富有创新精神和较强的科研能力,具有较强的综合分析、论文撰写和学术交流能力	①课堂教学:计算机基础、课程论文、课程实验报告、材料创新设计实验报告、生产实习报告、毕业论文(设计) ②课外教学:创新创业总结报告,课外科研成果总结,科技竞赛
7	具有电工与电子技术、计算机应用等知识和技能	①课堂教学:相关的专业课堂教学、实践教学,材料创新设计实验、生产实习、毕业论文(设计) ②课外教学:创新创业活动,课外科研活动,科技竞赛
8	掌握英语,能较熟练阅读英文专业文献资料,并能用英语进行学术交流	①课堂教学:外语课程,相关专业课程的双语教学;聘请国外教师讲授相关专业课 ②课外教学:创新创业活动,课外科研活动,科技竞赛
9	具有较强的自学能力,具备不断拓展知识和终身获取新知识的能力	①课堂教学:课程论文,材料科学与工程领域的前沿发展现状和趋势教学,材料创新设计实验、生产实习、毕业论文(设计),专业选修课 ②课外教学:创新创业活动,课外科研活动,科技竞赛
10	具有良好的团队协作能力和一定的社会交往能力,具有一定的管理知识和能力	课堂教学:本科毕业论文(设计),课外科研活动,科技竞赛

主干学科:材料科学与工程。

专业核心课程:晶体及晶体结构、材料力学、材料科学基础、材料工程基础、材料物理、材料合成与制备、材料性能与检测、功能材料、现代测试技术、电子显微分析技术。

主要专业实验:材料合成与制备实验、材料性能检测实验、X射线分析实验、电子显微分析实验、矿物材料工艺实验、复合材料成型与加工实验。

主要实践性教学环节:C语言课程设计、材料设计性综合实验、教学实习、毕业(生产)实习、毕业论文(设计)。

修业年限:四年。

授予学位:工学学士。

相近专业:功能材料、材料物理、无机非金属材料工程。

Program for Materials Science and Engineering (Experimental Class)

Specialty and Code: Materials Science and Engineering 080401

Education Objective: The program aims to train talents with spirit of innovation, comprehensive knowledge and strong research abilities. The students are required to master the basic theories of mathematics, physics, chemistry, and systematic fundamental theories of materials science and engineering, and modern research methods on materials. The students are expected to be the specialists in materials field for research, design, and development of new materials and new technology. They will be excellent candidates for the world famous institutions of higher learning, research institutes and industries.

Graduation Requirements

1. To master systematically the basic theory, knowledge, technology and modern research method about materials science and engineering.

2. To demonstrate an understanding of the fundamental principles underlying and connecting the structure, processing, properties, and performance of material systems.

3. To be able to design and conduct experiments and to analyze and interpret data.

4. To have the basic knowledge and skill of materials performance testing.

5. To have the knowledge of contemporary issues within the discipline.

6. To possess the innovative spirit and strong ability of scientific research, and academic competence in analysis, paper writing and communications.

7. To master electrical and electronic techniques, and computer operations.

8. To master English, proficient in literature reading and academic exchanges in English.

9. To demonstrate strong ability of self-study and life-long learning.

10. To be able to function in multidisciplinary teams and demonstrate the ability of leadership.

Graduation Requirements and Ways to Achieve

No.	Graduation Requirements	Ways to Achieve(Teaching Process)
1	To master systematically the basic theory, knowledge, technology and modern research method about materials science and engineering	①Classroom Teaching: Principles of Marxism, Introduction to Mao Tse-tung Thought and the Theoretical System of Socialism with Chinese Characteristics, The Essentials of Modern Chinese History, Physical Education, Military Theory, Military training, Morality Education and Fundamentals of Law, related major theory and practice course ②Out-of-class Learning: Social Investigation, Innovation Entrepreneurship Education and Activities, Extracurricular Human Activities, Extracurricular Research Activity, Competitions

No.	Graduation Requirements	Ways to Achieve(Teaching Process)
2	To demonstrate an understanding of the fundamental principles underlying and connecting the structure, processing, properties, and performance of material systems	①Classroom Teaching: Advanced Mathematics A, Linear Algebra A, Probability Theory and Mathematics Statistics B, College Physics B, Physical Experiments A, Basic Skills of Chemical Experiments, Inorganic Chemistry B, Inorganic Chemistry Experiments B, Physical Chemistry B, Physical Chemistry Experiments B, Structural Chemistry, Organic Chemistry C, Polymer Chemistry and Physics, Experiments for Polymer Chemistry and Physics, Engineering Drawing, Mechanics of Materials, Fundamentals of Mechanical Design B, Electronic and Electrical Technology C, Fundamentals of Computer, Course Design for C Language Programming, Practice of Course Design for C Language Programming, Courses of General Education, Related Major Theory and Practice Course ② Out-of-class Learning: Innovation Entrepreneurship Education and Activities, Extracurricular Research Activity
3	To be able to design and conduct experiments and to analyze and interpret data	Classroom Teaching: Introduction to Materials Science, Crystallography, Material Physics, Fundamentals of Materials Science, Fundamentals of Materials Engineering, Materials Technology and Equipments, Synthesis and Preparation of Materials, Materials Properties and Testing, Modern Testing Technology, Functional Materials, Mineral Materials, Composite Materials and Processing Technology, Basic Experiments for Materials Science and Engineering, Experiments for Materials Technology, Experiments for Synthesis and Preparation of Materials, Testing Experiments of Materials Properties, Experiments for Modern Testing Technology, Experiments for Mineral Materials Technology, Experiments of Composite Materials Molding and Processing, Major Elective Courses, Factory Practice
4	To have the basic knowledge and skill of materials performance testing	①Classroom Teaching: Experiments for Materials Technology, Experiments for Synthesis and Preparation of Materials, Experiments for Mineral Materials Technology, Experiments of Composite Materials Molding and Processing, Experiments of Innovative Design of Materials, Factory Practice, Bachelor Thesis (Design) ② Out-of-class Learning: Innovation Entrepreneurship Education and Activities, Extracurricular Research Activity, Competitions
5	To have the knowledge of contemporary issues within the discipline	①Classroom Teaching: Experiments for Materials Technology, Experiments for Synthesis and Preparation of Materials, Experiments for Mineral Materials Technology, Experiments of Composite Materials Molding and Processing, Experiments of Innovative Design of Materials, Factory Practice, Thesis Writing (Design) ② Out-of-class Learning: Innovation Entrepreneurship Education and Activities, Extracurricular Research Activity, Competitions

No.	Graduation Requirements	Ways to Achieve(Teaching Process)
6	To possess the innovative spirit and strong ability of scientific research, and academic competence in analysis, paper writing and communications	①Classroom Teaching: Fundamentals of Computer Course Papers, Curriculum Experiment Report, Experiments Reports of Innovative Design of Materials, Factory Practice Report, Thesis Writing (Design) ②Out-of-class Learning: Final Report of Innovation Entrepreneurship Education and Activities, Final Report of Extracurricular Research Activity, Competitions
7	To master electrical and electronic techniques, and computer operations	①Classroom Teaching: Main Courses, Practical Teaching, Innovative Design of Materials, Factory Practice, Thesis Writing (Design) ② Out-of-class Learning: Innovation Entrepreneurship Education and Activities, Extracurricular Research Activity, Competitions
8	To master English, proficient in literature reading and academic exchanges in English	①Classroom Teaching: College English, Bilingual Courses, Courses by Foreign Teachers ② Out-of-class Learning: Innovation Entrepreneurship Education and Activities, Extracurricular Research Activity, Competitions
9	To demonstrate strong ability of self-study and life-long learning	①Classroom Teaching: Course Papers, Materials Science and Engineering Frontiers, Innovative Design of Materials, Factory Practice, Thesis Writing(Design), elective courses ② Out-of-class Learning: Innovation Entrepreneurship Education and Activities, Extracurricular Research Activity, Competitions
10	To be able to function in multidisciplinary teams and demonstrate the ability of leadership	Classroom Teaching: Bachelor Thesis (Design), Extracurricular Research Activity, Competitions

Major Disciplines: Materials Science and Engineering.

Main Courses: Crystals and Crystal Structures, Material Mechanics, Fundamentals of Materials Science, Fundamentals of Materials Engineering, Material Physics, Synthesis and Preparation of Materials, Materials Properties and Testing, Functional Materials, Modern Testing Technology, Electron Microscopic Analysis.

Lab Experiments: Experiments for Synthesis and Preparation of Materials, Testing Experiments of Materials Properties, Experiments for X-Ray Diffraction, Experiments for Electron Microscopic Analysis, Experiments of Composite Materials Molding and Processing, Experiments of Mineral Materials Technology.

Practical Work: Course Design for Computer High-level Language C, Metal-working Practice, Comprehensive Experiments of Materials design, Teaching Practice, Graduate Internship (Research or Engineering), Bachelor Thesis (Design).

Duration: four years.

Degree Granted: Bachelor of Engineering.

Related Specialties: Functional Materials, Material Physics, Inorganic Non Metallic Materials Engineering.

材料科学与工程(实验班)专业课程教学计划表

Course Descriptions of Materials Science and Engineering (Experimental class)

课程类别 Course Classification		课程编号 Course Code	课程名称 Course Name	学分 Crs	学时 Hrs	学时分类 Class Hours 讲课 Lec.	实验 Lab.	先修课程 Prerequisite Courses	学期学分分配 Semester Credits 一 1st	二 2nd	三 3rd	四 4th	五 5th	六 6th	七 7th	八 8th
通识教育课 Liberal Education Courses	必修 Compulsory	11706200	马克思主义基本原理 Principles of Marxism	3	48	48						3				
		11706500	毛泽东思想与中国特色社会主义理论体系概论 Introduction to Tse-tung Thought and the Theoretical System of Socialism with Chinese Characteristics	4	64	64								4		
		11711800	中国近现代史纲要 The Essentials of Modern Chinese History	2	32	32							2			
		120002*0	思想道德修养与法律基础 Morality Education and Fundamentals of Law	3	48	48			1.5	1.5						
		113076*0	体育 Physical Education	4	144	144			1	1	1	1				
		109116*0	大学英语 College English	12	192	192			3	3	3	3				
		11918902	C语言程序设计 B C Language Programming B	2.5	40	28	12			2.5						
		20311100	化学与材料专业导论 Professional Introduction to Chemistry and Materials	1	16	16			1							
		14300100	军事理论 Military Theory	2	32	32			2							
	选修 Elective	总计12学分,含创新创业选修课学分,跨学科选修课不低于6学分。"形势与政策"课程作为限选课,由马克思主义学院实施		12	192											
		小计 Sum		**45.5**	**808**	**604**	**12**		**8.5**	**8**	**4**	**7**	**2**	**4**	**0**	**0**
学科基础课 Disciplinary Fundamental Courses		212127*1	高等数学 A Advanced Mathematics A	11.5	184	184			5	6.5						
		21212801	线性代数 A Linear Algebra A	3.5	56	56				3.5						
		21213502	概率论与数理统计 B Probability and Mathematics Statistics B	2.5	40	40		高等数学 线性代数			2.5					
		212130*2	大学物理 B College Physics B	7	112	112		高等数学(上)		3.5	3.5					

课程类别 Course Classification	课程编号 Course Code	课程名称 Course Name	学分 Crs	学时 Hrs	学时分类 Class Hours		先修课程 Prerequisite Courses	学期学分分配 Semester Credits							
					讲课 Lec.	实验 Lab.		一 1st	二 2nd	三 3rd	四 4th	五 5th	六 6th	七 7th	八 8th
学科基础课 Disciplinary Fundamental Courses	212132 * 1	物理实验 A Physical Experiments A	3.5	56		56	大学物理		2	1.5					
	20319902	无机化学 B Inorganic Chemistry B	3.5	56	56			3.5							
	20320002	无机化学实验 B Inorganic Chemistry Experiments B	2	32		32	无机化学		2						
	203207 * 2	物理化学 B Physical Chemistry B	5	80	80		高等数学 无机化学			2.5	2.5				
	203208 * 2	物理化学实验 B Physical Chemistry Experiments B	2	32		32	物理化学			1	1				
	20311600	结构化学 Structural Chemistry	2.5	40	40		高等数学 无机化学			2.5					
	20311402	有机化学 B Organic Chemistry B	3.5	56	40	16	无机化学 结构化学				3.5				
	20321201	高分子化学与物理 A Polymer Chemistry and Physics A	3.5	56	56		无机化学 有机化学					3.5			
	20714200	工程制图 Engineering Drawing	2.5	40	36	4		2.5							
	20314800	材料力学 Mechanics of Materials	2	32	32		高等数学 大学物理(上)			2					
	20725103	电工及电子技术 C Electronic and Electrical Technology C	3	48	40	8	高等数学 大学物理					3			
	小计 Sum		**57.5**	**920**	**716**	**148**		**11**	**17.5**	**15.5**	**7**	**6.5**	**0**	**0**	**0**
专业主干课 Main Specialty Courses	20302000	材料学导论 Introduction to Materials Science	1.5	24	22	2		1.5							
	20322600	晶体与晶体结构 Crystals and Crystal Structures	4	64	44	20	无机化学 计算机基础			4					
	20301700	材料物理 Material Physics	3	48	48		晶体学				3				
	20301600	材料科学基础 Fundamentals of Materials Science	3.5	56	56		材料学导论 晶体学				3.5				
	20322700	材料工程基础 Fundamentals of Materials Engineering	3	48	48		材料力学				3				
	20324800	材料工艺与设备 Materials Technology and Equipments	2.5	40	40		材料科学基础 材料工程基础						2.5		

课程类别 Course Classification	课程编号 Course Code	课程名称 Course Name	学分 Crs	学时 Hrs	学时分类 Class Hours		先修课程 Prerequisite Courses	学期学分分配 Semester Credits							
					讲课 Lec.	实验 Lab.		一 1st	二 2nd	三 3rd	四 4th	五 5th	六 6th	七 7th	八 8th
专业主干课 Main Specialty Courses	20310900	材料合成与制备 Synthesis and Preparation of Materials	2.5	40	40		材料科学基础					2.5			
	20310600	材料性能与检测 Materials Properties and Testing	2.5	40	40		材料科学基础					2.5			
	20324700	现代测试技术 Modern Testing Technology	2.5	40	40		晶体学 材料学导论						2.5		
	20319200	电子显微分析技术 Electron Microscopic Analysis	1.5	24	24		现代测试技术						1.5		
	20305600	功能材料 Functional Materials	2.5	40	40		材料科学基础					2.5			
	20322800	复合材料及工艺 Composite Materials and Processing Technology	2.5	40	40		高分子化学与物理 矿物材料						2.5		
	小计 Sum		**31.5**	**504**	**482**	**22**		**1.5**	**0**	**4**	**9.5**	**7.5**	**9**	**0**	**0**
专业选修课 Specialty Elective Courses		具体见专业选修课列表	10.5	168											
合计 Sub-total			**145**	**2400**	**1804**	**182**		**21**	**25.5**	**23.5**	**23.5**	**16**	**13**	**0**	**0**
实践环节 Practical Work	44300200	军事训练 Military Training	2	2 周				2							
	41919002	C 语言课程设计 B Course Design for C Language B	1.5	1.5 周			C 语言程序设计		1.5						
	40319800	化学实验基础技能训练 Basic Chemical Experiment Skill Training	1	1 周				1							
	40323500	材料科学与工程基础实验* Basic Experiments for Materials Science and Engineering	1.5	1.5 周			材料科学基础 材料工程基础				1.5				
	40323600	材料合成与制备实验* Experiments for Synthesis and Preparation of Materials	1	1 周			材料合成与制备					1			
	40323700	材料性能检测实验* Testing Experiments of Materials Properties	1.5	1.5 周			材料性能与检测					1.5			
	40323800	高分子化学与物理实验* Experiments for Polymer Chemistry and Physics	1	1 周			高分子化学与物理					1			

课程类别 Course Classification	课程编号 Course Code	课程名称 Course Name	学分 Crs	学时 Hrs	学时分类 Class Hours		先修课程 Prerequisite Courses	学期学分分配 Semester Credits							
					讲课 Lec.	实验 Lab.		一 1st	二 2nd	三 3rd	四 4th	五 5th	六 6th	七 7th	八 8th
实践环节 Practical Work	40323900	材料工厂设计* Material Factory Design	1	1 周			材料工艺与设备						1		
	40324000	材料工艺实验* Experiments for Materials Technology	1	1 周			材料工艺与设备						1		
	40324100	现代测试技术实验* Experiments for Modern Testing Technology	1	1 周			现代测试技术						1		
	40324200	电子显微分析实验* Experiments for Electron Microscopic Analysis	1	1 周			电子显微分析技术						1		
	40324300	复合材料成型与加工实验* Experiments of Composite Materials Molding and Processing	1	1 周			复合材料及工艺						1		
	40324400	材料创新设计实验 Experiments of Innovative Design of Materials	3	3 周			专业主干课							3	
	40324500	生产实习 Practice for Production	4	4 周			专业主干课							4	
	40324600	毕业论文(设计) Graduation Thesis(Design)	16	16 周			专业主干课								16
	小计 Sum	***为课堂实验内容,每周按22学时安排**	**37.5**	**37.5 周**	**0**	**0**		**3**	**1.5**	**0**	**1.5**	**3.5**	**5**	**7**	**16**
创新创业自主学习 Autonomous Learning	ZZ35000S	社会调查 Social Investigation	2												
		其他创新[项目或工程设计(1学分)、科研项目(1学分)、科研报告(自己报告每次0.5学分,参加学院报告会每次0.1学分)、科研论文(每篇1学分)、发明创造(每项1学分)、学科竞赛(获奖每项1学分)] Others (Contest, Invention, Innovation and Research Presentation)	5												
	小计 Sum		**7**												
总计 Total			**189.5**	**2400 + 37.5 周**	**0**	**0**		**24**	**27**	**23.5**	**25**	**19.5**	**18**	**7**	**16**

课程类别 Course Classification	课程编号 Course Code	课程名称 Course Name	学分 Crs	学时 Hrs	学时分类 Class Hours		先修课程 Prerequisite Courses	学期学分分配 Semester Credits							
					讲课 Lec.	实验 Lab.		一 1st	二 2nd	三 3rd	四 4th	五 5th	六 6th	七 7th	八 8th
可开出专业选修课列表 Specialty Elective Courses	20300700	材料的表面与界面 Surface and Interface of Materials	2	32	24	8	物理化学					2			
	20303700	粉体工程 Powder Technology	2	32	24	8	材料科学基础 材料工程基础					2			
	20316200	矿物材料 Mineral Materials	2	32	32		晶体学 材料科学基础						2		
	20315500	半导体材料与技术(全英语) Semiconductor Materials and Technology (English)	2	32	32		材料科学基础 材料物理						2		
	20322900	发光材料与显示技术 Luminous Materials and Display Technology	2	32	32		材料科学基础 功能材料						2		
	20316500	敏感材料与传感器 Sensitive Materials and Sensors	2	32	24	8	材料科学基础 功能材料						2		
	20315800	能源材料 Energy Materials	1.5	24	24		功能材料 材料性能与检测							1.5	
	20315600	纳米材料与纳米器件 Nano-Materials and Nano-Devices	2	32	32		材料物理 功能材料							2	
	20323000	特种陶瓷及工艺 Special Ceramics and Process	1.5	24	24		材料科学基础 材料工艺与设备						1.5		
	20323100	功能高分子复合材料(全英语) Functional Polymeric Materials (English)	1	16	16		复合材料及工艺							1	
	20323200	复合材料结构设计 Composites Structure Design	1.5	24	24		材料力学 复合材料及工艺							2	
	20310300	金属学原理 Principles of Metallography	2	32	32		晶体学 材料科学基础					2			
	20323300	金属材料 Metallic Materials	2	32	24	8	金属学原理						2		
	20323400	科技写作规范和技巧 Norms and Skills to Scientific Writing	1.5	24	24	24	材料学导论				1.5				

注:1. 通识教育选修课(12 学分)和创新创业自主学习(5 学分)未列入具体学期。

2. 专业选修课,至少修满 10.5 学分。

3. 如下学分可记为“专业选修课”学分:高于本教学计划标准选择数理化必修课程获得的额外学分;跨大类、跨专业选择其他专业的专业必修课获得的学分;学校认定的境内外交流学习本专业课程所转换的学分;科技竞赛获奖、公开发表的本学科原创性学术论文、授权发明创造、科技成果转化所认定的学分;学校认定的本学科在线课程(如 MOOC、Khan Academy)所转换的学分。

材料科学与工程(实验班)专业课程分类统计

Course Category Statistics of Materials Science and Engineering (Experimental Class)

课程学分 统计	通识教育课 Liberal Education Courses		学科基础课 Disciplinary Fundamental Courses	专业主干课 Main Specialty Courses	专业选修课 Specialty Elective Courses	实践环节 Practical Work	创新创业自主学习 Autonomous Learning	学时总计 Total Hours	学分总计 Total Credits
	必修 Compulsory	选修 Selective							
学时/学分 Hrs/Crs	616/33.5	192/12	920/57.5	504/31.5	168/10.5	37.5 周/37.5	7	2400+37.5 周	189.5
学分所占比例 Proportion of Credits	24.13%		30.50%	16.71%	5.57%	19.36%	3.71%		100%

应用化学专业培养方案

专业名称与代码:应用化学　070302

专业培养目标:培养具有良好的科学素养和创新精神,掌握化学的基础知识、基本理论、基本实验技能和现代实验技术,熟悉本学科的现状及前沿,具备分析测试、材料能源、资源、环境等相关学科领域的基础知识及较广的人文社会学科知识,能在教育行业、科研院所、企业等单位从事教学、科学研究、产品开发和相关管理工作的科技人才以及有志在化学、材料科学、能源科学、资源与环境等科学领域继续深造的研究型人才。毕业生应具有正确的价值观和道德观,具有高度社会责任感和良好协作精神,具有健康体魄和良好心理素质,并达到专业对知识和能力的要求。

专业毕业要求

1.掌握本专业所需数学、物理等学科的基础知识。

2.较好地掌握一门外国语,具有熟练阅读专业文献、专业书刊的能力。

3.具有一定的计算机知识及应用能力。

4.具有扎实的化学基础知识、基本理论和基本实验技能。

5.具有一定的地质分析,以及能源、或材料、或资源与环境等相关学科的基本知识。

6.掌握文献检索、资料查询以及运用现代信息技术获得相关信息的方法。

7.具有独立获取知识和一定的综合分析及学术交流的能力。

8.具有综合运用化学及相关学科知识和技术方法从事教学及研发工作的能力。

毕业要求及实现途径

序号	毕业要求	实现途径(教学过程)
1	掌握本专业所需数学、物理等学科的基础知识	①课堂教学:高等数学、线性代数、概率统计、大学物理及实验 ②课外学习:创新创业教育及活动,课外科研活动
2	较好地掌握一门外国语,具有熟练阅读专业文献、专业书刊的能力	①课堂教学:大学英语 ②课外学习:创新创业教育及活动,课外科研活动
3	具有一定的计算机知识及应用能力	①课堂教学:C语言程序设计B及课程设计 ②课外学习:创新创业教育及活动,课外科研活动
4	具有扎实的化学基础知识、基本理论和基本实验技能	①课堂教学:无机化学、物理化学、有机化学、分析化学、仪器分析、化工原理、电化学原理及相应实验、结构化学、晶体结构 ②课外学习:创新创业教育及活动,课外科研活动,科技竞赛
5	具有一定的地质分析,以及能源、或材料、或资源与环境等相关学科的基本知识	①课堂教学:地质分析导论、资源加工学、材料结构表征、环境化学、分子模拟与设计及相应实验 ②课外学习:创新创业教育及活动,课外科研活动
6	掌握文献检索、资料查询以及运用现代信息技术获得相关信息的方法	①课堂教学:课程论文、课程实验报告、生产实习报告、毕业论文及设计 ②课外学习:创新创业教育及活动,课外科研活动

序号	毕业要求	实现途径(教学过程)
7	具有独立获取知识和一定的综合分析及学术交流的能力	①课堂教学:生产实习报告、毕业设计及论文 ②课外学习:创新创业教育及活动,课外科研活动
8	具有综合运用化学及相关学科知识和技术方法从事教学和研发工作的能力	①课堂教学:毕业设计及论文 ②课外学习:创新创业教育及活动,课外科研活动

主干学科:化学。

核心课程:无机化学、物理化学、分析化学、有机化学、结构化学、晶体化学、化工原理、仪器分析、合成化学、分子模拟与设计、高分子化学与物理、电化学原理。

主要专业实验:包括与主要课程配套的实验。

主要实践性教学环节:C语言课程设计、分子模拟与设计上机实验、中级物理化学实验、中级有机化学实验、生产实习、毕业论文(设计)等。

修业年限:四年。

授予学位:工学学士。

相近专业:化学、材料与能源化学、资源与环境化学。

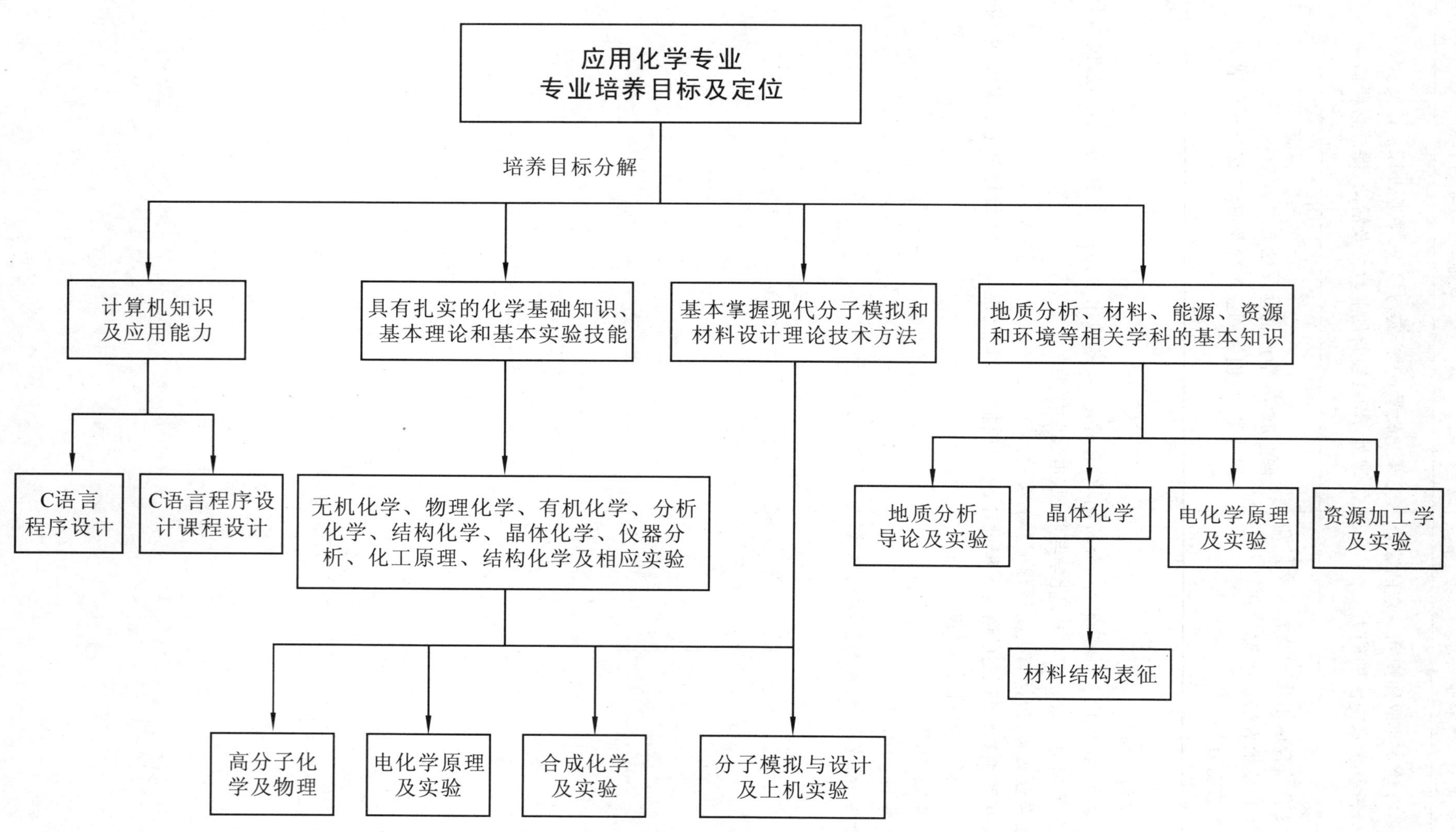

应用化学专业
专业培养目标及定位
培养目标分解
计算机知识及应用能力
具有扎实的化学基础知识、基本理论和基本实验技能
基本掌握现代分子模拟和材料设计理论技术方法
地质分析、材料、能源、资源和环境等相关学科的基本知识
C语言程序设计
C语言程序设计课程设计
无机化学、物理化学、有机化学、分析化学、结构化学、晶体化学、仪器分析、化工原理、结构化学及相应实验
地质分析导论及实验
晶体化学
电化学原理及实验
资源加工学及实验
材料结构表征
高分子化学及物理
电化学原理及实验
合成化学及实验
分子模拟与设计及上机实验

Program for Applied Chemistry

Specialty and Code: Applied Chemistry 070302

Education Objective: The program is designed to build excellent scientific quality, innovation spirit, and the academic background for students with high comprehensive quality and expertise in the basic theory, basic knowledge, basic skills, and advanced experimental techniques of chemistry. Through studying a variety of courses, the students will be familiar with the current status and frontier of chemistry, possess basic knowledge of related disciplines such as materials, energy, resources and environment, and extensive knowledge of humanities and social science. Students are cultivated to be engineering technical personnel engaged in education, research, product development and management, or research talents aimed for further study in fields such as chemistry, materials science, energy, resources and environment.

Graduation Requirements

1. Master basic knowledge and skills in mathematics and physics.
2. Master one foreign language.
3. Master computer knowledge and application.
4. Understand development in systematic basic knowledge, theories and experimental skills in chemistry.
5. Master some knowledge of geoanalysis, materials, energy, resources and environment.
6. Master skills in searching literatures and other methods to obtain scientific information.
7. Be capable of acquiring knowledge independently of summarizing and analyzing literature reports, and of scientific communication.
8. Be capable of applying knowledge and skills in chemistry and related disciplines to perform education, and research and development.

Graduation Requirements and Ways to Achieve

No.	Graduation Requirements	Ways to Achieve(Teaching Process)
1	Master basic knowledge and skills in mathematics and physics	①Classroom Teaching: Advanced Mathematics, Linear Algebra, Probability and Mathematical Statistics, College Physics and Physical Experiments ②Out-of-class Learning: Innovation and Entrepreneurship Instruction and Activity, Extracurricular Research Experience
2	Master one foreign language	①Classroom Teaching: College English ②Out-of-class Learning: Innovation and Entrepreneurship Instruction and Activity, Extracurricular Research Experience
3	Master computer knowledge and application	①Classroom Teaching: C Language Programming, Course Design for C Language ②Out-of-class Learning: Innovation and Entrepreneurship Instruction and Activity, Extracurricular Research Experience

No.	Graduation Requirements	Ways to Achieve(Teaching Process)
4	Understand development in systematic basic knowledge, theories and experimental skills in chemistry	①Classroom Teaching: Inorganic Chemistry, Physical Chemistry, Organic Chemistry, Analytical Chemistry, Instrumental Analysis, Principles of Chemical Engineering, Principles of Electrochemistry, Structural Chemistry, Crystal Chemistry, Experiment Teaching ②Out-of-class Learning: Innovation and Entrepreneurship Instruction and Activity, Extracurricular Research Experience, Science and Technology Contest
5	Master some knowledge of geoanalysis, materials, energy, resources and environment	①Classroom Teaching: Introduction to Geoanalysis, Resource Process, Structure Characterization of Materials, Environmental Chemistry, Molecular Simulation and Design and Experiments ②Out-of-class Learning: Innovation and Entrepreneurship Instruction and Activity, Extracurricular Research Experience
6	Master skills in searching literatures and other methods to obtain scientific information	①Classroom Teaching: Course Thesis, Course Experiment Report, Production Practice Report, Bachelor Thesis ②Out-of-class Learning: Innovation and Entrepreneurship Instruction and Activity Extracurricular Research Experience
7	Be capable of acquiring knowledge independently of summarizing and analyzing literature reports, and of scientific communication	①Classroom Teaching: Production Practice, Bachelor Thesis ②Out-of-class Learning: Innovation and Entrepreneurship Instruction and Activity, Extracurricular Research Experience
8	Be capable of applying knowledge and skills in chemistry and related disciplines to perform education, and research and development	①Classroom Teaching: Bachelor Thesis ②Out-of-class Learning: Innovation and Entrepreneurship Instruction and Activity, Extracurricular Research Experience

Major Disciplines: Chemistry.

Main Courses: Inorganic Chemistry, Physical Chemistry, Analytical Chemistry, Organic Chemistry, Structural Chemistry, Crystal Chemistry, Principle of Chemical Engineering, Instrumental Analysis, Synthetic Chemistry, Molecular Simulation and Design, Polymer Chemistry and Physics, Principles of Electrochemistry.

Lab Experiments: Laboratory Experiments of Major Courses.

Practical Work: Program Designing for C Language, Molecular Simulation and Design Experiments, Intermediate Physical Chemistry Experiment, Intermediate Organic Chemistry Experiment, Production Practice, Bachelor Thesis.

Duration: four years.

Degree Granted: Bachelor of Engineering.

Related Specialties: Chemistry, Chemistry of Materials and Energy, Chemistry of Resources and Environment.

应用化学专业课程教学计划表

Course Descriptions of Applied Chemistry

课程类别 Course Classification		课程编号 Course Code	课程名称 Course Name	学分 Crs	学时 Hrs	学时分类 Class Hours		先修课程 Prerequisite Courses	学期学分分配 Semester Credits							
						讲课 Lec.	实验 Lab.		一 1st	二 2nd	三 3rd	四 4th	五 5th	六 6th	七 7th	八 8th
通识教育课 Liberal Education Courses	必修 Compulsory	11706200	马克思主义基本原理 Principles of Marxism	3	48	48				3						
		11706500	毛泽东思想与中国特色社会主义理论体系概论 Introduction to Mao Tse-tung Thought and the Theoretical System of Socialism with Chinese Characteristics	4	64	64								4		
		11711800	中国近现代史纲要 The Essentials of Modern Chinese History	2	32	32							2			
		120002＊0	思想道德修养与法律基础 Morality Education and Fundamentals of Law	3	48	48			1.5	1.5						
		113076＊0	体育 Physical Education	4	144	144			1	1	1	1				
		109116＊0	大学英语 College English	12	192	192			3	3	3	3				
		11918902	C语言程序设计B C Language Programming B	2.5	40	28	12				2.5					
		20311100	化学与材料专业导论 Professional Introduction to Chemistry and Materials	1	16	16			1							
		14300100	军事理论 Military Theory	2	32	32			2							
	选修 Elective	总计12学分，含创新创业选修课学分，跨学科选修课不低于6学分。“形势与政策”课程作为限选课，由马克思主义学院实施		12	192											
		小计 Sum		**45.5**	**808**	**604**	**12**		**8.5**	**8.5**	**6.5**	**4**	**2**	**4**	**0**	**0**
学科基础课 Disciplinary Fundamental Courses		212127＊2	高等数学B Advanced Mathematics B	10	160	160			4	6						
		212130＊2	大学物理B College Physics B	7	112	112		高等数学B		3.5	3.5					
		21213202	物理实验B Physical Experiments B	2	32		32	大学物理B		2						
		21213503	概率统计C Probability Theory and Mathematical Statistics C	2	32	32		高等数学B			2					

课程类别 Course Classification	课程编号 Course Code	课程名称 Course Name	学分 Crs	学时 Hrs	学时分类 Class Hours		先修课程 Prerequisite Courses	学期学分分配 Semester Credits							
					讲课 Lec.	实验 Lab.		一 1st	二 2nd	三 3rd	四 4th	五 5th	六 6th	七 7th	八 8th
学科基础课 Disciplinary Fundamental Courses	21212803	线性代数 C Linear Algebra C	2	32	32		高等数学 B			2					
	20714200	工程制图 Engineering Drawing	2.5	40	40			2.5							
	203199＊1	无机化学 A Inorganic Chemistry A	5.5	88	88			2.5	3						
	20320001	无机化学实验 A Inorganic Chemistry Experiments A	2.5	40		40	无机化学		2.5						
	203207＊1	物理化学 A Physical Chemistry A	7	112	112		高等数学 B			3.5	3.5				
	203208＊1	物理化学实验 A Physical Chemistry Experiments A	2.5	40		40	物理实验 B			1	1.5				
	20320101	分析化学 A Analytical Chemistry A	3.5	56	56		无机化学				3.5				
	20320100	分析化学实验 Analytical Chemistry Experiments	3	48		48	无机化学				3				
	203265＊1	有机化学 A Organic Chemistry A	6.5	104	104		结构化学					3.5	3		
	203117＊0	有机化学实验 A Organic Chemistry Experiments A	3.5	56		56	结构化学					2	1.5		
	小计 **Sum**		**59.5**	**952**	**736**	**216**		**9**	**17**	**12**	**11.5**	**5.5**	**4.5**	**0**	**0**
专业主干课 Main Specialty Courses	20311600	结构化学 Structural Chemistry	2.5	40	40		无机化学				2.5				
	20312000	分子模拟与设计 Molecular Simulation and Design	1	16	16		结构化学				1				
	20312300	化工原理 Principles of Chemical Engineering	3.5	56	56		物理化学					3.5			
	20312400	化工原理实验 Experiments for Chemical Engineering Principles	2	32		32	物理化学					2			
	20320900	仪器分析 Instrumental Analysis	3.5	56	56		分析化学					3.5			
	20321000	仪器分析实验 Instrumental Analysis Experiments	3.5	56		56	分析化学					3.5			
	20303000	电化学原理 Principles of Electrochemistry	3.5	56	56		物理化学					3.5			

课程类别 Course Classification	课程编号 Course Code	课程名称 Course Name	学分 Crs	学时 Hrs	学时分类 Class Hours 讲课 Lec.	学时分类 Class Hours 实验 Lab.	先修课程 Prerequisite Courses	学期学分分配 Semester Credits 一 1st	二 2nd	三 3rd	四 4th	五 5th	六 6th	七 7th	八 8th
专业主干课 Main Specialty Courses	20312500	合成化学 Synthetic Chemistry	2.5	40	40		有机化学						2.5		
	20312600	合成化学实验 Experiments for Synthetic Chemistry	2	32		32	有机化学						2		
	20321202	高分子化学与物理 B Polymer Chemistry and Physics B	2.5	40	28	12	有机化学						2.5		
	20321300	晶体化学 Crystal Chemistry	3	48	40	8	无机化学			3					
		专业方向教学(三选一) Specialized Comprehensive (one out of three) 地质分析导论 Introduction to Geoanalysis 金属腐蚀与防护导论 Introduction to Metal Corrosion and Protection 资源加工学(双语教学) Resource Process (Bilingual Teaching)	2	32	32								2		
	小计 **Sum**		**31.5**	**504**	**364**	**140**		**0**	**0**	**3**	**3.5**	**16**	**9**	**0**	**0**
专业选修课 Specialty Elective Courses		具体见专业选修课列表(至少选修 8 学分)	8	128											
合计 **Sub-total**			**144.5**	**2392**	**1704**	**368**		**17.5**	**25.5**	**21.5**	**19**	**23.5**	**17.5**	**0**	**0**
实践环节 Practical Work	44300200	军事训练 Military Training	2	2 周				2							
	41919002	C 语言课程设计 Course Design for C Language	1.5	1.5 周			C 语言程序设计 B			1.5					
	40319700	化学实验基本操作 Basic Operation of Chemical Experiments	2	2 周				2							
	40321900	分子模拟与设计上机实验 Molecular Simulation and Design Experiments	2	2 周			结构化学				2				
	40320200	中级物理化学实验 IntermediatePhysical Chemistry Experiment	2.5	2.5 周			物理化学					2.5			
	40320300	中级有机化学实验 Intermediate Organic Chemistry Experiment	2	2 周			有机化学						2		

课程类别 Course Classification	课程编号 Course Code	课程名称 Course Name	学分 Crs	学时 Hrs	学时分类 Class Hours		先修课程 Prerequisite Courses	学期学分分配 Semester Credits							
					讲课 Lec.	实验 Lab.		一 1st	二 2nd	三 3rd	四 4th	五 5th	六 6th	七 7th	八 8th
实践环节 Practical Work	40322000 40322100 40322200	专业方向教学实验(三选一) Specialized Comprehensive Experiments (one out of three) 实验电化学 Experiments for Electrochemistry 地质分析实验 Experiments for Geoanalysis 资源加工学实验 Experiments for Resource Process	2	2周			物理化学 分析化学						2		
	40320500	生产实习 Production Practice	5	5周										5	
	40320600	毕业论文(设计) Graduation Thesis(Design)	16	16周											16
	小计 Sum		**35**	**35周**	**0**	**0**		**4**	**0**	**1.5**	**2**	**2.5**	**4**	**5**	**16**
创新创业自主学习 Autonomous Learning	ZZ35000S	社会调查 Social Investigation	2												
		其他(学科竞赛、发明创造、科研报告) Others (Contest, Invention, Innovation and Research Presentation)	5												
	小计 Sum		**7**												
总计 Total			**186.5**	**2392+35周**	**1704**	**368**		**21.5**	**25.5**	**23**	**21**	**26**	**21.5**	**5**	**16**
可开出专业选修课列表(专业选修课至少修8学分) Specialty Elective Courses	新能源化学方向														
	20322300	能源化学与电池技术(双语教学) Energy Chemistry and Battery Technology(Bilingual Teaching)	2	32	32									2	
	20322400	材料表面处理技术 Surface Treatment Technique for Materials	2	32	32									2	
	分析测试方向														
	20322500	分析化学前沿 Frontier of Analytical Chemistry	1.5	24	24									1.5	
	20321400	现代样品前处理技术 Methods of Sample Preparation	2	32	24	8								2	

课程类别 Course Classification	课程编号 Course Code	课程名称 Course Name	学分 Crs	学时 Hrs	学时分类 Class Hours		先修课程 Prerequisite Courses	学期学分分配 Semester Credits							
					讲课 Lec.	实验 Lab.		一 1st	二 2nd	三 3rd	四 4th	五 5th	六 6th	七 7th	八 8th
可开出专业选修课列表(专业选修课至少修8学分) Specialty Elective Courses	20321500	分析仪器联用技术 Coupling Techniques of Analytical Instrument	2.5	40	12	28								2.5	
	资源与环境化学方向														
	20312900	矿产资源综合利用 Mineral Resource Multi-utilization	2	32	32									2	
	20313800	油田应用化学 Oilfield Chemistry	2	32	32									2	
	20313700	环境污染控制 Environmental Pollution Control	2	32	24	8								2	
	20321600	环境化学 Environmental Chemistry	2	32	32									2	
	专业公共选修课														
	20313900	生物化学导论(双语教学) Introduction to Biochemistry (Bilingual Teaching)	2	32	32									2	
	20313500	有机物分离及分析 Separation and Analysis of Organic Compounds	2	32	20	12								2	
	20314000	化工设计 Chemical Engineering Design	2	32	20	12								2	
	20314100	纳米材料化学 Nano Material Chemistry	2	32	32									2	
	20321700	材料结构表征 Structure Characterization of Materials	2	32	20	12								2	

注:通识教育选修课学分和创新创业自主学习学分未列入具体学期。

应用化学专业课程分类统计

Course Category Statistics of Applied Chemistry

课程学分 / 统计	通识教育课 Liberal Education Courses		学科基础课 Disciplinary Fundamental Courses	专业主干课 Main Specialty Courses	专业选修课 Specialty Elective Courses	实践环节 Practical Work	创新创业自主学习 Autonomous Learning	学时总计 Total Hours	学分总计 Total Credits
	必修 Compulsory	选修 Selective							
学时/学分 Hrs/Crs	616/33.5	192/12	952/59.5	504/31.5	128/8	35周/35	7	2392+35周	186.5
学分所占比例 Proportion of Credits	24.4%		31.9%	16.9%	4.3%	18.8%	3.8%		100%

附件：创新创业自主学习学分认定一览表

序号	创新创业活动名称	创新创业活动要求		学分
1	主持或参加创新创业项目	主持或参加(前三名)省级或国家级大学生创新训练项目，并顺利结题者		2～4
		主持或参加(前四名)省级或国家级大学生创业训练项目，并顺利结题者		1～4
		主持或参加(前五名)省级或国家级大学生创业实践项目，并顺利结题者		1～5
		主持或参加(前三名)校级创新创业训练项目，并顺利结题者		1～3
		主持或参加(前三名)校级创业实践项目，并顺利结题者		1～3
		主持或参加(前二名)院级创新创业训练、创业实践等项目，并顺利结题者		1～2
		参加与学科相关的科研项目或科研活动，并有二名本系副教授以上职称教师认可的学术论文或报告		2
		主持或参加(前二名)本学科自选项目(包括实验研究、项目设计、工程设计、调研报告)，并有二名本系副教授以上职称教师认可的学术论文或报告、设计		1
2	社会实践活动	参加社会实践，提交社会实践或社会调查报告，通过答辩者		2
		个人被校团委或团省委评为社会实践活动积极分子者，集体被校团委或团省委评为优秀社会实践队者		2
3	英语、计算机、普通话	托福考试达 90 分及以上者；雅思考试达 6.5 分及以上者；GRE 考试达 1350 分及以上者；全国大学英语六级考试达 520 分及以上者		3
		全国计算机等级考试获二级及以上证书者		2
		全国计算机软件资格、水平考试(不重复计分)	获系统分析员证书者	4
			获高级程序员证书者	3
			获程序员证书者	2
		普通话获得二乙及以上等级证书者		2
4	学科竞赛(同一项目，以最高学分计)	全国学科竞赛或科技报告会一、二、三等奖		3～5
		省级学科竞赛或科技报告会一、二、三等奖		2～4
		校级学科竞赛或科技报告会一、二、三等奖		1～3
		院、系级学科竞赛或科技报告会一、二等奖		1～2
	艺术类、体育类竞赛	非艺术类、非体育类专业学生竞赛学分认定规则由大学生艺术教育基地制订		2
5	在本学科专业领域的论文发表或宣读	T3(含)以上刊物	每篇论文(前二名作者)	4
		T4、T5 刊物	每篇论文(前二名作者)	3
		一般刊物	每篇论文(前二名作者)	1
		各种会议宣读并收入论文集	每篇论文(前二名作者)	1
6	发明创造	所有权归学校的职务发明：PCT 国际专利	授权发明专利第一发明人	5
			授权发明专利第二、第三发明人	4
			授权发明专利其他发明人	3
			已公开发明专利第一发明人	3
			已公开发明专利第二、第三发明人	2
			已公开发明专利其他发明人	1

序号	创新创业活动名称	创新创业活动要求		学分
6	发明创造	所有权归学校的职务发明:国家发明专利	第一、第二、第三发明人	1～3
		所有权归学校的以下知识产权:国家实用新型专利、外观设计专利、计算机软件著作权、集成电路布图设计、商标等	第一、第二、第三发明人	1
7	科技成果转化	参加本校或本院组织的创新创业活动,注册成立公司且能正常运营;将本人的专利以实施许可、技术转让或技术入股方式进行技术转移等(由知识产权与技术转移中心指定相关规则实行)	占有公司股份20%及以上;第一、第二、第三发明人	1～3
8	“身边的化学”实验展演活动	参加“身边的化学”实验展演活动,获得标兵展演队员、优秀展演队员称号,或获得优秀组织者称号	每个参展项目最多五名展演成员	2
9	其他	对于上述无法包含的其他活动,学生如需申请创新创业学分,可由系创新创业学分认定委员会认定		

应用化学(卓越工程师教育培养计划)专业培养方案

专业名称与代码:应用化学　070302

专业培养目标:以着力培养“业务素质高、动手能力强、专业技术精、创新思维活跃”的地质分析优秀人才为核心目标,以基础理论学习、专业技术训练、综合素质培养、国际视野开拓为主体内容,为国家地质找矿、矿产资源综合利用、环境和能源可持续高效利用等领域培养造就一大批适应地质分析行业发展与相关企事业单位需要的卓越工程师后备人才。

专业培养要求:毕业生应具有正确的价值观和道德观,具有高度的社会责任感和良好协作精神,具有健康体魄和良好心理素质,并具备如下方面的知识和能力。

1.掌握本专业所需数学、物理等学科的基础知识。

2.较好地掌握一门外语,具有熟练阅读专业文献、专业书刊的能力。

3.具有一定的计算机知识及应用能力。

4.具有扎实的化学基础知识、基本理论和基本实验技能。

5.具有一定的地质分析、资源和环境等相关学科的基本知识。

6.掌握文献检索、资料查询以及运用现代信息技术获得相关信息的方法。

7.具有独立获取知识和一定的综合分析及学术交流的能力。

8.具有综合运用化学及相关学科知识和技术方法从事教学及研发工作的能力。

毕业要求及实现途径

序号	毕业要求	实现途径(教学过程)
1	掌握本专业所需数学、物理等学科的基础知识	①课堂教学:高等数学、线性代数、概率统计、大学物理及实验 ②课外学习:创新创业教育及活动,课外科研活动
2	较好地掌握一门外语,具有熟练阅读专业文献、专业书刊的能力	①课堂教学:大学英语 ②课外学习:创新创业教育及活动,课外科研活动
3	具有一定的计算机知识及应用能力	①课堂教学:C语言程序设计B、课程设计 ②课外学习:创新创业教育及活动,课外科研活动
4	具有扎实的化学基础知识、基本理论和基本实验技能	①课堂教学:无机化学、物理化学、有机化学、分析化学、仪器分析、化工原理、电化学原理及相应实验、结构化学、晶体结构 ②课外学习:创新创业教育及活动,课外科研活动,科技竞赛
5	具有一定的地质分析、资源与环境等相关学科的基本知识	①课堂教学:普通地质学、地球科学概论、地质分析导论、资源加工学、环境化学 ②课外学习:创新创业教育及活动,课外科研活动

序号	毕业要求	实现途径(教学过程)
6	掌握文献检索、资料查询以及运用现代信息技术获得相关信息的方法	①课堂教学：课程论文、课程实验报告、生产实习报告、毕业论文及设计 ②课外学习：创新创业教育及活动，课外科研活动
7	具有独立获取知识和一定的综合分析及学术交流的能力	①课堂教学：生产实习报告、毕业论文及设计 ②课外学习：创新创业教育及活动，课外科研活动
8	具有综合运用化学及相关学科知识和技术方法从事教学和研发工作的能力	①课堂教学：毕业论文及设计 ②课外学习：创新创业教育及活动，课外科研活动

主干学科：化学。

核心课程：无机化学、物理化学、分析化学、有机化学、结构化学、化工原理、仪器分析、合成化学、普通地质学、地质分析导论、资源加工学、环境化学。

主要专业实验：包括与主要课程配套的实验。

主要实践性教学环节：C语言课程设计、地质教学实习、中级物理化学实验、中级有机化学实验、生产实习、毕业论文(设计)等。

修业年限：四年。

授予学位：工学学士。

相近专业：化学。

Program for Applied Chemistry
(Excellent Engineer Training Program)

Specialty and Code: Applied Chemistry 070302

Education Objective: The program is designed to cultivate excellent geoanalysis engineers with high scientific quality, profound practical expertise, advanced professional techniques, and active innovation. Under the bi-mode cultivation of the cooperation of the university and the enterprise and the double-supervisors system, through studying the fundamental courses, trained with the experimental skills, cultivated by the comprehensive capability and developing the international view scopes, the students are supposed to have high comprehensive quality and expertise in the basic theory, basic knowledge, basic skills, and advanced experimental techniques of geoanalysis, and the capability of undertaking various tasks of geoanalysis research and satisfying the needs from the related enterprises for national mining, resources multi-utilization, environmental development and energy sustainable utilization.

Education Requirements: The students should possess scientific attitude in pursuing the specialized knowledge and cooperation spirit.

Graduates are Required

1. Master basic knowledge and skills in mathematics and physics.
2. Master one foreign language, with the ability of skilled reading professional literature, broks and periodicals.
3. Master computer knowledge and application.
4. Understand development in systematic basic knowledge, theories and experimental skills in chemistry.
5. Master some knowledge of geoanalysis, resources and environment.
6. Master skills in searching literatures and other methods to obtain scientific information.
7. Be capable of acquiring knowledge independently, of summarizing and analyzing literature reports, and of scientific communication.
8. Be capable of applying knowledge and skills in chemistry and related disciplines to perform education, and research and development.

Graduation Requirements and Ways to Achieve

No.	Graduation Requirements	Ways to Achieve (Teaching Process)
1	Master basic knowledge and skills in mathematics and physics	① Classroom Teaching: Advanced Mathematics, Linear Algebra, Probability Theory and Mathematical Statistics, College Physics and Physical Experiments ② Out-of-class Learning: Innovation and Entrepreneurship Instruction and Activity, Extracurricular Research Experience

No.	Graduation Requirements	Ways to Achieve(Teaching Process)
2	Master one foreign language, with the ability of skilled reading professional literature, books and periodicals	①Classroom Teaching:College English ② Out-of-class Learning: Innovation and Entrepreneurship Instruction and Activity, Extracurricular Research Experience
3	Master computer knowledge and application	①Classroom Teaching: C Language Programming,Course Design for C Language ② Out-of-class Learning: Innovation and Entrepreneurship Instruction and Activity, Extracurricular Research Experience
4	Understand development in systematic basic knowledge, theories and experimental skills in chemistry	① Classroom Teaching: Inorganic Chemistry, Physical Chemistry, Organic Chemistry, Analytical Chemistry, Instrumental Analysis, Principles of Chemical Engineering, Principles of Electrochemistry, Structural Chemistry, Crystal Chemistry, Experiment Teaching ② Out-of-class Learning: Innovation and Entrepreneurship Instruction and Activity, Extracurricular Research Experience, Science and Technology Contest
5	Master some knowledge of geoanalysis, resources and environment	①Classroom Teaching: Physical Geology, Introduction of Geosciences, Introduction to Geoanalysis, Resource Process, Environmental Chemistry ② Out-of-class Learning: Innovation and Entrepreneurship Instruction and Activity, Extracurricular Research Experience
6	Master skills in searching literatures and other methods to obtain scientific information	①Classroom Teaching:Production Practice Report, Bachelor Thesis ② Out-of-class Learning: Innovation and Entrepreneurship Instruction and Activity, Extracurricular Research Experience
7	Be capable of acquiring knowledge independently, of summarizing and analyzing literature reports, and of scientific communication	①Classroom Teaching:Production Practice Report, Bachelor Thesis ② Out-of-class Learning: Innovation and Entrepreneurship Instruction and Activity, Extracurricular Research Experience
8	Be capable of applying knowledge and skills in chemistry and related disciplines to perform education, and research and development	①Classroom Teaching:Bachelor Thesis ② Out-of-class Learning: Innovation and Entrepreneurship Instruction and Activity, Extracurricular Research Experience

Major Disciplines: Chemistry.

Main Courses: Inorganic Chemistry, Physical Chemistry, Structural Chemistry, Analytical Chemistry, Organic Chemistry, Principle of Chemical Engineering, Instrumental Analysis, Synthetic Chemistry, Physical Geology, Introduction to Geoanalysis, Resource Process, Environmental Chemistry.

Lab Experiments: laboratory experiments of major courses.

Practical Work: Course Design for Computer High-level Language, Primary Field Training, Intermediate Physical Chemistry Experiments, Intermediate Organic Chemistry Experiments, Production Practice, Bachelor Thesis.

Duration: four years.

Degree Granted: Bachelor of Engineering.

Related Specialties: Chemistry.

应用化学(卓越工程师教育培养计划)专业课程教学计划表

Course Descriptions of Applied Chemistry (Excellent Engineer Training Program)

课程类别 Course Classification		课程编号 Course Code	课程名称 Course Name	学分 Crs	学时 Hrs	学时分类 Class Hours		先修课程 Prerequisite Courses	学期学分分配 Semester Credits							
						讲课 Lec.	实验 Lab.		一 1st	二 2nd	三 3rd	四 4th	五 5th	六 6th	七 7th	八 8th
通识教育课 Liberal Education Courses	必修 Compulsory	11706200	马克思主义基本原理 Principles of Marxism	3	48	48				3						
		11706500	毛泽东思想与中国特色社会主义理论体系概论 Introduction to Mao Tse-tung Thought and the Theoretical System of Socialism with Chinese Characteristics	4	64	64								4		
		11711800	中国近现代史纲要 The Essentials of Modern Chinese History	2	32	32							2			
		120002＊0	思想道德修养与法律基础 Morality Education and Fundamentals of Law	3	48	48			1.5	1.5						
		113076＊0	体育 Physical Education	4	144	144			1	1	1	1				
		109116＊0	大学英语 College English	12	192	192			3	3	3	3				
		11918902	C 语言程序设计 B C Language Programming B	2.5	40	28	12				2.5					
		20311100	化学与材料专业导论 Professional Introduction to Chemistry and Materials	1	16	16			1							
		14300100	军事理论 Military Theory	2	32	32			2							
	选修 Elective	总计 12 学分,含创新创业选修课学分,跨学科选修课不低于 6 学分。“形势与政策”课程作为限选课,由马克思主义学院实施		12	192											
		小计 **Sum**		**45.5**	**808**	**604**	**12**		**8.5**	**8.5**	**6.5**	**4**	**2**	**4**	**0**	**0**
学科基础课 Disciplinary Fundamental Courses		212127＊2	高等数学 B Advanced Mathematics B	10	160	160			4	6						
		212130＊2	大学物理 B College Physics B	7	112	112		高等数学 B		3.5	3.5					
		21213202	物理实验 B Physical Experiments B	2	32		32	大学物理 B		2						
		21213503	概率统计 C Probability Theory and Mathematical Statistics C	2	32	32		高等数学 B			2					

课程类别 Course Classification	课程编号 Course Code	课程名称 Course Name	学分 Crs	学时 Hrs	学时分类 Class Hours		先修课程 Prerequisite Courses	学期学分分配 Semester Credits							
					讲课 Lec.	实验 Lab.		一 1st	二 2nd	三 3rd	四 4th	五 5th	六 6th	七 7th	八 8th
学科基础课 Disciplinary Fundamental Courses	21212803	线性代数 C Linear Algebra C	2	32	32		高等数学 B			2					
	20714200	工程制图 Engineering Drawing	2.5	40	40			2.5							
	203199＊1	无机化学 A Inorganic Chemistry A	5.5	88	88			2.5	3						
	20320001	无机化学实验 A Inorganic Chemistry Experiments A	2.5	40		40	无机化学		2.5						
	203207＊1	物理化学 A Physical Chemistry A	7	112	112		高等数学 B			3.5	3.5				
	203208＊1	物理化学实验 A Physical Chemistry Experiments A	2.5	40		40	物理实验 B			1	1.5				
	20320101	分析化学 A Analytical Chemistry A	3	48	48		无机化学				3				
	20320100	分析化学实验 Analytical Chemistry Experiments	3	48		48	无机化学				3				
	203265＊1	有机化学 A Organic Chemistry A	6.5	104	104		结构化学					3.5	3		
	203117＊0	有机化学实验 A Organic Chemistry Experiments A	3.5	56		56	结构化学					2	1.5		
	20114900	普通地质学 B Physical Geology B	3	48	40	8					3				
	小计 **Sum**		**62**	**992**	**768**	**224**		**9**	**17**	**12**	**14**	**5.5**	**4.5**	**0**	**0**
专业主干课 Main Specialty Courses	20311600	结构化学 Structural Chemistry	2.5	40	40		无机化学				2.5				
	20312300	化工原理 Principles of Chemical Engineering	3.5	56	56		物理化学					3.5			
	20312400	化工原理实验 Experiments for Chemical Engineering Principles	2	32		32	物理化学					2			
	20320900	仪器分析 Instrumental Analysis	3.5	56	56		分析化学					3.5			
	20321000	仪器分析实验 Instrumental Analysis Experiments	3.5	56		56	分析化学					3.5			
	20303000	电化学原理 Principles of Electrochemistry	3.5	56	56		物理化学					3.5			

课程类别 Course Classification	课程编号 Course Code	课程名称 Course Name	学分 Crs	学时 Hrs	学时分类 Class Hours		先修课程 Prerequisite Courses	学期学分分配 Semester Credits							
					讲课 Lec.	实验 Lab.		一 1st	二 2nd	三 3rd	四 4th	五 5th	六 6th	七 7th	八 8th
专业主干课 Main Specialty Courses	20312500	合成化学 Synthetic Chemistry	2.5	40	40		有机化学						2.5		
	20312600	合成化学实验 Experiments for Synthetic Chemistry	2	32		32	有机化学						2		
	20321100	地质分析导论 Introduction for Geoanalysis	2	32	32								2		
	20321202	高分子化学与物理 B Polymer Chemistry and Physics B	2.5	40	28	12	有机化学						2.5		
	20321300	晶体化学 Crystal Chemistry	3	48	40	8	无机化学			3					
	小计 **Sum**		**30.5**	**488**	**348**	**140**		**0**	**0**	**3**	**2.5**	**16**	**9**	**0**	**0**
专业选修课 Specialty Elective Courses		具体见专业选修课列表(至少选修 8 学分)	6	96	96							2		4	
合计 **Sub-total**			**144**	**2384**	**1816**	**376**		**17.5**	**25.5**	**21.5**	**20.5**	**25.5**	**17.5**	**4**	**0**
实践环节 Practical Work	44300200	军事训练 Military Training	2	2 周				2							
	41919002	C 语言课程设计 B Course Design for C Language B	1.5	1.5 周			C 语言程序设计 B			1.5					
	40319700	化学实验基本操作 Basic Operation of Chemical Experiments	2	2 周				2							
	40115200	地质教学实习(北戴河) Primary Field Training(Beidaihe)	3	3 周			普通地质学					3			
	40320200	中级物理化学实验 Intermediate Physical Chemistry Experiments	2.5	2.5 周			物理化学					2.5			
	40320300	中级有机化学实验 Intermediate Organic Chemistry Experiments	2	2 周			有机化学						2		
	40320400	地质分析实验 Experiments for Geoanalysis	2	2 周			物理化学 分析化学						2		
	40326700	生产实习 Production Practice	10	10 周										10	
	40320600	毕业论文(设计) Graduation Thesis(Design)	16	16 周											16
	小计 **Sum**		**41**	**41 周**	**0**	**0**		**4**	**0**	**1.5**	**0**	**5.5**	**4**	**10**	**16**

课程类别 Course Classification	课程编号 Course Code	课程名称 Course Name	学分 Crs	学时 Hrs	学时分类 Class Hours		先修课程 Prerequisite Courses	学期学分分配 Semester Credits							
					讲课 Lec.	实验 Lab.		一 1st	二 2nd	三 3rd	四 4th	五 5th	六 6th	七 7th	八 8th
创新创业自主学习 Autonomous Learning	ZZ35000S	社会调查 Social Investigation	2												
		其他(学科竞赛、发明创造、科研报告) Others (Contest, Invention, Innovation and Research Presentation)	5												
	小计 **Sum**		**7**												
总计 **Total**			**192**	**2384 + 41周**	**1816**	**376**		**21.5**	**25.5**	**23**	**21**	**31**	**21.5**	**14**	**16**
可开出专业选修课列表(专业选修课至少修8学分) Specialty Elective Courses	20102100	地球科学概论 Introduction of Geosciences	2	32	32							2			
	20321400	现代样品前处理技术 Methods of Sample Preparation	2	32	24	8								2	
	20321500	分析仪器联用技术 Coupling Techniques of Analytical Instrument	2.5	40	12	28								2.5	
	20314500	实验室管理 Management of Laboratory	2	32	32									2	
	20314600	地质分析进展 Progress of Geoanalysis	2	32	20	12								2	
	20312900	矿产资源综合利用 Mineral Resource Multi-utilization	2	32	32							2			
	20313800	油田应用化学 Oilfield Chemistry	2	32	32							2			
	20313700	环境污染控制 Environmental Pollution Control	2	32	24	8						2			
	20321600	环境化学 Environmental Chemistry	2	32	32							2			
	20313900	生物化学导论(双语教学) Introduction to Biochemistry (Bilingual Teaching)	2	32	32							2			
	20313500	有机物分离及分析 Separation and Analysis of Organic Compounds	2	32	20	12						2			
	20314000	化工设计 Chemical Engineering Design	2	32	20	12						2			
	20314100	纳米材料化学 Nano Material Chemistry	2	32	32							2			
	20321700	材料结构表征 Structure Characterization of Materials	2	32	20	12						2			

注:通识教育选修课学分和创新创业自主学习学分未列入具体学期。

应用化学(卓越工程师教育培养计划)专业课程分类统计

Course Category Statistics of Applied Chemistry (Excellent Engineer Training Program)

课程学分 / 统计	通识教育课 Liberal Education Courses		学科基础课 Disciplinary Fundamental Courses	专业主干课 Main Specialty Courses	专业选修课 Specialty Elective Courses	实践环节 Practical Work	创新创业自主学习 Autonomous Learning	学时总计 Total Hours	学分总计 Total Credits
	必修 Compulsory	选修 Selective							
学时/学分 Hrs/Crs	616/33.5	192/12	992/62	488/30.5	96/6	41 周/41	7	2384＋41 周	192
学分所占比例 Proportion of Credits	23.7%		32.3%	15.9%	3.1%	21.4%	3.6%		100%

附件：创新创业自主学习学分认定一览表

<table>
<tr><th>序号</th><th>创新创业活动名称</th><th colspan="2">创新创业活动要求</th><th>学分</th></tr>
<tr><td rowspan="8">1</td><td rowspan="8">主持或参加创新创业项目</td><td colspan="2">主持或参加(前三名)省级或国家级大学生创新训练项目，并顺利结题者</td><td>2～4</td></tr>
<tr><td colspan="2">主持或参加(前四名)省级或国家级大学生创业训练项目，并顺利结题者</td><td>1～4</td></tr>
<tr><td colspan="2">主持或参加(前五名)省级或国家级大学生创业实践项目，并顺利结题者</td><td>1～5</td></tr>
<tr><td colspan="2">主持或参加(前三名)校级创新创业训练项目，并顺利结题者</td><td>1～3</td></tr>
<tr><td colspan="2">主持或参加(前三名)校级创业实践项目，并顺利结题者</td><td>1～3</td></tr>
<tr><td colspan="2">主持或参加(前二名)院级创新创业训练、创业实践等项目，并顺利结题者</td><td>1～2</td></tr>
<tr><td colspan="2">参加与学科相关的科研项目或科研活动，并有二名本系副教授以上职称教师认可的学术论文或报告</td><td>2</td></tr>
<tr><td colspan="2">主持或参加(前二名)本学科自选项目(包括实验研究、项目设计、工程设计、调研报告)，并有二名本系副教授以上职称教师认可的学术论文或报告、设计</td><td>1</td></tr>
<tr><td rowspan="2">2</td><td rowspan="2">社会实践活动</td><td colspan="2">参加社会实践，提交社会实践或社会调查报告，通过答辩者</td><td>2</td></tr>
<tr><td colspan="2">个人被校团委或团省委评为社会实践活动积极分子者，集体被校团委或团省委评为优秀社会实践队者</td><td>2</td></tr>
<tr><td rowspan="6">3</td><td rowspan="6">英语、计算机、普通话</td><td colspan="2">托福考试达 90 分及以上者；雅思考试达 6.5 分及以上者；GRE 考试达 1350 分及以上者；全国大学英语六级考试达 520 分及以上者</td><td>3</td></tr>
<tr><td colspan="2">全国计算机等级考试获二级及以上证书者</td><td>2</td></tr>
<tr><td rowspan="3">全国计算机软件资格、水平考试(不重复计分)</td><td>获系统分析员证书者</td><td>4</td></tr>
<tr><td>获高级程序员证书者</td><td>3</td></tr>
<tr><td>获程序员证书者</td><td>2</td></tr>
<tr><td colspan="2">普通话获得二乙及以上等级证书者</td><td>2</td></tr>
<tr><td rowspan="5">4</td><td rowspan="4">学科竞赛(同一项目，以最高学分计)</td><td colspan="2">全国学科竞赛或科技报告会一、二、三等奖</td><td>3～5</td></tr>
<tr><td colspan="2">省级学科竞赛或科技报告会一、二、三等奖</td><td>2～4</td></tr>
<tr><td colspan="2">校级学科竞赛或科技报告会一、二、三等奖</td><td>1～3</td></tr>
<tr><td colspan="2">院、系级学科竞赛或科技报告会一、二等奖</td><td>1～2</td></tr>
<tr><td>艺术类、体育类竞赛</td><td colspan="2">非艺术类、非体育类专业学生竞赛学分认定规则由大学生艺术教育基地制订</td><td>2</td></tr>
<tr><td rowspan="4">5</td><td rowspan="4">在本学科专业领域的论文发表或宣读</td><td>T3(含)以上刊物</td><td>每篇论文(前二名作者)</td><td>4</td></tr>
<tr><td>T4、T5 刊物</td><td>每篇论文(前二名作者)</td><td>3</td></tr>
<tr><td>一般刊物</td><td>每篇论文(前二名作者)</td><td>1</td></tr>
<tr><td>各种会议宣读并收入论文集</td><td>每篇论文(前二名作者)</td><td>1</td></tr>
<tr><td rowspan="6">6</td><td rowspan="6">发明创造</td><td rowspan="6">所有权归学校的职务发明：PCT 国际专利</td><td>授权发明专利第一发明人</td><td>5</td></tr>
<tr><td>授权发明专利第二、第三发明人</td><td>4</td></tr>
<tr><td>授权发明专利其他发明人</td><td>3</td></tr>
<tr><td>已公开发明专利第一发明人</td><td>3</td></tr>
<tr><td>已公开发明专利第二、第三发明人</td><td>2</td></tr>
<tr><td>已公开发明专利其他发明人</td><td>1</td></tr>
</table>

序号	创新创业活动名称	创新创业活动要求		学分
6	发明创造	所有权归学校的职务发明：国家发明专利	第一、第二、第三发明人	1～3
		所有权归学校的以下知识产权：国家实用新型专利、外观设计专利、计算机软件著作权、集成电路布图设计、商标等	第一、第二、第三发明人	1
7	科技成果转化	参加本校或本院组织的创新创业活动，注册成立公司且能正常运营；将本人的专利以实施许可、技术转让或技术入股方式进行技术转移等（由知识产权与技术转移中心指定相关规则实行）	占有公司股份20%及以上；第一、第二、第三发明人	1～3
8	“身边的化学”实验展演活动	参加“身边的化学”实验展演活动，获得标兵展演队员、优秀展演队员称号，或获得优秀组织者称号	每个参展项目最多五名展演成员	2
9	其他	对于上述无法包含的其他活动，学生如需申请创新创业学分，可由系创新创业学分认定委员会认定		

材料科学与工程专业培养方案

专业名称与代码:材料科学与工程　080401

专业培养目标:本专业旨在培养符合国家建设、发展需要的材料科学与工程领域高素质的人才。毕业生应具有良好的人文社会科学素养,坚实的自然科学、相关工程技术的基础知识;具备扎实的材料科学与工程学科基础理论、基础知识和基本技能;具有创新意识和创新能力,能将所学知识应用于实践、服务于社会。毕业生能从事材料科学与工程及相关领域科研、工程技术、教学以及管理方面的工作。

专业毕业要求

1.具有良好的人文社会科学素养、社会责任感和职业道德。

2.具有应用材料科学与工程领域所需的数学、物理、化学、机械设计与制图、电子电工和计算机以及管理知识的能力。

3.掌握材料科学与工程学科基础理论、基础知识,掌握常规的材料制备方法、材料性能及结构检测技术,掌握材料组成、结构、制备、性能、使用效能之间关系的基本规律,具有材料科学与工程领域工程实践的学习经历,了解材料科学与工程领域的前沿发展现状和趋势。

4.具有综合应用所学理论、知识、技术手段设计的能力,以及进行材料研究、材料设计、材料开发、材料性能改善与提高的能力。

5.具有创新思维能力和一定的创新实践能力,具有发现、分析和解决材料工程问题的能力,具备一定的创业知识和意识。

6.具有专业成果总结、学术交流的能力,具有文献查阅和相关信息获取的能力以及文献、信息有效应用的能力。

7.了解材料科学与工程领域相关的职业和行业的生产、设计、研究与开发、环境保护和可持续发展等方面的方针、政策和法律、法规,能正确认识材料科学与工程对于客观世界和社会的影响。

8. 具有国际视野和跨文化的交流、竞争、合作能力。

9. 对终身学习有正确认识,具有不断学习和适应发展的能力。

毕业要求及实现途径

序号	毕业要求	实现途径(教学过程)
1	具有良好的人文社会科学素养、社会责任感和职业道德	①课堂教学:马克思主义基本原理、毛泽东思想与中国特色社会主义理论体系概论、中国近现代史纲要、体育、军事理论、军事训练、思想道德修养与法律基础,相关专业理论课、实践课 ②课外教学:社会调查,创新创业教育及活动,课外人文活动、课外科研活动,各项竞赛
2	具有应用材料科学与工程领域所需的数学、物理、化学、制图、机械设计、电子电工和计算机以及管理知识的能力	①课堂教学:高等数学 A、线性代数 A、概率论与数理统计 B、大学物理 B、物理实验 A、化学实验基础技能训练、无机化学 B、无机化学实验 B、物理化学 B、物理化学实验 B、结构化学、有机化学 C、高分子化学与物理、高分子化学及物理实验、工程制图、材料力学、机械设计基础 B、电工及电子技术 C、计算机文化基础、C 语言程序设计、C 语言课程设计实践,通识选修课,相关专业理论课、实践课 ②课外教学:创新创业教育及活动,课外科研活动

序号	毕业要求	实现途径(教学过程)
3	掌握材料科学与工程学科基础理论、基础知识,掌握常规的材料制备方法、材料性能及结构检测技术,掌握材料组成、结构、制备、性能、使用效能之间关系的基本规律,具有材料科学与工程领域工程实践的学习经历,了解材料科学与工程领域的前沿发展现状和趋势	课堂教学:材料学导论、晶体学、材料物理、材料科学基础、材料工程基础、材料工艺与设备、材料合成与制备、材料性能与检测、现代测试技术、功能材料、矿物材料、复合材料及工艺,材料科学与工程基础实验、材料工艺实验、材料合成与制备实验、材料性能检测实验、现代测试技术实验、矿物材料工艺实验、复合材料成型与加工实验,专业选修课,生产实习
4	具有综合应用所学理论、知识、技术手段设计的能力,以及进行材料研究、材料设计、材料开发、材料性能改善与提高的能力	①课堂教学:材料工艺实验、材料合成与制备实验、矿物材料工艺实验、复合材料成型与加工实验,材料创新设计实验、生产实习、毕业论文(设计) ②课外教学:创新创业教育及活动,课外科研活动,科技竞赛
5	具有创新思维能力和一定的创新实践能力,具有发现、分析和解决材料工程问题的能力,具备一定的创业知识和意识	①课堂教学:材料工艺实验、材料合成与制备实验、矿物材料工艺实验、复合材料成型与加工实验,材料创新设计实验、生产实习、毕业论文(设计) ②课外教学:创新创业教育及活动,课外科研活动,科技竞赛
6	具有专业成果总结、学术交流能力,具有文献查阅、相关信息获取的能力以及文献、信息有效应用的能力	①课堂教学:计算机基础、课程论文、课程实验报告,材料创新设计实验报告、生产实习报告、毕业论文(设计) ②课外教学:创新创业总结报告,课外科研成果总结,科技竞赛
7	了解材料科学与工程领域相关的职业和行业的生产、设计、研究与开发、环境保护和可持续发展等方面的方针、政策和法律、法规,能正确认识材料科学工程对于客观世界和社会的影响	①课堂教学:相关的专业课堂教学、实践教学,材料创新设计实验、生产实习、毕业论文(设计) ②课外教学:创新创业教育及活动,课外科研活动,科技竞赛
8	具有国际视野和跨文化的交流、竞争、合作能力	①课堂教学:外语课程,相关专业课程的双语教学,聘请国外教师讲授相关专业课 ②课外教学:创新创业教育及活动,课外科研活动,科技竞赛
9	对终身学习有正确认识,具有不断学习和适应发展的能力	①课堂教学:课程论文、材料科学与工程领域的前沿发展现状和趋势教学,材料创新设计实验、生产实习、毕业论文(设计),专业选修课 ②课外教学:创新创业教育及活动,课外科研活动,科技竞赛

主干学科:材料科学与工程。

专业核心课程:材料学导论、晶体学、材料物理、材料科学基础、材料工程基础、材料工艺与设备、材料合成与制备、材料性能与检测、现代测试技术、功能材料、矿物材料、复合材料及工艺。

主要实践性教学环节:物理实验、化学实验基础技能训练、无机化学实验、物理化学实验、高分子化学及物理实验、C语言课程设计、材料科学与工程基础实验、材料工艺实验、材料工厂设计、材料合成与制备实验、材料性能检测实验、现代测试技术实验、矿物材料工艺实验、复合材料成型与加工实验、材料创新设计实验、生产实习、毕业论文(设计)。

修业年限:四年。

授予学位:工学学士。

相近专业:功能材料、材料物理。

Program for Materials Science and Engineering

Specialty and Code: Materials Science and Engineering 080401

Education Objective: This specialty aims to educate the talents who meet the demands of the national construction and development in materials science and engineering. The undergraduates are asked to possess good humanities and social science literacy, and solid natural science, and the basic knowledge of relative engineering and technology. The students will master the basic theory, knowledge and skill of materials science and engineering. The students will possess the abilities of innovation, practice and service to the society and so on. The undergraduates will able to do the work about research, engineering and technology, teaching and management in the field of materials science and engineering.

Graduation Requirements

1. To possess good humanities and social science literacy, sense of social responsibility and professional ethics.

2. To possess the abilities of applying mathematic, physics, chemistry, mechanical design, electronics and electrical, computer and management to materials science and engineering.

3. To master the basic theory and knowledge of materials science and engineering. To master the conventional methods of manufacturing materials, the testing technique of materials properties and structure. To master the basic laws of the relationship between materials component, structure, manufacture, properties and performance. To experience the engineering practice of materials science and engineering. To know the forefront and development trend of materials science and engineering.

4. To possess the comprehensive abilities of design in applying theory, knowledge and technology. To possess the abilities in research, design, exploitation and improving materials properties.

5. To possess the spirit and practical abilities of innovation. To have the ability to discover, analyze and figure out the problems in materials engineering. To have some knowledge and awareness of doing pioneering work.

6. To have the ability to summarize and academic exchange, literature search, obtain information and apply them.

7. To know the career relative to materials science and engineering, the policy, laws and regulations about producing, designing, researching and exploiting, environment protection and sustainable development. To know the effect of materials science and engineering on objective world and society.

8. To have international perspective and ability of cross-cultural communication, competition and cooperation.

9. Ability to keep study all their lifelong and adapt to the development.

Graduation Requirements and Ways to Achieve

No.	Graduation Requirements	Ways to Achieve(Teaching Process)
1	To possess good humanities and social science literacy, sense of social responsibility and professional ethics	①Classroom Teaching: Principles of Marxism, Introduction to Mao Zedong Thought and the Theoretical System of Socialism with Chinese Characteristics, The Essentials of Modern Chinese History, Physical Education, Military Theory, Military training, Morality Education and Fundamentals of Law, related major theory and practice course ②Out-of-class Learning: Social Investigation, Innovation Entrepreneurship Education and Activities, Extracurricular Human Activities, Extracurricular Research Activity, Competitions
2	To possess the abilities of applying mathematic, physics, chemistry, mechanical design, electronics and electrical, computer and management to materials science and engineering	①Classroom Teaching: Advanced Mathematics A, Linear Algebra A, Probability Theory and Mathematics Statistics B, College Physics B, Physical Experiments A, basic skills training of the chemical experiment, Inorganic Chemistry B, Inorganic Chemistry Experiments B, Physical Chemistry B, Physical Chemistry Experiments B, Structural Chemistry, Organic Chemistry C, Polymer Chemistry and Physics, Experiments for Polymer Chemistry and Physics, Engineering Drawing, Mechanics of Materials, Fundamentals of Mechanical Design B, Electronic and Electrical Technology C, Fundamentals of Computer, Course Design for C Language Programming, Practice of Course Design for C Language Programming, Courses of General Education, related major theory and practice course ②Out-of-class Learning: Innovation Entrepreneurship Education and Activities, Extracurricular Research Activity
3	To master the basic theory and knowledge of materials science and engineering. To master the conventional methods of manufacturing materials, the testing technique of materials properties and structure. To master the basic laws of the relationship between materials component, structure, manufacture, properties and performance. To experience the engineering practice of materials science and engineering. To know the forefront and development trend of materials science and engineering	Classroom Teaching: Introduction to Materials Science, Crystallography, Material Physics, Fundamentals of Materials Science, Fundamentals of Materials Engineering, Materials Technology and Equipments, Synthesis and Preparation of Materials, Materials Properties and Testing, Modern Testing Technology, Functional Materials, Mineral Materials, Composite Materials and Processing Technology, Basic Experiments for Materials Science and Engineering, Experiments for Materials Technology, Experiments for Synthesis and Preparation of materials, Testing Experiments of Materials Properties, Experiments for Modern Testing Technology, Experiments for Mineral Materials Technology, Experiments of Composite Materials Molding and Processing, Major Optional Course, Factory Practice

No.	Graduation Requirements	Ways to Achieve(Teaching Process)
4	To possess the comprehensive abilities of design in applying theory, knowledge and technology. To possess the abilities in research, design, exploitation and improving materials properties	①Classroom Teaching: Experiments for Materials Technology, Experiments for Synthesis and Preparation of Materials, Experiments for Mineral Materials Technology, Experiments of Composite Materials Molding and Processing, Experiments of Innovative Design of Materials, Factory Practice, Bachelor Thesis (Design) ②Out-of-class Learning: Innovation Entrepreneurship Education and Activities, Extracurricular Research Activity, Competitions
5	To possess the spirit and practical abilities of innovation. Ability to discover, analyze and figure out the problems in materials engineering. To have some knowledge and awareness of doing pioneering work	①Classroom Teaching: Experiments for Materials Technology, Experiments for Synthesis and Preparation of Materials, Experiments for Mineral Materials Technology, Experiments of Composite Materials Molding and Processing, Experiments of Innovative Design of Materials, Factory Practice, Bachelor Thesis (Design) ②Out-of-class Learning: Innovation Entrepreneurship Education and Activities, Extracurricular Research Activity, Competitions
6	Ability to summarize and academic exchange, literature search, obtain information and apply them	① Classroom Teaching: Fundamentals of Computer, Course Theses, Curriculum Experiment report, Experiments Reports of Innovative Design of Materials, Factory Practice Report, Bachelor Thesis (Design) ②Out-of-class Learning: Final Report of Innovation Entrepreneurship Education and Activities, Final Report of Extracurricular Research Activity, Competitions
7	To know the career relative to materials science and engineering, the policy, laws and regulations about producing, designing, researching and exploiting, environment protection and sustainable development. To know the effect of materials science and engineering on objective world and society	①Classroom Teaching: Related Major Classroom Teaching, Practical Teaching, Experiments of Innovative Design of Materials, Factory Practice, Bachelor Thesis (Design) ②Out-of-class Learning: Innovation Entrepreneurship Education and Activities, Extracurricular Research Activity, Competitions
8	To have international perspective and ability of cross-cultural communication, competition and cooperation	①Classroom Teaching: Foreign Language Course, Bilingual Teaching of Related Major Courses, Related Major Courses Teaching by Engaged Foreign Teachers ②Out-of-class Learning: Innovation Entrepreneurship Education and Activities, Extracurricular Research Activity, Competitions

No.	Graduation Requirements	Ways to Achieve(Teaching Process)
9	Ability to keep study all their life-long and adapt to the development	①Classroom Teaching: Course Theses, Development and Frontiers Teaching of Materials Science and Engineering, Experiments of Innovative Design of Materials, Factory Practice, Bachelor Thesis (Design), Major Optional Course ②Out-of-class Learning: Innovation Entrepreneurship Education and Activities, Extracurricular Research Activity, Competitions

Major Disciplines: Materials Science and Engineering.

Main Courses: Introduction to Materials Science, Crystallography, Materials Physics, Fundamentals of Materials Science, Fundamentals of Materials Engineering, Materials Technology and Equipments, Synthesis and Preparation of Materials, Materials Properties and Testing, Modern Testing Technology, Functional Materials, Mineral Materials, Composite Materials and Processing Technology.

Practical Work: Physical Experiments, Basic Training of Chemical Experiments, Inorganic Chemistry Experiments, Physical Chemistry Experiments, Experiments for Polymer Chemistry and Physics, Course Design for C Language Programming, Basic Experiments for Materials Science and Engineering, Experiments for Materials Technology, Material Factory Design, Experiments for Synthesis and Preparation of Materials, Testing Experiments of Materials Properties, Experiments for Modern Testing Technology, Experiments for Mineral Materials Processing, Experiments of Composite Materials Molding and Processing, Experiments of Innovative Design of Materials, Factory Practice, Bachelor Thesis (Design).

Duration: four years.

Degree Granted: Bachelor of Engineering.

Related Specialties: Functional Materials, Materials Physics.

材料科学与工程专业课程教学计划表

Course Descriptions of Materials Science and Engineering

课程类别 Course Classification		课程编号 Course Code	课程名称 Course Name	学分 Crs	学时 Hrs	学时分类 Class Hours		先修课程 Prerequisite Courses	学期学分分配 Semester Credits							
						讲课 Lec.	实验 Lab.		一 1st	二 2nd	三 3rd	四 4th	五 5th	六 6th	七 7th	八 8th
通识教育课 Liberal Education Courses	必修 Compulsory	11706200	马克思主义基本原理 Principles of Marxism	3	48	48						3				
		11706500	毛泽东思想与中国特色社会主义理论体系概论 Introduction to Tse-tung Thought and the Theoretical System of Socialism with Chinese Characteristics	4	64	64								4		
		11711800	中国近现代史纲要 The Essentials of Modern Chinese History	2	32	32							2			
		120002 * 0	思想道德修养与法律基础 Morality Education and Fundamentals of Law	3	48	48			1.5	1.5						
		113076 * 0	体育 Physical Education	4	144	144			1	1	1	1				
		109116 * 0	大学英语 College English	12	192	192			3	3	3	3				
		11918902	C 语言程序设计 B C Language Programming B	2.5	40	28	12			2.5						
		20311100	化学与材料专业导论 Professional Introduction to Chemistry and Materials	1	16	16			1							
	选修 Elective	14300100	军事理论 Military Theory	2	32	32			2							
		总计 12 学分，含创新创业选修课学分，跨学科选修课不低于 6 学分。“形势与政策”课程作为限选课，由马克思主义学院实施		12	192											
		小计 Sum		**45.5**	**808**	**604**	**12**		**8.5**	**8**	**4**	**7**	**2**	**4**	**0**	**0**
学科基础课 Disciplinary Fundamental Courses		212127 * 1	高等数学 A Advanced Mathematics A	11.5	184	184			5	6.5						
		21212801	线性代数 A Linear Algebra A	3.5	56	56				3.5						
		21213502	概率论与数理统计 B Probability and Mathematics Statistics B	2.5	40	40		高等数学 线性代数			2.5					
		212130 * 2	大学物理 B College Physics B	7	112	112		高等数学(上)		3.5	3.5					

课程类别 Course Classification	课程编号 Course Code	课程名称 Course Name	学分 Crs	学时 Hrs	学时分类 Class Hours		先修课程 Prerequisite Courses	学期学分分配 Semester Credits							
					讲课 Lec.	实验 Lab.		一 1st	二 2nd	三 3rd	四 4th	五 5th	六 6th	七 7th	八 8th
学科基础课 Disciplinary Fundamental Courses	212132＊1	物理实验 A Physical Experiments A	3.5	56		56	大学物理		2	1.5					
	20319902	无机化学 B Inorganic Chemistry B	3.5	56	56			3.5							
	20320002	无机化学实验 B Inorganic Chemistry Experiments B	2	32		32	无机化学		2						
	203207＊2	物理化学 B Physical Chemistry B	5	80	80		高等数学 无机化学			2.5	2.5				
	203208＊2	物理化学实验 B Physical Chemistry Experiments B	2	32		32	物理化学			1	1				
	20311600	结构化学 Structural Chemistry	2.5	40	40		高等数学 大学物理 无机化学			2.5					
	20311402	有机化学 B Organic Chemistry B	3.5	56	40	16	无机化学 结构化学				3.5				
	20321201	高分子化学与物理 A Polymer Chemistry and Physics A	3.5	56	56		无机化学 有机化学					3.5			
	20714200	工程制图 Engineering Drawing	2.5	40	36	4		2.5							
	20314800	材料力学 Mechanics of Materials	2	32	32		高等数学 大学物理(上)			2					
	20715202	机械设计基础 B Fundamentals of Mechanical Design B	2.5	40	32	8	高等数学 工程制图 材料力学					2.5			
	20725103	电工及电子技术 C Electrician and Electronic Technology C	3	48	40	8	高等数学 大学物理					3			
	小计 Sum		**60**	**960**	**804**	**156**		**11**	**17.5**	**15.5**	**7**	**9**	**0**	**0**	**0**
专业主干课 Main Specialty Courses	20302000	材料学导论 Introduction to Materials Science	1.5	24	22	2		1.5							
	20324900	晶体学 Crystallography	3.5	56	48	8	无机化学 大学物理 计算机基础			3.5					
	20301700	材料物理 Materials Physics	3	48	48		大学物理 材料力学 晶体学				3				
	20301600	材料科学基础 Fundamentals of Materials Science	3.5	56	56		材料学导论 晶体学				3.5				

课程类别 Course Classification	课程编号 Course Code	课程名称 Course Name	学分 Crs	学时 Hrs	学时分类 Class Hours		先修课程 Prerequisite Courses	学期学分分配 Semester Credits							
					讲课 Lec.	实验 Lab.		一 1st	二 2nd	三 3rd	四 4th	五 5th	六 6th	七 7th	八 8th
专业主干课 Main Specialty Courses	20322700	材料工程基础 Fundamentals of Materials Engineering	3	48	48		材料力学				3				
	20324800	材料工艺与设备 Materials Technology and Equipments	2.5	40	40		材料学导论 材料科学基础 材料工程基础						2.5		
	20310900	材料合成与制备 Synthesis and Preparation of Materials	2.5	40	40		材料学导论 晶体学 材料科学基础					2.5			
	20310600	材料性能与检测 Materials Properties and Testing	2.5	40	40		材料学导论 晶体学 材料物理 材料科学基础					2.5			
	20324700	现代测试技术 Modern Testing Technology	2.5	40	40		晶体学 材料学导论						2.5		
	20305600	功能材料 Functional Materials	2.5	40	40		晶体学 材料科学基础 材料物理					2.5			
	20316200	矿物材料 Mineral Materials	2	32	32		晶体学 材料科学基础 材料合成与制备						2		
	20322800	复合材料及工艺 Composite Materials and Processing Technology	2.5	40	40		高分子化学与物理 矿物材料						2.5		
	小计 Sum		**31.5**	**504**	**494**	**10**		**1.5**		**3.5**	**9.5**	**7.5**	**9.5**	**0**	**0**
专业选修课 Specialty Elective Courses		具体见专业选修课列表	11.5	184											
合计 Sub-total			**148.5**	**2456**	**1902**	**178**		**21**	**25.5**	**23**	**23.5**	**18.5**	**13.5**	**0**	**0**
实践环节 Practical Work	44300200	军事训练 Military Training	2	2 周				2							
	40319800	化学实验基础技能训练 Basic Training of Chemical Experiments	1	1 周				1							
	41919002	C 语言课程设计 B Course Design for C Language B	1.5	1.5 周			C 语言程序设计		1.5						
	40323500	材料科学与工程基础实验* Basic Experiments for Materials Science and Engineering	1.5	1.5 周			材料物理 材料科学基础 材料工程基础				1.5				

课程类别 Course Classification	课程编号 Course Code	课程名称 Course Name	学分 Crs	学时 Hrs	学时分类 Class Hours		先修课程 Prerequisite Courses	学期学分分配 Semester Credits							
					讲课 Lec.	实验 Lab.		一 1st	二 2nd	三 3rd	四 4th	五 5th	六 6th	七 7th	八 8th
实践环节 Practical Work	40323600	材料合成与制备实验* Experiments for Synthesis and Preparation of Materials	1	1 周			材料合成与制备					1			
	40323700	材料性能检测实验* Testing Experiments of Materials Properties	1.5	1.5 周			材料性能与检测					1.5			
	40323800	高分子化学与物理实验* Experiments for Polymer Chemistry and Physics	1	1 周			高分子化学与物理					1			
	40323900	材料工厂设计* Material Factory Design	1	1 周			材料工艺与设备						1		
	40324000	材料工艺实验* Experiments for Materials Technology	1	1 周			材料工艺与设备						1		
	40324100	现代测试技术实验* Experiments for Modern Testing Technology	1	1 周			现代测试技术						1		
	40325000	矿物材料工艺实验* Experiments for Mineral Materials Processing	1	1 周			矿物材料						1		
	40324300	复合材料成型与加工实验* Experiments of Composite Materials Molding and Processing	1	1 周			复合材料及工艺						1		
	40324400	材料创新设计实验 Experiments of Innovative Design of Materials	3	3 周			学科基础课 专业主干课 相关专业选修课							3	
	40324500	生产实习 Factory Practice	4	4 周			学科基础课 专业主干课							4	
	40324600	毕业论文(设计) Graduation Thesis(Design)	16	16 周			学科基础课 专业主干课 相关专业选修课								16
	小计 Sum	**＊为课堂实验内容，每周按22学时安排**	**37.5**	**37.5 周**				**3**	**1.5**		**1.5**	**3.5**	**5**	**7**	**15**
创新创业自主学习 Autonomous Learning	ZZ35000S	社会调查 Social Investigation	2												
		其他(学科竞赛、发明创造、科研报告) Others (Contest, Invention, Innovation and Research Presentation)	3												
	小计 Sum		**5**												

课程类别 Course Classification	课程编号 Course Code	课程名称 Course Name	学分 Crs	学时 Hrs	学时分类 Class Hours		先修课程 Prerequisite Courses	学期学分分配 Semester Credits							
					讲课 Lec.	实验 Lab.		一 1st	二 2nd	三 3rd	四 4th	五 5th	六 6th	七 7th	八 8th
总计 Total			187.5	2456＋37.5周	1902	178	0	24	27	23	25	22	18.5	7	15
可开出专业选修课列表 Specialty Elective Courses	20300700	材料的表面与界面 Surface and Interface of Materials	2	32	24	8	物理化学					2			
	20303700	粉体工程 Powder Technology	2	32	24	8	材料科学基础 材料工程基础					2			
	20315500	半导体材料与技术(全英语) Semiconductor Materials and Technology (English)	2	32			材料科学基础 材料物理						2		
	20322900	发光材料与显示技术 Luminous Materials and Display Technology	2	32			晶体学 材料物理 功能材料						2		
	20316500	敏感材料与传感器 Sensitive Materials and Sensors	2	32	24	8	材料科学基础						2		
	20315800	能源材料 Energy Materials	1.5	24			功能材料							1.5	
	20315600	纳米材料与纳米器件 Nano-Materials and Nano-Devices	2	32	32		材料物理 功能材料							2	
	20323000	特种陶瓷及工艺 Special Ceramics and Process	1.5	24	24		材料合成与制备 材料工艺与设备						1.5		
	20323100	功能高分子复合材料(全英语) Functional Polymeric Materials (English)	1	16	16		高分子化学与物理 复合材料及工艺							1	
	20323200	复合材料结构设计 Composites Structure Design	1.5	24	24		材料力学 复合材料及工艺							2	
	20310300	金属学原理 Principles of Metallography	2	32	32		晶体学 材料科学基础					2			
	20323300	金属材料 Metallic Materials	2	32	24	8	晶体学						2		
	20323400	科技写作规范和技巧 Norms and Skills to Scientific Writing	1.5	24			材料学导论 相关学科基础课				1.5				

注：1. 通识教育选修课(12 学分)和创新创业自主学习(5 学分)未列入具体学期。

2. 专业选修课，至少修满 8 学分。

3. 创新创业学分认定：①中国地质大学(武汉)材料科学与工程系"本科生创新创业自主学习学分认定一览表"(2015 年 6 月)中认定的学分；②学生在完成"创新创业自主学习"的基本学分(2 学分＋3 学分)后，超额的、与材料学科相关的创新创业学分可记为专业选修课学分。

4. 如下学分可记为"专业选修课"学分：高于本教学计划标准选择数理化必修课程获得的额外学分；跨大类、跨专业选择其他专业的专业必修课获得的学分；学校认定的境内外交流学习本专业课程所转换的学分；与材料学科相关的创新创业学分；学校认定的本学科在线课程(如 MOOC、Khan Academy)所转换的学分。

材料科学与工程专业课程分类统计

Course Category Statistics of Materials Science and Engineering

课程学分 统计	通识教育课 Liberal Education Courses		学科基础课 Disciplinary Fundamental Courses	专业主干课 Main Specialty Courses	专业选修课 Specialty Elective Courses	实践环节 Practical Work	创新创业自主学习 Autonomous Learning	学时总计 Total Hours	学分总计 Total Credits
	必修 Compulsory	选修 Selective							
学时/学分 Hrs/Crs	616/33.5	192/12	960/60	504/31.5	184/11.5	37.5周/37.5	5	2400+37.5周	191
学分所占比例 Proportion of Credits	23.82%		31.41%	16.5%	6.02%	19.63%	2.61%		100%

材料化学专业培养方案

专业名称与代码：材料化学　080403

专业培养目标：培养系统掌握材料科学和化学的基本理论及基本知识、基本实验技能，综合素质高，专业能力强，具有创业意识和创新意识的材料化学，特别是高分子材料化学和无机材料化学方面的专门人才，同时培养志在材料科学与工程、化学及其他相关领域从事研究、教学、科技开发及相关管理工作的研究型人才。

专业毕业要求

1.具有良好的人文社会科学素养、社会责任感和职业道德。

2.具有本专业所需的数学、物理、机械、电子、计算机及经济、管理等基本理论和基础知识。

3.系统掌握化学基础理论知识，并具有较强的化学实验技能及实验设计能力。

4.具备良好的外语水平和计算机基础知识及应用能力。

5.具备一定的实验设计能力及创造实验条件、系统地归纳整理和分析实验结果、撰写论文和参与学术交流的能力。

6.系统掌握材料科学与工程学科基础理论、基础知识，掌握常规的材料制备方法、材料性能及结构检测技术，掌握材料组成、结构、制备、性能、使用效能之间关系的基本规律，具有材料学、化学工程领域工程实践的学习经历，了解无机材料及高分子材料等发展现状和趋势。

7.具有文献查阅、熟练阅读专业文献、获取相关信息及信息有效应用的能力。

8.具有不断学习和适应发展的能力。

毕业要求及实现途径

序号	毕业要求	实现途径(教学过程)
1	具有良好的人文社会科学素养、社会责任感和职业道德	①课堂教学：马克思主义基本原理、毛泽东思想与中国特色社会主义理论体系概论、中国近现代史纲要、思想道德修养与法律基础、体育、军事理论、军事训练、通识教育选修课、地球科学导论、化学与材料专业导论、实践课 ②课外学习：社会调查，创新创业教育及活动，课外人文活动、课外科研活动，各项竞赛
2	具有本专业所需的数学、物理、机械、电子、计算机及经济、管理知识的基本理论和基础知识	①课堂教学：高等数学 A、线性代数 A、概率论与数理统计 B、大学物理 B、物理实验 A、工程制图、电工及电子技术 C、计算机文化基础、C 语言程序设计 B、C 语言课程设计、通识教育选修课、相关专业理论课、实践课 ②课外学习：创新创业教育及活动、课外科研活动、全国计算机等级考试(二级)
3	系统掌握化学基础理论知识，并具有较强的化学实验技能及实验设计能力	①课堂教学：化学实验基础技能训练、无机化学 B、无机化学实验 B、物理化学 B、物理化学实验 B、结构化学、有机化学 B、有机化学实验 A、分析化学 B ②课外学习：大学化学实验技能大赛“Chemistry Show——身边的化学”

序号	毕业要求	实现途径(教学过程)
4	具备良好的外语水平和计算机基础知识及应用能力	①课堂教学:大学英语、计算机文化基础、C 语言程序设计 B、C 语言课程设计、毕业论文(设计)、各专业课及选修课 ②课外学习:全国计算机等级考试(二级)、全国大学生英语四六级考试
5	具备一定的实验设计能力及创造实验条件、系统地归纳整理和分析实验结果、撰写论文和参与学术交流的能力	①课堂教学:科技文案写作、高分子材料产品设计实验、材料化学综合实验、毕业论文(设计) ②课外学习:课外科研活动、创新创业活动、专业课及专业选修课课程论文
6	系统掌握材料科学与工程学科基础理论、基础知识,掌握常规的材料制备方法、材料性能及结构检测技术,掌握材料组成、结构、制备、性能、使用效能之间关系的基本规律,具有材料学、化学工程领域工程实践的学习经历,了解无机材料及高分子材料等发展现状和趋势	①课堂教学:材料学导论、晶体学、材料科学基础、材料工程基础、材料物理、无机合成与制备化学、材料物理性能、现代测试技术、复合材料原理、高分子化学、高分子物理、高分子合成工艺学、高分子材料成型加工、高分子物理实验、高分子化学实验、高分子合成与制备实验、高分子材料产品设计实验、材料科学与工程基础实验、无机合成与制备实验、材料性能测试实验、现代测试技术实验、专业选修课、生产实习 ②课外学习:课外科研活动、创新创业活动、专业课及专业选修课课程论文
7	具有文献查阅、熟练阅读专业文献、获取相关信息及信息有效应用的能力	①课堂教学:科技文案写作、计算机基础、材料化学综合实验、生产实习、毕业论文(设计)、各课程论文及课程实验 ②课外学习:课外科研活动、创新创业活动、专业课及专业选修课课程论文
8	具有不断学习和适应发展的能力	①课堂教学:高分子材料产品设计实验、生产实习、毕业论文(设计)、专业选修课 ②课外学习:课外科研活动、创新创业活动、专业课及专业选修课课程论文

主干学科:材料科学与工程。

核心课程:材料学导论、晶体学、材料科学基础、材料工程基础、材料物理、无机合成与制备化学、材料物理性能、现代测试技术、复合材料原理、高分子化学、高分子物理、高分子合成工艺学、高分子材料成型加工。

主要专业实验:高分子物理实验、高分子化学实验、高分子合成与制备实验、高分子材料产品设计实验、材料科学与工程基础实验、无机合成与制备实验、材料性能测试实验、现代测试技术实验、专业选修课实验、材料化学综合实验。

主要实践性教学环节:军事训练、化学实验基础技能训练、无机化学实验 B、物理化学实验 B、有机化学实验 A、分析化学实验 B、工程制图、电工及电子技术 C、晶体学、C 语言课程设计、生产实习、毕业论文(设计)。

修业年限:四年。

授予学位:工学学士。

相近专业:材料科学与工程、化学。

Program for Material Chemistry

Specialty and Code: Material Chemistry 080403

Education Objective: Training to master the basic theory and basic knowledge of materials science and chemistry, basic experimental skills, comprehensive high-quality, professional ability, material chemistry and innovation with a sense of entrepreneurship, especially chemical and polymer materials expertise in inorganic materials chemistry. The training aimed at materials science and engineering, chemistry and other related fields in research, teaching, technology development and related management research talents.

Graduation Requirements

1. Having a good quality, social responsibility and ethics, humanities and social sciences.
2. Having the basic theory and basic knowledge required for the profession of mathematics, physics, mechanics, electronics, computer and economy, knowledge management.
3. To master the basic theory of chemistry knowledge and skills with a strong chemical experiments and experimental design capabilities.
4. Having a good foreign language skill, basic computer knowledge and application ability.
5. Having a certain ability to experimental design and the creation of experimental conditions, systematically collating and analysing results, writing papers and ability to participate in academic exchanges.
6. To master the materials science and engineering basic theory, basic knowledge and grasp of conventional preparation methods, material properties and structural testing technology, to master the material composition, structure, preparation, performance, effectiveness of the relationship between the basic law, with materials science, chemical engineering practice learning experience, understanding of inorganic materials and polymer materials developmental status and trends.
7. With a literature review, skilled reading professional literature, access to relevant information and the ability to use information effectively.
8. Having the ability to study further and adapt to the development of society.

Graduation Requirements and Ways to Achieve

No.	Graduation Requirements	Ways to Achieve(Teaching Process)
1	Having a good quality, social responsibility and ethics, humanities and social sciences	①Classroom Teaching: Principles of Marxism, Introduction to Mao Tse-tung Thought and the Theoretical System of Socialism with Chinese Characteristics, The Essentials of Modern Chinese History, Morality Education and Fundamentals of Law, Physical Education, Military Training, Military Theory, Introduction to Earth Science, Introduction to Chemistry and Material Sciences, Liberal Education Courses, practical work ②Out-of-class Learning: Social Investigation, Human Activities, Scientific After-Class Activities, Others (Contest, Invention, Innovation and Research Presentation)

No.	Graduation Requirements	Ways to Achieve(Teaching Process)
2	Having the basic theory and basic knowledge required for the profession of mathematics, physics, mechanics, electronics, computer and economy, knowledge management	①Classroom Teaching: Advanced Mathematics A, Linear Algebra A, Probability Theory and Mathematics Statistics B, College Physics B, Physical Experiments A, Engineering Drawing, Electrician and Electronic Technology C, Basic Computer Lessons, C Language Program Designing B, Course Design of Computer Language C, Liberal Education Courses, Specialty Basic Courses, Practical Work ②Out-of-class Learning: Scientific After-Class Activities, National Computer Rank Examination (NCRE), Others (Contest, Invention, Innovation and Research Presentation)
3	To master the basic theory of chemistry knowledge and skills with a strong chemical experiments and experimental design capabilities	①Classroom Teaching: Basic Chemical Experiment Skill Training, Inorganic Chemistry B, Inorganic Chemistry Experiments B, Physical Chemistry A, Physical Chemistry Experiments B, Structural Chemistry, Organic Chemistry B, Organic Chemistry Experiments A, Analytical Chemistry B ② Out-of-class Learning: University Chemistry Experimental Skills Contest "Chemistry Show"
4	Having a good foreign language skill, basic computer knowledge and application ability	①Classroom Teaching: College English, Basic Computer Lessons, C Language Program Designing B, Course Design of Computer Language C, Bachelor Thesis (Design), Main Specialty Courses, Specialty Elective Courses ②Out-of-class Learning: National Computer Rank Examination(NCRE), College English Test (CET)
5	Having a certain ability to experimental design and the creation of experimental conditions, systematically collating and analysing results, writing papers and ability to participate in academic exchanges	① Classroom Teaching: Norms and Skills to Scientific Writing, Polymer Material Product Design Experiments, Material Chemistry Comprehensive Experiments, Bachelor Thesis (Design) ②Out-of-class Learning: Scientific After-Class Activities, Others (Contest, Invention, Innovation and Research Presentation), Class Paper

No.	Graduation Requirements	Ways to Achieve(Teaching Process)
6	To master the materials science and engineering basic theory, basic knowledge and grasp of conventional preparation methods, material properties and structural testing technology, to master the material composition, structure, preparation, performance, effectiveness of the relationship between the basic law, with materials science, chemical engineering practice learning experience, understanding of inorganic materials and polymer materials developmental status and trends	① Classroom Teaching: Introduction to Materials Science, Crystallography, Polymer Chemistry, Polymer Physics, Synthesis of Polymer Technology, Polymer Material Forming and Processing, Fundamentals of Materials Science, Fundamentals of Materials Engineering, Materials Physics, Inorganic Materials Synthesis and Preparative Chemistry, Material Physical Properties, Modern Testing Technology, Principle of Composite Materials, Polymer Physics Experiments, Polymer Chemistry Experiments, Polymer Synthesis and Preparation Experiments, Polymer Material Product Design Experiments, Materials Science and Engineering Experiments, Inorganic Materials Synthesis and Preparation Experiments, Material Physical Performance Test, Modern Testing Technology Experiments, Specialty Elective Courses, Factory Practice ②Out-of-class Learning: Scientific After-Class Activities, Others (Contest, Invention, Innovation and Research Presentation), Class Paper
7	With a literature review, skilled reading professional literature, access to relevant information and the ability to use information effectively	① Classroom Teaching: Norms and Skills to Scientific Writing, Basic Computer Lessons, Material Chemistry Comprehensive Experiments, Factory Practice, Bachelor Thesis (Design), Class Paper, Practical Work ②Out-of-class Learning: Scientific After-Class Activities, Others (Contest, Invention, Innovation and Research Presentation), Class Paper
8	Having the ability to study further and adapt to the development of society	①Classroom Teaching: Polymer Material Product Design Experiments, Factory Practice, Bachelor Thesis (Design), Specialty Elective Courses ② After-school Learning: Scientific After-Class Activities, Others (Contest, Invention, Innovation and Research Presentation), Class Paper

Major Disciplines: Materials Science and Engineering.

Main Courses: Introduction of Materials science, Crystallography, Fundamentals of Materials Science, Fundamentals of Materials Engineering, Material Physics, Inorganic synthesis and Preparative Chemistry, Physical Properties of Materials, Modern Testing Technology, Composite Materials Theory, Polymer Chemistry, Polymer Physics, Synthesis of Polymer Technology, Polymer Materials Forming and Processing.

Lab Experiments: Polymer Physics Experiments, Polymer Chemistry Experiments, Polymer Synthesis and Preparation Experiments, Polymer Material Product Design Experiments, Basic Experiments for Materials Science and Engineering, Inorganic Material Synthesis and Preparation Experiments, Material Properties Testing Experiments, Modern Testing Technology Experiment, Elective courses Experiments, Comprehensive Experiment of Material Chemistry.

Practical Work: Military Training, Basic Training of Chemical Experiments, Inorganic Chemistry Experiments B, Physical Chemistry Experiments B, Organic Chemistry Experiments A, Analytical Chemistry Experiments B, Engineering Drawing, Electrician and Electronic Technology C, Crystallography, Course Design for C Language Programming, Factory Practice, Bachelor Thesis (Design).

Duration: four years.

Degree Granted: Bachelor of Engineering.

Related Specialties: Materials Science and Engineering, Chemistry.

材料化学专业课程教学计划表

Course Descriptions of Material Chemistry

课程类别 Course Classification		课程编号 Course Code	课程名称 Course Name	学分 Crs	学时 Hrs	学时分类 Class Hours 讲课 Lec.	学时分类 Class Hours 实验 Lab.	先修课程 Prerequisite Courses	学期学分分配 Semester Credits 一 1st	二 2nd	三 3rd	四 4th	五 5th	六 6th	七 7th	八 8th
通识教育课 Liberal Education Courses	必修 Compulsory	11706200	马克思主义基本原理 Principles of Marxism	3	48	48						3				
		11706500	毛泽东思想与中国特色社会主义理论体系概论 Introduction to Mao Tse-tung Thought and the Theoretical System of Socialism with Chinese Characteristics	4	64	64								4		
		11711800	中国近现代史纲要 The Essentials of Modern Chinese History	2	32	32							2			
		120002＊0	思想道德修养与法律基础 Morality Education and Fundamentals of Law	3	48	48			1.5	1.5						
		113076＊0	体育 Physical Education	4	144	144			1	1	1	1				
		109116＊0	大学英语 College English	12	192	192			3	3	3	3				
		11918902	C语言程序设计B C Language Programming B	2.5	40	28	12			2.5						
		20311100	化学与材料专业导论 Introduction to Chemistry and Material Sciences	1	16	16			1							
		14300100	军事理论 Military Theory	2	32	32			2							
	选修 Selective	总计12学分，含创新创业选修课学分，跨学科选修课不低于6学分。“形势与政策”课程作为限选课，由马克思主义学院实施		12	192											
		小计 **Sum**		**45.5**	**808**	**604**	**12**		**8.5**	**8**	**4**	**7**	**2**	**4**	**0**	**0**
学科基础课 Disciplinary Fundamental Courses		212127＊1	高等数学A Advanced Mathematics A	11.5	184	184			5	6.5						
		21212801	线性代数A Linear Algebra A	3.5	56	56		高等数学		3.5						
		21213502	概率论与数理统计B Probability and Mathematics Statistics B	2.5	40	40		高等数学 线性代数			2.5					
		212130＊2	大学物理B College Physics B	7	112	112		高等数学		3.5	3.5					

课程类别 Course Classification	课程编号 Course Code	课程名称 Course Name	学分 Crs	学时 Hrs	学时分类 Class Hours 讲课 Lec.	 实验 Lab.	先修课程 Prerequisite Courses	学期学分分配 Semester Credits 一 1st	 二 2nd	 三 3rd	 四 4th	 五 5th	 六 6th	 七 7th	 八 8th
学科基础课 Disciplinary Fundamental Courses	212132 * 1	物理实验 A Physical Experiments A	3.5	56		56	大学物理		2	1.5					
	20319902	无机化学 B Inorganic Chemistry B	3.5	56	56			3.5							
	20320002	无机化学实验 B Inorganic Chemistry Experiments B	2	32		32	无机化学		2						
	203207 * 2	物理化学 B Physical Chemistry B	5	80	80		高等数学 无机化学			2.5	2.5				
	203208 * 2	物理化学实验 B Physical Chemistry Experiments B	2	32		32	物理化学			1	1				
	20311600	结构化学 Structural Chemistry	2.5	40	40		无机化学			2.5					
	203265 * 1	有机化学 B Organic Chemistry B	5.5	88	88		无机化学 结构化学			2.5	3				
	203117 * 0	有机化学实验 A Organic Chemistry Experiments A	3.5	56		56	有机化学			1.5	2				
	20311502	分析化学 B Analytical Chemistry B	3	48	28	20	无机化学 物理化学 有机化学						3		
	20714200	工程制图 Engineering Drawing	2.5	40	36	4		2.5							
	20725103	电工及电子技术 C Electrician and Electronic Technology C	3	48	40	8	大学物理					3			
	小计 Sum		**60.5**	**968**	**760**	**208**		**11**	**17.5**	**17.5**	**8.5**	**3**	**3**	**0**	**0**
专业主干课 Main Specialty Courses	20302000	材料学导论 Introduction to Materials Science	1.5	24	24			1.5							
	20324900	晶体学 Crystallography	3.5	56	48	8	无机化学			3.5					
	20310200	高分子化学 Polymer Chemistry	3	48	48		有机化学					3			
	20316002	高分子物理 Polymer Physics	2.5	40	40		高分子化学					2.5			
	20304800	高分子合成工艺学 Synthesis of Polymer Technology	2	32	32		高分子物理 高分子化学						2		
	20326200	高分子材料成型加工 Polymer Material Forming and Processing	2	32	32		高分子合成工艺学						2		

课程类别 Course Classification	课程编号 Course Code	课程名称 Course Name	学分 Crs	学时 Hrs	学时分类 Class Hours		先修课程 Prerequisite Courses	学期学分分配 Semester Credits							
					讲课 Lec.	实验 Lab.		一 1st	二 2nd	三 3rd	四 4th	五 5th	六 6th	七 7th	八 8th
专业主干课 Main Specialty Courses	20301600	材料科学基础 Fundamentals of Materials Science	3.5	56	56		材料学导论 晶体学				3.5				
	20322700	材料工程基础 Fundamentals of Materials Engineering	3	48	48		材料力学				3				
	20301700	材料物理 Materials Physics	3	48	48		结构化学 材料学导论 晶体学				3				
	20326300	无机合成与制备化学 Inorganic Materials Synthesis and Preparative Chemistry	1.5	24	24		晶体学 材料科学基础					1.5			
	20326400	材料物理性能 Material Physical Properties	2	32	32		材料物理 材料科学基础					2			
	20324700	现代测试技术 Modern Testing Technology	2.5	40	40		晶体学 材料学导论						2.5		
	20316600	复合材料原理 Principle of Composite Materials	2	32	32		材料物理 材料物理性能						2		
	小计 Sum		**32**	**512**	**504**	**8**		**1.5**	**0**	**3.5**	**9.5**	**9**	**8.5**	**0**	**0**
专业选修课 Specialty Elective Courses		具体见专业选修课列表	7	112							1.5	5.5	6	7.5	
合计 Sub-total			**145**	**2400**	**1868**	**228**		**20**	**25.5**	**28**	**26.5**	**14**	**15.5**	**0**	**0**
实践环节 Practical Work	44300200	军事训练 Military Training	2	2周				2							
	41919002	C语言课程设计 Course Design for C Language	1.5	1.5周			C语言程序设计		1.5						
	40319800	化学实验基础技能训练 Basic Chemical Experiment Skill Training	1	1周				1							
	40325100	高分子物理实验 Polymer Physics Experiments	2	2周			高分子化学 高分子物理					2			
	40325200	高分子化学实验 Polymer Chemistry Experiments	2	2周			高分子化学 高分子物理					2			
	40325300	高分子合成与制备实验 Polymer Synthesis and Preparation Experiments	1	1周			高分子合成工艺学						1		

课程类别 Course Classification	课程编号 Course Code	课程名称 Course Name	学分 Crs	学时 Hrs	学时分类 Class Hours 讲课 Lec.	实验 Lab.	先修课程 Prerequisite Courses	学期学分分配 Semester Credits 一 1st	二 2nd	三 3rd	四 4th	五 5th	六 6th	七 7th	八 8th
实践环节 Practical Work	40325400	高分子材料产品设计实验 Polymer Material Product Design Experiments	1	1 周			高分子化学 高分子物理 高分子合成工艺学 高分子材成型加工						1		
	40323500	材料科学与工程基础实验 Basic Experiments for Materials Science and Engineering	1.5	1.5 周			材料科学基础 材料工程基础				1.5				
	40325500	无机合成与制备实验 Inorganic Materials Synthesis and Preparation Experiments	1	1 周			无机合成与制备化学					1			
	40323700	材料性能测试实验 Material Properties Testing Experiments	1.5	1.5 周			材料物理性能					1.5			
	40325600	现代测试技术实验 Modern Testing Technology Experiments	1.5	1.5 周			晶体学 现代测试技术						1.5		
	40325700	材料化学综合实验 Material Chemistry Comprehensive Experiments	3	3 周			专业主干课							3	
	40324500	生产实习 Factory Practice	4	4 周			专业主干课							4	
	40324600	毕业论文(设计) Graduation Thesis(Design)	16	16 周			专业主干课								16
	小计 Sum		**39**	**39 周**				**3**	**1.5**	**0**	**1.5**	**6.5**	**3.5**	**7**	**16**
创新创业自主学习 Autonomous Learning	ZZ35000S	社会调查 Social Investigation	2												
		其他(学科竞赛、发明创造、科研报告) Others (Contest, Invention, Innovation and Research Presentation)	3												
	小计 Sum		**5**												
总计 Total			**189**	**2400+39 周**	**1868**	**228**		**24**	**27**	**28**	**28**	**18**	**18.5**	**7**	**15**
可开出专业选修课列表 Specialty Elective Courses	20325800	有机氟硅材料 Organic Silicon Fluoride Materials	1.5	24									1.5		
	20317300	高分子材料助剂及配方设计 Additives of Polymers and Design	1.5	24									1.5		

课程类别 Course Classification	课程编号 Course Code	课程名称 Course Name	学分 Crs	学时 Hrs	学时分类 Class Hours 讲课 Lec.	 实验 Lab.	先修课程 Prerequisite Courses	学期学分分配 Semester Credits 一 1st	 二 2nd	 三 3rd	 四 4th	 五 5th	 六 6th	 七 7th	 八 8th
可开出专业选修课列表 Specialty Elective Courses	20317400	功能高分子材料 Functional Polymers	1.5	24										1.5	
	20323000	特种陶瓷及工艺 Special Ceramics and Process	1.5	24									1.5		
	20325900	非金属材料工学 Non-Metallic Materials Technology	1.5	24								1.5			
	20317800	功能矿物材料 Functional Mineral Materials	1.5	24										1.5	
	20317500	纳米材料学 Nano-Materials Science	1.5	24										1.5	
	20326000	工业固体废弃物再生利用 Industrial Solid Waste Recycling	1.5	24									1.5		
	20317700	选矿工艺学 Beneficiation Processing Technology	1.5	24										1.5	
	20326100	材料腐蚀与防护 Corrosion and Protection of Materials	1.5	24										1.5	
	20303700	粉体工程 Powder Technology	2	32								2			
	20300700	材料表面与界面 Surface and Interface of Materials	2	32								2			
	20323400	科技写作规范和技巧 Norms and Skills to Scientific Writing	1.5	24							1.5				

注:1. 通识教育选修课(12 学分)和创新创业自主学习(5 学分)未列入具体学期。

2. 专业选修课需至少修满 7.0 学分。

3. 创新创业学分参照《材化学院创新创业学分认定(建议稿)》(见附件)中认定的学分。

4. 下列学分可登记为"专业选修课"学分:高于本教学计划标准选择数理化必修课程获得的额外学分;跨大类、跨专业选择其他专业的专业必修课获得的学分;学校认定的境内外交流学习本专业课程所转换的学分;与材料学科相关的创新创业学分;学校认定的本学科在线课程(如 MOOC、Khan Academy)所转换的学分。

材料化学专业课程分类统计

Course Category Statistics of Material Chemistry

课程学分 / 统计	通识教育课 Liberal Education Courses 必修 Compulsory	 选修 Selective	学科基础课 Disciplinary Fundamental Courses	专业主干课 Main Specialty Courses	专业选修课 Specialty Elective Courses	实践环节 Practical Work	创新创业自主学习 Autonomous Learning	学时总计 Total Hours	学分总计 Total Credits
学时/学分 Hrs/Crs	616/33.5	192/12	968/60.5	512/32	112/7	39 周/39	5	2400+ 39 周	189
学分所占比例 Proportion of Credits	24.07%		32.01%	16.93%	3.70%	20.63%	2.65%		100%

附件:材化学院创新创业学分认定(建议稿)

<table>
<tr><th>序号</th><th>创新创业活动名称</th><th colspan="2">创新创业活动要求</th><th>学分</th></tr>
<tr><td rowspan="8">1</td><td rowspan="8">主持或参加创新创业项目</td><td colspan="2">主持或参加(前三名)省级或国家级大学生创新训练项目,并顺利结题者</td><td>2～4</td></tr>
<tr><td colspan="2">主持或参加(前四名)省级或国家级大学生创业训练项目,并顺利结题者</td><td>1～4</td></tr>
<tr><td colspan="2">主持或参加(前五名)省级或国家级大学生创业实践项目,并顺利结题者</td><td>1～5</td></tr>
<tr><td colspan="2">主持或参加(前三名)校级创新创业训练项目,并顺利结题者</td><td>1～3</td></tr>
<tr><td colspan="2">主持或参加(前三名)校级创业实践项目,并顺利结题者</td><td>1～3</td></tr>
<tr><td colspan="2">主持或参加(前二名)院级创新创业训练、创业实践等项目,并顺利结题者</td><td>1～2</td></tr>
<tr><td colspan="2">参加与学科相关的科研项目或科研活动,并有二名本系副教授以上职称教师认可的学术论文或报告</td><td>2</td></tr>
<tr><td colspan="2">主持或参加(前二名)本学科自选项目(包括实验研究、项目设计、工程设计、调研报告),并有二名本系副教授以上职称教师认可的学术论文或报告、设计</td><td>1</td></tr>
<tr><td rowspan="2">2</td><td rowspan="2">社会实践活动</td><td colspan="2">参加社会实践,提交社会实践或社会调查报告,通过答辩者</td><td>2</td></tr>
<tr><td colspan="2">个人被校团委或团省委评为社会实践活动积极分子者,集体被校团委或团省委评为优秀社会实践队者</td><td>2</td></tr>
<tr><td rowspan="6">3</td><td rowspan="6">英语、计算机、普通话</td><td colspan="2">托福考试达 90 分及以上者;雅思考试达 6.5 分及以上者;GRE 考试达 1350 分及以上者;全国大学英语六级考试达 520 分及以上者</td><td>3</td></tr>
<tr><td colspan="2">全国计算机等级考试获二级及以上证书者</td><td>2</td></tr>
<tr><td rowspan="3">全国计算机软件资格、水平考试(不重复计分)</td><td>获系统分析员证书者</td><td>4</td></tr>
<tr><td>获高级程序员证书者</td><td>3</td></tr>
<tr><td>获程序员证书者</td><td>2</td></tr>
<tr><td colspan="2">普通话获得二乙及以上等级证书者</td><td>2</td></tr>
<tr><td rowspan="5">4</td><td rowspan="4">学科竞赛(同一项目,以最高学分计)</td><td colspan="2">全国学科竞赛或科技报告会一、二、三等奖</td><td>3～5</td></tr>
<tr><td colspan="2">省级学科竞赛或科技报告会一、二、三等奖</td><td>2～4</td></tr>
<tr><td colspan="2">校级学科竞赛或科技报告会一、二、三等奖</td><td>1～3</td></tr>
<tr><td colspan="2">院、系级学科竞赛或科技报告会一、二等奖</td><td>1～2</td></tr>
<tr><td>艺术类、体育类竞赛</td><td colspan="2">非艺术类、非体育类专业学生竞赛学分认定规则由大学生艺术教育基地制订</td><td>2</td></tr>
<tr><td rowspan="4">5</td><td rowspan="4">在本学科专业领域的论文发表或宣读</td><td>T3(含)以上刊物</td><td>每篇论文(前二名作者)</td><td>4</td></tr>
<tr><td>T4、T5 刊物</td><td>每篇论文(前二名作者)</td><td>3</td></tr>
<tr><td>一般刊物</td><td>每篇论文(前二名作者)</td><td>1</td></tr>
<tr><td>各种会议宣读并收入论文集</td><td>每篇论文(前二名作者)</td><td>1</td></tr>
<tr><td rowspan="6">6</td><td rowspan="6">发明创造</td><td rowspan="6">所有权归学校的职务发明:PCT 国际专利</td><td>授权发明专利第一发明人</td><td>5</td></tr>
<tr><td>授权发明专利第二、第三发明人</td><td>4</td></tr>
<tr><td>授权发明专利其他发明人</td><td>3</td></tr>
<tr><td>已公开发明专利第一发明人</td><td>3</td></tr>
<tr><td>已公开发明专利第二、第三发明人</td><td>2</td></tr>
<tr><td>已公开发明专利其他发明人</td><td>1</td></tr>
</table>

序号	创新创业活动名称	创新创业活动要求		学分
6	发明创造	所有权归学校的职务发明:国家发明专利	第一、第二、第三发明人	1～3
		所有权归学校的以下知识产权:国家实用新型专利、外观设计专利、计算机软件著作权、集成电路布图设计、商标等	第一、第二、第三发明人	1
7	科技成果转化	参加本校或本院组织的创新创业活动,注册成立公司且能正常运营;将本人的专利以实施许可、技术转让或技术入股方式进行技术转移等(由知识产权与技术转移中心指定相关规则实行)	占有公司股份20%及以上;第一、第二、第三发明人	1～3
8	“身边的化学”实验展演活动	参加“身边的化学”实验展演活动,获得标兵展演队员、优秀展演队员称号,或获得优秀组织者称号	每个参展项目最多五名展演成员	2
9	其他	对于上述无法包含的其他活动,学生如需申请创新创业学分,可由系创新创业学分认定委员会认定		

注:1.依据中国地质大学(武汉)关于修订新一轮本科人才培养方案及教学计划的意见[地大发(2014)60号]《本科生创新创业自主学习学分认定一览表(建议稿)》。

2.国家级大学生创新创业训练计划申报表的人数要求:创新训练项目,项目组成员一般不超过4人(含项目负责人);创业训练项目,项目组成员一般不超过6人(含项目负责人);创业实践项目,按照项目需求合理安排项目组成员。

环境学院

- 水资源与环境工程(实验班)专业培养方案
- 水文与水资源工程专业培养方案
- 环境工程专业培养方案
- 环境工程(卓越工程师教育培养计划)专业培养方案
- 环境工程(菁英班)专业培养方案
- 生物科学(菁英班)专业培养方案
- 地下水科学与工程专业培养方案

水资源与环境工程(实验班)专业培养方案

专业名称与代码:水资源与环境工程　081102－082502

专业培养目标:培养以地球系统科学理论为基础的,具有地学特色的,兼备水资源、环境科学与工程专业知识的,品德高尚、崇尚科学的复合学术型拔尖人才。

专业培养要求:本专业学生将在牢固掌握理科基础、外语、计算机技能的基础上,主要学习地下水资源开发、利用、保护与管理等方面的基本理论和基本方法,培养野外水文地质调查、测绘、制图、实验、测试及数据处理等方面的基本技能,具有应用所学专业分析解决实际问题、科学研究、组织管理的基本能力。

毕业生应获得以下几个方面的知识和能力

1.具有浓厚的爱国情结和民族自尊心、自豪感。

2.热爱科学,具有为科学事业献身的精神。

3.具有求“科学之真、人文之善、艺术之美”的高尚品质。

4.具有较强的团队协作精神和组织管理能力。

5.具有宽厚的数学、物理、化学和生物学基础知识。

6.具有扎实的地质学基础。

7.具有地球系统科学理念。

8.具备系统的水文地质、工程地质、环境地质等专业知识。

9.具备过硬的外语、计算机、文字表达能力和野外调查、室内实验、仪器分析及数据处理分析技能。

毕业要求及实现途径

序号	毕业要求	实现途径(教学过程)
1	掌握地质基础理论、技能和工作方法	①课堂教学:普通地质学、构造地质学B、矿物岩石学、地貌学及第四纪地质学 ②课外学习:地质认识实习(北戴河)、地质教学实习(周口店)B、地下水井流试验设计与实践、测量教学实习 A
2	初步掌握地下水有关的基本原理、主要的实验、测试方法和分析技术	①课堂教学:水力学、水文地质学基础 A、地下水动力学 A、水文地球化学(附水分析)、包气带水文地质学、环境同位素原理与技术 ②课外学习:通过开展教学实验,引导学生思考问题,增强学生的动手能力,深化专业知识的理解,掌握基本的测试方法和分析技术
3	具备对地下水形成、埋藏、分布和运移规律等进行调查、评价和综合分析的基本能力	①课堂教学:水资源开发与保护、水文地质工程地质勘察方法、水文地质学基础 A、地下水动力学 A、GIS 原理与应用、钻探与成井工艺、工程物探 ②课外学习:水资源开发与保护课程设计、专业教学实习(三峡)、地下水数值模拟基础课程设计

序号	毕业要求	实现途径(教学过程)
4	具备对地下水资源与环境进行综合评价和开发设计方面的基本能力	①课堂教学:水资源开发与保护、地下水动力学 A、地下水数值模拟基础、地下水环境影响评价方法、地下水污染与防治、土壤污染和防治、水污染控制工程 ②课外学习:专业教学实习(三峡)、水资源开发与保护课程设计、地下水井流试验设计与实践、地下水数值模拟基础课程设计
5	具备解决因地下水所引起的有关地质工程、地质环境问题的基本能力	①课堂教学:地下水防治技术与方法、环境地质学 A、地质灾害防治工程、地下水数值模拟基础、GIS 原理与应用、工程地质学、岩体力学、土力学、环境微生物学等 ②课外学习:引导大学生参加大学生科研立项、大学生科技论文报告会等活动
6	熟悉国家有关水资源的方针、政策和法规;具有一定的管理知识和能力	①课堂教学:环境法规、地下水环境影响评价方法、注册岩土工程师职业技能培训、工程招标投标与概预算 ②课外学习:引导学生关注社会环境问题及国家相关法律政策,鼓励学生参加职业技能培训及资格考试
7	掌握资料查询以及获取信息的基本方法,具有资料归纳、整理和综合分析并加以正确表达的能力	课外学习:测量学教学实习、地质认识实习(北戴河)、地质教学实习(周口店)、专业教学实习(三峡)、专业课程设计、毕业生产实习、毕业设计等

主干学科:地质工程、水利工程、环境科学与工程。

核心课程:地质学基础、水文地质学基础、地下水动力学、水文地球化学、环境微生物学、水文地质工程地质勘察方法、环境地质、地下水污染与防治、水资源开发与保护、生态学等,并设置了不同方向的专业选修课、专题讲座、公共选修课以及科研训练等。

主要专业实验:水力学实验、水文地质学基础实验、地下水动力学实验、水分析化学实验等。

主要实践性教学环节:计算机程序课程设计、工程测量实习、地质基础实习、专业基础教学实习、专业教学实习、毕业实习与毕业设计等。

修业年限:四年。

授予学位:工学学士。

相近专业:环境工程、水文与水资源工程、地下水科学与工程、地质工程。

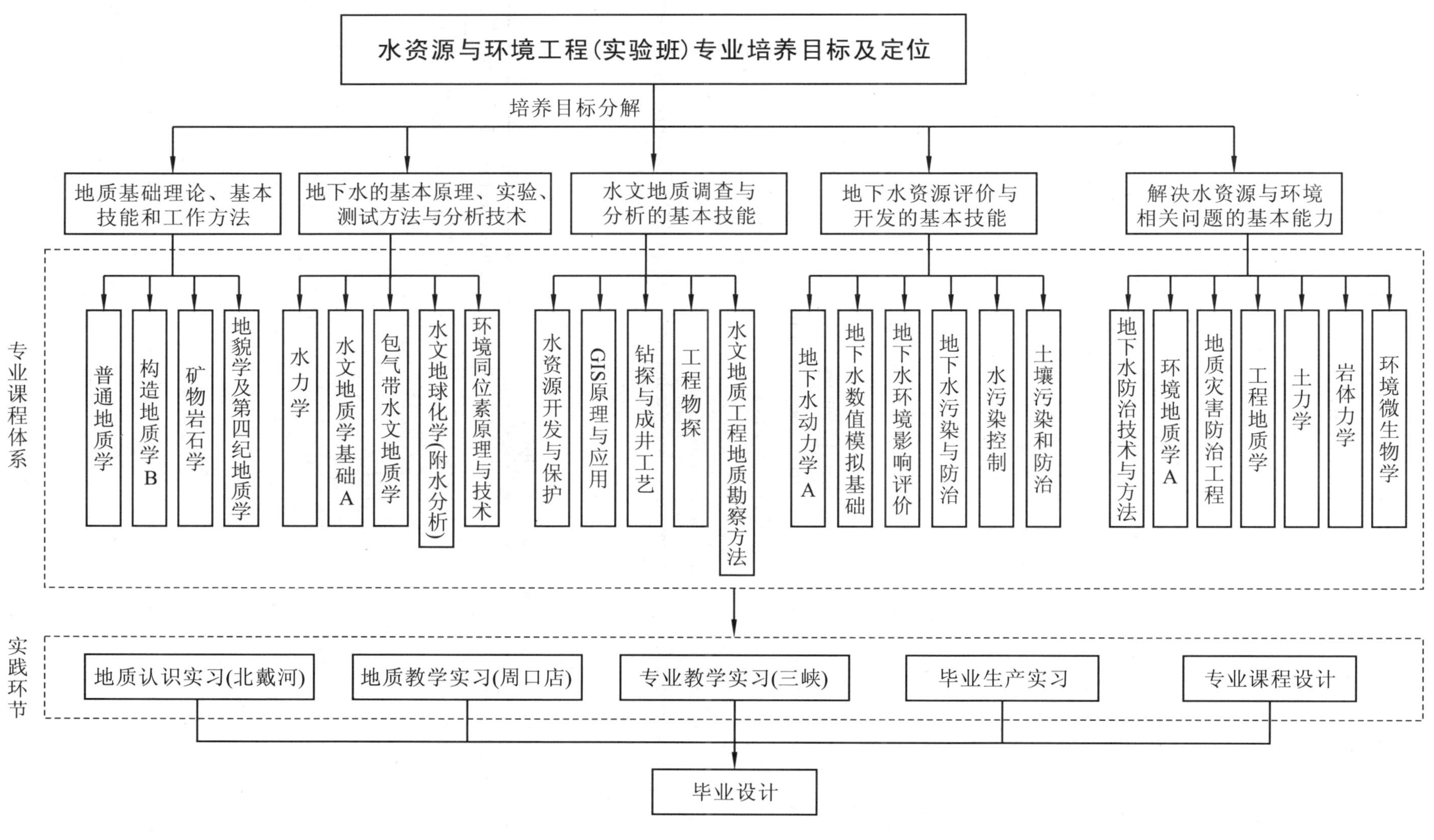

水资源与环境工程(实验班)专业培养目标及定位
培养目标分解
地质基础理论、基本技能和工作方法
地下水的基本原理、实验、测试方法与分析技术
水文地质调查与分析的基本技能
地下水资源评价与开发的基本技能
解决水资源与环境相关问题的基本能力
专业课程体系
普通地质学
构造地质学B
矿物岩石学
地貌学及第四纪地质学
水力学
水文地质学基础A
包气带水文地质学
水文地球化学(附水分析)
环境同位素原理与技术
水资源开发与保护
GIS原理与应用
钻探与成井工艺
工程物探
水文地质工程地质勘察方法
地下水动力学A
地下水数值模拟基础
地下水环境影响评价
地下水污染与防治
水污染控制
土壤污染和防治
地下水防治技术与方法
环境地质学A
地质灾害防治工程
工程地质学
土力学
岩体力学
环境微生物学
实践环节
地质认识实习(北戴河)
地质教学实习(周口店)
专业教学实习(三峡)
毕业生产实习
专业课程设计
毕业设计

Program for Water Resources and Environmental Engineering (Experimental Class)

Specialty and Code: Water Resources and Environmental Engineering 081102－082502

Education Objective: The program aims at cultivating top-notch interdisciplinary talents who are noble and devoted to science. Students will focus on knowledge of geosciences with solid background in water resources and environmental science and engineering.

Education Requirements: Students will acquire the knowledge and technology for the data collecting and processing of hydrology and water resources, aquatic environment, forecasting of floods and droughts, water resources planning, groundwater seepage and others related skills based on the mastery knowledge of natural science, a foreign language and computer applications. Students should have the ability to solve practical engineering problems, being actively engaged in undertaking, organizing and managing scientific projects.

Graduation Requirements

1. To be inspired by strong patriotism and national pride.
2. To be devoted to science.
3. To be committed to "Truth of science, Kindness of humanities, and Beauty of art".
4. To have strong team spirit, organization and management ability.
5. To have profound knowledge of mathematics, physics, chemistry and biology, etc.
6. To have solid basic knowledge of geology.
7. To have outstanding competence in geosciences.
8. To have comprehensive professional knowledge of Hydrogeology, Engineering Geology and Environmental Geology.
9. To be proficient computer programming and operation, and skillful in data processing with graphics, data, and words for research and application.

Graduation Requirements and Ways to Achieve

No.	Graduation Requirements	Ways to Achieve(Teaching Process)
1	To master theoretical knowledge and skills pertaining to geosciences	①Classroom Teaching: Physical Geology, Structural Geology B, Mineralogy and Petrology, Geomorphology and Quaternary Geology ② Out-of-class Learning: Primary Field Practice (Beidaihe), Geological Field Training (Zhoukoudian) B, Design and Practice of Groundwater Well Tests, Surveying Practice A
2	To have proficiency in experimental techniques, measurement methodology and analytical technology on groundwater resources	① Classroom Teaching: Hydraulics, Fundamental Hydrogeology A, Groundwater Dynamics, Hydro-geochemical Analysis, Vadose Hydrogeology, Environment Isotope Principles and Technology ② Out-of-class Learning: Experiments of Basic Testing Methods and Analysis Techniques

No.	Graduation Requirements	Ways to Achieve(Teaching Process)
3	To have scientific analytical abilities to assess groundwater formation, embedding, distribution and laws of movement	①Classroom Teaching: Water Resources Exploitation and Protection, Investigation and Survey Skills for Groundwater and Geoengineering, Fundamental Hydrogeology A, Groundwater Dynamics A, Principles and Applications of GIS, Drilling and Well Completion, Engineering Geophysical Exploration ②Out-of-class Learning: Curriculum Design of Water Resources Exploitation and Protection, Professional Teaching Practice (The Three Gorges), Curriculum Design of Groundwater Numerical Simulation
4	To have basic ability in evaluation and exploitation of groundwater resources	①Classroom Teaching: Water Resources Exploitation and Protection, Groundwater Dynamics A, Groundwater Numerical Simulation, Environmental Assessment of Groundwater, Groundwater Pollution and Prevention, Soil Pollution and Prevention, Water Pollution Control Engineering ② Out-of-class Learning: Professional Teaching Practice (The Three Gorges), Curriculum Design of Water Resources Exploitation and Protection, Design and Practice of Groundwater Well Testing, Curriculum Design of Groundwater Numerical Simulation
5	To have the ability to solve basic problems caused by groundwaterengineering	①Classroom Teaching: Technology on Groundwater Prevention and Control, Environmental Geology A, Prevention and Treatment Engineering on Geological Disaster, Groundwater Numerical Simulation, Principles and Applications of GIS, Engineering Geology, Soil Mechanics, Rock Mechanics, Environmental Microbiology, etc ②Out-of-class Learning: Guide College Students to Participate in College Students' Scientific Research Project and Scientific Papers Report and so on
6	To be familiar with policies and regulations about water resources, and sufficient knowledge and ability of management	① Classroom Teaching: Environmental Legislation, Assessment Methods on Groundwater Environment Impact, Vocational Skills Training on Registered Geotechnical Engineer, Engineering Bidding and Budget ②Out-of-class Learning: Vocational Skills Trainings and Qualification Examinations
7	To master the basic methods of literature search and information collection, possess the essential ability of understanding, organizing, analyzing interpreting and processing of information	Out-of-class Learning: Surveying Practice, Primary Field Training (Beidaihe), Geological Field Training (Zhoukoudian), Professional Teaching Practice(The Three Gorges), Course Projects, Graduation Practice and Design, etc

Major Disciplines: Geological Engineering, Hydraulic Engineering, Environmental Sciences and Engineering.

Main Courses: Fundamentals of Geology, The Principles of Hydrogeology, Groundwater Hydraulics, Hydro-geochemistry, Environmental Microbiology, Investigation and Survey Skills for Groundwater and Geoengineering, Environmental Geology, Groundwater Contamination and Prevention, Water Resources Exploitation and Protection, Ecology. In Addition, a wide range of selective courses, lectures, and training programs are available.

Lab Experiments: Hydraulics Experiments, Hydrodynamics Experiments, Hydrogeology Experiments, Hydrochemical Analysis Experiments, etc.

Practical Work: Instructive Practice for Technical Drawing, Cognitive Geological Field Practice, Field Induction in Geology, Course Project Design for Computer Programming, Professional Teaching Practice, Graduation Practice and Design, etc.

Duration: four years.

Degree Granted: Bachelor of Science.

Related Specialties: Environmental Engineering, Hydrological and Water Resources Engineering, Groundwater Sciences and Engineering, Geology Engineering.

水资源与环境工程(实验班)专业课程教学计划表

Course Descriptions of Water Resources and Environmental Engineering(Experimental Class)

课程类别 Course Classification		课程编号 Course Code	课程名称 Course Name	学分 Crs	学时 Hrs	学时分类 Class Hours		先修课程 Prerequisite Courses	学期学分分配 Semester Credits							
						讲课 Lec.	实验 Lab.		一 1st	二 2nd	三 3rd	四 4th	五 5th	六 6th	七 7th	八 8th
通识教育课 Liberal Education Courses	必修 Compulsory	11706200	马克思主义基本原理 Principles of Marxism	3	48	48			3							
		11706500	毛泽东思想与中国特色社会主义理论体系概论 Introduction to Mao Tse-tung Thought and the Theoretical System of Socialism with Chinese Characteristics	4	64	64					4					
		11711800	中国近现代史纲要 The Essentials of Modern Chinese History	2	32	32						2				
		120002＊0	思想道德修养与法律基础 Morality Education and Fundamentals of Law	3	48	48			1.5	1.5						
		113076＊0	体育 Physical Education	4	144	144			1	1	1	1				
		109116＊0	大学英语 College English	12	192	192			3	3	3	3				
		11918901	C语言程序设计A C Language Programming A	3.5	56	40	16			3.5						
		20413200	水资源与环境专业导论 Introduction to Groundwater and Environmental Sciences	1	16	16			1							
		14300100	军事理论 Military Theory	2	32	32			2							
	选修 Elective	总计12学分,含创新创业选修课学分,跨学科选修课不低于6学分。“形势与政策”课程作为限选课,由马克思主义学院实施		12	192											
		小计 Sum		**46.5**	**824**	**616**	**16**		**11.5**	**9**	**8**	**6**	**0**	**0**	**0**	**0**
学科基础课 Disciplinary Fundamental Courses		212127＊1	高等数学A Advanced Mathematics A	11.5	184	184			5	6.5						
		21212801	线性代数A Linear Algebra A	3.5	56	56					3.5					
		21213501	概率论与数理统计A Probability and Mathematics Statistics A	3.5	56	56					3.5					
		21206300	数学实验 Mathematic Experiments	1	16	4	12			1						

课程类别 Course Classification	课程编号 Course Code	课程名称 Course Name	学分 Crs	学时 Hrs	学时分类 Class Hours		先修课程 Prerequisite Courses	学期学分分配 Semester Credits							
					讲课 Lec.	实验 Lab.		一 1st	二 2nd	三 3rd	四 4th	五 5th	六 6th	七 7th	八 8th
学科基础课 Disciplinary Fundamental Courses	212130 * 2	大学物理 B College Physics B	7	112	112				3.5	3.5					
	21213202	物理实验 B Physical Experiments B	2	32		32			2						
	20302403	大学化学 C College Chemistry C	4	64	50	14				4					
	20311402	有机化学 B Organic Chemistry B	3.5	56	40	16					3.5				
	20320102	分析化学 B Analytical Chemistry B	3	48	32	16						3			
	20114900	普通地质学 Physical Geology	3	48	48			3							
	20113100	矿物岩石学 A Mineralogy and Lithology A	3	48	48					3					
	20104002	构造地质学 B Structure Geology B	3	48	48						3				
	20115100	地貌学及第四纪地质学 Geomorphology and Quaternary Geology	2.5	40	40								2.5		
	21120801	测量学 A Surveying A	2.5	40	40				2.5						
	20508002	工程力学 B Engineering Mechanic B	5	80	72	8					5				
	20408400	水力学 Hydraulics	2.5	40	32	8					2.5				
	小计 **Sum**		**60.5**	**968**	**862**	**106**		**8**	**15.5**	**17.5**	**14**	**3**	**2.5**	**0**	**0**
专业主干课 Main Specialty Courses	20409101	水文地质学基础 A The Principles of Hydrogeology A	4	64	40	24						4			
	20400801	地下水动力学 A Groundwater Hydraulics A	4	64	40	24						4			
	20408800	水文地球化学(附水分析) Hydro-geochemistry	3	48	36	12							3		
	20404200	环境工程微生物及实验 Environmental Microbiology and Experiments	3	48	28	20						3			
	20414400	水文地质工程地质勘察方法 Investigation and Survey Skills for Groundwater and Geoengineering	2.5	40	40								2.5		

课程类别 Course Classification	课程编号 Course Code	课程名称 Course Name	学分 Crs	学时 Hrs	学时分类 Class Hours		先修课程 Prerequisite Courses	学期学分分配 Semester Credits							
					讲课 Lec.	实验 Lab.		一 1st	二 2nd	三 3rd	四 4th	五 5th	六 6th	七 7th	八 8th
专业主干课 Main Specialty Courses	20413900	环境地质学 A Environmental Geology A	2.5	40	40									2.5	
	20414500	地下水污染与防治 Groundwater Contamination and Prevention	3	48	28	20								3	
	20407400	生态学 General Ecology	2	32	32								2		
	20414200	水资源开发与保护 Water Resources Exploitation and Protection	1.5	24	24								1.5		
	小计 Sum		**25.5**	**408**	**308**	**100**		**0**	**0**	**0**	**0**	**11**	**9**	**5.5**	**0**
专业选修课 Specialty Elective Courses		具体见专业选修课列表	15	240											
合计 Sub-total			**147.5**	**2440**	**1786**	**222**		**19.5**	**24.5**	**25.5**	**20**	**14**	**11.5**	**5.5**	**0**
实践环节 Practical Work	44300200	军事训练 Military Training	2	2 周				2							
	41919001	C 语言课程设计 A Course Design for C Language A	1.5	1.5 周					1.5						
	41120901	测量教学实习 A Surveying Practice A	1	1 周					1						
	40115200	地质认识实习(北戴河) Primary Field Training(Beidaihe)	2	2 周					2						
	40115602	地质教学实习(周口店)B Geological Field Training (Zhoukoudian) B	4	4 周							4				
	40421400	专业教学实习(三峡)A Professional Teaching Practice(the Three Gorges) A	5	5 周									5		
	40421500	水资源开发与保护课程设计 Course Design for Water Resources Exploitation and Protecting	2	2 周									2		
	40421600	毕业实习 Practice for Graduation	8	8 周											8
	40421700	毕业设计 Design for Graduation	8	8 周											8
	小计 Sum		**34.5**	**34.5 周**				**3**	**4.5**	**0**	**4**	**0**	**7**	**0**	**16**

课程类别 Course Classification	课程编号 Course Code	课程名称 Course Name	学分 Crs	学时 Hrs	学时分类 Class Hours		先修课程 Prerequisite Courses	学期学分分配 Semester Credits							
					讲课 Lec.	实验 Lab.		一 1st	二 2nd	三 3rd	四 4th	五 5th	六 6th	七 7th	八 8th
创新创业自主学习 Autonomous Learning	ZZ35000S	社会调查 Social Investigation	2												
		其他(学科竞赛、发明创造、科研报告) Others (Contest, Invention, Innovation and Research Presentation)	6												
	小计 **Sum**		**8**												
总计 **Total**			**190**	**2440 + 34.5** 周	**1786**	**222**		**22.5**	**29**	**25.5**	**24**	**14**	**18.5**	**5.5**	**16**

水文与水资源工程方向选修课程
Elective Courses for Hydrology and Water Resources Engineering

课程类别 Course Classification		课程编号 Course Code	课程名称 Course Name	学分 Crs	学时 Hrs	学时分类 Class Hours		先修课程 Prerequisite Courses	学期学分分配 Semester Credits							
						讲课 Lec.	实验 Lab.		一 1st	二 2nd	三 3rd	四 4th	五 5th	六 6th	七 7th	八 8th
专业选修课列表 Specialty Elective Courses	前沿类 Frontier 至少1门 At least choose 1 course	20411600	学科研究前沿 Research Progress in Hydrogeology and Environmental Engineering	2	32	32										2
		20413700	地球科学与环境 Earth Science and Environment	2.5	40	40								2.5		
	专业类 Professional 至少3门 At least choose 3 courses	20515800	土力学 Soil Mechanics	3	48	48							3			
		20517100	岩体力学 B Rock Mechanics B	2.5	40	32	8						2.5			
		20508400	工程地质学基础 B Principles of Engineering Geology B	2.5	40	40								2.5		
		20414300	工程水文地质学 Engineering Hydrogeology	2.5	40	40								2.5		
		20506100	地质灾害防治工程 Control Engineering for Geodisasters	2.5	40	40									2.5	
		20405002	环境监测 B Environmental Monitoring B	3	48	28	20							3		
		20405303	环境评价 C Environmental Assessment C	2	32	32								2		
		20413600	土壤污染与防治 Soil Pollution and Remediation	2.5	40	28	12						2.5			
	方法与技术类 Method and Technology 至少3门 At least choose 3 courses	20714600	建筑制图 Architecture Drawing	3.5	56	44	12						3.5			
		20725102	电工与电子技术 B Electrical and Electronic Technology B	5	80	68	12							5		
		20401000	地下水防治技术与方法 Groundwater Control Techniques and Methods	1.5	24	24									1.5	
		20409600	水文学原理与水文测验 The Principles of Hydrology and Gauging	2.5	40	34	6					2.5				
		20401400	地下水数值模拟基础及应用 Numerical Simulation	2	32	20	12								2	
		20405700	环境同位素原理与技术 Environment Isotope Principles and Technology	2	32	26	6								2	
		20603500	工程物探 Engineering Geophysical Exploration	2	32	24	8							2		
		21100700	GIS 原理与应用 Principles and Applications of GIS (Bilingual Teaching)	2.5	40	30	10								2.5	

环境工程方向选修课程

Elective Courses for Environmental Engineering Major

课程类别 Course Classification		课程编号 Course Code	课程名称 Course Name	学分 Crs	学时 Hrs	学时分类 Class Hours 讲课 Lec.	实验 Lab.	先修课程 Prerequisite Courses	学期学分分配 Semester Credits 一 1st	二 2nd	三 3rd	四 4th	五 5th	六 6th	七 7th	八 8th
专业选修课列表 Specialty Elective Courses	前沿类 Frontier 至少1门 At least choose 1 course	20411600	学科研究前沿 Research Progress in Hydrogeology and Environmental Engineering	2	32	32										2
		20413700	地球科学与环境 Earth Science and Environment	2.5	40	40								2.5		
	专业类 Professional 至少3门 At least choose 3 courses	20413800	水污染控制工程 Water Pollution Control Engineering	3	48	36	12						3			
		20414100	大气污染控制 Atmospheric Pollution Control	2	32	32							2			
		20405002	环境监测 B Environmental Monitoring B	3	48	28	20							3		
		20405303	环境评价 C Environmental Assessment C	2	32	32								2		
		20413600	土壤污染与防治 Soil Pollution and Remediation	2.5	40	28	12						2.5			
		20510002	固体废物处理与处置 B Solid Waste Disposal B	2	32	32								2		
		20515800	土力学 Soil Mechanics	3	48	48							3			
		20517100	岩体力学 B Rock Mechanics B	2.5	40	32	8						2.5			
		20506100	地质灾害防治工程 Control Engineering for Geodisasters	2.5	40	40									2.5	
	方法与技术类 Method and Technology 至少3门 At least choose 3 courses	20714600	建筑制图 Architecture Drawing	3.5	56	44	12						3.5			
		20725102	电工与电子技术 B Electrician and Technetronic B	5	80	68	12							5		
		20401000	地下水防治技术与方法 Groundwater Control Techniques and Methods	1.5	24	24									1.5	
		20409600	水文学原理与水文测验 The Principles of Hydrology and Gauging	2.5	40	34	6					2.5				

课程类别 Course Classification			课程编号 Course Code	课程名称 Course Name	学分 Crs	学时 Hrs	学时分类 Class Hours		先修课程 Prerequisite Courses	学期学分分配 Semester Credits							
							讲课 Lec.	实验 Lab.		一 1st	二 2nd	三 3rd	四 4th	五 5th	六 6th	七 7th	八 8th
专业选修课列表 Specialty Elective Courses	方法与技术类 Method and Technology	至少3门 At least choose 3 courses	20401400	地下水数值模拟基础及应用 Numerical Simulation	2	32	20	12								2	
			20405700	环境同位素原理与技术 Environment Isotope Principles and Technology	2	32	26	6								2	
			20603500	工程物探 Engineering Geophysical Exploration	2	32	24	8							2		
			21100700	GIS原理与应用 Principles and Applications of GIS	2.5	40	30	10								2.5	

注:通识教育选修课和自主学习学分未纳入具体学期。

水资源与环境工程(实验班)专业课程分类统计

Course Category Statistics of Water Resources and Environmental Engineering (Experimental Class)

课程学分 / 统计	通识教育课 Liberal Education Courses		学科基础课 Disciplinary Fundamental Courses	专业主干课 Main Specialty Courses	专业选修课 Specialty Elective Courses	实践环节 Practical Work	创新创业自主学习 Autonomous Learning	学时总计 Total Hours	学分总计 Total Credits
	必修 Compulsory	选修 Selective							
学时/学分 Hrs/Crs	584/34.5	192/12	968/60.5	408/25.5	240/15	34.5周/34.5	128/8	2440+34.5周	190
学分所占比例 Proportion of Credits	24.5%		31.8%	13.4%	7.9%	18.2%	4.2%		100%

水文与水资源工程专业培养方案

专业名称与代码:水文与水资源工程　081102

专业培养目标:培养适应现代化建设和未来社会与科技发展需要,立志为国家富强、民族振兴和人类文明进步而奋斗,德智体美全面发展与健康个性和谐统一的、富有创新精神、实践能力和国际视野的高素质工程技术复合型人才和科学研究人才。

学生毕业后具备较高的道德文化修养和扎实的自然科学知识,较强的外语、计算机、管理等方面的能力;掌握水资源及水环境(尤其是地下水及其环境)方面的专业基础知识和专业理论,能从事地表水、地下水资源及水环境保护的勘测、规划设计、预测、评价与管理等方面的研究和开发。毕业后可到国家各部委、科研院所、勘察设计单位及高等院校等从事工程技术、科学研究及教学工作,可继续攻读水文学及水资源专业的硕士、博士学位。

专业培养要求:本专业学生将在牢固掌握理科基础、外语、计算机技能的基础上,主要学习水文水资源及环境信息的采集及处理、水旱灾害预测及防治、水资源规划、地下水渗流等方面基本理论和基本知识,接受工程制图、运算、实验、测试等方面的基本训练,具有应用所学专业知识分析解决实际问题、科学研究、组织管理的基本能力。

毕业生应获得以下几个方面的知识和能力

1.掌握数学、物理、化学、水力学、水文学等方面的基础理论、基础知识。

2.掌握水文水资源、水环境有关的基础理论、基础知识和分析、设计方法。

3.具有从事工程规划、勘测、设计、科学研究和组织管理的基本技能。

4.熟悉国家的方针、政策和法规。

5.了解水文水资源及水环境领域的发展动态。

6.掌握文献检索、资料查询的基本方法,具有初步的科学研究和实际工作能力。

毕业要求及实现途径

序号	毕业要求	实现途径(教学过程)
1	掌握数学、物理、化学、水力学、水文学等方面的基础理论、基础知识	①课堂教学:高等数学B、大学物理C、大学化学C、线性代数C、水力学、水文学原理及水文测验、工程力学B、岩体力学、土质学及土力学 ②课外学习:水力学实验、水文学原理及水文测验系列实验、物理实验B、化学实验等
2	掌握水文水资源、水环境有关的基础理论、基础知识和分析、设计方法	①课堂教学:水文学原理及水文测验、水文统计及水文计算(含概率)、流域水文模型、水文地质学基础A、地下水动力学A、生态水文学、地下水污染与防治、水资源开发与保护等 ②课外学习:水文统计及流域水文模型课程设计、水资源开发与保护课程设计等
3	具有从事工程规划、勘测、设计、科学研究和组织管理的基本技能	①课堂教学:水文地质工程地质勘察方法、GIS原理与应用、环境地质学A、工程招标投标与概预算、工程地质学、水文统计及水文计算(含概率)、流域水文模型、测量学B ②课外学习:水资源开发与保护课程设计、专业教学实习(三峡)、地下水数值模拟基础课程设计,参观典型水利工程

序号	毕业要求	实现途径(教学过程)
4	熟悉国家的方针、政策和法规	①课堂教学:水资源法规导论、环境法规、环境评价 B、地下水环境影响评价方法、注册岩土工程师职业技能培训 ②课外学习:引导关注水资源环境问题及国家相关法律政策,鼓励学生参加职业技能培训及资格考试
5	了解水文水资源及水环境领域的发展动态	①课堂教学:专业前沿课程、流域水文模型、地下水污染与防治、水污染控制工程、环境监测 A、环境评价 B、环境同位素原理与技术 ②课外学习:引导大学生参加大学生科研立项、大学生科技论文报告会等活动
6	掌握文献检索、资料查询的基本方法,具有初步的科学研究和实际工作能力	课外学习:测量学教学实习、地质认识实习、地质教学实习、专业教学实习、专业课程设计、毕业生产实习、毕业设计等

主干学科:地质工程、土木工程、水利工程、环境工程。

核心课程:水力学、水文学原理与水文测验、水文地质学基础、地下水动力学、水文地球化学/附水分析、水文统计与水文计算、流域水文模型、生态水文学、水资源开发与保护等。

主要专业实验:水力学实验、水文地质学基础实验、地下水动力学实验、环境水化学实验、水分析化学实验等。

主要实践性教学环节:工程测量实习、北戴河地质认识实习、周口店地质教学实习,三峡专业教学实习、计算机语言编程课程设计、水文预报课程设计、地下水开发与防治课程设计、毕业实习与毕业设计等(约 33～34 周)。

修业年限:四年。

授予学位:工学学士。

相近专业:环境工程、地质工程、地下水科学与工程。

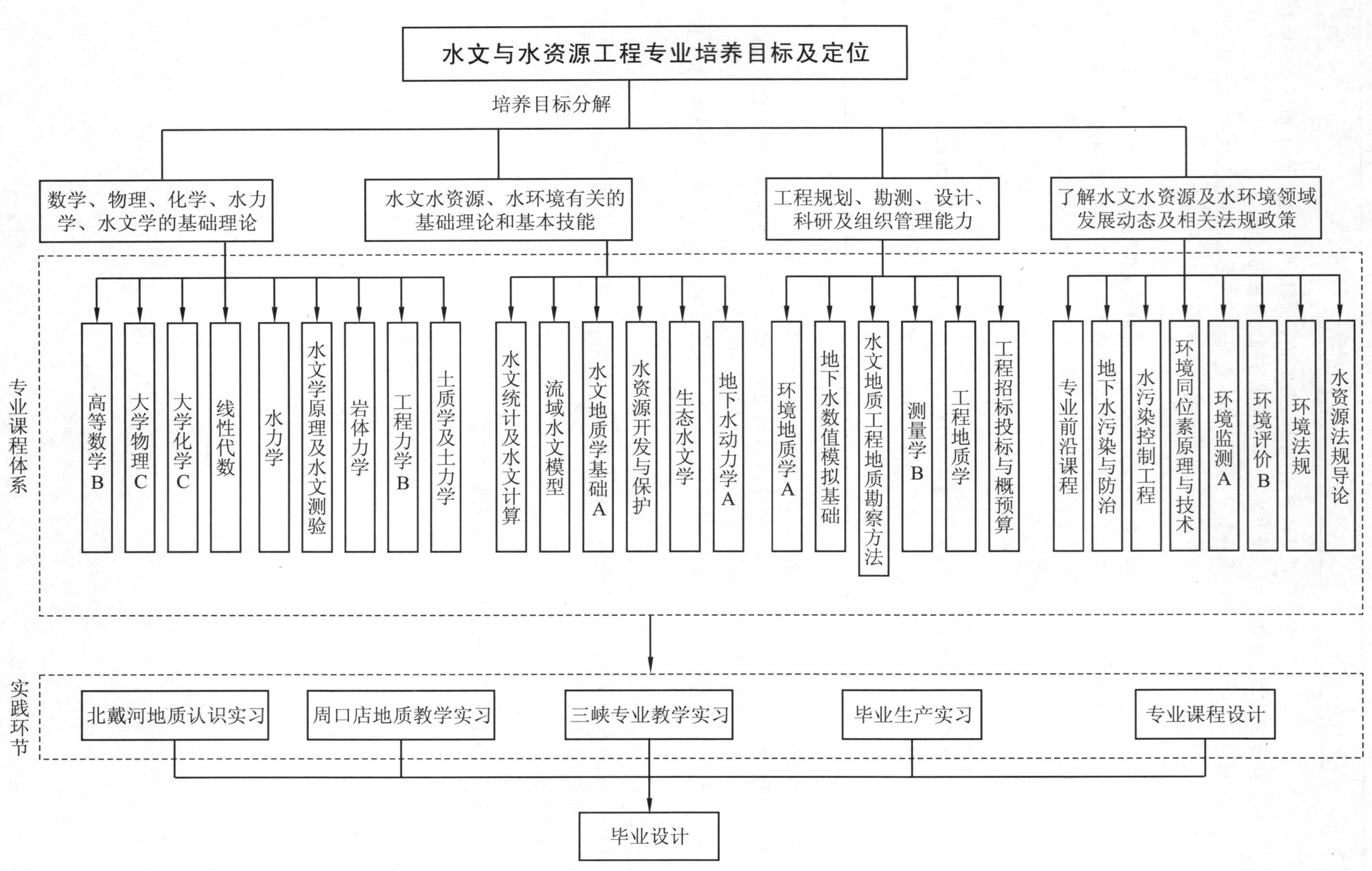

水文与水资源工程专业培养目标及定位
培养目标分解
数学、物理、化学、水力学、水文学的基础理论
水文水资源、水环境有关的基础理论和基本技能
工程规划、勘测、设计、科研及组织管理能力
了解水文水资源及水环境领域发展动态及相关法规政策
专业课程体系
高等数学B
大学物理C
大学化学C
线性代数
水力学
水文学原理及水文测验
岩体力学
工程力学B
土质学及土力学
水文统计及水文计算
流域水文模型
水文地质学基础A
水资源开发与保护
生态水文学
地下水动力学A
环境地质学A
地下水数值模拟基础
水文地质工程地质勘察方法
测量学B
工程地质学
工程招标投标与概预算
专业前沿课程
地下水污染与防治
水污染控制工程
环境同位素原理与技术
环境监测A
环境评价B
环境法规
水资源法规导论
实践环节
北戴河地质认识实习
周口店地质教学实习
三峡专业教学实习
毕业生产实习
专业课程设计
毕业设计

Program for Hydrology and Water Resources Engineering

Specialty and Code: Hydrology and Water Resources Engineering 081102

Education Objective: The program aims at cultivating engineers and specialists in the field of hydrology and water resources. The graduates will not only have good background of natural sciences, foreign languages, computer applications and management, but also specialized knowledge in water resources and environment (especially in groundwater and environment). The graduates can be engaged in investigating, forecasting, evaluating and managing of surface water, groundwater and environmental protection in government departments, scientific research institutes, institutions of higher learning, and reconnaissance and design sectors. They are also well-prepared for further study for Master's degree and Doctor's degree.

Education Requirements: Students will acquire the knowledge and technology for the data collecting and processing of hydrology and water resources, aquatic environment, forecasting of floods and droughts, water resources planning, groundwater seepage and others related skills based on the mastery knowledge of natural science, a foreign language and computer applications. Students should have the ability to solve practical engineering problems, being actively engaged in undertaking, organizing and managing scientific projects.

Graduates Are Required

1. To grasp the basic knowledge of mathematics, physics, chemistry, hydraulics and hydrology.
2. To grasp the basic theory, analyzing and designing methods about hydrology and water resources, aquatic environment.
3. To possess the ability to be engaged in engineering planning, investigating, designing, scientific research, organizing and managing.
4. To be familiar with policies and regulations regarding hydrology and water resources.
5. To know about the development and future in the field of hydrology and water resources, and aquatic environment.
6. To master the basic methods of literature search and information collection, possess the essential ability of understanding, organizing, analyzing interpreting and processing of information.

Graduation Requirements and Ways to Achieve

No.	Graduation Requirements	Ways to Achieve(Teaching Process)
1	Master basic theory and knowledge of mathematics, physics, chemistry, hydraulics, and hydrology	①Classroom Teaching: Advanced Mathematics B, College Physics C, College Chemistry C, Linear Algebra C, Hydraulics, Principles and Tests of Hydrology, Engineering Mechanics B, Soil Mechanics, Rock Mechanics ② Out-of-Class Learning: Hydraulic Testing, Hydrology Tests, Physical Experiments, Chemical Experiments

No.	Graduation Requirements	Ways to Achieve(Teaching Process)
2	Master basic theory, analysis and design methods of water resources and water environment	①Classroom Teaching: Principles and Test of Hydrology, Hydrological Statistics and Calculation (Including Probability), Hydrologic Model of Basin, Fundamental Hydrogeology A, Groundwater Dynamics A, Ecological Hydrology, Groundwater Pollution and Prevention, Water Resources Exploitation and Protection, etc ②Out-of-class Learning: Curriculum Design of Hydrological Statistics and Hydrologic Model of Basin, Curriculum Design of Water Resources Exploitation and Protection
3	Master basic skills on engineering survey and design, scientific research and planning, organization and management	①Classroom Teaching: Investigation and Survey Skills for Groundwater and Geoengineering , Principle and Application of GIS, Engineering Geology A, Engineering Bidding and Budget, Engineering Geology, Hydrological Statistics and Calculation (Including Probability), Hydrologic Model of Basin, Metrology B ②Out-of-class Learning: Curriculum Design of Water Resources Exploitation and Protection, Instructed Practice for Major (the Three Gorges), Curriculum Design of Groundwater Numerical Simulation, Visiting Typical Water Conservancy Project
4	Be familiar with relevant national guidelines, policies and laws	① Classroom Teaching: Introduction to Water Resources Laws, Environmental Legislation, Environmental Evaluation B, Assessment Methods on Groundwater Environment Impact, Vocational Skills Training on Registered Geotechnical Engineer ② Out-of-class Learning: Vocational Skills Training and Qualification Examinations
5	Understand the development trends in the field of hydrology and water resources and water environment	①Classroom Teaching: Major Courses, Hydrologic Model of Basin, Groundwater Pollution and Prevention, Water Pollution Control Engineering, Environment Monitoring A, Environmental Evaluation B, Principle and Technology of Environmental Isotope ②Out-of-class Learning: Research Projects and Academic Presentations
6	To master the basic methods of literature search and information collection, possess the essential ability of understanding, organizing, analyzing interpreting and processing of information	Out-of-class Learning: Surveying Practice, Primary Field Practice (Beidaihe), Instructive Practice in Geology (Zhoukoudian), Instructed Practice for Major (the Three Gorges), Course Projects, Graduation Practice and Design, etc

Major Disciplines: Geotechnical Engineering, Civil Engineering, Hydraulic Engineering and Environmental Engineering.

Main Courses: Hydraulics, the Principles of Hydrology & Gauging, the Fundamental of Hydrogeology, River Dynamics, Groundwater Hydraulics, Hydro-geochemistry, Hydrological Statistic and Analysis, Watershed Hydrologic Model, Eco-hydrology, Water Resources Exploitation and Protection.

Lab Experiments: Hydraulic Testing the Fundamental of Hydrogeology Testing, Hydrodynamics Testing, Hydrochemistry Testing, Soil Mechanics Testing, Phreatic Water and Confined Water Simulation, Groundwater Flow Net Simulation.

Practical Work: Engineering Survey Practice, Primary Field Practice (Beidaihe), Instructive Practice in Geology (Zhoukoudian), Instructed Practice for Major (the Three Gorges), Computer Program Design Practice, Hydrological Forecast Course Project Design, Hydrological Forecast Course Project Design, Graduation Practice and Design(33～34 Weeks in total).

Duration: four years.

Degree Granted: Bachelor of Engineering.

Related Specialties: Environmental Engineering, Geotechnical Engineering, and Groundwater Science and Engineering.

水文与水资源工程专业课程教学计划表

Course Descriptions of Hydrology and Water Resources Engineering

课程类别 Course Classification		课程编号 Course Code	课程名称 Course Name	学分 Crs	学时 Hrs	学时分类 Class Hours		先修课程 Prerequisite Courses	学期学分分配 Semester Credits							
						讲课 Lec.	实验 Lab.		一 1st	二 2nd	三 3rd	四 4th	五 5th	六 6th	七 7th	八 8th
通识教育课 Liberal Education Courses	必修 Compulsory	11706200	马克思主义基本原理 Principles of Marxism	3	48	48			3							
		11706500	毛泽东思想与中国特色社会主义理论体系概论 Introduction to Mao Tse-tung Thought and the Theoretical System of Socialism with Chinese Characteristics	4	64	64					4					
		11711800	中国近现代史纲要 The Essentials of Modern Chinese History	2	32	32						2				
		120002*0	思想道德修养与法律基础 Morality Education and Fundamentals of Law	3	48	48			1.5	1.5						
		113076*0	体育 Physical Education	4	144	144			1	1	1	1				
		109116*0	大学英语 College English	12	192	192			3	3	3	3				
		11918901	C语言程序设计A C Language Programming A	3.5	56	40	16			3.5						
		20413200	水资源与环境专业导论 Introduction to Groundwater and Environmental Sciences	1	16	16			1							
		14300100	军事理论 Military Theory	2	32	32			2							
	选修 Elective	总计12学分,含创新创业选修课学分,跨学科选修课不低于6学分。"形势与政策"课程作为限选课,由马克思主义学院实施		12	192											
		小计 **Sum**		**46.5**	**824**	**616**	**16**		**11.5**	**9**	**8**	**6**	**0**	**0**	**0**	**0**
学科基础课 Disciplinary Fundamental Courses		212127*2	高等数学B Advanced Mathematics B	10	160	160			4	6						
		21213100	大学物理基础 The Foundation of College Physics	3.5	56	56				3.5						
		21213202	物理实验B Physical Experiments B	2	32		32			2						
		20302403	大学化学C College Chemistry C	4	64	50	14				4					
		21212803	线性代数C Linear Algebra C	2	32	32					2					

课程类别 Course Classification	课程编号 Course Code	课程名称 Course Name	学分 Crs	学时 Hrs	学时分类 Class Hours		先修课程 Prerequisite Courses	学期学分分配 Semester Credits							
					讲课 Lec.	实验 Lab.		一 1st	二 2nd	三 3rd	四 4th	五 5th	六 6th	七 7th	八 8th
学科基础课 Disciplinary Fundamental Courses	21213503	概率论与数理统计 C Probability and Mathematics Statistics C	2	32	32					2					
	21120801	测量学 A Surveying A	2.5	40	40				2.5						
	20508002	工程力学 B Engineering Mechanics B	5	80	72	8					5				
	20714600	建筑制图 Architecture Drawing	3.5	56	44	12				3.5					
	20114900	普通地质学 Physical Geology	3	48	48			3							
	20113100	矿物岩石学 A Mineralogy and Lithology A	3	48	48					3					
	20104002	构造地质学 B Structural Geology B	3	48	48						3				
	20101600	地貌学及第四纪地质学 Geomorphology and Quaternary Geology	2.5	40	40						2.5				
	小计 Sum		**46**	**736**	**670**	**66**		**7**	**14**	**14.5**	**10.5**	**0**	**0**	**0**	**0**
专业主干课 Main Specialty Courses	20408400	水力学 Hydraulics	2.5	40	32	8				2.5					
	20409600	水文学原理及水文测验 The Principles of Hydrology	2.5	40	32	8				2.5					
	20409101	水文地质学基础 A The Fundamental of Hydrogeology A	4	64	40	24					4				
	20400801	地下水动力学 A Groundwater Hydraulics A	4	64	52	12						4			
	20408800	水文地球化学/附水分析 Hydro-geochemistry	3	48	36	12							3		
	20414600	水文统计及水文计算 Hydrological Statistic and Analysis	3	48	48							3			
	20414400	水文地质工程地质勘察方法 Investigation and Survey Skills for Groundwater and Geoengineering	2.5	40	40								2.5		
	20414200	水资源开发与保护 Water Resources Exploitation and Protection	1.5	24	24								1.5		
	20422200	流域水文模型 Hydrologic Model of Basin	2	32	32								2		

课程类别 Course Classification	课程编号 Course Code	课程名称 Course Name	学分 Crs	学时 Hrs	学时分类 Class Hours		先修课程 Prerequisite Courses	学期学分分配 Semester Credits							
					讲课 Lec.	实验 Lab.		一 1st	二 2nd	三 3rd	四 4th	五 5th	六 6th	七 7th	八 8th
专业主干课 Main Specialty Courses	21100700	GIS 原理与应用 Principles & Applications of GIS	2.5	40	30	10								2.5	
	20407300	生态水文学 Eco-hydrology	2	32	32									2	
	20401400	地下水数值模拟基础及应用 Groundwater Modeling	2.0	32	20	12								2	
	20401000	地下水防治方法与技术 Methods and Technology of Groundwater Prevention and Control	1.5	24	24									1.5	
	小计 Sum		**33**	**528**	**442**	**86**		**0**	**0**	**5**	**4**	**7**	**9**	**8**	**0**
专业选修课 Specialty Elective Courses		具体见专业选修课列表	20	320											
合计 Sub-total			**145.5**	**2408**	**1728**	**168**		**18.5**	**23**	**27.5**	**20.5**	**7**	**9**	**8**	**0**
实践环节 Practical Work	44300200	军事训练 Military Training	2	2 周				2							
	41919001	C 语言课程设计 A Course Design for C Language A	1.5	1.5 周					1.5						
	41120901	测量教学实习 A Surveying Practice A	1	1 周					1						
	40115200	地质认识实习(北戴河) Primary Field Training(Beidaihe)	2	2 周					2						
	40115602	地质教学实习(周口店)B Geological Field Training (Zhoukoudian) B	4	4 周							4				
	40421400	专业教学实习(三峡,含地下水井流试验设计与实践) Professional Teaching Practice (the Three Gorges,Including Design and Practice of Groundwater Well Test)	5	5 周									5		
	40421500	水资源开发与保护课程设计 Course Design for Water Resources Exploitation and Protecting	2	2 周									2		
	40421800	流域水文模型课程设计 Course Design for Hydrologic Model of Basin	1	1 周									1		

课程类别 Course Classification	课程编号 Course Code	课程名称 Course Name	学分 Crs	学时 Hrs	学时分类 Class Hours 讲课 Lec.	实验 Lab.	先修课程 Prerequisite Courses	学期学分分配 Semester Credits 一 1st	二 2nd	三 3rd	四 4th	五 5th	六 6th	七 7th	八 8th
实践环节 Practical Work	40421900	地下水防治方法与技术课程设计 Course Design for Methods and Technology of Groundwater Prevention and Control	1.5	1.5 周										1.5	
	40422000	毕业实习及毕业设计 Practice and Design for Graduation	16	16 周											16
	小计 **Sum**		**36**	**36 周**				**2**	**4.5**	**0**	**4**	**0**	**8**	**1.5**	**16**
创新创业自主学习 Autonomous Learning	ZZ35000S	社会调查 Social Investigation	2												
		其他(学科竞赛、发明创造、科研报告) Others (Contest, Invention, Innovation and Research Presentation)	3												
	小计 **Sum**		**5**												
总计 **Total**			**186.5**	**2408 + 36 周**	**1728**	**168**		**20.5**	**27.5**	**27.5**	**24.5**	**7**	**17**	**9.5**	**16**
可开出专业选修课列表 Specialty Elective Courses	20508400	工程地质学基础 B Principles of Engineering Geology B	2.5	40	40								2.5		
	20515800	土力学 Soil Mechanics	3	48	40	8						3			
	20517100	岩体力学 B Rock Mechanics B	2.5	40	32	8						2.5			
	20506100	地质灾害防治工程 Control Engineering for Geodisasters	2.5	40	40									2.5	
	20403400	环境地质学 B Environmental Geology B	2	32	32									2	
	20517200	岩土测试技术 Rock and Soil Testing Techniques	2	32	24	8							2		
	20509500	工程招标投标与概预算 Engineering Budget and Bidding	2	32	32									2	
	20410400	水资源法规导论 Introduction to Water Resources Regulation	2	32	32									2	
	20414700	包气带水文地质学 Vadose Zone Hydrogeology	1.5	24	20	4							1.5		

课程类别 Course Classification	课程编号 Course Code	课程名称 Course Name	学分 Crs	学时 Hrs	学时分类 Class Hours 讲课 Lec.	 实验 Lab.	先修课程 Prerequisite Courses	学期学分分配 Semester Credits 一 1st	 二 2nd	 三 3rd	 四 4th	 五 5th	 六 6th	 七 7th	 八 8th
可开出专业选修课列表 Specialty Elective Courses	20422100	专业技能培训 Professional Skill Training	2	32	32								2		
	20405700	环境同位素原理与技术 Principle and Technology of Environment Isotope	2	32	32									2	
	20414500	地下水污染与防治 Groundwater Contamination & Prevention	3	48	28	20								3	
	20413600	土壤污染与防治 Soil Pollution and Remediation	2.5	40	28	12						2.5			
	21704500	环境法规 Environmental Law	1.5	24	24									1.5	
	20413800	水污染控制工程 Water Pollution Control Engineering	3	48	36	12						3			
	20414300	工程水文地质学 Engineering Hydrogeology	2.5	40	16	16								2.5	
	20510002	固体废物处理与处置 B Solid Waste Treatment and Disposal B	2	32	32							2			
	20405302	环境评价 C Environmental Assessment C	2	32	24	8							2		
	20405103	环境监测 C Environmental Monitoring C	2	32	24	8							2		

注：通识教育选修课学分和创新创业自主学习学分未列入具体学期。

水文与水资源工程专业课程分类统计

Course Category Statistics of Hydrology and Water Resources Engineering

课程学分 / 统计	通识教育课 Liberal Education Courses 必修 Compulsory	 选修 Selective	学科基础课 Disciplinary Fundamental Courses	专业主干课 Main Specialty Courses	专业选修课 Specialty Elective Courses	实践环节 Practical Work	创新创业自主学习 Autonomous Learning	学时总计 Total Hours	学分总计 Total Credits
学时/学分 Hrs/Crs	632/34.5	192/12	736/46	528/33	320/20	36 周/36	5	2408+ 36 周	186.5
学分所占比例 Proportion of Credits	24.93%		24.06%	17.69%	10.72%	19.3%	2.68%		100%

环境工程专业培养方案

专业名称与代码：环境工程专业　082502

专业培养目标：本专业旨在培养具备良好的公民素质与修养、具有科学思维与科学辨识能力的科学公民；掌握基本科学研究能力，并具有以地学为基础的环境工程理论与技术能力，能在地质环境保护与治理、环境监测、环境评价、环境规划与管理、环境污染防治等领域从事设计、实施、管理等方面工作的专业工程技术与管理人才。

专业毕业要求

1. 掌握环境工程原理、水污染控制工程、固体废物处理与处置、环境监测等基础理论、基本知识、技能和工作方法。

2. 掌握地质学基础、地下水科学理论、环境地质与工程等基础理论知识和基本技能及方法。

3. 具备从事水污染控制工程、固体废物处理与处置、环境影响评价、规划等实际工作能力。

4. 具备从事地质环境调查、评价、监测的实际工作能力。

5. 熟悉国家有关水环境方面的方针、政策和法规，具有一定的管理知识和能力。

6. 掌握资料查询以及获取信息的基本方法，具有资料归纳、整理和综合分析并加以正确表达的能力。

毕业要求及实现途径

序号	毕业要求	实现途径（教学过程）
1	掌握环境工程原理、水污染控制工程、固体废物处理与处置、环境监测等基础理论、基本知识、技能和工作方法	①课堂教学：无机化学、分析化学、有机化学、水力学、环境微生物学、工程制图、环境工程原理、水污染控制工程、大气污染控制、水力学实验、水污染控制工程实验、固体废物处理与处置、环境监测 ②课外学习：污染控制专业课程设计、毕业实习、毕业设计
2	掌握地质学基础、地下水科学理论、环境地质与工程等基础理论知识和基本技能与方法	①课堂教学：水文地质学基础、工程地质学基础、地下水动力学、水文地球化学、地下水污染与防治、环境地质学、普通地质学、水文地质学基础实验、地下水污染与防治实验 ②课外学习：地质学基础实习、毕业实习、毕业设计、地球环境生态认识实习
3	具备从事水污染控制工程、固体废物处理与处置、环境影响评价、规划等实际工作能力	①课堂教学：环境监测、环境评价、环境规划与管理、固体废物处理与处置、水污染控制工程、水污染控制工程实验 ②课外学习：毕业实习、毕业设计
4	具备从事地质环境调查、评价、监测的实际工作能力	①课堂教学：环境监测、环境评价 ②课外学习：综合专业教学实习、毕业实习、毕业设计
5	熟悉国家有关水环境方面的方针、政策和法规，具有一定的管理知识和能力	①课堂教学：环境监测、环境评价、环境规划与管理、环境监测实验 ②课外学习：毕业实习、毕业设计
6	掌握资料查询以及获取信息的基本方法，具有资料归纳、整理和综合分析并加以正确表达的能力	①课堂教学：环境监测、环境评价、环境规划与管理 ②课外学习：毕业实习、毕业设计

主干学科:环境科学与工程、地下水科学与工程。

专业核心课程:普通地质学、环境工程原理、水污染控制工程、环境监测、环境评价、水文地质学基础、地下水动力学、地下水污染与防治、环境地质学。

主要专业实验:水力学实验、水污染控制工程实验、环境监测实验、水文地质学基础实验、地下水污染与防治实验。

主要实践性教学环节:地球环境生态认识实习、地质学基础实习、污染控制专业课程设计、综合专业教学实习、毕业实习、毕业设计等。

修业年限:四年。

授予学位:工学学士。

相近专业:环境科学、地下水科学与工程。

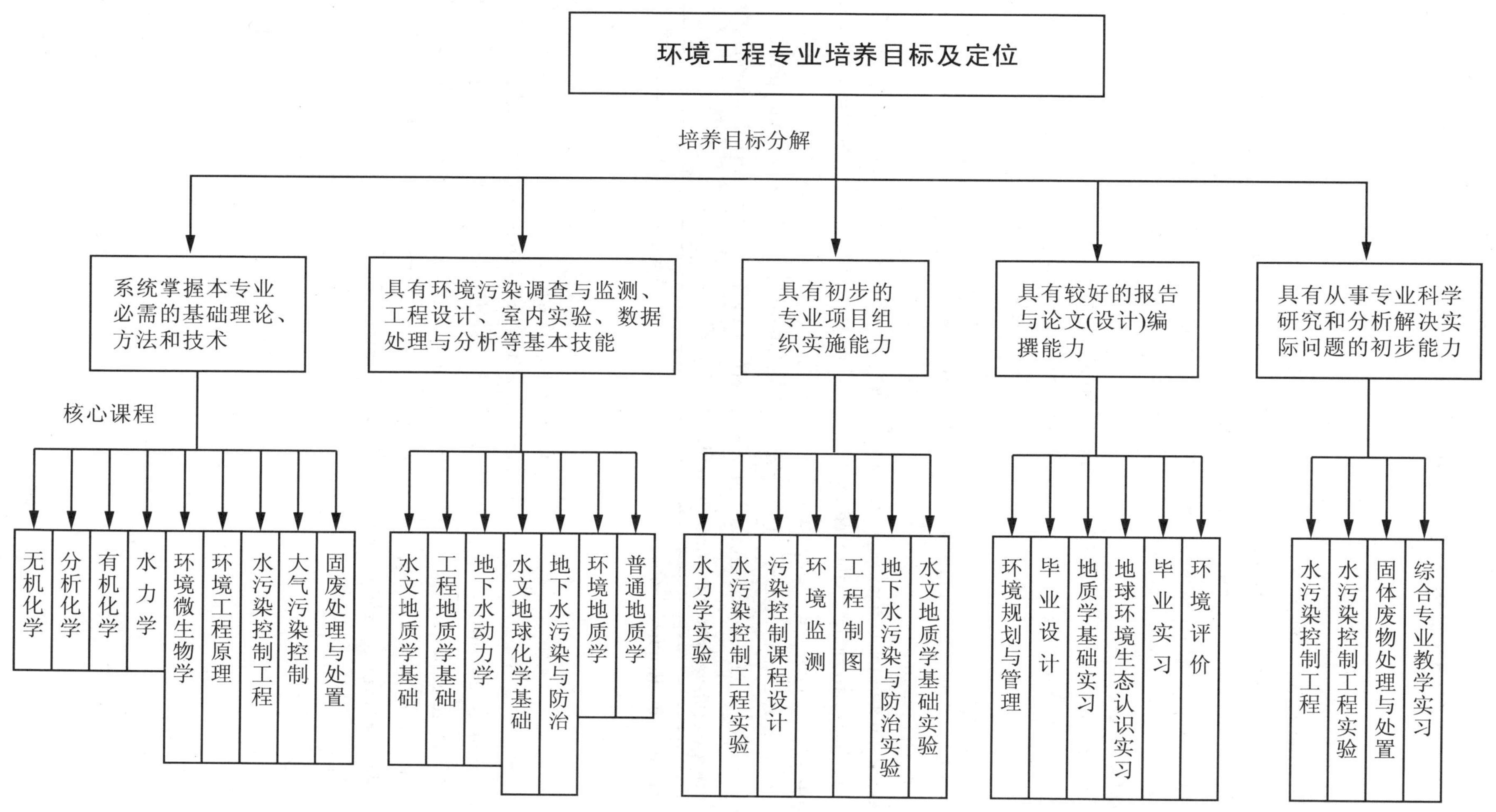

环境工程专业培养目标及定位
培养目标分解
系统掌握本专业必需的基础理论、方法和技术
核心课程
无机化学
分析化学
有机化学
水力学
环境微生物学
环境工程原理
水污染控制工程
大气污染控制
固废处理与处置
具有环境污染调查与监测、工程设计、室内实验、数据处理与分析等基本技能
水文地质学基础
工程地质学基础
地下水动力学
水文地球化学基础
地下水污染与防治
环境地质学
普通地质学
具有初步的专业项目组织实施能力
水力学实验
水污染控制工程实验
污染控制课程设计
环境监测
工程制图
地下水污染与防治实验
水文地质学基础实验
具有较好的报告与论文(设计)编撰能力
环境规划与管理
毕业设计
地质学基础实习
地球环境生态认识实习
毕业实习
环境评价
具有从事专业科学研究和分析解决实际问题的初步能力
水污染控制工程
水污染控制工程实验
固体废物处理与处置
综合专业教学实习

Program for Environmental Engineering

Specialty and Code: Environmental Engineering　082502

Education Objective: The program aims at cultivating engineers and specialists with the knowledge of earth science, environmental science and engineering. The graduates will master the basic and specialized knowledge for environmental protection, contamination control, environmental management and environmental monitoring, and engage in the occupational areas of environmental (especially geo-environmental) evaluation, environmental programming design, management and scientific research.

Graduation Requirements

1. Master the basic theories, skills and knowledge of design principles of environmental engineering, water pollution control, solid waste disposal and treatment, and environmental monitoring.

2. Master basic theories, skills and knowledge of earth science, groundwater, environmental geology and engineering.

3. Have basic ability on water pollution control, solid waste disposal and treatment, environmental assessment and planning.

4. Master skills in geological environments investigation, evaluation and monitoring.

5. Be familiar with policies and regulations pertaining to the aquatic environment, and being equipped with management knowledge and ability.

6. To master the basic methods of literature search and information collection, possess the essential ability of understanding, organizing, analyzing interpreting and processing of information.

Graduation Requirements and Ways to Achieve

No.	Graduation Requirements	Ways to Achieve(Teaching Process)
1	Master the basic theories, skills and knowledge of design principles of environmental engineering, water pollution control, solid waste disposal and treatment, and environmental monitoring	① Classroom Teaching: Inorganic Chemistry, Analytical Chemistry, Organic Chemistry, Hydraulics, Environmental Microbiology, Technical Drawing, Principles of Environmental Engineering, Water Pollution Control Engineering, Solid Waste Disposal and Treatment, Atmospheric Pollution Control, Environmental Monitoring, Hydraulic Testing, Water Pollution Control Engineering Testing ②Out-of-class Learning: Graduation Practice, Graduation Design, Specialized Design for Water Pollution Control Engineering

No.	Graduation Requirements	Ways to Achieve(Teaching Process)
2	Master basic theories, skills and knowledge of earth science, groundwater, environmental geology and engineering	① Classroom Teaching: Physical Geology, Fundamental Hydrogeology, Engineering Geology, Dynamics of Groundwater, Hydro-geochemistry, Groundwater Pollution and Prevention, Environmental Geology, Fundamental Hydrogeology Testing, Groundwater Pollution and Prevention Testing ②Out-of-class Learning: Primary Field Practice in Terrestrial Environments, Geological Practice, Graduation Practice, Graduation Design
3	Have basic ability on water pollution control, solid waste disposal and treatment, environmental assessment and planning	①Classroom Teaching: Water Pollution Control Engineering, Solid Waste Disposal and Treatment, Environmental Monitoring, Environmental Assessment, Environmental Planning and Management, Water Pollution Control Engineering Testing ②Out-of-class Learning: Graduation Practice, Graduation Design
4	Master skills in geological environments investigation, evaluation and monitoring	①Classroom Teaching: Environmental Monitoring, Environmental Assessment ② Out-of-class Learning: Comprehensive Professional Teaching Practice, Graduation Practice, Graduation Design
5	Be familiar with policies and regulations pertaining to the aquatic environment, and being equipped with management knowledge and ability	①Classroom Teaching: Environmental Monitoring, Environmental Assessment, Environmental Planning and Management, Environmental Monitoring Assessment ②Out-of-class Learning: Graduation Practice, Graduation Design
6	To master the basic methods of literature search and information collection, possess the essential ability of understanding, organizing, analyzing interpreting and processing of information	①Classroom Teaching: Environmental Monitoring, Environmental Assessment, Environmental Planning and Management ②Out-of-class Learning: Graduation Practice, Graduation Design

Major Disciplines: Environmental Science and Engineering, Groundwater Science and Engineering.

Main Courses: Physical Geology, Principles of Environmental Engineering, Water Pollution Control Engineering, Environmental Monitoring, Environmental Assessment, Fundamental Hydrogeology, Dynamics of Groundwater, Groundwater Pollution and Prevention, Environmental Geology.

Lab Experiments: Hydraulic Testing,Water Pollution Control Engineering Testing,Environmental Monitoring Testing,Fundamental Hydrogeology Testing,Groundwater Pollution and Prevention Testing.

Practical Work: Cognitive Practice in Terrestrial Environments,Practice for Geology,Specialized Design for Water Pollution Control Engineering,Specialized Design for Solid Waste Disposal and Treatment,Specialized Instructive Practice for Environmental Engineering,Graduation Practice and Design.

Duration: four years.

Degree Granted: Bachelor of Engineering.

Related Specialties: Environmental Science,Groundwater Science and Engineering.

环境工程专业课程教学计划表

Course Descriptions of Environmental Engineering

课程类别 Course Classification		课程编号 Course Code	课程名称 Course Name	学分 Crs	学时 Hrs	学时分类 Class Hours		先修课程 Prerequisite Courses	学期学分分配 Semester Credits							
						讲课 Lec.	实验 Lab.		一 1st	二 2nd	三 3rd	四 4th	五 5th	六 6th	七 7th	八 8th
通识教育课 Liberal Education Courses	必修 Compulsory	11706200	马克思主义基本原理 Principles of Marxism	3	48	48			3							
		11706500	毛泽东思想与中国特色社会主义理论体系概论 Introduction to Mao Tse-tung Thought and the Theoretical System of Socialism with Chinese Characteristics	4	64	64					4					
		11711800	中国近现代史纲要 The Essentials of Modern Chinese History	2	32	32						2				
		120002*0	思想道德修养与法律基础 Morality Education and Fundamentals of Law	3	48	48			1.5	1.5						
		113076*0	体育 Physical Education	4	144	144			1	1	1	1				
		109116*0	大学英语 College English	12	192	192			3	3	3	3				
		11918901	C语言程序设计 A C Language Programming A	3.5	56	40	16			3.5						
		20413200	环境科学与工程导论 Introduction to Environmental Sciences and Engineering	1	16	16			1							
		14300100	军事理论 Military Theory	2	32	32			2							
	选修 Elective	总计12学分，含创新创业选修课学分，跨学科选修课不低于6学分。“形势与政策”课程作为限选课，由马克思主义学院实施		12	192											
		小计 Sum		**46.5**	**824**	**616**	**16**		**11.5**	**9**	**8**	**6**	**0**	**0**	**0**	**0**
学科基础课 Disciplinary Fundamental Courses		212127*2	高等数学 B Advanced Mathematics B	10	160	160			4	6						
		21213100	大学物理基础 The Foundation of College Physics	3.5	56	56				3.5						
		21213202	物理实验 B Physical Experiment B	2	32		32			2						
		21212802	线性代数 B Linear Algebra B	2.5	40	40					2.5					
		21213502	概率论与数理统计 B Probability and Mathematics Statistics B	2.5	40	40							2.5			

课程类别 Course Classification	课程编号 Course Code	课程名称 Course Name	学分 Crs	学时 Hrs	学时分类 Class Hours		先修课程 Prerequisite Courses	学期学分分配 Semester Credits							
					讲课 Lec.	实验 Lab.		一 1st	二 2nd	三 3rd	四 4th	五 5th	六 6th	七 7th	八 8th
学科基础课 Disciplinary Fundamental Courses	21120802	测量学 B Surveying B	2	32	32			2							
	20114900	普通地质学 Physical Geology	3	48	40	8			3						
	20113100	矿物岩石学 A Mineralogy and Lithology A	3	48	48					3					
	20104002	构造地质学 B Structural Geology B	3	48	36	12					3				
	20101600	地貌学及第四纪地质学 Geomorphology and Quaternary Geology	2.5	40	40								2.5		
	20408400	水力学 Hydraulics	2.5	40	32	8					2.5				
	20302403	大学化学 C College Chemistry C	4	64	50	14		4							
	20311502	分析化学 B Analytical Chemistry B	3	48	28	20				3					
	20311402	有机化学 B Organic Chemistry B	3.5	56	40	16					3.5				
	20309202	物理化学 B Physical Chemistry B	3	48	48					3					
	20714600	建筑制图 Architecture Drawing	3.5	56	48	8						3.5			
	小计 **Sum**		**53.5**	**856**	**738**	**118**		**10**	**14.5**	**11.5**	**9**	**6**	**2.5**	**0**	**0**
专业主干课 Main Specialty Courses	20409101	水文地质学基础 A Fundamental of Hydrogeology A	4	64	40	24					4				
	20400801	地下水动力学 A Groundwater Hydraulics A	4	64	40	24						4			
	20408800	水文地球化学 Hydro-geochemistry	3	48	36	12						3			
	20414500	地下水污染与防治 Groundwater Pollution and Prevention	3	48	28	20							3		
	20403400	环境地质学 B Environmental Geology B	2	32	32								2		
	20404200	环境工程微生物及实验 Environmental Microbiology	3	48	28	20				3					
	20403800	环境工程设计原理 Principles of Environmental Engineering	2.5	40	40						2.5				

课程类别 Course Classification	课程编号 Course Code	课程名称 Course Name	学分 Crs	学时 Hrs	学时分类 Class Hours 讲课 Lec.	实验 Lab.	先修课程 Prerequisite Courses	学期学分分配 Semester Credits 一 1st	二 2nd	三 3rd	四 4th	五 5th	六 6th	七 7th	八 8th
专业主干课 Main Specialty Courses	20407400	生态学 Ecology	2	32	32								2		
	20414100	大气污染控制 Atmospheric Pollution Control	2	32	32								2		
	20413800	水污染控制工程 Water Pollution Control Engineering	3	48	36	12						3			
	20510002	固体废物处理与处置 B Solid Waste Treatment and Disposal B	2	32	32							2			
	20405303	环境评价 C Environmental Assessment C	2	32	32								2		
	20405103	环境监测 C Environmental Monitoring C	2	32	32							2			
	20404400	环境规划与管理 Environmental Planning and Management	2	32	32								2		
	20413600	土壤污染和防治 Soil Pollution and Remediation	2.5	40	28	12							2.5		
	小计 **Sum**		**39**	**624**	**500**	**124**		**0**	**0**	**3**	**6.5**	**14**	**15.5**	**0**	**0**
专业选修课 Specialty Elective Courses		具体见专业选修课列表	8	128											
合计 **Sub-total**			**147**	**2432**	**1854**	**258**		**21.5**	**23.5**	**22.5**	**21.5**	**20**	**18**	**0**	**0**
实践环节 Practical Work	44300200	军事训练 Military Training	2	2 周				2							
	41919001	C 语言课程设计 Course Design for C Language	1.5	1.5 周					1.5						
	41120902	测量教学实习 B Surveying Practice B	0.5	0.5 周				0.5							
	40115200	地质认识实习(北戴河) Primary Field Training(Beidaihe)	2	2 周					2						
	40115600	地质教学实习(周口店)B Geological Field Training (Zhoukoudian) B	4	4 周							4				

课程类别 Course Classification	课程编号 Course Code	课程名称 Course Name	学分 Crs	学时 Hrs	学时分类 Class Hours		先修课程 Prerequisite Courses	学期学分分配 Semester Credits							
					讲课 Lec.	实验 Lab.		一 1st	二 2nd	三 3rd	四 4th	五 5th	六 6th	七 7th	八 8th
实践环节 Practical Work	40421402	专业教学实习(三峡)B Professional Teaching Practice(The Three Gorges) B	4	4周									4		
	40422300	水污染控制课程设计 Course Design for Water Pollution Control	2	2周								2			
	40422400	环境监测课程设计 Course Design for Environmental Monitoring	2	2周								2			
	40422500	环境评价课程设计 Course Design for Environmental Assessment	1	1周									1		
	40421600	毕业实习 Practice for Graduation	8	8周										8	
	40422800	毕业设计 Thesis Writing/Design for Graduation	10	10周											10
	小计 Sum		**37**	**37周**				**2.5**	**3.5**	**0**	**4**	**4**	**5**	**8**	**10**
创新创业自主学习 Autonomous Learning	ZZ35000S	社会调查 Social Investigation	2												
		其他(学科竞赛、发明创造、科研报告) Others (Contest, Invention, Innovation and Research Presentation)	3												
	小计 Sum		**5**												
总计 Total			**189**	**2432 + 37周**	**1854**	**258**		**24**	**27**	**22.5**	**25.5**	**24**	**23**	**8**	**10**
可开出专业选修课列表 Specialty Elective Courses	21100700	GIS原理与应用 Principles and Applications of GIS	2.5	40	30	10								2.5	
	20508400	工程地质学基础B Engineering Geology B	2.5	40	40										2.5
	20509500	工程招标投标与概预算 Engineering Budget and Bidding	2.0	32	32									2	
	20404000	环境工程施工技术 Environmental Engineering Construction Techniques	2	32	32										2
	20407100	清洁生产工艺 Clean Manufacturing Techniques	1.5	24	24										1.5

课程类别 Course Classification	课程编号 Course Code	课程名称 Course Name	学分 Crs	学时 Hrs	学时分类 Class Hours		先修课程 Prerequisite Courses	学期学分分配 Semester Credits							
					讲课 Lec.	实验 Lab.		一 1st	二 2nd	三 3rd	四 4th	五 5th	六 6th	七 7th	八 8th
可开出专业选修课列表 Specialty Elective Courses	20402900	环保设备基础 Environmental Protection Equipment	1	16	16										1
	21704500	环境法规 Environmental Law	1.5	24	24									1.5	
	20411800	噪声控制 Noise Pollution Control	1	16	16										1
	20423300	非点源污染控制 Non-Point Source Pollution Control	1.5	24	16	8							1.5		
	20414400	水文地质工程地质勘察方法 Investigation and Survey Skills for Groundwater and Geoengineering	2.5	40	40										2.5
	20405700	环境同位素原理与技术 Principles and Technology of Environment Isotope	2	32	32									2	
	20508200	工程地质勘察 Geological Engineering Investigation	2.5	40	40										2.5
	20506100	地质灾害防治工程 Control Engineering for Geodisasters	2.5	40	40									2.5	

注：通识教育选修课学分和创新创业自主学习学分未列入具体学期。

环境工程专业课程分类统计

Course Category Statistics of Environmental Engineering

课程学分 / 统计	通识教育课 Liberal Education Courses		学科基础课 Disciplinary Fundamental Courses	专业主干课 Main Specialty Courses	专业选修课 Specialty Elective Courses	实践环节 Practical Work	创新创业自主学习 Autonomous Learning	学时总计 Total Hours	学分总计 Total Credits
	必修 Compulsory	选修 Selective							
学时/学分 Hrs/Crs	632/34.5	192/12	856/53.5	624/39	128/8	37周/37	5	2432+37周	189
学分所占比例 Proportion of Credits	24.6%		28.3%	20.6%	4.2%	19.6%	2.7%		100%

环境工程(卓越工程师教育培养计划)专业培养方案

专业名称与代码:环境工程专业　082502

专业培养目标:培养"业务素质高、动手能力强、专业技术精、创新思维宽"的地质环境调查卓越工程师为核心目标;以基础理论学习、专业技术训练、综合素质培养、国际视野开拓为主体内容;以"学校与企事业单位联合"和"双导师制"结合的双轨培养模式为重要手段;面向国土资源系统及相关地矿行业,培养造就一批具有扎实地学基础、良好综合素质和实践能力、适应经济社会发展需要的高质量地质环境调查技术人才。

专业毕业要求:毕业生具有良好的道德文化修养,系统学习地质环境调查、监测、评价与治理设计的理论和方法,重点掌握区域地质环境、城市地质环境、矿山地质环境、生态地质环境等领域的专门知识和技术,具备从事区域、城市、矿山、工程场区的地质环境调查、评价、设计和施工管理的能力。

毕业生应获得以下几个方面的知识和能力

1.掌握数学、物理、化学、计算机等方面的基础知识与基本原理。

2.掌握地质基础理论、技能和工作方法。

3.掌握水文地质、工程地质、环境地质的基本原理、实验测试方法和分析技术。

4.掌握地质环境调查、评价、监测与治理设计的理论和方法。

5.具备分析与解决实际地质环境问题的专业知识和能力。

6.具备从事地质环境调查项目和工程管理的能力。

7.具备资料归纳、整理和综合分析与正确表达的能力。

毕业要求及实现途径

序号	毕业要求	实现途径(教学过程)
1	掌握数学、物理、化学、计算机等方面的基础知识与基本原理	①课堂教学:高等数学 B、线性代数 C、概率统计与数理统计 B、大学物理 C、大学化学 C、C 语言程序设计 A ②课外学习:物理实验 B、大学化学 C 实验 、C 语言课程设计
2	掌握地质基础理论、技能和工作方法	①课堂教学:测量学 C、普通地质学、构造地质学 B、矿物岩石学、地貌学及第四纪地质学 ②课外学习:测量教学实习 A、地质认识实习(北戴河)、地质教学实习(周口店)B
3	掌握水文地质、工程地质、环境地质的基本原理、实验测试方法和分析技术	①课堂教学:水力学、地下水动力学 A、水文地质学基础 A、水文地球化学、包气带水文地质学、水资源开发与保护、地下水防治技术与方法、土力学 A、岩体力学、岩土测试技术、环境地质学、环境学概论、生态学 ②课外学习:地下水动力学 A 实验、水文地质学基础 A 实验、水文地球化学实验、土力学 A 实验,岩体力学实验、岩土测试技术实验

序号	毕业要求	实现途径(教学过程)
4	掌握地质环境调查、评价、监测与治理设计的理论和方法	①课堂教学:地质环境监测、地质环境调查与评价、地质环境数值模拟技术、地质环境保护与治理、GIS 原理与应用、地下水污染与防治、水文地质工程地质勘察方法、环境同位素原理与技术、地质灾害防治工程、土壤污染和防治、地下水环境影响评价方法 ②课外学习:地质环境监测实验、地质环境调查与评价实验、地质环境数值模拟技术实验、地质环境保护与治理实验、GIS 原理与应用实验、地下水污染与防治实验
5	具备分析与解决实际地质环境问题的专业知识和能力	①课堂教学:专业主干课程、专业选修课程、专业技能培训 ②课外学习:专业教学实习(三峡)、企业生产实践 1+2(24 周)
6	具备从事地质环境调查项目和工程管理的能力	课外学习:企业生产实践 1+2(24 周),鼓励学生参加职业技能培训及资格考试
7	具备资料归纳、整理和综合分析与正确表达的能力	课外学习:地质认识实习(北戴河)、地质教学实习(周口店)、专业教学实习(三峡)、企业生产实践 1+2、毕业设计,创新创业自主学习、社会调查、科技报告与科技竞赛等

主干学科:环境科学与工程、地下水科学与工程、地质工程。

核心课程:普通地质学、构造地质学、水文地质学基础、环境地质学、岩体力学、土力学、地下水动力学、地质环境监测、地质环境调查与评价、地质环境数值模拟技术、地质环境保护与治理、地下水污染与防治、GIS 原理与应用等。

主要专业实验:水文地质学基础系列实验、水动力学实验、水化学分析实验、土质土力学实验、地质环境数值模拟实验、地质环境保护与治理实验等。

主要实践性教学环节:工程测量实习、地质认识实习(北戴河)、地质教学实习(周口店),专业教学实习(三峡)、计算机语言编程课程设计、大型专业课程设计、企业生产实践与毕业设计等。

修业年限:四年。

授予学位:工学学士。

相近专业:环境科学、地下水科学与工程、地质工程。

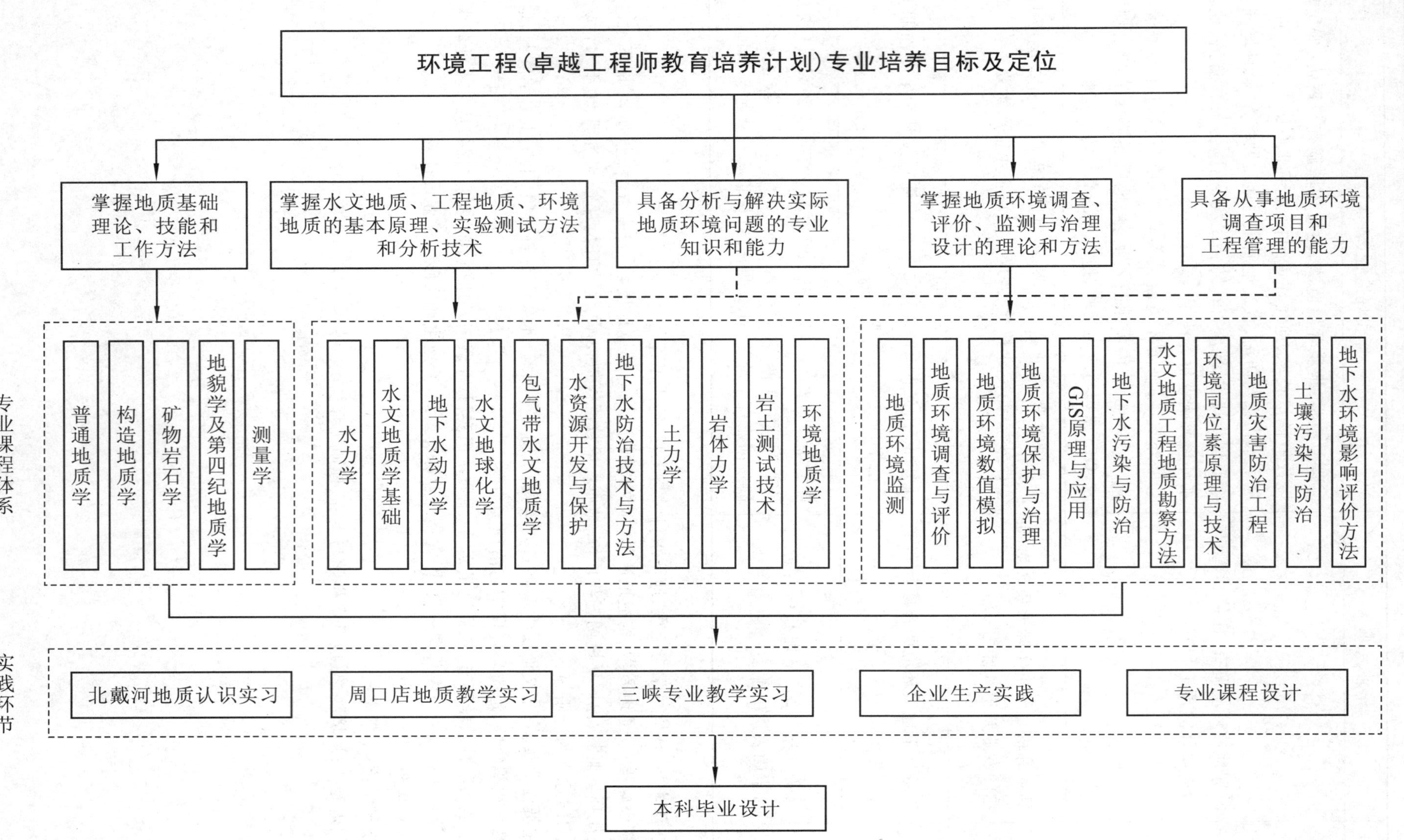
环境工程(卓越工程师教育培养计划)专业培养目标及定位
掌握地质基础理论、技能和工作方法
掌握水文地质、工程地质、环境地质的基本原理、实验测试方法和分析技术
具备分析与解决实际地质环境问题的专业知识和能力
掌握地质环境调查、评价、监测与治理设计的理论和方法
具备从事地质环境调查项目和工程管理的能力
专业课程体系
普通地质学
构造地质学
矿物岩石学
地貌学及第四纪地质学
测量学
水力学
水文地质学基础
地下水动力学
水文地球化学
包气带水文地质学
水资源开发与保护
地下水防治技术与方法
土力学
岩体力学
岩土测试技术
环境地质学
地质环境监测
地质环境调查与评价
地质环境数值模拟
地质环境保护与治理
GIS原理与应用
地下水污染与防治
水文地质工程地质勘察方法
环境同位素原理与技术
地质灾害防治工程
土壤污染与防治
地下水环境影响评价方法
实践环节
北戴河地质认识实习
周口店地质教学实习
三峡专业教学实习
企业生产实践
专业课程设计
本科毕业设计

Program for Environmental Engineering (Excellent Engineer Training Program)

Specialty and Code: Environment Engineering 082502

Education Objective: The program aims to train excellent engineers in the field of geological environment survey, who will have high professional quality, good practical ability, skilled technology, and wide innovation perspective. Students are to learn basic theories, to practice professional technology, to train comprehensive quality, and to develop international perspective, by dual-track training mode supported by co-efforts by the university and industries. The graduates are mainly to be employed in territorial resources system and related geology-mining industries.

Graduation Requirements: The graduates must systematically study the basic theory and method on investigation, monitoring, evaluation and design of geological environment. In addition, they must master the professional knowledge and technology in the areas of regional geological environment, urban geological environment, mine geological environment and ecological geological environment. They are expected to have the ability of investigation, evaluation, design and construction management for regional, urban, mine and engineering zone geological environment.

Graduates Are Required

1. To master the foundamental knowledge and basic theories of mathematics, physics, chemistry, and computer science and so on.

2. To master fundamental principles, core technology and working methods in geology.

3. To master fundamental principles, experimental test methods and analytical technology in hydrogeology, engineering geology and environmental geology.

4. To master core theories and methods of geological environment investigation, monitoring, evaluation and design.

5. To have professional knowledge and ability to analyze and resolve geo-environmental problems.

6. To have ability to be engaged in geo-environmental survey projects and engineering management.

7. To have ability to summarize, organize, scientifically analyze and correctly interpret materials and data.

Graduation Requirements and Ways to Achieve

No.	Graduation Requirements	Ways to Achieve(Teaching Process)
1	To master the foundamental knowledge and basic theory of mathematics, physics, chemistry, and computer science and so on	①Classroom Teaching: Advanced Mathematics B, Linear Algebra C, Probability and Statistics B, College Physics C, College Chemistry C, C Language Programming ②Out-of-class Learning: Physical Experiments B, Chemical Experiments C, Course Design for C Language

No.	Graduation Requirements	Ways to Achieve(Teaching Process)
2	To master fundamental principles, core technology and working methods in geology	①Classroom Teaching: Surveying C, Physical Geology, Structural Geology B, Mineralogy and Lithology, Geomorphology and Quaternary Geology ②Out-of-class Learning: Surveying Practice A, Primary Field Training (Beidaihe), Geological Field Training (Zhoukoudian) B
3	To master fundamental principles, experimental test methods and analytical technology in hydrogeology, engineering geology and environmental geology	①Classroom Teaching: Hydraulics, The Fundamental of Hydrogeology A, Groundwater Hydraulics A, Hydro-Geochemistry, Vadose Zone Hydrogeology, Water Resources Exploitation and Protection, Groundwater Prevention Technology and Methods, Soil Mechanics A, Rock Mechanics, Rock and Soil Testing Techniques, Environmental Geology, Introduction to Environmental Science, Ecology ②Out-of-class Learning: Groundwater Hydraulics A Experiments, Fundamental of Hydrogeology A Experiments, Hydro-Geochemistry Experiment, Soil Mechanics A Experiments, Rock Mechanics Experiments, Rock and Soil Testing Techniques Experiments
4	To master core theories and methods of geological environment investigation, monitoring, evaluation and design	①Classroom Teaching: Monitoring Technology of Geological Environment, Survey and Assessment of Geological Environment, Protection and Control of Geological Environment, Numerical Simulation of Geological Environment, Principles and Applications of GIS, Groundwater Contamination and Prevention, Investigation and Survey Skills for Groundwater and Geoengineering, Environment Isotope Principles and Technology, Control Engineering for Geo-disasters, Soil Pollution and Remediation, Groundwater Environmental Impact Assessment ②Out-of-class Learning: Monitoring Technology of Geological Environment Experiments, Survey and Assessment of Geological Environment Experiments, Numerical Simulation of Geological Environment Experiments, Principles and Applications of GIS Experiments, Groundwater Contamination and Prevention Experiments
5	To have professional knowledge and ability to analyze and resolve geo-environmental problems	①Classroom Teaching: Main Specialty Courses and Specialty Elective Courses, Professional Techniques Training ②Out-of-class Learning: Professional Teaching Practice (The Three Gorges), Enterprise Production Practice 1+2 (24 Weeks)

No.	Graduation Requirements	Ways to Achieve(Teaching Process)
6	To have ability to be engaged in geo-environmental survey project and engineering management	Out-of-class Learning: Enterprise Production Practice 1+2 (24 Weeks), Encourage Students to Participate in Vocational Skills Training and Qualification Examination
7	To have ability to summarize, organize, scientifically analyze and correctly interpret materials and data	Out-of-class Learning: Primary Field Training (Beidaihe), Geological Field Training (Zhoukoudian), Professional Teaching Practice (The Three Gorges), Enterprise Production Practice 1+2(24 Weeks), Thesis Writing for Graduation. Autonomous Learning, Social Investigation, Academic Presentations and Competitions

Major Disciplines: Environmental Science and Engineering, Groundwater Science and Engineering, Geological Engineering.

Main Courses: Physical Geology, Structural Geology, The Fundamental of Hydrogeology, Environmental Geology, Rock Mechanics, Soil Mechanics, Groundwater Hydraulics, Monitoring Technology of Geological Environment, Survey and Assessment of Geological Environment, Numerical Simulation of Geological Environment, Protection and Control of Geological Environment, Groundwater Pollution and Prevention, Principles and Applications of GIS (Bilingual), etc.

Lab Experiments: Phreatic Water and Confined Water Simulation, Groundwater Flow Net Simulation, Hydrodynamics Testing, Hydrochemistry Testing, Soil Mechanics Testing, Geological Environment Simulation Testing, Geological Environment Protection and Control Testing.

Practical Work: Engineering Survey Practice, Primary Field Training (Beidaihe), Geological Field Training(Zhoukoudian), Professional Teaching Practice (The Three Gorges), Computer Program Design Practice, Course Projects, Production Practice and Design for Graduation.

Duration: four years.

Degree Granted: Bachelor of Engineering.

Related Specialties: Environmental Science, Groundwater Science and Engineering, Geological Engineering.

环境工程(卓越工程师教育培养计划)
专业课程教学计划表
Course Descriptions of Environment Engineering
(Excellent Engineer Training Program)

课程类别 Course Classification		课程编号 Course Code	课程名称 Course Name	学分 Crs	学时 Hrs	学时分类 Class Hours 讲课 Lec.	实验 Lab.	先修课程 Prerequisite Courses	学期学分分配 Semester Credits 一 1st	二 2nd	三 3rd	四 4th	五 5th	六 6th	七 7th	八 8th
通识教育课 Liberal Education Courses	必修 Compulsory	11706200	马克思主义基本原理 Principles of Marxism	3	48	48			3							
		11706500	毛泽东思想与中国特色社会主义理论体系概论 Introduction to Mao Tse-tung Thought and the Theoretical System of Socialism with Chinese Characteristics	4	64	64					4					
		11711800	中国近现代史纲要 The Essentials of Modern Chinese History	2	32	32						2				
		120002 * 0	思想道德修养与法律基础 Morality Education and Fundamentals of Law	3	48	48			1.5	1.5						
		113076 * 0	体育 Physical Education	4	144	144			1	1	1	1				
		109116 * 0	大学英语 College English	12	192	192			3	3	3	3				
		11918901	C语言程序设计A C Language Programming A	3.5	56	40	16			3.5						
		20413200	环境工程(地质环境调查)专业导论 Introduction to Environmental Engineering (Geological Environmental Survey)	1	16	16			1							
		14300100	军事理论 Military Theory	2	32	32			2							
	选修 Elective	总计12学分，含创新创业选修课学分，跨学科选修课不低于6学分。"形势与政策"课程作为限选课，由马克思主义学院实施		12	192											
		小计 Sum		**46.5**	**824**	**616**	**16**		**11.5**	**9**	**8**	**6**	**0**	**0**	**0**	**0**

课程类别 Course Classification	课程编号 Course Code	课程名称 Course Name	学分 Crs	学时 Hrs	学时分类 Class Hours		先修课程 Prerequisite Courses	学期学分分配 Semester Credits							
					讲课 Lec.	实验 Lab.		一 1st	二 2nd	三 3rd	四 4th	五 5th	六 6th	七 7th	八 8th
学科基础课 Disciplinary Fundamental Courses	212127 * 2	高等数学 B Advanced Mathematics B	10	160	160			4	6						
	212130 * 2	大学物理 B College Physics B	7	112	112				3.5	3.5					
	21213202	物理实验 B Physical Experiments B	2	32		32			2						
	21212802	线性代数 B Linear Algebra B	2.5	40	40					2.5					
	21213502	概率论与数理统计 B Probability and Mathematics Statistics B	2.5	40	40					2.5					
	20302403	大学化学 C College Chemistry C	4	64	50	14					4				
	21120802	测量学 B Surveying B	2	32	32			2							
	20114900	普通地质学 Physical Geology	3	48	48				3						
	20104002	构造地质学 B Structural Geology B	3	48	48					3					
	20113100	矿物岩石学 A Mineralogy and Lithology A	3	48	48					3					
	20115100	地貌学及第四纪地质学 Geomorphology and Quaternary Geology	2.5	40	40						2.5				
	20406000	环境学概论 Introduction to Environmental Science	2	32	32					2					
	20408400	水力学 Hydraulics	2.5	40	32	8					2.5				
	小计 Sum		**46**	**736**	**682**	**54**		**6**	**14.5**	**16.5**	**9**	**0**	**0**	**0**	**0**
专业主干课 Main Specialty Courses	20400801	地下水动力学 A Groundwater Hydraulics A	4	64	40	24							4		
	20409101	水文地质学基础 A The Fundamental of Hydrogeology A	4	64	40	24						4			
	20408800	水文地球化学 Hydro-Geochemistry	3	48	36	12							3		
	20403400	环境地质学 B Environmental Geology B	2	32	32						2				
	20520301	土力学 A Soil Mechanics	3.5	56	36	20						3.5			

课程类别 Course Classification	课程编号 Course Code	课程名称 Course Name	学分 Crs	学时 Hrs	学时分类 Class Hours 讲课 Lec.	学时分类 Class Hours 实验 Lab.	先修课程 Prerequisite Courses	学期学分分配 Semester Credits 一 1st	二 2nd	三 3rd	四 4th	五 5th	六 6th	七 7th	八 8th
专业主干课 Main Specialty Courses	20517100	岩体力学 B Rock Mechanics B	2.5	40	32	8							2.5		
	20419700	地质环境监测技术 Monitoring Technology of Geological Environment	2	32	24	8						2			
	20419000	地质环境调查与评价 Survey and Assessment of Geological Environment	2.5	40	36	4						2.5			
	20423600	地质环境数值模拟技术 Numerical Simulation of Geological Environment	2.5	40	28	12							2.5		
	20419200	地质环境保护与治理 Protection and Control of Geological Environment	3	48	40	8						3			
	21100700	GIS 原理与应用(双语) Principles and Applications of GIS (Bilingual)	2.5	40	30	10						2.5			
	20414500	地下水污染与防治 Groundwater Pollution and Prevention	3	48	28	20							3		
	20414400	水文地质工程地质勘察方法 Investigation and Survey Skills for Groundwater and Geoengineering	2.5	40	40								2.5		
	小计 **Sum**		**37**	**592**	**442**	**150**		**0**	**0**	**0**	**2**	**17.5**	**17.5**	**0**	**0**
专业选修课 Specialty Elective Courses		具体见专业选修课列表	12	192											
合计 **Sub-total**			**141.5**	**2344**	**1740**	**220**		**17.5**	**23.5**	**24.5**	**17**	**17.5**	**17.5**	**0**	**0**
实践环节 Practical Work	44300200	军事训练 Military Training	2	2 周				2							
	41919001	C 语言课程设计 A Course Design for C Language A	1.5	1.5 周					1.5						
	41120902	测量教学实习 B Surveying Practice B	0.5	0.5 周				0.5							
	40115200	地质认识实习(北戴河) Primary Field Training(Beidaihe)	2	2 周					2						

课程类别 Course Classification	课程编号 Course Code	课程名称 Course Name	学分 Crs	学时 Hrs	学时分类 Class Hours 讲课 Lec.	实验 Lab.	先修课程 Prerequisite Courses	学期学分分配 Semester Credits 一 1st	二 2nd	三 3rd	四 4th	五 5th	六 6th	七 7th	八 8th
实践环节 Practical Work	40115602	地质教学实习(周口店)B Geological Field Training (Zhoukoudian) B	4	4 周							4				
	40421402	专业教学实习(三峡)B Professional Teaching Practice(The Three Gorges) B	4	4 周									4		
	40423410	企业生产实践 1 Enterprise Production Practice 1	16	16 周										16	
	40423420	企业生产实践 2 Enterprise Production Practice 2	8	8 周											8
	40421700	毕业设计 Bachelor Thesis	8	8 周											8
	小计 Sum		**46**	**46 周**				**2.5**	**3.5**	**0**	**4**	**0**	**4**	**16**	**16**
创新创业自主学习 Autonomous Learning	ZZ35000S	社会调查 Social Investigation	2												
		其他(学科竞赛、发明创造、科研报告) Others (Contest, Invention, Innovation and Research Presentation)	3												
	小计 Sum		**5**												
总计 Total			**192.5**	**2344 + 46 周**	**1740**	**220**		**20**	**27**	**24.5**	**21**	**17.5**	**21.5**	**16**	**16**
可开出专业选修课列表 Specialty Elective Courses	20414200	水资源开发与保护 Water Resources Exploitation and Protection	1.5	24	24								1.5		
	20413600	土壤污染和防治 Soil Pollution and Remediation	2.5	40	28	12							2.5		
	20405700	环境同位素原理与技术 Environment Isotope Principles and Technology	2.0	32	32							2			
	20510002	固体废物处理与处置 B Solid Waste Treatment and Disposal B	2	32	32							2			
	20517200	岩土测试技术 Rock and Soil Testing Techniques	2	32	10	22							2		
	20506100	地质灾害防治工程 Control Engineering for Geo-disasters	2.5	40	40							2.5			
	20414700	包气带水文地质学 Vadose Zone Hydrogeology	1.5	24	24								1.5		

课程类别 Course Classification	课程编号 Course Code	课程名称 Course Name	学分 Crs	学时 Hrs	学时分类 Class Hours		先修课程 Prerequisite Courses	学期学分分配 Semester Credits							
					讲课 Lec.	实验 Lab.		一 1st	二 2nd	三 3rd	四 4th	五 5th	六 6th	七 7th	八 8th
可开出专业选修课列表 Specialty Elective Courses	20407400	生态学 Ecology	2	32	32								2		
	20422100	专业技能培训 Professional Techniques Training	2	32	32								2		
	20401000	地下水防治技术与方法 Groundwater Prevention Technology and Methods	1.5	24	24							1.5			
	20423500	地下水环境影响评价方法 Groundwater Environmental Impact Assessment Method	1	16	16								1		

注：通识教育选修课学分和创新创业自主学习学分未列入具体学期。

环境工程(卓越工程师教育培养计划)专业课程分类统计

Course Category Statistics of Environment Engineering (Excellent Engineer Training Program)

课程学分 / 统计	通识教育课 Liberal Education Courses		学科基础课 Disciplinary Fundamental Courses	专业主干课 Main Specialty Courses	专业选修课 Specialty Elective Courses	实践环节 Practical Work	创新创业自主学习 Autonomous Learning	学时总计 Total Hours	学分总计 Total Credits
	必修 Compulsory	选修 Selective							
学时/学分 Hrs/Crs	632/34.5	192/12	736/46	592/37	192/12	46周/46	5	2344+46周	192.5
学分所占比例 Proportion of Credits	24.2%		23.9%	19.2%	6.2%	23.9%	2.6%		100%

环境工程(菁英班)专业培养方案

专业名称与代码:环境工程　082502

专业培养目标:本专业培养具备良好的公民素质与修养、具有科学思维与科学辨识能力的科学公民;掌握基本科学研究能力,并具有以地学为基础、水体与生态修复为特色的环境工程理论与技术能力,能在地质环境保护与治理、环境监测、环境评价、环境规划与管理、环境污染防治等领域从事设计、实施、管理等方面工作的专业工程技术与管理人才。

专业毕业要求

1.掌握环境工程原理、水污染控制工程、固体废物处理与处置、环境监测等基础理论、基本知识、技能和工作方法,熟悉水体与生态修复工作和研究知识。

2.掌握地质学基础、地下水科学理论、环境地质与工程等基础理论知识和基本技能与方法。

3.具备从事水污染控制工程、固体废物处理与处置、环境影响评价、规划等实际工作能力。

4.具备从事地质环境调查、评价、监测的实际工作能力。

5.熟悉国家有关水环境方面的方针、政策和法规,具有一定的管理知识和能力。

6.掌握资料查询以及获取信息的基本方法,具有资料归纳、整理和综合分析并加以正确表达的能力。

毕业要求及实现途径

序号	毕业要求	实现途径(教学过程)
1	掌握环境工程原理、水污染控制工程、固体废物处理与处置、环境监测等基础理论、基本知识、技能和工作方法,熟悉水体与生态修复工作和研究知识	①课堂教学:无机化学、分析化学、有机化学、水力学、环境微生物学、工程制图、环境工程原理、水污染控制工程、大气污染控制、水力学实验、水污染控制工程实验、固体废物处理与处置、环境监测、水体生态修复技术、非点源污染控制 ②课外学习:污染控制专业课程设计、毕业实习、毕业设计
2	掌握地质学基础、地下水科学理论、环境地质与工程等基础理论知识和基本技能与方法	①课堂教学:水文地质学基础、工程地质学基础、地下水动力学、水文地球化学、地下水污染与防治、环境地质学、普通地质学、水文地质学基础实验、地下水污染与防治实验 ②课外学习:地质学基础实习、毕业实习、毕业设计、地球环境生态认识实习
3	具备从事水污染控制工程、固体废物处理与处置、环境影响评价、规划等实际工作能力	①课堂教学:环境监测、环境评价、环境规划与管理、固体废物处理与处置、水污染控制工程、水污染控制工程实验 ②课外学习:毕业实习、毕业设计
4	具备从事地质环境调查、评价、监测的实际工作能力	①课堂教学:环境监测、环境评价 ②课外学习:综合专业教学实习、毕业实习、毕业设计
5	熟悉国家有关水环境方面的方针、政策和法规;具有一定的管理知识和能力	①课堂教学:环境监测、环境评价、环境规划与管理、环境监测实验 ②课外学习:毕业实习、毕业设计
6	掌握资料查询以及获取信息的基本方法,具有资料归纳、整理和综合分析并加以正确表达的能力	①课堂教学:环境监测、环境评价、环境规划与管理 ②课外学习:毕业实习、毕业设计

主干学科:环境科学与工程、地下水科学与工程。

核心课程:环境微生物学、环境工程原理、水污染控制工程、环境监测、环境评价、环境规划与管理、水文地质学基础、地下水动力学、地下水污染与防治、环境地质学、非点源污染控制、污染水体生态修复技术。

主要专业实验:水力学实验、水污染控制工程实验、环境监测实验、水文地质学基础实验、地下水污染与防治实验。

主要实践性教学环节:地球环境生态认识实习、地质学基础实习、污染控制专业课程设计、综合专业教学实习、毕业实习、毕业设计等,联合培养单位实习。

修业年限:四年。

授予学位:工学学士。

相近专业:环境科学、生态学、地下水科学与工程。

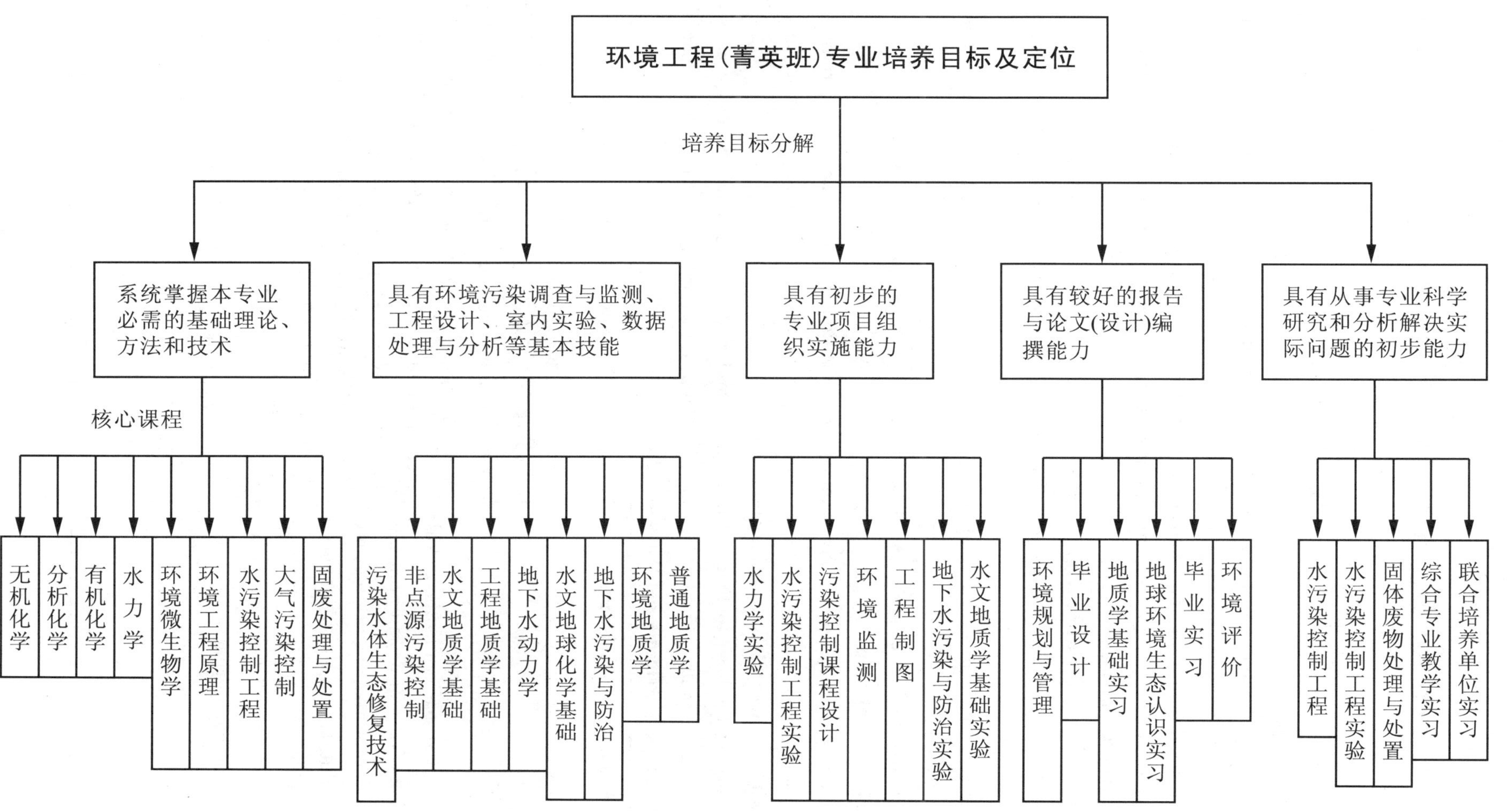

环境工程(菁英班)专业培养目标及定位
培养目标分解
系统掌握本专业必需的基础理论、方法和技术
具有环境污染调查与监测、工程设计、室内实验、数据处理与分析等基本技能
具有初步的专业项目组织实施能力
具有较好的报告与论文(设计)编撰能力
具有从事专业科学研究和分析解决实际问题的初步能力
核心课程
无机化学
分析化学
有机化学
水力学
环境微生物学
环境工程原理
水污染控制工程
大气污染控制
固废处理与处置
污染水体生态修复技术
非点源污染控制
水文地质学基础
工程地质学基础
地下水动力学
水文地球化学基础
地下水污染与防治
环境地质学
普通地质学
水力学实验
水污染控制工程实验
污染控制课程设计
环境监测
工程制图
地下水污染与防治实验
水文地质学基础实验
环境规划与管理
毕业设计
地质学基础实习
地球环境生态认识实习
毕业实习
环境评价
水污染控制工程
水污染控制工程实验
固体废物处理与处置
综合专业教学实习
联合培养单位实习

Program for Environmental Engineering (Elite Class)

Specialty and Code: Environmental Engineering 082502

Education Objective: The program aims at cultivating engineers and specialists with the knowledge of earth science, environmental science and engineering. The graduates will master the basic and specialized knowledge for environmental protection, contamination control, environmental management and environmental monitoring, and engage in the occupational areas of environmental (especially geo-environmental) evaluation, environmental programming design, management and scientific research.

Graduation Requirements

1. Master the basic theories, skills and knowledge of design principles of environmental engineering, water pollution control, solid waste disposal and treatment, water body ecological remediation, and environmental monitoring.

2. Master basic theories, skills and knowledge of earth science, groundwater, environmental geology and engineering.

3. Have basic ability on water pollution control, solid waste disposal and treatment, environmental assessment and planning.

4. Master skills in geological environments investigation, evaluation and monitoring.

5. Be familiar with policies and regulations pertaining to the aquatic environment, and being equipped with management knowledge and ability.

6. To master the basic methods of literature search and informationcollection, possess the essential ability of understanding, organizing, analyzing interpreting and processing of information.

Graduation Requirements and Ways to Achieve

No.	Graduation Requirements	Ways to Achieve(Teaching Process)
1	Master the basic theories, skills and knowledge of design principles of environmental engineering, water pollution control, solid waste disposal and treatment, water body ecological remediation, and environmental monitoring	① Classroom Teaching: Inorganic Chemistry, Analytical Chemistry, Organic Chemistry, Hydraulics, Environmental Microbiology, Technical Drawing, Principles of Environmental Engineering, Water Pollution Control Engineering, Solid Waste Disposal and Treatment, Atmospheric Pollution Control, Environmental Monitoring, Hydraulic Testing, Water Pollution Control Engineering Testing, Water Body Ecological Remediation, Non-point Source Pollution Control ②Out-of-class Learning: Graduation Practice, Graduation Design, Specialized Design for Water Pollution Control Engineering

No.	Graduation Requirements	Ways to Achieve(Teaching Process)
2	Master basic theories, skills and knowledge of earth science, groundwater, environmental geology and engineering	① Classroom Teaching: Physical Geology, Fundamental Hydro-geology, Engineering Geology, Dynamics of Groundwater, Hydro-geochemistry, Groundwater Pollution and Prevention, Environmental Geology, Fundamental Hydrogeology Testing, Groundwater Pollution and Prevention Testing ②Out-of-class Learning: Primary Field in Terrestrial Environments, Geological Practice, Graduation Practice, Graduation Design
3	Have basic ability on water pollution control, solid waste disposal and treatment, environmental assessment and planning	①Classroom Teaching: Water Pollution Control Engineering, Solid Waste Disposal and Treatment, Environmental Monitoring, Environmental Assessment, Environmental Planning and Management, Water Pollution Control Engineering Testing ②Out-of-class Learning: Graduation Practice, Graduation Design
4	Master skills in geological environments investigation, evaluation and monitoring	①Classroom Teaching: Environmental Monitoring, Environmental Assessment ② Out-of-class Learning: Comprehensive Professional Teaching Practice, Graduation Practice, Graduation Design
5	Be familiar with policies and regulations pertaining to the aquatic environment, and being equipped with management knowledge and ability	①Classroom Teaching: Environmental Monitoring, Environmental Assessment, Environmental Planning and Management, Environmental Monitoring Assessment ②Out-of-class Learning: Graduation Practice, Graduation Design
6	To master the basic methods of literature search and informationcollection, possess the essential ability of understanding, organizing, analyzing interpreting and processing of information	①Classroom Teaching: Environmental Monitoring, Environmental Assessment, Environmental Planning and Management ②Out-of-class Learning: Graduation Practice, Graduation Design

Major Disciplines: Environmental Science and Engineering, Groundwater Science and Engineering.

Main Courses: Environmental Microbiology Principles of Environmental Engineering, Water Pollution Control Engineering, Environmental Monitoring, Environmental Assessment, Environmental

Planning and Management, Fundamental of Hydrogeology, Groundwater Hydraulics, Groundwater Pollution and Prevention, Environmental Geology, Non-point Source Pollution Control, Bio-remediation Technique on Polluted Water.

Lab Experiments: Hydraulic Testing, Water Pollution Control Engineering Testing, Environmental Monitoring Testing, Fundamental Hydrogeology Testing, Groundwater Pollution and Prevention Testing.

Practical Work: Cognitive Practice in Terrestrial Environments, Practice for Geology, Specialized Design for Water Pollution Control Engineering, Comprehensive Professional Teaching Practice, Graduation Practice and Design, Practice in Joint Institutes.

Duration: four years.

Degree Granted: Bachelor of Engineering.

Related Specialties: Environmental Science, Ecology, Groundwater Science and Engineering.

环境工程(菁英班)课程教学计划表

Course Descriptions of Environmental Engineering(Elite Class)

课程类别 Course Classification		课程编号 Course Code	课程名称 Course Name	学分 Crs	学时 Hrs	学时分类 Class Hours 讲课 Lec.	实验 Lab.	先修课程 Prerequisite Courses	学期学分分配 Semester Credits 一 1st	二 2nd	三 3rd	四 4th	五 5th	六 6th	七 7th	八 8th
通识教育课 Liberal Education Courses	必修 Compulsory	11706200	马克思主义基本原理 Principles of Marxism	3	48	48			3							
		11706500	毛泽东思想与中国特色社会主义理论体系概论 Introduction to Mao Tse-tung Thought and the Theoretical System of Socialism with Chinese Characteristics	4	64	64					4					
		11711800	中国近现代史纲要 The Essentials of Modern Chinese History	2	32	32						2				
		120002*0	思想道德修养与法律基础 Morality Education and Fundamentals of Law	3	48	48			1.5	1.5						
		113076*0	体育 Physical Education	4	144	144			1	1	1	1				
		109116*0	大学英语 College English	12	192	192			3	3	3	3				
		11918901	C语言程序设计 A C Language Programming A	3.5	56	40	16			3.5						
		20413200	环境科学与工程导论 Introduction to Environmental Sciences and Engineering	1	16	16			1							
		14300100	军事理论 Military Theory	2	32	32			2							
	选修 Elective	总计12学分,含创新创业选修课学分,跨学科选修课不低于6学分。"形势与政策"课程作为限选课,由马克思主义学院实施		12	192											
		小计 **Sum**		**46.5**	**824**	**616**	**16**		**11.5**	**9**	**8**	**6**	**0**	**0**	**0**	**0**
学科基础课 Disciplinary Fundamental Courses		212127*2	高等数学 B Advanced Mathematics B	10	160	160			4	6						
		212130*2	大学物理 B College Physics B	7	112	112				3.5	3.5					
		21213202	物理实验 B Physical Experiment B	2	32		32			2						
		21212802	线性代数 B Linear Algebra B	2.5	40	40					2.5					

课程类别 Course Classification	课程编号 Course Code	课程名称 Course Name	学分 Crs	学时 Hrs	学时分类 Class Hours		先修课程 Prerequisite Courses	学期学分分配 Semester Credits							
					讲课 Lec.	实验 Lab.		一 1st	二 2nd	三 3rd	四 4th	五 5th	六 6th	七 7th	八 8th
学科基础课 Disciplinary Fundamental Courses	21213502	概率论与数理统计 B Probability and Mathematics Statistics B	2.5	40	40					2.5					
	21120802	测量学 B Surveying B	2	32	32			2							
	20114900	普通地质学 Physical Geology	3	48	40	8			3						
	20113100	矿物岩石学 A Mineralogy and Lithology A	3	48	48					3					
	20104002	构造地质学 B Structural Geology B	3	48	36	12				3					
	20115100	地貌学及第四纪地质学 Geomorphology and Quaternary Geology	2.5	40	40						2.5				
	20408400	水力学 Hydraulics	2.5	40	32	8					2.5				
	20302403	大学化学 C College Chemistry C	4	64	50	14		4							
	20311502	分析化学 B Analytical Chemistry B	3	48	28	20			3						
	20311402	有机化学 B Organic Chemistry B	3.5	56	40	16					3.5				
	20309202	物理化学 B Physical Chemistry B	3	48	48					3					
	20714600	建筑制图 Architecture Drawing	3.5	56	48	8						3.5			
	小计 Sum		**57**	**912**	**794**	**118**		**10**	**17.5**	**17.5**	**8.5**	**3.5**	**0**	**0**	**0**
专业主干课 Main Specialty Courses	20409101	水文地质学基础 A Fundamental of Hydrogeology A	4	64	40	24					4				
	20400801	地下水动力学 A Groundwater Hydraulics A	4	64	40	24						4			
	20408800	水文地球化学 Hydro-geochemistry	3	48	36	12						3			
	20414500	地下水污染与防治 Groundwater Pollution and Prevention	3	48	28	20							3		
	20403400	环境地质学 B Environmental Geology B	2	32	32								2		
	20404200	环境工程微生物及实验 Environmental Microbiology	3	48	28	20				3					

课程类别 Course Classification	课程编号 Course Code	课程名称 Course Name	学分 Crs	学时 Hrs	学时分类 Class Hours		先修课程 Prerequisite Courses	学期学分分配 Semester Credits							
					讲课 Lec.	实验 Lab.		一 1st	二 2nd	三 3rd	四 4th	五 5th	六 6th	七 7th	八 8th
专业主干课 Main Specialty Courses	20403800	环境工程设计原理 Principle of Environmental Engineering	2.5	40	40						2.5				
	20407400	生态学 Ecology	2	32	32								2		
	20414100	大气污染控制 Atmospheric Pollution Control	2	32	32							2			
	20413800	水污染控制工程 Water Pollution Control Engineering	3	48	36	12						3			
	20510002	固体废物处理与处置 B Solid Waste Treatment and Disposal B	2	32	32							2			
	20405303	环境评价 C Environmental Assessment C	2	32	32								2		
	20405103	环境监测 C Environmental Monitoring C	2	32	32							2			
	20404400	环境规划与管理 Environmental Planning and Management	2	32	32								2		
	20413600	土壤污染和防治 Soil Pollution and Remediation	2.5	40	28	12							2.5		
	20423300	非点源污染控制 Non-point Source Pollution Control	1.5	24	16	8							1.5		
	20422900	污染水体生态修复技术 Bio-remediation Technique on Polluted Water	2	32	32								2		
	小计 Sum		**42.5**	**680**	**548**	**132**		**0**	**0**	**3**	**6.5**	**16**	**17**	**0**	**0**
专业选修课 Specialty Elective Courses		具体见专业选修课列表	6	96											
合计 Sub-total			**152**	**2512**	**1958**	**266**		**21.5**	**26.5**	**28.5**	**21**	**19.5**	**17**	**0**	**0**
实践环节 Practical Work	44300200	军事训练 Military Training	2	2周				2							
	41919001	C语言课程设计 A Course Design for C Language A	1.5	1.5周					1.5						

课程类别 Course Classification	课程编号 Course Code	课程名称 Course Name	学分 Crs	学时 Hrs	学时分类 Class Hours		先修课程 Prerequisite Courses	学期学分分配 Semester Credits							
					讲课 Lec.	实验 Lab.		一 1st	二 2nd	三 3rd	四 4th	五 5th	六 6th	七 7th	八 8th
实践环节 Practical Work	41120902	测量教学实习 B Surveying Practice B	0.5	0.5 周				0.5							
	40115200	地质认识实习(北戴河) Primary Field Training(Beidaihe)	2	2 周					2						
	40115602	地质教学实习(周口店)B Geological Field Training (Zhoukoudian) B	4	4 周							4				
	40421402	专业教学实习(三峡)B Professional Teaching Practice(The Three Gorges) B	4	4 周									4		
	40422300	水污染控制课程设计 Course Design for Water Pollution Control Engineering	2	2 周								2			
	40422400	环境监测课程设计 A Course Design for Environmental Monitoring A	2	2 周								2			
	40422500	环境评价课程设计 A Course Design for Environmental Assessment A	1	1 周									1		
	40422600	联合培养单位实习 Practice in Joint Institutes	4	4 周										4	
	40422700	毕业实习 Practice for Graduation	4	4 周											4
	40422800	毕业设计 Thesis Writing for Graduation	10	10 周											10
	小计 Sum		**37**	**37 周**				**2.5**	**3.5**	**0**	**4**	**4**	**5**	**4**	**14**
创新创业自主学习 Autonomous Learning	ZZ35000S	社会调查 Social Investigation	2												
		其他(学科竞赛、发明创造、科研报告) Others (Contest, Invention, Innovation and Research Presentation)	3												
	小计 Sum		**5**												
总计 Total			**194**	**2512 + 37 周**	**1958**	**266**		**24**	**30**	**28.5**	**25**	**23.5**	**22**	**4**	**14**

课程类别 Course Classification	课程编号 Course Code	课程名称 Course Name	学分 Crs	学时 Hrs	学时分类 Class Hours 讲课 Lec.	实验 Lab.	先修课程 Prerequisite Courses	学期学分分配 Semester Credits 一 1st	二 2nd	三 3rd	四 4th	五 5th	六 6th	七 7th	八 8th
可开出专业选修课列表 Specialty Elective Courses	21100700	GIS原理与应用 Principles and Applications of GIS	2.5	40	30	10							2.5		
	20508400	工程地质学基础B Engineering Geology B	2.5	40	40							2.5			
	20423000	地表水文学 Surface Hydrology	2	32	32							2			
	20423100	湖泊生态系统演化 Ecosystem Evolution of Lake	2	32	32								2		
	20423200	水环境工程技术 Environmental Engineering for Water Body	2	32	32							2			
	20509500	工程招标投标与概预算 Engineering Budget and Bidding	2	32	32								2		
	20404000	环境工程施工技术 Environmental Engineering Construction Techniques	2	32	32								2		
	20407100	清洁生产工艺 Clean Manufacturing Techniques	1.5	24	24								1.5		
	20402900	环保设备基础 Environmental Protection Equipment	1	16	16								1		
	21704500	环境法规 Environmental Law	1.5	24	24							1.5			
	20411800	噪声控制 Noise Pollution Control	1	16	16								1		
	20414400	水文地质工程地质勘察方法 Investigation and Survey Skills for Groundwater and Geoengineering	2.5	40	40							2.5			
	20405700	环境同位素原理与技术 Principles and Technology of Environment Isotope	2	32	32							2			
	20508200	工程地质勘察 Geological Engineering Investigation	2.5	40	40								2.5		
	20506100	地质灾害防治工程 Control Engineering for Geo-disasters	2.5	40	40								2.5		

注：通识教育选修课学分和创新创业自主学习学分未列入具体学期。

环境工程(菁英班)专业课程分类统计
Course Category Statistics of Environmental Engineering(Elite Class)

课程学分 / 统计	通识教育课 Liberal Education Courses		学科基础课 Disciplinary Fundamental Courses	专业主干课 Main Specialty Courses	专业选修课 Specialty Elective Courses	实践环节 Practical Work	创新创业自主学习 Autonomous Learning	学时总计 Total Hours	学分总计 Total Credits
	必修 Compulsory	选修 Selective							
学时/学分 Hrs/Crs	632/34.5	196/12	912/57	680/42.5	96/6	37 周/37	5	2512 +37 周	194
学分所占比例 Proportion of Credits	23.9%		29.4%	21.9%	3.1%	19.1%	2.6%		100%

生物科学(菁英班)专业培养方案

专业名称与代码:生物科学(菁英班)　071001

专业培养目标:本专业旨在培养适应生物科学发展与技术进步需要的高级专门人才。毕业生不仅德智体全面发展,而且使用外语和计算机的能力较强。他们在生物科学、地质、地球化学、环境科学方面有坚实的基础,毕业后可攻读研究生学位,或在科研院所、高等院校、涉及生物科学的相关产业就业。

专业毕业要求

1. 具有扎实的数学、物理、化学、生物科学和地质学的基础理论知识;掌握生物科学的理论和实践工作技能及基本的地球科学实验和鉴定技术,具备从事分子生物、生态、环境科学、第四纪地质学、地球化学等方面的基础理论研究、应用研究、分析实验、数据处理等工作的基本能力。

2. 具有计算机软、硬件的基础知识,掌握一门以上计算机语言的编程技术,能熟练将计算机文字、图形、数据等处理并应用于生物科学与技术研究。

3. 掌握一门外语,具备听、说、读、写及进行国际学术交流的能力,达到能独立获取信息的水平。

4. 具有一定的人文科学和管理科学的知识和能力。

毕业生应获得以下几个方面的知识和能力

1. 具有较坚实的数、理、化、外语、计算机基础知识与应用能力。

2. 掌握生物科学的基本理论、技能和工作方法。

3. 具有从事分子生物、生态、地质学、环境科学等方面的研究能力。

4. 具有对生物科学及相关领域信息处理、成果解释和应用的初步能力。

5. 具有良好的科学素养、心理素质、综合能力及一定的管理能力。

毕业要求及实现途径

序号	毕业要求	实现途径(教学过程)
1	具有较坚实的数、理、化、外语、计算机基础知识与应用能力	①课堂教学:大学英语、C语言程序设计、高等数学B、概率论与数理统计B、大学物理C、大学化学B、分析化学B、有机化学B ②课外学习:物理实验B、计算机课程设计
2	掌握生物科学的基本理论、技能和工作方法	①课堂教学:生物科学专业导论、动物生物学、生物化学A、细胞生物学、植物生物学、微生物学、遗传学 ②课外学习:动物生物学实验、生物化学实验A、细胞生物学实验、植物生物学实验、微生物学实验、遗传学实验
3	具有从事分子生物、生态、地质学、环境科学等方面的研究能力	①课堂教学:普通地质学B、矿物岩石学、地貌学及第四纪地质学、普通生态学、分子生物学 ②课外学习:分子生物学实验、植物学现场教学、海洋生物及地质学教学实习(北戴河)、植物学及生态学教学实习(三峡)、动物生物学课程设计、植物生物化学课程设计、微生物学课程设计

序号	毕业要求	实现途径(教学过程)
4	具有对生物科学及相关领域信息处理、成果解释和应用的初步能力	①课堂教学:R语言与生物统计、生物信息学、各个选修课程 ②课外学习:毕业实习、毕业设计
5	具有良好的科学素养、心理素质、综合能力及一定的管理能力	课外学习:社会调查、其他(学科竞赛、发明创造、科研报告)

主干学科:生物科学。

核心课程:植物生物学、动物生物学、微生物学、普通生态学、生物化学、分子生物学、细胞生物学、遗传学、普通地质学、地貌学及第四纪地质学、进化生物学、生物信息学。

主要专业实验:动植物临时(永久)装片制作、动植物鉴定、染色技术、生物大分子提取分离技术、分子克隆技术、古生物鉴定、地球化学样品分析等。

主要实践性教学环节:地质认识及海洋生物认知实习(秦皇岛)、植物认知及生态实习(三峡)、计算机程序设计、毕业(研究)实习、毕业论文。

修业年限:四年。

授予学位:理学士。

相近专业:地质学、地球化学、环境科学。

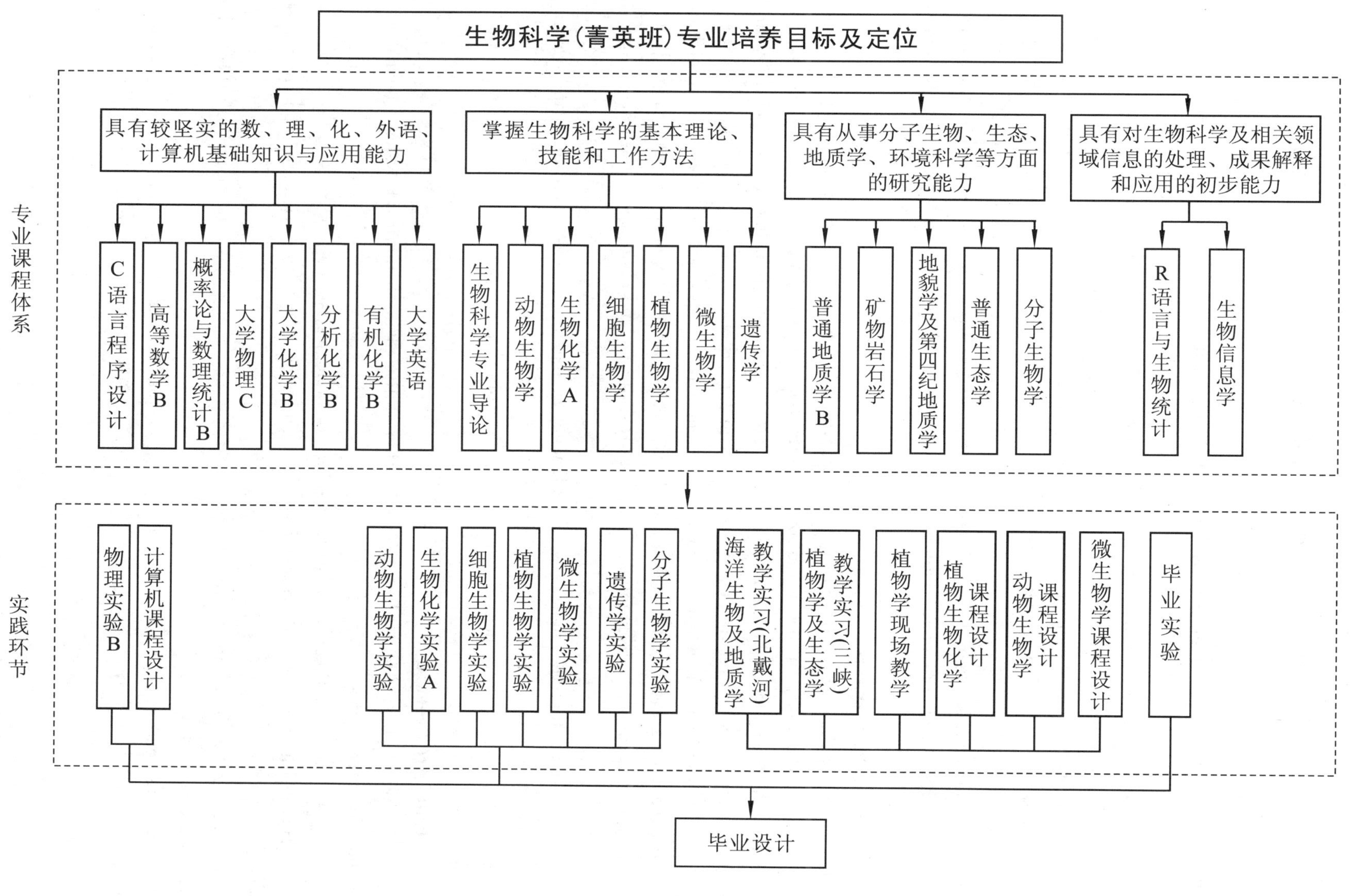
生物科学(菁英班)专业培养目标及定位
具有较坚实的数、理、化、外语、计算机基础知识与应用能力
C语言程序设计
高等数学B
概率论与数理统计B
大学物理C
大学化学B
分析化学B
有机化学B
大学英语
掌握生物科学的基本理论、技能和工作方法
生物科学专业导论
动物生物学
生物化学A
细胞生物学
植物生物学
微生物学
遗传学
具有从事分子生物、生态、地质学、环境科学等方面的研究能力
普通地质学B
矿物岩石学
地貌学及第四纪地质学
普通生态学
分子生物学
具有对生物科学及相关领域信息的处理、成果解释和应用的初步能力
R语言与生物统计
生物信息学
专业课程体系
物理实验B
计算机课程设计
动物生物学实验
生物化学实验A
细胞生物学实验
植物生物学实验
微生物学实验
遗传学实验
分子生物学实验
海洋生物及地质学教学实习(北戴河)
植物学及生态学教学实习(三峡)
植物学现场教学
植物生物化学课程设计
动物生物学课程设计
微生物学课程设计
毕业实验
毕业设计
实践环节

Program for Biological Science(Elite Class)

Specialty and Code: Biological Sciences(Elite Class) 070401

Education Objective: The program aims to train advanced professionals in biology who have great potential to do research involved in applications and exploration of biological sciences. Our graduates not only have all-around development in moral, intellectual, and physical excellency, but also are competent with their relevant expertise including strong ability in using foreign language and computer science. They have solid foundation in Biological Sciences, as well as Geosciences, Geochemistry, and Environmental Sciences. Most of them will be qualified for further education in PhD program. The program prepares our students for employment in teaching and research in research institutes or institutions of higher learning involving biological sciences or in a wide range of biologically- related industries.

Graduation Requirements

1. To master the basic theories of mathematics, physics, chemistry, biology, and earth sciences; to master the skills not only on theory and experimental techniques in biology but also on composition analysis and identification in earth sciences. To be able to carry on fundamental scientific research on molecular biology, ecology, environmental sciences, quaternary geology, and geochemistry.

2. To master basic knowledge of computer sciences including a sound understanding of both the hardware and software, to master at least one advanced computer language programming. Be able to apply all kinds of computer techniques in terms of text, image, and data processing into biological sciences.

3. To master a foreign language with proficiency of listening, speaking, reading, and writing and thus to ensure fluent communication and independent information retrieval.

4. Being physically and mentally healthy and be able to carry out plans and management in humanism.

Graduates Are Required

1. Having the basic knowledge and application ability of mathematics, Physics, Chemistry, English and computer science.

2. Master the basic theory, skills and methods of biological science.

3. Having the abilities to do researches in molecular biology, ecology, geology and environmental science.

4. Having the basic ability to process, interpret and apply the information of the biological sciences and related fields.

5. Having good scientific literacy, psychological quality, comprehensive ability and management ability.

Graduation Requirements and Ways to Achieve

No.	Graduation Requirements	Ways to Achieve(Teaching Process)
1	Having the basic knowledge and application ability of mathematics, Physics, Chemistry, English and computer science	①Classroom Teaching: College English, C Language Programming, Higher Mathematics B, Probability and Statistics B, College Physics C, College Chemistry B, Analytical Chemistry B, Organic Chemistry B ② Out-of-class Learning: Physical Experiments B, Computer Course Design
2	Master the basic theory, skills and methods of biological science	①Classroom Teaching: Introduction to Biological Science, Animal Biology, Biochemistry A, Cell Biology, Plant Biology, Microbiology, Genetics ②Out-of-class Learning: Experiments of Animal Biology, Experiments of Biochemistry A, Experiments of Cell Biology, Experiments of Plant Biology Experiments of Microbiology, Experiments of Genetics
3	Having the abilities to do researches in molecular biology, ecology, geology and environmental science	① Classroom Teaching: Physical Geology B, Mineralogy and Lithology, Geomorphology and Quaternary Geology, General Ecology, Molecular Biology ②Out-of-class Learning: Experiments of Molecular Biology, Field Teaching of Botany, Teaching Practice of Marine Biology and Geology (Beidaihe), Teaching Practice of Botany and Ecology (The Three Gorges), Course Design of Animal Biology, Course Design of Plant Biochemistry, Course Design of Microbiology
4	Having the basic ability to process, interpret and apply the information of the biological sciences and related fields	① Classroom Teaching: R Language and Biostatistics, Bioinformatics, and various elective courses ②Out-of-class Learning: Graduation Practice, Graduation Design
5	Having good scientific literacy, psychological quality, comprehensive ability and management ability	② Out-of-class Learning: Social Investigation, Others (subject competition, invention and creation, academic presentation)

Major Disciplines: Biological Sciences.

Main Courses: Plant Biology, Animal Biology, Microbiology, Biochemistry, Cell Biology, Genetics, Molecular Biology, General Ecology, Physical Geology, Geomorphology and Quaternary Geology, Evolutionary Biology, Bio-Informatics.

Lab Experiments: Plant Biology, Animal Biology, Microbiology, Biochemistry, Cell Biology, Genetics, Molecular Biology, General Ecology, Bio-informatics (on PC or internet).

Practical Work: Plant Field Teaching Practice, Marine Biology and General Geoscience Teaching Practice, General Ecology Field Teaching Practice, Graduation Practice, Thesis Writing.

Duration: four years.

Degree Granted: Bachelor of Science.

Related Specialties: Geology, Geochemistry, Environmental Science.

生物科学(菁英班)专业课程教学计划表

Course Descriptions of Biological Science (Elite Class)

课程类别 Course Classification		课程编号 Course Code	课程名称 Course Name	学分 Crs	学时 Hrs	学时分类 Class Hours		先修课程 Prerequisite Courses	学期学分分配 Semester Credits							
						讲课 Lec.	实验 Lab.		一 1st	二 2nd	三 3rd	四 4th	五 5th	六 6th	七 7th	八 8th
通识教育课 Liberal Education Courses	必修 Compulsory	11706200	马克思主义基本原理 Principles of Marxism	3	48	48							3			
		11706500	毛泽东思想与中国特色社会主义理论体系概论 Introduction to Mao Tse-tung Thought and the Theoretical System of Socialism with Chinese Characteristics	4	64	64							4			
		11711800	中国近现代史纲要 The Essentials of Modern Chinese History	2	32	32						2				
		120002*0	思想道德修养与法律基础 Morality Education and Fundamentals of Law	3	48	48					1.5	1.5				
		113076*0	体育 Physical Education	4	144	144			1	1	1	1				
		109116*0	大学英语 College English	12	192	192			3	3	3	3				
		11918902	C语言程序设计B C Language Programming B	2.5	40	28	12			2.5						
		20413300	生物科学专业导论 Introduction to Biology Science	1	16	16			1							
		14300100	军事理论 Military Theory	2	32	32			2							
	选修 Elective	总计12学分,含创新创业选修课学分,跨学科选修课不低于6学分		12	192											
		小计 Sum		**45.5**	**808**	**604**	**12**		**7**	**6.5**	**5.5**	**7.5**	**7**	**0**	**0**	**0**
学科基础课 Disciplinary Fundamental Courses		212127*2	高等数学B Advanced Mathematics B	10	160	160			4	6						
		21213503	概率论与数理统计C Probability and Mathematics Statistics C	2	32	32						2				
		212130*3	大学物理C College Physics C	6	96	96				3.5	2.5					
		21213202	物理实验B Physics Experiments B	2	32		32			2						
		20302402	大学化学B College Chemistry B	5	80	56	24		5							

课程类别 Course Classification	课程编号 Course Code	课程名称 Course Name	学分 Crs	学时 Hrs	学时分类 Class Hours		先修课程 Prerequisite Courses	学期学分分配 Semester Credits							
					讲课 Lec.	实验 Lab.		一 1st	二 2nd	三 3rd	四 4th	五 5th	六 6th	七 7th	八 8th
学科基础课 Disciplinary Fundamental Courses	20311502	分析化学 B Analytical Chemistry B	3	48	28	20				3					
	20311402	有机化学 B Organic Chemistry B	3.5	56	40	16		3.5							
	20114900	普通地质学 Physical Geology	3	48	48			3							
	20113100	矿物岩石学 A Mineralogy and Lithology A	3	48	48				3						
	20101600	地貌学及第四纪地质学 Geomorphology and Quaternary Geology	2.5	40	40					2.5					
	小计 **Sum**		**40**	**640**	**548**	**92**		**15.5**	**14.5**	**8**	**2**	**0**	**0**	**0**	**0**
专业主干课 Main Specialty Courses	20419500	动物生物学 Animal Biology	3	48	48			3							
	20420200	动物生物学实验 Experiments of Animal Biology	1.5	24		24		1.5							
	20420700	生物化学 Biochemistry	4.5	72	72				4.5						
	20420800	生物化学实验 Experiments of Biochemistry	2.5	40		40			2.5						
	20419900	细胞生物学 Cell Biology	3	48	48					3					
	20423700	细胞生物学实验 Experiments of Cell Biology	1.5	24		24				1.5					
	20413400	植物生物学 Plant Biology	3.5	56	56						3.5				
	20413500	植物生物学实验 Experiments of Plant Biology	2	32		32					2				
	20420300	普通生态学 General Ecology	3	48	48						3				
	20420400	微生物学 Microbiology	3	48	48						3				
	20423800	微生物学实验 Experiments of Microbiology	1.5	24		24					1.5				
	20420500	分子生物学 Molecular Biology	3	48	48							3			
	20423900	分子生物学实验 Experiments of Molecular Biology	1.5	24		24						1.5			

课程类别 Course Classification	课程编号 Course Code	课程名称 Course Name	学分 Crs	学时 Hrs	学时分类 Class Hours 讲课 Lec.	实验 Lab.	先修课程 Prerequisite Courses	学期学分分配 Semester Credits 一 1st	二 2nd	三 3rd	四 4th	五 5th	六 6th	七 7th	八 8th
专业主干课 Main Specialty Courses	20424000	R语言与生物统计 R Language and Biostatistics	2	32	16	16						2			
	20420100	遗传学 Genetics	3	48	48								3		
	20424100	遗传学实验 Experiments of Genetics	1.5	24		24							1.5		
	20424200	生物信息学 Bioinformatics	2	32	16	16							2		
	小计 Sum		**42**	**672**	**448**	**224**		**4.5**	**7**	**4.5**	**13**	**6.5**	**6.5**		
专业选修课 Specialty Elective Courses		具体见专业选修课列表	20	320											
合计 Sub-total			**147.5**	**2440**	**1600**	**328**		**27**	**28**	**18**	**22.5**	**13.5**	**6.5**	**0**	**0**
实践环节 Practical Work	44300200	军事训练 Military Training	2	2周				2							
	41919002	C语言课程设计B Course Design for C Language B	1.5	1.5周					1.5						
	40424300	植物学现场教学 Botanical Field Practice	1	1周							1				
	40420900	海洋生物及地质学教学实习(北戴河) Teaching Practice of Marine Biology and Geology (Beidaihe)	3	3周					3						
	40424400	植物学及生态学教学实习(三峡) Teaching Practice of Botany and Ecology(The Three Gorges)	3	3周							3				
	40421000	动物生物学课程设计 Course Design of Animal Biology	1	1周					1						
	40424500	植物生物化学课程设计 Course Design of Plant Biology	1	1周							1				
	40424600	微生物学课程设计 Course Design of Microbiology	1	1周							1				

课程类别 Course Classification	课程编号 Course Code	课程名称 Course Name	学分 Crs	学时 Hrs	学时分类 Class Hours		先修课程 Prerequisite Courses	学期学分分配 Semester Credits							
					讲课 Lec.	实验 Lab.		一 1st	二 2nd	三 3rd	四 4th	五 5th	六 6th	七 7th	八 8th
实践环节 Practical Work	40424700	毕业实习 Graduation Practice	14	14 周										14	
	40422800	毕业设计 Graduation Design	10	10 周											10
	小计 **Sum**		**37.5**	**37.5 周**				**2**	**5.5**	**0**	**6**	**0**	**0**	**14**	**10**
创新创业自主学习 Autonomous Learning	ZZ35000S	社会调查 Social Investigation	2												
		其他(学科竞赛、发明创造、科研报告) Others (Contest, Invention, Innovation and Research Presentation)	3												
	小计 **Sum**		**5**												
总计 **Total**			**190**	**2440 + 37.5 周**	**2124**	**316**	**0**	**29**	**33.5**	**18**	**28.5**	**13.5**	**6.5**	**14**	**10**
可开出专业选修课列表 Specialty Elective Courses	20405700	环境同位素原理与技术 Environment Isotope Principles and Technology	2	32	32							2			
	20421100	土壤学 Soil Science	2	32	32							2			
	20400100	保护生物学 Conservation Biology	2	32	32							2			
	20411100	微生物生态学 Microbial Ecology	2	32	32							2			
	20401800	动物生理学 Animal Physiology	2.5	32	32	8						2.5			
	20411400	细胞工程 Cell Engineering	2	32	32							2			
	20420610	生命科学前沿(一)(华大基因、中科院微生物所、城市环境研究所) Frontiers of Life Sciences (Ⅰ) (Course of BGI, IM, IUE)	1.5	24	24							1.5			
	20420620	生命科学前沿(二)(中科院生态环境研究中心、武汉植物园、水生生物研究所) Frontiers of Life Sciences (Ⅱ) (Course of RCEES, WBG, IH)	1.5	24	24								1.5		
	20403400	环境地质学 B Environmental Geology B	2	32	32								2		

课程类别 Course Classification	课程编号 Course Code	课程名称 Course Name	学分 Crs	学时 Hrs	学时分类 Class Hours 讲课 Lec.	实验 Lab.	先修课程 Prerequisite Courses	一 1st	二 2nd	三 3rd	四 4th	五 5th	六 6th	七 7th	八 8th
可开出专业选修课列表 Specialty Elective Courses	20110400	有机地球化学 Organic Geochemistry	2	32	28	4							2		
	20421200	地下水与环境 Underground Water and Environment	2	32	32								2		
	20406300	基因工程 Genetic Engineering	2	32	32								2		
	20406400	进化生物学 Evolutionary Biology	2	32	32								2		
	20407200	全球生态学 Global Ecology	2	32	32								2		
	20408000	湿地生态学 Wetland Ecology	1.5	24	24								1.5		
	20424800	分子生态学 Molecular Ecology	2	32	32								2		
	20417500	功能基因组学 Functional Genomics	1.5	24	24								1.5		

注：通识教育选修课学分和创新创业自主学习学分未列入具体学期。

生物科学(菁英班)专业课程分类统计

Course Category Statistics of Biological Science (Elite Class)

课程学分 / 统计	通识教育课 Liberal Education Courses 必修 Compulsory	选修 Selective	学科基础课 Disciplinary Fundamental Courses	专业主干课 Main Specialty Courses	专业选修课 Specialty Elective Courses	实践环节 Practical Work	创新创业自主学习 Autonomous Learning	学时总计 Total Hours	学分总计 Total Credits
学时/学分 Hrs/Crs	536/33.5	192/12	608/40	672/42	320/20	37.5周/37.5	80/5	2440+37.5周	190
学分所占比例 Proportion of Credits	24%		21.1%	22.1%	10.5%	19.7%	2.6%		100%

地下水科学与工程专业培养方案

专业名称与代码：地下水科学与工程　081404T

专业培养目标：本专业培养具有扎实自然科学知识、创新意识、良好科学作风，在德智体全面发展的地下水科学与工程领域的高级专门人才。毕业生不仅具有坚实的地学基础和水资源方面的专业基础知识，同时具备计算机仿真技术、3S技术、现代分析测试技术和外语等方面的应用能力，能够运用先进工程技术手段从事地下水资源开发与保护，以及针对人类活动诱发的水文地质工程地质问题，进行勘察、评价及治理的高级工程技术人才。

专业培养要求：本专业学生具有扎实的自然基础科学知识，具有较好的外语水平和计算机运用能力。在牢固掌握数学、物理、化学、地学、外语、计算机知识的基础上，学习水文地质工程地质的基本原理，掌握水文地质工程地质调查、地下水渗流模拟、地下水资源勘察、评价及开发保护、地下防排水工程等技术与方法。接受野外测绘、调查、测试等方面的基本训练并掌握相关专业的基本技能，具有应用所学专业知识从事科学研究和分析解决实际问题的初步能力。

毕业生应获得以下几个方面的知识和能力

1. 掌握地质基础理论、技能和工作方法。
2. 初步掌握地下水有关的基本原理、主要的实验、测试方法和分析技术。
3. 具备对地下水形成、埋藏、分布和运移规律等进行调查、评价和综合分析的基本能力。
4. 具备对地下水资源进行综合评价和开发设计方面的基本能力。
5. 具备解决因地下水所引起有关地质工程问题的基本能力。
6. 熟悉国家有关水资源的方针、政策和法规；具有一定的管理知识和能力。
7. 掌握资料查询以及获取信息的基本方法，具有资料归纳、整理和综合分析并加以正确表达的能力。

毕业要求及实现途径

序号	毕业要求	实现途径(教学过程)
1	掌握地质基础理论、技能和工作方法	①课堂教学：普通地质学、构造地质学B、矿物岩石学、地貌学及第四纪地质学 ②课外学习：地质认识实习(北戴河)、地质教学实习(周口店)B、地下水井流试验设计与实践、测量教学实习A
2	初步掌握地下水有关的基本原理、主要的实验、测试方法和分析技术	①课堂教学：水力学、水文地质学基础A、地下水动力学A、水文地球化学/附水分析、包气带水文地质学、环境同位素原理与技术 ②课外学习：通过开展教学实验，引导学生思考问题，增强学生动手能力，深化专业知识的理解，掌握基本的测试方法和分析技术
3	具备对地下水形成、埋藏、分布和运移规律等进行调查、评价和综合分析的基本能力	①课堂教学：水资源开发与保护、水文地质工程地质勘察方法、水文地质学基础A、地下水动力学A、GIS原理与应用、钻探与成井工艺、工程物探 ②课外学习：水资源开发与保护课程设计、专业教学实习(三峡)、地下水数值模拟基础课程设计

序号	毕业要求	实现途径(教学过程)
4	具备对地下水资源进行综合评价和开发设计方面的基本能力	①课堂教学:水资源开发与保护、地下水动力学 A、地下水数值模拟基础、地下水环境影响评价方法、地下水污染与防治、土壤污染和防治、水污染控制工程 ②课外学习:专业教学实习(三峡)、水资源开发与保护课程设计、地下水井流试验设计与实践、地下水数值模拟基础课程设计
5	具备解决因地下水所引起有关地质工程问题的基本能力	①课堂教学:地下水防治方法与技术、环境地质学 A、地质灾害防治工程、地下水数值模拟基础、GIS 原理与应用、工程地质学、岩体力学、土力学等 ②课外学习:引导大学生参加大学生科研立项、大学生科技论文报告会等活动
6	熟悉国家有关水资源的方针、政策和法规;具有一定的管理知识和能力	①课堂教学:环境法规、地下水环境影响评价方法、注册岩土工程师职业技能培训、工程招标投标与概预算 ②课外学习:引导关注社会环境问题及国家相关法律政策,鼓励学生参加职业技能培训及资格考试
7	掌握资料查询以及获取信息的基本方法,具有资料归纳、整理和综合分析并加以正确表达的能力	课外学习:测量学教学实习、地质认识实习、地质教学实习、专业教学实习、专业课程设计、毕业生产实习、毕业设计等

主干学科:地质工程、土木工程、水利工程、环境工程。

核心课程:普通地质学、构造地质学、水力学、水文地质学基础、地下水动力学、水文地球化学、土力学、岩体力学、工程地质学基础、水资源开发与保护、工程水文地质学、环境地质学、水文地质工程地质勘察方法等。

主要专业实验:水力学实验;水文地质学基础系列实验、水动力学实验;水化学分析实验;土质土力学实验等。

主要实践性教学环节:工程测量实习、北戴河地质认识实习、周口店地质教学实习、三峡专业教学实习、计算机语言编程课程设计、大型专业课程设计、毕业实习与毕业设计等(约 33～34 周)。

修业年限:四年。

授予学位:工学学士。

相近专业:环境工程、地质工程、土木工程。

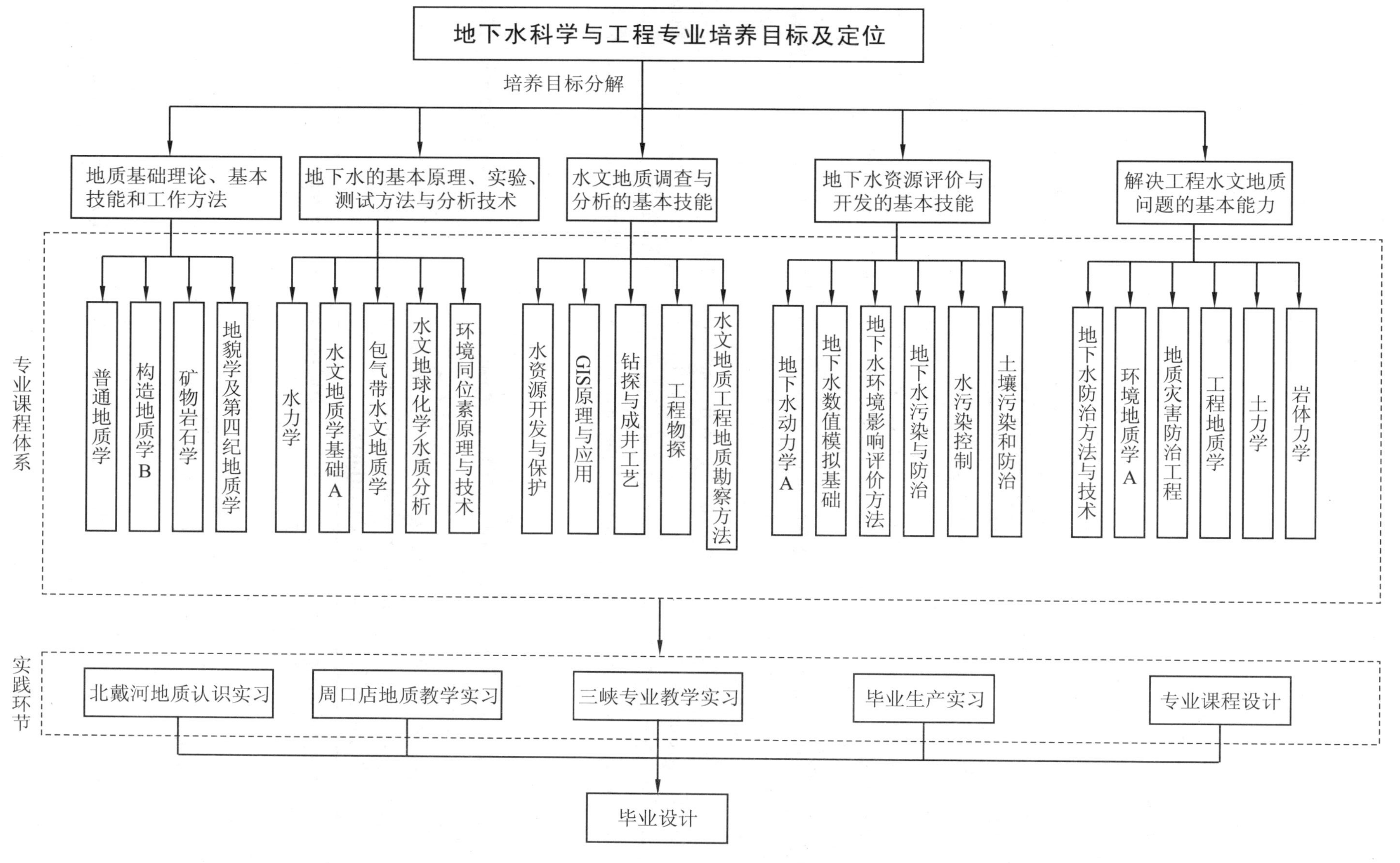

地下水科学与工程专业培养目标及定位
培养目标分解
地质基础理论、基本技能和工作方法
地下水的基本原理、实验、测试方法与分析技术
水文地质调查与分析的基本技能
地下水资源评价与开发的基本技能
解决工程水文地质问题的基本能力
专业课程体系
普通地质学
构造地质学B
矿物岩石学
地貌学及第四纪地质学
水力学
水文地质学基础A
包气带水文地质学
水文地球化学水质分析
环境同位素原理与技术
水资源开发与保护
GIS原理与应用
钻探与成井工艺
工程物探
水文地质工程地质勘察方法
地下水动力学A
地下水数值模拟基础
地下水环境影响评价方法
地下水污染与防治
水污染控制
土壤污染和防治
地下水防治方法与技术
环境地质学A
地质灾害防治工程
工程地质学
土力学
岩体力学
实践环节
北戴河地质认识实习
周口店地质教学实习
三峡专业教学实习
毕业生产实习
专业课程设计
毕业设计

Program for Groundwater Science and Engineering

Specialty and Code: Groundwater Science and Engineering 081404T

Education Objective: The program aims at cultivating engineers and specialists with knowledge of natural sciences, groundwater science and engineering. The graduates will possess not only the specialized knowledge in geological and water resources engineering, but also the technology of groundwater simulation and 3S, and they can investigate, evaluate, study and solve the problems in the fields of hydrogeology and engineering geology by applications of advanced technology in engineering.

Education Requirements: Students must attain knowledge of natural science, a foreign language and computer applications. Based on mathematics, physics, chemistry, a foreign language, computer studies, the students will master the required knowledge and technology for investigation in hydrogeology and engineering geology, the simulation of groundwater osmosis, groundwater resources prospecting, evaluation and protection of water resources, underground drainage technology. They will obtain a basic knowledge in field surveying, investigation, measurement and other related skills through field training, possessing primary skills and related knowledge in order to solve problems in engineering practice and scientific research.

Graduates Are Required

1. To have basic theoretical knowledge and skills pertaining to geosciences.
2. To have proficiency in basic experimental techniques, measurement methodology and analytical technology on groundwater resources.
3. To have basic and scientific analytical abilities to assess groundwater formation, embedding, distribution and laws of movement.
4. To have basic ability in evaluation and exploitation of groundwater resources.
5. To have the ability to solve basic problems caused by groundwater engineering.
6. To be familiar with policies and regulations about water resources, and sufficient knowledge and ability of management.
7. To master the basic methods of literature search and information collection, possess the essential ability of understanding, organizing, analyzing interpreting and processing of information.

Graduation Requirements and Ways to Achieve

No.	Graduation Requirements	Ways to Achieve(Teaching Process)
1	To have basic theoretical knowledge and skills pertaining to geosciences	①Classroom Teaching: Physical Geology, Structural Geology B, Mineralogy and Petrology, Geomorphology and Quaternary Geology ②Out-of-Class Learning: Primary Field Practice(Beidaihe), Instructed Practice in Geology(Zhoukoudian)B, Design and Practice of Groundwater Well Tests, Surveying Practice A

No.	Graduation Requirements	Ways to Achieve(Teaching Process)
2	To have proficiency in basic experimental techniques, measurement methodology and analytical technology on groundwater resources	①Classroom Teaching: Hydraulics, Fundamental Hydrogeology A, Groundwater Dynamics A, Hydrogeochemical Analysis, Vadose Hydrogeology, Environmental Isotope Principles and Technology ② Out-of-class Learning: Experiments for Basic Testing Methods and Analysis Techniques
3	To have basic and scientific analytical abilities to assess groundwater formation, embedding, distribution and laws of movement	①Classroom Teaching: Water Resources Exploitation and Protection, Investigation and Survey Skills for Groundwater and Geoengineering, Fundamental hydrogeology A, Groundwater Dynamics A, Principles and Applications of GIS, Drilling and Well Completion Technology, Engineering Geophysical Exploration ②Out-of-class Learning: Curriculum Design of Water Resources Exploitation and Protection, Instructed Practice for Major(the Three Gorges), Curriculum Design of Groundwater Numerical Simulation
4	To have basic ability in evaluation and exploitation of groundwater resources	①Classroom Teaching: Water Resources Exploitation and Protection, Groundwater Dynamics A, Groundwater Numerical Simulation, Environmental Assessment of Groundwater, Groundwater Pollution and Prevention, Soil Pollution and Prevention, Water Pollution Control Engineering ②Out-of-class Learning: Instructed Practice for Major(the Three Gorges), Curriculum Design of Water Resources Exploitation and Protection, Design and Practice of Groundwater Well Test, Curriculum Design of Groundwater Numerical Simulation
5	To have the ability to solve basic problems caused by groundwater engineering	①Classroom Teaching: Methods and Technology of Groundwater Prevention and Control, Environmental Geology A, Prevention and Treatment Engineering on Geological Disaster, Groundwater Numerical Simulation, Principles and Applications of GIS, Engineering Geology, Soil Mechanics, Rock Mechanics, etc ②Out-of-class Learning: Research Projects, Academic Presentations
6	To be familiar with policies and regulations about water resources, and sufficient knowledge and ability of management	①Classroom Teaching: Environmental Legislation, Assessment Methods on Groundwater Environment Impact, Vocational Skills Training on Registered Geotechnical Engineer, Engineering Bidding and Budget ②Out-of-class Learning: Vocational Skills Trainings, Qualification Examinations

No.	Graduation Requirements	Ways to Achieve(Teaching Process)
7	To master the basic methods of literature search and information collection, possess the essential ability of understanding, organizing, analyzing interpreting and processing of information	Out-of-class Learning: Surveying Practice, Primary Field Practice, Instructive Practice in Geology, Instructed Practice for Major, Course Projects, Graduation Practice and Design, etc

Major Disciplines: Geotechnical Engineering, Civil Engineering, Hydraulic Engineering and Environmental Engineering.

Main Courses: Physical Geology, Structural Geology, Hydraulics, Hydrogeology, Groundwater Hydrodynamics, Hydro-geochemistry, Soil Mechanics, Rock Mechanics, Engineering Geology, Water Resources Exploitation and Protection, Engineering Hydrogeology, Environmental Geology, Investigation and Survey Skills for Groundwater and Geo-engineering.

Lab Experiments: Hydraulic Testing, Hydrodynamics Testing, Hydrochemistry Testing, Soil Mechanics Testing, Phreatic Water and Confined Water Simulation, Groundwater Flow Net Simulation.

Practical Work: Engineering Survey Practice, Primary Field Practice (Beidaihe), Instructive Practice in Geology (Zhoukoudian), Instructed Practice for Major (the Three Gorges), Computer Program Design Practice, Course Projects, Graduation Practice and Design(33～34 weeks in total).

Duration: four years.

Degree Granted: Bachelor of Engineering.

Related Specialties: Environmental Engineering, Geotechnical Engineering, and Civil Engineering.

地下水科学与工程专业培养方案

Program for Groundwater Science and Engineering

课程类别 Course Classification		课程编号 Course Code	课程名称 Course Name	学分 Crs	学时 Hrs	学时分类 Class Hours		先修课程 Prerequisite Courses	学期学分分配 Semester Credits							
						讲课 Lec.	实验 Lab.		一 1st	二 2nd	三 3rd	四 4th	五 5th	六 6th	七 7th	八 8th
通识教育课 Liberal Education Courses	必修 Compulsory	11706200	马克思主义基本原理 Principles of Marxism	3	48	48			3							
		11706500	毛泽东思想与中国特色社会主义理论体系概论 Introduction to Mao Tse-tung Thought and the Theoretical System of Socialism with Chinese Characteristics	4	64	64					4					
		11711800	中国近现代史纲要 The Essentials of Modern Chinese History	2	32	32						2				
		120002*0	思想道德修养与法律基础 Morality Education and Fundamentals of Law	3	48	48			1.5	1.5						
		113076*0	体育 Physical Education	4	144	144			1	1	1	1				
		109116*0	大学英语 College English	12	192	192			3	3	3	3				
		11918901	C语言程序设计A C Language Programming A	3.5	56	40	16			3.5						
		20413200	水资源与环境专业导论 Introduction to Groundwater and Environmental Sciences	1	16	16			1							
		14300100	军事理论 Military Theory	2	32	32			2							
	选修 Elective	总计12学分，含创新创业选修课学分，跨学科选修课不低于6学分。“形势与政策”课程作为限选课，由马克思主义学院实施		12	192											
		小计 Sum		**46.5**	**824**	**616**	**16**		**11.5**	**9**	**8**	**6**	**0**	**0**	**0**	**0**
学科基础课 Disciplinary Fundamental Courses		212127*2	高等数学B Advanced Mathematics B	10	160	160			4	6						
		21213100	大学物理基础 The Foundation of College Physics	3.5	56	56				3.5						
		21213202	物理实验B Physical Experiments B	2	32		32			2						
		20302403	大学化学C College Chemistry C	4	64	50	14				4					
		21212803	线性代数C Linear Algebra C	2	32	32					2					

课程类别 Course Classification	课程编号 Course Code	课程名称 Course Name	学分 Crs	学时 Hrs	学时分类 Class Hours 讲课 Lec.	 实验 Lab.	先修课程 Prerequisite Courses	学期学分分配 Semester Credits 一 1st	 二 2nd	 三 3rd	 四 4th	 五 5th	 六 6th	 七 7th	 八 8th
学科基础课 Disciplinary Fundamental Courses	21213503	概率论与数理统计 C Probability and Mathematics Statistics C	2	32	32					2					
	21120801	测量学 A Surveying A	2.5	40	40				2.5						
	20508002	工程力学 B Engineering Mechanics B	5	80	72	8					5				
	20714600	建筑制图 Architecture Drawing	3.5	56	44	12				3.5					
	20114900	普通地质学 Physical Geology	3	48	48			3							
	20113100	矿物岩石学 A Mineralogy and Lithology A	3	48	48					3					
	20104002	构造地质学 B Structural Geology B	3	48	48						3				
	20101600	地貌学及第四纪地质学 Geomorphology and Quaternary Geology	2.5	40	40						2.5				
	小计 Sum		**46**	**736**	**670**	**66**		**7**	**14**	**14.5**	**10.5**	**0**	**0**	**0**	**0**
专业主干课 Main Specialty Courses	20408400	水力学 Hydraulics	2.5	40	32	8				2.5					
	20409101	水文地质学基础 A The Fundamental of Hydrogeology A	4	64	40	24					4				
	20400801	地下水动力学 A Groundwater Hydraulics A	4	64	52	12						4			
	20408800	水文地球化学/附水分析 Hydro-Geochemistry	3	48	36	12							3		
	20520302	土力学 B Soil Mechanics B	3	48	40	8						3			
	20508400	工程地质学基础 B Principles of Engineering Geology B	2.5	40	40								2.5		
	20414400	水文地质工程地质勘察方法 Investigation and Survey Skills for Groundwater and Geo-engineering	2.5	40	40								2.5		
	20414200	水资源开发与保护 Water Resources Exploitation and Protection	1.5	24	24								1.5		
	20401400	地下水数值模拟基础及应用 Groundwater Modeling	2	32	20	12								2	

课程类别 Course Classification	课程编号 Course Code	课程名称 Course Name	学分 Crs	学时 Hrs	学时分类 Class Hours		先修课程 Prerequisite Courses	学期学分分配 Semester Credits							
					讲课 Lec.	实验 Lab.		一 1st	二 2nd	三 3rd	四 4th	五 5th	六 6th	七 7th	八 8th
专业主干课 Main Specialty Courses	20517100	岩体力学 B Rock Mechanics B	2.5	40	32	8						2.5			
	20403400	环境地质学 B Environmental Geology B	2	32	32									2	
	20414500	地下水污染与防治 Groundwater Contamination & Prevention	3	48	28	20								3	
	21100700	GIS 原理与应用 Principles & Applications of GIS	2.5	40	30	10								2.5	
	20401000	地下水防治方法与技术 Methods and Technology of Groundwater Prevention and Control	1.5	24	24									1.5	
	小计 **Sum**		**36.5**	**584**	**470**	**114**		**0**	**0**	**2.5**	**4**	**9.5**	**9.5**	**11**	**0**
专业选修课 Specialty Elective Courses		具体见专业选修课列表	16	256											
合计 **Sub-total**			**145**	**2400**	**1756**	**196**		**18.5**	**23**	**25**	**20.5**	**9.5**	**9.5**	**11**	**0**
实践环节 Practical Work	44300200	军事训练 Military Training	2	2 周				2							
	41919001	C 语言课程设计 A Course Design for C Language A	1.5	1.5 周					1.5						
	41120901	测量教学实习 A Surveying Practice A	1	1 周					1						
	40115200	地质认识实习(北戴河) Primary Field Training(Beidaihe)	2	2 周					2						
	40115600	地质教学实习(周口店) B Geological Field Training (Zhoukoudian) B	4	4 周							4				
	40421400	专业教学实习(三峡,含地下水井流试验设计与实践) Professional Teaching Practice(the Three Gorges, including Design and Practice of Groundwater Well Tests)	5	5 周									5		
	40421500	水资源开发与保护课程设计 Course Design for Water Resources Exploitation and Protecting	2	2 周									2		

课程类别 Course Classification	课程编号 Course Code	课程名称 Course Name	学分 Crs	学时 Hrs	学时分类 Class Hours		先修课程 Prerequisite Courses	学期学分分配 Semester Credits							
					讲课 Lec.	实验 Lab.		一 1st	二 2nd	三 3rd	四 4th	五 5th	六 6th	七 7th	八 8th
实践环节 Practical Work	40421900	地下水防治方法与技术课程设计 Course Design for Methods and Technology of Groundwater Prevention and Control	1.5	1.5 周										1.5	
	40421600	毕业实习 Practice for Graduation	8	8 周											8
	40421700	毕业设计 Design for Graduation	8	8 周											8
	小计 Sum		**35**	**35 周**				**2**	**4.5**	**0**	**4**	**0**	**7**	**1.5**	**16**
创新创业自主学习 Autonomous Learning	ZZ35000S	社会调查 Social Investigation	2												
		其他(学科竞赛、发明创造、科研报告) Others (Contest, Invention, Innovation and Research Presentation)	3												
	小计 Sum		**5**												
总计 Total			**185**	**2400+35 周**	**1756**	**196**		**20.5**	**27.5**	**25**	**24.5**	**9.5**	**16.5**	**12.5**	**16**
可开出专业选修课列表 Specialty Elective Courses	20517200	岩土测试技术 Rock and Soil Testing Techniques	2	32	24	8							2		
	20508800	工程建筑概论 Introduction to Construction Engineering	2	32	32									2	
	20519400	钻探与成井工艺 Drilling & Well Technology	2	32	28	4							2		
	20603500	工程物探 Engineering & Geophysical Prospecting	2	32	24	8							2		
	20509500	工程招标投标与概预算 Engineering Budget and Bidding	2.0	32	32									2	
	20414700	包气带水文地质学 Vadose Zone Hydrogeology	1.5	24									1.5		
	20422100	专业技能培训 Professional Skill Training	2	32									2		

课程类别 Course Classification	课程编号 Course Code	课程名称 Course Name	学分 Crs	学时 Hrs	学时分类 Class Hours		先修课程 Prerequisite Courses	学期学分分配 Semester Credits							
					讲课 Lec.	实验 Lab.		一 1st	二 2nd	三 3rd	四 4th	五 5th	六 6th	七 7th	八 8th
可开出专业选修课列表 Specialty Elective Courses	20405700	环境同位素原理与技术 Environment Isotope Principles	2	32	32									2	
	20506100	地质灾害防治工程 Control Engineering for Geo-disasters	2.5	40	40									2.5	
	20413600	土壤污染和防治 Soil Pollution and Remediation	2.5	40	20	20						2.5			
	21704500	环境法规 Environmental Law	1.5	24	24									1.5	
	20413800	水污染控制工程 Water Pollution Control Engineering	3	48	36	12						3			
	20510002	固体废物处理与处置 B Solid Waste Treatment and Disposal B	2	32	32							2			
	20405303	环境评价 C Environmental Assessment B	2	32	24	8							2		
	20407300	生态水文学 Eco-hydrology	2	32	32									2	
	20405103	环境监测 C Environmental Monitoring C	2	32	24	8							2		
	20414300	工程水文地质学 Engineering Hydrogeology	2.5	40	40									2.5	

注：通识教育选修课学分和创新创业自主学习学分未列入具体学期。

地下水科学与工程专业课程分类统计

Course Category Statistics of Groundwater Science and Engineering

课程学分 / 统计	通识教育课 Liberal Education Courses		学科基础课 Disciplinary Fundamental Courses	专业主干课 Main Specialty Courses	专业选修课 Specialty Elective Courses	实践环节 Practical Work	创新创业自主学习 Autonomous Learning	学时总计 Total Hours	学分总计 Total Credits
	必修 Compulsory	选修 Selective							
学时/学分 Hrs/Crs	632/34.5	192/12	736/46	584/36.5	256/16	35 周/35	5	2400＋35 周	185
学分所占比例 Proportion of Credits	25.13%		24.86%	19.73%	8.65%	18.92%	2.7%		100%

工 程 学 院

- 地质工程(实验班)专业培养方案
- 地质工程(工程地质方向)专业培养方案
- 地质工程(岩土钻掘方向)专业培养方案
- 土木工程专业培养方案
- 土木工程(卓越工程师教育培养计划)专业培养方案
- 勘查技术与工程(卓越工程师教育培养计划)专业培养方案
- 安全工程专业培养方案

地质工程(实验班)专业培养方案

专业名称与代号:地质工程 081401

专业培养目标:地质工程(实验班)以地质工程国家级重点学科为依托,旨在培养地质工程专业领域高素质的创新型人才,同时探索新型人才培养模式。该班级实行导师制、"分流-补进"制和目标管理制度,培养具有扎实而宽广的基础理论知识和良好的外语、计算机应用能力,突出培养学生的创新和自主学习能力,强化实践应用能力和较强的管理与组织才能,以满足社会对复合型创新人才的迫切需求。

专业培养要求:主要学习数理化、外语、计算机等基础课和地质学、力学、工程地质学、岩土钻掘、地下建筑等领域的专业课程,受到工程师的良好训练,具备工程勘察、地质灾害防治、岩土工程设计与施工、工程管理、资源勘探等基本能力。

毕业生将获得以下几个方面的知识和能力

1.具备良好的工程职业道德、较强的创新意识、强烈的爱国敬业精神、社会责任感和较高的人文科学素养。

2.具有从事地质工程工作所需的相关数学、自然科学知识以及一定的经济管理知识。

3.掌握扎实的地质工程专业基本理论知识,了解地质工程专业的发展现状和趋势。

4.具有综合运用地质工程专业知识解决工程实际问题的能力;了解地质工程专业领域技术标准,相关行业的政策、法律和法规。

5.具有在地质工程领域获取信息和职业发展的学习能力以及较好的组织管理能力、环境适应和团队合作的能力。

6.具有一定的国际视野和跨文化环境下的交流、竞争与合作的初步能力。

毕业要求及实现途径

序号	毕业要求	实现途径(教学过程)
1	具备良好的工程职业道德、较强的创新意识、强烈的爱国敬业精神、社会责任感和较高的人文科学素养	①课堂教学:开设政治理论课、就业指导课等课程 ②课外学习:培养学生课外阅读兴趣,引导学生合理挑选相关图书文献资料,参与课外实践活动
2	具有从事地质工程工作所需的相关数学、自然科学知识以及一定的经济管理知识	①课堂教学:开设高等数学、大学物理、概率统计、线性代数、大学化学、理论力学、材料力学等课程 ②课外学习:培养学生课外阅读兴趣,引导学生合理挑选相关图书文献资料,自主开展创新活动
3	掌握扎实的地质工程专业基本理论知识,了解地质工程专业的发展现状和趋势	①课堂教学:开设地质学有关课程、土力学、岩体力学、工程地质学基础、岩土钻掘工程学、专业进展等课程 ②课外学习:培养学生课外阅读兴趣,引导学生合理挑选相关图书文献资料,组织学生开展地质认知实习、地质填图等实践教学活动
4	具有综合运用地质工程专业知识解决工程实际问题的能力;了解地质工程专业领域技术标准,相关行业的政策、法律和法规	①课堂教学:开设岩土工程勘察、基础工程学、地基处理、地质灾害防治、岩土工程施工、监测、法律法规等课程 ②课外学习:鼓励学生广泛阅读地质工程领域的专业书籍和期刊文章,为学生安排专业实习、生产实习等实践教学活动

序号	毕业要求	实现途径(教学过程)
5	具有在地质工程领域获取信息和职业发展的学习能力以及较好的组织管理能力、环境适应和团队合作的能力	①课堂教学:开设专业选修课、专业进展、就业教育、相关公共选修课(管理、心理教育等)等课程 ②课外学习:鼓励学生自我学习,积极开展第二课堂活动,发扬团队精神,开展创新实践
6	具有一定的国际视野和跨文化环境下的交流、竞争与合作的初步能力	①课堂教学:开设大学英语、英语交流等课程 ②课外学习:鼓励学生多去图书馆、多登录国内外各类电子期刊和图书服务网站,组织与外教交流、英语口语交流及演讲锻炼等环节

主干学科:地质资源与地质工程。

专业核心课程:普通地质学、测量学、构造地质学、地貌学与第四纪地质学、工程力学、结构力学、土力学、岩体力学、水文地质学、工程地质学基础、工程地质勘察、岩土钻掘工程学等。

主要专业实验:土工实验、水文地质实验、岩石力学实验、岩土原位测试、岩土钻掘工程技术与工艺试验等。

主要实践性教学环节:测量教学实习、C语言程序设计课程设计、工程地质学基础课程设计、地质灾害防治课程设计、工程地质勘查课程设计、地质认识实习(北戴河)、地质教学实习(周口店)、专业教学实习(秭归)、毕业实习与毕业设计等。

修业年限:四年。

授予学位:工学学士。

相近专业:土木工程、勘查技术与工程。

Program for Geological Engineering (Experimental Class)

Specialty and Code: Geological Engineering 081401

Education Objective: The program aims at training excellent geological engineers while searching for cultivating pattern of a new type of highly competent personnel based on Geological Engineering, the National Key Subject. The experimental class carries out tutorial system, dynamic management method of "diversion-recruitment" system and management by objectives. The graduates will not only possess comprehensive knowledge and theories, but also be capable of skillful computer operation and have a good command of English. The graduates will be equipped with abilities of integrated academic competence with a talent for organization and management, to satisfy the increasing demands of society.

Graduation Requirements: The main courses include mathematics, chemistry, physics, English and computer science. And the specialized course include geology, mechanics, engineering geology, rock and soil drilling and tunneling engineering. Trained well by engineers, students will be equipped with the capacity of geotechnical investigation and surveying, geological hazard prevention and control, the geotechnical engineering design and construction, engineering management, resources exploration, etc.

Required Knowledge and Ability

1. Have excellent engineering professional ethics, high innovation consciousness, strong patriotic and enterprising spirit, high sense of social responsibility, and rich humanistic accomplishment.

2. Grasp related mathematics, natural science and economical management knowledge required for geological engineering.

3. Grasp the basic theoretical knowledge of geological engineering, understand the development status and trend of geological engineering.

4. Have abilities to solve the practical engineering problems using geological engineering knowledge; understand the technical standards, policies, laws and regulations related to geological engineering.

5. Have abilities to acquire information and career development in the field of geological engineering, have good organization and management ability, and strong environment adaptability and team cooperation ability.

6. Have preliminary abilities of international perspective and cross-cultural communication, competition and cooperation ability.

Graduation Requirements and Ways to Achieve

No.	Graduation Requirements	Ways to Achieve(Teaching Process)
1	Have excellent engineering professional ethics, high innovation consciousness, strong patriotic and enterprising spirit, high sense of social responsibility, and rich humanistic accomplishment	①Classroom Teaching: Political Theory Courses, Employment Guidance Courses and Other Courses ② Out-of-class Learning: Cultivate students' interest in reading, guarding students to select relevant books and documents, and directing student to participate in extracurricular activities

No.	Graduation Requirements	Ways to Achieve(Teaching Process)
2	Grasp related mathematics, natural science and economical management knowledge required for geological engineering	① Classroom Teaching: Advanced Mathematics, College Physics, Probability Statistics, Linear Algebra, College Chemistry, Theoretical Mechanics, Material Mechanics, etc ② Out-of-class Learning: Cultivate students' interest in reading, guarding students to select relevant books and documents, and directing student to participate in innovation activities independently
3	Grasp the basic theoretical knowledge of geological engineering, understand the development status and trend of geological engineering	① Classroom Teaching: Some courses related Geology, Soil Mechanics, Rock Mechanics, Engineering Geology, Soil and Rock Drilling and Excavation Engineering, Professional Development, etc ② Out-of-class Learning: Cultivate students' interest in reading, guard students to select relevant books and documents, and arrange geological cognition and geological mapping practice activities for students
4	Have abilities to solve the practical engineering problems using geological engineering knowledge; understand the technical standards, policies, laws and regulations related to geological engineering	①Classroom Teaching: Geotechnical Engineering Investigation, Foundation Engineering, Foundation Treatment, Geological Disaster Prevention and Control, Geotechnical Engineering Construction, Monitoring, Legal Regulation, etc ②Out-of-class learning: Encourage student to read large number of professional books and journal articles in the field of geological engineering, arrange professional practice and producing practice and graduation practice for students
5	Have abilities to acquire information and career development in the field of geological engineering, have good organization and management ability, and strong environment adaptability and team cooperation ability	① Classroom Teaching: Professional Optional Courses, Professional Development, Employment Guidance, relevant public optional courses (management, psychological education, etc), etc ②Out-of-class Learning: Encourage student to participate lectures and scientific reports activity, and study by self, organize students to participate in innovation practice
6	Have preliminary abilities of international perspective and cross-cultural communication, competition and cooperation ability	①Classroom Teaching: College English, English Communication, etc ② Out-of-class Learning: Encourage student to study at the library and visit more websites of electronic journals and publication press, organize english oral communication and speech activities

Major Disciplines: Geological Resources and Geological Engineering.

Main Courses: Physical Geology, Surveying, Structural Geology, Geomorphology and Quaternary Geology, Engineering Mechanics, Structural Mechanics, Soil Mechanics, Rock Mechanics, Hydrogeology, Engineering Geology, Engineering Geologic Investigation, Soil and Rock Drilling and Tunneling Engineering, etc.

Experiments: Soil Experiments, Hydro-geological Experiments, Rock Mechanics Experiments, Geotechnical In-situ Tests, Rock and Soil Drilling and Tunneling Engineering Experiment, Application of Geological Engineering Computer Software.

Practical Work: Survey Practice, Course Design of C Language and Programming, Course Design of Engineering Geology, Course Design of Geological Hazard Prevention and Control, Course Design of Engineering Geological Investigation, Geological Reorganization Practice in Beidaihe, Geological Teaching Practice in Zhoukoudian, Production Practice in Zigui, Graduate Practice and Graduate Design.

Duration: four years.

Degree Granted: Bachelor of Engineering.

Related Specialties: Civil Engineering, Exploration Technology and Engineering.

地质工程(实验班)专业课程教学计划表

Course Descriptions of Geological Engineering(Experimental Class)

课程类别 Course Classification		课程编号 Course Code	课程名称 Course Name	学分 Crs	学时 Hrs	学时分类 Class Hours 讲课 Lec.	学时分类 Class Hours 实验 Lab.	先修课程 Prerequisite Courses	一 1st	二 2nd	三 3rd	四 4th	五 5th	六 6th	七 7th	八 8th
通识教育课 Liberal Education Courses	必修 Compulsory	11706200	马克思主义基本原理 Principles of Marxism	3	48	48	0			3						
		11706500	毛泽东思想与中国特色社会主义理论体系概论 Introduction to Mao Tse-tung Thought and the Theoretical System of Socialism with Chinese Characteristics	4	64	64	0				4					
		11711800	中国近现代史纲要 The Essentials of Modern Chinese History	2	32	32	0					2				
		120002＊0	思想道德修养与法律基础 Morality Education and Fundamentals of Law	3	48	48	0		1.5	1.5						
		113076＊0	体育 Physical Education	4	144	144	0		1	1	1	1				
		109116＊0	大学英语 College English	12	192	192	0		3	3	3	3				
		11918902	C语言程序设计B C Language Programming B	2.5	40	28	12		2.5							
		20520200	工程导论 Introduction to Engineering	1	16	16	0		1							
		14300100	军事理论 Military Theory	2	32	32	0		2							
	选修 Elective	总计12学分,含创新创业选修课学分,跨学科选修课不低于6学分。“形势与政策”课程作为限选课,由马克思主义学院实施		12	192											
		小计 **Sum**		**45.5**	**808**	**604**	**12**		**11**	**8.5**	**8**	**6**	**0**	**0**	**0**	**0**
学科基础课 Disciplinary Fundamental Courses		212127＊2	高等数学B Advanced Mathematics B	10	160	160	0		4	6						
		212130＊3	大学物理C College Physics C	6	96	96	0			3.5	2.5					
		212132＊1	物理实验A Physical Experiments A	3.5	56	0	56			2	1.5					
		20302403	大学化学C College Chemistry C	4	64	50	14		4							
		21213502	线性代数B Linear Algebra B	2.5	40	40	0				2.5					

课程类别 Course Classification	课程编号 Course Code	课程名称 Course Name	学分 Crs	学时 Hrs	学时分类 Class Hours		先修课程 Prerequisite Courses	学期学分分配 Semester Credits							
					讲课 Lec.	实验 Lab.		一 1st	二 2nd	三 3rd	四 4th	五 5th	六 6th	七 7th	八 8th
学科基础课 Disciplinary Fundamental Courses	21213502	概率论与数理统计 B Probability and Mathematics Statistics B	2.5	40	40	0					2.5				
	207247 * 0	机械制图 Mechanical Drawing	5.5	88	88	0		3	2.5						
	20508011	工程力学(理论力学)A1 Engineering Mechanics (Theoretical Mechanics) A1	5	80	76	4				5					
	20508021	工程力学(材料力学)A2 Engineering Mechanics (Theoretical Mechanics) A2	4.5	72	62	10					4.5				
	21114302	测量学 A Surveying A	2.5	40	30	10			2.5						
	20114900	普通地质学 Physical Geology	3	48	38	10		3							
	20113100	矿物岩石学 Mineralogy and Petrology	2.5	48	38	10	普通地质学		2.5						
	20104002	构造地质学 B Tectonics B	3	48	40	8	普通地质学			3					
	小计 **Sum**		**54.5**	**880**	**758**	**122**		**14**	**19**	**14.5**	**7**	**0**	**0**	**0**	**0**
专业主干课 Main Specialty Courses	20512302	结构力学 B Structural Mechanics B	3.5	56	48	8	工程力学					3.5			
	20530301	土力学 A Soil Mechanics A	4	64	52	12	工程力学					4			
	20520500	岩体力学 A Rock Mass Mechanics A	3	48	40	8	工程力学					3			
	20409102	水文地质学基础 B Hydrogeology B	2.5	40	34	6						2.5			
	20530001	工程地质学基础 A Principles of Engineering Geology A	3.5	56	56	0							3.5		
	20520500	岩土钻掘工艺学 Geotechnical Drilling Engineering	3	48	40	8							3		
	20530100	岩土工程勘察 Engineering Geology Survey	4	64	64	0							4		
	小计 **Sum**		**23.5**	**376**	**334**	**42**		**0**	**0**	**0**	**0**	**13**	**10.5**	**0**	**0**

课程类别 Course Classification	课程编号 Course Code	课程名称 Course Name	学分 Crs	学时 Hrs	学时分类 Class Hours		先修课程 Prerequisite Courses	学期学分分配 Semester Credits							
					讲课 Lec.	实验 Lab.		一 1st	二 2nd	三 3rd	四 4th	五 5th	六 6th	七 7th	八 8th
专业选修课 Specialty Elective Courses		具体见专业选修课列表	24	384											
合计 Sub-total			**147.5**	**2448**	**1696**	**176**		**25**	**27.5**	**22.5**	**13**	**13**	**10.5**	**0**	**0**
实践环节 Practical Work	44300200	军事训练 Military Training	2	2 周				2							
	41919002	C 语言课程设计 B Course Design for C Language B	1.5	1.5 周				1.5							
	41120901	测量教学实习 A Surveying Practice A	1	1 周					1						
	40115200	地质认识实习(北戴河) Primary Field Training(Beidaihe)	2	2 周			普通地质学		2						
	40115602	地质教学实习(周口店) B Geological Field Training (Zhoukoudian) B	4	4 周			构造地质				4				
	40529700	专业教学实习(工程地质,秭归) Professional Teaching Practice (Engineering Geology, Zigui)	4	4 周			工程地质基础						4		
	40529200	专业教学实习(岩土钻掘) Professional Teaching Practice(Geotechnical Drilling, in the School)	3	3 周							3				
	40529300	岩土工程勘察课程设计 Course Design of Engineering Geology Survey	1	1 周									1		
	40529400	岩土钻掘工程课程设计 Course Design of Geotechnical Drilling Engineering	1	1 周									1		
	40724800	机械制图课程设计 Course Design of Mechanical Drawing	0.5	0.5 周					0.5						
	40529500	毕业实习 Practice for Graduation	8	8 周											8
	40529600	毕业设计 Design for Graduation	8	8 周											8
	小计 Sum		**36**	**36 周**	**0**	**0**		**3.5**	**3.5**	**0**	**7**	**0**	**6**	**0**	**16**

课程类别 Course Classification	课程编号 Course Code	课程名称 Course Name	学分 Crs	学时 Hrs	学时分类 Class Hours 讲课 Lec.	实验 Lab.	先修课程 Prerequisite Courses	学期学分分配 Semester Credits 一 1st	二 2nd	三 3rd	四 4th	五 5th	六 6th	七 7th	八 8th
创新创业自主学习 Autonomous Learning	ZZ35000S	社会调查 Social Investigation	2												
		其他(学科竞赛、发明创造、科研报告) Others (Contest, Invention, Innovation and Research Presentation)	4												
	小计 **Sum**		**6**												
总计 **Total**			**189.5**	**2448+36周**	**1696**	**176**		**28.5**	**31**	**22.5**	**20**	**13**	**16.5**	**0**	**16**
可开出专业选修课列表 Specialty Elective Courses	209203 * 0	英语口语(外教) Spoken English(Foreign teacher)	2	32	32						1	1			
	20529900	欧美科技文化与国际学术交流 Occident Technological Culture and International Academic Exchanges	2	32	16	16							2		
	20511200	建筑材料 Construction Materials	2	32	26	6					2				
	20506000	地质灾害防治 Geological Hazards Control	2	32	32	0	工程地质基础						2		
	20509500	工程招标投标与概预算 Engineering Bidding and Budget	2	32	32									2	
	20103800	第四纪地质与地貌学 Geomorphology and Quaternary Geology	2	32	32						2				
	20400802	地下水动力学 B Dynamics of Groundwater B	2	32	28	4							2		
	20508300	工程地质数值模拟技术与应用 Numerical Simulation on Engineering Geology	2	32	32	0								2	
	20603500	工程物探 Engineering Geological Prospecting	2	32	32	0								2	
	20516200	土木工程概论 Introduction to Civil Engineering	2	32	32						2				
	20504602	地基处理 B Foundation Treatment B	2	32	32	0								2	
	20507301	钢筋混凝土结构原理 A Reinforced Concrete Structures A	3.5	56	56	0							3.5		

课程类别 Course Classification	课程编号 Course Code	课程名称 Course Name	学分 Crs	学时 Hrs	学时分类 Class Hours		先修课程 Prerequisite Courses	学期学分分配 Semester Credits							
					讲课 Lec.	实验 Lab.		一 1st	二 2nd	三 3rd	四 4th	五 5th	六 6th	七 7th	八 8th
可开出专业选修课列表 Specialty Elective Courses	20506800	非开挖工程学 Trenchless Engineering	2	32	26	6							2		
	20517200	岩土测试技术 Geotechnique Test	2	32	32								2		
	20521500	岩土钻掘设备 Geotechnical Drilling Equipments	3	48	40	8							3		
	20530200	岩土工程监测 Monitoring of Geotechnical Engineering	2	32	32	0								2	
	20527900	工程项目管理 Engineering Management	2	32	32									2	
	20516000	土木工程法规 Civil Engineering Regulations	1	16	16						1				
	20510902	基础工程学B Foundation Engineering B	2.5	40	40									2.5	
	20510700	基础工程施工技术 Techniques of Construction in Foundation Engineering	3	48	40	8								3	
	20711900	液压传动 Hydraulic Transmission	3	48	44	4						3			
	20521700	地下建筑结构 Underground Construction Structures	3.0	48	42	6							3		
	20521800	凿岩爆破 Rock Drilling and Blasting	3.0	48	40	8							3		
	20520800	钻井液与工程浆液 Drilling Fluids and Engineering Fluids	3	48	40	8							3		
	20509800	城市地下空间规划及利用 Urban Underground Space Planning and Utilization	2	32	24	8						2			
	20515400	水利水电工程地质 Engineering Geology for Hydraulic and Hydropower Project	2	32	32									2	
	20504200	弹塑性力学基础 Elastoplastic Mechanical Basis	3.5	56	50	6						3.5			
	20518400	新技术专题报告 Special Topics on New Technology	1	16	16										1

注：通识教育选修课学分和创新创业自主学习学分未列入具体学期。

地质工程(实验班)专业课程分类统计
Course Category Statistics of Geological Engineering(Experimental Class)

课程学分 统计	通识教育课 Liberal Education Courses		学科基础课 Disciplinary Fundamental Courses	专业主干课 Main Specialty Courses	专业选修课 Specialty Elective Courses	实践环节 Practical Work	创新创业自主学习 Autonomous Learning	学时总计 Total Hours	学分总计 Total Credits
	必修 Compulsory	选修 Selective							
学时/学分 Hrs/Crs	616/33.5	192/12	880/54.5	376/23.5	384/24	36 周/36	6	2448+36 周	189.5
学分所占比例 Proportion of Credits	24.01%		28.76%	12.4%	12.66%	19%	3.16%		100%

地质工程(工程地质方向)专业培养方案

专业名称与代码:地质工程(工程地质方向) 081401

专业培养目标

1.本专业培养坚持以马克思列宁主义、毛泽东思想、邓小平理论为指导,遵纪守法,为社会主义建设服务,与生产劳动相结合,德智体全面发展的社会主义事业的建设者和接班人。

2.具有创新精神,掌握工程力学、岩体力学、地质学、工程地质学、地质灾害防治等基本理论和基本知识,具备从事工程地质与地质灾害防治勘察、设计、施工和检测等方面知识的高级工程技术人才。

专业毕业要求

1.具有较扎实的自然科学基础知识,了解当代科学技术的主要方面和应用前景。

2.具有扎实的地质基本功。

3.具有独立从事工程地质与地质灾害防治勘察、设计、施工、检测和管理的基本能力。

4.具有独立从事工程地质专业科学研究与技术创新的能力。

毕业要求及实现途径

序号	毕业要求	实现途径(教学过程)
1	具有较扎实的自然科学基础知识,了解当代科学技术的主要方面和应用前景	①课堂教学:所有通识教育课程 ②课外学习:各课程实验、社会调查等
2	具有扎实的地质基本功	①课堂教学:普通地质学、矿物岩石学、矿物岩石学、构造地质学、地貌学与第四纪地质学 ②课外学习:地质认识实习(北戴河)、地质教学实习(周口店)
3	具有独立从事工程地质与地质灾害防治勘察、设计、施工、检测和管理的基本能力	①课堂教学:工程力学 A1(理论力学)、工程力学 A2(材料力学)、弹塑性力学基础、结构力学、土力学、岩体力学、水文地质学基础、地下水动力学、工程地质学基础、工程地质勘察、地质灾害防治、测量学 ②课外学习:测量教学实习、工程地质学基础课程设计、地质灾害防治课程设计、工程地质勘查课程设计、专业教学实习(秭归)、毕业实习与毕业设计等
4	具有独立从事工程地质专业科学研究与技术创新的能力	①课堂教学:工程钻探与取样技术、岩土工程监测、工程地质数值模拟、创新创业课程 ②课外学习:毕业实习与毕业设计

主干学科:工程地质、岩土钻掘。

专业核心课程:普通地质学、测量学、构造地质学、地貌学与第四纪地质学、工程力学 A1(理论力学)、工程力学 A2(材料力学)、弹塑性力学基础、结构力学、土力学、岩体力学、水文地质学基础、地下水动力学、工程地质学基础、工程地质勘察、地质灾害防治等。

主要专业实验:土工实验、水文地质实验、岩石力学实验、岩土原位测试等。

主要实践性教学环节:测量教学实习、C语言程序设计课程设计、工程地质学基础课程设计、地质灾害防治课程设计、工程地质勘查课程设计、地质认识实习(北戴河)、地质教学实习(周口店)、专业教学实习(秭归)、毕业实习与毕业设计等。

修业年限:四年。

授予学位:工学学士。

相近专业:土木工程(岩土工程方向)。

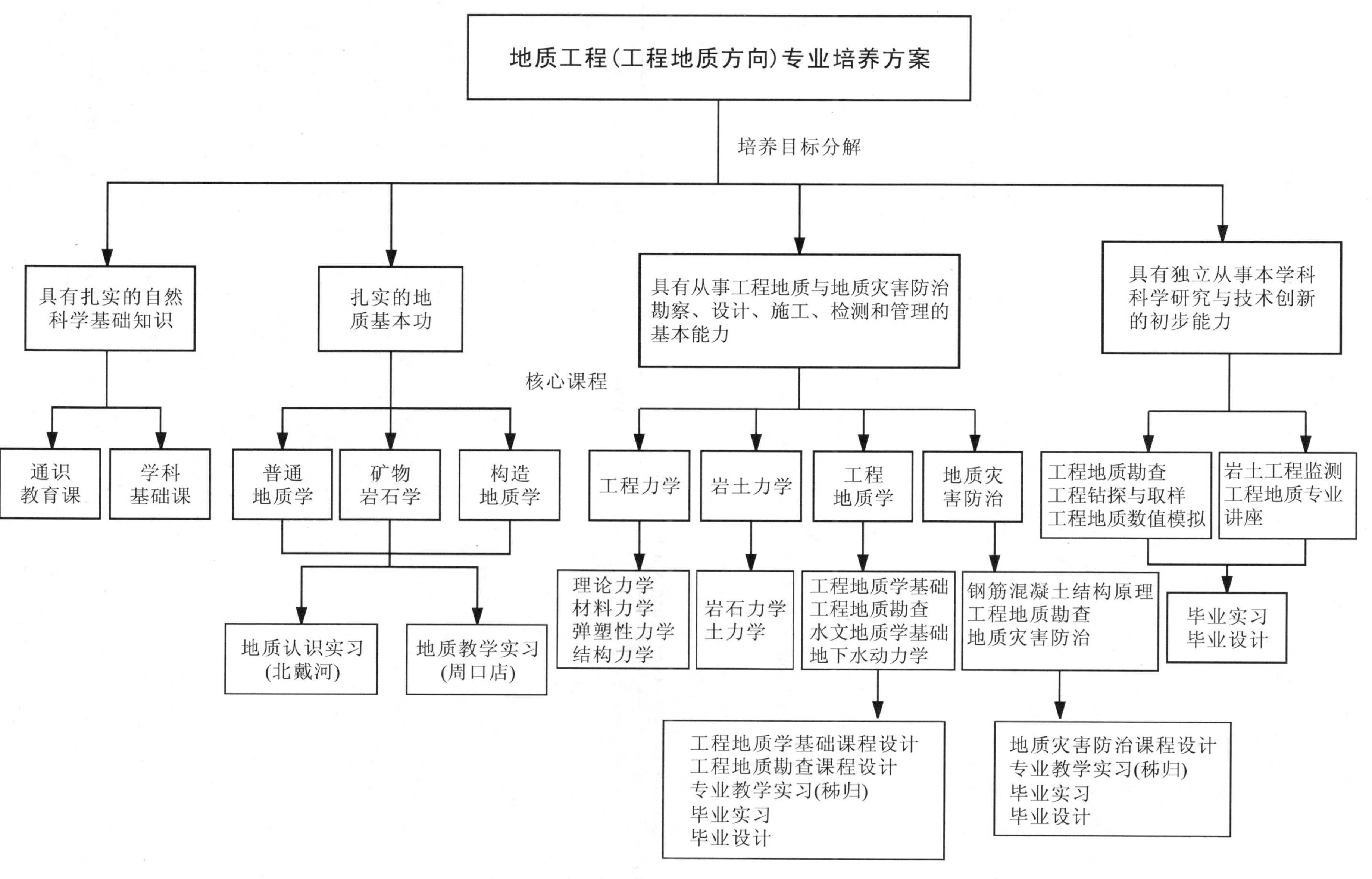
地质工程(工程地质方向)专业培养方案
培养目标分解
具有扎实的自然科学基础知识
扎实的地质基本功
具有从事工程地质与地质灾害防治勘察、设计、施工、检测和管理的基本能力
具有独立从事本学科科学研究与技术创新的初步能力
核心课程
通识教育课
学科基础课
普通地质学
矿物岩石学
构造地质学
工程力学
岩土力学
工程地质学
地质灾害防治
工程地质勘查
工程钻探与取样
工程地质数值模拟
岩土工程监测
工程地质专业讲座
地质认识实习(北戴河)
地质教学实习(周口店)
理论力学
材料力学
弹塑性力学
结构力学
岩石力学
土力学
工程地质学基础
工程地质勘查
水文地质学基础
地下水动力学
钢筋混凝土结构原理
工程地质勘查
地质灾害防治
毕业实习
毕业设计
工程地质学基础课程设计
工程地质勘查课程设计
专业教学实习(秭归)
毕业实习
毕业设计
地质灾害防治课程设计
专业教学实习(秭归)
毕业实习
毕业设计

Program for Geological Engineering (Engineer Geology)

Specialty and Code: Geological Engineering (Engineer Geology) 081401

Education Objective

1. This program adheres to Marxism-Leninism, Mao Tse-tung Thought, Deng Xiaoping Theory. The professional goal is to train socialist builders and successors with the comprehensive development of moral, intellectual and physical excellency.

2. The students will become senior engineering and technical personnel with creative mind, mastering the basic theoretical knowledge of engineering mechanics, rock mass mechanics, geology, engineering geology, geohazard prevention, etc. And they have engaged in engineering geology survey and geohazard prevention design, construction, and tests.

Graduation Requirements

1. To master the basic knowledge of nature sciences and know the development and application of modern science and technology.

2. To have a solid ability in geology engineering.

3. To be engaged independently in engineering geology survey, design, construction, test and management.

4. To be engaged independently in scientific research and technical innovation in engineering geology.

Graduation Requirements and Ways to Achieve

No.	Graduation Requirements	Ways to Achieve(Teaching Process)
1	To master the basic knowledge of nature sciences and know the development and application of modern science and technology	①Classroom Teaching: Liberal Education Courses ②Out-of-class Learning: Courses Test, Social Investigation, etc
2	To have a solid ability in geology engineering	①Classroom Teaching: Physical Geology, Mineralogy and Petrology, Tectonic, Geomorphology and Quaternary Geology ②Out-of-class Learning: Primary Geological Field Training (Beidaihe), Geology Field Training (Zhoukoudian)
3	To be engaged independently in engineering geology survey, design, construction, test and management	①Classroom Teaching: Surveying, Engineering Mechanics, The Basis of Elastic-plastic Mechanics, Structural Mechanics, Soil Mechanics, Rock Mass Mechanics, Principles of Hydrogeology, Dynamics of Groundwater, Principles of Engineering Geology, Engineering Geology Survey, Geological Hazard Control ②Out-of-class Learning: Instructive Practice for Engineering Surveying, Course Design for Principle of Engineering Geology, Course Design for Geological Hazard Control, Course Design for Engineering Geology Survey, Professional Teaching Practice (Zigui), Practice for Graduation, Design for Graduation

No.	Graduation Requirements	Ways to Achieve(Teaching Process)
4	To be engaged independently in scientific research and technical innovation in engineering geology	①Classroom Teaching: Monitoring of Geotechnical Engineering, Numerical Simulation on Engineering Geology, Engineering Drilling and Sample, Autonomous Study ②Out-of-class Learning: Practice for Graduation, Design for Graduation

Major Disciplines: Engineering Geology, Rock Drilling.

Main Courses: Physical Geology, Surveying, Mineral Petrology, Tectonic, Geomorphology and Quaternary Geology, Engineering Mechanics (Theoretical Mechanics, Materials Mechanics), The Basis of Elastic-plastic Mechanics, Structural Mechanics, Soil Mechanics, Rock Mass Mechanics, Principles of Hydrogeology, Dynamics of Groundwater, Principles of Engineering Geology, Engineering Geology Survey, Geological Hazard Control.

Lab Experiments: Geotechnical Tests, Hydrogeological Test, Rock Mechanics Tests, In-situ Tests.

Practical Work: Instructive Practice for Engineering Surveying, Course Design for C Language Programming, Course Design for Principles of Engineering Geology, Course Design for Geological Hazard Control, Course Design for Engineering Geology Survey, Primary Geological Field Training (Beidaihe), Geology Field Training (Zhoukoudian), Professional Teaching Practice (Zigui), Practice for Graduation, and Design for Graduation.

Duration: four years.

Degree Granted: Bachelor of Engineering.

Related Specialties: Civil Engineering(Geotechnical Engineering).

地质工程(工程地质方向)专业课程教学计划表

Course Descriptions of Geological Engineering Engineering(Engineer Geology)

课程类别 Course Classification		课程编号 Course Code	课程名称 Course Name	学分 Crs	学时 Hrs	学时分类 Class Hours		先修课程 Prerequisite Courses	学期学分分配 Semester Credits							
						讲课 Lec.	实验 Lab.		一 1st	二 2nd	三 3rd	四 4th	五 5th	六 6th	七 7th	八 8th
通识教育课 Liberal Education Courses	必修 Compulsory	11706200	马克思主义原理 Principles of Marxism	3	48	48	0			3						
		11706500	毛泽东思想与中国特色社会主义理论体系概论 Introduction to Mao Tse-tung Thought and the Theoretical System of Socialism with Chinese Characteristics	4	64	64	0				4					
		11711800	中国近现代史纲要 The Essentials of Modern Chinese History	2	32	32	0					2				
		120002＊0	思想道德修养与法律基础 Morality Education and Fundamentals of Law	3	48	48	0		1.5	1.5						
		113076＊0	体育 Physical Education	4	144	144	0		1	1	1	1				
		109116＊0	大学英语 B College English B	12	192	192	0		3	3	3	3				
		11918902	C 语言程序设计 B C Language Programming B	2.5	40	24	16		2.5							
		20520200	工程导论 Introduction to Engineering	1	16	16	0		1							
		14300100	军事理论 Military Theory	2	32	32	0		2							
	选修 Elective	总计 12 学分,含创新创业选修课学分,跨学科选修课不低于 6 学分。"形势与政策"课程作为限选课,由马克思主义学院实施		12	192											
		小计 Sum		**45.5**	**808**	**600**	**16**		**11**	**8.5**	**8**	**6**	**0**	**0**	**0**	**0**
学科基础课 Disciplinary Fundamental Courses		212127＊2	高等数学 B Advanced Mathematics B	10	160	160	0		4	6						
		212130＊3	大学物理 C College Physics C	6	96	96	0			3.5	2.5					
		212132＊1	物理实验 A Physical Experiment A	3.5	56	0	56			2	1.5					
		21212802	线性代数 B Linear Algebra B	2.5	40	40	0				2.5					
		21213502	概率论与数理统计 B Probability and Mathematics Statistics B	2.5	40	40	0					2.5				

课程类别 Course Classification	课程编号 Course Code	课程名称 Course Name	学分 Crs	学时 Hrs	学时分类 Class Hours		先修课程 Prerequisite Courses	学期学分分配 Semester Credits							
					讲课 Lec.	实验 Lab.		一 1st	二 2nd	三 3rd	四 4th	五 5th	六 6th	七 7th	八 8th
学科基础课 Disciplinary Fundamental Courses	20302403	大学化学 C College Chemistry C	4	64	50	14			4						
	20714600	建筑制图 Building Engineering Graphics	3.5	56	46	10		3.5							
	20508011	工程力学 A1(理论力学) Engineering Mechanics A1 (Theoretical Mechanics)	5	80	76	4				5					
	20508021	工程力学 A2(材料力学) Engineering Mechanics A2 (Materials Mechanics)	4.5	72	62	10					4.5				
	20504200	弹塑性力学基础 Principle of Elastic and Plastic Mechanics	3.5	56	52	4						3.5			
	21114302	测量学 A Surveying A	2.5	40	30	10		2.5							
	小计 **Sum**		**47.5**	**760**	**652**	**108**		**10**	**15.5**	**11.5**	**7**	**3.5**	**0**	**0**	**0**
专业主干课 Main Specialty Courses	20114900	普通地质学 Physical Geology	3	48	38	10		3							
	20113100	矿物岩石学 A Mineralogy and Petrology A	3	48	12	36			3						
	20104001	构造地质学 A Tectonics A	4	64	56	8					4				
	20108800	地貌学及第四纪地质学 The Geomorphology and Quaternary Geology	2	32	32						2				
	20512302	结构力学 B Structural Mechanics B	3.5	56	48	8						3.5			
	20520400	岩体力学 A Rock Mass Mechanics A	3	48	40	8						3			
	20530301	土力学 A Soil Mechanics A	4	64	52	12						4			
	20409102	水文地质学基础 B Principles of Hydrogeology B	2.5	40	32	8						2.5			
	20400802	地下水动力学 B Dynamics of Groundwater B	2	32	28	4							2		
	20519800	工程地质学基础 A Principles of Engineering Geology A	3.5	56	56	0							3.5		
	20530400	工程地质勘察 Engineering Geology Survey	4	64	64	0							4		
	20506000	地质灾害防治 Geological Hazard Control	2	32	32	0							2		
	小计 **Sum**		**36.5**	**584**	**490**	**94**		**3**	**3**	**0**	**6**	**13**	**11.5**	**0**	**0**

课程类别 Course Classification	课程编号 Course Code	课程名称 Course Name	学分 Crs	学时 Hrs	学时分类 Class Hours 讲课 Lec.	学时分类 Class Hours 实验 Lab.	先修课程 Prerequisite Courses	学期学分分配 Semester Credits 一 1st	二 2nd	三 3rd	四 4th	五 5th	六 6th	七 7th	八 8th
专业选修课 Specialty Elective Courses		具体见专业选修课列表	18	288											
合计 Sub-total			**148.5**	**2440**	**1742**	**218**		**24**	**27**	**19.5**	**19**	**16.5**	**11.5**	**0**	**0**
实践环节 Practical Work	44300200	军事训练 Military Training	2	2 周				2							
	41120901	测量教学实习 A Instructive Practice for Engineering Surveying A	1	1 周				1							
	41919002	C 语言课程设计 B Course Design for C Language B	1.5	1.5 周				1.5							
	40530500	地质灾害防治课程设计 Course Design for Geological Hazard Control	1	1 周									1		
	40530600	工程地质勘察课程设计 Course Design for Engineering Geology Survey	2	2 周									2		
	40530700	工程地质学基础课程设计 Course Design for Principles of Engineering Geology	1.5	1.5 周									1.5		
	40115200	地质认识实习(北戴河) Primary Geological Field Training (Beidaihe)	2	2 周					2						
	40115602	地质教学实习(周口店) Geology Field Training (Zhoukoudian)	4	4 周							4				
	40529700	专业教学实习(工程地质秭归) Professional Teaching Practice (Zigui)	4	4 周									4		
	40529500	毕业实习 Practice for Graduation	8	8 周											8
	40529600	毕业设计 Design for Graduation	8	8 周											8
	小计 Sum		**35**	**35 周**				**4.5**	**2**	**0**	**4**	**0**	**8.5**	**0**	**16**

课程类别 Course Classification	课程编号 Course Code	课程名称 Course Name	学分 Crs	学时 Hrs	学时分类 Class Hours		先修课程 Prerequisite Courses	学期学分分配 Semester Credits							
					讲课 Lec.	实验 Lab.		一 1st	二 2nd	三 3rd	四 4th	五 5th	六 6th	七 7th	八 8th
创新创业自主学习 Autonomous Learning	ZZ35000S	社会调查 Social Investigation	2												
		其他(学科竞赛、发明创造、科研报告) Others (Contest, Invention, Innovation and Research Presentation)	4												
	小计 **Sum**		**6**												
总计 **Total**			**188.5**	**2440＋35周**	**1742**	**218**		**28.5**	**29**	**19.5**	**23**	**16.5**	**20**	**0**	**16**
可开出专业选修课列表 Specialty Elective Courses	20510902	基础工程学 B Foundation Engineering B	2.5	40	40	0								2.5	
	20504602	地基处理 B Foundation Treatment B	2	32	32	0								2	
	20509600	工程钻探与取样技术 Engineering Drilling and Sample	2	32	26	6								2	
	20603500	工程物探 Engineering Geological Prospecting	2	32	32	0								2	
	20520700	流体力学 Hydromechanics	2.5	40	36	4								2.5	
	20511200	建筑材料 Construction Materials	2	32	26	6						2			
	20507301	钢筋混凝土结构原理 A Principles of Reinforced Concrete Structure A	3.5	56	56	0							3.5		
	20516200	土木工程概论 Introduction to Civil Engineering	2	32	32	0						2			
	20530200	岩土工程监测 Monitoring of Geotechnical Engineering	2	32	32	0								2	
	20509500	工程招标投标与概预算 Engineering Bidding and Budget	2	32	32	0								2	
	20508300	工程地质数值模拟技术与应用 Numerical Simulation on Engineering Geology	2	32	32	0								2	
	20536500	工程地质专业讲座 Lectures on Engineering Geology	2	32	32	0								2	

课程类别 Course Classification	课程编号 Course Code	课程名称 Course Name	学分 Crs	学时 Hrs	学时分类 Class Hours		先修课程 Prerequisite Courses	学期学分分配 Semester Credits							
					讲课 Lec.	实验 Lab.		一 1st	二 2nd	三 3rd	四 4th	五 5th	六 6th	七 7th	八 8th
可开出专业选修课列表 Specialty Elective Courses	20504500	道路勘察设计 Road Survey and Design	2.5	40	40	0							2.5		
	20521700	地下建筑结构 Underground Construction Structure	3.0	48	42	6							3.0		
	20514400	施工组织 Construction Organization	1.5	24	24	0								1.5	

注：通识教育选修课学分和创新创业自主学习学分未列入具体学期。

地质工程(工程地质方向)专业课程分类统计

Course Category Statistics of Geological Engineering(Engineer Geology)

课程学分 / 统计	通识教育课 Liberal Education Courses		学科基础课 Disciplinary Fundamental Courses	专业主干课 Main Specialty Courses	专业选修课 Specialty Elective Courses	实践环节 Practical Work	创新创业自主学习 Autonomous Learning	学时总计 Total Hours	学分总计 Total Credits
	必修 Compulsory	选修 Selective							
学时/学分 Hrs/Crs	616/33.5	192/12	760/47.5	584/36.5	288/18	35 周/35	6	2440+35 周	188.5
学分所占比例 Proportion of Credits	24.14%		25.19%	19.36%	9.55%	18.57%	3.18%		100%

地质工程(岩土钻掘方向)专业培养方案

专业名称与代码:地质工程(岩土钻掘方向)　081401

专业培养目标:本专业培养以马克思列宁主义、毛泽东思想和邓小平理论武装头脑、遵纪守法、勇于为社会主义建设奉献、紧密与生产劳动相结合、德智体美劳全面发展的社会主义事业建设者和接班人。所培养的人才具有较强的创新意识和创新精神,掌握工程力学、岩土力学、工程地质学、岩土钻掘工程学、基础工程设计、施工、检测与管理等基本理论和知识,具备从事工程勘察、基础工程设计、施工、检测及管理的基本能力。

专业毕业要求

1.具有扎实的自然科学基础和地质基本功,了解当代科学技术的主要方面和应用背景。

2.掌握岩土钻掘工程常用的技术手段和方法。

3.具有从事工程地质勘察、基础工程设计、施工、检测和管理的基本能力。

4.具有从事与专业相关的新技术研究和开发的初步能力。

5.了解国内外工程地质勘察与基础工程设计、施工、检测的新技术和发展趋势。

6.掌握文献检索、资料查询的基本方法,具有初步的科学研究能力和实际工作能力。

毕业要求及实现途径

序号	毕业要求	实现途径(教学过程)
1	具有扎实的自然科学基础和地质基本功,了解当代科学技术的主要方面和应用背景	①课堂教学:开设地质学基础、高等数学、大学物理、概率统计、线性代数、大学化学、理论力学、材料力学、土力学、岩体力学、地质工程专业导论、新技术专题报告等课程 ②课外学习:培养学生课外阅读兴趣,引导学生合理挑选相关图书文献资料,组织学生开展地质认知实习、计算机C语言课程设计实习等实践教学活动
2	掌握岩土钻掘工程常用的技术手段和方法	①课堂教学:开设钻前土建工程基础、岩土钻掘工艺学、钻井液与工程浆液、岩土钻掘设备、金刚石工具设计与制造等课程 ②课外学习:鼓励学生广泛阅读岩土钻掘领域的专业书籍和期刊文章,为学生安排工程地质教学实习、地质工程教学实习等实践教学活动
3	具有从事工程地质勘察、基础工程设计、施工、检测和管理的基本能力	①课堂教学:开设工程地质学、基础工程学、测量学、岩土测试技术、基础工程施工技术、钢筋混凝土结构原理、建筑材料等课程 ②课外学习:鼓励学生自主阅读与课堂教学内容相关的图书和文章资料,为学生安排工程地质教学实习、基础工程施工教学实习、测量实习、地质工程教学实习等实践教学活动

序号	毕业要求	实现途径(教学过程)
4	具有从事与专业相关的新技术研究和开发的初步能力	①课堂教学:开设金属材料与加工、金刚石工具设计与制造、液压传动、机械CAD、岩土钻掘设备、电工与电子技术、新技术专题报告等课程 ②课外学习:鼓励学生多阅读与课堂教学内容相关的书籍文献,为学生安排相应的金工实习、机械设计课程设计、岩土钻掘设备设计与制造实习、钻具钻头设计与制造实习等实践教学活动
5	了解国内外工程地质勘察与基础工程设计、施工、检测的新技术和发展趋势	①课堂教学:开设边坡工程、非开挖工程学、定向钻进技术、新技术专题报告等课程 ②课外学习:鼓励学生多参加校内及武汉市内相关高校举行的学术讲座和科研报告,大量阅读最新专业文献,经常组织学生到生产现场参观施工中所应用的新技术和新工艺
6	掌握文献检索、资料查询的基本方法,具有初步的科学研究能力和实际工作能力	①课堂教学:授课过程中向学生介绍专业文献和图书资料查询方式、获取途径及整理技能 ②课外学习:鼓励学生多去图书馆、多登录国内外各类电子期刊和图书服务网站

主干学科:地质工程、力学、地质学。

专业核心课程:地质学基础、工程地质学、土力学、钢筋混凝土结构、岩土工程勘察、岩土钻掘工程学、岩土钻掘设备、钻井液与工程浆液、基础工程设计、基础工程施工技术、工程项目管理。

主要专业实验:土工实验、岩土钻掘工艺及设备实验、岩土原位测试、钻井液与工程浆液性能测试。

主要实践性教学环节:金工实习、地质教学实习、基础工程教学实习、计算机程序设计、生产实习、毕业实习和毕业设计。

修业年限:四年。

授予学位:工学学士。

相近专业:土木工程、勘查技术与工程。

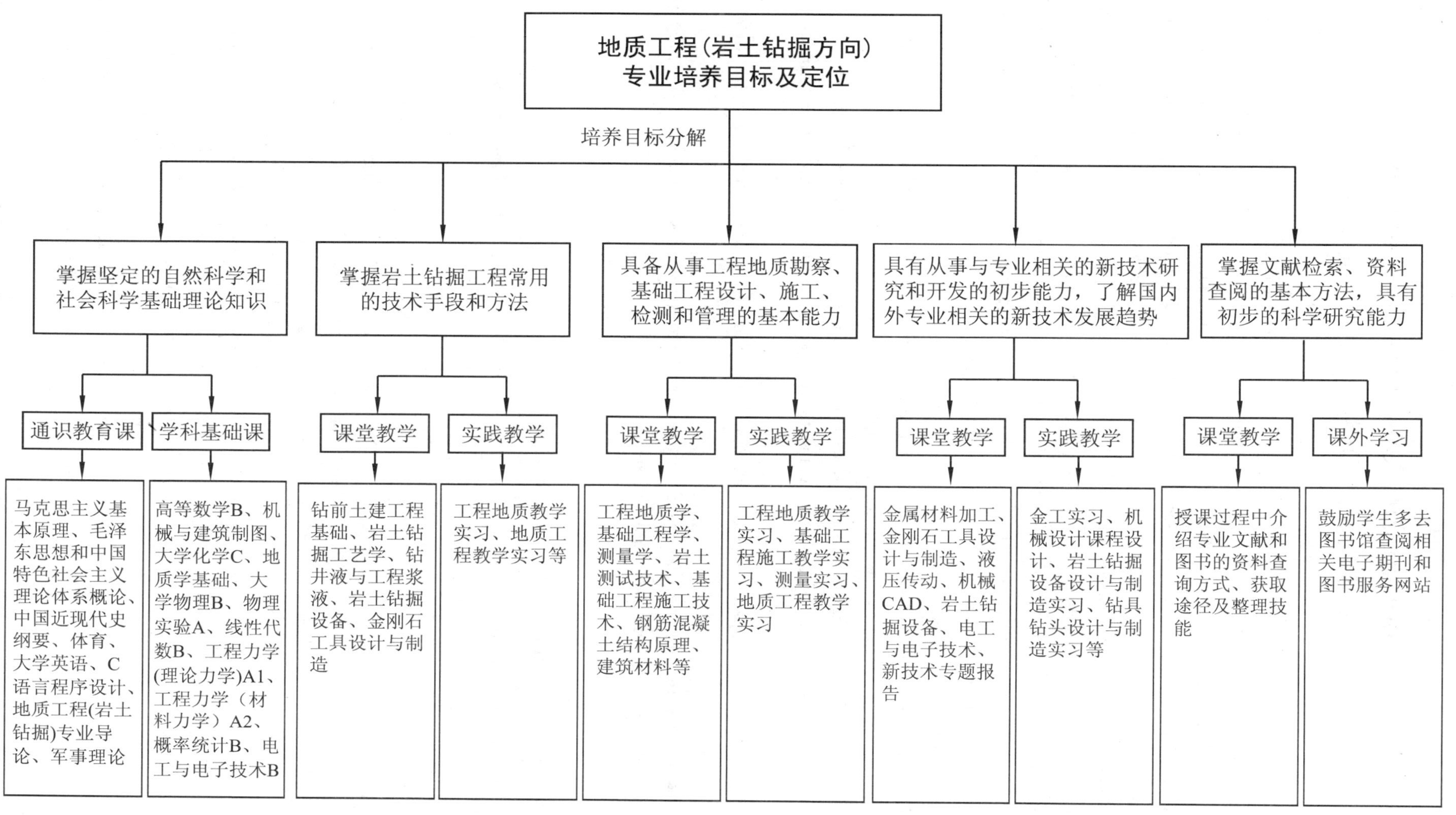
地质工程(岩土钻掘方向)
专业培养目标及定位
培养目标分解
掌握坚定的自然科学和社会科学基础理论知识
掌握岩土钻掘工程常用的技术手段和方法
具备从事工程地质勘察、基础工程设计、施工、检测和管理的基本能力
具有从事与专业相关的新技术研究和开发的初步能力，了解国内外专业相关的新技术发展趋势
掌握文献检索、资料查阅的基本方法，具有初步的科学研究能力
通识教育课
学科基础课
课堂教学
实践教学
课堂教学
实践教学
课堂教学
实践教学
课堂教学
课外学习
马克思主义基本原理、毛泽东思想和中国特色社会主义理论体系概论、中国近现代史纲要、体育、大学英语、C语言程序设计、地质工程(岩土钻掘)专业导论、军事理论
高等数学B、机械与建筑制图、大学化学C、地质学基础、大学物理B、物理实验A、线性代数B、工程力学(理论力学)A1、工程力学（材料力学）A2、概率统计B、电工与电子技术B
钻前土建工程基础、岩土钻掘工艺学、钻井液与工程浆液、岩土钻掘设备、金刚石工具设计与制造
工程地质教学实习、地质工程教学实习等
工程地质学、基础工程学、测量学、岩土测试技术、基础工程施工技术、钢筋混凝土结构原理、建筑材料等
工程地质教学实习、基础工程施工教学实习、测量实习、地质工程教学实习
金属材料加工、金刚石工具设计与制造、液压传动、机械CAD、岩土钻掘设备、电工与电子技术、新技术专题报告
金工实习、机械课程设计、岩土钻掘设备设计与制造实习、钻具钻头设计与制造实习等
授课过程中介绍专业文献和图书的资料查询方式、获取途径及整理技能
鼓励学生多去图书馆查阅相关电子期刊和图书服务网站

Program for Geological Engineering (Rock & Soil Drilling & Tunneling)

Specialty and Code: Geological Engineering(Rock & Soil Drilling & Tunneling) 081401

Education Objective: The Program aims to cultivate the qualified socialist constructer and successor armed with Marxism-Leninism, Mao Tse-tung Thought and Deng Xiaoping Theory, observing law and discipline, having the courage to sacrifice for socialism, combining closely with production labor, and featuring an all-round development in morality, intelligence, physique and art. Students will possess a strong sense of innovation and creativity, master basic theories and knowledge such as engineering mechanics, rock mass mechanics, engineering geology, geotechnical drilling technology, and the design, construction, detection and management of foundation engineering, and has the ability to become an advanced engineering and technical personnel in engineering exploration, and design, organization, detection and management of foundation engineering projects.

Graduation Requirements

1. Have a strong foundation of natural science and geology, and know main aspects and application background of modern science and technology.

2. Master the technical means and methods commonly used in geotechnical drilling.

3. Have the basic ability of design, organization, detection and management of foundation engineering projects.

4. Have preliminary capacity of research and development of new technologies related to the specialty.

5. Know domestic and overseas trends of new technology and development in the field of engineering geologic exploration and foundation engineering.

6. Master basic methods of document retrieval and information inquisition, and possess elementary ability to scientific research and practice.

Graduation Requirements and Ways to Achieve

No.	Graduation Requirements	Ways to Achieve(Teaching Process)
1	Have a strong foundation of natural science and geology, and know main aspects and application background of modern science and technology	①Classroom Teaching: Establish Fundamentals of Geology, Advanced Mathematics, College Physics, Probability and Statistics, Linear Algebra, College Chemistry, Theoretical Mechanics, Mechanics of Materials, Soil Mechanics, Rock Mass Mechanics, Introduction to Geological Engineering, Special Topics of New Technology, etc ②Out-of-class Learning: Cultivate Extracurricular Reading Interest, Guide Students in Reasonable Selection of Relevant Literature Materials, and Perform Practice Teaching Activities Including Geological Cognition Internship, Curriculum Design of C Program Language, etc

No.	Graduation Requirements	Ways to Achieve(Teaching Process)
2	Master the technical means and methods commonly used in geotechnical drilling	①Classroom Teaching: Establish Civil Infrastructure before Drilling, Geotechnical Drilling Technology, Drilling Fluids and Engineering Fluids, Geotechnical Drilling Equipment, Design and Manufacture of Diamond Tools, etc ②Out-of-class Learning: Encourage Students to Read Professional Books and Periodical Papers Related to Geotechnical Drilling, and Arrange Teaching Practice Activities Including Engineering Geology, and Geological Engineering, etc
3	Have the basic ability of design, organization, detection and management of foundation engineering projects	① Classroom Teaching: Establish Engineering Geology, Foundation Engineering, Surveying, Geotechnical Detection Technology, Foundation Engineering Construction Technology, Principles of Reinforced Concrete Structure, Building Materials, etc ② Out-of-class Learning: Encourage Students to Read Books and Materials Related to Class Teaching, and Arrange Teaching Practice Activities Including Engineering Geology, Foundation Engineering Construction, Surveying, Geological Engineering, etc
4	Have preliminary capacity of research and development of new technologies related to the specialty	① Classroom Teaching: Establish Metal Materials and Processing, Design and Manufacture of Diamond Tools, Hydraulic Transmission, Mechanical CAD, Geotechnical Drilling Equipment, Electrician and Electronic Technology, Special Topics on New Technology, etc ② Out-of-class Learning: Encourage Students to Read Books and Materials Related to Class Teaching, and Arrange Teaching Practice Activities Including Metalworking Experience, Curriculum Design of Machine Design, Drilling Equipment Design and Production, Drilling Tool Design and Production, etc
5	Know domestic and overseas trends of new technology and development in the field of engineering geologic exploration and foundation engineering	①Classroom Teaching: Establish Slide Slope Engineering, Trenchless Engineering, Directional Drilling Technology, Special Topics on New Technology, etc ②Out-of-class Learning: Encourage Students to Participate in Lectures and Scientific Reports and to Read the Latest Professional Literature, and Frequently Organize Students to Visit New Technologies and Techniques Applied in Real Construction

No.	Graduation Requirements	Ways to Achieve(Teaching Process)
6	Master basic methods of document retrieval and information collection,and possess elementary ability for scientific research and practice	①Classroom Teaching:Introduce Students How to Query,Access and Sort Professional Literature and Books ②Out-of-class Learning: Encourage Students to Use the Library,and Browse Domestic and International Websites of E-journals and E-books

Major Disciplines: Geological Engineering,Mechanics,Geology.

Main Courses: Fundamentals of Geology,Engineering Geology,Soil Mechanics,Reinforced Concrete Structures,Geotechnical Engineering Exploration,Geotechnical Drilling Technology,Geotechnical Drilling Equipment,Drilling Fluids and Engineering Fluids,Foundation Engineering Design,Foundation Engineering Construction Technology,Engineering Management.

Lab Experiments: Geotechnical Experiments,Geotechnical Drilling Technology and Equipment Experiments,In-situ Geotechnical Testing,Drilling Fluids and Engineering Fluids Testing.

Practical Work: Metalworking Experience,Geological Teaching Practice,Computer Program Design,Production Practice,Graduation Practice and Design.

Duration: four years.

Degree Granted: Bachelor of Engineering.

Related Specialties: Civil Engineering,Exploration Technology and Engineering.

地质工程(岩土钻掘方向)专业课程教学计划表

Course Descriptions of Geological Engineering (Rock & Soil Drilling & Tunnelling)

课程类别 Course Classification		课程编号 Course Code	课程名称 Course Name	学分 Crs	学时 Hrs	学时分类 Class Hours		先修课程 Prerequisite Courses	学期学分分配 Semester Credits							
						讲课 Lec.	实验 Lab.		一 1st	二 2nd	三 3rd	四 4th	五 5th	六 6th	七 7th	八 8th
通识教育课 Liberal Education Courses	必修 Compulsory	11706200	马克思主义基本原理 Principles of Marxism	3	48	48					3					
		11706500	毛泽东思想与中国特色社会主义理论体系概论 Introduction to Mao Tse-tung Thought and the Theoretical System of Socialism with Chinese Characteristics	4	64	64						4				
		11711800	中国近现代史纲要 The Essentials of Modern Chinese History	2	32	32							2			
		120002＊0	思想道德修养与法律基础 Morality Education and Fundamentals of Law	3	48	48			1.5	1.5						
		113076＊0	体育 Physical Education	4	144	144			1	1	1	1				
		109116＊0	大学英语 College English	12	192	192			3	3	3	3				
		11918902	C语言程序设计B C Language Programming B	2.5	40	28	12		2.5							
		20520200	工程导论 Introduction to Engineering	1	16	16			1							
		14300100	军事理论 Military Theory	2	32	32			2							
	选修 Elective	总计12学分,含创新创业选修课学分,跨学科选修课不低于6学分。“形势与政策”课程作为限选课,由马克思主义学院实施		12	192											
		小计 **Sum**		**45.5**	**808**	**604**	**12**		**11**	**5.5**	**7**	**8**	**2**	**0**	**0**	**0**
学科基础课 Disciplinary Fundamental Courses		212127＊2	高等数学B Advanced Mathematics B	10	160	160			4	6						
		207247＊0	机械制图A Mechanical Drawing A	5.5	88	88			3	2.5						
		20302403	大学化学C College Chemistry C	4	64	50	14			4						
		20115000	地质学基础 Fundamentals of Geology	4.5	72	62	10		4.5							
		212130＊3	大学物理C College Physics C	6	96	96	0			3.5	2.5					

课程类别 Course Classification	课程编号 Course Code	课程名称 Course Name	学分 Crs	学时 Hrs	学时分类 Class Hours 讲课 Lec.	 实验 Lab.	先修课程 Prerequisite Courses	学期学分分配 Semester Credits 一 1st	 二 2nd	 三 3rd	 四 4th	 五 5th	 六 6th	 七 7th	 八 8th
学科基础课 Disciplinary Fundamental Courses	212132＊1	物理实验 A Physical Experiments A	3.5	56	0	56			2	1.5					
	21212802	线性代数 B Linear Algebra B	2.5	40	40					2.5					
	20508011	工程力学(理论力学)A1 Engineering Mechanics (Theoretical Mechanics) A1	5	80	80					5					
	20508021	工程力学(材料力学)A2 Engineering Mechanics (Mechanics of Materials) A2	4.5	72	72						4.5				
	21213502	概率论与数理统计 B Probability and Statistics B	2.5	40	40					2.5					
	20725102	电工与电子技术 B Electrician and Electronic Technology B	4	64	54	10						4			
	小计 **Sum**		**52**	**832**	**742**	**90**		**11.5**	**18**	**14**	**4.5**	**4**	**0**	**0**	**0**
专业主干课 Main Specialty Courses	21120801	测量学 A Surveying A	2.5	40	30	10						2.5			
	20715201	机械设计基础 A Fundamentals of Mechanical Design A	3.5	56	46	10						3.5			
	20723600	金属材料与零件加工 Metal Materials and Processing	2	32	28	4				2					
	20520302	土力学 B Soil Mechanics B	3	48	40	8	工程力学				3				
	20508400	工程地质学基础 B Basic Engineering Geology B	2.5	40	40		地质学基础				2.5				
	20520700	流体力学 Hydromechanics	2.5	40	36	4	工程力学					2.5			
	20711900	液压传动 Hydraulic Control	3	48	44	4	流体力学					3			
	20517100	岩体力学 B Rock Mass Mechanics B	2.5	40	40		工程力学					2.5			
	20520500	岩土钻掘工艺学 Geotechnical Drilling Engineering	3	48	40	8	液压传动						3		
	20520800	钻井液与工程浆液 Drilling Fluids and Engineering Fluids	3	48	40	8	流体力学						3		
	20517500	岩土工程勘察 Engineering Geologic Exploration	2	32	28	4	工程地质学基础					2			

课程类别 Course Classification	课程编号 Course Code	课程名称 Course Name	学分 Crs	学时 Hrs	学时分类 Class Hours		先修课程 Prerequisite Courses	学期学分分配 Semester Credits							
					讲课 Lec.	实验 Lab.		一 1st	二 2nd	三 3rd	四 4th	五 5th	六 6th	七 7th	八 8th
专业主干课 Main Specialty Courses	20521500	岩土钻掘设备 Geotechnical Drilling and Digging Equipments	2.5	40	32	8	液压传动						2.5		
	20510901	基础工程学 A Foundation Engineering A	3.5	56	50	6	钻探工艺学						3.5		
	20527600	桩基检测 Pile Detection	1	16	4	12	基础工程学						1		
	20510700	基础工程施工技术 The Techniques of Construction in Foundation Engineering	2.5	40	32	8								2.5	
	20518400	新技术专题报告 Special Topics on New Technology	1	16	16										1
	小计 **Sum**		**40**	**640**	**546**	**94**		**0**	**0**	**2**	**5.5**	**16**	**13**	**2.5**	**1**
专业选修课 Specialty Elective Courses		具体见专业选修课列表	10	160											
合计 **Sub-total**			**147.5**	**2440**	**1892**	**196**		**22.5**	**23.5**	**23**	**18**	**22**	**13**	**2.5**	**1**
实践环节 Practical Work	44300200	军事训练 Military Training	2	2 周				2							
	41919002	C 语言课程设计 B Course Design of C Language B	1.5	1.5 周				1.5							
	40724800	机械制图课程设计 Course Design of Mechanical Drawing	0.5	0.5 周					0.5						
	40115200	地质教学实习(北戴河) Geological Field Training (Beidaihe)	2	2 周			地质学基础		2						
	40724602	金工实习 B Practice of Metal Processing Technique B	2	2 周						2					
	40530800	工程地质教学实习(秭归) Engineering Geology Teaching Practice (Zigui)	2	2 周			工程地质学基础				2				
	40530900	地质工程教学实习 Geological Engineering Teaching Practice	3	3 周			工程地质学基础				3				
	41120901	测量教学实习 A Instructed Practice for Engineering Surveying A	1	1 周			基础工程					1			

课程类别 Course Classification	课程编号 Course Code	课程名称 Course Name	学分 Crs	学时 Hrs	学时分类 Class Hours 讲课 Lec.	学时分类 Class Hours 实验 Lab.	先修课程 Prerequisite Courses	学期学分分配 Semester Credits 一 1st	二 2nd	三 3rd	四 4th	五 5th	六 6th	七 7th	八 8th
实践环节 Practical Work	40531000	地质工程生产实习 Geological Engineering Production Practice	4	4 周			基础工程施工						4		
	40531102	基础工程课程设计 Course Design of Foundation Engineering	1	1 周									1		
	40531200	钻探工艺学课程设计 Course Design of Drilling Technology	2	2 周									2		
	40527100	毕业实习和设计/论文 Practice and Thesis for Graduation	15	15 周											15
	小计 Sum		**36**	**36 周**				**3.5**	**2.5**	**2**	**5**	**1**	**7**	**0**	**15**
创新创业自主学习 Autonomous Learning	ZZ35000S	社会调查 Social Investigation	2												
		其他(学科竞赛、发明创造、科研报告) Others (Contest, Invention, Innovation and Research Presentation)	4												
	小计 Sum		**6**												
总计 Total			**189.5**	**2440 + 36 周**	**1892**	**196**		**26**	**26**	**25**	**23**	**23**	**20**	**2.5**	**16**
专业选修课 Specialty Elective Courses	20512302	结构力学 B Structural Mechanics B	3.5	56	50	6								3.5	
	20511200	建筑材料 Building Materials	2	32	26	6								2	
	20502200	边坡处治工程 Slide Slope Engineering	2	32	28	4								2	
	20506800	非开挖工程学 Trenchless Engineering	2	32	26	6							2		
	20512500	金刚石工具设计与制造 Design and Manufacture of Diamond Tools	2	32	26	6								2	
	20528200	水文水井与地热钻井 Hydrological Wells and Geothermal Drilling	2	32	28	4								2	
	20531300	检测技术 Detection Technology	2	32	28	4								2	
	20527900	工程项目管理 Engineering Management	2	32	32									2	

注：通识教育选修课学分和创新创业自主学习学分未列入具体学期。

地质工程(岩土钻掘方向)专业课程分类统计

Course Category Statistics of Geological Engineering (Rock & Soil Drilling & Tunnelling)

课程学分 统计	通识教育课 Liberal Education Courses		学科基础课 Disciplinary Fundamental Courses	专业主干课 Main Specialty Courses	专业选修课 Specialty Elective Courses	实践环节 Practical Work	创新创业自主学习 Autonomous Learning	学时总计 Total Hours	学分总计 Total Credits
	必修 Compulsory	选修 Selective							
学时/学分 Hrs/Crs	616/33.5	192/12	832/52	640/40	160/10	36 周/36	6	2456+36 周	189.5
学分所占比例 Proportion of Credits	24.01%		27.44%	21.1%	5.28%	19%	3.17%		100%

土木工程专业培养方案

专业名称与代码：土木工程　081001

专业培养目标：本专业为土木工程行业培养实用型、复合型、创新型的技术和管理人才。毕业生应具有良好的人文科学素养；扎实的自然科学、地质学与土木工程专业基础；掌握土木工程专业知识和规范；了解土木工程学科的前沿发展现状和趋势；具有较强的工程实践能力、社会适应能力、创新创业能力和终身学习能力以及比较广阔的国际视野。本专业毕业生可在地下建筑工程、建筑结构工程、道路与桥梁工程、岩土工程、市政工程、水利水电工程、矿山等领域，从事工程项目的规划、勘察、设计、施工、管理等工作，也可在相应领域从事科学研究。

专业毕业要求

1.具有坚实的自然科学基本理论知识，并了解当代科技发展的主要方面和应用前景，具有良好的人文社会科学知识和素养。

2.掌握坚实的土木工程基础理论知识，包括工程力学 A1(理论力学)、工程力学 A2(材料力学)、结构力学、弹塑性力学、工程测量、工程制图、电工学、计算机应用基础等。

3.掌握土木工程项目的规划、勘测、设计、施工等方面的专业知识，具备分析和解决土木工程建设中关键问题的基本能力，并在某一方向具备一定的科学研究和应用开发能力。

4.具备一定的工程项目组织和管理能力。

5.具备应用计算机和信息技术解决土木工程专业问题的能力。

6.熟悉土木工程专业的行业技术标准与规范。

7.熟练掌握一门外国语，能运用外语进行专业沟通。

毕业要求及实现途径

序号	毕业要求	实现途径(教学过程)
1	具有坚实的自然科学基本理论知识，并了解当代科技发展的主要方面和应用前景，具有良好的人文社会科学知识和素养	①课堂教学：马克思主义基本原理、毛泽东思想与中国特色社会主义理论体系概论、中国近现代史纲要、思想道德修养与法律基础、军事理论，高等数学、大学物理、物理实验、线性代数、概率统计 ②课外学习：军事训练、社会调查
2	掌握坚实的土木工程科学与技术基础理论知识	①课堂教学：电工及电子技术、建筑制图、工程力学 A1(理论力学)、工程力学 A2(材料力学)、结构力学、弹塑性力学、测量学、地质学、土力学、岩体力学、工程地质学、C 语言程序设计 ②课外学习：测量实习、地质认识实习(北戴河)
3	掌握土木工程项目的规划、勘测、设计、施工等方面的专业知识，并在某一方向具备一定的科学研究和应用开发能力	①课堂教学：钢筋混凝土结构原理、钢结构、结构动力学、基础工程学、钢筋混凝土结构及砌体结构设计、土木工程材料、土木工程机械；地下建筑结构、地下建筑施工、岩土工程勘察、地基处理、岩土工程施工、岩土测试技术、房屋建筑学、建筑施工技术、高层建筑结构设计、道路勘测设计、路基路面工程、桥梁工程、桥梁施工 ②课外学习：专业认识实习(秭归)

序号	毕业要求	实现途径(教学过程)
4	具备一定的工程项目组织和管理能力	①课堂教学:工程招投标与概预算、建筑经济与管理、施工组织 ②课外学习:施工实习
5	具备应用计算机和信息技术解决土木工程专业问题的能力	①课堂教学:数值模拟技术与应用、土木工程 CAD、岩土工程专业讲座 ②课外学习:文献综述、毕业设计
6	熟悉土木工程专业的行业技术标准与规范	①课堂教学:毕业设计;房屋建筑学课程设计、钢筋混凝土课程设计、钢结构课程设计、基础工程学课程设计、工程概预算课程设计、施工组织课程设计;地下建筑结构课程设计、地下建筑施工课程设计;道路勘测课程设计、路基路面课程设计、桥梁工程课程设计 ②课外学习:毕业实习
7	熟练掌握一门外国语,能运用外语进行专业沟通	①课堂教学:大学英语、土木工程专业英语 ②课外学习:专业文献翻译

主干学科:土木工程、力学。

专业核心课程:工程力学 A1(理论力学)、工程力学 A2(材料力学)、结构力学、弹塑性力学、土力学、岩体力学、工程地质学基础、基础工程学、土木工程材料、钢筋混凝土结构原理、钢筋混凝土结构及砌体结构设计、钢结构、房屋建筑学、地下建筑结构、地下建筑施工、岩土工程施工、建筑施工技术、桥梁施工、工程招投标与概预算、路基路面工程学、桥梁工程学等。

主要专业实验:材料力学实验、土木工程材料实验、结构实验、岩土测试实验等。

主要实践性教学环节:包括测量实习、地质认识实习、专业认识实习、专业教学实习、生产实习、课程设计、毕业实习与设计等。

修业年限:四年。

授予学位:工学学士。

相近专业:工程力学、工程管理。

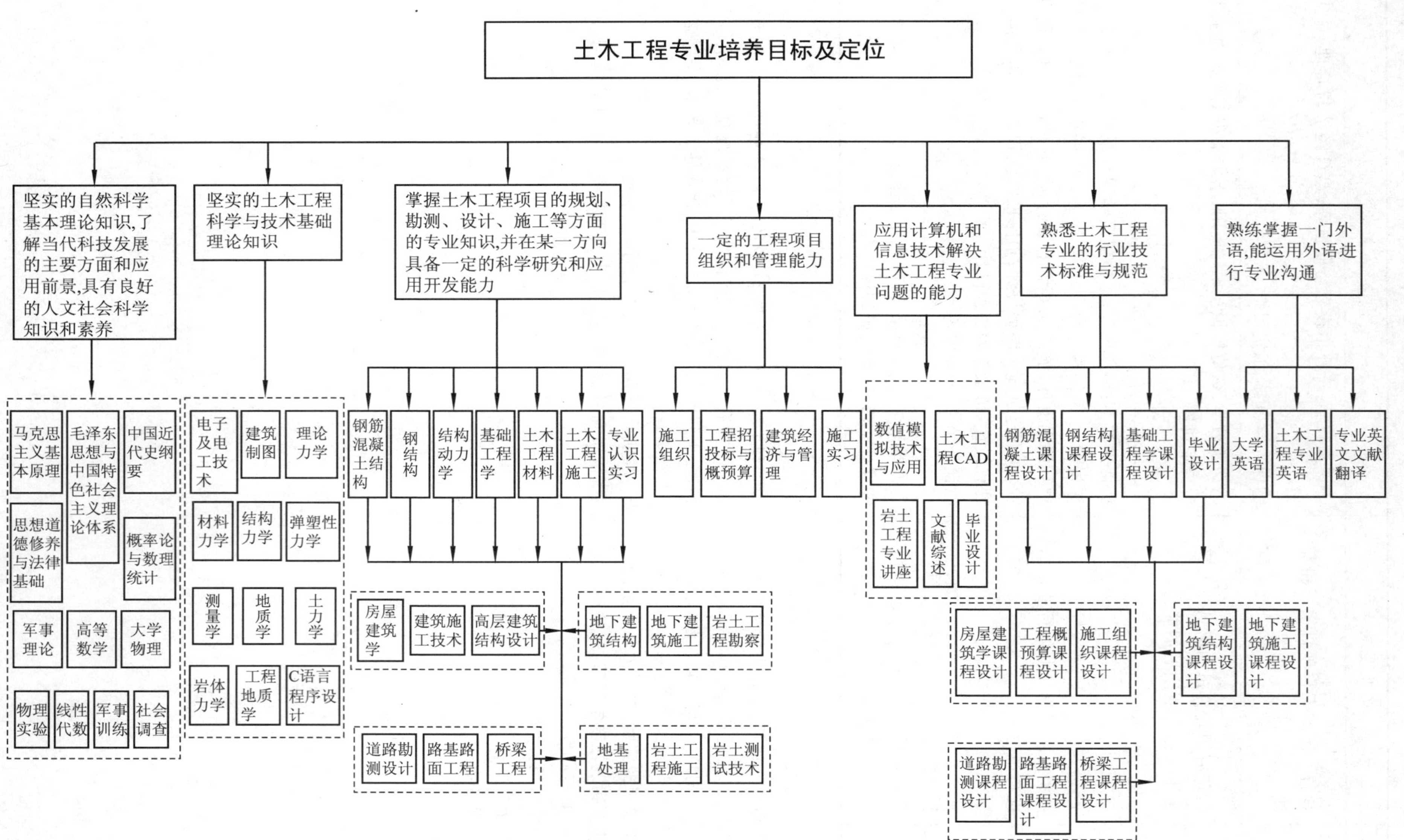
土木工程专业培养目标及定位
坚实的自然科学基本理论知识,了解当代科技发展的主要方面和应用前景,具有良好的人文社会科学知识和素养
马克思主义基本原理
毛泽东思想与中国特色社会主义理论体系
中国近代史纲要
思想道德修养与法律基础
概率论与数理统计
军事理论
高等数学
大学物理
物理实验
线性代数
军事训练
社会调查
坚实的土木工程科学与技术基础理论知识
电子及电工技术
建筑制图
理论力学
材料力学
结构力学
弹塑性力学
测量学
地质学
土力学
岩体力学
工程地质学
C语言程序设计
掌握土木工程项目的规划、勘测、设计、施工等方面的专业知识,并在某一方向具备一定的科学研究和应用开发能力
钢筋混凝土结构
钢结构
结构动力学
基础工程学
土木工程材料
土木工程施工
专业认识实习
房屋建筑学
建筑施工技术
高层建筑结构设计
地下建筑结构
地下建筑施工
岩土工程勘察
道路勘测设计
路基路面工程
桥梁工程
地基处理
岩土工程施工
岩土测试技术
一定的工程项目组织和管理能力
施工组织
工程招投标与概预算
建筑经济与管理
施工实习
应用计算机和信息技术解决土木工程专业问题的能力
数值模拟技术与应用
土木工程CAD
岩土工程专业讲座
文献综述
毕业设计
熟悉土木工程专业的行业技术标准与规范
钢筋混凝土课程设计
钢结构课程设计
基础工程学课程设计
毕业设计
房屋建筑学课程设计
工程概预算课程设计
施工组织课程设计
地下建筑结构课程设计
地下建筑施工课程设计
道路勘测课程设计
路基路面工程课程设计
桥梁工程课程设计
熟练掌握一门外语,能运用外语进行专业沟通
大学英语
土木工程专业英语
专业英文文献翻译

Program for Civil Engineering

Specialty and Code: Civil Engineering 081001

Educational Objective: The Program aims to cultivate talents for practical, compound, innovative technology and management of civil engineering. Graduates should have good humanities accomplishment. Graduates should have solid fundamental knowledge in natural science, geology and civil engineering. Graduates should master the professional knowledge and corresponding specifications and understand the latest development status and trend of civil engineering. Graduates should have engineering practice ability, ability to be adapted to the society, innovation ability, life-long learning ability and relatively broad international perspective. Graduates of civil engineering could be engaged in project planning, surveying, design, construction, management and scientific research in the field of underground construction engineering, building structure engineering, road and bridge engineering, geotechnical engineering, municipal engineering, hydraulic and hydropower engineering, mining and related fields.

Graduation Requirements

1. To have the basic theory of natural science, to understand the main aspects and application prospects of modern technology, and to have the good humanities and social science knowledge and accomplishment.

2. To master the fundamental theories of civil engineering, including Engineering Mechanics A1 (Theoretical Mechanics), Engineering Mechanics A2 (Mechanics of Materials), Structural Mechanics, Elastic-Plastic Mechanics, Engineering Survey, Engineering Drawings, Electrical Engineering, Computer Application Basis, etc.

3. To master the professional knowledge of project planning, surveying, design, construction in civil engineering. To have the fundamental ability to analyze and to solve key problems in the construction of civil engineering. To have the ability of scientific research and application development in a certain research field.

4. To have the ability of project organization and management.

5. To have the ability of using computers and information technology to solve professional issues in civil engineering.

6. To be familiar with the technical standards and specifications of civil engineering.

7. To be able to fluently speak a foreign language for scientific and academic communication.

Graduation Requirements and Ways to Achieve

No.	Graduation Requirements	Ways to Achieve(Teaching Process)
1	To have the basic theory of natural science, to understand the main aspects and application prospects of modern technology, and to have the good humanities and social science knowledge and accomplishment	①Classroom Teaching: Principles of Marxism, Introduction to MAO Tse-tung Thought and the Theoretical System of Socialism with Chinese Characteristics, The Essentials of Modern Chinese History, Morality Education and Fundamentals of Law, Military Theory, Advanced Mathematics, College Physics, Physical Experiment, Linear Algebra, Probability Statistics ②Out-of-class Learning: Military Training, Social Investigation

No.	Graduation Requirements	Ways to Achieve(Teaching Process)
2	To master the fundamental theories of civil engineering, including Theoretical Mechanics, Mechanics of Materials, Structural Mechanics, Elastic-Plastic Mechanics, Engineering Survey, Engineering Drawings, Electrical Engineering, Computer Application Basis, etc	①Classroom Teaching: Electrical and Electron Technology, Architectural Drawing, Engineering Mechanics A1 (Theoretical Mechanics), Engineering Mechanics A2 (Mechanics of Materials), Structural Mechanics, Elastic-Plastic Mechanics, Surveying, Geology, Soil Mechanics, Rock Mass Mechanics, Engineering Geology, C Language Program Designing ② Out-of-class Learning: Surveying Practice, Primary Field Training(Beidaihe)
3	To master the professional knowledge of project planning, surveying, design, construction in civil engineering. To have the ability of scientific research and application development in a certain research field	①Classroom Teaching: Principle of Reinforced Concrete Structure, Steel Structure, Structural Dynamics, Foundation Engineering, Reinforced Concrete Structure and Masonry Structure Design, Civil Engineering Materials, Civil Engineering Mechanics, Underground Structures, Underground Engineering Construction, Geotechnical Engineering Investigation, Ground Treatment, Geotechnical Engineering Construction, Geotechnical Testing Technology, Building Architecture, Building Construction Technology, Designing Structures of High Rising Buildings, Road Survey and Design, Subgrade and Pavement Engineering, Bridge Engineering, Bridge Construction ② Out-of-class Learning: Practice of Specialty Understanding (Zigui)
4	To have the ability of project organization and management	①Classroom Teaching: Engineering Bidding and Budget, Construction Economics and Management, Construction Organization ②Out-of-class Learning: Construction Practice
5	To have the ability of using computers and information technology to solve professional issues incivil engineering	① Classroom Teaching: Numerical Simulation Technology and Application, Civil Engineering CAD, Geotechnical Lecture ②Out-of-class Learning: Literature Review, Graduation Thesis
6	To be familiar with the technical standards and specifications of civil engineering	① Classroom Teaching: Graduation Thesis, Course Design of House Architecture, Course Design of Reinforced Concrete, Course Design of Steel Structure, Foundation Engineering Course Design, Engineering Budget Course Design, Construction Organization Course Design, Underground Building Structure Course Design, Underground Construction Course Design, Road Survey Course Design, Roadbed and Pavement Engineering Course Design, Course Design of Bridge Engineering ②Out-of-class Learning: Graduation Practice

No.	Graduation Requirements	Ways to Achieve(Teaching Process)
7	To be able to fluently speak a foreign language for scientific and academic communication	①Classroom Teaching: College English, Professional English of Civil Engineering ②Out-of-class Learning: Professional Literature Translation

Major Disciplines: Civil Engineering, Mechanics.

Main Courses: Engineering Mechanics A1 (Theoretical Mechanics), Engineering Mechanics A2 (Materials Mechanics), Structural Mechanics, Elastic and Plastic Mechanics, Soil Mechanics, Rock Mass Mechanics, Fundamentals of Engineering Geology, Foundation Engineering, Civil Engineering Materials, Principle of Reinforced Concrete Structure, Reinforced Concrete Structure and Masonry Structure Design, Steel Structure, Building Architecture, Underground Construction Structure, Underground Engineering Construction, Geotechnical Engineering Construction, Construction Technology, Bridge Construction, Engineering Bidding and Budget, Roadbed and Pavement Engineering, Bridge Engineering, etc.

Lab Experiments: Material Mechanics Experiments, Experiments of Construction Materials, Structural Experiments, Geotechnical Test Experiments, etc.

Practical Work: Instructive Practice for Surveying, Primary Field Training, Practice of Specialty Understanding, Instructive Practice for Major, Productive Practice, Course Design, Practice for Graduate and Bachelor Thesis.

Duration: four years.

Degree Granted: Bachelor of Engineering.

Related Specialties: Engineering Mechanics, Engineering Management.

土木工程(地下建筑工程方向)专业课程教学计划表

Course Descriptions of Civil Engineering(Underground Construction Engineering)

课程类别 Course Classification		课程编号 Course Code	课程名称 Course Name	学分 Crs	学时 Hrs	学时分类 Class Hours 讲课 Lec.	实验 Lab.	先修课程 Prerequisite Courses	学期学分分配 Semester Credits 一 1st	二 2nd	三 3rd	四 4th	五 5th	六 6th	七 7th	八 8th
通识教育课 Liberal Education Courses	必修 Compulsory	11706200	马克思主义基本原理 Principles of Marxism	3	48	48				3						
		11706500	毛泽东思想与中国特色社会主义理论体系概论 Introduction to Mao Tse-tung Thought and the Theoretical System of Socialism with Chinese Characteristics	4	64	64					4					
		11711800	中国近现代史纲要 The Essentials of Modern Chinese History	2	32	32						2				
		120002＊0	思想道德修养与法律基础 Morality Education and Fundamentals of Law	3	48	48			1.5	1.5						
		113076＊0	体育 Physical Education	4	144	144			1	1	1	1				
		109116＊0	大学英语 College English	12	192	192			3	3	3	3				
		11918902	C语言程序设计B C Language Programming B	2.5	40	28	12				2.5					
		20520200	工程导论 Introduction to Civil Engineering	1	16	16			1							
		14300100	军事理论 Military Theory	2	32	32			2							
	选修 Elective	总计12学分,含创新创业选修课学分,跨学科选修课不低于6学分。"形势与政策"课程作为限选课,由马克思主义学院实施		12	192											
		小计 Sum		**45.5**	**808**	**604**	**12**		**8.5**	**8.5**	**10.5**	**6**	**0**	**0**	**0**	**0**
学科基础课 Disciplinary Fundamental Courses		212127＊2	高等数学B Advanced Mathematics B	10	160	160			4	6						
		212130＊3	大学物理C College Physics C	6	96	96				3.5	2.5					
		212132＊1	物理实验A Physical Experiments A	3.5	56		56			2	1.5					
		21212802	线性代数B Linear Algebra B	2.5	40	40					2.5					
		21213501	概率论与数理统计A Probability and Mathematics Statistics A	3.5	56	56					3.5					

课程类别 Course Classification	课程编号 Course Code	课程名称 Course Name	学分 Crs	学时 Hrs	学时分类 Class Hours		先修课程 Prerequisite Courses	学期学分分配 Semester Credits							
					讲课 Lec.	实验 Lab.		一 1st	二 2nd	三 3rd	四 4th	五 5th	六 6th	七 7th	八 8th
学科基础课 Disciplinary Fundamental Courses	20714600	建筑制图 Architectural Drawing	3.5	56	48	8		3.5							
	20508011	工程力学(理论力学)A1 Engineering Mechanics (Theoretical Mechanics) A1	5	80	80					5					
	20508021	工程力学(材料力学)A2 Engineering Mechanics (Materials Mechanics) A2	4.5	72	60	12					4.5				
	20725102	电工及电子技术 B Electrician and Electronic Technology B	4	64	54	10					4				
	21120801	测量学 A Surveying A	2.5	40	40			2.5							
	20115000	地质学基础 Fundamentals of Geology	4.5	72	62	10			4.5						
	小计 Sum		**49.5**	**792**	**696**	**96**		**10**	**16**	**15**	**8.5**	**0**	**0**	**0**	**0**
专业主干课 Main Specialty Courses	20523200	土木工程材料 Civil Engineering Materials	2.5	40	32	8					2.5				
	20520302	土力学 B Soil Mechanics B	3	48	34	14						3			
	20517100	岩体力学 B Rock Mass Mechanics B	2.5	40	32	8						2.5			
	20508400	工程地质学基础 B Principles of Engineering Geology B	2.5	40	40							2.5			
	20512301	结构力学 A Structural Mechanics A	5.5	88	70	18						5.5			
	20507301	钢筋混凝土结构原理 A Reinforced Concrete Structure A	3.5	56	56							3.5			
	20504200	弹塑性力学基础 Elastic and Plastic Mechanics	3.5	56	52	4						3.5			
	20510902	基础工程学 B Foundation Engineering B	2.5	40	40								2.5		
	20517500	岩土工程勘察 Geotechnical Engineering Prospecting	2.5	40	40								2.5		
	20521700	地下建筑结构 Underground Construction Structure	3	48	42	6							3		
	20521800	凿岩爆破 Rock Drilling and Blasting	3	48	40	8							3		

课程类别 Course Classification	课程编号 Course Code	课程名称 Course Name	学分 Crs	学时 Hrs	学时分类 Class Hours		先修课程 Prerequisite Courses	学期学分分配 Semester Credits							
					讲课 Lec.	实验 Lab.		一 1st	二 2nd	三 3rd	四 4th	五 5th	六 6th	七 7th	八 8th
专业主干课 Main Specialty Courses	20522300	地下建筑工程施工 Underground Engineering Construction	3	48	42	6							3		
	20516400	土木工程机械 Civil Engineering Machinery	3	48	44	4								3	
	小计 Sum		**40**	**640**	**564**	**76**		**0**	**0**	**0**	**2.5**	**20.5**	**14**	**3**	**0**
专业选修课 Specialty Elective Courses		具体见专业选修课列表	14	224											
合计 Sub-total			**149**	**2464**	**1864**	**184**		**18.5**	**24.5**	**25.5**	**17**	**20.5**	**14**	**3**	**0**
实践环节 Practical Work	44300200	军事训练 Military Training	2	2 周				2							
	41120901	测量教学实习 A Instructive Practice for Surveying A	1	1 周				1							
	40115200	地质认识实习(北戴河) Primary Field Training (Beidaihe)	2	2 周					2						
	41919002	C 语言课程设计 B Course Design for C Language B	1.5	1.5 周							1.5				
	40526300	专业教学实习(三峡) Instructive Practice for Major (the Three Gorges)	3	3 周							3				
	40533000	钢筋混凝土课程设计 Course Design for Reinforced Concrete Structures	1	1 周								1			
	40526600	生产实习 Productive Practice	6	6 周									6		
	40532800	地下建筑结构课程设计 Course Design for Underground Construction Structure	1	1 周									1		
	40532900	地下建筑工程施工课程设计 Course Design for Underground Engineering Construction	2	2 周									2		
	40532200	毕业实习和设计 Practice for Graduate and Bachelor Thesis	16	16 周											16
	小计 Sum		**35.5**	**35.5 周**				**3**	**2**	**0**	**4.5**	**1**	**9**	**0**	**16**

课程类别 Course Classification	课程编号 Course Code	课程名称 Course Name	学分 Crs	学时 Hrs	学时分类 Class Hours		先修课程 Prerequisite Courses	学期学分分配 Semester Credits							
					讲课 Lec.	实验 Lab.		一 1st	二 2nd	三 3rd	四 4th	五 5th	六 6th	七 7th	八 8th
创新创业自主学习 Autonomous Learning	ZZ35000S	社会调查 Social Investigation	2												
		其他(学科竞赛、发明创造、科研报告) Others (Contest, Invention, Innovation and Research Presentation)	4												
	小计 Sum		**6**												
总计 **Total**			**190.5**	**2560+35.5周**	**1864**	**184**		**21.5**	**26.5**	**25.5**	**21.5**	**21.5**	**23**	**3**	**16**
可开出专业选修课列表 Specialty Elective Courses	20516600	土木工程专业英语 Professional English of Civil Engineering	2.5	40	40									2.5	
	20520700	流体力学 Fluid Mechanics	2.5	40	36	4					2.5				
	20516500	土木工程数值模拟技术与应用 Numerical Simulation Technology and Application	1.5	24	16	8								1.5	
	20522100	结构动力学 Structural Dynamics	2	32	30	2							2		
	20516000	土木工程法规 Civil Engineering Regulation	1	16	16						1				
	20807600	建筑经济与管理 Construction Economics and Management	2	32	32									2	
	20529800	城市地下空间规划及利用 Urban Underground Space Planning and Utilization	2	32	24	8						2			
	20507800	工程CAD基础 Civil Engineering CAD	1.5	24		24								1.5	
	20522900	路基路面工程 Roadbed and Pavement Engineering	3.5	56	56								3.5		
	20523000	桥梁工程学 Bridge Engineering	3.5	56	56								3.5		
	20509500	工程招标投标与概预算 Engineering Bidding and Budget	2	32	32								2		
	20511800	建筑结构抗震 Anti-earthquake Design of Structure	2.5	40	40									2.5	

课程类别 Course Classification	课程编号 Course Code	课程名称 Course Name	学分 Crs	学时 Hrs	学时分类 Class Hours 讲课 Lec.	实验 Lab.	先修课程 Prerequisite Courses	一 1st	二 2nd	三 3rd	四 4th	五 5th	六 6th	七 7th	八 8th
可开出专业选修课列表 Specialty Elective Courses	20507600	高层建筑结构 Structural Design of High Building	2.5	40	40									2.5	
	20506501	房屋建筑学 A Building Architecture A	3	48	48						3				
	20523300	建筑施工技术 Construction Technology	3.5	56	56								3.5		

注：通识教育选修课学分和创新创业自主学习学分未列入具体学期。

土木工程(地下建筑工程方向)专业课程分类统计

Course Category Statistics of Civil Engineering(Underground Construction Engineering)

课程学分 / 统计	通识教育课 Liberal Education Courses 必修 Compulsory	通识教育课 Liberal Education Courses 选修 Selective	学科基础课 Disciplinary Fundamental Courses	专业主干课 Main Specialty Courses	专业选修课 Specialty Elective Courses	实践环节 Practical Work	创新创业自主学习 Autonomous Learning	学时总计 Total Hours	学分总计 Total Credits
学时/学分 Hrs/Crs	616/33.5	192/12	792/49.5	640/40	224/14	35.5 周/35.5	96/6	2560+35.5 周	190.5
学分所占比例 Proportion of Credits	23.88%		25.98%	21.00%	7.35%	18.64%	3.15%		100%

土木工程(建筑工程方向)专业课程教学计划表

Course Descriptions of Civil Engineering(Construction Engineering)

课程类别 Course Classification	课程编号 Course Code	课程名称 Course Name	学分 Crs	学时 Hrs	学时分类 Class Hours 讲课 Lec.	实验 Lab.	先修课程 Prerequisite Courses	学期学分分配 Semester Credits 一 1st	二 2nd	三 3rd	四 4th	五 5th	六 6th	七 7th	八 8th
通识教育课 Liberal Education Courses 必修 Compulsory	11706200	马克思主义基本原理 Principles of Marxism	3	48	48				3						
	11706500	毛泽东思想与中国特色社会主义理论体系概论 Introduction to Mao Tse-tung Thought and the Theoretical System of Socialism with Chinese Characteristics	4	64	64					4					
	11711800	中国近现代史纲要 The Essentials of Modern Chinese History	2	32	32						2				
	120002＊0	思想道德修养与法律基础 Morality Education and Fundamentals of Law	3	48	48			1.5	1.5						
	113076＊0	体育 Physical Education	4	144	144			1	1	1	1				
	109116＊0	大学英语 College English	12	192	192			3	3	3	3				
	11918902	C语言程序设计B C Language Programming B	2.5	40	28	12				2.5					
	20520200	工程导论 Introduction to Civil Engineering	1	16	16			1							
	14300100	军事理论 Military Theory	2	32	32			2							
选修 Elective	总计12学分,含创新创业选修课学分,跨学科选修课不低于6学分。“形势与政策”课程作为限选课,由马克思主义学院实施		12	192											
	小计 Sum		**45.5**	**808**	**604**	**12**		**8.5**	**8.5**	**10.5**	**6**	**0**	**0**	**0**	**0**
学科基础课 Disciplinary Fundamental Courses	212127＊0	高等数学B Advanced Mathematics B	10	160	160			4	6						
	212130＊3	大学物理C College Physics C	6.0	96	96				3.5	2.5					
	212132＊1	物理实验A Physical Experiments A	3.5	56		56			2	1.5					
	21212802	线性代数B Linear Algebra B	2.5	40	40					2.5					
	21213501	概率论与数理统计A Probability and Statistics A	3.5	56	56					3.5					

课程类别 Course Classification	课程编号 Course Code	课程名称 Course Name	学分 Crs	学时 Hrs	学时分类 Class Hours 讲课 Lec.	实验 Lab.	先修课程 Prerequisite Courses	学期学分分配 Semester Credits 一 1st	二 2nd	三 3rd	四 4th	五 5th	六 6th	七 7th	八 8th
学科基础课 Disciplinary Fundamental Courses	20714600	建筑制图 Architectural Drawing	3.5	56	48	8		3.5							
	20508011	工程力学(理论力学)A1 Engineering Mechanics (Theoretical Mechanics) A1	5.0	80	80					5					
	20508021	工程力学(材料力学)A2 Engineering Mechanics (Materials Mechanics) A2	4.5	72	60	12					4.5				
	20725102	电工及电子技术B Electrician and Electronic Technology B	4	64	54	10					4				
	21120801	测量学A Surveying A	2.5	40	40				2.5						
	20512301	结构力学A Structural Mechanics A	5.5	88	70	18						5.5			
	小计 Sum		**50.5**	**808**	**704**	**104**		**7.5**	**14**	**15**	**8.5**	**5.5**	**0**	**0**	**0**
专业主干课 Main Specialty Courses	20506501	房屋建筑学A Building Architecture A	3	48	48						3				
	20523200	土木工程材料 Civil Engineering Materials	2.5	40	32	8					2.5				
	20516400	土木工程机械 Civil Engineering Machinery	3	48	44	4						3			
	20507301	钢筋混凝土结构原理A Reinforced Concrete Structure A	3.5	56	56							3.5			
	20520302	土力学B Soil Mechanics B	3	48	34	14						3			
	20508400	工程地质学基础B Principles of Engineering Geology B	2.5	40	40							2.5			
	20506900	钢结构 Steel Structure	3	48	48								3		
	20510902	基础工程学B Foundation Engineering B	2.5	40	40								2.5		
	20507000	钢筋混凝土结构及砌体结构设计 Reinforced Concrete and Masonry Structure Design	3	48	48								3		
	20523300	建筑施工技术 Construction Technology	3.5	56	56								3.5		
	20509500	工程招标投标与概预算 Engineering Bidding and Budget	2	32	32								2		

课程类别 Course Classification	课程编号 Course Code	课程名称 Course Name	学分 Crs	学时 Hrs	学时分类 Class Hours 讲课 Lec.	实验 Lab.	先修课程 Prerequisite Courses	学期学分分配 Semester Credits 一 1st	二 2nd	三 3rd	四 4th	五 5th	六 6th	七 7th	八 8th
专业主干课 Main Specialty Courses	20523400	建筑结构抗震 Anti-earthquake Design of Structure	2.5	40	40									2.5	
	20523500	高层建筑结构设计 Structure Design of High Building	2.5	40	40									2.5	
	20514400	施工组织 Construction Organization	1.5	24	24									1.5	
	小计 **Sum**		**38**	**608**	**582**	**26**		**0**	**0**	**0**	**5.5**	**12**	**14**	**6.5**	**0**
专业选修课 Specialty Elective Courses		具体见专业选修课列表	14	224											
合计 **Sub-total**			**148**	**2448**	**1890**	**142**		**16**	**22.5**	**25.5**	**20**	**17.5**	**14**	**6.5**	**0**
实践环节 Practical Work	44300200	军事训练 Military Training	2	2 周				2							
	41120901	测量教学实习 A Instructive Practice for Surveying A	1	1 周				1							
	41919002	C 语言课程设计 B Course Design for C Language B	1.5	1.5 周							1.5				
	40531400	专业教学实习 Instructive Practice for Major	3	3 周							3				
	40532300	房屋建筑学课程设计 Course Design for Building Architecture	1	1 周							1				
	40532410	钢筋混凝土结构课程设计（一） Course Design for Reinforced Concrete(Ⅰ)	1	1 周								1			
	40532420	钢筋混凝土结构课程设计（二） Course Design for Reinforced Concrete (Ⅱ)	1	1 周									1		
	40526600	生产实习 Construction Practice	6	6 周									6		
	40532500	钢结构课程设计 Course Design for Steel Structure	1	1 周									1		

课程类别 Course Classification	课程编号 Course Code	课程名称 Course Name	学分 Crs	学时 Hrs	学时分类 Class Hours		先修课程 Prerequisite Courses	学期学分分配 Semester Credits							
					讲课 Lec.	实验 Lab.		一 1st	二 2nd	三 3rd	四 4th	五 5th	六 6th	七 7th	八 8th
实践环节 Practical Work	40531102	基础工程学课程设计 B Course Design for Foundation Engineering B	1	1 周									1		
	40532600	工程概预算课程设计 Course Design for Engineering Budget	1	1 周										1	
	40532700	施工组织课程设计 Course Design for Construction Organization	1	1 周										1	
	40532200	毕业实习和设计 Practice for Graduate and Bachelor Thesis	16	16 周											16
	小计 **Sum**		**36.5**	**36.5 周**				**3**	**0**	**0**	**5.5**	**1**	**9**	**2**	**16**
创新创业自主学习 Autonomous Learning	ZZ35000S	社会调查 Social Investigation	2												
		其他(学科竞赛、发明创造、科研报告) Others (Contest, Invention, Innovation and Research Presentation)	4												
	小计 **Sum**		**6**												
总计 **Total**			**190.5**	**2544 + 36.5 周**	**2114**	**142**		**19**	**22.5**	**25.5**	**25.5**	**18.5**	**23**	**8.5**	**16**
可开出专业选修课列表 Specialty Elective Courses	20513200	流体力学 Fluid Mechanics	2.5	40	36	4					2.5				
	20512200	结构动力学 Structure Dynamics	2	32	30	2							2		
	20504200	弹塑性力学基础 Elastic and Plastic Mechanics	3.5	56	52	4						3.5			
	20516000	土木工程法规 Civil Engineering Regulation	1	16	16						1				
	20507700	高层建筑施工 High Building Construction	2	32	32									2	
	20515500	特种结构 Special Structure	2	32	32									2	
	20807600	建筑经济与管理 Construction Economics and Management	2	32	32									2	
	20516600	土木工程专业英语 Professional English	2.5	40	40									2.5	

课程类别 Course Classification	课程编号 Course Code	课程名称 Course Name	学分 Crs	学时 Hrs	学时分类 Class Hours		先修课程 Prerequisite Courses	学期学分分配 Semester Credits							
					讲课 Lec.	实验 Lab.		一 1st	二 2nd	三 3rd	四 4th	五 5th	六 6th	七 7th	八 8th
可开出专业选修课列表 Specialty Elective Courses	20511700	建筑结构 CAD Architecture Structure CAD	2	32	16	16								2	
	20511900	建筑结构试验 Structure Experiment	2	32	12	20								2	
	20516500	数值模拟技术与应用 Numerical Simulation and Application in Civil Engineering	1.5	24	16	8								1.5	
	20103502	地质学基础 B Fundamentals of Geology B	4.5	72	62	10			4.5						
	20517500	岩土工程勘察 Geotechnical Engineering Prospecting	2.5	40	40								2.5		
	20529800	城市地下空间规划及利用 Urban Underground Space Planning and Utilization	2	32	24	8						2			

注：通识教育选修课学分和创新创业自主学习学分未列入具体学期。

土木工程(建筑工程方向)专业课程分类统计

Course Category Statistics of Civil Engineering(Construction Engineering)

课程学分 / 统计	通识教育课 Liberal Education Courses		学科基础课 Disciplinary Fundamental Courses	专业主干课 Main Specialty Courses	专业选修课 Specialty Elective Courses	实践环节 Practical Work	创新创业自主学习 Autonomous Learning	学时总计 Total Hours	学分总计 Total Credits
	必修 Compulsory	选修 Selective							
学时/学分 Hrs/Crs	616/33.5	192/12	808/50.5	608/38	224/14	36.5 周/36.5	96/6	2544+36.5 周	190.5
学分所占比例 Proportion of Credits	23.88%		26.51%	19.95%	7.35%	19.16%	3.15%		100%

土木工程(道路桥梁工程方向)专业课程教学计划表

Course Descriptions of Civil Engineering (Road and Bridge Engineering)

课程类别 Course Classification		课程编号 Course Code	课程名称 Course Name	学分 Crs	学时 Hrs	学时分类 Class Hours 讲课 Lec.	实验 Lab.	先修课程 Prerequisite Courses	学期学分分配 Semester Credits 一 1st	二 2nd	三 3rd	四 4th	五 5th	六 6th	七 7th	八 8th
通识教育课 Liberal Education Courses	必修 Compulsory	11706200	马克思主义基本原理 Principles of Marxism	3	48	48				3						
		11706500	毛泽东思想与中国特色社会主义理论体系概论 Introduction to Mao Tse-tung Thought and the Theoretical System of Socialism with Chinese Characteristics	4	64	64					4					
		11711800	中国近现代史纲要 The Essentials of Modern Chinese History	2	32	32						2				
		120002＊0	思想道德修养与法律基础 Morality Education and Fundamentals of Law	3	48	48			1.5	1.5						
		113076＊0	体育 Physical Education	4	144	144			1	1	1	1				
		109116＊0	大学英语 College English	12	192	192			3	3	3	3				
		11918902	C语言程序设计B C Language Programming B	2.5	40	28	12				2.5					
		20528902	工程导论 Introduction to Civil Engineering	1	16	16			1							
		14300100	军事理论 Military Theory	2	32	32			2							
	选修 Elective	总计12学分，含创新创业选修课学分，跨学科选修课不低于6学分。“形势与政策”课程作为限选课，由马克思主义学院实施		12	192											
		小计 **Sum**		**45.5**	**808**	**604**	**12**		**8.5**	**8.5**	**10.5**	**6**	**0**	**0**	**0**	**0**
学科基础课 Disciplinary Fundamental Courses		212127＊2	高等数学B Advanced Mathematics B	10	160	160			4	6						
		212130＊3	大学物理C College Physics C	6.0	96	96				3.5	2.5					
		212132＊1	物理实验A Physical Experiments A	3.5	56		56			2	1.5					
		21212802	线性代数B Linear Algebra B	2.5	40	40					2.5					
		21213501	概率论与数理统计A Probability and Statistics A	3.5	56	56					3.5					

课程类别 Course Classification	课程编号 Course Code	课程名称 Course Name	学分 Crs	学时 Hrs	学时分类 Class Hours		先修课程 Prerequisite Courses	学期学分分配 Semester Credits							
					讲课 Lec.	实验 Lab.		一 1st	二 2nd	三 3rd	四 4th	五 5th	六 6th	七 7th	八 8th
学科基础课 Disciplinary Fundamental Courses	20714600	建筑制图 Architectural Drawing	3.5	56	48	8		3.5							
	20508011	工程力学(理论力学)A1 Engineering Mechanics (Theoretical Mechanics) A1	5.0	80	80					5					
	20508021	工程力学(材料力学)A2 Engineering Mechanics (Materials Mechanics) A2	4.5	72	60	12					4.5				
	21120801	测量学 A Surveying A	2.5	40	40				2.5						
	20115000	地质学基础 Fundamentals of Geology	4.5	72	62	10			4.5						
	小计 **Sum**		**45.5**	**728**	**642**	**86**		**7.5**	**18.5**	**15**	**4.5**	**0**	**0**	**0**	**0**
专业主干课 Main Specialty Courses	20523200	土木工程材料 Civil Engineering Materials	2.5	40	32	8					2.5				
	20520302	土力学 B Soil Mechanics B	3	48	34	14	理论力学 材料力学					3			
	20517100	岩体力学 B Rock Mass Mechanics B	2.5	40	32	8	理论力学 材料力学					2.5			
	20508400	工程地质学基础 B Principles of Engineering Geology B	2.5	40	40		地质学基础					2.5			
	20512301	结构力学 A Structural Mechanics A	5.5	88	70	18	理论力学 材料力学					5.5			
	20507301	钢筋混凝土结构原理 A Reinforced Concrete Structure A	3.5	56	56		结构力学					3.5			
	20522400	预应力结构设计原理 Principle of Pre-stressed Structure Design	2	32	32		钢混结构原理						2		
	20510902	基础工程学 B Foundation Engineering B	2.5	40	40								2.5		
	20504500	道路勘测设计 Road Survey and Design	2.5	40	40								2.5		
	20522900	路基路面工程 Roadbed and Pavement Engineering	3.5	56	56								3.5		
	20523000	桥梁工程学 Bridge Engineering	3.5	56	56		结构力学						3.5		
	20533400	桥梁施工 Bridge Construction	1.5	24	24		桥梁工程学							1.5	
	20506900	钢结构 Steel Structure	3	48	48								3		
	小计 **Sum**		**38**	**608**	**560**	**48**		**0**	**0**	**0**	**2.5**	**17**	**17**	**1.5**	**0**

课程类别 Course Classification	课程编号 Course Code	课程名称 Course Name	学分 Crs	学时 Hrs	学时分类 Class Hours		先修课程 Prerequisite Courses	学期学分分配 Semester Credits							
					讲课 Lec.	实验 Lab.		一 1st	二 2nd	三 3rd	四 4th	五 5th	六 6th	七 7th	八 8th
专业选修课 Specialty Elective Courses		具体见专业选修课列表	18	288											
合计 **Sub-total**			**147**	**2432**	**1806**	**146**		**16**	**27**	**25.5**	**13**	**17**	**17**	**1.5**	**0**
实践环节 Practical Work	44300200	军事训练 Military Training	2	2 周				2							
	41919002	C 语言课程设计 B Course Design for C Language B	1.5	1.5 周							1.5				
	41120901	测量教学实习 A Instructive Practice for Surveying A	1	1 周					1						
	40115200	地质认识实习(北戴河) Primary Field Training (Beidaihe)	2	2 周					2						
	40526300	专业教学实习(三峡) Instructive Practice for Major (the Three Gorges)	3	3 周							3				
	40533000	钢筋混凝土课程设计 Course Design for Reinforced Concrete Structures	1	1 周								1			
	40526600	生产实习 Productive Practice	6	6 周									6		
	40533100	道路勘测课程设计 Course Design for Road Survey	1	1 周									1		
	40533200	桥梁工程学课程设计 Course Design for Bridge Engineering	1.5	1.5 周										1.5	
	40532500	钢结构课程设计 Course Design for Steel Structure	1	1 周										1	
	40533300	路基路面工程课程设计 Course Design for Roadbed and Pavement	1	1 周										1	
	40532200	毕业实习和设计 Practice for Graduate and Bachelor Thesis	16	16 周											16
	小计 **Sum**		**37**	**37 周**				**2**	**3**	**0**	**4.5**	**1**	**7**	**3.5**	**16**

课程类别 Course Classification	课程编号 Course Code	课程名称 Course Name	学分 Crs	学时 Hrs	学时分类 Class Hours		先修课程 Prerequisite Courses	学期学分分配 Semester Credits							
					讲课 Lec.	实验 Lab.		一 1st	二 2nd	三 3rd	四 4th	五 5th	六 6th	七 7th	八 8th
创新创业自主学习 Autonomous Learning	ZZ35000S	社会调查 Social Investigation	2												
		其他(学科竞赛、发明创造、科研报告) Others (Contest, Invention, Innovation and Research Presentation)	4												
	小计 **Sum**		**6**												
总计 **Total**			**190**	**2432＋37 周**	**1806**	**146**		**18**	**30**	**25.5**	**17.5**	**18**	**24**	**5**	**16**
可开出专业选修课列表 Specialty Elective Courses	20522600	道桥结构实验 Structure Experiment of Road and Bridge	1	16		16								1	
	20516600	土木工程专业英语 Professional English of Civil Engineering	2.5	40	40									2.5	
	20504200	弹塑性力学基础 Elastic and Plastic Mechanics	3.5	56	52	4						3.5			
	20520700	流体力学 Fluid Mechanics	2.5	40	36	4					2.5				
	20522100	结构动力学 Structural Dynamics	2	32	30	2							2		
	20516500	土木工程数值模拟技术与应用 Numerical Simulation Technology and Application	1.5	24	16	8								1.5	
	20522700	道路 CAD Road CAD	1.5	24		24								1.5	
	20522800	桥梁设计软件应用 Application of Bridge Design Software	1.5	24		24								1.5	
	20516000	土木工程法规 Civil Engineering Regulation	1	16	16						1				
	20516400	土木工程机械 Civil Engineering Machinery	3	48	44	4								3	
	20509500	工程招标投标与概预算 Engineering Bidding and Budget	2	32	32								2		
	20517500	岩土工程勘察 Geotechnical Engineering Prospecting	2.5	40	40								2.5		

课程类别 Course Classification	课程编号 Course Code	课程名称 Course Name	学分 Crs	学时 Hrs	学时分类 Class Hours		先修课程 Prerequisite Courses	学期学分分配 Semester Credits							
					讲课 Lec.	实验 Lab.		一 1st	二 2nd	三 3rd	四 4th	五 5th	六 6th	七 7th	八 8th
可开出专业选修课列表 Specialty Elective Courses	20521700	地下建筑结构 Underground Construction Structure	3	48	42	6							3		
	20522300	地下建筑工程施工 Underground Engineering Construction	3	48	42	6							3		
	20529800	城市地下空间规划及利用 Urban Underground Space Planning and Utilization	2	32	24	8						2			
	20807600	建筑经济与管理 Construction Economics and Management	2	32	32									2	
	20523400	建筑结构抗震 Anti-earthquake Design of Structure	2.5	40	40									2.5	
	20514400	施工组织 Construction Organization	1.5	24	24									1.5	

注:通识教育选修课学分和创新创业自主学习学分未列入具体学期。

土木工程(道路桥梁工程方向)专业课程分类统计

Course Category Statistics of Civil Engineering (Road and Bridge Engineering)

课程学分 / 统计	通识教育课 Liberal Education Courses		学科基础课 Disciplinary Fundamental Courses	专业主干课 Main Specialty Courses	专业选修课 Specialty Elective Courses	实践环节 Practical Work	创新创业自主学习 Autonomous Learning	学时总计 Total Hours	学分总计 Total Credits
	必修 Compulsory	选修 Selective							
学时/学分 Hrs/Crs	616/33.5	192/12	728/45.5	608/38	288/18	37 周/37	6	2432+37 周	190
学分所占比例 Proportion of Credits	23.95%		23.95%	20%	9.47%	19.47%	3.16%		100%

土木工程(卓越工程师教育培养计划)专业培养方案

专业名称与代码:土木工程　081001

专业培养目标

1.本专业培养能坚持四项基本原则和适应中国特色社会主义现代化建设需要,遵纪守法,德智体美劳全面发展的社会主义事业的建设者和接班人。

2.掌握扎实深厚的岩土工程学科及地质学科的基本理论、基本知识和基本技能。

3.能在市政、建筑、公路、铁路、机场、水利、水电、矿山、地矿、环保等领域,从事较复杂条件下的岩土工程勘察、评价,能从事一般的岩土工程设计。

4.具有一定的施工、管理知识的应用型专门人才。为学生发展成为岩土工程领域的高级技术人才奠定基础。

5.按卓越工程师计划要求进行培养。

专业毕业要求

1.具有基本的人文社会科学知识和基本素养,在哲学、经济、法律、管理等方面具有必要的基本知识,对文学、艺术、历史、伦理、社会学、公共关系学进行基本的学习;较熟练地掌握英语。

2.具有较扎实的自然科学基础,了解当代科学技术的主要方面和应用前景。

3.掌握工程力学、结构力学、岩土力学的基本理论,掌握工程规划与选型、工程材料、结构分析与设计、岩土工程勘察、地基处理方面的基本知识,掌握有关建筑机械、电工、工程勘测与试验、施工技术与组织等方面的基本技术。

4.具有建筑制图、计算机应用、主要测试和试验仪器使用的基本能力,具有综合应用各种手段(包括外语工具)查询资料、获取信息的初步能力。

5.掌握常见岩土工程问题的分析方法,具有解决工程建设中各种岩土工程问题的初步能力,具有对岩土工程环境做出评价和规划的初步能力。

6.具有进行岩土工程勘察、设计、试验、施工、管理和研究的初步能力。

毕业要求及实现途径

序号	毕业要求	实现途径(教学过程)
1	具有基本的人文社会科学知识和基本素养,在哲学、经济、法律、管理等方面具有必要的基本知识,对文学、艺术、历史、伦理、社会学、公共关系学进行基本的学习;较熟练地掌握英语	①课堂教学:所有通识教育课程 ②课外学习:各课程实验、社会调查等
2	具有较扎实的自然科学基础,了解当代科学技术的主要方面和应用前景	①课堂教学:高等数学、线性代数、概率论与数理统计、大学物理、大学化学、经济学概论等 ②课外学习:地质认识实习(北戴河)、专业教学实习(秭归)等

序号	毕业要求	实现途径(教学过程)
3	掌握工程力学、结构力学、岩土力学的基本理论,掌握工程规划与选型、工程材料、结构分析与设计、岩土工程勘察、地基处理方面的基本知识,掌握有关建筑机械、电工、工程勘测与试验、施工技术与组织等方面的基本技术	①课堂教学:工程力学 A1、工程力学 A2、结构力学、钢筋混凝土结构原理、基础工程学、砌体结构、土力学等 ②课外学习:专业实习(武汉)、岩土工程勘察实践(企业实习)与报告编写、岩土工程设计实践(企业实习)与报告编写等
4	具有建筑制图、计算机应用、主要测试和试验仪器使用的基本能力,具有综合应用各种手段(包括外语工具)查询资料、获取信息的初步能力	①课堂教学:建筑制图、C 语言程序设计、工程测量学等 ②课外学习:测量学实习等
5	掌握常见岩土工程问题的分析方法,具有解决工程建设中各种岩土工程问题的初步能力,具有对岩土工程环境做出评价和规划的初步能力	①课堂教学:岩土工程专业讲座等 ②课外学习:岩土工程发展史(科研报告)、社会调查等
6	具有进行岩土工程勘察设计、试验、施工、管理和研究的初步能力	①课堂教学:工程地质勘察、岩土测试技术、岩土工程监测、地基处理、岩土工程设计与施工、岩土工程数值模拟 ②课外学习:毕业实习与毕业设计

主干学科:力学、建筑工程、岩土工程、市政工程。

专业核心课程:理论力学、材料力学、结构力学、土力学、岩体力学、流体力学、工程地质学基础、基础工程学、建筑材料、钢筋混凝土结构、地基处理、岩石边坡工程、岩土工程施工、招投标与概预算等。

主要专业实验:材料力学实验、建筑材料实验、结构试验、岩土测试试验等。

主要实践性教学环节:包括地质基础实习(北戴河地质认识实习 2 周)、测量实习、岩土工程专业实习(秭归 4 周)、武汉专业实习(3 周)、岩土工程勘察实践与报告编写(企业实习,6 周+2 周)、岩土工程设计实践与报告编写(企业实习,6 周+2 周)。

修业年限:四年。

授予学位:工学学士。

相近专业:地质工程、工程地质、水利工程。

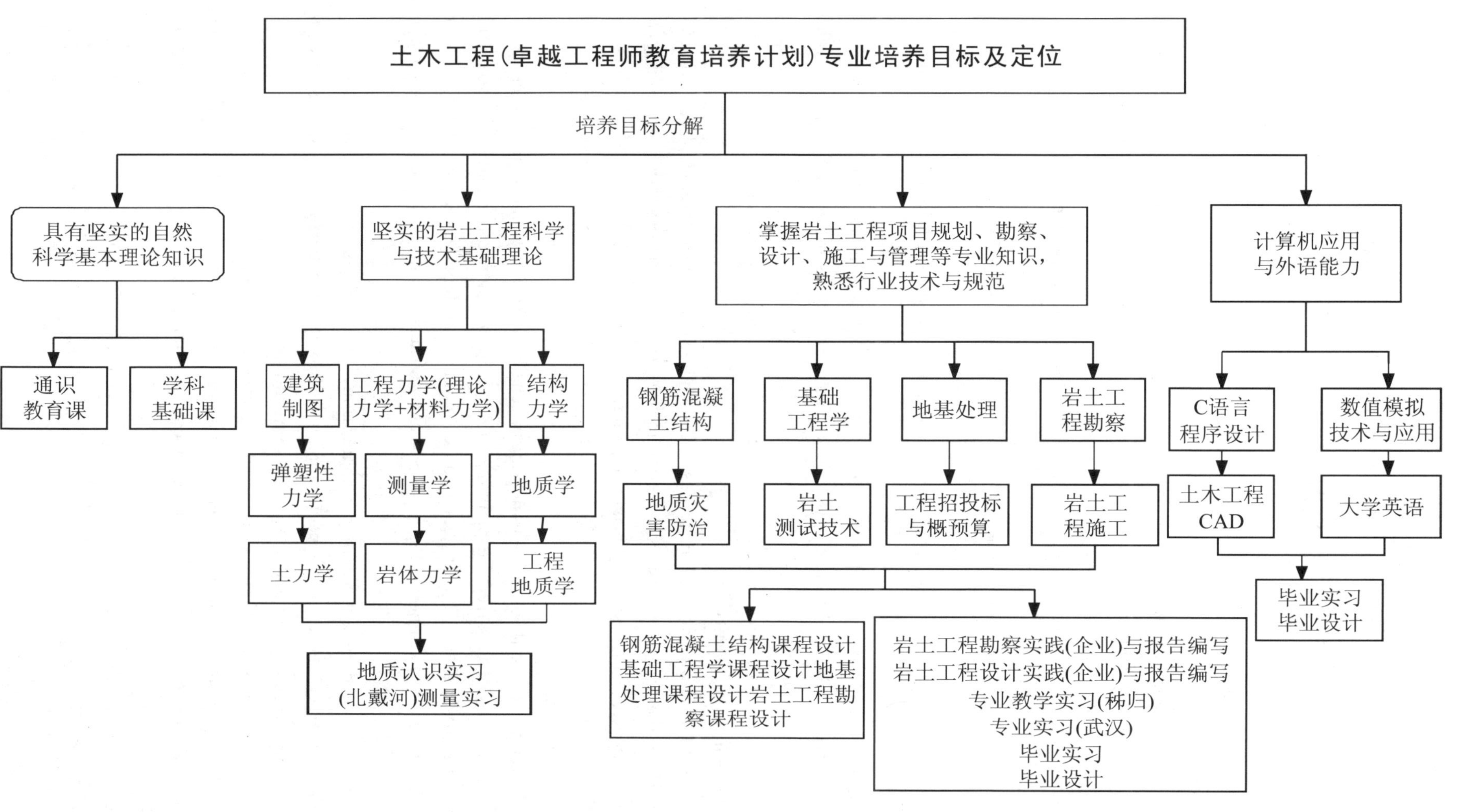
土木工程(卓越工程师教育培养计划)专业培养目标及定位
培养目标分解
具有坚实的自然科学基本理论知识
坚实的岩土工程科学与技术基础理论
掌握岩土工程项目规划、勘察、设计、施工与管理等专业知识，熟悉行业技术与规范
计算机应用与外语能力
通识教育课
学科基础课
建筑制图
工程力学(理论力学+材料力学)
结构力学
弹塑性力学
测量学
地质学
土力学
岩体力学
工程地质学
地质认识实习(北戴河)测量实习
钢筋混凝土结构
基础工程学
地基处理
岩土工程勘察
地质灾害防治
岩土测试技术
工程招投标与概预算
岩土工程施工
钢筋混凝土结构课程设计基础工程学课程设计地基处理课程设计岩土工程勘察课程设计
岩土工程勘察实践(企业)与报告编写
岩土工程设计实践(企业)与报告编写
专业教学实习(秭归)
专业实习(武汉)
毕业实习
毕业设计
C语言程序设计
数值模拟技术与应用
土木工程CAD
大学英语
毕业实习
毕业设计

Program for Civil Engineering (Excellent Engineer Training Program)

Specialty and Code: Civil Engineering 081001

Education Objective

1. The professional training can stick to the four cardinal principles and meet the needs of socialist modernization with Chinese characteristics, law-abiding, physique and the all-round development of socialist cause builders and successors.

2. Grasp solid basic theories in civil engineering and basic knowledge and basic skills in geological disciplines.

3. Could be engaged in more complex conditions of geotechnical engineering investigation, evaluation, to be involved in general geotechnical engineering design. Such as municipal, construction, highway, railway, airport, water conservancy, hydropower, mining, geological mining, environmental protection and other fields.

4. Cultivate specialized personnel of construction and management. It could lay the foundation for students to develop advanced technology and management experts in the field of geotechnical engineering.

5. The major train according to Excellent Engineer Training Program.

Graduation Requirements

1. Have basic knowledge of humanities and social science and in philosophy, economy, law, management. Have the necessary basic knowledge in literature, art, history, ethics, sociology, public relations practice basic. More skillfully mastering English.

2. Has a solid natural science foundation, the main aspects of contemporary science and technology and application prospect.

3. Master the basic theory of engineering mechanics, structural mechanics, rock mechanics, and the basic knowledge of construction planning and selection, engineering materials, structural analysis and design, the basic knowledge of geotechnical engineering, foundation treatment. Master the basic skills of construction machinery, electrical, engineering survey and test, construction technology and organization, etc.

4. Construction drawings, computer application, the main test and test instruments. Have the basic ability of Have the comprehensive application of various means (including foreign language tools) query data, preliminary ability to access information.

5. Master the common analysis methods of geotechnical engineering problems, so as to get the ability to solve all kinds of geotechnical engineering problems in the construction of the preliminary ability: Have the preliminary ability of the geotechnical engineering environmental evaluation and planning.

6. Have the preliminary ability of geotechnical engineering design, test, construction, management, and research.

Graduation Requirements and Ways to Achieve

No.	Graduation Requirements	Ways to Achieve(Teaching Process)
1	Have basic knowledge of humanities and social science and in philosophy, economy, law, management. Have the necessary basic knowledge in literature, art, history, ethics, sociology, public relations practice basic. More skillfully mastering English	① Classroom Teaching: All Liberal Education Courses ② Out-of-class Learning: Each Course Experiment, Social Surveys, etc
2	Has a solid natural science foundation, the main aspects of contemporary science and technology and application prospect	①Classroom Teaching: Advanced Mathematics, Linear Algebra, Probability and Mathematical Statistics, College Physics, College Chemistry, Introduction to Economics, etc ② Out-of-class Learning: Primary Geological Field Training (Beidaihe), Professional Field Training(Zigui), etc
3	Master the basic theory of engineering mechanics, structural mechanics, rock mechanics, and the basic knowledge of construction planning and selection, engineering materials, structural analysis and design, the basic knowledge of geotechnical engineering, foundation treatment. Master the basic skills of construction machinery, electrical, engineering survey and test, construction technology and organization, etc	① Classroom Teaching: Engineering Mechanics A1, Engineering Mechanics A2, Structural Mechanics, Reinforced Concrete Structure, Foundation Engineering, Masonry Structure, Soil Mechanics, etc ② Out-of-class Learning: Professional Field Training (Wuhan), Practice and Report of Geotechnical Engineering Investigation, Practice and Report of Geotechnical Engineering Design, etc
4	Construction drawings, computer application, the main test and test instruments. Have the basic ability of Have the comprehensive application of various means (including foreign language tools) query data, preliminary ability to access information	① Classroom Teaching: Building Engineering Graphics, C Language Programming, Engineering Surveying, etc ②Out-of-class Learning: Instructive Practice for Engineering Surveying, etc
5	Master the common analysis methods of geotechnical engineering problems, so as to get the ability to solve all kinds of geotechnical engineering problems in the construction of the preliminary ability: Have the preliminary ability of the geotechnical engineering environmental evaluation and planning	①Classroom Teaching: Geotechnical Engineering Lectures, etc ② Out-of-class Learning: Advancement of Geotechnical Engineering (Research Presentation), Social Investigation, etc

No.	Graduation Requirements	Ways to Achieve(Teaching Process)
6	Have the preliminary ability of geotechnical engineering design, test, construction, management, and research	①Classroom Teaching: Geotechnical Engineering Investigation, Geotechnical Testing Technology, Monitoring of Geotechnical Engineering, Foundation Treatment, Construction and Design of Geotechnical Engineering, Numerical Simulation of Geotechnical Engineering, etc ②Out-of-class Learning: Practice for Graduation and Bachelor Thesis

Major Disciplines: Mechanics, Construction Project, Geotechnical Engineering, Municipal Engineering.

Main Courses: Theoretical Mechanics, Mechanics of Materials, Structural Mechanics, Soil Mechanics, Rock Mass Mechanics, Fluid Mechanics, Engineering Geology, Foundation Engineering, Construction Materials, Reinforced Concrete Structure, Foundation Treatment, Geotechnical Engineering Construction, the Bidding and Budget, etc.

Lab Experiments: Material Mechanics Experiments, Construction Materials Experiments, Structural Test, Geotechnical Test, etc.

Practical Work: the Geological Basis for Internship (Beidaihe Geological Cognition Practice, two weeks), Measurement Practice, Engineering Geological Practice (Zigui Field Engineering Geological Practice, four weeks), Specialty Practice (Wuhan Practice), Practice and Report of Geotechnical Engineering Investigation, Practice and Report of Geotechnical Engineering Design.

Duration: four years.

Degree Granted: Bachelor of Engineering.

Related Specialties: Geological Engineering, Engineering Geology, Water Conservancy Project.

土木工程(卓越工程师教育培养计划)专业课程教学计划表

Course Descriptions of Civil Engineering (Excellent Engineer Training Program)

课程类别 Course Classification		课程编号 Course Code	课程名称 Course Name	学分 Crs	学时 Hrs	学时分类 Class Hours		先修课程 Prerequisite Courses	学期学分分配 Semester Credits							
						讲课 Lec.	实验 Lab.		一 1st	二 2nd	三 3rd	四 4th	五 5th	六 6th	七 7th	八 8th
通识教育课 Liberal Education Courses	必修 Compulsory	11706200	马克思主义基本原理 Principles of Marxism	3	48	48				3						
		11706500	毛泽东思想与中国特色社会主义理论体系概论 Introduction to Mao Tse-tung Thought and the Theoretical System of Socialism with Chinese Characteristics	4	64	64					4					
		11711800	中国近现代史纲要 The Essentials of Modern Chinese History	2	32	32						2				
		120001*0	思想道德修养与法律基础 Morality Education and Fundamentals of Law	3	48	48			1.5	1.5						
		113076*0	体育 Physical Education	4	144	144			1	1	1	1				
		109116*0	大学英语B College English B	12	192	192			3	3	3	3				
		11918902	C语言程序设计B C Languages Programming B	2.5	40	28	12		2.5							
		20520200	工程导论 Introduction to Engineering	1	16	16			1							
		14300100	军事理论 Military Theory	2	32	32			2							
	选修 Elective	总计12学分,含创新创业选修课学分,跨学科选修课不低于6学分。“形势与政策”课程作为限选课,由马克思主义学院实施		12	192											
		小计 Sum		**45.5**	**808**	**604**	**12**		**11**	**8.5**	**8**	**6**	**0**	**0**	**0**	**0**
学科基础课 Disciplinary Fundamental Courses		212127*2	高等数学B Advanced Mathematics B	10	160	160			4	6						
		217130*3	大学物理C College Physics C	6	96	96				3.5	2.5					
		212132*1	物理实验A Physics Experiments A	3.5	56		56			2	1.5					
		21212801	线性代数A Linear Algebra A	3.5	56	56					3.5					
		21213501	概率论与数理统计A Probability and Mathematics Statistics A	3.5	56	56						3.5				

课程类别 Course Classification	课程编号 Course Code	课程名称 Course Name	学分 Crs	学时 Hrs	学时分类 Class Hours 讲课 Lec.	实验 Lab.	先修课程 Prerequisite Courses	一 1st	二 2nd	三 3rd	四 4th	五 5th	六 6th	七 7th	八 8th
学科基础课 Disciplinary Fundamental Courses	20302403	大学化学 C College Chemistry C	4	64	50	14			4						
	20714600	建筑制图 Building Engineering Graphics	3.5	56	46	10		3.5							
	20508011	工程力学 A1(理论力学) Engineering Mechanics A1	5	80	76	4				5					
	20508021	工程力学 A2(材料力学) Engineering Mechanics A2	4.5	72	62	10					4.5				
	21120801	测量学 A Surveying A	2.5	40	40				2.5						
	20115000	地质学基础 Fundamentals of Geology	4.5	72	62	10		4.5							
	小计 Sum		**50.5**	**808**	**704**	**104**		**12**	**18**	**12.5**	**8**	**0**	**0**	**0**	**0**
专业主干课 Main Specialty Courses	20511200	建筑材料 Construction Materials	2	32	26	6					2				
	20530301	土力学 A Soil Mechanics A	4	64	52	12						4			
	20520400	岩体力学 A Rock Mass Mechanics A	3	48	40	8						3			
	20512302	结构力学 B Structural Mechanics B	3.5	56	48	8						3.5			
	20504200	弹塑性力学基础 Principle of Elastic and Plastic Mechanics	3.5	56	52	4						3.5			
	20508400	工程地质学基础 B Principle of Engineering Geology B	2.5	40	40							2.5			
	20530200	岩土工程监测 Monitoring of Geotechnical Engineering	2	32	32	0								2	
	20517500	岩土工程勘察 Geotechnical Engineering Investigation	2.5	40	40							2.5			
	20507301	钢筋混凝土结构原理 Reinforced Concrete Structure	3.5	56	48	8							3.5		
	20510901	基础工程学 A Foundation Engineering A	3.5	56	56								3.5		
	20526000	岩土工程施工 Construction in Geotechnical Engineering	2.5	40	40								2.5		
	20504602	地基处理 B Foundation Treatment B	2	32	32								2		
	小计 Sum		**34.5**	**552**	**506**	**46**		**0**	**0**	**0**	**2**	**19**	**11.5**	**2**	**0**

课程类别 Course Classification	课程编号 Course Code	课程名称 Course Name	学分 Crs	学时 Hrs	学时分类 Class Hours		先修课程 Prerequisite Courses	学期学分分配 Semester Credits							
					讲课 Lec.	实验 Lab.		一 1st	二 2nd	三 3rd	四 4th	五 5th	六 6th	七 7th	八 8th
专业选修课 Specialty Elective Courses		具体见专业选修课列表	10	160											
合计 Sub-total			**140.5**	**2328**	**1814**	**162**		**23**	**26.5**	**20.5**	**16**	**19**	**11.5**	**2**	**0**
实践环节 Practical Work	44300200	军事训练 Military Training	2	2 周				2							
	41919002	C 语言课程设计 B Course Design for C Language B	1.5	1.5 周				1.5							
	41120901	测量教学实习 A Instructive Practice for Engineering Surveying A	1	1 周				1							
	40531101	基础工程学课程设计 A Course Design for Foundation Engineering A	2	2 周									2		
	40531500	地基处理课程设计 Course Design for Foundation Treatment	1	1 周									1		
	40531600	钢筋混凝土结构原理课程设计 Course Design for Reinforced Concrete Structure	1.5	1.5 周									1.5		
	40529300	岩土工程勘察课程设计 Course Design for Geotechnical Engineering Investigation	1	1 周								1			
	40115200	地质认识实习(北戴河) Primary Geological Field Training (Beidaihe)	2	2 周					2						
	40531700	专业教学实习(秭归) Professional Field Training (Zigui)	4	4 周							4				
	40526400	专业实习(武汉) Professional Field Training (Wuhan)	3	3 周									3		
	40531800	岩土工程勘察实践(企业实习) Practice of Geotechnical Engineering Investigation (Internship in Enter Prise)	3	3 周										3	
	40531900	岩土工程勘察实践报告 Practice Report of Geotechnical Engineering Investigation	1	1 周										1	

课程类别 Course Classification	课程编号 Course Code	课程名称 Course Name	学分 Crs	学时 Hrs	学时分类 Class Hours		先修课程 Prerequisite Courses	学期学分分配 Semester Credits							
					讲课 Lec.	实验 Lab.		一 1st	二 2nd	三 3rd	四 4th	五 5th	六 6th	七 7th	八 8th
实践环节 Practical Work	40532000	岩土工程设计实践(企业实习) Practice of Geotechnical Engineering Design (Internship in Enter Prise)	4	4 周										4	
	40532100	岩土工程设计实践报告 Practice Report of Geotechnical Engineering Design	2	2 周										2	
	40529500	毕业实习 Practice for Graduation	8	8 周											8
	40529600	毕业设计 Design for Graduation	8	8 周											8
	小计 Sum		**45**	**45 周**				**4.5**	**2**	**0**	**4**	**1**	**7.5**	**10**	**16**
创新创业自主学习 Autonomous Learning	ZZ35000S	社会调查 Social Investigation	2												
		其他(学科竞赛、发明创造、科研报告) Others (Contest, Invention, Innovation and Research Presentation)	4												
	小计 Sum		**6**												
总计 Total			**191.5**	**2328 + 45 周**	**1814**	**162**		**27.5**	**28.5**	**20.5**	**20**	**20**	**19**	**12**	**16**
可开出专业选修课列表 Specialty Elective Courses	20104002	构造地质学 B Structural Geology B	3	48	36	12				3					
	20113100	矿物岩石学 A Mineralogy and Petrology A	3	48	12	36			3						
	20103800	第四纪地质与地貌学 Quaternary Geology and Geomorphology	2	32	32						2				
	20517800	岩土工程数值模拟技术与应用 Numerical Simulation on Geotechnical Engineering	2	32	32	0								2	
	20409102	水文地质学基础 B Principle of Hydrogeology B	2.5	40	32	8						2.5			
	20400802	地下水动力学 B Dynamics of Groundwater B	2	32	28	4							2		
	20520700	流体力学 Foundation of Fluid Mechanics	2.5	40	36	4						2.5			
	20506000	地质灾害防治 Geological Hazard Control	2	32	32								2		

课程类别 Course Classification	课程编号 Course Code	课程名称 Course Name	学分 Crs	学时 Hrs	学时分类 Class Hours		先修课程 Prerequisite Courses	学期学分分配 Semester Credits							
					讲课 Lec.	实验 Lab.		一 1st	二 2nd	三 3rd	四 4th	五 5th	六 6th	七 7th	八 8th
可开出专业选修课列表 Specialty Elective Courses	20517200	岩土测试技术 Geotechnique Tests	2	32	32								2		
	20536600	岩土工程专业讲座 Lecture on Geotechnical Engineering	2	32	32								2		
	20515400	水利水电工程地质 Engineering Geology for Hydraulic Project	2	32	32								2		
	20516200	土木工程概论 Introduction to Civil Engineering	2	32	32						2				

注：通识教育选修课学分和创新创业自主学习学分未列入具体学期。

土木工程(卓越工程师教育培养计划)专业课程分类统计

Course Category Statistics of Civil Engineering (Excellent Engineer Training Program)

课程学分 / 统计	通识教育课 Liberal Education Courses		学科基础课 Disciplinary Fundamental Courses	专业主干课 Main Specialty Courses	专业选修课 Specialty Elective Courses	实践环节 Practical Work	创新创业自主学习 Autonomous Learning	学时总计 Total Hours	学分总计 Total Credits
	必修 Compulsory	选修 Selective							
学时/学分 Hrs/Crs	616/33.5	192/12	808/50.5	552/34.5	160/10	45 周/45	6	2328+45 周	191.5
学分所占比例 Proportion of Credits	23.76%		26.37%	18.02%	5.22%	23.50%	3.13%		100%

勘查技术与工程(卓越工程师教育培养计划)专业培养方案

专业名称与代码:勘查技术与工程 081402

专业培养目标:坚持以马克思列宁主义、毛泽东思想、邓小平理论为指导,培养遵纪守法、勇于为社会主义建设服务、德智体美劳全面发展的社会主义事业合格建设者和接班人;培养具有创新精神和进取精神的社会主义事业优秀开拓者;掌握勘查技术与工程专业所需的基本理论、专业知识和技能;具有资源能源勘查工程设计、施工、管理的基本能力和新技术、新方法研究和开发的基本能力;能够在岩芯钻探、油气钻井、水文地热钻井、非常规油气勘探及工程勘察等相关单位胜任各类设计、施工、评价、管理与监理等方面工作的高级工程技术人才。

专业毕业要求

1.掌握地质学、物理学、化学、石油地质学、工程力学、岩土力学等方面的基本理论和知识。

2.掌握金属材料及金属工艺、液压传动、钻探工程机械设计与制造、电工与电子技术和钻井检测技术等方面的基本理论及知识。

3.牢固树立钻探钻井系统概念,掌握钻探机械、钻杆柱、钻探泥浆、岩石破碎与钻头、钻探数据检测和钻探工艺等基本理论及知识,具有岩芯钻探、石油钻井、水文水井与地热钻井设计及施工的基本能力。

4.了解天然气水合物、煤层气、页岩气等非常规油气资源相关勘查钻探的基本理论和知识;了解国内外钻探、钻井工程新技术、新装备及其发展动态。

5.了解国家有关矿产资源、石油开采、地下水(气)资源方面的方针、政策和法规。

6.掌握文献检索、资料查询的基本方法,具有初步的科学研究能力。

毕业要求及实现途径

序号	毕业要求	实现途径(教学过程)
1	掌握地质学、物理学、化学、石油地质学、工程力学、岩土力学等方面的基本理论和知识	①课堂教学:开设地质学基础、高等数学、大学物理、大学化学、有机高分子化学、理论力学、材料力学、土力学、岩体力学、石油及天然气地质学等课程 ②课外学习:培养学生课外阅读兴趣,引导学生合理挑选相关图书文献资料,组织学生开展地质认知实习、计算机C语言课程设计实习等实践教学活动
2	掌握金属材料及金属工艺、液压传动、钻探工程机械设计与制造、电工电子技术和钻井检测技术等方面的基本理论及知识	①课堂教学:开设金属材料与加工、金刚石工具设计与制造、液压传动、机械CAD、钻探设备、电工与电子技术、测井原理等课程 ②课外学习:鼓励学生多阅读与课堂教学内容相关的书籍文献,为学生安排相应的金工实习、机械设计课程设计实习、钻探设备设计与生产实习、钻具设计与生产实习等实践教学活动
3	牢固树立钻探钻井系统概念,掌握钻探机械、钻杆柱、钻探泥浆、岩石破碎与钻头、钻探数据检测和钻探工艺等基本理论及知识,具有岩芯钻探、石油钻井、水文水井与地热钻井设计与施工的基本能力	①课堂教学:开设钻前土建工程基础、钻探工艺学、钻井液与完井液、钻井与完井工程、测试技术与钻井仪表、定向钻进技术、水文水井与地热钻井等课程 ②课外学习:鼓励学生广泛阅读钻探领域的专业书籍和期刊文章,为学生安排勘查技术与工程教学实习、钻井工程课程设计实习、钻探泥浆工艺实习、金刚石钻头设计与制造工艺实习、勘查技术与工程生产实习、毕业实习和设计等实践教学活动

序号	毕业要求	实现途径(教学过程)
4	了解天然气水合物、煤层气、页岩气等新能源、资源相关勘查钻探的基本理论和知识;了解国内外钻探、钻井工程新技术、新装备及其发展动态	①课堂教学:开设非常规油气资源钻探概论、非开挖工程学、新技术专题讲座等课程 ②课外学习:鼓励学生参加各种新技术专题报告,关注与本专业相关的网络信息,参观校内相关实验室并动手实验
5	了解国家有关矿产资源、石油开采、地下水(气)资源方面的方针、政策和法规	①课堂教学:开设石油工程概论等课程 ②课外学习:鼓励学生多参加校内相关院系专家学者所做的资源法规和政策方面的学术报告,多关注国家在资源领域的方针、政策和法规
6	掌握文献检索、资料查询的基本方法,具有初步的科学研究能力	①课堂教学:授课过程中向学生介绍专业文献和图书资料查询方式、获取途径及整理技能 ②课外学习:鼓励学生多去图书馆、多登录国内外各类电子期刊和图书服务网站

主干学科:石油与天然气工程、地质资源与地质工程 。

专业核心课程:地质学基础、石油地质学、工程力学、流体力学、液压传动、电工与电子技术、金属材料与加工、机械设计、钻探工艺学(岩芯钻探学)、钻井与完井工程、钻探设备、钻井液与完井液、金刚石工具设计与制造、定向钻进技术、测井原理等。

主要专业实验:常见岩矿鉴定、岩土力学性质测试、电工与电子技术,测试技术及钻井仪表、钻孔轨迹参数的测试,泥浆性能测试、钻探设备及工艺。

主要实践性教学环节:包括地质认识实习、勘查技术与工程(探矿)教学实习、课程设计、勘查技术与工程(探矿)生产实习、泥浆工艺实习、钻探设备设计及生产实习(各种流行的钻机、泥浆泵、动力机等)、钻具钻头设计与生产实习(绳索取芯钻具、液动冲击器、钻具组合、钻杆柱、卡簧、孔底动力钻具等;不同用途的钻头,如全面钻头、取芯钻头、造斜钻头;不同材料制作的钻头,如硬质合金牙轮钻头、金刚石钻头、复合片钻头等)、钻孔轨迹参数测试实习,勘查技术与工程(探矿)毕业实习和毕业设计等 。

修业年限:四年。

授予学位:工学学士。

相近专业:地质工程、石油工程、资源勘查工程、煤及煤层气工程。

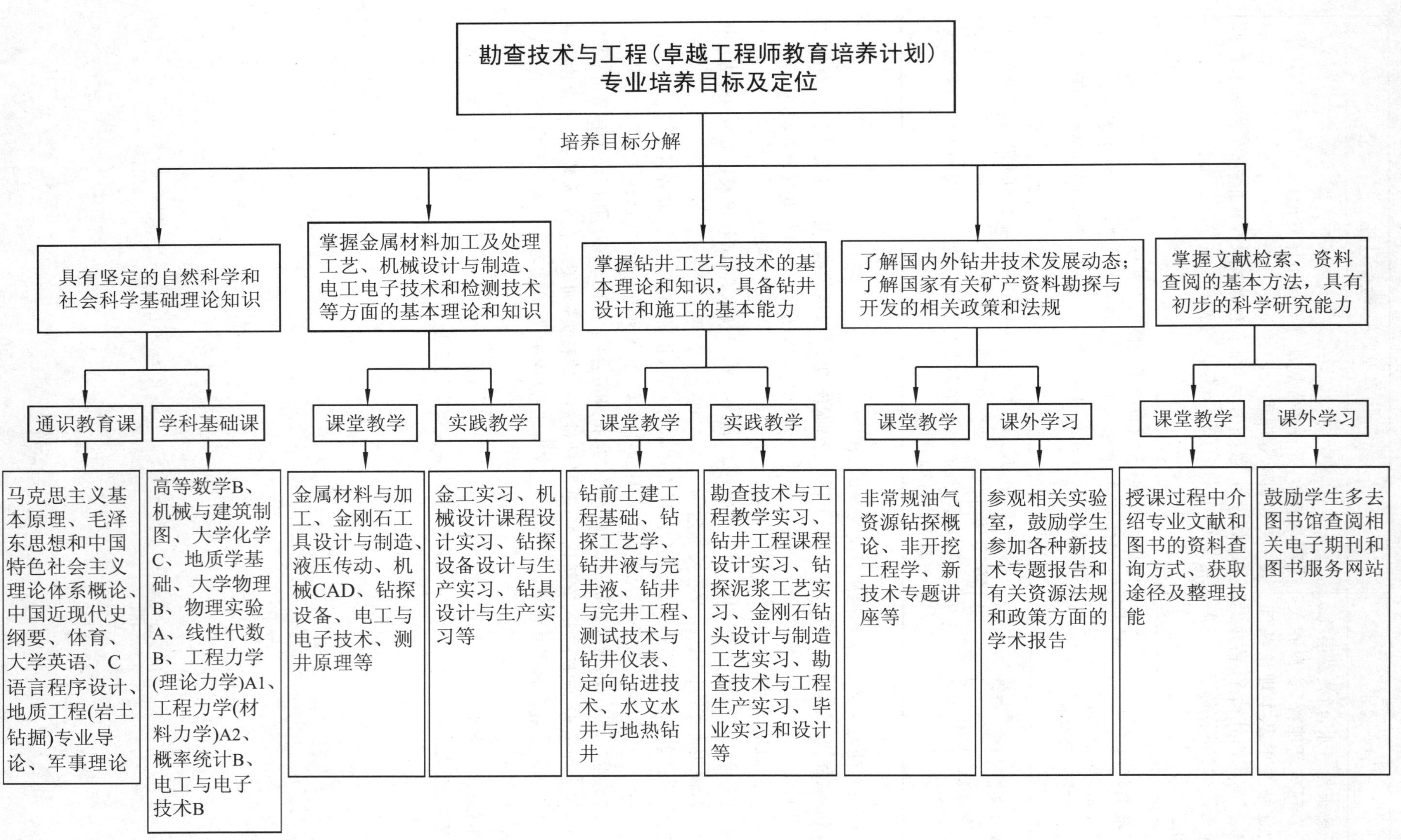
勘查技术与工程（卓越工程师教育培养计划）
专业培养目标及定位
培养目标分解
具有坚定的自然科学和社会科学基础理论知识
通识教育课
马克思主义基本原理、毛泽东思想和中国特色社会主义理论体系概论、中国近现代史纲要、体育、大学英语、C语言程序设计、地质工程(岩土钻掘)专业导论、军事理论
学科基础课
高等数学B、机械与建筑制图、大学化学C、地质学基础、大学物理B、物理实验A、线性代数B、工程力学(理论力学)A1、工程力学(材料力学)A2、概率统计B、电工与电子技术B
掌握金属材料加工及处理工艺、机械设计与制造、电工电子技术和检测技术等方面的基本理论和知识
课堂教学
金属材料与加工、金刚石工具设计与制造、液压传动、机械CAD、钻探设备、电工与电子技术、测井原理等
实践教学
金工实习、机械设计课程设计实习、钻探设备设计与生产实习、钻具设计与生产实习等
掌握钻井工艺与技术的基本理论和知识，具备钻井设计和施工的基本能力
课堂教学
钻前土建工程基础、钻探工艺学、钻井液与完井液、钻井与完井工程、测试技术与钻井仪表、定向钻进技术、水文水井与地热钻井
实践教学
勘查技术与工程教学实习、钻井工程课程设计实习、钻探泥浆工艺实习、金刚石钻头设计与制造工艺实习、勘查技术与工程生产实习、毕业实习和设计等
了解国内外钻井技术发展动态；了解国家有关矿产资料勘探与开发的相关政策和法规
课堂教学
非常规油气资源钻探概论、非开挖工程学、新技术专题讲座等
课外学习
参观相关实验室，鼓励学生参加各种新技术专题报告和有关资源法规和政策方面的学术报告
掌握文献检索、资料查阅的基本方法，具有初步的科学研究能力
课堂教学
授课过程中介绍专业文献和图书的资料查询方式、获取途径及整理技能
课外学习
鼓励学生多去图书馆查阅相关电子期刊和图书服务网站

Program for Exploration Technology and Engineering (Excellent Engineer Training Program)

Specialty and Code: Exploration Technology and Engineering　081402

Education Objective: The specialty aims to cultivate the qualified socialist constructer and successor armed with Marxism-Leninism, Mao Tse-tung Thought and Deng Xiaoping Theory, observing law and discipline, having the courage to sacrifice for socialism, combining closely with production labor, and featuring an all-round development in morality, intelligence, physique and art. The students are trained to become outstanding socialism pioneers with creative mind and entrepreneurship. They will master basic theories, professional knowledge and skills required by Exploration Technology and Engineering, possess the basic capabilities of design, construction and management of resources and energy exploration project as well as research and development of new technology and method, and are able to be a senior engineering technology talent who is competent for work such as design, construction, assessment, management and supervision in the companies of core drilling, oil and gas drilling, hydro geothermal drilling, exploration of new energy exploration and engineering exploration, etc.

Graduation Requirements

1. Master basic theories and knowledge such as geology, physics, chemistry, petroleum geology, engineering mechanics and rock and soil mechanics.

2. Master basic theories and knowledge of metal material and technology, hydraulic drive, mechanical design and manufacturing of drilling engineering, electrical and electronic technology and drilling detecting technology, etc.

3. Firmly establish the concept of drilling system, master the basic theories and knowledge such as drilling machine, drilling string, drilling mud, rock breaking and drilling bit, drilling data detection and drilling technology, and possess the basic capability of core drilling, petroleum drilling, drilling design and construction of hydrological well and geothermal energy.

4. Understand the basic theories and knowledge of exploration and drilling related to unconventional hydrocarbon resource including natural gas hydrate, coalbed methane, shale gas, etc, and know new technology and equipment in domestic and international exploration and drilling engineering and their development trend.

5. Know the national guidelines, policies and regulations related to mineral resources, petroleum exploitation and underground water (gas) resources.

6. Master basic methods of document retrieval and information search, and possess preliminary scientific research ability.

Graduation Requirements and Ways to Achieve

No.	Graduation Requirements	Ways to Achieve(Teaching Process)
1	Master basic theories and knowledge such as geology, physics, chemistry, petroleum geology, engineering mechanics and rock and soil mechanics	①Classroom Teaching: Establish Fundamentals of Geology, Advanced Mathematics, College Physics, College Chemistry, Organic Polymer Chemistry, Theoretical Mechanics, Mechanics of Materials, Soil Mechanics, Rock Mass Mechanics, Petroleum and Gas Geology, etc ②Out-of-class Learning: Cultivate Extracurricular Reading Interest, Guide Students in Reasonable Selection of Relevant Literature Materials, and Perform Practice Teaching Activities Including Geological Cognition internship, Curriculum Design of C Program Language, etc
2	Master basic theories and knowledge of metal material and technology, hydraulic drive, mechanical design and manufacturing of drilling engineering, electrical and electronic technology and drilling detecting technology, etc	①Classroom Teaching: Establish Metal Materials and Processing, Design and Manufacture of Diamond Tools, Hydraulic Control, Mechanical CAD, Drilling Equipment, Electrician and Electronic Technology, Logging Principles, etc ②Out-of-class Learning: Encourage Students to Broadly Read Books and Reference Related to Class Teaching, and Arrange Practice Teaching Activities Including Metalworking Experience, Curriculum Design of Machine Design, Drilling Equipment Design and Production, Drilling tool Design and Production, etc
3	Firmly establish the concept of drilling system, master the basic theories and knowledge such as drilling machine, drilling string, drilling mud, rock breaking and drilling bit, drilling data detection and drilling technology, and possess the basic capability of core drilling, petroleum drilling, drilling design and construction of hydrological well and geothermal energy	①Classroom Teaching: establish Civil Infrastructure before Drilling, Drilling Technology, Drilling Fluid and Completion Fluid, Drilling and Completion Engineering, Measurement Technology and Drilling Apparatus, Directional Drilling Technology, Hydrological and Geothermal Well Drilling, etc ②Out-of-class Learning: Encourage Students to Read Professional Books and Periodical Papers Related to the Field of Drilling, and Arrange Practice Teaching Activities Including Teaching Practice on Exploration Technology and Engineering, Curriculum Design of Drilling and Completion Engineering, Practice on Drilling Fluids Technology, Practice on Design and Production of Diamond bits, Production Practice on Exploration Technology and Engineering, Graduation Practice and Design, etc

No.	Graduation Requirements	Ways to Achieve(Teaching Process)
4	Understand the basic theories and knowledge of exploration and drilling related to unconventional hydrocarbon resource including natural gas hydrate, coalbed methane, shale gas, etc, and know new technology and equipment in domestic and international exploration and drilling engineering and their development trend	①Classroom Teaching: Establish Introduction to Unconventional Petroleum Resource Drilling, Trenchless Engineering, Special Topics on New Technology, etc ②Out-of-class Learning: Encourage Students to Participate in Lectures of New Technologies, Pay Attention to the Internet Information Related to This Specialty, Visit Laboratories in the University and do Related Experiments
5	Know the national guidelines, policies and regulations related to mineral resources, petroleum exploitation and underground water (gas) resources	① Classroom Teaching: Establish Introduction to Petroleum Engineering, etc ②Out-of-class Learning: Encourage Students to Participate in Academic Lectures of Resource Policy and Legislation Given by Relevant Schools, and Pay Attention to the National Guidelines, Policies and Regulations in the Field of Resource
6	Master basic methods of document retrieval and information search, and possess preliminary scientific research ability	①Classroom Teaching: Introduce Students How to Query, Access and Sort Professional Literature and Books ②Out-of-class Learning: Encourage Students to Use the Library, and Browse Domestic and Lnternational Websites of E-journals and E-books

Major Disciplines: Oil and Gas Engineering, Geological Resources and Geological Engineering.

Main Courses: Fundamentals of Geology, Petroleum and Gas Geology, Engineering Mechanics, Hydromechanics, Hydraulic Control, Electrician and Electronic Technology, Metal Materials and Machining, Mechanism Design, Drilling Technology, Drilling and Completion Engineering, Drilling Equipment, Drilling Fluids and Engineering Fluids, Design and Manufacture of Diamond Tools, Directional Drilling Technology, Logging Principles and so on.

Lab Experiments: Common Rock and Mineral Identification, Geotechnical Properties Testing, Electrician and Electronic Technology, Measurement Technology and Drilling Apparatus, Test Drilling Trajectory Parameters, Mud Rheology, Drilling Equipment and Technology.

Practical Work: Include Geological Field Training, Exploration Technology and Engineering Practice Teaching, Exploration and Foundation Project Production Practice, Curriculum Design of Drilling and Completion, Practice of Drilling Fluids, Practice of Design and Production for Drilling Equipments, Practice of Design and Production for Drilling Tools and bits, Practice for Graduate and Bachelor Thesis.

Duration: four years.

Degree Granted: Bachelor of Engineering.

Related Specialties: Geological Engineering, Oil Engineering, Resource Exploration Projects, Coal and Coal-bed Methane Project.

勘查技术与工程(卓越工程师教育培养计划)专业课程教学计划表

Course Descriptions of Exploration Technology and Engineering (Excellent Engineer Training Program)

课程类别 Course Classification		课程编号 Course Code	课程名称 Course Name	学分 Crs	学时 Hrs	学时分类 Class Hours		先修课程 Prerequisite Courses	学期学分分配 Semester Credits							
						讲课 Lec.	实验 Lab.		一 1st	二 2nd	三 3rd	四 4th	五 5th	六 6th	七 7th	八 8th
通识教育课 Liberal Education Courses	必修 Compulsory	11706200	马克思主义基本原理 Principles of Marxism	3	48	48					3					
		11706500	毛泽东思想与中国特色社会主义理论体系概论 Introduction to Mao Tse-tung Thought and the Theoretical System of Socialism with Chinese Characteristics	4	64	64						4				
		11711800	中国近现代史纲要 The Essentials of Modern Chinese History	2	32	32							2			
		120002＊0	思想道德修养与法律基础 Morality Education and Fundamentals of Law	3	48	48			1.5	1.5						
		113076＊0	体育 Physical Education	4	144	144			1	1	1	1				
		109116＊0	大学英语 College English	12	192	192			3	3	3	3				
		11918902	C语言程序设计B C Language Programming B	2.5	40	28	12			2.5						
		20520220	工程导论 Introduction to Engineering	1	16	16			1							
		14300100	军事理论 Military Theory	2	32	32			2							
	选修 Elective	总计12学分,含创新创业选修课学分,跨学科选修课不低于6学分。"形势与政策"课程作为限选课,由马克思主义学院实施		12	192											
		小计 **Sum**		**45.5**	**808**	**604**	**12**		**8.5**	**8**	**7**	**8**	**2**	**0**	**0**	**0**
学科基础课 Disciplinary Fundamental Courses		212127＊2	高等数学B Advanced Mathematics B	10	160	160			4	6						
		207247＊0	机械制图A Mechanical Drawing A	5.5	88	88			3	2.5						
		20302403	大学化学C College Chemistry C	4	64	50	14		4							
		20115000	地质学基础 Fundamentals of Geology	4.5	72	62	10		4.5							

课程类别 Course Classification	课程编号 Course Code	课程名称 Course Name	学分 Crs	学时 Hrs	学时分类 Class Hours		先修课程 Prerequisite Courses	学期学分分配 Semester Credits							
					讲课 Lec.	实验 Lab.		一 1st	二 2nd	三 3rd	四 4th	五 5th	六 6th	七 7th	八 8th
学科基础课 Disciplinary Fundamental Courses	212130＊3	大学物理 C College Physics C	6	96	96	0			3.5	2.5					
	212132＊1	物理实验 A Physical Experiments A	3.5	56	0	56			2	1.5					
	21212802	线性代数 B Linear Algebra B	2.5	40	40					2.5					
	20508011	工程力学(理论力学) A1 Engineering Mechanics (Theoretical Mechanics) A1	5	80	80					5					
	20508021	工程力学(材料力学) A2 Engineering Mechanics (Mechanics of Materials) A2	4.5	72	72						4.5				
	21209602	概率论与数理统计 B Probability and Statistics B	2.5	40	40					2.5					
	20725102	电工与电子技术 B Electrician and Electronic Technology B	4	64	54	10						4			
	小计 Sum		**52**	**832**	**742**	**90**		**15.5**	**14**	**14**	**4.5**	**4**	**0**	**0**	**0**
专业主干课 Main Specialty Courses	20715201	机械设计基础 A The Fundamentals of Mechanism Design	3.5	56	46	10	机械制图				3.5				
	20724000	金属材料与加工 Metal Materials and Machining	3	48	40	8				3					
	20520700	流体力学 Hydromechanics	2.5	40	36	4	工程力学					2.5			
	20711900	液压传动 Hydraulic Control	2.5	40	36	4	流体力学 机械设计					2.5			
	20311403	有机化学 C Organic Chemistry C	2	32	32		大学化学					2			
	20527700	钻探工艺学 Drilling Technology	3	48	40	8	液压传动					3			
	20523800	钻井液与完井液 Drilling Fluids and Engineering Fluids	3	48	40	8	液压传动						3		
	20523900	钻探设备 Drilling Equipment	2.5	40	32	8	机械设计						2.5		
	20524000	测试技术与钻井仪表 Measurement Technology and Drilling Apparatus	2.5	40	32	8	机械设计					2.5			
	20527900	工程项目管理 Project Management	2	32	32		概率统计						2		

课程类别 Course Classification	课程编号 Course Code	课程名称 Course Name	学分 Crs	学时 Hrs	学时分类 Class Hours 讲课 Lec.	 实验 Lab.	先修课程 Prerequisite Courses	学期学分分配 Semester Credits 一 1st	 二 2nd	 三 3rd	 四 4th	 五 5th	 六 6th	 七 7th	 八 8th
专业主干课 Main Specialty Courses	20528000	钻井与完井工程 Drilling and Completion Engineering	2.5	40	36	4	钻探工艺						2.5		
	20502900	测井原理 Logging Principles	2	32	28	4	测试技术					2			
	20512500	金刚石工具设计与制造 Design and Manufacture of Diamond Tools	2	32	26	6	钻探工艺					2			
	20506300	定向钻进技术 Directional Drilling Technology	2	32	24	8	钻探设备						2		
	小计 **Sum**		**35**	**560**	**480**	**80**		**0**	**0**	**3**	**3.5**	**16.5**	**12**	**0**	**0**
专业选修课 Specialty Elective Courses		具体见专业选修课列表	8	128											
合计 **Sub-total**			**140.5**	**2328**	**1826**	**182**		**24**	**22**	**24**	**16**	**22.5**	**12**	**0**	**0**
实践环节 Practical Work	44300200	军事训练 Military Training	2	2周				2							
	41919002	C语言课程设计B Course Design for C Language B	1.5	1.5周					1.5						
	40724800	机械制图课程设计 Course Design of Mechanical Drawing	0.5	0.5周					0.5						
	40115200	地质认识实习(北戴河) Geological Field Training (Beidaihe)	2	2周			地质学基础		2						
	40724602	金工实习B Practice of Metal Processing Technique B	2	2周						2					
	40533500	勘查技术与工程教学实习 Exploration Technology and Engineering Practice Teaching	3	3周							3				
	40725202	机械设计课程设计B(含CAD的学习) Practice of Mechanical Design (Include CAD) B	2	2周							2				
	40533600	钻井工程课程设计 Course Design of Drilling and Completion	1.5	1.5周									1.5		

课程类别 Course Classification	课程编号 Course Code	课程名称 Course Name	学分 Crs	学时 Hrs	学时分类 Class Hours		先修课程 Prerequisite Courses	学期学分分配 Semester Credits							
					讲课 Lec.	实验 Lab.		一 1st	二 2nd	三 3rd	四 4th	五 5th	六 6th	七 7th	八 8th
实践环节 Practical Work	40533700	勘查与基础工程生产实习(企业实习) Exploration and Foundation Project Production Practice (Internship Enterprise)	4	4 周			钻探工艺							4	
	40533800	泥浆工艺实习 Practice of Drilling Fluids	2	2 周			钻井液							2	
	40533900	钻探装备设计与制造实习(企业实习) Practice of Design and Production for Drilling Equipments(Internship Enterprise)	4	4 周										4	
	40534000	钻具钻头设计与制造实习(企业实习) Practice of Design and Production for Drilling Tools and Bits(Internship Enterprise)	3	3 周										3	
	40532200	毕业实习和设计(企业实习) Practice for Graduate and Bachelor Thesis (Internship Enterprise)	16	16 周											16
	小计 Sum		**43.5**	**43.5 周**				**2**	**4**	**2**	**5**	**0**	**1.5**	**13**	**16**
创新创业自主学习 Autonomous Learning	ZZ35000S	社会调查 Social Investigation	2												
		其他(学科竞赛、发明创造、科研报告) Others (Contest, Invention, Innovation and Research Presentation)	4												
	小计 Sum		**6**												
总计 Total			**190**	**2328 + 43.5 周**	**1826**	**182**		**26**	**26**	**26**	**21**	**22.5**	**13.5**	**13**	**16**
可开出专业选修课列表 Specialty Elective Courses	20536300	石油工程概论 Oil Engineering Introduction	3	48	42	6							3		
	20528200	水文水井与地热钻井 Hydrological Wells and Geothermal Drilling	2	32	28	4						2			
	20528400	非常规油气钻井基础 Drilling Foundation of Unconventional Oil and Gas	2	32	28	4							2		

课程类别 Course Classification	课程编号 Course Code	课程名称 Course Name	学分 Crs	学时 Hrs	学时分类 Class Hours 讲课 Lec.	实验 Lab.	先修课程 Prerequisite Courses	学期学分分配 Semester Credits 一 1st	二 2nd	三 3rd	四 4th	五 5th	六 6th	七 7th	八 8th
可开出专业选修课列表 Specialty Elective Courses	20506800	非开挖工程学 Trenchless Engineering	2	32	26	6							2		
	20520302	土力学B Soil Mechanics B	3	48	40	8					3				
	20508400	工程地质学基础B Basic Engineering Geology B	2	32	28	4					2				
	20508200	工程地质勘察 Engineering Geologic Exploration	2	32	28	4						2			

注：通识教育选修课学分和创新创业自主学习学分未列入具体学期。

勘查技术与工程(卓越工程师教育培养计划)专业课程分类统计

Course Category Statistics of Exploration Technology and Engineering (Excellent Engineer Training Program)

统计 \ 课程学分	通识教育课 Liberal Education Courses 必修 Compulsory	选修 Selective	学科基础课 Disciplinary Fundamental Courses	专业主干课 Main Specialty Courses	专业选修课 Specialty Elective Courses	实践环节 Practical Work	创新创业自主学习 Autonomous Learning	学时总计 Total Hours	学分总计 Total Credits
学时/学分 Hrs/Crs	616/33.5	192/12	832/52	560/35	128/8	43.5周/43.5	6	2328+43.5周	190
学分所占比例 Proportion of Credits	23.95%		27.37%	18.42%	4.21%	22.89%	3.15%		100%

安全工程专业培养方案

专业名称与代码：安全工程　082901

专业培养目标：本专业坚持以马克思列宁主义、毛泽东思想、邓小平理论为指导，培养遵纪守法，为社会主义建设服务，与生产劳动相结合，德、智、体全面发展的社会主义事业建设者和接班人。使之具有创新精神，掌握工程力学、地质学、机械设计、人机工程、工业卫生工程和安全系统工程等基本理论及知识。培养具备从事安全设计、研究、检测、评价、监察和管理等素质与能力的专业化人才，可以在能源、建设工程、石化工程和矿业工程等高风险行业从事安全监理、监测、监察等技术或管理工作。

专业毕业要求

1.具有较扎实的自然科学基础，了解当代科学技术的主要方面和应用前景。了解石油化工、建筑工程等领域的生产工艺与生产方式等基本知识。

2.具有工程制图、机械制图能力，能熟练掌握主要测试和实验仪器使用的基本技能，以及机械加工能力。

3.具备安全设计能力，掌握本质安全设计、工程安全设计、人机工程设计的基本理论及知识。

4.了解安全检测与监测的基础知识及理论，掌握安全设施检测的方法与技术，具有从事风险监测设计与检测的能力。

5.具备从事安全评价的能力，熟练掌握风险辨识与评估、风险控制效果评估的方法及理论。

6.了解基本安全管理知识，具备企业安全管理体系设计能力，并具有综合安全管理的能力，熟练掌握安全生产法律框架体系，具有安全管理信息设计能力。

7.掌握文献检索、资料查询的基本方法，具有初步的科学研究能力。

毕业要求及实现途径

序号	毕业要求	实现途径(教学过程)
1	具有较扎实的自然科学基础，了解当代科学技术的主要方面和应用前景。了解地质工程、石油化工、建设工程等领域的生产工艺与生产方式等基本知识	①课堂教学：线性代数、概率论与数理统计、大学物理、大学化学、工程力学 、流体力学、电工与电子技术、计算机、地质学基础、建筑工程概论、油气勘探开发、采矿工程概论 ②课外学习：鼓励学生扩大视野范围，通过兴趣组、创新发明了解前沿技术，开展大学物理实验、计算机C语言课程设计实习等实践教学活动，组织学生参加石油化工、建筑等企业的生产实习与教学实习
2	具有工程制图、机械制图能力，能熟练掌握主要测试和实验仪器使用的基本技能，以及机械加工能力	①课堂教学：机械制图、工程制图、机械基础设计、金属材料与零件加工 ②课外学习：机械制图课程设计、CAD设计、金工实习等实践课程
3	具备安全设计能力，掌握本质安全设计、工程安全设计、人机工程设计的基本理论及知识	①课堂教学：传热与传质、机械安全工程、安全人机工程、电气安全工程、通风与除尘工程、噪声与振动、建筑施工安全、消防工程、化工安全 ②课外学习：传热与传质实验、机械安全设计实验、人机工程实验、电气安全实验、通风实验、噪声与振动实验、施工安全设计实验、消防工程课程设计，并通过教学实习、生产实习增强学生的安全设计能力

序号	毕业要求	实现途径(教学过程)
4	了解安全检测与监测的基础知识及理论,掌握安全设施检测的方法与技术,具有从事风险监测与检测的能力	①课堂教学:锅炉压力容器安全、通风与除尘工程、噪声与振动、安全检测与监控技术、职业卫生、失效分析 、疲劳与断裂、化工安全 ②课外学习:压力容器检测实验、安全检测与空气采样实验、职业卫生分析实验、机械失效实验、化工安全检测实验,并通过教学实习、生产实习增强学生的安全检测能力
5	具备从事安全评价和风险分析的能力,熟练掌握风险辨识与评估、风险防控技术的方法及理论	①课堂教学:安全系统工程、火灾与爆炸灾害控制、噪声与振动、通风与除尘工程、工业毒物检测、建筑施工安全、化工安全、矿山安全、消防工程 ②课外学习: 火灾与爆炸实验、风险分析与评估课程设计,并通过建设、石油化工、矿山等企业的生产、教学实习,了解消防评估基本知识,掌握安全评估方法
6	了解基本安全管理知识,具备企业安全管理体系设计能力,并具有综合安全管理的能力,熟练掌握安全生产法律框架体系,具有安全管理信息设计能力	①课堂教学:安全系统工程、安全管理学、安全心理与行为、安全经济与工作保险、应急救援、建筑施工安全、油气勘探、矿山安全、交通安全、职业安全健康管理体系、安全法学 ②课外学习:通过安全工程综合课程设计、安全技术课程设计,全面提高学生安全知识综合应用能力,通过生产实习、毕业实习增强学生对企业生产安全管理的了解,加深安全管理实际应用的认识
7	掌握文献检索、资料查询的基本方法,具有初步的科学研究能力	①课堂教学:授课过程中向学生介绍专业文献和图书资料查询方式、获取途径及整理技能 ②课外学习:鼓励学生多去图书馆、多登录国内外各类电子期刊和图书服务网站

主干学科:安全工程、系统工程、力学、工程管理、工业工程。

专业核心课程: 安全系统工程、通风与防尘、火灾爆炸、消防工程、电气安全、传热与传质、安全人机工程、安全检测技术。

主要专业实验:通风与防尘、电气安全检测试验、锅炉压力容器试验、燃烧与爆炸性能试验、人机工程试验、噪声与振动检测、材料疲劳与断裂实验。

主要实践性教学环节:包括地质实习、金工实习、教学实习、生产实习、毕业实习与设计、专业课程设计等。

修业年限:四年。

授予学位:工学学士。

相近专业:消防工程、环境工程、工业工程。

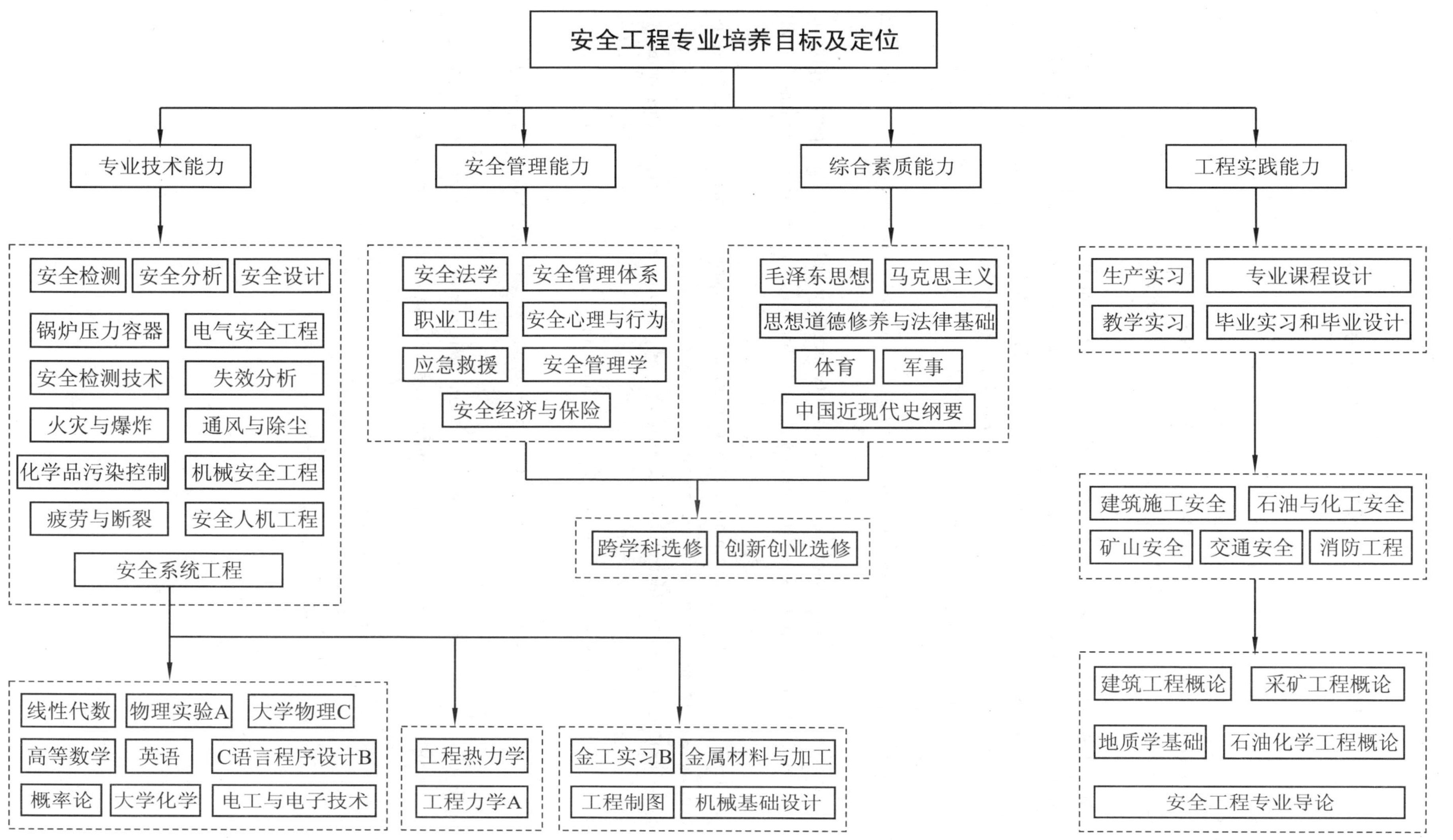
安全工程专业培养目标及定位
专业技术能力
安全管理能力
综合素质能力
工程实践能力
安全检测
安全分析
安全设计
锅炉压力容器
电气安全工程
安全检测技术
失效分析
火灾与爆炸
通风与除尘
化学品污染控制
机械安全工程
疲劳与断裂
安全人机工程
安全系统工程
安全法学
安全管理体系
职业卫生
安全心理与行为
应急救援
安全管理学
安全经济与保险
毛泽东思想
马克思主义
思想道德修养与法律基础
体育
军事
中国近现代史纲要
跨学科选修
创新创业选修
生产实习
专业课程设计
教学实习
毕业实习和毕业设计
建筑施工安全
石油与化工安全
矿山安全
交通安全
消防工程
建筑工程概论
采矿工程概论
地质学基础
石油化学工程概论
安全工程专业导论
线性代数
物理实验A
大学物理C
高等数学
英语
C语言程序设计B
概率论
大学化学
电工与电子技术
工程热力学
工程力学A
金工实习B
金属材料与加工
工程制图
机械基础设计

Program for Safety Engineering

Specialty and Code: Safety Engineering 082901

Education Objective: The major aims at cultivating engineer obeying the laws, performing excellent morality, intelligence and physical training and dedicating themselves to the socialism construction in practical work under the instruction of Marxism, Mao Tse-tung Thought and Deng Xiaoping Theory. Those students will obtain the ability to innovate and learn the basic theory and fundamental knowledge of engineering mechanics, geology, machine design and ergonomics engineering, safety system and so on. The safety engineering will develop the professionals with the qualities and abilities of safety testing, monitoring, evaluation, design and management. The graduates will mainly engage in safety supervision, monitoring, supervision or management technology in the high risk areas of energy, construction, petrochemical engineering and mining engineering.

Graduation Requirements

1. Having the basic theory and knowledge about nature science and knowing modern science and technology development.

2. Acquiring the basic abilities of machine drawing, safety engineering design, computer application, measurement and instrumentation as well as inquiring and obtaining information by means of all kind of methods, including foreign language.

3. Grasping intrinsically safety design theories about engineering mechanics, machine design, safety system engineering, as well as ergonomics engineering.

4. Grasping basic theories about electronics, electrical engineering, as well as modern instrumentation and technology.

5. Grasping the basic knowledge of safety principle, combustion and explosion, introduction to industrial hygiene, etc.

6. Grasping security technology about mechanical engineering, electrical engineering, process equipment, etc.

7. Grasping basic theories about identification, evaluation, management and control the risks and harmful factor in industries like construction, petrochemical engineering and mining engineering.

Graduation Requirements and Ways to Achieve

No.	Graduation Requirements	Ways to Achieve(Teaching Process)
1	Having the basic theory and knowledge about natural science and knowing modern science and technology development	① Classroom Teaching: Linear Algebra, Probability and Mathematics Statics, College Physics, College Chemistry, Fluid Mechanics, Engineering Mechanic, Electrician and Electronic, Computer Science, Fundamentals of Geology, Principles of Construction Engineering, Petroleum Exploration and Development, Principles of Mining Engineering ②Out-of-class Learning: Students are encouraged to expand the field of view, to understand the forefront of Technology through interest groups, innovation and invention, to carry out college physics experiments, the computer C language curriculum design internships and other practical teaching activities. Organize students to participate in the petrochemical industry, construction and other companies producing practice and teaching practice
2	Acquiring the basic abilities of Machine drawing, Safety engineering design, computer application, measurement and instrumentation as well as inquiring and obtaining information by means of all kind of methods	① Classroom Teaching: Mechanical Drawing, Engineering Drawing, Fundamentals of Machine Design, Metallic Materials and Parts Processing ② Out-of-class Learning: Course Design of Mechanical Drawing, Course Design of CAD, Metalworking Practice and other field courses
3	Grasping intrinsically safety design theories about engineering mechanics, Machine design, safety system engineering, as well as ergonomics engineering	①Classroom Teaching: Heat and Mass Transfer, Mechanical Safety Engineering, Safety Ergonomics Engineering, Electric Safety Engineering, Ventilation and Dust Control, Noise and Vibration, Construction Safety, Fire Engineering, Chemical Industry Safety ② Out-of-class Learning: Experiment of Heat and Mass Transfer, Experiment of Mechanical Safety Design, Experiment of Ergonomics, Experiment of Electric Safety, Experiment of Ventilation, Experiment of Noise and Vibration, Experiment of Construction Safety Design, Course Design of Fire Engineering. Enhance safety design ability of students through the teaching practice, production practice

No.	Graduation Requirements	Ways to Achieve(Teaching Process)
4	Grasping basic theories about electronics, electrical engineering, as well as modern instrumentation and technology	①Classroom Teaching: Boiler and Pressure Vessel Safety, Ventilation and Dust Control, Noise and Vibration, Safety Detection and Monitoring, Occupational Health, Failure Analysis, Fatigue and Fracture, Chemical Industry Safety ②Out-of-class Learning: Pressure Vessel Testing, Security Testing and Air Sampling Experiment, Occupation Health Analysis Experiment, Mechanical Failure Experiment, Chemical Safety Testing. Enhance security detection capability of students through the teaching practice, production practice
5	Grasping the basic knowledge of safety principle, introduction to industrial hygiene, etc	①Classroom Teaching: Safety System Engineering, Fire and Explosion Control, Noise and Vibration, Ventilation and Dust Control, Industrial Toxicology, Construction Safety, Chemical Industry Safety, Mine Safety, Fire Engineering ② Out-of-class Learning: Fire and Explosion Experiment, Course Design of Risk Analysis and Evaluation, and understand the fire assessment of basic knowledge, master the methods of safety assessment through the construction, petroleum chemical industry, mining and other enterprises in production, teaching practice
6	Grasping security technology about mechanical engineering, electrical engineering, process equipment, etc	①Classroom Teaching: Safety System Engineering, Safety Management Engineering, Psychology and Behavior Safety, Economic Security and Insurance, Emergency Rescue, Construction Safety, Petroleum Exploration, Mine Safety, Transportation Safety, OSHMS, Safety Legislation ②Out-of-class Learning: Students can improve the safety of the comprehensive ability of applying knowledge through the integrated curriculum of safety engineering design, safety technology curriculum design. Enhancing students' understanding of the enterprise safety production management and deepen students' understanding of the practical application of the safety management through production practice, graduation practice
7	Grasping basic theories about identification, evaluation, management and control the risks and harmful factor in industries like construction, petrochemical engineering and mining engineering	①Classroom Teaching: In the teaching process introduce students to the professional literature and book information query, access and finishing skills ②Out-of-class Learning: Encourage the students to go to the library and on all kinds of domestic and foreign electronic journals and books website

Major Disciplines: Safety Engineering, System Engineering, Mechanics, Industrial Engineering.

Main Courses: Safety System Engineering, Ergonomics, Boiler and Pressure Vessel Safety, Industrial Hygiene Engineering, Machinery Safety Engineering, Electrical Safety Engineering, Ventilation and Dust Control, Fire and Explosion Controlling, Safety Management.

Lab Experiments: Ventilation and Dust Control, Electrical Safety Testing, Boiler and Pressure Vessel Testing, Combustion and Explosion Properties Testing, Mechanical Properties Noise and Vibration Testing, Material Fatigue and Fracture Testing.

Practical Work: Cognitive Geological Practice, Teaching Practice, Productive Practice, Course Design, Graduation Practice and Design, Metalworking, etc.

Duration: four years.

Degree Granted: Bachelor of Science.

Related Specialties: Fire Engineering, Environmental Engineering, Industrial Engineering.

安全工程专业课程教学计划表

Course Descriptions of Safety Engineering

课程类别 Course Classification		课程编号 Course Code	课程名称 Course Name	学分 Crs	学时 Hrs	学时分类 Class Hours		先修课程 Prerequisite Courses	学期学分分配 Semester Credits							
						讲课 Lec.	实验 Lab.		一 1st	二 2nd	三 3rd	四 4th	五 5th	六 6th	七 7th	八 8th
通识教育课 Liberal Education Courses	必修 Compulsory	11706200	马克思主义基本原理 Principles of Marxism	3	48	48			3							
		11706500	毛泽东思想与中国特色社会主义理论体系概论 Introduction to Mao Tse-tung Thought and the Theoretical System of Socialism with Chinese Characteristics	4	64	64					4					
		11711800	中国近现代史纲要 The Essentials of Modern Chinese History	2	32	32						2				
		120002 * 0	思想道德修养与法律基础 Morality Education and Fundamentals of Law	3	48	48			1. 5	1. 5						
		113076 * 0	体育 Physical Education	4	144	144			1	1	1	1				
		109116 * 0	大学英语 College English	12	192	192			3	3	3	3				
		11918902	C 语言程序设计 B C Language Programming B	2. 5	40	28	12				2. 5					
		20520200	工程导论 Introduction to Safety Engineering	1	16	16			1							
		14300100	军事理论 Military Theory	2	32	32			2							
	选修 Elective	总计 12 学分,含创新创业选修课学分,跨学科选修课不低于 6 学分。"形势与政策"课程作为限选课,由马克思主义学院实施		12	192											
		小计 **Sum**		**45. 5**	**808**	**604**	**12**		**11. 5**	**5. 5**	**10. 5**	**6**	**0**	**0**	**0**	**0**
学科基础课 Disciplinary Fundamental Courses		212127 * 2	高等数学 B Advanced Mathematics B	10	160	160			4	6						
		21212803	线性代数 C Linear Algebra C	2	32	32				2						
		21213502	概率论与数理统计 B Probability and Mathematics Statics B	2. 5	40	40							2. 5			
		212130 * 3	大学物理 C College Physics C	6	96	96				3	3					

课程类别 Course Classification	课程编号 Course Code	课程名称 Course Name	学分 Crs	学时 Hrs	学时分类 Class Hours		先修课程 Prerequisite Courses	学期学分分配 Semester Credits							
					讲课 Lec.	实验 Lab.		一 1st	二 2nd	三 3rd	四 4th	五 5th	六 6th	七 7th	八 8th
学科基础课 Disciplinary Fundamental Courses	212132＊1	物理实验 A Physics Experiments A	3.5	56		56			2	1.5					
	20302403	大学化学 C College Chemistry C	4	64	50	14			4						
	205080＊1	工程力学 A Engineering Mechanics A	9.5	152	138	14				5	4.5				
	20520700	流体力学 Fluid Mechanics	2.5	40	36	4	工程力学 A				2.5				
	20725103	电工与电子技术 C Electrician and Electronic Technology C	3	48	40	8					3				
	20714200	工程制图(①机械制图) Engineering Drawing (①Mechanical Drawing)	2.5	40	40			2.5							
	20715202	机械设计基础 B Fundamentals of Machine Design B	2.5	40	32	8				2.5					
	20723600	金属材料与零件加工 Metallic Materials and Parts Processing	2	32	32			2							
	20115000	地质学基础 Fundamentals of Geology	4.5	72	62	10					4.5				
	小计 **Sum**		**54.5**	**872**	**758**	**114**		**8.5**	**17**	**12**	**14.5**	**2.5**	**0**	**0**	**0**
专业主干课 Main Specialty Courses	20501200	安全系统工程 Safety System Engineering	2.5	40	40							2.5			
	20534100	安全管理学 Safety Management Engineering	2.5	40	40								2.5		
	20501100	安全人机工程 Safety Ergonomics Engineering	2.5	40	32	8						2.5			
	20525300	锅炉压力容器安全 Boiler and Pressure Vessel Safety	2.5	40	32	8							2.5		
	20506200	电气安全工程 Electric Safety Engineering	2.5	40	32	8							2.5		
	20510400	机械安全工程 Mechanical Safety Engineering	2.5	40	32	8						2.5			
	20536000	安全检测与监控技术 Safety Detection and Monitoring	3	48	40	8						3			

课程类别 Course Classification	课程编号 Course Code	课程名称 Course Name	学分 Crs	学时 Hrs	学时分类 Class Hours		先修课程 Prerequisite Courses	学期学分分配 Semester Credits							
					讲课 Lec.	实验 Lab.		一 1st	二 2nd	三 3rd	四 4th	五 5th	六 6th	七 7th	八 8th
专业主干课 Main Specialty Courses	20514300	失效分析 Failure Analysis	2.5	40	32	8						2.5			
	20534200	职业卫生工程 Occupational Health	2	32	24	8						2			
	20524400	火灾与爆炸灾害控制 Fire and Explosion Control	2.5	40	32	8						2.5			
	20515700	通风与除尘工程 Ventilation and Dust Control	2.5	40	32	8						2.5			
	20534300	环境工程 Environmental Engineering	2	32	24	8							2		
	20525100	消防工程 Fire Engineering	2	32	24	8							2		
	20534400	传热与传质学 Heat Transfer and Mass Transfer	2	32	24	8					2				
	20534500	噪声与振动控制 Noise and Vibration Control	2.5	40	32	8							2.5		
	小计 Sum		**36**	**576**	**472**	**104**		**0**	**0**	**0**	**2**	**20**	**14**	**0**	**0**
专业选修课 Specialty Elective Courses		具体见专业选修课列表	10	160											
合计 **Sub-total**			**146**	**2416**	**1834**	**230**		**20**	**22.5**	**22.5**	**22.5**	**22.5**	**14**	**0**	**0**
实践环节 Practical Work	44300200	军事训练 Military Training	2	2 周				2							
	41919002	C 语言课程设计 B Course Design for Computer B	1.5	1.5 周						1.5					
	40724602	金工实习 B Metalworking Practice B	2	2 周					2						
	40534600	安全工程教学实习 Instructive Practice for Safety Engineering	4	4 周							4				
	40534700	安全工程生产实习 Productive Practice for Safety Engineering	4	4 周									4		
	40532200	毕业实习和设计 Practice for Graduate and Bachelor Thesis	16	16 周											16

课程类别 Course Classification	课程编号 Course Code	课程名称 Course Name	学分 Crs	学时 Hrs	学时分类 Class Hours		先修课程 Prerequisite Courses	学期学分分配 Semester Credits							
					讲课 Lec.	实验 Lab.		一 1st	二 2nd	三 3rd	四 4th	五 5th	六 6th	七 7th	八 8th
实践环节 Practical Work	40534800	安全检测与监测课程设计 Course Design for Safety Detection and Monitoring	2	2 周								2			
	40534900	风险分析与评估课程设计(系统) Course Design for Risk Analysis and Evaluation	1	1 周								1			
	40535000	消防工程课程设计 Course Design for Fire Engineering	1	1 周									1		
	40535100	安全技术课程设计 Course Design for Safety Technology	4	4 周										4	
	小计 Sum		**37.5**	**37.5 周**				**2**	**2**	**1.5**	**4**	**3**	**5**	**4**	**16**
创新创业自主学习 Autonomous Learning	ZZ35000S	社会调查 Social Investigation	2												
		其他(学科竞赛、发明创造、科研报告) Others (Contest, Invention, Innovation and Research Presentation)	4												
	小计 Sum		**6**												
总计 Total			**189.5**	**2416 + 37.5 周**	**1834**	**230**		**22**	**24.5**	**24**	**26.5**	**25.5**	**19**	**4**	**16**
可开出专业选修课列表 Specialty Elective Courses	20501300	安全心理与行为 Psychology and Behavior Safety	1.5	24	24									1.5	
	20535200	安全经济与工作保险 Economic Security and Insurance	1.5	24	24									1.5	
	20506400	疲劳与断裂 Fatigue and Fracture	2	32	24	8							2		
	20535300	应急救援 Emergency Rescue	1.5	24	24									1.5	
	20525500	建筑施工安全 Construction Safety	2	32	32								2		
	20535400	油气勘探与开发安全 Oil and Gas Exploration and Development Safety	2	32	32								2		

课程类别 Course Classification	课程编号 Course Code	课程名称 Course Name	学分 Crs	学时 Hrs	学时分类 Class Hours		先修课程 Prerequisite Courses	学期学分分配 Semester Credits							
					讲课 Lec.	实验 Lab.		一 1st	二 2nd	三 3rd	四 4th	五 5th	六 6th	七 7th	八 8th
可开出专业选修课列表 Specialty Elective Courses	20525700	矿山安全 Mine Safety	2	32	32									2	
	20536100	交通安全 Transportation Safety	2	32	32									2	
	20535500	化工安全 Chemical Industry Safety	2	32	24	8							2		
	20536200	职业安全健康管理体系 OSHMS	1.5	24	24									1.5	
	20535600	安全法学 Safety Legislation	1.5	24	24									1.5	
	20511300	建筑工程概论 Introduction to Architectural Engineering	1.5	24	24								1.5		
	20535700	采矿工程概论 Introduction to Mining Engineering	1.5	24	24								1.5		
	20535800	安全管理信息技术 Safety Management of Information Technology	1.5	24	12	12								1.5	
	20535900	地下工程施工概论 Introduction to the Construction of Underground Engineering	2	32	32								2		

注：通识教育选修课学分和创新创业自主学习学分未列入具体学期。

安全工程专业课程分类统计

Course Category Statistics of Safety Engineering

课程学分 / 统计	通识教育课 Liberal Education Courses		学科基础课 Disciplinary Fundamental Courses	专业主干课 Main Specialty Courses	专业选修课 Specialty Elective Courses	实践环节 Practical Work	创新创业自主学习 Autonomous Learning	学时总计 Total Hours	学分总计 Total Credits
	必修 Compulsory	选修 Selective							
学时/学分 Hrs/Crs	616/33.5	192/12	872/54.5	576/36	160/10	37.5 周/37.5	6	2416+37.5 周	189.5
学分所占比例 Proportion of Credits	24.01%		28.76%	18.99%	5.28%	19.79%	3.17%		100%

地球物理与空间信息学院

- 地质与地球物理(实验班)专业培养方案
- 勘查技术与工程(应用地球物理方向)专业培养方案
- 地球信息科学与技术专业培养方案

地质与地球物理(实验班)专业培养方案

专业名称与代码:地球物理学　070801

专业培养目标:具有扎实的数学、物理和地球科学基础;掌握地球物理的基础理论与方法技术;初步具备在多时空尺度上理解、模拟和解释地球圈层的结构、物质与能量交换及其动力学特征的能力,为人类开发利用资源、认识自然灾害及地质环境评价等服务;培养能从事相关领域的科学研究、教学、应用与管理等方面的复合型高素质专门人才。

专业毕业要求

1.掌握较扎实的数学、物理学、地质学、信息科学、地球物理学等方面的基本理论、基本知识和基本技能,具有较强的外语读写能力。

2.系统地掌握地震学、重力学、地磁学、地电学等地球物理学基本理论及地球物理数据的处理与解释方法,具备从事地质与地球物理学研究和应用的能力。

3.了解地球物理学的发展动态及应用前景。

4.掌握运用文献检索等技术获取专业知识的基本方法。

5.具有撰写专业论文、参与学术交流的能力。

毕业要求及实现途径

序号	毕业要求	实现途径(教学过程)
1	掌握数学、物理学、地质学、信息科学、地球物理学等方面的基本理论、基本知识和基本技能	①课堂教学:马克思主义基本原理、毛泽东思想与中国特色社会主义体系概论、中国近现代史纲要、思想道德修养与法律基础、体育、大学英语、计算机高级语言、军事理论、地球物理学导论、高等数学A、地质学基础、测量学A、矿物岩石学、线性代数与矢量分析、大学物理B、物理实验A、概率论与数理统计B、构造地质学B、复变函数与积分变换、数学物理方程、场论 ②课外学习:测量教学实习A、地质教学实习(三峡)、课外科技实践、军事训练、高级语言课程设计教学
2	系统地掌握地震学、重力学、地磁学、地电学等地球物理学基本理论及地球物理数据的处理与解释方法,具备从事地质与地球物理学研究和应用的能力	①课堂教学:数字信号处理、连续介质力学、地震波理论、重力学、地磁学、地电学、地震学、区域大地构造学、地球内部物理学概论、空间探测导论、地震资料处理与解释、地球动力学、地球物理观测与实验 ②课外学习:地球物理学专业教学实习(北戴河)、课外科技实践
3	了解地球物理学的发展动态及应用前景	①课堂教学:岩石物理学、地震地体构造、地震波正演模拟、空间大地测量学、重磁资料处理与解释、地球物理学专业英语、地磁场与地球空间、空间物理概论、空间探测资料处理与解释、石油地质学、地震观测与数据库、电磁正演模拟、卫星重磁数据库及应用 ②课外学习:课外科技实践、实践教学课程

序号	毕业要求	实现途径(教学过程)
4	掌握运用文献检索等技术获取专业知识的基本方法	课外科技实践、专业选修课程、自主学习
5	具有撰写专业论文、参与学术交流的能力	课外科技实践、专业选修课程、自主学习、毕业实习和毕业设计

主干学科:地球物理学、数学、物理学、地质学、信息科学。

核心课程:大地构造学、地震波理论、地球内部物理学、连续介质力学、地震学、重力学、地磁学、地电学、地球物理观测与实验、地球动力学、地震资料处理与解释、地球物理资料综合解释等。

主要专业实验:地球物理观测技术、实验地球物理。

主要实践性教学环节:测量实习、地质认识实习、课外科技实践、地球物理学专业教学实习(北戴河)、生产实习和毕业设计等。

修业年限:四年。

授予学位:理学学士。

相近专业:勘查技术与工程、地质学、大地测量学、空间物理学。

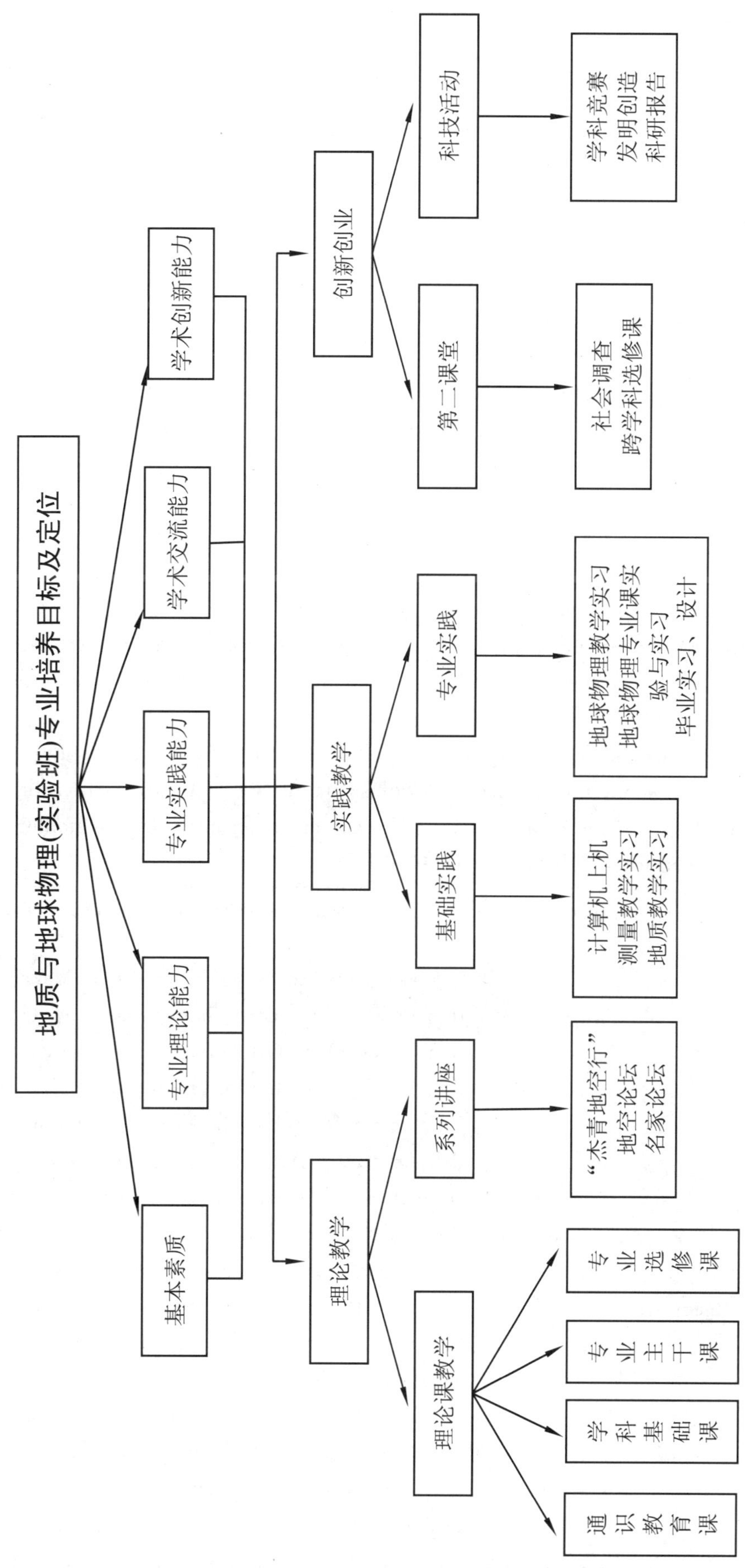
地质与地球物理(实验班)专业培养目标及定位
基本素质
专业理论能力
专业实践能力
学术交流能力
学术创新能力
理论教学
实践教学
创新创业
理论课教学
系列讲座
基础实践
专业实践
第二课堂
科技活动
通识教育课
学科基础课
专业主干课
专业选修课
“杰青地空行”
地空论坛
名家论坛
计算机上机
测量教学实习
地质教学实习
地球物理教学实习
地球物理专业课实验与实习
毕业实习、设计
社会调查
跨学科选修课
学科竞赛
发明创造
科研报告

Program for Geology and Geophysics(Experimental Class)

Specialty and Code: Geophysics 070801

Education Objective: The students will be equipped with a solid foundation of mathematics, physics and the general knowledge about Earth. They are expected to master the fundamental theory and technology of Geophysics, as well as understand, simulate and interpret the structure of the earth sphere, the exchange of material and energy in the interior of the solid earth, and the characteristics of geodynamics in multi-spatial and temporal scale. These capabilities can be applied to resources development and exploitation, the understanding of natural disasters, and the evaluation of geological environment. Graduates will be able to engage in scientific research, education, application, consultancy and management of sustainable development in related fields.

Graduation Requirements

1. To master the basic theory, knowledge and technology of mathematics, physics, geology, information science, and geophysics.

2. A solid basis in mastering of fundamental theories of geophysics, such as Gravity, Geomagnetism, Geoelectronics, and Seismology, as well as the processing and interpretation of geophysical data, the capability to engage in both theoretical research and application in the area of geology and geophysics.

3. To grasp the developing trend as well as the application prospects of geophysics.

4. To know the basic method and acquire professional knowledge such as literature searching.

5. To be capable of writing professional papers and engaging in academic communications.

Graduation Requirements and Ways to Achieve

No.	Graduation Requirements	Ways to Achieve(Teaching Process)
1	To master the basic theory, knowledge and technology of mathematics, physics, geology, information science, and geophysics	①Classroom Teaching: Principles of Marxism, Introduction to Mao Tse-tung Thought and the Theoretical System of Socialism with Chinese Characteristics, The Essentials of Modern Chinese History, Morality Education and Fundamentals of Law, Physical Education, College English, Computer Advanced Language, Military Theory, Introduction to Geophysics, Advanced Mathematics A, Physical Geology, Surveying A, Mineralogy and Lithology, Linear Algebra, College Physics B, Physics Experiments A, Probability and Statistics B, Structural Geology B, Complex Function and Integral Transform, Mathematical Physics, Field Theory ②Out-of-class Learning: Surveying Practice A, Geological Field Training (the Three Gorges), Extracurricular Science and Technology Practice, Military Training, Computer Advanced Language

No.	Graduation Requirements	Ways to Achieve(Teaching Process)
2	A solid basis in mastering of fundamental theories of geophysics, such as Gravity, Geomagnetism, Geoelectronics, and Seismology, as well as the processing and interpretation of geophysical data, the capability to engage in both theoretical research and application in the area of geology and geophysics	①Classroom Teaching: Digital Signal Processing, Continuum Mechanics, Seismic Wave Theory, Gravity, Geomagnetism, Geoelectronics, Seismology, Regional Tectonics, Introduction to physics of the Earth's Interior, Introduction to Space Exploration, Seismic Data Processing and Interpretation, Geodynamics, Geophysical Measurement and Experiments ② Out-of-class Learning: Geophysical Major Teaching Practice(Beidaihe), Extracurricular Science and Technology Practice
3	To grasp the developing trend as well as the application prospects of geophysics	① Classroom Teaching: Rock Physics, Seismotectonic, Seismic Forward Modeling, Space Geodesy, Processing and Interpretation of Gravity and Magnetic Data, Specialized English of Geophysics, Geomagnetic Field and Geospace, Introduction to Space Physics, Space Exploration Data Processing and Interpretation, Oil and Gas Geology, Seismic Observation and Database, Electromagnetic Forward Modeling, Satellite Gravity and Magnetic Database and Applications ②Out-of-class Learning: Contest, Invention, Extracurricular Science and Technology Practice, Practice Teaching Courses
4	To know the basic method of acquire professional knowledge such as literature searching	Extracurricular Science and Technology Practice, Specialty Elective Courses, Autonomous Learning
5	To be capable of writing professional papers and engaging in academic communications	Extracurricular Science and Technology Practice, Specialty Elective Courses, Autonomous Learning, Practice for Graduation, Bachelor Thesis

Major Disciplines: Geophysics, Mathematics, Physics, Geology, and Information Science.

Main Courses: Tectonics, Seismic Wave Theory, The Physics of the Earth's Interior, Continuum Mechanics, Seismology, Gravity, Geomagnetism, Geoelectronics, Geophysical Measurement and Experiments, Geodynamics, Seismic Data Processing and Interpretation, Integrated Interpretation of Geophysical Data.

Lab Experiments: Observational Techniques in Geophysics, Experimental Geophysics.

Practical Work: Survey Practice, Geological Field Training, Extracurricular Scientific and Technological Practice Activities, Geophysical Major Teaching Practice (Beidaihe), Graduation Internship and Graduation Thesis.

Duration: four years.

Degree Granted: Bachelor of Science.

Related Specialties: Exploration Technology and Engineering, Geology, Geodesy, Space Physics.

地质与地球物理(实验班)专业课程教学计划表

Course Descriptions of Geology and Geophysics(Experimental Class)

课程类别 Course Classification	课程编号 Course Code	课程名称 Course Name	学分 Crs	学时 Hrs	学时分类 Class Hours 讲课 Lec.	实验 Lab.	先修课程 Prerequisite Courses	学期学分分配 Semester Credits 一 1st	二 2nd	三 3rd	四 4th	五 5th	六 6th	七 7th	八 8th
通识教育课 Liberal Education Courses 必修 Compulsory	11706200	马克思主义基本原理 Principles of Marxism	3	48	48				3						
	11706500	毛泽东思想与中国特色社会主义理论体系概论 Introduction to Mao Tse-tung Thought and the Theoretical System of Socialism with Chinese Characteristics	4	64	64						4				
	11711800	中国近现代史纲要 The Essentials of Modern Chinese History	2	32	32					2					
	120002 * 0	思想道德修养与法律基础 Morality Education and Fundamentals of Law	3	48	48			1.5	1.5						
	113076 * 0	体育 Physical Education	4	144	144			1	1	1	1				
	109116 * 0	大学英语 College English	12	192	192			3	3	3	3				
	11918902	C语言程序设计B C Language Programming B	2.5	40	28	12				2.5					
	20612000	地球物理学导论 Introduction to Geophysics	1	16	16			1							
	14300100	军事理论 Military Theory	2	32	32			2							
选修 Elective	总计12学分,含创新创业选修课学分,跨学科选修课不低于6学分。"形势与政策"课程作为限选课,由马克思主义学院实施		12	192											
	小计 Sum		**45.5**	**808**	**604**	**12**		**8.5**	**8.5**	**8.5**	**8**	**0**	**0**	**0**	**0**
学科基础课 Disciplinary Fundamental Courses	212127 * 1	高等数学A Advanced Mathematics A	11.5	184	184			5	6.5						
	20115000	地质学基础 Physical Geology	4.5	72	58	14		4.5							
	21120801	测量学A Surveying A	2.5	40	30	10		2.5							
	20113100	矿物岩石学A Mineralogy and Lithology A	3	48	48				3						
	21208000	线性代数与矢量分析 Linear Algebra	3	48	48				3						

课程类别 Course Classification	课程编号 Course Code	课程名称 Course Name	学分 Crs	学时 Hrs	学时分类 Class Hours		先修课程 Prerequisite Courses	学期学分分配 Semester Credits							
					讲课 Lec.	实验 Lab.		一 1st	二 2nd	三 3rd	四 4th	五 5th	六 6th	七 7th	八 8th
学科基础课 Disciplinary Fundamental Courses	212130＊2	大学物理 B University Physics B	7	112	112				3.5	3.5					
	212132＊1	物理实验 A Physics Experiments A	3.5	56		56			2	1.5					
	21213502	概率论与数理统计 B Probability and Mathematics Statistics B	2.5	40	40					2.5					
	20104002	构造地质学 B Structural geology B	3	48	34	14	地质学基础			3					
	21201901	复变函数与积分变换 A Complex Function and Integral Transform A	3.5	56	56		高等数学 A			3.5					
	21206400	数学物理方程 Mathematical Physics	3	48	48		复变函数				3				
	21200700	场论 Field Theory	3.5	56	56		大学物理 B 数理方程					3.5			
	小计 Sum		**50.5**	**808**	**714**	**94**		**12**	**18**	**14**	**3**	**3.5**	**0**	**0**	**0**
专业主干课 Main Specialty Courses	20711002	数字信号处理 B Digital Signal Processing B	3	48	40	8	复变函数与积分变换				3				
	20608200	连续介质力学 Continuum Mechanics	3	48	48		大学物理 B				3				
	20608300	地震波理论 Seismic Wave Theory	2.5	40	40		高等数学 A					2.5			
	20614200	重力学 Gravity	3	48	46	2	大学物理 B					3			
	20608500	地磁学 Geomagnetism	2.5	40	40		场论					2.5			
	20600900	地电学 Geoelectronics	2.5	40	38	2	数学物理					2.5			
	20602800	地震学 Seismology	4	64	56	8	方程						4		
	20608600	地球物理观测与实验 Geophysical Measurement and Experiments	2.5	40	16	24	重力学 地磁学 地电学 地震学						2.5		
	20105400	区域大地构造学 Regional Tectonics	2	32	32		构造地质学						2		
	20608700	地球内部物理学概论 Introduction to Physics of the Earth's Interior	2.5	40	40		地球物理学导论				2.5				

课程类别 Course Classification	课程编号 Course Code	课程名称 Course Name	学分 Crs	学时 Hrs	学时分类 Class Hours		先修课程 Prerequisite Courses	学期学分分配 Semester Credits							
					讲课 Lec.	实验 Lab.		一 1st	二 2nd	三 3rd	四 4th	五 5th	六 6th	七 7th	八 8th
专业主干课 Main Specialty Courses	20604600	空间探测导论 Introduction to Space Exploration	2	32	32							2			
	20608800	地震资料处理与解释 Seismic Data Processing and Interpretation	2.5	40	32	8	地震波理论 地震学							2.5	
	20608900	地球动力学 Geodynamics	3	48	48		连续介质力学						3		
	小计 **Sum**		**35**	**560**	**508**	**52**		**0**	**0**	**0**	**8.5**	**12.5**	**11.5**	**2.5**	**0**
专业选修课 Specialty Elective Courses		具体见专业选修课列表(至少修13学分)	13	208											
合计 **Sub-total**			**144**	**2384**	**1838**	**146**		**20.5**	**26.5**	**22.5**	**19.5**	**16**	**11.5**	**2.5**	**0**
实践环节 Practical Work	44300200	军事训练 Military Training	2	2周				2							
	41919002	C语言课程设计B Course Design for C Language B	1.5	1.5周			计算机高级语言			1.5					
	40614300	地震波理论模拟实习 Seismic Modeling Practice on Computer	1	1周			地震波理论					1			
	40614400	地震观测实习 Seismic Observation	2	2周			地震学						2		
	40614500	重磁观测实习 Gravity and Magnetic Observation	2	2周			重力学 磁学						2		
	41120901	测量教学实习A Surveying Practice A	1	1周			测量学A	1							
	40614600	电磁观测实习 Electromagnetic Observation	2	2周			地电学					2			
	40614700	空间探测教学实习 Space Exploration Observation and Practice	1	1周			空间探测导论						1		
	40115701	地质教学实习(秭归) Geological Field Training (the Three Gorges)	4	4周			构造地质学 矿物岩石学					4			
	40614800	地球物理学专业教学实习(北戴河) Geophysical Major Teaching Practice (Beidaihe)	5	5周			重、磁、电、震专业主干课						5		

课程类别 Course Classification	课程编号 Course Code	课程名称 Course Name	学分 Crs	学时 Hrs	学时分类 Class Hours		先修课程 Prerequisite Courses	学期学分分配 Semester Credits							
					讲课 Lec.	实验 Lab.		一 1st	二 2nd	三 3rd	四 4th	五 5th	六 6th	七 7th	八 8th
实践环节 Practical Work	40613800	毕业实习 Practice for Graduation	8	8周											8
	40613900	毕业设计 Bachelor Thesis	8	8周											8
	小计 Sum		**37.5**	**37.5周**				**3**	**0**	**1.5**	**0**	**7**	**10**	**0**	**16**
创新创业自主学习 Autonomous Learning	ZZ35000S	社会调查 Social Investigation	2												
		其他(学科竞赛、发明创造、科研报告) Others (Contest, Invention, Innovation and Research Presentation)	3												
	小计 Sum		**5**												
总计 Total			**186.5**	**2384+37.5周**	**1838**	**146**		**23.5**	**26.5**	**24**	**19.5**	**23**	**21.5**	**2.5**	**16**
可开出专业选修课列表 Specialty Elective Courses	20606100	岩石物理学 Rock Physics	2	32	24	8				2					
	20616200	地震地体构造 Seismotectonic	1.5	24	16	8								1.5	
	20616300	地震波正演模拟 Seismic Forward Modeling	2	32	32									2	
	20616400	空间大地测量学 Space Geodesy	2	32	24	8					2				
	20609000	重磁资料处理与解释 Processing and Interpretation of Gravity and Magnetic Data	2	32	24	8							2		
	20609300	地球物理专业英语 Specialized English of Geophysics	2	32	32									2	
	20616500	地磁场与地球空间 Geomagnetic Field and Geospace	1.5	24	24					1.5					
	20616600	空间物理概论 Introduction to Space Physics	2	32	32						1.5				
	20616700	空间探测资料处理与解释 Space Exploration Data Processing and Interpretation	1.5	24	24								2		
	20214804	石油及天然气地质学 Oil and Gas Geology	2.5	40	40								2.5		

课程类别 Course Classification	课程编号 Course Code	课程名称 Course Name	学分 Crs	学时 Hrs	学时分类 Class Hours		先修课程 Prerequisite Courses	学期学分分配 Semester Credits							
					讲课 Lec.	实验 Lab.		一 1st	二 2nd	三 3rd	四 4th	五 5th	六 6th	七 7th	八 8th
可开出专业选修课列表 Specialty Elective Courses	20616800	地震观测与数据库 Seismic Observation and Database	2	32	24	8							2		
	20616900	电磁正演模拟 Electromagnetic Forward Modeling	1.5	24	24								1.5		
	20617000	卫星重磁数据库及应用 Satellite Gravity and Magnetic Database and Applications	1.5	24	24									1.5	

注：通识教育选修课学分和创新创业自主学习学分未列入具体学期。

地质与地球物理(实验班)专业课程分类统计

Course Category Statistics of Geology and Geophysics(Experimental Class)

课程学分 / 统计	通识教育课 Liberal Education Courses		学科基础课 Disciplinary Fundamental Courses	专业主干课 Main Specialty Courses	专业选修课 Specialty Elective Courses	实践环节 Practical Work	创新创业自主学习 Autonomous Learning	学时总计 Total Hours	学分总计 Total Credits
	必修 Compulsory	选修 Selective							
学时/学分 Hrs/Crs	616/33.5	192/12	808/50.5	560/35	208/13	37.5周/37.5	5	2384+37.5周	186.5
学分所占比例 Proportion of Credits	24.40%		27.08%	18.77%	6.97%	20.10%	2.68%		100%

勘查技术与工程(勘查地球物理方向)专业培养方案

专业名称与代码：勘查技术与工程(勘查地球物理方向)　081402

专业培养目标：本专业培养具有扎实的数学、物理基础和较系统的地球科学基础；掌握勘探地球物理的基础理论与方法技术；能运用物理学、数学与地球科学的理论、方法和现代高科技手段从事与地球内部结构探索、资源勘查与开发利用、地质灾害预测和防治，及从事水利、电力、交通等重大工程基础勘察、环境污染监测及环境保护等方面的工作；能从事相关专业领域的教学、科学研究、应用与管理等方面的复合型高素质专门人才。

专业毕业要求

1. 掌握数学、物理学、地质学、计算机与信息科学等方面的基本理论、基本知识和基本技能，具有扎实而宽广的专业基础知识，具有较强的外语读写能力。

2. 系统掌握勘查地球物理学的基本理论与方法原理，了解各种地球物理探测技术的特点，掌握多种常用勘查地球物理方法野外观测与数据采集及数据处理和解释方法的基本技能，具备从事能源及矿产资源勘察、工程基础勘察、地质灾害的预测与防治、环境监测与保护等领域工作的能力，具备从事相关领域科学研究的能力。

3. 了解各种地球物理勘查技术的最新发展动态与应用前景。

4. 掌握运用文献检索等技术获取专业知识的基本方法。

5. 具有撰写专业论文、参与学术交流的能力。

毕业要求及实现途径

序号	毕业要求	实现途径(教学过程)
1	系统掌握数学、物理学、地质学、计算机与信息科学及勘查地球物理学等方面的基本理论、基本知识和基本技能	①课堂教学：马克思主义原理、毛泽东思想与中国特色社会主义理论体系概论、中国近现代史纲要、大学生思想道德修养与法律基础、体育、大学英语、计算机高级语言、军事理论、勘查地球物理学导论、高等数学A、地质学基础、测量学A、矿物岩石学、线性代数与矢量分析、大学物理B、物理实验A、概率论与数理统计B、构造地质学B、复变函数与积分变换、数学物理方程、场论、数值分析 ②课外学习：测量教学实习A、地质教学实习(三峡)、课外科技实践、军事训练、计算机高级语言课程设计
2	系统地掌握地震勘探、重力勘探、磁法勘探、电磁法勘探及地球物理测井等勘查地球物理的基本理论及野外数据采集、数据处理与资料解释的基本方法，具备从事地球物理学勘查技术的应用与研究的能力	①课堂教学：数字信号处理、弹性波理论基础、重力勘探、磁法勘探、电(磁)法勘探、地震勘探、电(磁)法资料处理与解释、地震资料采集与处理、地震勘探资料解释、地球物理测井、重磁资料处理与解释 ②课外学习：地球物理勘探原理实验、地球物理教学实习(北戴河)A、课外科技实践

序号	毕业要求	实现途径(教学过程)
3	了解勘查地球物理学的发展动态及应用前景	①课堂教学:Matlab语言及应用、岩石物理学、工程地震勘探、地震沉积相解释、海洋地球物理概论、能源地震勘探新方法技术、重磁勘探新方法技术、地球物理反演概论、大地电磁测深、瞬变电磁法、探地雷达方法原理及应用、管线探测与高密度电法原理、地面核磁共振方法与应用、计算地球物理、现代地球物理仪器及应用、矿床学B、石油及天然气地质学D、工程地质学基础、海洋地质学 ②课外学习:课外科技实践、实践教学课程
4	掌握运用文献检索等技术获取专业知识的基本方法	①课堂教学:地球物理科技论文写作、专业选修课程 ②课外学习:课外科技实践、自主学习
5	具有撰写专业论文、参与学术交流的能力	课外科技实践、专业选修课程、自主学习、生产实习和毕业设计

主干学科:勘查地球物理学、数学、物理学、地质学、信息科学。

专业核心课程:数字信号处理、弹性波理论基础、重力勘探、磁法勘探、电(磁)法勘探、地震勘探、电(磁)法资料处理与解释、地震资料采集与处理、地震勘探资料解释、地球物理测井、重磁资料处理与解释。

主要专业实验:地球物理勘探实验。

主要实践性教学环节:测量实习、地质认识实习、课外科技实践、勘查地球物理教学实习(北戴河)A、生产实习和毕业设计等。

修业年限:四年。

授予学位:工学学士。

相近专业:地球物理学、地质学。

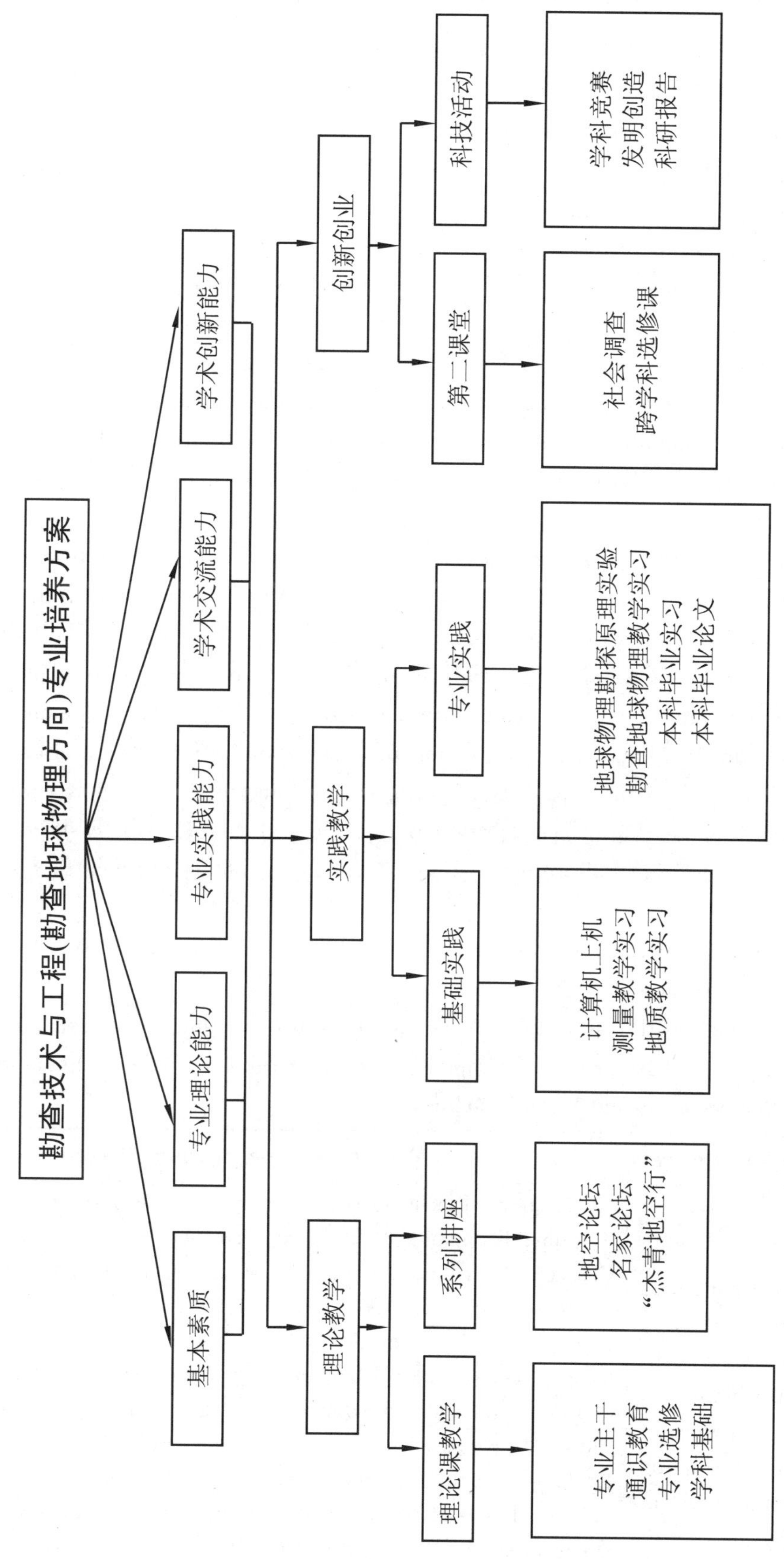
勘查技术与工程(勘查地球物理方向)专业培养方案
基本素质
专业理论能力
专业实践能力
学术交流能力
学术创新能力
理论教学
实践教学
创新创业
理论课教学
系列讲座
基础实践
专业实践
第二课堂
科技活动
专业主干
通识教育
专业选修
学科基础
地空论坛
名家论坛
“杰青地空行”
计算机上机
测量教学实习
地质教学实习
地球物理勘探原理实验
勘查地球物理教学实习
本科毕业实习
本科毕业论文
社会调查
跨学科选修课
学科竞赛
发明创造
科研报告

Program for Exploration Technology & Engineering (Exploration Geophysics)

Specialty and Code: Exploration Technology & Engineering(Exploration Geophysics) 081402

Educational Objective: The students enrolled in the program will be equipped with solid foundations of mathematics, physics and geosciences, and they are expected to master the basic theories and techniques of exploration geophysics. They are expected to be capable of applying the theories and methods of mathematics, physics and geosciences, combining with modern advanced science and technology to study the earth's interior structure, to prospect and exploit the resources, to forecast and prevent the geological disasters, to survey and explore the key engineering projects including the water conservancy, electric power and transportation, and to supervise and prevent the environmental contaminations. Graduates should possess sustainable development potentials and be fitted for being engaged in scientific research, education, application, consultancy and management fields.

Graduation Requirements

1. To master the basic theories, knowledge and techniques of mathematics, physics, geology, computer and information sciences, to have a solid and wide major foundations, and to be capable of reading, writing and communicating using one foreign language.

2. To have a systematic command of fundamental theories and techniques of exploration geophysics, to know well about the characteristics of different geophysical detecting techniques, to master the basic skills of field observation and data collection, processing and interpretation of geophysical exploration techniques, to possess the capability of being engaged in those fields such as mineral and resources exploration, engineering projects prospecting, geological disasters forecasting and precaution, and environmental supervision and protection, and to have the capability of scientific research in related fields.

3. To know well about the developing trends as well as the application prospects of different geophysical exploration techniques.

4. Required to master the methods of retrieving literature to acquire professional knowledge.

5. To be capable of writing scientific papers and participating in academic communications.

Graduation Requirements and Ways to Achieve

No.	Graduation Requirements	Ways to Achieve(Teaching Process)
1	Have a good command of the basic theory, knowledge and techniques of mathematics, physics, geology, computer and information sciences, and exploration geophysics	①Classroom Teaching: Basic Principles of Marxism, Introduction to Mao Tse-tung Thought and the Theoretical System of Socialism with Chinese Characteristics, The Essentials of Modern Chinese History, Morality Education and Fundamentals of Law, Physical Education, College English, Computer Advanced Language, Military Theory, Introduction of Exploration Geophysics, Advanced Mathematics A, Foundation of Geology, Surveying A, Mineralogy and Lithology, Linear Algebra and Vector Analysis, College Physics B, Physics Experiments B, Probability and Statistics B, Structural Geology B, Complex Function and Integral Transform, Equations of Mathematical Physics, Potential Field Theory, Numerical Analysis ②Out-of-class Learning: Surveying Practice A, Geology Teaching Practice (the Three Gorges), Extracurricular Science & Technology Practice, Militarily Train, Programming for Advanced Computer Language

No.	Graduation Requirements	Ways to Achieve(Teaching Process)
2	Have a systematic command of fundamental theories and techniques of exploration geophysics, to know well about the characteristics of various geophysical detecting techniques, to master the basic skills of field observation and data collection, processing and interpretation for those common used geophysical exploration techniques including the seismic exploration, gravity exploration, magnetic exploration, electromagnetic exploration; possess the capability of being engaged in the application and research of exploration geophysics	①Classroom Teaching: Digital Signal Processing, Foundation of Elastic Wave Theory, Gravity Exploration, Magnetic Exploration, Electromagnetic Exploration, Seismic Exploration, Electromagnetic Data Processing and Interpretation, Seismic Data Acquisition and Processing, Seismic Data Interpretation, Geophysical Logging, Gravity and Magnetic Data Processing and Interpretation ②Out-of-class Learning: Experiments for Exploration Geophysics Principles, Exploration Geophysics Teaching Practice (Beidaihe) A, Extracurricular Science & Technology Practice
3	Know well about the developing trends as well as the application prospects of various geophysical exploration techniques	①Classroom Teaching: MATLAB Programming and Application, Rock Physics, Engineering Seismic Prospecting, Seismic Sedimentary Facies Interpretation, Introduction to Marine Geophysics, New Method and Technology of Energy Resources Seismic Exploration, New Method and Technology of Gravity & Magnetic Exploration, Introduction to Geophysical Inversion, Magnetotelluric Sounding, Transient Electromagnetic Method, Ground Penetrating Radar Principles & Applications, Pipeline Detection & High Density Resistivity Method Principles, Surface NMR Method and Application, Computational Geophysics, Modern Geophysical Instruments and Applications, Mineral Deposit Geology B, Geology of Oil and Gas D, Foundation of Engineering Geology, Marine Geology ②Out-of-class Learning: Extracurricular Science & Technology Practice, Practice Teaching Course
4	Master the way of literature retrieving to acquire professional knowledge	①Classroom Teaching: Technical Writing of Geophysical, Major Elective Courses ②Out-of-class Learning: Extracurricular Science & Technology Practice, Independent Learning
5	Be capable of writing scientific papers and participating in academic communications	Extracurricular Science & Technology Practice, Major Elective Courses, Independent Learning, Major Practice for Graduation, Bachelor Thesis

Major Disciplines: Exploration Geophysics, Mathematics, Physics, Geology, and Information Science.

Main Courses: Digital Signal Processing, Foundation of Elastic Wave Theory, Gravity Exploration, Magnetic Exploration, Electric and Magnetic Exploration, Seismic Exploration, Electromagnetic Data Processing and Interpretation, Seismic Data Acquisition and Processing, Seismic Data Interpretation, Geophysical Logging, Gravity and Magnetic Data Processing and Interpretation.

Lab Experiments: Experiments for Exploration Geophysics.

Practical Work: Surveying Practice, Geology Practice, Extracurricular Science & Technology Practice, Exploration Geophysics Teaching Practice (Beidaihe) A, Major Practice for Graduation, Bachelor Thesis.

Duration: four years.

Degree Granted: Bachelor of Engineering.

Related Specialties: Geophysics, Geology.

勘查技术与工程(勘查地球物理方向)专业课程教学计划表

Course Descriptions of Exploration Technology & Engineering(Exploration Geophysics)

课程类别 Course Classification		课程编号 Course Code	课程名称 Course Name	学分 Crs	学时 Hrs	学时分类 Class Hours		先修课程 Prerequisite Courses	学期学分分配 Semester Credits							
						讲课 Lec.	实验 Lab.		一 1st	二 2nd	三 3rd	四 4th	五 5th	六 6th	七 7th	八 8th
通识教育课 Liberal Education Courses	必修 Compulsory	11706200	马克思主义基本原理 Principles of Marxism	3	48	48				3						
		11706500	毛泽东思想与中国特色社会主义理论体系概论 Introduction to Mao Tse-tung Thought and the Theoretical System of Socialism with Chinese Characteristics	4	64	64						4				
		11711800	中国近现代史纲要 The Essentials of Modern Chinese History	2	32	32					2					
		120002＊0	思想道德修养与法律基础 Morality Education and Fundamentals of Law	3	48	48			1.5	1.5						
		113076＊0	体育 Physical Education	4	144	144			1	1	1	1				
		109116＊0	大学英语 College English	12	192	192			3	3	3	3				
		11918902	C 语言程序设计 B C Language Programming B	2.5	40	40					2.5					
		20612300	勘查地球物理导论 Introduction to Exploration Geophysics	1	16	16			1							
		14300100	军事理论 Military Theory	2	32	32			2							
	选修 Elective	总计 12 学分,含创新创业选修课"社会调查"2 学分,跨学科选修课不低于 6 学分。"形势与政策"课程作为限选课,由马克思主义学院实施		12	192											
		小计 Sum		**45.5**	**808**	**604**	**12**		**8.5**	**8.5**	**8.5**	**8**	**0**	**0**	**0**	**0**
学科基础课 Disciplinary Fundamental Courses		212127＊1	高等数学 A Advanced Mathematics A	11.5	184	184			5	6.5						
		20115000	地质学基础 Foundation of Geology	4.5	72	56	16		4.5							
		21120801	测量学 A Surveying A	2.5	40	30	10		2.5							
		20113100	矿物岩石学 A Mineralogy and Lithology A	3	48	48				3						

课程类别 Course Classification	课程编号 Course Code	课程名称 Course Name	学分 Crs	学时 Hrs	学时分类 Class Hours		先修课程 Prerequisite Courses	学期学分分配 Semester Credits							
					讲课 Lec.	实验 Lab.		一 1st	二 2nd	三 3rd	四 4th	五 5th	六 6th	七 7th	八 8th
学科基础课 Disciplinary Fundamental Courses	21208000	线性代数与矢量分析 Linear Algebra and Vector Analysis	3	48	48				3						
	212130 * 2	大学物理 B College Physics B	7	112	112				3.5	3.5					
	212132 * 1	物理实验 A Physics Experiments A	3.5	56		56			2	1.5					
	21213502	概率论与数理统计 B Probability and Mathematics Statistics B	2.5	40	40		高等数学 A			2.5					
	20104002	构造地质学 B Structural Geology B	3	48	34	14				3					
	21201901	复变函数与积分变换 A Complex Function and Integral Transform A	3.5	56	56		高等数学 A			3.5					
	21206400	数学物理方程 Equations of Mathematical Physics	3	48	48		复变函数				3				
	21206600	数值分析 Numerical Analysis	3	48	48		高等数学 A				3				
	21200700	场论 Potential Field Theory	3.5	56	56		大学物理 B 数理方程					3.5			
	小计 **Sum**		**53.5**	**856**	**760**	**96**		**12**	**18**	**14**	**6**	**3.5**	**0**	**0**	**0**
专业主干课 Main Specialty Courses	20711002	数字信号处理 B Digital Signal Processing B	3	48	40	8	复变函数与积分变换				3				
	20609600	弹性波理论基础 Foundation of Elastic Wave Theory	3	48	48		高等数学 A				3				
	20609700	重力勘探 Gravity Exploration	2	32	32		大学物理 B					2			
	20609800	磁法勘探 Magnetic Exploration	2	32	32		场论					2			
	20609900	电法勘探原理 Principles of Electrical Exploration	2.5	40	40		数学物理方程					2.5			
	20611000	地震勘探原理 Principles of Seismic Exploration	2.5	40	40							2.5			
	20615600	电(磁)法资料处理与解释 Electromagnetic Data Processing & Interpretation	2.5	40	28	12	电法勘探原理						2.5		

课程类别 Course Classification	课程编号 Course Code	课程名称 Course Name	学分 Crs	学时 Hrs	学时分类 Class Hours		先修课程 Prerequisite Courses	学期学分分配 Semester Credits							
					讲课 Lec.	实验 Lab.		一 1st	二 2nd	三 3rd	四 4th	五 5th	六 6th	七 7th	八 8th
专业主干课 Main Specialty Courses	20610300	地震资料采集与处理 Seismic Data Acquisition & Processing	3.5	56	40	16	地震勘探原理						3.5		
	20602600	地震勘探资料解释 Seismic Data Interpretation	2	32	20	12	地震勘探原理						2		
	20610400	地球物理测井 Geophysical Logging	3.5	56	52	4	大学物理 B						3.5		
	20609000	重磁资料处理与解释 Gravity and Magnetic Data Processing and Interpretation	2	32	20	12	重力勘探 磁法勘探						2		
	小计 Sum		**28.5**	**456**	**392**	**64**		**0**	**0**	**0**	**6**	**9**	**13.5**	**0**	**0**
专业选修课 Specialty Elective Courses		具体见专业选修课列表	17	272											
合计 Sub-total			**144.5**	**2392**	**1768**	**160**		**20.5**	**26.5**	**22.5**	**20**	**12.5**	**13.5**	**0**	**0**
实践环节 Practical Work	44300200	军事训练 Military Training	2	2 周				2							
	41919002	C 语言课程设计 B Course Design for C Language B	1.5	1.5 周			计算机机高级语言			1.5					
	40614910	地球物理勘探实验(1) Geophysical Exploration Experiment 1	1.5	1.5 周			重、磁、电、震、测井原理及数据采集					1.5			
	40614920	地球物理勘探实验(2) Geophysical Exploration Experiment 2	1.5	1.5 周			重、磁、电、震、测井原理及数据采集						1.5		
	40615000	地震资料处理与解释实习 Seismic Data Processing & Interpretation Practice	2	2 周			地震资料处理与解释							2	
	40615100	电磁法新方法技术实习(高密度电法、瞬变电磁、管线探测) New Methods and Technology Practice	2	2 周			电(磁)法资料处理与解释						2		
	40615200	重磁资料处理和解释实习 Gravity and Magnetic Data Processing and Interpretation Practice	1	1 周			重磁资料处理与解释						1		
	40615300	地质雷达数据采集与处理实习 GPR Data Acquisition and Processing Practice	1	1 周			大学物理 场论						1		

课程类别 Course Classification	课程编号 Course Code	课程名称 Course Name	学分 Crs	学时 Hrs	学时分类 Class Hours 讲课 Lec.	实验 Lab.	先修课程 Prerequisite Courses	学期学分分配 Semester Credits 一 1st	二 2nd	三 3rd	四 4th	五 5th	六 6th	七 7th	八 8th
实践环节 Practical Work	40615400	工程地震勘探实习 Engineering Seismic Exploration Practice	1	1周			地震勘探						1		
	40615500	测井资料处理与解释实习 Geophysical Logging Data Processing & Interpretation Practice	1	1周			地球物理测井						1		
	41120901	测量教学实习A Surveying Practice A	1	1周			高等数学A	1							
	40115701	地质教学实习(秭归) Geological Teaching Practice (the Three Gorges)	4	4周			地质学基础 矿物岩石学A				4				
	40614800	地球物理学专业教学实习(北戴河)A Geophysics Teaching Practice (Beidaihe) A	5	5周			测量学A 重、磁、电、震专业主干课						5		
	40613800	毕业实习 Major Practice for Graduation	8	8周											8
	40613900	毕业设计 Bachelor Thesis	8	8周											8
	小计 Total		**40.5**	**40.5** 周				**3**	**0**	**1.5**	**4**	**1.5**	**12.5**	**2**	**16**
创新创业自主学习 Autonomous Learning	ZZ35000S	社会调查 Social Investigation	2												
		其他(学科竞赛、发明创造、科研报告) Others (Contest, Invention, Innovation and Research Presentation)	3												
	小计 Sum		**5**												
总计 Total			**190**	**2392 + 40.5** 周	**1768**	**160**		**23.5**	**26.5**	**24**	**24**	**14**	**26**	**2**	**16**
可开出专业选修课列表 Specialty Elective Courses	20615700	Matlab语言及应用 MATLAB Programming and Application	2	32	20	12						2			
	20606100	岩石物理学 Rock Physics	2	32	32									2	
	20615900	工程地震勘探 Engineering Seismic Prospecting	1.5	24	24									1.5	
	20607600	地震沉积相解释 Seismic Sedimentary Facies Interpretation	1.5	24	24									1.5	

课程类别 Course Classification	课程编号 Course Code	课程名称 Course Name	学分 Crs	学时 Hrs	学时分类 Class Hours		先修课程 Prerequisite Courses	学期学分分配 Semester Credits							
					讲课 Lec.	实验 Lab.		一 1st	二 2nd	三 3rd	四 4th	五 5th	六 6th	七 7th	八 8th
可开出专业选修课列表 Specialty Elective Courses	20604000	海洋地球物理概论 Introduction to Marine Geophysics	1	16	16									1	
	20604800	能源地震勘探新方法技术 New Methods and Technology of Energy Resources Seismic Exploration	2	32	32									2	
	20606300	重磁勘探新方法技术 New Methods and Technology of Gravity & Magnetic Exploration	1.5	24	24									1.5	
	20611700	地球物理反演 Introduction to Geophysical Inversion	2	32	24	8								2	
	20616000	管线探测与高密度电法原理 Pipeline Detection & High Density Resistivity Method Principles	1.5	24	24									1.5	
	20610600	大地电磁测深 Magnetotelluric Sounding	1	16	16									1	
	20610700	瞬变电磁法 Transient Electromagnetic Method	1	16	8	8								1	
	20605400	探地雷达方法原理及应用 GPR Principles & Applications	1	16	16									1	
	20601000	地面核磁共振方法与应用 Surface NMR Method and Application	1	16	16									1	
	20604300	计算地球物理 Computational Geophysics	2	32	32									2	
	20605900	现代地球物理仪器及应用 Modern Geophysical Instruments and Applications	1	16	12	4								1	
	20216000	矿床学 B Mineral Deposit Geology B	4	64	50	14								4	
	20214804	石油及天然气地质学 D Geology of Oil and Gas D	2.5	40	40									2.5	
	20508400	工程地质学基础 B Foundation of Engineering Geology B	2	32	32									2	
	20217200	海洋地质学 Marine Geology	3	48	48									2	
	20616100	地球物理科技论文写作 Geophysical Scientific Writing	1	16	16										1

注：通识教育选修课学分和创新创业自主学习学分未列入具体学期。

勘查技术与工程(勘查地球物理方向)专业课程分类统计

Course Category Statistics of Exploration Technology & Engineering(Exploration Geophysics)

课程学分 / 统计	通识教育课 Liberal Education Courses		学科基础课 Disciplinary Fundamental Courses	专业主干课 Main Specialty Courses	专业选修课 Specialty Elective Courses	实践环节 Practical Work	创新创业自主学习 Autonomous Learning	学时总计 Total Hours	学分总计 Total Credits
	必修 Compulsory	选修 Selective							
学时/学分 Hrs/Crs	616/33.5	192/12	856/53.5	456/28.5	272/17	40.5 周/40.5	5	2392+40.5 周	190
学分所占比例 Proportion of Credits	23.95%		28.16%	15%	8.95%	21.32%	2.63%		100%

地球信息科学与技术专业培养方案

专业名称与代码:地球信息科学与技术　070903T

专业培养目标:具有扎实的地球科学和信息科学基础;掌握地球信息科学的基础理论与技术方法;具备利用地球探测技术进行地球空间信息的采集、分析、处理、管理和综合应用的能力;培养能从事相关领域的科研、教学、应用、规划与管理等方面的复合型高素质人才。

专业毕业要求

1.掌握扎实的数学、物理学、地质学、信息科学、计算机科学等方面基本理论、基本知识和基本技能,具有较强的外语读写能力。

2.系统掌握地球信息科学的基本理论、基本知识和基本实验技能,了解相近领域的基本概念和方法,具备从事地球信息科学研究和应用的能力。

3.了解地球信息科学与技术的理论前沿、应用前景和最新发展动态。

4.掌握资料查询、文献检索及运用现代信息技术获取相关信息的基本方法。

5.具有一定的实验设计、实验条件创造、整理分析实验结果、撰写论文和进行学术交流的能力,具备较强的创新意识和创新精神。

毕业要求及实现途径

序号	毕业要求	实现途径(教学过程)
1	掌握数学、物理学、地学、信息科学、计算机科学等方面基本理论、基本知识和基本技能,具有坚实而宽广的专业基础知识	①课堂教学:马克思主义原理、毛泽东思想与中国特色社会主义理论体系、中国近现代史纲要、思想道德修养与法律基础、体育、大学英语、C语言程序设计、军事理论、地球信息科学导论、高等数学、普通地质学、测量学、矿物岩石学、线性代数与矢量分析、大学物理B、物理实验B、概率论与数理统计B、构造地质学B、遥感导论、数字图像处理、数据结构与算法基础、面向对象程序设计、地理信息系统原理 ②课外学习:测量实习、地质认识实习、课外科技实践、军事训练、高级语言程序设计C教学
2	掌握地球信息科学的基本理论、基本知识和基本实验技能,了解相近领域的基本概念和方法	①课堂教学:地史学、数字地形模型及应用、地学信息三维可视化、遥感地质学、地质制图、地学空间分析、数学地质基础、环境地质学、水文地质学、微波遥感原理与应用、光学遥感技术、空间数据库、地质环境监测、Java软件开发 ②课外学习:地球信息教学实习、课外科技实践
3	了解地球信息科学与技术的理论前沿、应用前景和最新发展动态	①课堂教学:数学模型与实验、软件工程、计算机网络、人工智能、空间信息技术与地质灾害、数据挖掘、地球信息科学与技术专业英语 ②课外学习:课外科技实践、实践教学课程
4	掌握资料查询、文献检索及运用现代信息技术获取相关信息的基本方法	课外科技实践、专业选修课程、自主学习

序号	毕业要求	实现途径(教学过程)
5	具有一定的实验设计、实验条件创造、整理分析实验结果、撰写论文和进行学术交流的能力,具备较强的创新意识和创新精神	生产实习、毕业设计

主干学科:地质学、遥感科学与技术、地理学、信息科学。

核心课程:地质制图、矿物岩石学、构造地质学、环境地质学、遥感地质、数字图像处理、光学遥感技术、地理信息系统原理等。

主要专业实验:遥感图像处理实践、遥感信息获取与应用、GIS开发与实践、高级语言程序设计C、科学计算实践等。

主要实践性教学环节:专业课程的实验和实习、地球信息专业基础实习、地球信息专业教学实习、生产实习和毕业论文等。

修业年限:四年。

授予学位:工学学士。

相近专业:空间科学与技术、遥感科学与技术、空间信息与数字技术、地理信息系统、地学信息工程等。

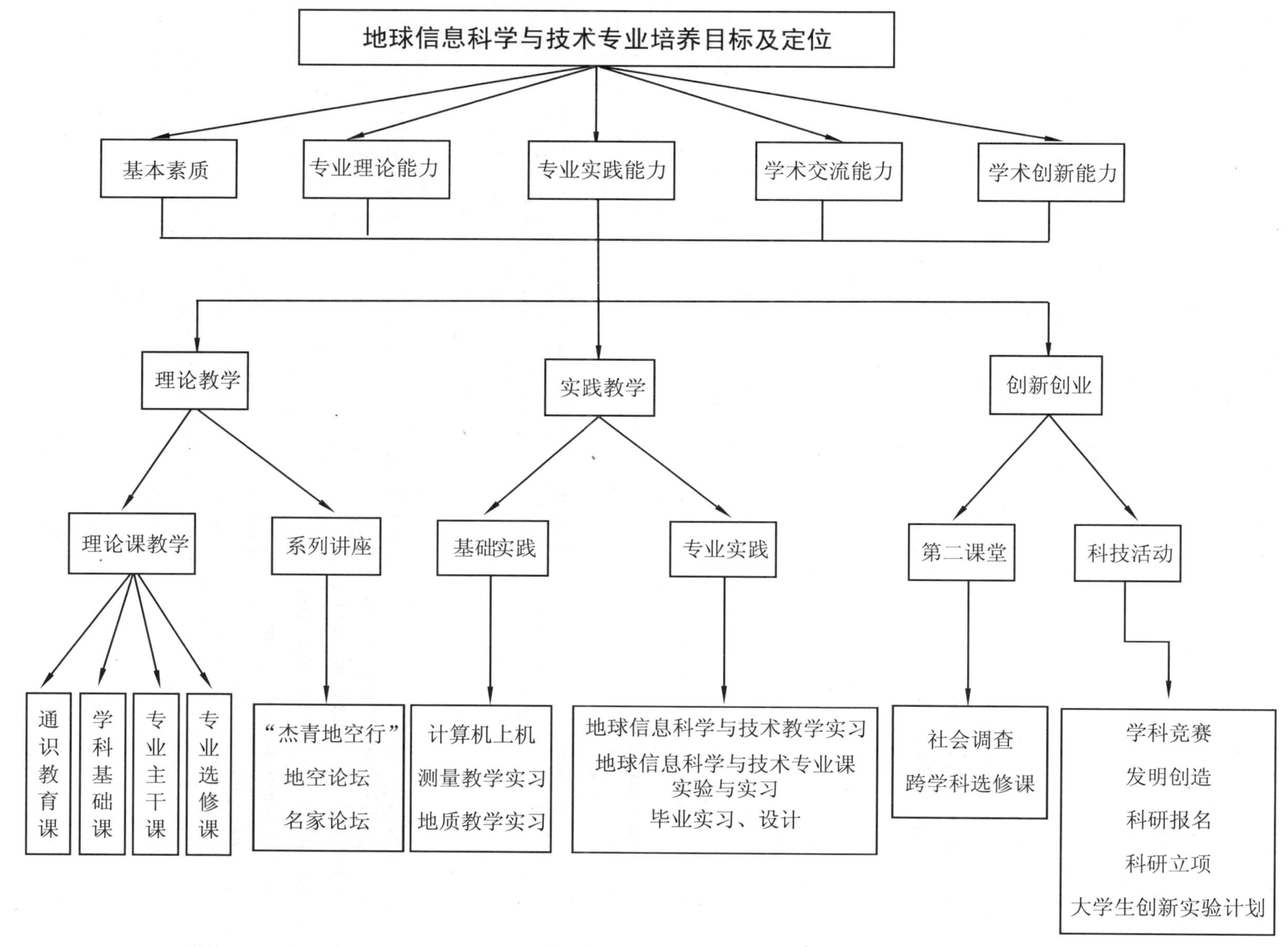
地球信息科学与技术专业培养目标及定位
基本素质
专业理论能力
专业实践能力
学术交流能力
学术创新能力
理论教学
实践教学
创新创业
理论课教学
系列讲座
基础实践
专业实践
第二课堂
科技活动
通识教育课
学科基础课
专业主干课
专业选修课
“杰青地空行”
地空论坛
名家论坛
计算机上机
测量教学实习
地质教学实习
地球信息科学与技术教学实习
地球信息科学与技术专业课实验与实习
毕业实习、设计
社会调查
跨学科选修课
学科竞赛
发明创造
科研报名
科研立项
大学生创新实验计划

Program for Geoinformatics

Specialty and Code: Geoinformatics 070903T

Education Objective: The program aims to cultivate high-tech talents. These talents should develop and use information science infrastructure to address the problems of geography, cartography, geosciences and related branches of science and engineering. Also, they will have the capability of using the space, aviation, land integration of earth exploration technology to acquire, manage, analyze and synthesize geo-spatial information.

Graduation Requirements

1. To master basic theories, knowledge and technology of geology, remote sensing science, geographical information system and their interdisciplinary subjects.
2. To master main skills of earth exploration and information technology and grasp practicing trainings of geospatial information analysis and application.
3. To grasp developments and trends as well as application prospects of geoinformatics.
4. To know basic methods of acquiring professional knowledge, such as literature searching.
5. To be capable of writing professional papers and engaging in academic communications.

Graduation Requirements and Ways to Achieve

No.	Graduation Requirements	Ways to Achieve(Teaching Process)
1	To master basic theories, knowledge and technology of geology, remote sensing science, geographical information system and their interdisciplinary subjects	①Classroom Teaching: Principles of Marxism, Introduction to Mao Tse-tung Thought and the Theoretical System of Socialism with Chinese Characteristics, the Essentials of Modern Chinese History, Morality Education and Fundamentals of Law, Physical Education, College English, C Language Programming, Military Theory, Introduction to Geo-information Sciences, Advanced Mathematics A, Physical Geology B, Surveying A, Mineralogy and Lithology, Linear Algebra, College Physics B, Physics Experiments B, Probability and Statistics B, Structural Geology B, Introduction to Remote Sensing, Digital Image Processing, Data Structure and Algorithm Foundation, Object-Oriented Programming, Principle of Geographic Information System, Introduction of Geophysics ②Out-of-class Learning: The C Language Programming Design Practice, etc

No.	Graduation Requirements	Ways to Achieve(Teaching Process)
2	To master main skills of earth exploration and information technology and grasp practicing trainings of geospatial information analysis and application	①Classroom Teaching: Historical Geology, Digital Terrain Model and Application, 3D Geo-visualization, Remote Sensing Geology, Geological Cartography, Geo-spatial Analysis, Element of Mathematical Geology, Environmental Geology, Hydrological Geology, Microwave Remote Sensing Principles and Application, Optical Remote Sensing Technology, Spatial Database, Geological Environment Monitoring, Java Software Development ② Out-of-class Learning: Surveying Practice A, Major Teaching Basic Practice (the Three Gorges), Major Teaching Practice (Periphery of Wuhan), Remote Sensing Geoscience Analysis and Computing, Experiment for Remote Sensing Image Processing, Scientific Computing Practice
3	To grasp developing trends as well as application prospects of geoinformatics	①Classroom Teaching: Mathematical Modeling and Mathematical Experiments, Soft Engineering, Computer Networks, Artificial Intelligence, Spatial Information Technology and Geological Hazards, Data Mining, Academic English ② Out-of-class Learning: Contest, Invention, Innovation and Research Presentation
4	To know basic methods of acquiring professional knowledge such as literature searching	Contest, Invention, Innovation and Research Presentation
5	To be capable of writing professional papers and engaging in academic communications	Practice for Graduation, Bachelor Thesis

Major Disciplines: Geology, Remote Sensing Science, Geography, Information Science.

Main Courses: Geological Cartography, Mineralogy and Lithology, Structural Geology, Environmental Geology, Remote Sensing Geology Digital Image Processing, Optical Remote Sensing Technology, Principle of Geographic Information System, etc.

Lab Experiments: Experiments for Remote Sensing Image Processing, Remote Sensing Information Acquisition and Application, GIS Development and Application, the C Language Programming Design, Scientific Computing Practice, etc.

Practical Work: Survey Practice, Geological Field Training, Extracurricular Scientific and Technology Practice Activities, Experiments for Remote Sensing Image Processing, Graduation Internship and Graduation Thesis.

Duration: four years.

Degree Granted: Bachelor of Engineering.

Related Specialties: Space Science and Technology, Remote Sensing Science and Technology, Spatial Information and Digital Technology, Geographic Information System, Geo Information Engineering.

地球信息科学与技术专业课程教学计划表

Course Descriptions of Geoinformatics

课程类别 Course Classification		课程编号 Course Code	课程名称 Course Name	学分 Crs	学时 Hrs	学时分类 Class Hours		先修课程 Prerequisite Courses	学期学分分配 Semester Credits							
						讲课 Lec.	实验 Lab.		一 1st	二 2nd	三 3rd	四 4th	五 5th	六 6th	七 7th	八 8th
通识教育课 Liberal Education Courses	必修 Compulsory	11706200	马克思主义基本原理 Principles of Marxism	3	48	48				3						
		11706500	毛泽东思想与中国特色社会主义理论体系概论 Introduction to Mao Tse-tung Thought and the Theoretical System of Socialism with Chinese Characteristics	4	64	64						4				
		11711800	中国近现代史纲要 The Essentials of Modern Chinese History	2	32	32					2					
		120002＊0	思想道德修养与法律基础 Morality Education and Fundamentals of Law	3	48	48			1.5	1.5						
		113076＊0	体育 Physical Education	4	144	144			1	1	1	1				
		109116＊0	大学英语 College English	12	192	192			3	3	3	3				
		11918902	C语言程序设计B C Language Programming B	2.5	40	28	12				2.5					
		20612200	地球信息科学导论 Introduction to Geoinformatics	1	16	16			1							
		14300100	军事理论 Military Theory	2	32	32			2							
	选修 Elective	总计12学分,含创新创业选修课学分,跨学科选修课不低于6学分。"形势与政策"课程作为限选课,由马克思主义学院实施		12	192											
		小计 **Sum**		**45.5**	**808**	**604**	**12**		**8.5**	**8.5**	**8.5**	**8**	**0**	**0**	**0**	**0**
学科基础课 Disciplinary Fundamental Courses		212127＊1	高等数学A Advanced Mathematics A	11.5	184	184			5.5	6						
		20114900	普通地质学 Physical Geology	3	48	40	8		3							
		21120801	测量学A Surveying A	2.5	40	30	10		2.5							
		20113100	矿物岩石学A Mineralogy and Lithology A	3	48	48				3						
		21208000	线性代数与矢量分析 Linear Algebra	3	48	48				3						

课程类别 Course Classification	课程编号 Course Code	课程名称 Course Name	学分 Crs	学时 Hrs	学时分类 Class Hours		先修课程 Prerequisite Courses	学期学分分配 Semester Credits							
					讲课 Lec.	实验 Lab.		一 1st	二 2nd	三 3rd	四 4th	五 5th	六 6th	七 7th	八 8th
学科基础课 Disciplinary Fundamental Courses	212130 * 2	大学物理 B University Physics B	7	112	112				3.5	3.5					
	212132 * 1	物理实验 A Physics Experiments A	3.5	56		56			2	1.5					
	21213502	概率论与数理统计 B Probability and Mathematics Statistics B	2.5	40	40					2.5					
	20104002	构造地质学 B Structural Geology B	3	48	34	14				3					
	20607800	遥感导论 Introduction to Remote Sensing	2.5	40	28	12	数字图像处理				2.5				
	21909601	数字图像处理 A Digital Image Processing A	3	48	32	16	概率论与数理统计 B			3					
	20612400	数据结构与算法基础 Data Structure and Algorithm Foundation	2.5	40	40						2.5				
	20612500	面向对象程序设计 Object-oriented Programming	2.5	40	28	12					2.5				
	20612600	地理信息系统原理 Principle of Geographic Information System	2.5	40	28	12	空间数据库				2.5				
	20608100	地球物理学概论 Introduction of Geophysics	2.5	40	40						2.5				
	小计 **Sum**		**54.5**	**872**	**732**	**140**		**11**	**17.5**	**13.5**	**12.5**	**0**	**0**	**0**	**0**
专业主干课 Main Specialty Courses	20118300	地层及古生物学 Stratigraphy and Paleontology	3	48	36	12					3				
	20610800	数字地形模型及应用 Digital Terrain Model and Application	3	48	28	20						3			
	20602200	地学信息三维可视化 3D Geo-visualization	2.5	40	20	20						2.5			
	20106800	遥感地质学 Remote Sensing Geology	2	32	24	8							2		
	20612700	地质制图 Geological Cartography	2	32	24	8							2		
	20611000	地学空间分析 Geo-spatial Analysis	2.5	40	24	16							2.5		
	20206700	数学地质 Element of Mathematical Geology	2.5	40	28	12	概率论与数理统计 B			2.5					

课程类别 Course Classification	课程编号 Course Code	课程名称 Course Name	学分 Crs	学时 Hrs	学时分类 Class Hours		先修课程 Prerequisite Courses	学期学分分配 Semester Credits							
					讲课 Lec.	实验 Lab.		一 1st	二 2nd	三 3rd	四 4th	五 5th	六 6th	七 7th	八 8th
专业主干课 Main Specialty Courses	20612800	环境地质学 Environmental Geology	3	48	32	16							3		
	20612900	水文地质学 Hydrological Geology	2	32	32								2		
	20607100	微波遥感原理与应用 Microwave Remote Sensing Principles and Application	2.5	40	28	12						2.5			
	20613000	光学遥感技术 Optical Remote Sensing Technology	2.5	40	32	8						2.5			
	21106200	空间数据库 Spatial Database	2	32	24	8					2				
	20419700	地质环境监测 Geological Environment Monitoring	2	32	24	8							2		
	20613100	Java软件开发 Java Software Development	2.5	40	28	12							2.5		
	小计 Sum		**34**	**544**	**384**	**160**		**0**	**0**	**2.5**	**5**	**10.5**	**16**	**0**	**0**
专业选修课 Specialty Elective Courses		具体见专业选修课列表	10	160											
合计 Sub-total			**144**	**2384**	**1732**	**300**		**19.5**	**26**	**24.5**	**25.5**	**10.5**	**16**	**10**	**0**
实践环节 Practical Work	44300200	军事训练 Military Training	2	2周				2							
	41919002	C语言课程设计B Course Design for C Language B	1.5	1.5周						1.5					
	41120901	测量教学实习A Surveying Practice A	1	1周				1							
	40115701	地球信息科学与技术教学基础实习(秭归) Major Teaching Basic Practice (the Three Gorges)	4	4周								4			
	40613700	地球信息科学与技术教学实习(武汉周边) Major Teaching Practice (Periphery of Wuhan)	6	6周									6		
	40613600	遥感图像处理实践 Practice for Remote Sensing Image Processing	2	2周								2			

课程类别 Course Classification	课程编号 Course Code	课程名称 Course Name	学分 Crs	学时 Hrs	学时分类 Class Hours		先修课程 Prerequisite Courses	学期学分分配 Semester Credits							
					讲课 Lec.	实验 Lab.		一 1st	二 2nd	三 3rd	四 4th	五 5th	六 6th	七 7th	八 8th
实践环节 Practical Work	40614000	科学计算实践 Scientific Computing Practice	2.5	2.5周							2.5				
	40614100	遥感地学分析与计算 Remote Sensing Geoscience Analysis and Computing	2.5	2.5周									2.5		
	40613800	毕业实习 Practice for Graduation	8	8周											8
	40613900	毕业设计 Bachelor Thesis	8	8周											8
	小计 **Sum**		**37.5**	**37.5** 周				**3**	**0**	**1.5**	**2.5**	**6**	**8.5**	**0**	**16**
创新创业自主学习 Autonomous Learning	ZZ35000S	社会调查 Social Investigation	2												
		其他(学科竞赛、发明创造、科研报告) Others (Contest, Invention, Innovation and Research Presentation)	3												
	小计 **Sum**		**5**												
总计 **Total**		(注:学时分类总计未含通识选修、专业选修课)	**186.5**	**2384+37.5** 周	**1732**	**300**		**22.5**	**26**	**26**	**28**	**16.5**	**24.5**	**0**	**16**
可开出专业选修课列表 Specialty Elective Courses	20611100	数学模型与实验 Mathematical Modeling and Mathematical Experiments	2	32	16	16							2		
	20613200	软件工程 Soft Engineering	2	32	24	8							2		
	20613300	计算机网络 Computer Networks	2	32	32								2		
	21915100	人工智能导论 Artificial Intelligence	2	32	32									2	
	20613500	空间信息技术与地质灾害 Spatial Information Technology and Geological Hazards	2	32	24	8								2	
	20613400	数据挖掘 Data Mining	2	32	20	12								2	
	20611200	专业英语 Professional English	2	32	32									2	

注：通识教育选修课学分和创新创业自主学习学分未列入具体学期。

地球信息科学与技术专业课程分类统计

Course Category Statistics of Geoinformatics

课程学分 / 统计	通识教育课 Liberal Education Courses		学科基础课 Disciplinary Fundamental Courses	专业主干课 Main Specialty Courses	专业选修课 Specialty Elective Courses	实践环节 Practical Work	创新创业自主学习 Autonomous Learning	学时总计 Total Hours	学分总计 Total Credits
	必修 Compulsory	选修 Selective							
学时/学分 Hrs/Crs	616/33.5	192/12	872/54.5	544/34	160/10	37.5 周/37.5	5	2384+37.5 周	186.5
学分所占比例 Proportion of Credits	24.40%		29.22%	18.23%	5.36%	20.11%	2.68%		100%

机械与电子信息学院

- 电子信息工程专业培养方案
- 机械设计制造及其自动化专业培养方案
- 机械设计制造及其自动化(卓越工程师教育培养计划)专业培养方案
- 工业设计专业培养方案
- 通信工程专业培养方案

电子信息工程专业培养方案

专业名称与代码：电子信息工程　080701

专业培养目标：本专业将培养德、智、体全面发展，具有电子信息领域系统、扎实的理论基础，具有工程实践和创新能力的高素质科技人才。本专业的毕业生将掌握信息科学领域内基础理论知识，获得从信息获取、传递、处理到应用等各方面的基本专业知识，掌握电子电路、信号处理以及多媒体信息处理等方向的基本原理和技术，具有参与设计和开发信息应用系统的工程实践能力。毕业生将具有较强的专业英语能力、良好的人文素质和创新精神，成为能在信息和通信技术产业的科研部门、高等院校从事通信系统与工程的设计、集成及开发等工作的研究型或应用型人才。

专业毕业要求

1.系统地掌握本专业领域的基础理论知识，主要包括电路理论、电子技术、通信技术、检测技术、信息处理、计算机软、硬件基础及应用。

2.掌握电子电路的基本理论和实验技术，具有分析和设计电子电路的基本能力。

3.掌握信息获取、处理的基本理论和应用的一般方法，具有应用计算机模拟信息系统的基本能力。

4.了解信息产业的基本方针、政策和法规，了解企业管理的基本知识。

5.了解电子设备和信息系统的理论基础及发展前沿，具有研究、开发相关电子产品的创新能力。

6.掌握文件检索、资料查询的基本方法，具有主动获取专业信息的能力，较强的外语能力，计算机应用的能力，并具有一定的科学研究和实际工作的能力。

毕业要求及实现途径

序号	毕业要求	实现途径(教学过程)
1	系统地掌握本专业领域的基础理论知识，主要包括电路理论、电子技术、通信技术、检测技术、信息处理、计算机软、硬件基础及应用	①课堂教学：电路分析、模拟电路技术基础、数字电路技术基础、信号与系统、数字信号处理、单片机原理与应用、C语言程序设计、数据结构、光电检测技术、信息论与编码、电磁场与电磁波、通信原理 ②课外学习：信息简史
2	掌握电子电路的基本理论和实验技术，具有分析和设计电子电路的基本能力	①课堂教学：现代可编程逻辑器件、片上系统设计、通信电子线路、电子线路教学实习、电子工程教学实习 ②课外学习：电子设计竞赛
3	掌握信息获取、处理的基本理论和应用的一般方法，具有应用计算机模拟信息系统的基本能力	①课堂教学：嵌入式系统与应用、DSP技术与应用、数字图像处理、计算机网络、无线传感器网络原理与应用、信息工程教学实习、应用系统设计教学实习 ②课外学习：Matlab
4	了解信息产业的基本方针、政策和法规，了解企业管理的基本知识	①课堂教学：生产实习 ②课外学习：生产与作业管理
5	了解电子设备和信息系统的理论基础及发展前沿，具有研究、开发相关电子产品的创新能力	①课堂教学：C＋＋程序设计、嵌入式Linux软件设计、虚拟仪器技术、物联网技术概论、误差理论与数据处理、图像分析初步、机器视觉、CDMA通信原理、宽带无线通信 ②课外学习：研究开发

序号	毕业要求	实现途径(教学过程)
6	掌握文件检索、资料查询的基本方法,具有主动获取专业信息的能力,较强的外语能力,计算机应用的能力,并具有一定的科学研究和实际工作的能力	①课堂教学:毕业实习与毕业设计 ②课外学习:文献情报检索

主干学科:电子科学与技术、信息与通信工程、计算机科学与技术。

核心课程:电路分析、单片机原理及应用、通信电子线路、电磁场与电磁波、数字信号处理、现代可编程逻辑器件、信息论与编码、嵌入式系统及应用、计算机网络等。

主要专业实验:电路分析实验、电子电路与数字电路系列实验、信号与信息处理实验、嵌入式系统实验等。

主要实践性教学环节:C语言程序设计、电子线路教学实习、电子工程教学实习、信息工程教学实习、应用系统设计教学实习、生产实习、毕业设计等。

修业年限:四年。

授予学位:工学学士。

相近专业:通信工程、电子科学与技术。

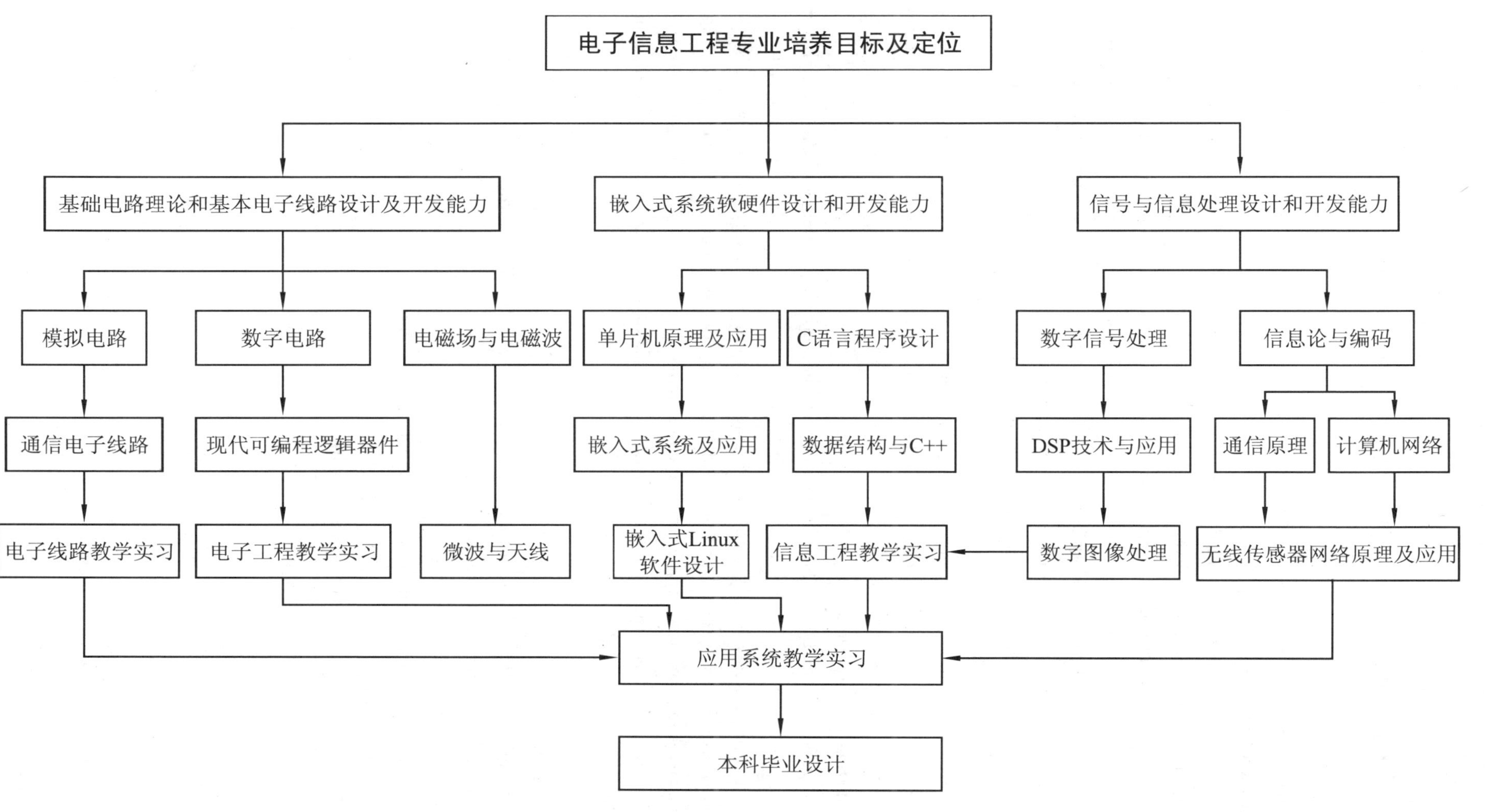

电子信息工程专业培养目标及定位
基础电路理论和基本电子线路设计及开发能力
嵌入式系统软硬件设计和开发能力
信号与信息处理设计和开发能力
模拟电路
数字电路
电磁场与电磁波
单片机原理及应用
C语言程序设计
数字信号处理
信息论与编码
通信电子线路
现代可编程逻辑器件
嵌入式系统及应用
数据结构与C++
DSP技术与应用
通信原理
计算机网络
电子线路教学实习
电子工程教学实习
微波与天线
嵌入式Linux软件设计
信息工程教学实习
数字图像处理
无线传感器网络原理及应用
应用系统教学实习
本科毕业设计

Program for Electronic and Information Engineering

Specialty and Code: Electronic and Information Engineering 080701

Education Objective: This program is designed to cultivate fully-developed engineers in morality, intelligence and heath that are trained to develop the fundamental theories and skills, a consolidated knowledge structure, and to be enhanced with hands-on engineering experiences and innovative initiatives in electronics and information engineering. The graduates in this program are required to develop the systems and technologies which drive the information age, from acquiring information, transmission, processing to application. They are required to master the basic theories and skills in electronic circuits, signal processing and multimedia processing, and they are able to participate in the design and development of various communication and information systems. The graduates will be enhanced with strong professional English skills in electronics and information engineering, good personality and innovative initiatives. They will be qualified to design, integrate and develop systems and technologies in communications engineering in information and communications industries, research institutes, universities and other related communities.

Graduation Requirements

1. To grasp systematically the wide elementary theoretical knowledge of this specialty, mainly including the electronic circuit theory, electronic technology, communication technology, detecting technology, signal processing, the base and application of computer software and hardware.

2. To grasp the basic theory and practical techniques of electronic circuit and possessing the basic ability for analyzing and designing electronic equipments.

3. To grasp the basic theory and the generic methods of signal acquisition and processing and the basic ability to simulate information system in computer.

4. To understand the basic policy and laws of information industry and the knowledge of enterprise management.

5. To understand the advanced theory of electronic equipment and information system, possessing the innovation ability for researching and developing new system and technique.

6. To understand the basic method of document index and information inquisition, possessing the ability for obtaining specialty information actively, a good capacity of English and computer and the ability for scientific and practice.

Graduation Requirements and Ways to Achieve

No.	Graduation Requirements	Ways to Achieve(Teaching Process)
1	Grasping systematically the wide elementary theoretical knowledge of this specialty, mainly including the electronic circuit theory, electronic technology, communication technology, detecting technology, signal processing, the base and application of computer software and hardware	①Classroom Teaching: Circuit Analysis Introductory Analog Electronics, Digital Electronics, Signal and System, Digital Signal Processing, Single Chip Computer and Application, C Language Programming, Data Structure, Photoelectron Detecting Technology, Information Theory and Coding, Electromagnetic Field and Waves, Communication Principle ②Out-of-class Learning: the History of Information

No.	Graduation Requirements	Ways to Achieve(Teaching Process)
2	Grasping the basic theory and practical techniques of electronic circuit and possessing the basic ability for analyzing and designing electronic equipments	①Classroom Teaching: Modern Programming Logic Device, Design of System on a Chip, Communication Electronic Circuits, Electronic Circuit Practice, Electronic Engineering Practice ②Out-of-class Learning: Electronic Design Contest
3	Grasping the basic theory and the generic methods of signal acquisition and processing and the basic ability to simulate information system in computer	①Classroom Teaching: Principle and Application of Embedded Systems, DSP Technologies and Application, Digital Image Processing, Computer Networks, Principle and Application of Wireless Sensor Networks, Information Engineer Practice, Application Systems Design Practice ②Out-of-class Learning: Matlab
4	Understanding the basic policy and laws of information industry and the knowledge of enterprise management	①Classroom Teaching: Production Practice ②Out-of-class Learning: Production and Operation Management
5	Understanding the advanced theory of electronic equipment and information system, possessing the innovation ability for researching and developing new system and technique	①Classroom Teaching: C++ Programming, Embedded Linux Software Design, Virtual Instrument Technology, Introduction of Internet of Things, Error Theory and Data Processing, Basic Concept of Image Analysis, Machine Vision, the Principle of CDMA Communication System, Broadband Wireless Communications ②Out-of-class Learning: Research and Design
6	Grasping the basic method of document index and information inquisition, possessing the ability for obtaining specialty information actively, a good capacity of English and computer and the ability for scientific and practice	①Classroom Teaching: Graduate Practice and Bachelor Thesis ②Out-of-class Learning: Information Retrieval in Literature

Major Disciplines: Electronic Science and Technology, Information and Communication Engineering, Computer Science and Technology.

Main Courses: Circuit Analysis, Principle and Application of Single Chip Microcomputer, Communication Electronic Circuits, Electromagnetic Field and Wave, Digital Signal Processing, Modern Programming Logic Device, Information Theory and Coding, Principle and Application of Embedded System, Computer Networks, etc.

Lab Experiments: Circuit Analysis Experiment, Electronic Circuit Experiment, Digital Electronic Circuit Experiment, Signal and Information Processing Experiment, Embedded System Design Experiment, etc.

Practical Work: C Language Programming, Electronic Circuit Practice, Electronic Engineering Practice, Information Engineer Practice, Application Systems Design Practice, Productive Practice, Graduate Design.

Duration: four years.

Degree Granted: Bachelor of Engineering.

Related Specialties: Communication Engineering, Electronic Science and Technology.

电子信息工程专业课程教学计划表

Course Descriptions of Electronic and Information Engineering

课程类别 Course Classification		课程编号 Course Code	课程名称 Course Name	学分 Crs	学时 Hrs	学时分类 Class Hours 讲课 Lec.	实验 Lab.	先修课程 Prerequisite Courses	学期学分分配 Semester Credits 一 1st	二 2nd	三 3rd	四 4th	五 5th	六 6th	七 7th	八 8th
通识教育课 Liberal Education Courses	必修 Compulsory	11706200	马克思主义基本原理 Principles of Marxism	3	48	48				3						
		11706500	毛泽东思想与中国特色社会主义理论体系概论 Introduction to Mao Tse-tung Thought and the Theoretical System of Socialism with Chinese Characteristics	4	64	64						4				
		11711800	中国近现代史纲要 The Essentials of Modern Chinese History	2	32	32				2						
		120002＊0	思想道德修养与法律基础 Morality Education and Fundamentals of Law	3	48	48			1.5	1.5						
		113076＊0	体育 Physical Education	4	144	144			1	1	1	1				
		109116＊0	大学英语 College English	12	192	192			3	3	3	3				
		11918901	C 语言程序设计 A C Language Programming A	3.5	56	40	16		3.5							
		20724100	电子信息学科导论 Introduction to Electrical Information Science	1	16	16			1							
		14300100	军事理论 Military Theory	2	32	32			2							
	选修 Elective	总计 12 学分,含创新创业选修课学分,跨学科选修课不低于 6 学分。"形势与政策"课程作为限选课,由马克思主义学院实施		12	192	192										
		小计 **Sum**		**46.5**	**824**	**808**	**16**		**12**	**10.5**	**4**	**8**	**0**	**0**	**0**	**0**
学科基础课 Disciplinary Fundamental Courses		20714200	工程制图 Engineer Drawing	2.5	40	36	4		2.5							
		212127＊1	高等数学 A Advanced Mathematics A	11.5	184	184			5	6.5						
		21212802	线性代数 B Linear Algebra B	2.5	40	40			2.5							
		21201902	复变函数与积分变换 B Function of Complex Variables & Integral Transformation B	2.5	40	40					2.5					

课程类别 Course Classification	课程编号 Course Code	课程名称 Course Name	学分 Crs	学时 Hrs	学时分类 Class Hours		先修课程 Prerequisite Courses	学期学分分配 Semester Credits							
					讲课 Lec.	实验 Lab.		一 1st	二 2nd	三 3rd	四 4th	五 5th	六 6th	七 7th	八 8th
学科基础课 Disciplinary Fundamental Courses	21213501	概率论与数理统计 A Probability and Statistics A	3.5	56	56					3.5					
	212130*3	大学物理 C College Physics C	6	96	96				3.5	2.5					
	212132*1	物理实验 A Physics Experiments A	3.5	56		56			2	1.5					
	20702700	电路分析 Circuit Analysis	4.5	72	64	8	高等数学 大学物理		4.5						
	20708801	模拟电路技术基础 A Introductory Analog Electronics A	4	64	54	10	电路分析			4					
	20710701	数字电路技术基础 A Digital Electronics A	4	64	50	14	模拟电路技术基础			4					
	21109700	信号与系统 Signal and System	3.5	56	56		高等数学 复变函数				3.5				
	20701901	单片机原理及应用 A Single Chip Computer and Application A	3.5	56	46	10	数字电路技术基础 C 语言				3.5				
	小计 Sum		**51.5**	**904**	**802**	**102**		**10**	**16.5**	**18**	**7**	**0**	**0·**	**0**	**0**
专业主干课 Main Specialty Courses	20715601	通信电子线路 A Communication Electronic Circuits A	3	48	40	8	模拟电路技术基础				3				
	22301601	现代可编程逻辑器件 A Modern Programming Logic Device A	2.5	40	20	20	数字电路技术基础				2.5				
	20725300	光电检测技术 A Photoelectron Detecting Technology A	3	48	32	16	模拟电路技术基础					3			
	21908201	数据结构 A Data Structure A	3.5	56	48	8	C 语言					3.5			
	20715700	数字信号处理 A Digital Signal Processing A	3.5	56	48	8	信号与系统					3.5			
	21909601	数字图像处理 A Digital Image Processing A	3	48	40	8	数字信号处理					3			
	20725400	信息论与编码 Information Theory and Coding	2.5	40	32	8	概率统计 信号与系统					2.5			
	21921002	计算机网络 B Computer Networks B	3	48	32	16						3			
	20715800	电磁场与电磁波 Electromagnetic Field and Waves	3	48	48		高等数学 大学物理						3		

课程类别 Course Classification	课程编号 Course Code	课程名称 Course Name	学分 Crs	学时 Hrs	学时分类 Class Hours		先修课程 Prerequisite Courses	学期学分分配 Semester Credits							
					讲课 Lec.	实验 Lab.		一 1st	二 2nd	三 3rd	四 4th	五 5th	六 6th	七 7th	八 8th
专业主干课 Main Specialty Courses	20716000	嵌入式系统及应用 Principle and Application of Embedded Systems	3	48	28	20	单片机原理及应用						3		
	20716102	DSP 技术及应用 B DSP Technologies and Application B	2.5	40	24	16	数字信号处理 C 语言						2.5		
	20725500	无线传感器网络原理及应用 Principle and Application of Wireless Sensor Networks	2.5	40	32	8	计算机网络						2.5		
	21108401	通信原理 A Communication Principle A	4	64	52	12	数字信号处理 信息论与编码						4		
	小计 Sum		**39**	**624**	**476**	**148**		**0**	**0**	**0**	**5.5**	**18.5**	**15**	**0**	**0**
专业选修课 Specialty Elective Courses		公共专业选修课程最低修满4个学分,专业方向选修课程最低修满4个学分,具体见专业选修课列表	8	128									4	4	
合计 Sub-total			**145**	**2400**	**2006**	**266**		**22**	**27**	**22**	**20.5**	**18.5**	**19**	**4**	**0**
实践环节 Practical Work	44300200	军事训练 Military Training	2	2 周				2							
	41919001	C 语言课程设计 A Course Design for C Language A	1.5	1.5 周			计算机机高级语言	1.5							
	40724604	金工实习 D Metalworking Practice D	1	1 周				1							
	40726000	电子线路教学实习 Electronic Circuit Practice	3	3 周						3					
	40726100	电子工程教学实习 Electronic Engineering Practice	3	3 周							3				
	40726200	信息工程教学实习 Information Engineer Practice	3	3 周								3			
	40726300	生产实习 Production Practice	2	2 周									2		
	40726400	应用系统设计教学实习 Application Systems Design Practice	3.5	3.5 周										3.5	
	40726500	毕业实习与毕业设计 Graduate Practice and Bachelor Thesis	16	16 周											16
	小计 Sum		**35**	**35 周**				**4.5**	**0**	**3**	**3**	**3**	**2**	**3.5**	**16**

课程类别 Course Classification	课程编号 Course Code	课程名称 Course Name	学分 Crs	学时 Hrs	学时分类 Class Hours		先修课程 Prerequisite Courses	学期学分分配 Semester Credits							
					讲课 Lec.	实验 Lab.		一 1st	二 2nd	三 3rd	四 4th	五 5th	六 6th	七 7th	八 8th
创新创业自主学习 Autonomous Learning	ZZ35000S	社会调查 Social Investigation	2												2
		其他(学科竞赛、发明创造、科研报告) Others (Contest, Invention, Innovation and Research Presentation)	3												
	小计 **Sum**		**5**												
总计 **Total**			**185**	**2400＋35周**	**2006**	**266**		**26.5**	**27**	**25**	**23.5**	**21.5**	**21**	**7.5**	**16**
可开出专业选修课列表 Specialty Elective Courses	公共专业选修课程														
	20716300	片上系统设计 Design of System on a Chip	2	32	20	12	现代可编程逻辑器件						2		
	20725600	C＋＋程序设计 C＋＋ Programming	2	32			C语言						2		
	20725700	操作系统 Operation Systems	3	48	40	8	C语言 数据结构						3		
	20725900	嵌入式Linux软件设计 Embedded Linux Software Design	2			32	操作系统						2		
	20717500	虚拟仪器技术 Virtual Instrument Technology	2	32	16	16							2		
	20718603	传感器及检测技术C Sensors and Measuring Technology C	2	32	24	8	模拟电路技术基础						2		
	20716700	光纤传感技术及应用 Optical Fiber Sensing Techniques and Applications	3	48	32	16							3		
	20712904	自动控制原理D Automatic Control Theory D	2.5	40	40								2.5		
	20715900	机器人设计 Robotic Design	2.5	40	30	10							2.5		
	专业方向选修课程														
	20716800	现代通信系统 Modern Communication System	2	32	24	8	通信原理							2	
	20717400	现代交换技术 Technology of Modern Exchange	2	32	24	8								2	

课程类别 Course Classification	课程编号 Course Code	课程名称 Course Name	学分 Crs	学时 Hrs	学时分类 Class Hours		先修课程 Prerequisite Courses	学期学分分配 Semester Credits							
					讲课 Lec.	实验 Lab.		一 1st	二 2nd	三 3rd	四 4th	五 5th	六 6th	七 7th	八 8th
可开出专业选修课列表 Specialty Elective Courses	21915400	物联网技术概论 Introduction of Internet of Things	2	32	32		计算机网络							2	
	20711300	微波与天线 Microwave Techniques and Antenna	2.5	40	40		电磁场与电磁波						2.5		
	20716900	误差理论与数据处理 Error Theory and Data Processing	3	48	48									3	
	20717000	图像分析初步 Basic Concept of Image Analysis	2	32	16	16	数字图像处理							2	
	20717100	机器视觉 Machine Vision	2	32	32		数字图像处理							2	
	20717200	CDMA 通信原理 The Principle of CDMA Communication System	2	32	24	8	通信原理							2	
	20725800	宽带无线通信 Broadband Wireless Communications	2	32	32		通信原理							2	
	20711200	数字语音处理 Digital Speech Processing	2.5	40	30	10	数字信号处理							2.5	
	20731300	光电子信息技术 Optoelectronic Information Technology	2	32	32		机械制造工艺学 概率统计 B							2	

注：通识教育选修课学分和创新创业自主学习学分未列入具体学期。

电子信息工程专业课程分类统计

Course Category Statistics of Electronic and Information Engineering

课程学分 / 统计	通识教育课 Liberal Education Courses		学科基础课 Disciplinary Fundamental Courses	专业主干课 Main Specialty Courses	专业选修课 Specialty Elective Courses	实践环节 Practical Work	创新创业自主学习 Autonomous Learning	学时总计 Total Hours	学分总计 Total Credits
	必修 Compulsory	选修 Selective							
学时/学分 Hrs/Crs	632/34.5	192/12	824/51.5	624/39	128/8	35 周/35	5	2400+35 周	185
学分所占比例 Proportion of Credits	25.13%		27.84%	21.08%	4.32%	18.92%	2.70%		100%

机械设计制造及其自动化专业培养方案

专业名称与代码：机械设计制造及其自动化　080202

专业培养目标：本专业培养具有良好的自然科学基础，良好的人文社会科学基础，较强的机械工程专业基础及工程应用能力，能在工业生产第一线从事机械设计、机械制造、机电产品开发、自动化研究与应用、运行管理和经营销售等方面的工作，具有良好的创新精神和实践能力的高级工程技术人才。

专业毕业要求

1.具有较扎实的自然科学基础，较好的人文、艺术和社会科学基础及正确运用本国语言、文字的能力，并能使用英语进行专业文献阅读与写作。

2.系统地掌握本专业领域技术基础理论，具有设计机械系统、部件和过程的能力；具有对于机械工程问题进行系统表达、建立模型、分析求解和论证的能力。

3.具有良好的知识迁移能力，能够集成机械工程中设计、加工制造、使用、维修、测试等诸方面知识，并应用于生产实际进行创新，具备较强的工程创新意识及创新能力。

4.具备系统思维和工程推理能力，具有对工程问题的基本认知和判断能力；具有机械及制造工艺的设计、实施和控制的初步能力。

5.具有良好的自我获取知识的能力和信息收集、处理能力，具有终生教育的意识和继续学习的能力。

6.具有在多学科团队中发挥作用的能力、较强的交流和沟通能力，具有一定的组织管理能力、价值效益意识，能够参与跨专业及国际性的竞争与合作。

7.面对社会和环境的各种变迁具有较强的调节及适应能力，良好的身体素质、心理素质，较强的社会责任感和良好的工程职业道德及社会服务意识。

8.熟悉本专业领域及相关行业的国家技术标准、政策、法律和法规。

毕业要求及实现途径

序号	毕业要求	实现途径(教学过程)
1	具有较扎实的自然科学基础，较好的人文、艺术和社会科学基础及正确运用本国语言、文字的能力，并能使用英语进行专业文献阅读与写作	①课堂教学：高等数学B、概率统计B、线性代数B、大学物理C、C语言程序设计B、自然科学类选修课、马克思主义基本原理、毛泽东思想与中国特色社会主义理论体系概论、中国近现代史纲要、大学英语、机械工程学科导论、军事理论、思想道德修养与法律基础 ②课外学习：中外文学名著选读、哲学讲座
2	系统地掌握本专业领域技术基础理论，具有设计机械系统、部件和过程的能力；具有对于机械工程问题进行系统表达、建立模型、分析求解和论证的能力	①课堂教学：机械工程学科导论、机械制图、电工与电子技术A、理论力学、材料力学、流体力学基础、学科专题讲座、金属工艺学、金属材料及热处理、机械原理、互换性与测量技术、机械设计、单片机原理及应用B、机械工程控制基础、液压传动、机电一体化技术、PLC原理及应用、优化设计、机械CAD/CAM、可靠性设计、可编程逻辑器件原理及应用、测试技术、数控技术 ②课外学习：大学生创新实验计划

序号	毕业要求	实现途径(教学过程)
3	具有良好的知识迁移能力,能够集成机械工程中设计、加工制造、使用、维修、测试等诸方面知识,并应用于生产实际进行创新	①课堂教学:机电一体化技术、机电传动控制、各类实践教学环节、机械创新设计、机器人技术 ②课外学习:机械创新大赛、大学生创新实验计划
4	具备系统思维和工程推理能力,具有对工程问题的基本认知和判断能力;具有机械及制造工艺的设计、实施和控制的初步能力	①课堂教学:机械制造工艺学、工程机械设计、钻探工程概论、机械制造装备技术、机电产品生产管理、机电产品质量控制、各类实践教学环节 ②课外学习:开放实验室项目、企业实践
5	具有良好的自我获取知识的能力和信息收集、处理能力,具有终生教育的意识和继续学习的能力	①课堂教学:毕业实习与毕业设计、社会调查 ②课外学习:大学生创新实验计划、专业辅修、第二学位
6	具有在多学科团队中发挥作用的能力、较强的交流和沟通能力,具有一定的组织管理能力、价值效益意识,能够参与跨专业及国际性的竞争与合作	①课堂教学:军事理论、思想道德修养与法律基础 ②课外学习:企业生产实践、机械创新大赛、机器人大赛、演讲与口才训练
7	面对社会和环境的各种变迁具有较强的调节及适应能力,良好的身体素质、心理素质,较强的社会责任感和良好的工程职业道德及社会服务意识	①课堂教学:马克思主义基本原理、毛泽东思想与中国特色社会主义理论体系概论、思想道德修养与法律基础、体育 ②课外学习:社会调查、大学生创新实验计划、各类校园知识讲座
8	熟悉本专业领域及相关行业的国家技术标准、政策、法律和法规	①课堂教学:思想道德修养与法律基础、机械制图 A ②课外学习:企业调研报告、发明创造、科研报告、文献检索讲座、各类校园知识讲座

主干学科:力学、机械工程、电子科学与技术。

主要课程:机械制图、理论力学、材料力学、机械原理、机械设计、互换性与测量技术、电工与电子技术、金属工艺学、金属材料及热处理、单片机原理及接口技术、测试技术、机械工程控制基础、液压传动、机械制造工艺学、工程机械设计、机电一体化技术、机械 CAD/CAM、数控技术。

主要专业实验:现代制造技术综合实验、测试与信息处理实验、机电一体化系统实验。

主要实践性教学环节:军训、金工实习、C 语言程序设计 B 课程设计、机械原理课程设计、机械设计课程设计、机械制造生产实习、机电一体化课程设计、数控技术实习、工程机械施工技术教学实习、毕业实习与毕业设计。

修业年限:四年。

授予学位:工学学士。

相近专业:过程装备与控制工程、材料成型及控制工程。

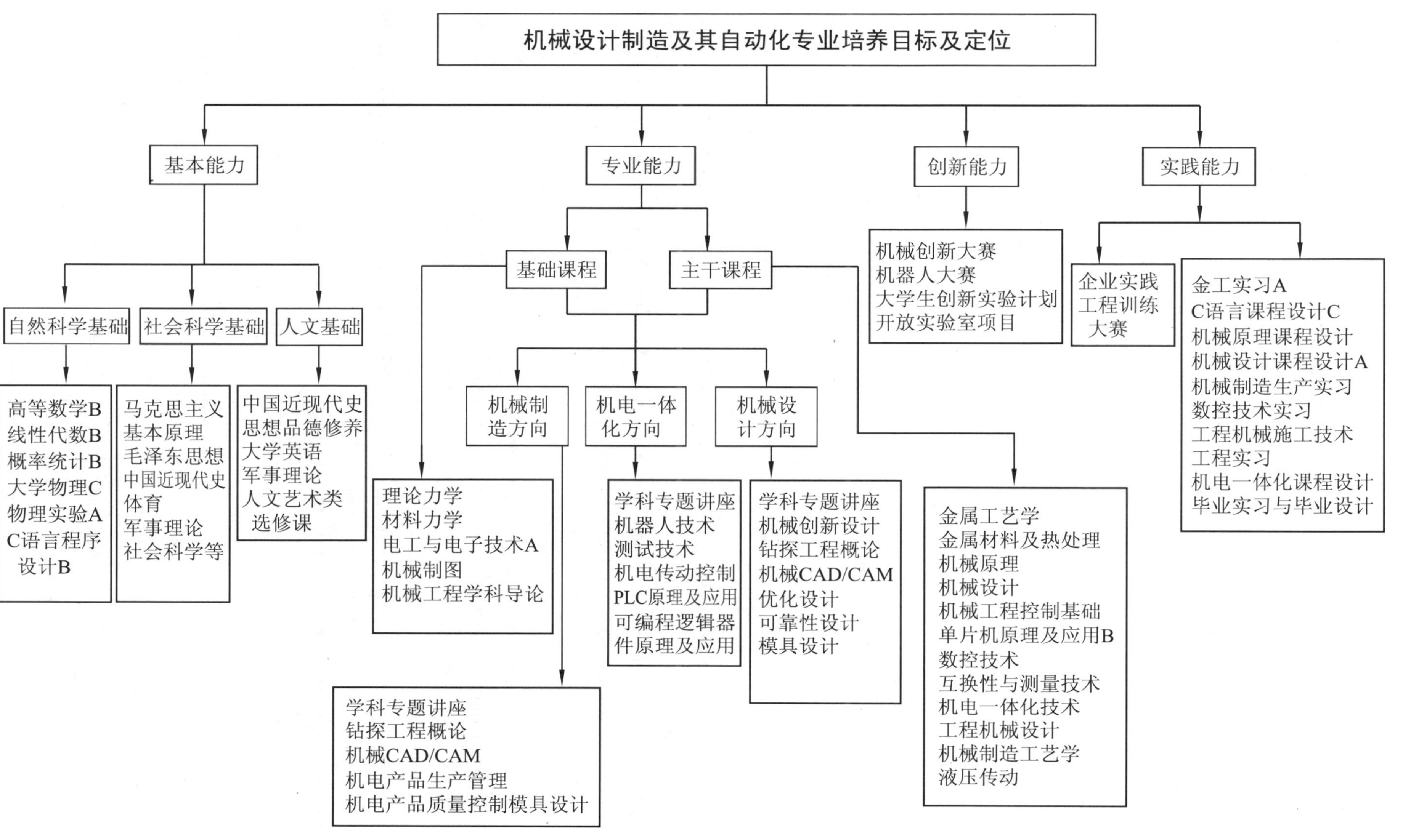

机械设计制造及其自动化专业培养目标及定位
基本能力
专业能力
创新能力
实践能力
自然科学基础
社会科学基础
人文基础
基础课程
主干课程
机械创新大赛
机器人大赛
大学生创新实验计划
开放实验室项目
企业实践
工程训练
大赛
金工实习A
C语言课程设计C
机械原理课程设计
机械设计课程设计A
机械制造生产实习
数控技术实习
工程机械施工技术
工程实习
机电一体化课程设计
毕业实习与毕业设计
高等数学B
线性代数B
概率统计B
大学物理C
物理实验A
C语言程序设计B
马克思主义基本原理
毛泽东思想
中国近现代史
体育
军事理论
社会科学等
中国近现代史
思想品德修养
大学英语
军事理论
人文艺术类选修课
机械制造方向
机电一体化方向
机械设计方向
理论力学
材料力学
电工与电子技术A
机械制图
机械工程学科导论
学科专题讲座
机器人技术
测试技术
机电传动控制
PLC原理及应用
可编程逻辑器件原理及应用
学科专题讲座
机械创新设计
钻探工程概论
机械CAD/CAM
优化设计
可靠性设计
模具设计
金属工艺学
金属材料及热处理
机械原理
机械设计
机械工程控制基础
单片机原理及应用B
数控技术
互换性与测量技术
机电一体化技术
工程机械设计
机械制造工艺学
液压传动
学科专题讲座
钻探工程概论
机械CAD/CAM
机电产品生产管理
机电产品质量控制模具设计

Program for Mechanical Design, Manufacturing and Automation

Specialty and Code: Mechanical Design, Manufacturing and Automation 080202

Education Objective: This major aims to cultivate well-grounded, practical, creative engineers with solid foundation in both natural science and social science, who will not only have good professional skills of mechanical design, manufacturing and automation but also have excellent abilities of organization and management.

Graduation Requirements

1. Have a solid foundation of natural sciences and humanistic social science, use native language and characters correctly, and have an ability to command English when reading and writing professional literature.

2. Have a systematic knowledge of basic theory of technology in the professional field. To design mechanical system, components and processes. To deal with representation, mathematic modelling, solution and demonstration for the problems of mechanical engineering.

3. Develop strong abilities of knowledge transfer and the integration of various knowledge including design, manufacturing, application, maintenance and testing in mechanical engineering. Have strong consciousness of innovation and creative abilities in engineering.

4. Have an ability of systematic thinking and engineering reasoning, of basic knowledge and judgment of engineering problems. To have a preliminary ability of the design, implementation and control of machinery and manufacturing process.

5. Develop strong abilities of self-acquiring knowledge, information collection and processing. Awareness of lifelong education and the ability to continue learning.

6. Have the abilities to play a role in multi-disciplinary teams, strong communication skills, with certain organization and management abilities as well as the awareness of value benefits. Being capable of participating in multi-disciplinary and international competition and cooperation.

7. Have an ability of strong adjustment and adaptability when facing all kinds of social and environmental changes, and have good physical quality, psychological quality, strong social responsibility, good engineering occupation morals and social service consciousness.

8. Have an intimate knowledge of national technical standards, policies, laws and regulations in the professional field and related industries.

Graduation Requirements and Ways to Achieve

No.	Graduation Requirements	Ways to Achieve(Teaching Process)
1	To have a solid foundation of natural sciences and humanistic social science, use native language and characters correctly, and have a ability to command of English when reading and writing professional literature	①Classroom Teaching: Advanced Mathematics B, Probability and Mathematics Statistics B, Linear Algebra B, College Physics C, C Language Programming B, Natural Science, Principles of Marxism, Mao Tse-tung Thought and Introduction to the Theoretical System of Socialism with Chinese Characteristics, the Essentials of Modern Chinese History, College English, Introduction to Mechanical Engineering, Military Theory, Morality Education and Fundamentals of Law ②Out-of-class Learning: Selected Readings of Literature Works in Chinese, Lectures on Philosophy

No.	Graduation Requirements	Ways to Achieve(Teaching Process)
2	To have a systematic knowledge of basic theory of technology in the professional field. To design mechanical system, components and processes. To deal with representation, mathematic modeling, solution and demonstration for the problems of mechanical engineering	①Classroom Teaching: Introduction to Mechanical Engineering, Mechanical Drawing, Electrician and Electronic Technology A, Theoretical Mechanics, Mechanics of Materials, Hydromechanics, Subject Lecture, Metal Processing, Metal Material and Its Heat Treatment, Principle of Machinery, Interchangeability and Technical Measurement, Machine Design, Principle and Interface Technology of Single Chip Microprocessor B, Control Fundamental of Mechanical Engineering, Hydraulic Transmission, Technology of Mechanical Manufacture, Principle and Application of PLC, Optimization Design, Mechanical CAD/CAM, Reliability Design, Mould Design, Principle and Application of PLD, Testing Technology, NC Technology ② Out-of-class Learning: Innovative Experimental Program for Undergraduates
3	To transfer knowledge, integrate the knowledge of design, manufacture, application, maintenance, testing, and so on, in mechanical engineering design, and apply it to the innovation of practical production. To have a strong consciousness of innovation and creative ability in engineering	①Classroom Teaching: Mechatronics Project, Electromechanical Drive Control, Practical Work, Innovative Design for Machinery, Robot Technology ②Out-of-class Learning: Mechanical Innovation Competition, Innovative Experimental Program for Undergraduates
4	To have an ability of systematic thinking and engineering reasoning, of basic knowledge and judgment of engineering problems. To have a preliminary ability of the design, implementation and control of machinery and manufacturing process	①Classroom Teaching: Technology of Mechanical Manufacture, Technology of Mechanical Manufacture Equipment, Engineering Machine Design, Drilling Engineering Outline, Technology of Mechanical Manufacture Equipment, Electromechanical Product Production Management, Electromechanical Product Quality Control, Practical Work ②Out-of-class Learning: Open Laboratory Project, Companies Practice
5	To acquire knowledge strongly, collect and handle information in person. To have a consciousness of life-long education and an ability to keep on learning	①Classroom Teaching: Graduate Practice and Bachelor Thesis, Social Investigation ② Out-of-class Learning: Innovative Experimental Program for Undergraduates, Professional Minor, Second Degree

No.	Graduation Requirements	Ways to Achieve(Teaching Process)
6	To play a good role along with good communication and communication skills in the multidisciplinary team. To have an ability of organization and management and a consciousness of efficiency. To participate in inter-professional and international competition and cooperation	①Classroom Teaching: Military Theory, Morality Education and Fundamentals of Law ② Out-of-class Learning: The Practical Production of Enterprises, Mechanical Innovation Competition, Robot Competition, Speech and Eloquence Training
7	To have an ability of strong adjustment and adaptability when facing all kinds of social and environmental changes, and have good physical quality, psychological quality, strong social responsibility, good engineering occupation morals and social service consciousness	① Classroom Teaching: Principles of Marxism, Mao Tse-tung Thought and Introduction to the Theoretical System of Socialism with Chinese Characteristics, Morality Education and Fundamentals of Law, Physical Education ②Out-of-class Learning: Social Investigation, Innovative Experimental Program for Undergraduates, Various Campus Lectures
8	To have an intimate knowledge of national technical standards, policies, laws and regulations in the professional field and related industries	①Classroom Teaching: Morality Education and Fundamentals of Law, Mechanical Drawing A ② Out-of-class Learning: Investigation Report of the Enterprise, Invention and Creation, Research Report, Literature Retrieval Lectures, Various Campus Lectures

Major Disciplines: Mechanics, Mechanical Engineering, Electronic Science and Technology.

Main Courses: Mechanical Drawing, Theoretical Mechanics, Mechanics of Materials, Principle of Machinery, Mechanical Design, Interchangeability and Technical Measurement, Electrician and Electronic Technology, Metal Processing, Metal Material and Its Heat Treatment, Principle and Interface Technology of Single Chip Microprocessor, Control Fundamental of Mechanical Engineering, Hydraulic Transmission, Technology of Mechanical Manufacture, Testing Technology, Mechatronics Technology, Mechanical CAD/CAM, Engineering Machine Design, Mechatronics, NC Technology, etc.

Lab Experiments: Modern Manufacturing Technology Experiments, Measuring and Information Processing Experiments, Mechatronics System Experiments.

Practical Work: Military Training, Metalworking Practice, Course Design for C Programming Language B, Principle of Machinery Practice, Major Practice, Machine Design Practice, Numerical Control Technology Practice, Practice in Factory, Graduation Practice and Design.

Duration: four years.

Degree Granted: Bachelor of Engineering.

Related Specialties: Process Equipment and Control Engineering, Material Formation and Control Engineering.

机械设计制造及其自动化专业课程教学计划表

Course Descriptions of Mechanical Design, Manufacturing and Automation

课程类别 Course Classification		课程编号 Course Code	课程名称 Course Name	学分 Crs	学时 Hrs	学时分类 Class Hours		先修课程 Prerequisite Courses	学期学分分配 Semester Credits							
						讲课 Lec.	实验 Lab.		一 1st	二 2nd	三 3rd	四 4th	五 5th	六 6th	七 7th	八 8th
通识教育课 Liberal Education Courses	必修 Compulsory	11706200	马克思主义基本原理 Principles of Marxism	3	48	48			3							
		11706500	毛泽东思想与中国特色社会主义理论体系概论 Introduction to Mao Tse-tung Thought and the Theoretical System of Socialism with Chinese Characteristics	4	64	64						4				
		11711800	中国近现代史纲要 The Essentials of Modern Chinese History	2	32	32					2					
		120002 * 0	思想道德修养与法律基础 Morality Education and Fundamentals of Law	3	48	48			1.5	1.5						
		113076 * 0	体育 Physical Education	4	144	144			1	1	1	1				
		109116 * 0	大学英语 College English	12	192	192			3	3	3	3				
		11918902	C 语言程序设计 B C Language Programming B	2.5	40	28	12		2.5							
		20724200	机械工程学科导论 Mechanical Introduction	1	16	16			1							
		14300100	军事理论 Military Theory	2	32	32			2							
	选修 Elective	总计 12 学分，含创新创业选修课学分，跨学科选修课不低于 6 学分。"形势与政策"课程作为限选课，由马克思主义学院实施		12	192	192										
		小计 Sum		**45.5**	**808**	**796**	**12**		**14**	**5.5**	**6**	**8**	**0**	**0**	**0**	**0**
学科基础课 Disciplinary Fundamental Courses		212127 * 2	高等数学 B Advanced Mathematics B	10	160	160			4	6						
		207247 * 0	机械制图 Mechanical Drawing	5.5	88	60	28		3	2.5						
		212130 * 3	大学物理 C College Physics C	6	96	96				3.5	2.5					
		212132 * 1	物理实验 A Physics Experiments A	3.5	56		56			2	1.5					
		207251 * 1	电工与电子技术 A Electrician and Electronic Technology A	7	112	98	14				3.5	3.5				

课程类别 Course Classification	课程编号 Course Code	课程名称 Course Name	学分 Crs	学时 Hrs	学时分类 Class Hours		先修课程 Prerequisite Courses	学期学分分配 Semester Credits							
					讲课 Lec.	实验 Lab.		一 1st	二 2nd	三 3rd	四 4th	五 5th	六 6th	七 7th	八 8th
学科基础课 Disciplinary Fundamental Courses	20508011	理论力学(工程力学 A1) Theoretical Mechanics	5	80	80					5					
	21212802	线性代数 B Linear Algebra B	2.5	40	40					2.5					
	20508021	材料力学(工程力学 A2) Mechanics of Materials	4.5	72	72						4.5				
	21213502	概率统计 B Probability and Mathematics Statistics B	2.5	40	40					2.5					
	小计 Sum		**46.5**	**744**	**646**	**98**		**7**	**14**	**17.5**	**8**	**0**	**0**	**0**	**0**
专业主干课 Main Specialty Courses	20714800	金属工艺学 Metal Processing	1.5	24	24		机械制图 金工实习 A		1.5						
	20707800	金属材料及热处理 Metal Material and Its Heat Treatment	2	32	26	6	材料力学 机械制图				2				
	20706500	机械原理 Principle of Machinery	3	48	40	8	理论力学 机械制图				3				
	20705100	互换性与技术测量 Interchangeability and Technical Measurement	2	32	26	6	机械制图 金工实习 A				2				
	20706200	机械设计 Machine Design	3.5	56	48	8	材料力学 机械原理					3.5			
	20706100	机械工程控制基础 Control Fundamental of Mechanical Engineering	2	32	26	6	理论力学 电工与电子技术 A					2			
	20701902	单片机原理及应用 B Principle and Interface Technology of Single Chip Microprocessor B	2.5	40	30	10	电工与电子技术 A					2.5			
	20727300	液压传动 Hydraulic Transmission	2.5	40	34	6	机械制图 机械设计等						2.5		
	20727400	机械制造工艺学 Technology of Mechanical Manufacture	2.5	40	30	10	金属材料及热处理 互换性与测量技术						2.5		
	20727500	工程机械设计 Engineering Machine Design	2.5	40	34	6	液压传动 机电一体化技术							2.5	
	20705700	机电一体化技术 Mechatronics Technology	2	32	26	6	电工与电子技术 A 单片机原理及应用 B							2	

课程类别 Course Classification	课程编号 Course Code	课程名称 Course Name	学分 Crs	学时 Hrs	学时分类 Class Hours		先修课程 Prerequisite Courses	学期学分分配 Semester Credits							
					讲课 Lec.	实验 Lab.		一 1st	二 2nd	三 3rd	四 4th	五 5th	六 6th	七 7th	八 8th
专业主干课 Main Specialty Courses	20727600	数控技术 NC Technology	2	32	28	4	机械工程控制基础 机械制造工艺学					2			
	小计 **Sum**		**28**	**448**	**372**	**76**		**0**	**1.5**	**0**	**7**	**10**	**5**	**4.5**	**0**
专业选修课 Specialty Elective Courses		具体见专业选修课列表	22	352											
合计 **Sub-total**			**142**	**2353**	**1814**	**186**		**21**	**21**	**23.5**	**23**	**10**	**5**	**4.5**	**0**
实践环节 Practical Work	44300200	军事训练 Military Training	2	2周				2							
	40724601	金工实习 A Metalworking Practice A	4	4周			机械制图		4						
	41919002	C语言课程设计 B Course Design for C Language B	1.5	1.5周			C语言程序设计 B	1.5							
	40726800	机械原理课程设计 Mechanism Design Project	2	2周			机械原理				2				
	40725201	机械设计课程设计 A Machine Design Project A	3	3周			机械设计					3			
	40726900	机械制造生产实习 Practice in Factory	5	5周			机械制造工艺学							5	
	40727000	数控技术实习 NC Technology Practice	1	1周			数控技术					1			
	40727100	工程机械施工技术工程实习 Engineering Machine Practice	2	2周			工程机械设计							2	
	40727200	机电一体化课程设计 Mechatronics Project	2	2周			机电一体化技术							2	
	40726500	毕业实习与毕业设计 Graduate Practice and Bachelor Thesis	16	16周											16
	小计 **Sum**		**38.5**	**38.5**				**3.5**	**4**	**0**	**2**	**4**	**0**	**9**	**16**

课程类别 Course Classification	课程编号 Course Code	课程名称 Course Name	学分 Crs	学时 Hrs	学时分类 Class Hours		先修课程 Prerequisite Courses	学期学分分配 Semester Credits							
					讲课 Lec.	实验 Lab.		一 1st	二 2nd	三 3rd	四 4th	五 5th	六 6th	七 7th	八 8th
创新创业自主学习 Autonomous Learning	ZZ35000S	社会调查 Social Investigation	2												
		其他(学科竞赛、发明创造、科研报告) Others (Contest, Invention, Innovation and Research Presentation)	3												
	小计 **Sum**		**5**												
总计 **Total**			**185.5**	**2352 + 38.5 周**	**1814**	**186**		**24.5**	**25**	**23.5**	**25**	**14**	**5**	**13.5**	**16**
可开出专业选修课列表 Specialty Elective Courses	20519200	钻探工程概论 Introduction to Drilling Engineering	2	32	32		机械设计				2				
	20700800	测试技术 Testing Technology	2.5	40	34	6	概率统计 B 机械工程控制基础					2.5			
	20727700	机械创新设计 Innovative Design for Machinery	1	16	16	0	机械设计						1		
	20727800	机器人技术 Robot Technology	2	32	32	0	线性代数 B 测试技术					2			
	20717900	PLC 原理及应用 Principle and Application of PLC	1.5	24	12	12	电工与电子技术 A 单片机原理及应用 B					1.5			
	20705500	机电传动控制 Electromechanical Drive Control	2.5	40	30	10	电工与电子技术 A 单片机原理及应用 B						2.5		
	20706000	机械 CAD/CAM Mechanical CAD/CAM	2.5	40	20	20	机械设计 机械制造工艺学						2.5		
	20712200	优化设计 Optimization Design	1	16	12	4	机械设计					1			
	20708400	可靠性设计 Reliability Design	1	16	14	2	优化设计 概率统计 B						1		
	20718200	模具设计 Mould Design	2.5	40	30	10	机械制造工艺学 金属材料及热处理						2.5		

课程类别 Course Classification	课程编号 Course Code	课程名称 Course Name	学分 Crs	学时 Hrs	学时分类 Class Hours		先修课程 Prerequisite Courses	学期学分分配 Semester Credits							
					讲课 Lec.	实验 Lab.		一 1st	二 2nd	三 3rd	四 4th	五 5th	六 6th	七 7th	八 8th
可开出专业选修课列表 Specialty Elective Courses	20708300	可编程逻辑器件原理及应用 Principle and Application of PLD	2	32	24	8	单片机原理及应用 B					2			
	20513200	流体力学基础 Hydromechanics	2	32	28	4	理论力学 材料力学					2.5			
	20718300	学科专题讲座 Subject Lecture	1	16	16		机械工程学科导论						1		
	20705400	机电产品质量控制 Electromechanical Product Quality Control	1.5	24	20	4	互换性与测量技术 金属材料及热处理					1.5			
	20705300	机电产品生产管理 Electromechanical Product Production Management	2	32	32		机械制造工艺学 概率统计 B						2		

注：通识教育选修课学分和创新创业自主学习学分未列入具体学期。

机械设计制造及其自动化专业课程分类统计

Course Category Statistics of Mechanical Design, Manufacturing and Automation

课程学分 / 统计	通识教育课 Liberal Education Courses		学科基础课 Disciplinary Fundamental Courses	专业主干课 Main Specialty Courses	专业选修课 Specialty Elective Courses	实践环节 Practical Work	创新创业自主学习 Autonomous Learning	学时总计 Total Hours	学分总计 Total Credits
	必修 Compulsory	选修 Selective							
学时/学分 Hrs/Crs	616/33.5	192/12	744/46.5	448/28	352/22	38.5 周/38.5	5	2352+38.5 周	185.5
学分所占比例 Proportion of Credits	24.53%		25.07%	15.09%	11.9%	20.75%	2.7%		100%

机械设计制造及其自动化(卓越工程师教育培养计划)专业培养方案

专业名称与代码:机械设计制造及其自动化　080202

专业培养目标:本专业培养具有坚实的自然科学基础,良好的人文社会科学基础,较强的机械工程专业基础及工程应用能力,拥有良好的工程素质与国际视野,能在工业生产第一线从事机械设计、机械制造、机电产品开发、自动化研究与应用、运行管理和经营销售等方面工作,能够在工程技术领域参与国际竞争并凸显卓越创新能力的高素质卓越工程师。

专业毕业要求

1.具有较扎实的自然科学基础,较好的人文、艺术和社会科学基础及正确运用本国语言、文字的能力,并能使用英语进行专业文献阅读与写作。

2.系统地掌握本专业领域技术基础理论,具有设计机械系统、部件和过程的能力;具有对于机械工程问题进行系统表达、建立模型、分析求解和论证的能力。

3.具备一定的企业和社会环境下的综合工程实践经验,初步了解典型企业的管理运行模式、生产工艺流程、质量控制体系等。

4.具有较强的知识迁移能力,能够集成机械工程中设计、加工制造、使用、维修、测试等诸方面知识,并应用于生产实际进行创新,具备较强的工程创新意识及工程创新能力。

5.具备系统思维和工程推理能力,具有对工程问题的基本认知和判断能力;具有机械及制造工艺的设计、实施和控制的初步能力。

6.具有较强的自我获取知识的能力和信息收集、处理能力,具有终生教育的意识和继续学习的能力。

7.具有在多学科团队中发挥作用的能力、较强的交流和沟通能力,具有一定的组织管理能力、价值效益意识,能够参与跨专业及国际性的竞争与合作。

8.面对社会和环境的各种变迁具有较强的调节及适应能力,良好的身体素质、心理素质,较强的社会责任感和良好的工程职业道德及社会服务意识。

9.熟悉本专业领域及相关行业的国家技术标准、政策、法律和法规。

毕业要求及实现途径

序号	毕业要求	实现途径(教学过程)
1	具有较扎实的自然科学基础,较好的人文、艺术和社会科学基础及正确运用本国语言、文字的能力,并能使用英语进行专业文献阅读与写作	①课堂教学:高等数学 B、概率统计 B、线性代数 B、大学物理 C、C 语言程序设计 B、自然科学类选修课、马克思主义基本原理、毛泽东思想与中国特色社会主义理论体系概论、中国近现代史纲要、大学英语、机械工程学科导论、军事理论、思想道德修养与法律基础 ②课外学习:中外文学名著选读、哲学讲座

序号	毕业要求	实现途径(教学过程)
2	系统地掌握本专业领域技术基础理论,具有设计机械系统、部件和过程的能力;具有对于机械工程问题进行系统表达、建立模型、分析求解和论证的能力	①课堂教学:机械工程学科导论、机械制图、电工与电子技术 A、理论力学、材料力学、流体力学基础、学科专题讲座、金属工艺学、金属材料及热处理、机械原理、互换性与测量技术、机械设计、单片机原理及应用 B、机械工程控制基础、液压传动、PLC 原理及应用、优化设计、机械 CAD/CAM、可靠性设计、模具设计、可编程逻辑器件原理及应用、测试技术、数控技术 ②课外学习:大学生创新实验计划
3	具备一定的企业和社会环境下的综合工程实践经验,初步了解典型企业的管理运行模式、生产工艺流程、质量控制体系等	①课堂教学:机械制造工艺学、机械制造装备技术、机电产品生产管理、机电产品质量控制、各类实践教学环节 ②课外学习:开放实验室项目、企业实践
4	具有较强的知识迁移能力,能够集成机械工程中设计、加工制造、使用、维修、测试等诸方面知识,并应用于生产实际进行创新,具备较强的工程创新意识及工程创新能力	①课堂教学:机电一体化技术、机电传动控制、各类实践教学环节、机械创新设计、机器人技术 ②课外学习:机械创新大赛、大学生创新实验计划
5	具备系统思维和工程推理能力,具有对工程问题的基本认知和判断能力;具有机械及制造工艺的设计、实施和控制的初步能力	①课堂教学:机械制造工艺学、机械制造装备技术、工程机械设计、钻探工程概论、各类实践教学环节 ②课外学习:开放实验室项目、企业实践
6	具有较强的自我获取知识的能力和信息收集、处理能力,具有终生教育的意识和继续学习的能力	①课堂教学:毕业实习与毕业设计、社会调查 ②课外学习:大学生创新实验计划、专业辅修、第二学位
7	具有在多学科团队中发挥作用的能力、较强的交流和沟通能力,具有一定的组织管理能力、价值效益意识,能够参与跨专业及国际性的竞争与合作	①课堂教学:军事理论、思想道德修养与法律基础 ②课外学习:企业生产实践、机械创新大赛、机器人大赛、演讲与口才训练
8	面对社会和环境的各种变迁具有较强的调节和适应能力,良好的身体素质、心理素质,较强的社会责任感和良好的工程职业道德及社会服务意识	①课堂教学:马克思主义基本原理、毛泽东思想与中国特色社会主义理论体系概论、思想道德修养与法律基础、体育 ②课外学习:社会调查、大学生创新实验计划、各类校园知识讲座
9	熟悉本专业领域及相关行业的国家技术标准、政策、法律和法规	①课堂教学:思想道德修养与法律基础、机械制图 A ②课外学习:企业调研报告、发明创造、科研报告、文献检索讲座、各类校园知识讲座

主干学科:力学、机械工程、电子科学与技术。

核心课程:机械制图、理论力学、材料力学、机械原理、机械设计、互换性与测量技术、电工与电子技术、金属工艺学、金属材料及热处理、单片机原理及接口技术、机械工程控制基础、液压传动、机械制造工艺学、测试技术、PLC 原理及应用、机械制造装备技术、机械 CAD/CAM、工程机械设计、机电一体化技术、数控技术。

主要专业实验:现代制造技术综合实验、测试与信息处理实验、机电一体化系统实验。

主要实践性教学环节:军训、金工实习、C 语言程序设计 B 课程设计、机械原理课程设计、专业实践、机械设计课程设计、单片机原理及应用课程设计、机械制造生产实习、机电一体化课程设计、工程机械施工技术教学实习、数控技术实习、综合能力训练、数字化制造实践、机电装备设计与实践、毕业实习与毕业设计。

修业年限:四年,其中在企业累计实习 1 学年。

授予学位:工学学士。

相近专业:过程装备与控制工程、材料成型及控制工程。

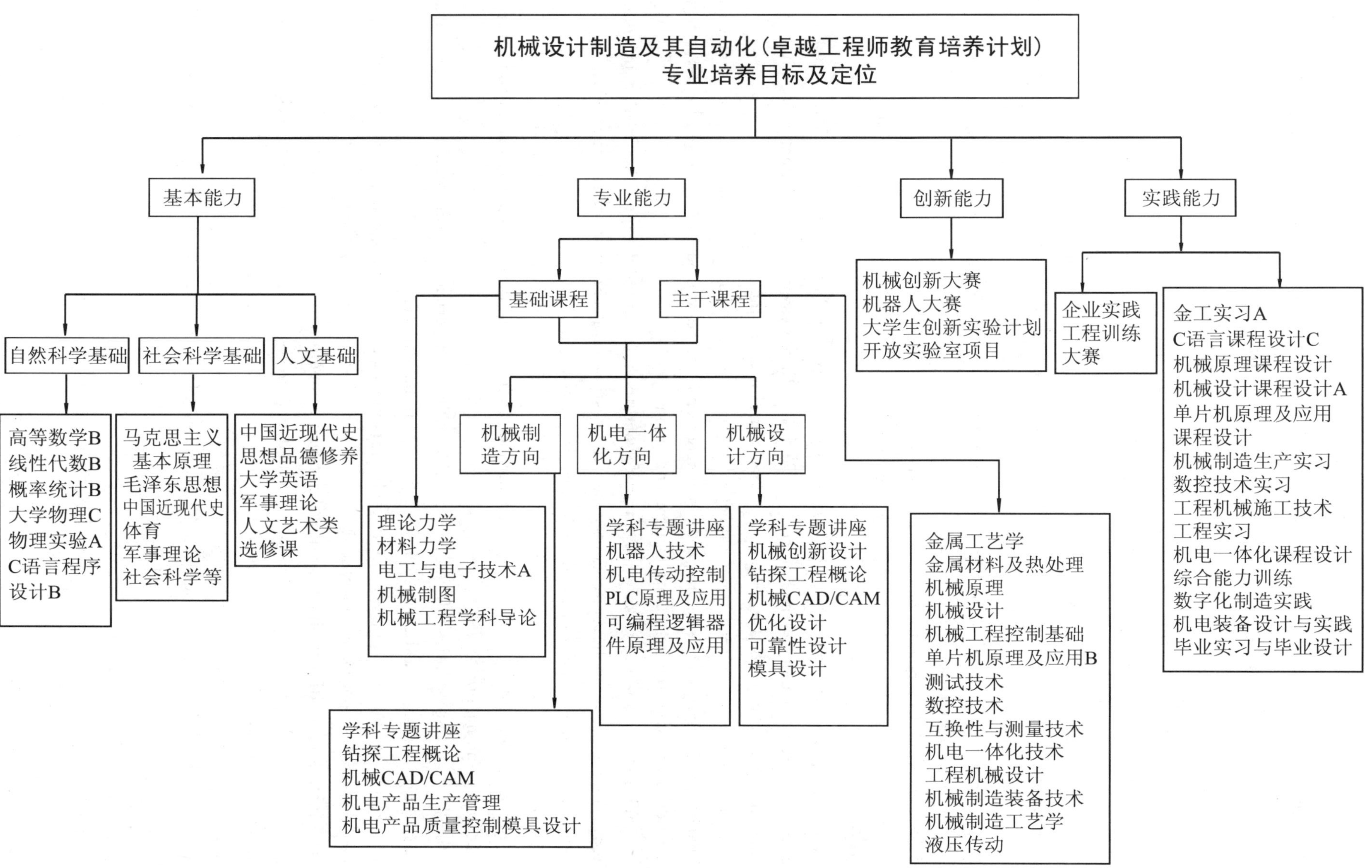
机械设计制造及其自动化（卓越工程师教育培养计划）
专业培养目标及定位
基本能力
专业能力
创新能力
实践能力
自然科学基础
社会科学基础
人文基础
高等数学B
线性代数B
概率统计B
大学物理C
物理实验A
C语言程序
设计B
马克思主义
基本原理
毛泽东思想
中国近现代史
体育
军事理论
社会科学等
中国近现代史
思想品德修养
大学英语
军事理论
人文艺术类
选修课
基础课程
主干课程
机械制
造方向
机电一体
化方向
机械设
计方向
理论力学
材料力学
电工与电子技术A
机械制图
机械工程学科导论
学科专题讲座
钻探工程概论
机械CAD/CAM
机电产品生产管理
机电产品质量控制模具设计
学科专题讲座
机器人技术
机电传动控制
PLC原理及应用
可编程逻辑器
件原理及应用
学科专题讲座
机械创新设计
钻探工程概论
机械CAD/CAM
优化设计
可靠性设计
模具设计
金属工艺学
金属材料及热处理
机械原理
机械设计
机械工程控制基础
单片机原理及应用B
测试技术
数控技术
互换性与测量技术
机电一体化技术
工程机械设计
机械制造装备技术
机械制造工艺学
液压传动
机械创新大赛
机器人大赛
大学生创新实验计划
开放实验室项目
企业实践
工程训练
大赛
金工实习A
C语言课程设计C
机械原理课程设计
机械设计课程设计A
单片机原理及应用
课程设计
机械制造生产实习
数控技术实习
工程机械施工技术
工程实习
机电一体化课程设计
综合能力训练
数字化制造实践
机电装备设计与实践
毕业实习与毕业设计

Program for Mechanical Design, Manufacturing and Automation (Excellent Engineer Training Program)

Specialty and Code: Mechanical Design, Manufacturing and Automation 080202

Education Objective: This major aims to cultivate well-grounded, practical, creative and all-round engineers with solid foundation in both natural science and social science, who will not only have strong professional skills of mechanical design, manufacturing and automation but also have excellent abilities of organization, management as well as the awareness of economic management and enterprising spirit. Students graduated from this major are competent to attend worldwide competing with prominent innovation ability in the area of engineering.

Graduation Requirements

1. Have a solid foundation of natural sciences and humanistic social science, use native language and characters correctly, and have an ability to command English when reading and writing professional literature.

2. Have a systematic knowledge of basic theory of technology in the professional field. To design mechanical system, components and processes. To deal with representation, mathematic modelling, solution and demonstration for the problems of mechanical engineering.

3. Have a certain comprehensively practical experience under enterprise and social environment, and have a preliminary understanding of management and operation modes of the typical enterprises, production process, system of quality control, and so on.

4. With strong abilities of knowledge transfer and the integration of various knowledge including design, manufacturing, application, maintenance and testing in mechanical engineering. Have strong consciousness of innovation and creative abilities in engineering.

5. Have an ability of systematic thinking and engineering reasoning, of basic knowledge and judgment of engineering problems. To have a preliminary ability of the design, implementation and control of machinery and manufacturing process.

6. With strong abilities of self-acquiring knowledge, information collection and processing. Awareness of lifelong education and the ability to continue learning.

7. Have the abilities to play a role in multi-disciplinary teams, strong communication skills, with certain organization and management abilities as well as the awareness of value benefits. Being capable of participating in multi-disciplinary and international competition and cooperation.

8. Have an ability of strong adjustment and adaptability when facing all kinds of social and environmental changes, and have good physical quality, psychological quality, strong social responsibility, good engineering occupation morals and social service consciousness.

9. Have an intimate knowledge of national technical standards, policies, laws and regulations in the professional field and related industries.

Graduation Requirements and Ways to Achieve

No.	Graduation Requirements	Ways to Achieve(Teaching Process)
1	To have a solid foundation of natural sciences and humanistic social science, use native language and characters correctly, and have a ability to command of English when reading and writing professional literature	①Classroom Teaching: Advanced Mathematics B, Probability and Mathematics Statistics B, Linear Algebra B, College Physics C, C Language Programming B, Natural Science, Principles of Marxism, Mao Tse-tung Thought and Introduction to the Theoretical System of Socialism with Chinese Characteristics, The Essentials of Modern Chinese History, College English, Introduction to Mechanical Engineering, Military Theory, Marketing And Sales B, Morality Education and Fundamentals of Law ②Out-of-class Learning: Selected Readings of Literature Works in Chinese, Lectures on Philosophy
2	To have a systematic knowledge of basic theory of technology in the professional field. To design mechanical system, components and processes. To deal with representation, mathematic modelling, solution and demonstration for the problems of mechanical engineering	①Classroom Teaching: Introduction to Mechanical Engineering, Mechanical Drawing, Electrician and Electronic Technology A, Theoretical Mechanics, Mechanics of Materials, Hydromechanics, Subject Lecture, Metal Processing, Metal Material and Its Heat Treatment, Principle of Machinery, Interchangeability and Technical Measurement, Machine Design, Principle and Interface Technology of Single Chip Microprocessor B, Control Fundamental of Mechanical Engineering, Hydraulic Transmission, Principle and Application of PLC, Optimization Design, Mechanical CAD/CAM, Reliability Design, Mould Design, Principle and Application of PLD, Testing Technology, NC Technology ② Out-of-class Learning: Innovative Experimental Program for Undergraduates
3	To have certain comprehensively practical experience under enterprise and social environment, and have a preliminary understanding of management and operation modes of the typical enterprises, production process, system of quality control, and so on	①Classroom Teaching: Technology of Mechanical Manufacture, Technology of Mechanical Manufacture Equipment, Electromechanical Product Production Management, Electromechanical Product Quality Control, Practical Work ②Out-of-class Learning: Open Laboratory Project, Companies Practice

No.	Graduation Requirements	Ways to Achieve(Teaching Process)
4	To transfer knowledge, integrate the knowledge of design, manufacture, application, maintenance, testing, and so on, in mechanical engineering design, and apply it to the innovation of practical production. To have a strong consciousness of innovation and creative ability in engineering	①Classroom Teaching: Mechatronics Project, Electromechanical Drive Control, Practical Work, Innovative Design for Machinery, Robot Technology ②Out-of-class Learning: Mechanical Innovation Competition, Innovative Experimental Program for Undergraduates
5	To have an ability of systematic thinking and engineering reasoning, of basic knowledge and judgment of engineering problems. To have a preliminary ability of the design, implementation and control of machinery and manufacturing process	①Classroom Teaching: Technology of Mechanical Manufacture, Technology of Mechanical Manufacture Equipment, Engineering Machine Design, Drilling Engineering Outline, Practical Work ②Out-of-class Learning: Open Laboratory Project, Companies Practice
6	To acquire knowledge strongly, collect and handle information in person. To have a consciousness of life-long education and an ability to keep on learning	① Classroom Teaching: Graduate Practice and Bachelor Thesis, Social Investigation ② Out-of-class Learning: Innovative Experimental Program for Undergraduates, Professional Minor, Second Degree
7	To play a good role along with good communication and communication skills in the multidisciplinary team. To have an ability of organization and management and a consciousness of efficiency. To participate in inter-professional and international competition and cooperation	①Classroom Teaching: Military Theory, Morality Education and Fundamentals of Law ②Out-of-class Learning: The Practical Production of Enterprises, Mechanical Innovation Competition, Robot Competition, Speech and Eloquence Training
8	To have an ability of strong adjustment and adaptability when facing all kinds of social and environmental changes, and have good physical quality, psychological quality, strong social responsibility, good engineering occupation morals and social service consciousness	①Classroom Teaching: Principles of Marxism, Mao Tsetung Thought and Introduction to the Theoretical, System of Socialism with Chinese Characteristics, Morality Education and Fundamentals of Law, Physical Education ② Out-of-class Learning: Social Investigation, Innovative Experimental Program for Undergraduates, Various Campus Lectures

No.	Graduation Requirements	Ways to Achieve(Teaching Process)
9	To have an intimate knowledge of national technical standards, policies, laws and regulations in the professional field and related industries	①Classroom Teaching: Morality Education and Fundamentals of Law, Mechanical Drawing A ②Out-of-class Learning: Investigation Report of the Enterprise, Invention and Creation, Research Report, Literature Retrieval Lectures, Various Campus Lectures

Major Disciplines: Mechanics, Mechanical Engineering, Electronic Science and Technology.

Main Courses: Mechanical Drawing, Theoretical Mechanics, Mechanics of Materials, Principle of Machinery, Mechanical Design, Interchangeability and Technical Measurement, Electrician and Electronic Technology, Metal Processing, Metal Material and Its Heat Treatment, Principle and Interface Technology of Single Chip Microprocessor, Control Fundamental of Mechanical Engineering, Hydraulic Transmission, Technology of Mechanical Manufacture, Testing Technology, Principle and Application of PLC, Technology of Mechanical Manufacturing Equipment, Mechanical CAD/CAM, Engineering Machine Design, Mechatronics, Technology NC Technology, etc.

Lab Experiments: Modern Manufacturing Technology Experiments, Measuring and Information Processing Experiments, Mechatronics System Experiments.

Practical Work: Military Training, Metalworking Practice, Course Design for C Language Programming B, Principle of Machinery Practice, Major Practice, Machine Design Practice, Design Project of Principle and Interface Technology of Single Chip Microprocessor, Practice in Factory, Mechatronics Design Practice, Engineering Machine Practice, NC Technology Practice, Comprehensive Abilities Training, Practice in Digital Manufacturing, Mechanical and Electrical Equipment Design and Practice, Graduation Practice and Design.

Duration: four years (one school year internship training in enterprise and practice base).

Degree Granted: Bachelor of Engineering.

Related Specialties: Process Equipment and Control Engineering, Material Formation and Control Engineering.

机械设计制造及其自动化(卓越工程师教育培养计划)专业课程教学计划表

Course Descriptions of Mechanical Design, Manufacturing and Automation (Excellent Engineer Training Program)

课程类别 Course Classification		课程编号 Course Code	课程名称 Course Name	学分 Crs	学时 Hrs	学时分类 Class Hours		先修课程 Prerequisite Courses	学期学分分配 Semester Credits							
						讲课 Lec.	实验 Lab.		一 1st	二 2nd	三 3rd	四 4th	五 5th	六 6th	七 7th	八 8th
通识教育课 Liberal Education Courses	必修 Compulsory	11706200	马克思主义基本原理 Principles of Marxism	3	48	48			3							
		11706500	毛泽东思想与中国特色社会主义理论体系概论 Introduction to Mao Tse-tung Thought and the Theoretical System of Socialism with Chinese Characteristics	4	64	64						4				
		11711800	中国近现代史纲要 The Essentials of Modern Chinese History	2	32	32					2					
		120002*0	思想道德修养与法律基础 Morality Education and Fundamentals of Law	3	48	48			1.5	1.5						
		113076*0	体育 Physical Education	4	144	144			1	1	1	1				
		109116*0	大学英语 College English	12	192	192			3	3	3	3				
		11918902	C 语言程序设计 B C Language Programming B	2.5	40	28	12		2.5							
		20724200	机械工程学科导论 Mechanical Introduction	1	16	16			1							
		14300100	军事理论 Military Theory	2	32	32			2							
	选修 Elective	总计 12 学分,含创新创业选修课学分,跨学科选修课不低于 6 学分。"形势与政策"课程作为限选课,由马克思主义学院实施		12	192											
		小计 **Sum**		**45.5**	**808**	**604**	**12**		**14**	**5.5**	**6**	**8**	**0**	**0**	**0**	**0**
学科基础课 Disciplinary Fundamental Courses		212127*2	高等数学 B Advanced Mathematics	10	160	160			4	6						
		207247*0	机械制图 Mechanical Drawing	5.5	88	60	28		3	2.5						
		212130*3	大学物理 C College Physics C	6	96	96				3.5	2.5					
		212132*1	物理实验 A Physics Experiments A	3.5	56		56			2	1.5					

课程类别 Course Classification	课程编号 Course Code	课程名称 Course Name	学分 Crs	学时 Hrs	学时分类 Class Hours		先修课程 Prerequisite Courses	学期学分分配 Semester Credits							
					讲课 Lec.	实验 Lab.		一 1st	二 2nd	三 3rd	四 4th	五 5th	六 6th	七 7th	八 8th
学科基础课 Disciplinary Fundamental Courses	207251＊1	电工与电子技术 A Electrician and Electronic Technology A	7	112	98	14				3.5	3.5				
	20508011	工程力学(理论力学) A1 Engineering Mechanics (Theoretical Mechanics) A1	5	80	80					5					
	21212802	线性代数 B Linear Algebra B	2.5	40	40					2.5					
	20508021	工程力学(材料力学) A2 Engineering Mechanics (Mechanics of Materials) A2	4.5	72	72						4.5				
	21213502	概率统计 B Probability and Mathematics Statistics B	2.5	40	40					2.5					
	小计 Sum		**46.5**	**744**	**646**	**98**		**7**	**14**	**17.5**	**8**	**0**	**0**	**0**	**0**
专业主干课 Main Specialty Courses	20714800	金属工艺学 Metal Processing	1.5	24	24		机械制图 A 金工实习 A		1.5						
	20707800	金属材料及热处理 Metal Material and Its Heat Treatment	2	32	26	6	材料力学 机械制图 A				2				
	20706500	机械原理 Principle of Machinery	3	48	40	8	理论力学 机械制图				3				
	20705100	互换性与技术测量 Interchangeability and Technical Measurement	2	32	26	6	机械制图 金工实习 A				2				
	20706200	机械设计 Machine Design	3.5	56	48	8	材料力学 机械原理					3.5			
	20706100	机械工程控制基础 Control Fundamental of Mechanical Engineering	2	32	26	6	理论力学 电工与电子技术 A					2			
	20701902	单片机原理及应用 B Principle and Interface Technology of Single Chip Microprocessor B	2.5	40	30	10	电工与电子技术 A					2.5			
	20700800	测试技术 Testing Technology	2.5	40	34	6	概率统计 B 机械工程控制基础					2.5			
	20727300	液压传动 Hydraulic Transmission	2.5	40	34	6	机械制图 机械设计等						2.5		
	20727400	机械制造工艺学 Technology of Mechanical Manufacturing	2.5	40	30	10	金属材料及热处理 互换性与测量技术						2.5		

课程类别 Course Classification	课程编号 Course Code	课程名称 Course Name	学分 Crs	学时 Hrs	学时分类 Class Hours		先修课程 Prerequisite Courses	学期学分分配 Semester Credits							
					讲课 Lec.	实验 Lab.		一 1st	二 2nd	三 3rd	四 4th	五 5th	六 6th	七 7th	八 8th
专业主干课 Main Specialty Courses	20727900	机械制造装备技术 Technology of Mechanical Manufacturing Equipment	2	32	16	16	机械设计						2		
	20727500	工程机械设计 Engineering Machine Design	2.5	40	34	6	液压传动 机电一体化技术						2.5		
	20705700	机电一体化技术 Mechatronics Technology	2	32	26	6	电工与电子技术 A 单片机原理及应用 B						2		
	20727600	数控技术 NC Technology	2	32	28	4	机械制图 机械工程控制基础					2			
	小计 Sum		**32.5**	**520**	**422**	**98**		**0**	**1.5**	**0**	**7**	**12.5**	**11.5**	**0**	**0**
专业选修课 Specialty Elective Courses		具体见专业选修课列表	13	208											
合计 Sub-total			**137.5**	**2280**	**1672**	**208**		**21**	**21**	**23.5**	**23**	**12.5**	**11.5**	**0**	**0**
实践环节 Practical Work	44300200	军事训练 Military Training	2	2 周				2							
	40724601	金工实习 A Metalworking Practice A	4	4 周			机械制图		4						
	41919002	C 语言课程设计 B Course Design for C Language B	1.5	1.5 周			C 语言程序设计 B	1.5							
	40726800	机械原理课程设计 Mechanism Design Project	2	2 周			机械原理				2				
	40725201	机械设计课程设计 A Machine Design Project A	3	3 周			机械设计					3			
	40728000	单片机原理及应用课程设计 Design Project of Principle and Interface Technology of Single Chip Microprocessor	2	2 周			单片机原理及应用 B					2			
	40726900	机械制造生产实习 Practice in Factory	5	5 周			机械制造工艺学							5	
	40727000	数控技术实习 NC Technology Practice	2	2 周			数控技术					2			
	40727100	工程机械施工技术工程实习 Engineering Machine Practice	2	2 周			工程机械设计							2	

课程类别 Course Classification	课程编号 Course Code	课程名称 Course Name	学分 Crs	学时 Hrs	学时分类 Class Hours		先修课程 Prerequisite Courses	学期学分分配 Semester Credits							
					讲课 Lec.	实验 Lab.		一 1st	二 2nd	三 3rd	四 4th	五 5th	六 6th	七 7th	八 8th
实践环节 Practical Work	40727200	机电一体化课程设计 Mechatronics Project	2	2 周			机电一体化技术							2	
	40728100	综合能力训练 Comprehensive Abilities Training	6	6 周										6	
	40728200	数字化制造实践 Practice in Digital Manufacturing	4	4 周			机械 CAD/CAM							4	
	40728300	机电装备设计与实践 Mechanical and Electrical Equipment Design and Practice	4	4 周			机械制造装备技术							4	
	40726500	毕业实习与毕业设计 Graduate Practice and Bachelor Thesis	16	16 周											16
	小计 Sum		**55.5**	**55.5**				**3.5**	**4**	**0**	**2**	**7**	**0**	**23**	**16**
创新创业自主学习 Autonomous Learning	ZZ35000S	社会调查 Social Investigation	2												2
		其他(学科竞赛、发明创造、科研报告) Others (Contest, Invention, Innovation and Research Presentation)	3												
	小计 Sum		**5**												
总计 Total			**198**	**2280 + 55.5 周**	**1672**	**208**		**24.5**	**25**	**23.5**	**25**	**19.5**	**11.5**	**23**	**16**
可开出专业选修课列表 Specialty Elective Courses	20519200	钻探工程概论 Introduction to Drilling Engineering	2	32	32		机械设计				2				
	20727700	机械创新设计 Innovative Design for Machinery	1	16	16	0	机械设计						1		
	20727800	机器人技术 Robot Technology	2	32	32	0	线性代数 测试技术					2			
	20717900	PLC 原理及应用 Principle and Application of PLC	1.5	24	12	12	电工与电子技术 A 单片机原理及应用 B					1.5			
	20705500	机电传动控制 Electromechanical Drive Control	2.5	40	30	10	电工与电子技术 A 单片机原理及应用 B						2.5		

课程类别 Course Classification	课程编号 Course Code	课程名称 Course Name	学分 Crs	学时 Hrs	学时分类 Class Hours 讲课 Lec.	实验 Lab.	先修课程 Prerequisite Courses	学期学分分配 Semester Credits 一 1st	二 2nd	三 3rd	四 4th	五 5th	六 6th	七 7th	八 8th
可开出专业选修课列表 Specialty Elective Courses	20706000	机械 CAD/CAM Mechanical CAD/CAM	2.5	40	20	20	机械设计 机械制造工艺学						2.5		
	20712200	优化设计 Optimization Design	1	16	12	4	机械设计					1			
	20708400	可靠性设计 Reliability Design	1	16	14	2	优化设计 概率统计 B						1		
	20718200	模具设计 Mould Design	2.5	40	30	10	机械制造工艺学 金属材料及热处理						2.5		
	20708300	可编程逻辑器件原理及应用 Principle and Application of PLD	2	32	24	8	单片机原理及应用 B					2			
	20718300	学科专题讲座 Subject Lecture	1	16	16	0	机械工程学科导论						1		
	20705400	机电产品质量控制 Electromechanical Product Quality Control	1.5	24	20	4	互换性与测量技术 金属材料及热处理					1.5			
	20705300	机电产品生产管理 Electromechanical Product Production Management	2	32	32		机械制造工艺学、概率统计 B						2		
	20513200	流体力学基础 Hydromechanics	2	32	28	4	理论力学 材料力学					2			

注：通识教育选修课学分和创新创业自主学习学分未列入具体学期。

机械设计制造及其自动化(卓越工程师教育培养计划)专业课程分类统计

Course Category Statistics of Mechanical Design, Manufacturing and Automation (Excellent Engineer Training Program)

课程学分 / 统计	通识教育课 Liberal Education Courses 必修 Compulsory	选修 Selective	学科基础课 Disciplinary Fundamental Courses	专业主干课 Main Specialty Courses	专业选修课 Specialty Elective Courses	实践环节 Practical Work	创新创业自主学习 Autonomous Learning	学时总计 Total Hours	学分总计 Total Credits
学时/学分 Hrs/Crs	616/33.5	192/12	744/46.5	520/32.5	208/13	55.5 周/55.5	5	2280+55.5 周	198
学分所占比例 Proportion of Credits	22.98%		23.48%	16.41%	6.57%	28.03%	2.53%		100%

工业设计专业培养方案

专业名称与代码:工业设计专业　080205

专业培养目标:培养专业基础扎实、思维活跃、创新意识强,视野宽广、表现技能熟练、技术整合能力强,具有较强的发现问题和综合解决问题的能力,能够在不断变化的产业格局下为企事业单位、专业设计部门从事工业产品开发与创新设计、交互与体验设计的复合型工业设计人才。

专业培养要求:本专业学生需要系统学习工业设计的基础理论与专业知识,前期打好宽厚基础,强化通识教育,后期突出宽口径专业教育和多学科交叉整合的人才培养模式,接受产品设计与表现的基本训练,能应用设计原理和方法综合处理产品功能、形态、色彩、结构、材料、工艺、环境、市场的关系,整合设计、技术、营销来实现工业产品的创新。

毕业生应获得以下几方面的知识和能力

1.具有扎实的自然科学基础,具有较好的人文、艺术、社会科学、市场经济、管理、环保等基础知识。

2.系统地掌握本专业领域宽广的技术理论基础知识,主要包括工业设计工程基础、设计表现基础、设计理论、人机工程、材料及加工工艺、计算机辅助设计、市场经济及企业管理等基础知识。

3.具有新产品研究与开发的初步能力,有较强的表现技能、动手能力、美学鉴赏能力和创新设计能力,具有较强的计算机应用能力及外语应用能力。

4.具有较强的自学能力、知识更新能力、协作能力和较高的综合素质。

5.熟悉本专业领域内工业产品的发展现状,了解学科前沿与发展趋势。

毕业要求及实现途径

序号	毕业要求	实现途径(教学过程)
1	具有较扎实的自然科学基础,较好的人文、艺术和社会科学基础及正确运用本国语言、文字的能力,并能使用英语进行专业文献阅读与写作	①课堂教学:高等数学B、线性代数C、大学物理C、C语言程序设计、人文艺术类选修课、马克思主义基本原理、毛泽东思想与中国特色社会主义理论体系概论、中国近现代史纲要、大学英语、机械工程学科导论、物理实验B、军事理论、思想道德修养与法律基础、体育 ②课外学习:中外文学名著选读、哲学讲座
2	系统地掌握本专业领域的基础理论知识,主要包括设计方法学、金属工艺学、构成原理、电工及电子技术C、工程力学B、工业设计史、工业设计概论、机械原理、产品设计原理、机械设计等基础知识	①课堂教学:设计方法学、金属工艺学、构成原理、数字电路技术基础A、工程力学B、工业设计史、工业设计概论、机械原理、产品设计原理、机械设计、产品结构设计、人机工程学、材料工艺学、机电创新设计、优化设计、产品色彩设计、产品符号语义设计、模具设计、产品摄影制作、PLC原理及应用、图案设计基础、平面广告设计、机电一体化技术、设计作品赏析、展示设计 ②课外学习:大学生创新实验计划
3	具有本专业必需的制图、手绘、实验、设计、文献检索和基本工艺操作等基本技能	①课堂教学:机械制图A、综合素描B、产品设计表达、造型设计基础、金工实习B、计算机高级课程设计C、各类实践教学环节 ②课外学习:开放实验室项目、全国大学生先进成图技术与产品信息建模创新大赛、企业实践

序号	毕业要求	实现途径(教学过程)
4	具有初步的产品调研、开发、设计一般实体产品、交互产品的设计能力与管理能力	①课堂教学:计算机辅助设计、模型制作、认知实习、产品形态设计、体验设计、企业形象设计、智能产品设计概论、交互设计、综合造型训练、产品系统设计、版式设计、各类实践教学环节 ②课外学习:全国或湖北省设计类大赛、全国或湖北省工业设计大赛、开放实验室项目、大学生创新实验计划、企业实践、机械创新大赛
5	具有较强的自学能力和创新意识	①课堂教学:毕业实习与毕业设计、社会调查 ②课外学习:大学生创新实验计划、机械创新大赛、全国工业设计大赛、各类校园知识讲座、专业辅修、第二学位

主干学科:设计艺术学、机械工程。

核心课程:机械制图、机械原理、机械设计、金属工艺学、设计基础、工业设计概论、造型设计基础、人机工程学、产品设计原理、设计方法学、计算机辅助设计、产品结构设计、工业设计史、构成原理、设计素描、结构素描、产品形态设计、产品设计表达、展示设计、模型制作、产品系统设计、智能产品设计概论、企业形象设计、产品摄影制作等。

主要专业实验:模型制作实验、摄影制作实验、产品制作实验、造型设计实验、平面创意实验、虚拟人机工程实验等。

主要实践性教学环节:劳动教育、金工实习、机械原理课程设计、机械设计课程设计、计算机辅助设计课程设计、构成原理教学实习、C语言课程设计、艺术采风(写生实习)、产品创新设计实践、认知实习、生产实习、毕业实习与毕业设计等。

修业年限:四年。

授予学位:工学学士。

相近专业:机械设计制造及其自动化、交互设计、珠宝设计、动画设计。

Program for Industry Design

Specialty and Code: Industry Design 080205

Educational Objective: Our program is aimed at laying students a solid professional foundation, activating their mind, enhancing their creativity, broadening their horizon, developing their professional skills, improving their ability to integrate techniques, thus, equipping them with the ability to find and solve problems. With that aim, we will cultivate interdisciplinary talent who is qualified to face the changing industrial pattern and work in enterprises and design departments for industrial design development and innovation design as well as interactive design and customer experience design.

Graduation Requirements: The major of Industrial Design requires students to obtain systematic and basic industrial design theory and related expertise. For early stage, students will lay a solid professional foundation and get general education. For later stage, it will emphasize on implementing wide-caliber education and fostering talent in multidisciplinary with integrating techniques, meanwhile, the basic training of product design and skill performance will be taught to students, who will be able to apply design theory and method to cope with design and related problems concerning product function, product form, color, structure, material, craftsmanship, environment, and market and realize the creativity of integrating design with technology and marketing.

Required Knowledge and Ability

1. Have solid nature science foundation and basic knowledge of humanity, art, social science, market economy, management, and environmental protection.

2. Get systematically technical and theory knowledge of this major, including basic of industrial design engineering, basics of skill performance, design theory, man-machine engineering, material and machining technology, CAD, basic of marketing economy and enterprises administration.

3. Have the preliminary ability to do researches and develop new product. Equipped with good skill performance, operational ability, aesthetic and interpretive understanding ability, sense of innovation and proficient CAD skills and English.

4. Have the ability of self-learning, updating knowledge and cooperating. Have superior comprehensive quality.

5. Be familiar with the current industrial product, be aware of the leading edge and the developing trade of this industry.

Graduation requirements and ways to achieve

No.	Graduation Requirements	Ways to Achieve(Teaching Process)
1	Has a solid natural science foundation, good humanities, arts, and social science foundation and ability to use their own language, words correctly, and can use foreign language professional for literature reading and writing	①Classroom Teaching: Advanced Mathematics B, Linear Algebra C, College Physics C, C Language Programming, Optional Course of Humanities Arts, Basic Principle of Marxism, Introduction to Mao Tse-tung Thought and the Theoretical System of Socialism with Chinese Characteristics, the Essentials of Modern Chinese History, College English, Introduction to Mechanical Engineering Disciplines, Physics Experiments B, Military Theory, Morality Education and Fundamentals of Law, Physical Education ② Out-of-class Learning: Chinese and Foreign Literature, Philosophical Lectures

No.	Graduation Requirements	Ways to Achieve(Teaching Process)
2	You should systematically master the basic theory in the field of professional knowledge, mainly including The Design Methodology, Metallurgical Technology, Constitution Principle, Electrician and Electronic Technology C, Engineering Mechanics B, the History of Industrial Design, Introduction to Industrial Design, Mechanical Principle, Product Design Principle, Mechanical Design and so on	① Classroom Teaching: Design Methodology, Metallurgical Technology, Constitution Principle, Engineering Mechanics B, Digital Electronics A, the History of Industrial Design, Introduction to Industrial Design, Mechanical Principle, Product Design Principle, Mechanical Design, Product Structure Design, Ergonomics, Material Technician, Electrical and Mechanical Innovation Design, Optimization Design, Product Color Design, Symbolic Semantic Product Design, Molding Design, Product Photography, the Principle and Application of PLC, Graphic Design, Print AD Design, Mechanical and Electrical Integration Technology, Design Works Appreciation, Display Design ② Out-of-class Learning: College Students Innovation Experiment Program
3	This professional required drawings, hand-painted, experimental technique, design, literature retrieval and the basic operation and other basic skills	①Classroom Teaching: Mechanical Drawing A, Sketch Expression B, Product Design Expression, Form Design Foundation, Metalworking Practice B, Senior Computer Curriculum Design C, all kinds of practice teaching links ②Out-of-class Learning: Opening Laboratory Project, the National College Students' Drawing Competition, the Enterprise Practices
4	Has the preliminary ability of product research, development, interactive products design and general physical product development management	① Classroom Teaching: Computer Aided Design, Model Making, Cognitive Practice, Product form Design, Experience Design, Corporate Image Design, Smart Products Design Introduction, Interaction Design, Comprehensive Training, Production System Design, Layout Design, All Kinds of Practice Teaching Link ②Out-of-class Learning: Design Industrial Competition, the National University Students Innovation Experiment Program, Enterprise Practice, Mechanical Innovation Competition, the National University Industrial Design Competition
5	Has the strong ability of self-study and innovation consciousness	①Classroom Teaching: Graduation Practice, Graduation Design, Social Investigation ② Out-of-class Learning: College Students' Innovative Pilot Scheme Design, Mechanical Innovation Competition, the National University Industrial Design Competition, All Kinds of Knowledge about Campus, Professional Minor, the Second Degree

Major Disciplines: Art and Design, Mechanical Engineering.

Main Courses: Mechanical Drawing, Mechanical Principle, Mechanical Design, Metal Technology, Design Foundation, Introduction to Industry Design, Ergonomics, Product Design Principle, Design Methodology, Computer Aided Design, Product Structure Design, Industrial Design History, Composing Principle, Design Drawings, Structure Drawings, Product form Design, Expression of Product Design, Display Design, Model Making Product System Design, Smart Products Design Introduction, Corporate Image Design, Product Photography, etc.

Lab Experiments: Model Making, Photograph Making, Form Design Making, Product Design, Planner Making, Virtual Ergonomic Making.

Practical Work: Labor Education, Metalworking Practice, Mechanical Design Project, Mechanism Design Project, CAD for Design, Composing Principle Practice, C Language Programming, Outdoor Sketching, Product Innovation Design Practice, Cognition Practice, Graduation Practice, Graduation Thesis.

Duration: four years.

Degree Granted: Bachelor of Engineering.

Related Specialties: Mechanical Design, Manufacturing and Automation, Interaction Design, Jewel Design, Animation Design.

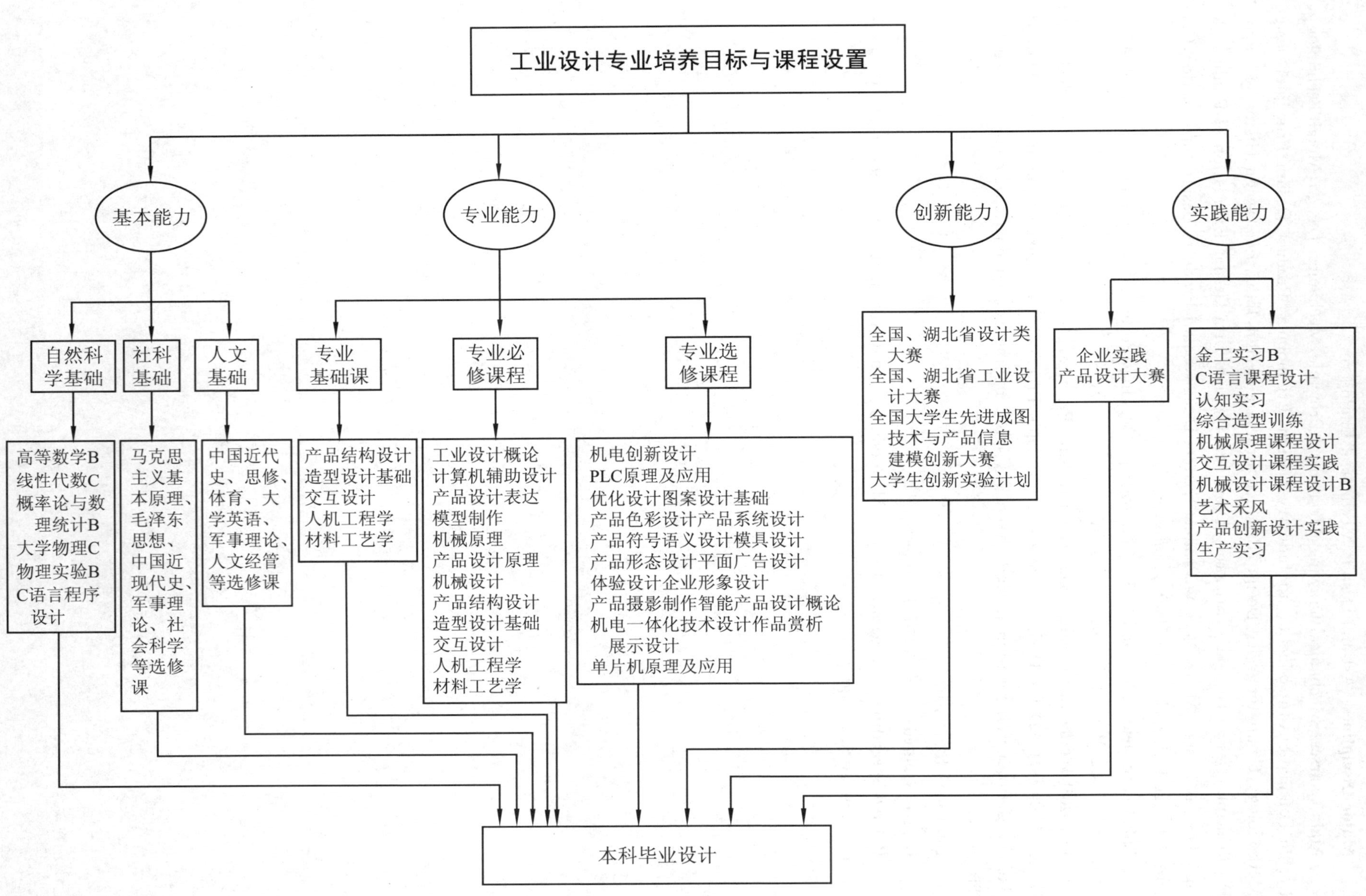
工业设计专业培养目标与课程设置
基本能力
专业能力
创新能力
实践能力
自然科学基础
社科基础
人文基础
专业基础课
专业必修课程
专业选修课程
高等数学B
线性代数C
概率论与数理统计B
大学物理C
物理实验B
C语言程序设计
马克思主义基本原理、毛泽东思想、中国近现代史、军事理论、社会科学等选修课
中国近代史、思修、体育、大学英语、军事理论、人文经管等选修课
产品结构设计
造型设计基础
交互设计
人机工程学
材料工艺学
工业设计概论
计算机辅助设计
产品设计表达
模型制作
机械原理
产品设计原理
机械设计
产品结构设计
造型设计基础
交互设计
人机工程学
材料工艺学
机电创新设计
PLC原理及应用
优化设计图案设计基础
产品色彩设计产品系统设计
产品符号语义设计模具设计
产品形态设计平面广告设计
体验设计企业形象设计
产品摄影制作智能产品设计概论
机电一体化技术设计作品赏析
展示设计
单片机原理及应用
全国、湖北省设计类大赛
全国、湖北省工业设计大赛
全国大学生先进成图技术与产品信息建模创新大赛
大学生创新实验计划
企业实践
产品设计大赛
金工实习B
C语言课程设计
认知实习
综合造型训练
机械原理课程设计
交互设计课程实践
机械设计课程设计B
艺术采风
产品创新设计实践
生产实习
本科毕业设计

工业设计专业课程教学计划表

Course Descriptions of Industry Design

课程类别 Course Classification		课程编号 Course Code	课程名称 Course Name	学分 Crs	学时 Hrs	学时分类 Class Hours		先修课程 Prerequisite Courses	学期学分分配 Semester Credits							
						讲课 Lec.	实验 Lab.		一 1st	二 2nd	三 3rd	四 4th	五 5th	六 6th	七 7th	八 8th
通识教育课 Liberal Education Courses	必修 Compulsory	11706200	马克思主义基本原理 Principles of Marxism	3	48	48					3					
		11706500	毛泽东思想与中国特色社会主义理论体系概论 Introduction to Mao Tse-tung Thought and the Theoretical System of Socialism with Chinese Characteristics	4	64	64						4				
		11711800	中国近现代史纲要 The Essentials of Modern Chinese History	2	32	32							2			
		120002 * 0	思想道德修养与法律基础 Morality Education and Fundamentals of Law	3	48	48			1.5	1.5						
		113076 * 0	体育 Physical Education	4	144	144			1	1	1	1				
		109116 * 0	大学英语 College English	12	192	192			3	3	3	3				
		11918902	C 语言程序设计 B C Language Programming B	2.5	40	28	12			2.5						
		20724200	机械工程学科导论 Mechanical Introduction	1	16	16	0		1							
		14300100	军事理论 Military Theory	2	32	32	0		2							
	选修 Elective	总计 12 学分，含创新创业选修课学分，跨学科选修课不低于 6 学分。“形势与政策”课程作为限选课，由马克思主义学院实施		12	192											
		小计 Sum		**45.5**	**808**	**604**	**12**		**8.5**	**8**	**7**	**8**	**2**	**0**	**0**	**0**
学科基础课 Disciplinary Fundamental Courses		21212803	线性代数 C Linear Algebra C	2	32	32	0				2					
		212127 * 2	高等数学 B Advanced Mathematics B	10	160	160	0		4	6						
		207247 * 0	机械制图 Mechanical Drawing	5.5	88	68	20		3	2.5						
		207243 * 0	综合设计素描 Structure Sketch	3	8	48	0		1.5	1.5						
		20714800	金属工艺学 Metal Processing	1.5	24	24	0		1.5							

课程类别 Course Classification	课程编号 Course Code	课程名称 Course Name	学分 Crs	学时 Hrs	学时分类 Class Hours		先修课程 Prerequisite Courses	学期学分分配 Semester Credits							
					讲课 Lec.	实验 Lab.		一 1st	二 2nd	三 3rd	四 4th	五 5th	六 6th	七 7th	八 8th
学科基础课 Disciplinary Fundamental Courses	212130＊3	大学物理 C College Physics C	6	96	96	0			3	3					
	21213202	物理实验 B Physical Experiments B	2	32	0	32			2						
	207249＊0	构成原理 Composing Principle	4	64	40	24			2	2					
	20720000	设计方法学 Design Methodology	1.5	24	12	12					1.5				
	20710701	数字电路技术基础 A Digital Electronics A	4	64	50	14					4				
	20508002	工程力学 B Engineering Mechanics B	5	80	80	0				5					
	20720100	工业设计史 Industry Design History	1.5	24	20	4						1.5			
	小计 Sum		**46**	**736**	**630**	**106**		**10**	**17**	**12**	**5.5**	**1.5**	**0**	**0**	**0**
专业主干课 Main Specialty Courses	20704500	工业设计概论 Introduction to Industry Design	1.5	24	24	0		1.5							
	20729600	计算机辅助设计 CAD for Design	2.5	40	0	40				2.5					
	207297＊0	产品设计表达 Product Design Expression	2.5	40	0	40				1.5	1				
	207216＊0	模型制作 Model Making	3	48	0	48				1			2		
	20717600	机械原理 Principle of Machinery	3.5	56	40	16					3.5				
	20701100	产品设计原理 Product Design Principle	2	32	20	12					2				
	20717800	机械设计 Machine Design	4	64	46	18						4			
	20720400	产品结构设计 Product Structure Design	2	32	28	4	机械原理					2			
	20720200	造型设计基础 Form Design Foundation	2	32	20	12					2				
	20730900	交互设计 Interaction Design	2	32	16	16						2			
	20709600	人机工程学 Ergonomics	2	32	20	12							2		
	20723800	材料工艺学 Material Technician	2	32	24	8							2		
	小计 Sum		**29**	**464**	**238**	**226**		**1.5**	**0**	**5**	**8.5**	**8**	**6**	**0**	**0**

课程类别 Course Classification	课程编号 Course Code	课程名称 Course Name	学分 Crs	学时 Hrs	学时分类 Class Hours		先修课程 Prerequisite Courses	学期学分分配 Semester Credits							
					讲课 Lec.	实验 Lab.		一 1st	二 2nd	三 3rd	四 4th	五 5th	六 6th	七 7th	八 8th
专业选修课 Specialty Elective Courses		具体见专业选修课列表	24	384											
合计 Sub-total			**144.5**	**2392**	**1472**	**344**		**20**	**25**	**24**	**22**	**11.5**	**6**	**0**	**0**
实践环节 Practical Work	44300200	军事训练 Military Training	2	2 周				2							
	40724602	金工实习 B Metalworking Practice B	2	2 周				2							
	41919002	C 语言课程设计 B Course Design for C Language	1.5	1.5 周					1.5						
	40728400	认知实习 Cognition Practice	1	1 周						1					
	40728500	综合造型训练 Comprehensive Modeling Training	1	1 周							1				
	40726800	机械原理课程设计 Mechanism Design Project	2	2 周							2				
	40728600	交互设计课程实践 Interaction Design Practice	1	1 周								1			
	40725202	机械设计课程设计 B Mechanical Design Project B	2	2 周								2			
	40728700	艺术采风 Outdoor Sketching	2	2 周								2			
	40728800	产品创新设计实践 Product Development Design	1	1 周									1		
	40728900	生产实习 Industrial Practice	2.5	2.5 周										2.5	
	40726500	毕业实习与毕业设计 Practice for Graduate and Bachelor Thesis	16	16 周											16
	小计 Sum		**34**	**34 周**	**0**	**0**		**4**	**1.5**	**1**	**3**	**5**	**1**	**2.5**	**16**

课程类别 Course Classification	课程编号 Course Code	课程名称 Course Name	学分 Crs	学时 Hrs	学时分类 Class Hours 讲课 Lec.	 实验 Lab.	先修课程 Prerequisite Courses	学期学分分配 Semester Credits 一 1st	 二 2nd	 三 3rd	 四 4th	 五 5th	 六 6th	 七 7th	 八 8th
创新创业自主学习 Autonomous Learning	ZZ35000S	社会调查 Social Investigation	2												2
		其他(学科竞赛、发明创造、科研报告) Others (Contest, Invention, Innovation and Research Presentation)	3												
	小计 **Sum**		**5**												
总计 **Total**			**183.5**	**2392 + 34 周**	**1472**	**344**		**24**	**26.5**	**25**	**25**	**16.5**	**7**	**2.5**	**16**
可开出专业选修课列表 Specialty Elective Courses	20705600	机电创新设计 M & E Innovative Design	1	16	16	0	机械原理					1			
	20712200	优化设计 Optimization Design	1	16	12	4								1	
	20700900	产品色彩设计 Product Color Design	1.5	24	16	8						1.5			
	20730800	产品符号语义设计 Product Semantics Design	1.5	24	16	8							1.5		
	20718200	模具设计 Model Design	2.5	40	30	10							2.5		
	20701400	产品形态设计 Product Pattern Design	1.5	24	20	4					1.5				
	20729900	体验设计 Experience Design	1.5	24	20	4								1.5	
	20701200	产品摄影制作 Product Photography Manufacturing	1.5	24	12	12							1.5		
	20717900	PLC 原理及应用 Principle and Application of PLC	1.5	24	12	12								1.5	
	20701901	单片机原理及应用 A Single Chip Computer and Application A	3.5	56	46	10	数字电路设计基础 A					3.5			
	20729800	图案设计基础 Design Foundation	1.5	24	16	8						1.5			
	20721700	产品系统设计 Product System Design	1.5	24	12	12						1.5			
	20723900	平面广告设计 2D Ad. Design	1.5	24	12	12							1.5		

课程类别 Course Classification	课程编号 Course Code	课程名称 Course Name	学分 Crs	学时 Hrs	学时分类 Class Hours		先修课程 Prerequisite Courses	学期学分分配 Semester Credits							
					讲课 Lec.	实验 Lab.		一 1st	二 2nd	三 3rd	四 4th	五 5th	六 6th	七 7th	八 8th
可开出专业选修课列表 Specialty Elective Courses	20730100	版式设计 Layout Design	1.5	24	12	12				1.5					
	20709200	企业形象设计 CIS	1.5	24	16	8								1.5	
	20730000	智能产品设计概论 Smart Products Design Introduction	1.5	24	16	8	数字电路设计基础 A 单片机原理及应用 A 产品结构设计						1.5		
	20705700	机电一体化技术 Mechanical & Electrical Integration	2	32	26	6	数字电路设计基础 A 单片机原理及应用 A							2	
	20710100	设计作品赏析 Design Works Appreciation	1.5	24	20	4		1.5							
	20721500	展示设计 Demonstration Design	1.5	24	12	12								1.5	

注：通识教育选修课学分和创新创业自主学习学分未列入具体学期。

工业设计专业课程分类统计

Course Category Statistics of Industry Design

课程学分 / 统计	通识教育课 Liberal Education Courses		学科基础课 Disciplinary Fundamental Courses	专业主干课 Main Specialty Courses	专业选修课 Specialty Elective Courses	实践环节 Practical Work	创新创业自主学习 Autonomous Learning	学时总计 Total Hours	学分总计 Total Credits
	必修 Compulsory	选修 Selective							
学时/学分 Hrs/Crs	616/33.5	192/12	736/46	464/29	384/24	34 周/34	5	2392+34 周	183.5
学分所占比例 Proportion of Credits	24.80%		25.06%	15.80%	13.08%	18.53%	2.72%		100%

通信工程专业培养方案

专业名称与代码:通信工程　080703

专业培养目标:本专业培养具有良好素质和创新能力,德智体美全面发展,系统地掌握通信技术、通信系统和网络、计算机技术的基本理论、方法和技能,并通过通信工程实践的基本训练,具备一定的通信系统硬件和软件的设计及开发能力,能在通信及相关领域从事研究、开发、设计、制造、运营和管理的高级工程技术人才。

专业毕业要求

1.掌握通信领域内的基本理论和基本知识。

2.掌握数据通信、移动通信、无线通信、光通信等通信技术。

3.掌握计算机的基本应用技术和软件开发技术。

4.熟悉各类通信系统及通信网的通信方式及系统体系结构,并了解有关的技术标准、规格、指标要求、通信协议等知识。

5.初步具备通信系统及通信网系统设计、集成、调测、应用及其硬、软件设计与开发的能力。

6.了解通信领域最新进展与发展动态,掌握文献检索和资料查询方法,具有一定的创新能力。

毕业要求及实现途径

序号	毕业要求	实现途径(教学过程)
1	掌握通信领域内的基本理论和基本知识	①课堂教学:电路分析、信号与系统、模拟电路技术基础A、数字电路技术基础A、通信电子线路A、电磁场与电磁波、通信原理A、信息论与编码B、数字信号处理B、语音信号处理、数字图像处理B、统计信号分析与处理等 ②课外学习:参加通信协会开展电子设计竞赛等
2	掌握数据通信、移动通信、无线通信、光通信等通信技术	①课堂教学:计算机网络通信、光纤通信系统、现代交换原理、移动通信、多媒体通信等 ②课外学习:在合作企业产学研基地实习和培训等
3	掌握计算机的基本应用技术和软件开发技术	①课堂教学:C++语言程序设计、数据结构B、计算机网络安全、移动互联网技术基础、LINUX操作系统基础、ANDROID系统开发等 ②课外学习:在"教育学历+技能认证"实习基地进行软件应用技能培训和实习等
4	熟悉各类通信系统及通信网的通信方式及系统体系结构,并了解有关的技术标准、规格、指标要求、通信协议等知识	①课堂教学:SDH原理、通信资源管理系统基础、接入网技术、NGN、微波与天线、GPS技术与应用等 ②课外学习:参加H3C等资格认证考试

序号	毕业要求	实现途径(教学过程)
5	初步具备通信系统及通信网系统设计、集成、调测、应用及其硬、软件设计与开发的能力	①课堂教学:单片机原理及应用 A、嵌入式系统、EDA 技术、FPGA 开发、模式识别 B 、MATLAB 应用基础、通信系统仿真与实践等 ②课外学习:参加 H3C 等资格认证考试及在产学研基地实习、培训等
6	了解通信领域最新进展与发展动态,掌握文献检索和资料查询方法,具有一定的创新能力	①课堂教学:物联网技术、现代通信新技术、电子信息学科导论、通识课(选修课)等 ②课外学习:参加院学术年会、发表主题报告等

主干学科:信息与通信系统。

核心课程:电路分析、信号与系统、模拟电路技术基础 A、数字电路技术基础 A、单片机原理及应用 A、通信原理 A、数字信号处理 B、移动通信、光纤通信系统、计算机网络通信、通信资源管理系统基础、通信电子线路 A、现代交换原理、接入网技术、EDA 技术、嵌入式系统。

主要专业实验:模拟电路技术基础实验、数字电路技术基础实验、通信电子线路实验、通信原理实验、移动通信实验、光纤通信系统实验、EDA 技术实验、嵌入式系统实验。

主要实践教学环节:电子技术实习、电路综合实习、数字系统设计实习、专业综合实习、生产实习、毕业设计。

修业年限:四年。

授予学位:工学学士。

相近专业:电子信息工程。

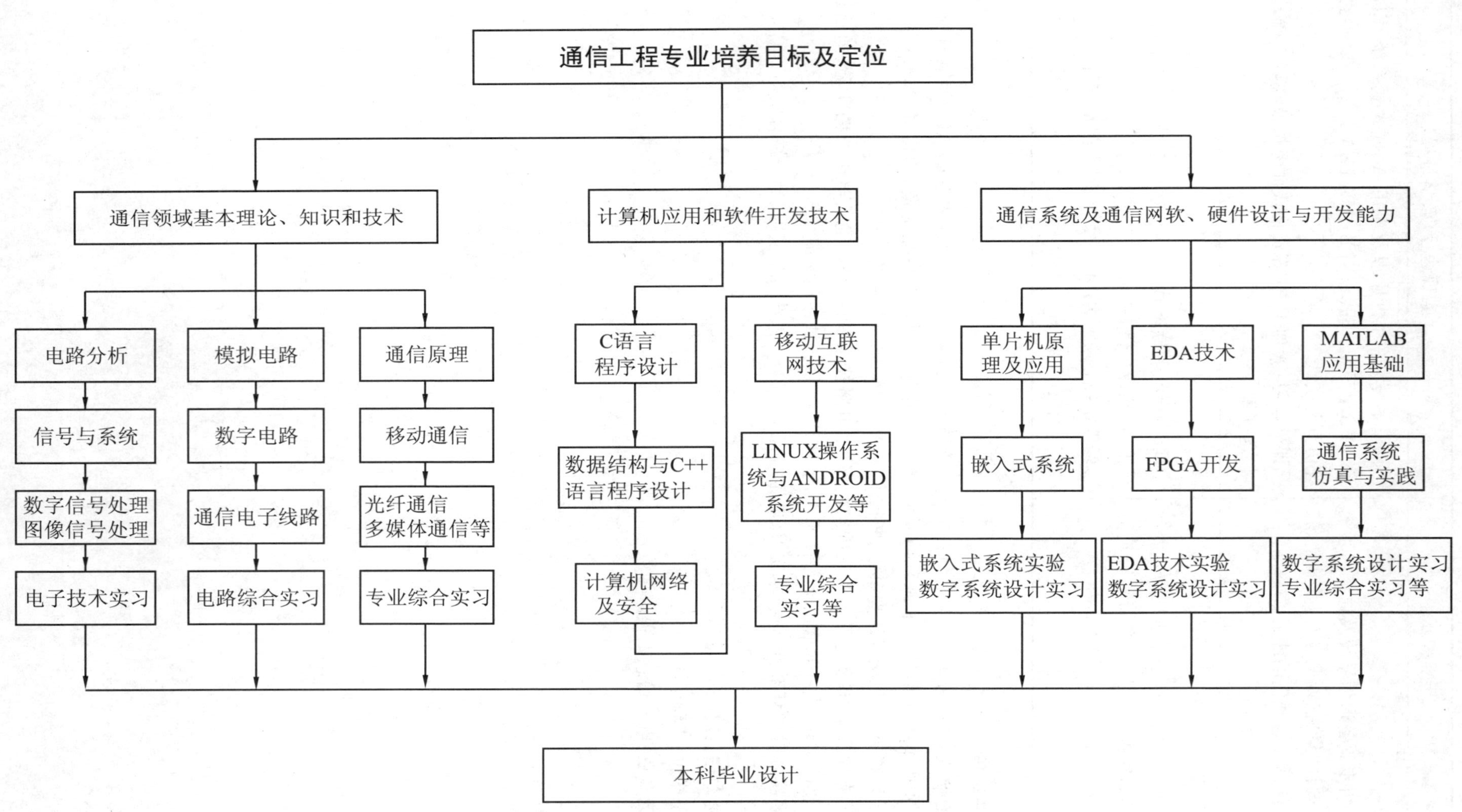
通信工程专业培养目标及定位
通信领域基本理论、知识和技术
计算机应用和软件开发技术
通信系统及通信网软、硬件设计与开发能力
电路分析
信号与系统
数字信号处理
图像信号处理
电子技术实习
模拟电路
数字电路
通信电子线路
电路综合实习
通信原理
移动通信
光纤通信
多媒体通信等
专业综合实习
C语言
程序设计
数据结构与C++
语言程序设计
计算机网络
及安全
移动互联
网技术
LINUX操作系
统与ANDROID
系统开发等
专业综合
实习等
单片机原
理及应用
嵌入式系统
嵌入式系统实验
数字系统设计实习
EDA技术
FPGA开发
EDA技术实验
数字系统设计实习
MATLAB
应用基础
通信系统
仿真与实践
数字系统设计实习
专业综合实习等
本科毕业设计

Program for Communication Engineering

Specialty and Code: Communication Engineering 080703

Education Objective: It aims to foster students to cultivate fully-developed engineers in morality, intelligence, health and arts with good quality and innovative ability that master the knowledge and advanced skill of communication systems, communication networks and communication technology. After graduation, students can apply themselves to the communication field and correlative field as researchers, technical designers, manufacturers, businessmen and senior engineers who are creative and practical to develop and apply the communication technology and devices into all kinds of companies and national defense industry.

Graduation Requirements

1. Master the basic knowledge and basic theory of all kinds of communication technology in communication field.

2. Master the communication technology such as data communication, mobile communication, wireless communication, optical communication.

3. Master the skills of computer application and software development.

4. Be Familiar with all kinds of communication system, communication mode and system configuration. Master the correlative technology standard, communication protocol and specification.

5. Basically possess the capability of design, integration, testing and application of all kinds of communication system and communication network as well as design the hardware and software.

6. Understand the latest progress and development in the communication field, and master the basic method of index as well as possess the research and innovative capability.

Graduation Requirements and Ways to Achieve

No.	Graduation Requirements	Ways to Achieve(Teaching Process)
1	Master the basic knowledge and basic theory of all kinds of communication technology in communication field	①Classroom Teaching: Theory of Circuitry, Signal and System, Introductory Analog Electronics A, Digital Electronics A, Communication Electro Circuit A, Electromagnetic Waves, Communication Principle A, Information Theory and Coding B, Digital Signal Processing B, Speech Signal Processing, Digital Image Processing B, Statistical Signal Analysis and Processing ②Out-of-class Learning: Take part in communication association and developing electronic design contest
2	Master the communication technology such as data communication, mobile communication, wireless communication, optical communication	①Classroom Teaching: Computer Networks, Optical Fiber Communication Systems, Modern Switch Principle, Mobile Communication, Multimedia Communication ②Out-of-class Learning: Take part in the cooperation enterprise for practice and training, etc

No.	Graduation Requirements	Ways to Achieve(Teaching Process)
3	Master the skills of computer application and software development	①Classroom Teaching: C++ Language Program Design, Data Structure B, Computer Network Security, Basic Principle of Mobile Networks, LINUX Operating System, ANDROID System Design ②Out-of-class Learning: In the "Academic Certification+Skills Certification" practice base for software application skills training and practice
4	Be Familiar with all kinds of communication system, communication mode and system configuration. Master the correlative technology standard, communication protocol and specification	①Classroom Teaching: The Principle & Technology of SDH, Communication Resource Management System, Technologies of Access Network, NGN, Microwave Techniques and Antenna, GPS Technology Application and Development ②Out-of-class Learning: Take part in some qualification examinations and get certifications such as "H3C"
5	Basically possess the capability of design, integration, testing and application of all kinds of communication system and communication network as well as design the hardware and software	①Classroom Teaching: Single Chip Computer and Application A, the Embedded System, Electronic Design Automation, FPGA Design, Pattern Recognition B, MATLAB Application, Communication System Simulation and Practice ②Out-of-class Learning: Take part in some qualification examinations and get certifications such as "H3C" and take part in the cooperation enterprise for practice and training, etc
6	Understand the latest progress and development in the communication field, and master the basic method of index as well as possess the research and innovative capability	① Classroom Teaching: Technologies of Internet of Things, Modern Communication New Technology, Introduction to Electrical Information Science, Liberal Education Courses and Elective Courses ② Out-of-class Learning: Take part in academic annual meeting and issue topic report

Major Disciplines: Information and Communication System.

Main Courses: Theory of Circuitry, Introductory Analog Electronics A, Digital Electronics A, Signal and System, Single Chip Computer and Application A, Communication Principle A, Digital Signal Processing B, Mobile Communication, Optical Fiber Communication Systems, Computer Networks, Communication Electro circuit A, Communication Resource Management System, Modern Switch Principle, Technologies of Access Network, Electronic Design Automation, the Embedded System.

Lab Experiments: Introductory Analog Electronics Experiments, Digital Electronics Experiments, Communication Electro Circuit Experiments, Communication Principle Experiments, Mobile Communication Experiments, Optical Fiber Communication Systems Experiments, Electronic Design Automation Experiments, The Embedded System Experiments.

Practical Work: Electronic Technology Practice, Integrated Circuit Practice, Digital System Design Practice, Comprehensive Professional Training, Production Practice, Bachelor Thesis.

Duration: four years.

Degree Granted: Bachelor of Engineering.

Related Specialties: Electrical Information Engineering.

通信工程专业课程教学计划表

Course Descriptions of Communication Engineering

课程类别 Course Classification		课程编号 Course Code	课程名称 Course Name	学分 Crs	学时 Hrs	学时分类 Class Hours		先修课程 Prerequisite Courses	学期学分分配 Semester Credits							
						讲课 Lec.	实验 Lab.		一 1st	二 2nd	三 3rd	四 4th	五 5th	六 6th	七 7th	八 8th
通识教育课 Liberal Education Courses	必修 Compulsory	11706200	马克思主义基本原理 Principles of Marxism	3	48	48			3							
		11706500	毛泽东思想与中国特色社会主义理论体系概论 Introduction to Mao Tse-tung Thought and the Theoretical System of Socialism with Chinese Characteristics	4	64	64					4					
		11711800	中国近现代史纲要 The Essentials of Modern Chinese History	2	32	32				2						
		120002＊0	思想道德修养与法律基础 Morality Education and Fundamentals of Law	3	48	48			1.5	1.5						
		113076＊0	体育 Physical Education	4	144	144			1	1	1	1				
		109116＊0	大学英语 College English	12	192	192			3	3	3	3				
		20724100	电子信息学科导论 Introduction to Electrical Information Science	1	16	16			1							
		14300100	军事理论 Military Theory	2	32	32			2							
	选修 Elective	总计12学分,含创新创业选修课学分,跨学科选修课不低于6学分。"形势与政策"课程作为限选课,由马克思主义学院实施		12	192											
		小计 **Sum**		**43**	**768**	**576**			**11.5**	**7.5**	**8**	**4**	**0**	**0**	**0**	**0**
学科基础课 Disciplinary Fundamental Courses		212127＊1	高等数学A Advanced Mathematics A	11.5	184	184			5	6.5						
		21212802	线性代数B Linear Algebra B	2.5	40	40			2.5							
		21201902	复变函数与积分变换B Function of Complex Variables and Integral Transformation B	2.5	40	40					2.5					

课程类别 Course Classification	课程编号 Course Code	课程名称 Course Name	学分 Crs	学时 Hrs	学时分类 Class Hours		先修课程 Prerequisite Courses	学期学分分配 Semester Credits							
					讲课 Lec.	实验 Lab.		一 1st	二 2nd	三 3rd	四 4th	五 5th	六 6th	七 7th	八 8th
学科基础课 Disciplinary Fundamental Courses	21202400	概率统计与随机过程 Probability Statistics and Stochastic Processes	3.5	56	56						3.5				
	212130＊3	大学物理 C College Physics C	6	96	96		高等数学		3.5	2.5					
	212132＊1	物理实验 A Physics Experiments A	3.5	56		56			2	1.5					
	20702700	电路分析 Theory of Circuitry	4.5	72	64	8	高等数学		4.5						
	20708801	模拟电路技术基础 A Introductory Analog Electronics A	4	64	54	10	电路分析			4					
	20710701	数字电路技术基础 A Digital Electronics A	4	64	50	14	模拟电路技术基础			4					
	21109700	信号与系统 Signal and System	3.5	56	56		电路分析				3.5				
	20701901	单片机原理及应用 A Single Chip Computer and Application A	3.5	56	46	10	数字电路技术基础				3.5				
	小计 **Sum**		**49**	**784**	**686**	**98**		**7.5**	**16.5**	**14.5**	**10.5**	**0**	**0**	**0**	**0**
专业主干课 Main Specialty Courses	219193＊0	C/C＋＋语言程序设计 C/C＋＋ Language Programming	4.5	72	44	28		2.5		2					
	21908202	数据结构 B Data Structure B	2.5	40	32	8			2.5						
	20715800	电磁场与电磁波 Electromagnetic Waves	3	48	48						3				
	20715601	通信电子线路 A Communication Electro Circuit A	3	48	40	8					3				
	21100200	EDA 技术 Electronic Design Automation	2	32	16	16	数字电路技术基础				2				
	20711002	数字信号处理 B Digital Signal Processing B	3	48	36	12	信号与系统					3			
	21108401	通信原理 A Communication Principle A	4	64	52	12						4			
	21105700	计算机网络通信 Computer Networks	3	48	40	8						3			
	21106400	嵌入式系统 The Embedded System	2	32	24	8	单片机原理及应用					2			

课程类别 Course Classification	课程编号 Course Code	课程名称 Course Name	学分 Crs	学时 Hrs	学时分类 Class Hours 讲课 Lec.	实验 Lab.	先修课程 Prerequisite Courses	学期学分分配 Semester Credits 一 1st	二 2nd	三 3rd	四 4th	五 5th	六 6th	七 7th	八 8th
专业主干课 Main Specialty Courses	21909602	数字图像处理 B Digital Image Processing B	2	32	16	16	数字信号处理						2		
	20720600	光纤通信系统 Optical Fiber Communication Systems	3	48	40	8	通信原理						3		
	20730200	现代交换原理 Modern Switch Principle	3	48	36	12	计算机网络通信						3		
	20722000	移动通信 Mobile Communication	3	48	40	8	通信原理						3		
	20722100	SDH 原理 The Principle of SDH	3	48	40	8	通信原理						3		
	小计 **Sum**		**41**	**656**	**504**	**152**		**2.5**	**2.5**	**2**	**8**	**12**	**14**	**0**	**0**
专业选修课 Specialty Elective Courses		具体见专业选修课列表	10	160											
合计 **Sub-total**			**143**	**2368**	**1766**	**250**		**21.5**	**26.5**	**24.5**	**22.5**	**12**	**14**	**0**	**0**
实践环节 Practical Work	44300200	军事训练 Military Training	2	2 周				2							
	40729000	电子技术实习 Electronic Technology Practice	2	2 周						2					
	40729100	电路综合实习(通信) Integrated Circuit Practice (Communication)	4	4 周							4				
	40729200	数字系统设计实习 Digital System Design Practice	3	3 周								3			
	40729300	专业综合实习 Comprehensive Professional Training	4	4 周									4		
	40729400	生产实习 Production Practice	4	4 周										4	
	40729500	毕业设计 Bachelor Thesis	16	16 周											16
	小计 **Sum**		**35**	**35 周**				**2**	**0**	**2**	**4**	**3**	**4**	**4**	**16**

课程类别 Course Classification	课程编号 Course Code	课程名称 Course Name	学分 Crs	学时 Hrs	学时分类 Class Hours 讲课 Lec.	实验 Lab.	先修课程 Prerequisite Courses	学期学分分配 Semester Credits 一 1st	二 2nd	三 3rd	四 4th	五 5th	六 6th	七 7th	八 8th
创新创业自主学习 Autonomous Learning	ZZ35000S	社会调查 Social Investigation	2												
		其他(学科竞赛、发明创造、科研报告) Others (Contest, Invention, Innovation and Research Presentation)	3												
	小计 **Sum**		**5**												
总计 **Total**			**183**	**2368 + 35 周**	**1766**	**250**		**24.5**	**26.5**	**26.5**	**26.5**	**15**	**18**	**4**	**16**
可开出专业选修课列表 Specialty Elective Courses	通信工程方向														
	20724400	移动互联网技术基础 Basic Principle of Mobile Networks	2	32		32		2							
	20725000	MATLAB 应用基础 MATLAB Application	1	16	8	8			1						
	21108600	通信资源管理系统基础 Communication Resource Management System	2	32	32		C++程序设计					2			
	21108700	统计信号分析与处理 Statistical Signal Analysis and Processing	2	32	16	16	数字信号处理					2			
	21104300	多媒体通信 Multimedia Communication	2	32	16	16	通信原理					2			
	21915500	模式识别 B Pattern Recognition B	2	32	16	16						2			
	20730300	接入网技术 Technologies of Access Network	2	32	24	8							2		
	21100800	NGN Next Generation Networks	2	32	22	10							2		
	20730400	FPGA 开发 FPGA Design	2	32	16	16	EDA 技术						2		
	20730500	ANDROID 系统开发 ANDROID System Design	2	32	24	8	C++程序设计						2		
	21915300	信息论与编码 B Information Theory and Coding B	2	32	28	4								2	
	20500100	GPS 技术与应用 GPS Technology Application And Development	1	16	16									1	

课程类别 Course Classification	课程编号 Course Code	课程名称 Course Name	学分 Crs	学时 Hrs	学时分类 Class Hours		先修课程 Prerequisite Courses	学期学分分配 Semester Credits							
					讲课 Lec.	实验 Lab.		一 1st	二 2nd	三 3rd	四 4th	五 5th	六 6th	七 7th	八 8th
可开出专业选修课列表 Specialty Elective Courses	21109500	现代通信新技术 Modern Communication New Technology	1	16	16									1	
	20730600	通信系统仿真与实践 Communication System Simulation and Practice	1	16	8	8	MATLAB 应用基础							1	
	20730700	LINUX 操作系统基础 LINUX Operating System	1.5	24	12	12								1.5	
	21905500	计算机网络安全 Computer Network Security	2	32	24	8	计算机网络通信							2	
	21111700	语音信号处理 Speech Signal Processing	2	32	24	8	数字信号处理							2	
	21915400	物联网技术概论 Technologies of Internet of Things	2	32	16	16	计算机网络通信							2	
	20711300	微波与天线 Microwave Techniques and Antenna	2	32	32		电磁场与电磁波							2	

注：通识教育选修课学分和创新创业自主学习学分未列入具体学期。

通信工程专业课程分类统计

Course Category Statistics of Communication Engineering

课程学分 / 统计	通识教育课 Liberal Education Courses		学科基础课 Disciplinary Fundamental Courses	专业主干课 Main Specialty Courses	专业选修课 Specialty Elective Courses	实践环节 Practical Work	创新创业自主学习 Autonomous Learning	学时总计 Total Hours	学分总计 Total Credits
	必修 Compulsory	选修 Selective							
学时/学分 Hrs/Crs	576/31	192/12	784/49	656/41	160/10	35 周/35	5	2368+35 周	183
学分所占比例 Proportion of Credits	23.50%		26.78%	22.40	5.46%	19.13%	2.73%		100%

经济管理学院

- 工商管理(双语)专业培养方案
- 经济学专业培养方案
- 市场营销专业培养方案
- 国际经济与贸易专业培养方案
- 会计学专业培养方案
- 旅游管理专业培养方案
- 信息管理与信息系统专业培养方案
- 财务管理专业培养方案
- 统计学专业培养方案
- 工程管理专业培养方案

工商管理(双语)专业培养方案

专业名称与代码:工商管理　120201K

专业培养目标:本专业旨在培养掌握管理、经济、现代企业管理基本理论和方法,掌握工商管理的定性、定量分析方法,具有分析和解决企业管理问题的基本能力、扎实的英语听、说、读、写能力,能在工商企业、政府部门及事业单位从事管理工作,在教学科研机构从事教学、科研方面工作的工商管理学科高级专门人才。

专业毕业要求

1.掌握管理学、经济学的基本原理与现代企业管理的基本理论和基本知识。

2.具有发现、分析与解决企业管理问题的能力,熟悉我国企业管理的有关方针、政策和法规以及国际企业管理惯例与规则。

3.掌握文献检索、资料查询的基本方法,具有初步的科学研究和实际工作能力;掌握企业管理的定性、定量分析方法以及计算机应用技术。

4.具有较强的语言文字表达、人际沟通能力,熟练掌握一门外国语,能在国际企业进行有效沟通。

毕业要求及实现途径

序号	毕业要求	实现途径(教学过程)
1	理论能力:掌握管理学、经济学的基本原理和现代企业管理的基本理论和基本知识	①课堂教学:管理学科(专业)概论、管理学(全英)、微观经济学(全英)、宏观经济学(全英)、市场营销学(全英)、金融学(全英)、组织行为学(全英)、企业战略管理(全英)、生产与运作管理(全英)、人力资源管理(全英)、供应链与物流管理(全英) ②课外学习:专业书籍、学术期刊推荐阅读
2	实践能力:发现与解决管理问题的基本工作能力,熟悉我国企业管理的有关方针、政策和法规以及国际企业管理惯例与规则	①课堂教学:企业经营模拟、工商管理专业教学实习、工作分析与人员配置(全英)、培训与开发(全英)、国际商务(全英)、跨国公司管理(全英)、社会调查 ②课外学习:课程实习、暑期社会实践、毕业设计
3	学习能力:文献检索、资料查询基本方法,管理的定性、定量分析方法	①课堂教学:高等数学 B、线性代数 B、概率论与数理统计 B、应用统计学(全英)、运筹学 ②课外学习:讲座、大学生科研立项等平台
4	综合能力:计算机、英语能力,沟通能力等	①课堂教学:计算机高级语言课程设计(VF)、电子商务(全英)、管理信息系统(双语)、大学英语、英语听力、商务英语 I/II、商务谈判(全英)、管理沟通 ②课外学习:自主学习、各类竞赛等

主干学科:工商管理、应用经济学。

专业核心课程:管理学、微观经济学、宏观经济学、会计学、统计学、财务管理、管理信息系统、市场营销学、生产与运作管理、人力资源管理、企业战略管理、质量管理、电子商务、组织行为学、物流及供应链管理。

主要专业实验:计算机基础、会计学、统计学、管理信息系统、电子商务等课程设有上机练习和实习。

主要实践性教学环节:教学实习、综合技能训练、企业经营模拟、毕业实习、毕业论文设计等。

修业年限:四年。

授予学位:管理学学士。

相近专业:市场营销、财务管理、会计学。

Program for Business Administration(Bilingual Teaching)

Specialty and Code: Business Administration 120201K

Education Objective: This major fosters students to grasp basic theories and methods of management, economics and modern enterprise management, to grasp quantitative and qualitative analysis methods and the ability of analyzing and solving management problems to develop the proficiency in English listening, speaking, reading and writing, to be employed and accepted by industrial and commercial firms, and to meet the requirements of governmental or social organizations, where they can perform duties in management, education and research.

Graduation Requirements

1. To grasp not only the basic principles of management and economics, but also fundamental theories and knowledge of modern enterprise management.

2. The ability of founding, analyzing and solving the practical management problems, to be familiar with the guiding principles, policies, laws and regulations for China's business management and the convention and rules in multinational corporate management.

3. To grasp the basic methodologies of searching documents, data and possess, with primary ability of management research and practical work, to grasp quantitative and qualitative analysis methodologies, with the ability to solve management problems with computer.

4. To have a strong skill of expressing ideas and communicating with others, to master a foreign language skill.

Graduation Requirements and Ways to Achieve

No.	Graduation Requirements	Ways to Achieve(Teaching Process)
1	Knowledge Capability: to grasp basic theories and knowledge of management, economics and modern enterprise management	①Classroom Teaching: Introduction to Management Discipline Profession, Management(English), Microeconomics(English), Macroeconomics(English), Marketing(English), Finance(English), Organizational Behavior(English), Corporate Strategic Management(English), Human Resources Management(English), Production and Operation Management(English), Supply Chain & Logistic Management(English) ② Out-of-class Learning: Recommended books, journals about business administration
2	Practical Capability: to have the ability to solve management problems, to be familiar with the guiding principles, policies, laws and regulations for China's business management, the convention and rules in multinational corporation management	①Classroom Teaching: Business Operation Simulation, Business Administration Teaching Practice, Job Analysis and Staffing(English), Training and Development(English), International Business(English), Transnational Corporation Management, Social Investigation ②Out-of-class Learning: Teaching Practice, Summer Social Practice, Graduation Practice

No.	Graduation Requirements	Ways to Achieve(Teaching Process)
3	Learning Capability: to grasp the basic methodologies of searching literature and data; grasp quantitative and qualitative analysis methods for research	①Classroom Teaching: Advanced Mathematics B, Linear Algebra B, Probability and Mathematics Statistics B, Applied Statistics(English), Operations Research ②Out-of-class Learning: Lectures, Social Investigation
4	Communication Capability: to possess the ability of using the computer, the English language, communications and so on	① Classroom Teaching: Course Design for Advanced Computer Language (VF), Electronic Commerce (English), Management Information System (Bilingual Teaching), College English, Phonetics, Business English I/II, Business Negotiation(English), Management Communication ②Out-of-class Learning: Self-study, Contest

Major Disciplines: Business Administration, Applied Economics.

Main Courses: Management, Microeconomics, Macroeconomics, Accounting, Statistics, Financial Management, Management Information System, Marketing, Production and Operations Management, Human Resources Management, Corporate Strategic Management, Quality Management, E-Commerce, Organizational Behavior, Logistics and Supply Chain Management.

Lab Experiments: Advanced Computer Language (VF), Accounting, Statistics, Management Information System, E-Commerce, etc.

Practical Work: Teaching Practice, Graduation Practice and Graduation Thesis, etc.

Duration: four years.

Degree Granted: Bachelor of Management.

Related Specialties: Marketing, Financial Management, Accounting.

工商管理(双语)专业课程教学计划表

Course Descriptions of Business Administration(Bilingual Teaching)

课程类别 Course Classification	课程编号 Course Code	课程名称 Course Name	学分 Crs	学时 Hrs	学时分类 Class Hours		先修课程 Prerequisite Courses	学期学分分配 Semester Credits							
					讲课 Lec.	实验 Lab.		一 1st	二 2nd	三 3rd	四 4th	五 5th	六 6th	七 7th	八 8th
通识教育课 Liberal Education Courses 必修 Compulsory	11706200	马克思主义基本原理 Principles of Marxism	3	48	48			3							
	11706500	毛泽东思想与中国特色社会主义理论体系概论 Introduction to Mao Tse-tung Thought and the Theoretical System of Socialism with Chinese Characteristics	4	64	64				4						
	11711800	中国近现代史纲要 The Essentials of Modern Chinese History	2	32	32					2					
	120002*0	思想道德修养与法律基础 Morality Education and Fundamentals of Law	3	48	48			1.5	1.5						
	113076*0	体育 Physical Education	4	144	144			1	1	1	1				
	109116*0	大学英语 College English	12	192	192			3	3	3	3				
	11904200	计算机高级语言程序设计(VF) Advanced Computer Language (VF)	3.5	56	40	16			3.5						
	20805300	管理学科(专业)概论 Introduction to Management Discipline(Profession)	1	16	16			1							
	14300100	军事理论 Military Theory	2	32	32			2							
选修 Elective	总计12学分,含创新创业选修课学分,跨学科选修课不低于6学分。"形势与政策"课程作为限选课,由马克思主义学院实施		12	192											
	小计 **Sum**		**46.5**	**824**	**616**	**16**		**11.5**	**13**	**6**	**4**	**0**	**0**	**0**	**0**
学科基础课 Disciplinary Fundamental Courses	20911800	中级英语听力 Intermediate English Listening	2	32	32			2							
	20912000	高级英语听力 Advanced English Listening	2	32	32				2						
	20920110	商务英语Ⅰ Business English Ⅰ	1.5	24	24				1.5						
	20920120	商务英语Ⅱ Business English Ⅱ	1.5	24	24					1.5					

课程类别 Course Classification	课程编号 Course Code	课程名称 Course Name	学分 Crs	学时 Hrs	学时分类 Class Hours		先修课程 Prerequisite Courses	学期学分分配 Semester Credits							
					讲课 Lec.	实验 Lab.		一 1st	二 2nd	三 3rd	四 4th	五 5th	六 6th	七 7th	八 8th
学科基础课 Disciplinary Fundamental Courses	212127 * 2	高等数学 B Advanced Mathematics B	10	160	160			4	6						
	21212802	线性代数 B Linear Algebra B	2.5	40	40					2.5					
	21213502	概率论与数理统计 B Probability and Mathematics Statistics B	2.5	40	40					2.5					
	2080520E	管理学(全英) Management(English)	3	48	48					3					
	2080670E	会计学(全英) Accounting(English)	2.5	40	40						2.5				
	2081710E	市场营销学(全英) Marketing(English)	3	48	48					3					
	2100670E	微观经济学(全英)B Microeconomics(English) B	2.5	40	40					2.5					
	2081550E	宏观经济学(全英)B Macroeconomics(English) B	2.5	40	40						2.5				
	2081730E	金融学(全英) Finance(English)	2.5	40	40						2.5				
	2080110E	财务管理(全英) Financial Management (English)	2.5	40	40							2.5			
	2080240E	电子商务(全英) Electronic Commerce (English)	2.5	40	24	16					2.5				
	2100730E	应用统计学(全英) Applied Statistics(English)	2.5	40	32	8					2.5				
	2081410D	运筹学(双语) Operations Research (Bilingual Teaching)	3	48	48						3				
	4080510D	管理信息系统(双语) Management Information System(Bilingual Teaching)	3	48	32	16					3				
	21705200	经济法 Economic Law	2	32	32							2			
	2081830E	组织行为学(全英) Organizational Behavior(English)	2.5	40	40							2.5			
	小计 Sum		**56**	**896**	**856**	**40**		**6**	**9.5**	**15**	**18.5**	**7**	**0**	**0**	**0**

课程类别 Course Classification	课程编号 Course Code	课程名称 Course Name	学分 Crs	学时 Hrs	学时分类 Class Hours		先修课程 Prerequisite Courses	学期学分分配 Semester Credits							
					讲课 Lec.	实验 Lab.		一 1st	二 2nd	三 3rd	四 4th	五 5th	六 6th	七 7th	八 8th
专业主干课 Main Specialty Courses	2100750E	证券投资分析 B(全英) Securities Investment Analysis B(English)	2.5	40	40						2.5				
	2080710E	技术经济学(全英) Technical Economics(English)	2.5	40	40							2.5			
	2081070E	企业战略管理(全英) Corporate Strategic Management(English)	2.5	40	40							2.5			
	2081140E	生产与运作管理(全英) Production and Operation Management(English)	2.5	40	36	4						2.5			
	2081420E	质量管理(全英) Quality Management(English)	2.5	40	40								2.5		
	2080480E	供应链与物流管理(全英) Supply Chain & Logistic Management(English)	2.5	40	40								2.5		
	2081080E	人力资源管理(全英) Human Resources Management(English)	2.5	40	40								2.5		
	2081750E	国际商务(全英) International Business (English)	2.5	40	40								2.5		
	2080810E	跨国公司管理(全英) Transnational Corporation Management(English)	2.5	40	40								2.5		
	小计 Sum		**22.5**	**360**	**356**	**4**		**0**	**0**	**0**	**2.5**	**7.5**	**12.5**	**0**	**0**
专业选修课 Specialty Elective Courses		具体见专业选修课列表	13	208											
合计 Sub-total			**138**	**2288**	**1828**	**60**		**17.5**	**22.5**	**21**	**25**	**14.5**	**12.5**	**0**	**0**
实践环节 Practical Work	44300200	军事训练 Military Training	2	2 周				2							
	41904400	计算机高级语言课程设计(VF) Projects of High-level Programming Language(VF)	1.5	1.5 周						1.5					
	40804600	工商管理专业教学实习 Teaching Practice	2	2 周									2		
	40817700	企业经营模拟 Business Operation Simulation	3	3 周										3	
	40800800	毕业实习 Graduation Practice	9	9 周											9
	40800600	毕业论文(设计) Graduation Thesis(Design)	9	9 周											9
	小计 Sum		**26.5**	**26.5 周**				**2**	**0**	**1.5**	**0**	**0**	**2**	**3**	**18**

课程类别 Course Classification	课程编号 Course Code	课程名称 Course Name	学分 Crs	学时 Hrs	学时分类 Class Hours 讲课 Lec.	实验 Lab.	先修课程 Prerequisite Courses	学期学分分配 Semester Credits 一 1st	二 2nd	三 3rd	四 4th	五 5th	六 6th	七 7th	八 8th
创新创业自主学习 Autonomous Learning	ZZ35000S	社会调查 Social Investigation	2												
		其他(学科竞赛、发明创造、科研报告) Others (Contest, Invention, Innovation and Research Presentation)	3												
	小计 **Sum**		**5**												
总计 **Total**			**169.5**	**2288＋26.5周**	**1828**	**60**		**19.5**	**22.5**	**22.5**	**25**	**14.5**	**14.5**	**3**	**18**
可开出专业选修课列表 Specialty Elective Courses	2083000E	项目管理(全英) Project Management (English)	1.5	24	24							1.5			
	2083010E	创业管理(全英) Entrepreneurship Management(English)	1.5	24	24							1.5			
	2083020E	技术创新的战略管理(全英) Strategic Management of Technological Innovation (English)	1.5	24	24								1.5		
	2083030E	企业伦理(全英) Business Ethics(English)	1.5	24	24							1.5			
	2083040E	商务谈判(全英) Business Negotiation (English)	1.5	24	24							1.5			
	2083050E	工作分析与人员配置(全英) Job Analysis and Staffing (English)	1.5	24	24								1.5		
	2083060E	培训与开发(全英) HR Training and Development(English)	1.5	24	24								1.5		
	2083070E	绩效考核与薪酬管理(全英) Performance Appraisal and Salary Management(English)	1.5	24	24	4							1.5		
	2083080E	服务管理(全英) Service Management (English)	1.5	24	24								1.5		
	2083090E	精益生产(全英) Lean Production(English)	1.5	24	24								1.5		
	2083100E	采购管理(全英) Procurement Management (English)	1.5	24	24								1.5		

课程类别 Course Classification	课程编号 Course Code	课程名称 Course Name	学分 Crs	学时 Hrs	学时分类 Class Hours 讲课 Lec.	实验 Lab.	先修课程 Prerequisite Courses	学期学分分配 Semester Credits 一 1st	二 2nd	三 3rd	四 4th	五 5th	六 6th	七 7th	八 8th
可开出专业选修课列表 Specialty Elective Courses	2083110E	仓储管理(全英) Warehouse Management (English)	1.5	24	24								1.5		
	20102100	地球科学概论 Introduction to Geosciences	2	32	32								2		
	20831200	管理沟通 Management Communications	1.5	24	24								1.5		
	20831300	工商管理前沿(专题) Special Topics of Business Administration Frontier(Special Subject)	1.5	24	24								1.5		
	20831400	文献情报检索 Literature Information Retrieval	1.5	24	24								1.5		
	20831500	管理专家讲座(外教为主) Management Experts' Lecture	1	16	16							1			

注：通识教育选修课学分和创新创业自主学习学分未列入具体学期。

工商管理(双语)专业课程分类统计

Course Category Statistics of Business Administration(Bilingual Teaching)

课程学分 / 统计	通识教育课 Liberal Education Courses 必修 Compulsory	选修 Selective	学科基础课 Disciplinary Fundamental Courses	专业主干课 Main Specialty Courses	专业选修课 Specialty Elective Courses	实践环节 Practical Work	创新创业自主学习 Autonomous Learning	学时总计 Total Hours	学分总计 Total Credits
学时/学分 Hrs/Crs	632/34.5	192/12	896/56	360/22.5	208/13	26.5 周/26.5	5	2288+26.5 周	169.5
学分所占比例 Proportion of Credits	27.43%		33.04%	13.27%	7.67%	15.63%	2.95%		100%

经济学专业培养方案

专业名称与代码:经济学 020101

专业培养目标:本专业培养具备扎实的经济学理论基础、熟练掌握经济分析方法、系统了解金融学相关知识,能在经济管理部门、企业和金融机构从事经济分析、预测和相关工作,并具备向经济学相关领域扩展渗透能力的人才。

专业毕业要求

1.掌握经济学和金融学的基本理论及其应用。

2.掌握现代经济分析方法和计算机应用技能。

3.了解中外经济学的学术动态及应用前景。

4.了解中国经济体制改革和经济发展。

5.具有一定的经济研究和实际工作能力。

6.熟练掌握一门外语。

毕业要求及实现途径

序号	毕业要求	实现途径(教学过程)
1	掌握经济学和金融学的基本理论及其应用,掌握现代经济分析方法和计算机应用技能	①课堂教学:微观经济学、宏观经济学、政治经济学、金融学、财政学、计量经济学、产业经济学、人口资源与环境经济学、区域经济学、发展经济学,高等数学、C语言程序设计和课程设计等 ②课外学习:经济学认知实习
2	了解中外经济学的学术动态及应用前景,了解中国经济体制改革和经济发展	①课堂教学:经济学专业导论、中国经济专题等 ②课外学习:经济学专业实习
3	具有一定的经济研究和实际工作能力,熟练掌握一门外语	①课堂教学:大学英语、经贸英语、经济管理应用文写作等 ②课外学习:社会调查、毕业实习、毕业论文设计等

主干学科:理论经济学、应用经济学。

专业核心课程:微观经济学、宏观经济学、管理学、金融学、会计学、经济思想史、制度经济学、博弈论与信息经济学、计量经济学、财政学、金融市场学、金融工程、保险学、产业经济学、资源环境经济学、发展经济学、区域经济学、证券投资分析等。

主要专业实验:金融市场分析、金融建模等 。

主要实践性教学环节:军事训练、计算机课程设计、认知实习、专业实习、毕业实习、毕业论文设计等。

修业年限:四年。

授予学位:经济学学士。

相近专业:财政学、金融学。

Program for Economics

Specialty and Code: Economics 020101

Education Objective: The students are trained to master modern economics principles, economic approaches and system of finance. The graduates will be capable of engaging in financial institutions, enterprises and comprehensive economic management sectors, are qualified for the research and development in related field of economics.

Graduation Requirements

1. To learn basic theories and application of economics and finance.
2. To grasp practical skills of computer technology.
3. To understand Chinese and foreign academic trends and application prospects of economics.
4. To understand structural reform of the economy and economic development in China.
5. To be capable of conducting economic researches and operates practically.
6. To master a foreign language with proficiency.

Graduation Requirements and Ways to Achieve

No.	Graduation Requirements	Ways to Achieve(Teaching Process)
1	To learn basic theories and application of economics and finance, to grasp practical skills of computer technology	① Classroom Teaching: Microeconomics, Macroeconomics, Political Economics, Finance, Public Finance, Econometrics, Population Resources and Environmental Economics, Regional Economics, Development Economics, Advanced Mathematics, C Language Programming Design and Course Projects, et al ②Out-of-class Learning: Cognitive Practice
2	To understand Chinese and foreign academic trends and application prospects of economics, to understand structural reform of the economy and economic development in China	①Classroom Teaching: Introduction to Economics, Economics Special Issues about China ②Out-of-class Learning: Teaching Practice
3	To be capable to conduct economic researches and operates practically, to master a foreign language with proficiency	①Classroom Teaching: College English, Economics and Trade English, Practical Writing of Economic Management ② Out-of-class Learning: Social Investigation, Practice Graduation, Graduation Thesis

Major Disciplines: Theoretical Economics, Applied Economics.

Main Courses: Microeconomics, Macroeconomics, Management, Finance, Accounting, History of

Economic Thought, Institutional Economics, Game Theory and Information Economics, Econometrics, Public Finance, Financial Market, Financial Engineer, Insurance, Industrial Economics, Resources and Environmental Economics, Development Economics Regional Economics, Security Investment Analysis.

Lab Experiments: Financial Market Analysis, Financial Dynamic Modelling.

Practical Work: Military Training, Computer Course Design, Cognitive Practice, Program Practice, Graduating Practice, Thesis Design.

Duration: four years.

Degree Granted: Bachelor of Economics.

Related Specialties: Public Finance, Finance.

经济学专业课程教学计划表

Course Descriptions of Economics

课程类别 Course Classification		课程编号 Course Code	课程名称 Course Name	学分 Crs	学时 Hrs	学时分类 Class Hours		先修课程 Prerequisite Courses	学期学分分配 Semester Credits							
						讲课 Lec.	实验 Lab.		一 1st	二 2nd	三 3rd	四 4th	五 5th	六 6th	七 7th	八 8th
通识教育课 Liberal Education Courses	必修 Compulsory	11706200	马克思主义基本原理 Principles of Marxism	3	48	48			3							
		11706500	毛泽东思想与中国特色社会主义理论体系概论 Introduction to Mao Tse-tung Thought and the Theoretical System of Socialism with Chinese Characteristics	4	64	64				4						
		11711800	中国近现代史纲要 The Essentials of Modern Chinese History	2	32	32					2					
		120002 * 0	思想道德修养与法律基础 Morality Education and Fundamentals of Law	3	48	48			1.5	1.5						
		113076 * 0	体育 Physical Education	4	144	144			1	1	1	1				
		109116 * 0	大学英语 College English	12	192	192			3	3	3	3				
		11918902	C 语言程序设计 B C Language Programming B	2.5	40	28	12			2.5						
		20816300	经济学专业导论 Introduction to Economics	1	16	16			1							
		14300100	军事理论 Military Theory	2	32	32			2							
	选修 Elective	总计 12 学分，含创新创业选修课学分，跨学科选修课不低于 6 学分。"形势与政策"课程作为限选课，由马克思主义学院实施		12	192											
		小计 Sum		**45.5**	**808**	**604**	**12**		**11.5**	**12**	**6**	**4**	**0**	**0**	**0**	**0**
学科基础课 Disciplinary Fundamental Courses		212127 * 2	高等数学 B Advanced Mathematics B	10	160	160			4	6						
		21212802	线性代数 B Linearity Algebra B	2.5	40	40		高等数学 B		2.5						
		21213502	概率论与数理统计 B Probability and Mathematics Statistic B	2.5	40	40		高等数学 B			2.5					
		20816800	政治经济学 Political Economy	3	48	48			3							

课程类别 Course Classification	课程编号 Course Code	课程名称 Course Name	学分 Crs	学时 Hrs	学时分类 Class Hours		先修课程 Prerequisite Courses	学期学分分配 Semester Credits							
					讲课 Lec.	实验 Lab.		一 1st	二 2nd	三 3rd	四 4th	五 5th	六 6th	七 7th	八 8th
学科基础课 Disciplinary Fundamental Courses	2100670D	微观经济学(双语) Microeconomics (Bilingual Teaching)	4	64	64		高等数学 B			4					
	2081550D	宏观经济学(双语) Macroeconomics (Bilingual Teaching)	4	64	64		微观经济学				4				
	20805200	管理学 Management	3	48	48			3							
	21004101	金融学 A Finance A	4	64	64		微观经济学			4					
	21004300	经济思想史 History of Economic Thought	2.5	40	40							2.5			
	20826801	会计学 A Accounting A	3	48	40	8	微观经济学			3					
	20817402	应用统计学 B Applied Statistics B	3	48	36	12					3				
	21007800	制度经济学 Institutional Economics	3	48	48		微观经济学					3			
	小计 Sum		**44.5**	**712**	**692**	**20**		**10**	**8.5**	**13.5**	**7**	**5.5**	**0**	**0**	**0**
专业主干课 Main Specialty Courses	20833300	博弈论与信息经济学 Game Theory and Information Economics	2.5	40	40		微观经济学				2.5				
	20821101	财政学 A Public Finance A	3	48	48		宏观经济学					3			
	20823600	投资经济学 Investment Economics	3	48	48		微观经济学				3				
	20823800	经贸英语 Economics and Trade English	2.5	40	40		宏观经济学					2.5			
	20821801	计量经济学 A Econometrics A	4	64	56	8	宏观经济学						4		
	20821900	金融市场学 Financial Marketing	3.5	56	48	8	金融学				3.5				
	21000800	产业经济学 Industrial Economics	2	32	32		微观经济学						2		
	20821700	金融工程 Finance Engineering	3	48	48		金融学						3		
	20832500	保险学 Insurance	2	32	32		金融学					2			
	20832600	商业银行经营管理 Commercial Bank Operation and Management	2.5	40	40		金融学						2.5		

课程类别 Course Classification	课程编号 Course Code	课程名称 Course Name	学分 Crs	学时 Hrs	学时分类 Class Hours 讲课 Lec.	学时分类 Class Hours 实验 Lab.	先修课程 Prerequisite Courses	学期学分分配 Semester Credits 一 1st	二 2nd	三 3rd	四 4th	五 5th	六 6th	七 7th	八 8th
专业主干课 Main Specialty Courses	20832401	证券投资分析 A Securities Investment Analysis A	3	48	28	20	金融学					3			
	2083270D	公司金融（双语） Corporate Finance（Bilingual Teaching）	2.5	40	40		金融学						2.5		
	20832800	人口经济学 Demographic Economics	2	32	32							2			
	20832900	资源与环境经济学 Resources and Environmental Economics	2	32	32								2		
	20833000	区域经济学 Regional Economics	2	32	32								2		
	21001200	发展经济学 Development Economics	2	32	32						2				
	小计 Sum		**41.5**	**664**	**628**	**36**		**0**	**0**	**0**	**11**	**12.5**	**18**	**0**	**0**
专业选修课 Specialty Elective Courses		具体见专业选修课列表	7.5	120											
合计 Sub-total			**139**	**2304**	**1924**	**68**		**21.5**	**20.5**	**19.5**	**22**	**18**	**18**	**0**	**0**
实践环节 Practical Work	44300200	军事训练 Military Training	2	2 周				2							
	41919002	C 语言课程设计 B Course Design for C Language B	1.5	1.5 周					1.5						
	40827500	专业认知实习 Cognitive Practice	2	2 周						2					
	40827600	专业教学实习 Teaching Practice	4	4 周								4			
	40827100	毕业实习 Graduation Practice	9	9 周											9
	40827200	毕业论文 Graduation Thesis	9	9 周											9
	小计 Sum		**27.5**	**27.5 周**				**2**	**1.5**	**2**	**0**	**4**	**0**	**0**	**18**

课程类别 Course Classification	课程编号 Course Code	课程名称 Course Name	学分 Crs	学时 Hrs	学时分类 Class Hours		先修课程 Prerequisite Courses	学期学分分配 Semester Credits							
					讲课 Lec.	实验 Lab.		一 1st	二 2nd	三 3rd	四 4th	五 5th	六 6th	七 7th	八 8th
创新创业自主学习 Autonomous Learning	ZZ35000S	社会调查 Social Investigation	2												
		其他(学科竞赛、发明创造、科研报告) Others (Contest, Invention, Innovation and Research Presentation)	3												
	小计 **Sum**		**5**												
总计 **Total**			**171.5**	**2304＋27.5周**	**1924**	**68**		**23.5**	**22**	**21.5**	**22**	**22**	**18**	**0**	**18**
可开出专业选修课列表 Specialty Elective Courses	20816000	管理经济学 Management Economics	2.5	40	40								2.5		
	21007900	中国经济专题 Economics Special Subject of China	2	32	32		宏观经济学							2	
	21007100	研究方法与论文写作 Research Methodology and Thesis Writing	2	32	32								2		
	20102100	地球科学概论 Introduction to Geosciences	2	32	32									2	
	21001902	国际金融 B International Finance B	2	32	32		金融学							2	
	20833100	国际贸易理论与实务 International Trade Theory and Practice	2	32	32		微观经济学							2	
	20835001	市场营销学 A Marketing A	2.5	40	40		管理学						2.5		
	21712500	组织行为学 Organizational Behavior	2	32	32		管理学						2		

注：通识教育选修课学分和创新创业自主学习学分未列入具体学期。

经济学专业课程分类统计

Course Category Statistics of Economics

课程学分 / 统计	通识教育课 Liberal Education Courses		学科基础课 Disciplinary Fundamental Courses	专业主干课 Main Specialty Courses	专业选修课 Specialty Elective Courses	实践环节 Practical Work	创新创业自主学习 Autonomous Learning	学时总计 Total Hours	学分总计 Total Credits
	必修 Compulsory	选修 Selective							
学时/学分 Hrs/Crs	616/33.5	192/12	712/44.5	664/41.5	120/7.5	27.5周/27.5	5	2304＋27.5周	171.5
学分所占比例 Proportion of Credits	26.53%		25.95%	24.20%	4.37%	16.03%	2.91%		100%

市场营销专业培养方案

专业名称与代码：市场营销　120202

专业培养目标：本专业旨在培养系统掌握行为和管理科学理论及方法，具备运用管理、经济、法律方面的知识和能力，具有国际视野的营销知识和能力，能在企事业单位、政府部门从事市场营销与管理以及在教学科研机构从事教学、科研方面工作的市场营销学科高级专门人才。

专业毕业要求

1.掌握市场营销管理科学的基本理论、基本知识，熟悉有关市场营销调查、计划、预测等方面问题的定性和定量分析方法。

2.了解国家关于市场经济体制下有关市场营销方面的方针、政策、法律和法规，了解国外市场营销发展的新趋势，熟悉我国有关市场营销发展的新动态。

3.具备运用市场营销基本理论来分析和解决市场营销实际问题的基本能力，应具备市场营销策划、广告策划、企业形象设计等方面的实务能力。

4.学生能熟练掌握一门外语，具备较强的计算机能力，能熟练、规范使用普通话、规范汉字，且具备一定的口头表达能力和人际沟通能力。

毕业要求及实现途径

序号	毕业要求	实现途径(教学过程)
1	理论能力：掌握市场营销管理科学的基本理论、基本知识，熟悉有关市场营销调查、计划、预测等方面问题的定性和定量分析方法	①课堂教学：管理学科(专业)导论、市场营销学、管理学、宏/微观经济学、财务管理、高等数学、市场调研、应用统计学等相关课程 ②课外学习：市场营销、管理学、经济学理论和分析方法前沿
2	学习能力：了解国家关于市场经济体制下有关市场营销方面的方针、政策、法律和法规，了解国外市场营销发展的新趋势，熟悉我国有关市场营销发展的新动态	①课堂教学：国际商务、营销理论前沿专题、国际市场营销、经济法等相关课程 ②课外学习：国际公司营销实务学习
3	实践能力：具备运用市场营销基本理论来分析和解决市场营销实际问题的基本能力，应具备市场营销策划、广告策划、企业形象设计等方面的实务能力	①课堂教学：营销情景模拟训练、市场营销专业教学实习、毕业实习等相关课程 ②课外学习：国内企业营销部门现场学习和实习
4	沟通能力：学生能熟练掌握一门外语，具备较强的计算机能力，能熟练、规范使用普通话、规范汉字，且具备一定的口头表达能力和人际沟通能力	①课堂教学：大学英语、计算机高级语言课程设计(VF)、沟通与礼仪等相关课程 ②课外学习：英语听、读、写课外训练，计算机高级程序认证和沟通礼仪实践学习

主干学科：工商管理、应用经济学。

专业核心课程：微观经济学、宏观经济学、管理学、市场营销学、消费者行为学、市场研究、企业战略管理、人力资源管理等。

主要专业实验：电子商务、应用统计学 B、管理信息系统、生产与运作管理。

主要实践性教学环节：教学实习、营销情景模拟综合训练、毕业实习、毕业论文等。

修业年限：四年。

授予学位：管理学学士。

相近专业：工商管理、经济学、国际经济与贸易。

Program for Marketing

Specialty and Code: Marketing 120202

Education Objective: This major fosters students to acquire a solid grasp of behavior and management science theory and method, to foster students with the knowledge and capability of management, economics and relevant laws, and also their applications, to have an international view on marketing knowledge and capability, capabilities of working in enterprises and government, universities and scientific research institutions on marketing management and business administration after graduation.

Graduation Requirements

1. To grasp basic theories and knowledge of marketing management; to grasp the quantitative and qualitative approaches to market research, market planning and market forecasting.

2. To know about government policies, regulations and laws in the related areas of Marketing; to grasp the skills to find out the latest development in theoretical and practical marketing management.

3. To possess the capabilities of using the basic theories to analyze and solve practical problems about Marketing; to possess the practical abilities of planning, designing and implementation.

4. To master a foreign language, computer operation skills, communications and interpersonal skills.

Graduation Requirements and Ways to Achieve

No.	Graduation Requirements	Ways to Achieve(Teaching Process)
1	Knowledge Capability: to grasp basic theories and knowledge of marketing management, to grasp the quantitative and qualitative approaches to market research, market planning and market forecasting	①Classroom Teaching: Introduction to Management Discipline (Profession), Marketing, Management, Macro & Micro Economics, Financial Management, Advanced Mathematics, Market Research, Applied Statistics, etc ②Out-of-class Learning: the Cutting-edge Theories and Methodologies of Marketing, Management and Economics
2	Learning Capability: to know about government policies, regulations and laws in the related areas, to grasp the skills to find out the latest development in theoretical and practical marketing management	① Classroom Teaching: International Business, Special Topics of Theoretical Frontier in Marketing, International Marketing, Economic Law, etc ②Out-of-class Learning: Studying Marketing Practices of International Companies
3	Practice Capability: to possess the capabilities of using the basic theories to analyze and solve practical problems, to possess the practical abilities of planning, designing and implementation	①Classroom Teaching: Marketing Scenario Simulation, Teaching Practice, Graduation Practice, etc ②Out-of-class Learning: Practice and Learning in Marketing Department of Chinese Companies

No.	Graduation Requirements	Ways to Achieve(Teaching Process)
4	Communication Capability: to master a foreign language and computer operation skills, communications and interpersonal skills	①Classroom Teaching: College English, Advanced Computer Language (VF), Protocol and Public Relations, etc ②Out-of-class Learning: the After-class Training of English Listening, Reading, Writing, Advanced Computer Language Certification, and Practice of Protocol and Public Relations

Major Disciplines: Business Administration, Applied Economics.

Main Courses: Microeconomics, Macroeconomics, Management, Marketing, Consumer Behavior Management, Market Research, Corporate Strategy Management and Human Resources Management, etc.

Lab Experiments: E-Commerce, Applied Statistics B, Management Information System, Production and Operations Management.

Practical Work: Teaching Practice, Comprehensive Practice in Marketing Scenarios Simulation, Graduation Practice and Graduation Thesis, etc.

Duration: four years.

Degree Granted: Bachelor of Management.

Related Specialties: Business Administration, Economics, International Economics and Trade.

市场营销专业课程教学计划表

Course Descriptions of Marketing

课程类别 Course Classification		课程编号 Course Code	课程名称 Course Name	学分 Crs	学时 Hrs	学时分类 Class Hours		先修课程 Prerequisite Courses	学期学分分配 Semester Credits							
						讲课 Lec.	实验 Lab.		一 1st	二 2nd	三 3rd	四 4th	五 5th	六 6th	七 7th	八 8th
通识教育课 Liberal Education Courses	必修 Compulsory	11706200	马克思主义基本原理 Principles of Marxism	3	48	48			3							
		11706500	毛泽东思想与中国特色社会主义理论体系概论 Introduction to Mao Tse-tung Thought and the Theoretical System of Socialism with Chinese Characteristics	4	64	64				4						
		11711800	中国近现代史纲要 The Essentials of Modern Chinese History	2	32	32					2					
		120002＊0	思想道德修养与法律基础 Morality Education and Fundamentals of Law	3	48	48			1.5	1.5						
		113076＊0	体育 Physical Education	4	144	144			1	1	1	1				
		109116＊0	大学英语 College English	12	192	192			3	3	3	3				
		11904200	计算机高级语言程序设计(VF) Advanced Computer Language (VF)	3.5	56	40	16			3.5						
		20805300	管理学科(专业)概论 Introduction to Management (Profession)	1	16	16			1							
		14300100	军事理论 Military Theory	2	32	32			2							
	选修 Elective	总计12学分,含创新创业选修课学分,跨学科选修课不低于6学分。"形势与政策"课程作为限选课,由马克思主义学院实施		12	192											
		小计 **Sum**		**46.5**	**824**	**616**	**16**		**11.5**	**13**	**6**	**4**	**0**	**0**	**0**	**0**
学科基础课 Disciplinary Fundamental Courses		212127＊2	高等数学B Advanced Mathematics B	10	160	160			4	6						
		21212802	线性代数B Linear Algebra B	2.5	40	40					2.5					
		21213502	概率论与数理统计B Probability and Mathematics Statistics B	2.5	40	40					2.5					
		20805200	管理学 Management	3	48	48			3							

课程类别 Course Classification	课程编号 Course Code	课程名称 Course Name	学分 Crs	学时 Hrs	学时分类 Class Hours		先修课程 Prerequisite Courses	学期学分分配 Semester Credits							
					讲课 Lec.	实验 Lab.		一 1st	二 2nd	三 3rd	四 4th	五 5th	六 6th	七 7th	八 8th
学科基础课 Disciplinary Fundamental Courses	20826802	会计学 B Accounting B	2.5	40	36	4				2.5					
	20835001	市场营销学 A Marketing A	2.5	40	40				2.5						
	21006702	微观经济学 B Microeconomics B	2.5	40	40				2.5						
	20815502	宏观经济学 B Macroeconomics B	2.5	40	40					2.5					
	20831602	财务管理 B Financial Management B	2	32	32						2				
	20802400	电子商务 E-Commerce	2.5	40	28	12					2.5				
	20817402	应用统计学 B(后半学期) Applied Statistics B	3	48	36	12				3					
	20814100	运筹学 Operations Research	3	48	48						3				
	20805100	管理信息系统 Management Information System	3	48	32	16					3				
	21705200	经济法 Economic Law	2	32	32						2				
	21712500	组织行为学 Organizational Behavior	2	32	32						2				
	20831700	企业战略管理 Corporate Strategic Management	2	32	32						2				
	20831800	人力资源管理 Human Resources Management	2	32	32							2			
	20811400	生产与运作管理 Production and Operations Management	2.5	40	36	4						2.5			
	小计 **Sum**		**52**	**832**	**784**	**48**		**7**	**11**	**13**	**16.5**	**4.5**	**0**	**0**	**0**
专业主干课 Main Specialty Courses	20831900	品牌管理 Brand Management	2	32	32								2		
	20812800	消费者行为学 Consumer Behavior Management	2	32	32							2			
	20811700	市场调研 Market Research	2	32	32								2		

课程类别 Course Classification	课程编号 Course Code	课程名称 Course Name	学分 Crs	学时 Hrs	学时分类 Class Hours		先修课程 Prerequisite Courses	学期学分分配 Semester Credits							
					讲课 Lec.	实验 Lab.		一 1st	二 2nd	三 3rd	四 4th	五 5th	六 6th	七 7th	八 8th
专业主干课 Main Specialty Courses	20803200	服务营销与客户关系管理 Services Marketing and Customer Relationship Management	2	32	32							2			
	20814000	营销渠道管理 Sales Distribution Management	2	32	32							2			
	20805400	广告管理 Advertisement Management	2	32	32							2			
	20832100	营销策划 Marketing Planning	2	32	32								2		
	20812900	销售管理 Sales Management	2	32	32								2		
	20813800	营销理论前沿专题 Special Topics of Theoretical Frontier in Marketing	2	32	32									2	
	小计 Sum		**18**	**288**	**288**	**0**		**0**	**0**	**0**	**0**	**8**	**8**	**2**	**0**
专业选修课 Specialty Elective Courses		具体见专业选修课列表	22	352											
合计 Sub-total			**138.5**	**2296**	**1688**	**64**		**18.5**	**24**	**19**	**20.5**	**12.5**	**8**	**2**	**0**
实践环节 Practical Work	44300200	军事训练 Military Training	2	2 周				2							
	41920100	计算机高级语言课程设计(VF) Projects of High-level Programming Language(VF)	1.5	1.5 周					1.5						
	40827300	营销情景模拟训练 Marketing Scenario Simulation	3	3 周										3	
	40827400	市场营销专业教学实习 Teaching Practice	2	2 周									2		
	40827100	毕业实习 Graduation Practice	9	9 周											9
	40807200	毕业论文(设计) Graduation Thesis(Design)	9	9 周											9
	小计 Sum		**26.5**	**26.5 周**	**0**	**0**		**2**	**1.5**	**0**	**0**	**0**	**2**	**3**	**18**

课程类别 Course Classification	课程编号 Course Code	课程名称 Course Name	学分 Crs	学时 Hrs	学时分类 Class Hours		先修课程 Prerequisite Courses	学期学分分配 Semester Credits							
					讲课 Lec.	实验 Lab.		一 1st	二 2nd	三 3rd	四 4th	五 5th	六 6th	七 7th	八 8th
创新创业自主学习 Autonomous Learning	ZZ35000S	社会调查 Social Investigation	2												
		其他(学科竞赛、发明创造、科研报告) Others (Contest, Invention, Innovation and Research Presentation)	3												
	小计 Sum		**5**												
总计 Total			**170**	**2296＋26.5周**	**1688**	**64**		**20.5**	**25.5**	**19**	**20.5**	**12.5**	**10**	**5**	**18**
可开出专业选修课列表 Specialty Elective Courses	20807300	价格学 Price Theory	2	32	32							2			
	20805802	国际市场营销 B International Marketing B	2	32	32							2			
	20808300	零售管理 Retail Management	2	32	32							2			
	20833400	供应链与物流管理 Supply Chain and Logistic Management	2	32	32							2			
	21004102	金融学 B Finance B	2	32	32							2			
	20801800	创业管理 Entrepreneurship Management	2	32	32							2			
	20826300	沟通与礼仪 Protocol and Public Relations	2	32	32							2			
	20811000	商务谈判 Business Negotiation	2	32	32								2		
	20832200	技术经济学 Technical Economics	2	32	32								2		
	20801700	创新管理 Innovation Management	2	32	32								2		
	20819500	推销学 Sale Promotion	2	32	32								2		
	21004702	经济预测与决策 B Economic Forecast and Decision Making B	2	32	32								2		
	20102100	地球科学概论 Introduction to Geosciences	2	32	32								2		

课程类别 Course Classification	课程编号 Course Code	课程名称 Course Name	学分 Crs	学时 Hrs	学时分类 Class Hours 讲课 Lec.	实验 Lab.	先修课程 Prerequisite Courses	学期学分分配 Semester Credits 一 1st	二 2nd	三 3rd	四 4th	五 5th	六 6th	七 7th	八 8th
可开出专业选修课列表 Specialty Elective Courses	20815000	资源品营销 Minerals Marketing	2	32	32								2		
	20814600	珠宝营销 Jewellery Marketing	2	32	32								2		
	20808400	领导与团队技巧 Skills of Leadership and Team Building	2	32	32								2		
	20810600	企业伦理 B Business Ethics B	2	32	32								2		
	20819802	国家税收 B State Revenue B	2	32	32							2			
	20832300	国际商务 International Business	2	32	32							2			
	2082620E	技术创新的战略管理(全英) Strategic Management of Technological Innovation (English)	2	32	32							2			

注：通识教育选修课学分和创新创业自主学习学分未列入具体学期。

市场营销专业课程分类统计

Course Category Statistics of Marketing

课程学分 / 统计	通识教育课 Liberal Education Courses 必修 Compulsory	选修 Selective	学科基础课 Disciplinary Fundamental Courses	专业主干课 Main Specialty Courses	专业选修课 Specialty Elective Courses	实践环节 Practical Work	创新创业自主学习 Autonomous Learning	学时总计 Total Hours	学分总计 Total Credits
学时/学分 Hrs/Crs	632/34.5	192/12	832/52	288/18	352/22	26.5 周/26.5	5	2296+26.5 周	170
学分所占比例 Proportion of Credits	27.35%		30.59%	10.59%	12.94%	15.59%	2.94%		100%

国际经济与贸易专业培养方案

专业名称与代码: 国际经济与贸易 020401

专业培养目标: 系统地掌握经济学基本原理和国际金融、国际贸易的基本理论,能够独立运用经济、贸易的基本理论分析解决实际问题。掌握国际贸易的基本知识与基本技能,了解当代国际经济贸易的发展现状,把握世界经济发展的趋势。熟悉通行的国际贸易规则和惯例,以及中国对外贸易的政策法规。了解主要国家与地区的社会经济情况,培养能在对外经贸部门、外资企业、跨国公司及政府经贸机构从事实际业务、管理、研究等工作的高级专门人才。

专业毕业要求

1.具备较宽的知识面,对于政治、经济学、国际贸易、国际金融等方面有较深刻的了解。

2.熟练使用国际贸易软件,具备熟练掌握国际贸易全过程实务操作的能力。

3.具备坚实的数学、经济学和统计、计量经济学基础,熟练掌握计算机的操作技能,有较强的中文书面和口头表达能力。

4.熟练掌握一门外国语,在听、说、读、写、译五个方面均达到较高的水平,擅长书面和口头表达,熟练地用英语从事涉外经济工作。

5.具有扎实的专业基础,了解本专业的基本理论框架,通过系统的选修其他专业的课程,获取多样化的专业技能。

6.通过听课、课堂讨论、参加社会实践活动、考试、撰写论文、利用图书馆资源和现代化信息传播技术等多种途径,开发自己的分析能力、创造力和决策能力。

毕业要求及实现途径

序号	毕业要求	实现途径(教学过程)
1	具备较宽的知识面,对于政治、经济学、国际贸易、国际金融等方面有较深刻的了解	①课堂教学:国际贸易理论、国际金融理论 ②课外学习:专业书籍、学术期刊推荐阅读
2	熟练使用国际贸易软件,具备熟练掌握国际贸易全过程实务操作的能力	①课堂教学:国际贸易实务、专业软件上机操作 ②课外学习:上机模拟国际贸易实务操作
3	具备坚实的数学、经济学和统计、计量经济学基础,熟练掌握计算机的操作技能,有较强的中文书面和口头表达能力	①课堂教学:应用统计学、计量经济学、计算机高级语言 ②课外学习:实验室操作
4	具备较高的英语听、说、读、写、译水平,熟练地用英语从事涉外经济工作	①课堂教学:商务英语函电、商务英语口语、高级英语阅读、高级英语翻译 ②课外学习:外语自主学习、各类竞赛等
5	具有扎实的专业基础,了解本专业的基本理论框架,通过系统的选修其他专业的课程,获取多样化的专业技能	①课堂教学:宏观经济学、微观经济学、经济学统计学专业跨专业选课 ②课外学习:自主学习
6	通过听课、课堂讨论、参加社会实践活动、考试、撰写论文、利用图书馆资源和现代化信息传播技术等多种途径,开发自己的分析能力、创造力和决策能力	①课堂教学:研究方法与论文写作、认知实习、教学实习、毕业实习 ②课外学习:社会实践、文献索引、学生课余科研项目

主干学科:应用经济学。

专业核心课程:微观经济学、宏观经济学、计量经济学、国际贸易理论、国际贸易实务、国际金融理论、国际金融实务、国际技术贸易、国际商法、商务英语、外贸函电、电子商务、国际结算、跨国公司管理等。

主要专业实验:国际贸易实务、国际金融实务和国际结算等课程的上机实习。

主要实践性教学环节:社会调查、教学实习、毕业实习、计算机实习以及创新创业实践环节。

修业年限:四年。

授予学位:经济学学士。

相近专业:国际商务、国际经济。

Program for International Economics and Trade

Specialty and Code: International Economics and Trade 020401

Education Objective: Master basic theories and methods concerning economics, international business and international trade, have a good knowledge of practices and rules of international trade, know current situation of modern international business and trade, Familiar with rules and practice of international trade, the Chinese government policies and regulations concerning foreign trade, graduates from this major should be competent for jobs in external economic government administrative institutions, export-oriented or foreign trade enterprises, international business divisions, foreign-funded enterprises, and research and planning services.

Graduation Requirements

1. Have a wide range of knowledge including such subjects as political, economic, international trade, international finance, etc.

2. Skilled usage of international trade software and have a good capacity of the whole process of international trade software.

3. Have a solid foundation of mathematics, economics and statistics economics, have a good command of computer skills, have strong Chinese written and verbal skills.

4. Master a foreign language developing the ability of listening, speaking, reading, writing and translation to a higher level, being good at written and verbal expression, and skillfully engaged in foreign economic work.

5. Master a solid professional basis, to understand the basic theoretical framework, through the system of elective courses, to obtain a variety of professional skills.

6. Developing their analytical skills, creativity and decision-making skill through lectures, classroom discussion, participate in social practice activities, exams, writing papers, using of library resources and modern information dissemination technology and other ways.

Graduation Requirements and Ways to Achieve

No.	Graduation Requirements	Ways to Achieve(Teaching Process)
1	Have a wide range of knowledge including such subjects as political, economic, international trade, international finance etc	①Classroom Teaching: International Trade Theory, International Finance Theory ② Out-of-class Learning: Recommended Books, Journals about Business Administration
2	To be familiar with international trading software, be proficient in practical operations of international trade process	①Classroom Teaching: International Trade Practice, Professional Software Computer Operation ②Out-of-class Learning: Teaching Practice
3	Have a solid foundation of mathematics, economics and statistics, and have a good command of computer skills, have strong Chinese written and verbal skills	①Classroom Teaching: Applied Statistics, Econometrics, Course Projects for Advanced Computer Language C ②Out-of-class Learning: Graduation Practice

No.	Graduation Requirements	Ways to Achieve(Teaching Process)
4	Master a foreign language developing the ability of listening, speaking, reading and translation to a higher level, being good at written and verbal expression, and skillfully engaged in foreign economic work	①Classroom Teaching: Business Communications of English, Oral Practice of Business, Advanced English Reading, Advanced Translation ② Out-of-class Learning: College English (Self Study), Contest
5	Master a solid professional basis, to understand the basic theoretical framework, through the system of elective courses, to obtain a variety of professional skills	① Classroom Teaching: Macroeconomics, Microeconomics, Elective Course in Major of Economics and Statistics ②Out-of-class Learning: Self-studying
6	Developing their analytical skills, creativity and decision-making skill through lectures, classroom discussion, participate in social practice activities, exams, writing papers, using of library resources and modern information dissemination technology and other ways	① Classroom Teaching: Research Methods and Thesis Writing Different Practices Courses ② Out-of-class Learning: Social Practice, Literature Searching, Research Project out of Class

Major Disciplines: Applied Economics.

Main Courses: Microeconomics, Macroeconomics, Econometrics, International Trade Theory, International Trade Practice, International Finance Theory, International Finance Practice, International Business Law, Business English, International Settlement, etc.

Lab Experiments: International Trade Practice, International Finance Practice and International Settlement, etc.

Practical Work: Social Investigation, Teaching Practice, Graduate Practice, Computer Practices.

Duration: four years.

Degree Granted: Bachelor of Economics.

Related Specialties: International Finance, Trade Economy.

国际经济与贸易专业课程教学计划表

Course Descriptions of International Economics and Trade

课程类别 Course Classification		课程编号 Course Code	课程名称 Course Name	学分 Crs	学时 Hrs	学时分类 Class Hours		先修课程 Prerequisite Courses	学期学分分配 Semester Credits							
						讲课 Lec.	实验 Lab.		一 1st	二 2nd	三 3rd	四 4th	五 5th	六 6th	七 7th	八 8th
通识教育课 Liberal Education Courses	必修 Compulsory	11706200	马克思主义基本原理 Principles of Marxism	3	48	48			3							
		11706500	毛泽东思想与中国特色社会主义理论体系概论 Introduction to Mao Tse-tung Thought and the Theoretical System of Socialism with Chinese Characteristics	4	64	64					4					
		11711800	中国近现代史纲要 The Essentials of Modern Chinese History	2	32	32					2					
		120002＊0	思想道德修养与法律基础 Morality Education and Fundamentals of Law	3	48	48			1.5	1.5						
		113076＊0	体育 Physical Education	4	144	144			1	1	1	1				
		109116＊0	大学英语 College English	12	192	192			3	3	3	3				
		11918902	C语言程序设计B C Language Programming B	2.5	40	28	12			2.5						
		20816300	经济学学科(专业)导论 An Introduction of Economics (Profession)	1	16	16			1							
		14300100	军事理论 Military Theory	2	32	32			2							
	选修 Elective	总计12学分，含创新创业选修课学分，跨学科选修课不低于6学分。“形势与政策”课程作为限选课，由马克思主义学院实施		12	192											
		小计 Sum		**45.5**	**808**	**604**	**12**		**11.5**	**8**	**10**	**4**	**0**	**0**	**0**	**0**
学科基础课 Disciplinary Fundamental Courses		212127＊2	高等数学B Advanced Mathematics B	10	160	160			4	6						
		20805200	管理学 Management	3	48	48			3							
		2100670D	微观经济学A(双语) Microeconomics A (Bilingual Teaching)	4	64	64				4						
		21212802	线性代数B Linear Algebra B	2.5	40	40				2.5						
		21213502	概率论与数理统计B Probability and Mathematics Statistics B	2.5	40	40		高等数学B			2.5					

课程类别 Course Classification	课程编号 Course Code	课程名称 Course Name	学分 Crs	学时 Hrs	学时分类 Class Hours		先修课程 Prerequisite Courses	学期学分分配 Semester Credits							
					讲课 Lec.	实验 Lab.		一 1st	二 2nd	三 3rd	四 4th	五 5th	六 6th	七 7th	八 8th
学科基础课 Disciplinary Fundamental Courses	20826801	会计学 Accounting	3	48	40	8				3					
	2081550D	宏观经济学 A（双语） Macroeconomics A (Bilingual Teaching)	4	64	64					4					
	21004101	金融学 A Finance A	4	64	64					4					
	20802400	电子商务 E-Commerce	2.5	40	24	16							2.5		
	20817401	应用统计学 A Applied Statistics A	4	64	48	16					4				
	20821101	财政学 A Public Finance A	3	48	48						3				
	21003500	计量经济学 Econometrics	4	64	48	16						4			
	21004300	经济思想史 History of Economic Thoughts	2.5	40	40							2.5			
	20823600	投资经济学 Investment Economics	3	48	48						3				
	小计 Sum		**52**	**832**	**776**	**56**		**7**	**12.5**	**13.5**	**10**	**6.5**	**2.5**	**0**	**0**
专业主干课 Main Specialty Courses	2100240D	国际贸易理论（双语） International Trade Theory (Bilingual Teaching)	3	48	48						3				
	2100200D	国际金融理论（双语） International Finance Theory (Bilingual Teaching)	4	64	64						4				
	20805801	国际市场营销 A International Marketing A	3	48	48							3			
	2100260D	国际贸易实务（双语） International Trade Practice (Bilingual Teaching)	4	64	40	24						4			
	21002200	国际金融实务 International Finance Practice	2.5	40	32	8						2.5			
	20824200	国际商法 International Business Law	2.5	40	40								2.5		
	21001800	国际结算 International Settlement	2.5	40	28	12							2.5		
	2100550E	商务英语函电（全英） Business Communication of English (English)	2.5	40	40								2.5		

课程类别 Course Classification	课程编号 Course Code	课程名称 Course Name	学分 Crs	学时 Hrs	学时分类 Class Hours 讲课 Lec.	实验 Lab.	先修课程 Prerequisite Courses	学期学分分配 Semester Credits 一 1st	二 2nd	三 3rd	四 4th	五 5th	六 6th	七 7th	八 8th
专业主干课 Main Specialty Courses	2100560E	商务英语口语(全英) Oral Practice of Business (English)	3	48	48									3	
	20901300	高级英语阅读 Advanced English Reading	3	48	48						3				
	20900900	高级英语翻译 Advanced Translation	2.5	40	40							2.5			
	小计 Sum		**32.5**	**520**	**476**	**44**		**0**	**0**	**0**	**10**	**12**	**7.5**	**3**	**0**
专业选修课 Specialty Elective Courses		具体见专业选修课列表	8.5	136											
合计 Sub-total			**138.5**	**2296**	**1856**	**112**		**18.5**	**20.5**	**23.5**	**24**	**18.5**	**10**	**3**	**0**
实践环节 Practical Work	44300200	军事训练 Military Training	2	2周				2							
	41919002	C语言课程设计B Course Design for C Language B	1.5	1.5周					1.5						
	40827700	国际贸易专业认识实习 Cognitive Practice	2	2周						2					
	40827800	国际贸易专业教学实习 Teaching Practice	4	4周								4			
	40827100	毕业实习 Graduation Practice	9	9周											9
	40827200	毕业论文(设计) Graduation Thesis (Design)	9	9周											9
	小计 Sum		**27.5**	**27.5周**				**2**	**1.5**	**2**	**0**	**4**	**0**	**0**	**18**
创新创业自主学习 Autonomous Learning	ZZ35000S	社会调查 Social Investigation	2												
		其他(学科竞赛、发明创造、科研报告) Others (Contest, Invention, Innovation and Research Presentation)	4												
	小计 Sum		**6**												
总计 Total			**172**	**2296+27.5周**	**1856**	**112**		**20.5**	**22**	**25.5**	**24**	**22.5**	**10**	**3**	**18**

课程类别 Course Classification	课程编号 Course Code	课程名称 Course Name	学分 Crs	学时 Hrs	学时分类 Class Hours		先修课程 Prerequisite Courses	学期学分分配 Semester Credits							
					讲课 Lec.	实验 Lab.		一 1st	二 2nd	三 3rd	四 4th	五 5th	六 6th	七 7th	八 8th
可开出专业选修课列表 Specialty Elective Courses	20808100	跨国公司管理 International Corporation Management	2.5	40	40							2.5			
	21007100	研究方法与论文写作 Research Methodology and Thesis Writing	2	32	32								2		
	20824400	矿产经济学 Mineral Resources Economics	2	32	32								2		
	21008000	国际技术贸易 International Technology Trade	2.5	40	40								2.5		
	20824500	世界经济地理 World Economic Geography	2	32	32								2		
	20824600	世界经济专题 Special Reports on World E-conomy	2	32	32							2			
	20824700	资源环境与贸易专题 Resources, Environment and Trade	2	32	32									2	
	21001700	国际服务贸易 International Service Trade	2.5	40	40									2.5	
	20811000	商务谈判 Business Negotiation	2	32	32									2	
	21005200	期货与期权 Future and Option	2.5	40	40									2.5	

注：通识教育选修课学分和创新创业自主学习学分未列入具体学期。

国际经济与贸易专业课程分类统计

Course Category Statistics of International Economics and Trade

课程学分 / 统计	通识教育课 Liberal Education Courses		学科基础课 Disciplinary Fundamental Courses	专业主干课 Main Specialty Courses	专业选修课 Specialty Elective Courses	实践环节 Practical Work	创新创业自主学习 Autonomous Learning	学时总计 Total Hours	学分总计 Total Credits
	必修 Compulsory	选修 Selective							
学时/学分 Hrs/Crs	616/33.5	192/12	832/52	520/32.5	136/8.5	27.5周/27.5	6	2296+27.5周	172
学分所占比例 Proportion of Credits	26.45%		30.23%	18.90%	4.94%	15.99%	3.49%		100%

会计学专业培养方案

专业名称与代码：会计学　120203K

专业培养目标：本专业培养具备管理、经济、法律和会计学等方面的知识及能力，能在企事业单位及政府部门从事会计实务以及进一步深造的高素质会计专业人才。

专业毕业要求

1. 掌握管理学、经济学和会计学的基本理论、基本知识。
2. 掌握会计学的定性、定量分析方法。
3. 具有较强的语言与文字表达、人际沟通、信息获取能力及分析和解决会计问题的基本能力。
4. 熟悉国内外与会计相关的方针、政策和法规及国际会计惯例。
5. 了解本学科的理论前沿和发展动态。
6. 掌握文献检索、资料查询的基本方法，具有一定的科学研究和实际工作能力。
7. 掌握一门外语，能顺利阅读本专业的外文书刊。

毕业要求及实现途径

序号	毕业要求	实现途径(教学过程)
1	掌握管理学、经济学、金融学和会计学的基本理论、基本知识	①课堂教学：管理学、企业战略管理、宏观经济学、微观经济学、基础会计学、金融学 ②课外学习：专业书籍、学术期刊推荐阅读
2	掌握会计学的定性、定量分析方法	①课堂教学：中级财务会计、成本会计、管理会计、电算化会计、财务管理、财务分析、会计模拟实习、电算化实习 ②课外学习：专业书籍、学术期刊推荐阅读
3	具有较强的语言与文字表达、人际沟通、信息获取能力及分析和解决会计问题的基本能力	①课堂教学：毕业实习、毕业论文 ②课外学习：大学生科研立项、社会实践活动、实习报告
4	熟悉国内外与会计相关的方针、政策和法规及国际会计惯例	①课堂教学：国家税收、纳税筹划 ②课外学习：会计法、会计准则
5	了解本学科的理论前沿和发展动态	①课堂教学：高级财务会计、会计审计与财务管理专题 ②课外学习：讲座
6	掌握文献检索、资料查询的基本方法，具有一定的科学研究和实际工作能力	课外学习：讲座、大学生科研立项、社会实践活动、实习报告
7	掌握一门外语，能顺利阅读本专业的外文书刊	①课堂教学：英语、现代会计学 ②课外学习：自主学习

主干学科:工商管理、应用经济学。

专业核心课程:基础会计学、中级财务会计、高级财务会计、管理会计、成本会计、会计电算化、财务管理、审计学等。

主要专业实验:C语言程序设计、应用统计学、基础会计学、财务管理、管理信息系统、成本会计、管理会计、注册会计师审计案例等。

主要实践性教学环节:计算机程序设计、会计手工模拟实习、电算化会计实习、会计综合实习、毕业实习等。

修业年限:四年。

授予学位:管理学学士。

相近专业:审计学、财务管理、经济学。

Program for Accounting

Specialty and Code: Accounting 120203K

Education Objectives: This major prepares the students for the knowledge and ability on management, economics, laws and accounting in order to cultivate the high qualified professionals engaged in accounting practice in enterprise, nonprofit organizations and government or teaching and scientific research in schools.

Graduation Requirements

1. To master basic theories and knowledge of management, economics and accounting.
2. To master qualitative and quantitative analysis methods of accounting.
3. To acquire solid skills of language, interpersonal communications, collecting information, and analyzing and solving accounting problems.
4. To get familiar with relevant general and specific policies, laws and regulations in China and other countries and international accounting practice.
5. To understand the cutting-edge theories and developing trends of accounting.
6. To master the basic methods of document retrieval and data inquiry, to acquire the skills of research and practical work.
7. To master a foreign language, and can read foreign literature smoothly.

Graduation Requirements and Ways to Achieve

No.	Graduation Requirements	Ways to Achieve(Teaching Process)
1	To master the basic theory and knowledge of management, economics and accounting	①Classroom Teaching: Management, Corporate Strategic Management, Macroeconomics, Microeconomics, Basic Accounting, Finance ②Out-of-class Learning: Professional Books, Recommended Reading of Academic Journals
2	To master the qualitative and quantitative analysis methods of accounting	①Classroom Teaching: Intermediate Financial Accounting, Cost Accounting, Managerial Accounting, Computerized Accounting, Financial Management, Financial Analysis, Simulated Manual Practice of Accounting, Computerized Practice of Accounting ②Out-of-class Learning: Professional Books, Recommended Reading of Academic Journals
3	To acquire the solid skills of expression of language and words, interpersonal communication, collecting information, and analyzing and solving the accounting problems	①Classroom Teaching: Graduating Practice, Graduating Thesis (Design) ②Out-of-class Learning: University Student Research Project, Social Practice Activity, Practice Report

No.	Graduation Requirements	Ways to Achieve(Teaching Process)
4	To get familiar with the relevant general and specific policies, and laws and regulations at domestic and abroad and international accounting practice	①Classroom Teaching: State Revenue, Taxation Planning ② Out-of-class Learning: Accounting Law, Accounting Standards
5	To understand the theoretical frontier and developing trend of subjects	①Classroom Teaching: Advanced Financial Accounting, Accounting Auditing and Financial Management Subject ②Out-of-class Learning: Lectures
6	To master the basic methods of document retrieval and data inquiry, to acquire the skills of scientific research and work	Out-of-class Learning: Lectures, University Student Research Project, Social Practice Activity, Practice Report
7	To master a foreign language, read the foreign reference materials smoothly	①Classroom Teaching: English, Modern Accounting ②Out-of-class Learning: Self-Study

Major Disciplines: Business Administration, Applied Economics.

Main Courses: Basic Accounting, Intermediate Financial Accounting, Advanced Financial Accounting, Managerial Accounting, Cost Accounting, Computerized Accounting, Financial Management, Auditing.

Lab Experiments: C Language Programing, Applied Statistics, Basic Accounting, Financial Management, Managerial Information System, Cost Accounting, Managerial Accounting, Auditing Cases of CPA and so on.

Practical Work: Course Design of Computer Programs, Simulated Manual Practice of Accounting, Computerizing Practice of Accounting and Graduation Practice, etc.

Duration: four years.

Degree Granted: Bachelor of Management.

Related Specialties: Auditing, Financial Management, Economics.

会计学专业课程教学计划表

Course Descriptions of Accounting

课程类别 Course Classification		课程编号 Course Code	课程名称 Course Name	学分 Crs	学时 Hrs	学时分类 Class Hours		先修课程 Prerequisite Courses	学期学分分配 Semester Credits							
						讲课 Lec.	实验 Lab.		一 1st	二 2nd	三 3rd	四 4th	五 5th	六 6th	七 7th	八 8th
通识教育课 Liberal Education Courses	必修 Compulsory	11706200	马克思主义基本原理 Principles of Marxism	3	48	48			3							
		11706500	毛泽东思想与中国特色社会主义理论体系概论 Introduction to Mao Tse-tung Thought and the Theoretical System of Socialism with Chinese Characteristics	4	64	64				4						
		11711800	中国近现代史纲要 The Essentials of Modern Chinese History	2	32	32					2					
		120002*0	思想道德修养与法律基础 Morality Education and Fundamentals of Law	3	48	48			1.5	1.5						
		113076*0	体育 Physical Education	4	144	144			1	1	1	1				
		109116*0	大学英语 College English	12	192	192			3	3	3	3				
		11918902	C语言程序设计B C Language Programming B	2.5	40	28	12			2.5						
		20805300	管理学科专业导论 Introduction to Management	1	16	16			1							
		14300100	军事理论 Military Theory	2	32	32			2							
	选修 Elective	总计12学分,含创新创业选修课学分,跨学科选修课不低于6学分。"形势与政策"课程作为限选课,由马克思主义学院实施		12	192											
		小计 Sum		**45.5**	**808**	**604**	**12**		**11.5**	**12**	**6**	**4**	**0**	**0**	**0**	**0**
学科基础课 Disciplinary Fundamental Courses		212127*2	高等数学B Mathematics B	10	160	160			4	6						
		21212802	线性代数B Linear Algebra B	2.5	40	40				2.5						
		21213502	概率论与数理统计B Probability and Mathematics Statistics B	2.5	40	40					2.5					
		20814100	运筹学 Operations Research	3	48	48						3				
		20805200	管理学 Management	3	48	48			3							

课程类别 Course Classification	课程编号 Course Code	课程名称 Course Name	学分 Crs	学时 Hrs	学时分类 Class Hours		先修课程 Prerequisite Courses	学期学分分配 Semester Credits							
					讲课 Lec.	实验 Lab.		一 1st	二 2nd	三 3rd	四 4th	五 5th	六 6th	七 7th	八 8th
学科基础课 Disciplinary Fundamental Courses	21006702	微观经济学 Microeconomics	2.5	40	40				2.5						
	20815502	宏观经济学 Macroeconomics	2.5	40	40		微观经济学			2.5					
	21004102	金融学 B Finance B	2	32	32					2					
	20826600	基础会计学 Principles of Accounting	3.5	56	48	8			3.5						
	20817402	应用统计学 B(后半学期) Applied Statistics B	3	48	36	12	概率论与数理统计			3					
	20835002	市场营销学 B Marketing B	2	32	32		管理学						2		
	20805100	管理信息系统 Management Information System	3	48	32	16	C 语言程序设计 B				3				
	会计方向														
	20831601	财务管理 A Financial Management A	3.5	56	48	8	中级财务会计(2)					3.5			
	21705200	经济法 Economic Law	2	32	32			2							
	20819802	国家税收 B State Revenue B	2	32	32						2				
	小计 Sum		**47**	**752**	**708**	**44**		**9**	**14.5**	**10**	**8**	**3.5**	**2**	**0**	**0**
	ACCA 方向														
	2083160F	财务管理(F9) Financial Management(F9)	4	64	64								4		
	2083350F	公司法与商法(F4) Corporate and Business Law (F4)	4	64	64						4				
	小计 Sum		**47.5**	**760**	**724**	**36**		**7**	**14.5**	**10**	**10**	**0**	**6**	**0**	**0**
专业主干课 Main Specialty Courses	会计方向														
	20835110	中级财务会计(1) Intermediate Financial Accounting(1)	4	64	64		基础会计学			4					
	20835120	中级财务会计 (2) Intermediate Financial Accounting(2)	3	48	48		中级财务会计(1)				3				
	20833600	成本会计学 Cost Accounting	3	48	40	8	中级财务会计(2)				3				

课程类别 Course Classification	课程编号 Course Code	课程名称 Course Name	学分 Crs	学时 Hrs	学时分类 Class Hours		先修课程 Prerequisite Courses	学期学分分配 Semester Credits							
					讲课 Lec.	实验 Lab.		一 1st	二 2nd	三 3rd	四 4th	五 5th	六 6th	七 7th	八 8th
专业主干课 Main Specialty Courses	会计方向														
	20833700	管理会计 Management Accounting	2.5	40	32	8	成本会计					2.5			
	20820200	电算化会计 Computerized Accounting	2.5	40	40		中级财务会计(2)					2.5			
	20821201	审计学 A Auditing A	3	48	48		成本会计					3			
	20820300	注册会计师审计案例 Auditing Cases of CPA	2.5	40	24	16	审计学						2.5		
	20803400	高级财务会计 Advanced Financial Accounting	3	48	48		中级财务会计(2)						3		
	20803000	非盈利组织会计 Accounting for Nonprofit Organization	2	32	32		中级财务会计(2)						2		
	20807700	金融会计 Finance Accounting	2	32	32		中级财务会计(2)						2		
	小计 Sum		**27.5**	**440**	**408**	**32**		**0**	**0**	**4**	**6**	**8**	**9.5**	**0**	**0**
	ACCA 方向														
	2082140F	财务会计(F3) Financial Accounting(F3)	4	64	64		基础会计学				4				
	2083370F	管理会计(F2) Management Accounting(F2)	4	64	64					4					
	2083380F	审计与认证业务(F8) Audit and Assurance(F8)	4	64	64							4			
	2083390F	财务报告(F7) Financial Reporting(F7)	4	64	64							4			
	2083400P	商务分析(P3) Business Analysis(P3)	4	64	64								4		
	2083410F	业绩管理(F5) Performance Management (F5)	4	64	64							4			
	2083420F	会计师与企业(F1) Accountant in Business(F1)	4	64	64					4					
	20820200	电算化会计 Computerized Accounting	2.5	40	40		财务会计					2.5			
	小计 Sum		**30.5**	**488**	**488**	**0**		**0**	**0**	**8**	**4**	**14.5**	**4**	**0**	**0**

课程类别 Course Classification	课程编号 Course Code	课程名称 Course Name	学分 Crs	学时 Hrs	学时分类 Class Hours		先修课程 Prerequisite Courses	学期学分分配 Semester Credits							
					讲课 Lec.	实验 Lab.		一 1st	二 2nd	三 3rd	四 4th	五 5th	六 6th	七 7th	八 8th
专业选修课 Specialty Elective Courses	会计方向	具体见专业选修课列表	22	352											
	ACCA方向	具体见专业选修课列表	21	336											
总计 Total		会计方向	**142**	**2352**	**1720**	**88**		**20.5**	**26.5**	**20**	**18**	**15.5**	**11.5**	**0**	**0**
		ACCA 方向	**144.5**	**2392**	**1816**	**48**		**18.5**	**26.5**	**24**	**18**	**14.5**	**10**	**0**	**0**
实践环节 Practical Work	44300200	军事训练 Military Training	2	2 周				2							
	41919002	C 语言课程设计 B Course Design for C Language B	1.5	1.5 周			C 语言程序设计 B		1.5						
	40827900	专业认知实习 Cognitive Practice	1	1 周						1					
	40828001	会计手工模拟实习 A Teaching Practice for Manual Accounting A	4	4 周			成本会计				4				
	40828100	会计综合实习 Accounting Comprehensive Practice	2	2 周			高级财务会计							2	
	40828200	会计电算化实习 Computerized Practice of Accounting	2	2 周			电算化会计					2			
	40827100	毕业实习 Graduation Practice	9	9 周										9	
	40827200	毕业论文(设计) Graduation Thesis(Design)	9	9 周											9
	小计 **Sum**		**30.5**	**30.5 周**				**2**	**1.5**	**1**	**4**	**2**	**0**	**11**	**9**
创新创业自主学习 Autonomous Learning	ZZ35000S	社会调查 Social Investigation	2												
		其他(学科竞赛、发明创造、科研报告) Others (Contest, Invention, Innovation and Research Presentation)	3												
	小计 **Sum**		**5**												
总计 Total		会计方向	**177.5**	**2352 + 30.5 周**	**1720**	**88**		**22.5**	**28**	**21**	**22**	**13.5**	**11.5**	**11**	**9**
		ACCA 方向	**180**	**2392 + 30.5 周**	**1816**	**48**		**20.5**	**28**	**25**	**22**	**26.5**	**10**	**11**	**9**

课程类别 Course Classification	课程编号 Course Code	课程名称 Course Name	学分 Crs	学时 Hrs	学时分类 Class Hours 讲课 Lec.	 实验 Lab.	先修课程 Prerequisite Courses	学期学分分配 Semester Credits 一 1st	 二 2nd	 三 3rd	 四 4th	 五 5th	 六 6th	 七 7th	 八 8th
可开出专业选修课列表 Specialty Elective Courses	20801000	财务分析 Financial Analysis	2.5	40	40		财务管理					2.5			
	20814800	资产评估 Assets Evaluation	2	32	32		财务管理						2		
	20834300	现代会计学 Modern Accounting	2.5	40	40		中级财务会计(2)					2.5			
	20831700	企业战略管理 Corporate Strategic Management	2	32	32		管理学				2				
	20802400	电子商务 E-Commerce	2.5	40	40									2.5	
	20812100	税收筹划 Taxation Planning	2	32	32		国家税收					2			
	20834400	会计审计与财务管理专题 Seminars on Accounting, Auditing and Financial Management Subjects	2	32	32		高级财务会计						2		
	21608000	经济管理应用文写作 Practical Writing of Economics and Management	2	32	32								2		
	20821102	财政学 B Public Finance B	2	32	32							2			
	20832402	证券投资分析 B Securities Investment Analysis B	2	32	32		金融学 B						2		
	20812500	项目管理 Project Management	2.5	40	40									2.5	
	20811400	生产与运作管理 Production and Operations Management	2.5	36	4					2.5					
	21713800	绩效考核与薪酬管理 Performance Appraisal and Compensation Management	2	32	32									2.5	
	20834500	高级财务管理 Advanced Financial Management	2.5	40	40								2.5		
	20805500	国际财务管理 International Financial Management	2	32	32								2		
	20833400	供应链与物流管理 Supply Chain and Logistic Management	2	32	32									2	
	20826300	沟通与礼仪 Protocol and Public Relations	2	32	32									2	

课程类别 Course Classification	课程编号 Course Code	课程名称 Course Name	学分 Crs	学时 Hrs	学时分类 Class Hours 讲课 Lec.	实验 Lab.	先修课程 Prerequisite Courses	学期学分分配 Semester Credits 一 1st	二 2nd	三 3rd	四 4th	五 5th	六 6th	七 7th	八 8th
可开出专业选修课列表 Specialty Elective Courses	20807300	价格学 Price Theory	2	32	32									2	
	20808400	领导与团队技巧 Skills of Leadership and Team Building	2	32	32									2	
	21712500	组织行为学 Organizational Behavior	2	32	32									2	
	ACCA 方向														
	2083460F	税务(F6) Taxation(F6)	4	64	64							4			
	2083470P	公司报告(P2) Corporate Reporting(P2)	4	64									4		
	2083480P	高级业绩管理(P5) Advanced Performance Management(P5)	4	64										4	
	2083450P	高级财务管理(P4) Advanced Financial Management(P4)	4	64										4	
	2083490P	公司治理,风险管理及职业操守 (P1) Governance, Risk and Ethics (P1)	4	64									4		
	20803400	非盈利组织会计 Accounting for Nonprofit Organization	2	32	32								2		
	20803000	金融会计 Finance Accounting	2	32	32								2		

注：通识教育选修课学分和创新创业自主学习学分未列入具体学期。

会计学专业(会计方向)课程分类统计

Course Category Statistics of Accounting

课程学分 / 统计	通识教育课 Liberal Education Courses 必修 Compulsory	选修 Selective	学科基础课 Disciplinary Fundamental Courses	专业主干课 Main Specialty Courses	专业选修课 Specialty Elective Courses	实践环节 Practical Work	创新创业自主学习 Autonomous Learning	学时总计 Total Hours	学分总计 Total Credits
学时/学分 Hrs/Crs	616/33.5	192/12	752/47	440/27.5	352/22	30.5/30.5 周	5	2352+30.5 周	177.5
学分所占比例 Proportion of Credits	25.63%		26.48%	15.49%	12.39%	17.18%	2.82%		100%

会计学专业(ACCA 方向)课程分类统计

Course Descriptions of Accounting

课程学分 统计	通识教育课 Liberal Education Courses		学科基础课 Disciplinary Fundamental Courses	专业主干课 Main Specialty Courses	专业选修课 Specialty Elective Courses	实践环节 Practical Work	创新创业自主学习 Autonomous Learning	学时总计 Total Hours	学分总计 Total Credits
	必修 Compulsory	选修 Selective							
学时/学分 Hrs/Crs	616/33.5	192/12	752/47.5	488/30.5	336/21	30.5/30.5 周	5	2392+30.5 周	180
学分所占比例 Proportion of Credits	25.28%		26.39%	16.67%	11.67%	16.67%	2.78%		100%

旅游管理专业培养方案

专业名称与代码：旅游管理　120901K

专业培养目标：本专业旨在培养德智体全面发展，具有扎实的旅游管理专业理论知识和熟练的旅游工作操作能力，能够在旅游行政管理部门、旅游企业、旅游规划与科研机构及其他旅游相关企业和机构从事行业管理、旅游企业经营管理、旅游规划与设计工作的高素质专业人才。

专业毕业要求

1. 系统掌握旅游管理学科的基本理论知识。
2. 具有较强的外语口头和文字表达能力，以及良好的人际沟通能力。
3. 具备旅游企业经营管理、旅游行政管理及旅游规划的基本能力，具有旅游管理理论分析与解决问题的基本能力。
4. 熟悉国内外旅游业发展政策、法规及动态，掌握文献检索、资料查询的基本方法，具备旅游研究的基本能力。

毕业要求实现与途径

序号	毕业要求	实现途径（教学过程）
1	系统掌握旅游管理学科的基本理论知识	①课堂教学：管理学、宏观经济学、微观经济学、财务管理、管理信息系统、旅游学概论、旅游地学、旅游心理学、旅游经济学、旅游美学、文化旅游等 ②课外学习：北戴河旅游教学实习、旅游管理专业综合实习
2	具有较强的外语口头和文字表达能力，以及良好的人际沟通能力	①课堂教学：大学英语、旅游英语、旅游语言 ②课外学习：自主学习、旅游综合实习、毕业实习
3	具备旅游企业经营管理、旅游行政管理及旅游规划的基本能力，具有旅游管理理论分析与解决问题的基本能力	①课堂教学：应用统计学、饭店管理、导游基础、旅行社管理、旅游营销策划、餐饮经营与管理、酒店规划与筹建、旅游区规划与管理、旅游地理信息系统等 ②课外学习：教师学术指导、社会实践活动、实习报告
4	熟悉国内外旅游业发展政策、法规及动态，掌握文献检索、资料查询的基本方法，具备旅游研究的基本能力	①课堂教学：旅游政策与法规、旅游经济学、生态旅游、文化旅游、世界遗产管理等 ②课外学习：学术报告、自主学习

主干学科：工商管理、应用经济学。

专业核心课程：管理学原理、微观经济学、宏观经济学、财务管理、管理信息系统、市场营销、旅游学概论、旅游地学、旅游心理学、旅游经济学、文化旅游、饭店管理、旅行社管理、旅游区规划与管理、旅游地理信息系统等。

主要专业实验：计算机实验课程、旅游地理信息系统实习、饭店管理实习。

主要实践性教学环节：北戴河旅游教学实习、旅游管理专业综合实习、毕业实习、毕业论文。

修业年限：四年。

授予学位：管理学学士。

相近专业：工商管理、经济学。

Program for Tourism Management

Specialty and Code: Tourism Management 120901K

Education Objectives: Tourism management aims to cultivate senior professionals in tourism industry with abilities in both professional knowledge and practical operation. They will have the abilities of serving in tourism administrations, operation and management in tourism businesses and have the abilities in teaching and studying in tourism colleges and research institutions and have the abilities of tourism design and planning. In addition, those have abilities in operating and management in tourism-related businesses and organizations.

Graduation Requirements

1. Master the elementary knowledge and theories of tourism management.

2. Have advanced oral and written English proficiency and the ability to develop a favorable inter-relationship with other people.

3. Have the ability of operation and management in tourism businesses, tourism administrations and tourism planning, furthermore, have the ability to analyze and solve practical problems.

4. Know well about the policies of tourism development in China and the world, master qualitative and quantitative analysis methodologies for tourism management problems, grasp the trends of tourism development, master the basic methods for data analysis and have the basic ability of research and practical work in the field of tourism.

Graduation Requirements and Ways to Achieve

No.	Graduation Requirements	Ways to Achieve(Teaching Process)
1	Master basic knowledge and theories of tourism management	① Classroom Teaching: Management, Microeconomics, Macroeconomics, Financial Management, Management of Information System, Introduction to Tourism, Tourism Earth Science, Tourism Psychology, Tourism Economics, Cultural Tourism, etc ② Out-of-class Learning: Field Teaching in Beidaihe, Tourism Comprehensive Practice
2	Have advanced oral and written English proficiency and the ability to develop a favorable inter-relationship with other people	① Classroom Teaching: College English, Tourism English, Tourism Language ② Out-of-class Learning: Self-Study, Tourism Comprehensive Practice, Graduation Practice
3	Have the ability to analyze and solve practical problems in tourism businesses and tourism administrations and tourism college	① Classroom Teaching: Statistics, Introduction of Hotel Management, Basic Knowledge for Tour Guide, Travel Agency Management, Tourism Marketing, Management of Food and Beverage, Tourism planning, Tourism Geography Information System ② Out-of-class Learning: Guide for Tourism Research, Practice Report and Research Presentation, Practice Report

No.	Graduation Requirements	Ways to Achieve(Teaching Process)
4	Grasp the trends of tourism development in China and in the world. Have the basic ability in tourism research	①Classroom Teaching: Tourism Policy and Statute, Ecotourism, Cultural Tourism, Tourism Economics, etc ②Out-of-class Learning: Research Report, Self-Study

Major Disciplines: Business Administration, Applied Economics.

Main Courses: Principles of Management, Microeconomics, Macroeconomics, Financial Management, Management Information System, Marketing, Introduction to Tourism, Tourism Earth Science, Tourism Psychology, Tourism Economics, Cultural Tourism, Hotel Management, Travel Agency Management, Tourism Area Planning and Management, Tourism Geographic Information System, etc.

Lab Experiments: Computer, Tourism Geographic Information System, Hotel Management Practice.

Practical Work: Tourism Field Practice in Beidaihe, Tourism Comprehensive Practice, Graduation Practice, Graduation Thesis.

Duration: four years.

Degree Granted: Bachelor of Management.

Related Specialties: Business Administration, Economics.

旅游管理专业课程教学计划表

Course Descriptions of Tourism Management

课程类别 Course Classification		课程编号 Course Code	课程名称 Course Name	学分 Crs	学时 Hrs	学时分类 Class Hours 讲课 Lec.	实验 Lab.	先修课程 Prerequisite Courses	学期学分分配 Semester Credits 一 1st	二 2nd	三 3rd	四 4th	五 5th	六 6th	七 7th	八 8th
通识教育课 Liberal Education Courses	必修 Compulsory	11706200	马克思主义基本原理 Principles of Marxism	3	48	48			3							
		11706500	毛泽东思想与中国特色社会主义理论体系概论 Introduction to Mao Tse-tung Thought and the Theoretical System of Socialism with Chinese Characteristics	4	64	64				4						
		11711800	中国近现代史纲要 The Essentials of Modern Chinese History	2	32	32						2				
		120002 * 0	思想道德修养与法律基础 Morality Education and Fundamentals of Law	3	48	48			1.5	1.5						
		113076 * 0	体育 Physical Education	4	144	144			1	1	1	1				
		109116 * 0	大学英语 College English	12	192	192			3	3	3	3				
		11918902	C 语言程序设计 B C Language Programming B	2.5	40	28	12			2.5						
		20805300	管理学科(专业)概论 Introduction to Business Administration(Profession)	1	16	16			1							
		14300100	军事理论 Military Theory	2	32	32			2							
	选修 Elective	总计 12 学分,含创新创业选修课学分,跨学科选修课不低于 6 学分。"形势与政策"课程作为限选课,由马克思主义学院实施		12	192											
		小计 Sum		**45.5**	**808**	**604**	**12**		**11.5**	**12**	**4**	**6**	**0**	**0**	**0**	**0**
学科基础课 Disciplinary Fundamental Courses		212127 * 2	高等数学 B Mathematics B	10	160	160			4	6						
		21212802	线性代数 B Linear Algebra B	2.5	40	40					2.5					
		21213502	概率论与数理统计 B Probability and Mathematics Statistics B	2.5	40	40					2.5					
		20809800	旅游学概论 Introduction to Tourism	2.5	40	36	4		2.5							
		20805200	管理学 Management	3	48	48			3							

课程类别 Course Classification	课程编号 Course Code	课程名称 Course Name	学分 Crs	学时 Hrs	学时分类 Class Hours		先修课程 Prerequisite Courses	学期学分分配 Semester Credits							
					讲课 Lec.	实验 Lab.		一 1st	二 2nd	三 3rd	四 4th	五 5th	六 6th	七 7th	八 8th
学科基础课 Disciplinary Fundamental Courses	20835001	市场营销学 A Marketing A	2.5	40	40				2.5						
	20815502	宏观经济学 B Macroeconomics B	2.5	40	40					2.5					
	20808700	旅游地学 Tourism Earth Science	3	48	40	8			3						
	20815502	微观经济学 B Microeconomics B	2.5	40	40				2.5						
	20831602	财务管理 B Financial Management B	2	32	32					2					
	20817402	应用统计学 B(后半学期) Applied Statistics B	3	48	36	12				3					
	20809700	旅游心理学 Tourism Psychology	2.5	40	40					2.5					
	20805100	管理信息系统 Management Information System	3	48	32	16					3				
	21004102	金融学 B Finance Science B	2	32	32						2.5				
	21712500	组织行为学 Organizational Behavior	2	32	32						2				
	20812300	文化旅游 Cultural Tourism	2	32	32						2				
	小计 **Sum**		**47.5**	**760**	**720**	**40**		**9.5**	**14**	**15**	**9**	**0**	**0**	**0**	**0**
专业主干课 Main Specialty Courses	20808900	旅游经济学 Tourism Economics	2.5	40	40							2.5			
	20802600	饭店管理 Hotel Management	2.5	40	34	6						2.5			
	20808600	旅游地理信息系统 Tourism Geography Information System	2.5	40	20	20						2.5			
	20809400	旅游区规划与管理 Tourism Area Planning and Management	2.5	40	40							2.5			
	20802000	导游理论与实务 Theory and Operation of Tour Guide	2.5	40	34	6						2.5			
	20808500	旅行社管理 Travel Agency Management	2.5	40	40								2.5		
	20810000	旅游语言 Tourism Language	2.5	40	30	10							2.5		

课程类别 Course Classification	课程编号 Course Code	课程名称 Course Name	学分 Crs	学时 Hrs	学时分类 Class Hours 讲课 Lec.	实验 Lab.	先修课程 Prerequisite Courses	学期学分分配 Semester Credits 一 1st	二 2nd	三 3rd	四 4th	五 5th	六 6th	七 7th	八 8th
专业主干课 Main Specialty Courses	20822100	餐饮经营管理 Management of Food and Beverage Operation	2.5	40	30	10							2.5		
	20822600	旅游美学 Tourism Aesthetics	2.5	40	40								2.5		
	小计 Sum		**22.5**	**360**	**308**	**52**		**0**	**0**	**0**	**0**	**12.5**	**10**	**0**	**0**
专业选修课 Specialty Elective Courses		具体见专业选修课列表	18	288											
合计 Sub-total			**133.5**	**2216**	**1632**	**104**		**21**	**26**	**19**	**15**	**12.5**	**10**	**0**	**0**
实践环节 Practical Work	44300200	军事训练 Military Training	2	2 周				2							
	41919002	C 语言课程设计 B Course Design for C Language B	1.5	1.5 周					1.5						
	40828700	北戴河旅游教学实习 Tourism Field Practice in Beidaihe	2	2 周					2						
	40828800	旅游管理专业综合实习 Tourism Comprehensive Practice	16	16 周										16	
	40828900	毕业实习 Graduate Practice	12	12 周											12
	40829000	毕业论文(设计) Graduation Thesis(Design)	6	6 周											6
	小计 Sum		**39.5**	**39.5 周**				**2**	**3.5**	**0**	**0**	**0**	**0**	**16**	**18**
创新创业自主学习 Autonomous Learning	ZZ35000S	社会调查 Social Investigation	2												
		其他(学科竞赛、发明创造、科研报告) Others (Contest, Invention, Innovation and Research Presentation)	3												
	小计 Sum		**5**												
总计 Total			**178**	**2216＋39.5 周**	**1632**	**104**		**23**	**29.5**	**19**	**15**	**12.5**	**10**	**16**	**18**

课程类别 Course Classification	课程编号 Course Code	课程名称 Course Name	学分 Crs	学时 Hrs	学时分类 Class Hours		先修课程 Prerequisite Courses	学期学分分配 Semester Credits							
					讲课 Lec.	实验 Lab.		一 1st	二 2nd	三 3rd	四 4th	五 5th	六 6th	七 7th	八 8th
可开出专业选修课列表 Specialty Elective Courses	20801900	导游基础 Elementary of Tour Guide	2	32	32						2				
	20809900	旅游英语 Tourism English	2	32	32						2				
	20810100	旅游政策与法规 Tourism Policies and Regulations	2	32	32							2			
	20806100	海外客源国概论 Introduction to Source Market Countries	2	32	32							2			
	20802400	电子商务 E-Commerce	2.5	40	40							2.5			
	20809600	旅游市场营销策划 Tourism Market Planning	2	32	32							2			
	20822500	酒店规划与筹建 Hotel Planning and Design	2	32	32							2			
	20828700	乡村旅游 Rural Tourism	2	32	32							2			
	20811600	生态旅游 Ecotourism	2	32	32								2		
	20836800	世界遗产管理 World Heritage Management	2	32	32								2		
	20806800	会展旅游 Conference and Exhibition Tourism	2	32	32								2		
	20835400	旅游摄影 Tourism Photography	2	32	32								2		
	20809300	旅游企业人力资源管理 Tourism Human Resource Management	2	32	32								2		
	20809000	旅游景区管理 Tourism Spot Management	2	32	32								2		
	20802700	饭店运行实务 Hotel Operation	2	32	24	8							2		

注：通识教育选修课学分和创新创业自主学习学分未列入具体学期。

旅游管理专业课程分类统计

Course Category Statistics of Tourism Management

<table>
<tr><td rowspan="2">课程学分
统计</td><td colspan="2">通识教育课
Liberal Education Courses</td><td rowspan="2">学科基础课
Disciplinary Fundamental Courses</td><td rowspan="2">专业主干课
Main Specialty Courses</td><td rowspan="2">专业选修课
Specialty Elective Courses</td><td rowspan="2">实践环节
Practical Work</td><td rowspan="2">创新创业
自主学习
Autonomous Learning</td><td rowspan="2">学时总计
Total Hours</td><td rowspan="2">学分总计
Total Credits</td></tr>
<tr><td>必修
Compulsory</td><td>选修
Selective</td></tr>
<tr><td>学时/学分
Hrs/Crs</td><td>616/33.5</td><td>192/12</td><td>760/47.5</td><td>360/22.5</td><td>288/18</td><td>39.5 周/
39.5</td><td>5</td><td>2216+
39.5 周</td><td>178</td></tr>
<tr><td>学分所占比例
Proportion of Credits</td><td colspan="2">25.56%</td><td>26.69%</td><td>12.64%</td><td>10.11%</td><td>22.19%</td><td>2.81%</td><td></td><td>100%</td></tr>
</table>

信息管理与信息系统专业培养方案

专业名称与代码:信息管理与信息系统　120102

专业培养目标:本专业培养具备现代管理学理论基础、计算机科学技术与应用、系统科学思想、信息系统分析与设计方法、信息管理与大数据分析等方面的知识和能力,能在国家各级管理部门、工商企业、金融机构、科研单位等部门从事信息管理以及信息系统分析设计,实施管理和评价。

专业毕业要求

1.具备信息管理、大数据分析的基本理论和基本知识。

2.掌握管理信息系统的分析方法,设计方法和实现技术。

3.具备信息组织、分析研究、传播与开发利用的基本能力。

4.具备综合应用所学知识分析和解决问题的基本能力。

5.关注本专业相关领域的发展动态。

6.掌握文献检索、资料查询收集的基本方法,具有一定的科研与实际工作能力。

7.熟练、规范使用普通话、规范汉字,熟练掌握一门外国语进行专业领域知识的学习与翻译。

毕业要求及实现途径

序号	毕业要求	实现途径(教学过程)
1	具备信息管理和信息系统的基本理论及基本知识	①课堂教学:管理学、经济学、计算机科学相关课程的学习 ②课外学习:相关课程的延伸学习以及专业前沿知识的学习、阅读
2	掌握管理信息系统的分析方法,设计方法和实现技术	①课堂教学:信息系统分析与设计、电子商务网站开发、软件工程、决策支持系统等课程的教学与学习以及相关课程设计、教学实习、实训环节等 ②课外学习:大量的程序设计训练、相关课程延伸模块的学习与阅读 ,学术讲座、校外专家进入课堂等形式
3	具备信息组织、分析研究、传播与开发利用的基本能力	①课堂教学:信息存储、信息组织、信息资源管理、信息系统战略等相关课程的教学 ②课外学习:信息意识与信息系统战略的培养,相关知识前沿意识的养成,学术讲座、校外专家进入课堂等形式
4	具备综合应用所学知识分析和解决问题的基本能力	①课堂教学:信息系统分析与设计、数据分析实训、电子商务网站开发实训、系统模拟等课程 ②课外学习:软件工程、课外系统实践等
5	关注本专业相关领域的发展动态	①课堂教学:管理学科专业概论、信息系统分析与设计、电子商务、商务智能 ②课外学习:学术讲座、相关文献检索、参与教师科研项目

序号	毕业要求	实现途径(教学过程)
6	掌握文献检索、资料查询收集的基本方法，具有一定的科研与实际工作能力	①课堂教学：信息组织、信息存储与检索、信息系统战略管理、ERP 原理与应用、供应链与物流管理等课程 ②课外学习：大量文献阅读、科技报告会、参与教师科研项目
7	熟练、规范使用普通话、规范汉字，熟练掌握一门外国语进行专业领域知识的学习与翻译	①课堂教学：大学英语、选修中文课程、经济应用文写作等课程 ②课外学习：演讲比赛、科技论文报告会等

主干学科：管理学、计算机科学与技术。

专业核心课程：管理学、西方经济学、会计学、市场营销学、应用统计、运筹学、数据结构与数据库、计算机网络、电子商务、信息资源管理、信息系统分析与设计、ERP 原理与应用、电子商务网站开发。

主要专业实验：C 语言程序设计、管理软件实习、电子商务网站开发实训、数据分析工具软件实训、毕业设计。

主要实践性教学环节：程序设计课程设计、管理软件实习、电子商务网站开发实训、数据分析工具软件实训、教学实习、毕业实习。

修业年限：四年。

授予学位：管理学学士。

相近专业：管理科学、计算机科学与技术。

Program for Information Management and Information System

Specialty and Code: Information Management and Information System 120102

Education Objective: Cultivates the knowledge of computer science and technology, modern management, system science theory, information system analysis and design, information management and big data analysis, and builds the skill and ability to work at all levels in China of management departments, industrial and commercial enterprises, financial institutions, research agencies and other departments engaged in information management and information system analysis and design, management and evaluation.

Graduation Requirements

1. To grasp basic theories and knowledge of information management and Data Analysis.
2. To grasp analyzing and designing methods and implementation techniques about information management systems.
3. To have basic capabilities about information organizing, analyzing, researching, communication, developing and utilizing information.
4. To have basic capabilities to analyze and solve problems by comprehensively applying the knowledge learnt.
5. To know about the latest developments in the related areas of this major.
6. To grasp basic methods of literature indexing and collection, with considerable research and practical work capabilities.
7. To be able to proficiently speak Putonghua (Mandarin) and Standard Chinese Characters, Master a foreign language in the field of professional learning and translation.

Graduation Requirements and Ways to Achieve

No.	Graduation Requirements	Ways to Achieve (Teaching Process)
1	With Information management and information system of basic theories and knowledge	① Classroom Teaching: Management, Economics, Computer Science and Related Courses ② Out-of-class Learning: Extension of Courses Related to Learning and Knowledge at the Forefront of Professional Learning, and Reading
2	To master the methods of management information system analysis, design method and realization technology	① Classroom Teaching: Information System Analysis and Design, E-commerce Website Development, Software Engineering, Decision Support Systems Such as Teaching and Learning as Well as the Relevant Course Design, Teaching Practice, Practices and so on ② Out-of-class Learning: A Lot of Programming Training, Courses Related to Extension Module of Learning and Reading, Academic Lectures, External Experts to Enter the Classroom, etc

No.	Graduation Requirements	Ways to Achieve(Teaching Process)
3	With the basic ability of information organization, analysis, dissemination and exploitation	①Classroom Teaching: Information Storage, Information Organization, Information Resource Management, Strategic Management Information System ②Out-of-class Learning: the strategy of Cultivation of Information Consciousness and Information System, Develop the Knowledge Frontier Spirit, Academic Lectures, External Experts into the Classroom
4	With the ability of comprehensive application of knowledge to analyze and solve problems	①Classroom Teaching: Information System Analysis and Design, Data Analysis Simulation Training, E-commerce Website Development, Training System ② Out-of-class Learning: Software Engineering, Extra Curricular System Practice
5	Understand the latest developments in the field of this major	①Classroom Teaching: Introduction to Management Disciplines, Information Systems Analysis and Design, E-commerce, Business Intelligence ② Out-of-class Learning: Academic Lectures, Literature Retrieval, Participating in Teachers' Research Projects
6	To master literature search, data query method of collection, with certain ability of research and practical work	① Classroom Teaching: Information Organization, Information Storage and Retrieval, Information System of Strategic Management, the Principle and Application of ERP, Logistics and Supply Chain Management ②Out-of-class Learning: Reading a lot of Literature, Science and Technology Report, Participating in Teachers' Research Projects
7	Skilled use of Chinese characters, standard Mandarin, translation, study and master a foreign language	①Classroom Teaching: College English、Economic Practical Writing ② Out-of-class Learning: Speech Contest, Science and Technology Papers Report

Major Disciplines: Management Science, Computer Science and Technology.

Main Courses: Management, Western Economics, Accounting, Marketing, Applied Statistics, Operations Research, Data Structure and Database, Computer Network, E-commerce, Information Resources Management, Information System Analysis and Design, Principle and Application of ERP and E-commerce Development.

Lab Experiments: C Language Programming Practice, Management Software Practice, E-commerce Website Development Training, Data Analysis Tools Software Training, Graduation Design.

Practical Work: C language Programming, Management Software Practice, E-commerce Development Practice, Data Analysis Tool Software Training, Teaching Practice, Graduation Practice.

Duration: four years.

Degree Granted: Bachelor of management.

Related Specialties: Management Science, Computer Science and Technology.

信息管理与信息系统专业课程教学计划表

Course Descriptions of Information Management and Information System

课程类别 Course Classification		课程编号 Course Code	课程名称 Course Name	学分 Crs	学时 Hrs	学时分类 Class Hours 讲课 Lec.	实验 Lab.	先修课程 Prerequisite Courses	学期学分分配 Semester Credits 一 1st	二 2nd	三 3rd	四 4th	五 5th	六 6th	七 7th	八 8th
通识教育课 Liberal Education Courses	必修 Compulsory	11706200	马克思主义基本原理 Principles of Marxism	3	48	48			3							
		11706500	毛泽东思想与中国特色社会主义理论体系概论 Introduction to Mao Tse-tung Thought and the Theoretical System of Socialism with Chinese Characteristics	4	64	64				4						
		11711800	中国近现代史纲要 The Essentials of Modern Chinese History	2	32	32				2						
		120002＊0	思想道德修养与法律基础 Morality Education and Fundamentals of Law	3	48	48			1.5	1.5						
		113076＊0	体育 Physical Education	4	144	144			1	1	1	1				
		109116＊0	大学英语 College English	12	192	192			3	3	3	3				
		11918901	C语言程序设计A C Language Programming A	3.5	56	40	16		3.5							
		20805300	管理学科(专业)概论 Introduction to Management Discipline(Profession)	1	16	16			1							
		14300100	军事理论 Military Theory	2	32	32			2							
	选修 Elective	总计12学分,含创新创业选修课学分,跨学科选修课不低于6学分。"形势与政策"课程作为限选课,由马克思主义学院实施		12	192											
		小计 Sum		**46.5**	**824**	**616**	**16**		**15**	**11.5**	**4**	**4**	**0**	**0**	**0**	**0**
学科基础课 Disciplinary Fundamental Courses		212127＊2	高等数学B Advanced Mathematics B	10	160	160			4	6						
		21212802	线性代数B Linear Algebra B	2.5	40	40				2.5						
		21213502	概率论与数理统计B Probability and Mathematics Statistics B	2.5	40	40					2.5					
		20805200	管理学 Management	3	48	48			3							
		20826802	会计学B Accounting B	2.5	40	40					2.5					

课程类别 Course Classification	课程编号 Course Code	课程名称 Course Name	学分 Crs	学时 Hrs	学时分类 Class Hours		先修课程 Prerequisite Courses	学期学分分配 Semester Credits							
					讲课 Lec.	实验 Lab.		一 1st	二 2nd	三 3rd	四 4th	五 5th	六 6th	七 7th	八 8th
学科基础课 Disciplinary Fundamental Courses	20835001	市场营销学 A Marketing A	2.5	40	40					2.5					
	20816700	西方经济学 Western Economics	2.5	40	40				2.5						
	20831602	财务管理 B Financial Management B	2	32	32		会计学				2				
	20802400	电子商务 E-commerce	2.5	40	24	16					2.5				
	20817402	应用统计学 B(后半学期) Applied Statistics B	3	48	36	12					3				
	20814100	运筹学 Operational Research	3	48	48					3					
	21908202	数据结构 B Data Organization B	2.5	40	40						2.5				
	21909101	数据库原理 A Outline of The Concepts of Database Systems A	3.5	56	40	16					3.5				
	21910700	网络技术 Network Technique	2	32	32					2					
	20900601	Java 程序设计 A Java Programming A	3	48	32	16				3					
	小计 **Sum**		**47**	**752**	**692**	**60**		**7**	**11**	**15.5**	**13.5**	**0**	**0**	**0**	**0**
专业主干课 Main Specialty Courses	20822700	信息系统战略与管理 Information System Strategy and Management	2.5	40	40							2.5			
	21908000	数据仓库与数据挖掘 Database and Data Excavation	2	32	32							2			
	20822800	信息资源管理 Information Resources Management	3	48	40	8						3			
	20804800	供应链与物流管理 Supply Chain and Logistics Management	2.5	40	40	0							2.5		
	20800100	ERP 原理及其应用 ERP Applications	3	48	32	16							3		
	20835500	信息系统分析与设计 Information System Analysis and Design	4	64	40	24						4			
	20823000	信息系统项目管理 IS Project Management	3	48	40	8						3			

课程类别 Course Classification	课程编号 Course Code	课程名称 Course Name	学分 Crs	学时 Hrs	学时分类 Class Hours		先修课程 Prerequisite Courses	学期学分分配 Semester Credits							
					讲课 Lec.	实验 Lab.		一 1st	二 2nd	三 3rd	四 4th	五 5th	六 6th	七 7th	八 8th
专业主干课 Main Specialty Courses	20823100	决策支持系统 Decision Support System	2.5	40	28	12							3		
	20823200	商务智能 Business Intelligence	2	32	32		数据仓库与数据挖掘					2			
	20813500	信息系统项目模拟 Simulation of Information System Projects	3	48	32	16							3		
	小计 **Sum**		**27.5**	**440**	**356**	**84**		**0**	**0**	**0**	**0**	**16.5**	**11.5**	**0**	**0**
专业选修课 Specialty Elective Courses		具体见专业选修课列表	20	320											
合计 **Sub-total**			**141**	**2336**	**1664**	**160**		**22**	**22.5**	**19.5**	**17.5**	**16.5**	**11.5**	**0**	**0**
实践环节 Practical Work	44300200	军事训练 Military Training	2	2周				2							
	40829100	电子商务网站设计与开发实训 Design and Development of E-commerce Website Training	2	2周									2		
	40829200	数据分析工具运用实训 Data Analysis Tools Application Training	3	3周									3		
	41919001	C语言课程设计A Course Design for C Language A	1.5	1.5周					1.5						
	40829300	信息管理与信息系统专业教学实习 Teaching Practice	2	2周								2			
	40827100	毕业实习 Graduation Practice	9	9周										9	
	40827200	毕业论文(设计) Graduation Thesis(Design)	9	9周											9
	小计 **Sum**		**28.5**	**28.5周**				**2**	**1.5**	**0**	**0**	**2**	**5**	**9**	**9**
创新创业自主学习 Autonomous Learning	ZZ35000S	社会调查 Social Investigation	2												
		其他(学科竞赛、发明创造、科研报告) Others (Contest, Invention, Innovation and Research Presentation)	5												
	小计 **Sum**		**7**												

课程类别 Course Classification	课程编号 Course Code	课程名称 Course Name	学分 Crs	学时 Hrs	学时分类 Class Hours		先修课程 Prerequisite Courses	学期学分分配 Semester Credits							
					讲课 Lec.	实验 Lab.		一 1st	二 2nd	三 3rd	四 4th	五 5th	六 6th	七 7th	八 8th
总计 Total			**176.5**	**2336 + 28.5** 周	**1664**	**160**		**24**	**24**	**19.5**	**17.5**	**18.5**	**16.5**	**9**	**9**
可开出专业选修课列表 Specialty Elective Courses	21902002	操作系统原理 B Operating System B	2.5	40	40						2.5				
	21915700	协同计算 Collaborative Computing	2	32	32								2		
	21004702	经济预测与决策 B Economic Forecasts and Economic Decisions B	2	32	32								2		
	20811400	生产与运作管理 Production and Operations Management	2.5	40	36						2.5				
	21915603	软件工程 C Software Engineering C	2	32	32							2			
	11904200	计算机高级语言程序设计(VF) Advanced Computer Language (VF)	3.5	56	40	16				3.5					
	20810200	模糊系统 Fuzzy System	2	32	32							2			
	20800300	Matlab 程序设计 Matlab Programming	2	32	16	16					2				
	20800200	JSP 开发技术 Development Technology of JSP	2.5	40	24	16							2.5		
	21915800	物联网及其应用 Internet of Things Technology and Its Applications	2	32	32						2				
	21102402	地理信息系统 B GIS B	2.5	40	40						2.5				
	21608000	经济管理应用文写作 Practical Writing of Economic Management	2	32	32							2			
	21004102	金融学 B Finance B	2	32	32					2					
	21705200	经济法 Economic Law	2	32	32						2				

注:1. 通识教育选修课学分和创新创业自主学习学分未列入具体学期。

2. 专业选修课分布在第三至第六学期,建议第三、第四学期选修 3～5 学分,第五、第六学期选修 5～6 学分。

信息管理与信息系统专业课程分类统计

Course Category Statistics of Information Management and Information System

课程学分 统计	通识教育课 Liberal Education Courses		学科基础课 Disciplinary Fundamental Courses	专业主干课 Main Specialty Courses	专业选修课 Specialty Elective Courses	实践环节 Practical Work	创新创业自主学习 Autonomous Learning	学时总计 Total Hours	学分总计 Total Credits
	必修 Compulsory	选修 Selective							
学时/学分 Hrs/Crs	552/34.5	192/12	752/47	440/27.5	320/20	28.5 周/28.5	7	2336+28.5 周	176.5
学分所占比例 Proportion of Credits	26.35%		26.63%	15.58%	11.33%	16.15%	3.97%		100

财务管理专业培养方案

专业名称与代码:财务管理　120204

专业培养目标:本专业培养具备财务管理、经济、法律、金融、会计、管理等方面的知识和能力,能在工商企业、金融机构、事业单位与政府部门从事财务管理实际工作以及进一步深造的高素质财务专业人才。

专业毕业要求

1.掌握管理学、经济学、财务、会计与金融学的基本理论和基本知识。

2.掌握财务、投资及金融管理的定性、定量分析方法。

3.具有较强的语言与文字表达、人际沟通、信息获取能力及分析和解决财务管理问题的基本能力。

4.熟悉我国有关财务、金融管理的方针、政策和法规。

5.了解本学科的理论前沿和发展动态。

6.掌握文献检索、资料查询的基本方法,具有一定的科学研究和实际工作能力。

7.掌握一门外语,能顺利阅读本专业的外文书刊。

毕业要求及实现途径

序号	毕业要求	实现途径(教学过程)
1	掌握管理学、经济学、财务、会计与金融学的基本理论和基本知识	①课堂教学:管理学、宏观经济学、微观经济学、基础会计学、初级财务管理、金融学 ②课外学习：专业书籍、学术期刊推荐阅读
2	掌握财务、投资及金融管理的定性、定量分析方法	①课堂教学:中级财务管理、成本管理、电算化财务、财务分析、证券投资分析、金融工具、会计模拟实习、财务管理模拟实习、电算化实习 ②课外学习:专业书籍、学术期刊推荐阅读
3	具有较强的语言与文字表达、人际沟通、信息获取能力及分析和解决财务管理问题的基本能力	①课堂教学:毕业实习、毕业论文 ②课外学习:大学生科研立项、社会实践活动、实习报告
4	熟悉我国有关财务、金融管理的方针、政策和法规	①课堂教学:国家税收、纳税筹划 ②课外学习:会计法、会计准则、证券法
5	了解本学科的理论前沿和发展动态	①课堂教学:高级财务管理、会计审计与财务管理专题 ②课外学习:讲座
6	掌握文献检索、资料查询的基本方法,具有一定的科学研究和实际工作能力	课外学习:讲座、大学生科研立项、社会实践活动、实习报告
7	掌握一门外语,能顺利阅读本专业的外文书刊	①课堂教学:英语、国际财务管理 ②课外学习:自主学习

主干学科:工商管理、应用经济学。

专业核心课程:管理学、财务会计、初级财务管理、中级财务管理、电算化财务、高级财务管理、成本管理学、财务分析等。

主要专业实验:C语言程序设计、应用统计学、基础会计学、管理信息系统、中级财务管理、成本管理、电算化财务。

主要实践性教学环节:计算机程序设计、电算化财务实习、会计模拟实习、财务管理模拟实习、财务综合实习、毕业实习等。

修业年限:四年。

授予学位:管理学学士。

相近专业:审计学、会计学、经济学。

Program for Financial Management

Major and Code: Financial Management 120204

Education Objectives: This major prepares the students for the knowledge and ability on financial management, economics, laws, finance and accounting in order to cultivate the high qualified professionals engaged in financial management practice in enterprise, financial organization, nonprofit organizations and government or teaching and scientific research in schools in order to meet the demand of reform of the economic structure and economic construction.

Graduation Requirements

1. To master basic theories and knowledge of Management, Economics, Accounting and Finance.
2. To master qualitative and quantitative analysis methods of financial, investing and finance management.
3. To acquire solid skills of language, interpersonal communications, collecting information, and analyzing and solving financial management problems.
4. To get familiar with relevant specific policies, laws and regulations on financial management and finance of China.
5. To understand the cutting-edge theoretical frontier and developing trends of financial management.
6. To acquire the basic skills of document retrieval and the ability of research and practical work.
7. To master a foreign language, and can read foreign literature smoothly.

Graduation Requirements and Ways to Achieve

No.	Graduation Requirements	Ways to Achieve(Teaching Process)
1	To master the basic theories and knowledge of Management, Economics, Accounting and Finance	① Classroom Teaching: Management, Macroeconomics, Microeconomics, Basic Accounting, Principles Financial Management, Finance ②Out-of-class Learning: Professional Books, Recommended Reading of Academic Journals
2	To master qualitative and quantitative analysis methods of financial, investing and finance management	① Classroom Teaching: Intermediate Financial Management, Cost Management, Computerized Financial, Financial Analysis Securities Investment Analysis, Financial Instrument, Simulated Manual Practice of Accounting, Simulated Manual Practice of Financial Management, Computerized Practice of Financial Management ② Out-of-class Learning: Professional books, Recommended Reading of Academic Journals
3	To acquire solid skills of language, interpersonal communications, collecting information, and analyzing and solving financial management problems	① Classroom Teaching: Graduating Practice Graduation Thesis (Design) ② Out-of-class Learning: University Student Research Project, Social Practice Activity, Practice Report

No.	Graduation Requirements	Ways to Achieve(Teaching Process)
4	To get familiar with the relevant specific policies, laws and regulations on financial management and finance of China	①Classroom Teaching: State Revenue, Taxation Planning ② Out-of-class Learning: Accounting Law, Accounting Standards, Securities Law
5	To understand the theoretical frontier and developing trends of this discipline	①Classroom Teaching: Advanced Financial Management, Accounting Seminars on Auditing and Financial Management Subjects ②Out-of-class Learning: Lectures
6	To acquire the basic skills of document retrieval and the ability of research and practical work	Out-of-class Learning: Lectures, University Student Research Project, Social Practice Activity, Practice Report
7	To master a foreign language, and can read foreign literature smoothly	① Classroom Teaching: English, International Financial Management ②Out-of-class Learning: Self-Study

Major Disciplines: Business Administration, Applied Economics.

Main Courses: Management, Financial Accounting, Principles of Financial Management, Intermediate Financial Management, Computerized Financial, Advanced Financial Management, Cost Management, Financial Analysis.

Lab Experiments: C Language Programming, Applied Statistics, Basic Accounting, Management Information System, Intermediate Financial Management, Cost Management, Computerized Financial Management.

Practical Work: Course Design of Computer Programs, Computerized Financial Management Practice, Simulated Manual Practice of Accounting, Financial Management Comprehensive Practice and Graduation Practice, etc.

Duration: four years.

Degree Granted: Bachelor of Management.

Related Specialties: Auditing, Accounting, Economics.

财务管理专业课程教学计划表

Course Descriptions of Financial Management

课程类别 Course Classification		课程编号 Course Code	课程名称 Course Name	学分 Crs	学时 Hrs	学时分类 Class Hours		先修课程 Prerequisite Courses	学期学分分配 Semester Credits							
						讲课 Lec.	实验 Lab.		一 1st	二 2nd	三 3rd	四 4th	五 5th	六 6th	七 7th	八 8th
通识教育课 Liberal Education Courses	必修 Compulsory	11706200	马克思主义基本原理 Principles of Marxism	3	48	48			3							
		11706500	毛泽东思想与中国特色社会主义理论体系概论 Introduction to Mao Tse-tung Thought and the Theoretical System of Socialism with Chinese Characteristics	4	64	64				4						
		11711800	中国近现代史纲要 The Essentials of Modern Chinese History	2	32	32					2					
		120002 * 0	思想道德修养与法律基础 Morality Education and Fundamentals of Law	3	48	48			1. 5	1. 5						
		113076 * 0	体育 Physical Education	4	144	144			1	1	1	1				
		109116 * 0	大学英语 College English	12	192	192			3	3	3	3				
		11908902	C语言程序设计B C Language Programming B	2. 5	40	28	12			2. 5						
		20805300	管理学科专业导论 Introduction to Management	1	16	16			1							
		14300100	军事理论 Military Theory	2	32	32			2							
	选修 Elective	总计12学分,含创新创业选修课学分,跨学科选修课不低于6学分。"形势与政策"课程作为限选课,由马克思主义学院实施		12	192											
		小计 Sum		**45. 5**	**808**	**604**	**12**		**11. 5**	**12**	**6**	**4**	**0**	**0**	**0**	**0**
学科基础课 Disciplinary Fundamental Courses		212127 * 2	高等数学B Mathematics B	10	160	160			4	6						
		21212802	线性代数B Linear Algebra B	2. 5	40	40				2. 5						
		21213502	概率论与数理统计B Probability and Mathematics Statistics B	2. 5	40	40					2. 5					
		20814100	运筹学 Operations Research	3	48	48						3				
		20805200	管理学 Management	3	48	48			3							

课程类别 Course Classification	课程编号 Course Code	课程名称 Course Name	学分 Crs	学时 Hrs	学时分类 Class Hours 讲课 Lec.	实验 Lab.	先修课程 Prerequisite Courses	学期学分分配 Semester Credits 一 1st	二 2nd	三 3rd	四 4th	五 5th	六 6th	七 7th	八 8th
学科基础课 Disciplinary Fundamental Courses	21006702	微观经济学 B Microeconomics B	2.5	40	40				2.5						
	20815502	宏观经济学 B Macroeconomics B	2.5	40	40		微观经济学			2.5					
	20816500	金融学 B Finance B	2	32	32					2					
	20826600	基础会计学 Principles of Accounting	3.5	56	48	8			3.5						
	20835200	初级财务管理 Principles Financial Management	2.5	40	40					2.5					
	20817402	应用统计学 B(后半学期) Applied Statistics B	3	48	36	12	概率论与数理统计			3					
	21705200	经济法 Economic Law	2	32	32			2							
	20819802	国家税收 B State Revenue B	2	32	32						2				
	20835002	市场营销学 B Marketing B	2	32	32		管理学						2		
	20805100	管理信息系统 Management Information System	3	48	32	16	C 语言程序设计 B				3				
	21712500	组织行为学 Organizational Behavior	2	32	32						2				
	小计 **Sum**		**48**	**768**	**732**	**36**		**9**	**14.5**	**12.5**	**10**	**0**	**2**	**0**	**0**
专业主干课 Main Specialty Courses	20835300	财务会计 Financial Accounting	5	80	80		基础会计学			5					
	20831700	企业战略管理 Corporate Strategic Management	2	32	32						2				
	20814300	中级财务管理 Intermediate Financial Management	3	48	40	8	初级财务管理				3				
	20801500	成本管理学 Cost Management	3	48	40	8	中级财务管理					3			
	20821700	金融工程 Finance Projects	3	48	48		金融学 B					3			
	21004701	经济预测与决策 A Economic Forecast and Decision-making A	3	48	48							3			

课程类别 Course Classification	课程编号 Course Code	课程名称 Course Name	学分 Crs	学时 Hrs	学时分类 Class Hours 讲课 Lec.	实验 Lab.	先修课程 Prerequisite Courses	学期学分分配 Semester Credits 一 1st	二 2nd	三 3rd	四 4th	五 5th	六 6th	七 7th	八 8th
专业主干课 Main Specialty Courses	20802100	电算化财务 Computerized Financial Management	2.5	40	24	16	中级财务管理						2.5		
	20834500	高级财务管理 Advanced Financial Management	2.5	40	40		中级财务管理						2.5		
	20801000	财务分析 Financial Analysis	2.5	40	40		成本管理学					2.5			
	20805500	税收筹划 Taxation Planning	2	32	32		国家税收					2			
	小计 **Sum**		**28.5**	**456**	**424**	**32**		**0**	**0**	**5**	**5**	**13.5**	**5**	**0**	**0**
专业选修课 Specialty Elective Courses		具体见专业选修课列表	20	320											
合计 **Sub-total**			**142**	**2352**	**1760**	**80**		**20.5**	**26.5**	**23.5**	**19**	**13.5**	**7**	**0**	**0**
实践环节 Practical Work	44300200	军事训练 Military Training	2	2 周				2							
	41919002	C 语言课程设计 B Course Design for C Language B	1.5	1.5 周			C 语言程序设计 B		1.5						
	40828300	专业认知实习 Cognitive Practice	1	1 周						1					
	40828002	会计手工模拟实习 B Teaching Accounting Practice B	2	2 周			成本管理				2				
	40828400	财务管理手工模拟实习 Teaching Financial Practice	2	2 周								2			
	40828500	财务综合实习 Financial Management Comprehensive Practice	2	2 周			高级财务管理							2	
	40828600	财务电算化实习 Computerized Financial Management Practice	2	2 周			电算化财务						2		
	40827100	毕业实习 Graduating Practice	9	9 周										9	
	40827200	毕业论文(设计) Graduating Thesis (Design)	9	9 周											9
	小计 **Sum**		**30.5**	**30.5** 周				**2**	**1.5**	**1**	**2**	**2**	**2**	**11**	**9**

课程类别 Course Classification	课程编号 Course Code	课程名称 Course Name	学分 Crs	学时 Hrs	学时分类 Class Hours		先修课程 Prerequisite Courses	学期学分分配 Semester Credits							
					讲课 Lec.	实验 Lab.		一 1st	二 2nd	三 3rd	四 4th	五 5th	六 6th	七 7th	八 8th
创新创业自主学习 Autonomous Learning	ZZ35000S	社会调查 Social Investigation	2												
		其他(学科竞赛、发明创造、科研报告) Others (Contest, Invention, Innovation and Research Presentation)	3												
	小计 **Sum**		**5**												
总计 **Total**			**177.5**	**2352 + 30.5 周**	**1760**	**80**		**22.5**	**28**	**24.5**	**21**	**15.5**	**9**	**11**	**9**
可开出专业选修课列表 Specialty Elective Courses	2081480	资产评估 Assets Evaluation	2	32	32		财务管理						2		
	20834300	现代会计学 Modern Accounting	2.5	40	40		中级财务会计(2)					2.5			
	20802400	电子商务 Electric Commerce	2.5	40	40									2.5	
	20834400	会计审计与财务管理专题 Seminars on Accounting Auditing and Financial Management Subjects	2	32	32		高级财务会计						2		
	21608000	经济管理应用文写作 Practical Writing of Economic Management	2	32	32								2		
	20821102	财政学 B Public Finance B	2	32	32							2			
	20832401	证券投资分析 A Securities Investment Analysis A	3	48	28	20	金融学					3			
	20812500	项目管理 Project Management	2.5	40	40									2.5	
	20811400	生产与运作管理 Production and Operations Management	2.5	36	4					2.5					
	21713800	绩效考核与薪酬管理 Performance Appraisal and Compensation Management	2	32	32									2	
	20805500	国际财务管理 International Financial Management	2	32	32								2		
	20833400	供应链与物流管理 Supply Chain and Logistic Management	2	32	32									2	

课程类别 Course Classification	课程编号 Course Code	课程名称 Course Name	学分 Crs	学时 Hrs	学时分类 Class Hours		先修课程 Prerequisite Courses	学期学分分配 Semester Credits							
					讲课 Lec.	实验 Lab.		一 1st	二 2nd	三 3rd	四 4th	五 5th	六 6th	七 7th	八 8th
可开出专业选修课列表 Specialty Elective Courses	20826300	沟通与礼仪 Protocol and Public Relations	2	32	32									2	
	20807300	价格学 Price Theory	2	32	32									2	
	20808400	领导与团队技巧 Skills of Leadership and Team Building	2	32	32									2	
	20832500	保险学 Insurance	2	32	32		金融学					2			
	20821900	金融市场学 Financial Marketing	3.5	56	48	8	金融学						3.5		

注：通识教育选修课学分和创新创业自主学习学分未列入具体学期。

财务管理专业课程分类统计

Course Category Statistics of Financial Management

课程学分 / 统计	通识教育课 Liberal Education Courses		学科基础课 Disciplinary Fundamental Courses	专业主干课 Main Specialty Courses	专业选修课 Specialty Elective Courses	实践环节 Practical Work	创新创业自主学习 Autonomous Learning	学时总计 Total Hours	学分总计 Total Credits
	必修 Compulsory	选修 Selective							
学时/学分 Hrs/Crs	616/33.5	192/12	768/48	456/28.5	320/20	30.5/30.5 周	5	2352+30.5 周	177.5
学分所占比例 Proportion of Credits	25.63%		27.04%	16.06%	11.27%	17.18%	2.81%		100%

统计学专业培养方案

专业名称与代码:统计学　071201

专业培养目标:本专业旨在培养掌握统计学基本理论与方法,具有良好的数学和经济学素养,熟练掌握市场调查、风险管理、数据挖掘理论与方法,具有正确运用统计方法、统计软件分析数据和解决实际问题能力,具有良好的思想、业务、文化和身心素质,具有较强的实践创新和适应能力,能在金融机构(含银行、证券、保险、投资机构)、工商企业、政府部门从事统计分析、风险管理、数据分析以及其他经济管理工作的复合应用型专门人才。

专业毕业要求

1.具有扎实的数学基础,受到比较严格的科学思维训练。

2.掌握统计学的基本理论和方法,具有采集数据和处理数据的基本能力。

3.具有经济学基础,熟悉国家经济发展的方针、政策和法规,有利用信息资料进行综合分析的能力。

4.了解经济统计、工业统计以及技术工程中的模拟与仿真等有关的自然科学、社会科学、工程技术某一领域的基本知识,具有应用统计学理论分析、解决该领域实际问题的初步能力。

5.能熟练使用各种统计软件包,有较强的统计计算能力。

6.了解统计学专业理论与方法的发展动态及其应用前景。

7.掌握一门外国语,能顺利地阅读本专业的外文书刊。

8.掌握资料查询、文献检索的基本方法,具有一定的科学研究和实际工作能力。

毕业要求及实现途径

序号	毕业要求	实现途径(教学过程)
1	具有扎实的数学基础,受到比较严格的科学思维训练	①课堂教学:高等数学、线性代数、概率论等相关课程 ②课外学习:数学建模比赛
2	掌握统计学的基本理论和方法,具有采集数据和处理数据的基本能力	①课堂教学:应用统计学、多元统计分析、非参数统计、应用抽样技术、应用回归分析、应用时间序列分析等相关课程 ②课外学习:专业书籍阅读
3	具有经济学基础,熟悉国家经济发展的方针、政策和法规,有利用信息资料进行综合分析的能力	①课堂教学:微观经济学、宏观经济学、金融学、国民经济统计学、经济预测和决策等相关课程 ②课外学习:推荐阅读专业书籍、学术期刊
4	了解社会经济统计、工业统计以及技术工程中的模拟与仿真等有关的自然科学、社会科学、工程技术某一领域的基本知识,具有应用统计学理论分析、解决该领域实际问题的初步能力	①课堂教学:社会科学类、自然科学类相关课程 ②课外学习:教师学术指导、暑期社会实践、认识实习、教学实习、毕业实习
5	能熟练使用各种统计软件包,有较强的统计计算能力	①课堂教学:C 语言程序设计,统计应用软件(学习 SAS、SPSS、Eviews 、Matlab、R 等软件)、主干课程实验课 ②课外学习:自主学习

序号	毕业要求	实现途径(教学过程)
6	了解统计学专业理论与方法的发展动态及其应用前景	①课堂教学:相关课程介绍 ②课外学习:学术讲座、自主学习
7	熟练掌握一门外国语,能顺利地阅读本专业的外文书刊	①课堂教学:大学英语、应用回归分析(双语)、多元统计分析(双语)、统计软件应用等相关课程 ②课外学习:推荐阅读专业外文书籍、国际学术期刊
8	掌握资料查询、文献检索及运用现代信息技术获得相关信息的基本方法,具有一定的科学研究和实际工作能力	①课堂教学:选修文献检索相关课程 ②课外学习:自主学习,教师学术指导

主干学科:数学、统计学、应用经济学。

专业核心课程:高等数学、线性代数、概率论、应用统计学、计量经济、多元统计分析、非参数统计、应用抽样技术、应用回归分析、应用时间序列分析。

主要专业实验:应用统计学、计量经济学、应用时间序列分析、应用回归分析、多元统计分析、应用抽样技术、统计软件应用等课程的上机实习。

主要实践性教学环节:包括认识实习、教学实习、毕业实习,一般安排16周。

修业年限:四年。

授予学位:理学学士。

相近专业:经济统计学、金融数学。

Program for Statistics

Specialty and Code: Statistics 071201

Education Objective: The major is designed to cultivate graduates to grasp the basic theories and methodology of statistics, be good at economics and mathematics, get familiar with the theories and methodology of risk control, market research and data mining, can analyze the data and solve practical problems by using statistical methods and corresponding computer softwares, have well-cultivated ideological and ethical standards, professional skills, cultural cultivation, physical quality, strong innovation capacities and adaptability. The students will be able to offer their services in such fields as statistic analysis, risk control, data analysis and other economic management sectors in financial institutions such as banking, securities, insurance and investment, industrial and commercial enterprises as well as government organizations.

Graduation Requirements

1. Having a solid background with well trained in mathematics.
2. Mastering knowledge in fundamental theories and methods of statistics, with basic ability of data collection and data processing.
3. Economics foundation, familiarity with guidelines, policies and regulations of national economic development, ability to use information for comprehensive analysis.
4. Knowledge about economic statistics, industry statistics and modeling and simulation in the technical engineering related natural science and social science. Preliminary ability to analyze and solve practical problems in the related fields.
5. Skillful of statistical software packages, with good ability of statistical computing.
6. Understanding the comprehension of development in theory and applications of statistics.
7. Capacity of foreign language to read professional books and periodicals.
8. Basic methods of information inquiring, with basic ability of research and practice.

Graduation Requirements and Ways to Achieve

No.	Graduation Requirements	Ways to Achieve(Teaching Process)
1	Solid background and well trained in mathematics	① Classroom Teaching: Advanced Mathematics, Linear Algebra, Probability, etc ②Out-of-class Learning: the mathematical modeling contest
2	Mastering knowledge in fundamental theories and methods of statistics, with basic ability of data collection and data processing	① Classroom Teaching: Applied Statistics, Multivariate Statistical Analysis, Non-parameter Statistics, Applied Sampling Technique, Applied Regression Analysis, Applied Time Series Analysis, etc ②Out-of-class Learning: professional books reading
3	Economics foundation, familiarity with guidelines, policies and regulations of national economic development, with the ability to use information for comprehensive analysis	① Classroom Teaching: Microeconomics, Macroeconomics, Finance, National Economic Statistics, Economic Prediction and Decision, etc ② Out-of-class Learning: recommended books and journals about statistics

No.	Graduation Requirements	Ways to Achieve(Teaching Process)
4	Knowledge about economic statistics, industry statistics and the modeling and simulation in the technical engineering related natural science, social science. Preliminary ability to analyze and solve practical problems in the related field	①Classroom Teaching: Introduction to Social Science, Natural Science, etc ②Out-of-class Learning: guide for tourism research, summer social practice, cognitive practice, teaching practice, graduation practice
5	Skillful of statistical software packages, with good ability of statistical computing	①Classroom Teaching: C Language Programming, Software for Statistics (SAS, SPSS, Eviews, Matlab, R, etc), Experiment of Main Major Courses ②Out-of-class Learning: self-study
6	Understanding the comprehension of development in theory and applications of statistics	①Classroom Teaching: Course Introduction ②Out-of-class Learning: research report, self-study
7	Capacity of foreign language to read professional books and periodicals	①Classroom Teaching: College English, Applied Regression Analysis (Bilingual Teaching), Multivariate Statistical Analysis (Bilingual Teaching), Software for Statistics, etc ②Out-of-class Learning: recommended specialized foreign language books and international academic journals
8	Basic methods of information inquiring, with basic ability of research and practice	①Classroom Teaching: Elective Courses on Literature Retrieval ②Out-of-class Learning: self-study, guide for tourism research

Major Disciplines: Mathematics, Statistics, Applied Economics.

Main Courses: Advanced Mathematics, Linear Algebra, Probability, Applied Statistics, Econometrics, Multivariate Statistical Analysis, Non-parameter Statistics, Applied Sampling Technique, Applied Regression Analysis, Applied Time Series Analysis.

Lab Experiments: Applied Statistics, Econometrics, Applied Time Series Analysis, Applied Regression analysis, Multivariate Statistical Analysis, Applied Sampling Technique, Software for Statistics.

Practical Work: the main teaching practice includes cognitive practice, teaching practice, and graduation practice, it generally takes 16 weeks.

Duration: four years.

Degree Granted: Bachelor of Sciences.

Related Specialties: Economic Statistics, Financial Mathematics.

统计学专业课程教学计划表

Course Descriptions of Statistics

课程类别 Course Classification		课程编号 Course Code	课程名称 Course Name	学分 Crs	学时 Hrs	学时分类 Class Hours 讲课 Lec.	实验 Lab.	先修课程 Prerequisite Courses	学期学分分配 Semester Credits 一 1st	二 2nd	三 3rd	四 4th	五 5th	六 6th	七 7th	八 8th
通识教育课 Liberal Education Courses	必修 Compulsory	11706200	马克思主义基本原理 Principles of Marxism	3	48	48			3							
		11706500	毛泽东思想与中国特色社会主义理论体系概论 Introduction to Mao Tse-tung Thought and the Theoretical System of Socialism with Chinese Characteristics	4	64	64				4						
		11711800	中国近现代史纲要 The Essentials of Modern Chinese History	2	32	32					2					
		120002＊0	思想道德修养与法律基础 Morality Education and Fundamentals of Law	3	48	48			1.5	1.5						
		113076＊0	体育 Physical Education	4	144	144			1	1	1	1				
		109116＊0	大学英语 College English	12	192	192			3	3	3	3				
		11918901	C语言程序设计A C Language Programming A	3.5	56	40	16			3.5						
		20826500	统计学学科(专业)导论 Introduction to Statistics (Profession)	1	16	16			1							
		14300100	军事理论 Military Theory	2	32	32			2							
	选修 Elective	总计12学分,含创新创业选修课学分,跨学科选修课不低于6学分。"形势与政策"课程作为限选课,由马克思主义学院实施		12	192											
		小计 **Sum**		**46.5**	**824**	**616**	**16**		**11.5**	**13**	**6**	**4**	**0**	**0**	**0**	**0**
学科基础课 Disciplinary Fundamental Courses		212127＊1	高等数学A Advanced Mathematics A	11.5	184	184			5	6.5						
		20805200	管理学 Management	3	48	48			3							
		2100670D	微观经济学A(双语) Microeconomics A (Bilingual Teaching)	4	64	64				4						
		2081550D	宏观经济学A(双语) Macroeconomics A (Bilingual Teaching)	4	64	64					4					

课程类别 Course Classification	课程编号 Course Code	课程名称 Course Name	学分 Crs	学时 Hrs	学时分类 Class Hours		先修课程 Prerequisite Courses	学期学分分配 Semester Credits							
					讲课 Lec.	实验 Lab.		一 1st	二 2nd	三 3rd	四 4th	五 5th	六 6th	七 7th	八 8th
学科基础课 Disciplinary Fundamental Courses	21004101	金融学 A Finance A	4	64	64					4					
	21202100	概率论 Probability Theory	3.5	56	56					3.5					
	20826801	会计学 A Accounting A	3	48	40	8				3					
	21212801	线性代数 A Linear Algebra A	3.5	56	56						3.5				
	20817401	应用统计学 A Applied Statistics A	4	64	48	16					4				
	21003500	计量经济学 Econometrics	4	64	48	16						4			
	小计 Sum		**44.5**	**712**	**672**	**40**		**8**	**10.5**	**14.5**	**7.5**	**4**	**0**	**0**	**0**
专业主干课 Main Specialty Courses	20824800	应用回归分析 Applied Regression Analysis	4	64	48	16						4			
	21201601	多元统计分析 A Multivariate Statistical Analysis A	4	64	48	16						4			
	20825100	统计软件应用 Software for Statistics	3.5	56	24	32						3.5			
	21007501	证券投资分析 A Securities Investment Analysis A	3	48	28	20						3			
	20824900	应用抽样技术 Applied Sampling Technique	3	48	40	8							3		
	20825000	货币与金融统计学 Monetary and Financial Statistics	3.5	56	40	16							3.5		
	21007200	应用时间序列分析 Applied Time Series Analysis	4	64	48	16							4		
	20825200	非参数统计 Nonparametric Statistics	3	48	40	8							3		
	20825300	国民经济统计学 National Economic Statistics	2	32	32									2	
	21004701	经济预测与决策 A Economic Prediction and Decision A	3	48	40	8								3	
	小计 Sum		**33**	**528**	**388**	**140**		**0**	**0**	**0**	**0**	**14.5**	**13.5**	**5**	**0**

课程类别 Course Classification	课程编号 Course Code	课程名称 Course Name	学分 Crs	学时 Hrs	学时分类 Class Hours		先修课程 Prerequisite Courses	学期学分分配 Semester Credits							
					讲课 Lec.	实验 Lab.		一 1st	二 2nd	三 3rd	四 4th	五 5th	六 6th	七 7th	八 8th
专业选修课 Specialty Elective Courses		具体见专业选修课列表	22	352											
合计 **Sub-total**			**146**	**2416**	**1676**	**196**		**19.5**	**23.5**	**20.5**	**11.5**	**18.5**	**13.5**	**5**	**0**
实践环节 Practical Work	44300200	军事训练 Military Training	2	2周				2							
	41919001	C语言课程设计A Course Design for C Language A	1.5	1.5周					1.5						
	40827500	专业认识实习 Cognitive Practice	2	2周						2					
	40827600	专业教学实习 Teaching Practice	4	4周								4			
	40829400	毕业实习 Graduation Practice	10	10周											10
	40829500	毕业论文(设计) Graduation Thesis(Design)	8	8周											8
	小计 **Sum**		**27.5**	**27.5周**				**2**	**1.5**	**2**	**0**	**4**	**0**	**0**	**18**
创新创业自主学习 Autonomous Learning	ZZ35000S	社会调查 Social Investigation	2												
		其他(学科竞赛、发明创造、科研报告) Others (Contest, Invention, Innovation and Research Presentation)	3												
	小计 **Sum**		**5**												
总计 **Total**			**178.5**	**2416+27.5周**	**1676**	**196**		**21.5**	**25**	**22.5**	**11.5**	**22.5**	**13.5**	**5**	**18**
可开出专业选修课列表 Specialty Elective Courses	20821900	金融市场学 Finance Market	3.5	56	48	8					3.5				
	20833300	博弈论与信息经济学 Game Theory and Information Economics	2.5	40	40						2.5				
	20823600	投资经济学 Investment Economics	3	48	48						3				

课程类别 Course Classification	课程编号 Course Code	课程名称 Course Name	学分 Crs	学时 Hrs	学时分类 Class Hours		先修课程 Prerequisite Courses	学期学分分配 Semester Credits							
					讲课 Lec.	实验 Lab.		一 1st	二 2nd	三 3rd	四 4th	五 5th	六 6th	七 7th	八 8th
可开出专业选修课列表 Specialty Elective Courses	20821101	财政学 A Public Finance A	3	48	48						3				
	21908000	数据仓库与数据挖掘 Data Warehouse and Data Mining	2	32	32							2			
	20832500	保险学 Insurance	2	32	32							2			
	21000800	产业经济学 Industrial Economics	2	32	32								2		
	20821700	金融工程 Financial Engineering	3	48	48								3		
	20822000	保险精算 Actuarial Science	2	32	32								2		
	20825600	定性数据统计分析 Categorical Data Analysis	3	48	40	8							3		
	20825400	风险管理 Risk Management	2	32	32									2	
	20814100	运筹学 Operations Research	3	48	48									3	
	20825500	生存分析 Survival Analysis	2	32	24	8								2	

注：通识教育选修课学分和创新创业自主学习学分未列入具体学期。

统计学专业课程分类统计

Course Category Statistics of Statistics

课程学分 / 统计	通识教育课 Liberal Education Courses		学科基础课 Disciplinary Fundamental Courses	专业主干课 Main Specialty Courses	专业选修课 Specialty Elective Courses	实践环节 Practical Work	创新创业自主学习 Autonomous Learning	学时总计 Total Hours	学分总计 Total Credits
	必修 Compulsory	选修 Selective							
学时/学分 Hrs/Crs	632/34.5	192/12	712/44.5	528/33	352/22	27.5 周/27.5	5	2416＋27.5 周	178.5
学分所占比例 Proportion of Credits	26.05%		24.93%	18.49%	12.32%	15.41%	2.80%		100%

工程管理专业培养方案

专业名称与代码:工程管理　120103

专业培养目标:培养具备管理学、经济学、土木工程技术和项目管理的基本知识、较高的外语水平和应用信息技术处理工程管理实际问题的能力;掌握现代项目管理科学的理论、方法和手段,具有注册造价师、注册建造师和注册咨询工程师能力及在国内外工程建设领域从事工程咨询、工程造价、工程经济分析、工程招投标、工程监理和全过程管理能力的毕业生。

专业毕业要求

1.掌握工程项目管理的基本理论和方法。

2.掌握投资经济的基本理论和基本知识。

3.熟悉土木工程技术知识,具有工程项目全过程管理的能力。

4.熟悉工程项目建设方针、政策和法规,了解国内外工程管理的发展动态。

5.具有编制工程项目可行性研究报告和工程概预算的能力。

6.具有编制工程项目招标、投标文件的能力。

7.具有编制工程项目施工组织设计的能力。

毕业要求及实现途径

序号	毕业要求	实现途径(教学过程)
1	掌握工程项目管理的基本理论和方法	①课堂教学:管理学、运筹学、工程项目管理、工程管理教学实习 ②课外学习:查阅相关文献资料学习
2	掌握投资经济的基本理论和基本知识	①课堂教学:经济学原理、运筹学、会计学原理、工程经济学、房地产经济学、工程项目融资与保险、工程管理教学实习 ②课外学习:查阅相关文献资料学习
3	熟悉土木工程技术知识,具有工程项目全过程管理的能力	①课堂教学:土木工程概论、建筑制图、工程力学、结构力学、工程结构、房屋建筑学、工程施工技术、建筑材料、工程测量 ②课外学习:查阅相关文献资料学习
4	熟悉工程项目建设方针、政策和法规,了解国内外工程管理的发展动态	①课堂教学:土木工程概论、建设法规、房地产经济学、城市规划原理 ②课外学习:查阅相关文献资料学习
5	具有编制工程项目可行性研究报告和工程概预算的能力	①课堂教学:经济学原理、工程经济学、房地产经济学、工程项目融资与保险、工程造价与管理、工程造价课程设计 ②课外学习:参与实际工程项目进行实践
6	具有编制工程项目招标、投标文件的能力	①课堂教学:工程项目管理、工程招投标与合同管理、工程造价与管理、工程造价课程设计 ②课外学习:参与实际工程项目进行实践
7	具有编制工程项目施工组织设计的能力	①课堂教学:房屋建筑学、工程施工技术、施工组织设计与管理、工程项目管理软件实习 ②课外学习:参与实际工程项目进行实践

主干学科:管理学、经济学、土木工程。

专业核心课程:建筑制图、工程力学、结构力学、工程结构、房屋建筑学、工程施工技术、工程经济学、工程项目管理、工程招投标与合同管理、工程造价与管理、工程施工组织设计与管理、建设法规、工程项目评估。

主要专业实验:建筑制图实验、工程测量实验、工程力学实验、结构力学实验、工程结构实验、工程造价实验、工程管理信息系统实验。

主要实践性教学环节:工程测量实习、计算机辅助绘图、工程造价课程设计、工程项目管理软件实习。

修业年限:四年。

授予学位:管理学学士。

相近专业:工程造价、房地产开发与管理、物业管理、土木工程。

Program for Project Management

Specialty and Code: Project Management 120103

Education Objective: This major aims at equipping the students with fundamental knowledge of management science, economics, civil engineering technology and project management, the application ability of a foreign language, the ability to solve the practical problem in engineering management field by information technology, grasping the theories, methods and technique of modern project management science, possessing the ability of registered evaluation engineer and registered consulting engineer and possessing the ability of project consultation, project evaluation, economic analysis of project, project bidding and tendering, project supervision and project decision-making in the filed of engineering construction.

Graduation Requirements

1. To grasp the basic principles and methods of project management.
2. To grasp the basic principles and fundamental knowledge of investment economics.
3. To be familiar with the knowledge of civil Engineering technology, ability of control of project entire decision-making process.
4. To be familiar with the guidelines, policy and regulations of project construction, understanding development trends of project management in the world.
5. To possess the ability of formulating project possibility research and project evaluation.
6. To possess the ability of formulating document of project bidding and tendering.
7. To possess the ability of formulating project Construction Design and Management.

Graduation Requirements and Ways to Achieve

No.	Graduation Requirements	Ways to Achieve(Teaching Process)
1	To grasp the basic principles and methods of project management	① Classroom Teaching: Management, Operations Research, Project Management in Engineering, Teaching Practice of Project Management ②Out-of-class Learning: self-study by literature review
2	To grasp the basic principles and fundamental knowledge of investment economics	① Classroom Teaching: Principles of Economics, Operations Research, Accounting, Engineering Economics, Real Estate Economics, Engineering Project Financing and Insurance, Teaching Practice of Project Management ②Out-of-class Learning: self-study by literature review
3	To be familiar with the knowledge of civil Engineering technology, with the ability to control the entire decision-making process of projects	①Classroom Teaching: Introduction to Civil Engineering, Architectural Graphing, Engineering Mechanics, Structural Mechanics, Engineering Structure, House Building Theory, Engineering Construction Technology, Construction Material, Project Survey ②Out-of-class Learning: self-study by literature review

No.	Graduation Requirements	Ways to Achieve(Teaching Process)
4	To be familiar with the guidelines, policies and regulations of project construction, with the understanding of the development trends of project management in the world	① Classroom Teaching: Introduction to Civil Engineering, Building Codes, Real Estate Economics, Principles of Urban Planning ②Out-of-class Learning: self-study by literature review
5	To possess the ability to formulate project feasibility study and project evaluation	① Classroom Teaching: Principes of Economics, Engineering Economics, Real Estate Economics, Engineering Project Financing and Insurance, Project Pricing and Control, Course Design of Engineering Pricing ②Out-of-class Learning: practice and learning in actual projects
6	To possess the ability to formulate project bidding and tendering documents	①Classroom Teaching: Project Management in Engineering, Project Bidding and Tendering and Contract Management, Project Pricing and Control, Course Design of Engineering Pricing ②Out-of-class Learning: practice and learning in actual projects
7	To possess the ability to formulate project construction design and management	①Classroom Teaching: House Building Theory, Engineering Construction Technology, Construction Organization Design and Management, Practice for Software of Project Management ②Out-of-class Learning: practice and learning in actual projects

Major Disciplines: Management, Economics, Civil Engineering.

Main Courses: Architectural Graphing, Engineering Mechanics, Structural Mechanics, Engineering Structure, House Building Theory, Engineering Construction Technology, Engineering Economics, Project Management in Engineering, Project Bidding and Tendering and Contract Management, Project Pricing and Control, Construction Organization Design and Management, Building Codes, Construction Project Evaluation.

Lab Experiments: Architectural Graphing Experiments, Project Survey Experiments, Engineering Mechanics Experiments, Structural Mechanics Experiments, Engineering Structure Experiments, Project Pricing and Control Experiments, Managerial Information System Experiments.

Practical Work: Project Survey Practice, Computer Graphics and Aided design, Course Design of Engineering Pricing, Practice for Software of Project Management.

Duration: four years.

Degree Granted: Bachelor of Management.

Related Specialties: Project Pricing, Real Estate Development and Management, Property Management, Civil Engineering.

工程管理专业课程教学计划表

Course Descriptions of Project Management

课程类别 Course Classification	课程编号 Course Code	课程名称 Course Name	学分 Crs	学时 Hrs	学时分类 Class Hours 讲课 Lec.	学时分类 Class Hours 实验 Lab.	先修课程 Prerequisite Courses	学期学分分配 Semester Credits 一 1st	二 2nd	三 3rd	四 4th	五 5th	六 6th	七 7th	八 8th
通识教育课 Liberal Education Courses 必修 Compulsory	11706200	马克思主义基本原理 Principles of Marxism	3	48	48			3							
	11706500	毛泽东思想与中国特色社会主义理论体系概论 Introduction to Mao Tse-tung Thought and the Theoretical System of Socialism with Chinese Characteristics	4	64	64						4				
	11711800	中国近现代史纲要 The Essentials of Modern Chinese History	2	32	32					2					
	120002＊0	思想道德修养与法律基础 Morality Education and Fundamentals of Law	3	48	48			1.5	1.5						
	113076＊0	体育 Physical Education	4	144	144			1	1	1	1				
	109116＊0	大学英语 College English	12	192	192			3	3	3	3				
	11918902	C语言程序设计B C Language Programming B	2.5	40	28	12			2.5						
	20805300	管理学专业导论 Introduction to Management	1	16	16			1							
	14300100	军事理论 Military Theory	2	32	32			2							
选修 Elective	总计12学分，含创新创业选修课学分，跨学科选修课不低于6学分。"形势与政策"课程作为限选课，由马克思主义学院实施		12	192											
	小计 **Sum**		**45.5**	**808**	**604**	**12**		**11.5**	**8**	**6**	**8**	**0**	**0**	**0**	**0**
学科基础课 Disciplinary Fundamental Courses	212127＊2	高等数学B Advanced Mathematics B	10	160	160			4	6						
	21212802	线性代数B Linear Algebra B	2.5	40	40					2.5					
	21213502	概率论与数理统计B Probability and Mathematics Statistics B	2.5	40	40					2.5					
	20805200	管理学 Management	3	48	48			3							

课程类别 Course Classification	课程编号 Course Code	课程名称 Course Name	学分 Crs	学时 Hrs	学时分类 Class Hours		先修课程 Prerequisite Courses	学期学分分配 Semester Credits							
					讲课 Lec.	实验 Lab.		一 1st	二 2nd	三 3rd	四 4th	五 5th	六 6th	七 7th	八 8th
学科基础课 Disciplinary Fundamental Courses	20835600	经济学 Economics	2.5	40	40		高等数学			2.5					
	20826802	会计学 B Accounting B	2.5	40	36	4					2.5				
	20714600	建筑制图 Architectural Graphing	3.5	56	48	8		3.5							
	20511200	建筑材料 Construction Materials	2	32	32				2						
	20509002	工程测量学 B Project Survey B	2.5	40	30	10				2.5					
	20516200	土木工程概论 Introduction to Civil Engineering	2	32	32					2					
	20506501	房屋建筑学 A House Building Theory A	3	48	48					3					
	21213100	大学物理基础 The Foundation of College Physics	3.5	56	56				3.5						
	20508003	工程力学 C Engineering Mechanics C	3.5	56	50	6	大学物理基础		3.5						
	20512302	结构力学 B Structural Mechanics B	3.5	56	48	8	工程力学 C			3.5					
	20508900	工程结构 Engineering Structure	3	48	40	8	结构力学 B				3				
	20509300	工程施工技术 Engineering Construction Technology	3	48	48		工程结构					3			
	小计 Sum		**52.5**	**840**	**796**	**44**		**10.5**	**15**	**18.5**	**5.5**	**3**	**0**	**0**	**0**
专业主干课 Main Specialty Courses	20836600	运筹学 Operations Research	2.5	40	40						2.5				
	21001500	工程经济学 Engineering Economics	2	32	32						2				
	20823300	工程项目管理 Construction Project Management	2.5	40	40						2.5				
	20804300	工程造价与管理 Project Pricing and Control	3	48	40	8	工程施工技术					3			
	20836700	管理信息系统 Management Information System	2.5	40	32	8						2.5			

课程类别 Course Classification	课程编号 Course Code	课程名称 Course Name	学分 Crs	学时 Hrs	学时分类 Class Hours		先修课程 Prerequisite Courses	学期学分分配 Semester Credits							
					讲课 Lec.	实验 Lab.		一 1st	二 2nd	三 3rd	四 4th	五 5th	六 6th	七 7th	八 8th
专业主干课 Main Specialty Courses	20804400	工程招投标与合同管理 Project Bidding and Tendering and Contract Management	2.5	40	40							2.5			
	20807400	建设法规 Building Codes	2	32	32							2			
	20803900	工程项目融资与保险 Engineering Project Financing and Insurance	2	32	32							2			
	20835700	房地产经济学 Real Estate Economics	2	32	32							2			
	20835800	城市规划原理 Principles of Urban Planning	2.5	40	40							2.5			
	20835900	建筑信息模型(BIM)技术概论 Introduction to BIM	2	32	32								2		
	20514500	施工组织设计与管理 Construction Organization Design and Management	2.5	40	40		工程施工技术						2.5		
	2083600D	工程项目评估(双语) Construction Project Evaluation(Bilingual Teaching)	2	32	32							2			
	小计 Sum		**30**	**480**	**464**	**16**		**0**	**0**	**0**	**7**	**18.5**	**4.5**	**0**	**0**
专业选修课 Specialty Elective Courses		具体见专业选修课列表	10	160											
合计 Sub-total			**138**	**2288**	**1864**	**72**		**22**	**23**	**24.5**	**20.5**	**21.5**	**4.5**	**0**	**0**
实践环节 Practical Work	44300200	军事训练 Military Training	2	2周				2							
	41919002	C语言课程设计B Course Design for C Language B	1.5	1.5周					1.5						
	40829600	计算机绘图及辅助设计 Computer Graphics and Aided Design	2	2周							2				
	41128900	工程测量实习 Project Survey Practice	1	1周						1					
	40829700	工程造价课程设计 Course Design of Engineering Pricing	2	2周								2			

课程类别 Course Classification	课程编号 Course Code	课程名称 Course Name	学分 Crs	学时 Hrs	学时分类 Class Hours 讲课 Lec.	 实验 Lab.	先修课程 Prerequisite Courses	学期学分分配 Semester Credits 一 1st	 二 2nd	 三 3rd	 四 4th	 五 5th	 六 6th	 七 7th	 八 8th
实践环节 Practical Work	40829800	工程管理专业教学实习 Teaching Practice for Project Management	2	2 周									2		
	40829900	工程管理软件实习 Practice for Project Management Softwares	4	4 周										4	
	40827100	毕业实习 Graduation Practice	9	9 周											9
	40827200	毕业论文(设计) Graduation Thesis(Design)	9	9 周											9
	小计 **Sum**		**32.5**	**32.5** 周				**2**	**1.5**	**1**	**2**	**2**	**2**	**4**	**18**
创新创业自主学习 Autonomous Learning	ZZ35000S	社会调查 Social Investigation	2												
		其他(学科竞赛、发明创造、科研报告) Others (Contest, Invention, Innovation and Research Presentation)	3												
	小计 **Sum**		**5**												
总计 **Total**			**175.5**	**2288** **+** **32.5** 周	**1864**	**72**		**24**	**24.5**	**25.5**	**22.5**	**23.5**	**6.5**	**4**	**18**
可开出专业选修课列表 Specialty Elective Courses	20805600	国际工程承包(双语) International Project Contract (Bilingual Teaching)	2	32	32								2		
	20524800	工程质量与安全管理 Project Quality and Safety Control	2	32	32								2		
	20803800	工程项目监理概论 Introduction to Project Supervision	2	32	32								2		
	20836100	绿色建筑与环境保护 Green Building and Environmental Protection	2	32	32								2		
	20723500	建筑设备 Building Equipment	2	32	32								2		
	20836200	房地产开发与经营 Real Estate Development and Operations	2	32	32								2		
	20836300	房地产营销与策划 Real Estate Marketing and Strategies	2	32	32								2		

课程类别 Course Classification	课程编号 Course Code	课程名称 Course Name	学分 Crs	学时 Hrs	学时分类 Class Hours 讲课 Lec.	实验 Lab.	先修课程 Prerequisite Courses	一 1st	二 2nd	三 3rd	四 4th	五 5th	六 6th	七 7th	八 8th
可开出专业选修课列表 Specialty Elective Courses	20802800	房地产估价 Real Estate Appraisal	2	32	32								2		
	20836400	房地产金融 Real Estate Financing	2	32	32								2		
	20836500	物业管理 Property Management	2	32	32								2		

注：通识教育选修课学分和创新创业自主学习学分未列入具体学期。

工程管理专业课程分类统计

Course Category Statistics of Project Management

课程学分 / 统计	通识教育课 Liberal Education Courses 必修 Compulsory	选修 Selective	学科基础课 Disciplinary Fundamental Courses	专业主干课 Main Specialty Courses	专业选修课 Specialty Elective Courses	实践环节 Practical Work	创新创业自主学习 Autonomous Learning	学时总计 Total Hours	学分总计 Total Credits
学时/学分 Hrs/Crs	616/33.5	192/12	840/52.5	480/30	160/10	32.5/32.5 周	5	2288+32.5 周	175.5
学分所占比例 Proportion of Credits	25.93%		29.91%	17.09%	5.70%	18.52%	2.85%		100%

外国语学院

- 英语专业培养方案

英语专业培养方案

专业名称与代码:英语　050201

专业培养目标:培养具有较强英语语言能力、扎实的英语语言文学文化基础知识及丰富的百科知识、具备一定相关研究能力的复合型高级英语人才,具体包括:具备良好的思想道德、人文素养和职业素养;具有扎实的英语语言基础和熟练的听、说、读、写、译的能力;了解英美文学、英语语言学和英语国家历史、社会、文化、政治、经济等方面的知识;掌握一定的地学基础和国际商务知识;具有国际视野和跨文化交流与合作能力,较强的逻辑思辨能力和信息加工能力;能熟练地运用英语在外事、教育、经贸、文化、能源地矿等部门从事翻译、商务、教学、管理、研究等工作。

专业毕业要求

1. 具备较为扎实的英语语言基础和应用能力,包括听、说、读、写、译等多方面的英语语言技能。
2. 掌握语言学、文学及地学和商务等方面的基础知识。
3. 熟知英语国家的风土人情,熟悉中国文化和西方文化的差异,具有一定的文学艺术修养。
4. 具备运用英语作为国际通用语在外事、外贸、能源地矿等领域开展国际交流与合作的实际工作能力和素质。
5. 掌握文献检索、资料查询的基本方法,具备初步科学研究能力。

毕业要求及实现途径

序号	毕业要求	实现途径(教学过程)
1	具备较为扎实的英语语言基础和应用能力,包括听、说、读、写、译等多方面的英语语言技能	①课堂教学:综合英语、英语语音、英语阅读、英语口语等 ②课外学习:课外练习+实践
2	掌握语言学、文学及地学和商务等方面的基础知识	①课堂教学:词汇学、英语语言学、英汉互译、地球科学概论等 ②课外学习:课外练习+实践
3	熟知英语国家的风土人情,熟悉中国文化和西方文化的差异,具有一定的文学艺术修养	①课堂教学:英语国家概况、英美文学简史、中国文化概论、英语口译等 ②课外学习:课外练习+实践
4	具备运用英语作为国际通用语在外事、外贸、能源地矿等领域开展国际交流与合作的实际工作能力和素质	①课堂教学:英美小说选读、语用学、商业英语、地质矿产翻译等 ②课外学习:课外练习+实践
5	掌握文献检索、资料查询的基本方法,具备初步科学研究能力	①课堂教学:课堂讲解、指导 ②课外学习:课外练习+实践

主干学科:外国语言文学。

专业核心课程:综合英语、英语口语、英语听力、英语写作、英汉互译、英语语言学、英美文学史、商业英语、地球科学概论、科技论文写作。

主要实践性教学环节:英语口语技能训练、笔译实践、口译实践、中国文化概论见习、网络应用与信息技术课程设计、毕业实习。

修业年限:四年。

授予学位:文学学士。

相近专业:中国语言文学、新闻传播学。

Program for English

Specialty and Code: English 050201

Education Objective: The undergraduate program in English Language and Literature is aimed at producing interdisciplinary students proficient in English, with a general knowledge of English language, literature and culture, and capable of doing basic research in the areas of linguistics, literature and inter-cultural communication. Upon successful completion of the program, students will be able to: demonstrate good moral character, broad knowledge in humanities and professional ethics, develop a sound grounding of English language in listening, speaking, reading, writing and translation, build up a good understanding of English literature, English linguistics and the history, society, culture, politics and economy of the most popular English-speaking countries, master knowledge of Geosciences and international business, develop global mindset, cultural competence, sophisticated analytical thinking skills and information processing capacities, do translating, interpreting, teaching, management and research work in the fields of international trade, foreign affairs, education, culture, geosciences, and so on.

Graduation Requirements

1. To master knowledge of English language, and skills in English listening, speaking, reading, writing and translation.

2. To master knowledge of English linguistics, literature, international business, and Geosciences.

3. To be aware of culture differences between China and the West, build up knowledge of the customs in English-speaking countries, and have accomplishments in literature and art.

4. To be able to use English as a tool for international cooperation and exchanges associated with foreign affairs, international business, and affairs related to energy and resources.

5. To master methods for literature retrieval and reference inquiry, and capability of conducting elementary scientific research.

Graduation Requirements and Ways to Achieve

No.	Graduation Requirements	Ways to Achieve(Teaching Process)
1	To master knowledge of English language, and skills in English listening, speaking, reading, writing and translation	① Classroom Teaching: Integrated English, English Phonetics, English Reading, Oral English, etc ②Out-of-class Learning: Exercises and Practice
2	To master knowledge of English linguistics, literature, international business, and Geosciences	① Classroom Teaching: English Lexicology, English Linguistics, English-Chinese Translation, General Introduction to Earth Science, etc ②Out-of-class Learning: Exercises and Practice

No.	Graduation Requirements	Ways to Achieve(Teaching Process)
3	To be aware of culture differences between China and the West, build up knowledge of the customs in English-speaking countries, and have accomplishments in literature and art	① Classroom Teaching: A Survey of English-speaking Countries, A Brief History of English and American Literature, A Survey of Chinese Culture, English Interpretation, etc ②Out-of-class Learning: Exercises and Practice
4	To be able to use English as a tool for international cooperation and exchanges associated with foreign affairs, international business, and affairs related to energy and resources	① Classroom Teaching: Selected Readings of English and American Novels, Pragmatics, Business English, Translation in Geology and Mineral Resources, etc ②Out-of-class Learning: Exercises and Practice
5	To master methods for literature retrieval and reference inquiry, and capability of conducting elementary scientific research	①Classroom Teaching: Lectures and Guidance ②Out-of-class Learning: Exercises and Practice

Major Disciplines: Foreign Language and Literature.

Main Courses: Integrated English, Oral English, English Listening, English Writing, English-Chinese Translation, English Linguistics, A Brief History of English and American Literature, Business English, General Introduction to Earth Science, English Science and Technology Thesis Writing.

Practical Work: Spoken English Practice, Translation Practice, Znterpretation Practice, Practice for An Introduction to Chinese Culture, Network Applications and Information Technology, Graduation Practice.

Duration: four years.

Degree Granted: Bachelor of Arts.

Related Specialties: Chinese Language and Literature, Journalism and Communication.

英语专业课程教学计划表

Course Descriptions of English

课程类别 Course Classification	课程编号 Course Code	课程名称 Course Name	学分 Crs	学时 Hrs	学时分类 Class Hours		先修课程 Prerequisite Courses	学期学分分配 Semester Credits							
					讲课 Lec.	实验 Lab.		一 1st	二 2nd	三 3rd	四 4th	五 5th	六 6th	七 7th	八 8th
通识教育课 Liberal Education Courses / 必修 Compulsory	11706200	马克思主义基本原理 Principles of Marxism	3	48	48			3							
	11706500	毛泽东思想与中国特色社会主义理论体系概论 Introduction to Mao Tse-tung Thought and the Theoretical System of Socialism with Chinese Characteristics	4	64	64					4					
	11711800	中国近现代史纲要 The Essentials of Modern Chinese History	2	32	32						2				
	120002＊0	思想道德修养与法律基础 Morality Education and Fundamentals of Law	3	48	48			1.5	1.5						
	113076＊0	体育 Physical Education	4	144	144			1	1	1	1				
	21624800	大学语文 B Chinese B	2	32	32			2							
	2092＊＊＊0	第二外语 Second Foreign Language	8	128	128					2	2	2	2		
	11919102	网络应用与信息技术 B Network Applications and Information Technology B	2.5	40	30	10			2.5						
	20907700	英语专业导论 Introduction to English Major	1	16	16			1							
	14300100	军事理论 Military Theory	2	32	32			2							
选修 Elective	总计 12 学分，含创新创业选修课学分，跨学科选修课不低于 6 学分。“形势与政策”课程作为限选课，由马克思主义学院实施		12	192											
	小计 Sum		**43.5**	**776**	**574**	**10**		**10.5**	**5**	**7**	**5**	**2**	**2**	**0**	**0**
学科基础课 Disciplinary Fundamental Courses	209078＊0	综合英语 Comprehensive English	14	224	224			3.5	3.5	3.5	3.5				
	20908400	英语语音 English Phonetics	2	32	32			2							
	209119＊0	基础英语听力 Elementary English Listening	8	128	128			2	2	2	2				

课程类别 Course Classification	课程编号 Course Code	课程名称 Course Name	学分 Crs	学时 Hrs	学时分类 Class Hours		先修课程 Prerequisite Courses	学期学分分配 Semester Credits							
					讲课 Lec.	实验 Lab.		一 1st	二 2nd	三 3rd	四 4th	五 5th	六 6th	七 7th	八 8th
学科基础课 Disciplinary Fundamental Courses	209117*0	英语阅读 English Reading	5	80	80			1	1	1.5	1.5				
	209029*0	英语口语 Oral English	6	96	96			1.5	1.5	1.5	1.5				
	209081*0	英语写作 English Writing	6	96	96				2	2	2				
	20903700	英语语法 English Grammar	2	32	32				2						
	209090*0	高级英语 Advanced English	8	128	128							3	3	2	
	209214*0	高级英语听力 Advanced English Listening	6	96	96							2	2	2	
	小计 **Sum**		**57**	**912**	**912**			**10**	**12**	**10.5**	**10.5**	**5**	**5**	**4**	**0**
专业主干课 Main Specialty Courses	20902300	英语词汇学 English Lexicology	1.5	24	24			1.5							
	209082*0	英语国家概况 An Introduction to English-speaking Countries	4	64	64				2	2					
	209094*0	英汉互译 English-Chinese Translation	4	64	64		综合英语				2	2			
	209204*0	英美文学简史 A Brief History of English and American Literature	4	64	64		英语阅读			2	2				
	20102100	地球科学概论 General Introduction to Earth Science	2	32	32				2						
	20922200	中国文化概论 An Introduction to Chinese Culture	1.5	24	24				1.5						
	20920500	英语语言学 English Linguistics	3	48	48		综合英语 英语词汇学					3			
	209028*0	英语口译 English Interpretation	3	48	48		英语口语					1.5	1.5		
	20921500	学术论文写作 Introduction to Academic Writing	1	16	16		英语写作							1	
	小计 **Sum**		**24**	**384**	**384**			**1.5**	**5.5**	**4**	**4**	**6.5**	**1.5**	**1**	**0**
专业选修课 Specialty Elective Courses		具体见专业选修课列表	20	320											

课程类别 Course Classification	课程编号 Course Code	课程名称 Course Name	学分 Crs	学时 Hrs	学时分类 Class Hours		先修课程 Prerequisite Courses	学期学分分配 Semester Credits							
					讲课 Lec.	实验 Lab.		一 1st	二 2nd	三 3rd	四 4th	五 5th	六 6th	七 7th	八 8th
合计 Sub-total			**144.5**	**2392**	**1870**	**10**		**22**	**22.5**	**21.5**	**19.5**	**13.5**	**8.5**	**5**	**0**
实践环节 Practical Work	44300200	军事训练 Military Training	2	2 周				2							
	41919202	网络应用与信息技术课程设计 B Network Applications and Information Technology B	1	1 周					1						
	40922300	中国文化概论见习 Practice for Introduction to Chinese Culture	0.5	0.5 周					0.5						
	40922400	笔译实践 Translation Practice	2	2 周								2			
	40922500	口译实践 Interpretation Practice	1.5	1.5 周									1.5		
	40920600	毕业实习 Practice for Graduation	10	10 周											10
	40920700	毕业论文(设计) Graduation Thesis(Design)	10	10 周											10
	小计 Sum		**27**	**27 周**				**2**	**1.5**	**0**	**0**	**2**	**1.5**	**0**	**20**
创新创业自主学习 Autonomous Learning	ZZ35000S	社会调查 Social Investigation	2												
		其他(学科竞赛、发明创造、科研报告、语言工作坊) Others (Contest, Invention, Innovation & Research Presentation, Language Workshop)	6												
	小计 Sum		**8**												
总计 Total			**179.5**	**2392 + 27 周**	**1870**	**10**		**24**	**24**	**21.5**	**19.5**	**15.5**	**10**	**5**	**20**
可开出专业选修课列表 Specialty Elective Courses / 语言文学方向 Linguistics and Literature	20901500	欧洲文化入门 A Survey of European Culture	2	32						2					
	20920200	涉外礼仪 International Etiquette	1.5	24					1.5						
	20920800	英国小说选读 Selected Readings of English Novels	2	32								2			
	20920900	美国小说选读 Selected Readings of American Novels	2	32									2		
	20921000	英美戏剧诗歌选读 Selected Readings of English and American Drama and Poetry	2	32								2			

课程类别 Course Classification		课程编号 Course Code	课程名称 Course Name	学分 Crs	学时 Hrs	学时分类 Class Hours		先修课程 Prerequisite Courses	学期学分分配 Semester Credits							
						讲课 Lec.	实验 Lab.		一 1st	二 2nd	三 3rd	四 4th	五 5th	六 6th	七 7th	八 8th
可开出专业选修课列表 Specialty Elective Courses	语言文学方向 Linguistics and Literature	20909300	英美报刊选读 Selected Readings of English and American Newspapers and Magazines	2	32	32					2					
		20903600	英语演讲 English Oral Presentation	2	32	32						2				
		20910500	西方文论 Western Literary Criticism	2	32									2		
		20921100	语义学 Semantics	2	32								2			
		20921200	语用学 Pragmatics	2	32									2		
		20921600	文体学 Stylistics	2	32									2		
	国际商务方向 International Business	20901500	欧洲文化入门 A Survey of European Culture	2	32						2					
		20920200	涉外礼仪 International Etiquette	1.5	24					1.5						
		20901700	商业英语 Business English	2	32						2					
		20826100	国际贸易理论与实践 International Trade Theory and Practice	2	32							2				
		20811801	市场营销 A Marketing A	2.5	40								2.5			
		20816100	国际商务管理 International Business Management	2	32									2		
		21212704	高等数学 D Mathematics Advanced D	4	64	64							4			
		20909300	英美报刊选读 Selected Readings of English and American Newspapers and Magazines	2	32	32					2					
		20903600	英语演讲 English Oral Presentation	2	32	32						2				
		20910900	跨文化交际 Intercultural Communication	2	32									2		

课程类别 Course Classification		课程编号 Course Code	课程名称 Course Name	学分 Crs	学时 Hrs	学时分类 Class Hours		先修课程 Prerequisite Courses	学期学分分配 Semester Credits							
						讲课 Lec.	实验 Lab.		一 1st	二 2nd	三 3rd	四 4th	五 5th	六 6th	七 7th	八 8th
可开出专业选修课列表 Specialty Elective Courses	科技翻译方向 Translation in Science and Technology	20901500	欧洲文化入门 A Survey of European Culture	2	32						2					
		20920200	涉外礼仪 International Etiquette	1.5	24					1.5						
		20911100	英语地学文献选读 Selected Readings of English Geological Literature	2	32								2			
		20910900	跨文化交际 Intercultural Communication	2	32									2		
		20911200	科技英语翻译与实践 Translation Theory and Practice in Science and Technology English	2	32									2		
		20921300	地质矿产翻译 Translation in Geology and Mineral Resources	2	32									2		
		20909300	英美报刊选读 Selected Readings of English and American Newspapers and Magazines	2	32	32					2					
		21212704	高等数学 D Mathematics Advanced D	4	64	64							4			
		20921600	文体学 Stylistics	2	32									2		
		20911500	科技论文写作 English Science and Technology Paper Writing	2	32										2	

注：通识教育选修课学分和创新创业自主学习学分未列入具体学期。

英语专业课程分类统计

Course Category Statistics of English

课程学分 / 统计	通识教育课 Liberal Education Courses		学科基础课 Disciplinary Fundamental Courses	专业主干课 Main Specialty Courses	专业选修课 Specialty Elective Courses	实践环节 Practical Work	创新创业自主学习 Autonomous Learning	学时总计 Total Hours	学分总计 Total Credits
	必修 Compulsory	选修 Selective							
学时/学分 Hrs/Crs	584/31.5	192/12	912/57	384/24	320/20	27 周/27	8	2392+27 周	179.5
学分所占比例 Proportion of Credits	24.2%		31.8%	13.4%	11.1%	15%	4.5%		100%

信息工程学院

- 软件工程(卓越工程师教育培养计划)专业培养方案
- 遥感科学与技术专业培养方案
- 地理信息科学专业培养方案
- 测绘工程专业培养方案
- 信息工程专业培养方案

软件工程(卓越工程师教育培养计划)专业培养方案

专业名称与代码:软件工程　080902

专业培养目标:本专业培养基础扎实、知识面广、实践能力强、综合素质高、能适应信息产业和软件产业需求的,具备扎实的软件理论和软件工程专业知识,具有良好的软件设计与实现能力,具备地学信息化软件开发背景知识,掌握GIS应用软件开发方法,掌握项目管理规范、具备良好的交流沟通能力和创新精神的软件设计与开发的工程技术人才。

专业毕业要求

系统掌握软件工程学科的基本理论和基础知识,掌握软件开发的基本技能与方法,具有熟练使用多种主流软件工具解决实际问题的能力和控制软件质量的能力,了解并掌握一定的管理知识和行业规范,理解工程项目的组织与管理。掌握一门外语,具备良好的阅读、理解专业外语资料的能力和与国外同行进行交流及沟通的能力。

毕业生应获得以下几个方面的知识、能力和素质

1.具有良好的工程职业道德、坚定的追求卓越的态度、强烈的爱国敬业精神、社会责任感和丰富的人文科学素养。

2.具备扎实的数学与外语基础,具有从事工程工作所需的相关自然科学知识以及一定的经济管理知识。

3.掌握扎实的工程基础知识和软件工程专业基本理论、基本知识和基本技能与方法,了解软件工程领域的技术发展趋势以及相关应用领域的基本知识。

4.具有良好的计算思维能力、算法设计与分析能力、程序设计能力、计算机应用系统的认知、分析、设计和应用能力;掌握软件需求分析、设计、开发、测试和维护等软件过程,熟悉软件过程管理的基本流程,掌握软件工程化开发的方法、技术和工具。

5.具有主动学习和获取新知识与技术的能力;具有良好的文字和口头表达能力;具有较好的组织管理能力、较强的交流沟通和团队合作的能力;具有一定的独立工作能力和创新精神。

毕业要求及实现途径

序号	毕业要求	实现途径(教学过程)
1	具有良好的工程职业道德、坚定的追求卓越的态度、强烈的爱国敬业精神、社会责任感和丰富的人文科学素养	①课堂教学:毛泽东思想和中国特色社会主义理论体系概论、马克思主义基本原理、思想道德修养与法律基础、军事理论、中国近现代史纲要、体育Ⅰ－Ⅳ、大学生就业指导、社会科学类、人文艺术类等 ②课外学习:开展“大学生青年文化艺术节”“高雅艺术进校园”等主题教育活动,运动会、定向越野等活动;开展新生入学教育和毕业生系列教育主题活动;开展大学生“暑假社会实践”活动;加强学务指导老师、辅导员队伍建设,加强学生干部队伍建设,提高对学生的教育引导
2	具备扎实的数学与外语基础,具有从事工程工作所需的相关自然科学知识以及一定的经济管理知识	①课堂教学:高等数学、线性代数、概率论与数理统计、离散数学、大学物理、大学英语以及自然科学类、经济管理类选修课等 ②课外学习:参加英语竞赛、数学建模比赛等活动等、相关学术报告

序号	毕业要求	实现途径(教学过程)
3	掌握扎实的工程基础知识和软件工程专业基本理论、基本知识和基本技能与方法,了解软件工程领域的技术发展趋势以及相关应用领域的基本知识	①课堂教学:信息导论、计算机高级语言程序设计、面向对象程序设计、数据结构、数据库概论、计算机结构与组成、操作系统原理等课程,以及计算机高级语言课程设计、面向对象程序设计课程设计、计算机结构与组成课程设计、数据结构课程设计等实践环节 ②课外学习:相关专业领域学术报告、"蓝桥杯"全国软件和信息技术专业人才大赛、计算机技术与软件专业技术资格(水平)考试
4	具有良好的计算思维能力、算法设计与分析能力、程序设计能力、计算机应用系统的认知、分析、设计和应用能力,掌握软件需求分析、设计、开发、测试和维护等软件过程,熟悉软件过程管理的基本流程,掌握软件工程化开发的方法、技术和工具	①课堂教学:算法设计与分析、计算机网络、面向对象软件工程与 UML、Java 和.net 软件开发、软件需求、软件体系结构与设计、计算机图形学、实用数据库、软件项目管理、软件测试、软件过程与 CMMI、设计模式、人机交互技术等课程,以及计算机网络课程设计、软件开发技术课程设计、数据库课程设计、地理信息系统软件开发课程设计、软件工程综合实习、软件企业工作性实践、毕业设计等实践环节 ②课外学习:机器人足球比赛、MAPGIS 二次开发大赛等软件技能大赛以及 Oracle 等相关培训
5	具有主动学习和获取新知识与技术的能力;具有良好的文字和口头表达能力;具有较好的组织管理能力、较强的交流沟通和团队合作的能力;具有一定的独立工作能力和创新精神	①课堂教学:创新创业学习环节以及软件新技术、大数据技术与应用等专业选修课程,以及软件工程综合实习、软件企业工作性实践、毕业设计等综合性实践教学环节 ②课外学习:产学研、科研立项、挑战杯、大学生创新创业等课外科技活动,以及学生社团活动等

主干学科:软件工程、计算机科学与技术。

核心课程:面向对象程序设计、计算机结构与组成、离散数学、数据结构、数据库概论、操作系统原理、算法设计与分析、计算机网络、面向对象软件工程与 UML、Java 和.net 软件开发、软件需求、软件体系结构与设计、计算机图形学、实用数据库、地理信息系统原理与软件开发、软件测试、软件过程与 CMMI 等。

主要实践性教学环节:计算机高级语言课程设计、面向对象程序设计课程设计、计算机结构与组成课程设计、数据结构课程设计、计算机网络课程设计、软件开发技术课程设计、数据库课程设计、地理信息系统软件开发课程设计、软件工程综合实习、软件企业工作性实践、毕业设计。

修业年限:四年。

授予学位:工学学士。

相近专业:计算机科学与技术。

Program for Software Engineering (Excellent Engineer Training Program)

Specialty and Code: Software Engineering 080902

Education Objective: The students are cultured to have solid foundation, wide knowledge, strong practical ability, high comprehensive quality, and adaptive to information industry and software industry needs. They should master founded knowledge of software theory, software engineering and have good capability of software design and implementation. They will be trained to have the background of software development of Geoscience and master the software development method of GIS application. After graduation, the student will be able to have the senior ability of project management, good communication and creativity in software design and development.

Graduation Requirements

Students should systematically master the fundamental theory and knowledge of software engineering, the basic techniques and methods of software development. They are required to skillfully use a variety of mainstream software tools to solve real problems and control software quality, grasp the knowledge of software management and industry specification, comprehend organization and management of software project. Furthermore, the students should master a foreign language, have the ability to read and understand the professional foreign literature and communicate with foreign counterparts.

Graduates should gain the knowledge, ability and quality from the aspects below

1. To have merit engineering professional ethics, firm attitude of pursuit excellence, strong patriotic spirit, strong sense of social responsibility, and good humanistic quality.

2. To master solid foundation of Math and English, with related knowledge of natural science and economic management to pursue engineering orientation.

3. To master solid foundation of engineering and software engineering professional theory, knowledge, techniques and methods, understand the trend of technology development in the field of software engineering and basic knowledge with their application areas.

4. To have the ability of good computing thinking, algorithm design and analysis, program design, the ability of cognition, analysis, design and application of computer application systems; to master the process of software requirement analysis, design, development, test and maintenance, familiar with basic process of software process management, master the methods, techniques and tools of software engineering.

5. To have the ability of active learning and acquiring new knowledge and technology, good writing and oral communication skills, good organization and management ability, strong communication and team cooperation ability, independent working ability and innovation spirit.

Graduation Requirements and Ways to Achieve

No.	Graduation Requirements	Ways to Achieve(Teaching Process)
1	To have merit engineering professional ethics, firm attitude of pursuit excellence, strong patriotic spirit, strong sense of social responsibility, and good humanistic quality	① Classroom Teaching: Introduction to Mao Tse-tung Thought and the Theoretical System of Socialism with Chinese Characteristics, Basic Principles of Marxism, Cultivation of Ethics and Fundamentals of Law, Military Theory, The Essentials of Modern Chinese History, Physical Education Ⅰ—Ⅳ, College Students Career Guidance, Social Sciences, Humanities, etc ②Out-of-class Learning: to carry out the educational activities, such as Campus Culture and Art Festival, High Cultural in Campus, etc, the physical activities, such as sport game, orienteering, etc, conduct the specialized education for the freshmen and graduate, promote the college students' summer social practice, strengthen the instructors, counselors student party branches, student cadres' professional construction, improve the guidance to students
2	To master solid foundation of Math and English, with related knowledge of natural science and economic management to pursue engineering orientation	① Classroom Teaching: Advanced Mathematics, Linear Algebra, Probability and Statics, Discrete Mathematics, College Physics, College English, Optional Modules of Science and Economics Management, etc ②Out-of-class Learning: English Competition, Math Modeling Competition, Relevant Academic Report
3	To master solid foundation of engineering and software engineering professional theory, knowledge, techniques and methods, understand the trend of technology development in the field of software engineering and basic knowledge with their the application areas	① Classroom Teaching: Introduction to Information, High-level Programming Language, Object-Oriented Programming, Data Structure, Introduction to Database, Computer Structure and Composing, Operating System, Projects of High-level Programming Language, Projects of Object-Oriented Programming, Projects of Computer Structure and Composing, Projects of Data Structure ②Out-of-class Learning: Relevant Academic Report, Blue Bridge Cup National Software and IT Technique Competition, Computer Technology and Software Professional Technique Qualification Test

No.	Graduation Requirements	Ways to Achieve(Teaching Process)
4	To have the ability of good computing thinking, algorithm design and analysis, program design, the ability of cognition, analysis, design and application of computer application systems; To master the process of software requirement analysis, design, development, test and maintenance, familiar with basic process of software process management, master the methods, techniques and tools of software engineering	① Classroom Teaching: Design and Analysis of Algorithms, Computer Networks, Object-Oriented Software Engineering & UML, Java &. net Software Development, Software Requirements, Software Architecture and Design, Computer Graphics A, Practical Database, Software Project Management, Software Testing, Software Process and Capability Maturity Model, Design Pattern, HCI ② Out-of-class Learning: Robot Football Competition, MAPGIS Re-development Competition, Relevant Training of Oracle
5	To have the ability of good computing thinking, algorithm design and analysis, program design, the ability of cognition, analysis, design and application of computer application systems, To master the process of software requirement analysis, design, development, test and maintenance, familiar with basic process of software process management, master the methods, techniques and tools of software engineering	①Classroom Teaching: Specialty Optional Modules of Innovation and Entrepreneurship Training, Novel Software Technology, Technologies and Applications of Big Data, etc, Projects of Geographical Information System Development, Comprehensive Practice of Software Engineering, Practice of Software Enterprises, Graduation Design (Thesis), etc ② Out-of-class Learning: Production-study-research Integrated Activity, Research Project, Challenge Cup, Activities of Student Innovation and Entrepreneurship, Activities of Student Communities

Major Disciplines: Software Engineering, Computer Science and Technology.

Main Courses: Object-Oriented Programming, Computer Structure and Composing, Data Structure, Discrete Mathematics, Introduction to Database, Operating System, Design and Analysis of Algorithms, Computer Networks, Object-Oriented Software Engineering & UML, Java &. net Software Development, Software Requirements, Software Architecture and Design, Computer Graphics, Practical Database, Principles of Geographic Information Systems and Software Development, Software Testing, Software Process and Capability Maturity Model, etc.

Practical Work: Projects of Advanced Programming Language, Projects of Object-oriented Programming, Projects of Computer Structure and Composing, Projects of Data Structure, Projects of Computer Network, Projects of Java(. net), Projects of Database, Projects of Geographical Information System Development, Comprehensive Practice of Software Engineering, Practice of Software Enterprises, Graduation Design(Thesis).

Duration: four years.

Degree Granted: Bachelor of Engineering.

Related Specialties: Computer Science and Technology.

软件工程(卓越工程师教育培养计划)专业课程教学计划表

Course Descriptions of Software Engineering(Excellent Engineer Training Program)

课程类别 Course Classification		课程编号 Course Code	课程名称 Course Name	学分 Crs	学时 Hrs	学时分类 Class Hours		先修课程 Prerequisite Courses	学期学分分配 Semester Credits							
						讲课 Lec.	实验 Lab.		一 1st	二 2nd	三 3rd	四 4th	五 5th	六 6th	七 7th	八 8th
通识教育课 Liberal Education Courses	必修 Compulsory	11706200	马克思主义基本原理 Principles of Marxism	3	48	48				3						
		11706500	毛泽东思想与中国特色社会主义理论体系概论 Introduction to Mao Tse-tung Thought and the Theoretical System of Socialism with Chinese Characteristics	4	64	64						4				
		11711800	中国近现代史纲要 The Essentials of Modern Chinese History	2	32	32					2					
		120002*0	思想道德修养与法律基础 Morality Education and Fundamentals of Law	3	48	48			1.5	1.5						
		113076*0	体育 Physical Education	4	144	144			1	1	1	1				
		109116*0	大学英语 College English	12	192	192			3	3	3	3				
		21919400	计算机高级语言程序设计(C++) Computer High-level Language Programming(C++)	3.5	56	36	20		3.5							
		21114500	信息导论 Introduction to Information	1	16	16			1							
		14300100	军事理论 Military Theory	2	32	32			2							
	选修 Elective	总计12学分,含创新创业选修课学分,跨学科选修课不低于6学分。"形势与政策"课程作为限选课,由马克思主义学院实施		12	192											
		小计 **Sum**		**46.5**	**824**	**612**	**20**		**12**	**8.5**	**6**	**8**	**0**	**0**	**0**	**0**
学科基础课 Disciplinary Fundamental Courses		212127*1	高等数学A Advanced Mathematics A	11.5	184	184			5	6.5						
		21212801	线性代数A Linear Algebra A	3.5	56	56			3.5							
		21906800	面向对象程序设计B Object-oriented Programming B	3	48	28	20	计算机高级语言程序设计(C++)		3						
		21213100	大学物理基础 Basic College Physics	3.5	56	56				3.5						

课程类别 Course Classification	课程编号 Course Code	课程名称 Course Name	学分 Crs	学时 Hrs	学时分类 Class Hours		先修课程 Prerequisite Courses	学期学分分配 Semester Credits							
					讲课 Lec.	实验 Lab.		一 1st	二 2nd	三 3rd	四 4th	五 5th	六 6th	七 7th	八 8th
学科基础课 Disciplinary Fundamental Courses	20107300	自然地理与地质学 Physical Geography and Geology	2.5	40	40				2.5						
	21216502	离散数学 B Discrete Mathematics B	3.5	56	56					3.5					
	21908701	数据库概论 A Introduction to Database A	3.5	56	44	12	数据结构			3.5					
	21915900	数据结构 Data Structure	4	64	48	16	面向对象程序设计 B			4					
	21213501	概率论与数理统计 A Probability and Mathematics Statistics B	3.5	56	56					3.5					
	21121400	计算机结构与组成 Computer Structure and Composing	3.5	56	48	8				3.5					
	21117400	算法设计与分析 Design and Analysis of Algorithms	2.5	40	32	8	数据结构				2.5				
	21902001	操作系统原理 A Principles of Operating System A	3.5	56	44	12	数据结构				3.5				
	小计 **Sum**		**48**	**768**	**692**	**76**		**8.5**	**15.5**	**18**	**6**	**0**	**0**	**0**	**0**
专业主干课 Main Specialty Courses	21921001	计算机网络 A Computer Networks A	3.5	56	44	12					3.5				
	21115400	面向对象软件工程与 UML(A) Object-Oriented Software Engineering and UML(A)	3	48	28	20	面向对象程序设计				3				
	21121600	Java 和.net 软件开发 Java &.net Software Development	3.5	56	40	16					3.5				
	21107300	软件需求 Software Requirements	2	32	20	12						2			
	21115600	软件体系结构与设计 Software Architecture and Design	3	48	32	16						3			
	21921301	计算机图形学 A Computer Graphics A	3.5	56	40	16						3.5			
	21107700	实用数据库(SQL Server,Oracle) Practical Database	3	48	28	20						3			
	21121700	地理信息系统原理与软件开发 Principles of Geographic Information Systems and Software Development	3	48	28	20						3			

课程类别 Course Classification	课程编号 Course Code	课程名称 Course Name	学分 Crs	学时 Hrs	学时分类 Class Hours		先修课程 Prerequisite Courses	学期学分分配 Semester Credits							
					讲课 Lec.	实验 Lab.		一 1st	二 2nd	三 3rd	四 4th	五 5th	六 6th	七 7th	八 8th
专业主干课 Main Specialty Courses	21115800	软件测试 Software Testing	2.5	40	28	12							2.5		
	21121800	软件过程与CMMI Software Process and Capability Maturity Model Integration	3	48	32	16							3		
	小计 **Sum**		**30**	**480**	**320**	**160**		**0**	**0**	**0**	**10**	**14.5**	**5.5**	**0**	**0**
专业选修课 Specialty Elective Courses		具体见专业选修课列表	12	192											
合计 **Sub-total**			**136.5**	**2264**	**1624**	**256**		**20.5**	**24**	**24**	**24**	**14.5**	**5.5**	**0**	**0**
实践环节 Practical Work	44300200	军事训练 Military Training	2	2周				2							
	41919500	计算机高级语言课程设计(C++) Projects of High-level Programming Language(C++)	1.5	1.5周				1.5							
	41920200	面向对象程序设计课程设计 Projects of Object-Oriented Programming	1.5	1.5周					1.5						
	40115300	自然地理与地质学实习 Practice of Physical Geography and Geology	2	2周					2						
	41121900	计算机结构与组成课程设计 Projects of Computer Structure and Composing	1	1周						1					
	41920901	数据结构课程设计A Projects of Data Structure A	2	2周						2					
	41921102	计算机网络课程设计B Projects of Computer Network B	1	1周							1				
	41121500	软件开发技术课程设计 Projects of Java(.net)	2	2周							2				
	41921200	数据库课程设计 Projects of Database	2	2周								2			
	41122000	地理信息系统软件开发课程设计 Projects of Geographical Information System Development	2	2周								2			

课程类别 Course Classification	课程编号 Course Code	课程名称 Course Name	学分 Crs	学时 Hrs	学时分类 Class Hours		先修课程 Prerequisite Courses	学期学分分配 Semester Credits							
					讲课 Lec.	实验 Lab.		一 1st	二 2nd	三 3rd	四 4th	五 5th	六 6th	七 7th	八 8th
实践环节 Practical Work	41122100	软件工程综合实习 Comprehensive Practice of Software Engineering	4	4 周									4		
	41122200	软件企业工作性实践 Practice of Software Enterprises	16	16 周										16	
	41122300	毕业设计(论文) Graduation Design (Thesis)	16	16 周											16
	小计 **Sum**		**53**	**53 周**	**0**	**0**		**3.5**	**3.5**	**3**	**3**	**4**	**4**	**16**	**16**
创新创业自主学习 Autonomous Learning	ZZ35000S	社会调查 Social Investigation	2												
		其他(学科竞赛、发明创造、科研报告) Others (Contest, Invention, Innovation and Research Presentation)	3												
	小计 **Sum**		**5**												
总计 **Total**			**194.5**	**2264＋53 周**	**1624**	**256**		**24**	**27.5**	**27**	**27**	**18.5**	**9.5**	**16**	**16**
可开出专业选修课列表 Specialty Elective Courses	21107200	软件项目管理 Software Project Management	2.5	40	40							2.5			
	21901802	编译原理 B Compiler Principle B	3	48	40	8						3			
	21907202	人工智能 B Artificial Intelligence B	2.5	0	40								2.5		
	21122400	数据挖掘与数据分析 Data Mining and Data Analysis	2.5	40	24	16							2.5		
	21116400	人机交互技术 Human-Computer Interaction Technologies	2.5	40	24	16							2.5		
	21116500	设计模式 Design Patterns	2.5	40	24	16							2.5		
	21122500	软件新技术 Novel Software Technology	2.5	40	40							2.5			
	21112800	智能终端软件开发 Intelligent Terminal Software Development	3	48	40	8						3			
	21119900	高性能计算 High Performance Computing	2.5	40	24	16						2.5			

课程类别 Course Classification	课程编号 Course Code	课程名称 Course Name	学分 Crs	学时 Hrs	学时分类 Class Hours		先修课程 Prerequisite Courses	学期学分分配 Semester Credits							
					讲课 Lec.	实验 Lab.		一 1st	二 2nd	三 3rd	四 4th	五 5th	六 6th	七 7th	八 8th
可开出专业选修课列表 Specialty Elective Courses	21116300	移动计算技术 Mobile Computing Technology	2.5	40	28	12						2.5			
	21115700	Web软件开发 Web Software Development	2	32	20	12	Java和.net软件开发						2		
	21122600	大数据技术与应用 Technologies and Applications of Big Data	2.5	40	40								2.5		
	21917500	物联网技术与应用 Technologies and Applications of Internet of Things	2.5	40	32	8							2.5		
	21122700	空间统计与分析 Spatial Statistics and Analysis	2.5	40	24	16						2.5			
	21122800	移动地理信息系统 Mobile GIS	2.5	40	28	12							2.5		
	21122900	空间信息可视化 Spatial Information Visualization	2	32	20	12							2		
	21123000	地理建模方法 Geographical Modeling Methods	2.5	40	24	16							2.5		

注：通识教育选修课学分和创新创业自主学习学分未列入具体学期。

软件工程(卓越工程师教育培养计划)专业课程分类统计

Course Category Statistics of Software Engineering(Excellent Engineer Training Program)

课程学分 / 统计	通识教育课 Liberal Education Courses		学科基础课 Disciplinary Fundamental Courses	专业主干课 Main Specialty Courses	专业选修课 Specialty Elective Courses	实践环节 Practical Work	创新创业自主学习 Autonomous Learning	学时总计 Total Hours	学分总计 Total Credits
	必修 Compulsory	选修 Selective							
学时/学分 Hrs/Crs	632/34.5	192/12	768/48	480/30	192/12	53周/53	5	2264+53周	194.5
学分所占比例 Proportion of Credits	3.90%		24.68%	15.42%	6.17%	27.25%	2.57%		100%

遥感科学与技术专业培养方案

专业名称与代码:遥感科学与技术　081202

专业培养目标

1.培养具备良好的综合素质和职业道德。

2.掌握遥感科学、测绘科学、地理信息科学基础理论、知识和技能。

3.结合计算机科学与技术在国土资源、城市规划、水利、电力、地质工程、环境监测、海洋勘查、国防等领域从事空间信息获取、处理、管理与应用的专门高级技术人才。

专业毕业要求

具备扎实的数理与外语基础,牢固掌握计算机理论和技术,系统学习遥感科学、测绘科学和地理信息科学的理论及知识,并接受系统开发技能和应用方法训练,能结合计算机技术、地理信息技术分析解决遥感及测绘科学研究与应用中实际问题,并具备从事空间信息相关领域科学研究和工程开发等方面的能力。

1.具备良好的综合素质,包括思想道德修养、科学素质、人文素质、心理和身体素质,坚持社会主义核心价值观;具有良好的职业道德与修养,具备法律法规意识。

2.具备扎实的数理与外语基础,具有从事工程与科研所需的相关自然科学知识以及一定的经济管理知识。

3.系统掌握遥感科学、测绘科学、地理信息科学的理论、知识和技能。

4.系统掌握计算机科学的理论、知识和体系,并能结合计算机科学解决遥感、测绘、地理信息科学中的工程与科研问题。

5.掌握遥感、测绘、地理信息科学常用仪器与软件,具备综合运用遥感、测绘、地理信息技术从事相关领域科学研究和工程实践的能力。

6.具有归纳、整理、分析实验结果,撰写论文,参与学术交流的能力。

7.具有自我学习的能力,能通过继续教育等途径拓展自身的知识体系,能适应遥感、测绘科学与地理信息学科的发展。

毕业要求及实现途径

序号	毕业要求	实现途径(教学过程)
1	具备良好的综合素质,包括思想道德修养、科学素质、人文素质、心理和身体素质,坚持社会主义核心价值观;具有良好的职业道德与修养,具备法律法规意识	①课堂教学:毛泽东思想与中国特色社会主义理论体系概论、马克思主义基本原理、思想道德修养与法律基础、军事理论、中国近现代史纲要、体育Ⅰ－Ⅳ、大学生就业指导,以及各类通选课 ②课外学习:大学生“暑假社会实践”开展社会调查
2	具备扎实的数学与外语基础,具有从事工程与科研所需的相关自然科学知识以及一定的经济管理知识	①课堂教学:高等数学A、线性代数A、概率论与数理统计A、大学物理、大学英语以及自然科学类、经济管理类选修课等 ②课外学习:参加英语竞赛、数学建模比赛活动等,相关学术报告

序号	毕业要求	实现途径(教学过程)
3	掌握遥感科学、测绘科学、地理信息科学的理论、知识和技能	①课堂教学:数字测量学、自然地理与地质学、遥感原理与应用、遥感解译与制图、地理信息系统原理、误差处理与测量平差基础、大地测量学基础、数字摄影测量、微波遥感、热红外遥感、航空航天数据获取、雷达干涉测量、激光雷达技术、近景摄影测量、三维 GIS、物联网技术与应用、地理空间信息服务、数字测量学实习、地理信息系统实习、数字摄影测量实习、自然地理与地质学实习 ②课外学习:参加行业类竞赛(MapGIS 二次开发大赛等)、参加各类学术报告讲座
4	系统掌握计算机科学的理论、知识和体系,并能结合计算机科学解决遥感、测绘、地理信息科学中的工程实践问题	①课堂教学:计算机高级语言程序设计 C++、面向对象程序设计 B、数据结构、数据库概论 A、遥感仪器与软件应用、遥感图像处理、模式识别、面向对象软件工程与 UML、软件过程管理、计算机高级语言课程设计(C++)、面向对象程序设计课程设计、数据结构课程设计 A、数据库课程设计、遥感图像处理课程设计,以及上述各门课程的实践教学环节(详见各门课程大纲) ②课外学习:参加全国计算机等级考试
5	掌握遥感、测绘、地理信息科学常用仪器与软件,具备综合运用遥感、测绘、地理信息技术从事相关领域科学研究和工程实践的能力	①课堂教学:遥感仪器与软件应用、遥感应用模型、遥感信息工程、数字地面模型、GNSS 原理及其应用、国土资源遥感、地质与灾害应急遥感、大气遥感与雾霾监测、海岛与海岸带遥感、摄影测量课程设计,以及上述各门课程的实践教学环节(详见各门课程大纲) ②课外学习:产学研、大学生挑战杯竞赛、参加学术报告
6	具有归纳、整理、分析实验结果,撰写论文,参与学术交流的能力	遥感专业文献阅读与写作、各门课程的课堂讨论、报告
7	具有自我学习的能力,能通过继续教育等途径拓展自身的知识体系,能适应遥感、测绘科学与地理信息学科的发展	毕业设计、各门课程的理论学习及课程实践

主干学科:测绘科学与技术、计算机科学与技术、地理学。

核心课程:数字测量学、自然地理与地质学、遥感原理与应用、地理信息系统原理、遥感图像处理、遥感信息工程、数字摄影测量、微波遥感、遥感应用模型、数字地面模型。

主要实践性教学环节:计算机高级语言课程设计(C++)、面向对象程序设计课程设计、自然地理与地质学实习、数字测量学实习、数据库课程设计、数据结构课程设计、地理信息系统实习 B、遥感图像处理课程设计、数字摄影测量实习、毕业设计。

修业年限:四年。

授予学位:工学学士。

相近专业:测绘工程。

Program for Remote Sensing Science and Technology

Specialty and Code: Remote Sensing Science and Technology 081202

Education Objective

1. The goal of the Undergraduate Program of RS Science and Technology is to develop them with comprehensive quality and excellent professional ethics.

2. To make them master the basic theory, knowledge and skills of Remote Sensing Science, Surveying and Mapping and Geographic Information.

3. They should be able to apply computer science and technology in the fields of land resource, urban planning, hydraulic engineering, electrical power engineering, geological project, environmental monitoring, and ocean investigation, national defense, and so on, to acquire, process and analyze the information of remote sensing. It is aimed at cultivating professionally high-level technical talents of related spatial information engineering application.

Graduation Requirements

After mastering the fundamentals of mathematics, physics and foreign language, the students will master computation science and technology fully, and study remote sensing science, survey and mapping science, the geographic information system computer science systemically. They will be trained to master how to develop system and application method. So, they will be able to do research work and engineering development.

1. To obtain comprehensive quality, including ideological and moral cultivation, scientific quality, cultural quality, psychological and physical quality, and adhere to the socialist core values. Have good professional ethics and self-cultivation, and awareness of laws and regulations.

2. To be qualified with solid mathematical foundation and foreign language. To master natural science knowledge and knowledge of economic management, both are required for the engineering and scientific research.

3. To grasp the basic principle, theory, knowledge and skill of remote sensing science, surveying and mapping science, and geographic information system.

4. To master the theory, knowledge and system of computer science, so undergraduates should unify the computer technology to solve engineering and scientific problems in remote sensing, surveying and mapping and geo-information.

5. To be able to use the specific software and instruments in remote sensing and photogrammetry. With the integrated use of surveying and mapping, geographic information technology and remote sensing, graduates are engaged in the related fields of scientific research and engineering practice.

6. To have the ability of concluding, reorganizing, and analyzing the experiment results, writing paper, and participating in academic exchanges activities.

7. To develop the ability of self-learning, which means students are able to expand their knowledge system in such ways as continuing education. Be able to catch up with the development of remote sensing, surveying and mapping and geo-information.

Graduation Requirements and Ways to Achieve

No.	Graduation Requirements	Ways to Achieve(Teaching Process)
1	Comprehensive Qualities	①Classroom teaching:Principles of Marxism,Introduction to Mao Tse-tung Thought and the Theoretical System of Socialism with Chinese Characteristics,The Essentials of Modern Chinese History,Morality Education and Fundamentals of Law,Physical Education Ⅰ—Ⅳ,other Liberal Education Courses ②Out-of-class Learning: Social Investigation
2	Mathematical fundamentals and foreign language, knowledge of economic management	①Classroom teaching:Advanced Mathematics A, Linear Algebra A,Probability and Statics A,College Physics C, College English ②Out-of-class Learning:College Students English Test, Mathematical Contest in Modeling,Academic Report
3	To grasp the basic principle,theory, knowledge and skill of remote sensing science, surveying and mapping science, and geographic information system	①Classroom teaching:Digital Surveying,Physical Geography and Geology,An Introduction of Remote Sensing,Remote Sensing Image Interpretation and Mapping, The Principles of Geographic Information System,Error Theory and Surveying Adjustment B,Geodesy,Photogrammetry A,Microwave Remote Sensing,Thermal Infrared Remote Sensing,Aerospace data Acquisition,Radar Interferometry,Lidar Technology,Close Range Photogrammetry, 3D GIS, Technologies and Applications of Internet of Things,Geographic Spatial Information Service Practice of Digital Surveying,Practice of Geographic Information Systems B,Practice of Digital Surveying,Physical Geography and Geology Practice ②Out-of-class Learning:Participate in Competition(MapGIS Development Competition) and Academic Report
4	To master the theory, knowledge and system of computer science,so undergraduates should unify the computer technology to solve engineering and scientific problems in remote sensing, surveying and mapping and geo-information	①Classroom teaching: Computer High-Level Language C++,Object-Oriented Programming B,Data Structure,An Introduction of Database A, Application Of Remote Sensing Software and Instruments, Remote Sensing Image Processing,Pattern Recognition,Object-Oriented Software Engineering & UML, Projects of Computer High-Level Language Course (C++), Projects of Object-Oriented Programming, Projects of Database, Projects of Data Structure,Comprehensive Practice for Remote Sensing ②Out-of-class Learning:Participate in National Computer Level Test

No.	Graduation Requirements	Ways to Achieve(Teaching Process)
5	Be able to use the specific software and instruments in remote sensing and Photogrammetry. With the integrated use of surveying and mapping, geographic information technology and remote sensing, graduates are engaged in the related fields of scientific research and engineering practice	① Classroom teaching: Application Of Remote Sensing Software and Instruments, Application Model of Remote Sensing, Remote Sensing Engineering, Digital Terrain Model, Principles and Applications of GNSS, Land Resource Remote Sensing, Geosciences and Hazard Remote Sensing, Atmospheric Remote Sensing and Haze Monitoring, Island and Coastal Zone Remote Sensing, Digital Photogrammetry Practice ② Out-of-class Learning: Industry-University-Research Cooperation, College Students Challenge Cup Competition, Academic Report
6	To have the ability of concluding, reorganizing, and analyzing the experiment results, writing paper, participating in academic exchanges activities	Up-to-date Specialized Literature Searching and Writing, Discussion in Class, Report
7	To develop the ability of self-learning, which means students are able to expand their knowledge system in such ways as continuing education. Be able to catch up with the development of remote sensing, surveying and mapping science and geographic information	Sessions of self-learning for every courses, every course practice, and Graduation Design (Thesis)

Major Disciplines: Surveying and Mapping, Computer Science and Technology, Geography.

Main Courses: Digital Surveying, Physical Geology and Geomorphology, Remote Sensing Principles and Applying, The Principles of GIS, Digital Remote Sensing Image Processing, Remote Sensing Engineering Digital, Photogrammetry, Microwave Remote sensing, Application Model of Remote sensing, Digital Terrain Model, etc.

Practical Work: Advanced Programming Language(C++), Projects of Object-Oriented Programming, Projects of Data Structure A, Projects of Database, Practice of Geographic Information Systems B, Practice of Digital Surveying, Practice of Digital Photogrammetry, Practice of Physical Geography and Geology, Projects of Remote Sensing Image Processing, Comprehensive Practice of Remote Sensing, Graduation Design (Thesis).

Duration: four years.

Degree Granted: Bachelor of Engineering.

Related Specialties: Surveying Engineering.

遥感科学与技术专业课程教学计划表

Course Descriptions of RS Science and Technology

课程类别 Course Classification		课程编号 Course Code	课程名称 Course Name	学分 Crs	学时 Hrs	学时分类 Class Hours 讲课 Lec.	实验 Lab.	先修课程 Prerequisite Courses	学期学分分配 Semester Credits 一 1st	二 2nd	三 3rd	四 4th	五 5th	六 6th	七 7th	八 8th
通识教育课 Liberal Education Courses	必修 Compulsory	11706200	马克思主义基本原理 Principles of Marxism	3	48	48				3						
		11706500	毛泽东思想与中国特色社会主义理论体系概论 Introduction to Mao Tse-tung Thought and the Theoretical System of Socialism with Chinese Characteristics	4	64	64						4				
		11711800	中国近现代史纲要 The Essentials of Modern Chinese History	2	32	32					2					
		120002＊0	思想道德修养与法律基础 Morality Education and Fundamentals of Law	3	48	48			1.5	1.5						
		113076＊0	体育 Physical Education	4	144	144			1	1	1	1				
		109116＊0	大学英语 College English	12	192	192			3	3	3	3				
		21919400	计算机高级语言程序设计(C＋＋) Computer High-level Language Programming(C＋＋)	3.5	56	36	20		3.5							
		21114500	信息导论 Introduction to Information	1	16	16			1							
		14300100	军事理论 Military Theory	2	32	32			2							
	选修 Elective	总计12学分,含创新创业选修课学分,跨学科选修课不低于6学分		12	192											
		小计 **Sum**		**46.5**	**824**	**612**	**20**		**12**	**8.5**	**6**	**8**	**0**	**0**	**0**	**0**
学科基础课 Disciplinary Fundamental Courses		212127＊1	高等数学A Advanced Mathematics A	11.5	184	184			5	6.5						
		21212801	线性代数A Linear Algebra A	3.5	56	56			3.5							
		21213501	概率论与数理统计A Probability and Mathematics Statistics A	3.5	56	56					3.5					
		212130＊3	大学物理C College Physics C	6	96	96				3.5	2.5					

课程类别 Course Classification	课程编号 Course Code	课程名称 Course Name	学分 Crs	学时 Hrs	学时分类 Class Hours		先修课程 Prerequisite Courses	学期学分分配 Semester Credits							
					讲课 Lec.	实验 Lab.		一 1st	二 2nd	三 3rd	四 4th	五 5th	六 6th	七 7th	八 8th
学科基础课 Disciplinary Fundamental Courses	21213202	物理实验 B Physics Experiments B	2.0	32		32			2						
	21906800	面向对象程序设计 B Object-Oriented Programming B	3	48	28	20			3						
	21915900	数据结构 Data Structure	4	64	48	16				4					
	21908701	数据库概论 A Introduction to Database A	3.5	56	44	12				3.5					
	20107300	自然地理与地质学 Physical Geography and Geology	2.5	40	40				2.5						
	21123100	数字测量学 Digital Surveying	3.5	56	36	20				3.5					
	21123200	模式识别 Pattern Recognition	2.5	40	32	8					2.5				
	小计 **Sum**		**45.5**	**728**	**620**	**108**		**8.5**	**17.5**	**17**	**2.5**	**0**	**0**	**0**	**0**
专业主干课 Main Specialty Courses	21117700	遥感原理与应用 Principles and Applications of Remote Sensing	2.5	40	40	0			2.5						
	21123300	航空与航天数据获取 Aerial and Space Data Acquisition	1.5	24	24	0				1.5					
	21129100	遥感图像解译与制图 Remote Sensing Image Interpretation and Mapping	2	32	20	12				2					
	21117900	遥感仪器与软件应用 Application of Remote Sensing Software and Instrument	2.5	40	20	20					2.5				
	21110600	遥感图像处理 Remote Sensing Image Processing	2.5	40	28	12					2.5				
	21128500	微波遥感 Microwave Remote Sensing	3.0	48	40	8						3			
	21123400	遥感应用模型 Application Model of Remote Sensing	3.5	56	36	20						3.5			
	21111000	遥感信息工程 Remote Sensing Engineering	2	32	24	8							2		
	21114800	地理信息系统原理 Principles of Geographic Information System	3	48	28	20					3				

课程类别 Course Classification	课程编号 Course Code	课程名称 Course Name	学分 Crs	学时 Hrs	学时分类 Class Hours		先修课程 Prerequisite Courses	学期学分分配 Semester Credits							
					讲课 Lec.	实验 Lab.		一 1st	二 2nd	三 3rd	四 4th	五 5th	六 6th	七 7th	八 8th
专业主干课 Main Specialty Courses	21108100	数字地面模型 Digital Terrain Model	2	32	24	8							2		
	21123502	误差理论与测量平差基础 B Error Theory and Foundation of Surveying Adjustment B	2.5	40	32	8					2.5				
	21123602	GNSS 原理及其应用 B GNSS Principles and Applications B	2.5	40	32	8					2.5				
	21128300	大地测量基础 Foundation of Geodesy	3.5	56	46	10						3.5			
	21123700	数字摄影测量 Digital Photogrammetry	4	64	52	12							4		
	小计 **Sum**		**37**	**592**	**446**	**146**		**0**	**2.5**	**3.5**	**13**	**10**	**8**	**0**	**0**
专业选修课 Specialty Elective Courses		具体见专业选修课列表	12	192											
合计 **Sub-total**			**141**	**2336**	**1678**	**274**		**20.5**	**28.5**	**26.5**	**23.5**	**10**	**8**	**0**	**0**
实践环节 Practical Work	44300200	军事训练 Military Training	2	2周				2							
	41919500	计算机高级语言课程设计(C++) Projects of High-level Programming Language(C++)	1.5	1.5周				1.5							
	41920200	面向对象程序设计课程设计 Projects of Object-oriented Programming	1.5	1.5周					1.5						
	41920901	数据结构课程设计 A Projects of Data Structure A	2	2周						2					
	41921200	数据库课程设计 Projects of Database	2	2周						2					
	41123802	地理信息系统实习 B Practice of Geographic Information Systems B	1	1周							1				
	41123900	数字测量学实习 Practice of Digital Surveying	1	1周						1					
	41124000	数字摄影测量实习 Practice of Digital Photogrammetry	2	2周									2		

课程类别 Course Classification	课程编号 Course Code	课程名称 Course Name	学分 Crs	学时 Hrs	学时分类 Class Hours		先修课程 Prerequisite Courses	学期学分分配 Semester Credits							
					讲课 Lec.	实验 Lab.		一 1st	二 2nd	三 3rd	四 4th	五 5th	六 6th	七 7th	八 8th
实践环节 Practical Work	40115300	自然地理与地质学实习 Practice of Physical Geography and Geology	2	2 周					2						
	41124200	遥感图像处理课程设计 Projects of Remote Sensing Image Processing	2	2 周							2				
	41124300	遥感专业综合实习 Comprehensive Practice of Remote Sensing	2	2 周									2		
	41122300	毕业设计(论文) Graduation Design (Thesis)	16	16 周											16
	小计 **Sum**		**35**	**35 周**				**3.5**	**3.5**	**5**	**3**	**0**	**4**	**0**	**16**
创新创业自主学习 Autonomous Learning	ZZ35000S	社会调查 Social Investigation	2												
		其他(学科竞赛、发明创造、科研报告) Others (Contest, Invention, Innovation and Research Presentation)	3												
	小计 **Sum**		**5**												
总计 **Total**			**181**	**2336 + 35 周**	**1678**	**274**		**23.5**	**31.5**	**32**	**27**	**10**	**12**	**0**	**16**
可开出专业选修课列表 Specialty Elective Courses	遥感与摄影测量方向														
	21124400	雷达干涉测量 Radar Interferometry	2	32	20	12							2		
	21105400	激光雷达技术 Lidar Technology	2	32	24	8							2		
	20512600	近景摄影测量 Close Range Photogrammetry	1.5	24	24	0								1.5	
	21124500	测绘管理与法律法规 Surveying Management and Laws	1.5	24	24	0								1.5	
	资源与环境遥感方向														
	21118300	热红外遥感 Thermal Infrared Remote Sensing	1.5	24	24	0						1.5			
	21105000	国土资源遥感 Land Resource Remote Sensing	2	32									2		

课程类别 Course Classification	课程编号 Course Code	课程名称 Course Name	学分 Crs	学时 Hrs	学时分类 Class Hours		先修课程 Prerequisite Courses	学期学分分配 Semester Credits							
					讲课 Lec.	实验 Lab.		一 1st	二 2nd	三 3rd	四 4th	五 5th	六 6th	七 7th	八 8th
可开出专业选修课列表 Specialty Elective Courses	21124600	地质与灾害遥感 Geosciences and Hazard Remote Sensing	2	32	32								2		
	21110400	遥感科学专业前沿文献阅读与写作 Up-to-date Specialized Literature Searching and Writing	2	32	32								2		
	21124700	大气遥感与雾霾监测 Atmospheric Remote sensing and Haze Monitoring	2	32	32								2		
	21124800	海岛与海岸带遥感 Island and Coastal Zone Remote Sensing	1.5	24	24								1.5		
	21124900	对地观测与全球变化 Earth Observing and Global Change Detection	2	32	32									2	
	遥感信息工程方向														
	21128400	三维地理信息系统 3D GIS	2	32	24	8						2			
	21127802	数字信号处理 B Digital Signal Processing B	2	32	28	4						2			
	21119900	高性能计算 High Performance Computation	2.5	40	24	16						2.5			
	21122700	空间统计与分析 Spatial Statistic and Analysis	2.5	40	24	16						2.5			
	21107200	软件项目管理 Software Project Management	2.5	40	40	0						2.5			
	21125300	面向对象软件工程与 UML Object-oriented Software Engineering and UML	2	32	24	8							2		
	21125100	地理空间信息服务 Geospatial Information Service	2	32	20	12							2		
	21917500	物联网技术与应用 Technologies and Applications of Internet of Things	2.5	40	32	8							2.5		
	41125200	3S 综合实践 3S Comprehensive Practice	3			6 周								3	

注:1. 通识教育选修课学分,专业选修课学分以及创新创业自主学习学分未列入具体学期。

2. "3S 综合实践"为第七学期的专业综合实践选修课程,由教师开展遥感科学与技术领域的综合实践能力教学。开课时间为 6 周(3 学分),具体由教师带领学生针对本专业开展综合应用与开发。

遥感科学与技术专业课程分类统计

Course Category Statistics of RS Science and Technology

课程学分 / 统计	通识教育课 Liberal Education Courses		学科基础课 Disciplinary Fundamental Courses	专业主干课 Main Specialty Courses	专业选修课 Specialty Elective Courses	实践环节 Practical Work	创新创业自主学习 Autonomous Learning	学时总计 Total Hours	学分总计 Total Credits
	必修 Compulsory	选修 Selective							
学时/学分 Hrs/Crs	632/34.5	192/12	728/45.5	592/37	192/12	35 周/35	5	2336＋35 周	181
学分所占比例 Proportion of Credits	25.69%		25.13%	20.44%	6.62%	19.34%	2.76%		100%

地理信息科学专业培养方案

专业名称与代码:地理信息科学　070504

专业培养目标:培养具有坚定的政治立场、崇高的道德修养、严谨的科学作风、全面的文化素质,掌握地理信息科学专业基本知识、基础理论、工作方法、基本技能,具有扎实的计算机科学、测绘科学、地理学和地球空间信息科学等复合知识结构,能够在国土、资源、环境、城建、交通、公安及人口等领域从事与地理信息科学有关的科学研究、项目设计、技术开发、工程管理和信息服务等工作的地理信息科学高级专门人才。注重培养学生的科学研究能力、实际动手能力、软件开发能力和综合应用的能力。

专业毕业要求

本专业学生在牢固掌握数理基础和外语的基础上,系统学习计算机科学、测绘科学、地图学、地理学、空间信息科学和遥感技术的基础理论及知识,系统学习空间数据采集、处理、管理、分析及可视化表达的方法,学会地理信息系统软件和专业应用软件设计方法,接受系统开发技能和应用方法的实际训练,具备较强的系统开发、维护和管理能力以及用地理信息系统从事各种科学研究、工程开发和项目应用的能力。

毕业生应获得以下几个方面的知识和能力

1.具有较高的思想觉悟、崇高的道德修养、全面的文化素质。社会责任感强,能够自觉遵守职业道德。

2.掌握数学、物理学、计算机科学的基础理论和基础知识。具有从事地理信息建模、分析及应用的能力。

3.掌握地图学、测量学、数字测图、遥感原理、遥感图像处理和导航定位等空间信息获取及提取技术,能够利用这些技术开展地理信息工程建设工作。

4.掌握地理信息科学的基本理论、基本知识和基本技能,以及地理信息系统技术开发的基本原理和方法,了解地理信息科学发展前沿关键技术。具有从事计算机、地理信息系统及应用软件的分析、设计、研发及维护的能力。

5.掌握空间数据处理、集成、建模、分析、统计及可视化的原理与方法。具有熟练运用GIS、RS、GPS对国土、资源、环境等进行评价、监测和决策的能力。

6.掌握资料查询和文献检索的基本方法,受到一定的科学研究训练,具有撰写论文,参与学术交流的能力。

7.熟练掌握一门外语,能够查阅外文文献,具有一定的撰写外文论文能力,可与国外同行进行较顺利的交流。

毕业要求及实现途径

序号	毕业要求	实现途径(教学过程)
1	具有较高的思想觉悟、崇高的道德修养、全面的文化素质。社会责任感强,能够自觉遵守职业道德	①课程教学:毛泽东思想与中国特色社会主义理论体系概论、马克思主义基本原理、思想道德修养与法律基础、军事理论、中国近现代史纲要、体育Ⅰ—Ⅳ、大学生就业指导、社会科学类、自然科学类、人文艺术类、经济管理类等 ②课外学习:开展“校园文化艺术节”“社团活动”“网络文化”等主题教育活动;开展运动会、“一二·九”长跑等活动;开展新生入学教育和毕业生系列教育主题活动;开展大学生“暑假社会实践”活动;加强学务指导老师、辅导员队伍建设;加强学生党支部建设;加强学生干部队伍建设,提高对学生的教育引导

序号	毕业要求	实现途径(教学过程)
2	掌握数学、物理学、计算机科学的基础理论和基础知识;具有从事地理信息建模、分析及应用的能力	①课程学习:高等数学 A、离散数学 B、线性代数 A、概率论与数理统计 A、大学物理 C、数据库概论 A、计算机高级语言程序设计(C++)、面向对象程序设计 B、数据结构、计算机图形学 A 等课程 ②课外学习:参与挑战杯、机器人足球、软件设计大赛、数学竞赛、数学建模等活动,鼓励学生参加计算机等级考试和软件工程师考试
3	掌握地图学、测量学、数字测图、遥感原理、遥感图像处理和导航定位等空间信息获取及提取技术,能够利用这些技术开展地理信息工程建设工作	①课程教学:数字测量学、地图学、遥感原理与应用、遥感图像处理、GNSS 原理及其应用 B、数字测量学实习、地图学实习、地理信息系统实习 A、3S 综合应用实习、地理信息系统开发实习、地理信息系统生产工程实践等课程 ②课外学习:3S 论坛、邀请校内外专家来校做学术讲座,产学研、测绘技能大赛、科技活动等
4	掌握地理信息科学的基本理论、基本知识和基本技能,以及地理信息系统技术开发的基本原理和方法,了解地理信息科学发展前沿关键技术。具有从事计算机、地理信息系统及应用软件的分析、设计、研发及维护的能力	①课堂教学:信息导论、人文与经济地理学、自然地理与地质学、地图学、数字测量学、空间数据库、遥感原理与应用、遥感图像处理、地理信息系统原理、地理信息系统设计与开发、地理建模方法、空间统计与分析、地理信息系统实习 A、3S 综合应用实习、地理信息系统开发实习等课程 ②课外学习:3S 论坛、邀请校内外专家来校做学术讲座,产学研、测绘技能大赛、科技活动、大学生创新创业训练计划等
5	掌握空间数据处理、集成、建模、分析、统计及可视化的原理与方法。具有熟练运用 GIS、RS、GPS 对国土、资源、环境等进行评价、监测和决策的能力	①课堂教学:信息导论、地图学、数字测量学、空间数据库、遥感原理与应用、遥感图像处理、地理信息系统原理、地理信息系统设计与开发、地理建模方法、空间统计与分析、数字国土概论、数字测量学实习、地图学实习、地理信息系统实习 A、3S 综合应用实习、地理信息系统开发实习、地理信息系统生产工程实践等课程 ②课外学习:3S 论坛、邀请校内外专家来校做学术讲座,产学研、测绘技能大赛、科技活动、大学生创新创业训练计划等
6	掌握计算机等现代信息资料查询和文献检索的基本方法,受到一定的科学研究训练,具有撰写论文,参与学术交流的能力	①课程教学:开设科技写作、文献信息检索等、计算机高级语言程序设计(C++)、面向对象程序设计 B、数据库概论 A、数据结构、毕业设计等课程 ②课外学习:鼓励学生参加计算机等级考试和软件工程师考试,鼓励学生参加老师科技报告的撰写
7	熟练掌握一门外语,能够查阅外文文献,具有一定的撰写外文论文能力,可与国外同行进行较顺利的交流	①课程教学:开设大学英语Ⅰ—Ⅳ,第二外语选修、专业英语阅读、通识选修课、专业选修课、自主学习、毕业设计等 ②课外学习:大学生英语竞赛、演讲比赛、中西文化月、英语等级考试,选派学生和教师到国外参加国际会议,邀请国外专家来校讲座

主干学科:地理学、测绘科学与技术、计算机科学与技术。

核心课程:信息导论、离散数学 B、计算机高级语言程序设计(C++)、面向对象程序设计 B、数据结构、数据库概论 A、人文与经济地理学、自然地理与地质学、数字测量学、地图学、计算机图形学 A、空间数据库、遥感原理与应用、遥感图像处理、地理信息系统原理、地理信息系统设计与开发、GNSS 原理及其应用 B、空间统计与分析、地理建模方法、数字高程模型。

主要实践性教学环节

1. 计算机高级语言课程设计 C	1.5 周	1.5 学分	第一学期
2. 面向对象编程课程设计	1.5 周	1.5 学分	第二学期
3. 自然地理与地质学实习	2 周	2 学分	第二学期
4. 数据结构课程设计	2 周	2 学分	第三学期
5. 数字测量学实习	1 周	1 学分	第三学期
6. 数据库课程设计 A	2 周	2 学分	第四学期
7. 地图学实习	2 周	2 学分	第四学期
8. 地理信息系统实习 A	2 周	2 学分	第五学期
9. 3S 综合应用实习	1.5 周	1.5 学分	第六学期
10. 地理信息系统开发实习	1.5 周	1.5 学分	第六学期
11. 毕业设计	16 周	16 学分	第八学期

修业年限:四年。

授予学位:理学学士。

相近专业:地理科学、遥感科学与技术、计算机科学与技术。

Educational Program of Geographic Information Science

Specialty and Code: Geographic Information Science 070504

Education Objective: The Geographic Information Science (GIS) graduates are required to have firm political stance, noble morality, rigorous scientific standards and comprehensive cultural quality. They should master the basic knowledge, theories, methods and skills of GIS. They should be equipped with an interdisciplinary knowledge structure that combines computer science, surveying, geography and geospatial information science, and conduct GIS-related scientific research, project design, technical development, engineering management and information services in a variety of domains such as lands, resources, environment, planning, transportation, public security and demographics. To achieve such a goal, our educational program focuses on the training of students' capabilities in research, practice, software development and comprehensive application.

Graduation Requirements

Besides the fundamental knowledge and skills of mathematics and foreign languages, the students majoring in GIS should systematically study the principles and theories of computer science, surveying, mapping, geography, geospatial information and remote sensing, including spatial data collection, processing, management, analysis and visualization. They should have strong abilities of system development, maintenance, and management, and applying GIS in a variety of academic research, engineering development and project applications.

Graduates should acquire the following knowledge and abilities

1. To have high political consciousness, lofty morality, comprehensive cultural quality, strong sense of social responsibility and good professional ethics.

2. To grasp the basic principles, theories, knowledge and skills of mathematics, physics, computer science, and have the ability to conduct GIS modeling, analysis and applications.

3. To master the geospatial information obtaining and extraction techniques including cartography, surveying, remote sensing, positioning, and navigation, and be able to utilize these techniques for GIS engineering development.

4. To grasp the basic theories, knowledge and skills of GIS, and the basic principles and methods of GIS engineering development, to understand the key and frontier technologies of GIS, and have abilities of analyzing, designing, developing and maintaining computer systems and GIS.

5. To grasp the principles and methods of geospatial data processing, integration, modeling, analysis, statistics and visualization, and have the proficient abilities of applying the GIS, RS, and GPS in lands, resources and environments for evaluation, monitoring and decision making.

6. To master the basic methods of retrieving GIS-related data and literature, conducting scientific research, writing scientific papers and participating in academic events.

7. To proficiently master a foreign language to consult foreign literature and communicate with foreign counterparts.

Graduation Requirements and Ways to Achieve

No.	Graduation Requirements	Ways to Achieve(Teaching Process)
1	To have high political consciousness, lofty morality, comprehensive cultural quality, strong sense of social responsibility and good professional ethics	①Classroom Teaching: Introduction to Mao Tse-tung Thought and the Theoretical System of Socialism with Chinese Characteristics, Principles of Marxism, Cultivation of Ethics and Fundamentals of Law, Military Theory, The Essentials of Modern Chinese History, Physical Education Ⅰ－Ⅳ, College Students Career Guidance, Social Sciences, Natural Sciences, Arts and Humanities, Economics and Management, etc ②Out-of-class Learning: to develop the educational activities, such as Campus Culture and Art Festival, Association Activities, Internet Culture, etc, to carry out the physical activities, such as sport game, December 9th running, etc, to conduct the specialized education for the freshmen and graduate, to promote the college students' summer social practice, to strengthen the instructors, counselors, student party branches, student cadres' professional construction, to improve the guidance to students
2	To grasp the basic principle, theory, knowledge and skill of mathematics, physics, computer science, and have the ability to engage the GIS modeling, analysis and application	①Classroom Teaching: Advanced Mathematics A, Discrete Mathematics B, Linear Algebra A, Probability and Statics A, College Physics C, Introduction to Database A, High-level Programming Language(C＋＋), Object-Oriented Programming B, Data Structure, Computer Graphics A, etc ②Out-of-class Learning: to participate the Challenge Cup, Soccer, Software Design Contest, Math Competition, Mathematical Modeling and other activities. To encourage students to complete the examinations such as Computer Grade, Software Engineer
3	To master the geospatial information obtaining and extraction techniques through the cartography, surveying, remote sensing and navigation knowledge, and be able to use these techniques for GIS engineering development	①Classroom Teaching: Digital Surveying, Cartography, Principles and Applications of Remote Sensing, Remote Sensing Image Processing, GNSS Principles and Applications B, Practice of Digital Surveying, Practice of Cartography, Practice of Geographic Information Systems A, Practice of 3S Integration, Practice of Geographic information Systems Development, Practice of Geographic Information Systems Production Engineering, etc ②Out-of-class Learning: to organize the 3S forum, especially invite the famous experts to the school for the academic lectures. In addition, to set up the Production-study-research Integrated Activities, surveying and mapping skill competition and some other technological activities, etc

No.	Graduation Requirements	Ways to Achieve(Teaching Process)
4	To grasp the basic theory, knowledge and skill of GIS, and the basic principle and method of GIS engineering development, understand the key and frontier technology of GIS, and have abilities of analyzing, designing, developing and maintaining the computer and GIS	①Classroom Teaching: Introduction to Information, Human and Economy Geography, Physical Geography and Geology, Cartography, Digital Surveying, Spatial Database, Principles and Applications of Remote Sensing, Remote Sensing Image Processing, Principles of Geographic Information Systems, Design and Development of Geographic Information Systems, Geographic Modeling Methods, Spatial Statistics and Analysis, Practice of Geographic Information Systems A, Practice of 3S Integration, Practice of Geographic Information Systems Development, etc ②Out-of-class Learning: to organize the 3S forum, especially invite the famous experts to the school for the academic lectures. In Addition, to set up the Production-study-research Integrated Activities, surveying and mapping skill competition, technological activities and college students innovation and entrepreneurship training program, etc
5	To grasp the principle and method of geospatial data processing, integration, modeling, analysis, statistic and visualization, and have the proficient abilities of applying the GIS, RS, and GPS to land, resources and environment domains for evaluation, monitoring and decision making functions	①Classroom Teaching: Introduction to Information, Cartography, Digital Surveying, Spatial Database, Principles and Applications of Remote Sensing, Remote Sensing Image Processing, Principles of Geographic Information Systems, Design and Development of Geographic Information Systems, Spatial Statistics and Geographic, Analysis Modeling Methods, Introduction to Digital Land, Practice of Digital Surveying, Practice of Cartography, Practice of Geographic Information Systems A, Practice of 3S Integration, Practice of Geographic Information Systems Development, Practice of Geographic Information Systems Production Engineering, etc ②Out-of-class Learning: to organize the 3S forum, especially invite the famous experts to the school for the academic lectures. In Addition, to set up the Production-study-research Integrated Activities, surveying and mapping skill competition, technological activities and college students innovation and entrepreneurship training program, etc
6	To master the basic method of retrieving GIS-related data and literature, and the ability to participate the academic exchange	①Classroom Teaching: Technical Writing, Documentation and Information Retrieving, High-level Programming Language(C++), Object-Oriented Programming B, Introduction to Database A, Data Structure, Graduation Design, etc ②Out-of-class Learning: to encourage the student to participate the Computer Grade and Software Engineer Examinations, and to participate the science and technology report writing

No.	Graduation Requirements	Ways to Achieve(Teaching Process)
7	To proficiently master a foreign language, and be able to access the foreign literature and communicate with foreign counterparts	① Classroom Teaching: College English Ⅰ－Ⅳ, Second Foreign Language, Professional English Reading, General Knowledge Electives Courses, Specialized Elective Courses, Independent Study and Graduation Design, etc ② Out-of-class Learning: to set up the College English Contest, Speech Contest, Chinese-western Culture Month, CET Activities. To select the satisfied students and teachers go abroad for the international conferences, and invite the foreign experts for the professional lectures

Major Subjects: Geography, Science and Technology of Surveying and Mapping, Computer Science and Technology.

Main Courses: Introduction to Information, Discrete Mathematics B, Advanced Programming Language(C++), Object-oriented Programming B, Data Structure, Introduction to Database A, Human and Economy Geography, Physical Geography and Geology, Digital Surveying, Cartography, Computer Graphics A, Spatial Database, Principles and Applications of Remote Sensing, Remote Sensing Image Processing, Principles of Geographic Information Systems, Design and Development of Geographic Information Systems, GNSS Principles and Applications B, Spatial Statistics and Analysis, Geographic Modeling Methods, Digital Terrain Model.

Practical Work

No.	Name	Weeks	Credits	Semester
1	Projects of Advanced Programming Language(C++)	1.5	1.5	1
2	Projects of Object-oriented Programming	1.5	1.5	2
3	Practice of Physical Geography and Geology	2	2	2
4	Projects of Data structure A	2	2	3
5	Practice of Digital Surveying	1	1	3
6	Projects of Database	2	2	4
7	Practice of Cartography	2	2	4
8	Practice of Geographic Information Systems A	2	2	5
9	Practice of 3S Integration	1.5	1.5	6
10	Practice of Geographic Information Systems Development	1.5	1.5	6
11	Graduation Design	16	16	8

Duration: four years.

Degree Granted: Bachelor of Science.

Related Specialties: Geography, Science and Technology of Remote Sensing, Computer Science and Technology.

地理信息科学专业课程教学计划表

Course Descriptions of Geographic Information Science

课程类别 Course Classification		课程编号 Course Code	课程名称 Course Name	学分 Crs	学时 Hrs	学时分类 Class Hours		先修课程 Prerequisite Courses	学期学分分配 Semester Credits							
						讲课 Lec.	实验 Lab.		一 1st	二 2nd	三 3rd	四 4th	五 5th	六 6th	七 7th	八 8th
通识教育课 Liberal Education Courses	必修 Compulsory	11706200	马克思主义基本原理 Principles of Marxism	3	48	48				3						
		11706500	毛泽东思想与中国特色社会主义理论体系概论 Introduction to Mao Tse-tung Thought and the Theoretical System of Socialism with Chinese Characteristics	4	64	64						4				
		11711800	中国近现代史纲要 The Essentials of Modern Chinese History	2	32	32					2					
		120002＊0	思想道德修养与法律基础 Morality Education and Fundamentals of Law	3	48	48			1.5	1.5						
		113076＊0	体育 Physical Education	4	144	144			1	1	1	1				
		109116＊0	大学英语 College English	12	192	192			3	3	3	3				
		21919400	计算机高级语言程序设计(C++) Computer High-level Language Programming(C++)	3.5	56	36	20		3.5							
		21114500	信息导论 Introduction to Information	1	16	16			1							
		14300100	军事理论 Military Theory	2	32	32			2							
	选修 Elective	总计12学分，含创新创业选修课学分，跨学科选修课不低于6学分。“形势与政策”课程作为限选课，由马克思主义学院实施		12	192											
		小计 **Sum**		**46.5**	**824**	**612**	**20**		**12**	**8.5**	**6**	**8**	**0**	**0**	**0**	**0**
学科基础课	Disciplinary Fundamental Courses	212127＊1	高等数学A Advanced Mathematics A	11.5	184	184			5	6.5						
		21212801	线性代数A Linear Algebra A	3.5	56	56			3.5							
		21121000	人文与经济地理学 Human and Economy Geography	2.5	40	40			2.5							
		212130＊3	大学物理C College Physics C	6	96	96				3.5	2.5					

课程类别 Course Classifi-cation	课程编号 Course Code	课程名称 Course Name	学分 Crs	学时 Hrs	学时分类 Class Hours		先修课程 Prerequisite Courses	学期学分分配 Semester Credits							
					讲课 Lec.	实验 Lab.		一 1st	二 2nd	三 3rd	四 4th	五 5th	六 6th	七 7th	八 8th
学科基础课 Disciplinary Fundamental Courses	21213202	物理实验 B Physics Experiments B	2	32		32			2						
	21906800	面向对象程序设计 B Object-oriented Programming B	3	48	28	20			3						
	20107300	自然地理与地质学 Physical Geography and Geology	2.5	40	40				2.5						
	21216502	离散数学 B Discrete Mathematics B	3.5	56	56					3.5					
	21908701	数据库概论 A Introduction to Database A	3.5	56	44	12				3.5					
	21915900	数据结构 Data Structure	4	64	48	16				4					
	21213501	概率论与数理统计 A Probability and Mathematics Statistics A	3.5	56	56						3.5				
	小计 **Sum**		**45.5**	**728**	**648**	**80**		**11**	**17.5**	**13.5**	**3.5**	**0**	**0**	**0**	**0**
专业主干课 Main Specialty Courses	21123100	数字测量学 Digital Surveying	3.5	56	36	20				3.5					
	21921301	计算机图形学 A Computer Graphics A	3.5	56	40	16					3.5				
	21117800	地图学 Cartography	3.5	56	36	20					3.5				
	21114800	地理信息系统原理 Principles of Geographic Information System	3	48	28	20					3				
	21106200	空间数据库 Spatial Database	2	32	20	12						2			
	21117700	遥感原理与应用 Principles and Applications of Remote Sensing	2.5	40	40							2.5			
	21126100	地理信息系统设计与开发 Design and Development of Geographic Information System	3	48	28	20						3			
	21123602	GNSS 原理及其应用 B GNSS Principles and Applications B	2.5	40	32	8						2.5			
	21122700	空间统计与分析 Spatial Statistics and Analysis	2.5	40	24	16						2.5			
	21108100	数字地面模型 Digital Terrain Model	2	32	24	8							2		

课程类别 Course Classification	课程编号 Course Code	课程名称 Course Name	学分 Crs	学时 Hrs	学时分类 Class Hours		先修课程 Prerequisite Courses	学期学分分配 Semester Credits							
					讲课 Lec.	实验 Lab.		一 1st	二 2nd	三 3rd	四 4th	五 5th	六 6th	七 7th	八 8th
专业主干课 Main Specialty Courses	21123000	地理建模方法 Geographic Modeling Methods	2.5	40	24	16							2.5		
	21110600	遥感图像处理 Remote Sensing Image Processing	2.5	40	28	12							2.5		
	小计 **Sum**		**33**	**528**	**360**	**168**		**0**	**0**	**3.5**	**10**	**12.5**	**7**	**0**	**0**
专业选修课 Specialty Elective Courses		具体见专业选修课列表	20	320											
合计 **Sub-total**			**145**	**2400**	**1620**	**268**		**23**	**26**	**23**	**21.5**	**12.5**	**7**	**0**	**0**
实践环节 Practical Work	44300200	军事训练 Military Training	2	2 周				2							
	41919500	计算机高级语言课程设计(C++) Projects of High-level Programming Language(C++)	1.5	1.5 周				1.5							
	40115300	自然地理与地质学实习 Practice of Physical Geography and Geology	2	2 周					2						
	41920200	面向对象程序设计课程设计 Projects of Object-oriented Programming	1.5	1.5 周					1.5						
	41123900	数字测量学实习 Practice of Digital Surveying	1	1 周						1					
	41920901	数据结构课程设计 A Projects of Data Structure A	2	2 周						2					
	41921200	数据库课程设计 Projects of Database	2	2 周							2				
	41125400	地图学实习 Practice of Cartography	2	2 周							2				
	41123801	地理信息系统实习 A(排在学期初) Practice of Geographic Information System A	2	2 周								2			
	41125500	3S 综合实习 Practice of 3S Integration	2.5	2.5 周									2.5		
	41125600	地理信息系统开发实习 Practice of Geographic Information System Development	1.5	1.5 周									1.5		
	41122300	毕业设计(论文) Graduation Design (Thesis)	16	16 周											16
	小计 **Sum**		**36**	**36 周**				**3.5**	**3.5**	**3**	**4**	**2**	**4**	**0**	**16**

课程类别 Course Classification	课程编号 Course Code	课程名称 Course Name	学分 Crs	学时 Hrs	学时分类 Class Hours		先修课程 Prerequisite Courses	学期学分分配 Semester Credits							
					讲课 Lec.	实验 Lab.		一 1st	二 2nd	三 3rd	四 4th	五 5th	六 6th	七 7th	八 8th
创新创业自主学习 Autonomous Learning	ZZ35000S	社会调查 Social Investigation	2												
		其他(学科竞赛、发明创造、科研报告) Others (Contest, Invention, Innovation and Research Presentation)	3												
	小计 **Sum**		**5**												
总计 **Total**			**186**	**2400** **+** **36 周**	**1620**	**268**		**26.5**	**29.5**	**26**	**25.5**	**14.5**	**11**	**0**	**16**
可开出专业选修课列表 Specialty Elective Courses	地理信息科学理论与方法 Theories and Methods of Geographic Information Science														
	21121600	Java 和.net 软件开发 Java &. net Software Development	3.5	56	40	16						3.5			
	21128600	网络地理信息系统 Web GIS	2.5	40	28	12						2.5			
	21128400	三维地理信息系统 3D GIS	2	32	24	8							2		
	21122800	移动地理信息系统 Mobile GIS	2.5	40	28	12							2.5		
	21101800	城市网络模型与算法 Urban Network Modeling and Algorithms	2	32	20	12							2		
	21120700	交通地理信息系统 Transportation Geographic Information System	2	32	16	16							2		
	21125100	地理空间信息服务 Geospatial Information Service	2	32	20	12							2		
	21126200	城市规划原理 Principles of City Planning	2.5	40	40							2.5			
	空间信息与数字技术 Spatial Information and Digital Technology														
	20206800	数字国土概论 Introduction to Digital Land	2	32	20	12						2			
	21122900	空间信息可视化 Spatial Information Visualization	2	32	20	12							2		

课程类别 Course Classification	课程编号 Course Code	课程名称 Course Name	学分 Crs	学时 Hrs	学时分类 Class Hours		先修课程 Prerequisite Courses	学期学分分配 Semester Credits							
					讲课 Lec.	实验 Lab.		一 1st	二 2nd	三 3rd	四 4th	五 5th	六 6th	七 7th	八 8th
可开出专业选修课列表 Specialty Elective Courses	21128700	数字地球与智慧城市 Digital Earth and Smart City	2	32	20	12							2		
	21124500	测绘管理与法律法规 Surveying Management and Laws	1.5	24	24									1.5	
	21107200	软件项目管理 Software Project Management	2.5	40	40									2.5	
	41125700	地理信息系统生产工程实践 Practice of Geographic Information Systems Production Engineering	6	6 周										6	
	专业应用拓展平台 Professional Application Extension Platform														
	21119900	高性能计算 High Performance Computation	2.5	40	24	16						2.5			
	21125800	社交媒体与大数据 Social Media and Big Data	2	32	24	8							2		
	21917500	物联网技术与应用 Technologies and Applications of Internet of Things	2.5	40	32	8							2.5		
	21125900	地学建模原理与方法 Principles and Methods of Geological Modeling	2	32	20	12								2	
	21112800	智能终端软件开发 Intelligent Terminal Software Development	3	48	40	8								3	
	21126000	专业英语阅读 Specialized English Reading	1.5	24	24									1.5	

注：通识教育选修课学分和创新创业自主学习学分未列入具体学期。

地理信息科学专业课程分类统计

Course Category Statistics of Geographic Information Science

课程学分 / 统计	通识教育课 Liberal Education Courses		学科基础课 Disciplinary Fundamental Courses	专业主干课 Main Specialty Courses	专业选修课 Specialty Elective Courses	实践环节 Practical Work	创新创业自主学习 Autonomous Learning	学时总计 Total Hours	学分总计 Total Credits
	必修 Compulsory	选修 Selective							
学时/学分 Hrs/Crs	632/34.5	192/12	728/45.5	528/33	320/20	36 周/36	5	2400＋36 周	186
学分所占比例 Proportion of Credits	25.00%		24.46%	17.74%	10.75%	19.35%	2.69%		100%

测绘工程专业培养方案

专业名称与代码:测绘工程　081201

专业培养目标:本专业培养具备国家基础测绘、工程测量、海洋测量、不动产测量、摄影测量与遥感、地理信息工程等测绘理论知识和能力,能在国家基础测绘、城市和工程建设、交通、资源勘探与开发、国土资源调查与管理、环境保护与灾害防治等领域从事测绘工程设计、实施、管理等方面工作的具有基础厚、素质高、能力强的测绘技术人才。

专业毕业要求

1.具有良好的人文社会科学知识和素养,包括思想道德素质、科学素质、人文素质、心理和身体素质,坚持社会主义核心价值观。

2.具有较强的语言表达和沟通能力,具有较强的团队协作意识。

3.思维活跃,具有开拓创新的意识。

4.具有扎实的数学、物理等自然科学和工程科学知识,以及基本的经济和管理知识,并了解当代科技发展的主要方面和应用前景。

5.具有扎实的测绘工程专业理论与技术知识。包括:测绘地理信息数据获取、处理、表达与利用的理论、方法与技术。

6.掌握各项测绘工程在规划设计、施工建设、竣工验收及运营管理阶段所进行的各种测量工作的理论方法与技术。

7.掌握测绘工程项目技术设计、施测、数据处理等方面的专业知识。

8.熟悉测绘法律、法规、行业技术标准与规范。

9.掌握计算机、互联网和信息技术在测绘工程中应用的技术与方法。

10.具有综合应用现代科技手段获取与处理信息的能力,有较好的专业文献阅读能力、工程科技报告和论文的写作能力。

11.具有较强的英语综合运用能力,能熟练阅读本专业的英文技术文献,并具有一定的英语口语交流能力。

12.具有较强的项目组织、管理与执行能力。

13.了解本学科基本的研究方法,具有运用所学知识发现、分析和解决测绘地理信息工程科技问题的能力,具备一定的独立思考和创新能力与较强的自学能力,能与时俱进地学习,适应未来发展的要求。

毕业要求及实现途径

序号	毕业要求	实现途径(教学过程)
1	具有较好的人文社会科学素养、较强的社会责任感和良好的工程职业道德	①课堂教学:毛泽东思想与中国特色社会主义理论体系概论、马克思主义基本原理、思想道德修养与法律基础、军事理论、中国近现代史纲要、体育Ⅰ—Ⅳ、大学生就业指导、社会科学类、自然科学类、人文艺术类、经济管理类等 ②课外学习:开展"大学生青年文化艺术节""高雅艺术进校园"等主题教育活动,开展测绘技能大赛、运动会、定向越野等活动;开展新生入学教育和毕业生系列教育主题活动;开展大学生"暑假社会实践"活动;加强学务指导老师、辅导员队伍建设,加强学生干部队伍建设,提高对学生的教育引导

序号	毕业要求	实现途径(教学过程)
2	具有从事工程工作所需的相关数学、自然科学以及基本的经济和管理知识	①课程教学:高等数学 A、线性代数 A、概率论与数理统计 A、数据结构与数据库、大学物理 C、地球科学概论、工程制图、土力学、计算机图形学、管理经济学、科技论文写作、文献信息检索等课程 ②课外学习:参与挑战杯、机器人足球、信调大赛、软件设计大赛、英语比赛、数学竞赛、建模比赛等活动
3	掌握扎实的工程基础知识和本专业的基本理论知识,具有系统的工程实践学习经历;了解本专业的前沿发展现状和趋势	①课程教学:测绘学概论、误差理论与测量平差基础、地图制图学基础、数字地形测量学、大地测量学基础、摄影测量学、GNSS原理及其应用、遥感原理与应用、地理信息系统原理、工程测量学、测绘软件设计与开发、变形观测与数据处理、工程地质学基础、土木工程概论、岩土工程、路桥勘测设计 ②课外学习:3S 论坛、邀请校内外专家来校做学术讲座,组织学生参加各类竞赛(如英语竞赛,数学建模等)、产学研、测绘技能大赛、科技活动等,鼓励学生参加计算机等级考试和软件工程师考试
4	具备综合运用测绘专业理论与方法进行分析理论、技术方法和手段,发现问题、分析问题并解决工程问题的能力;具备设计和实施工程实验的能力,并能够对实验结果进行分析	①课程教学:物理实验 B、专业英语、计算机高级语言课程设计、面向对象程序设计课程设计、创新创业学习、测绘软件设计与开发、数字地形测量教学实习、摄影测量教学实习、大地测量和工程测量教学实习、GNSS 教学实习等;生产实习,毕业实习和毕业设计 ②课外学习:组织学生参考各种学科竞赛如"挑战杯",创新实验计划、测绘技能比赛,组织学生参加大学生科研项目、产学研等
5	具有追求创新的态度和意识,掌握基本的创新方法;具有综合运用理论和技术手段进行项目设计、创新和技术改造的能力,设计中能够综合考虑经济、环境、社会、法律、安全、健康、伦理等制约因素和可持续发展的要求	①课程教学:创新创业学习、多门基础课程程序设计、测绘软件设计与开发、测绘工程监理与招投标、综合实习、课间实习、毕业设计(论文);科技论文报告活动、测绘新技术讲座和 3S 论坛等 ②课外学习:组织学生到学校的实习基地实习和参加企事业单位的生产实习,组织学生参加学科竞赛,邀请校内外专家来校做工程技术讲座、举办学术报告和学科前沿讲座等
6	掌握文献检索、资料查询及运用现代信息技术获取相关信息的基本方法	①课程教学:开设科技写作、文献信息检索等、计算机网络技术、面向对象程序设计、数据结构等课程 ②课外学习:鼓励学生参加计算机等级考试和软件工程师考试
7	了解与本专业相关的职业和行业的生产、设计、研究与开发、环境保护和可持续发展等方面的方针、政策和法律法规,能正确认识工程对于客观世界和社会的影响,发扬"艰苦朴素、求真务实"的校训精神	①课程教学:思想道德修养和法律基础、测绘管理与法律法规、不动产测量与管理、测绘工程监理与招投标等课程 ②课外学习:社会调查、参观企事业单位、参观三峡和隔河岩大坝等,校外专家讲座

序号	毕业要求	实现途径(教学过程)
8	具有一定的组织管理能力、较强的表达能力和人际交往能力以及在多学科团队中发挥作用的能力	①课程教学:组织学生参加各种测量实习、课程设计、毕业设计(论文)、社会实践、社会调查、大学生科技活动;号召学生参加学生社团、担任学生干部 ②课外学习:"大学生青年艺术节""高雅艺术进校园"等主题教育活动,开展测绘仪器技能大赛、运动会、演讲比赛、风采展示、社区文化节等校园文化活动
9	具有适应发展的能力、终身教育的意识和继续学习的能力	①课程教学:开展各类课程、实习、课程设计、毕业设计、科技活动、科技比赛等 ②课外学习:参观三峡和隔河岩大坝等单位,通过心理健康主题教育、安全教育等校园文化活动、学风建设、考风教育等活动提高学生的适应发展等能力,通过创新人才计划、李四光计划和海外游学培养方式为学生提供继续学习的机会
10	具有初步的外语应用能力,能阅读本专业的外文资料,具有一定的国际视野和跨文化交流、竞争与合作能力	①课程教学:开设大学英语Ⅰ—Ⅳ,第二外语选修、专业英语阅读、通识选修课、专业选修课、自主学习等 ②课外学习:大学生英语竞赛、数学建模、设计大赛和演讲比赛、中西文化月、英语等级考试、计算机等级考试,推荐学生加入创新人才计划、李四光计划、将军计划,选派学生和教师到国外参加国际会议,邀请国外专家来校讲座

主干学科:测绘科学与技术。

核心课程:测绘学概论、误差理论与测量平差基础、地图制图学基础、数字地形测量学、大地测量学基础、摄影测量学、GNSS原理及其应用、遥感原理与应用、地理信息系统原理、工程测量学、测绘软件设计与开发、变形观测与数据处理、工程地质学基础。

主要专业实验:水准仪、全站仪、GNSS接收机、数字摄影测量工作站、三维激光扫描仪等测绘仪器的操作;数字测图、GNSS、摄影测量、遥感、地图制图、地理信息系统测绘软件设计与开发。

主要实践性教学环节

1.计算机高级语言课程设计　　1.5周
2.面向对象程序设计课程设计　　1.5周
3.数字地形测量教学实习　　5周
4.摄影测量教学实习　　2周
5.大地测量教学实习　　3周
6.GNSS教学实习　　2周
7.工程测量教学实习　　1周
8.毕业实习　　10周
9.毕业设计　　6周

修业年限:四年。

授予学位:工学学士。

相近专业:遥感科学与技术。

Program for Surveying and Mapping Engineering

Specialty and Code: Surveying and Mapping Engineering 081201

Education Objective: The program objective is to instruct students' basic theory, basic knowledge and skills in national basic surveying and mapping, engineering surveying, marine surveying, real estate surveying, photogrammetry and remote sensing, geographic information engineering, etc. and to develop students to be surveying and mapping professionals with solid foundation of knowledge, high quality and strong capability working in the fields of national basic surveying and mapping, urban and engineering construction, communications, exploitation and development of resources, land and resources investigation and management, environmental protection and disaster prevention and control, etc.

Graduation Requirements

1. Have good humanistic and social science knowledge and accomplishment, including ideological and ethical standards, scientific qualities, humanistic qualities, psychological and physical qualities, adhering to the socialist core values.

2. Have strong expressive and communication ability and strong teamwork spirit.

3. Think actively and have pioneering and innovative spirit.

4. Master the solid knowledge in natural science and engineering science such as mathematics, physics and basic economic and management knowledge, have a good understanding of the major areas and application prospect in the contemporary scientific and technological development.

5. Master the solid theoretic and technical knowledge of surveying and mapping engineering, including theories, methods and technologies for data collection, processing, expression and application of surveying and mapping geographic information.

6. Master the theories, methods, and techniques in various surveying and mapping projects during the planning design, construction, completion approval and operations.

7. Master the technical knowledge in technical design, working, and data processing in the surveying and mapping engineering projects.

8. Be familiar with the laws, regulations, and industrial technical standards and codes of surveying and mapping engineering.

9. Master the technologies and application methods of the computer, Internet and information technology in surveying and mapping engineering projects.

10. Have comprehensive capability in applying modern technologies to obtain and process information; have good abilities in reading professional literature and writing engineering technology reports and papers.

11. Have a strong comprehensive ability in English: read English technical literature fluently and have a satisfactory English speaking ability.

12. Have strong capability in project organization, management and execution.

13. Understand the basic research methods, apply the learnt knowledge to discovering, analyzing and solving the engineering problems about surveying and mapping geographic information, have independent thinking, innovative ability and strong self-learning ability, learn knowledge by keeping pace with the times so as to adapt to the requirements of the future development.

Graduation Requirements and Ways to Achieve

No.	Graduation Requirements	Ways to Achieve(Teaching Process)
1	Good humanistic and social science qualities, strong sense of social responsibility, good professional ethics	①Classroom Teaching: Introduction to Mao Tse-tung Thought and the Theoretical System of Socialism with Chinese Characteristics, Basic Principle of Marxism, Morality Education and Fundamentals of Law, Military Theory, the Essentials of Modern Chinese History, PE Ⅰ—Ⅳ, University Students Career Guidance, Social Sciences, Natural Sciences, Humanity and Art, Economic Management, etc ② Out-of-class Learning: University Students Youth Culture and Art Festival, Campus High Art Themed Activity, Surveying and Mapping Skills Contest, Games, Orienteering, Orientations for new students, Graduates Series Education Themed Activities, Summer Holiday Social Practices, Strengthen Team Building of Students Affairs Advisers, Instructors, and Students Leaders, Improve the Education Guidance for the Students
2	Equipped with necessary knowledge of related mathematics, natural science and basic economic and management for engineering work	①Classroom Teaching: Advanced Mathematics A, Linear Algebra A, Probability and Statistics A, Data Structure and Database, College Physics C, Introduction to Geosciences, Engineering Cartography, Soil Mechanics, Computer Graphics, Managerial Economics, Technical Paper Writing, Literature Information Retrieval, etc ②Out-of-class Learning: Challenge Cup, Robot Football, Information Surveying Contest, Software Design Contest, English Contest, Mathematics Contest, Modeling Contest, etc
3	Solid basic engineering knowledge and theoretic knowledge of the program, systematic engineering practices experience, keep informed of the development status and trends of the cutting-edge technology in the field	Classroom Teaching: Introduction to Geomatics, Error Theory and Foundation of Surveying Adjustment, Foundation of Cartography, Digital Topography, Foundation of Geodesy, Photogrammetry, Principles and Applications of GNSS, Principles and Applications of Remote Sensing, GIS Principle, Engineering Surveying, Surveying and Mapping Software Design and Development, Deformation Observation and Data Processing, Engineering Geology, Introduction to Civil Engineering, Geotechnical Engineering, Road and Bridge Survey Design ②Out-of-class Learning: 3S forum, Academic Lectures by Experts From the University and Beyond the University, Various Contests (English Contest, Mathematics Modeling, etc), Industry-University-Research Cooperation, Surveying and Mapping Skills Contest, Scientific and Technological Activities, etc. Encourage students to participate in Computer Rank Examinations and Software Engineer Examination

No.	Graduation Requirements	Ways to Achieve(Teaching Process)
4	Comprehensively employ the theories, technical methods and approaches of the program to discover problems, analyze problems, and solve engineering problems, capable of designing and executing engineering experiments, and analyzing the experimental results	①Classroom Teaching: Physical Experiment B, Professional English, Advanced Computer Programming Language Course Design, OOP Course Design, Innovation and Entrepreneurship Study, Surveying and Mapping Software Design and Development, Digital Topographic Survey Teaching Practice, Photogrammetry Teaching Practice, Geodesy and Engineering Surveying Teaching Practice, GNSS Teaching Practice, etc. Production Practice, Graduation Practice, and Graduation Project ②Out-of-class Learning: organize students to participate in various discipline competitions, like Challenge Cup, Innovation Experiment Program, Surveying and Mapping Skills Contest, University Students Scientific Research Projects, Industry-university-research Cooperation, etc
5	Have an attitude and sense of innovation, master basic innovation methods, capable of employing theories and technical methods to design, innovate and modify technologies, comprehensively considering such restraints as economy, environment, society, law, safety, health, ethics, so on, and the requirements of sustainable development during engineering design	① Classroom Teaching: Innovation and Entrepreneurship Study, Several Basic Course Program Design, Surveying and Mapping Software Design and Development, Surveying and Mapping Engineering Supervision and Bidding, Comprehensive Practice, Class Break Practice, Graduation Project (Paper), Scientific Paper Report Activity, New Surveying and Mapping Technology Lecture, 3S Forum, etc ② Out-of-class Learning: organize students to participate in the campus base practices and production internships in companies, discipline competitions, invite experts from inside and outside of the universities to deliver engineering technology lectures, organize academic report and lectures on cutting-edge technologies, etc
6	Master basic methods in literature retrieval, data query and obtaining information by modern information technology	① Classroom Teaching: Scientific Writing, Literature Information Retrieval, Computer Network Technology, OOP Design, Data Structure, etc ②Out-of-class Learning: encourage students to participate in Computer Ranking Examinations and Software Engineer Examinations

No.	Graduation Requirements	Ways to Achieve(Teaching Process)
7	Understand the policies, laws and regulations in the production, design, research, development in the professions and industries related to the program, as well as in the environmental protection and sustainable development, etc, capable of correctly recognizing the influence of engineering on the objective world and society, carry forward the school motto "hardworking, plain-living, realistic and pragmatic"	① Classroom Teaching: Ideological and Moral Cultivation, and Fundamentals of Law, Surveying and Mapping Management and Laws and Regulations, Real Estate Surveying and Management, Surveying and Mapping Engineering Supervision and Bidding, etc ②Out-of-class Learning: Social Investigation, Visit Enterprises and Public Institutions, Visit the Three Gorges and Geheyan Dam, etc, Lectures by Experts Invited from Outside of the University
8	Organization and management ability, strong expressive ability and interpersonal skills, play a critical role in interdisciplinary teams	① Classroom Teaching: Organize the Students to Take Part in Various Surveying and Mapping Practices, Course Design, Graduation Design (Paper), Social Practice, Social Investigation, University Students Scientific and Technological Activities; Encourage the Students to Join in Associations and Become Students Leaders ②Out-of-class Learning: University Students Youth Culture and Art Festival, Campus High Art Themed Activity, Surveying and Mapping Instruments Skills Contest, Games, Speech Contest, Presentation Contest, Community Cultural Festival, and other campus cultural activities
9	Adaptive ability, sense of life-long education, and ability of continuing learning	①Classroom Teaching: Organize Various Courses, Practices, Course Design, Graduation Design, Technological Activities, Technological Contests, etc ②Out-of-class Learning: visit the Three Gorges and Geheyan Dam, etc, enhance the students' adaptive ability through psychological health education, safety education, and other campus themed cultural activities, as well as construction of study style, and education of examination rules, provide the students with continuing learning opportunities through innovative talents plan, Li Siguang Program, and overseas study tour

No.	Graduation Requirements	Ways to Achieve(Teaching Process)
10	Equipped with preliminary English application ability, capable of reading English literature of the program, have international vision and intercultural communication, competition and cooperation ability	①Classroom Teaching: College English Ⅰ—Ⅳ, Optional Second Foreign Language, Professional English Reading, Optional Common Knowledge, Elective Courses, Autonomous Learning, etc ② Out-of-class Learning: College Student English Contest, Mathematics Modeling, Design Contest, Speech Contest, Chinese-Western Culture Month, English Grade Examination, Computer Ranking Examination, recommend students to participate in the Innovative Talents Plan, Li Siguang Program, and General Plan, select students and teachers to attend overseas international meetings, invite foreign experts to deliver lectures

Major Disciplines: Surveying and Mapping Science and Technology.

Main Courses: Introduction to Geomatics, Error Theory and Foundation of Surveying Adjustment, Foundation of Cartography, Digital Topography, Foundation of Geodesy, Photogrammetry, Principles and Applications of GNSS, Remote Principles and Applications of Sensing, Geographic Information Principles of System, Engineering Surveying, Surveying and Mapping Software Design and Development, Deformation Observation and Data Processing, Introduction to Engineering Geology.

Lab Experiments: Operation of surveying and mapping instruments, including level gage, total station, GNSS receiver, digital photogrammetric station, 3D laser scanner, etc, modern survey data processing skills for digital mapping, GNSS, photogrammetry, remote sensing, map making, and geographic information system, surveying and mapping software design and development.

Practical Work

1. Advanced Computer Programming Language Course Design 1.5 Week
2. Object-oriented Programming Course Design 1.5 Week
3. Digital Topographic Survey Teaching Practice 5 Weeks
4. Photogrammetry Teaching Practice 2 Weeks
5. Geodetic Surveying Teaching Practice 3 Weeks
6. GNSS Teaching Practice 2 Weeks
7. Engineering Surveying Teaching Practice 1 Week
8. Graduation Practice 10 Weeks
9. Graduation Project 6 Weeks

Duration: four years.

Degree Granted: Bachelor of Engineering.

Related Specialties: Remote Science and Technology of Sensing.

测绘工程专业课程教学计划表

Course Descriptions of Surveying and Mapping Engineering

课程类别 Course Classification		课程编号 Course Code	课程名称 Course Name	学分 Crs	学时 Hrs	学时分类 Class Hours		先修课程 Prerequisite Courses	学期学分分配 Semester Credits							
						讲课 Lec.	实验 Lab.		一 1st	二 2nd	三 3rd	四 4th	五 5th	六 6th	七 7th	八 8th
通识教育课 Liberal Education Courses	必修 Compulsory	11706200	马克思主义基本原理 Principles of Marxism	3	48	48				3						
		11706500	毛泽东思想与中国特色社会主义理论体系概论 Introduction to Mao Tse-tung Thought and the Theoretical System of Socialism with Chinese Characteristics	4	64	64						4				
		11711800	中国近现代史纲要 The Essentials of Modern Chinese History	2	32	32					2					
		120002＊0	思想道德修养与法律基础 Morality Education and Fundamentals of Law	3	48	48			1.5	1.5						
		113076＊0	体育 Physical Education	4	144	144			1	1	1	1				
		109116＊0	大学英语 College English	12	192	192			3	3	3	3				
		21919400	计算机高级语言程序设计(C＋＋) Computer High-level Language Programming(C＋＋)	3.5	56	40	16		3.5							
		21121100	测绘学概论 Introduction to Geomatics	1	16	16			1							
		14300100	军事理论 Military Theory	2	32	32			2							
	选修 Elective	总计12学分，含创新创业选修课学分，跨学科选修课不低于6学分。“形势与政策”课程作为限选课，由马克思主义学院实施		12	192											
		小计 **Sum**		**46.5**	**824**	**612**	**20**		**12**	**8.5**	**6**	**8**	**0**	**0**	**0**	**0**
学科基础课 Disciplinary Fundamental Courses		212127＊1	高等数学A Advanced Mathematics A	11.5	184	184			5	6.5						
		21212801	线性代数A Linear Algebra A	3.5	56	56				3.5						
		21213501	概率论与数理统计A Probability and Mathematics Statistics A	3.5	56	56					3.5					
		212130＊3	大学物理C College Physics C	6	96	96				3.5	2.5					

课程类别 Course Classification	课程编号 Course Code	课程名称 Course Name	学分 Crs	学时 Hrs	学时分类 Class Hours		先修课程 Prerequisite Courses	学期学分分配 Semester Credits							
					讲课 Lec.	实验 Lab.		一 1st	二 2nd	三 3rd	四 4th	五 5th	六 6th	七 7th	八 8th
学科基础课 Disciplinary Fundamental Courses	21213202	物理实验 B Physics Experiments B	2	32		32			2						
	20102100	地球科学概论 Introduction to Geosciences	2	32	32			2							
	21906800	面向对象程序设计 B Object-oriented Programming B	3	48	28	20			3						
	21126300	数据结构与数据库 Data Structure and Database	4	64	48	16				4					
	20714200	工程制图 Engineering Cartography	2.5	40	40				2.5						
	211264*0	数字地形测量学 Digital Topography	6	96	64	32	高等数学			4	2				
	21123501	误差理论与测量平差基础 A Error Theory and Foundation of Surveying Adjustment A	3.5	56	48	8	概率论与数理统计 测量学				3.5				
	小计 **Sum**		**47.5**	**760**	**652**	**108**		**7**	**21**	**14**	**5.5**	**0**	**0**	**0**	**0**
专业主干课 Main Specialty Courses	21128800	摄影测量学 Photogrammetry	3.5	56	48	8	误差理论与测量平差基础					3.5			
	21128300	大地测量基础 Foundation of Geodesy	3.5	56	46	10	误差理论与测量平差基础						3.5		
	21123601	GNSS 原理及其应用 A GNSS Principles and Applications A	3.5	56	40	16						3.5			
	21127600	测绘软件设计与开发 Software Design and Development of Geomatics	3.0	48	24	24						3			
	21114800	地理信息系统原理 Principles of Geographic Information System	3	48	28	20							3		
	21126500	地理信息系统软件与应用 GIS Software and Applications	3	48	24	24						3			
	21121301	地图制图学基础 A Foundation of Cartology A	3.5	56	36	20				3.5					
	21127701	工程测量学 A Engineering Surveying A	3.5	56	48	8							3.5		
	21117700	遥感原理与应用 Principles and Applications of Remote Sensing	2.5	40	40							2.5			
	20508400	工程地质学基础 B Principles of Engineering Geology B	2.5	40	40						2.5				

课程类别 Course Classification	课程编号 Course Code	课程名称 Course Name	学分 Crs	学时 Hrs	学时分类 Class Hours		先修课程 Prerequisite Courses	学期学分分配 Semester Credits							
					讲课 Lec.	实验 Lab.		一 1st	二 2nd	三 3rd	四 4th	五 5th	六 6th	七 7th	八 8th
专业主干课 Main Specialty Courses	20502300	变形观测与数据处理 Deformation Observation and Data Processing	2	32	32								2		
	小计 **Sum**		**33.5**	**536**	**406**	**130**		**0**	**0**	**3.5**	**2.5**	**15.5**	**12**	**0**	**0**
专业选修课 Specialty Elective Courses		具体见专业选修课列表	17	272											
合计 **Sub-total**			**144.5**	**2392**	**1670**	**258**		**19**	**29.5**	**23.5**	**16**	**15.5**	**12**	**0**	**0**
实践环节 Practical Work	44300200	军事训练 Military Training	2	2 周				2							
	41919500	计算机高级语言课程设计(C++) Course Design for Computer High-level Language(C++)	1.5	1.5 周				1.5							
	41920200	面向对象程序设计课程设计 Course Design of Object-oriented Programming	1.5	1.5 周					1.5						
	41126600	数字地形测量教学实习 Digital Topographic Survey Teaching Practice	6	6 周							6				
	41126700	摄影测量教学实习 Teaching Practice of Photogrammetry	2	2 周								2			
	41126800	大地测量教学实习 Geodetic Surveying Teaching Practice	3	3 周									3		
	41126900	GNSS 教学实习 GNSS Surveying Teaching Practice	2	2 周									2		
	41127000	工程测量教学实习 Engineering Geodetic Surveying Teaching Practice	1	1 周										1	
	41122300	毕业设计(论文) Graduation Design (Thesis)	16	16 周											16
	小计 **Sum**		**35**	**35 周**	**0**	**0**		**3.5**	**1.5**	**0**	**6**	**2**	**5**	**1**	**16**

课程类别 Course Classification	课程编号 Course Code	课程名称 Course Name	学分 Crs	学时 Hrs	学时分类 Class Hours		先修课程 Prerequisite Courses	学期学分分配 Semester Credits							
					讲课 Lec.	实验 Lab.		一 1st	二 2nd	三 3rd	四 4th	五 5th	六 6th	七 7th	八 8th
创新创业自主学习 Autonomous Learning	ZZ35000S	社会调查 Social Investigation	2												
		其他(学科竞赛、发明创造、科研报告) Others (Contest, Invention, Innovation and Research Presentation)	3												
	小计 **Sum**		**5**												
总计 **Total**			**184.5**	**2392 + 35 周**	**1670**	**258**		**22.5**	**31**	**23.5**	**22**	**17.5**	**17**	**1**	**16**
可开出专业选修课列表 Specialty Elective Courses	20520302	土力学 Soil Mechanics	3	48	40	8					3				
	21921303	计算机图形学C Computer Graphics C	2	32	32						2				
	21110600	遥感图像处理 Remote Sensing Image Processing	2.5	40	28	12								2.5	
	21110800	遥感图像解译 Remote Sensing and Image Interpretation	2	32	24	8								2	
	21108100	数字地面模型 Digital Terrain Model-DTM	2	32	24	8								2	
	21105400	激光雷达技术 Lidar Technology	2	32	24	8								2	
	21127100	测绘工程监理与招投标 Surveying Project Supervision and Bidding	2	32	32							2			
	21124500	测绘管理与法律法规 Surveying Management and Laws	1.5	24	24								1.5		
	21127200	不动产测量与管理 Real Estate Surveying and Management	2.5	40	22	18						2.5			
	21127300	工程与工业摄影测量 Engineering and Industrial Photogrammetry	1.5	24	24								1.5		
	20516200	土木工程概论 Introduction to Civil Engineering	2	32	32							2			
	20513400	路桥勘测设计 Reconnaissance and Design of Road and Bridge	2	32	32								2		

课程类别 Course Classification	课程编号 Course Code	课程名称 Course Name	学分 Crs	学时 Hrs	学时分类 Class Hours		先修课程 Prerequisite Courses	学期学分分配 Semester Credits							
					讲课 Lec.	实验 Lab.		一 1st	二 2nd	三 3rd	四 4th	五 5th	六 6th	七 7th	八 8th
可开出专业选修课列表 Specialty Elective Courses	20530200	岩土工程监测 Rock and Soil Engineering	2	32	32							2			
	21128700	数字地球与智慧城市 Digital Earth and Smart City	2	32	20	12							2		
	21127400	3S集成与应用 Integration and Application of GIS,RS and GPS	2	32	32									2	
	21126000	专业英语阅读 Specialized English Reading	1.5	24	24								1.5		
	21127500	科技论文写作 Scientific Writing	1.5	24	24									1.5	
	21121200	文献信息检索 Information Retrieval	1.5	24	24			1.5							

注：1. 通识教育选修课学分和创新创业自主学习学分未列入具体学期。通识教育选修课建议涵盖经济管理等知识。

2. 专业选修课学分不得低于17学分，建议选修课内容涵盖：土力学B、计算机图形学，土木工程概论、岩土工程监测、测绘管理与法律法规、不动产测量与管理，测绘工程监理与招投标、文献信息检索、科技论文写作等知识。

测绘工程专业课程分类统计

Course Category Statistics of Surveying and Mapping Engineering

课程学分 / 统计	通识教育课 Liberal Education Courses		学科基础课 Disciplinary Fundamental Courses	专业主干课 Main Specialty Courses	专业选修课 Specialty Elective Courses	实践环节 Practical Work	创新创业自主学习 Autonomous Learning	学时总计 Total Hours	学分总计 Total Credits
	必修 Compulsory	选修 Selective							
学时/学分 Hrs/Crs	632/34.5	192/12	760/47.5	536/33.5	272/17	35周/35	5	2392+35周	184.5
学分所占比例 Proportion of Credits	25.20%		25.75%	18.16%	9.21%	18.97%	2.71%		100%

信息工程专业培养方案

专业名称与代码:信息工程　080706

专业培养目标:本专业以空间信息科学为基础,以信息获取、信息的表达与存储、信息传输、信息网络技术、信息管理、分析为核心建立专业知识结构。培养具有信息开发、处理和应用,以及信息系统设计的专业知识,具备基于3S技术(GIS技术、GNSS技术、RS技术)、移动技术、通信网络等技术为基础的空间信息工程、空间信息服务、空间信息平台和空间信息系统集成技术的高级工程技术人才。

培养能在信息产业等相关部门从事信息化软件、新信息服务业务的设计、研发、信息网络集成以及应用等方面工作的信息工程学科的高级工程技术人才,同时也能从事空间信息领域、计算机软件和通信网络领域的专业技术工作;本专业强调与应用领域的密切结合,强调与国内大型企业联合培养新型的人才,强调按企事业单位的具体要求,定制企业所需的开发人才。在培养的课程体系设置方面,主要体现先进性、灵活性、复合性、工程性。

专业毕业要求

1.掌握扎实的数学基础理论和良好的外语技能,掌握文献检索的基本方法,学习空间信息科学与技术的基本理论和基本知识。

2.掌握空间信息系统的采集、开发、分析、处理及应用的技术与方法。

3.具备分析、设计、开发、测试、维护具有GIS、GNSS、RS技术特征的空间信息网络软件的实际工作能力,满足相关行业企业需求。

4.熟悉互联网络的协议和空间信息领域里的方针、政策和法规。

5.了解互联网络和空间信息领域里的理论前沿、应用前景、发展动态、行业需求。

6.具备独立获取知识、提出问题、分析问题和解决问题的基本能力,具有一定的科学研究和实际工作能力。满足升学和学术机构需求。

7.创新创业能力。

毕业要求及实现途径

序号	毕业要求	实现途径(教学过程)
1	具有扎实的数学基础和良好的外语基础,以及具有扎实和宽广的信息领域的理论基础知识;掌握文献检索的基本方法;学习空间信息科学与技术的基本理论和基本知识	①课堂教学:高等数学A、线性代数A、概率论与数理统计A、离散数学、数据库概论A、大学物理,物理实验B、大学英语,信息导论、计算机结构与组成、数据结构。数字测量学、地理信息系统原理、信息网络系统、GNSS原理及其应用、遥感原理与应用、计算机图形学A、算法设计与分析、数字信号处理B ②课外学习:参加英语比赛、数学竞赛、建模比赛等活动
2	掌握空间信息系统的采集、开发、分析、处理及应用的技术与方法	①课堂教学:空间信息服务系统设计、物联网技术与应用、移动地理信息系统、空间信息工程技术、地理空间信息服务、数字地球与智慧城市等 ②课外学习:产学研活动、课外科技活动、毕业设计

序号	毕业要求	实现途径(教学过程)
3	具备分析、设计、开发、测试、维护具有 GIS、GNSS、RS 技术特征的空间信息网络软件的实际工作能力。满足相关行业企业需求	①课堂教学:计算机高级语言程序设计 C、面向对象程序设计 B、嵌入式操作系统、互联网软件开发、智能终端软件开发、软件测试、面向对象软件工程与 UML;计算机高级语言课程设计(C)、面向对象程序设计课程设计、数据结构课程设计 A、数据库课程设计、地理信息系统实习 B、智能终端软件开发实习、信息网络开发综合实习、导航与定位技术实习 ②课外学习:鼓励学生参加计算机等级考试和软件工程师考试。开展“蓝桥杯”和“MAPGIS 二次开发”等软件技能大赛
4	熟悉互联网络的协议和空间信息领域里的方针、政策和法规	①课堂教学:相关的专业课 ②课外学习:浏览相关的网页、新闻
5	了解互联网络和空间信息领域里的理论前沿、应用前景、发展动态、行业需求	①课堂教学:信息工程专业前沿文献阅读、高性能计算、社交媒体与大数据、多媒体信息系统、计算机视觉与空间技术 ②课外学习:3S 论坛、邀请校内外专家来校做学术讲座
6	具备独立获取知识、提出问题、分析问题和解决问题的基本能力,具有一定的科学研究和实际工作能力。满足升学和学术机构需求	①课堂教学: 所有专业基础课的学习和专业课的学习 ②课外学习:学科竞赛、发明创造、科研报告,如组织学生参加各类竞赛(如挑战杯、大学生创新创业等)、产学研、科技活动、毕业设计等
7	创新创业能力	①课堂教学:社会调查、创新创业自主学习 ②课外学习:邀请知名创业人士做报告

主干学科:0812 计算机科学与技术、0816 测绘科学与技术。

专业核心课程:地理信息系统原理、嵌入式操作系统、空间信息服务系统设计、互联网、软件开发、信息网络系统、GNSS 原理及其应用、计算机结构与组成、遥感原理与应用、算法设计与分析、数字信号处理 B。

主要专业实验:地理信息系统原理,互联网软件开发,GNSS 原理及其应用,计算机结构与组成,计算机图形学 A,算法设计与分析、数字信号处理 B。

主要实践性教学环节:计算机高级语言课程设计、面向对象程序设计课程设计、数据结构课程设计、数据库课程设计、地理信息系统实习、智能终端软件开发实习、信息网络开发综合实习、导航与定位技术实习、毕业设计。

修业年限:四年。

授予学位:工学学士。

相近专业:计算机科学与技术、软件工程。

Program for Information Engineering

Specialty and Code: Information Engineering 080706

Education Objective: This major is on the basis of spatial information science. Its professional knowledge structure is established with information retrieval, information presentation and storage, information transmission, information network technology, information management and analysis as the core. We train high quality engineers who will be provided with professional knowledge in fields like information development, processing and application, information system design, spatial information engineering, spatial information service, spatial information platform, spatial information system integration technology that based on 3S (GIS, GNSS, RS) technologies, mobile technology and communications network.

We cultivate senior technical personnel of information or related industries, who will be engaged in the fields of information software, new information service business design, research and development, information networks integration and applications. Meanwhile, they will be competent for other professional technical work, such as spatial information science, computer software and communication network area.

This major emphasizes a strong connection with application fields, which results in the combination with large national firms of training the new breed of talents. Also, we tailor our students to meet with the requirements of enterprises and public institutions. In the setting of course systems, we focus on qualities of advancement, flexibility, compositionality and engineering quality.

Graduation Requirements

1. Have a good command of mathematics and English kills, master the basic approaches in literature retrieval, and learn the fundamental theories and knowledge of spatial information science and technology.

2. Have a good command of the technologies and methods of collection, development, analyzing processing and application in spatial information system.

3. Have the practical work ability on analysing, designing, developing, testing and maintaining a spatial information network software which have technical features of GIS, GNSS and RS. Meet the requirements of related industries.

4. Be familiar with the network protocols and the policies, strategies and rules in the field of spatial information.

5. Understand the frontier theories, application prospect, development trends, industry needs in the field of Network and Spatial Information.

6. Have the basic skills of obtaining knowledge, questioning, problem analysis and problem solving. Have a certain capacity for scientific research and practical work. Meet the requirements of academic or higher education institutions.

7. Innovation and entrepreneurial ability.

Graduation Requirements and Ways to Achieve

No.	Graduation Requirements	Ways to Achieve(Teaching Process)
1	Have a good command of mathematics and English kills, master the basic approaches in literature retrieval, and learn the fundamental theories and knowledge of spatial information science and technology	①Classroom Teaching: Advanced Mathematics A, Linear Algebra A, Probability and Mathematical Statistics A, Discrete Mathematics, Introduction to Database A, College Physics, Physical Experiment B, College English, Information Introduction, Computer Organization and Architecture, Data Structure. Digital Surveying B, Principles of Geographic Information System, Information Network System, Principles and Applications of GNSS, Principles and Applications of Remote Sensing, Computer Graphics A, Algorithms Design and Analysis, Digital Signal Process B ②Out-of-class Learning: attend english contest, mathematical competition, or modeling contest
2	Have a good command of the technologies and methods of collection, development analyzing, processing and application in spatial information system	①Classroom Teaching: Design Principle of Spatial Information Service Systems, Technologies and Applications of Internet of Things, Mobile GIS, Spatial Information Engineering Technologies, Geospatial Information Service, Digital Earth and Smart City, etc ② Out-of-class Learning: Production, Teaching and Research Activity, Extracurricular Technological Activity, Graduation Design
3	Have the practical work ability on analyzing, designing, developing, testing and maintaining a spatial information network software which have technical features of GIS, GNSS and RS. Meet the requirements of related industries	①Classroom Teaching: Program Design of Advance Computer Language C, Object-Oriented Programming B, Embedded Operating Systems, Internet Software Development, Intelligent Terminal Software Development, Software Testing, Object-Oriented Software Engineering and UML, Curriculum Design of Advanced Computer Language (C), Curriculum Design of Object-Oriented Programming, Curriculum Design of Data Structure A, Curriculum Design of Database, Practice of Geographic Information System B, Practice of Intelligent Terminal Software Development, Comprehensive Practice of Information Network Development, Practice of Navigation and Positioning Technology ②Out-of-class Learning: encourage students to take the Computer Rank Examination and Software Engineer Examination, carry out software skills competition, such as the "Blue Bridge Cup" and MAPGIS secondary development

No.	Graduation Requirements	Ways to Achieve(Teaching Process)
4	Familiar with the network protocols and the policies, strategies and rules in the field of spatial information	①Classroom Teaching: related professional courses ② Out-of-class Learning: browsing related websites and read refer to trade standards
5	Understand the frontier theories, application prospect, development trends, industry needs in the field of Network and Spatial Information	①Classroom Teaching: Up-to-date Specialized Literature Searching, High Performance Computing, Social Media and Big Data, Multimedia Information Systems, Computer Vision and Spatial Technologies ② Out-of-class Learning: 3S Forum, invite Scholars and experts to give academic lectures
6	Have the basic skills of obtaining knowledge, questioning, problem analysis and problem solving. Have a certain capacity for scientific research and practical work. Meet the requirements of academic or higher education institutions	①Classroom Teaching: Study All Professional Basic Courses and Professional Courses ②Out-of-class Learning: major competition, invention and creation, scientific research, such as organizing students to participate in various competitions (the Challenge Cup, College Students Innovation and Entrepreneurship, etc), Production-study-academic Research Projects, Science Activities, Graduation Design, etc
7	Innovation and entrepreneurial ability	① Classroom Teaching: Social Investigation, Innovation and Entrepreneurship Autonomous Learning ②Out-of-class Learning: inviting well-renowned entrepreneurs to deliver reports

Major Disciplines: Computer Science and Technology, Science and Technology of Surveying and Mapping.

Main Courses: The Principles of Geographic Information System, Embedded Operating System, Design Principle of Spatial Information Service System, Internet Software Design, Information Network System, Principles and Applications of GNSS, Computer Structure and Composing, Principles and Applications of Remote Sensing, Algorithms Design and Analysis, Digital Signal Processing B.

Lab Experiments: The Principles of Geographic Information System, Internet Software Design, Principles and Applications of GNSS, Structure and Composing, Computer Graphics A, Algorithms Design and Analysis, Digital Signal Processing B.

Practical Work: Course Design for Computer High-Level Language C++, Course Design of Object-Oriented Programming, Course Design for Data Structure A, Course Design for Database, Geographic Information System Practice, Intelligence Terminal Software Development Practice, Information Network Design Comprehensive Practice, Navigation and Orientation Practice, Graduation Design (Thesis).

Duration: four years.

Degree Granted: Bachelor of Engineering.

Related Specialties: Computer Science and Technology, Software Engineering.

信息工程专业课程教学计划表

Course Descriptions of Information Engineering

课程类别 Course Classification	课程编号 Course Code	课程名称 Course Name	学分 Crs	学时 Hrs	学时分类 Class Hours 讲课 Lec.	学时分类 Class Hours 实验 Lab.	先修课程 Prerequisite Courses	学期学分分配 Semester Credits 一 1st	二 2nd	三 3rd	四 4th	五 5th	六 6th	七 7th	八 8th
通识教育课 Liberal Education Courses 必修 Compulsory	11706200	马克思主义基本原理 Principles of Marxism	3	48	48				3						
	11706500	毛泽东思想与中国特色社会主义理论体系概论 Introduction to Mao Tse-tung Thought and the Theoretical System of Socialism with Chinese Characteristics	4	64	64						4				
	11711800	中国近现代史纲要 The Essentials of Modern Chinese History	2	32	32					2					
	120002＊0	思想道德修养与法律基础 Morality Education and Fundamentals of Law	3	48	48			1.5	1.5						
	113076＊0	体育 Physical Education	4	144	144			1	1	1	1				
	109116＊0	大学英语 College English	12	192	192			3	3	3	3				
	21919400	计算机高级语言程序设计(C＋＋) Projects of High-level Programming Language(C＋＋)	3.5	56	36	20		3.5							
	21114500	信息导论 Introduction to Information Engineering	1	16	16			1							
	14300100	军事理论 Military Theory	2	32	32			2							
选修 Elective	总计12学分，含创新创业选修课学分，跨学科选修课不低于6学分。“形势与政策”课程作为限选课，由马克思主义学院实施		12	192											
	小计 Sum		**46.5**	**824**	**612**	**20**		**12**	**8.5**	**6**	**8**	**0**	**0**	**0**	**0**
学科基础课 Disciplinary Fundamental Courses	212127＊1	高等数学 A Advanced Mathematics A	11.5	184	184			5	6.5						
	21212801	线性代数 A Linear Algebra A	3.5	56	56			3.5							
	21906800	面向对象程序设计 B Object-oriented Programming B	3	48	28	20			3						
	212130＊3	大学物理 C College Physics C	6	96	96				3.5	2.5					

课程类别 Course Classification	课程编号 Course Code	课程名称 Course Name	学分 Crs	学时 Hrs	学时分类 Class Hours		先修课程 Prerequisite Courses	学期学分分配 Semester Credits							
					讲课 Lec.	实验 Lab.		一 1st	二 2nd	三 3rd	四 4th	五 5th	六 6th	七 7th	八 8th
学科基础课 Disciplinary Fundamental Courses	21213202	物理实验 B Physics Experiments B	2	32		32			2						
	20107300	自然地理与地质学 Physical Geography and Geology	2.5	40	40				2.5						
	21216502	离散数学 B Discrete Mathematics B	3.5	56	56					3.5					
	21908701	数据库概论 A Introduction to Database A	3.5	56	44	12				3.5					
	21915900	数据结构 Data Structure	4	64	48	16				4					
	21213501	概率论与数理统计 A Probability and Mathematics Statistics A	3.5	56	56					3.5					
	21123100	数字测量学 Digital Surveying	3.5	56	36	20					3.5				
	小计 Sum		**46.5**	**744**	**644**	**100**		**8.5**	**17.5**	**17**	**3.5**	**0**	**0**	**0**	**0**
专业主干课 Main Specialty Courses	21114800	地理信息系统原理 Principles of Geographic Information System	3	48	28	20					3				
	21119700	嵌入式操作系统 Embedded Operating System	3	48	48						3				
	21112500	空间信息服务系统设计 Design Principle of Spatial Information Service System	2.5	40	40		地理信息系统原理					2.5			
	21112700	互联网软件开发 Internet Software Development	3.5	56	40	16							3.5		
	21128200	信息网络系统 Information Network System	3	48	48							3			
	21123602	GNSS 原理及其应用 B GNSS Principles and Applications B	2.5	40	32	8							2.5		
	21121400	计算机结构与组成 Computer Structure and Composing	3.5	56	48	8				3.5					
	21117700	遥感原理与应用 Principles and Applications of Remote Sensing	2.5	40	40						2.5				
	21921301	计算机图形学 A Computer Graphics A	3.5	56	40	16						3.5			
	21117400	算法设计与分析 Algorithms Design and Analysis	2.5	40	32	8					2.5				
	21127801	数字信号处理 A Digital Signal Processing A	3	48	40	8					3				
	小计 Sum		**32.5**	**520**	**436**	**84**		**0**	**0**	**3.5**	**14**	**9**	**6**	**0**	**0**

课程类别 Course Classification	课程编号 Course Code	课程名称 Course Name	学分 Crs	学时 Hrs	学时分类 Class Hours		先修课程 Prerequisite Courses	学期学分分配 Semester Credits							
					讲课 Lec.	实验 Lab.		一 1st	二 2nd	三 3rd	四 4th	五 5th	六 6th	七 7th	八 8th
专业选修课 Specialty Elective Courses		具体见专业选修课列表	20	320											
合计 **Sub-total**			**145.5**	**2408**	**1692**	**204**		**20.5**	**26**	**26.5**	**25.5**	**9**	**6**	**0**	**0**
实践环节 Practical Work	44300200	军事训练 Military Training	2	2周				2							
	41919500	计算机高级语言课程设计(C++) Projects of High-level Programming Language(C++)	1.5	1.5周				1.5							
	41920200	面向对象程序设计课程设计 Projects of Object-oriented Programming	1.5	1.5周					1.5						
	40115300	自然地理与地质学实习 Practice of Physical Geography and Geology	2	2周					2						
	41920901	数据结构课程设计A Projects of Data Structure A	2	2周						2					
	41921200	数据库课程设计 Projects of Database	2	2周						2					
	41123801	地理信息系统实习A Practice of Geographic Information System A	2	2周							2				
	41125000	智能终端软件开发实习 Practice of Intelligence Terminal Software Development	2	2周								2			
	41127900	信息网络开发综合实习 Development Comprehensive Practice of Information Network	2	2周								2			
	41128000	导航与定位技术实习 Practice of Navigation and Orientation	1.5	1.5周									1.5		
	41122300	毕业设计(论文) Graduation Design (Thesis)	16	16周											16
	小计 **Sum**		**34.5**	**34.5周**				**3.5**	**3.5**	**4**	**2**	**4**	**1.5**	**0**	**16**

课程类别 Course Classification	课程编号 Course Code	课程名称 Course Name	学分 Crs	学时 Hrs	学时分类 Class Hours		先修课程 Prerequisite Courses	学期学分分配 Semester Credits							
					讲课 Lec.	实验 Lab.		一 1st	二 2nd	三 3rd	四 4th	五 5th	六 6th	七 7th	八 8th
创新创业自主学习 Autonomous Learning	ZZ35000S	社会调查 Social Investigation	2												
		其他（学科竞赛、发明创造、科研报告） Others（Contest，Invention，Innovation and Research Presentation）	3												
	小计 **Sum**		**5**												
总计 **Total**			**185**	**2408 ＋ 34.5 周**	**1692**	**204**		**24**	**29.5**	**30.5**	**27.5**	**13**	**7.5**	**0**	**16**
可开出专业选修课列表 Specialty Elective Courses	21112800	智能终端软件开发 Intelligence Terminal Software Development	3	48	40	8	嵌入式操作系统					3			
	21119900	高性能计算 High Performance Computing	2.5	40	24	16						2.5			
	21917500	物联网技术与应用 Technologies and Applications of Internet of Things	2.5	40	32	8	信息网络系统						2.5		
	21125100	地理空间信息服务 Geospatial Information Service	2	32	32								2		
	21128700	数字地球与智慧城市 Digital Earth and Smart City	2	32	20	12							2		
	21122800	移动地理信息系统 Mobile GIS	2.5	40	28	12	地理信息系统原理					2.5			
	21120000	空间信息工程技术 Spatial Information Engineering Technologies	2.5	40	40		地理信息系统原理						2.5		
	21123000	地理建模方法 Geographic Modeling Methods	2.5	40	24	16							2.5		
	21113500	信息工程专业前沿文献阅读 Up-to-date Specialized Literature Searching	2	32	32								2		
	21125800	社交媒体与大数据 Social Media and Big Data	2	32	24	8							2		
	21113900	多媒体信息系统 Multimedia Information System	2.5	40	28	12						2.5			
	21128100	计算机视觉与空间技术 Computer Vision and Spatial technologies	2.5	40	40								2.5		

课程类别 Course Classification	课程编号 Course Code	课程名称 Course Name	学分 Crs	学时 Hrs	学时分类 Class Hours 讲课 Lec.	实验 Lab.	先修课程 Prerequisite Courses	学期学分分配 Semester Credits 一 1st	二 2nd	三 3rd	四 4th	五 5th	六 6th	七 7th	八 8th
可开出专业选修课列表 Specialty Elective Courses	21122400	数据挖掘与数据分析 Data Mining and Data Analysis	2.5	40	24	16							2.5		
	21110600	遥感图像处理 Remote Sensing Image Processing	2.5	40	28	12	遥感原理与应用					2.5			
	21122700	空间统计与分析 Spatial Statistics and Analysis	2.5	40	24	16						2.5			
	21905400	信息论与编码 A Information Theory and Coding A	3	48	40	8							3		
	21106500	软件测试 Software Testing	2	32	16	16							2		
	21125300	面向对象软件工程与UML(B) Object-oriented Software Engineering and UML(B)	2	32	24	8	面向对象程序设计 B						2		
	21107200	软件项目管理 Software Project Management	2.5	40	40							2.5			
	21116400	人机交互技术 Human-Computer Interaction Technologies	2.5	40	24	16							2.5		
	21116500	设计模式 Design Patterns	2.5	40	24	16							2.5		
	21127400	3S集成与应用 Integration and Application of GIS ,RS and GPS	2	32	32									2	
	21910900	网络与信息安全 Networks and Information Security	2.5	40	40									2.5	
	21117600	Linux 内核设计 Linux Core Design	2.5	40	24	16								2.5	

注：通识教育选修课学分和创新创业自主学习学分未列入具体学期。

信息工程专业课程分类统计

Course Category Statistics of Information Engineering

课程学分 / 统计	通识教育课 Liberal Education Courses 必修 Compulsory	选修 Selective	学科基础课 Disciplinary Fundamental Courses	专业主干课 Main Specialty Courses	专业选修课 Specialty Elective Courses	实践环节 Practical Work	创新创业自主学习 Autonomous Learning	学时总计 Total Hours	学分总计 Total Credits
学时/学分 Hrs/Crs	632/34.5	192/12	744/46.5	520/32.5	320/20	34.5周/34.5	5	2408＋34.5周	185
学分所占比例 Proportion of Credits	25.14%		25.14%	17.57%	10.81%	18.65%	2.70%		100%

数学与物理学院

- 数学与应用数学专业培养方案
- 物理学(光电子学方向)专业培养方案
- 信息与计算科学专业培养方案

数学与应用数学专业培养方案

专业名称与代码：数学与应用数学　070101

专业培养目标：本专业培养具有良好的数学素养，掌握数学基本理论、基本知识与基本方法，学术与应用并重，能够运用数学知识解决实际问题，具备教学科研基本能力，能从事数学理论研究及应用开发工作的专门人才。

专业毕业要求

本专业学生主要学习数学和应用数学的基本理论及方法，熟练掌握数学专业的专业知识和技能，受到严格的数学理论逻辑思维训练；较好地掌握一门外语，能够比较顺利地阅读和翻译数学专业外文书刊；基本掌握计算机应用技术；获得科学研究的初步训练，有较强的数学素养，初步具有解决实际问题的能力。培养具备数学教育研究、数学科学研究、数学实际应用等基本能力。

毕业生应获得以下几个方面的知识和能力

1. 掌握基础数学中的分析、代数、几何方面的理论和方法，并能获得较强的逻辑推理能力、抽象思维能力，初步掌握数学科学的基本方法，具备数学建模、数学计算以及分析问题、解决问题的基本能力。

2. 具有良好的使用计算机的能力，能够进行简单的程序编写，掌握多种数学软件的使用方法。

3. 掌握先进科学的教育理论及其教育规律，具有从事数学教育工作所必备的基本素质，具备良好的教师职业素养和从事数学教学的基本能力，具有一定的教育管理能力。

4. 了解近代数学的发展概貌及其在社会发展中的作用，了解数学科学的若干最新发展，了解数学教学领域的一些最新研究成果和教学方法，了解相近专业的一般原理和知识。

5. 掌握资料查询、文献检索及运用现代信息技术获得相关信息的基本方法，初步具有从事数学理论及应用的工作能力。

毕业要求及实现途径

序号	毕业要求	实现途径(教学过程)
1	掌握基础数学中的分析、代数、几何方面的理论和方法，并能获得较强的逻辑推理能力、抽象思维能力，初步掌握数学科学的基本方法，具备数学建模、数学计算以及分析问题、解决问题的基本能力	课堂教学：数学分析、高等代数、空间解析几何
2	具有良好的使用计算机的能力，能够进行简单的程序编写，掌握多种数学软件的使用方法	①课堂教学：数值分析 ②课外学习：数学建模实习、数值分析实习
3	掌握先进科学的教育理论及其教育规律，具有从事数学教育工作所必备的基本素质；具备良好的教师职业素养和从事数学教学的基本能力，具有一定的教育管理能力	①课堂教学：数学教育学 ②课外学习：教学实习
4	了解近代数学的发展概貌及其在社会发展中的作用，了解数学科学的若干最新发展，了解数学教学领域的一些最新研究成果和教学方法，了解相近专业的一般原理和知识	①课堂教学：抽象代数、泛函分析、小波分析等 ②课外学习：社会调查
5	掌握资料查询、文献检索及运用现代信息技术获得相关信息的基本方法，初步具有从事数学理论及应用的工作能力	课外学习：毕业论文

主干学科:数学与应用数学。

专业核心课程:数学分析、高等代数、空间解析几何、数值分析、数学物理方程、常微分方程、概率论、实变函数、泛函分析、数学模型与实验、数学教育学、教育心理学等。

主要专业实验:数学建模实习、数值分析实习。

主要实践性教学环节:教学实习、计算机程序课程设计、数学实验、社会调查、毕业设计(论文)等。

修业年限:四年。

授予学位:理学学士。

相近专业:信息与计算数学、统计学。

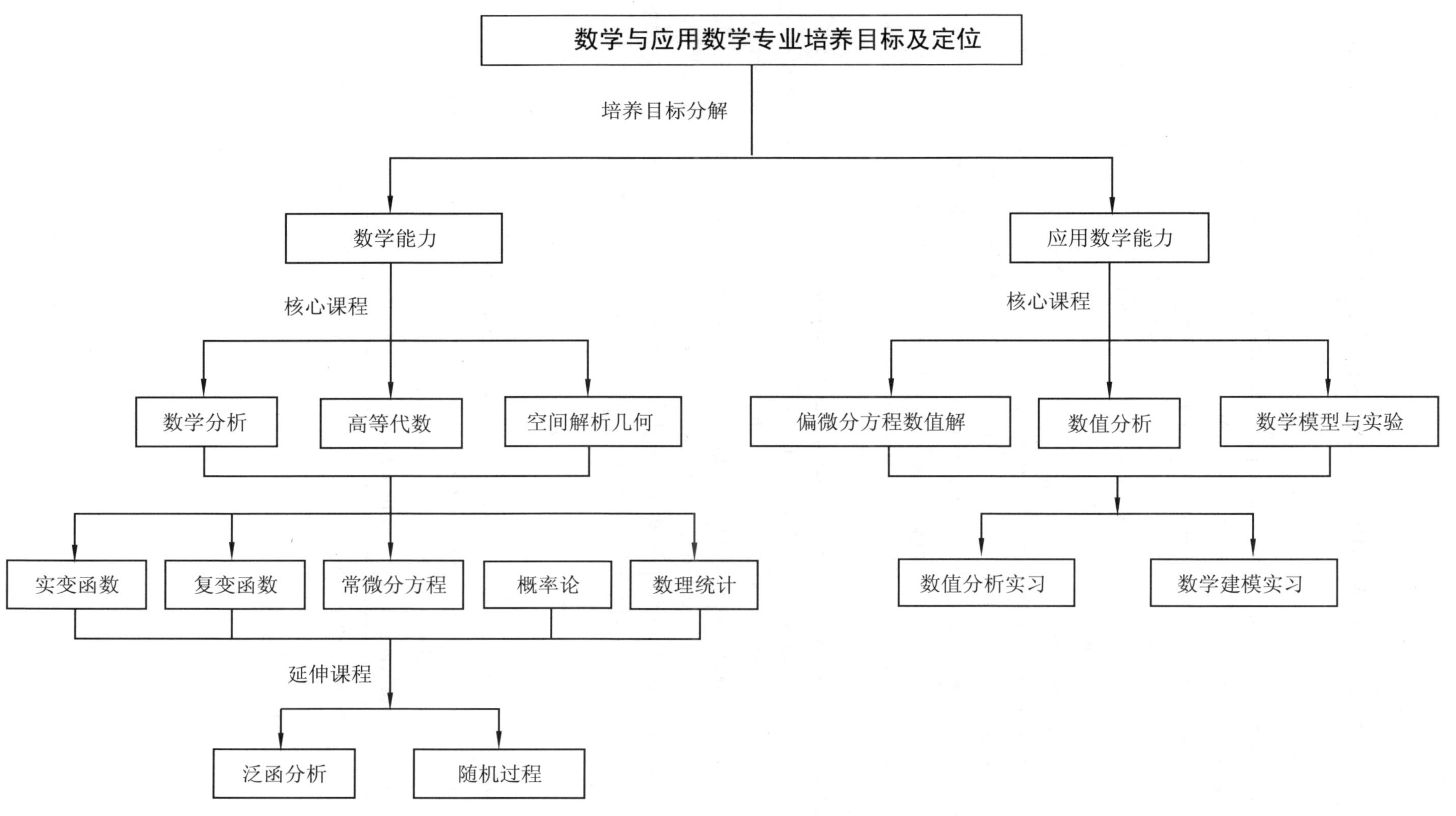
数学与应用数学专业培养目标及定位
培养目标分解
数学能力
核心课程
数学分析
高等代数
空间解析几何
实变函数
复变函数
常微分方程
概率论
数理统计
延伸课程
泛函分析
随机过程
应用数学能力
核心课程
偏微分方程数值解
数值分析
数学模型与实验
数值分析实习
数学建模实习

Program for Mathematics and Applied Mathematics

Specialty and Code: Mathematics and Applied Mathematics 070101

Education Objective: The major objective is to cultivate senior specialized talents who will have good mathematic foundation, master basic theories, knowledge and methods of mathematics, be capable of applying mathematic knowledge to solve practical problems, and attain basic ability of mathematical teaching and researching. At the end, they are able to do mathematical research and apply mathematical knowledge into practical application.

Graduation Requirements

The students mainly study basic theories, basic knowledge and basic methods of mathematics and applied mathematics, try to master the knowledge and skills of mathematics, and receive strict logical thinking training of mathematic theory. The students should learn one foreign language fairly well so as to be able to read and translate foreign books and periodicals of this major relatively smoothly, and have the preliminary ability of solving practical problems, doing educational research and scientific research and mathematical application.

Graduates should acquire the following knowledge and abilities

1. Mastering the theory and methods of analysis algebra and geometry in fundamental mathematics, acquiring strong ability of logical inference, abstract thinking, mastering basic methods of mathematical science, and being able to conduct mathematical modeling and computation.

2. Being able to operate the computer well, and write basic algorithms and use math software.

3. Acquiring advanced scientific education theory and laws, having the capability to teach math with good teaching ethics, basic teaching ability and education management ability.

4. Understanding the development panorama of modern mathematics and its function in social development, the latest research fruits and teaching methods, and general theory and knowledge of related fields.

5. Being able to conduct research both in theory and application field Grasping the basic methods of literature search, data query and getting information with modern information technology, attaining preliminary working ability in mathematic theory and application.

Graduation Requirements and Ways to Achieve

No.	Graduation Requirements	Ways to Achieve(Teaching Process)
1	Mastering the theory and methods of analysis, algebra and geometry in fundamental mathematics, acquiring strong ability of logical inference, abstract thinking, mastering basic methods of mathematical science, and being able to conduct mathematical modeling and computation	Classroom Teaching: Mathematical Analysis, Advanced Algebra, Space Analytical Geometry

No.	Graduation Requirements	Ways to Achieve(Teaching Process)
2	Being able to operate the computer well, and write basic computer programs and use math software	①Classroom Teaching:Numerical Analysis ② Out-of-class Learning: Mathematical Modeling Practice, Numerical Analysis Practice
3	Acquiring advanced scientific education theory and laws, having the capability to teach maths with good teaching ethics, basic teaching ability and education management ability	① Classroom Teaching: Mathematics Pedagogy ②Out-of-class Learning:Teaching Practice
4	Understanding the development panorama of modern mathematics and its function in social development, the latest research fruits and teaching methods, and general theory and knowledge of related majors	① Classroom Teaching: Abstract Algebra, Functional Analysis, Analysis of Wavelets ② Out-of-class Learning: Social Investigation
5	Grasping the basic methods of literature search, data query and getting information with modern information technology, attaining preliminary working ability in mathematic theory and application	Out-of-class Learning:Dissertation

Major Disciplines: Mathematics and Applied-Mathematics.

Main Courses: Mathematical Analysis, Advanced Algebra, Space-Analytic Geometry, Numerical Analysis, Mathematical Equation. Ordinary Differential Equation, Probability Theory, Real Analysis. Functional Analysis, Mathematical Model and Experiment, Mathematical Pedagogy, Educational Psychology, etc.

Lab Experiments: Mathematical Modeling Practice, Numerical Analysis Practice.

Practical Work: Teaching Practice, Computer Programming Design, Mathematical Experiments, Social Investigation, Graduation Thesis(Design), etc.

Duration: four years.

Degree Granted: Bachelor of Science (BS).

Related Specialties: Science of Information and Computation, Statistics.

数学与应用数学专业课程教学计划表

Course Descriptions of Mathematics and Applied Mathematics

课程类别 Course Classification		课程编号 Course Code	课程名称 Course Name	学分 Crs	学时 Hrs	学时分类 Class Hours 讲课 Lec.	实验 Lab.	先修课程 Prerequisite Courses	学期学分分配 Semester Credits 一 1st	二 2nd	三 3rd	四 4th	五 5th	六 6th	七 7th	八 8th
通识教育课 Liberal Education Courses	必修 Compulsory	11706200	马克思主义基本原理 Principles of Marxism	3	48	48			3							
		11706500	毛泽东思想与中国特色社会主义理论体系概论 Introduction to Mao Tse-tung Thought and the Theoretical System of Socialism with Chinese Characteristics	4	64	64					4					
		11711800	中国近现代史纲要 The Essentials of Modern Chinese History	2	32	32						2				
		120002*0	思想道德修养与法律基础 Morality Education and Fundamentals of Law	3	48	48			1.5	1.5						
		113076*0	体育 Physical Education	4	144	144			1	1	1	1				
		109116*0	大学英语 College English	12	192	192			3	3	3	3				
		11918901	C语言程序设计A C Language Programming A	3.5	56	40	16			3.5						
		21208900	数学专业导论 Introduction to Mathematics	1	16	16			1							
		14300100	军事理论 Military Theory	2	32	32			2							
	选修 Elective	总计12学分,含创新创业选修课学分,跨学科选修课不低于6学分。"形势与政策"课程作为限选课,由马克思主义学院实施		12	192											
		小计 Sum		**46.5**	**824**	**616**	**16**		**11.5**	**9**	**8**	**6**	**0**	**0**	**0**	**0**
学科基础课 Disciplinary Fundamental Courses		212130*2	大学物理B College Physics B	7	112	112				3.5	3.5					
		21213202	物理实验B Physics Experiment B	2	32		32			2						
		212095*0	数学分析 Mathematical Analysis	16.5	264	264			4.5	6	6					
		212094*0	高等代数 Advanced Algebra	8.5	136	136			4	4.5						
		21204300	空间解析几何 Analytical Geometry	2.5	40	40			2.5							

课程类别 Course Classification	课程编号 Course Code	课程名称 Course Name	学分 Crs	学时 Hrs	学时分类 Class Hours		先修课程 Prerequisite Courses	学期学分分配 Semester Credits							
					讲课 Lec.	实验 Lab.		一 1st	二 2nd	三 3rd	四 4th	五 5th	六 6th	七 7th	八 8th
学科基础课 Disciplinary Fundamental Courses	21209700	常微分方程 Ordinary Differential Equations	3.5	56	56		数学分析 高等代数				3.5				
	21209800	概率论 Probability Theory	4	64	64		数学分析					4			
	21209900	实变函数 Real Analysis	3.5	56	56		数学分析				3.5				
	21210000	数值分析 Numerical Analysis	3.5	56	56		数学分析 高等代数					3.5			
	21201800	复变函数 Complex Analysis	3	48	48		数学分析				3				
	21213600	运筹学 Operations Research	4	64	64								4		
	21213700	Matlab 程序设计 Matlab Programming	2	32	24	8				2					
	21909102	数据库原理 B Principle of Database B	2.5	40	32	8	C 程序设计			2.5					
	21205500	数理逻辑 Mathematical Logic	1.5	24	24							1.5			
	小计 **Sum**		**64**	**1024**	**976**	**48**		**11**	**16**	**14**	**10**	**9**	**4**	**0**	**0**
专业主干课 Main Specialty Courses	21206400	数学物理方程 Mathematics and Physics Equations	3.5	56	56		数学分析 复变函数 常微分方程					3.5			
	21210200	数理统计 Mathematical Statistics	3.5	56	56		概率论						3.5		
	21210300	抽象代数 Abstract Algebra	2	32	32		高等代数				2				
	21201700	泛函分析 Functional Analysis	2.5	40	40		实变函数					2.5			
	21207100	微分几何 Differential Geometry	2	32	32		解析几何				2				
	21210400	偏微分方程数值解 Numerical Solution of Partial Differential Equation	3	48	40	8	数学物理方程						3		
	21207000	拓扑学 Topology	2	32	32		解析几何					2			
	21213800	数学模型与实验 Mathematic Model and Experiment	2	32	32								2		
	21206800	随机过程 Stochastic Processes	3	48	48		概率论 数理统计							3	
	小计 **Sum**		**23.5**	**376**	**368**	**8**		**0**	**0**	**0**	**4**	**8**	**8.5**	**3**	**0**

课程类别 Course Classification	课程编号 Course Code	课程名称 Course Name	学分 Crs	学时 Hrs	学时分类 Class Hours		先修课程 Prerequisite Courses	学期学分分配 Semester Credits							
					讲课 Lec.	实验 Lab.		一 1st	二 2nd	三 3rd	四 4th	五 5th	六 6th	七 7th	八 8th
专业选修课 Specialty Elective Courses		具体见专业选修课列表	16	256											
合计 Sub-total			**150**	**2480**	**1960**	**72**		**22.5**	**25**	**22**	**20**	**17**	**12.5**	**3**	**0**
实践环节 Practical Work	44300200	军事训练 Military Training	2	2 周				2							
	41919001	C 语言课程设计 Course Design for C Language	1.5	1.5 周					1.5						
	41214200	教学实习 Teaching-Practice	12.5	12.5 周										12.5	
	41213900	数学建模实习 Mathematic Modeling Practice	3.5	3.5 周									3.5		
	41214000	数值分析实习 Numerical Analysis Practice	3	3 周								3			
	41214100	毕业论文 Graduation Thesis	12.5	12.5 周											12.5
	小计 Sum		**35**	**35 周**				**2**	**1.5**	**0**	**0**	**3**	**3.5**	**12.5**	**12.5**
创新创业自主学习 Autonomous Learning	ZZ35000S	社会调查 Social Investigation	2												
		其他(学科竞赛、发明创造、科研报告) Others (Contest, Invention, Innovation and Research Presentation)	3												
	小计 Sum		**5**												
总计 Total			**190**	**2480＋35 周**	**1960**	**72**		**24.5**	**26.5**	**22**	**20**	**20**	**16**	**15.5**	**12.5**
可开出专业选修课列表 Specialty Elective Courses	11914800	Visual C++程序设计 Visual C++ Programming	2	32	20	12				2					
	21204800	模糊数学 Fuzzy Mathematics	2	32	32										2
	21900602	Java 语言程序设计 B Java Programming B	2	32	32						2				
	21201602	多元统计分析 B Multivariate Statistical Analysis B	3	48	36	12								3	

课程类别 Course Classification	课程编号 Course Code	课程名称 Course Name	学分 Crs	学时 Hrs	学时分类 Class Hours 讲课 Lec.	实验 Lab.	先修课程 Prerequisite Courses	学期学分分配 Semester Credits 一 1st	二 2nd	三 3rd	四 4th	五 5th	六 6th	七 7th	八 8th
可开出专业选修课列表 Specialty Elective Courses	21206100	数学教育学 Mathematics Pedagogy	2	32	32								2		
	21203900	教育心理学 Education Psychology	2	32	32								2		
	20513102	理论力学 B Theoretical Mechanics B	3	48	48					3					
	21912300	信息安全学 Information Security	2	32	32							2			
	21908202	数据结构 B Data Structure B	2.5	40	40						2.5				
	21205300	神经网络 Neural Network	2.5	40	20	20								2.5	
	21905002	计算机图形学 B Computer Graphics B	3	48	32	16								3	
	21208100	小波分析 Analysis of Wavelets	2.5	40	32	8									2.5

注：通识教育选修课学分和创新创业自主学习学分未列入具体学期。

数学与应用数学专业课程分类统计

Course Category Statistics of Mathematics and Applied Mathematics

课程学分 / 统计	通识教育课 Liberal Education Courses 必修 Compulsory	选修 Selective	学科基础课 Disciplinary Fundamental Courses	专业主干课 Main Specialty Courses	专业选修课 Specialty Elective Courses	实践环节 Practical Work	创新创业自主学习 Autonomous Learning	学时总计 Total Hours	学分总计 Total Credits
学时/学分 Hrs/Crs	632/34.5	192/12	1024/64	376/23.5	256/16	35 周/35	5	2480+35 周	190
学分所占比例 Proportion of Credits	24.47%		33.68%	12.36%	8.42%	18.42%	2.63%		100%

物理学(光电子学方向)专业培养方案

专业名称与代码:物理学(光电子学方向)　070201

专业培养目标:本专业培养掌握物理学的基本理论与方法,具有良好的数理基础和实验能力,受到基础研究和光电子学技术应用研究的基本训练,具有较好的科学素养及初步的教学、研究能力,能在物理学和光电子技术应用等相关科学技术领域中从事科研、教学、技术开发以及相关管理工作的高级专门人才。

专业毕业要求

1.德智体全面发展,适应社会主义建设需要,具有良好的科学素养。

2.掌握物理学专业的基础理论知识,有较强的逻辑推理能力和创新意识。

3.具有较强的实验技能和动手能力,具有计算机软、硬件设计和光电技术应用能力。

4.具有初步的教学、科学研究、技术开发和社会适应能力。

5.能够阅读本专业的英文书刊和文献、并能用英语进行交流。

毕业要求及实现途径

序号	毕业要求	实现途径(教学过程)
1	德智体全面发展,适应社会主义建设需要,具有良好的科学素养	①课堂教学:社会主义思政课程、军事理论,以及通识教育选修课程、体育课程、物理专业课程 ②课外学习:军事训练、社会调查、科研训练
2	掌握物理专业的基础理论知识,有较强的逻辑推理能力和创新意识	①课堂教学:物理学专业基础课程、专业主干课程和专业选修课程 ②课外学习:结合理论课程开设的实践课程,包括科学生产实践、科研训练、毕业设计(论文)等
3	具有较强的实验技能和动手能力,具有计算机软、硬件设计和光电技术应用能力	①课堂教学:普通物理实验、近代物理实验、光电子学专门实验、计算物理基础 ②课外学习:实践环节,包括金工实习、电子技术课程设计、计算机高级语言课程设计 C
4	具有初步的教学、科学研究、技术开发和社会适应能力	①课堂教学:专业选修课程 ②课外学习:劳动教育、科学生产实践、物理学教学实习、科研训练、社会调查
5	能够阅读本专业的英文书刊和文献、并能用英语进行交流	①课堂教学:大学英语、专业选修课程 ②课外学习:科学生产实践、科研训练

主干学科:物理学。

专业核心课程:力学、热学、电磁学、应用光学、物理光学、原子物理学、理论力学、电动力学、热力学与统计物理、量子力学、固体物理、计算物理、数学物理方程、电子测试技术等。

主要专业实验:普通物理实验、近代物理实验、光电子学专门实验。

主要实践性教学环节:物理学教学实习、计算机程序课程设计、金工实习、电子技术课程设计、社会调查、科研训练、科学生产实践、毕业设计(论文)等。

修业年限:四年。

授予学位:理学学士。

相近专业:光信息科学与技术、光学工程、电子信息工程。

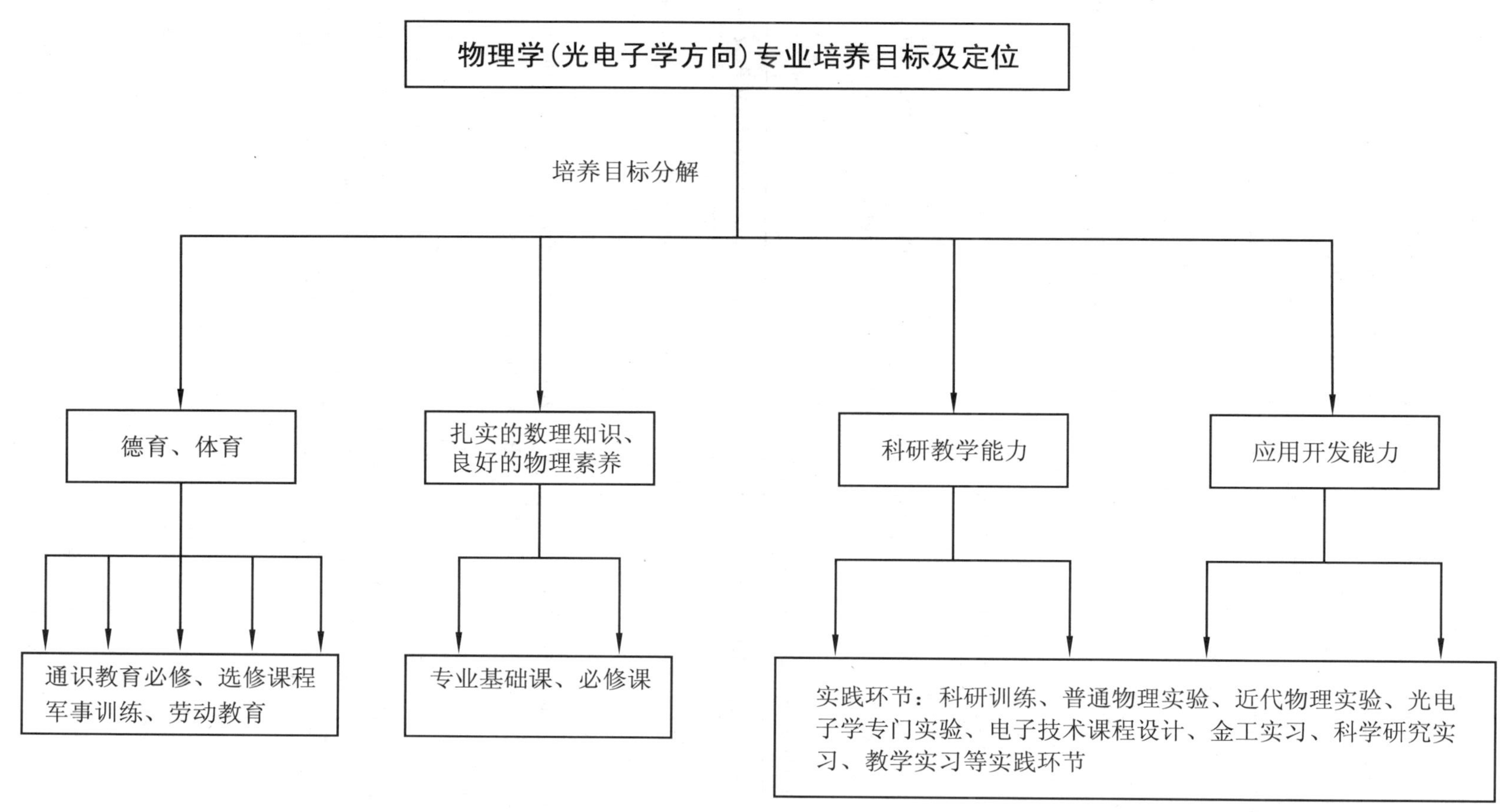
物理学(光电子学方向)专业培养目标及定位
培养目标分解
德育、体育
扎实的数理知识、良好的物理素养
科研教学能力
应用开发能力
通识教育必修、选修课程
军事训练、劳动教育
专业基础课、必修课
实践环节：科研训练、普通物理实验、近代物理实验、光电子学专门实验、电子技术课程设计、金工实习、科学研究实习、教学实习等实践环节

Program for Physics (Focusing on Optoelectronics)

Specialty and Code: Physics(Focusing on Optoelectronics) 070201

Education Objective: Our main goal is to cultivate senior specialists in physics and photoelectron technology, who should learn well the basic theories and methods in physics and mathematics, be skilled at experiments, be well trained in fundamental research and application of photoelectron technology, and be qualified in research, teaching, technology development and management positions.

Graduation Requirements

1. Students should be all-round developed in morality, intellect and physique, cater to the socialist construction, and have good physics competence.

2. Students should learn the basic theoretical knowledge and skills of physics well, be good at logical reasoning and have innovative consciousness.

3. Students should master experimental skills and abilities to design experiments for accurate measurement of physical quantities; students should be able to design computer software and hardware, and apply photoelectric technology.

4. Students should be with the preliminary ability of scientific research and production practice.

5. Students should be able to read professional books and literatures in English, and communicate in English.

Graduation Requirements and Ways to Achieve

No.	Graduation Requirements	Ways to Achieve(Teaching Process)
1	Students should be all-round developed in morality, intellect and physique, cater to the socialist construction, and have good physics competence	①Classroom Teaching: Socialist Ideological and Political, Military Theory, General Education Elective Courses, Physical Education and Specialized Courses in Physics ② Out-of-class Learning: Military Training, Social Surveying and Research Training
2	Students should learn the basic theoretical knowledge and skills of Physics well, be good at logical reasoning and have innovative consciousness	① Classroom Teaching: Theoretical Courses of the Elementary Curriculum and Backbone Curriculum in Physics ②Out-of-class Learning: Practical Courses, Scientific Research Training, Scientific Production Practice and Graduation Design (Thesis)
3	Students should master experimental skills and abilities to design experiments for accurate measurement of physical quantities; Students should be able to design computer software and hardware, and apply photoelectric technology	① Classroom Teaching: General Physics Experiments, Modern Physics Experiments, Photoelectron Experiments, and the Introduction of Computational Physics ②Out-of-class Learning: Metalworking Practice Course, Exercise Courses of Electronic Technology, Exercise Courses of Programming with C Language

No.	Graduation Requirements	Ways to Achieve(Teaching Process)
4	Students should be with the preliminary ability of teaching, scientific research, production practice and social adaptation ability	①Classroom Teaching: Elective Specialized Courses ② Out-of-class Learning: Labor Education, Research Training, Physics Teaching Practice, Scientific Production Practice and Social Survey
5	Students should be able to read professional books and literatures in English, and communicate in English	①Classroom Teaching: College English and Elective Specialized Courses ② Out-of-class Learning: Scientific Production Practice, Research Training

Major Disciplines: Physics.

Main Courses: Mechanics, Thermology, Electromagnetism, Applied Optics, Physical Optics, Atomic Physics, Theoretical Mechanics, Electrodynamics, Thermodynamics and Statistical Physics, Quantum Mechanics, Solid State Physics, Computational Physics, Mathematical Physics Equations, Electronic Testing Technology, etc.

Lab Experimental: General Physics Experiments, Modern Physics Experiments, Optoelectronics Experiment.

Practical Work: Physics Teaching Practice, Computer Programming, Metalworking, Electrical Detection, Social Survey, Research Training, Scientific Production Practice, Graduation Design (Thesis).

Duration: four years.

Degree Granted: Bachelor of Sciences in Physics.

Related Specialties: Optical Information Science and Technology, Optical Engineering, Electronic Information Engineering.

物理学(光电子学方向)专业课程教学计划表

Course Descriptions of Physics (Focusing on Optoelectronics)

课程类别 Course Classification		课程编号 Course Code	课程名称 Course Name	学分 Crs	学时 Hrs	学时分类 Class Hours		先修课程 Prerequisite Courses	学期学分分配 Semester Credits							
						讲课 Lec.	实验 Lab.		一 1st	二 2nd	三 3rd	四 4th	五 5th	六 6th	七 7th	八 8th
通识教育课 Liberal Education Courses	必修 Compulsory	11706200	马克思主义基本原理 Principles of Marxism	3	48	48						3				
		11706500	毛泽东思想与中国特色社会主义理论体系概论 Introduction to Mao Tse-tung Thought and the Theoretical System of Socialism with Chinese Characteristics	4	64	64								4		
		11711800	中国近现代史纲要 The Essentials of Modern Chinese History	2	32	32							2			
		120002＊0	思想道德修养与法律基础 Morality Education and Fundamentals of Law	3	48	48			1.5	1.5						
		113076＊0	体育 Physical Education	4	144	144			1	1	1	1				
		109116＊0	大学英语 College English	12	192	192			3	3	3	3				
		11918902	C语言程序设计B C Language Programming B	2.5	40	28	12			2.5						
		21209000	物理学专业导论 Introduction to Physics	1	16	16			1							
		14300100	军事理论 Military Theory	2	32	32			2							
	选修 Elective	总计12学分，含创新创业选修课学分，跨学科选修课不低于6学分。“形势与政策”课程作为限选课，由马克思主义学院实施		12	192											
		小计 Sum		**45.5**	**808**	**604**	**12**		**8.5**	**8**	**4**	**7**	**2**	**4**	**0**	**0**
学科基础课 Disciplinary Fundamental Courses		212127＊1	高等数学A Advanced Mathematics A	11.5	184	184			5	6.5						
		21212802	线性代数B Linear Algebra B	2.5	40	40					2.5					
		21213502	概率论与数理统计B Probability and Mathematical Statistics B	2.5	40	40						2.5				
		21201902	复变函数与积分变换B Complex Variable Function and Integral Transformation B	2.5	40	40					2.5					

课程类别 Course Classification	课程编号 Course Code	课程名称 Course Name	学分 Crs	学时 Hrs	学时分类 Class Hours		先修课程 Prerequisite Courses	学期学分分配 Semester Credits							
					讲课 Lec.	实验 Lab.		一 1st	二 2nd	三 3rd	四 4th	五 5th	六 6th	七 7th	八 8th
学科基础课 Disciplinary Fundamental Courses	21206400	数学物理方程 Mathematical and Physical Equation	3	48	48						3				
	20714200	工程制图 Engineering Cartography	2.5	40	40			2.5							
	207251 * 1	电工与电子技术 A Electrician and Electronic Technology A	7	112	98	14				3.5	3.5				
	21208600	原子物理学 Atomic Physics	3	48	48							3			
	21213300	电磁学 Electromagnetic	4	64	64				4						
	21204600	力学 Mechanics	3	48	48			3							
	21213400	热学 Thermology	2.5	40	40				2.5						
	21214900	应用光学 Applied Optics	3	48	48					3					
	21216400	计算物理基础 Introduction to Computational Physics	2	32	32					2					
	小计 **Sum**		**49**	**784**	**770**	**14**		**10.5**	**13**	**13.5**	**9**	**3**	**0**	**0**	**0**
专业主干课 Main Specialty Courses	212129 * 0	普通物理实验 General Physics Experiment	8	128	8	120		3	2.5	2.5					
	21215000	近代物理实验 Modern Physics Experiment	4	64		64						4			
	21200100	(理科)理论力学 Theoretical Mechanics	3.5	56	56					3.5					
	21215100	物理光学 Physical Optics	2.5	40	40						2.5				
	21201400	电动力学 Electrodynamics	3.5	56	56							3.5			
	21210900	热力学与统计物理学 Thermodynamics and Statistical Physics	3.5	56	56							3.5			
	21204700	量子力学 Quantum Mechanics	4	64	64								4		
	21215200	固体物理 Solid State Physics	3	48	48									3	
	21215300	电子测试技术 Electronic Testing Technology	3	48	48							3			
	21215400	光电子学专门实验 Optoelectronics Experiments	3.5	56		56							3.5		
	小计 **Sum**		**38.5**	**616**	**376**	**240**		**3**	**2.5**	**6**	**2.5**	**14**	**7.5**	**3**	**0**

课程类别 Course Classification	课程编号 Course Code	课程名称 Course Name	学分 Crs	学时 Hrs	学时分类 Class Hours		先修课程 Prerequisite Courses	学期学分分配 Semester Credits							
					讲课 Lec.	实验 Lab.		一 1st	二 2nd	三 3rd	四 4th	五 5th	六 6th	七 7th	八 8th
专业选修课 Specialty Elective Courses		具体见专业选修课列表	12	192											
合计 Sub-total			**145**	**2400**	**1750**	**266**		**22**	**23.5**	**23.5**	**18.5**	**19**	**11.5**	**3**	**0**
实践环节 Practical Work	44300200	军事训练 Military Training	2	2 周				2							
	41919002	C 语言课程设计 B Course Design for C Language B	1.5	1.5 周					1.5						
	41214400	科学生产实践 Scientific Production Practice	3	3 周									3		
	41214500	物理学教学实习 Teaching Practice of Physics	8.5	8.5 周										8.5	
	40724604	金工实习 D Metalworking Practice D	1	1 周								1			
	41214600	电子技术课程设计 Course Exercise in Electronic Testing Technology	3	3 周								3			
	41214700	科研训练 Research Training	4	4 周									4		
	41214800	毕业设计(论文) Graduation Thesis(Design)	12	12 周											12
	小计 **Sum**		**35**	**35 周**				**2**	**1.5**	**0**	**0**	**4**	**7**	**8.5**	**12**
创新创业自主学习 Autonomous Learning	ZZ35000S	社会调查 Social Investigation	2												
		其他(学科竞赛、发明创造、科研报告) Others (Contest, Invention, Innovation and Research Presentation)	3												
	小计 **Sum**		**5**												
总计 **Total**			**185**	**2400 ＋ 35 周**	**1750**	**266**		**24**	**25**	**23.5**	**18.5**	**23**	**18.5**	**11.5**	**12**

课程类别 Course Classification	课程编号 Course Code	课程名称 Course Name	学分 Crs	学时 Hrs	学时分类 Class Hours		先修课程 Prerequisite Courses	学期学分分配 Semester Credits							
					讲课 Lec.	实验 Lab.		一 1st	二 2nd	三 3rd	四 4th	五 5th	六 6th	七 7th	八 8th
可开出专业选修课列表 Specialty Elective Courses	21215500	光电技术基础 An Introduction to Electrooptical Technology	2	32	32							2			
	21215600	激光原理 Principle of Laser	2	32	32							2			
	21215700	信息光学 Fourier Optics	2	32	32								2		
	21215800	非线性光学 Nonlinear Optics	2	32	32									2	
	21212100	物理教学论 Physics Teaching Theory	2	32	32							2			
	21215900	单片机原理 The Principle of Single Chip Microcomputer	2	32	32								2		
	21216000	广义相对论 General Relativity	2	32	32									2	
	21216100	粒子物理与天体物理导论 Introduction to Particle Physics and Astrophysics	2	32	32									2	
	21211900	材料模拟与计算 Simulation and Calculation for Material	2	32	32									2	
	21216200	传感器原理与技术 The Principle and Technology of Sensor	2	32	32								2		
	21216300	生物医学光子学 Biomedical Optics	2	32	32								2		

注：通识教育选修课学分和创新创业自主学习学分未列入具体学期。

物理学(光电子学方向)专业课程分类统计

Course Category Statistics of Physics (Focusing on Optoelectronics)

课程学分 / 统计	通识教育课 Liberal Education Courses		学科基础课 Disciplinary Fundamental Courses	专业主干课 Main Specialty Courses	专业选修课 Specialty Elective Courses	实践环节 Practical Work	创新创业自主学习 Autonomous Learning	学时总计 Total Hours	学分总计 Total Credits
	必修 Compulsory	选修 Selective							
学时/学分 Hrs/Crs	616/33.5	192/12	784/49	616/38.5	192/12	35 周/35	5	2400+35 周	185
学分所占比例 Proportion of Credits	24.60%		26.50%	20.8%	6.50%	18.90%	2.70%		100%

信息与计算科学专业培养方案

专业名称与代码:信息与计算科学　070102

专业培养目标:本专业培养具有良好的数学素养,掌握信息科学和计算科学的基本理论及方法,受到科学研究的初步训练,能运用所学知识和熟练的计算机技能解决实际问题,能在科技、教育和经济部门从事研究、教学和应用开发等专门人才。

专业毕业要求

本专业学生主要学习信息科学和计算科学的基本理论、基本知识和基本方法,打好数学基础,受到较扎实的运用计算机能力的训练,较好地掌握一门外语,能够比较顺利地阅读和翻译本专业外文书刊,初步具备在信息科学与计算科学领域进行科学研究、解决实际问题及设计开发的能力。

毕业生应获得以下几个方面的知识和能力

1.具有扎实的数学基础,掌握信息科学和计算科学的基本理论及基本知识。

2.能熟练地使用计算机(包括常用语言、工具及一些专用软件),具有基本的算法分析、设计能力和较强的编程能力。

3.能运用所学的理论,方法和技能解决某些科研或生产中的实际问题。

4.对信息科学与计算科学理论、技术及应用的新发展有所了解。

5.掌握文献检索、资料查询的基本方法,具有一定的科学研究和软件开发能力。

毕业要求及实现途径

序号	毕业要求	实现途径(教学过程)
1	掌握信息科学和计算科学专业中分析、代数、几何、信息论、信号处理等课程基本理论和基础知识,并获得较强的逻辑推理能力和抽象思维能力	课堂教学:数学分析、高等代数、空间解析几何、信息论、信号处理基础
2	具备较熟练地使用计算机的能力,掌握多种数学软件的使用,了解算法设计的基本方法,能较熟练地进行计算机程序编写与调试	课堂教学:计算机高级程序语言设计、Matlab 程序设计、数据库原理
3	具备利用数学知识建模、计算以及分析和解决问题的基本能力	①课堂教学:数值分析,偏微分方程数值解,数学模型与实验 ②课外学习:数值分析实习、数学建模实习
4	了解信息科学与计算科学理论、技术及应用的新发展	课堂教学:信息论、信号处理基础、模式识别、神经网络、图像处理基础
5	掌握文献检索、资料查询的基本方法,具有一定的科学研究和软件开发能力	课外学习:毕业实习、毕业设计(论文)

主干学科:数学、计算机科学与技术。

专业核心课程:数学分析、高等代数、空间解析几何、概率论、数学模型、物理学、计算机概论、算法与数据结构、软件系统基础、信息论基础、数值分析、计算机图形学、运筹与优化等。

主要专业实验:数学建模实习、数值分析实习。

主要实践性教学环节:计算机程序课程设计、数学实验、社会调查、科研训练、毕业设计(论文)等。

修业年限:四年。

授予学位:理学学士。

相近专业:数学与应用数学、电子信息科学与技术、统计学。

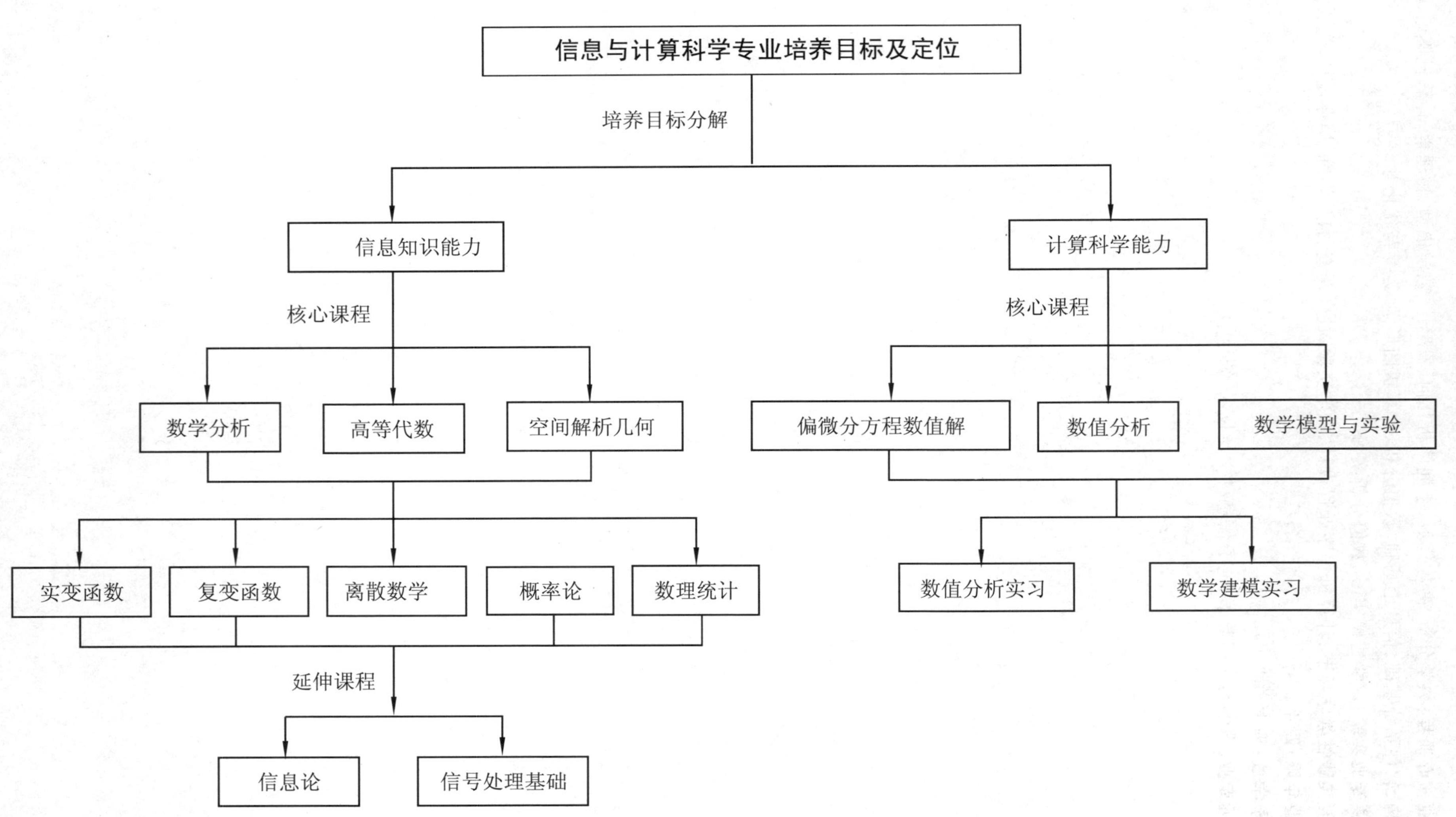
信息与计算科学专业培养目标及定位
培养目标分解
信息知识能力
核心课程
数学分析
高等代数
空间解析几何
实变函数
复变函数
离散数学
概率论
数理统计
延伸课程
信息论
信号处理基础
计算科学能力
核心课程
偏微分方程数值解
数值分析
数学模型与实验
数值分析实习
数学建模实习

Program for Information and Computing Science

Specialty and Code: Information and Computing Science 070102

Education Objective: The major aim is to cultivate senior specialized talents who will have good mathematical foundation, master basic theories and methods of information science and computing science, get preliminary training of scientific research, are capable of applying the knowledge and proficient computer skills to solve practical problems. At the end, students will be able to do research, teaching, and development work in science and technology, education and economic sectors.

Graduation Requirements

The students mainly study basic theories, basic knowledge and basic methods of information science and computing science, try to build a good mathematical foundation, and receive sound computer skill training, learn one foreign language fairly well to read and translate foreign books and periodicals of this major relatively smoothly, and have the preliminary ability of doing research, solving practical problems, designing and developing in this field.

1. Acquiring a sound mathematical foundation, and mastering the basic theory and knowledge of information and computation science.

2. Being able to use computer (including common computer language, tools and some special software) skillfully, and having the ability of fundamental algorithm analysis, designing and fairly strong programming.

3. Having the ability of finishing practical projects in scientific research and production.

4. Having basic knowledge of the theory, technology and new development of application in information and computation science.

5. Grasping the basic methods of literature search and data query, and having the basic capabilities of scientific research and software development.

Graduation Requirements and Ways to Achieve

No.	Graduation Requirements	Ways to Achieve(Teaching Process)
1	Mastering the basic theory and basic knowledge for analysis, algebra, geometry, information theory, signal processing course in information science and computation science, and having the ability of logical reasoning and abstract thinking	Classroom Teaching: Mathematical Analysis, Advanced Algebra, Space Analytic Geometry, Information Theory, Fundamentals of Signal Processing
2	Having the ability of operating computer and a variety of mathematical software, computer programming and debugging	Classroom Teaching: Advanced Computer Programming Language, Matlab Programming, Database Principle

No.	Graduation Requirements	Ways to Achieve(Teaching Process)
3	Having the ability of modeling, calculation and solving the practical problem with mathematics knowledge	① Classroom Teaching: Numerical Analysis, Numerical Solution of Partial Differential Equation, Mathematic Model and Experiment ② Out-of-class Learning: Numerical Analysis Practice, Modeling Practice
4	Acquiring the new development of information science and computation science, technology and application	Classroom Teaching: Information Theory, Fundamentals of Signal Processing, Pattern Recognition, Neural Network, Image Processing
5	Grasping the basic methods of literature search and data query, and having the basic capabilities of scientific research and software development	Out-of-class Learning: Graduation Practice, Graduation Thesis or Design

Major Disciplines: Mathematics, Computer Science and Technology.

Main Courses: Mathematical Fundamental Courses(Analysis, Algebra, Geometry), Probability and Statistics, Mathematical Model, Physics, Foundation of Computer(Computational Introduction, Algorithm and Data Structure, Software System Foundation), Elements of Information Theory, Numerical Analysis, Computer Graphics, Operations Research and Optimization, etc.

Lab Experiments: Mathematical Modeling Practice, Numerical Analysis Practice.

Practical Work: Course Design of Computer Programming, Mathematic Experiment, Social Investigation, Research Training, Graduation Thesis or Design.

Duration: four years.

Degree Granted: Bachelor of Science (BS).

Related Specialties: Mathematics and Applied Mathematics, Electronic Information Science and Technology, Statistics.

信息与计算科学专业课程教学计划表

Course Descriptions of Information and Computing Science

课程类别 Course Classification		课程编号 Course Code	课程名称 Course Name	学分 Crs	学时 Hrs	学时分类 Class Hours 讲课 Lec.	实验 Lab.	先修课程 Prerequisite Courses	学期学分分配 Semester Credits 一 1st	二 2nd	三 3rd	四 4th	五 5th	六 6th	七 7th	八 8th
通识教育课 Liberal Education Courses	必修 Compulsory	11706200	马克思主义基本原理 Principles of Marxism	3	48	48			3							
		11706500	毛泽东思想与中国特色社会主义理论体系概论 Introduction to Mao Tse-tung Thought and the Theoretical System of Socialism with Chinese Characteristics	4	64	64					4					
		11711800	中国近现代史纲要 The Essentials of Modern Chinese History	2	32	32						2				
		120002＊0	思想道德修养与法律基础 Morality Education and Fundamentals of Law	3	48	48			1.5	1.5						
		113076＊0	体育 Physical Education	4	144	144			1	1	1	1				
		109116＊0	大学英语 College English	12	192	192			3	3	3	3				
		11918901	C 语言程序设计 A C Language Programming A	3.5	56	40	16			3.5						
		21208900	数学专业导论 Introduction to Mathematics	1	16	16			1							
		14300100	军事理论 Military Theory	2	32	32			2							
	选修 Elective	总计 12 学分，含创新创业选修课学分，跨学科选修课不低于 6 学分。"形势与政策"课程作为限选课，由马克思主义学院实施		12	192											
		小计 **Sum**		**46.5**	**824**	**616**	**16**		**11.5**	**9**	**8**	**6**	**0**	**0**	**0**	**0**
学科基础课 Disciplinary Fundamental Courses		212130＊2	大学物理 B College Physics B	7	112	112				3.5	3.5					
		21213202	物理实验 B Physics Experiment B	2	32		32			2						
		212095＊0	数学分析 Mathematical Analysis	16.5	264	264			4.5	6	6					
		212094＊0	高等代数 Advanced Algebra	8.5	136	136			4	4.5						
		21204300	空间解析几何 Analytical Geometry	2.5	40	40			2.5							

课程类别 Course Classification	课程编号 Course Code	课程名称 Course Name	学分 Crs	学时 Hrs	学时分类 Class Hours 讲课 Lec.	实验 Lab.	先修课程 Prerequisite Courses	学期学分分配 Semester Credits 一 1st	二 2nd	三 3rd	四 4th	五 5th	六 6th	七 7th	八 8th
学科基础课 Disciplinary Fundamental Courses	21209700	常微分方程 Ordinary Differential Equations	3.5	56	56		数学分析				3.5				
	21209800	概率论 Probability Theory	4	64	64		数学分析					4			
	21209900	实变函数 Real Analysis	3.5	56	56		数学分析				3.5				
	21210000	数值分析 Numerical Analysis	3.5	56	56		数学分析 高等代数					3.5			
	21201800	复变函数 Complex Analysis	3	48	48		数学分析				3				
	21213600	运筹学 Operations Research	4	64	64								4		
	21213700	Matlab 程序设计 Matlab Programming	2	32	24	8				2					
	21909102	数据库原理 B Principle of Database B	2.5	40	32	8	C 程序设计			2.5					
	21905002	计算机图形学 B Computer Graphics B	3	48	32	16								3	
	小计 **Sum**		**65.5**	**1048**	**984**	**64**		**11**	**16**	**14**	**10**	**7.5**	**4**	**3**	**0**
专业主干课 Main Specialty Courses	21905101	信息论 A Information Theory A	3	48	36	12						3			
	21109600	信号处理基础 Digital Signal Processing	3	48	40	8							3		
	21206400	数学物理方程 Mathematics and Physics Equations	3.5	56	56		复变函数 常微分方程					3.5			
	21210200	数理统计 Mathematical Statistics	3.5	56	56		概率论						3.5		
	21216503	离散数学 C Discrete Mathematics C	2.5	40	40						2.5				
	21210400	偏微分方程数值解 Numerical Solution of Partial Differential Equation	3	48	40	8	数学物理方程						3		
	21213800	数学模型与实验 Mathematic Model and Experiment	2	32	32								2		
	小计 **Sum**		**20.5**	**328**	**300**	**28**		**0**	**0**	**0**	**2.5**	**6.5**	**11.5**	**0**	**0**

课程类别 Course Classification	课程编号 Course Code	课程名称 Course Name	学分 Crs	学时 Hrs	学时分类 Class Hours		先修课程 Prerequisite Courses	学期学分分配 Semester Credits							
					讲课 Lec.	实验 Lab.		一 1st	二 2nd	三 3rd	四 4th	五 5th	六 6th	七 7th	八 8th
专业选修课 Specialty Elective Courses		具体见专业选修课列表	17.5	280											
合计 Sub-total			**150**	**2480**	**1900**	**108**		**22.5**	**25**	**22**	**18.5**	**14**	**15.5**	**3**	**0**
实践环节 Practical Work	44300200	军事训练 Military Training	2	2周				2							
	41919001	C语言课程设计A Course Design for C Language A	1.5	1.5周					1.5						
	41214300	毕业实习 Graduation Practice	12.5	12.5周										12.5	
	41213900	数学建模实习 Mathematic Modeling Practice	3.5	3.5周									3.5		
	41214000	数值分析实习 Numerical Analysis Practice	3	3周								3			
	41214100	毕业论文 Graduation Thesis	12.5	12.5周											12.5
	小计 Sum		**35**	**35周**				**2**	**1.5**	**0**	**0**	**3**	**3.5**	**12.5**	**12.5**
创新创业自主学习 Autonomous Learning	ZZ35000S	社会调查 Social Investigation	2												
		其他(学科竞赛、发明创造、科研报告) Others (Contest, Invention, Innovation and Research Presentation)	3												
	小计 Sum		**5**												
总计 Total			**190**	**2480＋35周**	**1900**	**108**		**24.5**	**26.5**	**22**	**18.5**	**17**	**19**	**15.5**	**12.5**
可开出专业选修课列表 Specialty Elective Courses	11914800	Visual C＋＋程序设计 Visual C＋＋ Programming	2	32	20	12				2					
	21210800	控制论 Foundation of Control Theory	3	48	48							3			
	21201602	多元统计分析B Multivariate Statistical Analysis B	3	48	36	12								3	
	21208100	小波分析 Analysis of Wavelets	2.5	40	32	8									2.5

课程类别 Course Classification	课程编号 Course Code	课程名称 Course Name	学分 Crs	学时 Hrs	学时分类 Class Hours		先修课程 Prerequisite Courses	学期学分分配 Semester Credits							
					讲课 Lec.	实验 Lab.		一 1st	二 2nd	三 3rd	四 4th	五 5th	六 6th	七 7th	八 8th
可开出专业选修课列表 Specialty Elective Courses	21201700	泛函分析 Functional Analysis	2.5	40	40							2.5			
	21907100	模式识别 Pattern Recognition	2.5	40	30	10									2.5
	21205300	神经网络 Neural Network	2.5	40	20	20								2.5	
	21900602	Java 语言程序设计 B Java Programming B	2	32	32						2				
	21909900	图像处理基础 Image Processing	2	32	24	8					2				
	21206800	随机过程 Stochastic Processes	3	48	48									3	
	21921003	计算机网络 C Computer Network C	2.5	40	40							2.5			
	21902002	操作系统原理 Principles of Operating System	2.5	40	40								2.5		
	21908202	数据结构 B Data Structure B	2.5	40	40						2.5				
	21912300	信息安全学 Information Security	2	32	16	16							2		
	21101600	并行算法 Parallel Algorithm	2.5	40	20	20									2.5

注：通识教育选修课学分和创新创业自主学习学分未列入具体学期。

信息与计算科学专业课程分类统计

Course Category Statistics of Information and Computing Science

课程学分 \ 统计	通识教育课 Liberal Education Courses		学科基础课 Disciplinary Fundamental Courses	专业主干课 Main Specialty Courses	专业选修课 Specialty Elective Courses	实践环节 Practical Work	创新创业自主学习 Autonomous Learning	学时总计 Total Hours	学分总计 Total Credits
	必修 Compulsory	选修 Selective							
学时/学分 Hrs/Crs	632/34.5	192/12	1048/65.5	328/20.5	280/17.5	35 周/35	5	2480＋35 周	190
学分所占比例 Proportion of Credits	24.47%		34.47%	10.78%	9.21%	18.42%	2.63%		100%

体育课部

- 社会体育指导与管理(户外运动方向)专业培养方案

社会体育指导与管理(户外运动方向)专业培养方案

专业名称及代码:社会体育指导与管理(户外运动方向)　040203

专业培养目标:本专业培养国家与社会发展所需,具有较强创新创业能力和综合素质,具备良好的职业道德,掌握系统扎实的社会体育和户外运动理论,具有户外运动行业管理、产业经营、教育培训等领域所需知识、技能与实践能力,可在体育、教育等领域及相关行政部门、企事业单位、社会团体从事相关工作的高层次综合型人才。

专业毕业要求

本专业要求学生在牢固掌握本专业方向所需的体育学、教育学、心理学、管理学、产业经济学、地质和环境科学等基础及专业知识技能的基础上,系统学习户外运动的专业知识,掌握从事户外运动行业管理、产业经营、教育培训等基本方法和前沿成果,通过系统严格的实践平台,培养创新与实践能力。

1.系统掌握社会体育指导与管理、户外运动基本理论知识以及与本专业相关的自然科学和人文社会科学知识。

2.具备进行社会体育、户外运动与竞赛的组织管理能力;具备户外运动项目设计的基本能力;具备户外运动项目的安全管理、风险管理等基本能力。

3.熟练掌握本专业领域相关运动项目的技术与技能,具有较强的实践操作能力。具备从事本专业领域的教育教学、教育管理、科学研究与课程开发的能力。

4.熟悉我国户外产业发展的方针、政策与法规;了解户外产业发展动态,具备洞察市场发展、从事产业经营管理的基本能力。

5.具有敏捷的判断能力和果断处理问题的能力;具有从事野外工作所必需的良好心理素质和工作态度;具有较强的团队合作精神、环保意识和安全意识等专业品质。

6.熟练操作计算机,掌握互联网技术在本行业的运用,具备运用互联网为户外管理、产业经营、教育培训服务的能力。

7.掌握一门外语,具备基本的听与说、资料查阅与写作的基本能力。

毕业要求及实现途径

序号	毕业要求	实现途径(教学过程)
1	系统掌握社会体育指导与管理、户外运动基本理论知识以及与本专业相关的自然科学和人文社会科学知识	①课堂教学:社会体育学、运动解剖学、运动生理学、教育学、户外运动心理学、地理与气象学概论、动植物学与环境学、地质学基础、户外运动医学基础、户外基础技能、公共选修课 ②课外学习:实践综合培养平台
2	具备进行社会体育、户外运动与竞赛的组织管理能力;具备户外运动项目设计的基本能力;具备户外运动项目的安全管理、风险管理等基本能力	①课堂教学:运动训练学、山地户外运动、野外生存、登山运动、攀岩运动、定向运动、拓展运动、户外运动组织与管理、户外运动营销、户外救援、滑翔伞 ②课外学习:实践综合培养平台、户外指导员培训、攀岩教练员培训、登山技能培训、攀冰培训

序号	毕业要求	实现途径(教学过程)
3	熟练掌握本专业领域相关运动项目的技术与技能,具有较强的实践操作能力。具备从事本专业领域的教育教学、教育管理、科学研究与课程开发的能力	①课堂教学:户外运动心理学、体育科研方法、体育统计学、体育文献检索、学校体育学、田径、篮球/足球、羽毛球/网球、游泳、户外基础技能、登山运动训练、攀岩运动训练、水上运动训练、毕业论文(设计) ②课外学习:实践综合培养平台、户外指导员培训、攀岩教练员培训、登山技能培训、攀冰培训
4	熟悉我国户外产业发展的方针、政策与法规;了解户外产业发展动态,具备洞察市场发展、从事产业经营管理的基本能力	①课堂教学:体育产业与经济、户外运动营销、旅游学概论、社会调查、其他(学科竞赛、发明创造、科研报告) ②课外学习:实践综合培养平台、产学研实践学习
5	具有敏捷的判断能力和果断的处理问题的能力;具有从事野外工作所必需的良好心理素质和工作态度;具有较强的团队合作精神、环保意识和安全意识等专业品质	①课堂教学:山地户外运动、野外生存、登山运动、攀岩运动、定向运动、拓展运动、户外运动组织与管理、户外救援、滑翔伞 ②课外学习:实践综合培养平台、户外指导员培训、攀岩教练员培训、登山技能培训、攀冰培训、产学研实践
6	熟练操作计算机,掌握互联网技术在本行业的运用,具备运用互联网为户外管理、产业经营、教育培训服务的能力	①课堂教学:计算机课程设计、体育文献检索、计算机课程 ②课外学习:创新创业项目、产学研实践、社会俱乐部勤工俭学
7	掌握一门外语,具备基本的听与说、资料查阅与写作的基本能力	①课堂教学:大学英语、专业英语 ②课外学习:课外英语辅导、英语角活动

主干学科:体育学、公共管理学、社会学。

专业核心课程:社会体育学、教育学、心理学、学校体育学、运动训练学、运动解剖学、运动生理学、体育管理学、地理与气象学概论、地质学基础、社会体育管理学、运动训练、山地户外运动、野外生存、登山运动、攀岩运动、定向运动、拓展运动、游泳、户外运动市场营销学、户外运动医学基础、户外食品卫生学概论。

主要实践性教学环节:劳动教育、军事训练、户外综合实习(山地、攀岩、野外生存)、登山运动训练、定向运动训练、水上运动训练、毕业实习、毕业论文(设计)。

修业年限:四年。

授予学位:教育学(社会体育指导与管理方向)学士。

相近专业: 体育教育、运动训练。

Program for Social Sports Guidance and Management (Outdoor Sports Direction)

Specialty Name and Code: Social Sports Guidance and Management(Outdoor Sports Direction) 040203

Education Objective: The program is to equip students with entrepreneurship, creativity and comprehensive quality that required by nation and social development, and also with the professional morality. To equip students with solid social sports and outdoor sports theoretical knowledge; To equip students, who will be competent for working at sport and educational administrative department, enterprise and public institutions and social organization, with knowledge and practical experience of outdoor sports industrial operation, educational training and industrial management.

Graduation Requirements

Built upon solid mastery related knowledge of Physical Education, Pedagogy, Management, Psychology, Industrial Economics and Geological Environment Science, the students are required to systematically study outdoor specialized knowledge and to master the basic approach and the frontiers of outdoor sports industrial operation, educational training, industrial management. This program is to equip students with creativity and ability of practice through strict systematic platform.

1. To systematically master the knowledge of social sport guidance and management, basic knowledge of outdoor sports and related knowledge from natural science and social science.

2. To be competent for social sports and outdoor sport competitions management, to be qualified for the design, organization and risk management of outdoor sports.

3. To expertly master the techniques and skills of related sport area, with strong ability of practice, to be with the capacity of teaching, curriculum developing and scientific research in relevant area.

4. To be equipped with the ability of quick thinking, judgment and decisive problem solving; with good psychological quality and attitude that filed work required; with team spirit and the awareness of environment and safety.

5. To be familiar with the policy and regulations of the development of outdoor sports in China; understand the development trend of outdoor industry, with the insight into market development and the capacity of industrial management.

6. To be familiar with computer science, be able to apply the Internet Technology in related area, to be equipped with ability of serving for outdoor management, industrial operation and educational training through the Internet.

7. To master one foreign language (capable of writing, reading, listening, and speaking).

Graduation Requirements and Ways to Achieve

No.	Graduation Requirements	Ways to Achieve(Teaching Process)
1	To systematically master the knowledge of social sport guidance and management, basic knowledge of outdoor sports and related knowledge from natural science and social science	①Classroom Teaching: Social Sports Science, Sports Anatomy, Exercise Physiology, Education, Outdoor Sports Psychology, Introduction of Geography and Meteorology, Animals, Plants and Environment, Geology-based, Introduction of Outdoor Sports Medicine, Outdoor Basic Skills, Public Optional Courses ② Out-of-class Learning: Platform of Comprehensive Practice Training
2	To be competent for social sports and outdoor sport competitions management. To be qualified for the design, safety and risk management of outdoor sports	① Classroom Teaching: Theory of Sports Training, Mountain Campaign, Wild Survival, Mountain Sports, Rock Climbing Exercise, Orienteering, Outward Bound, Outdoor Sports Organization and Management, Outdoor Sports Marketing, Outdoor Rescue, Paragliding ② Out-of-class Learning: Platform of Comprehensive Practice Training, Outdoor Instructor Training, Rock Climbing Instructor Training, Mountaineering Skills Training, Ice Climbing Training
3	To expertly master the techniques and skills of related sport area, with strong ability of practice, With the capacity of teaching, teaching management curriculum developing and scientific research in relevant area	①Classroom Teaching: Outdoor Sports Psychology, Sports Research Methods, Sports Statistics, Sports Information Retrieval, School Sports, Track and Field, Basketball, Football, Badminton, Tennis, Swimming, Outdoor Basic Skills, Mountain Sports Training, Rock Climbing Training, Water Sports Training, Bachelor Thesis ② Out-of-class Learning: Platform of Comprehensive Practice Training, Outdoor Instructor Training, Rock Climbing Instructor Training, Mountaineering Skills Training, Ice Climbing Training
4	To be familiar with the policy and regulations of the development of outdoor sports in China. To understand the development trend of outdoor industry; with the insight into market development and the capacity of industrial management	① Classroom Teaching: Sport Industrial Economics, Outdoor Sports Marketing, Tourism Studies, Social Investigation, Others (Contest, Invention, Innovation and Research Presentation) ② Out-of-class Learning: Platform of Comprehensive Practice Training, Industry-university-research Collaborative Innovation

No.	Graduation Requirements	Ways to Achieve(Teaching Process)
5	To be equipped with the ability of quick thinking, judgment and decisive problem solving; with good psychological quality and attitude that filed work required; with team spirit and the awareness of environment and safety	① Classroom Teaching: Mountain Campaign, Wild Survival, Mountain Sports, Rock Climbing Exercise, Orienteering, Outward Bound, Outdoor Sports Organization and Management, Outdoor Rescue, Paragliding ② Out-of-class Learning: Platform of Comprehensive Practice Training, Outdoor Instructor Training, Rock Climbing Instructor Training, Mountaineering Skills Training, Ice Climbing Training, Industry-university-research Collaborative Innovation
6	To be familiar with computer; be able to apply the Internet Technology in related area; to be equipped with ability of serve for outdoor management, industrial operation and educational training through the Internet	①Classroom Teaching: Computer Curriculum Design, Sports Information Retrieval, Computer Studies ②Out-of-class Learning: Program of Innovation-entrepreneurship Education, Industry-university-research Collaborative Innovation, Work-study Program
7	To master one foreign language (capable of writing, reading, listening, and speaking)	①Classroom Teaching: College English, Specialized English ②Out-of-class Learning: Extracurricular English Tutoring, English Corner

Major Disciplines: Sport Science, Management, Sociology.

Main Course: Social Sports Science, Education Science, Psychology, School Physical Education, Sports Training, Exercise Anatomy, Exercise Physiology, Sport Management, Introduction of Geography and Meteorology, Fundamental of Geology, Social Sports Management, Theory of Sports Training, Mountain Campaign, Wild Survival, Mountaineering, Rock Climbing, Orienteering, Outward Bound, Swimming, Outdoor Sports Marketing, Introduction of Outdoor Sports Medicine.

Practical Work: Labor Education, Military Training, Outdoor Practice (Mountain, Rock Climbing, Wild Survival), Mountaineering Training, Orienteering Training, Water Sports Training, Graduate Internship, Graduation Thesis.

Duration: four years.

Degree Granted: Bachelor of Education (Social Sports Guidance and Management).

Related Specialties: Physical Education, Sports Training.

社会体育指导与管理(户外运动方向)专业课程教学计划表

Course Descriptions of Social Sports Guidance and Management(Outdoor Sports Direction)

课程类别 Course Classification		课程编号 Course Code	课程名称 Course Name	学分 Crs	学时 Hrs	学时分类 Class Hours		先修课程 Prerequisite Courses	学期学分分配 Semester Credits							
						讲课 Lec.	实验 Lab.		一 1st	二 2nd	三 3rd	四 4th	五 5th	六 6th	七 7th	八 8th
通识教育课 Liberal Education Courses	必修 Compulsory	11706200	马克思主义基本原理 Principles of Marxism	3	48	48			3							
		11706500	毛泽东思想与中国特色社会主义理论体系概论 Introduction to Mao Tse-tung Thought and the Theoretical System of Socialism with Chinese Characteristics	4	64	64				4						
		11711800	中国近现代史纲要 The Essentials of Modern Chinese History	2	32	32						2				
		120002*0	思想道德修养与法律基础 Morality Education and Fundamentals of Law	3	48	48			1.5	1.5						
		109116*0	大学英语 College English	12	192	192			3	3	3	3				
		11919102	网络应用与信息技术B Network Application and Information Technology B	2.5	40	24	16			2.5						
		21307700	户外运动导论 Introduction to Outdoor Sports	1	16	16			1							
		14300100	军事理论 Military Theory	2	32	32			2							
	选修 Elective	总计12学分,含创新创业选修课学分,跨学科选修课不低于6学分。"形势与政策"课程作为限选课,由马克思主义学院实施		12	192											
		小计 Sum		**41.5**	**664**	**456**	**16**		**10.5**	**11**	**3**	**5**	**0**	**0**	**0**	**0**
学科基础课 Disciplinary Fundamental Courses		21302100	社会体育学 Social Sports Science	2	32	32					2					
		21304100	运动解剖学 Sports Anatomy	4	64	52	12		4							
		21304200	运动生理学 Exercise Physiology	4	64	52	12	运动解剖学		4						
		21302800	体育健身原理与方法 Physical Fitness Principle and Methods	2	32	20	12				2					

课程类别 Course Classification	课程编号 Course Code	课程名称 Course Name	学分 Crs	学时 Hrs	学时分类 Class Hours		先修课程 Prerequisite Courses	学期学分分配 Semester Credits							
					讲课 Lec.	实验 Lab.		一 1st	二 2nd	三 3rd	四 4th	五 5th	六 6th	七 7th	八 8th
学科基础课 Disciplinary Fundamental Courses	21308400	教育学 Education Theory	2	32	32							2			
	20418600	地理与气象学概论 Introduction to Geography and Meteorology	1.5	24	20	4				1.5					
	20402000	动植物学与环境学 Animals, Plants and Environment	2	32	28	4					2				
	21302900	体育科研方法 Sports Research Methods	1.5	24	24								1.5		
	21308500	学校体育学 School Sports	3	48	48		教育学						3		
	213060 * 0	田径 Track and Field	6	96	12	84		3	3						
	21308200 21308300	篮球/足球(二选一) Basketball/ Football	3	48	8	40			3						
	21304000 21303400	羽毛球/网球(二选一) Badminton/Tennis	3	48	8	40					3				
	21310100	游泳 Swimming	3	48	6	42				3					
	小计 Sum		**37**	**592**	**342**	**250**		**7**	**10**	**8.5**	**5**	**2**	**4.5**	**0**	**0**
专业主干课 Main Specialty Courses	21305800	户外基础技能 Outdoor Basic Skills	1.5	24	4	20		1.5							
	21308600	体育经济学 Sport Economics	2	32	28	4				2					
	21308700	体育产业概论 Introduction to Sport Industry	3	48	36	12					3				
	21301000	户外运动心理学 Outdoor Sports Psychology	2	32	26	6							2		
	21308800	运动训练学 Theory of Sports Training	3	48	32	16			3						
	21308900	山地户外运动 Mountain Campaign	3.5	56	24	32					3.5				
	21303700	野外生存 Wild Survival	3	48	20	28				3					
	21300300	登山运动 Mountain Sports	1.5	24	24							1.5			
	21307800	攀岩运动 Rock Climbing Exercise	4	64	12	52		4							

课程类别 Course Classification	课程编号 Course Code	课程名称 Course Name	学分 Crs	学时 Hrs	学时分类 Class Hours		先修课程 Prerequisite Courses	学期学分分配 Semester Credits							
					讲课 Lec.	实验 Lab.		一 1st	二 2nd	三 3rd	四 4th	五 5th	六 6th	七 7th	八 8th
专业主干课 Main Specialty Courses	21306200	定向运动 Orienteering	3	48	12	36					3				
	21307200	拓展运动 Outward Bound	3	48	8	40						3			
	21306600	户外运动组织与管理 Outdoor Sports Organization and Management	3	48	36	12						3			
	21306900	户外运动营销 Outdoor Sports Marketing	3	48	36	12							3		
	21309000	休闲项目策划 Leisure Project Planning	2	32	26	6							2		
	21301200	户外运动医学基础 Introduction to Outdoor Sports Medicine	2	32	26	6				2					
	小计 Sum		**39.5**	**632**	**350**	**282**		**5.5**	**3**	**7**	**9.5**	**7.5**	**7**	**0**	**0**
专业选修课 Specialty Elective Courses		具体见专业选修课列表	10	160											
合计 Sub-total			**128**	**2048**	**1148**	**548**		**23**	**24**	**18.5**	**19.5**	**9.5**	**11.5**	**0**	**0**
实践环节 Practical Work	44300200	军事训练 Military Training	2	2周				2							
	41919202	网络应用与信息技术课程设计B Course Design for Network Applications and Information Technology B	1	1周					1						
	41309100	户外综合实习(山地、野外生存) Outdoor Comprehensive Practice	1	1周			山地户外运动 野外生存				1				
	41309200	登山运动训练 Mountain Sports Training	1	1周			登山运动					1			
	41308100	攀岩运动训练 Rock Climbing Training	1	1周			攀岩运动		1						
	41309300	水上运动训练 Water Sports Training	2	2周			游泳						2		

课程类别 Course Classification	课程编号 Course Code	课程名称 Course Name	学分 Crs	学时 Hrs	学时分类 Class Hours		先修课程 Prerequisite Courses	学期学分分配 Semester Credits							
					讲课 Lec.	实验 Lab.		一 1st	二 2nd	三 3rd	四 4th	五 5th	六 6th	七 7th	八 8th
实践环节 Practical Work	41309400	毕业实习 Practice for Graduate	16	16 周										16	
	41309500	毕业论文(设计) Graduation Thesis(Design)	8	8 周											8
	小计 Sum		**32**	**32 周**	**0**	**0**		**2**	**2**	**0**	**1**	**1**	**2**	**16**	**8**
创新创业自主学习 Autonomous Learning	ZZ35000S	社会调查 Social Investigation	2												
		其他(学科竞赛、发明创造、科研报告) Others (Contest, Invention, Innovation and Research Presentation)	5												
	小计 Sum		**7**												
总计 Total			**167**	**2048 + 32 周**	**1148**	**548**		**25**	**26**	**18.5**	**20.5**	**10.5**	**13.5**	**16**	**8**
可开出专业选修课列表 Specialty Elective Courses	21303000	体育统计学 Sports Statistics	1.5	24	24								1.5		
	21303100	体育文献检索 Sports Information Retrieval	1.5	24	8	16							1.5		
	21309600	专业英语 Specialized English	1.5	24	24							1.5			
	21301400	健美操 Aerobics	2	32	32					2					
	21303600	形体训练与健美 Bodybuilding	2	32	32							2			
	21301600	轮滑 Roller Skating	2	32	32						2				
	21307900	慢投垒球 Slow Pitch Baseball	2	32	32			2							
	21310000	旅游学概论 Tourism Studies	2	32	32								2		
	21305600	户外救援 Outdoor Rescue	2	32	32							2			
	21306800	滑翔伞 Paragliding	2	32	32				2						
	21301700	排球 Volleyball	2	32	32						2				
	21309800	乒乓球 Table Tennis	2	32	32				2						

课程类别 Course Classification	课程编号 Course Code	课程名称 Course Name	学分 Crs	学时 Hrs	学时分类 Class Hours		先修课程 Prerequisite Courses	学期学分分配 Semester Credits							
					讲课 Lec.	实验 Lab.		一 1st	二 2nd	三 3rd	四 4th	五 5th	六 6th	七 7th	八 8th
可开出专业选修课列表 Specialty Elective Courses	21309900	武术 Wu Shu	2	32	32								2		
	21305100	户外指导员培训 Outdoor Instructor Training	3	48	48										3
	21305300	攀岩教练员培训 Rock Climbing Instructor Training	3	48	48										3
	21305400	登山技能培训 Mountaineering Skills Training	5	80	80										3
	21305500	攀冰培训 Ice Climbing Training	3	48	48										3

注：通识教育选修课学分、部分专业选修课学分和创新创业自主学习学分未列入具体学期。

社会体育指导与管理(户外运动方向)专业课程分类统计

Course Category Statistics of Social Sports Guidance and Management(Outdoor Sports Direction)

课程学分 / 统计	通识教育课 Liberal Education Courses		学科基础课 Disciplinary Fundamental Courses	专业主干课 Main Specialty Courses	专业选修课 Specialty Elective Courses	实践环节 Practical Work	创新创业自主学习 Autonomous Learning	学时总计 Total Hours	学分总计 Total Credits
	必修 Compulsory	选修 Selective							
学时/学分 Hrs/Crs	472/29.5	192/12	592/37	632/39.5	160/10	32 周/32	7	2048+ 32 周	167
学分所占比例 Proportion of Credits	24.85%		22.16%	23.65%	5.99%	19.16%	4.19%		100%

珠宝学院

- 宝石及材料工艺学专业培养方案
- 产品设计(珠宝首饰设计方向)专业培养方案

宝石及材料工艺学专业培养方案

专业名称与代码:宝石及材料工艺学　080410T

专业培养目标

1.培养具有良好的思想品德、社会公德和职业道德、严谨的科学作风、健康的体魄,能运用现代科学知识、现代宝石学理论和技能以及先进的科技手段,为社会主义现代化建设服务,从事宝玉石鉴定和企业经营管理、首饰加工制作及管理,具有开拓创新精神和实践能力的高级技术人才。

2.学生可以系统地掌握宝石学科的基本理论和基本知识,掌握宝石学、首饰工艺学必要的基本技能、方法和相关知识,具有独立获取知识、提出问题、分析问题和解决问题的基本能力,具备从事宝石鉴定和宝石学科学研究、首饰加工制作及珠宝企业管理的初步能力。

毕业生应获得以下几个方面的知识、能力和素质

1. 具有良好的珠宝职业道德、坚定追求卓越的态度、强烈的爱国敬业精神、社会责任感和丰富的人文科学素养。

2. 具备扎实的外语基础,具有从事鉴定或营销工作所需的相关自然科学知识或者一定的市场营销及经济管理知识。

3. 掌握扎实的珠宝基础知识和珠宝鉴定基本理论、宝石评估基本知识和宝石鉴赏知识,了解珠宝加工工艺知识以及鉴定领域的技术发展趋势和相关领域的基本知识。

4. 具有良好的市场营销思维能力、产品策划与分析能力、市场运营能力、珠宝企业管理系统的认知和管理能力;掌握珠宝市场消费者需求分析、设计产品、广告策划、产品跟踪等过程,熟悉企业管理的基本流程,并了解奢侈品品牌管理基础知识。

5. 具有主动学习和获取新知识与技术的能力;具有良好的文字和口头表达能力;具有较好的组织管理能力、较强的交流沟通和团队合作能力;具有一定的独立工作能力和创新精神。

毕业要求及实现途径

序号	毕业要求	实现途径(教学过程)
1	具有良好的珠宝职业道德、坚定追求卓越的态度、强烈的爱国敬业精神、社会责任感和丰富的人文科学素养	①课堂教学:毛泽东思想和中国特色社会主义理论体系概论、马克思主义基本原理、思想道德修养与法律基础、军事理论、中国近现代史纲要、体育Ⅰ—Ⅳ、大学生就业指导、珠宝产品质量法规、社会科学类、人文艺术类等 ②课外学习:开展“大学生青年文化艺术节”“珠宝义卖”等主题教育活动,运动会、定向越野等活动;开展新生入学教育和毕业生系列教育主题活动;开展大学生“暑期社会实践”活动;加强学务指导老师、辅导员队伍建设,加强学生干部队伍建设,提高对学生的教育引导
2	具备扎实的地质学、结晶学和外语基础,具有从事鉴定或营销工作所需的相关自然科学知识或者一定的市场营销及经济管理知识	①课堂教学:地质学基础、结晶学和矿物学、大学英语、宝石学专业英语以及自然科学类、经济管理类选修课等 ②课外学习:参加英语竞赛、数学建模比赛等活动、相关学术报告

序号	毕业要求	实现途径(教学过程)
3	掌握扎实的珠宝基础知识和珠宝鉴定基本理论、宝石评估基本知识和宝石鉴赏知识,了解珠宝加工工艺知识以及鉴定领域的技术发展趋势和相关领域的基本知识	①课堂教学:宝石鉴定导论、宝石鉴定仪器、现代宝石测试技术、宝石优化处理、宝石矿床、宝石颜色成因理论、图章石、贵金属、收藏石鉴赏、首饰评估、宝石加工工艺学 ②课外学习:相关专业领域学术报告、GIC宝石鉴定课程、GIC首饰设计课程以及首饰评估、翡翠宝石学等课程
4	具有良好的市场营销思维能力、产品策划与分析能力、市场运营能力、珠宝企业管理系统的认知和管理能力;掌握珠宝市场消费者需求分析、设计产品、广告策划、产品跟踪等过程,熟悉企业管理的基本流程,并且了解奢侈品品牌管理基础知识	①课堂教学:珠宝企业经营与管理、珠宝市场营销、珠宝商贸规则、珠宝品牌策划、珠宝电子商务、珠宝连锁经营与管理、珠宝消费心理学、珠宝终端运营管理、奢侈品品牌管理 ②课外学习:南阳教学实习、香港/深圳教学实习、东海水晶市场教学实习等
5	具有主动学习和获取新知识与技术的能力;具有良好的文字和口头表达能力;具有较好的组织管理能力、较强的交流沟通和团队合作能力;具有一定的独立工作能力和创新精神	①课堂教学:珠宝企业工作性实践、毕业设计等综合性实践教学环节 ②课外学习:产学研、科研立项、挑战杯、大学生创新创业等课外科技活动以及学生社团活动等

主干学科:宝石学、珠宝工艺学、珠宝市场营销。

核心课程:高等数学、大学物理、大学英语、地质学基础、结晶学和矿物学、宝石鉴定导论、宝石鉴定仪器、现代宝石测试技术、宝石优化处理、宝石矿床、宝石颜色成因理论、图章石、贵金属、收藏石鉴赏、首饰评估、宝石加工工艺学。珠宝企业经营与管理,珠宝市场营销、珠宝商贸规则、珠宝品牌策划、珠宝电子商务、珠宝连锁经营与管理、珠宝消费心理学、珠宝终端运营管理、奢侈品品牌管理。

主要实践性教学环节:计算机课程设计、珠宝市场教学实习、珠宝企业生产实习、毕业论文。

修业年限:四年。

授予学位:工学学士。

相近专业:地质学专业、矿物学岩石学专业、材料工程专业、营销管理专业。

Program for Gemology and Crafts

Specialty and Code: Gemology and Crafts 080410T

Education Objective

1. Good moral character, social morality and professional ethics, rigorous scientific style, and good health, ability to use modern scientific knowledge and modern gemological theory and skills as well as advanced technological means serving for the socialist modernization, and ability in gemstone and jade identification and business management, jewelry making and management, with a pioneering and creative mind and practical ability of senior technical personnel.

2. Systematic mastering of the basic theory and knowledge of the discipline of gemstone, basic skills, methods and relevant knowledge necessary for gemology and jewelry arts and crafts, basic ability of independently acquiring knowledge, raising, analyzing and solving problems, and preliminary ability in practicing gem identification and scientific research of gemstone, jewelry processing and making and management of jewelry company.

The graduates should acquire the following knowledge, skills and qualities

1. Good professional ethics in jewelry industry, strong persistence in pursuing excellence, strong patriotism and professionalism and sense of social responsibility, and good accomplishment of humanities.

2. Solid foundation of foreign language, knowledge of natural science necessary for gem identification or marketing or appropriate knowledge of marketing and economic management.

3. Well-knit fundamental knowledge of jewelry and basic theory of gem identification, basic knowledge of gem evaluation and gem identification, knowledge of jewelry processing and the technical development of gem identification and basic knowledge of relevant fields.

4 Good ability of marketing thought, product planning and analysis, market operation and the ability of recognizing and managing jewelry enterprise management system, knowing such processes as jewelry market consumer demand analysis, design product, advertisement planning, and product tracking, familiar with the basic procedure of enterprise management and understanding of brand management of luxuries.

5. Ability to proactively learn and acquire new knowledge and skills, good oral and writtencommunication skills, adequate organizing and managing ability, good communication skills and teamwork, appropriate ability of working independently with creative mind.

Graduation Requirements and Ways to Achieve

No.	Graduation Requirements	Ways to Achieve(Teaching Process)
1	Good professional ethics in jewelry industry, strong persistence in pursuing excellence, strong patriotism and professionalism and sense of social responsibility, and good accomplishment of humanities	① Classroom Teaching: Introduction to Mao Tse-tung Thought and the Theoretical System of Socialism with Chinese Characteristics, Principles of Marxism, Ideological and Moral Basic Cultivation and Legal basis of Military Theory, Chinese Modern and Contemporary History, Physical Education Ⅰ—Ⅳ, University Student Employment Guidance, Jewelry Product Quality Regulations, Social Sciences, Arts and Humanities and the Like ② Out-of-class Learning: To carry out Students Youth Culture and Art Festival, Jewelry Bazaar theme educational activities, sports, orienteering and other activities, to carry out education freshmen and graduates series of educational topics, and conducting students Summer Social Practice activities, strengthening student affairs instructors, counselors, and strengthening the student cadres, improve education and guidance to students
2	Solid foundation of foreign language, knowledge of natural science necessary for gem identification or marketing or appropriate knowledge of marketing and economic management	① Classroom Teaching: Basic Geology, Crystallography and Mineralogy, College English, Gemology Professional English and Natural Sciences, Economics and Management Electives Like ② Out-of-class Learning: participation in the English competition, mathematical modeling competitions and other activities related academic reports
3	Well-knit fundamental knowledge of jewelry and basic theory of gem identification, basic knowledge of gem evaluation and gem identification, knowledge of jewelry processing and the technical development of gem identification and basic knowledge of relevant fields	① Classroom Teaching: Introduction Gem Identification, Gem Identification Equipment, Modern Gem Testing Techniques, Optimization Gem, Gemstone Deposits, Gem Colors Genesis Theory, Seal Stones, Precious Metals, Collection of Stone Appreciation, Jewelry Assessment, Gem Processing Technology ② Out-of-class Learning: Academic Reports Relevant Fields, GIC Gem Identification Program, GIC Jewelry Design Curriculum and Assessment Jewelry, Jade Gemology Courses

No.	Graduation Requirements	Ways to Achieve(Teaching Process)
4	Good ability of marketing thought, product planning and analysis, market operation and the ability of recognizing and managing jewelry enterprise management system; knowing such processes as jewelry market consumer demand analysis, design product, advertisement planning, and product tracking; familiar with the basic procedure of enterprise management and understanding of brand management of luxuries	①Classroom Teaching: Jewelry Business and Management, Marketing, Jewelry, Jewelry Trade Rules, Jewelry Brand Planning, E-commerce Jewelry, Jewelry Chain Operations and Management, Consumer Psychology Jewelry, Jewelry Terminal Operations Management, Luxury Brand Management ② Out-of-class Learning: Nanyang Teaching Practice, Teaching Practice in Hong Kong and Shenzhen, Donghai Crystal Market Teaching Internship
5	Ability to proactively learn and acquire new knowledge and skills; good oral and written communication skills; adequate organizing and managing ability; good communication skills and teamwork, appropriate ability of working independently with creative mind	① Classroom Teaching: Practice Jewelry Enterprises, Graduation Design Comprehensive Practical Teaching ②Out-of-class Learning: Research, Research project, Challenge Cup, Scientific and Technological Innovation and Entrepreneurship Students and other extracurricular Activities and Student Government Activities

Major Disciplines: Gemology, Jewelry Designing, Jewelry Marketing.

Main Courses: Advanced Mathematics, College Physics, College English Fundmentals, Chemistry Foundation of Geology, Crystallography and Mineralogy, Introduction to Gem Identification, Gem Identify Instruments Modern Gem Testing Techniques, Optimization gem, Gemstone Deposits, Gem Colors Genesis theory, Seal Stones, Precious Metals, Collection of Stone Appreciation, Jewelry Assessment, Gem Processing Learn. Jewelry Business and Management, Marketing, Jewelry, Jewelry Trade Rules, Jewelry Brand Planning, E-commerce Jewelry, Jewelry Chain Operations and Management, Consumer Psychology Jewelry, Jewelry Terminal Operations Management, Luxury Brand Management.

Lab Experiments: Gem Laboratory, Diamond Grading Laboratory, Gem Processing Laboratory.

Practical Work: Experiment of Gemstone Identification, Jewelry Making Technical Experiment, Gem Cutting Technical Experiment, Jewelry Designing Experiment.

Duration: four years.

Degree Granted: Bachelor of Engineering.

Related Specialties: Geology, Mineralogy and Petrology, Material Engineering, Business and Marketing.

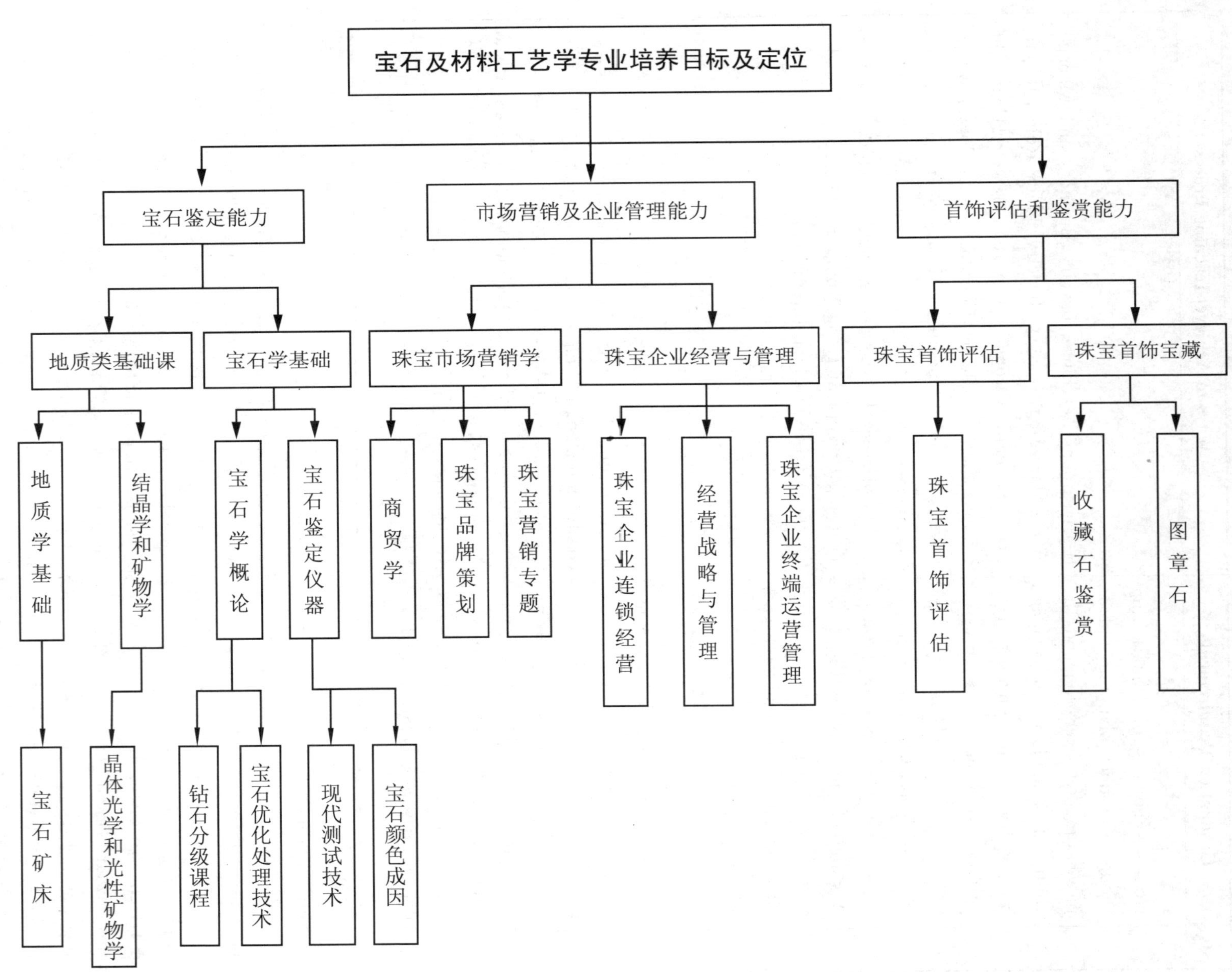

宝石及材料工艺学专业培养目标及定位
宝石鉴定能力
市场营销及企业管理能力
首饰评估和鉴赏能力
地质类基础课
宝石学基础
珠宝市场营销学
珠宝企业经营与管理
珠宝首饰评估
珠宝首饰宝藏
地质学基础
结晶学和矿物学
宝石学概论
宝石鉴定仪器
商贸学
珠宝品牌策划
珠宝营销专题
珠宝企业连锁经营
经营战略与管理
珠宝企业终端运营管理
珠宝首饰评估
收藏石鉴赏
图章石
宝石矿床
晶体光学和光性矿物学
钻石分级课程
宝石优化处理技术
现代测试技术
宝石颜色成因

宝石及材料工艺学专业课程教学计划表

Course Descriptions of Gemology and Crafts

课程类别 Course Classification		课程编号 Course Code	课程名称 Course Name	学分 Crs	学时 Hrs	学时分类 Class Hours 讲课 Lec.	实验 Lab.	先修课程 Prerequisite Courses	学期学分分配 Semester Credits 一 1st	二 2nd	三 3rd	四 4th	五 5th	六 6th	七 7th	八 8th
通识教育课 Liberal Education Courses	必修 Compulsory	11706200	马克思主义基本原理 Principles of Marxism	3	48	48				3						
		11706500	毛泽东思想与中国特色社会主义理论体系概论 Introduction to Mao Tse-tung Thought and the Theoretical System of Socialism with Chinese Characteristics	4	64	64					4					
		11711800	中国近现代史纲要 The Essentials of Modern Chinese History	2	32	32						2				
		120002＊0	思想道德修养与法律基础 Morality Education and Fundamentals of Law	3	48	48			1.5	1.5						
		113076＊0	体育 Physical Education	4	144	144			1	1	1	1				
		109116＊0	大学英语 College English	12	192	192			3	3	3	3				
		11919101	网络应用与信息技术 A Network Applications and Information Technology A	2.5	40	24	16						2.5			
		2140500	宝石及材料工艺学专业导论 Introduction to Gemology and Crafts	1	16	16			1							
		14300100	军事理论 Military Theory	2	32	32			2							
	选修 Elective	总计12学分，含创新创业选修课学分，跨学科选修课不低于6学分。“形势与政策”课程作为限选课，由马克思主义学院实施		12	192											
		小计 Sum		**45.5**	**808**	**600**	**16**		**8.5**	**8.5**	**8**	**6**	**2.5**	**0**	**0**	**0**
学科基础课 Disciplinary Fundamental Courses		212127＊2	高等数学 B Advanced Mathematics B	10	160	160			4	6						
		212130＊3	大学物理 C College Physics C	6	96	96				3.5	2.5					
		20302403	大学化学 C College Chemistry C	4	64	50	14		4							
		20311403	有机化学 C Organic Chemistry C	2	32	32						2				

课程类别 Course Classification	课程编号 Course Code	课程名称 Course Name	学分 Crs	学时 Hrs	学时分类 Class Hours 讲课 Lec.	 实验 Lab.	先修课程 Prerequisite Courses	学期学分分配 Semester Credits 一 1st	 二 2nd	 三 3rd	 四 4th	 五 5th	 六 6th	 七 7th	 八 8th
学科基础课 Disciplinary Fundamental Courses	20115000	地质学基础 Fundamentals of Geology	4.5	72	62	10		4.5							
	20104600	结晶学与矿物学 Crystallography and Mineralogy	5	80	40	40			5						
	20115500	晶体光学和光性矿物学 Crystal Optics and Optic Mineralogy	3	48	14	34				3					
	21411300	消费心理学 Consumer Psychology	1.5	24	20	4					1.5				
	21411400	市场调查与研究 Market Survey and Research	2	32	28	4						2			
	21407600	宝石学 Gemology	3	48	40	8				3					
	20106700	岩石学 Geognosy	5	80	40	40						5			
	小计 Sum		**46**	**736**	**582**	**154**		**12.5**	**14.5**	**8.5**	**3.5**	**7**	**0**	**0**	**0**
专业主干课 Main Specialty Courses	21400600	宝石鉴定仪器 Gem Identify Instruments	2.5	40	16	24				2.5					
	21411900	宝石鉴定 Gem Identification	4.5	72	32	40					4.5				
	21412000	宝石资源及矿床 Gem Resources and Deposits	1.5	24	16	8							1.5		
	21405400	钻石分级 Diamond Classification	1.5	24	16	8						1.5			
	21408100	彩色宝石学 Colored Gemstone	2.5	40	24	16						2.5			
	21408000	玉石学 Jade	2	32	20	12						2			
	21404600	有机宝石学 Organic Gemstone	1.5	24	16	8						1.5			
	21407700	宝石合成原理及方法 Theory and Method of Synthetic Gemstone	2	32	24	8						2			
	21407800	宝石优化处理技术 Technology of Gemstone Enhancement and Treatment	2	32	20	12							2		
	21408600	首饰贵金属 Jewelry and Precious Metals	2	32	28	4						2			
	21404700	中国玉器概论 Outline of Chinese Jade Object	2	32	28	4							2		

课程类别 Course Classification	课程编号 Course Code	课程名称 Course Name	学分 Crs	学时 Hrs	学时分类 Class Hours		先修课程 Prerequisite Courses	学期学分分配 Semester Credits							
					讲课 Lec.	实验 Lab.		一 1st	二 2nd	三 3rd	四 4th	五 5th	六 6th	七 7th	八 8th
专业主干课 Main Specialty Courses	21412100	宝石加工工艺学 Gem Cut Technology	3.5	56	16	40							3.5		
	21411500	珠宝企业管理 Enterprise Management of Jewelry	2	32	28	4						2			
	21405100	珠宝市场营销学 Jewelry Marketing	2	32	28	4							2		
	21405200	珠宝首饰评估 Appraisal of Jewelry	1.5	24	16	8							1.5		
	小计 Sum		**33**	**528**	**328**	**200**		**0**	**0**	**2.5**	**4.5**	**13.5**	**12.5**	**0**	**0**
专业选修课 Specialty Elective Courses		具体见专业选修课列表	15	240											
合计 Sub-total			**139.5**	**2312**	**1510**	**370**		**21**	**23**	**19**	**14**	**23**	**12.5**	**0**	**0**
实践环节 Practical Work	44300200	军事训练 Military Training	2	2 周				2							
	41919201	网络应用与信息技术课程设计 A Course Design for Computer High-Level Language A	1	1 周								1			
	40115400	秭归地质认识实习 Zigui Primary Field Training	2	2 周					2						
	41413210	宝石学教学实习Ⅰ Gemological Practice Teaching Ⅰ	2	2 周							2				
	41413220	宝石学教学实习Ⅱ Gemological Practice Teaching Ⅱ	2	2 周									2		
	41413300	生产实习 Produce Practice	6	6 周										6	
	41413400	毕业实习及论文 Practice for Graduate and Graduation Thesis	12	12 周											12
	小计 Sum		**27**	**27 周**	**0**	**0**		**2**	**2**	**0**	**2**	**1**	**2**	**6**	**12**

课程类别 Course Classification	课程编号 Course Code	课程名称 Course Name	学分 Crs	学时 Hrs	学时分类 Class Hours		先修课程 Prerequisite Courses	学期学分分配 Semester Credits							
					讲课 Lec.	实验 Lab.		一 1st	二 2nd	三 3rd	四 4th	五 5th	六 6th	七 7th	八 8th
创新创业自主学习 Autonomous Learning	ZZ35000S	社会调查 Social Investigation	2												
		其他(学科竞赛、发明创造、科研报告) Others (Contest, Invention, Innovation and Research Presentation)	3												
	小计 **Sum**		**5**												
总计 **Total**			**171.5**	**2312＋27周**	**1510**	**370**		**23**	**25**	**19**	**16**	**24**	**14.5**	**6**	**12**
可开出专业选修课列表 Specialty Elective Courses	21408200	宝石专业英语(双语) Specialized English of Jewelry (Bilingual Teaching)	1.5	24	20	4						1.5			
	20100700	成因矿物学 Cause of Mineralogy	2	32	32									2	
	21400700	宝石现代测试技术 Modern Technology of Testing	3	48	40	8								3	
	21412200	收藏石鉴赏 Appraisal of Collect Stones	1.5	24	16	8								1.5	
	21407900	宝石颜色成因理论 Causal Theory of Gemstone Color	2	32	32									2	
	21411600	宝石学研究基础 Basis of Gemology Research	1.5	24	24									1.5	
	21411700	首饰制作工艺概论 Outline of Jewelry Manufacturing	2.5	40	8	32							2.5		
	21400900	宝石学动态 Gemological Trend	1.5	24	24									1.5	
	21404400	图章石 Image Stone	1	16	8	8							1		
	21005400	商贸学 Trade and Business	1.5	24	24									1.5	
	20815200	经营战略及管理 Management Strategy and Administration	2	32	32						2				
	21406600	珠宝品牌策划 Jewelry Brand Planning	1.5	24	24									1.5	
	21412300	珠宝连锁经营管理 Chain Operation Management of Jewelry	1.5	24	24									1.5	

课程类别 Course Classification	课程编号 Course Code	课程名称 Course Name	学分 Crs	学时 Hrs	学时分类 Class Hours		先修课程 Prerequisite Courses	学期学分分配 Semester Credits							
					讲课 Lec.	实验 Lab.		一 1st	二 2nd	三 3rd	四 4th	五 5th	六 6th	七 7th	八 8th
可开出专业选修课列表 Specialty Elective Courses	21412400	珠宝企业终端运营管理 Terminal Operation Management of Jewelry Enterprise	2	32	32									2	
	21411800	珠宝电子商务 Jewelry Electronic Commerce	2	32	32									2	
	21403300	珠宝营销专题 Seminar Jewelry Marketing	1.5	24	24									1.5	
	21112000	计算机软件应用开发基础 Foundation of Computer Software Application and Development	3	48	40	8					3				
	21908701	数据库概论 Introduction to Database	3.5	56	44	12						3.5			
	21902501	多媒体技术与应用 Multimedia Technology	3.5	56	56							3.5			
	21906101	计算机网络与应用 Computer Network	3.5	6	56									3.5	
	21404500	文献信息检索 Literature Search	1	16	16									1	

注：通识教育选修课学分和创新创业自主学习学分未列入具体学期。

宝石及材料工艺学专业课程分类统计

Course Category Statistics of Gemology and Crafts

课程学分 \ 统计	通识教育课 Liberal Education Courses		学科基础课 Disciplinary Fundamental Courses	专业主干课 Main Specialty Courses	专业选修课 Specialty Elective Courses	实践环节 Practical Work	创新创业自主学习 Autonomous Learning	学时总计 Total Hours	学分总计 Total Credits
	必修 Compulsory	选修 Selective							
学时/学分 Hrs/Crs	616/33.5	192/12	736/46	528/33	240/15	27 周/27	5	2312+27 周	171.5
学分所占比例 Proportion of Credits	26.6%		26.8%	19.3%	8.7%	15.7%	2.9%		100%

产品设计(珠宝首饰设计方向)专业培养方案

专业名称与代码:产品设计(珠宝首饰设计方向) 130504

专业培养目标

1.良好的思想品德、社会公德和职业道德,具有严谨的科学作风、健康的体魄、良好的心理素质和开拓创新精神。

2.能运用现代科学知识、珠宝设计与工艺技能及先进科技手段,从事首饰设计与制作、宝石款式设计与加工、珠宝橱窗设计、珠宝企事业形象设计,为社会主义现代化建设服务。

专业毕业要求

1.具有一定的外语和计算机基础,掌握一定的人文社科与自然科学基本知识。

2.系统掌握美术设计基本原理和基本方法,具有较强的首饰设计能力。

3.掌握宝石款式设计的基本原理和基本方法,具有宝石切磨加工的初步能力。

4.掌握首饰制作工艺的基本原理和方法,具有首饰制作的初步能力。

5.掌握一定的商贸管理知识,具有珠宝橱窗设计、珠宝企事业形象设计的初步能力。

6.积极主动地参加各种社会实践,自觉培养和锻炼良好的综合素质。

毕业要求及实现途径

序号	毕业要求	实现途径(教学过程)
1	具有一定的外语和计算机基础,掌握一定的人文社科与自然科学基本知识	①课堂教学:毛泽东思想和中国特色社会主义理论体系概论、马克思主义基本原理、思想道德修养与法律基础、军事理论、中国近现代史纲要、大学英语等 ②课外学习:相关学术报告及讲座、大学生辩论赛等
2	系统掌握美术设计基本原理和基本方法,具有较强的首饰设计能力	①课堂教学:美术设计原理、首饰概论、计算机辅助设计、首饰制图、首饰设计、电脑首饰设计等 ②课外学习:首饰设计大赛、首饰设计展览、暑期国外游学项目等
3	掌握宝石款式设计的基本原理和基本方法,具有宝石切磨加工的初步能力	①课堂教学:宝石琢型设计与加工工艺、首饰鉴赏等 ②课外学习:GIC 宝石鉴定课程、GIC 首饰设计课程以及首饰评估,翡翠宝石学等课程等
4	掌握首饰制作工艺的基本原理和方法,具有首饰制作的初步能力	①课堂教学:首饰现代生产工艺、蜡雕与铸造、金属编织工艺、首饰工艺基础、传统首饰工艺、珠宝镶嵌工艺、综合首饰工艺、玉雕等 ②课外学习:相关专业领域学术报告、GIC 首饰制作课程等
5	掌握一定的商贸管理知识,具有珠宝橱窗设计、珠宝企事业形象设计的初步能力	①课堂教学:首饰包装及展示设计、商务首饰设计、珠宝市场营销学、珠宝经营管理等 ②课外学习:观摩商业珠宝首饰展览、参加首饰设计与服装搭配大赛等
6	积极主动地参加各种社会实践,自觉培养和锻炼良好的综合素质	①课堂教学:首饰设计采风、商务首饰设计、首饰工艺实习、毕业实习及考察、毕业设计及展示等 ②课外学习:科技论文报告会、暑期“三下乡”社会实践、相关科研项目申请等

主干学科：艺术设计学、珠宝工艺学、宝石学。

核心课程：美术设计原理、首饰概论、计算机辅助设计、首饰工艺基础、传统首饰工艺、珠宝镶嵌工艺、综合首饰工艺、玉雕、首饰设计、首饰制图、电脑首饰设计、宝石琢型设计与加工工艺、首饰包装及展示设计、首饰现代生产工艺、蜡雕与铸造、金属编织工艺、首饰课题创作、首饰设计实验、首饰制图实验、电脑首饰设计实验、首饰工艺基础实验、传统首饰工艺实验、综合首饰工艺实验、宝石琢型设计实验、蜡雕实验、玉雕实验、金属编织实验、首饰课题创作实验等。

主要专业实验：首饰工艺基础、珠宝镶嵌工艺、玉雕工艺、蜡雕与铸造、金属编织工艺、宝石琢型设计与加工工艺、首饰主题设计。

主要实践性教学环节：首饰设计采风、商务首饰设计、首饰工艺实习、毕业实习及考察、毕业设计及展示。

修业年限：四年。

授予学位：艺术学学士。

相近专业：宝石及材料工艺学专业、艺术设计专业、商贸专业。

Program for Product Design(Jewelry Design)

Specialty and Code: Product Design(Jewelry Design) 130504

Education Objectives

1. The program is aimed at cultivating good morality, public virtue and professional ethics, rigorous academic attitude, sound health, healthy mental quality, entrepreneurship and creative mind.

2. The students will be able to apply modern scientific knowledge, skills of jewelry design and process and advanced scientific and technological means to be engaged in jewelry design and making, gemstone style design and processing, jewelry window design, and jewelry enterprise and business image design for serving the socialist modernization.

Graduation Requirements

1. To acquire appropriate fundamentals of foreign language and computer science and master some basic knowledge of humanities and social science and natural science.

2. To grasp basic principles and basic methods of art design in a systematic way with relatively strong jewelry design ability.

3. To grasp basic principles and basic methods of gemstone style design with preliminary ability of gemstone cutting and grinding.

4. To grasp basic principles and basic methods of jewelry making with preliminary ability of jewelry making.

5. To grasp appropriate commerce and trade management knowledge with preliminary ability of jewelry window design and jewelry enterprise and business image design.

6. To proactively take part in all kinds of social practice and take initiative to cultivate and forge good comprehensive quality.

Graduation Requirements and Ways to Achieve

No.	Graduation Requirements	Ways to Achieve(Teaching Process)
1	To acquire appropriate fundamentals of foreign language and computer science and master some basic knowledge of humanities and social science and natural science	①Classroom Teaching: Introduction to Mao Tse-tung Thought and the Theoretical System of Socialism with Chinese characteristics, The Principles of Marxism, Morality Education and Fundamentals of Law, Military Theory, The Essentials of Chinese Modern History, College English, etc ②Out-of-class Learning: Relevant Academic Report and Lecture, College Student Debate Competition, etc
2	To grasp basic principles and basic methods of art design in a systematic way with relatively strong jewelry design ability	①Classroom Teaching: Tenets of Artistic Design, Introduction to Jewelry, CAD, Jewelry Design Drawing, Jewelry Design, Computer Aided Jewelry Design, etc ②Out-of-class Learning: Jewelry Design Competition, Jewelry Design Exhibition, Project of Studying Abroad in the Summer, etc

No.	Graduation Requirements	Ways to Achieve(Teaching Process)
3	To grasp basic principles and basic methods of gemstone style design with preliminary ability of gemstone cutting and grinding	①Classroom Teaching: Gem Cutting and Design making, Techniques,Jewelry Appreciation,etc ②Out-of-class Learning: GIC Gemstone Identification Course,GIC Jewelry Design Course and Jewelry Assessment, Jade and Gems Course,etc
4	To grasp basic principles and basic methods of jewelry making with preliminary ability of jewelry making	①Classroom Teaching: Modern Technology of Jewelry Manufacturing, Wax Carving and Casting, Metal Weaving, Basic Metals Crafts,Historical Jewelry Making Processes,Stone Setting Techniques,Comprehensive Jewelry Crafts,Jade Carving,etc ② Out-of-class Learning: Relevant Professional Fields Academic Report,GIC Jewelry Making Course,etc
5	To grasp appropriate commerce and trade management knowledge with preliminary ability of jewelry window design and jewelry enterprise and business image design	① Classroom Teaching: Jewelry Packaging and Display Design, Business Jewelry Design, Jewelry Marketing, Jewelry Business Management,etc ② Out-of-class Learning: Business Jewelry Exhibition, Joining in Jewelry Design and Dress Collocation Competition,etc
6	To proactively take part in all kinds of social practice and take initiative to cultivate and forge good comprehensive quality	①Classroom Teaching:Practice for Practice Jewelry Design, Business Jewelry Design,Jewelry Crafts Experiment,Practice for Practice Graduation Project and Graduation Field Work, Design and Display for Graduation,etc ②Out-of-class Learning:Scientific Papers Report,Countryside Investigate Social Practice,Relevant Scientific Research Project Application,etc

Major Disciplines: Art Design,Gem Crafts,Gemology.

Main Courses: Tenets of Artistic Design,Introduction to Jewelry CAD,Historical Jewelry Making Processes,Jewelry Making in Alternative Materials,Jewelry Design Drawing,Computer Aided Jewelry Design,Jewelry Packaging and Display,Modern Technology of Jewelry Manufacturing,Jewelry Design Experiment,Jewelry Design Drawing Experiment,Computer Aided Jewelry Design Experiment,Jewelry Making in Alternative Materials Experiment,Historical Jewelry Making Processes Experiment.

Lab Experiments: Basic Metals Crafts,Stone Setting Techniques,Jade Carving,Wax Carving and Casting,Metal Weaving and,Gemstone Cutting and Design and Thematic Jewelry Design.

Practical Work: Practice for Jewelry Design, Business Jewelry Design Practice, Jewelry Crafts Practice,Practice for Graduation Project and Graduation Field Work, Design and Display for Graduation.

Duration: four years.

Degree Granted: Bachelor of Arts.

Related Specialties: Gemology and Crafts,Art Design,Business.

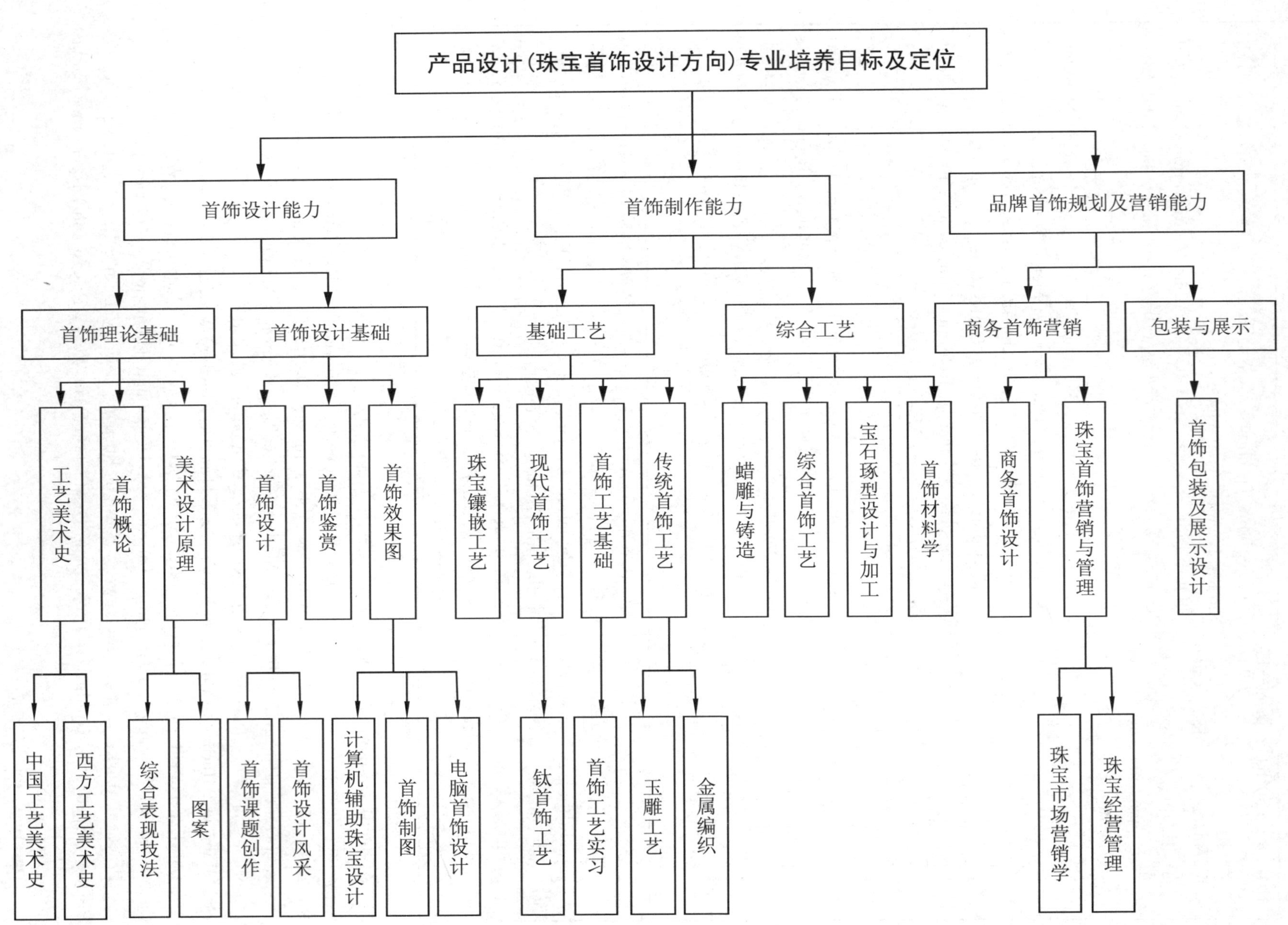

产品设计(珠宝首饰设计方向)专业培养目标及定位
首饰设计能力
首饰制作能力
品牌首饰规划及营销能力
首饰理论基础
首饰设计基础
基础工艺
综合工艺
商务首饰营销
包装与展示
工艺美术史
首饰概论
美术设计原理
首饰设计
首饰鉴赏
首饰效果图
珠宝镶嵌工艺
现代首饰工艺
首饰工艺基础
传统首饰工艺
蜡雕与铸造
综合首饰工艺
宝石琢型设计与加工
首饰材料学
商务首饰设计
珠宝首饰营销与管理
首饰包装及展示设计
中国工艺美术史
西方工艺美术史
综合表现技法
图案
首饰课题创作
首饰设计风采
计算机辅助珠宝设计
首饰制图
电脑首饰设计
钛首饰工艺
首饰工艺实习
玉雕工艺
金属编织
珠宝市场营销学
珠宝经营管理

产品设计(珠宝首饰设计方向)专业课程教学计划表

Course Descriptions of Product Design (Jewelry Design)

课程类别 Course Classification		课程编号 Course Code	课程名称 Course Name	学分 Crs	学时 Hrs	学时分类 Class Hours		先修课程 Prerequisite Courses	学期学分分配 Semester Credits							
						讲课 Lec.	实验 Lab.		一 1st	二 2nd	三 3rd	四 4th	五 5th	六 6th	七 7th	八 8th
通识教育课 Liberal Education Courses	必修 Compulsory	11706200	马克思主义基本原理 Principles of Marxism	3	48	48				3						
		11706500	毛泽东思想与中国特色社会主义理论体系概论 Introduction to Mao Tse-tung Thought and the Theoretical System of Socialism with Chinese Characteristics	4	64	64					4					
		11711800	中国近现代史纲要 The Essentials of Modern Chinese History	2	32	32						2				
		120002 * 0	思想道德修养与法律基础 Morality Education and Fundamentals of Law	3	48	48			1.5	1.5						
		113076 * 0	体育 Physical Education	4	144	144			1	1	1	1				
		109116 * 0	大学英语 College English	12	192	192			3	3	3	3				
		21407500	宝石及材料工艺学专业导论 Introduction to Gemology and Crafts	1	16	16			1							
		14300100	军事理论 Military Theory	2	32	32			2							
	选修 Elective	总计12学分,含创新创业选修课学分,跨学科选修课不低于6学分。"形势与政策"课程作为限选课,由马克思主义学院实施		12	192											
		小计 Sum		**43**	**768**	**576**	**0**		**8.5**	**8.5**	**8**	**6**	**0**	**0**	**0**	**0**
学科基础课 Disciplinary Fundamental Courses		21409010	首饰工艺基础Ⅰ Basic Metals Crafts Ⅰ	4	64	8	56		4							
		21409020	首饰工艺基础Ⅱ Basic Metals Crafts Ⅱ	4	64	8	56			4						
		21613900	图案 Pattern Design	2	32	30	2		2							
		21405300	综合表现技法 Comprehensive Rendering Techniques	4	64	64			4							
		21410500	美术设计原理 Tenets of Artistic Design	4	64	40	24			4						

课程类别 Course Classification	课程编号 Course Code	课程名称 Course Name	学分 Crs	学时 Hrs	学时分类 Class Hours		先修课程 Prerequisite Courses	学期学分分配 Semester Credits							
					讲课 Lec.	实验 Lab.		一 1st	二 2nd	三 3rd	四 4th	五 5th	六 6th	七 7th	八 8th
学科基础课 Disciplinary Fundamental Courses	21410600	首饰概论 Introduction to Jewelry	1.5	24	24				1.5						
	21412600	西方工艺美术史 History of Occident Art and Craft	2	32	30	2				2					
	21411200	中国工艺美术史 History of Chinese Art and Craft	2	32	30	2			2						
	21412700	计算机辅助珠宝设计 CAD	4	64	32	32						4			
	21409200	首饰制图 Jewelry Design Drawing	2.5	40	12	28					2.5				
	21409300	首饰材料学 Materials for Jewelry	1.5	24	24							1.5			
	21409400	宝石琢型设计与加工工艺 Gem Cutting and Design	4	64	16	48						4			
	小计 Sum		**35.5**	**568**	**318**	**250**		**10**	**11.5**	**2**	**2.5**	**9.5**	**0**	**0**	**0**
专业主干课 Main Specialty Courses	21410800	首饰设计 Jewelry Design	4	64	20	44						4			
	21409510	传统首饰工艺Ⅰ Historical Jewelry Making Processes Ⅰ	2.5	40	8	32				2.5					
	21409520	传统首饰工艺Ⅱ Historical Jewelry Making Processes Ⅱ	2.5	40	4	36						2.5			
	21409600	蜡雕与铸造 Wax Carving and Casting	2.5	40	4	36				2.5					
	21412800	电脑首饰设计 Computer Aided Jewelry Design	2	32	10	22							2		
	21409710	综合首饰工艺Ⅰ Jewelry Making in Alternative Materials Ⅰ	2.5	40	4	36					2.5				
	21412900	珠宝镶嵌工艺 Stone Setting Techniques	5	80	8	72				5					
	21413000	首饰课题创作 Thematic Jewelry Design	5	80	24	56								5	
	21410200	玉雕工艺 Jade Carving	3.5	56	8	48					3.5				
	21411100	钛首饰工艺 Titanium Jewelry Crafts	2.5	40	4	36					2.5				
	小计 Sum		**32**	**512**	**94**	**418**		**0**	**0**	**10**	**8.5**	**6.5**	**2**	**5**	**0**

课程类别 Course Classification	课程编号 Course Code	课程名称 Course Name	学分 Crs	学时 Hrs	学时分类 Class Hours 讲课 Lec.	实验 Lab.	先修课程 Prerequisite Courses	学期学分分配 Semester Credits 一 1st	二 2nd	三 3rd	四 4th	五 5th	六 6th	七 7th	八 8th
专业选修课 Specialty Elective Courses		具体见专业选修课列表	15	240											
合计 Sub-total			**125.5**	**2088**	**988**	**668**		**18.5**	**20**	**20**	**17**	**16**	**2**	**5**	**0**
实践环节 Practical Work	44300200	军事训练 Military Training	2	2 周				2							
	41413500	首饰设计采风 Practice for Jewelry Design	3	3 周						3					
	41413600	商务首饰设计 Commercial Jewelry Design	4	4 周									4		
	41413700	毕业实习 Practice for Graduation	6	6 周											6
	41413800	毕业设计及展示 Design and Exhibition for Graduation	12	12 周											12
	小计 Sum		**27**	**27 周**	**0**	**0**		**2**	**0**	**3**	**0**	**0**	**4**	**0**	**18**
创新创业自主学习 Autonomous Learning	ZZ35000S	社会调查 Social Investigation	2												
		其他(学科竞赛、发明创造、科研报告) Others (Contest, Invention, Innovation and Research Presentation)	3												
	小计 Sum		**5**												
总计 Total			**157.5**	**2088 + 27 周**	**988**	**668**		**20.5**	**20**	**23**	**17**	**16**	**6**	**5**	**18**
可开出专业选修课列表 Specialty Elective Courses	21402500	金属编织工艺 Metal Weaving	1.5	24	4	20							1.5		
	21400500	宝石鉴定导论 Introduction to Gem Identification	3.5	56	30	26							3.5		
	21409530	传统首饰工艺Ⅲ Historical Jewelry Making Processes Ⅲ	2.5	40	8	32						2.5			
	21409720	综合首饰工艺Ⅱ Jewelry Making in Alternative Materials Ⅱ	2.5	40	4	36							2.5		

课程类别 Course Classification	课程编号 Course Code	课程名称 Course Name	学分 Crs	学时 Hrs	学时分类 Class Hours		先修课程 Prerequisite Courses	学期学分分配 Semester Credits							
					讲课 Lec.	实验 Lab.		一 1st	二 2nd	三 3rd	四 4th	五 5th	六 6th	七 7th	八 8th
可开出专业选修课列表 Specialty Elective Courses	21413100	现代首饰生产工艺 Modern Technology of Jewelry Manufacturing	1	16	16	8								1	
	21410100	首饰包装及展示设计 Jewelry Packaging and Display	2	32	8	24						2			
	21405100	珠宝市场营销学 Jewelry Marketing	2	32	32									2	
	21404900	珠宝经营管理 Jewelry Selling Management	2	32	32									2	
	20102100	地球科学概论 Introduction to Geosciences	2	32	32					2					
	21602300	大学语文 College Chinese	2.5	40	40			2.5							
	21615900	艺术概论 Introduction to Art	1.5	24	24						1.5				
	21702600	公共关系学 Public Relations	2	32	24	8								2	
	20815100	市场研究 Market Research	2	32	32								2		
	21611500	摄影技术 Photography	1	16	16									1	
	21609300	美术鉴赏 Art Appreciation	1.5	24	24								1.5		
	21613002	书法 B Calligraphy B	1.5	24	24								1.5		
	21906101	计算机网络与应用 A Computer Network A	3.5	56	56									3.5	
	21902502	多媒体技术与应用 B Multimedia Technology B	2	32	24	8								2	
	21404500	文献信息检索 Literature Search	1	16	16									1	

产品设计(珠宝首饰设计方向)专业课程分类统计

Course Category Statistics of Product Design (Jewelry Design)

课程学分 / 统计	通识教育课 Liberal Education Courses		学科基础课 Disciplinary Fundamental Courses	专业主干课 Main Specialty Courses	专业选修课 Specialty Elective Courses	实践环节 Practical Work	创新创业自主学习 Autonomous Learning	学时总计 Total Hours	学分总计 Total Credits
	必修 Compulsory	选修 Selective							
学时/学分 Hrs/Crs	576/31	192/12	568/35.5	512/32	240/15	27 周/27	5	2088+27 周	157.5
学分所占比例 Proportion of Credits	27.3%		22.5%	20.3%	9.5%	17.2%	3.2%		100%

艺术与传媒学院

- 广播电视学专业培养方案
- 音乐学(作曲与作曲技术理论方向)专业培养方案
- 音乐学(音乐表演方向——声乐)专业培养方案
- 音乐学(音乐表演方向——钢琴)专业培养方案
- 环境设计专业培养方案
- 视觉传达设计专业培养方案
- 动画(数字媒体艺术方向)专业培养方案

广播电视学专业培养方案

专业名称与代码:广播电视学　050302

专业培养目标:本专业根据广播电视传播事业的需要,面向传媒业培养掌握新闻传播学基本理论和广播电视传播技能,具备媒体运营和广告经营管理、传播新技术运用等方面能力,能够在广播电视媒体、企事业单位、政府机构部门,从事广播电视媒体的采访写作、编辑评论、策划、主持等方面专业工作,也能够在政府部门和企事业单位的宣传、策划、经纪、媒体从事传播活动运营等工作的高级新闻传播专业人才。

专业毕业要求

1.掌握马列主义基本原理、中国近现代史纲要、毛泽东思想与中国特色社会主义理论体系概论主要思想,树立正确的人生观、世界观、价值观,具有良好的政治素质、敬业精神和新闻职业道德。

2.掌握广播电视学、传播学、新闻学的基本理论以及媒介分析、媒介批判等方法。

3.具有新闻采访、写作、编导、摄录、制作的基本能力及广播电视节目策划、制作、评论和分析能力。

4.熟悉国家有关的宣传方针、媒体管理政策和法规,具备一定的媒介经营管理能力,并具备一定的节目制作和创意工作能力。

5.了解较为广泛的人文社会科学知识,具备良好的外语应用能力,能够阅读专业外文书刊,在听、说、读、写、译等方面具有较高的实际运用能力。

6.具备一定的传播新技术能力以及初步的学科研究能力,具有一定的批判性思维能力。

7.具有健康的体魄和心理素质,达到大学生体育锻炼合格标准。

毕业要求及实现途径

序号	毕业要求	实现途径(教学过程)
1	掌握马列主义、毛泽东思想、邓小平理论和三个代表主要思想,树立正确的人生观、世界观、价值观,具有良好的政治素质、敬业精神和新闻职业道德	课堂教学:思想道德修养与法律基础、马克思主义基本原理、中国近现代史纲要、毛泽东思想与中国特色社会主义理论体系概论
2	掌握广播电视学、传播学、新闻学的基本理论以及媒介分析、媒介批判等方法	①课堂教学:新闻传播导论、广播电视概论、新闻学概论、中国新闻史、传播学概论、外国新闻传播史、广告理论与实务、网络传播学、新媒体概论、媒介伦理与法规 ②课外学习:认知实习
3	具有新闻采访、写作、编导、摄录、制作的基本能力及广播电视节目策划、制作、评论和分析能力	①课堂教学:摄影技术与构图、电视制作技术、新闻采访与写作、广播新闻业务、新闻评论学、电视栏目策划、电视新闻摄影、电视采访与写作、电视编辑、电视音响与照明、电视新闻节目、纪录片创作 ②课外学习:教学实习和媒体实习

序号	毕业要求	实现途径(教学过程)
4	熟悉国家有关的宣传方针、媒体管理政策和法规,具备一定的媒介经营管理能力,并具备一定的节目制作和创意工作能力	①课堂教学:媒介经营与管理、公共管理学、公共关系学(跨专业选修)、影视精品欣赏、电视新闻节目制作训练、影视语言 ②课外学习:毕业实习
5	了解较为广泛的人文社会科学知识,具备良好的外语应用能力,能够阅读专业外文书刊,在听、说、读、写、译等方面具有较高的实际运用能力	①课堂教学:大学英语、古代汉语、基础写作、中国古代文学、中国现代文学、新闻英语阅读、中国文化概论、广告文案写作、文学概论、世界文学 ②课外学习:创新创业自主学习
6	具备一定的传播新技术能力以及初步的学科研究能力,具有一定的批判性思维能力	①课堂教学:跨专业通识选修课、网络应用技术、数字动画、心理学(跨专业选修)、流行文化社会学、社会学概论、社会科学研究方法 ②课外学习:毕业论文
7	具有健康的体魄和心理素质,达到大学生体育锻炼合格标准	课堂教学:大学体育

主干学科:新闻传播学。

核心课程:新闻学概论、广播电视概论、传播学概论、广告学概论、社会科学研究方法、媒介经营与管理、电视新闻节目、电视栏目策划、新媒体概论与实务、电视摄像等。

主要实践性教学环节:主要实验课程包括电视新闻摄像实验、电视编辑实验、摄影技术和构图实验、计算机辅助设计实验等。

本专业有课程实习、教学实习、假期实习、毕业实习四级实践性教学体系。平时根据相关课程安排,就与课程相关内容在校内进行实习;假期要求学生在电台、电视台或其他新闻媒体实习;第七、第八学期到电台、电视台等媒体进行为期 3 至 4 个月的毕业实习。全部实习时间总共在 30 周以上。

修业年限:四年。

授予学位:文学学士。

相近专业:新闻学、广告学。

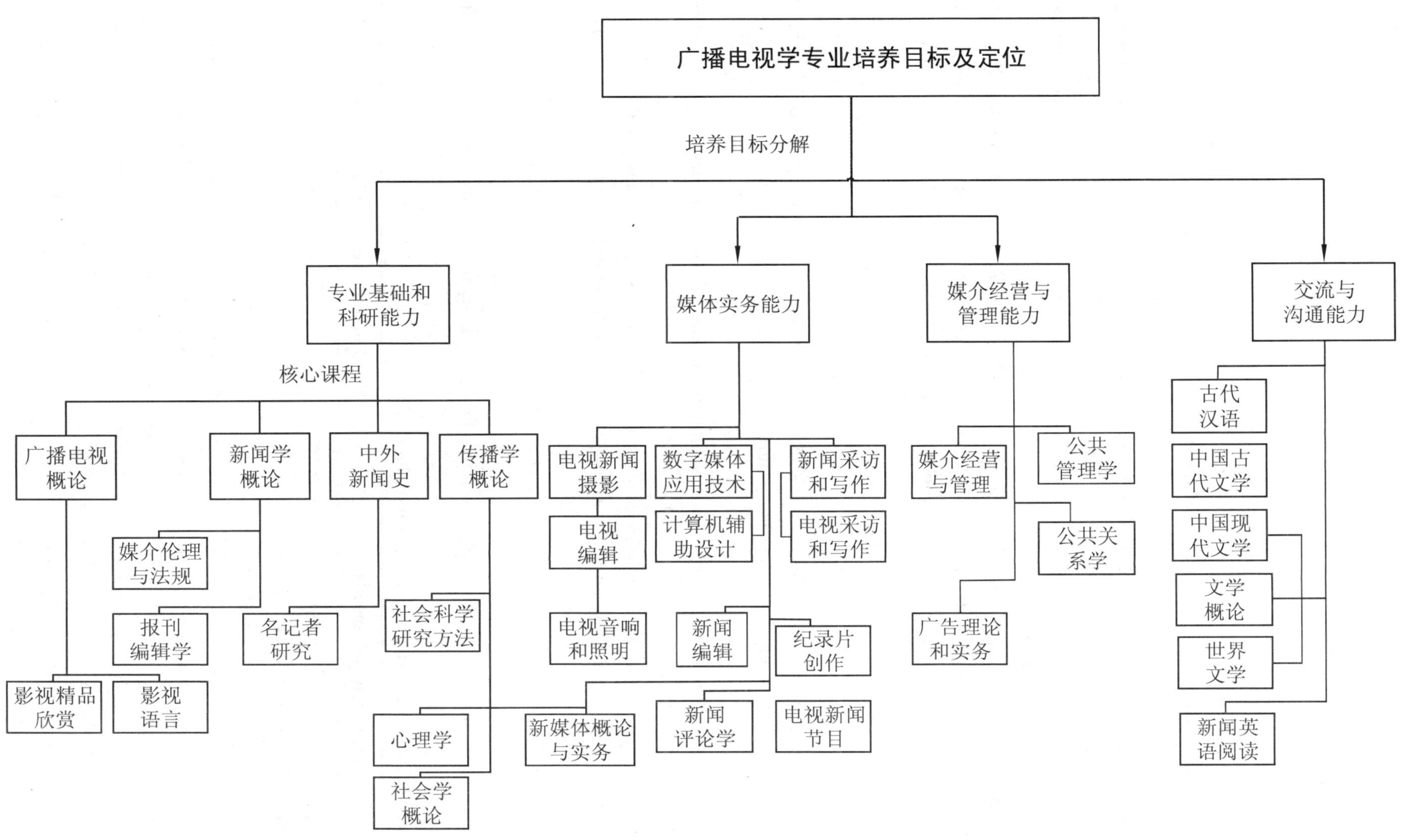

广播电视学专业培养目标及定位
培养目标分解
专业基础和科研能力
媒体实务能力
媒介经营与管理能力
交流与沟通能力
核心课程
广播电视概论
新闻学概论
中外新闻史
传播学概论
媒介伦理与法规
报刊编辑学
名记者研究
社会科学研究方法
影视精品欣赏
影视语言
心理学
社会学概论
电视新闻摄影
数字媒体应用技术
新闻采访和写作
电视编辑
计算机辅助设计
电视采访和写作
电视音响和照明
新闻编辑
纪录片创作
新媒体概论与实务
新闻评论学
电视新闻节目
媒介经营与管理
公共管理学
公共关系学
广告理论和实务
古代汉语
中国古代文学
中国现代文学
文学概论
世界文学
新闻英语阅读

Program for Broadcasting and TV

Specialty and Code: Broadcasting and TV 050302

Education Objective: The program enables students to develop morally, intellectually, physically, and aesthetically, to be professional on journalism, to acquire sufficient knowledge of Radio & Television and Communication for the need of media industry, as well as some geosciences knowledge and related scientific and cultural knowledge. Students may develop their career as a reporter, editor, planner, agent, host, etc. Students can be qualified as instructors or researchers in relative fields as well.

Graduation Requirements

1. Mastering the basic principles of Marxism, the brief introduction of Chinese modern history, introduction to Mao Tse-tung thought and the theoretical system of socialism with Chinese characteristics, and so on, establishing a correct outlook on life and world, being equipped with good political qualities, professional spirit and journalistic ethics.

2. Master radio and television, communication, journalism's basic theory and media analysis, media criticism and research methods.

3. Having the basic capabilities for news gathering, writing, TV directing, recording, and the analysis capabilities for radio and television program planning, production, comments.

4. Familiar with the relevant national policy advocacy, media management policies and regulations, with basic media management capabilities, and have the ability for program production and creative writing and editing.

5. Learn more extensive knowledge of humanities and social sciences, have good foreign language ability to read professional foreign language books, with high practical ability to use listening, speaking, reading, writing, translation and other aspects.

6. Have the ability to spread of new technologies and the initial disciplinary research capacity, with some critical thinking skills.

7. Being healthy both on the body and mind, being qualified for the physical exercise standard of college students.

Graduation Requirements and Ways to Achieve

No.	Graduation Requirements	Ways to Achieve(Teaching Process)
1	Mastering the Marxism, the brief Introduction of Chinese modern history, introduction to Mao Tse-tung thought and the theoretical system of socialism with Chinese characteristics, and so on, establishing a correct outlook on life and world, being equipped with good political qualities, professional spirit and journalistic ethics	Classroom Teaching: Morality Education and Fundamentals of Law, Principles of Marxism, The Essentials of Modern Chinese History, Introduction to Mao Tse-tung Thought and the Theoretical System of Socialism with Chinese Characteristics

No.	Graduation Requirements	Ways to Achieve(Teaching Process)
2	Master radio and television, communication, journalism's basic theory and media analysis, media criticism and research methods	① Classroom Teaching: Introduction of Journalism and Communication, Introduction to radio and television, Journalism Studies, History of Chinese Journalism, Communication Studies, Foreign News Dissemination History, Theory and Practice of Advertising,Communication Network,Introduction of New Media,Media Ethics and Regulations ②Out-of-class Learning: Cognitive Practice
3	Having the basic capabilities for news gathering, writing, TV directing, recording, and the analysis capabilities for radio and television program planning, production, comments	①Classroom Teaching: Photography and Composition, Television Production Technology, News Reporting and Writing, Broadcast News Business, News Review, Television Program Planning, Television News Photography, Television Interview and Writing, TV Editing, TV Sound and Lighting, Television News Program,Documentary Creation ②Out-of-class Learning: Course Practice and Media Practice
4	Familiar with the relevant national policy advocacy, media management policies and regulations, with basic media management capabilities, and have the ability for program production and creative writing and editing	①Classroom Teaching: Media Operation and Management, Public Administration, Public Relation (multi-disciplinary elective), Appreciation of Competitive Movie and TV, TV News Program Production Training, Movie and TV Language ② Out-of-class Learning: Undergraduate Practice
5	Learn more extensive knowledge of humanities and social sciences, have good foreign language ability to read professional foreign language books, with high practical ability to use listening, speaking, reading, writing, translation and other aspects	①Classroom Teaching: College English, Ancient Chinese, Elementary Writing, Ancient Literature of China,Modern Literature of China,News English Reading, Chinese Culture Introduction, Advertisement Archives Writing, Introduction to Literature, World Literature ②Out-of-class Learning:Autonomous Learning
6	Have the ability to spread of new technologies and the initial disciplinary research capacity, with some critical thinking skills	①Classroom Teaching: Multi-disciplinary Knowledge Through Elective Courses, Network Application Technology, Digital Animation, Psychology (multi-disciplinary elective), Popular Culture sociology, Introduction to Sociology, Social Science Research Methods ②Out-of-class Learning:Graduation Thesis
7	Being healthy both on the body and mind, being qualified for the physical exercise standard of college students	Classroom Teaching: Physical Education

Major Subjects: Journalism Communication.

Main Courses: Introduction of Journalism, Introduction of TV and Broadcasting, Introduction of Communication, Advertisement Theory and Practice, Research Methods and Data Analysis in the Social Sciences, Media Operation and Management, TV News Program, TV Program Planning, New Media Theories and Practices, TV Shooting and TV Images and so on.

Practical Work: Independent Study on Original Marxism Journalistic Classics, TV News Program Production Training, Cognitive Practice, Teaching Practice, Undergraduate Practice, Undergraduate Thesis.

Duration: four years.

Degree Granted: Bachelor of Arts.

Related Specialties: Journalism, Advertising.

广播电视学专业课程教学计划表

Course Descriptions of Broadcasting and TV

课程类别 Course Classification		课程编号 Course Code	课程名称 Course Name	学分 Crs	学时 Hrs	学时分类 Class Hours		先修课程 Prerequisite Courses	学期学分分配 Semester Credits							
						讲课 Lec.	实验 Lab.		一 1st	二 2nd	三 3rd	四 4th	五 5th	六 6th	七 7th	八 8th
通识教育课 Liberal Education Courses	必修 Compulsory	120001 * 0	思想道德修养与法律基础 Morality Education and Fundamentals of Law	3	48	48			1.5	1.5						
		109116 * 0	大学英语 College English	12	192	192			3	3	3	3				
		113076 * 0	体育 Physical Education	4	144	144			1	1	1	1				
		14300100	军事理论 Military Theory	2	32	32			2							
		21620700	新闻传播导论 Introduction of Journalism and Communication	1	16	16			1							
		11919101	网络应用与信息技术 A Network Application and Information Technology A	2.5	40	24	16			2.5						
		11706200	马克思主义基本原理 Principles of Marxism	3	48	48				3						
		11711800	中国近现代史纲要 The Essentials of Modern Chinese History	2	32	32					2					
		11706500	毛泽东思想与中国特色社会主义理论体系概论 Introduction to Mao Tse-tung Thought and the Theoretical System of Socialism with Chinese Characteristics	4	64	64						4				
	选修 Elective	总计 12 学分，含创新创业选修课学分，跨学科选修课不低于 6 学分。“形势与政策”课程作为限选课，由马克思主义学院实施		12	192											
		小计 Sum		**45.5**	**808**	**600**	**16**		**8.5**	**11**	**6**	**8**	**0**	**0**	**0**	**0**
学科基础课 Disciplinary Fundamental Courses		21605000	广播电视概论 Introduction of TV and Broadcasting	2.5	40	36	4		2.5							
		21604800	古代汉语 Ancient Chinese	2	32	32			2							
		21606800	基础写作 Elementary Writing	2	32	32			2							

课程类别 Course Classification	课程编号 Course Code	课程名称 Course Name	学分 Crs	学时 Hrs	学时分类 Class Hours 讲课 Lec.	 实验 Lab.	先修课程 Prerequisite Courses	学期学分分配 Semester Credits 一 1st	 二 2nd	 三 3rd	 四 4th	 五 5th	 六 6th	 七 7th	 八 8th
学科基础课 Disciplinary Fundamental Courses	21641600	数字媒体应用技术 Digital Media Technologies	2	32	16	16		2							
	21615400	新闻学概论 Introduction of Journalism	2.5	40	40				2.5						
	21619400	中国新闻史 History of Chinese Journalism	2.5	40	40				2.5						
	21641700	摄影技术 Photography	1.5	24	24			1.5							
	21635800	摄影构图 Photography and Composition	1.5	24	24				1.5						
	21602100	传播学概论 Introduction of Communication	2.5	40	40					2.5					
	21623200	外国新闻传播史 History of Foreign Communication	2.5	40	40					2.5					
	21603300	电视制作技术 Techniques for Television Editing	2	32	16	16				2					
	21605300	广告理论与实务 Advertisement Theory and Practice	2	32	32					2					
	21614200	网络传播学 Network Communication	2	32	32						2				
	21618700	中国古代文学 Ancient Literature of China	4.5	72	72						4.5				
	21619200	中国现代文学 Modern Literature of China	2.5	40	40						2.5				
	21641800	新媒体概论与实务 New Media Theories and Practices	2	32	32						2				
	21641900	媒介伦理与法规 Media Ethic and Regulation	2	32	32							2			
	21623300	社会科学研究方法 Social Research Methods	2.5	40	32	8						2.5			
	21615500	新闻英语阅读 News English Reading	2.5	40	40								2.5		
	小计 **Sum**		**43.5**	**696**	**652**	**44**		**10**	**6.5**	**9**	**11**	**4.5**	**2.5**	**0**	**0**

课程类别 Course Classification	课程编号 Course Code	课程名称 Course Name	学分 Crs	学时 Hrs	学时分类 Class Hours		先修课程 Prerequisite Courses	学期学分分配 Semester Credits							
					讲课 Lec.	实验 Lab.		一 1st	二 2nd	三 3rd	四 4th	五 5th	六 6th	七 7th	八 8th
专业主干课 Main Specialty Courses	21615100	新闻采访与写作 News Gathering and Writing	4	64	64					4					
	21605100	广播新闻业务 Broadcasting Practice	2	32	32								2		
	21615200	新闻评论学 News Review	2	32	32						2				
	21623400	电视栏目策划 Television Program Planning	3	48	48						3				
	21603100	电视新闻摄影 TV News Photography	4	64	32	32					4				
	21602500	电视编辑 TV Program Editing	4	64	32	32						4			
	21603200	电视音响与照明 TV Acoustics and Lighting	2	32	24	8						2			
	21602900	电视新闻节目 TV News Program	2	32	32								2		
	21606900	纪录片创作 Documentary Creation	2	32	24	8							2		
	21618000	影视语言 Movie and TV Language	2	32	20	12						2			
	21609200	媒介经营与管理 Media Organization and Management	2	32	32								2		
	小计 **Sum**		**29**	**464**	**372**	**92**		**0**	**0**	**4**	**9**	**8**	**8**	**0**	**0**
专业选修课 Specialty Elective Courses		具体见专业选修课列表	27	432											
合计 **Sub-total**			**145**	**2400**	**1624**	**152**		**18.5**	**17.5**	**19**	**28**	**12.5**	**10.5**	**0**	**0**
实践环节 Practical Work	44300200	军事训练 Military Training	2	2 周				2							
	41631000	认知实习 Cognitive Practice	2	2 周					2						
	41642200	教学实习 Teaching Practice	6	6 周							6				
	41642300	毕业实习 Graduation Practice	10	10 周										10	

课程类别 Course Classification	课程编号 Course Code	课程名称 Course Name	学分 Crs	学时 Hrs	学时分类 Class Hours 讲课 Lec.	实验 Lab.	先修课程 Prerequisite Courses	学期学分分配 Semester Credits 一 1st	二 2nd	三 3rd	四 4th	五 5th	六 6th	七 7th	八 8th
实践环节 Practical Work	41642400	毕业论文 Graduation Thesis	10	10 周											10
	41919201	网络应用与信息技术课程设计 A Network Application and Information Technology Course Design A	1	1 周					1						
	小计 **Sum**		**31**	**31 周**	**0**	**0**		**2**	**3**	**0**	**6**	**0**	**0**	**10**	**10**
创新创业自主学习 Autonomous Learning	ZZ35000S	社会调查 Social Investigation	2												
		其他(学科竞赛、发明创造、科研报告) Others (Contest, Invention, Innovation and Research Presentation)	3												
	小计 **Sum**		**5**												
总计 **Total**			**181**	**2400 + 31 周**	**1624**	**152**		**20.5**	**20.5**	**19**	**34**	**12.5**	**10.5**	**10**	**10**
可开出专业选修课列表 Specialty Elective Courses	21619000	中国文化概论 Chinese Culture Introduction	2	32	32				2						
	21602600	电视采访与写作 TV Interview and TV Writing	2	32	32							2			
	21621900	影视精品欣赏 Appreciation of Competitive Movie and TV	2	32	32				2						
	21622700	计算机辅助艺术设计 Computer Aided Design	3	48	24	24			3						
	21605400	广告文案写作 Advertisement Archives Writing	2	32	32					2					
	21623900	流行文化社会学 Pop-Culture Sociology	2	32	32						2				
	21614500	文学概论 Literature Introduction	2	32	32							2			
	21612200	世界文学 World Literature	2	32	32							2			
	21707900	社会学概论 Sociology Introduction	2	32	32							2			

课程类别 Course Classification	课程编号 Course Code	课程名称 Course Name	学分 Crs	学时 Hrs	学时分类 Class Hours		先修课程 Prerequisite Courses	学期学分分配 Semester Credits							
					讲课 Lec.	实验 Lab.		一 1st	二 2nd	三 3rd	四 4th	五 5th	六 6th	七 7th	八 8th
可开出专业选修课列表 Specialty Elective Courses	21642000	新闻编辑 News Editing	2	32	32						2				
	21609800	名记者研究 Famous Reporters Study	2	32	32					2					
	21642100	数据新闻与可视化 Data Journalism and Mapping for Stories	2	32	32							2			
	21702600	公共关系学 Public Relation	2	32	32					2					

注：通识教育选修课学分和创新创业自主学习学分未列入具体学期。

广播电视学专业课程分类统计

Course Category Statistics of Broadcasting and TV

课程学分 / 统计	通识教育课 Liberal Education Courses		学科基础课 Disciplinary Fundamental Courses	专业主干课 Main Specialty Courses	专业选修课 Specialty Elective Courses	实践环节 Practical Work	创新创业自主学习 Autonomous Learning	学时总计 Total Hours	学分总计 Total Credits
	必修 Compulsory	选修 Selective							
学时/学分 Hrs/Crs	616/33.5	192/12	696/43.5	464/29	432/27	31 周/31	5	2400＋31 周	181
学分所占比例 Proportion of Credits	25.14%		24.03%	16.02%	14.92%	17.13%	2.76%		100%

音乐学(作曲与作曲技术理论方向)专业培养方案

专业名称与代码:音乐学(作曲与作曲技术理论方向) 130202

专业培养目标:本专业旨在培养音乐理论知识扎实、专业技能出色、综合素质全面,有艺术创新思维,具备音乐创作与制作、编辑能力的复合型音乐人才。

专业毕业要求

1.音乐创作与制作的基本理论和技能。

2.注重音乐基础、艺术修养和综合素质的全面培养。

3.注重音乐创作与制作的实践。

4.融会贯通中外音乐创作与制作的创新成果,具备一定的音乐创作与制作能力。

毕业要求及实现途径

序号	毕业要求	实现途径(教学过程)
1	音乐创作与制作的基本理论和技能	课堂教学:作曲法、和声学、曲式、复调、配器、音乐声学、MIDI基础与音序制作、音频基础与音频编辑、录音采样与混音技术、音频与视频数字信号处理等
2	注重音乐基础、艺术修养和综合素质的全面培养	课堂教学:乐理、视唱练耳、中国音乐史、西方音乐史、中国民族民间音乐、影视音乐、20世纪音乐概论等
3	注重音乐创作与制作的实践	课外学习:专业实习、社会实践、艺术实践等
4	融会贯通中外音乐创作与制作的创新成果,具备一定的音乐创作与制作能力	课外学习:词曲采风、毕业音乐会等

主干学科:音乐舞蹈学。

核心课程:MIDI基础与音序制作、音频基础与音频编辑、录音采样与混音技术、作曲法、和声学、曲式、复调、配器、流行音乐编配、音乐声学等。

主要实践性教学环节:词曲采风、艺术实践、毕业实习、毕业论文、毕业音乐会。

修业年限:四年。

授予学位:艺术学学士。

相近专业:音乐学、音乐表演。

Program for Musicology (Composition and Compositional Theory)

Specialty and Code: Musicology(Composition and Compositional Theory) 130202

Education Objective: The professional direction is an art direction which combines music creation and production with musicology. It is designed to cultivate compound musical talents with good knowledge of musical theory, well-rounded synthetical quality, outstanding professional skills, an art innovational thinking, the ability to create, produce and edit music.

Graduation Requirements

1. Study basic theories and skills of music creation and production.

2. Attach great importance not only to the cultivation of foundational music education, artistic attainment and synthetical quality.

3. Pay attention to the practice of music creation and production.

4. Learn the new innovative achievement at home and abroad and have the ability to create and produce music.

Graduation Requirements and Ways to Achieve

No.	Graduation Requirements	Ways to Achieve(Teaching Process)
1	Study basic theories and skills of music creation and production	Classroom Teaching: Theory of Composing, Harmony, Music Form, Polyphony, Musical Instruments Compilation, Musical Acoustics, MIDI Foundation and Music Sequencer Production, Basic Audio Technology and Audio Editing, Sound Recording and Mixing, Audio and Video Digital Signal Processing, etc
2	Attach great importance not only to the cultivation of foundational music education, artistic attainment and synthetical quality	Classroom Teaching: Theory of Music, Solfeggio, History of Chinese Music , History of Western Music, National and Folk Music, Film and Television Music, Introduction to the 20th Century Music, etc
3	Pay attention to the practice of music creation and production	Out-of-class Learning: Professional Practice, Social Practice, Art Novitiate, etc
4	Learn the new innovative achievement at home and abroad and have the ability to create and produce music	Out-of-class Learning: Folk Songs Collecting, Graduation Concert, etc

Major Disciplines: Music, Dancology.

Main Courses: MIDI Foundation and Music Sequencer Production, Basic Audio Technology and Audio Editing, Sound Recording and Mixing, Theory of Composing, Harmony, Music Form, Polyphony, Musical Instruments Compilation, Popular Music Arranging, Musical Acoustics, etc.

Practical Work: Folk Songs Collecting, Art Noviciate, Graduation Practice, Graduation Thesis, Graduation Concert and so on.

Duration: four years.

Degree Granted: Bachelor of Arts.

Related Specialties: Music Performance, Musicology.

音乐学(作曲与作曲技术理论方向)专业课程教学计划表

Course Descriptions of Musicology(Composition and Compositional Theory)

课程类别 Course Classification	课程编号 Course Code	课程名称 Course Name	学分 Crs	学时 Hrs	学时分类 Class Hours 讲课 Lec.	学时分类 Class Hours 实验 Lab.	先修课程 Prerequisite Courses	一 1st	二 2nd	三 3rd	四 4th	五 5th	六 6th	七 7th	八 8th
通识教育课 Liberal Education Courses 必修 Compulsory	11706200	马克思主义基本原理 Principles of Marxism	3	48	48			3							
	11706500	毛泽东思想与中国特色社会主义理论体系概论 Introduction to Mao Tse-tung Thought and the Theoretical System of Socialism with Chinese Characteristics	4	64	64				4						
	11711800	中国近现代史纲要 The Essentials of Modern Chinese History	2	32	32					2					
	120001＊0	思想道德修养与法律基础 Morality Education and Fundamentals of Law	3	48	48			1.5	1.5						
	113076＊0	体育 Physical Education	4	144	144			1	1	1	1				
	109116＊0	大学英语 College English	12	192	192			3	3	3	3				
	11919101	网络应用与信息技术 A Network Applications and Information Technology A	2.5	40	24	16			2.5						
	21631100	音乐导论 Introduction to Music	1	16	16			1							
	14300100	军事理论 Military Theory	2	32	32			2							
选修 Elective	总计 12 学分，含创新创业选修课学分，跨学科选修课不低于 6 学分。“形势与政策”课程作为限选课，由马克思主义学院实施		12	192											
	小计 **Sum**		**45.5**	**808**	**600**	**16**		**11.5**	**12**	**7**	**5**	**0**	**0**	**0**	**0**
学科基础课 Disciplinary Fundamental Courses	21608700	乐理 Theory of Music	2	32	32			2							
	216213＊0	舞蹈形体训练 Dance Physique Training	4	64	64			2	2						
	216212＊0	中国民族民间音乐 National and Folk Music	4	64	64			2	2						
	216215＊0	视唱练耳 Solfeggio	6	96	96			2	2	2					
	216046＊0	钢琴 Piano	4	64	64			1	1	1	1				

课程类别 Course Classification	课程编号 Course Code	课程名称 Course Name	学分 Crs	学时 Hrs	学时分类 Class Hours		先修课程 Prerequisite Courses	学期学分分配 Semester Credits							
					讲课 Lec.	实验 Lab.		一 1st	二 2nd	三 3rd	四 4th	五 5th	六 6th	七 7th	八 8th
学科基础课 Disciplinary Fundamental Courses	216059*0	和声 Harmony	4	64	48	16			2	2					
	216351*0	曲式分析 Music Form Analysis	4	64	40	24				2	2				
	21614800	西方音乐史 History of Western Music	3	48	48					3					
	21619500	中国音乐史 History of Chinese Music	3	48	48						3				
	216047*0	钢琴即兴伴奏 Piano Accompaniment	4	64	64							2	2		
	21630700	20世纪音乐概论 Introduction to the 20th Century Music	2	32	32								2		
	小计 **Sum**		**40**	**640**	**600**	**40**		**9**	**9**	**10**	**6**	**2**	**4**	**0**	**0**
专业主干课 Main Specialty Courses	216005*0	作曲法 Theory of Composing	8	128	128				2	2	2	2			
	21629800	音频基础与音频编辑 Basic Audio Technology and Audio Editing	3	48	24	24				3					
	21635220	复调 Polyphony	4	64	32	32				2	2				
	21629700	多声部音乐听觉训练 Multi-part Music Listening Training	2	32	32						2				
	21629500	MIDI基础与音序制作 MIDI Foundation and Music Sequencer Production	3	48	24	24					3				
	21638200	音乐声学 Musical Acoustics	2	32	32						2				
	21638300	音乐分析 Music Analysis	3	48	48							3			
	21629600	音色与效果插件运用 Timbre and Effects Plug-ins Use	2	32	16	16						2			
	216384*0	配器 Musical Instruments Compilation	4	64	32	32						2	2		
	21609000	流行音乐编配 Popular Music Arranging	2	32	22	10							2		
	21609100	录音采样与混音技术 Sound Recording and Mixing	3	48	24	24							3		
	21638500	影视音乐 Film and Television Music	3	48	48								3		
	小计 **Sum**		**39**	**624**	**462**	**162**		**0**	**2**	**7**	**11**	**9**	**10**	**0**	**0**

课程类别 Course Classification	课程编号 Course Code	课程名称 Course Name	学分 Crs	学时 Hrs	学时分类 Class Hours		先修课程 Prerequisite Courses	学期学分分配 Semester Credits							
					讲课 Lec.	实验 Lab.		一 1st	二 2nd	三 3rd	四 4th	五 5th	六 6th	七 7th	八 8th
专业选修课 Specialty Elective Courses		具体见专业选修课列表	16	256											
合计 **Sub-total**			**140.5**	**2328**	**1662**	**218**		**20**	**22.5**	**23.5**	**21.5**	**11**	**14**	**0**	**0**
实践环节 Practical Work	44300200	军事训练 Military Training	2	2 周				2							
	41919201	网络应用与信息技术课程设计 A Network Applications and Information Technology Course Design A	1	1 周					1						
	41637400	词曲采风 Folk Songs Collecting	1	1 周							1				
	416312＊0	艺术实践 Art Noviciate	5	5 周					1	1	1	1	1		
	41637500	毕业实习 Graduation Practice	4	4 周										4	
	41637600	毕业论文 Graduation Thesis	8	8 周											8
	41637700	毕业音乐会 Graduation Concert	8	8 周											8
	小计 **Sum**		**29**	**29 周**	**0**	**0**		**2**	**2**	**1**	**2**	**1**	**1**	**4**	**16**
创新创业自主学习 Autonomous Learning	ZZ35000S	社会调查 Social Investigation	2												
		其他(学科竞赛、发明创造、科研报告) Others (Contest, Invention, Innovation and Research Presentation)	3												
	小计 **Sum**		**5**												
总计 **Total**			**174.5**	**2328＋29 周**	**1662**	**218**		**22**	**24.5**	**24.5**	**22.5**	**13**	**15**	**4**	**16**

课程类别 Course Classification	课程编号 Course Code	课程名称 Course Name	学分 Crs	学时 Hrs	学时分类 Class Hours		先修课程 Prerequisite Courses	学期学分分配 Semester Credits							
					讲课 Lec.	实验 Lab.		一 1st	二 2nd	三 3rd	四 4th	五 5th	六 6th	七 7th	八 8th
可开出专业选修课列表 Specialty Elective Courses	21631400	声乐基础理论 Vocal Music Theory	2	32	32			2							
	21606700	绘谱软件应用 Score Software Application	2	32	16	16			2						
	216228＊0	室内乐排练 Chamber Music Rehearsals	4	64	64				2	2					
	216353＊0	合唱排练 Chorus Rehearsal	4	64	64					2	2				
	216386＊0	钢琴(限钢琴) Piano	4	64	64							1	1	1	1
	21624200	中外音乐赏析 Appreciation of Chinese and Foreign Music	3	48	48							3			
	21612100	世界民族音乐 World Nationality Music	2	32	32							2			
	21637900	钢琴艺术史 The History of Piano Art	2	32	32							2			
	21616400	音乐教学法 Music Education	2	32	32								2		
	21638100	动画配乐 Animation Music	2	32	32								2		

注：通识教育选修课学分和创新创业自主学习学分未列入具体学期。

音乐学(作曲与作曲技术理论方向)专业课程分类统计

Course Category Statistics of Musicology(Composition and Compositional Theory)

课程学分 / 统计	通识教育课 Liberal Education Courses		学科基础课 Disciplinary Fundamental Courses	专业主干课 Main Specialty Courses	专业选修课 Specialty Elective Courses	实践环节 Practical Work	创新创业自主学习 Autonomous Learning	学时总计 Total Hours	学分总计 Total Credits
	必修 Compulsory	选修 Selective							
学时/学分 Hrs/Crs	616/33.5	192/12	640/40	624/39	256/16	29 周/29	5	2328＋29 周	174.5
学分所占比例 Proportion of Credits	26.07%		22.92%	22.35%	9.17%	16.62%	2.87%		100%

音乐学(音乐表演方向——声乐)专业培养方案

专业名称与代码:音乐学(音乐表演方向——声乐) 130202

专业培养目标:本专业培养具备音乐演唱表演方面的知识和能力,能在专业文艺表演团体、文化馆站、企业文化领域、音乐培训机构、社会音乐团体、中小学从事音乐表演、教学的应用型人才,并为本专业的进一步深造打下基础。

专业毕业要求

1.掌握音乐表演学科的基本理论和技能。

2.注重音乐基础、艺术修养和综合素质的全面培养。

3.注重表演艺术的实践。

4.融会贯通中外表演艺术的创新成果,为培养独立的音乐表演能力和音乐传播能力建立一定的基础。

毕业要求及实现途径

序号	毕业要求	实现途径(教学过程)
1	学生主要学习音乐表演的基本理论和技能	①课堂教学:声乐、西方声乐艺术史、舞台表演、剧目排演、舞蹈形体训练等 ②课外学习:见习与实习
2	注重音乐基础、艺术修养和综合素质的全面培养	课堂教学:乐理、视唱练耳、和声学、语音、表演理论、中国音乐史、西方音乐史、中国民族民间音乐
3	注重表演艺术的实践	①课堂教学:声乐、西方声乐艺术史、舞台表演、剧目排演、舞蹈形体训练 ②课外学习:专业实习、社会实践、艺术实践等
4	融会贯通中外表演艺术的创新成果,为培养独立的音乐表演能力和音乐传播能力建立一定的基础	①课堂教学:声乐、西方声乐艺术史、舞台表演、剧目排演、舞蹈形体训练 ②课外学习:词曲采风、毕业音乐会等

主干学科:音乐与舞蹈学。

核心课程:声乐、表演理论、舞台表演、乐理、视唱练耳、和声学、语音、剧目排演、中国音乐史、西方音乐史等。

主要专业实验:曲式分析。

主要实践性教学环节:词曲采风、专业实习、社会实践、毕业音乐会等。

修业年限:四年。

授予学位:艺术学学士。

相近专业:音乐学、音乐表演。

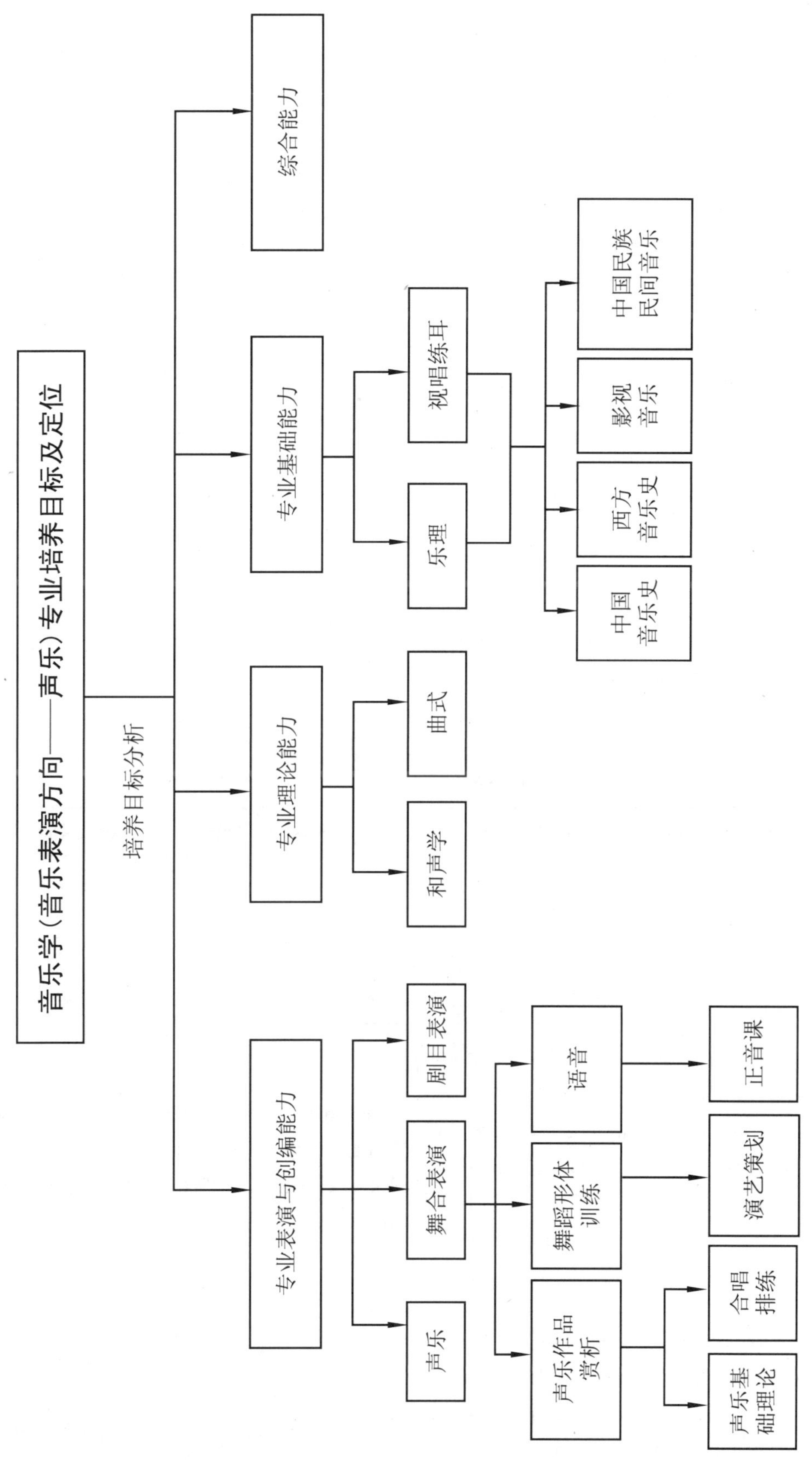
音乐学（音乐表演方向——声乐）专业培养目标及定位
培养目标分析
综合能力
专业基础能力
视唱练耳
乐理
中国民族民间音乐
影视音乐
西方音乐史
中国音乐史
专业理论能力
曲式
和声学
专业表演与创编能力
剧目表演
舞台表演
声乐
语音
舞蹈形体训练
声乐作品赏析
正音课
演艺策划
合唱排练
声乐基础理论

Program for Musicology (Vocal in Music Performance)

Specialty and Code: Musicology(Vocal in Music Performance) 130202

Education Objective: The major is combination of the musicology and music performance. It is dedicated to train the students to have music theoretical knowledge, competitive ability, outstanding professional skills, artistic creativity, capabilities of performing singing, dancing, writing, directing, organizing, communicating.

Graduation Requirements

1. Students will mainly study fundamental theories and are trained to have the skills of music performance.

2. We will emphasize on to the training on music basis, artistic culture, comprehensive quality performance practice, learning and combining the style of music performing from China and foreign countries, building the foundation of the student's unique music performing and broadcasting capabilities.

3. The basic knowledge of social science & natural science, the fundamantal theoretic knowledge music theory basic performing skills, basic understanding of music, musical broadcasting, history and the trend of music performance.

4. The style of music performing from China and foreign countries, building the foundation of the student's unique music performing and broadcasting capabilities.

Graduation Requirements and Ways to Achieve

No.	Graduation Requirements	Ways to Achieve(Teaching Process)
1	Students will mainly study fundamental theories and are trained to have the skills of music performance	①Classroom Teaching: Vocal Music, The Vocal Art History in the Western Countries, Performance, Rehearsals, Dance Physique Training ②Out-of-class Learning: Trainee and Practice
2	We will emphasize on to the training on music basis, artistic culture, comprehensive quality performance practice, learning and combining the style of music performing from China and foreign countries, building the foundation of the student's unique music performing and broadcasting capabilities	Classroom Teaching: Theory of Music, Solfeggio, Voice, Performance Theory, History of Chinese Music, History of Western Music, Nationality and Folk Music
3	The basic knowledge of social science & natural science, the fundamantal theoretic knowledge music theory basic performing skills, basic understanding of music, musical broadcasting, history and the trend of music performance	①Classroom Teaching: Vocal Music, The Vocal Art History in the Western Countries, Performance, Rehearsals, Dance Physique Training ② Out-of-class Learning: Professional Practice, Social Practice, Art Novitiate

No.	Graduation Requirements	Ways to Achieve(Teaching Process)
4	The style of music performing from China and foreign countries, building the foundation of the student's unique music performing and broadcasting capabilities	①Classroom Teaching: Vocal Music, The Vocal Art History in the Western Countries, Performance, Rehearsals, Dance Physique Training ②Out-of-class Learning: Folk Songs Collecting, Graduation Concert

Major Disciplines: Music and Dance.

Main Courses: Vocal Music, Performance Theory, Stage Performance, Theory of Music, Solfeggio, Harmony, Voice, Rehearsals, History of Chinese Music, History of Western Music.

Lab Experiments: Music Form Analysis.

Practical Work: Folk Songs Collecting, Professional Practice, Social Practice, Graduation Concert, etc.

Duration: four years.

Degree Granted: Bachelor of Arts.

Related Specialties: Musicology, Music Performance.

音乐学(音乐表演方向——声乐)专业课程教学计划表

Course Descriptions of Musicology(Vocal in Music Performance)

课程类别 Course Classification	课程编号 Course Code	课程名称 Course Name	学分 Crs	学时 Hrs	学时分类 Class Hours 讲课 Lec.	学时分类 Class Hours 实验 Lab.	先修课程 Prerequisite Courses	学期学分分配 Semester Credits 一 1st	二 2nd	三 3rd	四 4th	五 5th	六 6th	七 7th	八 8th
通识教育课 Liberal Education Courses 必修 Compulsory	11706200	马克思主义基本原理 Principles of Marxism	3	48	48				3						
	11706500	毛泽东思想与中国特色社会主义理论体系概论 Introduction to Mao Tse-tung Thought and the Theoretical System of Socialism with Chinese Characteristics	4	64	64					4					
	11711800	中国近现代史纲要 The Essentials of Modern Chinese History	2	32	32						2				
	120001*0	思想道德修养与法律基础 Morality Education and Fundamentals of Law	3	48	48			1.5	1.5						
	113076*0	体育 Physical Education	4	144	144			1	1	1	1				
	109116*0	大学英语 College English	12	192	192			3	3	3	3				
	11919101	网络应用与信息技术 A Network Applications and Information Technology A	2.5	40	20	20			2.5						
	21631100	音乐导论 Introduction to Music	1	16	16			1							
	14300100	军事理论 Military Theory	2	32	32			2							
选修 Elective	总计12学分,含创新创业选修课学分,跨学科选修课不低于6学分。"形势与政策"课程作为限选课,由马克思主义学院实施		12	192											
	小计 Sum		**45.5**	**808**	**596**	**20**		**8.5**	**11**	**8**	**6**	**0**	**0**	**0**	**0**
学科基础课 Disciplinary Fundamental Courses	21608700	乐理 Theory of Music	2	32	32			2							
	216212*0	中国民族民间音乐 Nationality and Folk Music	4	64	64			2	2						
	21631400	声乐基础理论 Basic Vocal Music Theory	2	32	32			2							
	216353*0	合唱排练 Choir Rehearsal	4	64	32	32				2	2				

课程类别 Course Classification	课程编号 Course Code	课程名称 Course Name	学分 Crs	学时 Hrs	学时分类 Class Hours		先修课程 Prerequisite Courses	学期学分分配 Semester Credits							
					讲课 Lec.	实验 Lab.		一 1st	二 2nd	三 3rd	四 4th	五 5th	六 6th	七 7th	八 8th
学科基础课 Disciplinary Fundamental Courses	216215 * 2	视唱练耳 Solfeggio	6	96	96			2	2	2					
	216046 * 0	钢琴 Piano	4	64	64			1	1	1	1				
	216354 * 0	声乐作品赏析 Appreciation of Vocal Music Works	8	128	128					2	2	2	2		
	216059 * 0	和声 Harmony	4	64	64				2	2					
	21614800	西方音乐史 History of Western Music	3	48	48					3					
	21619500	中国音乐史 History of Chinese Music	3	48	48						3				
	216351 * 0	曲式分析 Music Form Analysis	4	64	40	24				2	2				
	216213 * 0	舞蹈形体训练 Dance Physique Training	4	64	64			2	2						
	小计 **Sum**		**48**	**768**	**712**	**56**		**11**	**9**	**14**	**10**	**2**	**2**	**0**	**0**
专业主干课 Main Specialty Courses	216458 * 0	声乐 Vocal Music	16	256	256			2	2	2	2	2	2	2	2
	216313 * 0	合唱与指挥 Chorus and Conduct	4	64	32	32		2	2						
	21631600	正音课 Pronunciation Correcting	2	32	32				2						
	21645900	舞台表演 Performance	2	32	32				2						
	216231 * 0	语音课 Voice	4	64	64				2	2					
	216302 * 0	剧目排演 Rehearsals	4	64	64							2	2		
	小计 **Sum**		**32**	**512**	**480**	**32**		**4**	**10**	**4**	**2**	**4**	**4**	**2**	**2**
专业选修课 Specialty Elective Courses		具体见专业选修课列表	18	288											
合计 **Sub-total**			**143.5**	**2376**	**1788**	**108**		**23.5**	**30**	**26**	**18**	**6**	**6**	**2**	**2**

课程类别 Course Classification	课程编号 Course Code	课程名称 Course Name	学分 Crs	学时 Hrs	学时分类 Class Hours		先修课程 Prerequisite Courses	学期学分分配 Semester Credits							
					讲课 Lec.	实验 Lab.		一 1st	二 2nd	三 3rd	四 4th	五 5th	六 6th	七 7th	八 8th
实践环节 Practical Work	44300200	军事训练 Military Training	2	2 周				2							
	41919201	网络应用与信息技术课程设计 A Network Applications and Information Technology Course Design A	1	1 周					1						
	41637400	词曲采风 Folk Songs Collecting	1	1 周							1				
	416312＊0	艺术实践 Art Noviciate	7	7 周				1	1	1	1	1	1	1	
	41637500	毕业实习 Graduation Practice	4	4 周										4	
	41637600	毕业论文 Graduation Thesis	8	8 周											8
	41637700	毕业音乐会 Graduation Concert	8	8 周											8
	小计 **Sum**		**31**	**0**				**3**	**2**	**1**	**2**	**1**	**1**	**5**	**16**
创新创业自主学习 Autonomous Learning	ZZ35000S	社会调查 Social Investigation	2												
		其他(学科竞赛、发明创造、科研报告) Others (Contest, Invention, Innovation and Research Presentation)	3												
	小计 **Sum**		**5**												
总计 **Total**			**179.5**	**2376＋31 周**	**1788**	**108**		**26.5**	**32**	**27**	**20**	**7**	**7**	**7**	**18**
可开出专业选修课列表 Specialty Elective Courses	21637800	歌曲写作 Song Writing	2	32	32							2			
	216462＊0	钢琴 Piano	2	32	32							1	1		
	21637900	钢琴艺术史 The History of Piano Art	2	32	32							2			
	21624200	中外音乐赏析 Appreciation of Chinese and Foreign Music	3	48	48							3			
	21612100	世界民族音乐 World Nationality Music	2	32	32							2			

课程类别 Course Classification	课程编号 Course Code	课程名称 Course Name	学分 Crs	学时 Hrs	学时分类 Class Hours 讲课 Lec.	学时分类 Class Hours 实验 Lab.	先修课程 Prerequisite Courses	学期学分分配 Semester Credits 一 1st	二 2nd	三 3rd	四 4th	五 5th	六 6th	七 7th	八 8th
可开出专业选修课列表 Specialty Elective Courses	216047＊0	钢琴即兴伴奏 Piano Accompaniment	4	64	64							2	2		
	21615700	演艺策划 Performing Planning	2	32	32								2		
	21613001	书法 A Calligraphy A	3	48	48					3					
	21611700	摄影摄像 Photographic Camera	2	32	32					2					
	21616400	音乐教学法 Music Education	2	32	32								2		
	21638000	音频编辑 Audio Edition	2	32	32								2		
	21617900	影视音乐赏析 Appreciation of Film and TV Music	2	32	32								2		

注：通识教育选修课学分和创新创业自主学习学分未列入具体学期。

音乐学(音乐表演方向——声乐)专业课程分类统计

Course Category Statistics of Musicology(Vocal in Music Performance)

课程学分 / 统计	通识教育课 Liberal Education Courses 必修 Compulsory	通识教育课 Liberal Education Courses 选修 Selective	学科基础课 Disciplinary Fundamental Courses	专业主干课 Main Specialty Courses	专业选修课 Specialty Elective Courses	实践环节 Practical Work	创新创业自主学习 Autonomous Learning	学时总计 Total Hours	学分总计 Total Credits
学时/学分 Hrs/Crs	616/33.5	192/12	768/48	512/32	288/18	31 周/31	5	2376＋31 周	179.5
学分所占比例 Proportion of Credits	25.35%		26.74%	17.83%	10.03%	17.27%	2.79%		100%

音乐学(音乐表演方向——钢琴)专业培养方案

专业名称与代码:音乐学(音乐表演方向——钢琴) 130202

专业培养目标:本专业培养具备音乐演奏、表演方面的知识和能力,能在专业文艺表演团体、文化馆站、企业文化领域、音乐培训机构、社会音乐团体、中小学从事音乐表演、教学的应用型人才,并为本专业的进一步深造打下基础。

专业毕业要求

1.掌握音乐表演学科的基本理论和技能。

2.注重音乐基础、艺术修养和综合素质的全面培养。

3.注重表演艺术的实践。

4.融会贯通中外表演艺术的创新成果,为培养独立的音乐表演能力和音乐传播能力建立一定的基础。

毕业要求及实现途径

序号	毕业要求	实现途径(教学过程)
1	学生主要学习音乐表演的基本理论和技能	①课堂教学:钢琴演奏、钢琴艺术史、钢琴伴奏、室内乐合奏、舞蹈形体训练等 ②课外学习:见习与实习
2	注重音乐基础、艺术修养和综合素质的全面培养	①课堂教学:乐理、视唱练耳、和声学、表演理论、中国音乐史、西方音乐史、中国民族民间音乐 ②课外学习:
3	注重表演艺术的实践	①课堂教学:钢琴演奏、钢琴艺术史、钢琴伴奏、室内乐合奏、舞蹈形体训练等 ②课外学习:专业实习、社会实践、艺术实践等
4	融会贯通中外表演艺术的创新成果,为培养独立的音乐表演能力和音乐传播能力建立一定的基础	①课堂教学:钢琴演奏、钢琴艺术史、钢琴伴奏、室内乐合奏、舞蹈形体训练等 ②课外学习:词曲采风、毕业音乐会等

主干学科:音乐与舞蹈学。

核心课程:钢琴演奏、钢琴伴奏、钢琴艺术史、复调、乐理、视唱练耳、和声学、曲式分析、中国音乐史、西方音乐史。

主要专业实验:钢琴表演。

主要实践性教学环节:词曲采风、专业实习、社会实践、毕业音乐会等。

修业年限:四年。

授予学位:艺术学学士。

相近专业:音乐学、音乐表演。

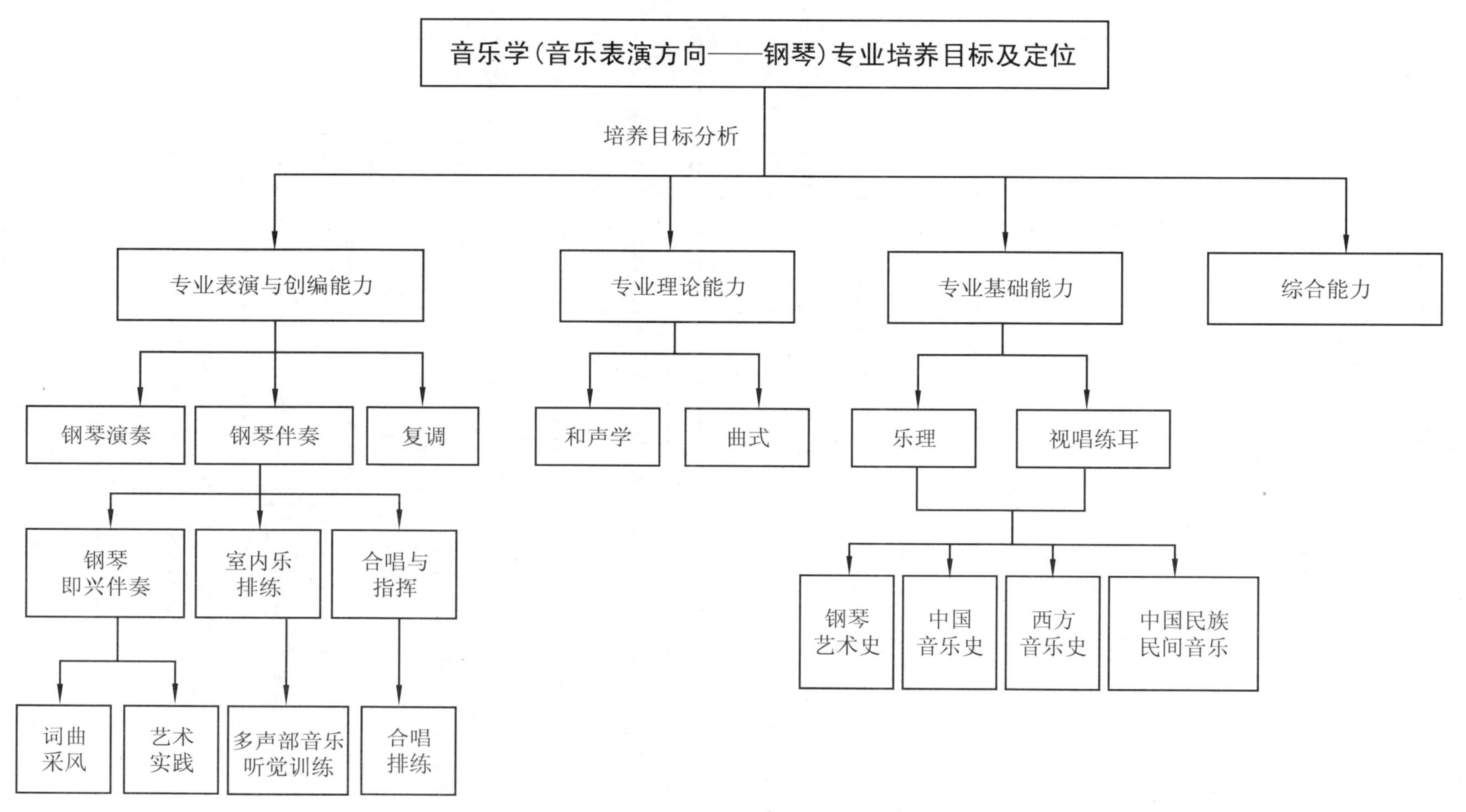
音乐学（音乐表演方向——钢琴）专业培养目标及定位
培养目标分析
专业表演与创编能力
专业理论能力
专业基础能力
综合能力
钢琴演奏
钢琴伴奏
复调
和声学
曲式
乐理
视唱练耳
钢琴即兴伴奏
室内乐排练
合唱与指挥
钢琴艺术史
中国音乐史
西方音乐史
中国民族民间音乐
词曲采风
艺术实践
多声部音乐听觉训练
合唱排练

Program for Musicology (Piano in Music Performance)

Specialty and Code: Musicology(Piano in Music Performance) 130202

Education Objective: Have a good command of theoretical knowledge, professional skills and comprehensive quality. Have the pursue of artistic creativity. Have general quality of singing and dancing performance, writing and directing, organizing and communicating.

Graduation Requirements

1. To master the Marxism, Mao Tse-tung Thoughts and Deng Xiaoping Theory, to shape establish a correct outlook on life and world, and have an understanding of nature and social science.

2. To master foundational knowledge of theory of music and music performance.

3. To master knowledge and methods of music communication.

4. To master the history and current development of music performance; to have relatively high overall artistic culture knowledge.

Graduation Requirements and Ways to Achieve

No.	Graduation Requirements	Ways to Achieve(Teaching Process)
1	To learn basic music theory and performance skills	①Classroom Teaching: Piano Performance, Piano Accompaniment, the History of Piano Art, Chamber Ensembles, Dance Physique Training, etc ②Out-of-class Learning: Noviciate and Practice
2	Have emphasis on music basis, artistic culture knowledge and comprehensive quality	Classroom Teaching: Theory of Music, Solfeggio, Harmony, Performance Theory, the History of Chinese Music, the History of Western Music, Nationality and Folk Music
3	Take respect for the practice of performing arts	①Classroom Teaching: Piano Performance, the History of Piano Art, Piano Accompaniment, Chamber Ensembles, Dance Physique Training, etc ②Out-of-class Learning: Professional Practice, Social Practice, Artistic Practice
4	Have the integrating innovation of the worldwide performing arts, building foundation of independent musical performing and communication ability	①Classroom Teaching: Piano Performance, the History of Piano Art, Polyphonic, Chamber Ensembles, Dance Physique Training, etc ②Out-of-class Learning: Folk Songs Collecting, Graduation Concert

Major Disciplines: Music and Dance.

Main Courses: Piano Performance, Piano Accompaniment, The History of Piano Art, Polyphonic, Theory of Music, Solfeggio, Harmony, Music Form Analysis, The History of Chinese Music, the History of Western Music.

Lab Experiments: Piano Performance.

Practical Work: Folk Songs Collecting, Professional Practice, Social Practice, Graduation Concert, etc.

Duration: four years.

Degree Granted: Bachelor of Arts.

Related Specialties: Musicology, Music Performance.

音乐学(音乐表演方向——钢琴)专业课程教学计划表

Course Descriptions of Musicology(Piano in Music Performance)

课程类别 Course Classification		课程编号 Course Code	课程名称 Course Name	学分 Crs	学时 Hrs	学时分类 Class Hours 讲课 Lec.	实验 Lab.	先修课程 Prerequisite Courses	学期学分分配 Semester Credits 一 1st	二 2nd	三 3rd	四 4th	五 5th	六 6th	七 7th	八 8th
通识教育课 Liberal Education Courses	必修 Compulsory	11706200	马克思主义基本原理 Principles of Marxism	3	48	48				3						
		11706500	毛泽东思想与中国特色社会主义理论体系概论 Introduction to Mao Tse-tung Thought and the Theoretical System of Socialism with Chinese Characteristics	4	64	64					4					
		11711800	中国近现代史纲要 The Essentials of Modern Chinese History	2	32	32						2				
		120001＊0	思想道德修养与法律基础 Morality Education and Fundamentals of Law	3	48	48			1.5	1.5						
		113076＊0	体育 Physical Education	4	144	144			1	1	1	1				
		109116＊0	大学英语 College English	12	192	192			3	3	3	3				
		11919101	网络应用与信息技术 A Network Applications and Information Technology A	2.5	40	24	16			2.5						
		21631100	音乐导论 Introduction to Music	1	16	16			1							
		14300100	军事理论 Military Theory	2	32	32			2							
	选修 Elective	总计12学分,含创新创业选修课学分,跨学科选修课不低于6学分。"形势与政策"课程作为限选课,由马克思主义学院实施		12	192											
		小计 Sum		**45.5**	**808**	**600**	**16**		**8.5**	**11**	**8**	**6**	**0**	**0**	**0**	**0**
学科基础课 Disciplinary Fundamental Courses		21608700	乐理 Theory of Music	2	32	32			2							
		216212＊0	中国民族民间音乐 Nationality and Folk Music	4	64	64			2	2						
		216313＊0	合唱与指挥 Chorus and Conduct	4	64	64			2	2						
		216213＊0	舞蹈形体训练 Dance Physique Training	4	64	64			2	2						

课程类别 Course Classification	课程编号 Course Code	课程名称 Course Name	学分 Crs	学时 Hrs	学时分类 Class Hours		先修课程 Prerequisite Courses	学期学分分配 Semester Credits							
					讲课 Lec.	实验 Lab.		一 1st	二 2nd	三 3rd	四 4th	五 5th	六 6th	七 7th	八 8th
学科基础课 Disciplinary Fundamental Courses	216215＊0	视唱练耳 Solfeggio	6	96	96			2	2	2					
	216059＊0	和声 Harmony	4	64	48	16			2	2					
	21614800	西方音乐史 History of Western Music	3	48	48					3					
	21619500	中国音乐史 History of Chinese Music	3	48	48						3				
	216351＊0	曲式分析 Music Form Analysis	4	64	40	24				2	2				
	21630700	二十世纪音乐概论 Introduction to the 20th Century Music	2	32	32							2			
	216047＊0	钢琴即兴伴奏 Piano Improvisational Accompaniment	4	64	64							2	2		
	小计 Sum		**40**	**640**	**600**	**40**		**10**	**10**	**9**	**5**	**4**	**2**	**0**	**0**
专业主干课 Main Specialty Courses	216240＊0	钢琴演奏 Piano Performance	16	256	256			2	2	2	2	2	2	2	2
	216241＊0	钢琴伴奏 Piano Accompaniment	6	96	96			1	1	1	1	1	1		
	216352＊0	复调 Polyphonic	4	64	32	32				2	2				
	21629700	多声部音乐听觉训练 Multi-part Music Listening Training	2	32	32						2				
	小计 Sum		**28**	**448**	**416**	**32**		**3**	**3**	**5**	**7**	**3**	**3**	**2**	**2**
专业选修课 Specialty Elective Courses		具体见专业选修课列表	25	400											
合计 Sub-total			**138.5**	**2296**	**1616**	**88**		**21.5**	**24**	**22**	**18**	**7**	**5**	**2**	**2**
实践环节 Practical Work	44300200	军事训练 Military Training	2	2 周				2							
	41919201	网络应用与信息技术课程设计 A Network Applications and Information Technology Course Design A	1	1 周					1						

课程类别 Course Classification	课程编号 Course Code	课程名称 Course Name	学分 Crs	学时 Hrs	学时分类 Class Hours 讲课 Lec.	实验 Lab.	先修课程 Prerequisite Courses	学期学分分配 Semester Credits 一 1st	二 2nd	三 3rd	四 4th	五 5th	六 6th	七 7th	八 8th
实践环节 Practical Work	41637400	词曲采风 Folk Songs Collecting	1	1 周							1				
	416312*0	艺术实践 Art Noviciate	7	7 周				1	1	1	1	1	1	1	
	41637500	毕业实习 Graduation Practice	4	4 周										4	
	41637600	毕业论文 Graduation Thesis	8	8 周											8
	41637700	毕业音乐会 Graduation Concert	8	8 周											8
	小计 Sum		**31**	**31 周**	**0**	**0**		**3**	**2**	**1**	**2**	**1**	**1**	**5**	**16**
创新创业自主学习 Autonomous Learning	ZZ35000S	社会调查 Social Investigation	2												
		其他(学科竞赛、发明创造、科研报告) Others (Contest, Invention, Innovation and Research Presentation)	4												
	小计 Sum		**6**												
总计 **Total**			**175.5**	**2296 + 31 周**	**1616**	**88**		**24.5**	**26**	**23**	**20**	**8**	**6**	**7**	**18**
可开出专业选修课列表 Specialty Elective Courses	21631400	声乐基础理论 Foundation of Vocality Theory	2	32	32			2							
	21631600	正音课 Pronunciation Correcting	2	32	32				2						
	21606700	绘谱软件应用 Score Software Application	2	32	16	16			2						
	216228*0	室内乐排练 Chamber Music Rehearse	4	64	64				2	2					
	216353*0	合唱排练 Choir Rehearsal	4	64	64					2	2				
	21615700	演艺与策划 Performance and Planning	2	32	32								2		
	21637800	歌曲写作 Musical Creation	2	32	32							2			
	21624200	中外音乐赏析 Appreciation of Chinese and Foreign Music	3	48	48							3			

课程类别 Course Classification	课程编号 Course Code	课程名称 Course Name	学分 Crs	学时 Hrs	学时分类 Class Hours		先修课程 Prerequisite Courses	学期学分分配 Semester Credits							
					讲课 Lec.	实验 Lab.		一 1st	二 2nd	三 3rd	四 4th	五 5th	六 6th	七 7th	八 8th
可开出专业选修课列表 Specialty Elective Courses	21612100	世界民族音乐 World Nationality Music	2	32	32							2			
	21637900	钢琴艺术史 The History of Piano Art	2	32	32							2			
	21616400	音乐教学法 Teaching Method of Music	2	32	32								2		
	21638000	音频编辑 Audio Edition	2	32	32								2		
	21617900	影视音乐赏析 Appreciation of Film and TV Music	2	32	32								2		
	21638100	动画配乐 Animation Music	2	32	32								2		

注：通识教育选修课学分和创新创业自主学习学分未列入具体学期。

音乐学(音乐表演方向——钢琴)专业课程分类统计

Course Category Statistics of Musicology(Piano in Music Performance)

课程学分 / 统计	通识教育课 Liberal Education Courses		学科基础课 Disciplinary Fundamental Courses	专业主干课 Main Specialty Courses	专业选修课 Specialty Elective Courses	实践环节 Practical Work	创新创业自主学习 Autonomous Learning	学时总计 Total Hours	学分总计 Total Credits
	必修 Compulsory	选修 Selective							
学时/学分 Hrs/Crs	616/33.5	192/12	640/40	448/28	400/25	31 周/31	6	2296+ 31 周	175.5
学分所占比例 Proportion of Credits	25.93%		22.79%	15. 95%	14.25%	17.66%	3.40%		100%

环境设计专业培养方案

专业名称与代码:环境设计 130503

专业培养目标:本专业培养具备良好的艺术修养,具有一定生态、环境科学知识背景和良好团队协作精神及沟通协调的能力,能在城市规划、城市建设等领域的设计岗位,从事环境规划与设计、环境修复和景域遗产保护等方面工作,能够充分尊重自然环境的美学价值和生态系统运行规律的复合型环境设计人才。

专业毕业要求

1.掌握环境设计的学科基础知识;掌握一定的外语、计算机及信息技术应用、文献检索、论文写作等方面的工具性知识;掌握文学艺术、历史、哲学、心理学等方面的人文社会科学知识。

2.掌握环境设计程序与方法;掌握环境设计的施工工艺以及相关方法技术;掌握包括徒手表现、计算机应用技术、创意能力及环境设计表达方面的相关技能与方法。

3.具有创新设计思维能力;具有综合运用所学知识分析和解决环境设计工程中各种问题的能力;具有能用草图、图纸、模型、效果图和计算机图形技术生动、准确地表达设计意图的空间表现能力;具有基本摄影技能的能力;具有熟练掌握多种设计软件的能力。

4.熟悉我国环境设计领域的方针、政策和法规。

5.了解环境规划与设计的理论前沿及应用前景,关注行业发展动态、行业需求,以及国内外发展动态。

6.具有一定的科学研究和实际工作能力,具有一定的批判性思维能力。

毕业要求及实现途径

序号	毕业要求	实现途径(教学过程)
1	在素质结构方面,要求具有良好的政治素质、思想素质、道德品质,以及法治意识、诚信意识、团队合作意识;在文化素质上具有较好的中国传统文化素养、文学艺术修养,并具有现代意识、人际交往意识;身心健康;在知识结构方面,要求除本专业确定的学科基础知识和专业能力外,同时具有一定的外语、计算机及信息技术应用、文献检索、论文写作等方面的工具性知识,以及文学艺术、历史、哲学、心理学等方面的人文社会科学知识	①课堂教学:通过思想道德修养与法律基础、设计导论、马克思主义基本原理、毛泽东思想与中国特色社会主义理论体系概论、中国近现代史纲要等通识教育课程完成 ②课外学习:通过课外指导、课外阅读等
2	学生具备创新设计思维能力,初步具备综合运用所学知识分析和解决环境设计工程中各种问题的能力,能清晰地表达设计思想,熟悉环境设计程序与方法。学生具备较强的空间表现能力,能用草图、图纸、模型、效果图和计算机图形技术生动、准确地表达设计意图,掌握基本的摄影技能,熟练掌握多种设计软件	①课堂教学:通过设计造型基础、设计思维表达、空间概念、建筑模型制作与工艺、园林植物认知实习等课程完成 ②课外学习:通过设计与实践、设计竞赛等活动完成

序号	毕业要求	实现途径(教学过程)
3	掌握环境设计的基础理论知识,具有专业设计与实践的基本能力;掌握环境设计的相关技术以及施工工艺;掌握环境设计表达相关技能与方法,包括徒手表现、计算机应用技术、创意能力与工作方法;	①课堂教学:通过中外设计史、园林植物与应用、设计思维与表达、构成设计、公共艺术设计、人体工程学、建筑设计原理,材料与构造等学科基础课完成 ②课外学习:通过设计与实践、设计竞赛等活动完成
4	具有文化艺术与跨学科知识素养,了解我国环境设计领域的方针、政策、法规以及国内外发展动态;掌握文献检索、资料查询方法,掌握一门外语,具有一定的设计实施与科研能力	①课堂教学:通过景观设计、室内设计、景观地貌学等专业主干课完成 ②课外学习:通过设计与实践、参与教师科研项目、毕业设计、专业实习等环节完成

主干学科:设计学。

专业核心课程:建筑设计原理、环境心理学、公共艺术设计、城市公共空间景观设计、居住区景观设计、乡村景观设计、风景区景观规划与设计、公园绿地规划设计、景观地貌学、居住空间设计、办公空间设计、酒店空间设计、展示设计、陈设设计、家具设计。

主要专业实验:风景写生与测绘实习、建筑模型制作与工艺、园林植物认知实习。

主要实践性教学环节:设计周、环境设计考察、毕业设计、毕业论文。

修业年限:四年。

授予学位:艺术学学士。

相近专业:艺术学、建筑学。

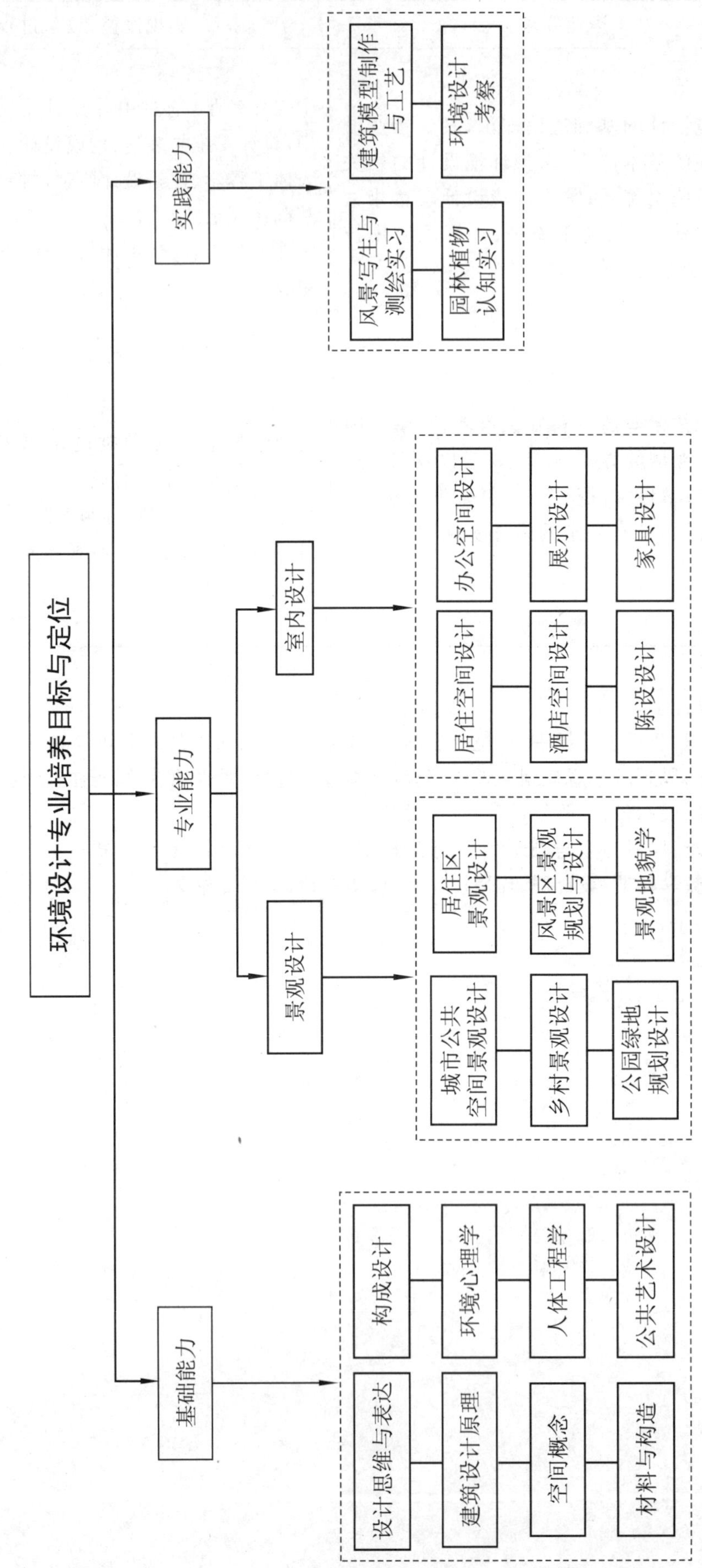
环境设计专业培养目标与定位
基础能力
设计思维与表达
建筑设计原理
空间概念
材料与构造
构成设计
环境心理学
人体工程学
公共艺术设计
专业能力
景观设计
城市公共空间景观设计
乡村景观设计
公园绿地规划设计
居住区景观设计
风景区景观规划与设计
景观地貌学
室内设计
居住空间设计
酒店空间设计
陈设设计
办公空间设计
展示设计
家具设计
实践能力
风景写生与测绘实习
园林植物认知实习
建筑模型制作与工艺
环境设计考察

Program for Environmental Design

Specialty and Code: Environmental Design 130503

Education Objective: This program aims at training compound environmental design professionals with good artistic accomplishment, certain ecological, environment science knowledge background and good teamwork spirit and ability of communication and coordination. They should be trained into professionals able to engaged in environmental planning and design, environmental restoration and landscape heritage protection and similar works as a designer in the field of urban planning and design, urban construction and so on, and can fully respect the aesthetic value of the natural environment and the laws governing the operation of the ecological system.

Graduation Requirements

1. It requires students master the discipline basic knowledge of environmental design, master certain instrumental knowledge in foreign languages, computer and information technology, document retrieval, essay writing and etc, master the knowledge of literature and art, history, philosophy, psychology and other aspects of the humanities and Social Sciences.

2. It requires students master the environmental design procedures and methods, master the construction technology and related technology and methods of environmental design, master the related technology and methods of unarmed performance, computer application technology and expression of creative ability.

3. It requires students maintaining ability of creative design thinking, initially having ability of comprehensive using knowledge to analyze and solve various problems in environmental design engineering, maintaining strong spatial visualization, vivid and accurate expressing design intent by sketches, drawings, models, drawings and computer graphics technology, master basically photography skill and proficiency in design software.

4. It requires students be familiar of Chinese environmental design guidelines, policies, laws and regulations.

5. It requires students understand the leading edge of theory and application outlook of environmental planning and design, concern the developments and needs of industry; follow the developments in domestic and foreign.

6. It requires students maintaining certain ability of scientific research and practical work, with some critical thinking skills.

Graduation Requirements and Ways to Achieve

No.	Graduation Requirements	Ways to Achieve(Teaching Process)
1	At quality structure aspect, it requires maintaining good political quality, ideological quality and moral quality, and legal awareness, sense of integrity and team cooperation consciousness. At culture quality aspect, it requires maintaining good traditional Chinese culture quality, literature and art accomplishment, and with modern consciousness, sense of interpersonal communication and physically and mentally healthy. At knowledge structure aspect, it requires maintaining not only basic knowledge and professional ability of this discipline, but also certain knowledge of foreign language, computer and information technology application, document retrieval and paper writing, as well as literature and art, history, philosophy, psychology and other aspects of the knowledge of Humanities and social science	①Classroom Teaching: Morality Education and Fundamentals of Law, Introduction of Design, Basic Principle of Marxism, Introduction of Mao Tse-tung Thought and the Theoretical System of Socialism with Chinese Characteristics, The Essentials of Modern Chinese History, etc ② Out-of-class learning: Class Instruction and Extracurricular Reading, etc
2	It requires students maintaining ability of creative design thinking, initially having ability of comprehensive using knowledge to analyze and solve various problems in environmental design engineering, and can clearly show the design idea, familiar of environmental design procedure and method. This program requires students maintaining strong spatial visualization, vivid and accurate expressing design intent by sketches, drawings, models, drawings and computer graphics technology, master basically photography skill and proficiency in design software	① Classroom Teaching: Design Modeling Foundation, Design Thinking and Expression, Spatial Concept, Architectural Models Making and Process, Cognitive Practice of Garden Plants, etc ② Out-of-class learning: Design and Practice, Design Competition, etc
3	It requires master the basic theoretical knowledge of environmental design and maintaining basic capacity of professional design and practice. Master relevant techniques and construction technology of environmental design. Master environmental design expression skills and methods including manual, computer application technology, creative ability and working method	①Classroom Teaching: Chinese and Foreign History of Design, Plants and Planting, Design Thinking and Expression, Public Art Design, Constitution Design, Ergonomics, Architectural Design Principles, Building Materials and Construction, etc ② Out-of-class learning: Design and Practice, Design Competition, etc

No.	Graduation Requirements	Ways to Achieve(Teaching Process)
4	It requires maintaining cultural and interdisciplinary knowledge, aware of China's environmental design guidelines, policies, laws and regulations, as well as the development status at China and abroad; master the literature search and data query method, master a foreign language and certain ability of design and implementation and research capacity	①Classroom Teaching: Landscape Architecture Design, Interior Design, Landscape Geomorphology, etc ② Out-of-class learning: Design and Practice, Participating Professor's Research Projects, Graduation Thesis, Specialty Practice, etc

Major Disciplines: Design.

Main Courses: Architectural Design Principles, Environmental Psychology, Public Art Design, Landscape Architecture Design, Interior Design, etc.

Lab Experiments: Landscape Sketch and Surveying and Mapping, Architectural Models Making and Process, Landscape Plant Cognitive Practice.

Practical Work: Design Week, Environmental Design Study, Graduation Design, Graduation Thesis.

Duration: four years.

Degree Granted: Bachelor of Arts.

Related Specialties: Arts, Architecture.

环境设计专业课程教学计划表

Course Descriptions of Environmental Design

课程类别 Course Classification		课程编号 Course Code	课程名称 Course Name	学分 Crs	学时 Hrs	学时分类 Class Hours 讲课 Lec.	实验 Lab.	先修课程 Prerequisite Courses	学期学分分配 Semester Credits 一 1st	二 2nd	三 3rd	四 4th	五 5th	六 6th	七 7th	八 8th
通识教育课 Liberal Education Courses	必修 Compulsory	120001＊0	思想道德修养与法律基础 Morality Education and Fundamentals of Law	3	48	48			1.5	1.5						
		109116＊0	大学英语 College English	12	192	192			3	3	3	3				
		113076＊0	体育 Physical Education	4	144	144			1	1	1	1				
		14300100	军事理论 Military Theory	2	32	32			2							
		21631900	设计导论 Introduction of Design	1	16	16			1							
		11919101	网络应用与信息技术 A Network Application and Information Technology A	2.5	40	24	16			2.5						
		11706200	马克思主义基本原理 Principles of Marxism	3	48	48						3				
		11706500	毛泽东思想与中国特色社会主义理论体系概论 Introduction to Mao Tse-tung Thought and the Theoretical System of Socialism with Chinese Characteristics	4	64	64							4			
		11711800	中国近现代史纲要 The Essentials of Modern Chinese History	2	32	32								2		
	选修 Elective	总计12学分,含创新创业选修课学分,跨学科选修课不低于6学分。"形势与政策"课程作为限选课,由马克思主义学院实施		12	192											
		小计 Sum		**45.5**	**808**	**600**	**16**		**8.5**	**8**	**4**	**7**	**4**	**2**	**0**	**0**
学科基础课 Disciplinary Fundamental Courses		21632600	中外设计史 The Chinese and Foreign History of Design	2	32	32	0		2							
		21632800	中外园林史 The Chinese and Foreign History of Landscape Architecture	2	32	24	8			2						

课程类别 Course Classification	课程编号 Course Code	课程名称 Course Name	学分 Crs	学时 Hrs	学时分类 Class Hours		先修课程 Prerequisite Courses	学期学分分配 Semester Credits							
					讲课 Lec.	实验 Lab.		一 1st	二 2nd	三 3rd	四 4th	五 5th	六 6th	七 7th	八 8th
学科基础课 Disciplinary Fundamental Courses	21624900	中外建筑史 The Chinese and Foreign History of Architecture	2	32	24	8					2				
	21632110	设计造型基础 1 Design Modelling Foundation 1	4	64	12	52		4							
	21632120	设计造型基础 2 Design Modelling Foundation 2	4	64	12	52			4						
	21638700	设计思维与表达 Design Thinking and Expression	3	48	8	40		3							
	21633202	构成设计 B Constitution Design B	3	48	36	12			3						
	21638800	建筑设计原理 Architectural Design Principles	3	48	28	20					3				
	21634300	建筑设计初步 Architectural Design Preliminary	3	48	24	24				3					
	21626500	环境心理学 Environmental Psychology	2	32	24	8					2				
	21635900	空间概念 Spatial Concept	2	32	8	24			2						
	21638900	园林植物与设计 Plants and Planting	3	48	32	16				3					
	21633000	人体工程学 Ergonomics	2	32	20	12			2						
	21639000	材料与构造 Building Materials and Construction	3	48	40	8						3			
	21635500	公共艺术设计 Public Art Design	3	48	40	8				3					
	小计 **Sum**		**41**	**656**	**364**	**292**		**9**	**13**	**9**	**7**	**3**	**0**	**0**	**0**
专业主干课 Main Specialty Courses	景观设计方向														
	21639100	景观设计原理 Landscape Architecture Design Principles	3	48	36	12				3					
	21639210	景观设计 1 Landscape Architecture Design 1	3	48	32	16					3				
	21639220	景观设计 2 Landscape Architecture Design 2	3	48	36	12						3			
	21639230	景观设计 3 Landscape Architecture Design 3	3	48	32	16							3		

课程类别 Course Classification	课程编号 Course Code	课程名称 Course Name	学分 Crs	学时 Hrs	学时分类 Class Hours		先修课程 Prerequisite Courses	学期学分分配 Semester Credits							
					讲课 Lec.	实验 Lab.		一 1st	二 2nd	三 3rd	四 4th	五 5th	六 6th	七 7th	八 8th
专业主干课 Main Specialty Courses	21639240	景观设计 4 Landscape Architecture Design 4	3	48	40	8								3	
	20101100	城市规划原理 Urban Planning Principles	3	48	40	8				3					
	21639300	公园绿地规划设计 Park & Green Space Planning and Design	3	48	24	24						3			
	21632200	地景勘测与识图 Landscape Survey and Image Recognition	3	48	12	36				3					
	21639400	景观地貌学 Landscape Geomorphology	2	32	24	8						2			
	室内设计方向														
	21639500	室内设计原理 Interior Design Principles	3	48	40	8				3					
	21639610	室内设计 1 Interior Design 1	3	48	40	8					3				
	21639620	室内设计 2 Interior Design 2	3	48	40	8						3			
	21639630	室内设计 3 Interior Design 3	3	48	40	8							3		
	21639700	施工图设计 Construction Documents Design	3	48	40	8								3	
	21639900	展示设计 Exhibition Design	3	48	24	24				3					
	21639800	陈设设计 Furnishings Design	3	48	40	8						3			
	21640000	家具设计 Furniture Design	3	48	40	8				3					
	21640100	室内环境与设备 Interior Environment and Equipment	2	32	24	8						2			
	小计 **Sum**		**26**	**416**				**0**	**0**	**9**	**3**	**8**	**3**	**3**	**0**
专业选修课 Specialty Elective Courses		具体见专业选修课列表	25	400											
合计 **Sub-total**			**137.5**	**2280**	**964**	**308**		**17.5**	**21**	**22**	**17**	**15**	**5**	**3**	**0**

课程类别 Course Classification	课程编号 Course Code	课程名称 Course Name	学分 Crs	学时 Hrs	学时分类 Class Hours		先修课程 Prerequisite Courses	学期学分分配 Semester Credits							
					讲课 Lec.	实验 Lab.		一 1st	二 2nd	三 3rd	四 4th	五 5th	六 6th	七 7th	八 8th
实践环节 Practical Work	44300200	军事训练 Military Training	2	2 周				2							
	41919201	网络应用与信息技术课程设计 A Network Applications and Information Technology Course Design A	1	1 周					1						
	41633100	风景写生与测绘实习 Landscape Sketch and Surveying and Mapping	2	2 周					2						
	41641000	建筑模型制作与工艺 Architectural Model Making and Process	2	2 周							2				
	41641110	园林植物认知实习 1 Landscape Plant Cognitive Practice 1	2	2 周						1	1				
	416412 * 0	设计周 Planning and Design Week	4	4 周							1	1	1	1	
	41641300	毕业实习 Graduation Practice	2	2 周										2	
	41641400	毕业设计 Graduation Project	12	12 周											12
	41641500	毕业论文 Graduation Thesis	7	7 周											7
	小计 Sum		**34**	**34 周**				**2**	**3**	**1**	**4**	**1**	**1**	**3**	**19**
创新创业自主学习 Autonomous Learning	ZZ35000S	社会调查 Social Investigation	2												
		其他(学科竞赛、发明创造、科研报告) Others (Contest, Invention, Innovation and Research Presentation)	3												
	小计 Sum		**5**												
总计 Total			**176.5**	**2280 + 34 周**	**964**	**308**		**19.5**	**24**	**23**	**21**	**16**	**6**	**6**	**19**

课程类别 Course Classification	课程编号 Course Code	课程名称 Course Name	学分 Crs	学时 Hrs	学时分类 Class Hours		先修课程 Prerequisite Courses	学期学分分配 Semester Credits							
					讲课 Lec.	实验 Lab.		一 1st	二 2nd	三 3rd	四 4th	五 5th	六 6th	七 7th	八 8th
可开出专业选修课列表 Specialty Elective Courses	21640200	景观生态原理与应用 Principles and Applications of Landscape Ecology	2	32	24	8							2		
	21640300	遗产保护工程 Heritage Conservation Engineering	3	48	24	24					3				
	21640400	环境修复概论 Environmental Remediation Introduction	2	32	24	8						2			
	21640500	艺术概论 Arts Introduction	2	32	32	0		2							
	21103000	地理信息系统原理与应用 Geographic Information Analysis and Application	2	32	24	8								2	
	21611700	摄影与摄像 Photography and Video	2	32	24	8					2				
	21632300	数字化表现 Digital Performance	3	48	36	12			3						
	21622400	中外美术史 The Chinese and Foreign History of Art	2	32	32	0								2	
	21640700	中国传统绘画 Traditional Chinese Painting	2	32	24	8					2				
	21640800	景观文化与美学 Landscape Cultural and Aesthetic	2	32	32	0								2	
	21636000	建筑水彩表现 Architectural Drawing Performance	3	48	8	40			3						
	21624800	大学语文 B College Chinese B	2	32	32	0				2					
	21640900	综材语言(土、水、木、金、火) Language (earth, water, wood, metal, fire)	3	48	12	36								3	

注：通识教育选修课学分和创新创业自主学习学分未列入具体学期。

环境设计专业课程分类统计

Course Descriptions of Environmental Design

课程学分 / 统计	通识教育课 Liberal Education Courses		学科基础课 Disciplinary Fundamental Courses	专业主干课 Main Specialty Courses	专业选修课 Specialty Elective Courses	实践环节 Practical Work	创新创业自主学习 Autonomous Learning	学时总计 Total Hours	学分总计 Total Credits
	必修 Compulsory	选修 Selective							
学时/学分 Hrs/Crs	616/33.5	192/12	656/41	416/26	400/25	34 周	5	2280+34 周	176.5
学分所占比例 Proportion of Credits	25.78%		23.23%	14.73%	14.17%	19.26%	2.83%		100%

视觉传达设计专业培养方案

专业名称与代码:视觉传达设计　130502

专业培养目标:本专业培养具备广阔的学术视野、创新开拓能力,能在广告策划公司、企业设计部门等从事品牌设计、广告设计与策划、动画和视频设计、新媒体视觉设计的全方位设计人才。

专业毕业要求

1.掌握艺术设计的基本理论、基本知识。

2.掌握视觉传达设计的设计方法和技术。

3.具有独立完成设计成品的基本能力。

4.熟悉设计行业的相关方针、政策和法规。

5.了解视觉传达设计的理论前沿、应用前景、发展动态、行业需求。

6.具有一定的科学研究和实际工作能力,具有一定的批判性思维能力。

毕业要求及实现途径

序号	毕业要求	实现途径(教学过程)
1	具有良好的思想道德品质和服务于社会的正常心态,掌握相关的人文社科与自然科学基本知识	①课堂教学:思想道德修养与法律基础、设计导论、网络应用与信息技术、马克思主义基本原理、大学英语等 ②课外学习:视觉与导向、设计与实践
2	注重综合艺术修养的培养,具备熟练的手绘能力	①课堂教学:中外设计史、艺术概论、设计造型基础、动画原理、构成设计、分镜头与台本设计等 ②课外学习:通过视觉与导向、设计与实践、设计基础训练等活动完成
3	了解视觉传达设计的发展动态,能熟练利用计算机进行辅助设计	①课堂教学:字体设计、标志设计、界面设计、包装容器与结构设计、数字影像设计等 ②课外学习:通过视觉与导向、设计与实践、设计竞赛等
4	掌握视觉传达设计的基本原理和基本技能,具备初步的视觉传达设计创作能力,具有独立进行视觉传达设计实践的基本能力	①课堂教学:广告设计与策划、图形设计、编排设计、动作设计、品牌设计、招贴设计、包装设计等 ②课外学习:通过视觉与导向、设计与实践、参与教师科研项目、毕业设计、专业实习等

主干学科:设计学。

专业核心课程:设计造型基础、艺术概论、图形设计、书籍设计与工艺、数字影像设计、界面设计、品牌设计、展示与导向设计、广告设计与策划等。

主要专业实验:数字表现、数字后期合成、数字影像设计等。

主要实践性教学环节:写生与作品展示、设计实践工作室、毕业设计与展示、毕业论文。

修业年限:四年。

授予学位:设计学学士。

相近专业:数字媒体艺术、美术学。

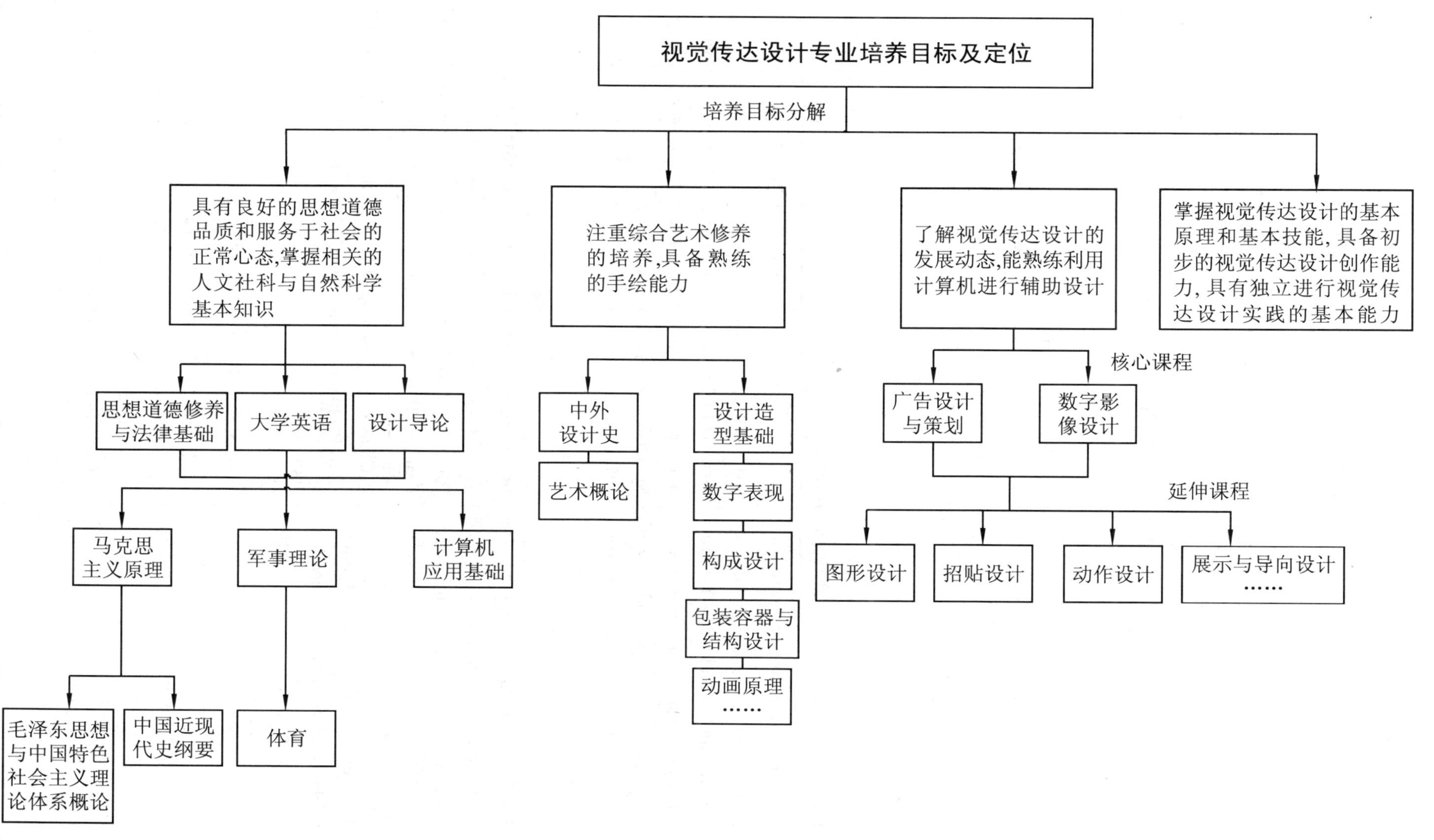
视觉传达设计专业培养目标及定位
培养目标分解
具有良好的思想道德品质和服务于社会的正常心态，掌握相关的人文社科与自然科学基本知识
注重综合艺术修养的培养，具备熟练的手绘能力
了解视觉传达设计的发展动态，能熟练利用计算机进行辅助设计
掌握视觉传达设计的基本原理和基本技能，具备初步的视觉传达设计创作能力，具有独立进行视觉传达设计实践的基本能力
思想道德修养与法律基础
大学英语
设计导论
马克思主义原理
军事理论
计算机应用基础
毛泽东思想与中国特色社会主义理论体系概论
中国近现代史纲要
体育
中外设计史
艺术概论
设计造型基础
数字表现
构成设计
包装容器与结构设计
动画原理……
核心课程
广告设计与策划
数字影像设计
延伸课程
图形设计
招贴设计
动作设计
展示与导向设计……

Program for Visual Communication Design

Specialty and Code: Visual Communication Design 130502

Education Objective: This professional training has a broad academic perspective, innovation and development ability, can be in advertising planning company, enterprise design department and other brand design, advertising design and planning, animation and video design, new media visual design of the full range of design talent.

Graduation Requirements

1. Master the basic theory and knowledge of art design.
2. Master the design method and technology of visual communication design.
3. Has the basic ability to independently design products.
4. Familiar with the related policy, the design industry policies and regulations.
5. The understanding of visual communication design theory, application prospect, development, industry demand.
6. With the scientific research and practical work ability, have certain ability of critical thinking.

Graduation Requirements and Ways to Achieve

No.	Graduation Requirements	Ways to Achieve(Teaching Process)
1	To master the Marxism, Mao Tse-tung Thoughts and Deng Xiaoping Theory; to establish a correct outlook on life and world, and have an understanding of nature and social science	① Classroom Teaching: Morality Education and Fundamentals of Law, Introduction of Art Design, Network Applications and Information Technology, Basic Principles of Marxism, College English, etc ②Out-of-class Learning: Visual and Guidance, Design and Practice
2	To focus on the comprehensive cultivation of art tutelage, and have the skillful hand paint ability	①Classroom Teaching: History of Design Arts, Introduction to Arts, Foundation of Design Modelling, Form Design, Continuity and Script, etc ②Out-of-class Learning: Visual and Guidance, Design and Practice, Practice of Basic Training and so on
3	To understand the development tendency of visual communication, and proficient use of the computer to assist design	①Classroom Teaching: Typography, Logo Design, UI Design, Packaging and Structure Design, Digital Image Design ②Out-of-class Learning: Visual and Guidance, Design and Practice, Design Contest and so on
4	To master the basic principles and skills of visual communication, and the basic capabilities to conduct the visual communication practice independently	①Classroom Teaching: Product Visual Design, Graph Design, Format Design, Action Design, CI Design, Poster Design, Creative Painting, etc ②Out-of-class Learning: Visual and Guidance, Design and Practice, Joining Science Research, Graduation Design, Professional Practice

Major Disciplines: Design Science.

Main Courses: Foundation of Design Modelling, Introduction of Arts, Graph Design, Book Design and Technology, Digital Image Design, UI design, CI Design, Exhibition Design,Product Visual Design,etc.

Lab Experiments: Digital Performance, Late Digital Synthesis, Digital Image Design,etc.

Practical Work: Scene Sketch Works Exhibition,Design Studio Practice,Graduation Project and Exhibition Presentation,Graduation Thesis.

Duration: four years.

Degree Granted: Bachelor of Design Science.

Related Specialties: Digital Media Art, Fine Arts.

视觉传达设计专业课程教学计划表

Course Descriptions of Visual Communication Design

课程类别 Course Classification		课程编号 Course Code	课程名称 Course Name	学分 Crs	学时 Hrs	学时分类 Class Hours		先修课程 Prerequisite Courses	学期学分分配 Semester Credits							
						讲课 Lec.	实验 Lab.		一 1st	二 2nd	三 3rd	四 4th	五 5th	六 6th	七 7th	八 8th
通识教育课 Liberal Education Courses	必修 Compulsory	11706200	马克思主义基本原理 Principles of Marxism	3	48	48						3				
		11706500	毛泽东思想与中国特色社会主义理论体系概论 Introduction to Mao Tse-tung Thought and the Theoretical System of Socialism with Chinese Characteristics	4	64	64							4			
		11711800	中国近现代史纲要 The Essentials of Modern Chinese History	2	32	32								2		
		120001*0	思想道德修养与法律基础 Morality Education and Fundamentals of Law	3	48	48			1.5	1.5						
		113076*0	体育 Physical Education	4	144	144			1	1	1	1				
		109116*0	大学英语 College English	12	192	192			3	3	3	3				
		11919101	网络应用与信息技术 A Network Applications and Information Technology A	2.5	40	24	16		2.5							
		21631900	设计导论 Introduction to Art Design	1	16	16			1							
		14300100	军事理论 Military Theory	2	32	32			2							
	选修 Elective	总计12学分,含创新创业选修课学分,跨学科选修课不低于6学分。"形势与政策"课程作为限选课,由马克思主义学院实施		12	192											
		小计 **Sum**		**45.5**	**808**	**600**	**16**		**11**	**5.5**	**4**	**7**	**4**	**2**	**0**	**0**
学科基础课 Disciplinary Fundamental Courses		216321*0	设计造型基础 Foundation of Design Modelling	8	128	64	64		4	4						
		21632600	中外设计史 History of Design Arts	2	32	32			2							
		21620801	艺术概论 A Introduction to Arts A	2.5	40	40			2.5							
		21636100	数字表现 Digital Performance	2	32	16	16			2						

课程类别 Course Classification	课程编号 Course Code	课程名称 Course Name	学分 Crs	学时 Hrs	学时分类 Class Hours		先修课程 Prerequisite Courses	学期学分分配 Semester Credits							
					讲课 Lec.	实验 Lab.		一 1st	二 2nd	三 3rd	四 4th	五 5th	六 6th	七 7th	八 8th
学科基础课 Disciplinary Fundamental Courses	21633201	构成设计 A Form Design A	4	64	24	40			4						
	21633900	包装容器与结构设计 Packaging and Structure Design	3	48	24	24			3						
	21642800	动画运动规律 Animation Motion Law	3	48	12	36				3					
	21636300	数字后期合成 Late Digital Synthesis	3	48	24	24					3				
	21642900	分镜头与台本设计 Continuity and Script	3	48	24	24					3				
	21628300	字体设计 Typography	3	48	24	24						3			
	21643000	标志设计 Logo Design	2.5	40	24	16						2.5			
	21643100	界面设计 UI Design	2	32	24	8								2	
	小计 Sum		**38**	**608**	**332**	**276**		**8.5**	**13**	**3**	**6**	**5.5**	**0**	**2**	**0**
专业主干课 Main Specialty Courses	21635600	广告设计与策划 Product Visual Design	3	48	24	24				3					
	21614000	图形设计 Graph Design	4	64	24	40					4				
	21643200	编排设计 Format Design	4	64	24	40						4			
	21643300	动作设计 Action Design	3	48	24	24						3			
	21643400	展示与导向设计 Exhibition Design	4	64	24	40							4		
	21643500	品牌设计 CI Design	4	64	24	40							4		
	21643600	书籍设计与工艺 Book Design and Technology	4	64	24	40							4		
	20700401	包装设计 A Creative Painting A	4	64	32	32							4		
	21643700	数字影像设计 Digital Image Design	3	48	24	24								3	
	小计 Sum		**33**	**528**	**224**	**304**		**0**	**0**	**3**	**4**	**7**	**16**	**3**	**0**

课程类别 Course Classification		课程编号 Course Code	课程名称 Course Name	学分 Crs	学时 Hrs	学时分类 Class Hours		先修课程 Prerequisite Courses	学期学分分配 Semester Credits							
						讲课 Lec.	实验 Lab.		一 1st	二 2nd	三 3rd	四 4th	五 5th	六 6th	七 7th	八 8th
专业选修课 Specialty Elective Courses			具体见专业选修课列表	20	320											
合计 Sub-total				**136.5**	**2264**	**1156**	**596**		**19.5**	**18.5**	**10**	**17**	**16.5**	**18**	**5**	**0**
实践环节 Practical Work		44300200	军事训练 Military Training	2	2 周				2							
		41919201	网络应用与信息技术课程设计 A Network Applications and Information Technology Course Design A	1	1 周						1					
		41633500	写生与作品展示 Scene Sketch and Works Exhibition	3	3 周					3						
		41641300	毕业实习 Graduation Field Work	2	2 周										2	
		41642500	设计实践工作室 Design Studio Practice	6	6 周										6	
		41626000	毕业设计与展示 Graduation Project and Exhibition Presentation	12	12 周											12
		41642700	毕业论文 Graduation Thesis	4	4 周											4
		小计 Sum		**30**	**30 周**	**0**	**0**		**2**	**3**	**1**	**0**	**0**	**0**	**8**	**16**
创新创业自主学习 Autonomous Learning		ZZ35000S	社会调查 Social Investigation	2												
			其他(学科竞赛、发明创造、科研报告) Others (Contest, Invention, Innovation and Research Presentation)	3												
		小计 Sum		**5**												
总计 Total				**171.5**	**2264 + 30 周**	**1156**	**596**		**21.5**	**21.5**	**11**	**17**	**16.5**	**18**	**13**	**16**

课程类别 Course Classification	课程编号 Course Code	课程名称 Course Name	学分 Crs	学时 Hrs	学时分类 Class Hours		先修课程 Prerequisite Courses	学期学分分配 Semester Credits							
					讲课 Lec.	实验 Lab.		一 1st	二 2nd	三 3rd	四 4th	五 5th	六 6th	七 7th	八 8th
可开出专业选修课列表 Specialty Elective Courses	21611700	摄影摄像 Photography and Video Recording	2	32	24	8				2					
	21618500	招贴设计 Poster Design	3	48	24	24				3					
	21613001	书法 A Calligraphy A	3	48	12	36				3					
	21640700	中国传统绘画 Chinese Painting	2	32	16	16								2	
	21643800	设计心理学 The Psychology of Design	2	32	16	16							2		
	21643900	传统装饰艺术 Traditional Decorative Arts	2	32	16	16				2					
	21644000	水墨与设计 Ink Painting and Design	3	48	12	36						3			
	21644100	新媒体设计方法 New Media Design Method	2	32	24	8							2		
	21644200	角色造型与场景设计 Role Modeling and Scene Design	3	48	24	24					3				
	21640900	综材语言 Synthetic Material Language	3	48	24	24								3	
	21622400	中外美术史 History of Sino-foreign Fine Arts	2	32	32									2	
	21644300	科技论文写作 Sci Tech Papers Writing	2	32	32									2	

注：通识教育选修课学分和创新创业自主学习学分未列入具体学期。

视觉传达设计专业课程分类统计

Course Category Statistics of Visual Communication Design

课程学分 / 统计	通识教育课 Liberal Education Courses		学科基础课 Disciplinary Fundamental Courses	专业主干课 Main Specialty Courses	专业选修课 Specialty Elective Courses	实践环节 Practical Work	创新创业自主学习 Autonomous Learning	学时总计 Total Hours	学分总计 Total Credits
	必修 Compulsory	选修 Selective							
学时/学分 Hrs/Crs	616/33.5	192/12	608/38	528/33	320/20	30 周/30	5	2264＋30 周	171.5
学分所占比例 Proportion of Credits	26.53%		22.16%	19.24%	11.66%	17.49%	2.92%		100%

动画(数字媒体艺术方向)专业培养方案

专业名称与代码：动画(数字媒体艺术方向) 130310

专业培养目标

1.面向互联网产业、数字媒体产业、文化创意产业领域，以多学科交叉为背景，培养运用数字图形图像、影像、声音等数字媒体元素进行创新设计的专门人才。

2.系统地掌握数字媒体专业领域的相关知识，了解本学科领域的前沿技术和发展趋势，具备交互媒体设计与数字特效及传媒娱乐领域初步的科研和实践能力与素质。

3.具备良好的艺术素养、整合多种媒体表现形式进行数字媒体艺术设计探索的能力，善于利用动态形式、媒体设计工具实现信息媒介的表达，为传媒产品、互联网、数字娱乐、软件、游戏、广告、动画等产业培养专业人才。

专业毕业要求

1.本专业方向主要学习设计学的基本理论与方法，学习中外媒体设计的创意与理念，能够把艺术设计新理念与数字化技术相结合，具备一定的创新能力。

2.系统地掌握数字媒体专业领域的相关知识，了解本学科领域的前沿技术和发展趋势，具备交互媒体设计与数字特效、影视制作领域初步的实践能力与素质。学习技术与艺术相结合的创新方法，注重艺术修养和综合素质的全面培养。

3.强调前沿创新技术与设计的交叉应用学习，熟练掌握动漫表现技能、数字媒体工具、创意思维、数字媒体设计流程与规范、用户体验设计等基本知识。

毕业要求及实现途径

序号	毕业要求	实现途径(教学过程)
1	学习数字媒体设计学的基础知识，造型能力、创意理念，具备一定的创新能力	①课堂教学：中外设计史、数字媒体概论、人机工程学、三维基础、设计心理学、用户研究、创意思维与方法等基础课程完成 ②课外学习：交互与体验(1)、设计与实践
2	学习数字媒体技术与艺术相结合的创新学习方法，注重艺术修养和综合素质的全面培养	①课堂教学：通过计算机辅助设计、构图与概念设计、数字影音设计、视觉与叙事等设计基础课程和网络应用与信息技术课程设计A等，跨专业课程、其他竞赛、科研报告 ②课外学习：通过交互与体验(2)、设计与实践、设计竞赛等活动完成
3	强调前沿创新技术与设计的交叉应用学习，熟练掌握动漫表现技能、数字媒体工具、创意思维、数字媒体设计流程与规范	①课堂教学：通过用户研究、交互设计方法、界面设计、交互与体验、交互角色动态设计、信息架构设计等专业课程完成 ②课外学习：通过动画运动规律、交互界面设计、数字特效合成、声音设计、故事板设计、参与教师科研项目、毕业设计、专业实习等环节完成

主干学科：戏剧影视学、设计学。

核心课程：交互与体验、信息架构与交互设计方法、交互界面设计、视觉与叙事、数字影音设计、动画运动规律、构图与概念设计等。

主要专业实验：设计素描、设计色彩、构成设计、速写。

主要实践性教学环节：设计与实践系列、毕业策划与实习、毕业设计与展示、毕业论文。

修业年限：四年。

授予学位：艺术学学士。

相近专业：数字媒体技术、工业设计。

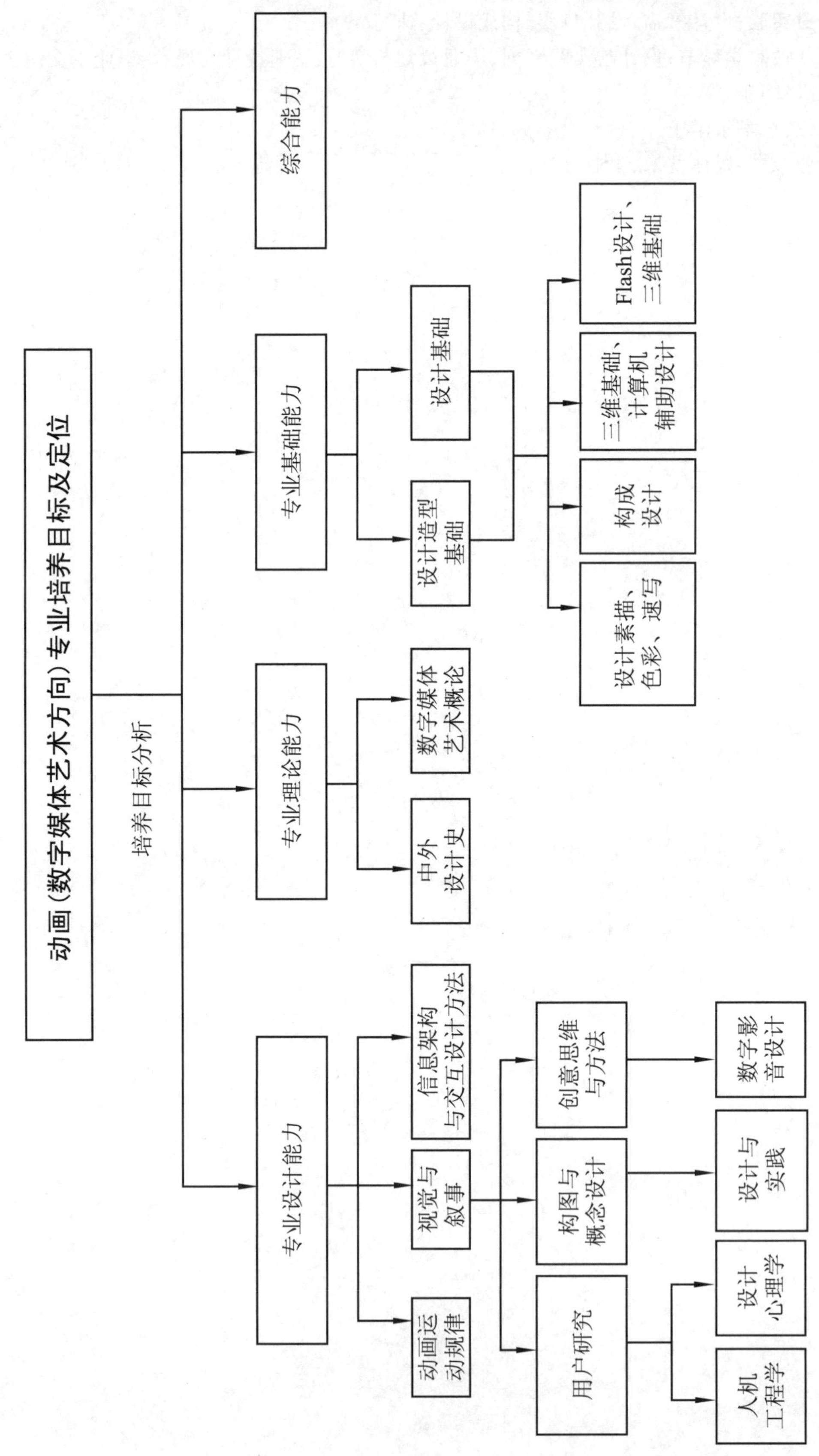
动画(数字媒体艺术方向)专业培养目标及定位
培养目标分析
综合能力
专业基础能力
专业理论能力
专业设计能力
设计基础
设计造型基础
数字媒体艺术概论
中外设计史
信息架构与交互设计方法
视觉与叙事
动画运动规律
Flash设计、三维基础
三维基础、计算机辅助设计
构成设计
设计素描、色彩、速写
创意思维与方法
构图与概念设计
用户研究
数字影音设计
设计与实践
设计心理学
人机工程学

Program for Animation(Digital Media Art)

Specialty and Code: Animation (Digital Media Art) 130310

Education Objective

1. The objectives are to cultivate creative design talents with a combination of information technology and the art of media on the context of multi-disciplinary to gear up for the field of digital media industry and creative industry of culture.

2. The orientation of the major is designed to explore the possible interactive relationship between man and man, man and things, things and things and to cultivate students' theory and design method in terms of a comprehensive mastery of the design of user experience, interface, information, and interaction.

3. Students will have the research ability of user experience and interactive actions and be proficient in the expression of information media and the ability of interdisciplinary for the ultimate purpose of fostering the talents of the design of interface and interaction and so on for such industries as media, products, internet, and recreation.

Graduation Requirements

1. Students majoring in animation are meant to learn the basic theories and methods of design and originality and ideas of interactive design at home and abroad. They are required to have a certain ability of innovation.

2. To learn the innovative learning methods: a combination and a mutual complementation of technique and art and to pay attention to the overall cultivation of artistic culture and comprehensive abilities.

3. We also lay emphasis on the study of intercrossed application of leading-edge innovative techniques in information technology so that learners can have a mastery of basic knowledge, standards and the process of design in terms of user experience, interface and interactive design.

Graduation Requirements and Ways to Achieve

No.	Graduation Requirements	Ways to Achieve(Teaching Process)
1	To learn the basic theories and methods of design and originality and ideas of interactive design at home and abroad. They are required to have a certain ability of innovation	①Classroom Teaching: The History of Design at Home and Abroad, Introduction of Digital Media Ergonomics, Three-dimensional Foundation, User Study, Creative Thinking and Methods ②Out-of-class Learning: Interactive and Experience (1), Design and Practice
2	To learn the innovative learning methods: a combination and a mutual complementation of technique and art and to pay attention to the overall cultivation of artistic culture and comprehensive abilities	① Classroom Teaching: Computer Aided Design, The Composition and Concept Design, The Design of Digital Media, Vision and Narration, etc ②Out-of-class Learning: Interactive and Experience (2), Design and Practice, Design Contest and so on

No.	Graduation Requirements	Ways to Achieve(Teaching Process)
3	Lay emphasis on the study of intercrossed application of leading-edge innovative techniques in information technology so that learners can have a mastery of basic knowledge, standards and the process of design in terms of user experience, interface and interactive design	①Classroom Teaching: User Study, Methods of Interactive Design, Interface Design, Interactive and Experience, the Dynamic Design of Interactive Role, the Design of Information Architecture ②Out-of-class Learning: Principle of Animation Motion, Interface Design, Synthesis of Digital Special-effects, the Design of Audio, the Design of Shooting Board, Joining Science Research, Graduation Design, Professional Practice

Major Disciplines: The Film and Television Drama, Design.

Main Courses: Interactive and Experience, Information Architecture and Methods of Interactive Design, Interface Design, Vison and Narration, The Design of Digital Media, Principle of Animation Motion, the Composition and Concept Design, etc.

Lab Experiments: Design Sketch, Design Color, Form Design, Sketch.

Practical Work: Design and Practice, Graduation Scheme & Design, Graduation Design & Showcase, Graduation Thesis.

Duration: four years.

Degree Granted: Bachelor of Arts.

Related Specialties: Digital Media Technology, Industry Design.

动画(数字媒体艺术方向)专业课程教学计划表

Course Descriptions of Animation (Digital Media Art)

课程类别 Course Classification		课程编号 Course Code	课程名称 Course Name	学分 Crs	学时 Hrs	学时分类 Class Hours		先修课程 Prerequisite Courses	学期学分分配 Semester Credits							
						讲课 Lec.	实验 Lab.		一 1st	二 2nd	三 3rd	四 4th	五 5th	六 6th	七 7th	八 8th
通识教育课 Liberal Education Courses	必修 Compulsory	11706200	马克思主义基本原理 Principles of Marxism	3	48	48						3				
		11706500	毛泽东思想与中国特色社会主义理论体系概论 Introduction to Mao Tse-tung Thought and the Theoretical System of Socialism with Chinese Characteristics	4	64	64							4			
		11711800	中国近现代史纲要 The Essentials of Modern Chinese History	2	32	32								2		
		120001＊0	思想道德修养与法律基础 Morality Education and Fundamentals of Law	3	48	48			1.5	1.5						
		113076＊0	体育 Physical Education	4	144	144			1	1	1	1				
		109116＊0	大学英语 College English	12	192	192			3	3	3	3				
		11919101	网络应用与信息技术 A Network Applications and Information Technology A	2.5	40	24	16			2.5						
		21631900	设计导论 Introduction to Design	1	16	16			1							
		14300100	军事理论 Military Theory	2	32	32			2							
	选修 Elective	总计 12 学分，含创新创业选修课学分，跨学科选修课不低于 6 学分。"形势与政策"课程作为限选课，由马克思主义学院实施		12	192											
		小计 Sum		**45.5**	**808**	**600**	**16**		**8.5**	**8**	**4**	**7**	**4**	**2**	**0**	**0**
学科基础课 Disciplinary Fundamental Courses		21640500	艺术概论 Arts Introduction	2	32	32			2							
		216321＊0	设计造型基础 Foundation of Design Modelling	8	128	64	64		4	4						
		21633201	构成设计 A Form Design A	4	64	32	32		4							
		21637200	数字媒体概论 Introduction to Digital Media	3	48	48				3						

课程类别 Course Classification	课程编号 Course Code	课程名称 Course Name	学分 Crs	学时 Hrs	学时分类 Class Hours		先修课程 Prerequisite Courses	学期学分分配 Semester Credits							
					讲课 Lec.	实验 Lab.		一 1st	二 2nd	三 3rd	四 4th	五 5th	六 6th	七 7th	八 8th
学科基础课 Disciplinary Fundamental Courses	21644400	速写 Sketch	2	32	16	16				2					
	21632600	中外设计史 The History of Design at Home and Abroad	2	32	32			2							
	21637310	计算机辅助设计(一) Computer Aided Design (一)	3	48	24	24			3						
	21637320	计算机辅助设计(二) Computer Aided Design (二)	3	48	24	24				3					
	21610900	三维基础 Three-dimensional Foundation	4	64	32	32					4				
	216368*0	场景与角色设计 The Design of Game Role and Scene	4	64	32	32				2	2				
	21644500	数字媒体图形设计 Digital Graphic Design	2	32	16	16				2					
	21633000	人机工程学 Ergonomics	2	32	16	16			2						
	21644600	用户研究 User Study	2.5	40	20	20				2.5					
	21613800	透视学原理 Rationales of Perspective Science	2	32	16	16				2					
	21616200	艺用解剖学 Anatomy for the Artist	2	32	16	16			2						
	21644700	数字摄影摄像 Digital Photography	3	48	24	24					3				
	小计 **Sum**		**48.5**	**776**	**444**	**332**		**12**	**14**	**13.5**	**9**	**0**	**0**	**0**	**0**
专业主干课 Main Specialty Courses	216350*0	交互与体验(1)(2) Interactive and Experience(1)(2)	4	64	32	32					2	2			
	21637000	交互界面设计 Interface Design	3	48	24	24						3			
	21636900	信息架构与交互设计方法 Information Architecture and Methods of Interactive Design	3	48	24	24							3		
	21642800	动画运动规律 Principle of Animation Motion	3	48	24	24						3			
	21644800	构图与概念设计 The Composition and Concept Design	3	48	24	24							3		

课程类别 Course Classification	课程编号 Course Code	课程名称 Course Name	学分 Crs	学时 Hrs	学时分类 Class Hours		先修课程 Prerequisite Courses	学期学分分配 Semester Credits							
					讲课 Lec.	实验 Lab.		一 1st	二 2nd	三 3rd	四 4th	五 5th	六 6th	七 7th	八 8th
专业主干课 Main Specialty Courses	21644900	灯光渲染与粒子特效 Light-rendering and Particles Effects	3	48	24	24						3			
	21645000	数字影音设计 The Design of Digital Media	4	64	32	32						4			
	21634800	视觉与叙事 Vision and Narration	2	32	16	16					2				
	21645100	创意思维与方法 Creative Thinking and Methods	3	48	24	24						3			
	21637100	信息图表设计 The Design of Graph and Sign	3	48	24	24							3		
	小计 Sum		**31**	**496**	**248**	**248**		**0**	**0**	**0**	**4**	**18**	**9**	**0**	**0**
专业选修课 Specialty Elective Courses		具体见专业选修课列表	20	320											
合计 Sub-total			**145**	**2400**	**1292**	**596**		**20.5**	**22**	**17.5**	**20**	**22**	**11**	**0**	**0**
实践环节 Practical Work	44300200	军事训练 Military Training	2	2 周				2							
	41919201	网络应用与信息技术课程设计 A Network Applications and Information Technology Course Design A	1	1 周					1						
	416457*0	设计与实践 Design and Practice	6	6 周								2	4		
	41633500	写生与作品展示 Sketch and on Display	3	3 周					3						
	41641300	毕业实习 Graduation Practice	2	2 周										2	
	41642600	毕业设计与毕业展示 Graduation Project and Exhibition Presentation	12	12 周											12
	41642700	毕业论文 Graduation Thesis	4	4 周											4
	小计 Sum		**30**					**2**	**4**	**0**	**0**	**2**	**4**	**2**	**16**

课程类别 Course Classification	课程编号 Course Code	课程名称 Course Name	学分 Crs	学时 Hrs	学时分类 Class Hours		先修课程 Prerequisite Courses	学期学分分配 Semester Credits							
					讲课 Lec.	实验 Lab.		一 1st	二 2nd	三 3rd	四 4th	五 5th	六 6th	七 7th	八 8th
创新创业自主学习 Autonomous Learning	ZZ35000S	社会调查 Social Investigation	2												
		其他(学科竞赛、发明创造、科研报告) Others (Contest, Invention, Innovation and Research Presentation)	3												
	小计 Sum		**5**												
总计 Total			**180**	**2400 ＋ 30 周**	**1292**	**596**		**22.5**	**26**	**17.5**	**20**	**24**	**15**	**2**	**16**
可开出专业选修课列表 Specialty Elective Courses	21645200	动漫周边产品设计 Anime Peripheral Product Design	2	32	16	16							2		
	21629200	数码平面设计 The Digital Graphic Design	3	48	24	24							3		
	21602100	传播学概论 Introduction to Media Communication	2.5	40	20	20								2.5	
	21613400	数字特效合成 Synthesis of Digital Special-effects	2	32	16	16							2		
	21643800	设计心理学 The Psychology of Design	2	32	16	16							2		
	21645300	声音设计 The Design of Audio	2	32	16	16								2	
	21645400	三维角色动画 3D Role Animation	3	48	24	24							3		
	21645600	设计管理 Design Management	2	32	32									2	
	21645500	故事板设计 The Design of Shooting Board	2	32	16	16							2		
	21644300	科技论文写作 Sci-tech Papers Writing	2	32	32									2	
	21622400	中外美术史 History of Sino-foreign Fine Arts	2	32	32									2	
	21640700	中国传统绘画 Chinese Traditional Painting	2	32	32									2	
	21640900	综材语言 Language	3	48	16	16								3	

注：通识教育选修课学分和创新创业自主学习学分未列入具体学期。

动画(数字媒体艺术方向)专业课程分类统计

Course Category Statistics of Animation (Digital Media Art)

课程学分 / 统计	通识教育课 Liberal Education Courses		学科基础课 Disciplinary Fundamental Courses	专业主干课 Main Specialty Courses	专业选修课 Specialty Elective Courses	实践环节 Practical Work	创新创业自主学习 Autonomous Learning	学时总计 Total Hours	学分总计 Total Credits
	必修 Compulsory	选修 Selective							
学时/学分 Hrs/Crs	616/33.5	192/12	776/48.5	496/31	320/20	30 周/30	5	2400+30 周	180
学分所占比例 Proportion of Credits	25.28%		26.94%	17.22%	11.11%	16.67%	2.78%		100%

公共管理学院

- 土地资源管理专业培养方案
- 法学专业培养方案
- 行政管理专业培养方案
- 公共事业管理(人力资源管理方向)专业培养方案
- 自然地理与资源环境专业培养方案

土地资源管理专业培养方案

专业名称与代码：土地资源管理　120404

专业培养目标：本专业培养德、智、体全面发展，具备现代管理学、经济学及资源学理论基础，掌握丰富的土地管理专业知识与熟练的土地规划、评估、信息、测绘以及计算机应用等基本技能，能在国土、城建、规划、房地产、测绘、农业等部门及相关领域从事土地资源调查、土地规划、土地评估、地籍管理、土地政策法规研究等工作的高级专门人才。

专业毕业要求

本专业学生主要学习土地管理的基本理论和专业知识以及土地规划、评估、测绘、地籍管理、计算机应用等方面的基本训练，具备土地管理的基本能力。

毕业生应获得以下几个方面的知识和能力

1.掌握管理学、经济学及资源学基本理论。

2.具有扎实的数理基础及计算机技能。

3.掌握土地资源调查、土地评价、土地规划、地籍管理、土地信息系统、土地开发经营等方面的技术方法及专业技能。

4.了解社会经济发展过程中的土地利用与管理动态。

5.熟悉国家有关土地利用与管理的方针、政策和法规。

6.掌握文献检索、资料查询的基本方法，具备一定的科学研究能力和实际工作能力。

毕业要求及实现途径

序号	毕业要求	实现途径(教学过程)
1	掌握管理学、经济学及资源学基本理论	①课堂教学：普通地质学、经济学基础、土壤学、土地资源学、土地管理学、土地经济学、土地规划学等理论课程讲课以及通识教育选修课程 ②课外学习：相关课程的实验教学以及土地资源调查实习、土地基础教学实习、毕业实习等实践教学环节
2	具有扎实的数理基础及计算机技能	①课堂教学：计算机课程、高等数学、大学物理、物理实验、大学化学、线性代数、概率论与数理统计、测量学、运筹学、数据库原理等专业基础理论课程讲课与实验 ②课外学习：计算机课程设计、测量教学实习等实践环节
3	掌握土地资源调查、土地评价、土地规划、地籍管理、土地信息系统、土地开发经营等方面的技术方法及专业技能	①课堂教学：地籍测量、遥感概论、地理信息系统、土壤学、土地资源学、土地法学、土地数据处理、土地信息学、土地规划学、土地经济学、土地管理学、房地产估价、地图制图学、城市规划原理、土地复垦与整治等专业必修和选修课程讲课与实验 ②课外学习：地籍测量实习、土地资源调查实习、土地基础教学实习、土地管理专业课程设计、毕业实习、毕业设计等实践教学

序号	毕业要求	实现途径(教学过程)
4	了解社会经济发展过程中的土地利用与管理动态	①课堂教学:土地资源管理专业导论、土地科学发展趋势等全部专业主干课程 ②课外学习:社会实践、创新创业活动等自主学习,以及毕业实习、毕业设计等实践教学
5	熟悉国家有关土地利用与管理的方针、政策和法规	①课堂教学:土地法学、土地管理学、资源、环境与可持续发展等专业主干课程 ②课外学习:社会实践、创新创业活动等自主学习,以及毕业实习、毕业设计等实践教学
6	掌握文献检索、资料查询的基本方法,具备一定的科学研究能力和实际工作能力	①课堂教学:土地科学发展趋势等专业课程教学 ②课外学习:毕业实习、毕业论文设计等实践环节和创新创业自主学习等环节

主干学科:公共管理学。

核心课程:土壤学、土地资源学、土地经济学、土地规划学、土地管理学、土地法学、土地信息学、房地产估价、土地数据处理、地理信息系统、遥感概论。

主要专业实验:地籍测量、土地资源调查、土地信息学、土地规划设计、土地估价。

主要实践性教学环节:计算机程序课程设计、测量实习、专业教学实习、专业课程设计、毕业实习、毕业论文(设计)。

修业年限:四年。

授予学位:工学学士。

相近专业:自然地理与资源环境、人文地理与城乡规划。

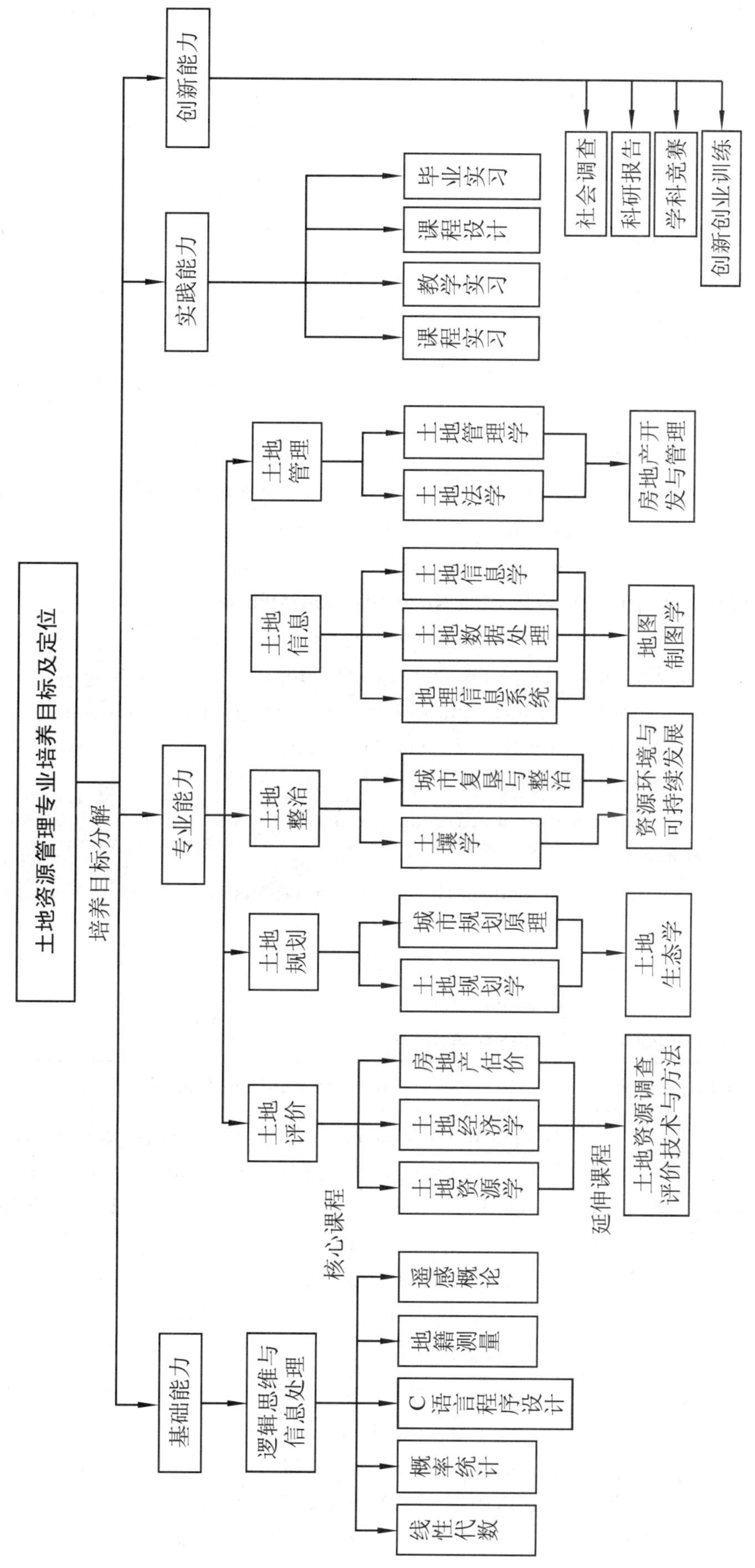

土地资源管理专业培养目标及定位
培养目标分解
基础能力
专业能力
实践能力
创新能力
逻辑思维与信息处理
线性代数
概率统计
C语言程序设计
地籍测量
遥感概论
核心课程
土地评价
土地规划
土地整治
土地信息
土地管理
土地资源学
土地经济学
房地产估价
土地规划学
城市规划原理
土壤学
城市复垦与整治
地理信息系统
土地数据处理
土地信息学
土地法学
土地管理学
延伸课程
土地资源调查评价技术与方法
土地生态学
资源环境与可持续发展
地图制图学
房地产开发与管理
课程实习
教学实习
课程设计
毕业实习
社会调查
科研报告
学科竞赛
创新创业训练

Program for Land Resources Administration

Specialty and Code: Land Resources Administration 120404

Education Objective: This program aims at cultivating highly qualified professionals who will have all-round development of morality, intelligence and physique, grasp the basic theories of modern management, economy and resources, master the preliminary knowledge of land administration, have the basic skills on land surveying and mapping, land use planning, land evaluation, land information science and so on, and possess the ability to work in the fields of land surveying, land use planning, cadastre management and land administration, land use policies and regulations as well as other relevant fields.

Graduation Requirements

Students in this major mainly learn the basic theories and knowledge of land administration and earn training of land planning, land evaluation, land surveying, land management, develop the land information system and have preliminary ability to utilize and manage land resources.

Graduates Should Acquire the Following Knowledge and Abilities

1. To master the basic theories of management, economy and resources.

2. Through grounding of mathematics, physics and information technologies.

3. To master the methods and techniques of land surveying, land evaluation, land management, land utilization and land planning, cadastral management, land information system and land development.

4. To know the current situation and trends of land utilization and management in the process of social economic development.

5. To be familiar with Chinese policies, laws and regulations on land utilization, management and sustainable development.

6. To master the basic methods of using literature search and data collection, possess basic abilities of scientific research and professional work.

Graduation Requirements and Ways to Achieve

No.	Graduation Requirements	Ways to Achieve(Teaching Process)
1	To master the basic theories of management, economy and resources	①Classroom Teaching: Physical Geology, Base to Economics, Soil Sciences, Land Resources, Land Management, Land Economics, Land Use Planning, etc and Other Elective Liberal Education Courses ②Out-of-class Learning: The Lab Hours of the Courses Above and Practical Work Including Land Resource Surveying Practice, Basic Teaching Practice and Practice for Graduate
2	Through grounding of mathematics, physics and information technologies	①Classroom Teaching: Computer Course, Advanced Mathematics, College Physics, Physics Experiments, College Chemistry, Linear Algebra, Probability and Mathematical Statistics, Surveying, Operational Research, Database Theory, etc ② Out-of-class Learning: Computer Course Projects, Surveying Practice

No.	Graduation Requirements	Ways to Achieve(Teaching Process)
3	To master the methods and techniques of land surveying, land evaluation, land management, land utilization and land planning, cadastral management, land information system and land development	① Classroom Teaching: Cadastral Surveying, Remote Sensing, Geographic Information System, Soil Sciences, Land Resources, Land Law, Land Data Disposing, Land Information Science, Land Use Planning, Land Economics, Land Management, Realty Evaluation, Computer Graphics, City Planning, Land Recovering and Renovating, etc ② Out-of-class Learning: Practical Work including Cadastral Surveying Practice, Land Resource Surveying Practice, Land Basic Teaching Practice, Land Management Courses Designing, Graduation Practice, Graduation Design
4	To know the current situation and trends of land utilization and management in the process of social economic development	①Classroom Teaching: All the Main Specialty Courses and Specialty Elective Courses, such as Introduction to Land Resources Administration, Land Development Tendency and so on ②Out-of-class Learning: Freedom study such as social Investigation, Innovation and Research Presentation, etc and Practical Work including Graduation Practice and Design
5	To be familiar with Chinese policies, laws and regulations on land utilization, management and sustainable development	①Classroom Teaching: Specialty Courses, e. g. Land Law, Land Management, Resources, Environment and Sustainable Development, etc ②Out-of-class Learning: Freedom study such as social Investigation, Innovation and Research Presentation, etc and Practical Work including Graduation Practice and Design
6	To master the basic methods of using literature search and data collection, possess basic abilities of scientific research and professional work	①Classroom Teaching: Specialty Courses, e. g. Land Development Tendency ② Out-of-class Learning: Practical Work including Graduation Practice and Design, Freedom study such as social Investigation, Innovation and Research Presentation

Major Disciplines: Public Management.

Main Courses: Soil Sciences, Land Resources, Land Economics, Land Planning, Land Management, Land Law, Land Information Science, Real Estate Evaluation, Land Data Processing, Geographic Information System, Introduction to Remote Sensing.

Lab Experiments: Cadastral Surveying, Land Surveying, Land Information Science, Land Use Planning, Real Estate Evaluation.

Practical Work: Course Projects for Computer Program, Surveying Practice, Professional Teaching Practice, Course Projects for Profession, Graduation Practice, Graduation Thesis(Design).

Duration: four years.

Degree Granted: Bachelor of Engineering.

Related Specialties: Physical Geography and Resource Environment, Human Geography and Urban-Rural Planning.

土地资源管理专业课程教学计划表

Course Descriptions of Land Resources Administration

课程类别 Course Classification		课程编号 Course Code	课程名称 Course Name	学分 Crs	学时 Hrs	学时分类 Class Hours		先修课程 Prerequisite Courses	学期学分分配 Semester Credits							
						讲课 Lec.	实验 Lab.		一 1st	二 2nd	三 3rd	四 4th	五 5th	六 6th	七 7th	八 8th
通识教育课 Liberal Education Courses	必修 Compulsory	11706200	马克思主义基本原理 Principles of Marxism	3	48	48				3						
		11706500	毛泽东思想与中国特色社会主义理论体系概论 Introduction to Mao Tse-tung Thought and the Theoretical System of Socialism with Chinese Characteristics	4	64	64					4					
		11711800	中国近现代史纲要 The Essentials of Modern Chinese History	2	32	32						2				
		120002＊0	思想道德修养与法律基础 Morality Education and Fundamentals of Law	3	48	48			1.5	1.5						
		113076＊0	体育 Physical Education	4	144	144			1	1	1	1				
		109116＊0	大学英语 College English	12	192	192			3	3	3	3				
		11918902	C语言程序设计B C Language Programming B	2.5	40	28	12		2.5							
		21717500	土地资源管理专业导论 Introduction to Land Resources Administration	1	16	16			1							
		14300100	军事理论 Military Theory	2	32	32			2							
	选修 Elective	总计12学分，含创新创业选修课学分，跨学科选修课不低于6学分。“形势与政策”课程作为限选课，由马克思主义学院实施		12	192											
		小计 **Sum**		**45.5**	**808**	**604**	**12**		**11**	**8.5**	**8**	**6**	**0**	**0**	**0**	**0**
学科基础课 Disciplinary Fundamental Courses		212127＊2	高等数学B Advanced Mathematics B	10	160	160			4	6						
		212130＊3	大学物理C College Physics C	6	96	96				3.5	2.5					
		21213202	物理实验B Physics Experiments B	2	32		32			2						
		203024＊1	大学化学A College Chemistry A	8	128	88	40			4	4					
		21212803	线性代数C Linear Algebra C	2	32	32					2					

课程类别 Course Classification	课程编号 Course Code	课程名称 Course Name	学分 Crs	学时 Hrs	学时分类 Class Hours		先修课程 Prerequisite Courses	学期学分分配 Semester Credits							
					讲课 Lec.	实验 Lab.		一 1st	二 2nd	三 3rd	四 4th	五 5th	六 6th	七 7th	八 8th
学科基础课 Disciplinary Fundamental Courses	21213502	概率论与数理统计 B Probability Statistics B	2.5	40	40					2.5					
	20102100	地球科学概论 Introduction to Geosciences	2	32	32			2							
	21004400	经济学基础 Base to Economics	2.5	40	40			2.5							
	21120801	测量学 A Surveying A	2.5	40	30	10			2.5						
	20814100	运筹学 Operational Research	3	48	48						3				
	21927900	数据库原理 Database Theory	3	48	24	24					3				
	小计 **Sum**		**43.5**	**696**	**590**	**106**		**8.5**	**18**	**11**	**6**	**0**	**0**	**0**	**0**
专业主干课 Main Specialty Courses	20504800	地籍测量 Cadastral Surveying	3.5	56	56					3.5					
	21129000	遥感概论 Remote Sensing	3	48	24	24					3				
	21112100	地理信息系统 Geographic Information System	3	48	20	28					3				
	21722800	土地资源学 Land Resources	3	48	40	8					3				
	20421300	土壤学 Soil Sciences	3	48	40	8					3				
	21708800	土地法学 Land Policy	2	32	32							2			
	21722900	土地数据处理 Land Data Disposing	3	48	24	24						3			
	21722300	土地信息学 Land Information Science	3	48	24	24						3			
	21723100	土地规划学 Land Use Planning	3	48	32	16							3		
	20207900	土地经济学 Land Economics	2.5	40	30	10							2.5		
	20207401	土地管理学 A Land Management A	2.5	40	32	8							2.5		
	20802800	房地产估价 Realty Evaluation	2	32	22	10							2		
	小计 **Sum**		**33.5**	**536**	**376**	**160**		**0**	**0**	**3.5**	**12**	**8**	**10**	**0**	**0**

课程类别 Course Classification	课程编号 Course Code	课程名称 Course Name	学分 Crs	学时 Hrs	学时分类 Class Hours 讲课 Lec.	实验 Lab.	先修课程 Prerequisite Courses	学期学分分配 Semester Credits 一 1st	二 2nd	三 3rd	四 4th	五 5th	六 6th	七 7th	八 8th
专业选修课 Specialty Elective Courses		具体见专业选修课列表	12	192											
合计 **Sub-total**			**134.5**	**2232**	**1570**	**278**		**19.5**	**26.5**	**22.5**	**24**	**8**	**10**	**0**	**0**
实践环节 Practical Work	44300200	军事训练 Military Training	2	2周				2							
	41919002	C语言课程设计B Course Design for C Language B	1.5	1.5周				1.5							
	41120901	测量教学实习A Surveying Practice A	1	1周					1						
	41722000	地籍测量实习 Cadastral Surveying Practice	1	1周						1					
	41722100	土地资源调查实习 Land Resource Surveying Practice	1	1周							1				
	41722200	土地基础教学实习 Land Basic Teaching Practice	6	6周							6				
	41722300	土地管理专业课程设计 Land Management Courses Designing	6	6周									6		
	41723300	毕业实习 Graduation Practice	8	8周									8		
	41719300	毕业论文(设计) Graduation Thesis(Design)	9	9周											9
	小计 **Sum**		**35.5**	**35.5周**	**0**	**0**		**3.5**	**1**	**1**	**7**	**0**	**14**	**0**	**9**
创新创业自主学习 Autonomous Learning	ZZ35000S	社会调查 Social Investigation	2												
		其他(学科竞赛、发明创造、科研报告) Others (Contest, Invention, Innovation and Research Presentation)	3												
	小计 **Sum**		**5**												
总计 **Total**			**175**	**2232+35.5周**	**1570**	**278**		**23**	**27.5**	**23.5**	**31**	**8**	**24**	**0**	**9**

课程类别 Course Classification	课程编号 Course Code	课程名称 Course Name	学分 Crs	学时 Hrs	学时分类 Class Hours		先修课程 Prerequisite Courses	学期学分分配 Semester Credits							
					讲课 Lec.	实验 Lab.		一 1st	二 2nd	三 3rd	四 4th	五 5th	六 6th	七 7th	八 8th
可开出专业选修课列表 Specialty Elective Courses	21103800	地图制图学 Computer Graphics	2	32	24	8			2						
	20101100	城市规划原理 City Planning	3	48	44	4						3			
	20208100	土地生态学 Ecology for Land Ecosystem	2	32	12	20						2			
	20207300	土地复垦与整治 Land Recovering and Renovating	2	32	32								2		
	20208000	土地科学发展趋势 Land Development Tendency	1.5	24	24									1.5	
	20209800	资源、环境与可持续发展 Resources, Environment and Sustainable Development	2	32	32									2	
	20208400	土地资源调查技术方法 Technologies of Land Resources Surveying and Assessment	2	32	16	16									2
	20814800	资产评估 Asset Evaluation	2	32	20	12									2
	21723200	房地产开发与管理 Real Estate Development and Management	2	32	28	4									2

注：通识教育选修课学分和创新创业自主学习学分未列入具体学期。

土地资源管理专业课程分类统计

Course Category Statistics of Land Resources Administration

课程学分 / 统计	通识教育课 Liberal Education Courses		学科基础课 Disciplinary Fundamental Courses	专业主干课 Main Specialty Courses	专业选修课 Specialty Elective Courses	实践环节 Practical Work	创新创业自主学习 Autonomous Learning	学时总计 Total Hours	学分总计 Total Credits
	必修 Compulsory	选修 Selective							
学时/学分 Hrs/Crs	616/33.5	192/12	696/43.5	536/33.5	192/12	35.5 周/35.5	5	2232+35.5 周	175
学分所占比例 Proportion of Credits	26%		24.86%	19.14%	6.86%	20.29%	2.86%		100%

法学专业培养方案

专业名称与代码:法学　030101K

专业培养目标:本专业培养系统掌握法学知识,熟悉我国法律和党的相关政策,能在国家机关、企事业单位和社会团体,特别是在立法机关、行政机关、检察机关、审判机关、仲裁机构和法律服务机构从事法律工作的专门人才。

专业毕业要求

本专业学生主要学习法学的基本理论和基本知识,受到法学思维和法律实务的基本训练,具有运用法学理论及方法分析问题和运用法律管理事务与解决问题的基本能力。

毕业生应获得以下几个方面的知识和能力

1. 掌握法学基本理论和基础知识。
2. 理解和解释法律规则与制度。
3. 适用法律规则。
4. 法律案件的分析能力。
5. 法律实践的归纳能力。
6. 评价法律制度与裁判的优劣。
7. 具备高度的法律职业道德与操守。
8. 了解资源环境科学知识。

毕业要求及实现途径

序号	毕业要求	实现途径(教学过程)
1	掌握法学基础理论、知识	①课堂教学:西方经济学、管理学和法理学、法律逻辑学、中国法制史、西方法律思想史等理论法学课程 ②课外学习: 教学实习、毕业实习等实践教学环节
2	理解和解释法律规则与制度	①课堂教学:宪法学、刑法学、民法学、行政法、商法学、合同法、知识产权法、经济法学、国际法、国际经济法、国际私法、劳动法与社会保障法等应用法学课程 ②课外学习:教学实习、毕业实习等实践教学环节
3	适用法律规则	①课堂教学:民事诉讼法、行政诉讼法、刑事诉讼法、仲裁法等诉讼法学类课程 ②课外学习:模拟法庭、教学实习、毕业实习等实践教学环节
4	法律案件的分析能力	①课堂教学:全部课堂教学的案例设计部分 ②课外学习:模拟法庭、教学实习、毕业实习等实践教学环节
5	法律实践的归纳能力	①课堂教学:法律逻辑学、法学方法论、法律诊所和证据法学等分析法学课程 ②课外学习:主持或参加创新创业项目、社会实践活动和创新创业活动等自主学习环节

序号	毕业要求	实现途径(教学过程)
6	评价法律制度与裁判的优劣	①课堂教学:法理学、法律逻辑学、中国法制史、西方法律思想史、法学方法论等法学理论课程 ②课外学习:读书报告、科技论文报告等自主学习环节
7	具备高度的法律职业道德与操守	①课堂教学:思想道德修养和法律诊所等课程 ②课外学习:模拟法庭、教学实习、毕业实习等实践教学环节
8	了解资源环境科学知识	①课堂教学:国土资源政策与法规、通识教育选修类课程 ②课外学习:主持或参加创新创业项目、社会实践活动和创新创业活动等自主学习环节

主干学科:法学。

核心课程:法理学、中国法制史、宪法学、行政法与行政诉讼法、民法学、商法学、知识产权法、经济法学、刑法学、环境保护法、劳动与社会保障法、民事诉讼法、刑事诉讼法、国际法、国际私法、国际经济法等。

主要实践性教学环节:教学实习、法律咨询、社会调查、专题辩论、模拟审判、疑案辩论、毕业实习等,一般安排30周。

修业年限:四年。

授予学位:法学学士。

Program for Legal Science

Specialty and Code: Legal Science 030101K

Education Objective: The training object is to train students to master the law comprehensively and be familiar with the laws in China and the policies of the Communist of China Party, and to enable them to be competent for working in all kinds of institutions, especially of the legislature, the administration, the court and the arbitration tribunal.

Graduation Requirements

The students of this major mainly study the basic theory and knowledge of the laws, the basic training of the legal thinking and the law practice. After the studying, the students can possess the basic ability to solve the problems with the law knowledge they acquire.

Graduates Should Acquire the Following Knowledge and Abilities

1. To master the basic theory and the basic knowledge of law.
2. To understand and explain the rules and the system of law.
3. To apply law to facts.
4. To be able to do the analysis of the legal cases.
5. To master the methods of inductive reasoning in the area of legal practice.
6. Be able to evaluate the merits and demerits of the legal system and judicial decisions.
7. To possess high degree of legal professional ethics and integrity.
8. To comprehend the knowledge of the resources and environment science.

Graduation Requirements and Ways to Achieve

No.	Graduation Requirements	Ways to Achieve(Teaching Process)
1	To master the basic theory and the basic knowledge of law	①Classroom Teaching: Western Economic, Management, Legal Logic, Jurisprudence, Chinese History of Legal System, History of Western Legal Philosophy ②Out-of-class Learning: Teaching Practice, Graduation Practice
2	To understand and explain the rules and the system of law	①Classroom Teaching: Constitution, Criminal Law, Civil Law, Administrative Law, Commercial Law, Contract Law, Intellectual Property Law, Economic Law, International Law, International Private Law, International Economic Law, Labor and Social Security Law ②Out-of-class Learning: Teaching Practice, Graduation Practice
3	To apply law to facts	①Classroom Teaching: Civil Procedure Law, Administrative Procedure Law, Criminal Procedure Law, Arbitration Law ②Out-of-class Learning: Mock-Trial, Teaching Practice, Graduation Practice
4	To be able to do the analysis of the legal cases	①Classroom Teaching: The Part of Case Design in All the Classroom Teaching ②Out-of-class Learning: Mock-Trial, Teaching Practice, Graduation Practice

No.	Graduation Requirements	Ways to Achieve(Teaching Process)
5	To master the methods of inductive reasoning in the area of legal practice	①Classroom Teaching: Legal Logic, Methodology of Jurisprudence, Legal Clinic, Law of Evidence ②Out-of-class Learning: Preside over or Participate in Innovative Entrepreneurial Projects, Social Practice, Entrepreneurial Activity
6	Be able to evaluate the merits and demerits of the legal system and judicial decisions	①Classroom Teaching: Legal Logic, Jurisprudence, Chinese History of Legal System, History of Western Legal Philosophy, Methodology of Jurisprudence ②Out-of-class Learning: Reading Report, Science and Technology Papers
7	To possess high degree of legal professional ethics and integrity	①Classroom Teaching: Morality Education, Legal Clinic ②Out-of-class Learning: Mock-Trial, Teaching Practice, Graduation Practice
8	To comprehend the knowledge of the resources and environment science	①Classroom Teaching: Elective Courses in Liberal Education ②Out-of-class Learning: preside over or participate in Innovative Entrepreneurial Projects, Social Practice, Entrepreneurial Activity

Major Disciplines: Legal Science.

Main Courses: Jurisprudence, Chinese History of Legal System, Constitution, Administrative Law and Administrative Procedure Law, Civil Law, Commercial Law, Intellectual Property Law, Economical Law, Criminal Law, Environment Protection Law, Labor and Social Security Law, Civil Procedure Law, Criminal Procedure Law, International Law, International Private Law, International Economic Law.

Practical Work: Teaching Practice, Law Consultation, Society Investigate, Subject Debate, Simulative Judgment, Debate About Doubtful Case, Graduation Practice. Those courses will be arranged to 30 weeks.

Duration: four years.

Degree Granted: Bachelor of Law.

法学专业课程教学计划表

Course Descriptions of Legal Science

课程类别 Course Classification		课程编号 Course Code	课程名称 Course Name	学分 Crs	学时 Hrs	学时分类 Class Hours 讲课 Lec.	实验 Lab.	先修课程 Prerequisite Courses	学期学分分配 Semester Credits 一 1st	二 2nd	三 3rd	四 4th	五 5th	六 6th	七 7th	八 8th
通识教育课 Liberal Education Courses	必修 Compulsory	11706200	马克思主义基本原理 Principles of Marxism	3	48	48				3						
		11706500	毛泽东思想与中国特色社会主义理论体系概论 Introduction to Mao Tse-tung Thought and the Theoretical System of Socialism with Chinese Characteristics	4	64	64					4					
		11711800	中国近现代史纲要 The Essentials of Modern Chinese History	2	32	32						2				
		120002＊0	思想道德修养与法律基础 Morality Education and Fundamentals of Law	3	48	48			1.5	1.5						
		113076＊0	体育 Physical Education	4	144	144			1	1	1	1				
		109116＊0	大学英语 College English	12	192	192			3	3	3	3				
		11919103	网络应用与信息技术C Network Applications and Information Technology C	2.5	40	24	16			2.5						
		21713200	法学导论 Introduction to the Science of Law	1	16	16			1							
		14300100	军事理论 Military Theory	2	32	32			2							
	选修 Elective	总计12学分,含创新创业选修课学分,跨学科选修课不低于6学分。"形势与政策"课程作为限选课,由马克思主义学院实施		12	192											
		小计 Sum		**45.5**	**808**	**600**	**16**		**8.5**	**11**	**8**	**6**	**0**	**0**	**0**	**0**
学科基础课 Disciplinary Fundamental Courses		21709400	西方经济学 Western Economic	3	48	48			3							
		20805200	管理学 Principle and Simulation of Management	3	48	48			3							
		21702100	法律逻辑学 Legal Logic	2	32	32							2			
		217153＊0	法理学 Jurisprudence	6	96	96			3			3				

课程类别 Course Classification	课程编号 Course Code	课程名称 Course Name	学分 Crs	学时 Hrs	学时分类 Class Hours		先修课程 Prerequisite Courses	学期学分分配 Semester Credits							
					讲课 Lec.	实验 Lab.		一 1st	二 2nd	三 3rd	四 4th	五 5th	六 6th	七 7th	八 8th
学科基础课 Disciplinary Fundamental Courses	21715400	中国法制史 Chinese History of Legal System	3	48	48			3							
	21715500	西方法律思想史 History of Western Legal Philosophy	2	32	32								2		
	21709700	宪法学 Constitution	2.5	40	40				2.5						
	217134＊0	刑法学 Criminal Law	6	96	96				3	3					
	217068＊0	民法学 Civil Law	6	96	96				3	3					
	21707400	商法学 Commercial Law	2.5	40	40						2.5				
	21704300	合同法 Contract Law	3	48	48						3				
	21711300	知识产权法 Intellectual Property Law	3	48	48							3			
	21718100	经济法学 Economic Law	2	32	32				2						
	217103＊0	行政法与行政诉讼法 A Administrative Law and Administrative Procedure Law A	3.5	56	56				2	1.5					
	小计 **Sum**		**47.5**	**760**	**760**			**12**	**12.5**	**7.5**	**8.5**	**5**	**2**	**0**	**0**
专业主干课 Main Specialty Courses	21714400	国际法 International Law	3	48	48					3					
	21714500	国际经济法 International Economic Law	3	48	48							3			
	21718600	国际私法学 International Private Law	3	48	48						3				
	21710000	刑事诉讼法 Criminal Procedure Law	2.5	40	40					2.5					
	21706700	民事诉讼法学 Civil Procedure Law	2.5	40	40					2.5					
	21712200	仲裁法 Arbitration Law	2	32	32						2				
	21705100	金融法 Financial Law	2	32	32							2			
	21700700	财税法学 Tax Law	2	32	32					2					

课程类别 Course Classification	课程编号 Course Code	课程名称 Course Name	学分 Crs	学时 Hrs	学时分类 Class Hours		先修课程 Prerequisite Courses	学期学分分配 Semester Credits							
					讲课 Lec.	实验 Lab.		一 1st	二 2nd	三 3rd	四 4th	五 5th	六 6th	七 7th	八 8th
专业主干课 Main Specialty Courses	21707200	企业(公司)法 Enterprise Law	2	32	32							2			
	21704200	海商法 Maritime Law	2	32	32								2		
	21722400	劳动法与社会保障法 Labor and Social Security Law	2	32	32							2			
	21718700	国土资源法律与政策 Land and Resources Law	2	32	32								2		
	21704400	环境保护法 Environment Protection Law	2	32	32							2			
	21703600	国际人权法 International Human Rights Law	1.5	24	24						1.5				
	21718800	法律文书写作 Legal Document Writing	1.5	24	24								1.5		
	小计 Sum		**33**	**528**	**528**			**0**	**0**	**10**	**6.5**	**11**	**5.5**	**0**	**0**
专业选修课 Specialty Elective Courses		具体见专业选修课列表	12	192											
合计 Sub-total			**138**	**2288**	**1888**	**16**		**20.5**	**23.5**	**25.5**	**21**	**16**	**7.5**	**0**	**0**
实践环节 Practical Work	44300200	军事训练 Military Training	2	2周				2							
	41919203	网络应用与信息技术课程设计C Network Applications and Information Technology Course Design C	1	1周					1						
	41719000	模拟法庭 Mock Trial	3	3周						3					
	41719100	法学专业教学实习 Teaching Practice	6	6周							6				
	41719200	毕业实习 Graduation Practice	9	9周											9
	41719300	毕业论文(设计) Graduation Thesis(Design)	9	9周											9
	小计 Sum		**30**	**30周**	**0**	**0**		**2**	**1**	**3**	**6**	**0**	**0**	**0**	**18**

课程类别 Course Classification	课程编号 Course Code	课程名称 Course Name	学分 Crs	学时 Hrs	学时分类 Class Hours		先修课程 Prerequisite Courses	学期学分分配 Semester Credits							
					讲课 Lec.	实验 Lab.		一 1st	二 2nd	三 3rd	四 4th	五 5th	六 6th	七 7th	八 8th
创新创业自主学习 Autonomous Learning	ZZ35000S	社会调查 Social Investigation	2												
		其他（学科竞赛、发明创造、科研报告） Others（Contest，Invention，Innovation and Research Presentation）	5												
	小计 **Sum**		**7**												
总计 **Total**			**175**	**2288＋30周**	**1888**	**16**		**22.5**	**24.5**	**28.5**	**27**	**16**	**7.5**	**0**	**18**
可开出专业选修课列表 Specialty Elective Courses	21700100	保险法 Insurance Law	1.5	24	24								1.5		
	21707000	票据法 Negotiable Instrument Law	1.5	24	24									1.5	
	21705400	竞争法 Competition Law	1.5	24	24								1.5		
	21703900	国际投资法 International Investment	1.5	24	24								1.5		
	21708100	世界贸易组织法学 World Trade Organization Law	1.5	24	24									1.5	
	21718900	法律诊所 Legal Clinic	1.5	24	24								1.5		
	21704700	婚姻法 Law of Marriage	1.5	24	24							1.5			
	21710900	证据法学 Law of Evidence	1.5	24	24							1.5			
	21708900	外国环境法 Foreign Environment Law	1.5	24	24								1.5		
	21702300	法学方法论 Methodology of Jurisprudence	1.5	24	24							1.5			
	21700200	比较法总论 Introduction to Comparative Law	1.5	24	24									1.5	
	21715200	中国法律思想史 History of Chinese Legal Philosophy	1.5	24	24									1.5	

注：通识教育选修课学分和创新创业自主学习学分未列入具体学期。

法学专业课程分类统计

Course Category Statistics of Legal Science

课程学分 统计	通识教育课 Liberal Education Courses		学科基础课 Disciplinary Fundamental Courses	专业主干课 Main Specialty Courses	专业选修课 Specialty Elective Courses	实践环节 Practical Work	创新创业自主学习 Autonomous Learning	学时总计 Total Hours	学分总计 Total Credits
	必修 Compulsory	选修 Selective							
学时/学分 Hrs/Crs	616/33.5	192/12	760/47.5	528/33	192/12	30周/30	7	2288+30周	175
学分所占比例 Proportion of Credits	26%		27.14%	18.86%	6.86%	17.14%	4%		100%

行政管理专业培养方案

专业名称与代码:行政管理　120402

专业培养目标:本专业培养系统掌握行政管理学知识,熟悉政治学、管理学、经济学、社会学、法学、博弈与决策等方面知识,能够在党政机关、事业单位和企业部门从事行政管理工作的高级专业人才。

专业毕业要求

本专业学生主要学习行政管理学的基本理论和基本知识,接受行政管理思维和操作实务的基本训练,具有运用行政管理理论分析和解决现实问题的能力。

毕业生应获得以下几个方面的知识和能力

1. 熟悉马克思主义基本原理,掌握唯物辩证法,了解国内外政治经济形势和制度差异。
2. 掌握行政管理基本理论和基础知识,熟悉公共部门运行机制。
3. 熟悉行政管理实务,具有实践动手能力和创新能力。
4. 掌握社会科学研究方法,具备较强的问题分析能力和交流能力。
5. 融入社会,了解社情民意,服务社会。

毕业要求及实现途径

序号	毕业要求	实现途径(教学过程)
1	熟悉马克思主义基本原理,掌握唯物辩证法,了解国内外政治经济形势和制度差异	①课堂教学:马克思主义基本原理、毛泽东思想、邓小平理论以及三个代表概论、中国近现代史纲要、政治学原理、中外政治制度比较、中外政治思想史、当代中国政府与政治、行政伦理学、社会学 ②课外学习:当代世界政治与经济、政治社会学、政治经济学、制度经济学
2	掌握行政管理基本理论和基础知识,熟悉公共部门运行机制	①课堂教学:管理学、公共管理专业大类导论课、公共管理学、领导学、地方政府学、城市管理学、宪法与行政法、公共组织理论、公共经济学、社会保障学、行政监察学、公共管理前沿问题研究、组织行为学、公共事业管理 ②课外学习:中国传统文化典籍、人大制度与选举制度、历年政府工作报告
3	熟悉行政管理实务,具有实践动手能力和创新能力	①课堂教学:公共部门战略管理、公共部门人力资源管理、人力资源开发与管理实务、国家公务员制度、非盈利组织管理、公共危机管理、经济法、国土资源管理、社区治理、政府公共关系、电子政务理论与实践 ②课外学习:教学实习、毕业实习、无领导小组讨论、模拟新闻发言人训练、创新与创业训练、科研训练、演讲与辩论
4	掌握社会科学研究方法,具备较强的问题分析能力和交流能力	①课堂教学:高等数学、西方经济学、C语言程序设计、社会调查与统计、公共政策分析、公共管理前沿与案例分析、社会科学研究方法、会计学、论文写作规范、秘书学与应用写作 ②课外学习:运筹学、博弈论与政策科学、出国英语
5	融入社会,了解社情民意,服务社会	①课堂教学:公共关系学、大众传播学、思想道德修养、社会工作导论 ②课外学习:西方哲学史、社会调查与实践、中国文化通论

主干学科:公共管理学。

核心课程:管理学、政治学、社会学、公共管理学、公共经济学、公共政策分析、地方政府学、社会保障学、宪法与行政法、行政监察学、公共行政原理与案例分析、城市管理学、公共组织学。

主要专业实验:公共政策分析与模拟、电子政务实验、人力资源测评模拟。

主要实践性教学环节:教学实习、毕业实习、模拟新闻发言人训练、无领导小组讨论。

修业年限:四年。

授予学位:管理学学士。

相近专业:政治学与行政学、社会保障学、公共事业管理。

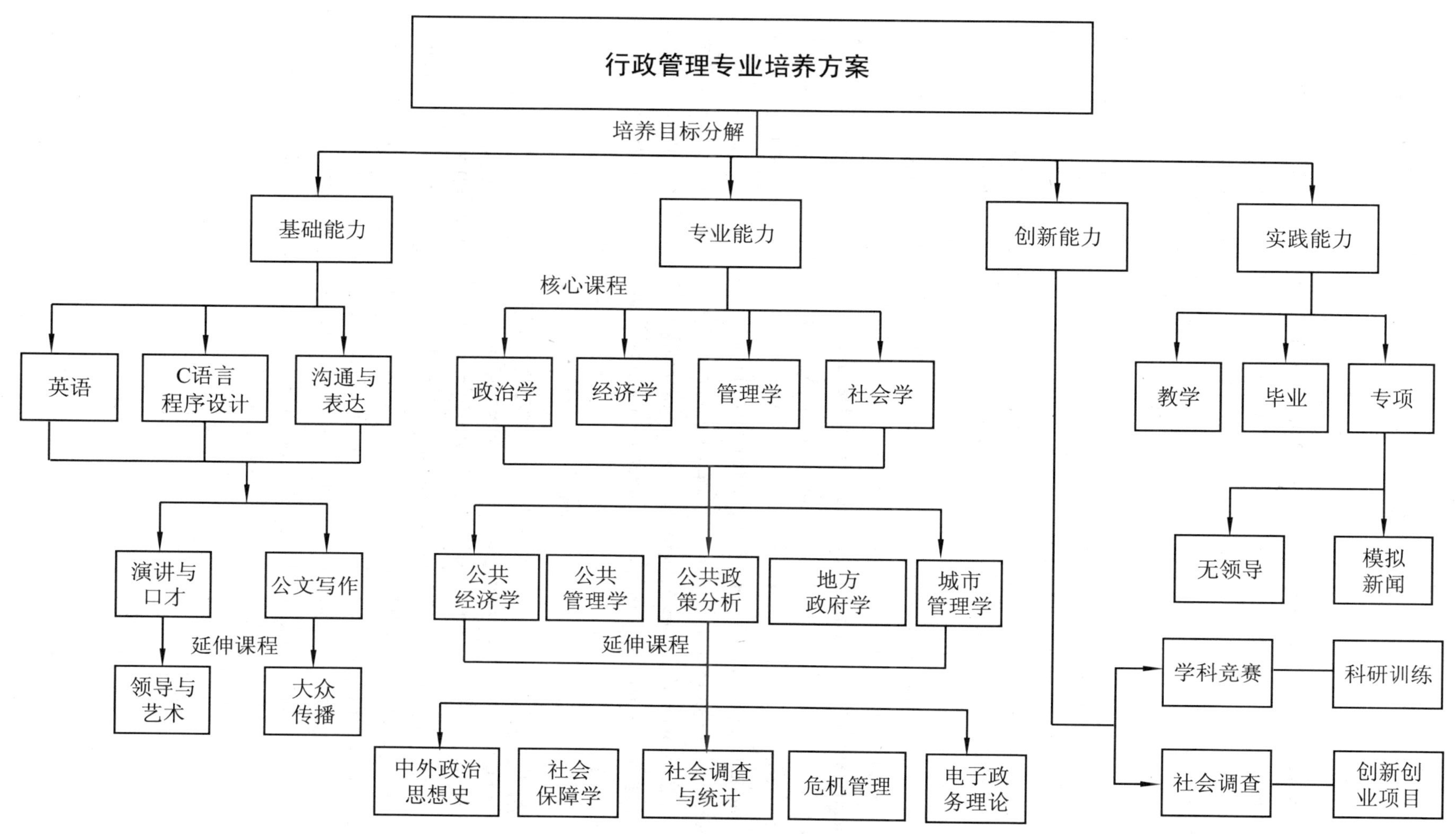

行政管理专业培养方案
培养目标分解
基础能力
专业能力
创新能力
实践能力
英语
C语言程序设计
沟通与表达
演讲与口才
公文写作
延伸课程
领导与艺术
大众传播
核心课程
政治学
经济学
管理学
社会学
公共经济学
公共管理学
公共政策分析
地方政府学
城市管理学
延伸课程
中外政治思想史
社会保障学
社会调查与统计
危机管理
电子政务理论
教学
毕业
专项
无领导
模拟新闻
学科竞赛
科研训练
社会调查
创新创业项目

Program for Public Administration Management

Specialty and Code: Public Administration Management 120402

Education Objective: Public Administration is the science aimed to research the effective management pattern to resolve the government affairs or the social public affairs. This major of our university is aimed to cultivate the senior officials or experienced managers who are been provided with comprehensive major knowledge and perfected learning achievement. The graduate would be competent for the actual job of administration or research or consult in some public sector, such as government, university, public enterprise, etc.

Graduation Requirements

Students are required to accept systematic training of administrative management, to master knowledge of political science, management science, economics, sociology, jurisprudence, gambling and decision-making and other aspects, which leads to a higher evaluation, planning, and management ability. After graduation, they will be able to be engaged in policy research, promotion planning, human resource management, organizational communication, senior secretary, etc.

Graduates Should Acquire the Following Knowledge and Abilities

1. Master and skillfully use the basic principle of Marxism, materialistic dialectics, historical view and world view, to grasp the law of economic and social development, to understand the overall situation of economic and social development at home and abroad.

2. Students are supposed to have strong government public administration wisdom, grasp the general rules of administrative management, have an in timate knowledge of the policies of the Party and the nation and reform trends of the international community, understand the basic policy of administrative management in China and the actual situation of the Party and the government, and know the operation of government and functional characteristics of departments.

3. Students should have a wide range of knowledge, broaden their horizons, active thinking, and cultivate strong ability of innovation and entrepreneurship.

4. Students are supposed to have the ability to engage in an administrative work, including social investigation and measurement analysis, situation analysis and policy analysis, communication and coordination ability and language expression ability, information processing ability, to be proficiency in a foreign language, and to have strong listening, speaking, reading, writing ability.

5. Students should take an in-depth understanding of national conditions, social, people, set up the correct world outlook, outlook on life and the concept of occupation. Be healthy and have an all-round development of morality, intelligence, body, and beauty.

Graduation Requirements and Ways to Achieve

No.	Graduation Requirements	Ways to Achieve(Teaching Process)
1	Students should adhere to the basic line of the Party, to master and skillfully use the basic principle of the Marx doctrine, materialistic dialectics, and historical view and world view, to grasp the law of economic and social development, and to understand the overall situation of economic and social development at home and abroad	①Classroom Teaching: Basic Principles of Marxism, An Introduction to Mao Tse-tung Thought, Deng Xiaoping and Three Represents Theory, The Essentials of Modern Chinese History, The Theory of Politics, Comparative Political Systems, The History of Political Thought in Western Country and China, The Contemporary Government and Politics of China, Administration Philosophy, Sociology, etc ②Out-of-class Learning: The Contemporary World Economy and Politics, The Science of Political Sociology, The Science of Political Economics, The Science of Institutional Economics, etc
2	Students are supposed to have strong government public administration wisdom, grasp the general rules of administrative management, have an intimate knowledge of the policies of the Party and the nation and reform trends of the international community, understand the basic policy of administrative management in China and the actual situation of the Party and the government, and know the operation of government and functional characteristics of departments	①Classroom Teaching: General Major Introduction of Administration Major, The Theory of Public Management, Science of Leadership, The Science of Local Government Management, The Science of City Management, Public Policy Analysis, Constitutional and Administrative Law, The Theory of Public Organization, The Social Security Theory, The science of Administrative Supervision, Pubic Administration Research, Organization Behavior, Community Management, The Strategic Management of Public Sector, The System of The State Civil Service ② Out-of-class Learning: Classics of Chinese Traditional Culture, The National People's Congress system and The Electoral System, The government work report over the years
3	Students should have a wide range of knowledge, broaden their horizons, active thinking, and cultivate strong ability of innovation and entrepreneurship	① Classroom Teaching: Strategic Management of Public Sector, Human Resources Management in Public Department, The Practice of Human Resources Development and Management, The System of the State Civil Service ② Out-of-class Learning: Teaching Practice, Graduation Practice, Leaderless Group Discussion, News Spokesman Simulation Training, Innovation and Entrepreneurship Training, Research Training, Speech and Debate

No.	Graduation Requirements	Ways to Achieve(Teaching Process)
4	Students are supposed to have the ability to engage in an administrative work, including social investigation and measurement analysis, situation analysis and policy analysis, communication and coordination ability and language expression ability, information processing ability, to be proficiency in a foreign language, and to have strong listening, speaking, reading, writing ability	① Classroom Teaching: Advanced Mathematics, Western Economic, C Language, Programming, Social Investigation and Statistics, Public Policy Analysis, Social Science Research Methods, Accounting, Thesis Writing, The Theory of Secretary and the Writing of Official Writings, etc ② Out-of-class Learning: The Science of Operation Research, The Game Theory and Policy Science, English Abroad
5	Students should take an in-depth understanding of national conditions, social, people, set up the correct world outlook, outlook on life and the concept of occupation. Be healthy and have an all-round development of morality, intelligence, body, and beauty	① Classroom Teaching: Public Relations, The Science of Mass Communication, Morality Education, The Introduction of Social Work ② Out-of-class Learning: The History of Western Philosophy, Social Investigation and Practices, The General Theory of China Culture

Major Disciplines: Public Management.

Main Courses: Management, Politics, Social Sciences, Public Management, Public Economics, Public Police Analysis, Local Government Science, Social Security Science, Charter and Administrative Law, Administrative Supervision Science, The Theory of Public Administration and Case Analysis, Management of City, Public Organization Science.

Lab Experiments: The Analysis and Simulation of Public Policy, The Experiments of the Electronic Government, The Evaluation and Simulation of Human Resource.

Practical Work: Teaching Practice, Graduation Practice, News Spokesman Simulation Training, Leaderless Group Discussion.

Duration: four years.

Degree Granted: Bachelor of Management.

Related Specialties: Political Science and Administration Science, Social Security, Public Affairs Management.

行政管理专业课程教学计划表

Course Descriptions of Public Administration Management

课程类别 Course Classification		课程编号 Course Code	课程名称 Course Name	学分 Crs	学时 Hrs	学时分类 Class Hours		先修课程 Prerequisite Courses	学期学分分配 Semester Credits							
						讲课 Lec.	实验 Lab.		一 1st	二 2nd	三 3rd	四 4th	五 5th	六 6th	七 7th	八 8th
通识教育课 Liberal Education Courses	必修 Compulsory	11706200	马克思主义基本原理 Principles of Marxism	3	48	48				3						
		11706500	毛泽东思想与中国特色社会主义理论体系概论 Introduction to Mao Tse-tung Thought and the Theoretical System of Socialism with Chinese Characteristics	4	64	64					4					
		11711800	中国近现代史纲要 The Essentials of Modern Chinese History	2	32	32					2					
		120002＊0	思想道德修养与法律基础 Morality Education and Fundamentals of Law	3	48	48			1.5	1.5						
		113076＊0	体育 Physical Education	4	144	144			1	1	1	1				
		109116＊0	大学英语 College English	12	192	192			3	3	3	3				
		11918902	C语言程序设计B C Language Programming B	2.5	40	28	12			2.5						
		21713300	公共管理专业大类导论课 General Major Introduction of Administration Major	1	16	16			1							
		14300100	军事理论 Military Theory	2	32	32			2							
	选修 Elective	总计12学分，含创新创业选修课学分，跨学科选修课不低于6学分。“形势与政策”课程作为限选课，由马克思主义学院实施		12	192											
		小计 **Sum**		**45.5**	**808**	**604**	**12**		**8.5**	**11**	**10**	**4**	**0**	**0**	**0**	**0**
学科基础课 Disciplinary Fundamental Courses		212127＊3	高等数学C Advanced Mathematics C	8.5	136	136			4	4.5						
		21709400	西方经济学 Western Economic	3	48	40	8				3					
		21714100	社会学概论 Introduction of Sociology	2.5	40	40					2.5					
		21717200	政治学 Political Science	2.5	40	40			2.5							
		21702700	公共管理学 The Theory of Public Management	2.5	40	40					2.5					

课程类别 Course Classification	课程编号 Course Code	课程名称 Course Name	学分 Crs	学时 Hrs	学时分类 Class Hours		先修课程 Prerequisite Courses	学期学分分配 Semester Credits							
					讲课 Lec.	实验 Lab.		一 1st	二 2nd	三 3rd	四 4th	五 5th	六 6th	七 7th	八 8th
学科基础课 Disciplinary Fundamental Courses	21713700	组织行为学 Organizational Behavior	2.5	40	40						2.5				
	21719400	公共经济学 Public Economics	2.5	40	40						2.5				
	20805200	管理学 Management Theory	3	48	48			3							
	21717300	中外政治思想史 The History of Political Thought in Western Country and China	3	48	48				3						
	21719500	中外政治制度比较 Comparative Political Systems	2.5	40	40					2.5					
	21717400	社会科学研究方法与论文写作规范 The Methods of Social Science Research and Thesis Writing	1.5	24	24			1.5							
	21702500	公共部门人力资源管理概论 Human Resources Management in Public Department	2	32	32					2					
	小计 Sum		**36**	**576**	**576**			**11**	**7.5**	**12.5**	**5**	**0**	**0**	**0**	**0**
专业主干课 Main Specialty Courses	21705900	领导学 Science of Leadership	2	32	32							2			
	21707500	社会保障学 The Social Security Theory	2	32	32							2			
	21722500	地方政府学 The Science of Local Government Management	2	32	32						2				
	21716100	城市管理学 The Science of City Management	2	32	32							2			
	21714200	社会调查与统计 Social Investigation and Statistics	2.5	40	34	6					2.5				
	21719600	公共政策分析 Public Policy Analysis	2.5	40	32	8					2.5				
	21719700	宪法与行政法 Constitution and Administrative Law	2.5	40	40							2.5			
	21701800	电子政务理论与实践 The Theory and Practice of the Electronic Government	2	32	24	8						2			

课程类别 Course Classification	课程编号 Course Code	课程名称 Course Name	学分 Crs	学时 Hrs	学时分类 Class Hours		先修课程 Prerequisite Courses	学期学分分配 Semester Credits							
					讲课 Lec.	实验 Lab.		一 1st	二 2nd	三 3rd	四 4th	五 5th	六 6th	七 7th	八 8th
专业主干课 Main Specialty Courses	21721300	秘书学与应用写作 The Theory of Secretary and Applications Writing	2	32	32							2			
	21710500	公共行政原理与案例分析 The Theory of Administration and Analysis on Public Administration Cases	2	32	32						2				
	21719800	非赢利组织管理 Nonprofit Organization Management	2	32	32								2		
	21719900	公共管理前沿问题研究 The Study of the Frontier Topics on Public Management	3	48	24	24							3		
	21721200	行政伦理学 Administration Philosophy	2	32	32							2			
	21720000	公共组织理论 The Theory of Administrative Organization	2	32	32								2		
	21715800	公共危机管理 The Public Crisis Management	2	32	26	6						2			
	21720100	当代中国政府与政治 The Contemporary Government and Politics of China	2	32	20	4					2				
	21720200	行政监察学 The theory of Administrative Supervision	2	32	32								2		
	小计 Sum		**36.5**	**584**	**554**	**30**		**0**	**0**	**0**	**11**	**16.5**	**9**	**0**	**0**
专业选修课 Specialty Elective Courses		具体见专业选修课列表	17.5	280											
合计 Sub-total			**135.5**	**2248**	**1734**	**42**		**19.5**	**18.5**	**22.5**	**20**	**16.5**	**9**	**0**	**0**
实践环节 Practical Work	44300200	军事训练 Military Training	2	2 周				2							
	41919002	C 语言课程设计 Course Design for C Language	1.5	1.5 周					1.5						
	41720300	行政管理教学实习 Teaching Practice	3	3 周							3				
	41720400	毕业实习 Graduation Practice	10	10 周										10	

课程类别 Course Classification	课程编号 Course Code	课程名称 Course Name	学分 Crs	学时 Hrs	学时分类 Class Hours		先修课程 Prerequisite Courses	学期学分分配 Semester Credits							
					讲课 Lec.	实验 Lab.		一 1st	二 2nd	三 3rd	四 4th	五 5th	六 6th	七 7th	八 8th
实践环节 Practical Work	41720500	毕业论文(设计) Graduation Thesis(Design)	11	11 周											11
	41720600	模拟新闻发言人训练 The Training of Simulating the News Spokesman	1	1 周								1			
	41720700	无领导小组讨论 Leaderless Group Discussion	1	1 周									1		
	小计 Sum		**29.5**	**29.5 周**	**0**	**0**		**2**	**1.5**	**0**	**3**	**1**	**1**	**10**	**11**
创新创业自主学习 Autonomous Learning	ZZ35000S	社会调查 Social Investigation	2												
		其他(学科竞赛、发明创造、科研报告) Others (Contest, Invention, Innovation and Research Presentation)	3												
	小计 Sum		**5**												
总计 Total			**170**	**2248 ＋ 29.5 周**	**1734**	**42**		**21.5**	**20**	**22.5**	**23**	**17.5**	**10**	**10**	**11**
可开出专业选修课列表 Specialty Elective Courses	21705200	经济法 The Economic Law	2	32	24								2		
	21722600	社区治理 Community Governance	1.5	24	24								1.5		
	21704100	国家公务员制度 The System of the State Civil Service	1.5	24	24								1.5		
	21716700	人力资源开发与管理实务 The Practice of Human Resources Development and Management	2	32	16	6					2				
	21721100	大众传播学 The Science of Mass Communication	2	32	24								2		
	20826803	会计学 C The Science of Accounting C	2	32	32									2	
	21720800	国土资源管理学 The Theory of Land and Resources Management	2	32	32							2			
	21711100	政府公共关系 The Government Public Relations	2	32	32								2		

课程类别 Course Classification	课程编号 Course Code	课程名称 Course Name	学分 Crs	学时 Hrs	学时分类 Class Hours 讲课 Lec.	实验 Lab.	先修课程 Prerequisite Courses	学期学分分配 Semester Credits 一 1st	二 2nd	三 3rd	四 4th	五 5th	六 6th	七 7th	八 8th
可开出专业选修课列表 Specialty Elective Courses	21702600	公共关系学 Public Relations	2	32	30	2						2			
	21720900	公共部门战略管理 Strategic Management of Public Sector	1.5	24	24							1.5			
	21703000	公共事业管理 Management of Public Utilities	2	32	32						2				
	21721000	社会工作导论 The Introduction of Social Work	2	32	32									2	

注：通识教育选修课学分和创新创业自主学习学分未列入具体学期。

行政管理专业课程分类统计

Course Category Statistics of Public Administration Management

课程学分 / 统计	通识教育课 Liberal Education Courses 必修 Compulsory	选修 Selective	学科基础课 Disciplinary Fundamental Courses	专业主干课 Main Specialty Courses	专业选修课 Specialty Elective Courses	实践环节 Practical Work	创新创业自主学习 Autonomous Learning	学时总计 Total Hours	学分总计 Total Credits
学时/学分 Hrs/Crs	616/33.5	192/12	576/36	584/36.5	280/17.5	29.5周/29.5	5	2248＋29.5周	170
学分所占比例 Proportion of Credits	26.77%		21.18%	21.47%	10.29%	17.35%	2.94%		100%

公共事业管理(人力资源管理方向)专业培养方案

专业名称与代码:公共事业管理(人力资源管理方向) 120401

专业培养目标:本专业培养系统掌握人力资源管理理论、技术与方法等方面知识,能够在城市公共事业单位、文化、教育、卫生、体育、社会保障等公共事业管理部门从事行政管理或人力资源管理工作以及科研工作的高级专门人才。

专业毕业要求

1. 熟悉马克思主义基本原理,掌握唯物辩证法,了解国内外政治经济形势和制度差异。
2. 掌握公共事业管理尤其是公共人力资源管理基本理论和基础知识,熟悉公共部门运行机制。
3. 熟悉公共事业管理实务,具备卓越的公共管理和人力资源管理专项工作能力及创新创业能力。
4. 掌握社会科学研究方法,具备独立从事公共部门人力资源管理工作的能力。
5. 融入社会,了解社情民意,服务社会。

毕业要求及实现途径

序号	毕业要求	实现途径(教学过程)
1	熟悉马克思主义基本原理,掌握唯物辩证法,了解国内外政治经济形势和制度差异	①课堂教学:马克思主义基本原理、毛泽东思想与中国特色社会主义理论体系概论、政治学原理、中外政治制度比较、中外政治思想史 ②课外学习:当代世界政治与经济、政治社会学、政治经济学、制度经济学
2	掌握公共事业管理尤其是公共人力资源管理基本理论和基础知识,熟悉公共部门运行机制	①课堂教学:管理学、公共管理专业大类导论课、公共管理学、公共事业管理、公共部门人力资源管理、领导学、城市管理学、社会保障学、公共部门战略管理、社会保障国际比较 ②课外学习:中国传统文化典籍、人大制度与选举制度、历年政府工作报告
3	熟悉公共事业管理实务,具备卓越的公共管理和人力资源管理专项工作能力及创新创业能力	①课堂教学:国家公务员制度、人力资源开发与管理实务、薪酬管理、绩效考核、人才测评与招聘、组织设计与工作分析、劳动关系管理、员工培训与职业生涯规划、电子政务理论与实践、非盈利组织管理、社区治理 ②课外学习:无领导小组讨论、创新与创业训练、科研训练、演讲与辩论
4	掌握社会科学研究方法,具备独立从事公共部门人力资源管理工作的能力	①课堂教学:高等数学、西方经济学、C语言程序设计、社会调查与统计、公共政策分析、公共管理前沿与案例分析、社会科学研究方法、会计学、论文写作规范、秘书学与应用写作 ②课外学习:运筹学、博弈论与政策科学、人力资本理论、出国英语

序号	毕业要求	实现途径(教学过程)
5	融入社会,了解社情民意,服务社会	①课堂教学:公共关系学、大众传播学、思想道德修养、社会工作导论 ②课外学习:西方哲学史、社会调查与实践、中国文化通论

主干学科:公共管理学。

核心课程:管理学、政治学、公共管理学、公共经济学、社会保障学、公共组织学、公共事业管理、劳动关系管理、人力资源开发与管理实务、薪酬管理、绩效考核、人才测评与招聘、组织设计与工作分析等。

主要专业实验:人力资源测评模拟,无领导小组讨论。

主要实践性教学环节:教学实习、毕业实习、创新与创业训练。

修业年限:四年。

授予学位:管理学学士。

相近专业:社会保障、行政管理。

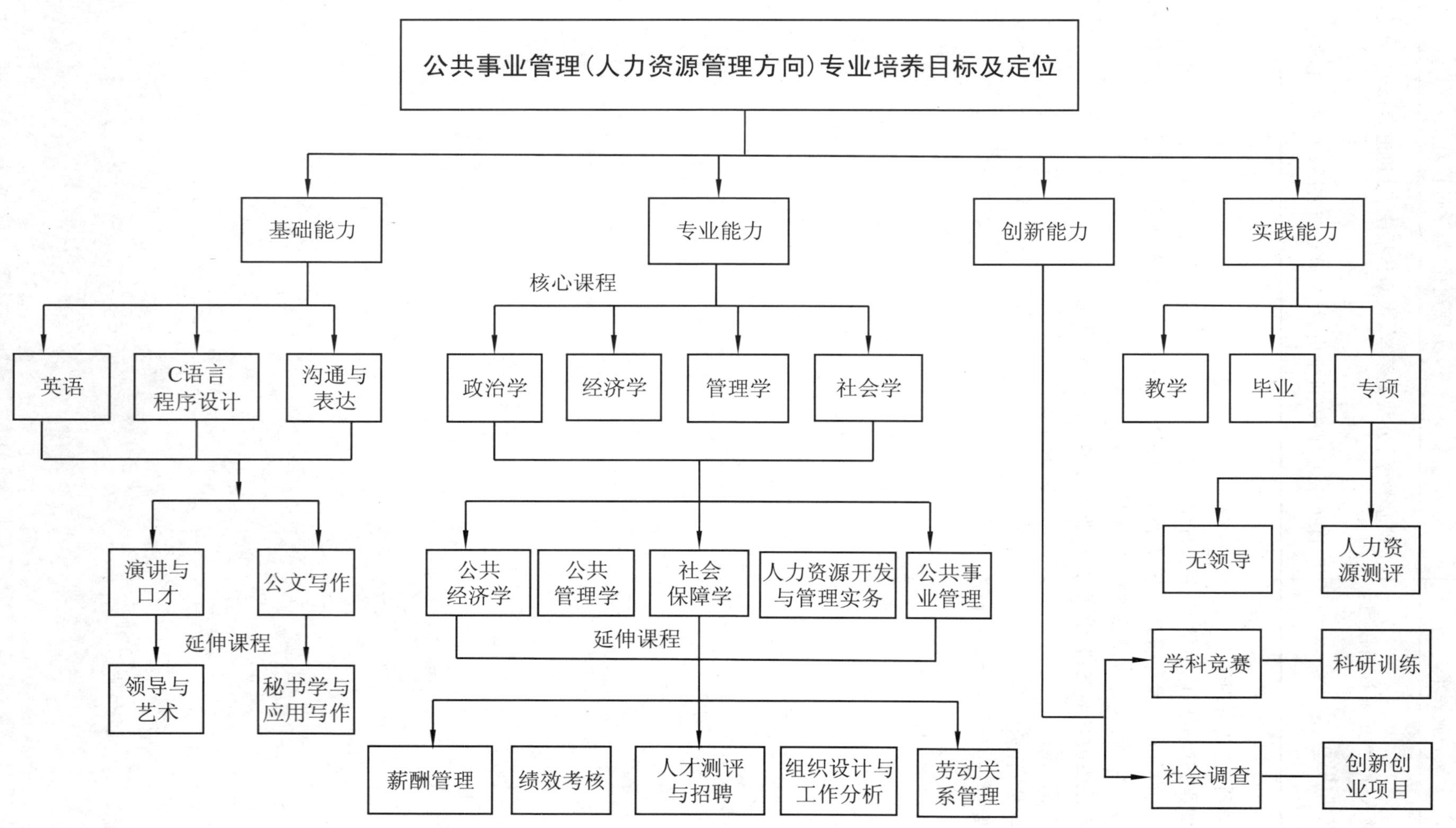
公共事业管理（人力资源管理方向）专业培养目标及定位
基础能力
专业能力
创新能力
实践能力
英语
C语言程序设计
沟通与表达
核心课程
政治学
经济学
管理学
社会学
教学
毕业
专项
演讲与口才
公文写作
延伸课程
领导与艺术
秘书学与应用写作
公共经济学
公共管理学
社会保障学
人力资源开发与管理实务
公共事业管理
延伸课程
薪酬管理
绩效考核
人才测评与招聘
组织设计与工作分析
劳动关系管理
无领导
人力资源测评
学科竞赛
科研训练
社会调查
创新创业项目

Program for Public Affairs Management (Human Resources Management)

Specialty and Code: Public Affairs Management(Human Resources Management) 120401

Education Objective: Public Service Administration aims at cultivating senior officials or experienced managers who will have professional skills in human resource management. The graduate would mainly work for public sectors regarding education, technology, culture, physical training, social insurance and so on.

Graduation Requirements

1. To learn principles of Marxism, understand theories of materialistic dialectics, and know the basic trends of political and economic situation , and institutional differences around the world.

2. To master the basic theory and knowledge of public administration, especially the public human resource management, and to be familiar with the operation mechanism of public sector.

3. To be familiar with practices of public utility management, and be equipped with capability of working and innovation regarding excellent public management and human resource management.

4. To master the methods of social science research, and have the ability to independently engage in human resources management in the public sector.

5. Going to the society, to understand the social situation and public opinion, and to serve the society.

Graduation Requirements and Ways to Achieve

No.	Graduation Requirements	Ways to Achieve(Teaching Process)
1	To learn principles of Marxism, understand theories of materialistic dialectics, and know the basic trends of political and economic situation , and institutional differences around the world	①Classroom Teaching: Principles of Marxism, Introduction to Mao Tse-tung Thought and the Theoretical System of Socialism with Chinese Characteristics, The Essentials of Modern Chinese History, Principles of Politics, Comparison of Chinese and Foreign Political Systems, History of Political Thought in China and Foreign Countries ②Out-of-class Learning: Contemporary World Economy and Politics, Political Sociology, Political Economics, Institutional Economics
2	To master the basic theory and knowledge of public administration, especially the public human resource management, and to be familiar with the operation mechanism of public sector	①Classroom Teaching: Management Science, An Introduction to the Major of Public Administration, Public Administration, Public Utility Management, Human Resource Management of Public Sector, Leadership, Urban Management, Social Security, Strategic Management of Public Sector, International Comparison of Social Security ②Out-of-class Learning: Classical Chinese Cultural Readings, Institutional Framework of National People's Congress, Government Report

No.	Graduation Requirements	Ways to Achieve(Teaching Process)
3	To be familiar with practices of public utility management, and be equipped with capability of working and innovation regarding excellent public management and human resource management	①Classroom Teaching:National System of Public Service, Practice of Human Resources Development and Management, Compensation Management, Performance Evaluation, Personnel Evaluation and Recruitment, Organization Design and Job Analysis, Labor Relations Management, Staff Training and Career Planning, Theory and Practice of Electronic Government, Non Profit Organization Management, Community Governance ②Out-of-class Learning:Non-leading Group Discussion, Innovation and Entrepreneurship Training, Scientific Research Training, Speech and Debate
4	To understand and apply principles of human resources management for public sectors	① Classroom Teaching: Advanced Mathematics, Western Economics, C Language Program Design, Social Survey and Statistics, Public Policy Analysis, Research Front of Public Administration, Research Methods of Social Sciences, Accounting, Paper Writing Technique, Secretary and Applied Writing ② Out-of-class Learning: Operations Research, Game Theory, Policy Science, Human Capital Theory, English Training for Going Abroad
5	Going to the society, to understand the social situation and public opinion, and to serve the society	①Classroom Teaching:Public Relations, Public Communication, Ideological and Moral Cultivation, An Introduction to Social Work ②Out-of-class Learning:History of Western Philosophy, Social Investigation and Practice, General Theory of Chinese Culture

Major Disciplines: Theory of Public,Management.

Main Courses: Management,Politics Science,The Theory of Public Management,Public Economics,The Social Security Theory,Public Organization Science,The Management of Labor Relations,The Practice of Human Resources Development and Management,The Salary Management,Performance Appraisal, Personnel Assessment and Recruitment,Organization Design and Job Analysis,etc.

Lab Experiments: Simulation of Human Resources Evaluation,Leaderless Group Discussion.

Practical Work: Teaching Practice ,Graduation Practice,Practice for Innovation and Entrepreneurship.

Duration: four years.

Degree Granted: Bachelor of Management.

Related Specialties: Social Security,Public Administration Management.

公共事业管理(人力资源管理方向)专业课程教学计划表

Course Descriptions of Public Affairs Management(Human Resources Management)

课程类别 Course Classification		课程编号 Course Code	课程名称 Course Name	学分 Crs	学时 Hrs	学时分类 Class Hours		先修课程 Prerequisite Courses	学期学分分配 Semester Credits							
						讲课 Lec.	实验 Lab.		一 1st	二 2nd	三 3rd	四 4th	五 5th	六 6th	七 7th	八 8th
通识教育课 Liberal Education Courses	必修 Compulsory	11706200	马克思主义基本原理 Principles of Marxism	3	48	48				3						
		11706500	毛泽东思想与中国特色社会主义理论体系概论 Introduction to Mao Tse-tung Thought and the Theoretical System of Socialism with Chinese Characteristics	4	64	64					4					
		11711800	中国近现代史纲要 The Essentials of Modern Chinese History	2	32	32					2					
		120002 * 0	思想道德修养与法律基础 Morality Education and Fundamentals of Law	3	48	48			1.5	1.5						
		113076 * 0	体育 Physical Education	4	144	144			1	1	1	1				
		109116 * 0	大学英语 College English	12	192	192			3	3	3	3				
		11918902	C 语言程序设计 B C Language Programming B	2.5	40	28	12			2.5						
		21713300	公共管理专业大类导论课 General Major Introduction of Administration Major	1	16	16			1							
		14300100	军事理论 Military Theory	2	32	32			2							
	选修 Elective	总计 12 学分,含创新创业选修课学分,跨学科选修课不低于 6 学分。"形势与政策"课程作为限选课,由马克思主义学院实施		12	192											
		小计 Sum		**45.5**	**808**	**604**	**12**		**8.5**	**11**	**10**	**4**	**0**	**0**	**0**	**0**
学科基础课 Disciplinary Fundamental Courses		212127 * 3	高等数学 C Advanced Mathematics C	8.5	136	136			4	4.5						
		21709400	西方经济学 Western Economic	3	48	40	8				3					
		21714100	社会学概论 The Introduction of Sociology	2.5	40	40					2.5					
		21717200	政治学 Political Science	2.5	40	40			2.5							
		21702700	公共管理学 The Theory of Public Management	2.5	40	40					2.5					

课程类别 Course Classification	课程编号 Course Code	课程名称 Course Name	学分 Crs	学时 Hrs	学时分类 Class Hours		先修课程 Prerequisite Courses	学期学分分配 Semester Credits							
					讲课 Lec.	实验 Lab.		一 1st	二 2nd	三 3rd	四 4th	五 5th	六 6th	七 7th	八 8th
学科基础课 Disciplinary Fundamental Courses	21713700	组织行为学 Organizational Behavior	2.5	40	40						2.5				
	21719400	公共经济学 Public Economics	2.5	40	40						2.5				
	20805200	管理学 Management Theory	3	48	48			3							
	21717300	中外政治思想史 The History of Political Thought in Western Country and China	3	48	48				3						
	21719500	中外政治制度比较 Comparative Political Systems	2.5	40	40					2.5					
	21717400	社会科学研究方法与论文写作规范 The Methods of Social Science Research and Thesis Writing	1.5	24	24			1.5							
	21702500	公共部门人力资源管理概论 Human Resources Management in Public Department	2	32	32					2					
	小计 Sum		**36**	**576**	**576**			**11**	**10.5**	**9.5**	**5**	**0**	**0**	**0**	**0**
专业主干课 Main Specialty Courses	21705900	领导学 Science of Leadership	2	32	32							2			
	21707500	社会保障学 The Social Security Theory	2	32	32							2			
	21722500	地方政府学 The Science of Local Government Management	2	32	32						2				
	21716100	城市管理学 The Science of City Management	2	32	32							2			
	21714200	社会调查与统计 Social Investigation and Statistics	2.5	40	34	6					2.5				
	21719600	公共政策分析 Public Policy Analysis	2.5	40	32	8					2.5				
	21719700	宪法与行政法 Constitution and Administrative Law	2.5	40	40							2.5			
	21701800	电子政务理论与实践 The Theory and Practice of the Electronic Government	2	32	24	8						2			

课程类别 Course Classification	课程编号 Course Code	课程名称 Course Name	学分 Crs	学时 Hrs	学时分类 Class Hours 讲课 Lec.	学时分类 Class Hours 实验 Lab.	先修课程 Prerequisite Courses	学期学分分配 Semester Credits 一 1st	二 2nd	三 3rd	四 4th	五 5th	六 6th	七 7th	八 8th
专业主干课 Main Specialty Courses	21721300	秘书学与应用写作 The Theory of Secretary and Applications Writing	2	32	32							2			
	21719800	非赢利组织管理 Nonprofit Organization Management	2	32	32								2		
	21719900	公共管理前沿问题研究 The Study of the Frontier Topics on Public Management	3	48	24	24							3		
	21703000	公共事业管理 Management of Public Utilities	2	32	32						2				
	21716700	人力资源开发与管理实务 The Practice of Human Resources Development and Management	2	32	26	6					2				
	21721400	薪酬管理 The Salary Management	2	32	32								2		
	21721500	绩效考核 Performance Appraisal	2	32	32								2		
	21721600	人才测评与招聘 Personnel Assessment and Recruitment	1.5	24	20	4							1.5		
	21721700	组织设计与工作分析 Organization Design and Job Analysis	1.5	24	24							1.5			
	21716500	劳动关系管理 The Management of Labor Relations	2	32	32								2		
	小计 Sum		**37.5**	**600**	**544**	**56**		**0**	**0**	**0**	**11**	**14**	**12.5**	**0**	**0**
专业选修课 Specialty Elective Courses		具体见专业选修课列表	16.5	264											
合计 Sub-total			**135.5**	**2248**	**1724**	**68**		**19.5**	**21.5**	**19.5**	**20**	**14**	**12.5**	**0**	**0**
实践环节 Practical Work	44300200	军事训练 Military Training	2	2周				2							
	41919002	C语言课程设计B Course Design for C Language B	1.5	1.5周					1.5						
	41722700	公共事业管理教学实习 Teaching Practice	3	3周							3				

课程类别 Course Classification	课程编号 Course Code	课程名称 Course Name	学分 Crs	学时 Hrs	学时分类 Class Hours		先修课程 Prerequisite Courses	学期学分分配 Semester Credits							
					讲课 Lec.	实验 Lab.		一 1st	二 2nd	三 3rd	四 4th	五 5th	六 6th	七 7th	八 8th
实践环节 Practical Work	41720400	毕业实习 Graduation Practice	10	10 周										10	
	41720500	毕业论文(设计) Graduation Thesis(Design)	11	11 周											11
	41720600	模拟新闻发言人训练 The Training of Simulating the News Spokesman	1	1 周								1			
	41720700	无领导小组讨论 Leaderless Group Discussion	1	1 周									1		
	小计 **Sum**		**29. 5**	**29. 5 周**	**0**	**0**		**2**	**1. 5**	**0**	**3**	**1**	**1**	**10**	**11**
创新创业自主学习 Autonomous Learning	ZZ35000S	社会调查 Social Investigation	2												
		其他(学科竞赛、发明创造、科研报告) Others (Contest, Invention, Innovation and Research Presentation)	3												
	小计 **Sum**		**5**												
总计 **Total**			**170**	**2248 + 29. 5 周**	**1724**	**68**		**21. 5**	**23**	**19. 5**	**23**	**15**	**13. 5**	**10**	**11**
可开出专业选修课列表 Specialty Elective Courses	21705200	经济法 The Economic Law	2	32	24								2		
	21722600	社区治理 Community Governance	1. 5	24	24								1. 5		
	21704100	国家公务员制度 The System of the State Civil Service	1. 5	24	24								1. 5		
	21721100	大众传播学 The Science of Mass Communication	2	32	24								2		
	20826803	会计学 C The Science of Accounting C	2	32	32									2	
	21720800	国土资源管理学 The Theory of Land and Resources Management	2	32	32							2			
	21720900	公共部门战略管理 Strategic Management of Public Sector	1. 5	24	24							1. 5			
	21702600	公共关系学 Public Relations	2	32	30	2						2			

课程类别 Course Classification	课程编号 Course Code	课程名称 Course Name	学分 Crs	学时 Hrs	学时分类 Class Hours		先修课程 Prerequisite Courses	学期学分分配 Semester Credits							
					讲课 Lec.	实验 Lab.		一 1st	二 2nd	三 3rd	四 4th	五 5th	六 6th	七 7th	八 8th
可开出专业选修课列表 Specialty Elective Courses	21715800	公共危机管理 The Public Crisis Management	2	32	26	6						2			
	21721000	社会工作导论 The Introduction of Social Work	2	32	32									2	
	21721800	员工培训与职业生涯规划 Staff Training and Career Planning	1.5	24	24									1.5	
	21721900	社会保障国际比较 International Comparison of Social Security	2	32	32								2		

注：通识教育选修课学分和创新创业自主学习学分未列入具体学期。

公共事业管理(人力资源管理方向)专业课程分类统计

Course Category Statistics of Public Affairs Management(Human Resources Management)

课程学分 统计	通识教育课 Liberal Education Courses		学科基础课 Disciplinary Fundamental Courses	专业主干课 Main Specialty Courses	专业选修课 Specialty Elective Courses	实践环节 Practical Work	创新创业自主学习 Autonomous Learning	学时总计 Total Hours	学分总计 Total Credits
	必修 Compulsory	选修 Selective							
学时/学分 Hrs/Crs	616/33.5	192/12	576/36	600/37.5	264/16.5	29.5周/29.5	5	2248+29.5周	170
学分所占比例 Proportion of Credits	26.77%		21.18%	22.06%	9.7%	17.35%	2.94%		100%

自然地理与资源环境专业培养方案

专业名称与代码：自然地理与资源环境　070502

专业培养目标：培养满足社会发展需求的德、智、体全面发展的高素质人才；培养具有全面的地学基础，掌握自然地理学、资源环境经济学及“3S”技术的基本理论、知识和技能的高级专门人才；培养具有较强的创新意识和科学素养，具备在科研机构、高等学校独立进行科学研究的基本能力的科研人才；培养能够在企事业单位和规划管理部门从事国土资源的调查、规划与制图，从事区域资源环境的动态监测、规划与管理，从事地理空间信息采集与地理信息系统开发应用的专业人才。

专业毕业要求

1. 本专业学生具有扎实的数理化、外语、地球科学基础和计算机技能；掌握一门外语，具备听、说、读、写及对外交流的能力，达到能独立获取信息的水平；具有计算机软、硬件的基础知识，掌握一门以上计算机语言的编程技术；具有一定的人文科学和管理科学的知识及能力。

2. 能熟练将计算机文字、图形、数据等进行处理并应用于自然地理与资源环境学、区域规划、地理科学。

3. 掌握地理科学及资源环境与城乡规划科学的理论、知识和技能，具备进行资源、环境、规划及管理领域的基础理论研究、应用研究、分析实验和数据处理等工作的基本能力。

毕业要求及实现途径

序号	毕业要求	实现途径(教学过程)
1	掌握数学、物理、化学等方面的基本理论和基本知识	①课堂教学：高等数学、线性代数、概率统计、高等物理、大学化学 ②课外学习：课程专业实习
2	掌握自然地理与资源环境的基本原理和基本方法	①课堂教学：自然地理、普通地质、岩石学、经济地理、人文地理、区域分析与规划等课程 ②课外学习：北戴河地质认知实习、秭归资源调查实习
3	了解相近专业如地理科学、生态学、环境科学和管理科学的一般原理和方法	①课堂教学：土壤学、资源环境地理分析等 ②课外学习：地理学综合实习
4	能熟练掌握、运用 RS 和 GIS 技术解决实际问题	①课堂教学：遥感概论、地理信息系统、遥感图像处理等 ②课外学习：地理综合实习
5	了解自然地理与资源环境的理论前沿、应用前景和最新发展	①课堂教学：地学前沿、人文地理、经济地理、自然地理学、地理信息系统 ②课外学习：地理综合实习、课程实习

序号	毕业要求	实现途径(教学过程)
6	能够从事国土资源调查、开发和整治的研究与实际工作	①课堂教学:遥感概论、地理信息系统、遥感图像处理、土地资源学等 ②课外学习:专业课程实习、生产实习等
7	掌握资料查询、文献检索及运用现代信息技术获取相关信息的基本方法;具有一定的现场调查与分析,实验结果归纳与分析、撰写论文,参与学术交流的能力	①课堂教学:遥感概论、地理信息系统、遥感图像处理、土地资源学等 ②课外学习:专业课程实习、生产实习等

主干学科:现代自然地理学、环境与资源地理分析、遥感与地理信息系统、人文地理学等。

核心课程:地理信息系统、地貌学原理、普通地质学、遥感概论、经济地理学、景观地貌与规划、区域分析与规划学等。

主要专业实验:资源与环境分析评价实验、遥感应用技术实验、地理信息系统技术实验、城市与区域规划计算机模拟实验等。

主要实践性教学环节:包括室内与野外教学实习、毕业生产实习、毕业论文撰写等,一般安排 27.5 周。

修业年限:四年。

授予学位:理学学士。

相近专业:地理科学、人文地理与区域规划、地理信息科学、环境科学。

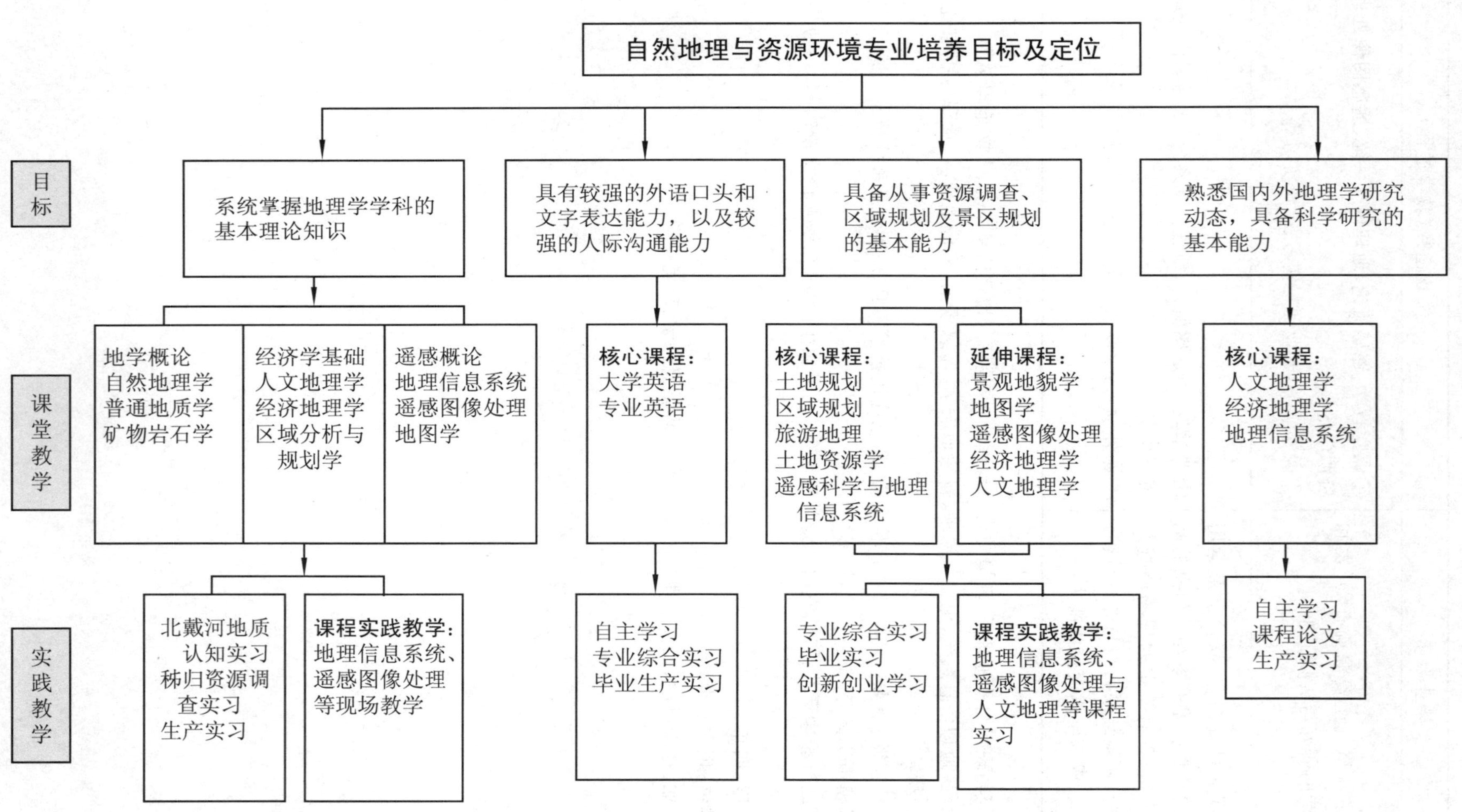
自然地理与资源环境专业培养目标及定位
目标
系统掌握地理学学科的基本理论知识
具有较强的外语口头和文字表达能力，以及较强的人际沟通能力
具备从事资源调查、区域规划及景区规划的基本能力
熟悉国内外地理学研究动态，具备科学研究的基本能力
课堂教学
地学概论 自然地理学 普通地质学 矿物岩石学
经济学基础 人文地理学 经济地理学 区域分析与规划学
遥感概论 地理信息系统 遥感图像处理 地图学
核心课程：大学英语 专业英语
核心课程：土地规划 区域规划 旅游地理 土地资源学 遥感科学与地理信息系统
延伸课程：景观地貌学 地图学 遥感图像处理 经济地理学 人文地理学
核心课程：人文地理学 经济地理学 地理信息系统
实践教学
北戴河地质认知实习 秭归资源调查实习 生产实习
课程实践教学：地理信息系统、遥感图像处理等现场教学
自主学习 专业综合实习 毕业生产实习
专业综合实习 毕业实习 创新创业学习
课程实践教学：地理信息系统、遥感图像处理与人文地理等课程实习
自主学习 课程论文 生产实习

Program for Physical Geography and Resources Environment

Specialty and Code: Physical Geography and Resources Environment 070502

Education Objective: This program aims to train high-level professionals with good command of the basic theory and practice in management and planning of resources and environment in rural and urban area. Our graduates will be competent with their mastery of "3S" technology and are innovative with high science literacy. Therefore for our graduates, our program guarantees a foundation for further studies in institutions of geosciences or institutions of higher learning and it also provides a route to employment in a wide range of geologically-related industries such as sectors in investigation and cartography of country resources, monitor and management and planning of the resources and environment in urban area (region and river basin), regional sustainable development, collection and management of spatial information, exploitation and application of GIS and other relevant domains.

Graduation Requirements

1. To master the basic theories of mathematics, physics, chemistry, earth sciences and computer techniques, to master a foreign language with proficiency in terms of listening, speaking, reading and writing to ensure a fluent communication, to master at least one advanced computer language, to be cultivated in liberal arts and management.

2. To master data processing by computers and its applications to resources environment and the management of urban and rural planning, geology, geography science.

3. To master fundamental theories and practices in resources environment and management of urban and rural planning to be able to handle the issues concerning the resources, environment, planning and management.

Graduation Requirements and Ways to Achieve

No.	Graduation Requirements	Ways to Achieve(Teaching Process)
1	To grasp fundamental knowledge and theories of Mathematics, Physics and Chemistry	① Classroom Teaching: Advanced Mathematics, Linear Algebra, Probability Statistic, Advanced Physics, College Chemistry ② Out-of-class Learning: The Practice of Professional Course
2	To grasp the fundamental theories and method of Physical Geography resources environmental	① Classroom Teaching: Physical Geography, Geology, Mineral Petrology, Economic Geography, Human Geography, Regional Analysis and Planning ② Out-of-class Learning: The Beidaihe Geological Practice, The Practice of Zigui Resources Investigation
3	To learn the theory and practice of relevant disciplines including geography, ecology, environmental science and management	①Classroom Teaching: Soil Sciences, Geographic Analysis on Resources Environment ②Out-of-class Learning: Comprehensive Practice of Geography

No.	Graduation Requirements	Ways to Achieve(Teaching Process)
4	To grasp GIS and RS technique, be capable of its applications	①Classroom Teaching: Introduction of Remote Sensing, Geographic Information System, Remote Sensing Imagine Processing ②Out-of-class Learning: Comprehensive Practice of Geography
5	To keep up-dated in the science of planning and management of resources, environmental in rural and urban area, to be well-informed of its latest development and prospects of its researches and applications as well	①Classroom Teaching: Introduction to Geosciences, Human Geography, Economic Geography, Physical Geography, Geographic Information System ②Out-of-class Learning: Comprehensive Practice of Geography, The Practice of Professional Course
6	To acquire the ability of being actively engaged in investigation, exploitation and development of resources	①Classroom Teaching: Introduction of Remote Sensing, Geographic Information System, Remote Sensing Imagine Processing, Land Resource ② Out-of-class Learning: The Practice of Professional Course, Production Practice
7	To grasp the method of collecting, processing, interpreting and application of geography information, to be cultivated with high science literacy and proficiency in academic exchanges	①Classroom Teaching: Introduction of Remote Sensing, Geographic Information System, Remote Sensing Imagine Processing, Land Resource ② Out-of-class Learning: The Practice of Professional Course, The Production Practice

Major Disciplines: Modern Physical Geography, Environmental Science, RS and GIS, Human Geography, etc.

Main Courses: GIS, Geomorphology, Geology, Introduction to Remote Sense, Economic Geography, Land Scapes and Land Scape Planning, Regional Analysis and Planning, etc.

Lab Experiments: Experiment of Analyzing and Evaluating of Resources and Environment, Remote Sense Applying Experiment, GIS Technique Experiment and Computer Simulation Experiment of City and Region Planning, etc.

Practical Work: Indoor and Outdoor Teaching Practice, Graduation Practice, Writing of Graduation Thesis, Ranging 27.5 Weeks in Total, etc.

Duration: four years.

Degree Granted: Bachelor of Science.

Related Specialties: Geography Science, Human Geography and Regional Planning, Geographic Information Science, Environmental Science.

自然地理与资源环境专业课程教学计划表

Course Descriptions of Physical Geography and Resources Environment

课程类别 Course Classification		课程编号 Course Code	课程名称 Course Name	学分 Crs	学时 Hrs	学时分类 Class Hours		先修课程 Prerequisite Courses	学期学分分配 Semester Credits							
						讲课 Lec.	实验 Lab.		一 1st	二 2nd	三 3rd	四 4th	五 5th	六 6th	七 7th	八 8th
通识教育课 Liberal Education Courses	必修 Compulsory	11706200	马克思主义基本原理 Principles of Marxism	3	48	48			3							
		11706500	毛泽东思想与中国特色社会主义理论体系概论 Introduction to Mao Tse-tung Thought and the Theoretical System of Socialism with Chinese Characteristics	4	64	64					4					
		11711800	中国近现代史纲要 The Essentials of Modern Chinese History	2	32	32						2				
		120002 * 0	思想道德修养与法律基础 Morality Education and Fundamentals of Law	3	48	48			1.5	1.5						
		113076 * 0	体育 Physical Education	4	144	144			1	1	1	1				
		109116 * 0	大学英语 College English	12	192	192			3	3	3	3				
		11918902	C语言程序设计 B C Language Programming B	2.5	40	28	12		2.5							
		21717600	地理学导论 Introduction to Geosciences	1	16	16			1							
		14300100	军事理论 Military Theory	2	32	32			2							
	选修 Elective	总计12学分,含创新创业选修课学分,跨学科选修课不低于6学分。"形势与政策"课程作为限选课,由马克思主义学院实施		12	192											
		小计 Sum		**45.5**	**808**	**604**	**12**		**14**	**5.5**	**8**	**6**	**0**	**0**	**0**	**0**
学科基础课 Disciplinary Fundamental Courses		212127 * 2	高等数学 B Advanced Mathematics B	10	160	160			4	6						
		212130 * 3	大学物理 C College Physics C	6	96	96				3.5	2.5					
		21213202	物理实验 B Physics Experiments B	2	32		32			2						
		203024 * 1	大学化学 A College Chemistry A	8	128	88	40			4	4					
		21212803	线性代数 C Linear Algebra C	2	32	32					2					

课程类别 Course Classification	课程编号 Course Code	课程名称 Course Name	学分 Crs	学时 Hrs	学时分类 Class Hours		先修课程 Prerequisite Courses	学期学分分配 Semester Credits							
					讲课 Lec.	实验 Lab.		一 1st	二 2nd	三 3rd	四 4th	五 5th	六 6th	七 7th	八 8th
学科基础课 Disciplinary Fundamental Courses	21213502	概率论与数理统计 B Probability Statistic B	2.5	40	40					2.5					
	21120801	测量学 A Surveying A	2.5	40	30	10			2.5						
	21927900	数据库原理 Database Theory	3	48	24	24					3				
	20114900	普通地质学 Geology	3	48	42	6		3							
	20113100	矿物岩石学 A Mineral Petrology A	3	48	48						3				
	21004400	经济学基础 Base to Economics	2.5	40	40			2.5							
	小计 **Sum**		**44.5**	**712**	**600**	**112**		**9.5**	**18**	**11**	**6**	**0**	**0**	**0**	**0**
专业主干课 Main Specialty Courses	21718200	现代自然地理学 Modern Physical Geography	3	48	48				3						
	21718300	地貌学原理 Principle of Geomorphology	2.5	40	40				2.5						
	20104700	经济地理学 Economic Geography	2.5	40	40					2.5					
	21723500	资源环境经济学 Economics of Resource and Environment	2.5	40	40					2.5					
	20105700	人文地理学 Human Geography	2.5	40	32	8					2.5				
	21112100	地理信息系统 Geographic Information System	3	48	28	20					3				
	21129000	遥感概论 Introduction of Remote Sensing	3	48	28	20					3				
	21722800	土地资源学 Land Resource	3	48	40	8					3				
	20421300	土壤学 Soil Sciences	3	48	40	8					3				
	20113300	旅游地理学 Tourism Geography	2.5	40	40							2.5			
	20118700	计量地理学 Quantitative Geography	2.5	40	40							2.5			
	21110500	遥感图像处理原理及应用 Remote Sensing Imagine Processing	2.5	40	20	20						2.5			

课程类别 Course Classification	课程编号 Course Code	课程名称 Course Name	学分 Crs	学时 Hrs	学时分类 Class Hours		先修课程 Prerequisite Courses	学期学分分配 Semester Credits							
					讲课 Lec.	实验 Lab.		一 1st	二 2nd	三 3rd	四 4th	五 5th	六 6th	七 7th	八 8th
专业主干课 Main Specialty Courses	21723700	景观地貌与规划 Landscapes and Landscape Planning	2.5	40	40							2.5			
	20105600	区域分析与规划学 Regional Analysis and Planning	2.5	40	32	8							2.5		
	21121302	地图制图学基础 B Foundation of Cartology B	2.5	40	32	8							2.5		
	21723800	城市地理学 Urban Geography	2.5	40	32	8							2.5		
	20107500	自然灾害学 Natural Disaster	2.5	40	40								2.5		
	小计 Sum		**45**	**720**	**612**	**108**		**0**	**5.5**	**5**	**14.5**	**10**	**10**	**0**	**0**
专业选修课 Specialty Elective Courses		具体见专业选修课列表	7.5	120											
合计 Sub-total			**142.5**	**2360**	**1816**	**232**		**23.5**	**29**	**24**	**26.5**	**10**	**10**	**0**	**0**
实践环节 Practical Work	44300200	军事训练 Military Training	2	2 周				2							
	41919002	C 语言程序设计 B C Language Programming B	1.5	1.5 周				1.5							
	41120901	测量教学实习 A Surveying Practice A	1	1 周					1						
	40115200	地质认识实习(北戴河) Primary Field Training(Beidaihe)	2	2 周					2						
	41723400	区域资源调查实习(秭归) Regional Resource Investigation(Zigui)	5	5 周								5			
	41717900	毕业实习 Graduation Practice	6	6 周										6	
	41718000	毕业论文 Graduation Thesis	10	10 周											10
	小计 Sum		**27.5**	**27.5 周**	**0**	**0**		**3.5**	**3**	**0**	**0**	**5**	**0**	**6**	**10**

课程类别 Course Classification	课程编号 Course Code	课程名称 Course Name	学分 Crs	学时 Hrs	学时分类 Class Hours		先修课程 Prerequisite Courses	学期学分分配 Semester Credits							
					讲课 Lec.	实验 Lab.		一 1st	二 2nd	三 3rd	四 4th	五 5th	六 6th	七 7th	八 8th
创新创业自主学习 Autonomous Learning	ZZ35000S	社会调查 Social Investigation	2												
		其他(学科竞赛、发明创造、科研报告) Others (Contest, Invention, Innovation and Research Presentation)	3												
	小计 **Sum**		**5**												
总计 **Total**			**175**	**2360 + 27.5 周**	**1816**	**232**		**27**	**32**	**24**	**26.5**	**15**	**10**	**6**	**10**
可开出专业选修课列表 Specialty Elective Courses	20507800	工程CAD基础 Technology CAD	1.5	24	20	4							1.5		
	20101100	城市规划原理 City Planning	3	48	44	4								3	
	20209800	资源、环境与可持续发展 Resources, Environment and Sustainable Development	2	32	32									2	
	21908202	数据结构B Data Structure B	2.5	40	28	12						2.5			
	20208100	土地生态学 Soil Sciences	2	32	24	8						2			
	20207300	土地复垦与整治 Land Recovering and Renovating	2	32	32										2
	21723900	地理信息系统二次开发 Geographic Information System Secondary Development	2.5	40	20	20						2.5			

注:通识教育选修课学分和创新创业自主学习学分未列入具体学期。

自然地理与资源环境专业课程分类统计

Course Category Statistics of Physical Geography and Resources Environment

课程学分 / 统计	通识教育课 Liberal Education Courses		学科基础课 Disciplinary Fundamental Courses	专业主干课 Main Specialty Courses	专业选修课 Specialty Elective Courses	实践环节 Practical Work	创新创业自主学习 Autonomous Learning	学时总计 Total Hours	学分总计 Total Credits
	必修 Compulsory	选修 Selective							
学时/学分 Hrs/Crs	616/33.5	192/12	712/44.5	720/45	120/7.5	27.5周/27.5	5	2360+27.5周	175
学分所占比例 Proportion of Credits	26%		25.43%	25.71%	4.29%	15.71%	2.86%		100%

马克思主义学院

- 思想政治教育专业培养方案

思想政治教育专业培养方案

专业名称与代码:思想政治教育　030503

专业培养目标:本专业旨在培养具有良好的职业道德和创新意识、扎实的教育理论和思想政治学科专业知识,较强的实践和科研能力,具有地质大学精神特质,可以从事思想政治教育及相关专业的教学和管理类工作的专门人才。

专业毕业要求

1.具有坚定的马克思主义信仰和中国特色社会主义政治信念,以及具有爱国、敬业、廉政、求实等良好的政治品格素质。

2.掌握马克思主义理论、思想政治教育、政治、法学、管理学等学科的基础理论知识,了解本学科理论前沿与发展动态。

3.具有可以运用历史唯物主义和辩证唯物主义正确分析和解决社会问题、思想问题、实际问题的能力。

4.具备从事思想政治教育及相关学科的教学和管理工作的实际能力,具备思想政治教育及相关学科进一步深造的专业基础和能力。

5.具有良好的外语水平和计算机操作能力。

毕业要求及实现途径

序号	毕业要求	实现途径(教学过程)
1	具有坚定的马克思主义信仰和中国特色社会主义政治信念,以及具有爱国、敬业、廉政、求实等良好的政治品格素质	①课堂教学:马克思主义哲学原理、科学社会主义原理、中国近现代史纲要、毛泽东思想概论、中国特色社会主义理论体系概论、思想道德修养与法律基础、伦理学、中国哲学史、中国传统文化概论等 ②课外学习:开展新生入学教育和毕业生系列教育主题活动;开展大学生“暑期社会实践”活动;加强导师制的学务指导、辅导员队伍建设,加强学生干部队伍建设,提高对学生的教育引导
2	掌握马克思主义理论、思想政治教育、政治、法学、管理学等学科的基本理论知识,了解本学科理论前沿与发展动态	①课堂教学:马克思主义哲学原理、马克思主义政治经济学原理、科学社会主义原理、思想政治教育原理、中国政治思想史、西方政治思想史、政治学原理、比较政治制度、法学概论、宪法学、管理学基础、社会学概论、当代西方社会思潮、当代世界经济与政治等 ②课外学习:专业课程课外讨论、相关学术报告等
3	具有可以运用历史唯物主义和辩证唯物主义正确分析和解决社会问题、思想问题、实际问题的基本能力	①课堂教学:马克思主义哲学原理、普通逻辑、社会工作概论、社会调查与统计、美学概论、思想政治教育方法论、应用写作、心理学原理、心理咨询与心理健康教育等 ②课外学习:开展“红色之声”宣讲团活动,参加教学实习和毕业实习等社会实践活动

序号	毕业要求	实现途径(教学过程)
4	具备从事思想政治教育及相关学科的教学和管理工作的实际能力,具备思想政治教育及相关学科进一步深造的专业基础和能力	①课堂教学:教育学原理、组织行为学、管理学基础、马克思主义经典文献选读、当代西方政治哲学经典选读、国外马克思主义概论、西方经济思想史、西方经济学、科学技术史、公共关系学等 ②课外学习:产学研、科研立项、挑战杯、大学生创新创业等课外科技活动,以及学生社团活动,毕业论文撰写及答辩
5	具有良好的外语水平和计算机操作技能	①课堂教学:大学英语、思想政治教育专业英语、网络应用与信息技术 B 及相应课程设计等 ②课外学习:参加英语竞赛、制作读书报告汇报、社会实践报告汇报 PPT、微视频等

主干学科:思想政治教育。

专业核心课程:马克思主义哲学原理、马克思主义政治经济学原理、科学社会主义原理、毛泽东思想概论、中国特色社会主义理论体系概论、马克思主义经典文献选读、思想政治教育学原理、思想政治教育方法论、政治学原理、法学概论、教育学原理等。

主要实践性教学环节:社会实践、专业实习、毕业论文。

修业年限:四年。

授予学位:法学学士。

相近专业:政治学、教育学、社会学。

Program for Ideological Political Education

Specialty and Code: Ideological Political Education 030503

Education Objective: The major aims to cultivate professional personnel who have professional ethics and innovation consciousness, solid theory and knowledge of Ideological and political education, strong practice and research ability, sharing spirit and personal traits of China University of Geosciences, can be engaged in teaching and management work related with ideological and political education and relevant disciplines.

Graduation Requirements

1. Have firm beliefs in Marxism and political beliefs in socialism with Chinese characteristics, and have good political quality and moral character such as being patriotic, dedicated, honest and practical.

2. Master the basic theoretical knowledge of Marxism, ideological and political education, politics, law, management science and other disciplines, and understand the dynamics of the discipline theory and development.

3. Have basic ability of using dialectical materialism and historical materialism to analyze and solve social problems, ideological problems, practical problems.

4. Have practical ability engaging in teaching and management work related to ideological and political education and relevant disciplines, professional foundation and ability of ideological and political and relevant disciplines necessary for further study.

5. Master a foreign language and computer operation skills.

Graduation Requirements and Ways to Achieve

No.	Graduation Requirements	Ways to Achieve(Teaching Process)
1	Have firm beliefs in Marxism and political beliefs in socialism with Chinese characteristics, and have good political quality and moral character such as being patriotic, dedicated, honest and practical	①Classroom Teaching: Principles of Marxism Philosophy, Principles of Scientific Socialism, Modern History of China, Introduction to Mao Tse-tung Thought, Introduction to the Theoretical System of Socialism with Chinese Characteristics, Morality Education and Fundamentals of Law, Ethics, History of Chinese Philosophy, Introduction to Chinese Traditional Culture, etc ②Out-of-class Learning: Freshmen Orientation Career Orientation for Graduates, Summer Social Practice, Academic Tutoring, Counselling on Campus, Training of Students Cadres, Offering Help and Guidance to Students
2	Master the basic theoretical knowledge of Marxism, ideological and political education, politics, law, management science and other disciplines, and understand the dynamics of the discipline theory and development	①Classroom Teaching: Principles of Marxism Philosophy, Principles of Marxism Political Economics, Principles of Scientific Socialism, Principles of Ideological Political Education, History of Chinese Political Thoughts, History of West Political Thoughts, Principles of Political Science, Comparison of Political Systems, Introduction to Legal Science, Science of Constitutional Law, Management Theory, Introduction to Sociology, Contemporary Western Social Thoughts, Contemporary World Economy and Politics, etc ②Out-of-class Learning: Discussion of Professional Courses, Academic Presentations

No.	Graduation Requirements	Ways to Achieve(Teaching Process)
3	Have basic ability of using dialectical materialism and historical materialism to analyze and solve social problems, ideological problems, practical problems	①Classroom Teaching: Principles of Marxism Philosophy, General Logics, Introduction to Social Work, Social Survey and Statistics, Introduction to Aesthetics, Ideological Political Education Methodology, Applied Writing, Principles of Psychology, Psychological Counseling and Mental Health Education, etc ②Out-of-class Learning: Publicity Campaign, Teaching Practice, Graduation Practice
4	Have practical ability engaging in teaching and management work related to ideological and political education and relevant disciplines, professional foundation and ability of ideological and political and relevant disciplines necessary for further study	①Classroom Teaching: Principles of Pedagogy, Organizational Behavior, Management Theory, Selected Reading in Classical Works of Marxism, Selected Reading of Contemporary Western Classic Political Philosophy, Introduction to Foreign Marxism, History of Western Economic Thoughts, Western Economic, History of Science and Technology, Public Relations, etc ②Out-of-class Learning: Internship, Research Projects, Challenge Cup, Cultivation of Innovation and Entrepreneurship, the Activities of Student Organizations, Thesis Writing and Presentation for Graduation
5	Master a foreign language and computer operation skills	①Classroom Teaching: College English, Ideological and Political Education(Bilingual Teaching), Application of Network, Information Technology B and Curriculum Design, etc ②Out-of-class Learning: English Contests, PPT Presentation in English, Micro Video in English, etc

Major Disciplines: Ideological Political Education.

Main Courses: Principles of Marxism Philosophy, Principles of Marxism Political Economics, Principles of Scientific Socialism, Introduction to Mao Tse-tung Thought, Introduction to the Theoretical System of Socialism with Chinese Characteristics, Selected Reading in Classical Works of Marxism, Principles of Ideological Political Education, Ideological Political Education Methodology, Principles of Political Science, Introduction to Legal Science, Principles of Pedagogy, etc.

Practical Work: Social Practice, Professional Practice, Graduation Thesis.

Duration: four years.

Degree Granted: Bachelor of Legal Science.

Related Specialties: Political Science, Pedagogy, Sociology.

思想政治教育专业课程教学计划表

Course Descriptions of Ideological Political Education

课程类别 Course Classification		课程编号 Course Code	课程名称 Course Name	学分 Crs	学时 Hrs	学时分类 Class Hours		先修课程 Prerequisite Courses	学期学分分配 Semester Credits							
						讲课 Lec.	实验 Lab.		一 1st	二 2nd	三 3rd	四 4th	五 5th	六 6th	七 7th	八 8th
通识教育课 Liberal Education Courses	必修 Compulsory	120002＊0	思想道德修养与法律基础 Morality Education and Fundamentals of Law	3	48	48			1.5	1.5						
		113076＊0	体育 Physical Education	4	144	144			1	1	1	1				
		109116＊0	大学英语 College English	12	192	192			3	3	3	3				
		11919102	网络应用与信息技术 B Application of Network and Information Technology B	2.5	40	24	16			2.5						
		22001400	思想政治教育专业导论 Introduction to Ideological Political Education	1	16	16			1							
		14300100	军事理论 Military Theory	2	32	32			2							
	选修 Elective	总计12学分，含创新创业选修课学分，跨学科选修课不低于6学分。“形势与政策”课程作为限选课，由马克思主义学院实施		12	192											
		小计 **Sum**		**36.5**	**664**	**456**	**16**		**8.5**	**8**	**4**	**4**	**0**	**0**	**0**	**0**
学科基础课 Disciplinary Fundamental Courses		21602300	大学语文 A College Chinese Language and Literature A	2.5	40	40			2.5							
		21212704	高等数学 D Advanced Mathematics D	5	80	80			5							
		22000600	普通逻辑 General Logics	2.5	40	40					2.5					
		22002500	教育学原理 Principles of Pedagogy	2.5	40	40				2.5						
		22001500	心理学原理 Principles of Psychology	2.5	40	40			2.5							
		22001600	伦理学 Ethics	2.5	40	40			2.5							
		21718500	政治学原理 Principles of Political Science	3	48	48					3					

课程类别 Course Classification	课程编号 Course Code	课程名称 Course Name	学分 Crs	学时 Hrs	学时分类 Class Hours		先修课程 Prerequisite Courses	学期学分分配 Semester Credits							
					讲课 Lec.	实验 Lab.		一 1st	二 2nd	三 3rd	四 4th	五 5th	六 6th	七 7th	八 8th
学科基础课 Disciplinary Fundamental Courses	21718400	法学概论 Introduction to Legal Science	3	48	48				3						
	22003900	管理学基础 Management Theory	3	48	48					3					
	22004000	美学概论 Introduction to Aesthetics	2.5	40	40							2.5			
	21713700	组织行为学 Organizational Behavior	2.5	40	40						2.5				
	21714100	社会学概论 Introduction to Sociology	2.5	40	40					2.5					
	21711400	中国传统文化概论 Introduction to Chinese Traditional Culture	2	32	32							2			
	22000900	当代世界经济与政治 Contemporary World Economy and Politics	2.5	40	40								2.5		
	21714200	社会调查与统计 Social Survey and Statistics	2	32	32						2				
	22002800	社会工作概论 Introduction to Social Work	2	32	32								2		
	21617200	应用写作 Applied Writing	2	32	32						2				
	22002900	科学技术史 History of Science and Technology	2	32	32								2		
	小计 **Sum**		**46.5**	**744**	**744**	**0**		**12.5**	**5.5**	**11**	**6.5**	**4.5**	**6.5**	**0**	**0**
专业主干课 Main Specialty Courses	22002600	中国近现代史 Modern History of China	4	64	64				4						
	22002700	马克思主义哲学原理 Principles of Marxism Philosophy	4	64	64				4						
	22003000	马克思主义政治经济学原理 Principles of Marxism Political Economics	4	64	64					4					
	21705500	科学社会主义原理 Principles of Scientific Socialism	2	32	32							2			
	22003100	毛泽东思想概论 Introduction of Mao Tse-tung Thought	2	32	32					2					

课程类别 Course Classification	课程编号 Course Code	课程名称 Course Name	学分 Crs	学时 Hrs	学时分类 Class Hours		先修课程 Prerequisite Courses	学期学分分配 Semester Credits							
					讲课 Lec.	实验 Lab.		一 1st	二 2nd	三 3rd	四 4th	五 5th	六 6th	七 7th	八 8th
专业主干课 Main Specialty Courses	22003200	中国特色社会主义理论体系概论 Introduction to the Theoretical System of Socialism with China Characteristics	4	64	64						4				
	22003300	马克思主义经典文献选读 Selected Reading in Classical Works of Marxism	4	64	64							4			
	22003500	思想政治教育原理 Principles of Ideological Political Education	3	48	48							3			
	22003400	思想政治教育方法论 Ideological Political Education Methodology	3	48	48								3		
	21712100	中国政治思想史 History of Chinese Political Thoughts	2	32	32						2				
	21712000	中国哲学史 History of Chinese Philosophy	2.5	40	40						2.5				
	22001200	当代西方社会思潮 Contemporary Western Social Thoughts	2	32	32								2		
	22003700	比较思想政治教育 Comparison of Ideological and Political Education	2	32	32								2		
	22003600	思想政治教育专业英语 Major English of Ideological and Political Education	2.5	40	40							2.5			
	21713600	西方哲学史 History of Western Philosophy	2.5	40	40							2.5			
	22000700	西方政治思想史 History of West Political Thoughts	2	32	32								2		
	小计 Sum		**45.5**	**728**	**728**	**0**		**0**	**8**	**6**	**8.5**	**14**	**9**	**0**	**0**
专业选修课 Specialty Elective Courses		具体见专业选修课列表	20	320											
合计 Sub-total			**148.5**	**2456**	**1928**	**16**		**21**	**21.5**	**21**	**19**	**18.5**	**15.5**	**0**	**0**

课程类别 Course Classification	课程编号 Course Code	课程名称 Course Name	学分 Crs	学时 Hrs	学时分类 Class Hours 讲课 Lec.	学时分类 Class Hours 实验 Lab.	先修课程 Prerequisite Courses	学期学分分配 Semester Credits 一 1st	二 2nd	三 3rd	四 4th	五 5th	六 6th	七 7th	八 8th
实践环节 Practical Work	44300200	军事训练 Military Training	2	2 周				2							
	41919202	网络应用与信息技术课程设计 B Network Applications and Information Technology Course Design B	1	1 周					1						
	42004900	社会实践 Social Practice	4.5	4.5 周							4.5				
	4200500	专业实习 Professional Practice	4.5	4.5 周											4.5
	42005100	毕业论文 Graduation Thesis	13	13 周											13
	小计 Sum		**25**	**25 周**				**2**	**1**	**0**	**4.5**	**0**	**0**	**0**	**17.5**
创新创业自主学习 Autonomous Learning	ZZ35000S	社会调查 Social Investigation	2												
		其他(学科竞赛、发明创造、科研报告) Others (Contest, Invention, Innovation and Research Presentation)	3												
	小计 Sum		**5**												
总计 Total			**178.5**	**2456 + 25 周**	**1928**	**16**		**23**	**22.5**	**21**	**23.5**	**18.5**	**15.5**	**0**	**17.5**
可开出专业选修课列表 Specialty Elective Courses	21700300	比较政治制度 Comparison of Political Systems	2	32	32									2	
	22004200	宪法学 Science of Constitutional Law	2	32	32									2	
	21709400	西方经济学 Western Economics	3	48	48							3			
	21702600	公共关系学 Public Relations	2	32	32									2	
	22003800	国外马克思主义概论 Introduction to Foreign Marxism	2	32	32								2		
	22004300	西方经济思想史 History of Western Economic Thoughts	2	32	32									2	

课程类别 Course Classification	课程编号 Course Code	课程名称 Course Name	学分 Crs	学时 Hrs	学时分类 Class Hours 讲课 Lec.	学时分类 Class Hours 实验 Lab.	先修课程 Prerequisite Courses	学期学分分配 Semester Credits 一 1st	二 2nd	三 3rd	四 4th	五 5th	六 6th	七 7th	八 8th
可开出专业选修课列表 Specialty Elective Courses	22004400	心理咨询与心理健康教育 Psychological Counseling and Mental Health Education	2	32	32								2		
	22004500	当代西方政治哲学经典选读 Selected Reading of Contemporary Classic Western Political Philosophy	2	32	32									2	
	22004600	当代中国外交 China Diplomacy	2	32	32									2	
	22004700	思想政治教育心理学 Psychology of Ideological and Political Education	1.5	24	24									1.5	
	22004800	人类文明史 History of Human Civilization	2	32	32								2		

注：通识教育选修课学分和创新创业自主学习学分未列入具体学期。

思想政治教育专业课程分类统计

Course Category Statistics of Ideological Political Education

课程学分 / 统计	通识教育课 Liberal Education Courses 必修 Compulsory	通识教育课 Liberal Education Courses 选修 Selective	学科基础课 Disciplinary Fundamental Courses	专业主干课 Main Specialty Courses	专业选修课 Specialty Elective Courses	实践环节 Practical Work	创新创业自主学习 Autonomous Learning	学时总计 Total Hours	学分总计 Total Credits
学时/学分 Hrs/Crs	472/24.5	192/12	744/46.5	728/45.5	320/20	25 周/25	5	2456+25 周	178.5
学分所占比例 Proportion of Credits	20.4%		26.1%	25.5%	11.2%	14%	2.8%		100%

计算机科学与技术学院

- 计算机科学与技术专业培养方案
- 信息安全专业培养方案
- 网络工程专业培养方案
- 空间信息与数字技术专业培养方案

计算机科学与技术专业培养方案

专业名称与代码:计算机科学与技术　080901

专业培养目标:本专业培养具有良好的科学素养及较强的实践能力,系统地掌握计算机科学与技术,包括计算机硬件、软件与应用的基本理论、基本知识和基本技能与方法,能在科研部门、大型企业、政府机关等部门或单位从事计算机科学与技术相关的研究、设计、应用及管理等工作的高素质、创新型科学技术和工程技术人才。

专业毕业要求

1. 系统掌握计算机科学的基本理论、基本知识。
2. 掌握计算机系统分析和设计的基本方法。
3. 具有研究开发计算机软、硬件的基本能力。
4. 了解与计算机有关的法规,具有社会责任感。
5. 了解计算机科学与技术的发展动态。
6. 掌握文献检索、资料查询的基本方法,具有不断学习和适应发展的能力。

毕业要求及实现途径

序号	毕业要求	实现途径(教学过程)
1	系统掌握计算机科学的基本理论、基本知识	①课堂教学:高等数学、线性代数、概率论与数理统计、大学物理基础、离散数学、数字逻辑、数据结构、计算机组成原理、操作系统原理、计算机网络、计算方法、计算机体系结构、数据库原理、编译原理等课程 ②课外学习:组织学生参加挑战杯、程序设计大赛、科技立项、科技论文报告会、创新实验计划、数学竞赛、建模比赛、产学研、学术讲座等活动
2	掌握计算机系统的分析和设计的基本方法	①课堂教学:计算机接口技术与应用、软件工程、人工智能、图像处理与分析、嵌入式系统、并行计算、Linux 系统应用与开发、模式识别、智能优化技术、智能手机软件开发技术、工程技术类等课程 ②课外学习:邀请校内外专家来校做学术讲座,组织学生参加挑战杯、程序设计大赛、科技立项、科技论文报告会、创新实验计划、数学竞赛、建模比赛、产学研等活动
3	具有研究开发计算机软、硬件的基本能力	①课堂教学:计算机高级语言课程设计、面向对象课程设计、数字逻辑课程设计、数据结构课程设计、计算机组成原理课程设计、操作系统课程设计、数据库课程设计、计算机接口课程设计、计算机网络课程设计、软件综合实习、生产实习和毕业设计等 ②课外学习:组织学生参加挑战杯、程序设计大赛、科技立项、科技论文报告会、创新实验计划、数学竞赛、建模比赛、产学研等活动

序号	毕业要求	实现途径(教学过程)
4	了解与计算机有关的法规,具有社会责任感	①课堂教学:毛泽东思想和中国特色社会主义理论体系概论、马克思主义基本原理、思想道德修养与法律基础、军事理论、中国近现代史纲要、计算科学导论、社会与职业道德、信息安全概论、体育、大学生就业指导、社会科学类、自然科学类、人文艺术类、经济管理类、创新创业教育等 ②课外学习:开展"大学生青年文化艺术节"、"高雅艺术进校园"等主题教育活动,开展运动会、"一二·九"长跑、定向越野等活动;开展新生入学教育和毕业生系列教育主题活动;开展大学生"暑假社会实践"活动;加强学生干部队伍建设,提高对学生的教育引导
5	了解计算机科学与技术的发展动态	①课堂教学:各门专业课程及专业选修课程,生产实习和毕业设计等 ②课外学习:组织学生参加挑战杯、程序设计大赛、科技立项、科技论文报告会、创新实验计划、数学竞赛、建模比赛、产学研等活动
6	掌握文献检索、资料查询的基本方法,具有不断学习和适应发展的能力	①课堂教学:各类课程实验、课程设计、毕业设计、自主学习等 ②课外学习:组织学生参加各类科技立项、科技比赛等活动增强学生的自主学习和终身学习意识;参观企事业单位,通过心理健康主题教育、安全教育等校园文化活动、学风建设、考风教育等活动提高学生的适应发展等能力,通过创新人才计划、李四光计划和海外游学培养方式为学生提供继续学习的机会

主干学科:计算机科学与技术。

专业核心课程:离散数学、数字逻辑、计算机组成原理、数据结构、操作系统原理、面向对象程序设计、数据库系统概论、软件工程、计算机网络、计算机体系结构等。

主要专业实验:计算机高级语言程序设计实验、面向对象程序设计实验、数字逻辑实验、数据结构实验、计算机组成原理实验、操作系统实验、数据库实验、计算机接口实验、计算机网络实验、软件工程实验等。

主要实践性教学环节:计算机高级语言课程设计、面向对象课程设计、数字逻辑课程设计、数据结构课程设计、计算机组成原理课程设计、操作系统课程设计、数据库课程设计、计算机接口课程设计、计算机网络课程设计、软件综合实习、生产实习和毕业设计等。

修业年限:四年。

授予学位:工学学士。

相近专业:软件工程、信息安全、网络工程等。

Program for Computer Science and Technology

Specialty and Code: Computer Science and Technology 080901

Education Objective: The program is designed to nurture the multifaceted development of students, enable them to become creative and advanced professionals of computer science and technology with academic competence and strong practical ability. Students are expected to master a systematically related fundamental theories, knowledge and skills, which consist of computer hardware and software. Graduates will be qualified for research, design, application and management in diversified departments ranging from research institutes, famous enterprises, government, the professions and other community groups.

Graduation Requirements

1. Systematically mastering preliminary theories and knowledge in computer science.
2. Mastering fundamental strategies of analysis and design for computer systems.
3. Possessing the basic ability to research and develop computer hardware and software.
4. Having certain knowledge of regulations concerning computer science and and be aware of their social responsibilities.
5. Knowing the progress and prospect of computer science and technology.
6. Mastering basic ways of literature reviewing and data consultation, and having the ability of continuous learning and adapting to the development.

Graduation Requirements and Ways to Achieve

No.	Graduation Requirements	Ways to Achieve(Teaching Process)
1	Systematically mastering preliminary theories and knowledge in computer science	①Classroom Teaching: Advanced Mathematics, Linear Algebra, Probability and Mathematical Statistics, Basic College Physics, Discrete Mathematics, Digital Logics, Data Structures, Principles of Computer Organization, Operating System Principles, Computer Network, Numerical Methods, Computer Architecture, Principles of Database, Compiling Principle and so on ②Out-of-class Learning: Challenge Cup, Programming Contest, Science Projects, Academic Presentation, Innovative Pilot Scheme, Math Contests, Modeling Competitions, Research, Academic Seminars and Other Activities
2	Mastering fundamental strategies of analysis and design for computer systems	①Classroom Teaching: Computer Interface Technology and Application, Software Engineering, Artificial Intelligence, Image Procession and Analysis, Embedded System, Parallel Computing, Application and Development of Linux System, Pattern Recognition, Intelligent Optimization Technology, Smart Phone Software Development Technology, Engineering and so on ② Out-of-class Learning: Academic Lectures, Challenge Cup, Programming Contest, Science Projects, Academic Presentations, Innovative Pilot Scheme, Mathematics Contests, Modeling Competitions, Research, etc

No.	Graduation Requirements	Ways to Achieve(Teaching Process)
3	Possessing the basic ability to research and develop computer hardware and software	①Classroom Teaching: Computer High-level Language Course Projects, Digital Logic Course Projects, Object Oriented Course Projects, Data Structure Course Projects, Principles of Computer Organization Course Projects, Operating System Course Projects, Database Course Projects, Computer Interface Course Projects, Computer Network Course Projects, Software Comprehensive Practice, Production Practice and Graduation Design, etc ②Out-of-class Learning: Challenge Cup, Programming Contest, Science Projects, Academic Presentations, Innovative Pilot Scheme, Mathematics Contests, Modeling Competitions, Research, etc
4	Having certain knowledge of regulations concerning computer science and be aware of their social responsibilities social responsibility	①Classroom Teaching: Introduction to Mao Tse-tung Thought and the Theoretical System of Socialism With Chinese Characteristics, Basic Principles of Marxism, Morality Education and Fundamentals of Law, Military Theory, The Essentials of Modern Chinese History, Introduction to Computing Science, Social and Professional Ethics, Introduction to Information Security, Physical Education, Career Guidance, Social Science, Natural Science, Humanities and Arts, Economics and Management, Innovation and Entrepreneurship Education and so on ②Out-of-class Learning: Culture and Art Festival, High Art into the Campus Theme Educational Activities, Sports Meeting, December 9th Long Distance Running, Orientation for the Freshmen and Career Orientation for Graduates Summer Social Practice, Help and Guidance for Students by Cadres
5	Knowing the progress and prospect of computer science and technology	①Classroom Teaching: Main Specialty Courses and Specialty Elective Courses, Production Practice, Thesis Writing/Design for Graduation ②Out-of-class Learning: Challenge Cup, Programming Contest, Science Projects, Scientific Papers Report, Innovative Pilot Schemes, Mathematics Contests, Modeling Competitions, Research and Other Activities
6	Mastering basic ways of literature reviewing and data consultation, and having the ability of continuous learning and adapting to the development	①Classroom Teaching: Course Experiment and Design, Bachelor Thesis, Autonomous Learning and so on ②Out-of-class Learning: Science Projects, Scientific and Technological Competitions Visiting Enterprises and Institutions, Theme Education, Safety Education, Education of Lifelong Learning, Li Siguang Plan and Overseas Travel Culture Methods

Major Disciplines: Computer Science and Technology.

Main Courses: Discrete Mathematics, Digital Logic, Principles of Computer Organization, Data Structures, Operating System Principles, Object Oriented Programming, Introduction to Database System, Software Engineering, Computer Network, Computer Architecture and so on.

Lab Experiments: Computer High-level Language Programming Experiments, Object Oriented Programming Experiments, Digital Logic Experiments, Data Structure Experiments, Principles of Computer Organization Experiments, Operating System Experiments, Database Experiments, Computer Interface Experiments, Computer Network Experiments, Software Engineering Experiments and so on.

Practical Work: Computer High-level Language Course Projects, Object Oriented Course Projects, Digital Logic Course Projects, Data Structure Course Projects, Principles of Computer Organization Course Projects, Operating System Course Projects, Database Course Projects, Computer Interface Course Projects, Computer Network Course Projects, Software Comprehensive Practice, Production Practice, Graduation Design and so on.

Duration: four years.

Degree Granted: Bachelor of Engineering.

Related Specialties: Software Engineering, Information Security, Network Engineering and so on.

计算机科学与技术专业课程教学计划表

Course Descriptions of Computer Science and Technology

课程类别 Course Classification		课程编号 Course Code	课程名称 Course Name	学分 Crs	学时 Hrs	学时分类 Class Hours		先修课程 Prerequisite Courses	学期学分分配 Semester Credits							
						讲课 Lec.	实验 Lab.		一 1st	二 2nd	三 3rd	四 4th	五 5th	六 6th	七 7th	八 8th
通识教育课 Liberal Education Courses	必修 Compulsory	11706200	马克思主义基本原理 Principles of Marxism	3	48	48				3						
		11706500	毛泽东思想与中国特色社会主义理论体系概论 Introduction to Mao Tse-tung Thought and the Theoretical System of Socialism with Chinese Characteristics	4	64	64					4					
		11711800	中国近现代史纲要 The Essentials of Modern Chinese History	2	32	32						2				
		120002＊0	思想道德修养与法律基础 Morality Education and Fundamentals of Law	3	48	48			1.5	1.5						
		113076＊0	体育 Physical Education	4	144	144			1	1	1	1				
		109116＊0	大学英语 College English	12	192	192			3	3	3	3				
		21919600	计算科学导论 Introduction to Computing Science	1.5	24	24			1.5							
		21919400	计算机高级语言程序设计 A C Language Programming A	3.5	56	40	16	计算科学导论	3.5							
		14300100	军事理论 Military Theory	2	32	32			2							
	选修 Elective	总计12学分，含创新创业选修课学分，跨学科选修课不低于6学分。“形势与政策”课程作为限选课，由马克思主义学院实施		12	192											
		小计 **Sum**		**47**	**832**	**624**	**16**		**12.5**	**8.5**	**8**	**6**	**0**	**0**	**0**	**0**
学科基础课 Disciplinary Fundamental Courses		212127＊1	高等数学 A Advanced Mathematics A	11.5	184	184			5	6.5						
		21213100	大学物理基础 The Foundation of College Physics	3.5	56	56				3.5						
		20725103	电工与电子技术 C Electrical and Electronic Technology C	3	48	40	8			3						
		21213501	概率论与数理统计 A Probability and Mathematics Statistics A	3.5	56	56		高等数学			3.5					

课程类别 Course Classification	课程编号 Course Code	课程名称 Course Name	学分 Crs	学时 Hrs	学时分类 Class Hours 讲课 Lec.	学时分类 Class Hours 实验 Lab.	先修课程 Prerequisite Courses	学期学分分配 Semester Credits 一 1st	二 2nd	三 3rd	四 4th	五 5th	六 6th	七 7th	八 8th
学科基础课 Disciplinary Fundamental Courses	21212801	线性代数 A Linear Algebra A	3.5	56	56			3.5							
	21216501	离散数学 A Discrete Mathematics A	4.5	72	72		高等数学 线性代数			4.5					
	21909400	数字逻辑 Digital Logics	3	48	40	8	计算科学导论		3						
	21915900	数据结构 A Data Structures A	4	64	48	16	计算机高级语言程序设计 离散数学			4					
	21906601	计算机组成原理 A Principles of Computer Organization A	4	64	48	16	计算科学导论 数字逻辑			4					
	21902001	操作系统原理 A Operating System Principles A	3.5	56	44	12	数据结构 计算机组成原理				3.5				
	21921002	计算机网络 B Computer Network B	3	48	48		计算机组成原理 操作系统						3		
	小计 **Sum**		**47**	**752**	**692**	**60**		**8.5**	**16**	**16**	**3.5**	**0**	**3**	**0**	**0**
专业主干课 Main Specialty Courses	21921400	数据库系统概论 Introduction to Database System	3	48	32	16	离散数学 数据结构				3				
	21920300	面向对象程序设计(C++) Object Oriented Programming (C++)	3	48	32	16	计算机高级语言程序设计		3						
	21903202	汇编语言程序设计 B Assembly Language Programming B	2.5	40	32	8	计算科学导论 计算机组成原理				2.5				
	21203800	计算方法 Numerical Methods	3	48	48		高等数学 线性代数				3				
	21921502	编译原理 B Compiling Principles B	2.5	40	32	8	离散数学 数据结构					2.5			
	21904802	计算机体系结构 B Computer Architecture B	2.5	40	32	8	计算机组成原理				2.5				
	21921600	计算机接口技术与应用 Computer Interface Technology and Application	3	48	40	8	计算机组成原理 计算机体系结构					3			
	21915601	软件工程 A Software Engineering A	3	48	40	8	计算机高级语言程序设计 数据结构					3			
	21907202	人工智能 B Artificial Intelligence B	2.5	40	28	12	离散数学					2.5			

课程类别 Course Classification	课程编号 Course Code	课程名称 Course Name	学分 Crs	学时 Hrs	学时分类 Class Hours		先修课程 Prerequisite Courses	学期学分分配 Semester Credits							
					讲课 Lec.	实验 Lab.		一 1st	二 2nd	三 3rd	四 4th	五 5th	六 6th	七 7th	八 8th
专业主干课 Main Specialty Courses	21921303	计算机图形学C Computer Graphics C	2	32	24	8	计算机高级语言程序设计 数据结构				2				
	21919700	社会与职业道德 Social and Professional Ethics	2	32	32			2							
	小计 **Sum**		**29**	**464**	**372**	**92**		**2**	**3**	**0**	**13**	**11**	**0**	**0**	**0**
专业选修课 Specialty Elective Courses		具体见专业选修课列表	22	352											
合计 **Sub-total**			**145**	**2400**	**1688**	**168**		**23**	**27.5**	**24**	**22.5**	**11**	**3**	**0**	**0**
实践环节 Practical Work	44300200	军事训练 Military Training	2	2周			军事理论	2							
	41919500	计算机高级语言课程设计 Projects of High-level Programming Language	1.5	1.5周			计算机高级语言程序设计	1.5							
	41920500	数字逻辑课程设计 Digital Logic Course Projects	1	1周			数字逻辑		1						
	41920400	面向对象课程设计(C++) Object Oriented Course Projects(C++)	1	1周			面向对象课程设计		1						
	41920901	数据结构课程设计 Data Structure Course Projects	2	2周			数据结构				2				
	41921700	计算机组成原理课程设计 Principles of Computer Organization Course Projects	2	2周			计算机组成原理			2					
	41921800	操作系统课程设计 Operating System Course Projects	1.5	1.5周			操作系统					1.5			
	41921202	数据库课程设计 Database Course Projects	1	1周			数据库原理				1				
	41921900	计算机接口课程设计 Computer Interface Course Projects	1	1周			微机接口技术与应用					1			
	41921102	计算机网络课程设计 Computer Network Course Projects	1	1周			计算机网络						1		

课程类别 Course Classification	课程编号 Course Code	课程名称 Course Name	学分 Crs	学时 Hrs	学时分类 Class Hours		先修课程 Prerequisite Courses	学期学分分配 Semester Credits							
					讲课 Lec.	实验 Lab.		一 1st	二 2nd	三 3rd	四 4th	五 5th	六 6th	七 7th	八 8th
实践环节 Practical Work	41922100	软件综合实习 Software Comprehensive Practice	2	2 周			软件工程						2		
	41922200	生产实习 Production Practice	4	4 周			所有课程							4	
	41922300	毕业论文(设计) Graduation Thesis(Design)	16	16 周			所有课程								16
	小计 **Sum**		**36**	**36 周**	**0**	**0**		**3.5**	**2**	**2**	**3**	**2.5**	**3**	**4**	**16**
创新创业自主学习 Autonomous Learning	ZZ35000S	社会调查 Social Investigation	2												
		其他(学科竞赛、发明创造、科研报告) Others (Contest, Invention, Innovation and Research Presentation)	6												
	小计 **Sum**		**8**												
总计 **Total**			**189**	**2400＋36 周**	**1692**	**164**		**26.5**	**29.5**	**26**	**25.5**	**13.5**	**6**	**4**	**16**
可开出专业选修课列表 Specialty Elective Courses	21904700	计算机前沿介绍 Introduce to New Frontiers of Computer Science	1.5	24			计算科学导论						1.5		
	21922400	Linux 系统应用与开发 Application and Development of Linux System	2	32	20	12	计算机高级语言程序设计 操作系统					2			
	21922500	Java 程序设计 A Java Programming A	2.5	40	28	12	面向对象程序设计				2.5				
	21922600	C＃程序设计 C＃ Programming	2.5	40	28	12	面向对象程序设计					2.5			
	21922700	并行计算 Parallel Computing	2	32	32		操作系统 计算机体系结构					2			
	21901100	Oracle 数据库技术 Oracle Database Technology	2	32	20	12	数据库原理					2			
	21907100	模式识别 Pattern Recognition	2.5	40	24	16	概率论与数理统计 人工智能						2.5		
	21922800	智能优化技术 Intelligent Optimization Technology	2.5	40	40		计算机高级语言程序设计 人工智能						2.5		

课程类别 Course Classification	课程编号 Course Code	课程名称 Course Name	学分 Crs	学时 Hrs	学时分类 Class Hours 讲课 Lec.	实验 Lab.	先修课程 Prerequisite Courses	学期学分分配 Semester Credits 一 1st	二 2nd	三 3rd	四 4th	五 5th	六 6th	七 7th	八 8th
可开出专业选修课列表 Specialty Elective Courses	21922900	图像处理与分析 Image Processing and Analysis	2.5	40	28	12	面向对象程序设计 计算机图形学					2			
	21923000	数据可视化 Data Visualization	2.5	40	28	12	数据库原理 图像处理与分析						2.5		
	21923100	计算机视觉 Computer Vision	2.5	40	28	12	计算机图形学 图像处理与分析						2.5		
	21923200	嵌入式系统 Embedded System	2.5	40	20	20	计算机组成原理 操作系统						2.5		
	21923300	软件测试与质量保证 Software Testing and Quality Assurance	2	32	20	12	软件工程						2		
	21923400	智能手机软件开发技术 Smart Phone Software Development Technology	2	32	16	16	面向对象程序设计 软件工程						2		
	21923500	大数据技术基础 Foundation of Big Data Technology	2.5	40	28	12	数据库原理 并行计算						2.5		
	21923600	信息安全概论 Introduction to Information Security	2	32	32		计算科学导论						2		
	20102100	地球科学概论 Introduction to Geosciences	2	32	32								2		

注：通识教育选修课学分和创新创业自主学习学分未列入具体学期。

计算机科学与技术专业课程分类统计

Course Category Statistics of Computer Science and Technology

课程学分 / 统计	通识教育课 Liberal Education Courses 必修 Compulsory	选修 Selective	学科基础课 Disciplinary Fundamental Courses	专业主干课 Main Specialty Courses	专业选修课 Specialty Elective Courses	实践环节 Practical Work	创新创业自主学习 Autonomous Learning	学时总计 Total Hours	学分总计 Total Credits
学时/学分 Hrs/Crs	640/35	192/12	752/47	464/29	352/22	36 周/36	8	2400+36 周	189
学分所占比例 Proportion of Credits	24.87%		24.87%	15.34%	11.64%	19.05%	4.23%		100%

信息安全专业培养方案

专业名称与代码：信息安全　080904K

专业培养目标：信息安全专业培养素质、知识、能力全面发展，具有自然科学、人文科学和信息科学基础知识，掌握信息安全领域的基本理论、基本技术和基本应用，具备信息安全科学研究、技术开发和应用服务能力的信息安全专业人才；毕业生能够从事计算机、通信、电子信息、电子商务、电子金融、电子政务、军事、公安等领域的信息安全研究、应用、开发和管理等方面的工作；毕业生培养侧重于从事国防信息安全、国土资源信息安全、空天信息安全等领域的应用服务工作。

专业毕业要求

1. 思想品德素质和身心素质要求：热爱祖国，遵纪守法，具有高度的国家安全意识和信息安全责任心，具备尽职奉献的精神，具有良好的身体素质和心理素质。

2. 文化素质要求：具有一定的文化素质，既要具有一定的中华民族传统优秀文化的修养，也要具有一定的现代世界文化修养。

3. 专业素质要求：具有从事信息安全科学研究、技术开发和应用服务的专业素质，具有一定的创新创业意识。

4. 人文社会科学知识要求：具有文学、外语、法律、管理、艺术等方面的基本知识或常识。

5. 自然科学知识要求：具有与信息安全相关的数学、物理和生物学等方面的基础知识。

6. 专业知识要求：具有信息安全数学基础、信息科学基础和信息安全基础知识。具有密码学、网络安全、信息系统安全、信息内容安全等领域的专业知识，并在某一方面有所侧重。

7. 学习能力与分析和解决问题的能力要求：具有知识和技术的获取能力，具有自学能力，具有信息安全领域的科学研究、技术开发和应用服务的基本能力。

8. 创新能力要求：具有一定的创新、创业意识和能力。

毕业要求及实现途径

序号	毕业要求	实现途径（教学过程）
1	思想品德素质和身心素质要求	①课堂教学：马克思主义基本原理、毛泽东思想与中国特色社会主义理论体系概论、中国近现代史纲要、思想道德修养与法律基础、体育、军事理论 ②课外学习：劳动教育、军事训练
2	文化素质要求	①课堂教学：信息安全专业导论、大学英语、地球科学概论、文哲史通识课 ②课外学习：劳动教育、社会调查、创新创业学习
3	专业素质要求	①课堂教学：信息安全专业导论、C语言程序设计、信息安全基础、信息论、信息安全数学基础、软件项目管理、信息安全综合实践 ②课外学习：创新创业学习
4	人文社会科学知识要求	①课堂教学：思想道德修养与法律基础、大学英语、地球科学概论、文哲史通识课 ②课外学习：创新创业学习、社会调查
5	自然科学知识要求	①课堂教学：高等数学、线性代数、概率论与数理统计、数字电路与逻辑设计、信息安全数学基础 ②课外学习：创新创业学习

序号	毕业要求	实现途径(教学过程)
6	专业知识要求	①课堂教学:信息安全基础、计算机组成原理、离散数学、数据结构、汇编语言程序设计、计算机网络与通信、信息论、密码学、网络安全、软件安全、信息内容安全、网络安全程序设计、操作系统原理与安全、数据库系统原理与安全、信息安全综合实践 ②课外学习:创新创业学习
7	学习能力与分析和解决问题的能力要求	①课堂教学:信息安全专业导论、信息安全基础、软件项目管理、网络攻防核心技术与实践、移动互联网安全、信息隐藏技术、电子商务与电子政务安全、嵌入式系统安全、空间信息服务与应用、地学信息处理技术、地学信息系统集成、信息可生存原理与技术、数据仓库与应用、信息安全工程与管理、信息安全综合实践 ②课外学习:创新创业学习、毕业设计
8	创新能力要求	①课堂教学:信息安全工程与管理、信息安全综合实践、软件项目管理 ②课外学习:社会调查、其他(学科竞赛、发明创造、科研报告)

主干学科:计算机科学与技术、通信工程。

核心课程:学科基础(平台)课程:高等数学、线性代数、概率论与数理统计、数字电路与逻辑设计、计算机组成原理、信息安全基础、离散数学、数据结构、汇编语言程序设计、C语言程序设计、计算机网络与通信、信息论、信息安全数学基础。

其他主干课程:密码学、软件安全、网络安全、信息内容安全、操作系统原理及安全、数据库系统原理及安全、软件项目管理、安全程序设计、网络攻防核心技术与实践、移动互联网安全、信息隐藏技术、电子商务与电子政务安全、嵌入式系统安全。

主要专业实验:包括C语言课程设计、数字电路与逻辑设计实验、计算机组成原理实验、软件综合课程设计、网络安全实验、软件安全实验、操作系统原理及安全课程设计、数据库系统原理及安全课程设计、密码学课程设计、计算机网络与通信课程设计、信息内容安全实验、信息安全综合实践。

主要实践性教学环节:实践性教学环节主要有上机实习和实验两种类型,采用课间实验与集中实验相结合的方法进行安排,其中课间实验与相应课程同步进行。集中实验一般在相应课程结束后集中进行,以综合性、设计型为主,旨在锻炼综合应用知识、解决实际问题的能力。每个学生必须从二年级开始参加一个兴趣小组,承担相应的课外研究、开发工作。推荐免试攻读硕士学位的学生直接进入到导师的课题组,提前开始研究生阶段的学习和研发工作;对准备就业的学生,到用人单位或实习基地实习6个月以上时间。

修业年限:四年。

授予学位:工学学士。

相近专业:计算机科学与技术。

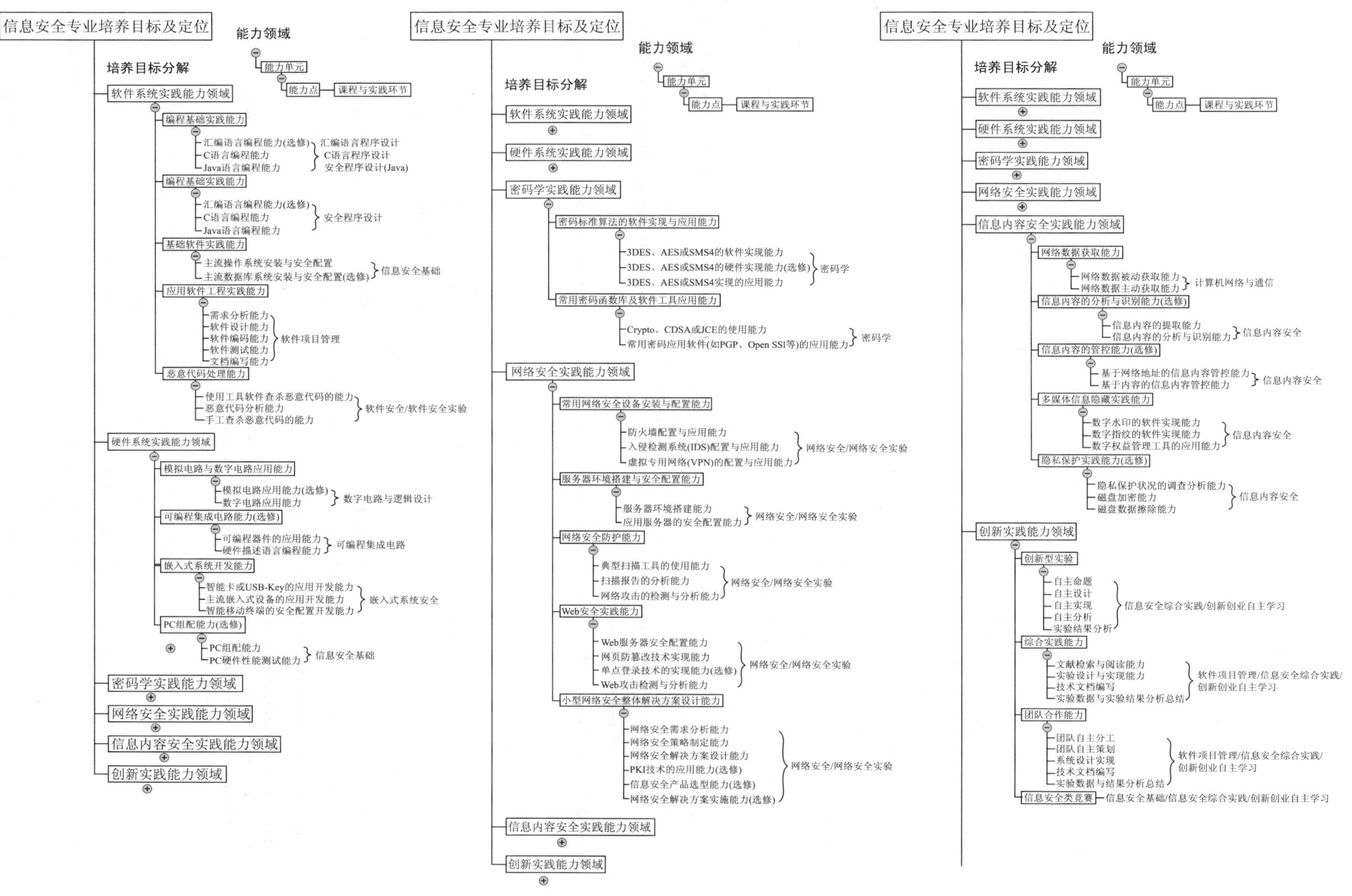
信息安全专业培养目标及定位
培养目标分解
能力领域
能力单元
能力点
课程与实践环节
软件系统实践能力领域
编程基础实践能力
汇编语言编程能力(选修)
C语言编程能力
Java语言编程能力
汇编语言程序设计
C语言程序设计
安全程序设计(Java)
编程基础实践能力
汇编语言编程能力(选修)
C语言编程能力
Java语言编程能力
安全程序设计
基础软件实践能力
主流操作系统安装与安全配置
主流数据库系统安装与安全配置(选修)
信息安全基础
应用软件工程实践能力
需求分析能力
软件设计能力
软件编码能力
软件测试能力
文档编写能力
软件项目管理
恶意代码处理能力
使用工具软件查杀恶意代码的能力
恶意代码分析能力
手工查杀恶意代码的能力
软件安全/软件安全实验
硬件系统实践能力领域
模拟电路与数字电路应用能力
模拟电路应用能力(选修)
数字电路应用能力
数字电路与逻辑设计
可编程集成电路能力(选修)
可编程器件的应用能力
硬件描述语言编程能力
可编程集成电路
嵌入式系统开发能力
智能卡或USB-Key的应用开发能力
主流嵌入式设备的应用开发能力
智能移动终端的安全配置开发能力
嵌入式系统安全
PC组配能力(选修)
PC组配能力
PC硬件性能测试能力
信息安全基础
密码学实践能力领域
网络安全实践能力领域
信息内容安全实践能力领域
创新实践能力领域
信息安全专业培养目标及定位
培养目标分解
能力领域
能力单元
能力点
课程与实践环节
软件系统实践能力领域
硬件系统实践能力领域
密码学实践能力领域
密码标准算法的软件实现与应用能力
3DES、AES或SMS4的软件实现能力
3DES、AES或SMS4的硬件实现能力(选修)
3DES、AES或SMS4实现的应用能力
密码学
常用密码函数库及软件工具应用能力
Crypto、CDSA或JCE的使用能力
常用密码应用软件(如PGP、Open SSl等)的应用能力
密码学
网络安全实践能力领域
常用网络安全设备安装与配置能力
防火墙配置与应用能力
入侵检测系统(IDS)配置与应用能力
虚拟专用网络(VPN)的配置与应用能力
网络安全/网络安全实验
服务器环境搭建与安全配置能力
服务器环境搭建能力
应用服务器的安全配置能力
网络安全/网络安全实验
网络安全防护能力
典型扫描工具的使用能力
扫描报告的分析能力
网络攻击的检测与分析能力
网络安全/网络安全实验
Web安全实践能力
Web服务器安全配置能力
网页防篡改技术实现能力
单点登录技术的实现能力(选修)
Web攻击检测与分析能力
网络安全/网络安全实验
小型网络安全整体解决方案设计能力
网络安全需求分析能力
网络安全策略制定能力
网络安全解决方案设计能力
PKI技术的应用能力(选修)
信息安全产品选型能力(选修)
网络安全解决方案实施能力(选修)
网络安全/网络安全实验
信息内容安全实践能力领域
创新实践能力领域
信息安全专业培养目标及定位
培养目标分解
能力领域
能力单元
能力点
课程与实践环节
软件系统实践能力领域
硬件系统实践能力领域
密码学实践能力领域
网络安全实践能力领域
信息内容安全实践能力领域
网络数据获取能力
网络数据被动获取能力
网络数据主动获取能力
计算机网络与通信
信息内容的分析与识别能力(选修)
信息内容的提取能力
信息内容的分析与识别能力
信息内容安全
信息内容的管控能力(选修)
基于网络地址的信息内容管控能力
基于内容的信息内容管控能力
信息内容安全
多媒体信息隐藏实践能力
数字水印的软件实现能力
数字指纹的软件实现能力
数字权益管理工具的应用能力
信息内容安全
隐私保护实践能力(选修)
隐私保护状况的调查分析能力
磁盘加密能力
磁盘数据擦除能力
信息内容安全
创新实践能力领域
创新型实验
自主命题
自主设计
自主实现
自主分析
实验结果分析
信息安全综合实践/创新创业自主学习
综合实践能力
文献检索与阅读能力
实验设计与实现能力
技术文档编写
实验数据与实验结果分析总结
软件项目管理/信息安全综合实践/
创新创业自主学习
团队合作能力
团队自主分工
团队自主策划
系统设计实现
技术文档编写
实验数据与结果分析总结
软件项目管理/信息安全综合实践/
创新创业自主学习
信息安全类竞赛
信息安全基础/信息安全综合实践/创新创业自主学习

Program for Information Security

Specialty and Code: Information Security 080904K

Education Objective: The program aims at educating advanced technical professionals who are highly skilled and knowledgeable, and equipped with theories in natural science, humanities and informatics. Students will be specialized in theories, technology and application of information system security, and may become expertise in research and development of information system security. The education focus is to prepare students for their career in applications and management of information security in national defense, national territory resources, aeronautics and space management. Graduates can work in information technology (IT) related fields, especially in information security related researches, applications and managements in computer science, communication, information engineering, e-commerce technology, e-Finance, e-Government, military, etc.

Graduation Requirements

1. Morality, Physical and Mental Health: to love the motherland and the people, to abide by rules of discipline and laws, to maintain a high level of national security awareness, to take the responsibility of protecting information security, to possess spirit of high diligence and dedication, and to have good physical and psychology health.

2. Culture Qualities: having knowledge in excellent Chinese traditional cultures, as well as knowledge in modern world cultures.

3. Professional Knowledge: being professional in research, development and application of information security and being innovative and creative.

4. Humanities Knowledge: having basic knowledge in literature, foreign language, laws, management, arts.

5. Natural Science Proficiency: having theory in mathematics, physics and biology which are related to information security.

6. Specialized Knowledge: mathematics for Information Security, Fundamentals of Informatics, Fundamentals of Information Security, Cryptography, Network Security, Information System Security, Information Content Security, and Specialized in one of above areas.

7. Study skills, Problem solving ability: self-study skills and skills to obtain technology, ability to perform research, development and application in information security.

8. Innovation: creativity, enterprising spirit.

Graduation Requirements and Ways to Achieve

No.	Graduation Requirements	Ways to Achieve(Teaching Process)
1	Morality, Physical and Mental Health	①Classroom Teaching: Basic Principles of Marxism, Introduction to Mao Tse-tung Thought and the Theoretical System of Socialism with Chinese Characteristics, The Essentials of Modern Chinese History, Morality Education and Fundamentals of Law, Physical Education, Military Theory ②Out-of-class Learning: Labor Education, Military Training

No.	Graduation Requirements	Ways to Achieve(Teaching Process)
2	Culture Qualities	①Classroom Teaching: Introduction to Information Security, College English, Introduction to Earth Science, Liberal Education Courses(literature, history and philosophy) ②Out-of-class Learning: Labor Education, Social Investigation, Innovation and Autonomous Learning
3	Professional Knowledge	① Classroom Teaching: Introduction to Information Security, C Language Programming, Foundation of Information Security, Information Theory, Mathematics for Information Security, Software Project Management, Integrated Training of Information Security ② Out-of-class Learning: Innovation and Venture Learning
4	Humanities Knowledge	①Classroom Teaching: Morality Education and Fundamentals of Law, College English, Introduction to Earth Science, Liberal Education Courses (Literature, History and Philosophy) ② Out-of-class Learning: Innovation and Venture Learning, Social Investigation
5	Natural Science Proficiency	① Classroom Teaching: Advanced Mathematics, Linear Algebra, Probability Theory and Mathematical Statistics, Digital Circuits and Logical Programming, Mathematics for Information Security ② Out-of-class Learning: Innovation and Venture Learning
6	Professional Knowledge	① Classroom Teaching: Foundation of Information Security, The Principles of Computer Configuration, Discrete Mathematics, Data Structure, Assembly Language Programming, Computer Network and Telecommunications, Information Theory, Cryptography, Network Security, Software Security, Information Content Security, Network Security Programming, Operating System and Security, Database System and Security, Integrated Training of Information Security ② Out-of-class Learning: Innovation and Autonomous Learning
7	Study skills, Problem solving	① Classroom Teaching: Introduction to Information Security, Foundation of Information Security, Software Project Management, Network Attack and Defense Core Techniques and Practice, Mobile Internet Security, Information Hiding Technology, Security of Electronic Business and Electronic Government, Embedded System Security, Spatial Information Service and Application, Geological Information Processing Technology, Geological Information System Integration, Principle and Techniques of Information Survivability, Data Warehouse and Application, Information Security Engineering and Management, Integrated Training of Information Security ② Out-of-class Learning: Innovation and Venture Learning, Graduation Design

No.	Graduation Requirements	Ways to Achieve(Teaching Process)
8	Innovation in Skill Requirements	①Classroom Teaching: Information Security Engineering and Management, Software Project Integrated Training of Information Security ②Out-of-class Learning: Social Investigation, Others (Contest, Invention, Innovation and Research Presentation)

Major Disciplines: Computer Science and Technology, Communications Engineering.

Main Courses: Advanced Mathematics, Linear Algebra, Probability and Mathematical Statics, Digital Circuits and Logical Programming, The Principles of Computer Configuration, Foundations of Information Security, Discrete Mathematics, Data Structure, Assembly Language Programming, C Language Programming, Computer Network and Telecommunications, Information Theory, Mathematics for Information Security.

Other Core Courses: Cryptography, Software Security, Network Security, Information Content Security, Operating System and Security, Principles and Security of Database, Software Project Management, Security Programming, Network Attack and Defense Core Techniques and Practice, Mobile Internet Security, Information Hiding Technology, Security of Electronic Business and Electronic Government, Embedded System Security.

Lab Experiments: C Language Course Projects, Digital Circuits and Logical Programming Experiments, Computer Organization Experiments, Software Integrated Course Projects, Network Security Practice, Software Security Practice, Operating System and Security Course Projects, Database System and Security Course Projects, Cryptography Course Projects, Computer Network and Telecommunications Course Projects, Information Content Security Practice, Integrated Training of Information Security.

Practical Work: Practical work includes two types, projects on computers and experiments. The projects and experiments are distributed during course study and there are final project designed as well at the end of a course. The final project is comprehensive and focused on design. The purpose of the final project is to provide the student the opportunity to apply the theory and to solve problems in a more practical environment. The students are required to join different groups formed according to their interest from the second year of the program. In the group, students will be assigned some research and development work from some real projects. The students who are admitted to Graduate Degree program will work under their supervisor for their study and research. As for the students who will look for jobs after graduation, they can do internship for over 6 months in different companies.

Duration: four years.

Degree Granted: Bachelor of Engineering.

Related Specialties: Computer Science and Technology.

信息安全专业课程教学计划表

Course Descriptions of Information Security

课程类别 Course Classification		课程编号 Course Code	课程名称 Course Name	学分 Crs	学时 Hrs	学时分类 Class Hours		先修课程 Prerequisite Courses	学期学分分配 Semester Credits							
						讲课 Lec.	实验 Lab.		一 1st	二 2nd	三 3rd	四 4th	五 5th	六 6th	七 7th	八 8th
通识教育课 Liberal Education Courses	必修 Compulsory	11706200	马克思主义基本原理 Principles of Marxism	3	48	48				3						
		11706500	毛泽东思想与中国特色社会主义理论体系概论 Introduction to Mao Tse-tung Thought and the Theoretical System of Socialism with Chinese Characteristics	4	64	64					4					
		11711800	中国近现代史纲要 The Essentials of Modern Chinese History	2	32	32						2				
		120002＊0	思想道德修养与法律基础 Morality Education and Fundamentals of Law	3	48	48			1.5	1.5						
		113076＊0	体育 Physical Education	4	144	144			1	1	1	1				
		109116＊0	大学英语 College English	12	192	192			3	3	3	3				
		11918901	C语言程序设计A C Language Programming A	3.5	56	40	16		3.5							
		21919800	信息安全专业导论 Introduction to Information Security	1	16	16			1							
		14300100	军事理论 Military Theory	2	32	32			2							
	选修 Elective	总计12学分，含创新创业选修课学分，跨学科选修课不低于6学分。“形势与政策”课程作为限选课，由马克思主义学院实施		12	192											
		小计 **Sum**		**46.5**	**824**	**616**	**16**		**12**	**8.5**	**8**	**6**	**0**	**0**	**0**	**0**
学科基础课 Disciplinary Fundamental Courses		212127＊1	高等数学A Advanced Mathematics A	11.5	184	184			5	6.5						
		21212801	线性代数A Linear Algebra A	3.5	56	56			3.5							
		21213501	概率论与数理统计A Probability and Mathematics Statistics A	3.5	56	56					3.5					

课程类别 Course Classification	课程编号 Course Code	课程名称 Course Name	学分 Crs	学时 Hrs	学时分类 Class Hours		先修课程 Prerequisite Courses	学期学分分配 Semester Credits							
					讲课 Lec.	实验 Lab.		一 1st	二 2nd	三 3rd	四 4th	五 5th	六 6th	七 7th	八 8th
学科基础课 Disciplinary Fundamental Courses	21920600	数字电路与逻辑设计 Digital Circuits and Logical Programming	3	48	48				3						
	21916500	信息安全基础 Foundation of Information Security	3	48	48		信息安全专业导论		3						
	21924400	计算机组成原理 B The Principles of Computer Configuration B	3	48	48		数字电路与逻辑设计			3					
	21216502	离散数学 B Discrete Mathematics B	3.5	56	56		高等数学 线性代数				3.5				
	21924500	数据结构 B Data Structure B	3	48	48		C 语言程序设计 A				3				
	21903201	汇编语言程序设计 A Assembly Language Programming A	3	48	40	8	C 语言程序设计 A			3					
	21924600	计算机网络与通信 Computer Network and Telecommunications	3	48	48		信息安全基础			3					
	20102100	地球科学概论 Introduction to Earth Science	2	32	32				2						
	21924700	信息论 Information Theory	2.5	40	40		信息安全基础				2.5				
	21916400	信息安全数学基础 Mathematics for Information Security	3	48	48		信息安全基础				3				
	小计 Sum		**47.5**	**760**	**752**	**8**		**8.5**	**14.5**	**12.5**	**12**	**0**	**0**	**0**	**0**
专业主干课 Main Specialty Courses	219167＊0	密码学 Cryptography	3	48	48		信息安全基础 信息安全数学基础					3			
	219167＊0	网络安全 Network Security	3	48	48		信息安全基础 计算机网络与通信				3				
	2192500	软件安全 Software Security	3	48	48		信息安全基础 汇编语言程序设计				3				
	21925100	信息内容安全 Information Content Security	2.5	40	40		信息安全基础 计算机网络与通信					2.5			
	219163＊0	安全程序设计 Security Programming	3	48	40	8	C 语言程序设计 A		3						
	21925200	操作系统原理及安全 Operating System and Security	3.5	56	56		信息安全数学基础 密码学					3.5			

课程类别 Course Classification	课程编号 Course Code	课程名称 Course Name	学分 Crs	学时 Hrs	学时分类 Class Hours		先修课程 Prerequisite Courses	学期学分分配 Semester Credits							
					讲课 Lec.	实验 Lab.		一 1st	二 2nd	三 3rd	四 4th	五 5th	六 6th	七 7th	八 8th
专业主干课 Main Specialty Courses	21925300	数据库系统原理及安全 Database System and Security	3	48	48		信息安全数学基础 密码学						3		
	21925400	软件项目管理 Software Project Management	2	32	32		C语言程序设计A 网络安全程序设计			2					
	21925500	网络攻防核心技术与实践 Network Attack and Defense Core Techniques and Practice	2	32	32		网络安全 计算机网络与通信						2		
	21925600	移动互联网安全 Mobile Internet Security	2	32	32		网络安全 计算机网络与通信						2		
	21912500	信息隐藏技术 Information Hiding Technology	2	32	32		信息安全基础 信息安全数学基础						2		
	21925700	电子商务与电子政务安全 Security of Electronic Business and Electronic Government	2	32	32		网络安全 计算机网络与通信						2		
	21925800	嵌入式系统安全 Embedded System Security	2	32	32		信息安全基础					2			
	小计 Sum		**33**	**528**	**520**	**8**		**0**	**3**	**2**	**6**	**11**	**11**	**0**	**0**
专业选修课 Specialty Elective Courses		具体见专业选修课列表	18	288											
合计 Sub-total			**145**	**2400**	**1888**	**32**		**20.5**	**26**	**22.5**	**24**	**11**	**11**	**0**	**0**
实践环节 Practical Work	44300200	军事训练 Military Training	2	2周				2							
	41919001	C语言课程设计A Course Design for C Language A	1.5	1.5周			C语言程序设计A	1.5							
	41920700	数字电路与逻辑设计实验 Digital Circuits and Logical Programming Experiments	1	1周			数字电路与逻辑设计		1						
	41920901	数据结构课程设计A Data Structure Course Projects A	2	2周			数据结构				2				
	41921700	计算机组成原理实验 Computer Organization Experiments	2	2周			计算机组成原理			2					

课程类别 Course Classification	课程编号 Course Code	课程名称 Course Name	学分 Crs	学时 Hrs	学时分类 Class Hours		先修课程 Prerequisite Courses	学期学分分配 Semester Credits							
					讲课 Lec.	实验 Lab.		一 1st	二 2nd	三 3rd	四 4th	五 5th	六 6th	七 7th	八 8th
实践环节 Practical Work	41925900	软件综合课程设计 Software Integrated Course Projects	2	2 周			网络安全程序设计 软件项目管理			2					
	41926000	网络安全实验 Network Security Practice	1.5	1.5 周			网络安全				1.5				
	41926100	软件安全实验 Software Security Practice	1.5	1.5 周			软件安全				1.5				
	41926200	操作系统原理及安全课程设计 Operating System and Security Course Projects	1	1 周			操作系统安全					1			
	41926300	密码学课程设计 Cryptography Course Projects	1.5	1.5 周			密码学 信息安全数学基础 信息论					1.5			
	41926400	计算机网络与通信课程设计 Computer Network and Telecommunications Course Projects	1	1 周			计算机网络与通信			1					
	41926500	数据库系统原理及安全课程设计 Database System and Security Course Projects	1	1 周			数据库系统原理及安全						1		
	41926600	信息内容安全实验 Information Content Security Practice	1	1 周			信息内容安全					1			
	41926700	信息安全综合实践 Integrated Training of Information Security	3	3 周			团队学习 创新创业学习 所有专业课程						3		
	41922300	毕业论文(设计) Graduation Thesis(Design)	16	16 周											16
	小计 Sum		**38**	**38 周**	**0**	**0**		**3.5**	**1**	**5**	**5**	**3.5**	**4**	**0**	**16**
创新创业自主学习 Autonomous Learning	ZZ35000S	社会调查 Social Investigation	2												
		其他(学科竞赛、发明创造、科研报告) Others (Contest, Invention, Innovation and Research Presentation)	4												
	小计 Sum		**6**												
总计 Total			**189**	**2400 + 38 周**	**1888**	**32**		**24**	**27**	**27.5**	**29**	**14.5**	**15**	**0**	**16**

课程类别 Course Classification	课程编号 Course Code	课程名称 Course Name	学分 Crs	学时 Hrs	学时分类 Class Hours 讲课 Lec.	实验 Lab.	先修课程 Prerequisite Courses	学期学分分配 Semester Credits 一 1st	二 2nd	三 3rd	四 4th	五 5th	六 6th	七 7th	八 8th
可开出专业选修课列表 Specialty Elective Courses	21926800	地学信息处理技术 Geological Information Processing Technology	2	32	32		地球科学导论						2		
	21914000	空间信息服务与应用 Spatial Information Service and Application	2	32	24	8							2		
	21915602	软件工程 B Software Engineering B	2.5	40	32	8							2.5		
	21914400	地学信息系统集成 Geological Information System Integration	2	32	24	8								2	
	21926900	算法设计与分析 Algorithmic Design and Analysis	2.5	40	28	12					2.5				
	21920300	面向对象程序设计(C++) Object Oriented Programming (C++)	3	48	36	12							3		
	21921501	编译原理 A Compiler Principles A	3	48	40	8						3			
	21927002	计算机网络管理 B Computer Network Management B	2.5	40	32	8								2.5	
	21927100	信息可生存原理与技术 Principle and Techniques of Information Survivability	2	32	32									2	
	21914100	数据仓库与应用 Data Warehouse and Application	2	32	24	8						2			
	21927200	信息安全工程与管理 Information Security Engineering and Management	2.5	40	40								2.5		
	21927300	安全前沿技术专题讲座 Preceding Security Techniques Seminar	1	16	16									1	

注：通识教育选修课学分和创新创业自主学习学分未列入具体学期。

信息安全专业课程分类统计

Course Category Statistics of Information Security

课程学分 / 统计	通识教育课 Liberal Education Courses		学科基础课 Disciplinary Fundamental Courses	专业主干课 Main Specialty Courses	专业选修课 Specialty Elective Courses	实践环节 Practical Work	创新创业自主学习 Autonomous Learning	学时总计 Total Hours	学分总计 Total Credits
	必修 Compulsory	选修 Selective							
学时/学分 Hrs/Crs	632/34.5	192/12	760/47.5	528/33	288/18	38 周/38	6	2400 +38 周	189
学分所占比例 Proportion of Credits	24.60%		25.13%	17.46%	9.52%	20.11%	3.17%		100%

中国地质大学（武汉）
信息安全专业本科生创新创业自主学习学分认定一览表

<table>
<tr><th>序号</th><th>创新创业活动名称</th><th colspan="2">创新创业活动要求</th><th>学分</th></tr>
<tr><td rowspan="3">1</td><td rowspan="3">主持或参加
创新创业项目</td><td colspan="2">主持或参加（前三名）国家大学生创新创业训练项目，并顺利结题者；主持或参加（前三名）省级以上的创新创业项目，并顺利结题者</td><td>2～4</td></tr>
<tr><td colspan="2">主持或参加（前二名）校级大学生创新创业训练项目，并顺利结题者</td><td>2</td></tr>
<tr><td colspan="2">主持院级创新或创业训练项目，并顺利结题者</td><td>1</td></tr>
<tr><td>2</td><td>社会实践活动</td><td colspan="2">参加社会实践，提交社会实践或社会调查报告，通过答辩者（不重复计分）</td><td>2</td></tr>
<tr><td rowspan="5">3</td><td rowspan="5">英语、计算机、
普通话</td><td colspan="2">托福考试达 90 分及以上者；雅思考试达 6.5 分及以上者；GRE 考试达 1350 分及以上者；全国大学英语六级考试达 520 分及以上者（不重复计分）</td><td>3</td></tr>
<tr><td rowspan="3">全国计算机技术与软件专业技术资格水平考试（不重复计分）</td><td>获初级资格证书者</td><td>2</td></tr>
<tr><td>获中级资格证书者</td><td>3</td></tr>
<tr><td>获高级资格证书者</td><td>4</td></tr>
<tr><td>普通话（不重复计分）</td><td>获得二乙及以上等级证书者</td><td>2</td></tr>
<tr><td rowspan="3">4</td><td rowspan="3">信息技术类
工程师认证</td><td rowspan="3">信息技术类工程师认证，例如 CISP、Microsoft、Oracle、Citrix、IBM、Cisco、Redhat、CIW 等国际或国内知名认证（可重复计分）</td><td>获得初级认证资质</td><td>2</td></tr>
<tr><td>获得中级认证资质</td><td>3</td></tr>
<tr><td>获得高级认证资质</td><td>5</td></tr>
<tr><td rowspan="10">5</td><td rowspan="9">学科竞赛</td><td rowspan="3">校级（不重复计分）</td><td>获一等奖者</td><td>3</td></tr>
<tr><td>获二等奖者</td><td>2</td></tr>
<tr><td>获三等奖者</td><td>1</td></tr>
<tr><td rowspan="3">省级（不重复计分）</td><td>获一等奖者</td><td>4</td></tr>
<tr><td>获二等奖者</td><td>3</td></tr>
<tr><td>获三等奖者</td><td>2</td></tr>
<tr><td rowspan="3">全国（不重复计分）</td><td>获特等奖、一等奖者</td><td>5</td></tr>
<tr><td>获二等奖者</td><td>4</td></tr>
<tr><td>获三等奖者</td><td>3</td></tr>
<tr><td>艺术类、体育类竞赛</td><td colspan="2">主要针对艺术类、体育类专业学生，参照学校相关认定规则；非艺术类专业学生竞赛学分认定参照大学生艺术教育基地相关规则（不重复计分）</td><td>2</td></tr>
<tr><td rowspan="4">6</td><td rowspan="4">本学科专业领域的论文发表或宣读</td><td>T3（含）以上刊物（可重复计分）</td><td>每篇论文（前二名作者）</td><td>4</td></tr>
<tr><td>T4、T5 刊物（可重复计分）</td><td>每篇论文（前二名作者）</td><td>3</td></tr>
<tr><td>一般刊物（可重复计分）</td><td>每篇论文（前二名作者）</td><td>2</td></tr>
<tr><td>各种会议宣读并收入论文集（可重复计分）</td><td>每篇论文（前二名作者）</td><td>1</td></tr>
<tr><td rowspan="6">7</td><td rowspan="6">发明创造</td><td rowspan="3">所有权归学校的职务发明：PCT 国际专利</td><td>第一发明人</td><td>5</td></tr>
<tr><td>第二、第三发明人</td><td>2</td></tr>
<tr><td>其他发明人</td><td>1</td></tr>
<tr><td rowspan="3">所有权归学校的职务发明：国家发明专利</td><td>第一发明人</td><td>4</td></tr>
<tr><td>第二、第三发明人</td><td>1.5</td></tr>
<tr><td>其他发明人</td><td>0.5</td></tr>
</table>

<table>
<tr><th>序号</th><th>创新创业活动名称</th><th colspan="2">创新创业活动要求</th><th>学分</th></tr>
<tr><td rowspan="2">7</td><td rowspan="2">发明创造</td><td rowspan="2">所有权归学校的以下知识产权申请:国家实用新型专利、外观设计专利、计算机软件著作权、集成电路布图设计、商标、植物新品种等发明专利</td><td>第一发明人</td><td>1.5</td></tr>
<tr><td>第二、第三发明人</td><td>0.5</td></tr>
<tr><td rowspan="2">8</td><td rowspan="2">参加创新
创业活动</td><td>参加本院师生的科研项目或科研活动,并有二名副教授以上职称的教师认可的学术论文或报告</td><td>第一报告人</td><td>2</td></tr>
<tr><td>参加本校或本院组织的创新创业活动,并有二名副教授以上职称的教师认可的论文、方案或报告</td><td>第一报告人</td><td>2</td></tr>
<tr><td>9</td><td>科技成果转化</td><td>参加本校或本院组织的创新创业活动,注册成立公司且能正常运营;将本人的专利以实施许可、技术转让或技术入股方式进行技术转移等,参照学校知识产权与技术转移中心相关规则</td><td>占有公司股份 20%及以上;第一、第二、第三发明人</td><td>1—3</td></tr>
</table>

说明:1. 参加校体育运动会获第一名、第二名者与校级一等奖等同,获第三名至第五名者与校级二等奖等同,获第六至第八名者与校级三等奖等同。

2. 第 1、7、8、9 序号项中,如同一类创业活动多次参加或获得不同级别荣誉,学分仅计最高级别一次,不累计。

3. 第 2、3、5 序号项中,如同一成果多次获奖或同一类创业活动多次达标,学分仅计最高级别一次,不重复计分。

4. 第 4、6 序号项中,如获得多个信息类工程师认证资质或多篇论文发表,可重复计分,即学分可累加。

本创新创业自主学习学分认定规则最终解释权归属计算机科学学院教学指导委员会。

网络工程专业培养方案

专业名称与代码:网络工程　080903

专业培养目标:培养具有良好综合素质和开拓创新能力,在计算机技术和网络通信领域获得工程师基本训练及具有综合知识的高级工程技术人才;学生主要学习计算机科学的基本理论和基本方法,计算机软件、硬件应用系统的开发技能,计算机网络与通信等理论和技术,物联网信息的获取、传输、处理及应用;毕业生可在交通、政务、安保、消防、电网、国防、物流、家电、环保等多个领域从事计算机网络、通信网络、物联网应用系统的设计、开发和管理等工作,也可继续深造攻读硕士、博士。

专业毕业要求

本专业以学习计算机科学技术为主,兼学通信技术,电子信息工程。以网络技术和信息获取与处理为重点专业方向。要求学生在网络工程理论基础和实际能力两个方面都得到培养及提高。学生毕业后可以从事网络工程、物联网工程等方面的研究、应用和管理工作。

1. 掌握网络工程、物联网工程的基本理论、基本知识;掌握网络系统、物联网系统的分析和设计的基本方法;了解物联网工程领域的新产品、新技术、新标准以及技术发展趋势。

2. 具有物联网应用系统设计的基本能力;具备运用适当的理论和实践方法解决物联网工程实际问题的能力,在网络产品、网络系统的集成设计、运行和维护及解决实际工程问题等方面得到系统化训练。

3. 参与项目及工程管理,具有初步的项目和工程管理能力,具有较强的质量、环境、职业健康安全和法律意识。

4. 掌握文献检索、资料查询的基本方法,具有获取信息和能初步从事研究工作的能力。具备良好的道德和较强的责任感。有效的沟通与交流能力和较强的获取知识、终身学习的能力。

毕业要求及实现途径

序号	毕业要求	实现途径(教学过程)
1	掌握网络工程基础技术知识、工程方法和技术规范。了解物联网工程领域的新产品、新技术、新标准以及技术发展趋势	①课堂教学:掌握扎实的物联网工程基础技术知识和工程方法,熟悉物联网工程领域的技术标准,了解物联网设备、物联网行业的相关政策、法律和法规 ②课外学习:了解物联网工程领域的新产品、新技术、新工艺以及技术发展趋势
2	具备运用适当的理论和实践方法解决物联网工程实际问题的能力,在网络产品、网络系统的集成设计、运行和维护或解决实际工程问题方面得到系统化训练	①课堂教学:具备初步的计算机网络设备和物联网系统开发的策划能力,具备基本的设备(系统)运行、管理、改进、维护方面的能力,具有较强的物联网项目设计能力,具有较强的创新意识和进行创新设计的初步能力 ②课外学习:了解市场和用户的需求变化以及相关学科技术发展,了解物联网设备(系统)的性能、特点和运行规律
3	参与项目及工程管理,具有初步的项目和工程管理能力,具有较强的质量、环境、职业健康安全和法律意识	①课堂教学:具有较强的质量、环境、职业健康安全和法律意识,在法律法规规定的范畴内,按制定的相关标准和程序要求开展工作,具有初步的项目和工程管理能力 ②课外学习:能够发现用户或市场需求的变化,并能根据变化提出变更物联网工程项目设计任务书、项目实施计划等方面的建议,能够发现国家产业政策、经济政策、行政条例、法规等方面的变化,并能根据变化提出项目变更、项目申报和审批等方面的建议

序号	毕业要求	实现途径(教学过程)
4	掌握文献检索、资料查询的基本方法,具有获取信息和能初步从事研究工作的能力。具备良好的道德和较强的责任感。有效的沟通与交流能力和较强的获取知识、终身学习的能力	课外学习:具有较强的表达和沟通能力,具有较强的交流能力,具有较强的获取知识、终身学习的能力,具有较强的社会责任感,在环境保护、节约资源、公共安全、社会服务、社会福利、公共卫生、社会秩序等方面体现对社会的责任,掌握文献检索、资料查询的基本方法

主干学科:计算机科学与技术、信息与通信工程、电子科学与技术。

核心课程:电工与电子技术、计算机网络、计算机网络管理、物联网技术与应用、物联网规划与设计、移动与无线传感网、嵌入式系统与接口技术、RFID 原理与应用、地理信息系统、高级网络程序设计、物联网安全技术、高性能计算、网络存储技术、路由与交换、Unix/Linux 环境高级编程等。

主要专业实验:电工与电子技术、计算机网络、计算机网络管理、物联网技术与应用、移动与无线传感网、嵌入式系统与接口技术、高级网络程序设计、物联网安全技术、高性能计算、网络存储技术、路由与交换、Unix/Linux 环境高级编程 。

主要实践性教学环节:包括 C 语言课程设计、数据结构课程设计、计算机网络课程设计、物联网技术与应用课程设计、物联网安全技术课程设计、计算机网络管理课程设计,物联网综合实习、毕业论文(设计)。

修业年限:四年。

授予学位:工学学士。

相近专业:通信工程、电子信息工程。

Program for Network Engineering

Specialty and Code: Network Engineering 080903

Education Objective: The program aims at nurturing the multifaceted development of students to enable them to have the good diverse quality and the ability of creativity, be trained basically in both computer technology and network communication, and become network engineering specialists with general-purpose knowledge. Students will study the basic theories and approaches of computer science, the development skill of software and hardware applications, theories and technologies of computer networks and communication, the technologies and the applications of Internet of things(IOT) information in terms of capturing, transferring and processing. Graduates are qualified to design, develop and manage in various fields of computer networks, communication networks, IOT application systems, etc, in various industries such as traffic, government, security protection, fire alarm, power grid, national defense, logistics, home appliances, environment protection and so on, and can also pursue further study for a Master Degree or Doctoral Degree.

Graduation Requirements

The students will learn computer technique mainly, communication technique and electronics and information engineering as well. Major mainly focuses on the technologies of both network and information capturing and processing. The students should enhance abilities at both basic theories and practice of network engineering. The graduates should be able to be engaged in research, applications and management of network and IOT engineering directly.

1. The basic technical knowledge, engineering methods and technical specifications about Internet of things must be achieved. And the ability to learn new products, new technology, new standards and technology trends in the field of Internet of things engineering is needed.

2. Students should have the ability of applying theoretical and practical methods to solve practical engineering problems about IOT. And the power of network design, operation and maintenance (or to solve practical engineering problems) should be systematically trained.

3. Students should be involved in the project management, and have the ability to manage a project with a strong sense of quality, environment, occupational health and legal awareness.

4. The ability to have an access to information by document retrieval, basic data querying is important. They should be with good morals and strong sense of responsibility. Effective communication skills and the ability of acquiring knowledge are also acquired as the most important skills.

Graduation Requirements and Ways to Achieve

No.	Graduation Requirements	Ways to Achieve(Teaching Process)
1	The basic technical knowledge, engineering methods and technical specifications about Internet of things must be achieved. And the ability to learn new products, new technology, new standards and technology trends in the field of Internet of things engineering is needed	①Classroom Teaching: Students Should have a Solid Ability to Grasp the Basic Technical Knowledge and Engineering Methods on IOT Engineering, They Need to be Familiar with the Technical Standards in the Field of Internet of Things, Learn about Relative Equipments, Policies, Laws and Regulations ②Out-of-class Learning: Students Should Keep an Eye on New Products, New Technologies, New Processes and Technology Trends in the Field of Internet of Things
2	Students should have the ability of applying theoretical and practical methods to solve practical engineering problems about IOT. And the power of network design, operation and maintenance (or to solve practical engineering problems) should be systematically trained	①Classroom Teaching: Students Should have the Basic Ability to Develop Network Equipments and IOT System, They Should be Good at the Equipments (System) Operation, Management, Improvement and Maintenance, They Should have the Network Design Ability with a Strong Sense of Innovation ②Out-of-class Learning: Students Should Understand Demands of the Market and the Technological Development of Related Disciplines, They Should also have a Good Knowledge of the Performance, Features and Rules about the IOT Equipments(System)
3	Students should be involved in the project management, and have the ability to manage a project with a strong sense of quality, environment, occupational health and legal awareness	① Classroom Teaching: Students Should have to Know about Quality, Environment, Occupational Safety and Legal Awareness, Besides They are Asked to According to Relevant Standards and Procedures to Carry、out the Work, Students Should be Trained for the Abilities of Managing Projects ②Out-of-class Learning: Out of Class, Students Should be Able to Detect Changes on User or the Market, and then Give a Suggestion on the Aspects of Mission statement, the Proposed Project Implementation Plan, Students Should Aware of the Changes of National Industrial Policy, Economic Policy, Administrative Regulations and then Give Some Advices about Project Change, Project Application and Approval

No.	Graduation Requirements	Ways to Achieve(Teaching Process)
4	The ability to have an access to information by document retrieval, basic data querying is important. They should be with good morals and strong sense of responsibility. Effective communication skills and the ability of acquiring knowledge are also acquired as the most important skills	Out-of-class Learning: Students Should Learn the Ability of Communication, They Should Strengthen Communication Skills, They Also Learn the Ability of Acquiring Knowledge, Lifelong Learning, and with a Strong Sense of Social Responsibility, Environmental Protection, Resource Conservation, Public Safety, Social Services, and so on, They are Suggested to Grasp he Basic Methods of Doing Document Retrieval, Information Querying

Major Disciplines: Computer Science and Technology, Information and Communication Engineering, Electronics Science and Technology.

Main Courses: Computer Network, Computer Network Management, IOT Technology and Application, IOT Planning and Designing, Mobile and Wireless Sense Network, Embedded Systems and Interfacing Technology, RFID Theory and Application, Geographic Information System, Advanced Network Programming, IOT Security Technology, High Performance Computing, Network Storage Technology, Route and Switch, Unix/Linux Advanced Programming, etc.

Lab Experiments: Electrician and Electron Technology, Computer Network, Computer Network Management, IOT Technology and Application, Mobile and Wireless Sense Network, Embedded Systems and Interfacing Technology, Theory and application of RFID, Geographic Information System, Advanced Network Programming, IOT Security Technology, High Performance Computing; Network Storage Technology, Route and Switch, Unix/Linux Advanced Programming, etc.

Practical Work: C Language Course Projects, Data Structure Course Projects, Computer Network Course Projects, IOT Technology and Application Course Projects, IOT Securing Technology Practice, Computer Network Management Course Projects, IOT Comprehensive practice, Thesis, etc.

Duration: four years.

Degree Granted: Bachelor of Engineering.

Related Specialties: Communication Engineering, Electric and Information Engineering.

网络工程专业课程教学计划表

Course Descriptions of Network Engineering

课程类别 Course Classification	课程编号 Course Code	课程名称 Course Name	学分 Crs	学时 Hrs	学时分类 Class Hours 讲课 Lec.	实验 Lab.	先修课程 Prerequisite Courses	学期学分分配 Semester Credits 一 1st	二 2nd	三 3rd	四 4th	五 5th	六 6th	七 7th	八 8th
通识教育课 Liberal Education Courses 必修 Compulsory	11706200	马克思主义基本原理 Principles of Marxism	3	48	48					3					
	11706500	毛泽东思想与中国特色社会主义理论体系概论 Introduction to Mao Tse-tung Thought and the Theoretical System of Socialism with Chinese Characteristics	4	64	64						4				
	11711800	中国近现代史纲要 The Essentials of Modern Chinese History	2	32	32							2			
	120002＊0	思想道德修养与法律基础 Morality Education and Fundamentals of Law	3	48	48			1.5	1.5						
	113076＊0	体育 Physical Education	4	144	144			1	1	1	1				
	109116＊0	大学英语 College English	12	192	192			3	3	3	3				
	11918901	C语言程序设计A C Language Programming A	3.5	56	40	16		3.5							
	21919900	网络科学导论 Newtork Science Introduction	1	16	16			1							
	14300100	军事理论 Military Theory	2	32	32			2							
选修 Elective	总计12学分,含创新创业选修课学分,跨学科选修课不低于6学分。"形势与政策"课程作为限选课,由马克思主义学院实施		12	192											
	小计 **Sum**		**46.5**	**824**	**616**	**16**		**12**	**5.5**	**7**	**8**	**2**	**0**	**0**	**0**
学科基础课 Disciplinary Fundamental Courses	212127＊1	高等数学A Advanced Mathematics A	11.5	184	184			5	6.5						
	21212801	线性代数A Linear Algebra A	3.5	56	56			3.5							
	20725103	电工与电子技术C Electrician and Electron Technology C	3	48	40	8			3						

课程类别 Course Classification	课程编号 Course Code	课程名称 Course Name	学分 Crs	学时 Hrs	学时分类 Class Hours		先修课程 Prerequisite Courses	学期学分分配 Semester Credits							
					讲课 Lec.	实验 Lab.		一 1st	二 2nd	三 3rd	四 4th	五 5th	六 6th	七 7th	八 8th
学科基础课 Disciplinary Fundamental Courses	21909400	数字逻辑 Digital and Logic	3	48	40	8			3						
	21212503	离散数学 C Discrete Mathematics C	3.5	56	56		高等数学		3.5						
	21108402	通信原理 B Principles of Communication B	3	48	48					3					
	21921002	计算机网络 B Computer Network B	3	48	48					3					
	21915900	数据结构 A Data Structures A	4	64	48	16				4					
	21902001	操作系统原理 A Operating System Principles A	3.5	56	44	12				3.5					
	21213501	概率论与数理统计 A Probability and Mathematics Statistics A	3.5	56	56		高等数学				3.5				
	21906601	计算机组成原理 A The Principles of Computer Configuration A	4	64	48	16					4				
	小计 Sum		**45.5**	**728**	**668**	**60**		**8.5**	**16**	**13.5**	**7.5**	**0**	**0**	**0**	**0**
专业主干课 Main Specialty Courses	21914900	高级软件编程技术 Advanced Software Programming	3.5	56	40	16			3.5						
	21901200	Unix/ Linux 环境高级编程 Unix/Linux Advanced Programming	3	48	32	16	操作系统原理				3				
	21902800	高级网络程序设计 Advanced Network Programming	2.5	40	24	16					2.5				
	21917700	嵌入式系统与接口技术 Embedded System and Interface Technology	3	48	32	16	Unix/Linux 环境高级编程				3				
	21927001	计算机网络管理 A Computer Network Management A	3	48	32	16	计算机网络					3			
	21917500	物联网技术与应用 IOT Technology and Application	2.5	40	28	12						2.5			
	21917600	物联网接入技术与无线传感网 IOT Access Technology and Wireless Sensor Networks	3	48	36	12	嵌入式系统与接口技术					3			
	21918400	RFID 原理与应用 RFID Theory and Application	2.5	40	40							2.5			

课程类别 Course Classification	课程编号 Course Code	课程名称 Course Name	学分 Crs	学时 Hrs	学时分类 Class Hours 讲课 Lec.	实验 Lab.	先修课程 Prerequisite Courses	学期学分分配 Semester Credits 一 1st	二 2nd	三 3rd	四 4th	五 5th	六 6th	七 7th	八 8th
专业主干课 Main Specialty Courses	21119900	高性能计算 High Performance Computing	2.5	40	32	8						2.5			
	21917900	物联网安全技术 IOT Security Technology	2.5	40	40								2.5		
	21922000	网络存储技术 Network Storage Technology	2.5	40	32	8							2.5		
	21917800	物联网规划与设计 IOT Planning and Designing	2.5	40	40								2.5		
	小计 Sum		**33**	**528**	**408**	**120**		**0**	**3.5**	**0**	**8.5**	**13.5**	**7.5**	**0**	**0**
专业选修课 Specialty Elective Courses		具体见专业选修课列表	20	320											
合计 Sub-total			**145**	**2400**	**1692**	**196**		**20.5**	**25**	**20.5**	**24**	**15.5**	**7.5**	**0**	**0**
实践环节 Practical Work	44300200	军事训练 Military Training	2	2周				2							
	41919001	C语言课程设计A Course Design for C Language A	1.5	1.5周				1.5							
	41920902	数据结构课程设计B Data Structure Course Projects B	1.5	1.5周						1.5					
	41921101	计算机网络课程设计A Computer Network Course Projects A	2	2周						2					
	41927400	Unix/Linux环境高级编程课程设计 Unix/Linux Advanced Programming Course Projects	2	2周							2				
	41927500	高级网络程序设计课程设计 Advanced Network Programming Course Projects	2	2周							2				
	41927600	物联网技术与应用课程设计 IOT Technology and it's Application Course Projects	2	2周								2			
	41927700	计算机网络管理课程设计 Computer Network Management Course Projects	2	2周								2			
	41927800	物联网安全技术课程设计 IOT Security Technology Course Projects	2	2周									2		

课程类别 Course Classification	课程编号 Course Code	课程名称 Course Name	学分 Crs	学时 Hrs	学时分类 Class Hours		先修课程 Prerequisite Courses	学期学分分配 Semester Credits							
					讲课 Lec.	实验 Lab.		一 1st	二 2nd	三 3rd	四 4th	五 5th	六 6th	七 7th	八 8th
实践环节 Practical Work	41918300	物联网综合实习 IOT Comprehensive Practice	3	3周										3	
	41922300	毕业论文(设计) Graduation Design(Thesis)	16	16周											16
	小计 **Sum**		**36**	**36周**	**0**	**0**		**3.5**	**0**	**3.5**	**4**	**4**	**2**	**3**	**16**
创新创业自主学习 Autonomous Learning	ZZ35000S	社会调查 Social Investigation	2												
		其他(学科竞赛、发明创造、科研报告) Others (Contest, Invention, Innovation and Research Presentation)	6												
	小计 **Sum**		**8**												
总计 **Total**			**189**	**2400+36周**	**1692**	**196**		**24**	**25**	**24**	**28**	**19.5**	**9.5**	**3**	**16**
可开出专业选修课列表 Specialty Elective Courses	20102100	地球科学概论 Foundations of Geology	2	32	32				2						
	21909102	数据库原理B The Principles of Database System B	2.5	40	40					2.5					
	21926900	算法设计与分析 Algorithm Design and Analysis	2.5	40	28	12	数据结构			2.5					
	21903202	汇编语言程序设计B Assembly Language Programming B	2.5	40	32	8				2.5					
	21910800	网络数据库技术 Network Database Technology	2.5	40	28	12	数据库原理				2.5				
	21917400	路由与交换 Route and Switch	2.5	40	40		计算机网络				2.5				
	21922600	C#程序设计 C# Programming	2.5	40	28	12						2.5			
	21102402	地理信息系统B GIS B	2.5	40	32	8	数据库原理					2.5			
	21902200	程序设计方法学 Program Design Methodology	2	32	32							2			
	21904700	计算机前沿介绍 Introduce to Computer Science	1.5	24	24								1.5		

课程类别 Course Classification	课程编号 Course Code	课程名称 Course Name	学分 Crs	学时 Hrs	学时分类 Class Hours		先修课程 Prerequisite Courses	学期学分分配 Semester Credits							
					讲课 Lec.	实验 Lab.		一 1st	二 2nd	三 3rd	四 4th	五 5th	六 6th	七 7th	八 8th
可开出专业选修课列表 Specialty Elective Courses	21902502	多媒体技术与应用 B Multimedia Technology B	2	32	24	8							2		
	21203800	计算方法 Computing Methods	3	48	48								3		
	21907202	人工智能 B Artificial Intelligence B	2.5	40										2.5	
	21904802	计算机体系结构 B Computer Architecture B	2.5	40										2.5	
	21907600	软件工程 B Software Engineering B	2.5	40	32	8								2.5	
	21907800	软件工具与环境 Computer Aided Software Engineering and Developing Tools	2	32										2	
	21902400	电子商务平台及核心技术 E-Commerce Platform and Technology	2	32										2	

注：通识教育选修课学分和创新创业自主学习学分未列入具体学期。

网络工程专业课程分类统计

Course Category Statistics of Network Engineering

课程学分 / 统计	通识教育课 Liberal Education Courses		学科基础课 Disciplinary Fundamental Courses	专业主干课 Main Specialty Courses	专业选修课 Specialty Elective Courses	实践环节 Practical Work	创新创业自主学习 Autonomous Learning	学时总计 Total Hours	学分总计 Total Credits
	必修 Compulsory	选修 Selective							
学时/学分 Hrs/Crs	632/34.5	192/12	728/45.5	528/33	320/20	36 周/36	8	2400＋36 周	189
学分所占比例 Proportion of Credits	24.6%		24.08%	17.46%	10.58%	19.05%	4.23%		100%

空间信息与数字技术专业培养方案

专业名称与代码：空间信息与数字技术　080908T

专业培养目标：本专业培养具有正确的世界观、价值观和严谨的科学作风，在德智体美诸方面全面发展，系统掌握计算机技术、空间信息技术、地质学、资源勘查学、地矿勘查（察）计算机应用、地质信息系统工程等方面的基本理论、方法和技能，能在地质调查、地矿勘查、环境监测、海洋勘查、黄金工业、矿山企业、水利水电、工程地质、地质灾害勘察、城乡建设规划设计部门、交通、国防军事、航空航天等行业或部门从事各类地质信息系统的管理、设计、开发和科学研究工作，能适应信息时代国家地矿工作信息化建设和社会发展需要的复合型创新人才。

专业毕业要求

本专业学生在掌握数学、物理、外语等知识的基础上，主要学习掌握计算机技术、地质学、空间信息技术、资源勘查学和地质信息系统工程等方面的基本理论及知识。通过课程设计、野外实践和生产实习等实践环节的训练，具备解决与地学信息工程建设、地矿工作信息化、地学定量化有关问题，并进行相关新技术、新方法研究和系统开发的基本能力。

1. 思想品德和身心素质要求：热爱祖国，遵纪守法，具有高度的国家安全意识和信息安全责任心，具备尽职奉献的精神，具有良好的身体素质和心理素质。

2. 科学素养和人文知识背景要求：具有一定的文化素质，既要具有一定的中华民族传统优秀文化的修养，也要具有一定的现代世界文化的修养；熟练应用英语进行交流，掌握资料查询、文献检索及运用现代信息技术获取相关信息的方法。

3. 宽口径的专业知识要求：掌握数学、物理、计算机科学、空间信息科学、地质学、资源勘查学等方面的基本理论和基本知识。

4. 专业技能和专业素质要求：掌握空间信息与数字技术的专业理论和实验技能，以及空间信息与数字技术系统开发的基本原理和方法；掌握地质信息技术应用、地学信息系统集成和软件工程等的原理及方法，具有进行新技术研究和开发的基本能力；了解国家科学技术政策、知识产权等有关政策和法规，具有团队合作精神和创新意识。

5. 创新精神、实践能力和国际化视野要求：具有一定的创新、创业意识和能力。了解空间信息与数字技术的国内外理论前沿、应用前景和发展动态以及产业发展状况；具有实验设计、归纳分析实验结果、撰写论文和参加学术交流的基本能力。

毕业要求及实现途径

序号	毕业要求	实现途径（教学过程）
1	思想品德和身心素质要求	①课堂教学：马克思主义基本原理、毛泽东思想与中国特色社会主义理论体系概论、中国近现代史纲要、思想道德修养与法律基础、体育、军事理论 ②课外学习：军事训练
2	通识及基本文化素质要求	①课堂教学：大学英语、C语言程序设计、计算科学导论、文哲史通识课 ②课外学习：邀请校内外专家来校做学术讲座

序号	毕业要求	实现途径(教学过程)
3	宽口径的专业知识要求	①课堂教学:高等数学、大学物理、物理实验、概率论与数理统计、线性代数、数据库原理、离散数学、数据结构、操作系统原理、测量学、普通地质学、面向对象程序设计、矿物岩石学、地理信息系统、计算机图形学、地层及古生物、构造地质学、空间数据库原理、地学三维可视化与过程模拟、遥感地质学、综合勘查学、地学数据分析、地质信息系统、专业选修课 ②课外学习:组织学生参加产学研实践、学术讲座等活动
4	专业技能和专业素质要求	①课堂教学:测量教学实习、软件综合实习、数据结构课程设计、地质教学实习(秭归)、数据库课程设计、应用开发实习 ②课外学习:参加野外地质调查实践和对口单位实习,完成毕业论文(设计),各种科技活动、参观企事业单位、举办学术报告和学科前沿讲座等
5	创新创业能力要求	①课堂教学:各类课程实验、课程设计、综合开发实习、毕业设计、自主学习等 ②课外学习:社会调查、其他(学科竞赛、发明创造、科研报告),组织学生参加挑战杯、程序设计大赛、科技立项、科技论文报告会、创新实验计划、数学竞赛、建模比赛、产学研实践、学术讲座等活动

主干学科:空间信息与数字技术。

专业核心课程:离散数学、数据结构、操作系统原理、数据库原理、空间数据库原理、计算机图形学、面向对象程序设计、软件工程、测量学、普通地质学、矿物岩石学、地层学原理与方法、构造地质学、综合勘查学、遥感地质学,地理信息系统、地学三维可视化与过程模拟、地学数据分析、地质信息系统等。

主要专业实验:C语言课程设计、测量教学实习、C++课程实习、数据结构课程设计、计算机图形学课程实习、构造地质学课程实习、地理信息系统课程实习、空间数据库课程设计、遥感课程实习、地学三维可视化课程实习、地质信息系统课程实习。

主要实践性教学环节:软件综合实习、地质教学实习(秭归)、应用开发实习、毕业论文(设计)。

修业年限:四年。

授予学位:工学学士。

相近专业:地球信息科学与技术、计算机科学与技术。

Program for Spatial-Informatics and Digitalized Technology

Specialty and Code: Spatial-Informatics and Digitalized Technology 080908T

Education Objective: The program aims at cultivating professionals with in academic competence and all-round development in moral, intellectual and physical excellence. Students will master the basic theories, methods and skills of computer science, geology, resource exploration and prospecting, computer applications in mineral exploration and geological information system engineering. The graduates will be qualified for education, scientific research, development and applications of computer sciences in diversified departments ranging from research institutes, educational institutions, or such industries as geological survey, mineral exploration, environmental monitoring, ocean exploration, gold industry, mining enterprises, water conservancy and hydropower, engineering geology, geological hazard reconnaissance, planning and design of the urban and suburb construction, traffic, defense and military, aerospace and so on. They will be highly flexible, constantly adapting to increasing informationization of geological and mineral works.

Graduation Requirements

Students should learn and master the basic knowledge of mathematics, physics, and English, Based on which they mainly learn and master the basic theories and knowledge of computer technology, spatial information technology, geology, resources exploration and geological information system engineering. Through the training of course project design, field practice and enterprise practice, they would have the ability to resolve problems related to geological information engineering, informationization of geological and mineral works, quantification of geosciences, and have the basic ability to research and develop the pertinent new technology and method.

1. Mastering fundamental theories and knowledge in mathematics, physics, computer science, spatial information science, geology and resource exploration and prospecting.

2. Mastering fundamental theories and experimental skills in spatial information and digitalized technology, and basic theories and methods in development of spatial information and digitalized technology.

3. Mastering the theories and methods in applications of geological information technology, geological information system integration and software engineering, etc, and possessing the basic ability of research and development of new technology.

4. Having certain knowledge of national regulations and policies concerning science and technology and intellectual property rights, possessing team work spirit and innovative consciousness.

5. Knowing domestic and international cutting-edge theory, the application prospect, development trend and industry development status in spatial information and digital technology. Skillfully using English to communicate, mastering the ways of data query, literature searching and related information acquisition by using modern information technology; possessing the basic ability to design experiment, generalize and analyze the experiment results, write papers and take part in the academic exchange.

Graduation Requirements and Ways to Achieve

No.	Graduation Requirements	Ways to Achieve(Teaching Process)
1	Moral character, physical and psychology health in character requirements	①Classroom Teaching: Basic Principles of Marxism, Introduction to Mao Tse-tung Thought and the Theoretical System of Socialism with Chinese Characteristics, The Essentials of Modern Chinese History, Morality Education and Fundamentals of Law, Physical Education, Military Theory ②Out-of-class Learning: Military Training
2	Humanities in character requirements	①Classroom Teaching: College English, C Language Programming, Introduction to Computational Science(Literature, History and Philosophy) ②Out-of-class Learning: the Academic Forum
3	Deep foundation and broad extension of professional knowledge requirements	① Classroom Teaching: Advanced Mathematics, College Physics, Physics Experiments, Probability Theory and Mathematical Statistics, Linear Algebra, Database Principal, Discrete Mathematics, Data Structures, Operating System Principles, Foundations of Geology, Object Oriented Programming, Topography, Mineralogy and Lithology, Geographical Information System, Computer Graphics, Stratigraphy and Paleontology, Structural Geology, Principle of Spatial Database, 3D Visualization and Process Simulation for Geosciences, Remote Sensing Geology, Comprehensive Prospecting, Geology Data Analysis, Geological Information System, Selective Course ②Out-of-class Learning: Organizing Students to Participate in Study on Industry-academy-research Cooperation and the Academic Forum
4	Professional skills and professional quality requirements	① Classroom Teaching: Survey Practice, Comprehensive Practice of Software, Data Structure Course Projects, Geological Field Training (Zigui), Database Course Projects, Application Development Practice ②Out-of-class Learning: organizing the students to practice in practice base and production practice in enterprises and institutions, and organizing students to participate in academic competitions, holding academic reports and frontiers, and encouraging students to participate in a variety of professional qualification examination
5	Innovation and Entrepreneurship Requirements	①Classroom Teaching: All Kinds of Course Experiment and Design, Bachelor Thesis, Autonomic Learning and so on ②Out-of-class Learning: Social Investigation, Others(Contest, Invention, Innovation and Research Presentation). the Challenge Cup, Programming Contest, Science Project, Scientific Papers Report, Innovative Pilot Scheme, Math Contests, Modeling Competitions, Research and Other Activities

Major Disciplines: Spatial-Informatics and Digitalized Technology.

Main Courses: Discrete Mathematics, Data Structures, Operating System Principles, Database Principal, Principles of Spatial Database, Computer Graphics, Object-Oriented Programming, Software Engineering, Topography, Foundations of Geology, Mineralogy and Petrology, The Principle and Method of Stratigraphy, Structural Geology, Comprehensive Prospecting, Remote Sensing Geology, Geographical Information System, 3D Visualization and Process Simulation for Geosciences, Geoscience Data Analysis, Geological Information System, etc.

Lab Experiments: C Language Course Projects, Survey Practice, C++ Course Practice, Computer Graphics Course Practice, Structural Geology Course Practice, Geographical Information System Course Practice, Data Structures Course Projects, Spatial Database Course Projects, Remote Sensing Course Practice, 3D Visualization Course Practice, Geological Information System Course Practice.

Practical Work: Comprehensive Practice of Software, Geological Field Training (Zigui), Application Development Practice, Graduation Design (Thesis).

Duration: four years.

Degree Granted: Bachelor of Engineering.

Related Specialties: Geo-Information Science and Technology, Computer Science and Technology.

空间信息与数字技术专业课程教学计划表

Course Descriptions of Spatial-Informatics and Digitalized Technology

课程类别 Course Classification		课程编号 Course Code	课程名称 Course Name	学分 Crs	学时 Hrs	学时分类 Class Hours		先修课程 Prerequisite Courses	学期学分分配 Semester Credits							
						讲课 Lec.	实验 Lab.		一 1st	二 2nd	三 3rd	四 4th	五 5th	六 6th	七 7th	八 8th
通识教育课 Liberal Education Courses	必修 Compulsory	11706200	马克思主义基本原理 Principles of Marxism	3	48	48				3						
		11706500	毛泽东思想与中国特色社会主义理论体系概论 Introduction to Mao Tse-tung Thought and the Theoretical System of Socialism with Chinese Characteristics	4	64	64					4					
		11711800	中国近现代史纲要 The Essentials of Modern Chinese History	2	32	32						2				
		120002*0	思想道德修养与法律基础 Morality Education and Fundamentals of Law	3	48	48			1.5	1.5						
		113076*0	体育 Physical Education	4	144	144			1	1	1	1				
		109116*0	大学英语 College English	12	192	192			3	3	3	3				
		21919600	计算科学导论 Introduction to Computing Science	1.5	24	16	8		1.5							
		11918901	C语言程序设计A C Language Programming A	3.5	56	40	16	计算科学导论	3.5							
		14300100	军事理论 Military Theory	2	32	32			2							
	选修 Elective	总计12学分,含创新创业选修课学分,跨学科选修课不低于6学分。"形势与政策"课程作为限选课,由马克思主义学院实施		12	192											
		小计 Sum		**47**	**832**	**616**	**24**		**12.5**	**8.5**	**8**	**6**	**0**	**0**	**0**	**0**
学科基础课 Disciplinary Fundamental Courses		212127*1	高等数学A Advanced Mathematics A	11.5	184	184			5	6.5						
		21212801	线性代数A Linear Algebra A	3.5	56	56			3.5							
		21120801	测量学A Topography A	2.5	40	30	10			2.5						
		20114900	普通地质学 Foundations of Geology	3	48	40	8			3						
		212010*3	大学物理C College Physics C	6	96	96				3.5	2.5					

课程类别 Course Classification	课程编号 Course Code	课程名称 Course Name	学分 Crs	学时 Hrs	学时分类 Class Hours		先修课程 Prerequisite Courses	学期学分分配 Semester Credits							
					讲课 Lec.	实验 Lab.		一 1st	二 2nd	三 3rd	四 4th	五 5th	六 6th	七 7th	八 8th
学科基础课 Disciplinary Fundamental Courses	212075＊1	物理实验 A Physics Experiments A	3.5	56		56			2	1.5					
	21909101	数据库原理 A Database Principal A	3.5	56	40	16	计算科学导论			3.5					
	21216502	离散数学 B Discrete Mathematics B	3.5	56	56		高等数学 线性代数			3.5					
	21915900	数据结构 A Data Structures A	4	64	48	16	C 语言程序设计 A			4					
	21902001	操作系统原理 A Operating System Principles A	3.5	56	44	12	计算科学导论				3.5				
	21213501	概率论与数理统计 A Probability and Mathematics Statistics A	3.5	56	56						3.5				
	小计 **Sum**		**48**	**768**	**650**	**118**		**8.5**	**17.5**	**15**	**7**	**0**	**0**	**0**	**0**
专业主干课 Main Specialty Courses	21920300	面向对象程序设计(C++) Object Oriented Programming (C++)	3	48	36	12	C 语言程序设计 A		3						
	20105200	矿物岩石学 Mineralogy and Petrology	2.5	40	10	30	普通地质学			2.5					
	21921302	计算机图形学 B Computer Graphics B	3	48	32	16	面向对象程序设计(C++)			3					
	21102402	地理信息系统 B Geographical Information System B	2.5	40	28	12	计算科学导论				2.5				
	20101300	地层及古生物 Stratigraphy and Paleontology	2.5	40	40		矿物岩石学				2.5				
	20104002	构造地质学 B Structural Geology B	3	48	36	12	地层及古生物				3				
	21923700	空间数据库原理 Principle of Spatial Database	3	48	32	16	数据库原理 A					3			
	21916100	地学三维可视化与过程模拟 3D Visualization and Process Simulation for Geosciences	3	48	32	16	计算机图形学 B					3			
	20106800	遥感地质学 Remote Sensing Geology	2	32	24	8	构造地质学 B 图像处理与分析					2			
	21923800	综合勘查学 Comprehensive Prospecting	3.5	56	56		地层及古生物 构造地质学 B					3.5			
	21923900	地学数据分析 Geoscience Data Analysis	2	32	24	8	概率论与数理统计						2		
	21924000	地质信息系统 Geological Information System	3.5	56	36	20	地学数据分析						3.5		
	小计 **Sum**		**33.5**	**536**	**386**	**150**		**0**	**3**	**5.5**	**8**	**11.5**	**5.5**	**0**	**0**

课程类别 Course Classification	课程编号 Course Code	课程名称 Course Name	学分 Crs	学时 Hrs	学时分类 Class Hours		先修课程 Prerequisite Courses	学期学分分配 Semester Credits							
					讲课 Lec.	实验 Lab.		一 1st	二 2nd	三 3rd	四 4th	五 5th	六 6th	七 7th	八 8th
专业选修课 Specialty Elective Courses		具体见专业选修课列表	16	256											
合计 Sub-total			**144.5**	**2392**	**1652**	**292**		**21**	**29**	**28.5**	**21**	**11.5**	**5.5**	**0**	**0**
实践环节 Practical Work	44300200	军事训练 Military Training	2	2 周				2							
	41920000	高级语言课程设计 Course Design for High-level Programming Language	2	2 周			C 语言程序设计 A		2						
	41120901	测量教学实习 A Survey Practice A	1	1 周			测量学		1						
	41920901	数据结构课程设计 A Data Structure Course Projects A	2	2 周			数据结构 A			2					
	41922100	软件综合实习 Comprehensive Practice of Software	2	2 周			C 语言程序设计 A 面向对象程序设计(C++)				2				
	40115701	地质教学实习(秭归) Geological Field Training (Zigui)	4	4 周			地层及古生物 构造地质学 B				4				
	41924200	空间数据库课程设计 Database Course Projects	2	2 周			空间数据库					2			
	41924200	应用开发实习 Application Development Practice	4	4 周			面向对象程序设计(C++) 地质信息系统						4		
	41922300	毕业论文(设计) Graduation Thesis(Design)	16	16 周											16
	小计 Sum		**35**	**35 周**	**0**	**0**		**2**	**3**	**2**	**6**	**2**	**4**	**0**	**16**
创新创业自主学习 Autonomous Learning	ZZ35000S	社会调查 Social Investigation	2												
		其他(学科竞赛、发明创造、科研报告) Others (Contest, Invention, Innovation and Research Presentation)	4												
	小计 Sum		**6**												

课程类别 Course Classification	课程编号 Course Code	课程名称 Course Name	学分 Crs	学时 Hrs	学时分类 Class Hours		先修课程 Prerequisite Courses	学期学分分配 Semester Credits							
					讲课 Lec.	实验 Lab.		一 1st	二 2nd	三 3rd	四 4th	五 5th	六 6th	七 7th	八 8th
总计 Total			**185.5**	**2392＋35周**	**1652**	**292**		**23**	**32**	**30.5**	**27**	**13.5**	**9.5**	**0**	**16**
可开出专业选修课列表 Specialty Elective Courses	21909400	数字逻辑 Digital Logic	3	48	40	8	离散数学 B		3						
	21906601	计算机组成原理 B The Principles of Computer Configuration B	4	64	48	16	计算科学导论			4					
	21922500	Java 程序设计 A Java Programming A	2.5	40	28	12	面向对象程序设计(C＋＋)				2.5				
	21922900	图像处理与分析 Image Procession and Analysis	2	32	24	8	计算机图形学 B				2				
	21901100	Oracle 数据库技术 Oracle Database Technology	2	32	20	12	空间数据库原理					2			
	21903202	汇编语言程序设计 B Assembly Program Design B	2.5	40	32	8	计算机组成原理 B					2.5			
	21914100	数据仓库与应用 Data Warehouse and Application	2	32	24	8	Oracle 数据库技术 空间数据库原理					2			
	20115100	地貌学及第四纪地质学 Geomorphology and Quaternary Geology	2.5	40	40		普通地质学					2.5			
	21901802	编译原理 B Compile Principle B	3	48	40	8	操作系统原理 A						3		
	21909800	算法基础 Fundamentals of Algorithms	2.5	40	40		C 语言程序设计 A 面向对象程序设计(C＋＋)						2.5		
	21915500	模式识别 Pattern Recognition	2	32	32		计算机图形学 B						2		
	21915602	软件工程 Software Engineering	2.5	40	32	8	面向对象程序设计(C＋＋)						2.5		
	21914300	项目工程管理 Software Project Organization and Management	2	32	24	8	软件工程						2		
	21203800	计算方法 Computing Methods	3	48	40	8	C 语言程序设计 A 面向对象程序设计(C＋＋)						3		

课程类别 Course Classification	课程编号 Course Code	课程名称 Course Name	学分 Crs	学时 Hrs	学时分类 Class Hours		先修课程 Prerequisite Courses	学期学分分配 Semester Credits							
					讲课 Lec.	实验 Lab.		一 1st	二 2nd	三 3rd	四 4th	五 5th	六 6th	七 7th	八 8th
可开出专业选修课列表 Specialty Elective Courses	21921003	计算机网络C Computer Network C	2.5	40	40		计算机组成原理B						2.5		
	20213700	油气勘查技术与评价 Technique and Evaluation of Petroleum Exploration	3	48	48		综合勘查学						3		
	20206700	数学地质 Geo-mathematics	2.5	40	32	8	地学数据分析							2.5	
	21924300	云计算与大数据处理技术 Cloud Computing and Big Data Processing	2	32	32		计算机网络B							2	
	21904700	计算机前沿介绍 Introduction to New Frontiers of Computer Science	1.5	24	24									1.5	

注：通识教育选修课学分和创新创业自主学习学分未列入具体学期。

空间信息与数字技术专业课程分类统计

Course Category Statistics of Spatial-Informatics and Digitalized Technology

课程学分 / 统计	通识教育课 Liberal Education Courses		学科基础课 Disciplinary Fundamental Courses	专业主干课 Main Specialty Courses	专业选修课 Specialty Elective Courses	实践环节 Practical Work	创新创业自主学习 Autonomous Learning	学时总计 Total Hours	学分总计 Total Credits
	必修 Compulsory	选修 Selective							
学时/学分 Hrs/Crs	640/35	192/12	768/48	536/33.5	256/16	35/35	96/6	2392+35周	185.5
学分所占比例 Proportion of Credits	25.34%		25.88%	18.06%	8.63%	18.87%	3.23%		100%

自动化学院

- 自动化专业培养方案
- 测控技术与仪器专业培养方案

自动化专业培养方案

专业名称与代码：自动化　080801

专业培养目标：本专业培养具有较强获取知识和综合运用知识的能力，具备发现、分析和解决工程实际问题能力的自动化技术研究与应用型人才。培养的学生要具有社会责任感和良好的科学、文化素养，并具备电工技术、电子技术、控制理论、自动检测与仪表、电气自动化、智能系统与机器人技术、信息处理、系统工程、计算机技术和网络技术等较宽广领域的工程技术基础及专业知识，能在运动控制、工业过程控制、电力电子技术、检测与自动化仪表、电子与计算机技术、机器人技术、信息处理、管理与决策等领域从事系统分析、系统设计、系统运行、科技研究与开发等方面的工作。

专业毕业要求

1. 具有较扎实的自然科学基础，较好的人文社会科学基础和外语应用能力。
2. 掌握本专业领域较宽的基础理论知识和基本技能，主要包括数学、物理学、电路理论、电子技术、控制理论、计算机技术、过程控制、运动控制、信息处理等。
3. 了解本专业学科前沿和发展趋势，具有本专业领域1～2个专业方向的专业知识和技能，能进行相关控制系统的设计、分析、开发和运行管理。
4. 在本专业领域内具备一定的科学研究、科技开发和组织管理能力，具有较强的工作适应能力。
5. 具有较强的自学能力、创新意识和较高的综合素质。

毕业要求及实现途径

序号	毕业要求	实现途径(教学过程)
1	掌握较好的控制理论基础	①课堂教学：自动控制原理A、现代控制理论、系统建模与仿真、系统辨识、控制系统优化设计、智能控制等 ②课外学习：自学新的控制理论
2	掌握较好的电路理论基础	①课堂教学：电路理论、模拟电子技术、数字逻辑电路设计、工厂供电、智能电网技术等 ②课外学习：自学电路设计与仿真软件，参与电子大赛等实践活动
3	掌握较好的计算机技术基础和计算机控制技术	①课堂教学：C语言程序设计、数据结构B、数据库原理、控制系统计算机网络、单片机技术与应用A、微机控制技术、PLC技术与应用 ②课外学习：自学新的微处理器技术及其在控制系统中的应用
4	掌握一定的过程控制和运动控制领域的基本技能	①课堂教学：传感器原理与检测技术B、自动化仪表、过程控制、集散控制与现场总线技术、电力电子技术、电机与电力拖动、运动控制系统等 ②课外学习：实验和实践锻炼
5	具备一定的控制系统综合设计、分析、开发和运行管理能力	①课堂教学：自动控制理论课程设计、自动控制系统实习、微机控制技术实习、PLC技术与应用实习、电路综合实习、生产实习、毕业实习与毕业设计等 ②课外学习：开展创新创业活动

主干学科:控制科学与工程。

专业核心课程:电路理论、模拟电子技术、数字逻辑电路设计、自动控制原理、现代控制理论、单片机技术及应用、传感器原理与检测技术、电力电子技术、电机与电力拖动、PLC技术及应用、过程控制、运动控制、微机控制技术、系统建模与仿真等。

主要专业实验:自动控制理论实验、电力电子技术实验、单片机技术实验、运动控制实验、传感器原理与检测技术实验、电机与电力拖动实验、计算机控制实验、系统仿真实验、网络及多媒体实验等。

主要实践性教学环节:包括金工实习、计算机高级语言课程设计、电路综合实习、单片机及接口技术实习、自动控制理论课程设计、微机控制技术实习、PLC技术与应用实习、自动控制系统实习、生产实习、毕业实习与毕业设计等。

修业年限:四年。

授予学位:工学学士。

相近专业:电气工程及其自动化、测控技术与仪器、机械设计及其自动化、动力工程、冶金自动化、轨道交通信号与控制。

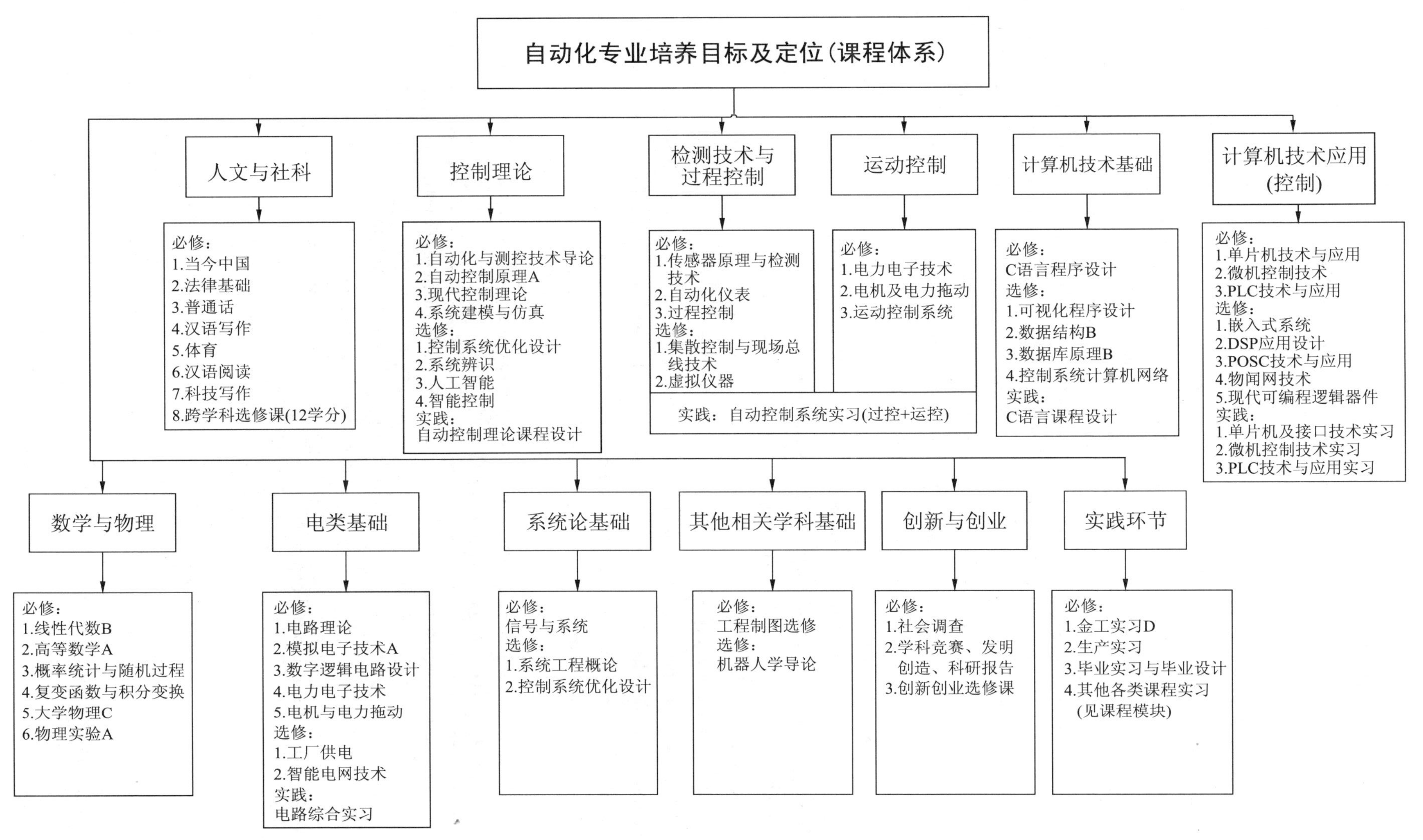

自动化专业培养目标及定位(课程体系)
人文与社科
必修：
1.当今中国
2.法律基础
3.普通话
4.汉语写作
5.体育
6.汉语阅读
7.科技写作
8.跨学科选修课(12学分)
控制理论
必修：
1.自动化与测控技术导论
2.自动控制原理A
3.现代控制理论
4.系统建模与仿真
选修：
1.控制系统优化设计
2.系统辨识
3.人工智能
4.智能控制
实践：
自动控制理论课程设计
检测技术与过程控制
必修：
1.传感器原理与检测技术
2.自动化仪表
3.过程控制
选修：
1.集散控制与现场总线技术
2.虚拟仪器
运动控制
必修：
1.电力电子技术
2.电机及电力拖动
3.运动控制系统
实践：自动控制系统实习(过控+运控)
计算机技术基础
必修：
C语言程序设计
选修：
1.可视化程序设计
2.数据结构B
3.数据库原理B
4.控制系统计算机网络
实践：
C语言课程设计
计算机技术应用(控制)
必修：
1.单片机技术与应用
2.微机控制技术
3.PLC技术与应用
选修：
1.嵌入式系统
2.DSP应用设计
3.POSC技术与应用
4.物闻网技术
5.现代可编程逻辑器件
实践：
1.单片机及接口技术实习
2.微机控制技术实习
3.PLC技术与应用实习
数学与物理
必修：
1.线性代数B
2.高等数学A
3.概率统计与随机过程
4.复变函数与积分变换
5.大学物理C
6.物理实验A
电类基础
必修：
1.电路理论
2.模拟电子技术A
3.数字逻辑电路设计
4.电力电子技术
5.电机与电力拖动
选修：
1.工厂供电
2.智能电网技术
实践：
电路综合实习
系统论基础
必修：
信号与系统
选修：
1.系统工程概论
2.控制系统优化设计
其他相关学科基础
必修：
工程制图选修
选修：
机器人学导论
创新与创业
必修：
1.社会调查
2.学科竞赛、发明创造、科研报告
3.创新创业选修课
实践环节
必修：
1.金工实习D
2.生产实习
3.毕业实习与毕业设计
4.其他各类课程实习
(见课程模块)

Program for Automation

Specialty and Code: Automation 080801

Education Objectives: This automation program aims to cultivate research-oriented and application-oriented talents who will have abilities of acquiring and utilizing knowledge, and abilities of discovering, analyzing and solving practical problems, with sense of social responsibility, and appropriate scientific and cultural accomplishment. The students will be equipped with basic engineering technology and professional knowledge of electronic technology, control theory, automatic measuring and instruments, information processing, electrical automation, intelligent systems, robotics, system engineering, techniques and applications of computer, and will be engaged in the fields such as motion control, industrial process control, electric and electronic techniques, measuring and automatic instruments, computer technology, robot technology, information processing, management and decision, and system analysis, design, research and development.

Graduation Requirements

1. To have a more solid foundation of Natural Science, better foundation of the Humanities and Social Science, as well as the ability using English in practice.

2. To have the basic professional theories and knowledge such as Mathematics, Physics, Circuit Theory, Electronic Technology, Control Theory, Computer Technology, Process Control and Motion Control and Information Process, etc.

3. To know the discipline frontier and tendency, to have professional knowledge and techniques of specialized directions, to have the abilities of using control, measuring and information process to analyze, design, develop and manage control systems.

4. To have proper abilities of research, development and management in the professional field and better adaptive ability for work.

5. To have higher self-study ability, innovation consciousness and comprehensive quality.

Graduation Requirements and Ways to Achieve

No.	Graduation Requirements	Ways to Achieve(Teaching Process)
1	A Good Base for Control Theory	①Classroom Teaching: Automatic Control Principles A, Modern Control Theory, System modeling and Simulation, System Identification, Control System Design Optimization, Intelligent Control, etc ②Out-of-class Learning: Other Control Theories by Self-study
2	A Good Base for Circuit Theory	①Classroom Teaching: Theory of Circuitry, Analog Electronics, Design of Digital Logical Circuit, Power Supply for Works, Smart Power Grid Technology, etc ② Out-of-class Learning: Self-study Circuit Design and Simulation Software, Participate in Practice Activities, Such as Electronic Competition

No.	Graduation Requirements	Ways to Achieve(Teaching Process)
3	A Good Base for Computer Technology and Computer Control Technology	① Classroom Teaching: C Language Programming, Data Structure B, Database System, Computer Network for Control System, Microcontroller Technique and Application A, Micro-computer Control Technology, The PLC Technique and Application, etc ② Out-of-class Learning: Self-study New Microprocessor Technology and Its Application in Control System
4	Some Basic Skills in the Fields of Process Control and Motion Control	①Classroom Teaching: Principle of Sensors and Measuring Technology B, Automatic Instrument, Process Control, Distributed Control System and Fieldbus Technology, Power Electronics Technology, Motor and Drag, Motion Control System, etc ②Out-of-class Learning: Experiments and Practices
5	The Ability of Control System Design, Analysis, Development and Operation Management	①Classroom Teaching: Course Design for Control Theory, Automatic Control System Training, Micro-computer Control Technology Training, PLC Technique and Application Training, Electronic Circuit Training, Production Training, Graduation Practice and Graduation Design, etc ② Out-of-class Learning: To Carry Out Innovation and Entrepreneurial Activities

Major Disciplines: Control Science and Engineering.

Main Courses: Theory of Circuitry, Analog Electronics, Design of Digital Logical Circuit, Automatic Control Principles, Modern Control Theory, Microcontroller Technique and Application, Principle of Sensors and Measuring Technology, Power Electronics Technology, Motor and Drag, The PLC (Programmable Logic Controller) Technique and Application, Process Control, Motion Control, Micro-computer Control Technology, System Modeling and Simulation, etc.

Lab Experiments: Automatic Control Theory Experiments, Power Electronics Technology Experiments, Microcontroller Technology Experiments, Process Control Experiments, Motion Control Experiments, Principle of Sensors and Measuring Techniques Experiments, Motor and Drag Experiments, Computer Control Experiments, System Simulation Experiments, etc.

Practical Work: Metal Working Training, Course Design for Computer High-level Language, Electronic Circuit Training, Microcontroller and Interface Training, Course Design for Control Theory, Micro-computer Control Technology Training, PLC Technique and Application Training, Automatic Control System Training, Production Training, Graduation Design and Design, etc.

Duration: four years.

Degree Granted: Bachelor of Engineering.

Related Specialties: Electric Engineering and Automation, Measurement and Control Technology and Instruments, Mechanical Design and Automation, Power Engineering, Metallurgical Automation, Rail Transit Signal and Control.

自动化专业课程教学计划表

Course Descriptions of Automation

课程类别 Course Classification		课程编号 Course Code	课程名称 Course Name	学分 Crs	学时 Hrs	学时分类 Class Hours		先修课程 Prerequisite Courses	学期学分分配 Semester Credits							
						讲课 Lec.	实验 Lab.		一 1st	二 2nd	三 3rd	四 4th	五 5th	六 6th	七 7th	八 8th
通识教育课 Liberal Education Courses	必修 Compulsory	120002*0	思想道德修养与法律基础 Morality Education and Fundamentals of Law	3	48	48			1.5	1.5						
		11706500	毛泽东思想与中国特色社会主义理论体系概论 Introduction to Mao Tse-tung Thought and the Theoretical System of Socialism with Chinese Characteristics	4	64	64				4						
		11706200	马克思主义基本原理 Principles of Marxism	3	48	48					3					
		11711800	中国近现代史纲要 The Essentials of Modern Chinese History	2	32	32						2				
		113076*0	体育 Physical Education	4	144	144			1	1	1	1				
		109116*0	大学英语 College English	12	192	192			3	3	3	3				
		11918901	C语言程序设计A C Language Programming A	3.5	56	40	16		3.5							
		22300100	自动化与测控技术导论 An Introduction to Automation and Measuring and Control Technology	1	16	16			1							
		14300100	军事理论 Military Theory	2	32	32			2							
	选修 Elective	总计12学分,含创新创业选修课学分,跨学科选修课不低于6学分。"形势与政策"课程作为限选课,由马克思主义学院实施		12	192											
		小计 Sum		**46.5**	**824**	**616**	**16**		**12**	**9.5**	**7**	**6**	**0**	**0**	**0**	**0**
学科基础课 Disciplinary Fundamental Courses		21212802	线性代数B Linear Algebra B	2.5	40	40			2.5							
		212127*1	高等数学A Advanced Mathematic A	11.5	184	184			5	6.5						
		20714200	工程制图 Engineer Drawing	2.5	40	36	4			2.5						
		22300300	电路理论 Theory of Circuitry	4.5	72	64	8	高等数学A		4.5						

课程类别 Course Classification	课程编号 Course Code	课程名称 Course Name	学分 Crs	学时 Hrs	学时分类 Class Hours		先修课程 Prerequisite Courses	学期学分分配 Semester Credits							
					讲课 Lec.	实验 Lab.		一 1st	二 2nd	三 3rd	四 4th	五 5th	六 6th	七 7th	八 8th
学科基础课 Disciplinary Fundamental Courses	212130＊3	大学物理 C College Physics C	6	96	96				3.5	2.5					
	212132＊1	物理实验 A Physical Experiment A	3.5	56		56			2	1.5					
	21202400	概率统计与随机过程 Probability Statistics and Stochastic Processes	3.5	56	56		高等数学 A			3.5					
	21201902	复变函数与积分变换 B Complex Function and the Integral Transformation B	2.5	40	40		高等数学 A			2.5					
	20709000	模拟电子技术 Analog Electronics	3.5	56	44	12	电路理论			3.5					
	22304000	数字逻辑电路设计 Design of Digital Logical Circuit	3.5	56	44	12	模拟电子技术			3.5					
	20731000	单片机技术及应用 Microcontroller Technique and Application	3	48	40	8	数字逻辑电路设计				3				
	小计 Sum		**46.5**	**744**	**644**	**100**		**7.5**	**19**	**17**	**3**	**0**	**0**	**0**	**0**
专业主干课 Main Specialty Courses	22300502	传感器原理及检测技术 B Principle of Sensors and Measuring Technology B	3	48	38	10	数字逻辑电路设计				3				
	22300601	自动控制原理 A Automatic Control Principles A	4.5	72	64	8	复变函数与积分变换 A				4.5				
	22300700	现代控制理论 Modern Control Theory	2	32	32		自动控制原理 A 线性代数 C					2			
	22300800	系统建模与仿真 System Modeling and Simulation	2	32	20	12	现代控制理论					2			
	22300900	电力电子技术 Power Electronics Technology	3	48	40	8	模拟电子技术基础 A					3			
	22301000	电机与电力拖动 Motor and Drag	3	48	42	6	模拟电子技术					3			
	22301100	微机控制技术 Micro-computer Control Technology	3	48	44	4	单片机技术及应用 A						3		
	22301200	运动控制系统 Motion Control System	3	48	40	8	电机与电力拖动 电力电子技术						3		
	22301300	过程控制 Process Control	2	32	32		自动控制原理 A 自动化仪表						2		

课程类别 Course Classification	课程编号 Course Code	课程名称 Course Name	学分 Crs	学时 Hrs	学时分类 Class Hours		先修课程 Prerequisite Courses	学期学分分配 Semester Credits							
					讲课 Lec.	实验 Lab.		一 1st	二 2nd	三 3rd	四 4th	五 5th	六 6th	七 7th	八 8th
专业主干课 Main Specialty Courses	22301400	PLC 技术及应用 The PLC Technique and Application	2.5	40	32	8	数字逻辑电路设计 C 语言程序设计 A						2.5		
	小计 **Sum**		**28**	**448**	**384**	**64**		**0**	**0**	**0**	**7.5**	**10**	**10.5**	**0**	**0**
专业选修课 Specialty Elective Courses		具体见专业选修课列表	19	304											
合计 **Sub-total**			**140**	**2320**	**1644**	**180**		**19.5**	**28.5**	**24**	**16.5**	**10**	**10.5**	**0**	**0**
实践环节 Practical Work	44300200	军事训练 Military Training	2	2 周				2							
	41919001	C 语言课程设计 A Course Design for C Language A	1.5	1.5 周				1.5							
	40724604	金工实习 D Metalworking Practice D	1	1 周						1					
	42302700	电路综合实习 Electronic Circuit Training	3	3 周							3				
	42302000	单片机及接口技术实习 Microcontroller and Interface Training	2.5	2.5 周								2.5			
	42302100	控制理论课程设计 Course Design for Control Theory	1	1 周								1			
	42302200	自动控制系统实习(过控+运控) Automatic Control System Training	2.5	2.5 周									2.5		
	42302300	微机控制技术实习 Micro-computer Control Technology Training	1.5	1.5 周									1.5		
	42302400	PLC 技术及应用实习 PLC Technique and Application Training	1	1 周									1		
	42302500	生产实习 Production Training	2	2 周										2	
	42302600	毕业实习与毕业设计 Graduation Practice and Graduation Design	16	16 周											16
	小计 **Sum**		**34**	**34 周**				**3.5**	**0**	**1**	**3**	**3.5**	**5**	**2**	**16**

课程类别 Course Classification	课程编号 Course Code	课程名称 Course Name	学分 Crs	学时 Hrs	学时分类 Class Hours 讲课 Lec.	实验 Lab.	先修课程 Prerequisite Courses	学期学分分配 Semester Credits 一 1st	二 2nd	三 3rd	四 4th	五 5th	六 6th	七 7th	八 8th
创新创业自主学习 Autonomous Learning	ZZ35000S	社会调查 Social Investigation	2												
		其他(学科竞赛、发明创造、科研报告) Others (Contest, Invention, Innovation and Research Presentation)	3												
	小计 **Sum**		**5**												
总计 **Total**			**179**	**2320＋34 周**	**1644**	**180**		**23**	**28.5**	**25**	**19.5**	**13.5**	**15.5**	**2**	**16**
可开出专业选修课列表 Specialty Elective Courses	22301602	现代可编程逻辑器件 B Modern Programming Logic Device B	2	32	16	16	数字逻辑电路设计				2				
	21924503	数据结构 C Data Structure C	2	32	24	8	C 语言程序设计 A				2				
	20731102	信号与系统 B Signal and System B	2	32	32		复变函数与积分变换				2				
	22303000	控制系统计算机网络 Computer Network for Control System	2	32	24	8	C 语言程序设计 A				2				
	22303100	系统辨识 System Identification	1.5	24	18	6	现代控制理论					1.5			
	22305200	控制系统优化设计 Control System Design Optimization	1.5	24			现代控制理论					1.5			
	22303300	嵌入式系统 Embedded Systems	1.5	24	12	12	单片机技术及应用 A					1.5			
	22303400	自动化仪表 Automatic Instrument	1.5	24	24		传感器原理及检测技术 B					1.5			
	21909103	数据库原理 C Database System C	2	32	28	4	C 语言程序设计 A						2		
	22303500	PSOC 技术与应用 PSOC Technology and Application	2	32	16	16	单片机技术及应用 A						2		
	20719300	工厂供电 Power Supply for Works	2	32	32		电路理论						2		

课程类别 Course Classification	课程编号 Course Code	课程名称 Course Name	学分 Crs	学时 Hrs	学时分类 Class Hours		先修课程 Prerequisite Courses	学期学分分配 Semester Credits							
					讲课 Lec.	实验 Lab.		一 1st	二 2nd	三 3rd	四 4th	五 5th	六 6th	七 7th	八 8th
可开出专业选修课列表 Specialty Elective Courses	22303600	物联网技术 Internet of Things Technology	2	32			控制系统计算机网络						2		
	22303700	人工智能 Artificial Intelligence	2	32	28	4	C 语言程序设计 A							2	
	20716103	DSP 技术及应用 C Principle and Application of DSP C	2	32	16	16	单片机技术及应用 A							2	
	22303900	智能控制 Intelligent Control	2	32	32		自动控制原理 A							2	
	22304000	智能电网技术 Smart Power Grid Technology	2	32	32		电路理论 电力电子技术							2	
	20705900	机器人学导论 Introduction to Robotics	2	32	32		物理 传感器 控制理论							2	
	22304102	虚拟仪器 B Virtual Instrument B	2	32	20	12	模拟电子技术							2	
	22304200	集散控制与现场总线技术 Distributed Control System and Fieldbus Technology	2	32	24	8	过程控制 控制系统计算机网络							2	
	22304300	可视化程序设计 Visual Programming	2	32	24	8	C 语言程序设计 A							2	
	20711500	系统工程概论 Introduction to System Engineering	2	32	28	4	复变函数与积分变换 A							2	

注：通识教育选修课学分和创新创业自主学习学分未列入具体学期。

自动化专业课程分类统计

Course Category Statistics of Automation

课程学分 / 统计	通识教育课 Liberal Education Courses		学科基础课 Disciplinary Fundamental Courses	专业主干课 Main Specialty Courses	专业选修课 Specialty Elective Courses	实践环节 Practical Work	创新创业自主学习 Autonomous Learning	学时总计 Total Hours	学分总计 Total Credits
	必修 Compulsory	选修 Selective							
学时/学分 Hrs/Crs	632/34.5	192/12	744/46.5	448/28	304/19	34 周/34	5	2320＋34 周	179
学分所占比例 Proportion of Credits	26.0%		26.0%	15.6%	10.6%	19.0%	2.8%		100%

测控技术与仪器专业培养方案

专业名称与代码：测控技术与仪器　080301

专业培养目标：本专业培养具有社会责任感和良好的科学、文化素养，较系统地掌握自然科学基础、工程基础、测量控制与仪器等方面的基础知识、基本理论和基本技能，具有创新意识、自主学习能力、实践能力，具有测控系统与仪器综合设计、实现和应用能力，具有一定的团队合作精神，能在国民经济各部门从事测量与控制领域内有关技术、仪器与系统的设计制造、科研开发、应用研究、运行管理等方面的工作，德智体美全面发展，创新精神和实践能力突出，个性良好发展的多层次高级工程技术人才。

专业毕业要求

1.掌握本专业领域宽广的技术理论基础知识，主要包括电子学、物理学、机械学、测量、控制、计量学、误差理论与数据处理的基础理论、基本知识和基本技能。

2.掌握电子技术、计算机、光电技术、机械工程基础、控制工程相结合的当代测控技术，具有测控系统或检测技术系统、仪器仪表的设计、研究和开发的基本能力。

3.具有应用计算机进行工程设计、自动测试、数据处理、自动控制和应用软件开发的初步能力。

4.了解本学科前沿及发展趋势。

5.具有较强的自学能力、创新意识和较高的综合素质。

6.具有一定的科学研究和实际工作能力，具有一定的批判性思维能力。

毕业要求及实现途径

序号	毕业要求	实现途径（教学过程）
1	掌握信号获取与分析能力	①课堂教学：传感器原理及检测技术 A、信号与系统、数字信号处理 B、计量误差理论等课程 ②课外学习：学习课程相关的参考文献
2	掌握仪器电路设计能力	①课堂教学：电路理论、模拟电子技术、数字逻辑电路设计、嵌入式系统、智能仪器仪表设计基础、DSP 原理及应用、现代可编程逻辑器件、单片机技术及应用等课程 ②课外学习：电子技术课程设计、电路综合实习、各种课外科技实践创新活动
3	掌握自动化测试技术	①课堂教学：PLC 及自动化装置、过程控制与检测仪表、虚拟仪器、测控软件设计基础等课程 ②课外学习：检测技术教学实习及生产实习、各种课外科技实践创新活动
4	测控系统及仪器设计能力	①课堂教学：工程光学及光电检测、测控系统设计与应用、地球物理仪器、精密机械设计基础等课程 ②课外学习：检测技术教学实习、生产实习、毕业设计、各种课外科技实践创新活动

主干学科:仪器科学与技术、控制科学与工程。

专业核心课程:电路理论、模拟电子技术、数字逻辑电路设计、自动控制原理 B、单片机技术及应用、数字信号处理 B、传感器原理及检测技术 A、智能仪器仪表设计基础、嵌入式系统、物联网技术等。

主要专业实验:电子电路、现代可编程逻辑器件、DSP 原理及应用、微机原理与接口技术、智能仪器仪表设计基础、计算机软件技术、虚拟仪器、嵌入式系统、传感器技术实验等。

主要实践性教学环节:金工实习、C 语言课程设计、电子技术课程设计、电路综合实习、检测技术教学实习、生产实习、毕业实习与毕业设计等。

修业年限:四年。

授予学位:工学学士。

相近专业:自动化、电子信息工程、电子科学与技术。

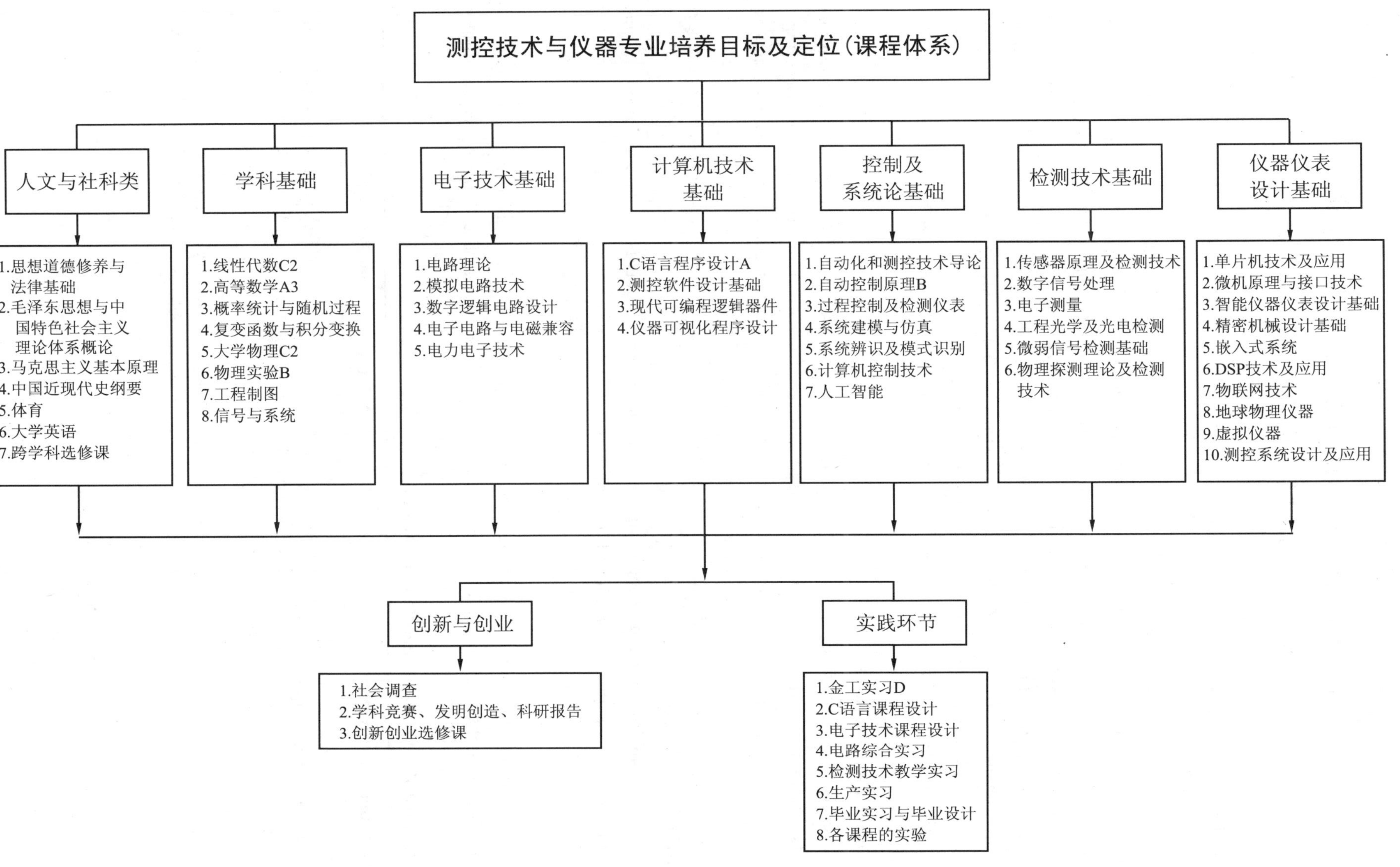
测控技术与仪器专业培养目标及定位（课程体系）
人文与社科类
1.思想道德修养与法律基础
2.毛泽东思想与中国特色社会主义理论体系概论
3.马克思主义基本原理
4.中国近现代史纲要
5.体育
6.大学英语
7.跨学科选修课
学科基础
1.线性代数C2
2.高等数学A3
3.概率统计与随机过程
4.复变函数与积分变换
5.大学物理C2
6.物理实验B
7.工程制图
8.信号与系统
电子技术基础
1.电路理论
2.模拟电路技术
3.数字逻辑电路设计
4.电子电路与电磁兼容
5.电力电子技术
计算机技术基础
1.C语言程序设计A
2.测控软件设计基础
3.现代可编程逻辑器件
4.仪器可视化程序设计
控制及系统论基础
1.自动化和测控技术导论
2.自动控制原理B
3.过程控制及检测仪表
4.系统建模与仿真
5.系统辨识及模式识别
6.计算机控制技术
7.人工智能
检测技术基础
1.传感器原理及检测技术
2.数字信号处理
3.电子测量
4.工程光学及光电检测
5.微弱信号检测基础
6.物理探测理论及检测技术
仪器仪表设计基础
1.单片机技术及应用
2.微机原理与接口技术
3.智能仪器仪表设计基础
4.精密机械设计基础
5.嵌入式系统
6.DSP技术及应用
7.物联网技术
8.地球物理仪器
9.虚拟仪器
10.测控系统设计及应用
创新与创业
1.社会调查
2.学科竞赛、发明创造、科研报告
3.创新创业选修课
实践环节
1.金工实习D
2.C语言课程设计
3.电子技术课程设计
4.电路综合实习
5.检测技术教学实习
6.生产实习
7.毕业实习与毕业设计
8.各课程的实验

Program for Measurement and Control Technology and Instrumentation

Specialty and Code: Measurement and Control Technology and Instrumentation 080301

Education Objective: The program aims to cultivate specialized talents who will have the sense of social responsibility and science and culture qualities, who can systematically master the foundational knowledge, theories and skills of natural science, engineering, measurement control and instruments, who will have the abilities of innovating, independent learning, practicing, designing and realizing the measurement and control system, who will have teamwork spirit and the abilities to engage in equipment designing and manufacture, scientific researches, technology developments, application analysis and operation management in related fields and departments. The students are also required to grow into advanced multi-level engineering and technical talents who have the outstanding creative mind, practical abilities and comprehensive characters with full development of morality, intelligence, health and aesthetics.

Graduation Requirements

1. The wide basic knowledge of techniques and theories in professional field, mainly including electronics, physics, mechanics, surveying, control science, metrology, error theory and data processing.

2. The contemporary control technology integrated with electronic technology, computer science, photoelectric technology, mechanical engineering and control engineering, as well as having good command of designing, researching and developing measurement and control system, detection system and instruments.

3. The basic abilities of engineering design, automatic test, data processing, automatic control and application software designing with the aid of computer.

4. Figuring down the cutting-edge technology and development trend of measurement and control technology and instrumentation.

5. Self-study ability, innovation consciousness and comprehensive inner qualities.

6. The abilities of doing scientific researches, practical work as well as the ability of critical thinking.

Graduation Requirements and Ways to Achieve

No.	Graduation Requirements	Ways to Achieve(Teaching Process)
1	Mastering signal acquisition and analysis	①Classroom Teaching: Sensor and Detection Technology A, Signals and Systems, Digital Signal Processing B, Computation Error Theory, etc ②Out-of-class Learning: Course of Study of Related References
2	The ability of circuit design of instrument	①Classroom Teaching: Theory of Circuitry, Analog Electronics, Design of Digital Logical Circuit, Embedded Systems, The Basis of Intelligent Instrument Design, Principle and Application of DSP, Modern Programming Logic Device, Micro Controller Unit-MCU Technology and Application, etc ②Out-of-class Learning: Course Exercise in Electronic Technology, Electronic Circuit Training, Various Extracurricular Innovation Practical Activity of Science and Technology

No.	Graduation Requirements	Ways to Achieve(Teaching Process)
3	Mastering automatic testing technology	①Classroom Teaching:PLC and the Automation,Virtual Instrument,Process Control and Measuring Instrument,Introduction to Measuring and Controlling Software Design,etc ②Out-of-class Learning: Detection Technology Practice, Production Practice,Various Extracurricular Innovation Practical Activity Science and Technology
4	The ability of designing measurement and control system and instrument	①Classroom teaching:Engineering Optics and Optoelectronic Detection,Measurement and Control System Design and Application,Geophysical Instrument,Basis of Precision Mechanical Design,etc ②Out-of-class Learning: Detection Technology Practice, Production Practice,Graduation Design,Various Extracurricular Innovation Practical Activity Science and Technology

Major Disciplines: Instrument Science and Technology,Control Science and Engineering.

Main Courses: Theory of Circuit, Analog Circuit, Design of Digital Logical Circuit, Principles of Automatic Control B,Micro Controller Unit-MCU Technology and Application A,Digital Signal Processing B,Sensors Principle and Detection technology A, the Basis of Intelligent Instrument Design, Embedded Systems,Wireless Sensor Network Technology,etc.

Lab Experiments: Electronic Technology Practice, Modern Programming Logic Device, Principle and Application of DSP,Principle and Interface of Computer,The Basis of Intelligent Instrument Design, Computer Software Technology, Virtual Instrument, Embedded Systems, Sensor and Detection Technology,etc.

Practical Work: Metalworking Practice,Course Projects for C Language,Course Exercise in Electronic Technology,Electronic Circuit Training,Detection Technology Training,Production Training, Graduation Practice and Graduation Design,etc.

Duration: four years.

Degree Granted: Bachelor of Engineering.

Related Specialties: Automation,Electronic Information Engineering,Electronic Science and Technology.

测控技术与仪器专业课程教学计划表

Course Descriptions of Measurement and Control Technology and Instrumentation

课程类别 Course Classification		课程编号 Course Code	课程名称 Course Name	学分 Crs	学时 Hrs	学时分类 Class Hours		先修课程 Prerequisite Courses	学期学分分配 Semester Credits							
						讲课 Lec.	实验 Lab.		一 1st	二 2nd	三 3rd	四 4th	五 5th	六 6th	七 7th	八 8th
通识教育课 Liberal Education Courses	必修 ComPulsory	11706200	马克思主义基本原理 Principles of Marxism	3	48	48					3					
		11706500	毛泽东思想与中国特色社会主义理论体系概论 Introduction to Mao Tse-tung Thought and the Theoretical System of Socialism with Chinese Characteristics	4	64	64				4						
		11711800	中国近现代史纲要 The Essentials of Modern Chinese History	2	32	32						2				
		120002＊0	思想道德修养与法律基础 Morality Education and Fundamentals of Law	3	48	48			1.5	1.5						
		113076＊0	体育 Physical Education	4	144	144			1	1	1	1				
		109116＊0	大学英语 College English	12	192	192			3	3	3	3				
		11918901	C语言程序设计A C Language Programming A	3.5	56	40	16		3.5							
		22300100	自动化与测控技术导论 The Introduction of Automation and Measuring and Control Technology	1	16	16			1							
		14300100	军事理论 Military Theory	2	32	32			2							
	选修 Elective	总计12学分,含创新创业选修课学分,跨学科选修课不低于6学分。"形势与政策"课程作为限选课,由马克思主义学院实施		12	192											
		小计 Sum		**46.5**	**824**	**616**	**16**		**12**	**9.5**	**7**	**6**	**0**	**0**	**0**	**0**
学科基础课 Disciplinary Fundamental Courses		212127＊1	高等数学A Advanced Mathematic A	11.5	184	184			5	6.5						
		21212802	线性代数B Linear Algebra B	2.5	40	40			2.5							
		20714200	工程制图 Engineer Drawing	2.5	40	36	4			2.5						
		212130＊3	大学物理C College Physics C	6	96	96		高等数学A		3.5	2.5					

课程类别 Course Classification	课程编号 Course Code	课程名称 Course Name	学分 Crs	学时 Hrs	学时分类 Class Hours		先修课程 Prerequisite Courses	学期学分分配 Semester Credits							
					讲课 Lec.	实验 Lab.		一 1st	二 2nd	三 3rd	四 4th	五 5th	六 6th	七 7th	八 8th
学科基础课 Disciplinary Fundamental Courses	212132 * 1	物理实验 A Physical Experiment A	3.5	56		56	大学物理 C		2	1.5					
	21202400	概率统计与随机过程 Probability Statistics and Stochastic Processes	3.5	56	56		高等数学 A			3.5					
	21201902	复变函数与积分变换 B Complex Function and the Integral Transformation B	2.5	40	40		高等数学 A			2.5					
	22300300	电路理论 Theory of Circuitry	4.5	72	64	8	高等数学 A 线性代数 B		4.5						
	20709000	模拟电子技术 Analog Electronics	3.5	56	44	12	电路理论			3.5					
	22300400	数字逻辑电路设计 Design of Digital Logical Circuit	3.5	56	44	12	电路理论			3.5					
	20731000	单片机技术及应用 Micro Controller Unit-MCU Technology and Application	3	48	40	8	数字电子技术				3				
	20731101	信号与系统 A Signals and Systems A	3	48	44	4	复变函数与积分变换 A				3				
	小计 **Sum**		**49.5**	**792**	**688**	**104**		**7.5**	**19**	**17**	**6**	**0**	**0**	**0**	**0**
专业主干课 Main Specialty Courses	22301500	计量误差理论 Computation Error Theory	2	32	24	8	概率统计与随机过程				2				
	22301602	现代可编程逻辑器件 B Modern Programmable Logic Device B	2	32	16	16	数字电子技术				2				
	20712902	自动控制原理 B Principles of Automatic Control B	4	64	56	8	线性代数				4				
	20703100	电子测量 Electronic Measurement	3	48	44	4	计量误差理论					3			
	20711002	数字信号处理 B Digital Signal Processing B	3	48	40	8	信号与系统					3			
	20718601	传感器原理及检测技术 A Sensors Principle and Detection Technology A	4	64	52	12	单片机技术及应用					4			
	22305400	微机原理与接口技术 Principle and Interface of Computer	3	48	40	8	单片机技术及应用					3			
	22301700	精密机械设计基础 Basis of Precision Mechanical Design	3	48	38	10	工程制图						3		

课程类别 Course Classification	课程编号 Course Code	课程名称 Course Name	学分 Crs	学时 Hrs	学时分类 Class Hours		先修课程 Prerequisite Courses	学期学分分配 Semester Credits							
					讲课 Lec.	实验 Lab.		一 1st	二 2nd	三 3rd	四 4th	五 5th	六 6th	七 7th	八 8th
专业主干课 Main Specialty Courses	22301800	工程光学及光电检测 Engineering Optics and Optoelectronic Detection	3	48	38	10	大学物理C						3		
	20606200	智能仪器仪表设计基础 The Basis of Intelligent Instrument Design	2.5	40	32	8	模拟电子技术						2.5		
	22301900	过程控制及检测仪表 Process Control and Measuring Instrument	3	48	40	8	传感器原理及检测技术A							3	
	小计 Sum		**32.5**	**520**	**420**	**100**		**0**	**0**	**0**	**8**	**13**	**8.5**	**3**	**0**
专业选修课 Specialty Elective Courses		具体见专业选修课列表	15	240											
合计 Sub-total			**143.5**	**2376**	**1724**	**220**		**19.5**	**28.5**	**24**	**20**	**13**	**8.5**	**3**	**0**
实践环节 Practical Work	44300200	军事训练 Military Training	2	2周				2							
	41919001	C语言课程设计A Course Design for C Language A	1.5	1.5周				1.5							
	40724604	金工实习D Metal Working Practice D	1	1周						1					
	42302800	电子技术课程设计 Course Exercise in Electronic Technology	2	2周						2					
	42302700	电路综合实习 Electronic Circuit Training	3	3周							3				
	42302900	检测技术教学实习 Detection Technology Training	4	4周									4		
	42302500	生产实习 Production Training	2	2周										2	
	42302600	毕业实习与毕业设计 Graduation Practice and Graduation Design	16	16周											16
	小计 Sum		**31.5**	**31.5周**				**3.5**	**0**	**3**	**3**	**0**	**4**	**2**	**16**

课程类别 Course Classification	课程编号 Course Code	课程名称 Course Name	学分 Crs	学时 Hrs	学时分类 Class Hours		先修课程 Prerequisite Courses	学期学分分配 Semester Credits							
					讲课 Lec.	实验 Lab.		一 1st	二 2nd	三 3rd	四 4th	五 5th	六 6th	七 7th	八 8th
创新创业自主学习 Autonomous Learning	ZZ35000S	社会调查 Social Investigation	2												
		其他(学科竞赛、发明创造、科研报告) Others (Contest, Invention, Innovation and Research Presentation)	3												
	小计 Sum		**5**												
总计 Total			**180**	**2376+31.5周**	**1724**	**220**		**23**	**28.5**	**27**	**23**	**13**	**12.5**	**5**	**16**
可开出专业选修课列表 Specialty Elective Courses	22304400	电子电路仿真与电磁兼容 Electronic Circuit Simulation and EMC	1.5	24	12	12	模拟电子技术				1.5				
	20600600	*测控软件设计基础 Introduction to Measuring and Controlling Software Design	3	48	40	8	C语言程序设计					3			
	22304101	虚拟仪器A Virtual Instrument A	3	48	20	28	智能仪器仪表设计基础						3		
	22303800	测控系统设计与应用 Design and Application of Measurement and Control System	2	32	32		模拟电子技术 数字电子技术						2		
	22300900	电力电子技术 Power Electronic Technology	3	48	40	8	电路理论 模拟电子技术						3		
	20605500	微弱信号检测基础 Introduction to Weak Signal Detection	2	32	32		概率统计与随机过程						2		
	22303300	嵌入式系统 Embedded Systems	1.5	24	12	12	单片机技术及应用						1.5		
	20716103	DSP原理及应用C Principle and Application of DSP C	2	32	16	16	数字信号处理B						2		
	20617100	地球物理方法概论 Introduction of Geophysical Method	1.5	24	24		大学物理C							1.5	
	20617200	地球物理仪器 Geophysical Instrument	2	32	20	12	地球物理方法概论							2	
	22303600	物联网技术 Internet of Things Technology	2	32	24	8	单片机技术及应用							2	

课程类别 Course Classification	课程编号 Course Code	课程名称 Course Name	学分 Crs	学时 Hrs	学时分类 Class Hours 讲课 Lec.	实验 Lab.	先修课程 Prerequisite Courses	一 1st	二 2nd	三 3rd	四 4th	五 5th	六 6th	七 7th	八 8th
可开出专业选修课列表 Specialty Elective Courses	22304700	物理探测理论及检测技术 Physical Detection Theory and Technology	2	32	24	8	大学物理 C 传感器原理及技术							2	
	20731200	图像检测技术 Image Detection Technology	2	32	24	8	数字信号处理 B							2	
	22304900	仪器可视化程序设计 Visual Programming for Instrument	2	32	24	8	C 语言程序设计							2	
	22305000	PLC 及自动化装置 PLC and the Automation	2	32	24	8	自动控制原理 B							2	
	22300800	系统建模与仿真 System Modeling and Simulation	2	32	16	16	高等数学 A 大学物理 C							2	
	22305100	系统辨识及模式识别 System Identification and Pattern Recognition	2	32	32		数字信号处理 B							2	
	22303700	人工智能 Artificial Intelligence	2	32	32		C 语言程序设计							2	
	22305300	计算机控制技术 Computer Control Technology	2	32	32		自动控制原理 B							2	

注:1. 通识教育选修课学分和创新创业自主学习学分未列入具体学期。
2. 标记 * 的课程为限选课。
3. 第六学期限选 4 门选修课。

测控技术与仪器专业课程分类统计

Course Category Statistics of Measurement and Control Technology and Instrumentation

课程学分 / 统计	通识教育课 Liberal Education Courses 必修 Compulsory	选修 Selective	学科基础课 Disciplinary Fundamental Courses	专业主干课 Main Specialty Courses	专业选修课 Specialty Elective Courses	实践环节 Practical Work	创新创业自主学习 Autonomous Learning	学时总计 Total Hours	学分总计 Total Credits
学时/学分 Hrs/Crs	632/34.5	192/12	792/49.5	520/32.5	240/15	31.5 周/31.5	5	2376+31.5 周	180
学分所占比例 Proportion of Credits	25.8%		27.5%	18.1%	8.3%	17.5%	2.78%		100%